KB089793

부동산 금융과 투자

REAL ESTATE FINANCE AND INVESTMENTS

15th
Edition

15th Edition

REAL ESTATE FINANCE AND INVESTMENTS

부동산 금융과 투자

김영곤 · 김진 · 노승한 · 박원석 · 정성훈 · 지규현 옮김

WILLIAM B. BRUEGGEMAN

JEFFREY D. FISHER

Real Estate Finance and Investments, Fifteenth Edition

Korean Language Edition Copyright © 2017 by McGraw-Hill Education Korea, Ltd.
All rights reserved. No part of this publication may be reproduced or distributed in any form or by any means, or stored in a database or retrieval system, without prior written permission of the publisher..

1 2 3 4 5 6 7 8 9 10 MHE-KOREA 20 17
    Original: Real Estate Finance and Investments 15/e
        By William B. Brueggeman & Jeffrey D. Fisher
        ISBN 978-0-07-337735-3

Korean ISBN   979-11-321-0111-6   93320

Printed in Korea

부동산 금융과 투자 ^{15판}

발 행 일	2017년 1월 10일 1쇄 발행
저 자	William B. Brueggeman & Jeffrey D. Fisher
역 자	김영곤, 김진, 노승한, 박원석, 정성훈, 지규현
발 행 처	맥그로힐에듀케이션코리아 유한회사
발 행 인	신디존스(CINDY JONES)
등록번호	제 2013-000122호(2012.12.28)
주 소	서울시 마포구 양화로 45, 8층 801호(서교동, 메세나폴리스)
전 화	(02)325-2351

I S B N : 979-11-321-0111-6

판 매 처	한티미디어
문 의	02)332-7993~4
가 격	42,000원

- 잘못된 책은 바꾸어 드립니다.
- 이 책은 맥그로힐에듀케이션코리아 유한회사가 한국어판에 대한 출판, 판매의 독점계약에 의해 발행한 것이므로 내용, 사진, 그림 등의 전부나 일부의 무단 복제 및 무단 전사를 금합니다.
- 역자와의 합의 하에 인지는 생략합니다.

부동산 금융과 투자에 대한 소개

이 책은 독자가 주거용과 상업용 부동산에 투자 및 융자와 관련된 위험과 보상을 이해하도록 준비하고 있다. 모든 장들과 문제집에 포함된 개념과 방법들은 부동산과 관련된 많은 직무에서 사용되고 있다. 여기에는 투자, 개발 금융, 감정평가, 자문, 부동산 포트폴리오 관리, 임대차, 부동산 관리, 부지 분석, 기업 부동산 관리, 그리고 부동산 펀드 관리 등을 포함한다. 이 자료는 개인적으로 투자와 융자를 결정할 때 부동산을 더 잘 이해하고자 하는 개인에 관련된 것도 있다.

부동산 시장의 사건들과 밀접하게 관련되어 있는 2000년대 후반에 일어난 세계 금융 시장의 혼란은 투자와 융자의 다양한 방법들과 관련한 위험과 수입을 어떻게 평가는가를 더 잘 이해하려는 시장 참여자들, 투자자, 대출자들에게 시사한다. 이는 투자자들과 대출자들의 목적과 마찬가지로 부동산의 투자성과가 지역경제에 어떻게 영향을 미치고, 투자와 융자의 경제적 이득, 부동산 투자와 융자를 위한 다양한 수단들의 특징들, 투자자들과 융자자들의 권리에 충격을 줄 수 있는 법적인 문제들을 이해하도록 한다.

이 책은 학생들과 다른 독자들이 이러한 많은 요소를 이해하고 필요한 분석을 수행하고 정보를 바탕으로 하여 부동산 금융 및 투자 결정을 하는 데 도움이 되도록 설계되어 있다. 책 제목이 시사하는 것처럼, 우리는 부동산 금융과 부동산 투자 모두에 대해 논의한다. 이러한 주제는 서로 관련이 있다. 예를 들어 부동산을 구입하는 투자자는 '투자'를 실행하고 있다. 이 투자는 전형적인 담보 대출로 융자가 이루어진다. 따라서 투자자는 투자를 분석하는 방법과 투자 자금이 위험과 수익에 미치는 영향을 평가하는 방법을 모두 이해할 필요가 있다.

마찬가지로 대출은 부동산을 매입하는 투자자에게 자본을 제공하여 대출된 자금에 대한 수익을 얻을 것으로 기대되는 의미에서 '투자'를 실행하고 있다. 그러므로 대출자도 대출에 대한 위험과 수익을 이해할 필요가 있다. 실제 부동산 담보 대출과 관련한 위험의 하나는 대출이 채무 불이행에 빠진 경우에 대출자는 부동산의 소유권을 취득할 수 있다는 것이다. 이것은 대출자도 투자자들이 부동산을 매입하는 것과 동일한 기술들을 많이 사용하여 부동산을 평가해야 한다는 것을 의미한다.

책의 구성

위의 논의에서 많은 요인들이 부동산 투자 및 그 융자에 사용되는 담보대출과 관련한 위험 및 수익에 영향을 미치는 것은 분명하다. 이것은 투자가 개인 거주지인지, 오피스 빌딩 등과 같은 대형 수익용 부동산인지에 관계없이 적용된다.

파트 I은 부동산 금융과 투자의 학습에 중요한 법적 개념의 논의를 시작한다. 부동산 투자자와 대출자는 부동산 거래에서 변호사에 크게 의존하고 있을지도 모르지만, 적절한 질문을 하려면 충분히 알고 하는 것이 중요하다. 우리는 부동산 투자 및 대출 결정과 관련된 법적 문제에만 초점을 맞추고 있다.

파트 II는 담보대출과 부동산투자를 분석하기 위한 중요한 개념인 화폐의 시간적 가치를 논의하는 것으로 시작한다. 이러한 개념은 부동산이 장기 투자이며, 시간이 지남에 상환되는 대출로 자금 조달되기 때문에 중요하다. 이는 모기지 대출이 구조화되어 있는 주요 방법, 즉 고정 금리 및 조정 금리 저당대출의 논의로 이어진다.

파트 III에서는 투자 대상으로 주거용 주택을 알아보고 주거용 부동산의 담보대출 실행을 다룬다. 이것은 대출과 차입자 양쪽을 평가하는 대출자를 위한 것과 마찬가지로 주택을 매입할 것인가 임차할 것인가와 같은 개인 재무 의사 결정을 하는 개인들에게 관련된 것들이다.

파트 IV는 수익용 부동산 투자 분석에 관련된 많은 주제를 다루고 있다. 우리는 아파트, 오피스 빌딩, 쇼핑센터, 창고 등의 상세한 예들을 제공한다. 또한 많은 개념들이 다른 부동산 유형에 확장될 수 있다. 이 주제들은 임대에 대한 이해, 부동산의 평가 방법 설명, 투자의 잠재적인 수익 및 위험 분석 방법, 세금이 투자 수익에 미치는 영향 등을 포함한다. 또한 부동산을 매각하거나 개조하는지를 평가하는 방법도 검토한다. 마지막으로, 기업은 부동산 사업 자체는 아니지만 사업의 일환으로 부동산을 어떻게 결정해야 하는지를 살펴본다. 여기에는 다른 주제들과 마찬가지로 그들의 영업을 위하여 사용해야 하는 부동산을 매입할 것인지 임차할 것인지도 포함되어 있다.

이 책의 첫 번째 4개 파트들은 기존 부동산의 투자 및 자금 조달에 초점을 맞추고 있지만, **파트 V**에서는 개발을 위해 제안된 프로젝트의 분석 방법에 대해 설명한다. 이러한 개발은 주거단지 개발자들에게 매각되거나 기업 오피스 단지를 위해 분할되거나 개량되는 토지의 취득을 위하여 모든 형태의 수익용 부동산을 건설하고 토지를 취득하는 것을 포함한다. 이 섹션은 개발 기간 동안 프로젝트의 자금 조달 방법도 포함되어 있다. 건설 및 개발 자금 융자는 기존의 방법과는 크게 다르다.

파트 VI는 다양한 대체 부동산 금융 및 투자 방법에 대해 설명하고 있다. 합작 사업으로 시작해서 특정 전문 분야에서 일하는 다양한 관계자들이 어떻게 부동산 투자를 할 것인지를 보여준다. 예를 들어, 프로젝트의 자기 자본을 필요로 하는 기술 개발의 전문성을 갖춘 인물을 활용한다. 합작 사업은 투자 자본은 있지만, 개발하는 전문 지식이 없는 투자자와 합작해서 설립된다. 다음은 부동산의 취득, 운영 및 최종적으로 매각하는 동안에 파트너의 출자 및 배당을 포함한 투자의 재무 분석을 실시한다. 이 섹션에서는 주택 모기지 대출 풀과 상업용 모기지 대출 풀 모두가 어떻게 생성되는지에 대해서도 설명한다. 다음은 모기지 담보 증권 (1) 구조, (2) 그 풀에 발행된 (3) 그러한 유가 증권의 유통 시장에서 거래되는 것을 고려한다. 여기에는 이러한 투자가 가져올 위험에 대한 논의도 포함되어 있다. **파트 VI**는 부동산 투자 신탁 (REITs)에 대한 논의를 포함한다. 이러한 상장 기업은 부동산에 투자하고 투자자가 회사의 주식을 매입하여 부동산의 다양한 포트폴리오를 소유하는 것을 허용한다.

마지막으로, **파트 VII**는 포트폴리오의 부동산을 평가하는 방법을 검토한다. 주식이나 채권 등 다른 투자도 포함된다. 여기에는 부동산을 포트폴리오에 포함하여 다변화의 장점과 부동산 포트폴리오(국제 투자 포함)에서 다변화하는 방법을 이해하는 것도 포함한다. 이에 따라, 상위 순자산가 및 기관 투자자를 위하여 만들어진 부동산 투자 펀드에 관한 새로운 장이 계속된다. 다양한 펀드의 전략과 구조, 다양한 업계 기준에 대한 펀드의 성과 분석 방법에 대해 설명한다.

폭넓은 독자층

위의 논의에서, 이 책은 많은 주제를 다루고 있는 것을 알 수 있다. 특정 주제의 목적에 따라 항목의 전부 또는 선택이 다루어질 수 있다. 필요에 따라 과정은 투자자와 대출자의 관점 중 하나를 강조할 수 있다. 또한 일부 과정은 주택과 거주용 부동산, 상업용 부동산, 건설, 개발, 모기지 담보 증권, 기업 부동산, 투자 펀드 등 다양한 업종을 강조하는 경우가 있다. 즉, 이 책은 강사와 학생이 다양한 주제를 다루고 그들에게 가장 중요한 주제에만 집중할 수 있는 유연성을 제공하도록 설계되어 있다.

15판의 변화

교재 전체에서 자료를 최근 자료로 갱신했을 뿐만 아니라, 이 판에 새로운 장을 도입한 것을 특히 자랑스럽게 생각하고 있다. 23장에서 부동산 투자 펀드에 대하여 광범위한 부분을 제공하고 있다. 이 펀드들은 현재 주거 및 상업용 부동산 모두의 소유권에서 중요한 역할을 하고 있다. 전형적으로 이러한 펀드는 전문적으로 관리가 되는 부동산 포트폴리오에 투자하는 상위 순자산가인 투자자들, 연금 제도 스폰서 및 기타 기관 투자자들에게 투자할 수 있는 기회를 제공하는 전문 투자 매니저 및 사모 펀드 회사에 의해 만들어진다. 이 펀드가 어떻게 구조화되어 운영되고 평가되어지는 이 새로운 장에서 다루어지고 있는 중요한 주제의 하나이다.

또 다른 중요한 추가 사항은 18장의 새로운 개념 상자에서 "집단 자금"이 부동산 투자를 위한 자본을 조달 할 수 있는 "JOBS법"의 결과인 새로운 SEC 규정을 요약하고 있다. 새로운 규정으로 인해 이전에는 불가능했던 개인의 투자가 크게 증가할 것으로 예상되어 투자자들에게 인터넷을 이용하여 접근할 수가 있다는 것이다.

이 버전은 새로운 클라우드 기반의 임대, 재임대, 할인현금흐름 프로그램을 소개하고 있다. 이것은 다음에서 설명하는 바와 같이, 수익용 부동산투자와 투자분석 및 평가를 할 수 있도록 설계되어 있다.

Excel과 REIWise소프트웨어

이 책은 엄격하고 실용적이며 실제 문제에 대한 응용 프로그램과 이론을 융합시키고 있다. 이러한 문제는 금융 계산기, Excel 스프레드시트 및 수익용 부동산의 특성을 분석하기 위해 설계된 특수한 소프트웨어의 혼합을 사용하여 예시되고 해결되어 있다. 책의 웹 사이트 (www.mhhe.com/bf15e)에 게재된 Excel 스프레드시트는 전체 텍스트의 장에 표시되어 있는 많은 예들을 이해하는 데 도움이 된다. 이 예를 변경하는 것으로, 학생들은 새로운 스프레드시트를 설계하지 않고 각 장의 마지막에 있는 문제들을 해결 할 수 있다.

학생은 온라인으로 등록하여 REIWise는 클라우드 기반의 부동산 평가 프로그램에 자유롭게 접근할 수 있다. 인터넷 연결도구(iPads 및 기타 모바일 장치를 포함)를 가진 사람이라면 누구나 쉽게 사용하기 때문에 이 책이 버전에서 이 프로그램을 선택했다. REIWise는 투자 분석 및 평가 문제의 해결에 Excel 스프레드시트의 사용을 보완하기 위해 여러 장으로 사용되고 있다. 학생(또는 교수)이 등록하면 그 책의 예제를 복제하는 데이터 파일에 접근할 수 있다. 학생들은 다음의 웹 사이트에 등록 할 수 있다: **www.reiwise.com/edu.**

인터넷 도구와 자산

정보화 된 부동산 투자 및 자금 조달 결정은 유용한 정보를 얻을 수 있는지 여부에 따라 결정된다. 그런 정보는 국내 및 지방의 시장 동향, 금리, 취득 가능한 재산, 자금 조달 수단, 다양한 부동산 분야의 전망에 대한 전문가의 의견 등이 포함된다.

인터넷은 부동산 투자자와 대출자들에게 풍부한 자원을 제공한다. Web에서 정보를 찾는 방법을 아는 것은 부동산 투자를 하기 전에 해야하는 "실사"의 중요한 부분이다. 이 에디션은 인터넷에서 관련 정보 검색을 필요로 하는 훈련을 제공하는 일부 **Web App** 상자가 포함되어 있다. 이러한 Web App 상자는 인터넷에서 사용할 수 있는 데이터의 종류 및 기타 자원의 삽화를 제공한다. 15판에는 학생들이 다양한 전문가의 주제를 연구하는 데 사용할 수 있는 웹 사이트의 참조가 포함되어 있다. 연구 이외에, 이러한 자원은 독자에게 이 책에서 논의되는 많은 주제에 최신 상태로 유지하는 기회를 제공한다.

이 책의 Web 사이트(**www.mhhe.com/bf15e**)에는 Web 링크 객관식 퀴즈, Excel 스프레드시트 및 텍스트에 부록 등 학생을 위한 자료들을 담고 있다. 강사는 암호로 보호된 강사 로그인을 사용하여 솔루션 매뉴얼, 테스트 뱅크, 및 PowerPoint 프레젠테이션을 찾을 수 있다.

보충자료들

강사들을 위하여 일부 보조 자료가 준비되어 있다.

- **솔루션 매뉴얼** – Jeffrey Fisher과 William Brueggeman 제공
- **테스트 뱅크** – Liberty University의 Scott Ehrhorn 제공
- **PowerPoint 슬라이드** – Columbia University의 Joshua Kahr 제공

감사 인사

Edward Baryla
East Tennessee State University

Roy T. Black
Georgia State University

Robert Berlinger, Jr.
University Institute of Technology

Thomas P. Boehm
University of Tennessee-Knoxville

Thomas Bothem
University of Illinois at Chicago

Wally Boudry
University of North Carolina-Chapel Hill

Grace Wong Bucchianeri
Wharton School, University of Pennsylvania

Brad Case
NAREIT

Ping Cheng
Florida Atlantic University

Joe D'Alessandro
Real Estate Insights

Ron Donohue
Homer Hoyt Institute

John Fay
Santa Clara University

Michael Fratantoni
Georgetown University

Eric Fruits
Portland State University

Deborah W. Gregory
University of Arizona

Arie Halachmi
Tennessee State University (USA)
Sun Yat-Sen University (China)

Barry Hersh
NYU-SCPS Real Estate Institute

Samuel Kahn
Touro College

Joshua Kahr
Columbia University

W. Keith Munsell
Boston University

Michael Schonberger
Rutgers University-New Brunswick

Tracey Seslen
University of Southern California

Rui Shi
L&B Realty Advisors

Carlos Slawson
Louisiana State University

Jan Strockis
Santa Clara University

최근 버전에 공헌한 감수자 또는 현재 버전을 개선하는 데 다른 방법으로 피드백을 제공하여 도움을 주신 분들에게 감사의 뜻을 전한다.

기존의 판을 개정하는 데 도움을 주기 위하여 조언을 해준 여러분들이 있다. Homer Hoyt Institute의 Ron Donohue와 부동산 투자 신탁 협회(NAREIT)의 Brad Case는 부동산 투자 신탁의 장을 개정하는 것을 도와주었다. Joe D'Alessandro와 Rui Shi 부동산 펀드에 관한 새로운 장의 개정을 도왔다. FNMA의 Rhea Thornton은 모기지 인수에 대해 설명하고 있는 장에 댓글을 남겼다. Megalytics의 Susanne Cannon은 Crowd Funding 새로운 기사를 도와주었다. Heather Hofmann은 원고의 준비 및 제출을 도와주었다.

현재 버전의 대부분의 내용은 이전 버전에 정보를 제공한 많은 사람들의 혜택을 받았다. ADIA의 Youguo Liang은 합작 사업 구조에 대한 중요한 삽입을 제공했다. Charles Johnson과 Aaron Temple은 웹의 참고 문헌을 도와주었다. Jacey Leonard는 이 버전에서 사용된 이전 버전의 Excel 서식 파일의 준비를 지원했다. Anand Kumar는 Web 참조 및 스프레드시트를 도와주었다. Ji' Reh Kore은 부동산 금융 업계에 영향을 미치는 최근 동향 및 솔루션 매뉴얼의 작성에 관한 연구를 지원했다. Deverick Jordan과 Diem Chau도 솔루션 설명서와 각 장의 예들을 도와주었다. Nathan Hastings는 법률 부분의 장을 최근의 것으로 개정하는 작업을 지원하고 부동산에 사용되는 소유 구조에 대한 정보를 제공했다.

원본의 스프레드시트 템플릿 작성을 포함하여 이 책의 이전 버전들에 공헌한 고인 Theron Nelson을 잊지 못할 것이다. 이 책과 부동산 업계에 대한 그의 공헌에 감사한다.

새로운 자료의 개발에 협력해 준 McGraw-Hill Education 도서팀 Chuck Synovec, Michele Janicek, Jennifer Upton, Melissa Caughlin, M Jane Lampe, James Heine, Lynn Breithaupt, Douglas Ruby, Kevin Shanahan에게 감사의 인사를 전한다.

우리는 또한 이전 버전의 저자로서 공헌해 온 분들, 특히 이 책의 초판을 썼던 고인 Henry E. Hoagland와 여러 버전에 참여한 고인 Leo D. Stone 대해 계속 보답을 하고 있다. 마지막으로, 이 책의 이전 버전을 사용한 모든 분들에게 감사한다. 그들은 피드백을 통해 학생들의 부동산 경력을 위하여 준비하는 것을 도와 준 것처럼 느꼈다.

William B. Brueggeman
Jeffrey D. Fisher

역자 소개

가나다 순입니다

김영곤 교수

성균관대학교 경영학과 졸업

University of Georgia 경영학박사

성균관대학교 경영학부 대우교수

서울연구원 책임연구원

삼성에버랜드 부동산팀장

Jones Lang LaSalle 한국지사장

국민연금 대체투자심의위원

현) 강남대학교 부동산학과 교수

김진 교수

경원대학교 도시계획학과 졸업

서울시립대학교 공학석사

Texas A&M University 도시 및 지역학 박사

SH공사 투자심사위원

서울연구원 부연구위원

기업은행 PF부 차장

국토도시계획학회 이사

현) 한남대학교 도시부동산학과 교수

노승한 교수

성균관대학교 건축학과 졸업

Georgia Institute of Technology 건축자산관리학 석사

Georgia State University 부동산학박사

Georgia주 감정평가사/공인중개사

미국 건축자산관리사(FMP)

한국주택학회 편집위원

부동산분석학회 이사

University of Reading 부동산도시계획과 교수

현) 건국대학교 부동산학과 교수

박원석 교수

서울대학교 국제경제학과 졸업

서울대학교 대학원 지리학과 석사, 박사

삼성경제연구소 수석연구원

University of Washington 방문교수

공인중개사 시험위원

경제지리학회, 지역학회 이사

부동산분석학회 부회장

현) 대구대학교 부동산학과 교수

정성훈 교수

성균관대학교 경영학과 졸업

서울시립대학교 세무전문대학원 세무학박사

서강대학교 대학원 경영학박사(재무관리)

한국선물포럼회장

한국은행 대구경북본부 자문교수

주택산업연구원 연구위원

감정평가사 출제위원

현) 대구카톨릭대학교 경제통상학부 교수

지규현 교수

한양대학교 도시공학과 졸업

한양대학교 대학원 도시공학과 석사, 박사

국토연구원 책임연구원

국민은행 연구소 연구위원

LH공사 주택도시연구원 수석연구원

GS건설경제연구소 책임연구원

한국주택학회 부회장 겸 편집위원장

현) 한양사이버대학교 기획처장 겸 디지털건축도시공학과 교수

2000년도에 본서의 번역본이 처음 출간되었다. 당시에는 외환위기를 극복해 가는 과정 중이었으며 사회적으로나 경제적으로 커다란 변화를 겪고 있던 시절이었다. 부동산업계는 과학적인 시장분석과 합리적인 의사결정, 자본시장과 연계된 부동산 금융기법이 필요한 상황이었고, 이에 따른 전문 인력들은 부족하던 시절이었다. 따라서 본서의 번역본을 처음 국내에 출간할 때도 역시 어려움이 많았다. 그렇지만 시기적으로 절실하게 본서가 필요하다고 판단하여 번역할 용기를 내었던 것이었다.

2000년대 초반을 지나면서 국내의 자본시장과 부동산시장은 많은 변화를 겪으며 발전해 왔다. 그리고 2008년의 금융위기는 자본시장과 부동산시장을 더욱 강하게 연결시키는 계기가 되었으며, 글로벌화의 환경하에서 그동안 시장에는 전문적인 지식과 실무경험을 갖춘 인력들도 많이 배출되어 왔다. 그러나 아직도 자본시장과 부동산시장에는 해야 할 것들과 할 수 있는 것들이 산재해 있는 실정이다.

이런 가운데 본서의 최신판인 15판이 출간되었다. 특히 현대 부동산시장과 자본시장의 한 주류로 자리 잡아가고 있는 부동산의 증권화와 펀드 분야가 더 자세히 설명되어 있어서 매우 반가운 일이었다. 부동산금융이란 재무적인 지식과 함께 금융 지식, 메카니즘 등에 대한 이해를 바탕으로 하여 각 부동산의 특성에 따른 상품의 설명과 분석이 이루어야 실무에 적용이 가능한 분야이다. 자본시장의 개방으로 자본의 이동이 자유로워지고, 4차 산업혁명이라는 변화로 정보의 홍수 속에서 경제활동을 하는 우리의 현실은 본서가 제공하는 다양한 실마리들을 어떻게 이해하고 응용하느냐에 대한 새로운 고민을 안겨준다.

처음 본서의 번역본을 출간할 때, 향후 5년 정도는 국내 부동산 시장에 필요한 관련 지식들이 본서의 범위를 벗어나지 않을 것으로 판단했었다. 그렇지만 이번에 출간된 15판을 보면, 아직도 응용할 것들이 많이 남아 있다는 것을 느낀다. 그러나 시장의 우수한 인력들이 현장에서 왕성하게 활동을 하고 있기에 발전 가능성에 대한 기대 또한 크다. 본서의 출간을 계기로 국내의 부동산 및 금융 관련 종사자들, 교수님들, 연구자분들, 학생들 간에 이에 대한 학습과 연구가 더욱 활발히 이루어져서 국내 시장이 더욱 발전하기를 기대한다.

바쁘신 가운데도 기꺼이 번역진에 참여해 주신 한남대 김진 교수님, 건국대 노승한 교수님, 대구대 박원석 교수님, 대구가톨릭대 정성훈 교수님, 한양사이버대 지규현 교수님의 수고에 깊은 감사의 인사를 드린다. 참여 교수님들의 실무 경험과 이론 연구를 바탕으로 한 번역이기에 앞서 출간된 번역서 보다는 더 좋은 서적일 것으로 확신한다. 옆에서 본서를 위해

응원해 주신 번역진의 가족분들과 동료 교수님들께도 감사드리며, 아울러 바쁜 일정에도 불구하고 원고 교정에 수고해 준 제자 김경민 박사에게도 고마운 마음을 전한다. 한편으로 본서의 출간을 제안해 주시고 물심양면으로 지원을 아끼지 않으신 맥그로힐 에듀케이션의 이상덕 상무님과 편집자 박미진 선생님 등 편집진에게도 감사 인사를 드린다. 마지막으로 원저자 두 분 교수님들의 왕성한 연구 열정에 깊은 경의를 표하고 싶다.

저물어가는 2016년의 끝자락에서
대표 역자 김 영곤 드림

요약 차례

PART 02 저당 대출

Chapter 03
대출의 기본 요소: 화폐의 시간적 가치   51

Chapter 04
고정금리 저당 대출   87

PART 03 주거용 부동산

Chapter 07
단독주택의 가격결정, 투자 및 납세 고려사항   189

Chapter 08
주거용 부동산에 대한 대출 및 금융   223

PART 04 수익용 부동산

Chapter 09
수익부동산에 대한 소개: 임대와 임대시장   255

Chapter 10
수익부동산의 가치: 감정 평가와 자본시장   297

Chapter 11
투자분석과 수익부동산의 세금   341

Chapter 14
수익부동산의 처분과 레노베이션   **453**

Chapter 15
기업부동산금융   **497**

PART 05 부동산개발금융

Chapter 16
부동산개발금융   527

Chapter 19
제2차 담보시장: 원리금자동이체증권　　　　　　　649

Chapter 20
제2차 담보시장: 다계층증권 및 파생증권　　　　　　　679

Chapter 23
부동산 투자 펀드 구조, 성과, 기준 및 속성분석   789

CHAPTER 01

부동산 투자: 기본적인 법률 개념들
Real Estate Investment: Basic Legal Concepts

이 책은 부동산 법률에 관한 서적이 아니다. 하지만 부동산 사업에는 상당히 많은 법률용어들이 사용된다. 부동산 투자를 할 때, 대상 부동산의 물리적인 속성과 취득하고자 하는 재산권의 내용 양쪽을 모두 이해하는 것은 매우 중요하다. 이 장에서는 부동산과 관련이 있는 여러 중요한 법적인 용어들을 다룬다. 추가적인 용어와 개념들은 이 장 이후에 알아야 할 필요가 있는 부분에서 다루어질 것이다.

부동산 사업에서 사용되는 법률 용어들은 영국 관습법에서 나온 것으로 현재 미국 재산법의 기본원리도 여기에 근거를 두고 있다. 예를 들면, 'Real Estate'에서 'Real'이라는 단어는 'Realty'라는 단어에서 나온 것으로 오래전부터 이 단어의 의미는 '토지와 토지 위에 영구히 부착되어 있는 모든 것(건물들과 구조물들처럼 움직이지 않는 것들)'들을 말한다. 'Realty'가 아닌 다른 모든 것들은 'Personalty(동산)'라고 불렀으며, 여기에는 무형자산이나 움직일 수 있는 모든 것들(자동차, 주식, 은행계좌, 특허 등)이 포함된다. 'Estate'라는 단어는 지금까지 '사람이 소유하는 모든 것'이라는 의미를 지니고 있으며 'Realty'와 'Personalty(동산)'가 포함된다. 이에 따라 'Real Estate'(부동산)의 뜻은 일반인의 재산 중 'Realty'를 의미한다. 현재의 상관습 상에, 종종 'Realty'라는 단어를 사용하고 있으나 일반적으로 토지 또는 토지 상에 영구히 부착되어 있는 것을 말할 때에는 'Real Estate'라는 단어를 사용한다.

미국의 법률체계는 '부동산(realty)'과 '동산(personalty)'을 매우 다르게 간주하므로 이 두 단어의 차이점을 이해하는 것은 중요하다. 예를 들면, 오래전 영국에서 부동산에 대한 분쟁은 보통 정당한 소유권과 소유하고 있는 토지의 경계선 등의 문제를 포함하고 있었다. 이러한 분쟁에 대하여 소송의 양당사자가 법원에서 증언을 할 때에 주로 구두 합의, 약속 등을 이유로 자기주장을 하지만 이를 입증하기가 어려워 분쟁을 해결하는 데 많은 어려움이 있었다. 하지만 판결은 매우 중요했고(당시 영국 경제는 극단적인 농업 중심), 일반 국민들의 생계가 달린 문제였다. 법원의 판결문은 보통 소송의 한 당사자에 대하여 토지에 대한 권리와 함께 해당 토지 위의 영구적인 정착물들(집, 헛간 등)에 대한 권리도 포기하도록 할 수밖에 없었다. 이러한 형태의 토지분쟁이 증가하자 결국 법원에서는 실용적인 해결책을 만들었는데 그 내용은 모든 부동산 관련 금전 거래 시에는 서면으로 작성되어서 서명이 되어 있는

계약서를 반드시 작성하도록 하는 것이었다.[1]

그와 동시에 여러 노력으로 (1) 토지 위치 및 경계선의 정확한 측량과 계약서상에 이를 표기할 수 있는 체계 구축은 물론 (2) 공적인 기록의 관리시스템을 갖춤으로서 이를 통하여 사법적 효력이 있는 부동산 소유권 개념을 발전시켜 왔다. 어떤 부동산 거래도 등 기록에 추가하도록 하고, 또 이로 인한 소유권의 변경사항들을 모두 기록하도록 하였으므로 변경사항에 대한 공식적인 통보와 함께 부동산을 매매하고자 하거나 부동산을 담보로 돈을 대여해 주는 자들에게 이를 통보할 수 있게 된 것이다. 현재 미국에서도 이와 같은 방식을 시행하고 있다. 각 주에서는 서면 계약서, 요건, 측량방법 및 공적인 기록 관리시스템을 가지고 있다. 한편 동산과 관련된 거래에 대해서는 부동산과 같은 엄격한 계약조건을 요구하지 않고 있으며 구두합의에 의해서도 이루어질 수 있도록 하고 있다.

부동산에 투자할 때, 투자자는 토지에 속해 있는 물리적인 재산 및 모든 영구적 정착물의 **권리**도 취득한다. 이러한 권리들의 예에는 부동산을 통제하고 점유하며 개발이나 개선, 이용, 담보제공, 임대, 및 매각할 수 있는 권리가 포함된다. 이러한 모든 권리들을 **재산권**이라고 한다. 이것으로 인해 **부동산 또 부동산 재산권**이라는 뜻이 발전되었다.[2] 실제로 업무상, '*Real Estate*'와 '*Real Property*'라는 단어들은 혼용되고 있다. 하지만 부동산에 투자할 때, 취득된 재산권은 독립적이고 별도의 것으로 보아야 한다. 예를 들면, 다른 사람에게 담보를 제공하거나 임대를 줄 경우 다른 반대급부나 임대료를 받을 수 있다. 그러나 이로 인하여 부동산의 소유권이 상실되는 것은 아니다. 재산권을 어떻게 이해하며 또 이러한 권리들을 어떻게 하나로 묶어 해당 부동산의 가치제고를 기할 수 있는지를 이해하는 것이 이 책의 목적이다. 이러한 개념들은 [예 1-1]에 있는 내용을 참조하면 이해가 될 것이다.

재산권과 부동산

위에서 지적한 바와 같이 '**부동산**'이라는 용어는 **토지**와 해당 토지상에 부착되어 있는 영구적 정착물과 같이 움직일 수 없는 것들을 말하며 부동산에 관련된 **소유권**을 '**부동산 재산**(real property)'이라고 말한다. '**부동산 재산**'은 **동산**과 대별되어 왔다.[3]

많은 사람들이 하나의 토지에 대해서도 여러 가지 형태의 부동산 소유권을 갖고 있을 수 있기 때문에 물리적인 부동산 재산과 부동산의 소유권을 구별하는 것은 중요하다. 미국의 법률체계는 사람들이 부동산에 투자하거나 융자도 할 수 있으며 독창적인 방식으로 다양한 권리(이권, interests)를 여러 관련자들에게 배분할 수도 있도록 하고 있다.

'**재산권**'은 한 사람이 자기 재산을 소유, 사용, 향유하고 적절히 처분할 수 있는 권리를 말

---

[1] 이 요구는 '*Statute of Frauds and Perjuries*'에 포함되었고 영국에서 1677년도에 제정되었다. 이것으로 인해 법원은 분쟁과 권리관계가 불분명한 거래들을 감소시키고자 하였던 것이다.

[2] 부동산이 아닐 경우에는 '개인 재산권'이라는 개념이 있다. 또 개인 재산권은 위와 같은 동산에 대한 권리들을 말한다.

[3] 정착물 또는 부착물(Fixtures)들을 생각해야 한다. 이것들은 한때는 동산이었지만, 거의 영구적인 방법으로 토지 또는 건물에 설치되어 있거나 영구성을 바탕으로 한 토지와 건물에서 사용하는 것이 인식되고 있기 때문에 부동산으로 판단하는 것 들이다. 예로는 빌트인 식기세척기, 오븐 및 차고 문 개폐장치, 비품 등의 항목에 중요한 판례법이 있다. 실제로 재산을 매매할 때, 동산이나 고정물로 인식될 수 있는 모든 것들이 기록된 항목들은 매매 계약의 한 부분으로 포함되어 작성될 것이다. 이것은 매도자로부터 매수자에게 반송되는 재산처럼 모호함을 줄이기 위해 이루어진다.

예 1-1   부동산 금융과 투자에 있어 중요한 기본적 재산 개념

(1) 재산의 일반적 특성	(2) '재산'의 분류	(3) 예시	(4) 재산에 대한 소유권 : 법적 요건의 산물/증거
일반적으로 소유하고 이용하고 향유할 수 있고 통제할 수 있거나 또는 양도할 수 있는 '것'은 재산으로 간주된다.	A. 부동산(부동산) B. 동산(개인 재산)	A. 토지 및 모든 영구적인 정착물 (건물, 인도, 등), 움직일 수 없는 것, 부착물 등 B. 무형자산과 모든 이동 가능한 것(예를 들어, 자동차, 재고자산, 특허, 가구)	A. 성문계약, 법적 명세서, 조사, 증서, 유언장, 소유, 공시 B. 구두 및 성문 계약, 구매주문서, 송장 등
재산권 재산 소유자가 행사할 수 있는 권리. 동 권리에는 소유, 사용, 향유, 통제 및 재산에 있어서의 권리(interest) 창출을 포함한다.		C. 재산소유자는 임차인에게 부동산을 임대하고, 임차권을 창출한다.	C. 부동산과 임대차 조건을 기술한 문서
재산상 권리 소유권을 포기하지 않은 채 목적을 달성하기 위해 재산을 저당잡힌 부동산 소유자가 창출하는 이익		D. 재산 소유자는 대출을 위해 부동산을 담보로 저당 잡힌다. E. 재산 소유자는 또 다른 지역에 접근할 수 있기 위해 또 다른 사람이 토지를 가로질러 갈 수 있도록 지역권을 허용할 수도 있다.	D. 저당 담보권, 지역권 등

한다. 부동산의 경우 '권리'라는 것은 재산권에서 보다 광범위하게 사용되고 있는 법률용어이다. 이 권리의 소유주는 일정한 형태의 권리를 누릴 수 있으며, 이용 및 통제를 할 수 있고, 이를 다른 사람에게 매각할 수 있다. 이러한 권리는 그 가치를 평가하여 매매하기도 하며, 대출을 받을 때 담보목적물로 사용할 수도 있다.

특정 필지의 부동산 가치는 이러한 모든 권리에서 오는 이익에 대하여 개인이 기꺼이 지불하고자 하는 전체적인 가격이라고 할 수 있다. 한 개인이 한 소유주가 되어야 하는 것이 아니고 본질적으로 부동산의 이익에 대한 어떤 권리를 가지는 것이다. 예를 들어 토지 **임차인**은 동 토지를 점유하고 있는 동안 재산에 대한 독점적 사용권을 갖는다. 비록 임차조건이 정해져 있어도 임차인에게 있어서 동 사용권은 가치를 지닌다. 토지를 사용하는 권리의 대가로 임차인은 임대기간 동안 임차료를 지불한다. 저당권자는 또한 대출의 담보 목적물로 저당을 잡은 부동산에 대하여 비록 소유주가 아닐지라도 여러 가지 권리를 지니고 있다. 이러한 권리들은 주(state) 법률과 담보조건에 따라 매우 다양하게 나타난다. 그러나 임대인(또는 저당권자)은 일반적으로 임차인이 임대료(담보대출금)를 지불하지 않으면 이를 다시 환수하여 소유하거나 토지를 매각할 권리를 가진다. 담보대출을 받을 경우 소유주는 '**담보부 권리**'를 제공한다. 지불 유예가 발생하면 동 권리에 의하여 소유주가 지닌 권리를 제한할 수 있다.

부동산의 법적 특성에 대한 몇 가지 내용을 이해하고 있으면 특정한 토지에 대하여 일정한 권리를 가지고 있는 여러 당사자들에게 발생할 수 있는 상대적 이익을 분석하는 데에 확

실한 도움이 된다. 대부분의 부동산 대출이나 투자 거래에 있어서 일반적으로 투자, 매각, 또는 차입 등을 할 때 당사자가 부동산에 모든 소유권을 가진 한 사람의 소유자라는 생각을 전제로 한다. 그러나 앞서 논의해 왔듯이 부동산에 대한 모든 권리나 또는 그 일부의 권리에 대해서 제한하거나 다른 사람에게 양도할 수 있다. 예를 들면, 부동산 소유주는 부동산을 임대하고 담보대출을 위한 담보물로서 그 부동산을 제공한다. 매우 일반적으로 이러한 개별 권리의 다양한 소유자들은 상대적인 조화 속에서 그들 각자의 권리를 향유한다. 그러나 때로는 이러한 권리를 지닌 사람들 사이에 상대적 권리와 우선권을 놓고 분쟁이 발생될 수도 있다. 그러한 분쟁 가능성은 개인들이 부동산에 대한 권리는 물론 궁극적으로 토지 가치에 대해 기꺼이 지불하고자 하는 값의 가치에도 영향을 줄 수 있다.

재산권 Estate의 정의

재산권(estate)이라는 용어는 "일 개인이 소유하는 모든 것"을 의미한다. **부동산**(real estate)이라는 용어는 개인 재산권의 한 부분으로서 소유한 부동산 전부를 뜻한다. 부동산에 있어서 '재산권'이라는 용어는 부동산에 대한 권리와 이익의 범위를 규정하는 데 사용한다. 영국 재산법에 의거해 발전해 온 재산권의 변경은 거래의 한 부분으로서 권리와 이익의 본질이나 회수를 말하는 것이다. 예를 들어, **부동산 소유권**(fee simple estate)은 부동산 소유권의 가장 완벽한 형태를 나타내고 있는 반면, 통상 **임대 토지의 소유권**(lesaehold estates)은 임차기간 동안 임차인이 지니고 있는 권리와 이익을 나타내 주고 있다. 후자 역시 소유권에 대한 내용이지만 소유 기간 동안이라도 임차인이 토지를 점유하고 사용할 수 있는 일반적인 권리를 내포하고 있다.

재산권 Estates의 두 가지 일반적 구분

(1) 권리에 기초한 구분: 소유적 재산권과 비소유적 재산권(미래 소유권)

재산권(estates)을 소유권과 관련된 권리를 바탕으로 분류할 때 크게 두 가지로 나누어 생각해 볼 수 있다. 소유적 재산권(토지에 있는 현재 권한)은 재산권의 혜택을 즉시 소유주에게 넘겨준다. 반면 비소유적 재산권(토지에 있는 미래의 권한)은 재산권의 혜택이 있다면 미래의 어느 시점 이후에 받을 수 있다. 다시 말하면, 비소유적 재산권은 부동산에 있어서 미래소유적 이권이다.

일반적으로 비소유적 재산권은 어느 특별한 사건이 발생하기 전까지는 소유적 재산권으로 바뀌지 않는다. 소유적 재산권이 비소유적 재산권보다 훨씬 더 일반적이다. 대부분의 사람들이 재산권을 생각할 때는 보통 소유적 재산권을 생각한다. 그래서 당연히 채권자나 투자자들은 소유자가 소유한 부동산의 재산권(estate)의 성격에 많은 관심을 두고 투자나 융자를 하게 된다.

(2) 소유에 기초한 구분: 자유보유재산권 *Freehold estates*과 임차권 *Leasehold estates*

소유권의 권한은 광범위하게 두 가지로 나뉘어진다. 즉 자유보유재산권과 임차권이다. 이들을 구별하는 방법은 기간의 투명성 및 확실성이다. **자유보유재산권**에서 재산권의 기간은 불확실하다. 즉 재산권이 언제 끝나는지에 대해서 정확한 날짜를 알 수가 없다. 반면 **임차권**은 재산권의 만료 날짜가 확실하다. 이러한 기술적 차이점 외에, 자유보유재산권은 재산권의 소유주가 부동산의 소유주임을 나타내고, 임차권은 다른 소유주의 부동산을 일정기간 동안 점유하고 사용하는 것을 말한다.

자유보유재산권의 예

모든 재산권의 종류들을 이 장에서 전부 다 다룬다는 것은 불가능하다. 가장 흔한 두 가지 재산권을 먼저 살펴보고 재산권의 종류를 파악하는 것이 부동산거래에 있어서 얼마나 중요한 것인지 살펴보자.

부동산소유권 *Fee Simple Estate*

부동산소유권(완전부동산소유권이라고도 함)은 자유보유재산권이며 가장 완벽한 부동산소유권을 표현한다. 부동산소유권의 소유주는 소유한 재산권을 분리하여 그것을 부동산이 위치하는 곳의 법이 제한하는 범위 내에서 매각, 임대를 할 수 있으며 담보로도 사용할 수 있다. 정부조치에 의한 경우 외에는, 부동산소유권(fee simple estate)의 소유주는 소유부동산을 임대, 매각 심지어 아무에게나 무료로 증여할 수도 있다. 이 부동산재산권이 투자자들과 채권자들에 있어서 투자와 융자거래에 가장 일반적인 권리형태이다.

생애재산권 *Life Estates*

자유보유재산권은 위의 부동산소유권보다 모자라는 소유 권한을 가질 수도 있다. 이런 권한의 예는 **생애재산권**이다. 즉 생애재산권은 어떤 사람의 일생 동안에 한하여 인정되는 부동산소유권이다. 그 지명된 어떤 사람의 생명이 끝나면, 부동산의 처음 권한을 넘긴 자(원래 양도인)에게 넘어가든지 아니면 그의 자손 혹은 상속자에게 넘어간다. 대부분의 생애재산권은 부동산의 양도의 조건으로 생겨난다. 예를 들면 양도인이 자신의 부동산을 유산으로 상속자에게 넘기고 싶지만 자신이 살아 있는 동안은 당해 부동산을 사용하고 즐기고 싶을 때 생애재산권이 만들어질 수 있는 것이다. 이런 생애재산권은 부동산의 권한 양도를 예약생애재산권(reserved life estate)에 묶어 놓으면 된다. 생애재산권은 임대, 저당, 매각이 될 수 있다. 생애재산권의 관계자들은 생애재산권 소유주의 생명이 끝나면(아니면 생애재산권 계약조건상의 사람의 생명) 생애재산권도 같이 끝나는 것을 잊지 말아야 된다. 생애재산권의 재산권 기간의 불확실성 때문에 생애재산권의 시장성이나 담보가치는 상당히 한정되어 있다.

미래소유적 권한 *Future Estates:* 미래재산권

앞에 언급된 재산권은 소유권들이다. 즉, 재산권의 소유주가 바로 모든 혜택을 갖게 된다. 본 절에서 언급될 것은 비소유적 재산권이다. 즉 미래재산권을 얘기하는 것이다. 미래재산권은 어느 일정한 기간 뒤에나 부동산재산권의 혜택을 받을 수 있는 것이다. 가장 중요한 두 가지의 미래재산권은 복귀권(reversion)과 잔여권(remainder)이다.

복귀권 *Reversion*

복귀권(reversion)은 양도인이 현재 소유하고 있는 부동산재산권을 양도인이 가지고 있는 재산권보다 짧은 일정기간 동안 양수인이 소유하게 허락하고, 이 허락된 시간 동안 양수인은 양도인이나 양도인의 후손에게 양도될 부동산재산권을 보유하게 되는 것이다. 일정시간이 지난 후에 양도인이나 양도인의 후손은 처음에 있었던 부동산소유권을 회복하게 된다. 이런 경우에 양도인이 양수인의 소유부동산에 복귀적 권리(a reversionary fee interest)가 있다고 얘기한다. 복귀권은 실제 물건에 대한 권리이기 때문에 매각을 하거나 담보로 제공할 수 있다.

잔여권 *Remainder*

현재 양수인의 재산권이 끝난 후 양도인이 양도인이나 양도인 후손이 아닌 제3자에게 복귀권을 양도인의 재산권보다 작은 범위로 양도할 때 **잔여권**이 남아 있다고 한다. 잔여권은 제3자를 위한 미래재산권이다. 잔여권도 복귀권처럼 저당 잡힐 수 있는 부동산 이권이다.

임차권 *Leasehold Estates* 의 예

임차권의 종류는 크게 두 가지이다. 한정임차권(estates for years)과 연간임차권(estates from year to year)이다.[4] 이외에 두 가지가 더 있지만 별로 흔하지가 않다. 임차권이 어떻게 시작되고 어떻게 만료되는지에 따라 그 종류를 구별할 수 있다.

한정임차권 *Estate for Years*: 임차기간

한정임차권은 투자자들이나 채권자가 가장 많이 접근하는 임차권들 중의 하나이다. 이것은 임차 기간이 임대계약에 정확하게 명시되는 것이다. 이 경우 임대기간이 1년 이하라도 한정임차권이다. 하지만 임대계약에 계약만료 날짜가 정확하게 명시되어 있어야 한다. 임대계약은 대부분의 부동산거래 계약처럼 서면으로 되어 있다. 임대기간이 1년 이상일 때는 사기관련 법령(statue of frauds)상 반드시 서면으로 되어 있어야 한다. 임대계약서에는 임차인과 임대인의 권한과 의무가 명확히 기술되어 있고 임대차와 연관된 기타 규정들이 일반적으로 따라 붙는다.

---

[4] 인정재산권(Estate at Will): 지주가 계약 없이 다른 사람의 부동산 점유를 동의하는 경우에 발생한다. 이러한 재산권은 무기한이다. 묵인재산권(Estate at Sufferance)은 임차자가 계약 기간 후에 지주의 승인이나 고지 없이 부동산을 점유하는 경우에 발생한다.

한정임차권의 기간은 최고 99년까지 가능하다(관례상 99년 이상 넘는 임대는 거의 없다). 이 기간 동안 임대인은 임차인에게 사용과 관할권한을 주고 임대료를 받는다. 계약임대료가 계약기간 중에 시장임대료보다 낮으면 이 계약은 임차인에게 가치를 상승시켜 준다. 이 소유가치를 저당할 수도 있고 매각할 수도 있다. 예를 들어, 만약 임차인이 시장임대료가 연 2,000달러인 건물을 연 1,000달러에 임대하고 있다면, 시장임대료와의 차액인 1,000달러가 임차인에게 이득가치라고 볼 수 있고, 임대계약상 담보제한 문구가 없다면 이 이득가치를 담보로 활용할 수도 있다.

부동산 물건이 임대되어 있을 때, 임대인은 임대된 부동산 물건에 임대된 봉토권(leased fee estate)이 있다고 본다. 물건소유주는 자신의 물건에 대한 권한의 일부분(임차권, lease-hold estate)을 임차인에게 넘겨주었다는 것이다. 임대된 봉토권의 가치는 임대기간 동안 받는 임대료와 임대계약이 만료된 후 물건 소유주에게 복귀이권으로 돌아오는 부동산 물건의 가치를 말한다. 그러므로 임대된 봉토권은 융자에 담보로 사용될 수도 있고 매각할 수도 있다.

연간임차권 *Estate from Year to Year*

연간임차권[기간임차권(estate from period to period) 또는 주기적 임차권(periodic tenancy)이라고도 함]은 계약 당사자들이 서로 계약을 파기하겠다는 통보가 없는 한 주어진 기간이 반복적으로 연장된다. 한 기간은 보통 임대료가 지불되는 한 기간으로 본다. 이런 임차권의 한 기간은 보통 한 달이다. 하지만 한 기간은 일 년까지 갈 수도 있다. 이런 임차권은 어떤 일정한 만료기간을 정하지 않고, 당사자들만 알고 있는 비공개 계약으로 할 수도 있다. 이런 임차권은 보통 계약기간이 짧다(1년 아니면 1년 이하). 그래서 이런 계약은 실제로 구두로 많이 이루어진다. 이런 임차권은 임대인의 동의가 명시되지 않았어도 이루어질 수 있다. 이런 경우 중에서 가장 자주 일어나는 예는, 임차인이 계약기간이 지났음에도 계속 부동산 건물을 점유하며, 임대인은 임차인으로부터 임대료를 받든지 아니면 다른 어떤 무언의 연장허락을 표현하는 경우이다.

만약 현 임차인이 부동산 물건이 양도된 후에도 계속 점유하고 있을 경우, 양수인은 현재 살아 있는 임대계약의 조건을 잘 검토하여 부동산 물건의 소유권을 양도받는다. 임대계약을 양도받을 때 선지급 임대료와 임대보증금은 부동산 물건 양도계약에 꼭 반영하여야 한다. 그리고 임대계약이 포함된 부동산 물건을 양도받는 매수인은 현 임대계약들을 검토하여 현 계약이 효력이 있는지 결정할 수 있는 권한을 계약서에 반드시 첨부하여야 한다. 즉 현재 임대계약들 중에서 효력이 남아 있는 것이 있는지, 임대계약조건에 파기가 된 것이 있는지, 혹 원치 않는 계약조건이 있는지 검토한 후에 각 임대계약의 효력을 결정하는 것이다.

권리, 채무부담과 지역권 *Interests, Encumbrances and Easements*

부동산에 있어서의 **권리**(interest)는 부동산, 부동산 수입, 또는 산출물에 대한 권리 또는 권리 주장으로 간주될 수 있다. 권리는 소유자가 창출하는 것으로 통상 차입이나 다른 목적의 대가로 타인에게 양도할 수도 있다. 부동산에 있어서 권리는 일반적으로 동산만큼 중요한 것으로 여기지는 않는다. 예를 들어 완전한 소유권을 가지고 있는 부동산 소유자는 담보대출 신청 시 자신의 재산에 대하여 **저당권**을 설정하거나 부채에 대한 **담보**로 제공한다. 이 경우 채권자는 재산의 소유, 사용, 기타 권리 등을 제외한 오직 **저당권**만을 지니게 된다.

일반적으로 저당권의 성격은 재산 소유자가 대출 조건을 충족시키지 못했을 경우 채권자가 취할 수 있는 조치로서 담보대출 시 서면으로 규정하고 있다. 일시적인 대출기간 동안 소유자는 재산을 **유지**하고 **사용**할 수 있다. 소유자가 다른 사람에게 양도를 허락할 때 부동산 권리가 창출되는 또 다른 예가 있다.

지역권은 토지에 대한 **비소유적 권리**이다. 이는 타인이 어떠한 특별한 목적으로 토지를 소유하거나 임대한 토지를 사용할 권리이다(즉, 타인의 재산에 대한 그리고 재산으로부터 나온 권리이다). 지역권은 제한된 사용자 권한만을 허용할 뿐이며, 소유권과 관련된 권한을 지칭하는 것은 아니다.[5] 지역권의 예는 다음과 같다: A라는 부동산 소유주는 B라는 부동산 소유주에게 B 소유의 부동산에 접근이 용이하도록 A의 토지에 위치한 도로를 사용하도록 허락한다. 일부 소매 점포시설 개발에 있어서, A와 B는 상호 지역권을 활용하여 각 부동산에 교차 접근을 허용하고, 그로 인하여 고객의 쇼핑 편의와 교통흐름을 원활하게 한다.

소유권의 보증

부동산 투자를 할 때, 매입자는 전형적으로 매도자가 대상 부동산을 법적으로 소유하고 법적 권리를 양도하기 위한 권리를 가져서 매입자가 해당 부동산의 법적 소유자가 될 수 있는 보증을 원한다. [예 1-2]는 부동산 소유권의 개념을 이해하는 데 도움이 되는 기본적인 흐름표를 보여준다.

부동산 매입을 고려할 때, 구매자들은 소유권에 어떠한 내용과 종류가 있는지 구별할 수 있는 능력을 꼭 갖추어야 한다. **소유권 보증**(assurance of title)은 부동산 매입 시에 매수자에게 크게 다음 두 가지 유용한 수단을 제공한다. 첫째는 매도자가 소유를 주장하는 부동산 권한이 실제로 존재하고 양도 가능한지 신뢰도를 미리 알 수 있는 수단이 된다. 둘째는 양도받은 권한에 하자가 발생했을 때 받을 수 있는 보상이다.[6] 채권자들은 소유권의 보증(assurance of title)에 깊은 관심을 갖고 있다. 그 이유는 소유권의 내용이 담보물건 가치에 영향을 미치기 때문이다. 소유권 보증의 작동원리를 검토하기 전에 잠깐 소유권과 양도증서의 개념을 살펴볼 필요가 있다.

---

[5] 재산의 소유주가 다른 이에게 지역권이라는 권리를 제공하더라도 소유주가 해당 재산을 소유하고 있는 것으로 본다. 이 재산은 매매의 결과로 다음 소유주에게 양도할 수도 있다. 단 매매가 무효화되지 않고, 또는 권리 소유주가 권리를 포기하지 않거나 권리를 재산 소유주에게 인정하는 경우에 한한다.

[6] Grant S. Nelson and Dale A. Whitman, *Real Estate Transfer, Finance and Development*, 2nd ed.(St. Paul, MN : West Publishing, 1981), p.167).

예 1-2	개념	논의 사항
부동산 소유권	소유	소유란 일반인이나 법적실체가 부동산의 법률적 소유권이나 권리가지고 있는 것을 의미한다.
	↓	
	소유의 증명	소유권은 양도증서, 계약서, 유언장, grant(부동산 양도법의 일종), 재산 기록처럼 문서와 계속적인 점유와 사용을 통해 증명된다.
	↓	
	소유권	사람, 법적실체가 소유에 대한 법적증거와 증명을 할 수 있을 때, 재산에 대해 소유권을 가지고 있다고 한다. 이는 사람과 재산을 연결해 주는 기능을 한다.
	↓	
	소유권의 보증	부동산에 투자할 때 투자자는 그들이 받은 소유권을 가능한 완벽히 평가하여야 한다. 이는 구매자가 대출을 받거나 향후에 매각할 때 중요한 요소이다. 계약의 일부로써 판매자는 항상 소유권을 양도하고 이에 대한 보증을 해주어야 한다.
	↓	
	(a) 일반보증 양도증서	판매자가 일반보증 양도증서를 양도할 때, 그는 특정 재산 그리고 모든 재산의 권리를 법적으로 소유한다는 것과 다른 개인이나 집단이 그 재산에 대해 권리를 가지지 못한다는 것을 보증해야 한다. 소유권은 부채가 없거나 결점이 없다 (예외사항: 지역권, 임대, 유치권). 만약에 판매자의 보증을 믿은 구매자가 소유권 결점에 기이한 손실이 발생한 경우 그 판매자는 책임이 있다.
	↓	
	(b) 자격있는 양도증서	판매자가 소유권에 대해 불확실해 하거나 일반보증양도증서를 제공해 주지 않을 때 판매자는 한정보증양도증서, "bargain and sale deed"와 권리포기 증서를 통해 소유권의 확실성을 증명하기도 한다.
	↓	
	소유권 양도의 실질에 관한 증거	어떻게 투자자가 판매자의 법적 재산소유권과 소유에 관한 기록을 확실히 판단할 수 있을까? 그리고 소유권에 결점이 있다면?
	↓	
	(a) 변호사 의견	법률가는 권리변동 현황(chain of title)이 확실한지 아닌지 확인하기 위해 공적 재산 기록이나 다른 증거를 검토한다. 이러한 소유권이 확실한 경우, 그 재산의 소유권을 가지고 있는 개인은 이전 소유자로부터 정당하게 권리를 양도 받았다는 것을 의미한다. 다른 집단(parties)이 소유권을 가지고 있거나 다른 권리를 가지고 있을 때 이를 소유권의 결점이 있다고 한다. 만약 투자자가 소유권을 확실히 하기 위해서는 이러한 결점을 처리하는 행위를 취하여야 한다. 이러한 일은 보통 권리변동상의 상호집단에 접촉한 변호사가 맡으며 가능한 상대방을 고려하여 그들의 양도권리를 협의한다.
	↓	
	(b) 소유권 보험	일반적으로, 권리결점에 따른 손실에 방지책으로 배상을 약속한 보험증권을 구입한다. 이것은 판매자의 보장이 실질적으로 제한된다. 이것은 판매자의 "files"파산 또는 소유권 결점에 기이한 구매자의 손실을 갚을 여력이 없을 경우에 사용된다. 소유권 보험은 변호사의 의견 대신 사용된다. 왜냐하면, 소유권 보험은 변호사, abstractor가 부주의하게 행한 소유권 조사의 일정부분을 구매자로부터 보호해 주기 때문이다. 소유권 보장 기업은 보험증권을 발행하기 전 권리변동에 대한 검토를 실시한다.

소유권 *Title*

소유권은 개념적인 용어로 소유권을 증명하는 서류나 기록 및 행동의 의미로 종종 사용된다. 소유권은 매도자가 매수자에게 전달하는 부동산 권한의 종류를 확인시켜 주는 것이다. 앞 절에서 한 부동산 물건에 연관될 수 있는 다양한 소유권의 권리와 소유적 이권에 대해서 설명한 바 있다. 앞서 언급한 예에서 한 사람이 부동산소유권을 소유하면서 다른 사람에게 생애재산권을 주고, 이를 받은 사람의 생애재산 권한이 끝나면 또 다른 사람에게 부동산 소유권이 넘어가는 것을 보았다. 이처럼 여러 가지 권리와 이권이 복합되어 수많은 결합이 나올 수 있다.

소유권의 개요는 권리에 영향을 미치는 공개 기록문서들을 시계열로 요약한 것이다. 매수자가 양수 받은 소유권의 공신력은 기록된 문서들이 매도자 부동산 물건의 소유권한을 얼마나 뒷받침하느냐에 따라서 달라진다.

원칙적으로는 자유보유재산권만이 소유권증서를 가질 수 있다. 한편 임차권은 일반적으로 임차인과 임대인 사이에 계약서(임대계약서라고 한다)를 통해 부동산소유주(**임대인**)가 타인(임차인)에게 일정기간 동안 부동산점유 권한을 허락하는 것이다. 하지만 매수자는 거래부동산에 임대계약이 있으면 거래 후에도 효력이 있음을 알아야 한다(임차인이 계약을 포기할 경우에만 임대계약이 효력을 잃는다). 투자자나 채권자들은 자금을 투입하고 매수하면서 재산권의 내용에 대해 신경을 쓰기 때문에 부동산에 부수된 임대계약들은 부동산의 가치에 상당한 영향을 줄 수 있다.

양도증서 *Deeds*

일반적으로 소유권은 한 사람(양도인)으로부터 다른 사람(양수인)에게 **양도증서**(deed)라는 서면증서를 사용해서 양도된다(양도인과 양수인이란 말을 매도인, 매수인 대신 사용하는 이유는 소유권이 소유주로부터 상속인으로도 넘어갈 수 있기 때문이다). 소유주의 권한이 공권력을 가지고 양도되려면 모든 양도증서들이 서면으로 작성되어야 하고, 해당 부동산이 위치한 주(state)의 법을 따라야 한다.[7]

일반적으로 매수인은 양도증서에 문제가 없고 시장성이 있는 소유권을 양수하기를 원한다. 유효한 권리는 사실상 하나이다. 그러나 소유권은 불충분한 증거서류(예를 들면 불법점유로 얻은 권한)나 부동산 건물에 걸려 있는 법적문제(encumbrances)때문에 시장성을 잃을 수 있다. 시장성이 있는 소유권은 유효하며 전혀 법적문제가 없는 것이다. 즉 바로 시장에 내놓아 바로 매도할 수 있거나 저당할 수 있는 물건의 소유권이다.[8]

---

[7] 양도증서는 부동산에 대한 소유권을 이전하는 유일한 방법은 아니다. Title은 또한 정부로부터 민간인에게 유언, 법원 판결 및 보상을 통해서도 이전된다. 더욱이 재산에 대한 합법적 Title은 상반된 소유 방법들에 의해서 취득될 수 있다. 또한 이 책에서 용어에 매도자와 매수자를 사용하고 있지만, 보다 일반적인 용어인 양도인과 양수인이 자주 계약이나 부동산 거래와 관련된 다른 문서에서 사용되는 것에 주의해 보아야 한다. 판매자를 포함하는 **양도자들** 뿐만 아니라 증여(매매가 아닌)로 인한 **양수자**로서 부동산 소유자도 소유권 이전의 방법에 포함된다. 부동산에 대한 합법적 소유권은 대항적 점유를 통해서도 취득할 수 있다.

[8] *Black's Law Dictionary*, 7th ed.(St. Paul, MN: West Publishing, 1999).

소유권에 지역권, 임대권, 저당권 등과 같은 법적문제가 있다고 해서 시장성을 자동적으로 잃는 것은 아니다. 매수자는 해당 부동산에 법적문제가 있음을 알고도 매수거래를 이행할 수도 있다. 그러나 양도증서에는 소유권이 가지고 있는 모든 법적문제가 표시되어 있어야만 매수희망자가 물건에 대한 매수결정을 내릴 수 있으며, 표시된 법적문제를 고려하고 그 위험과 비용을 감안한 가치를 산정할 수 있다.

소유권보증의 방법

매수자가 소유권에 문제가 없고 시장성이 있는 부동산을 보장받을 수 있는 방법은 일반적으로 세 가지가 있다. 첫째는 매도자가 양도증서에 양도권한의 진위여부를 보장하는 것이다. 둘째로는 기록된 공공기록과 서류들을 잘 검토하여 소유권의 신뢰도를 살펴보는 것이다. 이런 조사는 보통 변호사들이 수행하여 법률적인 평가를 내려준다. 셋째로는 소유권보험(title insurance)을 사서 권한에 관한 예기치 않은 문제들에 대해서 보호를 받는 것이다.

일반보증 양도증서 *General Warranty Deed*

어떻든지 보증내용이 완전하게 들어 있으며 매도자가 실제로 가지고 있는 소유권의 내용을 전달할 수 있는 양도증서를 이해하는 것은 매우 중요하다. **일반보증 양도증서**는 부동산거래에서 가장 흔히 사용되는 양도증서이며 매수자 입장에서는 가장 유리한 양도증서이다. 일반보증 양도증서에는 소유권의 내용에 대해서 가장 광범위한 보증들이 포함되어 있다. 결론적으로 양도인은 양도증서에 명확하게 밝힌 법적인 문제(encumbrances)들 이외의 다른 문제는 전혀 없다는 점을 매각부동산의 소유권에 보증한다.

양도증서에 속한 가장 중요한 조항들은 아래와 같다.

첫째, 양도인의 소유권에 문제가 없고 합법적으로 소유하고 있는 것이다.

둘째, 양도인은 부동산을 양도할 수 있는 권한이 있다.

셋째, 다른 사람의 선순위 권한으로 인해 양수인이 양도받는 부동산을 잃거나 해당 부동산의 권리행사에서 배제당하는 피해가 없을 것이라고 보증한다.

넷째, 양도증서에 명확하게 밝힌 법적문제 이외의 다른 법적문제는 전혀 없다. 일반보증 양도증서에서 이 모든 조항들은 해당부동산에 대한 소유권이 처음 발생했을 때부터 현재까지 이루어진 모든 거래를 포함한다.

한정보증 양도증서 *Special Warranty Deed*

한정보증 양도증서(special warranty deed)는 일반보증양도증서(general warranty deed)와 비슷하다. 하지만 다른 점은 한정보증양도증서는 현 양도인이 해당부동산을 소유했던 기간에 발생하는 하자에 대해서만 보상을 한다는 것이다. 일반보증 양도증서에 있는 보증(warranties)과는 달리, 한정보증양도증서에 있는 보증은 현 양도자 이전 소유주들의 소유기간의 과거행동으로 소유권에 하자가 발생할 경우에 대해서는 전혀 보호되지 않는다.

매매 양도증서 *Bargain and Sale Deed*

매매 양도증서는 매도자의 보증없이 부동산을 양도하는 것이다. 이것은 때로 "현품(as is)" 양도증서로서 해석된다. 부동산 매입자는 매도자로부터 무보증으로 소유권을 가져오고 어떤 결점이 있는지, 있다면 어떻게 해결할 것인지를 결정하기 위하여 주도권을 가져야만 한다.

주장관 양도증서–수탁자 양도증서 *Sheriff's Deed-Trustee's Deed*

주장관 양도증서–수탁자 양도증서는 주장관이나 수탁자가 법정대리인 자격으로 집행하는 유질처분이나 공매로부터 매수자에 의해 수령되는 일종의 매매 양도증서이다. 보증은 추가되지 않는다.

권리포기 양도증서 *Quitclaim Deed*

권리포기 양도증서는 양수인에게 최소한의 보호를 해주는 양도증서이다. 권리포기 양도증서는 양수인에게 현재 양도인이 부동산에 가지고 있는 권한이 무엇인지 몰라도 양도하는 것이다. 권리포기 양도증서에는 또한 양도인 소유권의 내용과 신뢰성을 보장하거나 어떻게 양도 권한을 소유하게 되었는지에 대한 보장이 전혀 없다. 다시 말해서 권리포기 양도증서는 양도인 자신이 해당부동산에 어떠한 권한이 있는지 없는지 모르지만(전혀 없을 수도 있음) 그 권한을 양수인을 위해 포기한다는 것이다.[9]

매도자가 양도증서에서 건네주는 소유권 보증에만 의존하는 매입자는 극소수에 불과하다. 매수자가 소유권에 대한 보호를 받기 위해 매도자의 보증 이외에 가장 많이 사용하는 두 가지 독립적인 방법은 소유권에 대한 변호사의 전문의견을 얻는 것이고, 또 하나는 소유권보험을 드는 것이다.

소유권에 대한 변호사의 검토의견 요약서

소유권보험이 널리 보급되기 전에는 소유권에 대한 변호사의 전문 의견을 얻는 것이 소유권의 품질보장에 가장 흔히 쓰인 방법이었다. 본질적으로 개요와 의견의 방법은 두 단계 과정이다. 첫째, 해당 부동산에 영향을 미칠 수 있는 모든 공공기록을 찾아서 해당 부동산의 소유권 연관기록 파일을 만든다.[10] 둘째, 위의 과정이 끝나면 변호사는 소유권의 품질에 대해 전문의견을 제시하기 위해서 만든 해당 부동산의 공공기록 파일을 잘 검토한다. 파일을 잘 검토한 결과를 가지고, 변호사는 소유권의 신뢰성과 시장성에 대해서 판단을 내린다. 만약 검토한 결과 소유권에 하자가 있음이 발견된다면 변호사는 검토결과 어떤 문제가 발견되었는지에 관해 설명해야 되며, 이 문제에 대한 대책을 포함시켜야 한다.

변호사의 책임은 기록에서 나타나는 것에 한정되기 때문에, 기록에 나타나지 않는 소유

---

9 권리포기 양도증서는 부동산 소유권에 기술적 결함이나 불확실성을 제거하기 위한 목적으로 적절하고 빈번하게 사용된다. 등기서류에서 어떤 사람이 부동산에 대한 이의권을 행사할 가능성이 있는 경우, 그로부터 권리포기 양도증서를 획득하여 이러한 위험을 제거할 수 있다.

10 부동산의 소유권에 영향을 주는 사항들은 각 주의 등기법에 따라서 대부분 등기되어 있다. 그러나 소유권에 영향을 주는 어떤 사안들은 지역에 따라서 등기가 되지 않을 수 있다. 이는 등기사항이 주마다 다르기 때문이다.

Web 응용

1907년에 설립된 The American Land Title Association **(ALTA, www.alta.org)**은 소유권 보험 산업을 위한 미국의 거래 협회이다. 이 협회는 주택 구매자들과 부동산에 투자하는 담보 대출자들을 보호하기 위하여 토지 소유권을 조사, 심사, 보증업무를 한다. 이 협회의 본부는 Washington, D.C.에 있다. 이 협회의 인터넷 사이트상의 "Consumer Information"에서는 일반적인 소유권 문제들에 대한 논의를 볼 수 있다. 부동산의 소유권 문제로 인하여 직면한 다양한 유형의 문제들에 대한 개요를 제공한다.

권의 결점에 대한 책임은 없다. 변호사의 보상책임이 있을 수 있는 것은 공공기록 검토를 소홀히 했다든지 전문적인 검토 능력이 부족한 것이 증명되었을 때이다. 하지만 그 어느 한쪽이 부실했다는 것을 증명한다는 것은 어려울 것이다. 그래서 변호사의 의견에 의존하기보다는 소유권 보험 산업이 생성되어 왔다. 소유권보험은 위에 언급된 위험을 줄여주기 때문에 다수의 채권자나 투자자는 소유권보험을 선호한다.

소유권보험의 방법 *The Title Insurance Method*

소유권보험은 변호사의 소유권 법적 검토만으로 소유권 보장에 충분치 못하다는 점을 보완하기 위해서 개발된 것이다. 소유권보험은 엄격히 조사해서 만든 소유권 개요나 유능한 변호사가 쓴 전문의견 등 모든 것들을 다 포함한다. 추가로, 보험의 원리를 적용시켜 보이지 않는 위험을 다수의 부동산 소유자들에게 분산시킨다.

공공기록에서 보이지 않는 위험들의 제거를 위해 많은 투자자들과 채권자들은 소유권보험의 방법을 선호하게 되었다. 부동산융자를 받을 때 부동산담보채권이 2차 저당금융시장에서 유통이 되려면 꼭 소유권보험이 필요하다. 소유권보험의 과정은 공공기록을 상세히 분석하는 것에서부터 시작한다. 소유권보험회사가 갖고 있는 정보가 공공기록에서 찾을 수 있는 정보보다 더 완벽할 수도 있다.

소유권보험회사의 숙련된 소유권 분석가들은 소유권의 품질을 측정하기 위해서 소유권에 관한 모든 기록물들을 검토한다. 만약 그들의 결론에서 소유권에 문제가 없다고 하면, 소유권보험회사는 부동산 물건의 소유권에 대한 보험가입을 허락하는 대로 향후 공공기록이나 자회사의 기록에 없는 기록으로 인해 발생하는 위험에 대해서 책임을 진다. 요약하면 소유권보험은 소유권에 아무런 하자가 없고 시장성이 있음을 뒷받침해준다.

소유권보험이 소유권 요약보고서나 전문변호사 의견에 무엇을 더 첨부하는지에 대해서는 다음과 같다. 첫째, 보험료 지불자에 대한 계약상의 책임, 둘째, 피해보상금에 충분한 대비, 셋째, 소유권보험회사가 위치한 주정부의 관할, 넷째, 미래에 발생할 수 있는 예기치 못한 소유권의 하자로 인한 보험가입자들의 금전적 피해에 대한 보상이 있다. 보험의 이점들에도 불구하고, 비용문제 때문에 변호사의 요약보고서나 법률적 검토의견에 의존하는 사람도 있을 수 있다. 일반적으로 똑같은 노력의 반복을 피하고 비용의 절감을 위해 두 방법 중 하나만 택한다.

소유권보험의 종류 *Kinds of Title Insurance Policies*

소유권보험은 두 가지 종류가 있다. **소유주보험**은 부동산취득 권리를 보호한다. **채권자**(또는 저당권자)**보험**은 채권자의 권리를 보호한다. 문제가 발생했을 경우, 소유주보험은 소유자(아니면 소유자의 후손)에게, 채권자보험은 채권자에게 각기 보험금을 지불한다.

이 두 가지 보험의 보험료는 단 한 번만 지불하면 된다. 여러 주들은, 보험료를 주 보험위원회가 규정하고 있고, 한편으로 가입과 지속적인 사업을 위하여 재무적 요구사항으로 한다. 한번 지불되는 보험료의 소유자보험 계약은 부동산을 소유하는 기간 동안에 소유자를 보호한다. 보험료의 지불은 지역 관습과 시장 조건에 영향을 받는 매매 계약에 따라 매수자 혹은 매도자가 지불하면 된다. 채무자가 대출기간 동안 대출자(채권자)를 보호할 채권자보험의 비용을 지불하는 것은 거의 널리 행해지는 관습이다. 동일 소유자에 의해 **재융자**(refinance)되는 부동산의 경우 새로운 대출자는 권리분석을 요구할 것이다. 이러한 경우에 동일한 회사에서 **비용을 절감**하여 새로운 소유권보험을 취득할 가능성도 있다.

부동산권리 공공기록 등기법령

미국의 모든 주들은 **등록법령**이라는 규정을 시행해 왔다. 모든 주들의 법령이 다 똑같지는 않지만 일반적으로 모든 일반인은 부동산 관련 권리와 이권(interest) 기록에 접근할 수 있게 되어 있고, 부동산 물건에 대해 자신의 권리를 설정 및 기록할 수 있다. 이 등록규정에는 향후 부동산 권한에 선순위, 후순위 분쟁이 있을 때 선후를 가릴 수 있는 권위적 힘도 있다.

이런 등록규정 제도의 부분으로서 부동산 물건의 이권에 변동이 생기는 서류를 등록하기 위해서 공공기록 등록접수 과정이 정해져 있다. 그리고 이 기록들을 관리하고 일반대중이 접근 가능하도록 하는 과정도 정해져 있다. 일단 부동산 물건에 관한 권리가 공공기록에 정해진 절차를 거쳐서 기록되었으면, 이 기록은 모든 이에게 기록된 부동산 물건에 관한 권리는 누구에게 속해 있는지를 의제적으로 통보한 것이다. 이러한 통보는 곧 누구든지 이 정보가 공공기록에 등록되어 있으니 찾아볼 수 있다는 뜻이다. 등록규정은 부동산의 이권에 관한 거의 모든 계약들, 즉 양도증서, 저당증서, 저당이전증서, 유치권, 토지계약서, 자기임대계약, 지역권, 제한조항, 매수권한 등을 포함한다.

대부분의 등록규정에는 미래의 이권분쟁에서 선순위나 이권입증을 원하면, 주 법에 따라서 이권을 인정하는 절차를 밟아서 정식으로 등록되어야 한다고 규정되어 있다. 이런 규정은 한 시민이 매도자의 말만 믿고 부동산의 실제 이권은 다른 이에게 있는 부동산을 거래하는 것을 막기 위해서 만들어진 것이다.

예를 들면, A가 B에게 어떤 부동산 권한을 팔았다. 그런데 B는 그 권한에 대해서 공공기록(record)에 기록을 하지 않았다. 그 후, A가 C에게 똑같은 부동산의 권한을 팔았다. C는 그 거래에서 얻은 권한을 공공기록에 기록을 했다. 이때 C의 권한이 B의 권한보다 선순위이다. B보다 늦게 거래를 했다 하더라도 공공기록에 먼저 기록했기 때문이다. 이제 B의 남은 권리는 A를 사기죄로 고발하는 것밖에 없다.

유치권(건물공사의 선취특권, 기계장비의 유치권)

소유권에 관하여 공공기록에 나타나지 않을 수 있는 법적인 문제는 건물공사의 선취특권이다. 일반적으로 건물공사의 선취특권들은 지급 받지 못한 계약자, 근로자, 그리고 납품업자들이 그들의 노동 혹은 자재를 제공했던 부동산에 선취특권의 권리를 준다. 그들에게 지불되어야 될 금액을 얻기 위해서는 그들이 선취특권을 걸어놓은 부동산을 법정에서 강제경매를 하는 수가 있는데, 경매에서 받은 처분수입으로부터 그들의 미지급액을 지불하는 것이다. 비록 각 주마다 법의 규정이 조금씩 다르지만, 건물공사의 선취특권은 모든 주에 다 있다.

건물공사의 선취특권(mechanics lien)은 실행 후에 공공기록에 등록을 허락한다. 바꾸어 말하면, 대부분의 주 법령들이 건축이 끝난 일정기간 뒤나 건축자재가 배달된 일정기간 뒤에 용역업체, 노동자, 혹 자재 납품자들에게 건물공사의 선취특권을 공공기록에 기록하도록 허락한다. 건물공사의 선취특권이 이 공공기록에 기록되면, 자재가 처음 배달된 그 날이나 처음 공사가 시작된 그날 이후로 기록된 다른 유치권보다 우선순위를 갖게 된다.

결과적으로 매수자는 새로 지은 건물이나 재건축된 건물을 매수할 때 일반적으로 건물공사의 선취특권이 접수 가능한 날(즉 공사 후 60일이 지난 뒤)이 지나야 정말 매수한 물건의 권한을 제값을 주고 매입했는지, 예상치 못했던 유치권들이 걸려 있는지 알 수 있다.

이에 대비하여 매수자나 채권자는 위와 같은 부동산을 거래할 때 소유주가 건축업자, 노동자, 자재공급자들로부터 지불약속 금액들을 다 갚았다는 증서를 거래실행 전에 꼭 확보할 것을 요구한다. 건물공사의 선취특권들이 거래실행 후에 공공기록에 기록이 되었다면, 지불증서 내용의 위반이 확인되고, 매수자는 매도자에게 기록된 유치권에 대한 책임을 물을 수 있다. 실제로, 신축이나 개축 부동산의 소유자들은 하도급체, 근로자, 자재 공급업체 등이 **유치권(선취특권)포기 각서**에 서명하는 것을 요구해야 한다. 여러 가지 상황에 있어서, 대출자가 이러한 일을 하기위해 자금을 투입할 경우, 추가적인 자금이 집행되기 이전 각 공사단계에서 포기각서가 필요하다.

재산권에 대한 제한

정부 규제

이 장을 통하여 부동산에 있어서 재산권의 중요성을 강조해왔다. 그러나 비록 정부에서는 부동산을 소유하고 그 권리를 누리는 개인의 권리를 보호하고 있다 하여도 이러한 권리들에 제한이 없는 것은 아니다. 개인 재산권에 대한 정부 규제는 존재한다. 토지 이용 규제는 연방정부의 토지는 아니라도 각 주 및 지자체 차원에서 볼 때 가장 대표적인 예이다. 이는 '국가의 경찰권력'의 확산을 규제하기 위한 것으로 시민의 건강, 안전, 그리고 일반적인 복리(사회 관습적 참고사항)보호에 기본을 두고 있다. 한 지역이 인구가 증가하면, 시나 군·구 또는 지방자치단체로 편입되어 주정부의 규제를 적용한다. 이 시점에서, 주정부는 일부 지역의 토지이용 규제를 통상적으로 위임한다. 그러면 편입된 지역들은 토지이용상의 개발제한과 토지이용통제가 한정되기도 하고 확장되기도 할 것이다. 이 항목들은 통상적으로 지역지구 조례와 건축물 조례들을 열거한다. 일반적인 규제는 허용 가능한 용도, 고도제한, 주차장 요건, 그리고 건축 관련 법령−허가−검사 등이 포함된 지역지구제도의 시행규정에 정하고 있다. 연방정부는 항상 습지에 대한 재산 사용 및 개발의 효과뿐만 아니라, 공정 주택거래, 주(state)간 토지 매매 및 담보, 환경 규제(대기 및 수질 오염, 그리고 멸종 동물에 관한 규제)를 주로 하는 반면 주 정부는 수자원 및 하천부지 소유권, 강물권, 토지수용권 등과 같은 사항을 통제하고 있다.

민간 양도 규제

어떤 경우에는, 부동산 소유자가 해당부동산에 대하여 모든 후속 소유자들의 부동산 수익권을 제한하는 확실한 **양도 규제**를 포함하는 것을 선택할 것이다. 부동산 소유자들은 개인적으로나 사업목적상 이러한 규제를 이용한다. 개인적인 목적으로 이용하는 하나의 예는 해당 부동산에서 알콜성 음료(주류)의 판매나 소비를 지속적으로 명백하게 제한하는 양도 규제가 추가될 수 있다. 이 규제를 위반하는 일이 발생되면, 이 규제를 포함시킨 원소유자나 그 상속인에게 소유권이 복귀될 것을 계약조건으로서 요구할 수 있다. 양도 규제를 통하여 통상적으로 이루어지는 사업목적상의 예는 개발자나 시행자들에게 매각하기 위하여 하나의 대규모 필지를 소규모로 작게 분할하는 경우이다. 차후의 매수자들이 질적인 부분과 용도가 확정된 건축물들을 건축할 분할된 필지의 초기매수자를 보장하기 위하여, 초기의 큰 필지를 소유한 소유자는 각각 분할된 필지들에 대하여 양도 규제를 할 수 있다. 이러한 규제들은 건물의 최소와 (또는) 최대 규모, 최소한의 건축자재 품질, 조경 등과 같은 것들에 관하여 건축물의 품질과 디자인에 있어서 일반적인 기준과 보증을 모든 소유자들이 준비할 것을 요구한다. 어떻든, 양도 규제에 대한 미래 위반의 전환은 특히 긴 시간이 지난 후에 문제가 있는 것으로 나타날 수 있다.

첫 번째의 예에서, 만약 현재의 소유주가 양도 규제가 제한한 주류 판매 조항을 지키지 않았다면, 원 소유자나 그 상속인은 해당 부동산 소유권을 현재의 소유주로부터 반납을 받는 조치를 취할 수도 있을 것이다. 필지를 분할하는 경우에 있어서는, 통상적으로 분할된 필지의 소유지들을 대표하는 부동산 소유주들의 모임이 조항을 위배한 소유자를 상대로 법적인 조치를 취할 수 있을 것이다. 이 예에서, 법원은 위반한 소유주가 문제를 해결하도록 하거나 부동산을 강제 매각하는 것보다는 부동산가치의 손실을 소유주 모임에 금전적으로 지불하도록 할 수 있다.

결론

이 장은 부동산에 대한 다양한 권리를 창출하고 정의하는 과정에서 필요한 중요한 법적 고려사항들을 다루고 있다. 부동산 담보대출과정에서 발생되는 여러 권리들을 매매하고 담보로 제공할 수 있기 때문에 이러한 사항들에 대한 이해가 매우 중요하다. 따라서 부동산과 관련된 다양한 권리를 이해하는 것은 부동산 재무적 의사결정을 적절히 평가하기 위해서도 필요하다. 법적인 고려사항들은 어떠한 사람이 재산권과 관련된 경제적 이익을 받는 과정에서 발생되는 제반 위험에 영향을 미칠 수 있다.

　　예를 들어 앞서 매매가능한 권리증서가 지니는 중요성을 이야기했는데 권리증서 상의 어떤 결함이 있다면 이로 인하여 소유자 자신의 이익에 중대한 손실을 끼칠 수도 있고, 담보대출을 해준 사람에게도 부동산 담보가치를 위태롭게 할 수 있다. 이러한 위험은 권원보험과 일반적인 보증서 등의 보증을 통하여 어느 정도는 통제가 가능하며 최소화할 수 있다.

　　다양한 재산권 청원방법을 알고 있으면 특정한 재산의 가치를 극대화할 수도 있다. 왜냐하면 이것은 다양한 요구를 지닌 당사자(예를 들어, 사용자, 지분 투자자, 대출기관)들에게 자신들의 욕구를 가장 잘 충족시킬 수 있도록 재산권에 대한 자신들의 주장을 가능하게 한다. 따라서 재산과 관련된 모든 권리의 전체 가치는 임대를 놓을 수 없거나 별도로 권리를 구분할 수 없는 재산권의 가치를 초과할 수 있다.

주요용어			
권리포기양도증서	생애재산권	임차인
담보부권리	소유권	자유보유재산권
동산	소유권	잔여권
매매양도증서	소유권보증	재산권
미래재산권	소유권의 개요	주장관 양도증서–수탁자
복귀권	소유주보험	양도증서
부동산	양도증서	지역권
부동산	연간임차권	채권자(저당권자)보험
부동산권리공공기법령	유치권	한정보증 양도증서
부동산 소유권	일반보증양도증서	한정임차권
(완전부동산소유권)	임대인	
비소유적 권리	임차권	

유용한 웹사이트

www.alta.org – 소유권보험과 관련된 정보를 제공한다.

www.ired.com – 부동산 소프트웨어와 프로그램들과 더불어 부동산 전문가들에 대한 정보를 제공한다.

www.reals.com – 상업용 부동산, 국제 부동산, 그리고 전문적인 서비스들과 같은 주제들 위한 부동산 사전이다.

www.findlaw.com – 부동산을 포함한 법적인 정보를 제공한다.

www.investorwords.com – 은 독자들의 투자 경험 독자들의 투자 경험에 관계없이 흔히 암호화된 언어와 같아 보이는 용어들을 이해하는 데 필요한 모든 열쇠를 제공한다. InvestorWords.com은 6,000개 이상의 금융 용어들에 대한 정의를 제공하고 관련 용어 간의 2만개 링크들을 포함하고 있다. 용어집은 완전히 자유롭게 사용할 수 있다. 또한 훌륭한 투자 및 개인 금융에 대한 Web 사이트의 목록을 제공하지만, 대부분은 독자들이 이미 일정 수준의 경험 또는 특정 어휘를 알고 있다는 것을 전제로 하고 있다.

www.fiabci.com – 이 사이트는 여러 나라들 사이의 법규, 전문적인 기준, 면허를 비교할 수 있는 정보의 원천을 제공한다. 한편으로는 몇 개 국가들의 상업용 임대차에 대한 다양한 요구사항들 간단히 비교해 준다.

www.china-window.com/china_market/china_real_estate/index.shtml – 중국 부동산 시장에

관한 정보를 제공하는 사이트이다. 중국 부동산 관련 정부 기관들을 접촉할 수 있는 정보들과 여러 관련 Web site, 부동산 관련 법과 규제에 대한 유용한 정보를 제공해 준다.

www.epra.com – 이 사이트는 네덜란드 법에 의거해서 설립된 비영리단체인 The European Public Real Estate Association (EPRA)이 주관한다. 이 사이트는 유럽 부동산 부문의 개발에 대하여 분기별 보고서를 제공한다. 한편으로는 부동산 관련 여러 연구 보고서들을 발간한다.

질문

1. Real estate, real property, personal property 간의 차이점은 무엇인가?

2. 재산권(estate)이 의미하는 것은 무엇인가?

3. 타인에게 양도할 수 있는 leased fee estate는 어떠한 가치를 지니는가?

4. 소유권의 개요는 무엇인가?

5. 일반적인 권원보험의 세 가지 방법과 그 내용에 대하여 간단히 설명하라. 집을 사려는 당신의 친구에게는 어떤 방법을 추천하겠는가? 이유는?

6. 만일 당신이 자유의 여신상에 대한 권리포기증서를 당신의 친구에게 준다면 이러한 행위가 합법적이라 할 수 있는가?

CHAPTER 02

부동산 금융: 어음과 담보
Real Estate Financing: Notes and Mortgages

대출은 부동산 투자의 매우 중요한 요소이다. 대체로 투자자들은 대출을 받고자 할 때에 조건으로 부동산 소유권을 담보로 제공하거나, 또는 저당을 잡힌다. 많은 경우 투자자들은 대출을 받기 위해 개인 재산을 담보로 한다. 다음은 채무서류와 담보에 관한 것으로, 부동산 대출을 할 때 두 가지 법적 수단을 주로 이용하고 있다.

어음

약속어음(promissory note)이란 채무자와 채권자 사이에 채무가 있다는 것을 증명하는 서류이며, 보통 대출금을 반드시 갚아야 하는 양 당사자 간의 권리와 의무에 대한 조건이나 내용들을 포함하고 있다. 여러 사정을 설명하더라도 채무자는 어음에 기재된 기간 동안 개인적으로 총액을 지불할 **책임**이 있다(이러한 대출들은 채무자에게 **상환청구권**이 형성되었다고 말한다). 대출조항에는 많은 내용이 포함되어 있으나 통상 어음에는 적어도 다음과 같은 사항을 포함하여야 한다.

A. 융자금 총액: 이는 일반적으로 어음의 액면가로, 대출 계약을 시행할 때 총액을 미리 기입해 넣는다. 그러나 건설자금의 대출 시에는 건설공정에 따라 대출금을 지급하며 대출총액을 초과할 수 없다.

B. 이자율: 이는 고정금리로 할 것인지 변동금리로 할 것인지를 말한다. 후자의 경우 얼마나 금리를 변동시킬지 자세히 기재해야 한다.

C. 지불금액, 만기일, 그리고 채무자가 갚아야 할 상환금액(예를 들어 대출실행일로 부터 300개월만기가 될 때까지, 익월 1일마다 월 500백 달러씩 지불)이 기재된다.

D. 어음만기일로서 대출의 조건하에서 모든 대출 잔고에 대한 상환시점이 기재된다.

E. 저당 계약에 명시된 대출금에 대해 담보로 제공한 부동산(추후 논의할 것임)이 기재된다.

F. 지불금의 충당은 1차로 연체비용/수수료/위약금 등에 대하여 우선 충당하고 그 다음에 이자를 충당하며, 마지막으로 원금상환에 충당한다는 내용이 기재된다.

G. 채무불이행은 채무자가 어음의 발행조건에 정해져 있는 하나 또는 그 이상의 의무를

이행하지 않을 때 발생한다. 채무불이행은 정해진 기간 동안 금액을 지불하지 않을 때 발생한다.

H. 상환지연에 대한 위약금 및 유보 조항은 유보조항은 채권자가 채무자가 지급불능상태라는 것을 선언하지 않은 상태에서, 지불 유예(일반적으로 벌금이 따름)가 이루어질 수 있는 유예 기간 등을 말한다. 채권자는 자신이 지불 유예, 또는 보류를 허락할 때까지는, 미래의 어느 시점에 채무자가 채무불이행 상태가 된다는 것을 선언할 권리를 포기하지 않는다. 지불유예는 채권자들이 채무자들의 지불이 지연되고 있지만 상환의 가능성이 있다고 판단될 때 사용하는 방법이다. 그들은 이러한 지불 유예에 대하여 채무자가 저당권 유질과정에 소요되는 시간과 비용을 재산을 매각해서 생기는 금액으로 충당할 수 있다고 여길 때, 채무자에게 지불 유예를 허락한다.

I. 체납액에 대한 조기상환 및 미상환 대출 잔고 선 지급 조항(해당하는 경우)에서 이 "조기상환특권" 조항은 채무자들이 필요한 경우 조기상환을 할 수 있도록 규정한 것이다. 만약 이를 허용할 경우 어음에 미래 지불액이 줄어들지 또는 대출만기일이 단축될지 여부를 표시해야 한다. 이 조항은 **특별한 취급조항**이지 권리는 **아니다**. 왜냐하면, 채무자가 지불하는 금액과 지불 횟수는 (C)에 명시되어 있기 때문이다. 조기상환 조항은 일반적으로 주택 담보 대출에 포함된다. 그러나 수익성부동산에 대한 대출시에는 일반적으로 이 조항을 적용하지 않거나 적용할 경우 수수료 등이 요구된다.

J. 채무불이행 통지 및 채무만기 전 조기상환 조항은 채무자가 해당 일에 지불하지 못했을 경우, 채권자는 채무자가 채무불이행 상태라는 것을 통지해야만 한다. 채권자는 해당 시점에서 대출 계약하에서 남아 있는 모든 잔금을 채무자가 즉시 지불하도록 요구하는 어음을 발행한다.

K. 비소구 조항–위와 같이 차용자가 어음을 실행하면 차용자는 개인적으로 책임을 지거나, 상환 청구에 응해야 한다. 이는 채무 불이행이 발생한 경우, 어음의 내용에 따른 모든 연체총책을 충족시키려고 대출자는 채무자의 다른 자산(주식, 채권, 기타 부동산)을 매각하는 법적인 절차(소구권)을 진행한다. 반면에 비소구 조항은 채무자가 어음의 지불을 하지 않았을 때, 채권자가 비소구에 동의하지 않거나, 또는 그에 해당되지 **않을** 경우의 조건을 내세울 경우 채무자가 해당 담보 부동산 외에 개인적으로 동 채무에 대하여 책임을 진다는 조항이다. 이 경우, 대출자는 해당 대출에 담보로 제공된 부동산을 강제적으로 매각하는 조치만 취할 수 있다. 차용자는 개인 채무에서 벗어난다. 이 조항은 부동산 투자자와 개발자에게 매우 중요하다.

L. 대출금 인수에 관한 조항은 채무자가 일정한 조건 하에서 자기에게 부과된 대출잔금에 대한 지급의무를 질 제 삼자를 대리로 세우는 것이 허용되는 경우를 가리키는 조항이다. 만약 채무자가 이전에 합의한 대출조건이 좋아 새로운 매수자가 이를 그대로 승계하여 유지하고자 할 때 이 조항이 있으면 다른 사람에게 자산을 매각할 때 대출금 승계가 이루어진다. 채권자들은 이를 명시적으로 금지하거나 모든 대출 잔금을 해당 재산의 매각 시 지불하도록 요청하는 조항인 "매각 시 대출상환(due-on-sale)" 조항을 포함함으로써 이러한 채무자의 권리를 부인할 수 있다. 그렇지만 새로운 소유자가 대

출을 승계하는 어음이라고 한다면, 대출자는 일반적으로 새로운 소유자의 신용이 전 소유자의 신용과 동등하거나 대출자가 받아들일 수 있는 신용을 요구한다. 그 어음에 는 원채무자의 개인적인 책임 여부가 명기될 것이며 그렇지 않으면 새로운 차용자가 대출을 떠맡을 때 그 책임으로부터 벗어난다.

M. 양도 조항은 **채권자**들이 채무자에게 통지의무 없이 다른 사람에게 어음을 매각 할 수 있는 권리를 부여하는 조항이다.

N. 한도 내 추가 대출에 관한 조항은 채무자가 당초 대출약정과 동일한 조건으로 미리 정 해진 금액의 최고한도나 미리 정해진 현재 자산가치의 최대 비율까지 추가로 대출을 요청할 수 있다는 조항이다. 이러한 장래의 선불대출금에 대해서는 이자율을 달리 적 용할 수 있다.

O. 채권자의 저당권 양도는 채권자는 대출금을 전액 상환하였을 경우에는 재산에 대한 저당권을 양도하거나 소멸하는 데 동의한다는 것이다.

담보대출수단

이 장은 일반적인 담보대출에 대해 알아보는 것으로 주로 주택이나 상업용 부동산 그리고 건설자금 대출과 관련된 내용에 초점을 맞출 것이다. 담보 대출의 이용은 부동산 매입 시 가 장 많이 이용한다. 담보대출 방법으로, 매입자는 대출기관(즉 저축 대부조합, 저축 은행, 상 업 은행, 또는 생명 보험회사)과 기타 자금을 이용하여 부동산을 매입한다. 담보물로 이용할 부동산을 취득하고자 하는 명확한 목적을 가지고 자금을 차입할 때의 대출을 일반적으로 매 입자금 담보대출이라고 한다. 그러나 시간이 지남에 따라 이러한 대출금은 차환(Refinanc- ing)되거나 새로운 담보대출이 이루어진다. 일반적으로 대출기관들은 부동산을 훌륭한 담보 로 여기며, 담보로 잡은 부동산에 대하여 **확실한 권리**를 획득하고자 한다.

저당권의 정의 *Definition of a Mortgage*

가장 일반적인 면에서 보면, 한 당사자가 다른 당사자에게 어떤 행위를 함에 있어서 책임이 있음을 확인하기 위해 부동산을 담보로 내놓았을 때 그 부동산에 대한 **저당권설정증서**가 작 성된다. 약속어음증서와 저당권설정증서는 동시에 실행하는 것이 일반적이다. 이 약속어음 증서는 계약의 조건대로 빚을 갚겠다는 의무를 서류화하고, 이 어음은 부동산을 저당권으로 담보물로 잡아 놓는다. 저당에 필요한 핵심적인 조건은 빚을 갚아 나가겠다는 의무나 아니면 어떤 약속 행위를 행하겠다는 **의무** 및 이런 **책임의무**를 위해 내놓은 부동산담보물이다.[1]

일반적으로 매수자가 건물과 기타 개량물로 구성된 부동산을 구입할 때 대출이 실행되고 이를 **매입자금 대출**이라 한다. 이는 건설자금 대출과 다른 개념으로 기존에 존재한 대출을 차환하는 것을 뜻한다.

---

[1] 책임의무에 있어서는 그 수단이 꼭 금전적일 필요는 없다. 예를 들면, 다른 정해진 서비스나 정해진 행동을 책임의무로 정할 수도 있다. 저당권에 의해 보증된 의무는 명시적으로 화폐적 조건으로 바꿀 수 있는 의무여야 한다. 다른 말로 하면, 달러가치가 반드시 그에 포함되어야 한다.

저당권에 대한 어음과의 관계 *Relationship of Note to Mortgage*

일반적으로 별도의 계약인 약속어음은 책임의무를 저당으로 담보화 했다는 사실을 의미한다. 비소구 조항이 없는 약속어음은 부채가 있음을 입증하고 채무자에게 개인적으로 부채의 책임의무에 따라 행동할 것을 요구한다. 저당은 대출을 위해 부동산을 담보화 하는 것이며 보통 어음관련 증서들과 다른 증서들이 있다. 따라서, 대출기관들은 채무자 자체의 신용 그리고 어음에 담보된 부동산을 고려하여 돈을 빌려준다.

만약 채권자가 채무자에 대해 현재 자산이 충분하고, 대출계약 기간 동안 채무자가 넉넉한 자산을 보유할 것이며, 그리고 대출책임을 잘 이행할 것임을 믿으면 저당이 필요가 없다. 채무자가 책임이행을 이탈하면, 채권자는 저당권에 대해서 무시하고 어음에 대해서 청구소송할 수 있다. 어음에 대해 청구소송 하게 되면 채권자의 승소로 채권자는 채무자의 다른 보유물건에 저당권을 설정할 수 있어, 다른 보유 물건들이 처분되면서 발생하는 수금으로 저당물건을 강제처분 하는 것보다 더 빨리 부채금액을 쉽게 회수할 수 있다.

실제로 채권자는 약속이행에 사고가 발생하면 일반적으로 약속어음에 대한 청구소송을 하면서 동시에 저당권을 실행하여 담보물을 강제 법적처리 신청을 한다. 저당권설정증서에는 채무자와 채권자 간의 중요한 약속들이 각 조항에 포함되어 있다. 저당권설정증서에 있는 약속조항들을 약속어음증서에 다시 포함시킨다. 또는 **어음**은 이런 조항들을 저당권에 대한 참고사항으로 통합시킨다. 이러한 대출약정은 채무자의 약속이자 의무이며, 어음설정기간 동안 지불해야 할 금액을 포함시켜야 한다. 이는 약속어음상에서 반복적으로 나타나고, 저당권에 대한 참고사항으로 이러한 약속조항들이 어음상으로 표시된다.

저당될 수 있는 이권

대부분의 사람들은 저당을 생각할 때 전체 재산권 아니면 부동산소유권과 연관해서 생각하는 것에 익숙해져 있다. 하지만 부동산의 어떤 이권이든 매각, 양도, 임대(즉 이전이 가능한 이권들)가 가능한 이권들은 저당이 가능하다. 법적논리 안에서는 광범위한 이권(부동산소유권, 생애재산권, 한정임차권, 잔여권, 복귀권, 임차권, 매수선택권)들은 저당될 수 있는 것들이다. 이런 다양한 종류의 부동산이권에 채권자가 담보대출을 허용하는 것이 대출업자로서의 현명한 판단인지 아닌지에 대한 질문은 전혀 다른 차원의 사항이다.

저당권 설정의 최소요건 *Minimum Mortgage Requirements*

저당권 설정은 부동산권리의 양도가 수반되므로 권리양도가 법(사기관련 법규정)적으로 성립되기 위해서는 문서화가 필요하다. 오늘날 상당한 규모의 저당권설정융자가 금융기관 대출에 의해 이뤄지는데, 이들 기관들이 사용하는 저당권들은 보통 정해진 서식에 의한다. 그러나 유효한 저당권이 설정되기 위해서 꼭 특정한 서식이 필요한 것은 아니다. 비록 대부분의 저당권 설정이 정해진 서식을 따른다 할지라도, 당사자 간에 수기로 쓰여진 것도 유효한 것으로 인정된다. 유효한 저당권설정 문서가 되기 위한 필요조건으로는 (1) 저당권의 설정을 위해 담보로 제공된 부동산물건에 당사자들의 의사대로 담보설정을 할 수 있도록 적절히 표현된 문서와 (2) 주정부 법률에 의해서 의무가 부과되는 기타 조항 등이 포함되어야 한다.

미국의 경우, 저당권에 관한 법률은 전통적으로 주정부 법률의 관할 하에 있었다. 대체적으로 현재도 그러한 전통은 계속되고 있다. 그러므로 저당권이 법적인 효력을 소유하려면, 담보로 제공되는 부동산이 위치한 주의 법률에 의해 부과된 요구조건에 부합되어야 한다.

저당권 설정에 이미 인쇄된 서식이 사용되거나 또는 변호사의 특별한 서식으로 작성되든지 간에, 다음 내용들은 반드시 포함되어야 한다.

1. 저당권 설정자와 저당권자의 적절한 신원증명
2. 저당권설정이 될 부동산에 대한 적절한 기술(설명)
3. 부동산의 점유권 및 보증 조항[2]
4. 부인이 남편에게 받는 상속권리(dower rights)의 양도에 관한 조항[3]
5. 그 이외에도 필요한 조항과 계약적인 서약들

저당권설정 서류에서 어음문서에 포함돼 있는 계약조건들을 어음문서를 참고하면서 삽입할 수 있다.

비록 대부분의 저당 법률이 주법의 관할권 내에 남아 있지만, 넓은 의미에서 연방 법규도 저당권 관련 법률의 범위 내에서 효력이 있다. 더구나 최근 몇 년 동안에 연방정부는 많은 영역에서 주법에 우선하는 결정을 내린 바 있다(예를 들면, 주 단위에서의 고리대금 법률을 폐지한 점[4], 매각 시 대출 상환(due-on-sale) 조항의 운영을 주에서 제한하지 못하도록 한 점, 그리고 저당 잡힌 부채의 조기상환(prepayment)과 조기상환 수수료를 결정하는 것들이다). 이러한 법률은 주택 저당권에 특히 영향을 미치지만 상업용 부동산의 경우 이러한 연방법률의 영향은 미미하다.

더 나아가, 연방정부는 저당권 거래에 있어서 대행기관이나 주택저당융자의 2차 유통시장을 지원 및 구성하고 있는 기관들과 유사 기관들의 후원을 통해, 강력하지만 간접적인 방

---

[2] 점유권(seisin)은 권리의 상당부분을 소유하고 있는 상태이며, 보증조항은 약속 혹은 구속력을 갖는 보증이다.

[3] Dower란 남편이 사망한 후에 법률에 의해 그 미망인에게 이전될 부동산에 관한 권리(interest)이다. 관습법에서는 미망인이 남편을 대신하여 수행하는 대리행위(counterpart running)를 Curtesy라고 부른다. 많은 주에서는 현재 Dower와 Curtesy를 대신하여 유산으로부터 법정 수당을 지급하고 있다.

[4] 고리대금법률에서는 비이성적이고 과도한 금리의 부과를 금지한다. 고리대출은 고리대금법률에서 허용한 금리 수준을 넘는 대출을 의미한다.

법으로 영향력을 행사했다.

연방저당협회(FNMA)와 연방주택저당기구(FHLMC)는 전국적인 범위의 2차 유통시장 거래를 용이하게 할 목적으로 공동의 표준화된 저당권 서식을 채택하였다. FNMA-FHLMC 공동의 표준저당권 서식은 주택저당 대출기관들에 의해 폭넓게 채택되고 있어, 개별 기관들이 사용해 왔던 저당권 서식을 대부분 대체하게 되었다. 주택저당 채권자들에게 이 서류형식이 인기가 있는 하나의 이유는, 여신을 매각하고 싶을 때 대부분의 대출 유통시장 참여 금융기관에서 이 서류형식을 선호하기 때문이다.

중요한 저당조항 *Important Mortgage Clauses*

이 장에서 저당증서에 포함된 모든 조항을 다 토론할 수는 없으므로, 중요한 조항들에 대해서만 채권자와 채무자의 권리관계에 어떠한 영향을 미치는지에 대해 검토하기로 한다.

세금과 보험료 *Funds for Taxes and Insurance*

이 조항은 채무자가 재산세, 화재 및 손해 보험에 필요한 금액을 지불하도록 규정하고 있다. 그리고 채권자가 요구하면 저당 대출에 대한 보증보험료를(법적으로 금지되지 않는 한) 월부금으로 지불하도록 되어 있다. 이 조항의 목적은, 주요 요금 지불시기에 채무자가 적기 지급하는 데에 의존하기보다는 채무자가 제공한 자금으로 채권자가 납부할 수 있게 하기 위한 것이다. 이런 방식으로, 채권자는 미납부 세금으로 발생될 수 있는 선순위 유치권으로부터 보호를 받고 저당 잡힌 물건의 보험이 소멸되지 않도록 할 수 있다. 그와 같은 필요 자금들은 채무자를 위해 신탁계정으로 운용된다.

비용과 유치권 *Charges and Liens*

이 조항은 채무자가 저당물건의 부채보다 선순위인 모든 세금, 공과금, 비용들을 지불하도록 하고 있다. 이 조항의 필요성은 채권자의 저당물건이 갖고 있는 권한보다 미지급된 금액이 선순위 유치권으로 설정되어 있을 경우, 저당권설정이 무의미해질 수 있기 때문이다. 예를 들어, 만약 세금과 공과금들이 지불되지 않았을 경우, 제1순위 저당이 세금 유치권을 처분하기 위해서 경매 매각금액이 다 사용될 수 있고 채권자의 권한이 무효가 될 수도 있다. 그러나 만약 채무자가 서당물건 경매에서 성공적으로 물건을 사들이든지 아니면 권리를 유지하기 위해서 경매 전에 세금 유치권을 갚으면 물건에 대한 채권자의 저당권이 계속 유효할 수 있다.

재해보험료 *Hazard Insurance*

이 조항은 채무자가 저당물건의 대해 기본적인 보험(천둥번개, 비, 우박, 폭발, 화재)을 요구하는 것이다. 다른 면에서 보면 이 조항은 채무자나 채권자는 저당물건에 대해서 재해보험이 필요하다는 것을 인정하는 것이다. 채권자의 저당물건에 대한 피해보상 보험금액은 부채금액이다.

물건에 대한 유지 보수

이 조항은 채무자가 저당물건을 양호한 상태로 보전과 보수하며 절대 저당물건의 가치를 훼손시키는 행위를 하지 못하도록 하는 것이다.[5] 이 조항은 그 담보대출자가 저당 잡힌 물건의 특정한 가치를 손상시키지 않도록 하는 것에 최우선 관심을 가지고 있는 것을 의미한다.

물건의 이전, 채무자의 상속권한

매각 시 대출 상환(due-on-sale)조항으로 알려진 이 조항은, 채권자의 서면 동의 없이 저당물건의 소유주가 변동되거나 저당물건의 권리의 변동이 생기면, 채무자에게 남은 부채금액을 즉시 상환 요구할 수 있는 권한이다. 즉 채권자는 채무자에게 남은 원금과 밀린 이자를 즉시 요구할 수 있게 준다. 매각 시 대출 상환(due-on-sale)조항의 목적은, 채권자가 저당물건의 소유권 이전을 허락할 경우 발생될 손실로부터 채권자의 권한을 보호하기 위한 것이다. 이 조항은 또한 현재 시장 이자율에 맞추어 대출이자율을 올릴 수 있도록 하고 있으며, 이 조항에 의하면 새로운 소유주는 그만큼 낮은 이자율의 기존 대출을 활용할 수 있는 가능성이 줄어든다.

채무자의 권한 복원 *Borrower's Rights to Reinstate*

이 조항은 대출의 조건이 변해서 남은 부채금액을 일시불로 지불하라는 채권자의 요구가 있을 경우, 채무자가 대출 조건을 원래대로 요구할 수 있는 권리를 말하는 것이다. 즉 저당권 설정자(채무자)가 다음에서 말하는 조치를 취하면, 법원이 담보권을 행사하기 전에 권리행사가 중단되도록 처리할 수 있다는 것을 의미한다. 채무자는 채권자가 저당물건을 강제경매처분했을 경우 경매처분이 법적으로 끝나기 전까지 아래와 같은 행동들을 취해 경매를 중단시키고 대출상환조건을 이전과 같이 복원할 수 있다.

1. 대출의 조기상환 상황이 발생하지 않았을 경우 그 동안 지불했어야 될 모든 원금과 이자를 채권자에게 갚는다.
2. 위반된 약속조건이나 계약조건을 계약조건에 맞게 바로 고친다.
3. 저당권을 강행하기 위해 채권자가 사용한 비용을 다 갚는다.
4. 채권자가 합리적으로 요구할 정도로 채권자의 권한과 채무자의 의무가 원래의 조건과 같도록 행동을 취한다.

채권자의 점유관리 *Lender in Possession*

이 조항은 조기상환이 발생했거나 채무자가 담보물건을 전혀 관리를 하지 않을 때, 채권자(혹 법원에서 정해주는 관재인)가 담보물건을 직접 관리하여 관리물건에 대한 수익을 담보물건이 강제경매처리 될 때까지 받아가도록 하는 것이다. 대출기관은 저당권에 대한 담보권이 실행되기 전까지 임대료를 수취할 수 있고 이러한 임대료는 물건관리와 운영비용에 먼저

---

[5] 훼손이란 정당한 점유권을 가진 사람이 부동산을 오용하거나 부동산에 손상을 가하는 것을 말한다.

사용돼야 하며, 그 후에 부채, 부동산세금, 보험료 및 기타 채무자가 저당증서 및 어음증서에 서약한 약속이행에 적용한다.

한도 내 추가대출 *Future Advances*

일반적으로 담보대출은 항상 총 부채액이 나타나 있을 것이라고 생각하는데, 이 총 부채액은 일정한 기간에 할부로 갚아 나가는 부채를 예측한 것일 수도 있다. 바꾸어 말하면, 저당권은 현재 빌린 금액과 **미래에 빌릴 금액**을 다 포함한다는 것이다. 예를 들면, 채권자는 채무자에게 앞으로 여러 번 빌릴 수 있는 금액을 모두 포함해서 총 대출금액이 어느 한계선 안에서 유지될 수 있도록 담보대출을 허용할 수 있다. 만약 총 대출금액 허용한계선을 정확하게 예측할 수 없으면, 앞으로 빌릴 금액을 담보대출서류에 명백하게 기록하여야 한다.

이러한 한도 내 저당융자를 **개방형**(open-end) **담보대출**이라고 하며 보통 개발금융(건축대출)에 많이 사용된다. 이런 저당대출에서 채무자는 총 담보대출금액을 미리 정하고, 저당권 서류에도 명백히 그 금액이 기록되어 있다. 이 금액은 건축자금에 필요한 부분이고 채무자가 자기자금 대신 사용할 자금이다. 건축이 진행되면서, 채무자는 채권자에게 요청하여 연속적으로 빌릴 금액을 청구할 수 있는 권한이 있다.

후순위 조항 *Subordination Clause*

이 조항은 제1순위 저당소유자가 부동산매각의 경우 다른 새로운 저당권 소유자보다 후순위로 될 것에 동의한다는 것이다. 부동산을 매각하는 자는 매수자가 담보대출을 이용하여 동 부동산에 대한 건축융자나 재개발융자를 얻고자 할 때 신규대출 금융기관은 대부분 자신들이 제1저당 우선순위를 가질 것을 요구할 것이므로, 동 부동산을 담보 제공 시 매수인이 받는 저당 부분에 다른 담보보다 우선순위를 준다는 조항이다. 결과적으로 매도자는 대출은행에 선순위를 수용하는 조항이 저당증서들에 꼭 들어가도록 동의해야 한다. 이 조항은 비록 은행대출보다 먼저 공공기록에 등기되었다 하더라도 은행융자가 선순위를 갖게 됨을 의미한다.

저당대출의 승계

채무자가 자신의 부동산 대출 권한을 다른 이에게 이전할 경우, 한 가지 중요한 질문을 던지지 않을 수 없다. "새로 저당대출의 권한을 승계한 자가 전적으로 저당대출 부채금액을 갚아 나가는 책임을 지면, 구 채무자는 전혀 채무자로서의 책임이 없을까?" 만약 이것이 양 당사자들의 의지라면 새로운 채무자에게로 채무를 넘겨도(저당대출의 승계) 당초 목적을 달성하는 데 문제가 없을 것이다. 그 양도증서에는 담보대출에 따른 저당물건상 권한을 명백히 기록하고, 소유권 이전 조건으로 새로운 채무자는 승계한 담보대출의 책임을 인수한다는 조항이 반드시 삽입되어 있어야 한다. 즉 종전의 담보대출을 승계할 때에는 관계당사자들의 의지가 무엇인지 정확하게 표현되어 있어 전혀 혼동이 없게 해야 된다.

담보대출의 승계계약은 면책계약의 형태를 취한다. 따라서 대출승계 계약서에 따르면 대출상환의 책임이 양도인으로부터 양수인에게 넘어간 후일 지라도 양도인은 부채의 지불에 대하여 보증인의 입장이 된다. 그러나 이런 계약은 당사자(양도자와 양수자)들만을 구속한다. 채권자는 채무승계계약에 참여를 하지 않기 때문에 동계약에 구속되지 않는다. 결과적으로 채권자는 구채무자에게 저당차입의 책임을 물을 수 있는 권한을 계속 소유하게 된다. 그래서 혹 새로운 채무자가 승계한 저당차입의 책임을 완수하지 않으면, 채권자는 구채무자에게 저당차입의 책임을 물을 수 있다. 그러나 구채무자의 책임이 무효화되어 있으면 책임을 물을 수 없다.

채무양도자의 책임해지 *Release of Grantor from Assumed Debt*

담보대출(저당융자)의 채무자가 저당물건을 양도하면서 저당대출을 양수인에게 승계시킬 경우, 채권자는 양도인에게 저당차입의 책임을 해지할 수도 있고 계속 유지하게 할 수도 있다. 책임을 해지하는 데 있어서의 결정은 저당물건의 가치, 양수인의 재무 건전성, 그리고 채권자가 거래를 보는 관점에 따라 이루어진다. 채권자는 구채무자의 책임을 해지함으로써 저당융자의 위험도가 높아진다면 책임해지를 허락하지 않을 것이다. 혹 이런 상황에서 책임해지를 위해 채권자에게 어떤 혜택, 예를 들어 이자율을 높여 준다든지 하면 가능하다.

현 저당대출 "조건부" 소유권취득

부동산 매매 시 채무양도, 양수는 당해 부동산에 대하여 소유권자로서 부채상환에 대한 개인적인 책임을 승계하여야 하는데, 양수인이 소유권자로서 개별적인 책임을 승계하기를 원하지 않을 수 있다. 이런 경우에 그들은 양도인은 현 저당대출을 조건으로 한 소유권취득을 요구할 수도 있다. 양수인, 즉 매수자가 자신들 생각에 재정상으로 문제가 없다고 보고, 또한 저당대출 조건부 소유권취득이 유리하다고 보면, 양수인들은 담보대출을 상황해 나갈 것이고 기타 차입 조건들을 지킬 것이다. 정상적인 조건 아래에서, 만약 그들이 시장 가격에 맞게 부동산물건을 매입하였으면, 그들 자신의 지분을 보호하기 위하여 저당채무의 약속을 이행하는 것이 유리할 것이다.

그러나 양수인들이 더 이상 약속이행을 지키는 것이 유리한 입장이 아니라고 결론을 내리든지, 또는 재정상으로 불가능한 상황이 될 때는 채무에 대한 약속이행을 안 지킬 것이다. 그로 인하여 양수인은 부동산에 투입한 자기자본 지분을 잃을 수 있는 위험에 처한다. 그러나 양수인들은 승계받은 부채금액에 대해서 개인적인 책임을 지지는 않는다. 양도인들이 여전히 개인적으로 책임져야 하고 경매처분에서 미회수된 원금 및 이자에 대해서 까지도 책임을 질 수도 있다.

부동산을 매각한 후에도 담보대출에 따른 책임이 소멸되지 않는다면 양도인에게 당연히 위험이 높다. 굳이 선택을 한다면 양도인은 책임감이 있는 양수인에게 저당대출이 승계되기를 원한다. 만약 그렇지 않다면, 그들은 위험부담에 따른 대가를 원한다(예를 들면 부동산 물건에 대하여 조금 더 높은 가격을 받는 것).

저당이 설정된 부동산 *Property Covered by a Mortgage*

대출의 담보로 저당이 설정된 부동산은 토지와 건축물뿐만 아니라 지상정착물(fixtures)도 포함된다. 또한 저당증서는 대출의 담보로 저당이 설정된 부동산의 천연자원(예를 들면, 광물, 재목, 기름, 가스, 수리권)의 권리와 부동산임대료 및 수익의 권리도 제공한다. 부동산물건의 지역권은 저당권양도 전후에 발생된 것과 관계없이 일반적인 법의 해석에 의해 부동산과 같이 이전되는 것으로 본다. 이런 지역권이 당해 부동산이 저당 잡힐 때 존재한 것이라면, 저당증서에서 언급이 되지 않더라도 저당에 포함되어 있다. 저당물건의 법정처분(foreclosure)이 이루어져도 지역권은 소멸되지 않는다. 그러나 저당설정 이후에 발생한 지역권은 저당물건의 법정처분으로 소멸될 수 있다. 지상정착물에 관해서는 많은 논쟁이 있었다. 일반적으로 **지상정착물**은 부동산물건의 일부로 간주되는 한 첨부된 것이거나 또는 그 부동산물건과 꼭 같이 사용되어야 하는 유형의 개인 재산이다. 법의 일반적인 견해는 지상정착물은 저당권에 속해 있다고 본다. 예외는 임차인이 임차기간 동안 임대부동산으로 사업을 하면서 새로이 설치한 유형 재산들이다(trade fixtures).[6]

저당증서에는 **향후취득**(after-acquired)**자산**이란 조항이 대부분 포함되어 있으며, 어떠한 자산들이 저당증서에 포함되는 지에 대해서 명확히 해야 한다. 이 조항은 저당권설정 이후에 취득한 자산이 당해 부동산의 지상정착물이라면 담보부동산 물건에 포함되어 있음을 말한다. 향후취득 자산은 부채가 많이 남아 있는 동안에는 부동산에 건축되는 부가물이나 부동산의 일부가 되는 고정물이다. 법원들은 일반적으로 향후취득 자산조항의 효력을 인정하고 Uniform Land Transactions Act(ULTA)는 그들의 효력을 명시적으로 받아들인다.

후순위 저당권 *Junior Mortgages*

단독주택 같은 단순한 부동산금융 상거래에서는 저당권 구조의 특징에 대하여 쉽게 정의를 내릴 수 있다. Senior 혹은 Prior 저당권은 **1순위 저당권**이라고 한다. 다른 모든 것들은 **후순위(junior) 저당권**이라는 이름이 주어진다. 상황에 따라서 후순위 저당권은 하나도 없을 수도 있고, 하나 이상일 수도 있다. 보통 **2순위 저당**(second mortgage)이라고 불리는 후순위 유치권은, '매수자가 자기 자금(Down Pay)으로 사용할 수 있는 자기 자금액+선순위 대출 가용액의 합'과 부동산 매입가격 간의 차액을 조달하는 수단으로 사용되기도 한다. 전통적으로 2순위 저당은 후순위로 인한 추가적인 위험을 안고 있기 때문에 선순위 저당(first mortgage)보다 이율은 높고 대출기간은 짧다.[7]

---

[6] trade fixtures는 임차인이 사업 목적으로 사용하는 동산이다. 이러한 지상정착물은 동산의 성격을 가지고 있다(예: 기계를 전시하기 위한 사용한 선반).

[7] 향후취득 자산조항과 관련한 논의와 판례는 다음을 참조하라. Grant S. Nelson and Dale A. Whitman, Real Estate Transfer, Finance and Development, 2nd ed.(St. Paul, MN: West Publishing, 1981), pp.633~39 ; Kratovil and Werner, Modern Mortgage Law and Prcactice, 2nd ed., pp.114~17.

저당의 등기 *Recording of Mortgage*

주의 법령이 요구하지 않는 한, 저당(mortgage)은 채권자와 채무자의 협정이기 때문에 저당의 유효성을 위해 공공기록에 필수적으로 기록되어야 하는 것은 아니다. 공공기록에 등재하는 것이 반드시 전에 존재하지 않았던 권리가 새로이 발생했다는 사실을 뜻하지는 않으나, 적어도 다른 제3자에게 저당존재와 저당의 영향을 알려주는 역할을 한다. 기록된 저당은 채무자의 향후 행동으로부터 우선순위로 채권자를 보호한다. 예를 들면, 만약 채권자가 저당을 기록하지 못하였으면, 채무자는 또 한번 소유 부동산을 담보로 하여 다른 채권자로부터 저당융자를 받을 수도 있다. 만약 두 번째 채권자(lender)가 이전에 등록되어 있지 않은 저당이 있다는 사실을 몰랐다면, 두 번째 채권자(lender)는 첫 번째 채권자에 앞서 선순위 저당을 가지게 될 것이다. 일반적으로 계속된 유치권들의 우선순위는 기록되는 시점에 의해 결정된다.

위와 같이 공공기록의 규정은 부동산 이권 소유자들을 보호하기 위한 것이다. 그러나 동시에 그들은 이 공공기록의 사용에 대해서 책임을 갖고 있다. 채권자가 공공기록에 선순위 유치권들이 있는지 없는지 검토를 하지 않았거나 저당권 내용을 공공기록에 등기하지 않았을 경우 많은 손실을 입을 수 있다. 대부분의 주들은 **후순위**의 유치권일지라도 공공기록에 등기가 되지 않은 선순위 저당권에 앞서 등기가 되었다면 후순위 유치권에게 우선권을 준다. 나중에 선순위 저당권이 공공기록에 등기되었다 하더라도 우선권을 얻을 수는 없다.

기타 금융수단

판매자 금융 *Seller Financing*

부동산 매수자는 매도자로부터 신용공여를 받는 경우가 있다. 매도자가 거래가격의 부분 혹은 전부를 저당권으로 설정하려 한다면 이를 **판매자 금융**(seller financing)이라 한다. 이러한 판매자 금융은 아래와 같은 상황에서 자주 활용된다.

1. 금융기관 담보대출이 너무 비싸거나 활용이 가능하지 않을 때
2. 구매자의 자기자금(down payment)이 적거나 월 납부 금액에 어려움이 있어 장기간 저당융자를 얻을 수 없을 때
3. 매도자가 판매로부터 얻은 양도차액을 할부 지급 방법으로 받기를 원할 때
4. 매도자가 저당금융 시장보다 낮은 이율을 제공함으로써 자산 거래가격을 올려 더 큰 양도차액을 만들고 이자소득이나 일반소득을 줄이고 싶을 때[8]

부동산 거래가격의 일부나 전부를 납부금액의 담보로 매수자가 저당을 허락할 때의 저당을 **판매금액저당**(purchase-money mortgage)이라고 부른다. 만약 매도자가 거래를 성사시키기 위해 필요한 모든 금액을 제공한다면 선순위 저당(first mortgage)이 될 수 있지만,

---

[8] 이 기법의 활용은 "고지하지 않은 이자원칙"에 의해 제한된다.

선순위 저당 최고융자 가능금액과 계약금과의 차이를 메우기 위해서 사용되는 2순위 저당 (second mortgage)의 형태를 취하는 경우가 더 많다.

이와 같이, 판매금액저당권은 부동산구매에 대하여 제삼자로부터 대출을 확보하기 위한 저당권과는 구별되어야 한다. 일반적으로 제3자인 대출자(third-party lender, 예를 들면 금융기관)는 항상 선순위 저당권을 요구한다. 따라서 판매금액저당은 제3자(third-party) 저당 대출이 공공기록에 등기된 후에 등기되거나 저당증서에 후순위 조항을 담고 있어야 한다.

토지계약

여러 해 동안 사용되었던 부동산 자금 조달방법의 하나가 **토지계약**(land contract)이다. 토지계약은 부동산계약(real estate contract), 할부판매계약(installment sales contract), 양도계약(agreement to convey), 양도증서(contract for deed)라는 여러 가지 명칭으로 지칭될 수 있다. 마지막 명칭이 암시하듯이, 토지계약에 따라 매도자는 매수자가 계약상의 의무를 완수했을 때 명의를 이전한다. 그러한 의무는 계약에 명시되어 있듯이 보통어음과 저당권 하에서와 같은 방법으로 정해진 구입가격을 주기적으로 지불하는 것이다.

토지계약이 저당이 아니라는 것은 명백하다. 토지 계약하에서는, 매도자들은 그들의 명의를 유지한다. 소유권증서 기록에는 매도자들이 여전히 부동산의 소유자로 나타난다. 그러나 토지계약은 매도자가 거래부동산 대해서 반드시 자신이나 자신이 위임한 사람이 매수자, 매수자의 후손, 혹은 매수자의 위임인에게 소유권을 이전할 것을 강제하고 있다.

토지계약은 매도자의 유치권(vendor's lien, 지분법률에서 매수자가 거래물건에 거래금액을 다 지불하지 않고 거래물건을 넘겨받았을 때 칭하는 유치권)이나 판매금액저당 대신 사용될 수 있다. 매각자의 유치권은 매수인의 지분 증거로서는 상당히 약하므로, 매수인은 판매금액저당(purchase-money mortgage)이 가능하다면 이를 선호할 것이다. 그러나 매도자 유치권에서 매수인이 자기 자금을 지불하지 않았거나 적게 지불했을 때, 혹은 거래물건이 위치한 주(state)에 따라 장기의 지불기간이 허용되고, 지불을 불이행하여도 매수자가 저당물건의 수익이나 임대료를 계속 받을 수 있고, 저당물건의 점유권을 계속 유지할 수 있다면, 매도자는 매수자가 거래물건의 상당한 거래가격을 불입하지 않는 한 매수자에게 명의이전을 거부하고 저당권을 회수한다.

판매금액저당과 토지계약의 사이에 몇 가지 비교점이 있다. 토지계약은 매수자가 거래물건의 명의를 소유하지 못하기 때문에, 거래 이후 매도자가 거래물건에 또 다른 저당제공이나 지역권(easements), 건축공사 선취특권을 발생시킬 가능성에 대하여 통제할 수가 없다. 대부분의 토지계약에는 매도자가 매수자로부터 거래금액에서 미회수된 금액만큼 거래물건을 저당할 수 있는 권리조항이 있다. 만약 매수자가 저당대출을 사용하였다면 이런 위험에서 보호를 받을 것이다. 왜냐하면 한계가 명백하게 설정되어 있고 소유권은 매수자에게 있기 때문이다. 더구나 토지계약은 저당권에 대한 어떠한 절차적 보호장치 없이도 토지계약 이권의 실효가 가능하기 때문이다. 위와 같은 비교점들은 부동산을 매매할 때 토지계약을 사용할 것인가 아니면 담보대출을 사용할 것인가를 결정할 때에 반드시 고려하여야 한다. 일반적으로 토지계약은 판매금액저당과 동일한 상황에서 이루어진다(예를 들면, 매수자가 제3자로부터 대출을 얻기 어려운 경우).

토지계약의 공공기록 *Recording of Land Contracts*

주법률은 소유권에 영향을 미치는 토지양도나 기타계약을 공공기록에 등기할 수 있게 한다. 토지계약은 일반적으로 소유권에 영향을 미치는 수단으로 간주되어 공공기록에 등기가 허용된다. 토지계약을 등기하는 것은 유효성에 있어서 필수적인 것은 아니다. 등기는 제3자에게 토지계약의 존재를 공시하는 것일 뿐이다.

채무 불이행

지금까지 부동산과 연관된 물건의 여러 가지 권리들을 설명하였다. 다음은 당사자들 중의 하나가 자신의 부동산권리와 연관된 계약책임을 이행하지 않아 발생하는 문제를 다루어 보자. 이 문제들의 법률적 결과는 상대방의 권리의 재정적 안정에 영향을 미치기 때문에 부동산금융에 있어서 중요하다.

저당대출에 있어서 가장 중요한 위험들 중 하나는 그 채무자가 책임을 이행하지 않아서 채권자가 기대했던 저당대출상환을 받지 못하는 것이다. 저당대출 위험은 대출자의 권리와 불이행 발생 여부/시기에 의존한다. 따라서 저당채무불이행으로 발생하는 법적 상황들을 잘 이해하는 것은 중요하다.

채무불이행 행위

불이행(default)은 계약, 협정 혹은 의무, 특히 금융상 책임을 완수하지 못하는 것이다. 저당융자계약의 어느 한 부분이라도 이행하지 않으면 **저당계약의 불이행**이라고 본다. 가장 일반적인 불이행(default)은 원금과 이자의 분할상환액을 지불하지 못하는 것이다. 지불기한에 지불하지 못한 세금 혹은 보험료로 인해 일시 부채변제 요구나 담보물건 강제 법정처분을 불러일으킬 수도 있다. 실제로 일부 저당계약은 의무 불이행 시 위의 조치를 취할 수 있다는 명백한 조항이 있다. 심지어 담보물 유지관리를 계속적으로 하지 않을 경우도 **법률적 불이행**(default)이 된다. 그러나 이런 법률적 불이행 행위로 인해 강제 법정처분으로 넘어가는 경우는 드물다. 담보물건을 논란의 여지가 없을 정도로 전혀 유지관리를 하지 않았을 경우를 제외하고는, 저당융자 계약의 유지관리 조항을 지키지 않았다는 것을 증명하기는 어렵다.

또 다른 관점으로 보면, 불이행은 첫 번째로 계약의 위반에서 발단이 되나 채권자의 태도 여부에 따라 결정된다. 비록 계약 위반이 있을지라도 채권자가 그것을 무시하거나 혹은 채무이행을 위한 행위나 조치를 연기해 줄 수 있는 것이다. 채권자는 채무자의 의무불이행(default)시나 저당물건의 점유권 포기시에 자신의 소유권이 있는 담보물건이 파괴되거나 노후되지 않도록 신속하게 대응할 것이다. 한편으로 만약, 채무자가 과거에 의무를 다했고 신뢰성이 있고 저당물건의 이권을 유지하기를 원하고 단지 현재 짧은 기간동안만 책임의무를 다 할 수 없다면 불이행의 선언은 바로 일어나지는 않을 것이다.

저당권 행사 대신 워크아웃 하는 경우

저당권행사는 미상환 부채를 변제하기 위하여 법원에 의한 부동산의 매각을 일컫는 것이다. 그러나 이에 소요되는 시간과 저당권행사에 관련된 여러 가지 비용들(그리고 부동산의 여하한 손실의 보전) 등 때문에, 채권자 입장에서는 실제 저당권행사보다는 다른 대체 방안을 찾으려고 한다.

비록 저당계약들이 어떠한 계약위반의 벌칙을 명시하고 있다고 해도, 경험에 의하면 저당대출 상환불이행시 신속한 대응가능 조치가 있어도 채권자가 계약의 조항과 정확하게 일치하는 행동을 하지는 않는다. 대신에 채무자들이 재정적인 어려움에 처하여 그들의 의무를 다하지 못할 경우, 만약 채권자와 채무자 모두가 그 상황이 일시적이고 해결될 것이라고 믿으면 지불의 조정이나 다른 방법들을 구사할 수 있을 것이다.

워크아웃이라는 용어는 종종 재정적 어려움이 있는 채무자와 협상할 수 있는 다양한 행위들을 설명하는 것으로 자주 사용된다. 대개의 경우 당사자들이 특정한 기간 동안에 적용될 규정들을 정한 워크아웃 합의를 도출할 것이다. 채권자는 법적조치의 행사를 자제하기로 동의한다. 그 대신 채무자는 재정적 어려움을 인정하고, 채무자가 채권자에게 정확한 정보를 제공하고 부동산에서 얻는 수익을 적립하는 현금계정을 개설하는 등 특정한 조건들을 수용한다.

워크아웃에서 여섯 가지 대안들이 고려될 수 있다.

1. 부동산담보대출을 채무 조정하는 것
2. 새로운 소유주에게 저당권의 양도
3. 채권자에게 자발적으로 소유권 양도
4. 우호적 처분
5. 사전 협의 계약된 파산
6. 대출잔액보다 낮은 가격으로 팔수 있도록 대출자와 협의하는 "short sale(공매)"

저당대출 채무 재조정

대출은 여러 조건들로 재조정될 수 있다. 이와 같이 대출 조건변경은 이자율을 낮추거나, 이자만 지불하거나, 또는 만기를 연장하는 조치들이 포함된다.

만약 최초 대출조건이 비소구권부(non-recourse)이면, 채권자는 대출조건을 변경하여 채무자에 대해서 개인적인 상환청구권을 얻기를 원할 수도 있다. 이 경우 조건변경으로 채무자는 책임의무를 다하지 못하면 더 큰 위험부담을 갖게 된다. 채권자는 또한 대출조건 변경에 대한 대가로 채무자 소유 부동산의 수익이 상승할 경우 이에 대한 이익 참여를 기대할 수도 있다. 예를 들면, 채권자는 현 부동산의 이익을 기준으로 하여 수입의 증가에 따른 일정 퍼센트를 요구할 수 있다.

저당의 개정 *Recasting of Mortgages*

일단 저당권이 실행되어 등기가 된 후에도, 그 내용에 있어서 책임의무가 다 완수되기 전이라도 상당한 변화가 있기 마련이다. 여러 이유 때문에 저당의 재조정이 이루어질 수 있다. 저당조건은 언제나 재협상될 수 있다. 그러나 주로 지급불능을 해결하거나 피하기 위해 저당권의 조건을(일시적으로 또는 영구히) 바꾸는 것이 대부분이다.

저당권 조건에서 이자율, 융자기간, 또는 상환금액 등이 바뀌므로 채권자들은 대상 담보물건에 대한 우선권을 잃는 것을 피하기 위하여 조심해야 한다. 단순한 지급기일의 연장으로 연장된 저당은 우선순위를 상실하지는 않을 것이다. 그러나 법원은 후순위 채권자들의 권리침해를 보호하기 위해 조심스럽게 심사한다. 그래서 채권자는 이율 상승 부분, 상환액의 상승 부분 또는 채권액이 채무자에게 추가적인 부담을 주는 부분 만큼에 우선권을 잃을 수도 있다.[9]

기간연장협약 *Extension Agreements*

경우에 따라서는 재정적으로 어려움이 있는 채무자는 저당기간의 연장에 대한 허가를 채권자에게 요구할 것이다. 이것이 저당권 **연장 협의**이다. 채무자는 잔여 원금에 대한 원리금 상환기간의 연장이나 원금 또는 이자지급의 유예 등을 요구할 수도 있다. 그러한 요구에 대한 대응으로 채권자는 다음 쟁점들을 생각할 필요가 있다.

1. 담보물의 현 상태는 어떠한가? 담보물이 그 동안 잘 유지되었는지 아니면 노후되고 전혀 관리가 안되었는지?
2. 후순위 저당들이 있는지? 이는 현 저당등기 이후 및 현 저당변경등기 이전에 추가된 후순위 저당들을 말한다. 만약 있다면 연장협정에 대한 영향은 무엇인가? 만약 후순위 저당이 설정돼 있다면 기존 저당권의 연장은 기존저당을 취소시키고 새로운 저당으로 받아들일 가능성이 있다. 만약 그렇다면 후순위 저당에게 선순위를 내줄 수도 있다.
3. 저당대출을 승계받은 양수인의 신용 상태는 어떠한가? 저당채무의 기간 연장이 그의 의무를 종료시키는가? 기간 연장이 야기할 수 있는 모든 문제로부터 채권자를 보호하기 위한 가장 좋은 방법은 모든 보증인들로부터 연장협상과 보증의 연장동의를 확보하는 것이다(현 저당의 당사자들이기에 이러한 요구에 반대할 근거가 없다). 그러나 만약 보증인들이 연장의 계약당사자가 아닐 경우(특히 만약 연장협상을 통하여 저당의 조건이 보증의 책임을 증가시킨다면), 연장계약에 의해서 서명을 거절한 보증인의 보증책임이 무효화되지 않도록 주의를 기울여야 한다. 법정처분과 그들에 대한 결손 판결(deficiency judgment) 가능성은 당사자들의 연장합의를 얻기 위한 충분한 유인책일 것이다.

연장협정의 특성은 채무자와 채권자의 협상의 위치에 따라 결정된다. 즉, 이 협상이 누구에게 더 필요한가에 따라 달라진다. 만약 채무자들이 더 유리한 조건으로 자금을 재차입할

---

[9] 저당권이 실행되는 시점에 나타나지 않은 이권을 인정하는 저당의 개정이 필요한 경우가 있다. 예를 들면, 저당권에 포함되는 부지의 배후지로의 접근이 필요한 공공 유틸리티회사의 지역권에 대한 조항없이 저당권이 설정될 수 있다. 유틸리티 서비스의 설치는 보통 부동산의 가치를 향상시키기 때문에 저당권자는 이러한 변경을 기꺼이 승인하려 할 것이다. 그럼에도 불구하고 공인하기 위해서는 저당의 개정이 필요하다.

수 있다면 기간연장 협정을 요구하지 않을 것이다. 반대의 경우라면 채무자들은 채권자에게 유리하도록 이자율의 상승과 같은 조건변화를 수용해야만 할 것이다.

기간연장 협정의 대안 *Alternative to Extension Agreement*

기간연장 협정의 대체방안은 채권자가 채무자와의 문서화된 공식기록에 손대지 않고 일시적인 기간연장에 비공식적으로 채무자와 동의하는 것이다. 채무자가 몇 달에 걸친 저당 대출상환금액을 지불할 수 없을 때, 채권자는 상환액의 전부 혹은 일부를 일시적으로 연장시켜 주든지 아니면 유예할 수 있다.

이러한 문제를 채무자가 제기한다는 것은 상환능력이 없다는 의미이다. 그러므로 비공식적인 조정을 통하여 채무자가 원리금을 매월 상환할 수 있다는 조건으로 부동산의 소유를 유지하도록 허용하는 것이며, 월불입액은 원금을 포함하지 않을 수도 있다. 이러한 비공식적인 협약은 복잡한 문제를 야기할 수 있다. 그러나 전반적으로, 만약 협약이 성립되면 월상환 요구액은 채무자의 현재 지불 능력에 따라 조정될 것이다. 채무자의 재정상태가 개선된다면, 채권자는 원래 상환조건으로 복귀할 것을 요구할 것이다.

명시적인 연장합의 대신 이러한 대체안에 의해 채무자들과 채권자들 모두의 일시적인 필요가 충족되기도 한다. 채권자가 담보의 보증금액이 저당대출금액을 충분히 보호한다고 느낀다면, 채권자들은 채무자들의 재정적 어려움을 도와줄 수 있다. 채무자들도 자신의 부동산에 지분이 존재한다면, 가능한 한 그 지분을 보호하려고 할 것이다.

새로운 소유주에게 대한 저당권 양도

저당채무를 이행할 수 없든가, 아니면 하지 않겠다는 채무자들은 저당채무를 개인적 책임과 함께 승계하든지 아니면 현 저당차입의 조건("subject to" mortgage)으로 담보물건을 매입하고자 하는 매수자를 구할 것이다. 새로운 매수자는 만약 부동산의 가치가 저당권상의 채무 잔액을 초과한다고 생각하면 **저당채무를 승계**할 용의가 있을 것이다. 어느 경우라도, 그 매도자는 부채에 대하여 개인적인 책임을 가진다. 그러나 이 경우 만약 매도자가 곧 채무를 불이행할 것으로 예상되고 부동산을 잃을 수도 있다고 생각한다면, 매도자는 저당채무를 승계받는 매수자가 저당채무를 잘 이행할 것인지에 대한 위험을 감수해야 할 것이다. 위험은 새로운 매도자가 채무를 불이행하여 매도자가 부채에 대하여 다시 책임을 지고 거래된 부동산을 다시 찾아오게 되는 것을 말한다.

앞에 언급했듯이 만약 매수자가 부동산을 현존하는 저당차입의 조건("subject to" mortgage)부로 취득하면 전혀 부채에 대하여 어떠한 개인적인 책임도 인수받지 않는다. 그러므로 매수자는 단지 부동산을 인수하기 위해 개인적으로 투자한 자본만을 잃을 수 있다. 매도자들이 재정상으로 어렵고 처분을 해야만 할 때, 이 매수자 자본투자는 매우 작은 것일 것이다. 이처럼 매수자는 저당대출의 조건부("subject to" mortgage)로 부동산을 인수할 때에 손해 볼 것이 별로 없을 것이다. 만약 취득한 부동산이 좋은 투자로 판명되면, 매수자는 부채에 대하여 지불을 계속할 것이다. 그러나 만약 적절한 시간 안에 부동산의 가치가 저당권 부채를 초과하지 않는다는 것을 알게 되면, 그들은 단순히 부채지불을 중단하고 매도자가 부동산을 다시 인수하게 하도록 할 것이다. 이런 상황에서 매수자가 만약 현 부동산을 저당융자의 조건으로 취득하는 것은 마치 매수 옵션을 산 것과 같은 것임을 알 수 있다. 이 경우 매수자가 투자한 지분은 옵션을 얻기 위해 투자한 금액으로, 취득 후에 부동산가치가 상승할 경우 지분상승 차액을 얻을 수 있는 기회를 갖는다. 그러므로 매수자가 비록 부동산의 **현재가치**가 저당융자의 원금잔액보다 적더라도 매도자에게 돈을 지불하고 저당대출의 조건부("subject to" mortgage)로 부동산을 인수하려는 이유를 알 수가 있다.

예를 들어, 한 부동산에 $100,000의 저당차입 원금 잔액이 있다고 가정해 보자. 해당지역의 부동산가격은 현재 하락해 있고 소유주는 단지 $99,000에 판매가 될 것이라고 믿고 있다. 그러나 매수자는 현 저당대출의 조건부("subject to" mortgage)에 취득할 수 있다면 기꺼이 $101,000에 매수의지가 있다.**10** 그러므로 $2,000는 부동산가격이 현재 수준보다 상승할 것이라는 선택권에 대하여 지불한 돈인 것이다. 만약 그 부동산이 $100,000(지급된 추가 원금을 빼고)보다 오르지 않는다면, 매수자는 곧 부동산을 버리고 다시 저당채무의 책임을 원소유자에게 돌려버릴 것이다. 만약 부동산의 가치가 $101,000보다 더 오르면 매수자는 수익을 가질 수 있기에 승계한 채무의 책임을 잘 이행해 나갈 것이다.

다양한 법적 대안들을 알면 매수자와 매도자로 하여금 그들의 재정 상태에 따라 최상의 선택[예를 들면, 부동산의 현 저당채무를 개인책임 하에 승계하는 것과 개인책임을 약속하지 않는 저당대출의 조건부("subject to" mortgage) 취득 조건]을 할 수 있도록 해준다. 이처럼, 법적 대안은 재무적으로 평가될 수도 있는 것이다.

자발적 양도 *Voluntary Conveyance*

저당 차입금액을 더 이상 상환할 수 없는 채무자들은 채권자들에게 그들의 부동산을 "매각"하려 할 것이다. 예를 들면, 채무자들이 상환의무를 다할 수 없어서 부동산의 법정처분에 직면하였다 하자. 시간과 문제점 그리고 차압에 드는 비용들을 덜기 위해서, 그 채권자들은 채무자들이 자발적으로 양도하는 소유권을 받아들일 것이다. 만약 양 당사자가 부동산의 가치가 저당채무의 원금잔액을 초과한다는 데에 동의하면, 그 차액에 대해서 채권자는 채무자에게 지불할 것이다. 만약 부동산가치가 저당융자의 원금잔액에 못 미친다면, 채권자는 그래도 소유권을 양도받고 채무자를 저당채무의 책임으로부터 자유롭게 해줄 수도 있다. 이 **자발적 양도**는 법정처분 비용과 비교해 상당히 유리할 것이라고 보기 때문에 진행될 수 있다.

자발적 양도가 사용될 때, 소유권은 보증증서(warranty deed)나 권리포기증서(quitclaim deed)를 사용하여 양도된다. 채무자들은 발행한 어음과 저당권에 더 이상 구속되지 않도록 확실히 하기 위하여 의무의 면제를 주장하여야만 한다(특히 그 대출잔액이 부동산가치에 근접하거나 혹은 부동산가치를 초과하였을 경우). 그렇지 않으면 채무자들은 그들이 저당권어음을 지불할 개인적인 책임을 여전히 가지게 될 것이다. 저당채무의 부채상환 의무면제와 채

---

10 매도자는 현찰로 $1,000를 받았지만, 지분에서 −$1,000의 예상손실을 감안하면 매도자는 $2,000의 경제적 혜택을 받은 것이다. 이는 부동산의 지불가격과 시장가치 간의 차이이기도 하다.

권자에게 소유권양도의 교환은 **법정처분 대신 양도증서를 주는**(giving deed in lieu of fore-closure of the mortgage) 것과 같다. 법정처분 대신 양도증서를 주게 되면 소송의 불확실성과 부동산양도 비용을 최소화하며 시간이 오래 걸리지 않는 장점이 있다. 또한 법원경매 혹은 파산의 부정적인 이미지를 피할 수 있다. 법정처분 대신 양도증서를 주는 경우 후순위들의 권리를 배제하는 것은 아니다. 채권자는 모든 다른 채권자들과 협의를 하여야 한다.

　또한 파산 가능성의 문제도 있다. 양도는 선취권이 있는 양도가 있을 경우 무효될 수도 있다. 자발적 양도에서 법적인 문제뿐 아니라 채권자는 실제적인 재무적 쟁점들에 직면한다. 만약 후순위 유치권들이 있다면 그들은 자발적 양도에 의해서 제거되지 않는다. 후순위 유치권 권리자들은 부동산의 소유권이 재정적으로 더 건전한 소유주에게 양도되었다면 전보다 더 나아진 상황일 것이다. 문제의 부동산에 대한 후순위 유치권들이 해지되지 않는 한(유치권의 소유자들과의 협정으로 채무자의 다른 부동산으로 유치권을 이전하든지, 이를 취소할 수도 있다), 채권자는 후순위 유치권들에 책임이 지속되기 때문에 법정처분을 해야만 할 수도 있다. 법정처분은 채권자가 후순위 유치권으로부터의 책임을 면제받을 수 있는 정당한 방법이 된다.

우호적 경매신청 *Friendly Foreclosure*

법정처분은 시간이 걸리고 비용이 많이 들어 이 기간동안 해당 부동산에 손해를 끼칠 수도 있다. "**우호적 처분**(friendly foreclosure)"은 채무자가 관할법원에 자발적으로 부동산의 법정처분을 제시하고, 방어권리 주장과 청구를 포기하고, 판결에 공동으로 대항하거나 상고하지 않으며 어느 경우에서나 채권자와 협력할 것을 동의하는 것이다. 이는 법정처분 과정에 소요되는 시간을 줄일 수 있게 해준다. 이는 또한 후순위 유치권들을 소멸시키고 채무자의 연이은 파산을 막을 수 있는 좋은 방법이다. 우호적 차압은 대개 자발적인 양도보다 시간이 더 걸린다. 그러나 적대적인 차압보다는 시간이 덜 걸린다. 이것에 대해서는 다음에서 더 상세히 설명된다.

사전협의 파산 *Prepackaged Bankruptcy*

채권자는 채무자가 당초 저당권 대출협약상의 책임을 줄이기 위해 파산절차를 밟겠다는 위협을 할 경우에 대비해야 한다. 파산은 저당차입의 채권자에게 상당한 파급효과를 가져올 수 있다. 부채에 대한 담보의 가치가 부채 원금보다 적으면 그 부족분은 무담보부채로 취급될 수 있다. **사전 협의된 파산**에서는, 법적 파산신청 이전에 채무자는 부채를 면제해 주는 대신에 부동산을 채권자에게 양도하는 모든 조건에 동의한다. 이 경우 파산청산 조건이 미리 합의되지 않은 경우에 비해서 상당한 시간과 비용을 절약할 수 있다. 파산의 결과는 이 장의 마지막 부분에서 더 논의할 것이다.

공매 *Short sale*

공매는 담보 부동산 매각으로 회수된 수입이 대출 잔액에 미치지 못하는 부동산의 매각이다. 공매에서, 저당 대출자는 경제적 또는 재정적 어려움 때문에 저당대출 잔액에서 저당권 설정자의 일부분을 할인하는 데 동의한다. 이는 주택 가격이 심각하게 하락하고 차입자의 상태들보다 시장상황에 기인하는 재정적 어려움을 겪는 시기에 일어나는 경우가 많다.

공매(short sale)는 부동산의 가치보다 주택대출금이 많을 경우 선택하는 매매 방식으로 부동산가치가 명백하게 하락하거나 시장여건 때문에 금융적 어려움이 발생할 경우에 주로 발생한다. 이러한 공매는 주택 소유자(차입자)가 대출 잔액보다 낮은 가격으로 부동산을 매각하고 매각 과정을 대출기관에게 넘긴다. 또 다른 경우, 대출기관은 여전히 결손판결을 원한다. 대출기관은 이러한 매매익 승인 혹은 불승인의 권한을 가지고 있다. 일반적으로 공매는 경매보다 금융적 손실이 더 적기 때문에 경매 이전에 실행된다. 경매와 달리, 차입자가 공매 승인 때까지 월 납입액을 납부하였다면, 공매는 차입자가 대출금을 할인해 주기 때문에 차입자의 신용에 악영향을 미치지 않는다. 부동산이 미불잔액 미만으로 매각되고 대출자가 결손판결을 진행하지 않는 일이 발생되는 경우에 있어서는 대출자가 "부채 면제"를 해주는 결과를 가져오게 되며 소유자나 채무자에 대한 "세금 문제"가 존재할 수 있다.

법정처분

실제적으로 대부분의 채권자들은 채무자들이 특별히 채무불이행에 관하여 솔직하게 협의하여 시간을 두고서 이러한 채무불이행을 면하기 위해 현실적인 제안을 할 때에는 채무자의 자산을 법원경매 하는 방향으로만 일을 처리하지는 않는다. 대부분의 채권자들은 부동산을 운영하거나 처분하는데 필요한 전문지식이 없으며, 상황이 자신들에게 유리할 때는 대출금을 회수하기를 선호하며 채무자에게 관대하고 참을성 있게 행동한다. 채권자들의 계약 조항에 얽매여서 자기주장만 하지는 않는다. 그들은 채무불이행의 초기징후가 발견되었다고 해서 즉시 법정에서 경매처분을 주장하지는 않지만, 인내심을 가지고 기다린 다음 이에 대응해서 청산이 필요하다고 생각되면 **법정처분**(foreclosure) 절차를 시작하게 된다.

법정처분 *Judicial Foreclosure*

일반적으로 채권자들은 채무자의 채무불이행 시 자신의 이익을 보호하기 위하여 다음과 같은 두 가지 방법을 취할 수 있다.

첫 번째로, 채권자는 **경매처분**을 행할 수 있다. 이는 부채를 이유로 소송을 제기하여 판결을 받은 후, 채무자의 자산을 상대로 판결을 실행하는 것이다. 법정처분 실행은 저당권이 설정, 집행[11]된 자산에 국한되지 않는다. 이러한 판결은 법적처분이 면제[12]되지 않는 한 채무자의 모든 자산에 대하여 법적처분 실행에 포함시킨다.

두 번째로, 채권자는 경매처분 소송을 제기하여 경매처분 및 경매명령을 받는다. 저당이 설정된 자산의 매각가격에서 매각경비와 채권자의 배상청구를 제외하고 얼마의 금액이 남으면, 이는 채무자에게 돌아간다. 자산의 법정처분과 매각이 두 가지의 다른 조치에 의해 진행되는 동안에도, 이 두 가지 방식은 실제로는 동시에 이루어진다.

상환 Redemption

상환(redemption)은 부채를 상환하거나 다른 저당조건들을 충족시킴으로써 소유권의 법정처분 매각을 취소하는 절차이다. 이는 채권자가 가지고 있는 대출원금, 이자, 비용의 모든 금액을 상환함으로써 가능하다.

상환 시 채무자의 **잔존지분권**(equity of redemption)[13]은 경매처분 이전에 확정되어야 한다. 일단 경매처분 매각이 확정되면, 채무자는 경매처분 결정 후 법정 상환기간을 규정한 주(state)들을 제외하고는 더 이상 상환할 수 없다.

경매가 확정된 후 상환권은 전체 주(state)의 절반 정도에서 실행되는데, 이를 **법정상환 기간권**(the right of statutory redemption)이라고 한다. 일반적으로 상환의 법정기간은 법정처분 매각 후 약 6개월에서 1년 정도 된다. 많은 주에서, 법정처분 매각 후 상환 권리를 채무자에게 주는 대신에, 채무불이행 된 부채를 보다 장기에 걸쳐 상환할 수 있도록 매각 자체를 연기해 준다.

자산 매각 Sales of property

매각 공고, 장소, 그리고 방법 등은 주법률에 의해 결정된다. 세부 항목들은 다르지만, 모든 주에서 결과는 거의 같다.

가격결정 Fixing a Price

저당권 법원경매 매각은 공매가 자산 매각에서 가능한 최대가격을 이끌어내는 만족스러운 방식이라는 가정으로부터 시작된다. 따라서 원가나 선취권리의 정도, 또는 다른 어떠한 고려사항과 관계없이 가장 높은 가격을 제시한 사람이 자산을 취득하게 된다. 이러한 공매의 요구조건에도 불구하고, 거의 대부분의 경우 채권자 또는 채무자, 그리고 소수의 입찰자들만이 매각에 참여하고, 그 결과 채권자가 보통 낙찰에 성공하게 된다. 채권자는 현금으로 지불되

---

[11] 저당권의 설정은 법원이 채권자의 부채를 보증하기 위해 채무자의 부동산을 잡아두는 행위 또는 절차를 말한다. 집행은 이전에 채권자를 위해 행한 판결의 대가로 채무자의 부동산을 사법권자가 잡아두거나 매각하는 것을 공인하는 절차이다.

[12] 대부분의 주에서는 법률에 의해 차입자의 부동산의 일부는 판결에 다른 매각의무로부터 면제받을 수 있다. 이들 법률에서는 일반적으로 차입자의 최소 생계유지를 위해 동산이나 차입자의 주택의 일부에 대해 이러한 혜택을 주고 있다.

[13] 잔존지분권(equity of redemption)이란 저당권 설정자가 상환불이행 시 법정처분 절차가 시작되기 전까지 자신의 부동산을 되살 수 있는 권리를 말한다.

어야 하는 경비를 제외하고는 취득의 교환매체로 자신의 청구권을 사용할 수 있다. 다른 낙찰자는(낙찰자가 채권자와 협상하여 채무승계를 확보하지 못하는 한) 취득을 위해서 현금을 지급해야 한다. 그 결과 채권자만이 빈번하게 대상 자산에 대하여 진지한 입찰을 한다. 채권자는 일반적으로 법원경매 자산들의 소유보다는 환금성을 원하므로, 청구금액의 합계가 법정처분 및 재매각, 소유비용을 제외한 채권의 시장가격과 비교하여 같거나 낮을 경우에 입찰을 한다. 채권자는 일반적으로 자신의 권리금액을 초과하여 다른 매수자들보다 높게 입찰에 응하지는 않는다.

일부 주에서는 매각에 앞서 최저 경매가가 정해진다. 즉 입찰에서 정해져야 하는 자산의 최소가격을 법정 대리인이 감정을 하여 결정하지만, 최저경매가격을 충족하지 못할 경우 법정은 매각을 승인하지 않는다. 법원경매 처분에서 팔아야 할 최저가격을 법원이 결정하는 것은 일반적인 관행이 아니다. 다른 한편으로, 법원은 채무자를 공정하게 대우하는데 관심이 있다. 채권자가 매각대금에 완전히 만족하지 않은 경우에 결손 판결(후술참조)이 나올 수 있으므로, 매각가가 낮을수록 결손 판결액은 커지게 된다. 다른 한편으로는, 채권자의 권리 또한 보호되어야 한다. 만일 법정이 지나치게 높은 가격을 주장하면, 매각은 이루어지지 않을 것이며, 따라서 채권자는 자신의 청구소송에 대하여 전혀 만족하지 않을 것이다.

신탁실행증서 *Deed of Trust* *

미국 일부 법원에서 역사적인 발전을 보면 일정부분 일반적인 저당권 대신에 **신탁실행증서**에 의한 부동산의 대출이 보편화되어 있다. 신탁실행증서로 명시되어 있는 대출에는 세 가지 종류의 당사자가 있다. **채무자**(신탁의 개설자)는 대출이 실행될 때 채무자발행 어음을 소유하는 **사람의** 이익을 위해 담보를 제공하는데, 이는 수탁자(trustee)에 대한 소유권이전 형태를 취한다. 수탁자로의 이전(conveyance to the trustee)은 증서로 하게 된다. 이 이전은 담보에 관한 세부 사항들을 정하고 채무불이행의 경우 자산매각의 권리를 수탁자(trustee)에게 이전하는 것을 명시한 신탁계약 첨부하에 실행된다.

신탁실행증서(deed of trust)는 아래 주(state)에서 일반적으로 이용된다: Alabama, Arkansas, California, Colorado, the District of Columbia, Delaware, Illinois, Mississippi, Missouri, Nevada, New Mexico, Tennessee, Texas, Utah, Virginia, West Virginia. 다른 주 법원들은 사용된 증서의 서식에 상관없이 부채를 보증하기 위해 제시된 소유권이전은 저당권이라고 판단하므로, 신탁실행증서는 다른 주에서는 널리 쓰이지 않는다. 이러한 해석은 법정처분시까지 비용발생 및 법률처리를 지연시키고 수탁자의 매각권리를 제한한다. 이런 제한사항을 부과하는 주들에서는 자산의 매각 전에 채무자와 채권자에게 합리적인 가격 및 혜택이 돌아가도록 확인하려 한다.

신탁실행증서는 계약조건에 따라 이용되는 반면, 수탁자(trustee)는 공매를 통해 자산 매각을 함으로써 채무자의 자산을 처분하는 권리를 가지게 된다. 적절한 공고 기간이 지난 후에, 수탁자는 매각 대금을 양쪽 당사자들에게 귀속시켜야 한다. 당사자들은 수탁자에 대한

---

* 『역자주』 Deed of Trust는 우리나라의 담보신탁에 해당.

보상을 포함한 모든 경비가 처리된 후, 잔액에 대해 이를 나누게 된다. 신탁실행증서는 저당권 법원경매보다 일반적으로 더 신속하다는 장점을 가지고 있다.

신탁실행증서와 저당권의 비교

신탁실행증서(deed of trust)는 지역 부동산전문 변호사의 상담 하에 만들어지는 신탁법과 저당권법의 혼합체이다.

일반적으로, 어음 형태인 부채의 발생과 증거, 소유권에 관한 채무자의 권리, 자산의 법적 사항, 향후 취득된 부동산에 대한 유치권 설정, 등기 등에 관한 법령은 저당권과 신탁실행증서에 동일하게 적용된다. 신탁된 부동산은 매입자의 채무승계 조건이든 아니든 간에 신탁실행증서에 근거하여 매각된다. 채무자는 그들의 권리(소유권)를 팔거나, 또는 권리를 담보로 차입할 수 있다. 기술적으로, 채무자는 부동산에 대해 재산 복귀권을 가지며, 차입금을 상환한 경우에는 부동산의 소유권을 회복하게 된다. 채무자가 부채를 상환할 때 수탁자가 재이전(reconveyance)실행을 거절하거나 실패할 경우, 채무자는 법원명령을 받아서 수탁자가 이를 실행하도록 강제할 수 있다.

신탁실행증서와 저당권이 병행 이용되는 캘리포니아주에서도 양자 사이에 몇 가지 구분점이 있다. 저당권은 등기상 만족하다는 단순한 승인에 의해 해지될 수 있는 반면, 소유권의 재이전은 신탁실행증서의 소멸이 필요하다.[14] 저당권과 신탁실행 증서 간에 등기요건에도 차이가 있다. 거의 모든 주에서 저당권 양도에 관한 사항은 등기의무 사항이 아니나, 일부 주에서는 의무사항이다. 하지만 신탁실행증서의 양도는 등기를 할 필요가 없으며, 몇몇 주에서는 등기대상이 아니다. 신탁실행증서의 등기는 부동산에 대한 유치권을 공시를 하며, 부동산의 재이전을 통하여 기록을 삭제할 권리는 수탁자만이 가지고 있다.

경매처분매각시 소유권의 특징 *Nature of Title at Foreclosure Sale*

법정처분 매각으로 자산을 취득하는 사람은 매각에 의해 채무자의 권리가 상실된 권리를 사는 것이다. 법원의 감시 하에 경매가 진행될지라도, 법원은 매수자가 받을 소유권의 성격에 대하여 설명하지 않는다. 법원경매 처분에 앞서 존재한 소유권의 결함은 매수자에게 소유권이 이전되더라도 소유권과 함께 이전된다.

만일 후순위 채권자가 경매처분 청구소송에서 제외되면, 이 청구(claims)들은 소송에 의해 기각되지 않을 것이다. 후순위자의 청구권이 기각되지 않는 한, 매수자는 절대적인 부동산 소유권(fee simple unencumbered) 대신 이러한 채무관계에 종속된 자산을 매입하게 된다.

법정처분소송의 당사자 *Parties to Foreclosure Suit*

선순위 저당권 소유자들이 그들의 저당권에 대해 법정처분소송을 할 때, 채무자의 권리를 배분 받으려 하는 모든 사람들과 함께 이 소송에 참여하여야 한다. 이들은 후순위 저당권 소유

---

14 몇몇 주에서는 신탁실행증서의 소멸을 위해 소유권의 재이전을 요구하지 않는다. 대신, 신탁의 수혜자가 신탁실행증서의 면제를 위한 서명을 한다. 이는 차입자가 수탁자에게 취소 어음과 신탁실행증서를 함께 제출한다. 수탁자는 적절한 등기관련 정부관리가 등기한 신탁면제증서를 발행한다.

자뿐만 아니라 판결 채권자(judgement creditors), 매각 실행 시의 매수자, 파산의 수탁자(만일 존재한다면)를 포함한다. 이들의 참여가 다 이루어지지 않으면 자신의 순위가 높아질 수 있다. 예를 들자면, 선순위 채권자가 법정처분 매각에서 성공적인 입찰자가 되고, 후순위 채권자가 소송에 참여하지 않았으면, 선순위 채권자가 토지의 소유권을 가지고 후순위 채권자는 선순위 채권자의 위치를 얻게 되는 것이 가능하다. 이러한 가능성을 피하기 위하여, 모든 법정처분 실행에서 법정처분 소송에 참여해야 하는 모든 후순위 채권자들을 확인하는 신중한 조사가 선행되어야 한다.

후순위 채권자들이 보호해야 할 지분권이 있다면, 채무를 청산하거나 자신보다 우선순위인 청구권 소송자들에게 권리를 제공함으로써 법정처분 자산을 매입할 수 있다. 예를 들면, 선순위 채권자가 담보자산에 대해 $50,000의 취득권이 있는데, $10,000의 취득권을 가지고 있는 후순위 채권자는 선순위사 권리가 $50,000보다 가치가 있다고 생각한다. 만약 후순위 채권자가 자산에 대해 응찰을 하지 않으면, 선순위 채권자는 이를 $50,000에 입찰을 하고(다른 입찰참여자가 없을 경우) 후순위 채권자의 지분(equity)을 제거하여 손실을 실현시킬 수 있다. 선순위 저당권의 채무를 승계함으로써, 후순위 채권자는 추가적인 자금투입 없이 $60,000까지 입찰을 할 수 있다. 이럴 경우, 선순위 채권자가 미리 이러한 청구권 조정방법에 동의하는 것은 흔한 일이다. 이는 부채의 탕감 여부와 관계없이 선순위 채권자의 청구권을 갱신하는 계약을 포함하기도 한다.

법정처분 매각에서 매수자는 경매처분된 저당권의 권리와 법정처분에 참여한 모든 후순위 채권자의 권리에 구속되지 않는 자산을 매입한다. 만일 선순위 채권자나 제3자가 법정처분 매각에서 자산을 취득하면, 이런 모든 후순위 채권은 더 이상의 영향력을 지닐 수 없다.

후순위 채권자가 법정처분 소송을 하면, 소송에 선순위 채권자를 참여 시켜서는 안된다. 대신 그들은 선순위 채권 존재 하에 소송을 해야 하지만, 이는 선순위 채권자들의 채권을 청산해야 할 의무는 없다는 것을 의미한다. 후순위 채권자는 선순위 저당권이 지속되기를 바랄 수도 있다. 선순위 채권을 소유하고 있는 사람은 자발적으로 이 과정에 참여하고, 그들의 이권이 완전히 보호받고 있는지 확인을 할 수 있다.

그들은 법원이 매수자가 부담할 예상금액으로 자신들에게 배당되어야 할 총계를 정해주기를 바랄 수도 있다. 혹은, 채권 우선순위에 관하여 의문이 있을 경우, 우선순위의 채권보유자(senior lienholder)는 이런 질문의 답을 구하기 위해 법정처분 진행에 참여할 수 있다. 역시 그들은 현재의 저당권 금액을 그대로 유지하기 위해 후순위 채권자들과 측면 협상을 맺을 수도 있다.

후순위 저당권 소유자가 법정처분 매각에서 자산을 취득할 계획을 가지고 있는 경우, 그들은 선순위 채권 청산(채권잔액 지불청산)을 선호할 지도 모른다. 만약 선순위자가 소송의 당사자가 아니면, 이는 반드시 채권소유자(lienholder)의 동의하에 수행되어야 한다. 이 조건은 선순위 저당권의 상환을 나타내고 있다. 이 개념은 매우 분명하다. 이는 후순위 채권자들은 선순위 채권자들의 채권 우선순위를 존중해야 하지만, 후순위 채권자들은 그들보다 저당의 우선순위가 낮은 채권을 없앨 수도 있다는 것을 의미한다. 예를 들자면, 현재 $100,000의 가치가 있는 자산에 다음과 같이 채무가 존재할 수 있다.

1 순위 저당 A	$ 90,000
2 순위 저당 B	$ 20,000
3 순위 저당 C	$ 10,000
총 저당 유치권	$120,000

법정처분 실행 시, 저당권 B는 1순위를 변동없이 유지하거나 차환조달하면, 별도의 자본조달 없이 $110,000 상당의 구매력을 가지고 있다고 볼 수 있다.

만일 법정처분 매각에서 이 자산을 $110,000보다 낮은 가격에 취득하면, 세 번째 저당권은 법정처분에서 완전히 소멸할 것이다.

법정처분 실행에서 제외된 후순위 채권 소유자는 낙찰금액이 선순위를 초과하는 금액을 가지게 된다. 매각금액의 잉여분이 없으면, 그들의 청구금액 전부를 법정판결에 맡기게 된다. 그 시점으로부터, 그들은 단지 일반적인 무담보 채권자가 된다.

후순위 채권자에게 미치는 법정처분의 영향

만약 선순위 저당권 소유자가 법정처분 소송을 내고 후순위 청구권자들을 소송에 참여시키면 이런 질문이 생긴다. "법정처분매각에 의한 삭제된 청구권은 어떻게 되나?" 법정처분의 비용과 선순위 채권자의 청구권 해소 후 남은 금액은 후순위 청구권의 우선순위에 따라 분배된다. 때때로 이 잉여금액의 분배는 말만큼 간단하지 않다. 우선순위에 관한 빈번한 논쟁으로 인해 조정순위를 정하는 법원의 결단이 요구된다. 선순위 채권이 합당하게 처리되면, 후순위 채권을 소멸시키게 되지만, 저당권으로 담보된 **부채**는 영향을 받지 않게 된다.

법정처분 매각으로 남은 금액이 없거나 모든 청구소송에 충분한 금액이 없을 때, 청구권 소송자들은 채무자가 저당을 하는 과정에서의 모든 개인적인 채무에 대해 채무자를 추적할 수 있는 권리를 유지하게 된다. 이런 법적권리는 권리자들의 청구권에 만족할 만한 결과가 될 수도 있고 안 될 수도 있다. 이러한 채무에 관한 책임은 소멸하지 않고, 미래에 채무자의 재정상태가 이 금액을 상환할 정도로 회복되면 청구실행을 강요할 수 있다.

결손 판결 *Deficiency Judgement*

저당물건의 법정처분으로 나온 회수금액이 채권자의 원금잔액을 반환하고도 채무자에게 차액이 남을 수도 있지만, 원하는 처분금액으로 낙찰되지 않아 회수금액이 채권자의 원금잔액을 다 못 갚을 수도 있다. 채권자는 법정처분에서도 미회수한 원금잔액을 채무자에게 계속 청구할 수 있다. 채무자는 약속어음(융자조항)의 조건상 채무에 대해서 개인적인 책임을 갖고 있다. 저당에 잡힌 물건이 하나 이상 있을 수 있기 때문에, 채권자는 자신의 대출을 저당물건으로부터 회수하려고 하지만 만약 미회수된 금액이 있다면 채무자는 계속 상환의 의무가 남아있다. 법정처분 후에도 남은 채무자의 의무 잔액을 **결손 판결**이라고 한다.

채무자가 다른 부동산을 소유하고 있으면 몰라도 결손 판결은 무담보 청구권이며, 채무자의 다른 부채와 같은 순위에 위치한다. 결손 판결이 발생한 저당권과 달리, 결손 판결의 소유주는 채무자의 부동산이 아닌 자산에 대해 우선권이 없다.[15] 그러므로 결손 판결액의 가치에 대해서는 항상 의문이 있다. 그 이유 중에 하나는 결손 판결을 피해가거나 지울 수 있는 방법 때문이다.

결손 판결을 피해가고 싶은 채무자는 다음과 같이 계획하면 된다. 결손 판결은 채무자가 소유한 부동산 및 자산이 아니면 미래에 소유할 자산에만 청구권을 가지고 있기 때문에, 채무자는 앞으로 자산을 소유하지 않을 것이고, 만약 소유하게 된다면 소유자의 명의를 자신의 이름으로 두지 않을 것이다.

따라서 결손 판결에 대한 권한을 완전히 폐지하자는 주장이 어느 정도의 힘을 얻고 있다. 그렇다면 채권자는 대출의 보전을 저당물건으로만 받을 수 있게 된다. 몇몇 주들은 결손 판결의 적용을 엄격히 제한한다. 물론, 이 경우 채무자는 저당물건의 시장가치가 차입잔액보다 낮게 떨어질 경우, 저당물건을 포기하고 대출책임을 회피힐 가능성이 크다.

불이행에 있어서 세금 *Taxes in Default*

재산세의 납입은 채무자의 책임이다. 세금은 법적으로 선취 특권을 갖게 된다. 소유권이전(명의이전)시에는 항상 발생되었으나 납부하지 않은 세금이 있는지를 살펴보아야 한다. 저당계약에는 일반적으로 세금 조항들이 포함되어 있어서, 채무자가 세금을 정기적으로 납부하지 않으면 채권자가 지불하도록 되어 있다. 이렇게 지불된 세금총액은 채권자의 청구권에 추가된다. 세금의 선취특권으로 세금징수기관에게 세금 체납에 따른 경매처분 청구의 권한이 있지만, 동 권리는 세금이 처음으로 체납되든지 혹은 재차 체납시에도 좀처럼 사용되지 않는다. 하지만 세금징수기관은 청구권을 사용하는 대신에 세금선취특권들을 매각하는 정책을 수행할 수도 있다. 만약 세금징수기관에서 법적 절차를 합법적으로 거쳤다면 세금선취특권은 저당권보다 우선권을 가진다. 그리고 세금선취특권은 높은 이자율을 갖고 있기 때문에 채권자는 체납된 세금을 대신 지불하고 세금선취특권의 청구권을 저당청구권에 포함시키는 것을 선호한다.

만약 법정처분이 필요하게 되면, 채권자는 그들이 지불하였던 세금을 모두 포함시킨다. 법정처분시, 일반적으로 매수자(낙찰자)가 체납된 세금을 모두 납입해서 재산세에 대한 세금상태를 정상으로 만든다.

납세처분 공매절차 *Tax Sales*

채권자들이 세금선취특권들로부터 그들의 이익을 보호하기 위하여 행동을 취하지 않으면, 조만간 세금 당국은 체납된 세금을 거두어들이기 위해 압력을 가할 것이다. 사실상, 형식은 없지만, **납세처분 공매절차**는 저당권들의 차압(법정처분)의 예에 준하여 이루어진다. 납세처분 공매시, 매입자는 거의 모든 주에서 상환을 조건으로 하는 세금증명서를 받는다. 상환의

---

[15] 결손 판결은 법원이 개입될 때 법정 채무자가 소유한 모든 부동산에 대한 권리가 된다. 집행으로부터 면제되지 않은 부동산의 지분에까지 법원은 판결을 내릴 수 있고 채권자는 법정처분이나 부동산에 부속된 권리의 매각을 통해 자신의 권리를 행사할 수 있다.

기간은 보통 2년 내지 3년이다. 만약 이 기간 동안 체납자에 의해 상환되지 않으면, 납세처분 공매에서 매입자(낙찰자)는 그 자산에 대한 소유권을 부여받는다.

조세체납 때문에 공매된 물건에 대하여 매수인이 얻은 권리는 보통 소유권의 약한 증거로 간주된다. 징세자(collector)의 관심은 자산에 대한 청구권에 대하여 세금을 내려는 의향이 있거나 낼 수 있는 능력이 있는 사람을 찾는 것이다. 징세자는 문제가 없는 소유권에 대해서는 크게 관심을 두지 않는다. 소유권에 대한 하자에는 보증이 없다. 세금체납에 관계없이 소유권의 하자뿐만 아니라, 수금원의 무관심도 소유권에 다른 문제를 가져올 수 있다. 아래와 같은 일들이 일어날 수도 있다.

1. 소유권의 부정확한 설명이나 기록 때문에, 매각에 대한 통지가 미비될 수 있다.
2. 자산의 소유자가 법정절차나 법정출두에 있어 배제될 수도 있다.
3. 매각의 권한에 대한 일련의 과정이 투명하지 않을 수 있다.
4. 사소한 절차상의 문제일지라도 불규칙성과 부주의로 인하여 납세처분 공매를 무효로 할 수 있다.

이러한 모든 문제점은 어느 정도 채무자(세금지불의무자)의 회복 능력에 의존한다. 만약 체납자가 부동산에 관심이 없거나 관심이 있어도 이를 뒷받침할 만한 재정적 능력이 모자라면, 채무자(체납자)는 납세처분 공매에서 세금선취권을 매입한 매입자의 계획에 이의를 제기하지 않을 수 있다. 그럼에도 불구하고 이의 제기에 따른 위험을 없애려면 반드시 세금선취특권을 얻기 전에 작은 부분에도 관심과 주위를 기울여야 할 것이다.

납세처분 공매절차에 아무도 입찰을 하지 않을 경우(불황기이거나 값싸고 빈 부지 매각에 참여자가 없는 입찰일 경우) 입찰대상 물건은 주(state)나 지방정부에 귀속된다. 주나 지방정부는 취득된 자산의 매각시에, 부주의하고 적정한 가격을 알기 위한 과정을 소홀히 할 수 있다. 법의 요구조건을 충실히 준수하기 위해서 정부관련 기관이 매각절차를 취할 경우 자산에 대한 모든 권리를 매입자(낙찰자)에 이전한 후, 채무자와 채권자에게 일반적으로 짧은 상환기간을 제공한다. 채권자들은 납세처분 공매에서 매각된 세금선취특권이 그들의 권리에 영향을 주지 않음을 확인하기 위하여 납세처분 공매통지를 주시해야 한다.

파산

파산은 법원이 채권자들의 청구를 충족시키기 위하여 채무자의 소유물건을 인계 받아 진행하는 것으로 정의할 수 있으며, 모든 부채로부터 채무자를 구제하여 그가 재정상으로 유지를 할 수 있도록 하는 것이 목적이다. 파산의 가능성은 담보물건의 가치에 영향을 주며, 파산규약의 종류는 Chapters 7, 11, 13 파산규정이 있다. 채권자는 채무자가 파산을 신청할 수 있는 가능성에 대해서 어느 정도 알고 있어야 하며, 파산신청이 채권자의 법적 대응의 권한과 채무자와의 관계에 어떤 변화가 있을 것인지에 대해서도 인지하고 있어야 한다. 부동산투자자들과 채권자는 서로 효과적인 협상을 하고 차이를 해결하기 위하여 파산과정에 대한 기본적인 이해가 있어야 한다. 한 가지 명심해야 할 점은 대다수 시(city)의 가산압류면제법의 경우 특정 거주용 그리고 부동산에 대해 보호해 주고 있으며 파산절차로부터 이러한 부동산을 제외하고 있다. 비록 본서가 파산규정을 전반적으로 다루기에는 부족하지만, 부동산투자자들과 채권자에게 특별히 중요한 파산 법률의 몇몇 영역들을 다음에 설명한다.

『역자주』 미국파산법 체계는 기업과 개인 파산제도를 모두 명시하고 있어 우리나라의 파산법보다 범위가 넓다.

Chapter 7 청산 *Liquidation*

Chapter 7(생계유지 파산)의 목적은 채무자들의 청산처분으로부터 면제되지 않은 자산을 청산하고 채무자의 부채를 해지하여, 채무자들에게 새로운 삶을 살아갈 수 있도록 하는 것이다. Chapter 7은 채무자의 자산 혹은 부채의 정도에 관계없이 어떠한 사람에게나 사용이 가능하다. Chapter 7 신청서는(농부에게만 적용되는 자발적이 아닌 채권자의 강제처분불가 예외를 제외하고는) 채무자가 자진해서 신청할 수도 있지만 채권자가 대신 신청할 수도 있다.

Chapter 7 파산신청을 하게 되면, 법원은 채권자의 자산을 관리할 임시수탁인(interim trustee)을 지정한다. 수탁인은 채무자의 재정상태를 평가하고, 채권자 모임에서 채무자의 자산 중 청산 가능한 자산이 있는지 여부와 무담보 채권자들에게도 회수될 수 있는 것이 있는지 여부에 대해서 보고한다. 수탁인의 업무는 면제되지 않은 자산의 청산을 감독하고 법원에 신청한 채권자들의 청구내역을 평가한다. Chapter 7 파산의 최종적인 목표는 채무자의 자산을 질서 있게 처분하여 채권자들의 권리와 우선권에 따라 처분자산을 분배하는 것이다.

채무자의 부동산을 저당대출의 담보로 가진 채권자는 부동산 담보물의 가치가 대출잔액보다 많다면 잔액을 다 지불받을 것이다. 채무자의 저당담보물을 법정처분 하기 위해서는 먼저 채권자가 파산법원에 파산신청을 하여야 한다. 만약 채무자가 저당차입의 상환액이 연체되지 않았고 저당부동산 물건을 계속 소유하기를 원하면 채무자는 저당융자를 계속 갚아 나가면 된다. 이는 채무자의 상환액에 대한 책임이 해제되었다고 하더라도, 책임해지 이후 부동산의 저당채권자와 새로운 상환계약을 맺는 것이다.

Chapter 11

Chapter 7의 대안으로서 Chapter 11 파산이 있다. 이 파산은 기업의 경영자들에게 사용 가능하다. Chapter 7 파산은 보통 채무자의 자산을 청산하는 것으로 끝이 나지만, Chapter 11 진행은 채무자를 회생시키기 위한 재무구조조정의 계획이 공식화 될 동안에 채무자의 자산을 보전한다. Chapter 11 파산을 신청하고 120일 안에, 채무자는 재무구조조정계획을 법원에 제시해야 한다. 이 계획에는 채권자의 청구를 분류하고, 이를 어떻게 처리할 것인지에 대해서 언급하여야 한다. 전형적인 재무구조조정계획에는, 당사자들의 권리와 의무를 2가지 방법 중 하나로 재정리한다. 이 계획은 부채의 상환기간을 연장하여 지불을 감소시켜 부채를 재구성할 수도 있고, 부채탕감으로 부채금액을 줄일 수도 있다.

일단 계획이 제시되었으면, 계획의 제안자(보통 채무자)는 채권자 승낙을 받아야 한다. 총 부채액의 3분 2가 출석하고 채권자들의 3분 2가 계획에 동의한다면, 법원은 그 계획이 법적으로 문제가 없는지 분석한다. 비록 한 명 또는 그 이상의 채권자들이 동의하지 않아도, 법원은 법적으로 일정요건에 맞는 계획이라면 이를 통과시킬 수 있다. 이런 방법으로 계획이 통과되는 것을 **강제조정**(cramdown)[16]이라고 한다.

Chapter 11하에서 강제조정은 채무자들에게 재무구조조정의 계획(즉 각 채권자들을 모아 어떻게 처우할지의 계획)을 실행하여 담보부와 무담보부채를 재구성할 수 있는 권한을 준다. 재무구조조정에서 채권자들을 하나로 유지할 수 있는 중요한 조항이 강제조정 조항들이다. 강제조정 조항들이 없다면, 담보물소유 채권자들은 항상 재무구조조정계획에 반대할 수 있고, 채무자의 주요 자산을 항상 법정처분 할 수 있다.

파산법하에서, 재무구조조정계획은 담보권소유 채권자들의 청구권리에 손상을 줄 수 있다. 이 경우 채권자들의 손실과 반대에도 불구하고, 재무구조조정계획은 법원의 승인을 받을 수 있다. 그러나 법률에는 계획을 승인하지 않는 담보권소유 채권자들을 위한 조항도 있다. 하나의 조항은 채무자가 담보부동산을 계속 소유할 수 있지만, 채권자는 담보물의 가치와 동일한 현가를 일시불로 받든지 아니면 이연된 납부액으로 받는 것이다. 두 번째 조항은 담보물을 처분하는 것인데, 부동산이 매각대금에 채권자의 유치권이 계속 붙어 있는 것이다. 마지막으로 catch-all 조항은 담보소유 채권자들이 그들의 청구권과 동등한 것을 실현한다는 것이다.

Chapter 11 파산진행은 채권자 입장에서 볼 때 재무구조조정을 하는 기간 동안 자신들의 담보물건들이 묶이므로, 큰 관심사가 아닐 수 없다. Chapter 11 과정에 있어 만약 재무구조조정계획에서 채무자의 개인 주택에 대하여 법정처분을 막고 있다면, 이 주택에 저당권을 가진 채권자조차 담보물건을 법정처분 할 수 없다. 결론적으로 보면, Chapter 11 파산의 기본적인 목적은 재정상으로 곤란한 사업을 청산 대신에 법원의 보호하에 재무구조조정 하는 것이다.

Chapter 13

Chapter 13 파산신청은(급여소득자 법정진행이라고도 함) Chapter 7에 적용된 청산절차에 대한 매력적인 대안이다. Chapter 11처럼, Chapter 13 과정은 채무자의 신용회복을 위한 계획수립을 규정화하고 있다. 이 계획상 필요자금이 채무자의 향후 임금수입과 소득으로부터 얻어질 것이다. $100,000 미만의 무담보부 부채와 $350,000 미만의 담보부 부채를 지고 있는 일정소득의 채무자는 Chapter 13 파산신청을 할 수 있는 자격이 있다. 이처럼 Chapter 13 파산은 대부분 개인이 사용한다.

Chapter 13의 핵심은 원금의 상환 계획이다, 계획은 채무자에 의해서 신청되고, 계획이 일정한 조건들에 맞는다면, 채권자들의 반대를 무시하고 법원은 계획을 승인할 수 있다. Chapter 13 계획에서 채무자들은 그들의 책임을 계속 이행하며 그들의 현안을 재구성 할 수 있도록 신청한다. 그 계획은 보통 부채의 상환 기간을 3년부터 5년간을 요청한다. 단지 6년

---

[16] 2009년에 파산을 신청하고 압류를 피하려고 하는 부동산 소유자들에 대하여 주택담보 대출을 수정하는 것을 연방 판사들에게 허용하는 법률이 의회에 도입 되었다. Cramdown 법제 형식은 판사가 모기지 잔액과 금리를 줄이거나 압류를 피하기 위해 대출 만기를 변경할 수 있다.

마다 채무자들에 의해서 신청될 수 있는 Chapter 7 혹은 Chapter 11 파산과 달리, Chapter 13은 이전의 파산계획에 임무를 다했으면 임무가 끝난 즉시 또 다시 신청할 수 있다.

계획으로 보장된 기간 동안에, 채권자들은 계획에서 정해진 대로 상환금액을 받아들여야 하며, 부채를 달리 회수할 수 없도록 되어 있다. 당초 계획을 성공적으로 이행했다면, 채무자들은 장기책임(계획기간을 벗어나는 부채) 이외에 모든 부채에 대해서 면제를 받는다. 그러나 신용회복을 위한 계획도 채무자의 개인주거용 주택을 담보로 한 채권자의 권리는 바꾸지 못할 수 있다. Chapter 13 아래에서 이러한 저당권 채권자들을 위한 '특별대우'는 정당하다. 그 이유는 만약 저당채권자가 주택 법정처분 신청의 경우 채무자가 새 주거지를 마련하는 부담으로 인해 채무조정계획이 지장을 받을 수 있기 때문이다.

채무조정계획이 담보부 채권자들의 권리를 변경하지 않는다. 하지만, 이자율을 올리기 위해서 채무불이행을 사유로 채무 총 잔액의 일시 변제를 요구하는 가속조항을 시행하려는 채권자는 채무자가 재조정에 의해 상환계획을 제시하여 저당권을 회복시킬 수 있음을 알아야 한다.

이처럼 비록 채무자의 개인 주택을 저당으로 잡은 채권자의 권리가 변동이 없다고 하지만, Chapter 13이 신청되면 법정처분 과정은 막을 가능성이 크고, 밀린 금액과 잔액의 원금 상환에 대해서 적당한 기간의 여유가 주어질 것이다. 조정계획상에 연체된 금액을 상환하고 현 상환계획을 성실하게 이행한다면, 법원들은 이런 계획이 채권자들의 이해에 크게 상반되지 않는다고 보아 일반적으로 모두 승인할 것이다.

결론

이 장에서는 부동산 대출과 관련된 채무불이행, 유질, 그리고 파산 등의 법적인 수단과 파생된 결과(remification)에 관하여 논의를 하였다. 당사자들의 권리에 대해 이러한 사건이 하나 또는 그 이상의 발생할 가능성이 있다면 여러 가지의 재산권 가치가 영향을 받는다. 나머지 장들에서 다룰 담보대출과 관련한 위험을 생각할 때 이러한 법적인 고려사항들에 대하여 보다 더 관심을 기울여야 할 것이다. 대출기관이나 자금을 대여하는 사람 입장에서 이들의 법적 권리들은 각 당사자가 떠맡는 위험의 정도에 지대한 영향을 미친다. 따라서 다양하게 체결되는 거래 가격에도 영향을 주게 된다.

거래에 관련된 다양한 당사자들 간의 위험을 통제하고 옮기는 방법으로 다양한 법적 대안들을 유용하게 사용할 수 있다. 대출자의 채무불이행이나 파산 가능성과 각 당사자에게 유용한 법적 대안의 존재여부는 대출금으로부터 대여자가 받게 되는 기대 수익에 영향을 준다. 나머지 장에서는 대출자가 토지가격 대비 대출금액을 가지고 위험을 조절하는 데 어떻게 사용하는지에 대해 논의할 것이다. 이 장에서 언급한 바와 같이, 대출 계약 조항 역시 위험을 통제한다는 사실을 유념해야 할 것이다.

주요용어

(약속)조항	법정처분	저당권 양도
1순위 저당권	법정처분 대신 양도증서	저당대출의 승계
2순위 저당권	사전협의파산	정착물
강제조항	상환	조건부 저당대출
개방형 담보대출	소구권	토지계약
결손판결	신탁실행증시	파산
공매	약속어음	판매자금융
기간 연장 협약	우호적 경매신청	한도내 저당융자
납세처분공매	워크아웃	한도내 추가대출
매각 시 대출상환 조항	자발적 양도	향후 취득 자산 조항
매입자금대출	저당계약의 불이행	후순위 저당권
법정처분	저당권설정증서	후순위 조항

유용한 웹사이트

www.alta.org – 토지 소유권에 있어서 소비자의 이해 관계에 관한 설명과 아울러 상업과 정부 뉴스를 제공한다.

www.mortgagemag.com – 부동산과 관련한 모기지 뱅킹. 법률 서비스와 기술을 포함하는 사이트들을 연결하고 기사들을 제공한다.

http://dictionary.law.com – 법률 사전

http://real-estate-law.freeadvice.com – 부동산법에 관하여 빈번한 질문과 답변을 제공하고 비법률인들을 위하여 법률인들이 작성한 법률 자문을 제공한다.

질문

1. 담보대출채권과 어음 간에는 어떠한 차이점이 있는가?

2. 지불유예(forbearance)란 무엇인가? 대출기관이 어음을 단기화한다는 것은 무엇을 의미하는가?

3. 차입을 한 사람은 자기가 원하면 언제든지 대출금을 상환할 수 있는가?

4. 비소구금융(non-recourse financing)이란 무엇인가?

5. 대출기관이 담보대출을 양도한다는 것은 무엇을 의미하며 왜 그렇게 하는가?

6. 구입자금 담보대출은 무엇을 의미하며 어떤 경우에 구입자금 담보대출을 할 수 없는가?

7. 지급불능이란 무엇인가? 지급불능은 차입자가 계획된 대출상환금을 지불하지 못했을 때 일어나는가?

8. 약속어음증서는 저당권과 어떻게 차이가 나는가?

9. 결손 판결(deficiency of judgment)이란 무엇을 의미하는가?

10. 구입자금 담보대출(a purchase-money mortgage)과 토지계약(land contract)의 차이점은 무엇인가?

11. 건물공사의 선취특권(mechanics' lien)은 어떻게 1순위 저당권보다 우선권을 확보할 수 있는가?

12. 부동산에서 저당 가능한 이권에 유형을 말하고, 각각의 담보물로서의 위험에 대해 설명하라.

13. 저당권의 법적 처분이란 무엇인가? 이에 대한 대안에는 어떤 것이 있는가?

14. 구매자가 저당권을 승계하는 것과 현 저당차입의 조건부('subject to' mortgage)로 소유권을 취득하

는 것 간의 차이점에 대해 설명하라.

15. 부동산이 현 저당차입의 조건부('subject to' mortgage)로 매각될 경우 채권자와 이전 채무자가 안게 될 위험은 무엇인가?

16. 채무자의 잔존지분(equity of redemption)과 법적상환기간권(statutory redemption)간의 차이점은 무엇인가?

17. 채권자가 채무자의 자산에 대한 법적 처분 시 입찰에 참여할 경우 얻게 될 특별한 이점은 무엇인가? 채무자의 자산은 보통 어느 정도의 가격에서 입찰될 것인가?

18. 채무자가 자발적 양도 이행증서를 제공하려 할 경우, 법적 처분 매각은 바람직하거나 필요한가?

19. 채무자가 파산을 선언할 경우, 채권자가 안게 될 위험에는 어떤 것이 있는가?

20. 결손 판결(deficiency of judgment)이란 무엇이고, 파산법 상에서 채권자에게는 어떤 가치가 있는가?

문제

1. Sedgwick은 Second National Bank에서 5만 달러를 초과하지 않는 범위에서 개방형 건설대출을 매듭지었다. 대출은 체결되었고 Sedgwick은 먼저 3만 달러를 받았다. 3개월 후, 그는 나머지 2만 달러를 받았다. 저당권 개입의 가능성에 대한 은행의 입장은 무엇인가?

2. 작년에 Jones는 담보대출 $100,000을 받았다. 그는 마침 많은 액수의 현금을 유산을 상속받았고, 이자비용을 줄이기 위해 대출을 조기에 상환하려고 한다. 대출을 조기 상환할 수 있는 그의 권리는 무엇인가?

3. Bob은 Sam으로부터 부동산을 매입하기 위한 토지계약(land contract)을 체결하였다. 매입가격은 매월 단위로 10년 동안 지불하게 되어 있다. 5년이 지난 후, Bob은 지불 불이행을 하였다. 계약상에는 지불 불이행을 하는 경우 매각자는 30년이 지난 이후 법정청구를 통해 부동산을 재보유할 수 있는 것으로 되어 있다. 법원이 토지계약을 공정한 저당권으로 간주하는 경우, Bob과 Sam의 권리는 어떻게 되는가?

4. 스미스씨는 5년 전에 지어진 1 acre의 땅과 2층으로 구성된 빌딩을 $100,000에 구매하였다. 또한 그는 ACE 은행으로부터 $80,000의 대출을 받았다. 올해 스미스 씨는 자본금 $20,000을 투입하여 해당 부지에 다른 빌딩을 건설하였고 완공 후 Duce 은행으로부터 $16,000을 대출받기로 하였다. Duce 은행은 $16,000을 스미스씨에게 제공해 줄 것인가? 스미스씨가 고려해야 할 다른 요소는 무엇인가?

5. 브라운 여사는 5년 전 1 acre의 대지와 빌딩을 $100,000에 구입하였다. 그녀는 ABC 은행으로부터 $80,000을 대출받았다. 이 집은 매우 오래되었기 때문에 브라운 여자는 새로 짓기를 원한다. 브라운 여사는 ABC 은행으로부터 건설자금 대출을 받길 원하고 있으며 새로운 프로젝트를 위한 의견을 나누고 싶어 한다. ABC 은행은 브라운 여사에게 신규 대출을 위해 대출금을 어떻게 평가해야 할 것인가?

CHAPTER 03

대출의 기본 요소: 화폐의 시간적 가치

Mortgage Loan Foundations: The Time Value of Money

일반적으로 부동산을 매입할 때 자금조달에는 장, 단기차입을 모두 생각할 수 있다. 부동산의 경우 통상적으로 거액을 차입하기 때문에 자금조달 비용이 상당하고, 때로는 부동산의 투자의사결정에 있어서 중대한 영향을 미친다. 부동산금융 관계자들은 어떻게 이러한 비용들을 계산하는지, 또 대출계약서의 다양한 조항들이 어떻게 조달비용과 담보차입금상환에 영향을 미치는지를 이해해야 한다. 담보차입금상환액을 계산하고, 대출계약서의 조항들이 자금 조달 비용에 어떤 영향을 미치는지, 차입 결정이 투자수익에 어떤 영향을 미치는지를 이해하기 위해서는 필수적으로 복리이자 계산에 익숙해야만 한다. 이는 또한 본서에서 검토하게 될 투자분석 계산에 있어서도 중요하다. 복리이자 개념은 주택금융, 수익창출 부동산, 건설과 개발프로젝트의 자금조달 관련 등 후술하는 개념들의 기본이 된다.

복리이자

재무 분야에 있어 복리의 과정을 이해하기 위해서는 몇 개의 기본적인 공식에 대한 지식이 필요한데, 이 공식들의 근간에는 가장 기초적인 관계인 **복리이자**가 존재한다. 예를 들어, 만일 어느 개인이 은행에 연 이자율이 6%이며 복리조건으로 $10,000을 예금하였다면 1년 후에 예금의 가치는 어떻게 될 것인가? 이 문제를 검토함에 있어 모든 복리문제는 4개의 기본적인 요소를 가지고 있음을 알아야 한다.

1. 최초 원금, 혹은 투자액의 현가
2. 이자율
3. 만기
4. 특정 미래 시점의 가치

문제에서 원금은 $10,000이고, 이자는 연 6%이며, 만기는 1년이고, 1년 후의 가치는 알고자 하는 변수이다. 네 가지 요소에 대하여 세 가지는 알고 있고 하나는 알지 못한다.

미래가치

앞에서 주어진 문제는 연초에 한번의 $10,000의 예금(또는 지급)이 이루어지고 6%의 이자율 조건일 때, 1년 후의 가치를 결정하고자 하는 것이다. 이 문제의 해답을 찾기 위해 몇 가지 용어를 소개하고자 한다.

PV = **현재가치**, 혹은 최초의 원금

i = 이자율

I = 1년간 얻는 이자의 금액

FV = n년 말의 원금, 즉 **미래가치**

n = 기간

그렇다면, 이 문제에서 PV = $10,000, i = 6%, n = 1년이며 FV 즉 1년 후의 가치가 알고자 하는 변수이다.

1년 후의 가치는 다음의 식에 의해 결정할 수 있다.

$$FV = PV + I_1$$

즉, 1년 후의 미래가치(FV)는 연초에 맡긴 예금원금에 그 기간 중의 발생이자를 더한 것이다. PV = $10,000이므로, I_1을 알면 FV를 구할 수 있다. 연복리로 계산되므로 FV는 $10,600으로 쉽게 구해진다. 정리된 부분은 다음의 [예 3-1]과 같다.

복수연도

2년 후의 가치를 구하기 위해 1년 후의 가치인 $10,600을 2년차의 최초 원금으로 하여 복리 계산 과정을 반복한다. 이것은 [예 3-2]에 나와 있다.

[예 3-2]는 2년 후까지 $11,236의 최종가치가 누적되었음을 보여준다. 2년차에는, 최초 원금인 $10,000뿐 아니라 첫해에 얻어진 이자($600)에서도 이자가 얻어짐을 주목해야 한다. 이자에 이자가 붙는 이러한 개념은 복리과정에서 이해되어야 할 필수개념으로서, 모든 재무계산표 (table)와 수리개념에 의한 재무관리의 초석이다.

예 3-1
1년간의 복리계산

$$I_1 = PV \times i$$
$$= \$10,000(0.06)$$
$$= \$600$$

1년 말의 미래가치는 다음과 같이 결정된다.

$$FV = PV + I_1$$
$$= \$10,000 + \$600$$
$$= \$10,600$$

또는

$$FV = PV(1 + i)$$
$$= \$10,000(1 + 0.06)$$
$$= \$10,600$$

$$\$10,600(0.06) = I_2$$
$$\$636 = I_2$$

2년차 말의 가치는 $n = 2$이므로

$$\$10,600 + I_2 = FV$$
$$\$10,600 + \$636 = \$11,236$$

[예 3-2]의 계산으로부터 2년 후의 가치는 다음과 같이 PV로부터 직접 구해질 수 있다는 것을 알 수 있다.

$$FV = PV(1 + i)(1 + i)$$
$$= PV(1 + i)^2$$

그렇다면, 문제에 있어서 $n=2$일 때

$$FV = PV(1 + i)^2$$
$$= \$10,000(1 + 0.06)^2$$
$$= \$10,000(1.123600)$$
$$= \$11,236$$

이 계산에 따른 2년 후의 가치 $\$11,236$은 [예 3-2]에 의해 얻어진 결과와 같다. FV를 현재가치(현가, PV)로부터 **직접** 구할 수 있다는 것은 매우 중요한 관계식이다. 왜냐하면 이것은 어떠한 기간 동안의 복리에 의한 예금이나 지급의 미래가치가 PV로부터 간단한 곱셈에 의해 구해질 수 있다는 것을 의미하기 때문이다. 그러므로 만일 오늘 예금한 원금이 몇 년간 복리로 계산된 후의 미래가치를 알고자 한다면, 다음의 복리 일반식에 의해 그 답을 얻을 수 있다.

$$FV = PV(1 + i)^n$$

PV, i 그리고 n에 적당한 수를 대입함으로써 원하는 기간이 경과한 후의 미래가치 FV를 알 수 있다.[1]

다른 복리계산 기간들

앞 절에서 복리에 관한 논의는 현금에 대해 1년에 한번 복리로 계산 될 때의 경우이다. 많은 저축성예금, 채권, 저당대출 및 투자 상품들은 월간, 분기간, 반년 단위로 복리를 계산한다. 본서의 후술되는 장에서 광범위하게 다룰 부동산담보대출은 거의 모두 월복리를 택하고 있으므로, 다양한 복리기간 적용에 익숙해져야 한다.

연간복리가 아닌 다른 복리기간들이 고려될 때, 복리 일반식에 대해 다음과 같은 간단한 변형이 이루어진다.

$$FV = PV(1 + i)^n$$

n = 년수(기간), i = 연 이자율, PV = 원금

---

[1] 이러한 문제는 재무 계산기 또는 컴퓨터 소프트웨어를 이용하여 해결할 수 있다. 이 책에서는 여러 문제들을 해결하기 위해 금융 계산기의 키 표기와 공식을 사용한다. 재무 계산기 대신 컴퓨터 소프트웨어를 사용하여 이 방법을 해결하도록 선택할 수 있다.

다른 복리기간에 대한 식으로 변형시키기 위해 연이율(i)을 1년 내의 원하는 복리기간의 수로 나눈다. 그리고 기간 수(n)에 원하는 복리기간 수를 곱하여 증가시킨다. 예를 들어 m이 1년 내의 복리가 일어나는 기간의 수라고 하고 n이 일반식의 수라고 하면 다음과 같은 식을 구할 수 된다.

$$FV = PV\left[1 + \frac{i}{m}\right]^{n \cdot m}$$

그러므로 만일 이자가 $10,000의 원금에 대해 연 이율 6%로, 월 복리로 얻어진다면, $m = $ 12이고 1년 후의 미래가치를 다음과 같이 구할 수 있다.

$$FV = \$10,000\left[1 + \frac{.06}{12}\right]^{1 \cdot 12}$$
$$= \$10,000(1.061678)$$
$$= \$10,616.78$$

이 계산의 결과를 연 복리의 결과와 비교하면 즉시 월 복리의 이점을 알 수 있게 된다.

최초 원금이 월 복리로 계산될 때 1년 후에 $10,616.78이 되는 반면 연 복리로 계산된다면 $10,600.00이 된다.

이러한 결과를 통해 각 투자의 **유효 연 수익률**(effective annual yield: EAY)을 계산할 수 있다. 이는 $10,000을 연초에 예금하고, 모든 원리금을 연말에 인출된다고 가정함으로써 구해진다. 월 복리로 계산된 예금은 다음과 같다.

$$EAY = \frac{FV - PV}{PV}$$
$$= \frac{\$10,616.78 - \$10,000.00}{\$10,000}$$
$$= 6.1678\%$$

이 결과는 다음과 같은 **연 복리**가 적용될 때의 유효 연 수익률과 비교될 수 있다.

$$EAY = \frac{\$10,600 - \$10,000}{\$10,000}$$
$$= 6\%$$

이 비교로부터 월 복리가 적용될 때의 유효 연 수익률이 더 높다는 것을 알 수 있다. 이 비교는 명목 연이율로 계산한 이자와 똑같은 **명목 연이율**을 월 복리로 환산한 이자의 차이를 바로 보여주고 있다. 양쪽 예금 모두 같은 명목 연이자율로 복리로 계산되고 있다(6%). 그러나 하나는 월 이자율(0.06/12), 즉 0.005로 월말 잔액에 대해 12번 복리로 계산이 되는 반면, 하나는 연말에 0.06의 이율로 단 한 번 복리로 계산된다. 미국에서는 계약, 저축, 모기지 노트, 그리고 기타 거래들에서 명목 금리를 사용하는 것이 통례이다. 계약에 지불(상환)의 실행 방법과 이자의 누적 방법(즉, 연간, 월간, 일간)을 명기한다. 유효 연 수익률(EAY)을 확인하는 것은 거래에 관여하는 당사자들의 몫이다.

위의 분석으로부터, 명백한 결과가 도출된다. 두 투자 대안에서 제시되는 연간 이자율이 같을 때, 1년 내에서 복리 계산이 자주 일어나는 투자 안이 더 높은 유효 연 수익률을 갖는다는 것이다. 예에서 월 복리 연 6%의 이자율은 6.168%의 유효 연 수익률을 제공한다.

　　여러 투자대안들이 반년, 분기, 그리고 일 단위 복리를 제공한다. 이러한 경우들에 있어 복리이자의 기본 식은 다음과 같이 변형된다.

연 이자율	복리 기간		변형 공식	유효 연수익률
6%	연,	$m = 1$	$FV = PV(1+i)^{n \cdot 1}$	6.00%
6	반년,	$m = 2$	$FV = PV\left[1 + \dfrac{i}{2}\right]^{n \cdot 2}$	6.09
6	분기,	$m = 4$	$FV = PV\left[1 + \dfrac{i}{4}\right]^{n \cdot 4}$	6.14
6	월,	$m = 12$	$FV = PV\left[1 + \dfrac{i}{12}\right]^{n \cdot 12}$	6.17
6	일,	$m = 365$	$FV = PV\left[1 + \dfrac{i}{365}\right]^{n \cdot 365}$	6.18

예를 들어, 만일 $10,000의 예금이 일 복리로 연 6%의 이자율을 갖는다면 1년 후에

$$FV = \$10,000\left[1 + \frac{0.06}{365}\right]^{1 \cdot 365}$$
$$= \$10,000(1.061831)$$
$$= \$10,618.31$$

를 얻게 되고, 유효연수익률은 $\dfrac{\$10,618.31 - \$10,000}{\$10,000} = 6.1831\%$가 될 것이다. 만일 예금이 2년간 맡겨진다면 승수는 2 × 365가 될 것이고 2년 후의 미래가치(FV)는 $11,274.86이 될 것이다.

　　많은 은행과 저축기관은 CD나 당 예금 등의 **연간 수익률**(annual percentage yield: APY)을 공개하고 있다. 개념적으로, 여기에 나타낸 유효 연 수익률과 APY는 대체로 동일하다. 그러나 연방 규정은 적용이 가능한 경우에는 은행에 일정한 수수료와 벌금을 포함하도록 요구하고 있다. 우리의 예에서는 이러한 수수료가 APY와 유효 연 수익률과의 차이를 보여준다.

　　본서의 내용 전체에서 모든 예제와 예시에 있어서 명목이자율을 사용한다는 관행을 지킬 것이다. 그러므로 이자율이라는 용어는 명목연이자율을 의미한다. 따라서 두 개의 다른 복리기간(compounding intervals)을 갖는 방안을 비교함에 있어, 명목이자율이 비교 척도(basis)로 사용되어서는 안 될 것이다. 이러한 경우들의 문제를 해결할 때 유효 연 수익률의 개념이 사용되어야 한다.

복리이자 요소들의 계산

　　다양한 기간을 적용하여 복리계산을 하려면 필요한 승수 값으로 인해 그 계산이 번잡하므로, 복리이자계산 기능이 내장된 계산기가 이러한 재무적 계산 부담을 제거시켜 준다. 복리 계산

예 3-3

$1의 복리이자 요소

년	이자율			
	6%	10%	15%	20%
1	1.060000	1.100000	1.150000	1.200000
2	1.123600	1.210000	1.322500	1.440000
3	1.191016	1.331000	1.520875	1.728000
4	1.262477	1.464100	1.749006	2.073600
5	1.338226	1.610510	2.011357	2.488320

문제의 해결을 위한 또 다른 방법은 많은 문제를 해결하는 데 사용할 수 있는 이자 요소를 계산하여 사용하는 것이다. 여기에는 이러한 요인들이 어떻게 계산되는지를 설명하고, 금융 수학 및 솔루션을 보다 효율적으로 제공하도록 프로그램되어 있는 계산기와의 관계를 독자가 이해하도록 한다. 또한 많은 부분과 복합적인 입력을 통하여 문제를 해결해야 하는 경우에, 독자는 필요한 요인들을 사용하여 단계적으로 해결할 수 있도록 작업을 수행한다.

이용하는 데 익숙해지기 위해, 다양한 이자율에 대해 $1의 미래가치를 구하기 위한 연 복리의 이자요소(IF)들이 [예 3-3]에 나타나 있다(이 요소들은 각각의 이자율별 표상의 1열로부터 얻어진 것이다).

앞서 논의된 문제에서, 연 6%의 이자율로 복리 계산되는 $10,000의 1년 후의 미래가치를 알고자 했다. [예 3-3]의 1년 행의 6%에 해당하는 열을 보면, 이자요소(interest factor)가 1.060000이다. 이것을 $10,000에 곱하면 문제의 답이 구해진다.

$$FV = \$10,000(1.060000)$$
$$= \$10,600$$

$1의, 연 6%(약자로 FVIF, 6%, 1yr)의 미래가치 이자요소는 1.060000으로 복리이자 일반식으로부터 (1 + 0.06) 즉, 1.06을 계산했을 때와 같은 결과다. 다시 말해서 다음과 같다.

$$(1+0.06)^1 = 1.06$$

계산기를 사용하면 [예 3-3]에서 보여주는 금리와 기간의 여러 조합들을 계산하여 이자율 요소들을 구할 수 있다. 예금액(보증금, PV) 금리(i) 및 연간 복리가 계산되는 기간의 수(n)와 같은 요인들을 알면, 모든 복리들을 해결할 수 있다. 예를 들어, 계산기의 해당 키들은 이용하여, 1년 기간에 6%의 이자율에 대한 이자요소는 다음과 같이 구해진다.

$PV = \$1$

$i = 6\%$

$n = 1$

$PMT = 0$

답은 $FV = 1.06$이다.

유사하게, 4년간의 연리 10%에 대한 이자요소를 풀면

예 3-4

$1의 복리이자 요소

	이자율		
월	6%	8%	
1	1.005000	1.006670	
2	1.010025	1.013378	
3	1.015075	1.020134	
4	1.020151	1.026935	
5	1.025251	1.033781	
6	1.030378	1.040673	
7	1.035529	1.047610	
8	1.040707	1.054595	
9	1.045911	1.061625	
10	1.051140	1.068703	
11	1.056396	1.075827	
12	1.061678	1.083000	
년			월
1	1.061678	1.083000	12
2	1.127160	1.172888	24
3	1.196681	1.270237	36
4	1.270489	1.375666	48

$PV = \$1$

$i = 10\%$

$n = 4$

$PMT = 0$

답은 $FV = 1.464100$이다.

Q: 연 10%의 이자율로 복리계산 되는 $5,000 예금의 4년 후 미래가치는 얼마인가?

A: FV = $5,000($FVIF$, 10%, 4년)

    = $5,000(1.464100)

    = $7,320.50

연 복리의 이자요소 경우와 같이 각 금리 및 만기별 월 복리의 이자요소도 $PV[1 + i/12]^{n \cdot 12}$ 에 의해 계산된다. 이러한 것들에 익숙해지기 위해서 [예 3-4]에서 발췌 예시하고 있다.

앞의 문제는 $10,000 예금의 연 6% 이자부 미래가치를 월 복리로 구하는 것이었다. 이는 [예 3-4]로부터 6%열에서 12개월에 해당하는 이자요소를 채택하여 손쉽게 계산할 수 있다. 당해 이자요소는 1.061678이므로 12개월 후의 가치는 다음과 같이 구할 수 있다.

$$FV = \$10,000(1.061678)$$

$$= \$10,616.78$$

다시 말해서 6%의 월 복리 이자요소는 1.061678이며 이는 $\left[1 + \dfrac{0.06}{12}\right]^{1 \times 12}$ 와 동일한 결과이다.

$$\left[1 + \frac{0.06}{12}\right]^{1 \times 12} = 1.061678$$

Q: $5,000의 예금을 8% 이자 월복리로 예금하는 경우 2년 후의 미래가치는 얼마인가?

A: $FV = \$5,000\left[\dfrac{1 + 0.08}{12}\right]^{2 \times 12}$

  $= \$5,000(1.172888)$

  $= \$5,864.44$

재무기능의 사용: 재무용 계산기

다양한 복리기간에 대한 복리계산은 계산기를 사용하여 매우 간편화될 수 있다. 복리계산이 내장된 계산기는 계산과정을 필요 없게 해 준다. 본 절에서 일반적인 계산기를 사용하여 현금의 시간가치에 대한 해법을 제시할 것이다. 가지고 있는 계산기의 설명서를 참조하라. 해법들은 따로 정의되지 않는 한, 지급은 해당기간의 말에 이루어지고 지불된 금액은 (−)이고 수령된 금액은 (+)이다. 문제들은 다음과 같은 형태를 갖게 된다.

n = 연수(달리 언급하지 않는 한)

i = 연이율(달리 언급하지 않는 한)

PV = 현재 가치

PMT = 지급액

FV = 미래 가치

문제의 해법도 위의 형태를 따를 것이며 계산에 의해 찾는 변수가 가장 나중에 나타난다. 대부분의 계산기들은 최소한 소수점 6째 자리까지 계산을 하고, 최종 금액 표시는 소수점 2째 자리까지 반올림하고 표시한다.

앞 절에서 예금된 $10,000에 대해 6%로 1년간 연 복리한 경우의 미래가치는

계산기 해법:	함수:
n = 1년	$FV (i, n, PV, PMT)$
i = 6%	
PMT = 0	
PV = −$10,000	
FV = $10,600	

동일한 문제를 월 복리 계산한 경우는 다음에 나타난다.

계산기 해법:	함수:
n = 12(1년 매년 12회)	$FV (i, n, PV, PMT)$
i = 0.5%(6% ÷ 12)	

재무계산기를 활용하게 됨으로서 담보대출, 가치평가, 투자분석 등의 계산은 상당히 편리해졌다. 아래 설명하게 될 기본 용어들은 향후 재무계산기 활용시 유용하기 때문에 아래 사항에 대해 명확히 숙지하여야 한다.

PMT (n, i, PV, FV): 연 기준의 납입액을 계산할 수 있는 산식으로 특정기간 현재 가치와 미래가치 및 이자율로 구성된다.

PV (n, i, PMT, FV): 납입액 기준 미래가치를 현재 가치화시킬 때 특정 시점의 현재 가치를 계산할 수 있는 산식이다.

FV (n, i, PV, PMT): 현재가치와 특정 시점에 발생되는 납입액 기준의 미래가치를 산정할 수 있는 산식이다.

i (n, PV, PMT, FV): 특정기간 납입액 기준 현재가치의 투자안과 미래가치를 기준으로 이자율 및 IRR을 구할 수 있는 산식이다.

n (i, PV, PMT, FV): 미래가치를 기준으로 특정기간 동안 이자율을 적용하여 대출금을 갚기 위해 필요한 기간을 구하는 산식이다.

Notes:

1. 여기서 소개한 다양한 변수들은 수령액과 변제금액의 빈도와 1년 동안의 복리와 할인 이자율의 주기 등을 고려하여 적용해야 한다.
2. 기본적으로 여기에서 설명한 변수들은 1년 특정 기간 동안 일정하다고 가정하나 PMT와 같은 몇몇 변수들은 기간동안 다양하기 때문에 산식을 변경하는 등의 문제풀이 방법이 필요하다.
3. TVM과 관련된 문제를 해결해보면 반복되는 패턴이 생기는 것은 명백해질 것이다. 이 패턴은 일반적으로 I, n, PV, FV 및 PMT의 5가지 변수를 포함하는 하나의 수식이다. 대부분의 문제는 이러한 변수들 중에서 4개의 값(입력)을 제공하고 해결해야 할 미지수를 남긴다(위에서 보는 바와 같이 괄호의 왼쪽에 미지수가 있음. 위의 함수의 용어 설명 참조). 이 표기법은 알 수 없는 변수를 쉽게 식별할 수 있도록 한다.

$PMT = 0$

$PV = -\$10,000$

$FV = \$10,616.78$

계산기에 따라서는 기간에 대해 연간으로 표시되어 있고, 기간 수를 별도 입력해야 하는 경우가 있다. 동일한 문제를 일 복리로 계산한 경우는

계산기 해법:	함수:
$n = 365$(1년 × 1년당 365회)	$FV\ (PV, i, n, PMT)$
$i = 0.0164$(6% ÷ 365)	
$PMT = 0$	
$PV = -\$10,000$	
FV를 풀면	
$FV = \$10,618.31$	

Q: 예금된 5,000에 대해 10%로 4년간 연 복리의 경우 미래가치는?

계산기 해법:	함수:
$n = 4$년	$FV\ (PV, i, n, PMT)$
$i = 10\%$	

Web 응용

오늘 당신의 저축은 얼마의 이자를 가질 수 있을까? 예금증서(CD)상의 금리를 가지고 **www.bankrate.com** 같은 Web 사이트에 들어가서 5년짜리 CD의 현재 금리를 확인해보라. 오늘 당신이 $10,000를 지불한다고 가정했을 경우, Web 사이트에서 볼 수 있는 이자율로 5년 후에 누적된 액수가 얼마일까?

$$PMT = 0$$
$$PV = -\$5,000$$
$$FV = \$7,320.50$$

Q: 예금된 5,000에 대해 8%로 2년간 월 복리의 경우 미래가치는?

계산기 해법:
$$n = 24 \ (2년 \times 12월)$$
$$i = 0.666\% \ (8\%/12)$$
$$PMT = 0$$
$$PV = -\$5,000$$
$$FV = \$5,864.44$$

함수:
$$FV \ (PV, i, n, PMT)$$

현재가치

앞 절에서는 예금의 미래가치(*FV*)를 도출하였다. 즉 예금을 복리로 예치했을 때의 미래가치를 도출하는 사례에 대하여 살펴보았다.

본 절에서는 현재 투자의 대가로 미래에 수령하는 현금액에 대해서 현시점에서 얼마가 지불되어야 하는지를 결정해야 하는 문제를 다루고자 한다. **현재가치**의 개념은 현금이 시간가치를 가진다는 점에 근거한다. 시간가치란 투자자가 현재의 $1와 미래의 $1 두 가지 중에서 항상 현재의 $1을 선택할 것인데, 그 이유는 $1이 투자될 경우 미래의 $1보다 항상 유리할 것이기 때문이다. 이러한 의미에서 현금은 **시간가치**를 갖는 것이다.

장래에 수익을 낼 투자에 대해서 현재 얼마를 지불해야 할지 결정하기 위해서, 현재가치 **할인**(discounting)이라는 조정에 의해 미래의 소득에 대한 시간가치 반영을 수행해야 한다. 현재가치의 개념은 담보대출의 상환액 계산, 정확한 금융비용 계산 및 수익부동산의 가치평가 등에 사용되는데, 이들 모두 부동산금융에서 매우 중요한 개념들이다.

현재가치에 대한 도표 설명

다음의 예에서 의해 현재가치 할인 개념의 중요성을 이해할 수 있다. 어떤 투자자가 1년 후에 $10,600이 현금유입 되는 투자대안을 검토 중이라 하자. 투자자는 그의 투자자 연 6%수익을 내야 한다고 믿고 있다. 문제는 얼마를 **현재시점**에서 지불해야 목표수익을 달성하게 되

예 3-5
미래가치와 현재가치의
비교

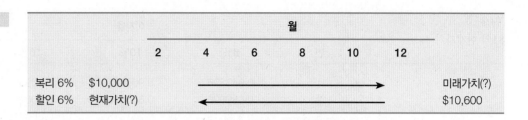

는가이다.

이 질문은 앞 절에서 $1의 복리미래가치를 구하던 문제와 비교해 보면 더욱 명확해진다. 양자의 비교는 [예 3-5]에 나타나 있다.

[예 3-5]에서 복리계산은 투자의 **미래가치**를 구하는 목적이라는 데에 주목하라. 현재가치 할인의 경우는 그 반대인 **현재의 투자액**을 구하는 것이다.

앞 절로부터 $10,000을 6% 1년 복리투자 했을 때 $10,600이 된다는 것을 이미 알고 있기 때문에 $10,000이 투자의 현재가치이다. 그러나 앞 절의 복리계산을 숙지하지 않았더라면 현재가치를 이해할 수 있었겠는가? 앞 절에서의 복리계산식을 다시 한번 살펴보면 $FV = PV(1 + i)^n$이었다.

현재가치 문제에서는 PV가 미지의 변수가 되는데, 그 이유는 미래가치인 FV가 $10,600으로 알려져 있기 때문이다. 금리도 알려져 있기 때문에 PV만이 미지의 변수이다. PV는 다음 산식에 의해 손쉽게 조정되어 계산될 수 있다.

$$FV = PV(1+i)^n$$

$$PV = FV\frac{1}{(1+i)^n}$$

따라서 이제 문제에서 산식에 알려진 변수들을 대입하여 쉽게 얻어질 수 있다.

$$PV = FV\frac{1}{(1+i)^n}$$

$$= \$10,600\frac{1}{(1+0.06)^1}$$

$$= \$10,600\frac{1}{1.06}$$

$$= \$10,600 \times (0.943396)$$

$$= \$10,000$$

여기에서 현재가치를 구하는 과정은 미래가치인 FV를 $(1 + i)^n$으로 나눈 것이라는 점에 주목하라. 앞서의 복리계산에서 [$FIVF$, 6%, 1년] 또는 1.06이었는데 1을 1.06으로 나누면 0.943396을 얻게 된다. 이러한 결과는 현재가치와 미래가치 간의 관계를 나타내므로 중요하다.

[예 3-5]에서 현재가치 할인과정이 복리계산의 반대라는 것과 현재가치 계산은 복리계산을 역으로 한다는 것을 볼 수 있다. 이는 복리계산에서의 이자요소를 역수로 적용하는 것으

	이자율		
년	6%	10%	15%
1	0.943396	0.909091	0.869565
2	0.889996	0.826446	0.756144
3	0.839619	0.751315	0.657516
4	0.792094	0.683013	0.571753
5	0.747258	0.620921	0.497177
6	0.704961	0.564474	0.432328
7	0.665057	0.513158	0.375937

로서 1/1.06 또는 0.943396이며, [PVIF, 6%, 1년]이라는 약어로 표시된다.

1년 후 $10,600을 받는 투자안을 6%로 할인한다면 현재가치는 $10,000이 되는 것이다. 반대로, 1년 후 $10,600을 약속하는 투자안을 제안받았을 때, 연간 6%의 수익률을 원한다면, 이 투자안에 대해 $10,000 이상을 지불해서는 안 된다.

현재가치 이자 요소 계산

할인과정은 할증의 반대이며, 현재가치 계산은 복리계산의 역수인 $1/(1 + i)^n$으로 계산되므로 현재가치의 이자요소는 동일한 방법으로 반복된다. [예 3-6]에서는 특정 금리의 경우를 발췌해서 보여준다.

앞의 문제에서 투자자가 연간 6%의 수익률을 원한다면, 1년 후에 $10,600을 받는 투자에 대해 얼마나 지불해야 하는 것을 알고 싶었다. 여기에 대한 해답은 [예 3-6]의 6% 열을 선택하여 1년의 행을 선택하면 0.943396을 얻게 되며 이를 $10,600에 곱하여 현재가치 $10,000을 구하게 된다.

이 개념을 이해하기 위하여 재무용 계산기를 사용하면 다음과 같다.

계산기 해법	함수:
n = 1년	$PV (n, i, PMT, FV)$
i = 6%	
PMT = $0	
FV – $1	
답은 PV = 0.943396이다	

Q: 투자자가 3년 후 $20,000을 받는 부동산 투자안에 대해 연간 15%의 수익률을 요구한다면, 현재 지불해야 하는 투자금액은?

A: $PV = \$20,000 \times \left[\dfrac{1}{(1 + 0.15)^3} \right]$

$= \$20,000(0.657516)$

$= \$13,150.32$

투자자는 3년 후 수익이 $20,000인 투자안에 대해 연간 15%의 수익률을 원한다면, 현재 이

투자에 대해 $13,150.32 이상을 지불해서는 안 된다.[2]

현재가치를 구하기 위한 계산기 사용 확장

복리계산의 경우, 재무용 계산기는 **직접적으로** 현재가치를 계산했고 내장된 계산 요소들을 사용하여 요구하는 것을 해결했다. 계산기를 사용해 보면 다음과 같다:

계산기 해법	함수:
$n = 3$년	$PV\,(FV,\,PMT,\,n,\,i)$
$i = 15\%$	
$PMT = 0$	
$FV = \$20{,}000$	
현재가치를 계산하면	
$PV = -\$13{,}150.32$	

미래가치에 대해서 연 복리로 할인하여 현재가치를 구할 수 있었는데, 미래가치 할인에도 월 복리 적용이 가능하다. 예로서 $10,000의 미래가치를 월복리로 연 이자율 6% 적용했던 예제에서 $10,616.80의 미래가치를 구했다. 어느 투자자가 중요하게 고심하는 점은 $10,616.80이라는 미래가치를 한 해 말에 얻기 위해서는 연 6%의 수익률이 오늘 현재의 시점에서 월 얼마의 수익률이 되는가 이다.

이 문제의 해답은 월복리인 $1/(1 + i/12)^{1 \cdot 12}$을 구하고 이를 $10,616.80에 곱하여 현재가치로서 도출할 수 있다. 이 문제를 계산기로 계산해 보면 다음과 같다:

계산기 해법:	함수:
$FV = \$1$	$PV\,(FV,\,PMT,\,n,\,i)$
$PMT = 0$	
$n = 12$개월	
$i = 6\% \div 12$	
현재가치의 해답	
$PV = 0.941905$	

[예 3-7]에서는 특정한 이자율을 발췌하여 예시되어 있다.

예에서 $10,616.80의 현재가치를 구하려면 [예 3-7]의 6% 열 및 12개월 행에서 0.941905를 얻어서 $10,616.80에 곱하면 $10,000가 얻어진다.

계산기 해법:	함수:
$n = 1$년 $\times$ 12기간 $= 12$	$PV\,(FV,\,PMT,\,n,\,i)$
$i = 6\% \div 12$기간 $= 0.5\%$	
$PMT = 0$	
$FV = \$10{,}616.80$	

---

[2] 재무에서 일반적인 관행은 투자율을 예기할 때는 연간 명목 이자율을 상정한다. 해답이 연복리가 아닌 월 복리에 기초하여 계산된다면, 해답에는 반드시 월 복리 연 투자 수익률이라고 제시해야 한다. 후자의 경우, 필요하다면 유효 연 수익률로 환산할 수 있을 것이다.

월	이자율			
	6%	8%	9%	
1	0.995025	0.993377	0.992556	
2	0.990075	0.986799	0.985167	
3	0.985149	0.980264	0.977833	
4	0.980248	0.973772	0.970554	
5	0.975371	0.967323	0.963329	
6	0.970518	0.960917	0.956158	
7	0.965690	0.954553	0.949040	
8	0.960885	0.948232	0.941975	
9	0.956105	0.941952	0.934963	
10	0.951348	0.935714	0.928003	
11	0.946615	0.929517	0.921095	
12	0.941905	0.923361	0.914238	
년				월
1	0.941905	0.923361	0.914238	12
2	0.887186	0.852596	0.835831	24
3	0.835645	0.787255	0.764149	36
4	0.787098	0.726921	0.698614	48

현재가치를 계산하면

$PV = -\$10,000$

Q: 투자자가 3년(36개월) 후 $12,000을 받는 투자안에 대해 월 복리로 연간 9%의 수익률을 원한다면, 현재 지불해야 하는 투자금액은?

A: $PV = \$12,000(0.764149)$

$= \$9,169.79$

계산기 해법

$n = 3 \times 12 = 36$

$i = 9\% \div 12 = 0.75\%$

$MT = 0$

$FV = 12,000$

현재가치를 계산하면

$PV = -\$9,169.79$

함수:

$PV\ (FV, PMT, n, i)$

연금의 미래가치

본 장의 앞부분에서는 특정기간 최초에 한 번 예금된(지급된) 금액에 대한 복리 혹은 미래가치를 구하는 문제를 다루었다. 이에 못지않게 중요한 사항으로서, 동일 간격을 두고 지급되거나 예금되는 일련의 동일 금액의 현금흐름에 대한 고려가 필요하다. 예를 들어, 5년간 매년 말에 $1,000의 예금을 입금하고 이자는 연 5%의 이자율로 복리계산 된다고 가정하자. 이 기간의 종료시점에서 일련의 예금과 복리로 발생된 모든 이자들의 미래가치는 얼마가 되겠는가? 이 질문은 일정주기 하에 발생하는 동일 지급금액(P) 또는 예금에 대한 것으로, 이러한 일련의 예금 혹은 지급은 **연금**(annuity)으로 정의된다. 단일 예금에서 답을 찾는 방법을 알고 있으므로, 연금을 다룰 때에도 동일한 기본적인 복리계산 과정이 적용될 것이라고 생각하게 되는데 이는 논리적이고 정확한 추론이다. 그러나 이는 질문에 대한 단지 부분적인 해답이 될 수 있을 뿐이다.

연속되는 여러 연도의 모든 예금의 합과 이로부터 실현되는 복리이자를 계산하기 위해, 복리계산식을 다음과 같이 확대하여야 한다.

$$FV = P(1+i)^{n-1} + P(1+i)^{n-2} + \cdots + P$$

이것은 또한 다음과 같이 표현될 수도 있다.

$$FV = P \cdot \sum_{t=1}^{n-1}(1+i)^t + P$$

이는 단순히 고정된 지급 혹은 연금 P를 택하여 (1 + i)를 기간 t = 1부터 n − 1까지 승수한 수열의 합과 곱하고 P를 더하여 구하는 것을 의미한다. Σ기호는 수열의 '합'을 의미하며, (1 + i)를 반복적으로 쓰는 것을 피하기 위한 손쉬운 표기법이다.[3]

여기서 **FV**는 **연금의 미래가치**(future value of an annuity) 또는 n년 동안 연이율 i로 복리계산된 모든 예금 P의 합을 의미한다. 이 표현에서 주의해야 할 것은, 각각의 예금이 매년 말에 이루어진다는 것이다. 그러므로 마지막 예금은 마지막 해의 말에 이루어지므로, 이에 대해서는 이자가 붙지 않는다. 이 예제는 5년 동안에 이루어지는 예금 $1,000을 다루고 있으므로, 첫 번째 예금 $1,000은 4년(n − 1)간 복리계산 되고, 두 번째 해의 예금 $1,000은 3년(n − 2)간 복리계산으로 진행되어 마지막 예금 P에 이를 때까지 진행된다. 마지막 예금은 다섯 번째 해의 연말에 예금되므로 이자가 붙지 않는다.) 이 공식이 지불이나 수령이 기말에 이루어지는 일반적인 연금의 경우를 사용한다는 점을 인식해야 한다. 이것은 예금이 기초에 이루어지는 것을 상정하는 연금불입액의 공식과는 다르다.[4]

이 예금들의 가치를 계산하기 위해, [예 3-8]에서 보는 것처럼 각 연도별로 분해할 수 있다. 각 $1,000의 예금은 예금이 이루어진 해의 말부터 다음 해의 말까지 복리되는 것에 주목해야 한다. 즉, 위의 확대된 산식에서 보았듯이 첫째 년도 말의 예금은 4년간 복리계산 되고, 둘째 년도 말의 예금은 3년간 복리계산 되는 식으로 진행된다. 한 번에 1년씩 이 과정을 진행하고, 맨 우측열의 복리계산 된 금액들을 더함으로써 답 $5,525.63을 얻었다.

각 기간 예금 $1,000의 미래가치인 FVA가 [예 3-8]처럼 구해질 수 있지만, 복리 과정을 자세히 살펴보면 또 다른 쉬운 해결방법을 발견할 수 있다. $1,000의 예금이 매년 일어나며 변하지 않고 일정하다. 예금이 일정하다면 개별 이자요소(interest factor)들의 합인

---

[3] 동 산식에서는 모든 예금이 각 연도 말에 입금되는 일반적인 연금의 경우이다. 산식 내에서 마지막의 P는 최종 입금액은 복리계산되지 않는다는 의미이다.

[4] 이 공식이 지불이나 수령이 기말에 이루어지는 일반적인 연금의 경우를 사용한다는 점을 인식해야 한다. 이것은 예금이 기초에 이루어지는 것을 상정하는 연금불입액의 공식과는 다르다.

예 3-8

연 5%로 복리계산되는
$1,000연금의 미래가치

년	예금		이자요소	미래 가치
1	$1,000	×	1.215506	= $1,215.51
2	1,000	×	1.157625	= 1,157.63
3	1,000	×	1.102500	= 1,102.50
4	1,000	×	1.050000	= 1,050.00
5	1,000	×	1.000000	= 1,000.00
또한	1,000	×	5.525631	= $5,525.63

5.525631을 구하는 것이 가능하다. $1,000에 5.525631을 곱함으로써 [예 3-8]의 우측열의 마지막에 나와 있는 해답 $5,525.63을 구할 수 있다.

연금의 복리이자 사용

연금을 구할 때, [예 3-8]에 나타나 있는 이자요소들은 더해질 수 있으므로, 다양한 이자율에 대해 매 기간마다 $1이 축적될 때의 일련의 새로운 이자요소(interest factors)들이 연속적으로 나타난다.

FVIFA, *i*%, yrs로 언급되는 이 이자 요소들의 견본은 [예 3-9]에 발췌 예시되어 있다.

앞서의 문제에서 5년간 연 5%로 예금한 $1,000의 미래가치를 결정하기 위해, [예 3-9]의 5% 열을 참조하면, 문제를 다음과 같이 풀 수 있다.

$$FV = \$1,000(5.525631)$$
$$= \$5,525.63$$

이 금액은 [예 3-8]에서 수행된 일련의 곱셈에서의 답과 일치한다.

계산기 해법
> *n* = 5
> *i* = 5%
> PV = 0
> PMT = −$1,000
미래가치를 계산하면
> FV = $5,525.63

함수:
FV (*n*, *i*, *PV*, *PMT*)

Q: 6년간 매년 $800를 연 10%로 예금할 경우 6년 후의 미래가치는 얼마일까?

A: *FV* = $800(7.715610)
    = $6,172.49

계산기 해법
> *n* = 6
> *i* = 10%
> PV = 0

함수:
FV (*n*, *i*, *PV*, *PMT*)

예 3-9

$1의 기간별 누적(연 복리
요소, 부록A의 2열)

	이자율		
년	5%	6%	10%
1	1.000000	1.000000	1.000000
2	2.050000	2.060000	2.100000
3	3.152500	3.183600	3.310000
4	4.310125	4.374616	4.641000
5	5.525631	5.637093	6.105100
6	6.801913	6.975319	7.715610
7	8.142008	8.393838	9.487171
8	9.549109	9.897468	11.435888

$PMT = -\$800$

미래가치를 계산하면

$FV = \$6,172.49$

월별 연금의 계산에도 연간기준으로 지급되거나 예금하는 금액의 복리연금을 구하기 위해 사용된 것과 같은 절차가 이용될 수 있다. 연 단위 연금에 사용된 공식에서 i 대신에 $i/12$로 대체하고 연간복리기간수(m)를 증가시키는 아주 단순한 조정을 하면 된다.

$$FV = P \left[1 + \frac{i}{12}\right]^{n \cdot m - 1} + P \left[1 + \frac{i}{12}\right]^{n \cdot m - 2} + \cdots + P$$

혹은

$$FV = P \cdot \sum_{t=1}^{n \cdot m - 1} \left[1 + \frac{i}{12}\right]^{t} + P$$

그런데 이 공식에서 $n \cdot m$은 개월 수를 의미한다. 예금(혹은 지급액) P는 매월마다 발생하며 금액은 일정하다. 그러므로 매월의 예금을 복리계산 하는 데 사용되는 이자율 요소들이 합쳐질 수 있으며([예 3-8]에서의 매년마다의 예금들에서처럼), 월별 연금의 새로운 복리계산 시리즈가 도출될 수 있다. 이 작업은 선정된 이자율과 만기에 대해 행해진다. 연 복리와 마찬가지로 월 복리의 공식도 예금이 월말에 예치된다는 것을 가정한다.[5]

Q: 투자자는 월 복리로 계산되는 연 8%의 이자를 지급 약속하는 부동산에 월 $200을 투자하고자 한다. 만일 투자자가 5년 동안 연속하여 월 지급을 한다면, 5년 말의 미래가치는 얼마일까?

A: $FV = \$200(73.476856)$

    $= \$14,695.37$

계산기 해법

$n = 5 \times 12 = 60$개월

$i = 8\% \div 12 = 0.666\%$

$PV = 0$

함수:

$FV (n, i, PV, PMT)$

---

[5] 연복리와 마찬가지로 월복리의 공식도 예금이 월말에 예치된다는 것을 가정한다.

$$PMT = -\$200$$

미래가치를 계산하면

$$FV = \$14,695.34$$

이 경우 월 복리 기준 연 8%의 이자를 창출하는 지급의 가치는 기간당 $1의 축적을 위한 이자율 요소를 이용하여 월 $200의 연금에 곱함으로써 구해진다. 즉 $200 (73.476856) = $14,695.37이 된다.

연금의 현재가치

앞 절에서, 주요 관심은 연금, 즉 일정 주기로 받는 동일 지급액의 미래가치를 구하는 것이었다. 본 절에서 **연금의 현재가치**(PVA), 즉 투자기간 동안 연속적으로 창출되는 연 수익의 현재가치를 다룬다. 이는 투자자가 투자결정을 할 때 연속적인 수익을 고려해야 하기 때문에 중요한 문제이다. 단 한 번의 현금유입 혹은 기말가치의 현가인 PV를 다룰 때, 복리이자 계산을 위한 기본적인 공식을 도출하였고 투자의 현가를 알아내기 위해 다음과 같이 재구성하였다.

$$FV = PV(1+i)^n$$

$$PV = FV \div (1+i)^n$$

$$PV = FV \cdot \frac{1}{(1+i)^n}$$

연금의 현가, 즉 PVA를 고려하기 위해 모든 현금유입 각각의 '현가 합'을 고려해야 한다. 이는 다음과 같이 기본 현가 공식을 수정하여 얻을 수 있다.

$$PV = PMT\frac{1}{(1+i)^1} + PMT\frac{1}{(1+i)^2} + PMT\frac{1}{(1+i)^3} + \cdots + PMT\frac{1}{(1+i)^n}$$

이는 다음과 같이 다시 쓸 수 있다.

$$PV = PMT \cdot \sum_{t=1}^{n} \frac{1}{(1+i)^t}$$

위의 산식에서 각 기간의 현금유입(PMT)은 돈이 실제로 들어올 때의 시기에 상응하는 연수로 할인되는 것을 주목하라. 다시 말해서 첫 번째 현금유입은 첫 기의 말에 이뤄지며 이는 1기간에 의해 할인될 것이나. 즉 $PMT[1/(1+i)^1]$이 된다. 두 번째 현금유입은 두 기간 동안 할인되어 $PMT[1/(1+i)^2]$이 되며, 이와 같이 반복하면 된다.

어떤 투자자가 6년간 $500씩 매년 현금유입을 제공하는 투자를 고려하고 있으며, 목표수익률 6%를 요구할 경우, 투자자는 이를 위해 오늘 얼마를 투자하여야 하는가? [예 3-10]에 나온 바와 같이 1년 말의 현금유입 $500의 현재가치를 고려하는 것으로부터 시작할 수 있다. $500의 현가는 6%로 1년 할인되어야 한다는 것을 주목하라.

이는 초년도의 수입 $500이 1차년도 말이 되어야 입금되는 반면, 투자자는 현재 투자금액을 지불하기 원하고 현재 투자액 기준 6% 수익을 요구할 것이기 때문에 할인이 이루어져야 하는 것이다. 그러므로 이 $500 현금유입을 부록 A의 6%표에 1년을 위한 5열의 이자율

예 3-10	년	기본기		이자요소		PV
년도별 $500의 현재가치(연 6%로 할인)	1	$500	×	0.943396	= $	471.70
	2	500	×	0.889996	=	445.00
	3	500	×	0.839619	=	419.81
	4	500	×	0.792094	=	396.05
	5	500	×	0.747258	=	373.63
	6	500	×	0.704961	=	352.48
	또한 $500		×	4.917324	=	$2,458.66*

*반올림

요소(0.943396)로 할인함으로써 현재가치 $471.70이 구해진다.

두 번째 수입 $500은 2년차 말에 받게 되므로 6%로 2년간 할인되어야만 한다. 그 현재가치는 $500에 2년 해당 6% 표의 5열에 있는 이자율 요소(0.889996)를 곱해서 구할 수 있으며, 값은 $445가 된다. 이러한 과정은 남은 3년 동안 각 현금유입에 대해 계속될 수 있다. $500씩 연속되는 수입의 총 흐름의 현재가치는 가장 우측 열에 있는 각 월에 할인한 현금유입을 각각 더해서 구할 수 있으며 그 값은 $2,458.66이 된다.

그러나, 일련의 $500 흐름은 일정하기 때문에 같은 현재가치를 구하기 위해 $500을 곱할 하나의 이자율 요소를 구하기 위해 각 연도의 이자율 요소를 단순 합산할 수 있다([예 3-10] 참조). 6%에 해당하는 모든 이자율 요소의 합은 4.917324이다. 4.917324에 $500을 곱할 때, [예 3-10]에서 수행된 곱셈의 연속에 의해 얻어진 현재가치 $2,458.66이 다시 검증된다.

연금의 현재가치 요소들의 이용

일정 주기로 입금되는 연금의 금액이 일정하기 때문에 [예 3-10]에 나와 있는 이자율 요소는 더해질 수 있으며, 따라서 이러한 조합은 문제를 푸는데 소요되는 수고를 훨씬 덜어준다. 〈PVIFA, i%, n년〉으로 일컬어지는 다양한 이자율에 대한 이자요소들의 합은 표의 형태로 정리되어 있고, 기간당 $1 정상적인 연금의 현가에 나와 있다. 연금의 할인가치에 익숙해지도록 하기 위해서, 기간 $1의 현가를 위한 이자요소들을 보여주기 위해 [예 3-11]을 만들었다.

이 이자요소들은 예시된 이자율에 해당하는 이자요소를 찾을 수 있다. 문제에서 6%의 연간 요구수익률로 가정할 때 6년 동안 매년 받는 $500의 현가를 얻기를 원한다. 요구수익률을 얻기 위해서 이 투자에 오늘 얼마를 지불해야 하는가? 이 문제를 계산기를 이용하거나 [예 3-11]에서 6% 열의 6년에 해당하는 이자요소를 찾을 때까지 열 밑으로 이동함으로써 풀 수 있다.

이자요소는 4.917324가 된다. 따라서,

$$PV = \$500(4.917324)$$
$$= \$2,458.66$$

이 해답은 [예 3-10]에서 얻은 것과 일치한다.

예 3-11

년도별 정상 연금 $1의
현재가치(연 복리 할인)

년	이자율(할인율)			
	5%	6%	10%	15%
1	0.952381	0.943396	0.909091	0.869565
2	1.859410	1.833393	1.735537	1.625709
3	2.723248	2.673012	2.486852	2.283225
4	3.545951	3.465106	3.169865	2.854978
5	4.329477	4.212364	3.790787	3.352155
6	5.075692	4.917324	4.355261	3.784483
7	5.786373	5.582381	4.868419	4.160420
8	6.463213	6.209794	5.334926	4.487322

Q: 투자자는 3년 동안 연 $400씩 순 현금수익을 제공하는 임대부동산에 투자할 기회를 갖고 있다. 투자자는 연 10%의 요구수익률이 얻어져야 한다고 믿고 있다. 투자자가 이 부동산에 얼마를 지불해야 하나?

A: $PV = \$400(2.486852)$
   $= \$994.74$

투자자는 이 부동산투자에 $994.74 이상을 지불하려 하지 않을 것이다. 이 금액으로 연 10% 수익률이 실현될 것이다.

계산기 해법   함수:
   $n = 3$ $PV\,(n,\, i,\, PMT,\, FV)$
   $i = 10\%$
$PMT = -\$400$
   $FV = 0$
현재가치를 계산하면
   $PV = \$994.74$

연 단위로 지급하거나 받는 연금을 할인하는 데 이용되는 논리에 근거하여, **월별**로 지급하거나 받는 현금흐름에도 같은 절차가 적용될 수 있다. 이 경우 연간연금을 할인하는 데 사용되는 공식을 간단히 수정하여 월수입 혹은 지급액을 반영하여 할인 기간이 월복리를 반영하도록 하는 것이다.

$$PV = P\left[\frac{1}{1+\dfrac{i}{12}}\right]^1 + P\left[\frac{1}{1+\dfrac{i}{12}}\right]^2 + \cdots + P\left[\frac{1}{1+\dfrac{i}{12}}\right]^{12 \cdot n}$$

위 식에서 지급(P)은 월별로 발생하며 승수는 1부터 $n \cdot m$까지의 월을 의미하고, PV는 $n \cdot m$월 동안 받는 연금의 현가를 의미한다.

연간할인에서와 마찬가지로, 만일 위 공식을 매번 계산할 때마다 사용해야 한다면, 특히 여러 달에 걸쳐 발생하는 현금유입(혹은 지출)과 관련된다면, 연금의 현가계산은 매우 번거롭게 된다. 따라서 일련의 이자율요소가 위 공식을 각 월별주기에 대해 사용하고, 얻어진 이

예 3-12

기간별 $1의 정상연금의
현가(월 복리 할인)

월	이자율(할인율)	
	6%	**8%**
1	0.995025	0.993377
2	1.985099	1.980176
3	2.970248	2.960440
4	3.950496	3.934212
5	4.925866	4.901535
6	5.896384	5.862452
7	6.862074	6.817005
8	7.882959	7.765237
9	8.779064	8.707189
10	9.730412	9.642903
11	10.677027	10.572420
12	11.618932	11.495782

년			월
1	11.618932	11.495782	12
2	22.562866	22.110544	24
3	32.871016	31.911806	36
4	42.580318	40.961913	48

자율요소를 더함으로써 계산될 수 있다(이는 [예 3-10]에 나오는 매년의 연금을 할인하여 수행된다). 연간 표처럼 기간당 $1의 정상연금의 현가(present value of ordinary annuity of $1 per period)로 제목이 주어져 있으나, 이 경우의 적용기간은 월별이다. 주어진 이자율과 연수에 대한 이자율 요소 견본은 [예 3-12]에 나와 있다. 따라서 만일 매월 말에 향후 12개월 동안 $500을 지급하고 월복리로 연 6%의 수익을 내는 투자에 대해 오늘 얼마를 지불해야 할지를 알고자 한다면, 투자자는 계산기를 이용하거나 [예 3-12]를 참조하여 쉽게 답을 계산할 수 있다. 6% 열을 찾아 아래로 내려가 12개월에 해당하는 행을 찾으면, 요소 11.618932를 찾을 수 있다. $500에 11.618932를 곱하면, $5,809.47이 되며 이는 월 복리로 계산되는 6% 요구수익률을 맞추기 위해 투자자가 오늘 투자해야 하는 금액이 된다.

계산기 해법	함수:
n = 12개월	PV (n, i, PMT, FV)
i = 6% ÷ 12 = .005	
PMT = $500	
FV = 0	
답은 PV= $5,809.47	

Q: 어떤 부동산투자조합은 매월 말에 $300을 파트너에게 향후 6개월 동안 지급할 것을 예상한다. 조합원들은 월복리로 8% 요구수익률을 가정할 경우 그들이 얼마를 지불해야 할까?

A: PV = $300(5.862452)

$$= \$1,758.74$$

계산기 해법	함수:
$n = 6$개월	PV (n, i, PMT, FV)
$i = 8\% \div 12 = 0.6666\%$	
$PMT = -\$300$	
$FV = 0$	
현가를 계산하면	
$PV = \$1,758.74$	

장래 특정금액을 얻기 위한 예금액

앞의 두 절에서는 동일한 지급금액이 연속적으로 발생하는 연금을 할인하고 복리계산 하는 것을 다루었다. 그러나 경우에 따라서는(지급액이 예금되는 즉시 이자를 누적시킨다는 사실을 고려하여) 미래의 특정한 금액을 누적시키기 위해 필요한 연속된 지급액의 흐름을 파악하는 것이 필요하다. 예를 들면, 5년 말에 한번에 일시 상환해야 할 부채가 $20,000 있다고 가정해 보자. 누적된 예금과 이자를 투입하여 5년째 말에 $20,000을 갚도록 5년 동안 매년 말에 해마다 동일한 금액을 지급하기를 원할 것이다. 이 예금에 연 10%의 이자를 얻는다고 가정할 경우, 매년 예금액은 얼마가 되어야 할까? 이 경우 미래의 특정금액을 확보할 수 있도록 연속된 지급액을 누적시키는 일을 하게 된다. [예 3-5]는 미래가치를 얻기 위해 일련의 예금(P), 연금을 복리계산 하는 것을 의미한다. 따라서 다음의 복리계산으로 미래가치를 결정하는 과정을 수행한다.

$$FV = \$20,000$$
$$PMT(6.105100) = \$20,000$$
$$PMT = \$20,000/6.105100$$
$$= \$3,275.95$$

계산기 해법	함수:
$n = 5$	PMT (n, i, PV, FV)
$i = 10\%$	
$PV = 0$	
$FV = \$20,000$	
연 지급액을 구하면	
$PMT = -\$3,275.95$	

이 계산은 단순히 10%의 연 이자율을 복리로 할 때, 미지의 연속되는 동일예금액(PMT)은 5년 말에 누적되어 $20,000이 될 것이라는 것을 의미한다. 연간연금의 복리이자율 요소(6.105100)가 주어짐으로, 미지의 예금액 PMT에 이 요소를 곱하면 $20,000이 된다는 사실을 알고 있다.

따라서 $20,000을 연간 연금금액의 복리요소로 나누면, $3,275.95라는 필요한 연금불입액을 얻을 수 있다. 이 결과로서, 만일 5년 동안 매년 말에 $3,275.95를 예금하고 이 예금이 연 10%의 이자수익을 창출한다면, 총 $20,000이 5년 말에 누적될 수 있다는 사실을 알게 된다.

위의 계산에서 $20,000을 6.105100으로 나누는 것이 $20,000에 (1/6.105100), 즉 0.163797을 곱하는 것과 마찬가지로 $3,275.95라는 답이 나온다는 것을 알 수 있다.

이 요소 0.163797은 부동산금융에서 **sinking-fund factor(SFF: 감채기금요소)**로 일컬어진다. 이 요소는 또한 부동산에서 다른 용도로 이용되기도 한다. 이 SFF(즉 복리연금을 구하는 이자율 요소의 역수)는 요소 0.163797을 찾거나 계산할 수 있어야 한다. 월 복리의 경우, 만일 매월 예금액이 월복리로 연 10%의 이자를 창출한다는 사실을 고려할 경우 월 예금액 $258.28을 얻을 수 있다.

계산기 해법
$n = 5 \times 12 = 60$
$i = 10\% \div 12 = .008333$
$PV = 0$
$FV = \$20.000$
답은 $PMT = \$258.28$

함수:
$PMT\ (n, i, PV, FV)$

투자의 내부수익률, 수익률의 결정

본 장에서 지금까지는 복리계산한 미래가치와 현재가치로 할인한 경우의 현가를 어떻게 결정하는지를 살펴보았다. 각각의 주제는 그 자체 의미로도 중요했지만, 이들은 부동산금융에서 광범위하게 쓰이는 똑같이 중요한 요소인 수익률 혹은 **투자수익률**을 계산하는 도구를 제공했다.

다시 말해서, 복리계산과 현가할인 하는 과정에서 보인 개념은 부동산투자 및 부동산담보 대출에서의 수익률 혹은 투자수익률을 결정하는 데에 이용된다. 본 절에서 소개되는 개념 및 절차가 뒤의 장에서 설명되는 많은 부분의 기초를 형성하기 때문에, 이를 완전 이해하고 숙달해야 한다.

앞 절에서는 주어진 이자율로 복리계산 할 때 현재 이루어진 투자의 미래가치, 혹은 주어진 이율로 할인할 때 미래에 받을 현금유입의 현재투자가치를 결정하는데 집중하였다. 본 절에서는 오늘 투입되는 투자의 원가와 미래유입현금흐름을 알고 있지만 투자가 실행될 경우의 **투자수익률**이 얼마인지 모르는 경우의 문제를 다룰 것이다.

한 번의 현금유입만을 지닌 투자

많은 경우에, 투자자와 대출자는 투자가 이루어졌을 경우 벌어들일 투자수익률 혹은 복리이율에 관한 문제를 고민하게 된다. 투자수익률 개념을 보여주기 위해서 현재 어떤 투자자가 건축되지 않은 1에이커의 부지를 $5,639에 살 수 있는 기회를 갖고 있다고 가정하자. 이 부지는 가치 증가가 예상되어 7년 후에 $15,000이 될 것이다. 만일 오늘 투자가 이루어져 7년간 보유하다가 $15,000에 팔았다면 투자액 $5,639에 대한 수익률은 얼마가 될 것인가?

미지의 수익률을 풀기 위해 다음과 같이 문제를 공식화할 수 있다.

$$PV = FV \cdot \frac{1}{(1+i)^n}$$

$$\$5,639 = \$15,000 \cdot \frac{1}{(1+i)^7}$$

연 복리이율로서, 위 공식에 i대신 대입하면 $15,000이 $5,639의 현재 투자지출액, 또는 현가와 일치하게 되는 할인율을 알고 싶어 한다.

$$\frac{1}{(1+i)^7} = \frac{5,639}{15,00}$$

$$(1+i)^7 = 15,000/5,639$$

$$1+i = 1.15$$

$$i = 0.15 \text{ 또는 } 15\%$$

시행착오법이 i를 푸는 하나의 방법이다. i가치가 추정되고 미래가치 $15,000를 현가로 할인할 때 $5,639가 되는지를 확인하도록 위의 등식이 풀어질 수 있다. i의 정확한 가치가 발견될 때 현가의 답은 $5,639가 되어야 한다.

그러면 어떻게 i를 찾기 위해 출발해야 할까? 하나의 방법은 답을 단순히 추정하는 것이다. 10%를 시도해 보자. 수학적으로 $PV = \$5,639$가 될까?

$$PV = \$15,000 \frac{1}{(1+0.10)^7}$$

PV를 풀면, $PV = (\$15,000)(0.513158) = \$7,697$이라는 답을 얻게 된다. $PV = \$7,697$이 우리가 원하는 PV $5,639보다 훨씬 크다는 것을 알 수 있다. 이는 이 투자에서 얻는 복리의 투자수익률이 10% 이상이라는 것을 의미한다. 따라서 i를 증가시키면서 할인과정을 되풀이해야 한다.

다음 "시도"는 15%가 될 것이다. 대체해 보면,

$$PV = \$15,000 \frac{1}{(1+0.15)^7}$$

$$= \$15,000(0.375937)$$

$$= \$5,639.06$$

이번에는 PV가 $5,639가 된다. 이 "추측"이 맞았다.

이 결과로부터 수익률 혹은 내부수익률이 15%라고 결론지었다. 이를 요약 정리하면, 7년 후 $15,000 현금을 받는 대가로 지급되는 초기 예금의 현가를 $5,639가 되게 만드는 15%의 "숨은" 복리이자율을 갖게 된 것이다.

오직 하나의 미래수치만이 개입되는 경우의 수익률을 찾으려고 시도할 때, 또 다른 접근 방식으로서 이자 요소표에 있는 이자율 요소($PVIF$)를 먼저 결정하는 방식을 이용할 수 있다.

$$\$5,639 = \$15,000\ \frac{1}{(1+i)^7}$$

$$\$5,639.06 \div \$15,000 =$$

$$0.375937 =$$

위 계산은 이자율 요소가 0.375937이라는 것을 보여주고 있으나, 여전히 **이자율**이 무엇인지 모른다. 그러나 투자가치와 상승되는 기간이 7년이라는 것은 알고 있다. 이자요소가 0.375937이고 투자기간이 7년이기 때문에 [예3-6]은 정확한 이자율을 찾을 수 있게 해준다. $15,000의 현금 수입이 단 한 번만에 이루어지므로 특정 이자율에 대해 7년에 해당하는 0.375937과 일치하는 $1의 역수 현가에 맞게끔 이자요소를 찾아내야 한다. 6%와 같은 임의의 이자율을 선택하여 이자율을 찾는 것으로 시작한다.

6%는 7년 해당 이자요소가 0.665057인데 이는 0.375937보다 크다는 깃을 알려준디. 10%표로 옮기면, 7년 해당 이자요소는 0.513158인데 이는 5%의 이자요소보다는 작고 찾는 이자요소 값과 유사해진다. 이러한 시행착오법을 반복하면, 15%표에서 7년 해당 4열의 이자요소 값이 0.375937이라는 것을 나타낸다.

즉, 원하는 이자율이 15%이다. $15,000(0.375937) = $5,639이기 때문에 이 값이 정확한 이자율이라는 것을 알 수 있다.

계산기 해법   함수:
  $n = 7$ $i\,(n,\ PV,\ PMT,\ FV)$
  $PV = -\$5,639$
  $PMT = 0$
  $FV = \$15,000$
투자수익률을 풀면
  $i = 15\%$

이 이자율은 무엇을 의미하나? 이는 오늘 $5,639를 투자하여 7년간 보유한 후 $15,000에 파는 것은 오늘 $5,639를 투자하여 연 복리로 15% 수익률이 발생하는 것과 동일하다(**이자율**과 **수익률** 간의 유사관계에 주목하라). 지금부터 수익률과 내부수익률이라는 용어를 사용할 것이다. 수익률은 대부분의 투자를 평가하는 데 일반적으로 사용되는 용어다. 이자율은 대출금을 평가할 때 주로 사용된다. 양자는 유사한 개념이지만 다르게 사용되는 데에 익숙해져야 한다.[6]

이 사실은 다음과 같은 계산에서 확인된다.

$$FV = \$5,639(2.660020)$$

$$= \$15,000$$

이 계산은 단순히 $5,639가 15%로 7년간 복리로 계산되면 $15,000이 된다는 것을 보여준다. 따라서 이 투자는 15%의 수익률을 내는 것에 상당하는 것이다. 이 수익률은 대개 **투자**

---

[6] 지금부터 수익률과 내부수익률이라는 용어를 사용할 것이다. 수익률은 대부분의 투자를 평가하는데 일반적으로 사용되는 용어다. 이자율은 대출금을 평가할 때 주로 사용된다. 양자는 유사한 개념이지만 다르게 사용되는 데에 익숙해져야 한다.

수익률 혹은 **내부수익률**로 일컬어진다.

계산기 해법	함수:
$n = 7$	$FV(n, i, PV, PMT)$
$i = 15\%$	
$PV = -\$5,639$	
$PMT = 0$	
미래가치를 계산하면	
$FV = \$15,000$	

내부수익률은 복리와 현가의 개념을 통합한다. 이는 복리의 이자율로 표시되면서, 총 투자기간 동안 투자수익률을 측정하는 방법이다. 예를 들면, 만일 투자자가 수익 창출 사업에 투자의사결정을 해야 할 때, 현금수익이 어느 유형으로 들어오는지와 상관없이 내부수익률은 투자자에게 지침 혹은 비교를 제공해 준다. 이는 투자자에게 고려하고 있는 투자에 어떤 복리수익률을 적용해야 하는지를 말해준다. 건축되지 않은 1에이커 부지의 예에서의 15% 수익률 혹은 내부수익률은 $5,639를 예금하여 7년간 월 복리로 연 15%로 보유하는 것과 일치한다. 7년 후에 투자자는 $15,000을 받게 되는데 이 금액은 원래의 투자금액 $5,639와 모든 복리이자를 포함한다. 내부수익률을 알 경우 투자자는 이 투자결정을 보다 쉽게 할 수 있다. 만일 15% 수익이 적절하다면, 투자자는 이 투자를 받아들일 것이며 만일 그렇지 않다면 투자자는 이 투자를 거절할 것이다. 다른 투자안을 비교할 때, 투자자는 위험의 차이도 역시 고려해야 한다. 이 주제는 뒷장에서 논의한다.

내부수익률, 현재가치, 복리 개념들은 부동산금융과 투자에서 계속 활용되는 매우 중요한 수단이다. 이제까지 설명된 개념의 완전한 이해 없이 이 부분을 넘어가서는 안 된다. 이러한 개념들은 이번 장의 나머지 부분과 뒤따르는 장들의 기초를 형성하고 있다.

투자에서 발생하는 연금 흐름의 수익률

하나의 현금유입(건축되지 않은 부지가 팔릴 때)에 이용된 개념은 또한 일련의 현금유입이 있는 경우에도 적용 가능하다. 결과적으로 내부수익률은 이러한 투자유형에 대해서도 계산될 수 있다.

투자자가 $3,170에 4년 동안 매년 말에 $1,000의 현금수익을 제공하는 부동산에 투자할 기회를 갖고 있다고 가정하자. 투자수익률 혹은 내부수익률은 투자자에게 $3,170에 대해 얼마를 벌어다 줄 것인가? 이 경우, $1,000 연금의 현재가치가 초기 원래의 투자 $3,170과 일치하도록 만드는 미지의 할인율로 할인하기를 원하는 일련의 현금유입을 갖고 있다. 이 문제에서 i에 대한 즉 4년 연금 $1,000의 현가가 $3,170과 일치하도록 만드는 이자율에 대한 답을 찾을 필요가 있다. 연금의 현재가치를 계산하는 공식을 되새겨보면.

$$PV = PMT \cdot \sum_{t=1}^{n} \frac{1}{(1+i)^t}$$

대체하여 풀면

$$\$3,170 = \$1,000 \sum_{t=1}^{n} \frac{1}{\left(1+i\right)^t}$$

간단한 표시를 이용하면 다음과 같다:

$$\$3,170 \div \$1,000 = \sum_{t=1}^{n} \frac{1}{(1+i)^t}_t$$

$$3.170000 = \sum_{t=1}^{n} \frac{1}{(1+i)^t}_t$$

계산기 해법	함수:
$n = 4$	$i\,(n,\ PV,\ PMT,\ FV)$
$PV = -\$3,170$	
$PMT = \$1,000$	
$FV = 0$	
투자수익률을 풀면	
$i = 10\%$	

이 절차는 앞 절에서 다루었던 한 건의 현금수입에 대한 수익률 혹은 내부수익률을 구하는 것과 비슷하지만, 앞으로 연속된 현금흐름을 다룬다는 점이 다르다. 전과 동일한 절차에 의해 4년간에 걸쳐서 어떤 이자율에 상응하는 이자율요소를 얻을 수 있다. 이자율이 무엇인지 결정하기 위해 4년에서 3.1700과 가까운 이자요소를 찾는다. 주의 깊게 찾아보면, 10%에서 원하는 이자요소를 찾게 된다. 따라서, 이 절차에 기초를 두고 투자된 $3,170에 대한 투자수익률 혹은 내부수익률(*IRR*)은 10%이라는 것을 알 수 있다. 내부수익률이 무엇을 의미하는지에 대한 보다 자세한 분석이 [예 3-13]에 나타나 있다.

내부수익률이 계산될 때 두 가지 특성이 나타난다([예 3-13]을 보라). 하나는 각 기간별의 자본회수이고 다른 하나는 각 기간에 획득된 이자이다. 다시 말해서, $3,170 투자액과 매년

예 3-13
내부수익률과
현금수입액의 구성요소

	년			
	1	**2**	**3**	**4**
투자액	$3,170	$2,487	$1,736	$ 910
10%의 내부수익률	317	249 *	174 *	91 *
수령된 현금	$1,000	$1,000	$1,000	$1,000
(−): 10% 현금수익률	317	249	174	90 *
투자회수	$ 683	$ 751	$ 826	$ 910
기초투자	$3,170	$2,487	$1,736	$ 910
(−): 투자회수	683	751	$ 826	910
기말투자	$2,487	$1,736	$ 910	$ 0

*반올림함

받는 $1,000에 기초를 두고 *IRR*이 계산될 때, *IRR* 계산내용에는 $3,170 투자에 10% 연간 복리로 계산되는 이자를 더한 금액의 총 회수(full recovery)가 내포된다. 따라서 10% 투자 수익률은 연도별 현행 투자잔고에서 벌어들인 진정한 복리이자율이다. 4년 기간 동안 받는 총 $4,000 중에서, 총 벌어들인 이자액은 $830이고 자본 회수는 $3,170이다.

내부 수익률을 계산하면 2개의 추가적인 특성이 존재한다(예 3-13 참조). 하나는 각 기간의 **자본 회수**이며, 다른 하나는 각 기간에 발생한 이자이다. 바꾸어 말하면, IRR이 $3,170의 투자와 매년 받는 $1,000로 계산되는 경우 4년간 매년 회수되는 현금 흐름에 **암묵적으로** 3170달러의 투자와 이자의 **완전한 회수**가 포함된다. 받는 총이자/이익은 830 달러($4,000 − $3,170)와 동일한 것에 주목하라. 우리의 목표는 이 투자에 대한 복리 이자율을 찾아내어서 이 투자 결과를 단순화하는 것이다. 이 결과는 투자와 현금 흐름의 패턴이 다를 수 있는 상이한 투자의 복리 이자율과 비교할 수 있다. 다양한 투자들의 이자율(IRR)을 비교하는 것은 현금 흐름을 비교하는 것보다 간단하다. 또한 화폐의 시간적 가치(TVM)가 고려되기 때문에 편리하다. 따라서 10%의 투자 수익률은 각 자본 회수가 고려된 후 매년 투자 잔액에서 얻어진 복리 이자율이다. 4년간 받은 총 $4,000중에서 얻은 이자 총액은 $830이고 자본 회수는 $3,170이다. 이것은 투자에 대한 연복리이자율 10%를 얻은 것과 같다.

월별 연금: 투자수익률

투자에 대한 수익이 월별 연금으로 얻어질 경우에도 투자수익률은 유사하게 계산된다. 예를 들면, 투자자가 향후 20년간(240개월) 매월 말에 $400씩 받는 사업에 $51,593을 투자하려 한다고 가정하자. $51,593에 대한 월복리로 계산되는 연 수익률은 얼마일까? 답은 다음과 같은 절차에 의해 쉽게 결정될 수 있다.

계산기 해법	함수:
$n = 20 \times 12 = 240$	$i\,(n, PV, PMT, FV)$
$PV = -\$51,593$	
$PMT = \$400$	
$FV = 0$	
투자수익률을 풀면	
$i(월) = 0.5833\%$	
$i(연) = 0.005833 \times 12 = 7\%$	

연말 현금유입을 갖는 투자의 내부수익률을 구하는 경우와 같이, 월 복리 계산에 의한 20년간 월 $1의 정상연금의 현재가치를 구하는 이자율요소(128.9825)를 찾아낸다(약식 표현에서의 M자를 주목하라). 20년에서 여러 범위의 다양한 이자율들 중에서 이 요소에 상응하는 이자율은 7%이다. 따라서 내부수익률은 $51,593 투자에 월복리로 계산되는 7%가 된다. $51,593의 회수와 이자수령액 $44,407 모두가 20년에 걸친 매월의 현금유입 $400의 흐름 안에 내포되어 있다.

등가명목연이율 *Equivalent Nominal Annual Rate* 의 확장

본 장의 앞 절에서 1년 이내에서 복리계산 간격이 1회보다 더 빈번히 이루어지는 경우의 연간수익률에 해당하는 수치를 결정하는 문제를 다루었다. 전술한 예에서, $10,000 투자에 연별, 월별, 일별로 복리계산되는 유효연수익률이 각각 6%, 6.1678%, 6.1831%가 되는 것을 보았다. 많은 경우에 유효연수익률(*EAY*)을 이미 알고 있으면서, 요구되는 유효연수익률을 얻기 위해 월 복리(혹은 1년 보다 짧은 다른 기간)로 계산되는 **명목연수익률**이 얼마이어야 하는지를 알고자 한다. 예를 들면, 6%의 명목연이자율에 의하여 월 복리로 계산하는 경우의 문제를 고려했다. 월 복리 간격으로 계산되기 때문에 유효연이자율은 명목연이자율보다 크게 된다. 월 복리로 계산되어 6%의 목표 *EAY*를 제공하는 명목연이자율이 무엇인지를 알고자 할 경우, 다음의 공식을 이용할 수 있다[여기에서 *ENAR*은 명목연이율 상당금리인 **등가명목연이율**(equivalent nominal snnual tate)이다].

$$ENAR = [(1 + EAY)^{1/m} - 1] \cdot m$$

문제로 이를 대입해 보면,

$$
\begin{aligned}
ENAR &= [(1 + 0.06)^{1/m} - 1] \cdot 12 \\
&= [(1 + 0.06)^{0.083333} - 1] \cdot 12 \\
&= [1.004868 - 1] \cdot 12 \\
&= 0.0584106 \text{ 혹은 } 5.84106\% (\text{반올림})
\end{aligned}
$$

이 개념을 증명하기 위해 만일 6%의 **유효연수익률**을 제공하는 투자기회 A와 월 복리이자로 계산되는 투자기회 B를 갖고 있다고 가정하면, B가 A에서와 같이 6%의 동일한 유효연수익률을 제공하기 위해서 B의 월 복리로 계산되는 명목연이율 상당금리(*ENAR*)가 무엇인지를 알고자 할 것이다. 이 비율은 월 복리일 경우 5.84106%가 될 것이다.

$$
\begin{aligned}
FV &= \$1\left[1 + \frac{.0584106}{12}\right]^{12} \\
&= \$1.06 (\text{반올림})
\end{aligned}
$$

예에서 유효연수익률이 *EAY*가($1.06 − $1.00) $1.00, 즉 6%라는 것을 알고 있다. 따라서 이제 동일한 투자위험도 하에서 수익이 월 복리로 계산될 때, 6%의 유효연수익률에 상응하는 수익을 제공하기 위해서는 최소한 5.84106%의 연간명목이자율을 가져야 한다는 것을 안다.

물론 위 공식에서 *m*을 변경함으로써 다른 복리계산 기간에 대해서도 변경 적용될 수 있다.

계산기 해법	함수:
n = 12개월	*FV* (n, i, PV, PMT)
i = 5.84106 ÷ 12 = 0.486755%	
PV = −$1	
PMT = 0	
미래가치를 풀면	
FV = $1.06	

[예 3-13]은 현금흐름이 일 년 동안 $1,000으로 일정한 경우 내부 수익률을 구하는 방법이다. 하지만 대부분의 경우 현금흐름이 기간별로 일정하지 않기 때문에 이를 계산하는 방법을 투자는 알아야 한다. 이런 경우 투자자는 기본적으로 IRR을 알아야 하며 [예 3-13]보다 더 복잡하다. 아래 예시는 현금흐름이 일정하지 않을 경우 계산하는 방법에 대해 알려 준다.

PV	Cash Flows (CF)			
Investment	Yr.1	Yr.2	Yr.3	Yr.4
$8,182	$1,000	$2,000	$3,000	$4,000

IRR 구하는 공식은 알고 있듯이

$$PV = \frac{CF_1}{(1+i)^1} + \frac{CF_2}{(1+i)^2} + \frac{CF_3}{(1+i)^3} + \frac{CF_4}{(1+i)^4}$$

여기에 대입하면

$$\$8,182 = \frac{\$1,000}{(1+i)^1} + \frac{\$2,000}{(1+i)^2} + \frac{\$3,000}{(1+i)^3} + \frac{\$4,000}{(1+i)^4}$$

4년 동안 총 현금흐름이 $100,000이며, 이는 $8,182의 현재가치보다 높으므로 이 투자안은 수익성이 있고 내부수익률 또한 긍정적인 값이 나올 것이다(위 등식을 같게 만드는 할인율은 7%임). 하지만 내부수익률 (i)를 구하는 과정은 복잡하다.

CF_j 기능에 대한 소개. 현재 시중에 있는 재무계산기와 소프트웨어들은 현금흐름이 투자기간동안 일정하지 않을 경우 내부수익률을 더욱 효율적으로 구할 수 있게 해준다. 이러한 프로그램들은 시행착오법으로 (i)를 구한다. 시행착오법으로 IRR을 구하는 방법은 처음 예상 (i)를 위 산식에 대입을 한 후의 현재가치와 $8,182를 비교하여 0이 될 때까지 반복적으로 구하는 것이다. 재무계산기의 CF_j와 n_j를 활용하면 보다 쉽게 구할 수 있다.

〈예〉

Enter CF	Enter n_j
$CF_j = -\$8,182$	$n_j = 1$
$CF_j = \$1,000$	$n_j = 1$
$CF_j = \$2,000$	$n_j = 1$
$CF_j = \$3,000$	$n_j = 1$
$CF_j = \$4,000$	$n_j = 1$

Solve for (i) = 7%

아래와 같은 방식으로도 IRR을 구할 수 있다.

IRR (CF$_1$, CF$_2$, . . . CF$_n$)

즉, IRR(-8182, 1000, 2000, 3000, 4000) = 7%

일정기간의 수익을 연간수익으로 환산 Solving for Annual Yields with Partial Periods

많은 경우 투자는 매월 현금흐름을 창출하지만 연간수익(연간 복리 기간)으로 계산할 수 있는 투자 수익을 요구한다. 게다가 투자 부동산을 1년 내에 매각할 수도 있다(1년에서 다섯 달이 지났다고 치자). 어떻게 1년이라는 기간에 속한 동안 매월 현금흐름을 연수익으로 나타낼 수 있을까? 다음의 보기를 생각해보자.

    $8,000의 투자가 이루어졌다. 그리고 계약상에서 투자 수익은 매년 복리로 회수되도록 하고 있다. 매달 $500의 현금흐름이 17개월 동안 있었다고 하자. 그럼, 이 투자의 **연간 수익**은 얼마인가? 이는 다음과 같이 결정될 수 있다.

1단계:

계산기 해법   함수:

$$n = 17개월 \qquad\qquad\qquad i\,(n, PMT, PV, FV)$$
$$i = ?$$
$$PMT = 500$$
$$PV = -\$8,000$$
$$FV = 0$$

i를 풀면 $i = 0.682083$

2단계: 월 이자율 .682083은 다음과 같이 연간 이자율을 결정하는 데 사용될 수 있다.

계산기 해법   함수:

$$PV = -\$1 \qquad\qquad\qquad FV\,(PV, i, PMT, n)$$
$$i = 0.682083$$
$$PMT = 0$$
$$n = 12$$
$$FV = ?$$

FV로 풀면 FV = 1.084991

3단계: 연간 이자율의 계산
$$(FV\,/\,PV) - 1 = 1.084991 - 1.000 = 0.084991 \text{ 또는 } 8.5\%$$

따라서, 17개월에 걸친 이 투자는 8.5%의 년간 유효수익률(*EAY*)을 나타내고 있다. 이 수익률은 매월 복리로 계산되어 연간 이자율 즉 0.682083 × 12 = 8.19%보다 더 높다는 것에 유념할 필요가 있다.

XIRR를 활용한 해법

유효연수익율을 계산하는 다른 방법은 *XIRR*을 활용하는 것이다. 이는 성과측정을 위해 빈번히 사용되는 방법으로 엑셀과 같은 프로그램에 포함이 되어 있다. 또한 불규칙적인 현금흐름이 발생하는 곳에 활용이 가능하다.

    *XIRR*의 산식은 다음과 같다.

$$\sum P_j \big/ (1 + \text{rate})^{d_j/365} = 0$$

P_j는 투자한 이후 d_j기간 동안 받게 되는 지급액이다. 왼쪽 등식은 할인율로써 유효이자율을

활용하여 기간별 현금흐름을 할인하는 개념으로 여기서 현재가치를 0으로 만드는 할인율을 찾는 것이다.

앞선 예를 다시 살펴보면 초기 $8,000이 투자되고 매달 $500의 현금흐름이 매월말 17개월 동안 발생한다고 가정하자. 이전 예제에서 현재가치를 0으로 만드는 유효 수익률이 8.5%인 것을 알 수 있었다. 이를 활용하여 [예 3-14]를 보면 8.5%의 할인율로 17개월이 경과 후 투자비와 17개월 현금흐름 합계가 0인 것을 알 수 있다.

위의 예에서 매월 발생하는 $500을 17개월간 사용하여. [예 3-14]에서 보는 바와 같이 현재 17개월 동안 매월 30일에 현금흐름을 받는다고 가정하다. 2행은 365분의 1이다. 위의 예에서 8.5%의 유효 연 이자율을 계산한 것을 기억하라. XIRR 계산에서는 결과가 현재가치 0인지 여부를 확인하기 위해 8.5%의 사용하여 동일한 결과를 얻을 수 있다는 것을 알수 있다.

이것은 최종 행의 합계에서 알 수 있듯이, 현재가치의 값을 $0와 같도록 하는 이자율을 구하기 때문에 [예 3-14]의 제3열은 위의 XIRR식의 유효 연 이율을 사용하고 있다. 이 마지막 행의 각 열은 그 해의 당일에 받은 지불액의 현재 가치를 가리킨다.

위의 예에서는 현금흐름이 매월 발생하고 있다. 그러나 현금흐름은 1년 중에 어느 날에나 발생할 수 있다. Excel에서는 현금흐름이 발생한 날을 특정하기 위해서 XIRR 기능을 사용하여 실제 날짜(2012년 2월 12일 등)를 나타낸다.

예 3-14
XIRR의 증명

				Rate 8.5%	
		(1)	(2)	(3)	(4)
월	일	일/월	P	$(1 + rate)^{(days/365)}$	P/(3)
0	0	0.000000	−8,000	1.000000	−$8,000.00
1	31	0.084932	500	1.006953	496.55
2	61	0.167123	500	1.013727	493.23
3	92	0.252055	500	1.020775	489.82
4	122	0.334247	500	1.027643	486.55
5	152	0.416438	500	1.034557	483.30
6	182	0.498630	500	1.041517	480.07
7	213	0.583562	500	1.048758	476.75
8	243	0.665753	500	1.055814	473.57
9	274	0.750685	500	1.063155	470.30
10	305	0.835616	500	1.070547	467.05
11	336	0.920548	500	1.077990	463.83
12	366	1.002740	500	1.085243	460.73
13	396	1.084932	500	1.092544	457.65
14	425	1.164384	500	1.099648	454.69
15	455	1.246575	500	1.107046	451.65
16	485	1.328767	500	1.114494	448.63
17	515	1.410959	500	1.121992	445.64
				합계	0.00

결론

이번 장은 재무 분석에서 복리이자의 수리개념을 소개하고 사례를 가지고 풀어보았다. 비록 이는 아는 내용의 반복일 수 있지만, 이 주제를 완전히 이해해야 한다는 점은 부동산금융에서 매우 중요하다. 이번 장에서 소개된 개념과 기법들은 이 책의 다른 부분들 중 부동산금융에서 직면하게 되는 다양한 문제들을 푸는 데 이용된다. 다음의 두 장에서 주택담보 대출상환과 다양한 주택담보 대출상품 대안들의 유효 비용의 계산에 금융 수학을 적용할 것이다. 이후에 금융 수학을 수익 부동산투자의 분석에 응용한다.

　비록 이 장에서 현가표의 사용 방법이 설명되었지만, 이러한 표들은 본서의 다른 부분에서 나오는 문제를 푸는데 반드시 필요한 것은 아니다. 실제로는 많은 경우에 현가표의 대체수단인 계산기 해법이 제공된다. 현가표에 의한 해법은 계산기 해법 속에 있는 구조(수학)를 이해하도록 하기 위한 것이다. 더 어려운 단계를 향해 나아가면서, 재무 계산기를 이용하거나 개인 컴퓨터의 스프레드쉬트 프로그램을 이용하여 답을 얻을 수 있다고 가정할 것이다.

주요용어		
감채기금계수	복리	유효연수익율
기초지급연금	수익률	일반적인 투자수익율
내부수익률	연금	할인
등가 명목 연이율	연금의 미래가치	현재가치
미래가치	연 수익율	

유용한 웹사이트

www.bai.org – 금융기관별 시장 이자율을 알려주는 사이트로 지급기간별 적절한 투자안에 대한 정보를 제공함

www.interest.com – 저당대출의 현재 평균이자율을 제공해 주는 사이트로 저당대출 계산기와 주택구입에 대한 기초정보 또한 제공해 줌

www.bankrate.com – CDs 및 다른 투자안의 이자율에 대한 정보를 제공해 줌

질문

1. 복리를 이해하는 데 필수적인 개념에는 어떤 것이 있는가?

2. [예 3-3]의 이자율요소(IF)들은 어떻게 만들어졌을까? [예 3-3] 이자율요소들을 계산하기 위해 재무용 계산기를 어떻게 사용할까?

3. 1년 이내의 최대 가치와 복리 기간과 관련하여 일반 법칙은 어떻게 발전시킬 수 있는가?

4. 화폐의 시간가치가 의미하는 것은 무엇인가? 이는 현재가치와 어떻게 연관되는가? 현재가치를 구하기 위해 어떤 절차가 이용되는가?

5. 현재가치 결정에 활용되는 할인 개념과 미래가치 결정에 활용되는 복리 개념은 어떻게 관련이 있는가?

6. [예 3-9]의 이자요소들은 무엇이며 어떻게 만들어졌나? [예 3-9] 이자요소들을 계산하기 위해 재무용 계산기를 어떻게 사용할까?

7. 연금이란 무엇인가? **일반적인 연금과 연금불입액** 간의 차이점은 무엇인가?

8. 불규칙한 일련의 수령액(현금흐름)의 현재가치(PV)를 찾기 위해 어떻게 할인해야 할까?

9. 감채기금요소란 무엇인가? 이를 어떻게 그리고 왜 이용하는가?

10. 내부수익률이란 무엇인가? 이는 어떻게 이용되는가? 내부수익률과 복리 개념은 어떤 관련이 있는가?

문제

1. Jim은 은행계정이 $12,000을 예금하였다. 예금에 대해서 7년간 연이율 9%의 이자가 붙는다.

   a. Jim은 7년 말에 얼마의 예금을 수령하게 되는가?

   b. 예금에 대해서 **분기별 복리**로 연이율 9%가 붙는다고 상정한다면, 7년 말의 예금 수령액은 얼마인가?

   c. (a)와 (b)를 비교할 때 각각의 유효연수익률은 얼마가 되는가?(힌트: 각 예금에 대해서 1년 후의 가치를 고려해 보라) 어떤 대안이 더 나은가?

2. $25,000을 투자해서, 월 복리로 연 7%의 수익을 받는 투자안과 **연 복리**로 연 8%의 수익을 받는 투자안 중에서 어느 것을 더 선호하는가? (힌트: 1년간을 고려해 보라)

3. Johns는 12년 동안 매 6개월 말에 $5,000씩 예금을 하고, 반기별 복리로 연 8.5%의 이자수익을 얻을 수 있다. 12년 후의 투자 가치는 얼마가 되는가? 예금을 매 기초에 한다면, 12년 후의 투자 가치는 얼마가 되는가?

4. 한 예금계정에 매 분기 말에 $1,250을 예금하고, **분기별 복리**로 연 15%의 이자수익을 얻을 수 있다고 상정하자. 4년 말 후 얼마를 받을 수 있겠는가?

5. 1년 후에는 $2,500을 예금하고, 2년 후에는 아무 것도 예금하지 않고, 3년 후에는 $750을 예금하고, 4년 후에는 1,300을 예금한다고 가정하자. 각 예금에 대해서 **연 복리**로 15%의 금리를 받을 수 있다고 한다면, 5년 후의 예금 금액은 얼마가 되겠는가?

6. 당신에게 8년 동안 매 월말에 $750를 받을 수 있는 부동산 투자 기회가 있다고 가정하자. 당신은 투자안에 대해 **월 복리**로 연 15%의 수익률을 기대하는 것이 합리적이라고 생각한다.

   a. 당신은 이 투자안에 대해 얼마를 지불해야 하는가?

   b. 8년 동안 받게 될 현금 총액은 얼마가 되는가?

   c. a)와 b) 간에는 차이가 왜 발생하는가?

7. 한 투자자는 10년 동안 매 연말에 $2,150을 받을 수 있는 투자안을 검토하고 있다. 그는 투자안에 대해 연 12%의 수익률을 기대한다. 그렇다면 그는 지금 이 투자안에 대해 얼마를 지불해야 하는가? 만약 투자수익을 **매년 초**에 받는다면, 지금 얼마를 지불해야 하는가?

8. 어떤 투자자가 부동산 개발에 투자하여 6년 후 $45,000의 수입을 기대할 수 있다고 한다. 다른 투자 대안과 비교 연구를 통하여, 투자자는 이 투자안에서 **분기별 복리**로 연 18%의 수익률을 올리는 것이 합리적이라고 믿는다. 지금 투자자는 투자안에 대해 얼마를 지불해야 하는가?

9. Walt는 각 연도 말에 다음과 같은 수익을 가져다 줄 수 있는 투자안을 평가하고 있다.

   1년 말: $12,500

   2년 말: $10,000

   3년 말: $7,500

   4년 말: $5,000

   5년 말: $2,500

   6년 말: $0

   7년 말: $12,500

   Walt는 투자안에 대해 **월 복리**로 연 9%의 수익을 올려야 한다고 믿고 있다. 그는 이 투자안에 얼마를 지불해야 하는가?

10. John은 토지 매입을 고려하고 있다. 그는 오늘 이 토지를 사서, 10년 후에 가격이 $15,000이 될 것으로 기대한다. 그는 자신의 투자에 대해 연 8%의 투자 수익률을 올려야 한다고 믿는다. 토지에 대해 매각자가 요청한 가격은 $7,000이다. 이 토지를 매입해야 하는가? John이 토지를 $7,000에 구매하고 이를 10년 후에 $15,000에 매각할 수 있다고 한다면 유효연수익률은 얼마가 되는가?

11. Dallas Development Corporation은 $100,000가 소요되는 아파트 프로젝트의 구매를 고려하고 있다. 이들은 프로젝트로부터 10년동안 매년 말에 $15,000의 수입이 있을 것으로 추정하고 있다. 10년 말 아파트 프로젝트의 가치는 0이 될 것으로 본다. Dallas가 이 프로젝트를 구매한다면, 내부수익률은 얼마가 되겠는가? 회사가 투자안에 대해 연복리로 8%의 수익률을 주장한다면, 이 안은 좋은 투자인가?

12. 어떤 회사가 $75,000에 달하는 부동산 신디케이션의 이권을 구매하려고 한다. 신디케이션에서는 25년 동안 매 월말 $1,000의 수익을 약속한다. 이를 구매하였을 때 **월 복리**로 기대 내부수익률은 얼마가 되는가? 투자안으로부터 받게 될 총 현금은 얼마가 되는가? 이윤은 얼마가 되고, 자본수익률(return of capital)은 얼마가 되는가?

13. 어떤 부동산 투자안에서는 4년 동안 매년 말 다음과 같은 수익을 제공한다.

   1년 말: $5,500

   2년 말: $7,500

   3년 말: $9,500

   4년 말: $12,500

   한 투자자가 자신의 투자안에 대해 연 13%의 수익률을 원한다고 한다면, 그는 이 투자안에 대해 얼마를 지불해야 하는가? 또한, 투자자가 **월 복리**로 연 13%의 수익률을 원한다면 얼마를 지불해야 하는가? 양자 간에는 왜 차이가 발생하는가?

14. 어떤 연기금에서 오늘 $100,000를 투자하고, 5년 동안 매 월말에 $1,600의 수익을 기대하고 있다. 5년 이후 $100,000에 대한 투자 수익은 얼마가 되겠는가? 이 투자안의 내부수익률은 얼마인가?

15. $60,000 대출이 10년 만기로 제공된다. 차입자는 각 연도 말에 원리금을 상환하기를 원하는데, 연이율은 10%다. 매년 갚아야 하는 원리금은 얼마인가? **월 복리** 연이율 10%로 매달 원리금을 갚기로 한다면, 매년의 원리금 상환금은 얼마인가?

16. 어떤 투자자에게 유효연이율 12%인 투자를 할 기회가 있다. 그는 위험이 동일하지만 각각 **월 복리**와 **분기별 복리**로 수익을 제공하는 다른 2개의 투자안에 대해서도 검토하고 있다. 이들 2개의 투자안들이 동일한 유효연이율 12%를 제공하기 위해서는 등가명목연이율(equivalent nominal annual rate)이 각각 얼마가 되어야 하는가?

17. 어떤 투자안의 경우 매달 $1,000의 현금흐름을 28개월 동안 제공한다. 투자자는 이 투자안에 대해 $24,000를 지불하였는데, 계약상에는 투자수익을 연이율로 약정해야 한다. 투자자에게 보고된 연 이율은 얼마인가? 이 투자안에 대한 **월 복리 연이율**은 얼마인가?

18. 어떤 투자안의 경우 매년말 다음과 같은 현금흐름을 6년간 제공한다.

1년 말: $5,000
2년 말: $1,000
3년 말: $0
4년 말: $5,000
5년 말: $6,000
6년 말: $863.65

초기 투자비는 $13,000이 필요하다.

a. 이 투자안은 수익성이 있는가?

b. 이 투자안의 IRR(연 복리)은?

c. $13,000을 투자 회수하기 위해 걸리는 기간을 매 년도의 현금흐름을 바탕으로 b.의 답을 증명하고, 이 투자안 현금흐름의 투자수익율(ROI)이 얼마인지 구하라(힌트: [예3-13]과 Concept Box 3.2 참고).

CHAPTER 04

고정금리 저당 대출

Fixed Interest Rate Mortgage Loans

본 장에서는 고정금리 주택저당 대출의 내용검토와 함께 **가격결정**(pricing)의 여러 가지 접근방식을 다룬다. 대출에 대한 가격결정이란 대출이 이루어질 때 대출금리, 대출취급 수수료 등 대출자가 제시하고 차입자가 받아들이는 여러 가지 조건들을 의미한다. 가격결정 과정에서 대출재원인 수요와 공급, 인플레이션의 영향 등 이 두 가지 요인이 금리에 미치는 영향을 중심으로 검토해 나갈 것이다. 저당 대출의 내용에 대해서는 경제적 환경의 변화 속에서 저당대출 상환방식이 혁신적으로 발전해 온 과정을 검토할 것이다.

또 하나 본 장의 목적은 다양한 계약조건이 설정된 경우 대출자 측의 수익률과 차입자 측의 비용을 결정하기 위한 기법을 예시하는 것이다. 대출자 측에서는 약정금리 외에 대출 실행조건으로서 대출금액의 할인(loan discount), 대출취급 수수료 또는 조기상환 수수료 등을 부과함으로써, 추가수익을 실현한다. 또한 대출자와 차입자는 특정 부동산저당 대출을 성사시키기 위해, 다양한 채무변제 조건의 설정에 합의할 수 있다. 이러한 계약조항들이 차입자의 조달비용에 영향을 미칠 수 있으므로 본 장에서는 대출자수익률(차입자 조달금리) 계산을 위한 방법론을 다루기로 한다.

저당대출 금리의 결정요소

경제 상황의 변화에 따라 부동산 금융 산업도 중대한 변화를 맞이하였다. 환경의 변화로 인해 차입자와 대출자들은 주택금융재원이 어디서 나오는지, 그리고 대출위험, 경제성장, 인플레 등의 요소가 어떻게 투자자금의 가용규모 및 요구금리에 영향을 주는지를 잘 알아야 한다.

단독주택 담보대출 금리 결정요소를 분석할 때 주택금융재원의 수급도 고려해야 한다. 주택금융기관들은 저축자와 차입자 사이에서 금융을 연결하는 중개업자들이고 차입자들은 은행에 저축된 돈을 담보대출 형태로 활용하는 것이다. 담보대출의 시장금리는 차입자들이 특정기간 동안 차입을 위해 지불하려는 수준과 대출자들이 수취하려는 금리가 시장에서 합치하는 수준에서 결정된다. 수요의 측면에서 대출수요는 주택수요에 **파생되는 수요**(derived demand)로서, 주택수요에 따라 결정된다.

주택금융을 공급할 때 대출자들은 주택금융수익률을 다른 투자대상에서 얻을 수 있는 수익률과 비교하므로, 주택금융시장은 대출자와 투자자들이 경쟁적인 투자대상들의 위험과 수익을 비교하여 형성하는 전체 자본시장의 일부분으로 간주되어야 한다. 대출자들이 다른 투자에서보다 주택대출에서 더 높은 수익률을 실현할 수 있다면 다른 금융상품으로부터 투자자금이 주택금융으로 유입될 것이다.

실질금리: 근저하는 고려요소들

주택금융에 대한 시장금리를 논의할 때, 이들 금리수준이 수많은 고려요소에 근저하고 있다는 점을 명심해야 한다. 경제에서 주택금융에 배분되는 자금의 공급은 다른 모든 대출과 투자 기회의 수익률로 위험에 의해 결정된다는 점을 이미 지적한 바 있다.

투자에서 가장 근본적인 사항은 투자가 정당화되기 위해서는 최소한 **실질금리**[1] 이상을 획득할 수 있어야 한다는 것이다. 이는 저축자들로 하여금 자금을 현재에 소비하는 대신 미래에 소비하도록(즉 저축하도록) 하는 데에 요구되는 금리다. 저축으로부터 발생하는 기대수익이 커서 미래에 충분한 소비를 할 수 있다면, 적절한 수준의 저축이 이루어질 것이다.

금리와 기대인플레이션 수준

투자자들이 투자 판단을 할 때 **인플레이션**이 투자수익률에 얼마나 영향을 미치는지에 대해 고려한다. 인플레이션율은 차입자와 대출자가 고정금리로 장기 거래를 할 때 특히 더 중요하며, 따라서 자금 공급자 측은 대출기간 동안에 발생하는 인플레이션으로 인한 구매력 감소의 위험에 대비하여 수취금리가 충분히 높다는 점을 확인한 후, 대출을 집행해야 한다. 따라서 차입자와 대출자간에는 대출기간 중의 기대인플레이션 수준에 대한 합의가 이루어져야 하며 약정금리에 이를 반영하여 대출이 이루어지는 것이다.

명목금리(차주와 대주간 약정금리)와 실질금리 간의 관계를 비교해 보기 위하여 $10,000의 대출이 10%의 약정금리에 의해 1년 만기로 실행된 예를 살펴보자. 대출 1년 말에 대출자는 원리금 $11,000을 수취하게 된다. 그런데 당해연도의 물가상승이 6%라면 수취한 $11,000의 실체가치는 11,000/1.06 = $10,377에 불과하다. 따라서 명목금리가 10%이더라도 실질금리는 377/10,000 = 3.77%이므로 4%의 실질금리를 얻기 원하는 대주는 10% 이상의 명목금리에 의해 대출계약을 실행해야 한다는 결론에 이르게 된다.[2]

요약하면 어떤 투자에 설정되는 명목금리는 실질금리에 기대인플레이션을 반영한 프리미엄을 더하여 결정된다는 것이다. 예시에서 4%의 실질금리+6%의 인플레이션 프리미엄 =

---

[1] 경제 내에서 가용한 모든 투자를 금액별로 가중한 포트폴리오의 수익률이 실질금리에 해당한다. 이 금리는 경제주체들이 소비 대신 저축하기 위해서 요구하는 금리일 것이다.

[2] 실질금리 4%를 위해서는 정확히 명목금리는 (1.06 × 1.04) − 1 = 10.24%여야 한다. 편의상 본서의 전반에서 실질금리와 기대인플레이션 프리미엄을 합쳐서 명목금리로 사용할 것이다. 기대인플레이션과 금리와의 관계는 오랫동안 연구되어 왔으며, 본서에서는 단순히 더하였지만 양자간의 관계를 정확히 반영한 것은 아니다. 따라서 이러한 논의를 개념적 또는 일반적인 해석으로 이해하기 바란다.

10%의 명목금리가 되었다. 그런데 인플레이션 프리미엄은 확정된 것이 아니라 대출실행 시점에서의 **기대치**에 불과하다는 점에 주의해야 한다. 실제 인플레가 기대치보다 높거나 낮을 가능성은 대출자가 고려해야 하는 많은 위험들 중의 하나이다.

또한, 일반적으로 실질이자를 연이자로 표현하기도 하나 대출형태에 따라 실질이자는 연이자의 월, 월, 분기 등의 복리이자이다. 앞으로 복리, 경과이자, 지급방법에 따른 효과에 대해 좀 더 자세히 알아볼 것이다.

금리와 대출 위험 요소

대출자와 투자자 측은 대출에서 기대인플레이션뿐만 아니라 다른 다양한 위험에 봉착하게 된다. 따라서 대출자들은 대출의 수익인 수입금이 대출에 수반되는 위험을 충분히 보상할 수 있는가에 대하여 신경을 쓴다. 특정 대출이나 투자안이 적절한 위험조정 수익률을 제공할 수 있을 것인가?

다양한 투자안에 대해 많은 유형의 위험들을 논의할 수 있는데, 이것들은 본서의 범위를 벗어난다. 따라서 주택대출에 수반되는 위험요소들에 초점을 맞추고자 한다. 그런데, 이들 위험 중 많은 부분은 다른 대출이나 투자에서도 어느 정도 나타나는 것들이다.

채무불이행위험 *Default Risk*

차입자 측이 원리금에 대한 채무상환의무를 이행하지 않을 위험이며 그 위험의 강도는 차입자의 신용도나 대출의 내용에 따라 다르다. 채무불이행 발생가능성이 있다면 대출자는 대손가능성을 축소하기 위해 프리미엄의 징수, 즉 대출금리를 올려야 한다. 채무불이행위험은 대출실행 이후에 차입자의 소득이 감소하여 채무상환능력이 감소하는 경우 및 담보물건의 가치가 대출잔고보다도 낮은 수준으로 하락하는 경우를 말하며 대출자 측에서 보면 대손이 발생할 수 있다.

금리위험

대출실행 현재 시점에서는 미래의 저축자금공급, 주거수요, 인플레이션 수준 등을 예측할 수 없으므로 주택금융 거래를 함에 있어서 어려움이 생긴다. 따라서 현재 시점에서의 대출금리는 시장참여자들이 미래의 변수에 대한 예측치들을 반영하여 형성되는 것이다. 물론 대출자 측은 대출실행 후에 경제적 상황이 변화한다. 약정된 금리만으로는 충당이 부족한 위험을 부담해야 하므로 이를 보상할 만큼 충분히 높은 금리를 설정해야 한다. 이러한 대출금리 설정에서의 불확실성을 **금리위험**이라고 표현한다.

예로서 대출시점에서 6%의 **인플레이션을 예상**하여 10%에 $10,000을 대출했는데 실제 인플레가 8%였다면 대출자는 2%의 구매력을 상실하게 되므로, 대출금리는 12%였어야 했다는 결론이 나온다. 그런데, 2%의 **예상치 못한** 인플레이션 때문에 대출자는 $200의 구매력을 상실하였다. 이는 **대출실행 시점**에서 "틀린" 금리를 설정했다는 의미는 아니다. 대출집행 당시의 인플레이션 예상치는 6%였다. 따라서 대출자는 동 업계에서의 경쟁을 이기기 위해서는 10%금리에 의해 대출을 해야 했던 것이다. 그러나 2%의 추가 인플레이션은 시장의 모든 대출자들이 예측하지 못하였던 것이다. 예상치 못한 인플레이션은 대출자에게 금리위험을 발생시키는 주요인인 것이다.

대출시점에서 적용한 금리가 부족할 위험은 대출자가 항상 부담하는 위험이므로 이 위험에 대응하는 적절한 프리미엄을 약정금리에서 확보하여야 한다. 금리위험은 모든 대출에 대해 발생하지만 특히 고정금리 장기대출에서 더욱 위험이 크다.

조기상환 위험 *Prepayment risk*

주택대출은 차입자로 하여금 불이익 없이 채무를 조기상환 하도록 허용하고 있고 차입자들은 이를 활용해 채무의 일부를 선납하거나 차환 또는 부동산이 팔렸을 때 채무 전부를 갚는다. 금리하락 국면에서 주택대출이 조기상환 되면 대출자들은 최초대출금리에 의해 얻을 수 있었던 이자수입을 상실하게 되며, 최초대출금리보다 낮은 실제금리에 자금을 운용하는 수밖에 없다. 반면 금리가 상승한다면 채무자는 조기상환을 하지 않을 것이다. 따라서 **조기상환 위험**이란 시장금리가 대출약정금리보다 낮은 상황에서 대출이 조기상환 될 위험이다.

기타 위험

다양한 대출 및 주자 유형에 대해 대출자와 투자자가 고려해야 할 추가적인 위험요소가 있다. 예를 들면 대출과 투자의 유동성(liquidity) 또는 **시장성(marketability)**도 프리미엄 크기에 영향을 줄 수 있다. 유가증권의 경우는 유통시장이 발달되어 있어 쉽게 매매될 수 있어 매각하기 어려운 자산보다 낮은 프리미엄이 형성될 것이다. 이러한 유통성이 결여된 경우를 **유동성위험**이라 한다.

법적위험(legislative risk)은 주택금융에서 프리미엄이 발생할 수 있는 또 하나의 위험이다. 대출금리 프리미엄에 영향을 주는 요소로서 법적규제 환경을 빼놓을 수 없다. 예를 들면, 주택대출에 대한 과세취급, 임대료규제, 금리수준에 대한 규제 등은 대출자들이 대출실행 후에 직면하는 사항들이다. 대출자들은 이러한 상황들이 발생할 가능성을 점검해야 하며 이러한 위험부담을 보상받을 수 있도록 만전을 기해야 한다.

주택저당 대출 가격 책정에 중요한 요인들

지금까지 주택대출 금리가 시장금리 및 기대인플레이션율, 금리위험, 신용위험, 조기상환 위험들 등에 의해 결정된다는 것을 알았다. 이를 수식으로 표현하면 다음과 같다.

$$i = r + p + f$$

    r: 실질금리로서 다른 투자상품들과 경쟁적인 금리

    p: 신용위험을 감안한 금리 프리미엄

    f: 기대인플레이션을 감안한 금리 프리미엄

대출자가 이들 요소 중 하나라도 **과소평가** 하면 손실을 입게 될 것이다. 주택금융은 고정 장기금리 대출이기 때문에 대출자의 가격결정은 복잡한 과정으로 인식된다. 예를 들면, 주택대출은 1년 만기로 실행된다면, 처음에 부과되는 금리는 대출자의 내년 동안에 앞서 언급한 요소들이 어떻게 될 것인지에 대한 예상에 기초할 것이다. 이를 보다 구체화하면,

$$i_1 = r_1 + p_1 + f_1$$

즉, 최초의 주택금융 금리 i는 대출자의 대출기간 동안의 실질금리, 인플레이션율, 위험 프리미엄에 대한 기대치에 기초한다.

고정금리저당대출FRM 관련 기본 용어

2장에서 언급했다시피 저당대출은 많은 조건과 옵션들을 가지고 있다. 여기서는 고정금리저당대출의 개념과 기초용어에 대해 알아보겠다.

- 대출액(Loan amount)
- 만기일(Loan maturity date)
- 이자율(Interest rate)
- 기간별 지불액(Periodic payment)

대출액은 채무자가 법적으로 갚아야 하는 대출 총액을 의미하며 만기일은 일정 기간 내 반드시 갚아야 할 시점을 의미한다. 대출액과 만기일은 이해하기 쉬운 반면 이자율이나 기간별 지불액은 조건 등에 따라 복잡하기 때문에 좀 더 심도 있는 논의가 필요하다.

대출액과 만기일과 더불어 고정금리저당대출을 다룰 때, 대출자는 일반적으로 **명목연이자율(Nominal annual rate)**을 인용한다. 예를 들어 $60,000을 30년 동안 12%의 이자율로 빌릴 때, 이때 12%의 이자율은 명목연이자율이며 그 이유는 지불액이 월, 분기, 반기 등 지불시기에 대한 내용이 없으며, 이자율이 어떻게 계산되는지에 대한 특별한 내용이 없기 때문이다. 만약 위의 경우 이자 및 지불액이 월별로 계산되면 위의 12%의 명목연이자율은 월 복리 계산된 것이라 할 수 있다.

3장의 내용을 기억해 보면 연 복리 이자율은 월 복리 이자율과 같아야 하며 이는 아래의 예를 통해 알 수 있다.

1단계: 월복리로 계산된 연이자율로 미래가치를 찾음   함수:

    $PV = -\$60,000$ $FV\,(PV, i, n)$

        $i = 12\%/12 = 1\%$ or 0.1

    $N = 12$

    $FV = \$67,609.50$

2단계: 연복리로 계산한 연이자율 찾음

    $FV = \$67,609.50$

    $N = 1$

    $PV = \$60,000.00$

     $i = 12.6825\%$

1단계에서 오늘 $60,000을 은행에 예금하고 12개월 동안 월 복리로 12% 적용한다고 하자. 이때의 1년 후 미래가치는 67,609.50이다. 그리고 나서, 2단계의 방법으로 복리기간을 1로 바꾸어 이자율을 계산하면 i = 12.6825%가 나온다. 이 말은 이자율 12%를 월 복리로 예금을 할 경우 연 복리 12.6825%와 동일하다는 것이다. 이러한 차이는 월 복리로 인해 연간 받는 현금흐름보다 이자가 더 많기 때문이다.[3] 일반적으로 두 경우 모두 이자율은 12%로 말한다. 그러나 월 복리 12%는 연 복리 12.6825%와 동일하며 후자의 경우 유효연이자율이라 한다. 또한, 12.6825%의 연복리 이자율은 12% 월 복리 이자율과 동일하다.

그럼 왜 대출자들은 명목연이자율만 언급하는 것일까(12%)? 만약 이자액이 월 복리(혹은 반기, 분기 등)로 계산된 경우 왜 12.6825%라는 연이자율을 언급하지 않을까? 이는 부분적으로 은행, 금융기관이 이자를 계산할 때 문제가 있다는 것을 의미하며, 금융분야에 종사하는 사람들의 지식(혹은 이해)이 부족하다는 것을 뜻한다. 대부분의 경우 이자 및 지급액은 월별로 계산되나, 이자액이 각기 다른 기간별로 발생한다는 것에 주의를 기울어야 할 것이다.

지불액과 대출잔액의 계산–고정금리 담보대출의 경우

이자지급액과 대출금 상환의 중요 이슈

주어진 기간 동안 이자지급액과 기간별 상환액의 개념 및 이 둘의 차이가 대출액에 어떻게 영향을 미치는지는 부동산 담보대출에 있어 가장 중요한 개념이며 반드시 이해해야 하는 것이다.

고정금리 담보대출을 예를 들어 대출금이 $60,000이며 월 복리로 12% 이자가 발생할 경우 월별 이자지급액은 아래와 같이 계산된다.

$$\$60,000 \times (0.12/12) = \$600$$

여기서 (i/12)는 **발생이율**이라고 하며, 이 비율에 대출총액을 곱하게 되면 월말 대출기관이 받게 되는 금액을 계산할 수 있다(위의 예의 경우 $600).

대출기관과 대출자는 지불액(*PMT*)에 대해 협의할 수 있으며 이 비율은 **상환율**이라고 한다. 만약 대출자와 대출기관이 매월말 이자지급액과 상환액을 같도록 합의한다면 상환율과 지불비율이 같아지게 된다.[4] 이것은 지불액이 $600이 되고 이자지급액 또한 정확히 $600이 된다는 것을 의미한다. 만약 월별 이자지급액과 상환율이 같다면 대출잔고는 초기 대출액과 동일하게 된다. 따라서 위의 예에서 월말 대출잔고는 여전히 $60,000이다. 여기서 한 가지 짚고 넘어가야 하는 것은 대출기간 동안 상환율과 이자지급액율은 항상 같을 필요가 없다는 것이다.

---

[3] 3장에서 배운 연수익률의 개념을 다시 한 번 보기 바란다.

[4] 월기준으로 발생이자와 납입액 등을 산정할 것이다.

대출상환 방식

앞서서 이자지급액과 대출액에 대한 지불액의 관계에 대해 알아보았다. 상환율과 이자지급액율이 같은 이자만 지급하는 예에 대해 살펴보았다. 하지만 다른 대출형태를 보면 월별 이자지급액율과 상환율이 같지 않다는 것을 알 수 있다. 일반적으로 대출기관과 대출자는 다양한 형태의 대출 구조를 고려하고 이에 따라 지급이자율과 이자지급액율도 각기 다르다. 이번에는 상환액와 이자지급액이 다를 경우 대출잔고에 어떠한 영향을 미치는지에 대해 알아보겠다.

이자지급액과 상환액의 차이

월 상환액이 월 이자지급액보다 (1) 많은 경우, (2) 같은 경우, (3) 낮은 경우 대출잔액에 영향을 미친다. 본서에는 원리금 균등분할 상환을 예로 설명을 하겠다.

CPM 대출 형태	기간별 상환액	상환기간 만료 후 대출잔액
1. 전액 균등 분할 상환	상환액 > 이자지급액	초기 대출잔액 원금상환
2. 부분 균등분할 상환	상환액 > 이자지급액	초기 대출잔액 일부 존재
3. 원금거치, 이자만 상환	상환액 = 이자지급액	초기 대출액과 동일한 금액 남음
4. 대출잔고 증가하는 음의 분할상환	상환액 < 이자지급액	초기 대출잔고가 증가

첫 번째 형태의 대출은 원리금 **전액 균등분할 상환**이라고 하며 상환율이 이자지급액율보다 높은 경우이다. 이는 월별 상환액이 이자지급액보다 높은 것을 뜻하며 상환기간 만료 후 대출잔액이 0이 된다.

두 번째 형태의 대출은 **부분균등분할상환 대출**이라고 한다. 이는 대출기관과 대출자가 서로 합의하여 상환액이 이자지급액보다 크지만 상환기간 만료 후 대출액 전부를 상환하는 것이 아닌 형태이다.

세 번째 형태의 대출은 **원금거치, 이자만 상환하는 대출**이라고 한다. 이는 상환율과 이자지급액율이 같은 경우로서, 결과적으로 매월 대출잔액은 초기 대출액과 같은 경우이다. 초기 대출액은 상환기간 만료 후 갚아야 한다.

마지막 형태의 대출은 대출잔고가 증가하는 **음의 분할상환 대출**이라고 한다. 이는 상환율이 이자지급액율보다 적은 경우로 상환액이 이자지급액 보다 작아 매월 대출잔고가 증가한다. 따라서, 상환기간 만료 후 대출잔액은 초기 대출액보다 오히려 증가하는 형태이다.

원리금 전액 균등분할 상환 *Fully amortizing, Constant Payment Mortgage Loan: CPM*

원리금 전액 균등분할 상환(CPM)대출은 현재 가장 일반적으로 사용되는 상환 방식으로서 단독주택, 공동주택 및 쇼핑센터에까지 광범위하게 사용되고 있다. CPM방식에서는 월불입액이 고정되는데, CAM에서와 같이 월불입액은 원금분할상환액(고정금액이 아님)과 이자의 합계이므로 원금분할상환액은 매월 조금씩 증가하게 된다. 대출만기일자에는 대출원금은 완전히 상환이 완료되며, 대출자는 매월 대출잔고 대비 확정금리의 이자를 수령한다.

예로서 $60,000만의 대출을 30년간 연 12%에 대출한 경우 매월불입액은 어떻게 계산하는가? 앞 장에서 언급했던 연금의 현재가치 할인방식을 사용하면 다음과 같다.

$$PV = \sum_{t=1}^{n} \left[\frac{PMT_t}{1 + \dfrac{i}{12}} \right]^t$$

PV = 현재가치

PMT = 월 상환액

i = 주택대출 고정금리

n = 대출의 잔존 월수

여기서 PMT는 일정하기 때문에 다음과 같은 공식으로 변형이 가능하다.

$$PV = PMT \times \sum_{t=1}^{n} \frac{1}{\left(1 + \dfrac{i}{12}\right)^t}$$

그리고 이 식은 다음과 같이 변형이 가능하다.

$$PMT = \frac{PV}{\displaystyle\sum_{t=1}^{n} \frac{1}{\left(1 + \dfrac{i}{12}\right)^t}}$$

계산기 해법	함수:
$n = 30 \times 12 = 360$	$PMT\,(n, i, PV, FV)$
$i = 12 \div 12 = 1\%$ 또는 .01	
$PV = -\$60,000$	
$FV = 0$	
$PMT = \$617.17$	

이 경우, 대출총액이 완전히 상환되기 위한 월상환액이나 PMT의 답에 관심이 있고, 대출자는 12%의 월 복리 이자율을 얻는다. 요구되는 지불액은 $617.17이다. 전액상환 형태는 [예 4-1]에서 보여준다. 초기에는 원금상환이 작아서 줄어든 액수가 작다는 것을 볼 수 있으며(6열) 이자부분이 크다는 것을 알 수 있다. 첫 6개월 후의 기말 대출 잔액은 $59,894.36이며 겨우 원금 $60,000에서 $105.64가 상환된 것을 알 수 있다. 그 기간 동안 지불된 이자총액은 $3,597.38이다. 각 매월 지불액에서 이자가 차지하는 비중이 높다는 설명은 대출자가 매월 말 대출잔액상 연 12% 수익(월 1%)을 얻는다는 것이다. 상환이 30년 동안 이루어지므로 대출잔액은 초기에 매우 약간씩 줄어들고 이자가 상대적으로 많이 지불된다. [예 4-1]은 대출 초기에서 시간이 경과하면서 이자와 원금의 각 부분이 반대로 움직이는 것을 보여준다. 대출의 마지막 달에는 경과이자는 매우 급격히 기울어지고 상환이 증가하는 것을 볼 수 있다.

예 4-1

대출분할상환 행태:
$60,000, 12%, 30년

월	기초대출잔고	월불입액	이자 (0.12 ÷ 12)	월원금상환액*	기말대출잔고
1	$60,000.00	$617.17	$600.00	$17.17	$59,982.83
2	59,982.83	617.17	599.83	17.34	59,965.49
3	59,965.49	617.17	599.65	17.52	59,947.97
4	59,947.97	617.17	599.48	17.69	59,930.28
5	59,930.28	617.17	599.30	17.87	59,912.41
6	59,912.41	617.17	599.12	18.05	59,894.36
.	.	.			.
.	.	.			.
.	.	.			.
358	1,815.08	617.17	18.15	599.02	1,216.06
359	1,216.06	617.17	12.16	605.01	611.06
360	611.06	617.17	6.11	611.06	−0−

* 분할상환액은 매월 $i + i/12$만큼 증가 즉 $17.17(1.01) = 17.34$ 등

이자, 원금 및 대출잔고 설명

[예 4-2]의 그림 A는 30년의 시간이 경과함에 따른 월불입액 중의 원금 대 이자 비중변화를 보여주고 있다. [예 4-1]의 그림 B는 30년 동안의 대출잔고 금액 감소추이를 보여준다. 월불입액 중 이자지급액비중이 매우 천천히 감소한다는 것이 명백하다. 그림 A에서 만기의 절반이 경과한 15년차에도 월불입액 $617.17중 $514.24를 차지하고 있어 원금상환액은 $617.17 − $514.24 = $102.93이며 그림 B에 의하면 대출잔고는 약 $51,424였다.

15년 동안 총 불입액은 $617.17 × 180개월 = $111,090.6이 이루어졌으며 원금상환액 누계는 $8,576($60,000 − $51,424)이 이루어졌다. 이러한 상황은 25년이 지나면 반전되어 월불입액 중 이자액은 $277.45에 불과하며 대출잔고는 $27,745로 급감하였다. 즉 대출만기일이 다가올수록 대출잔액과 이자지급액은 급감하고 부채상환은 증가한다.

월 상환액 상 만기의 효과 전액 상환 대출

[예 4-3]은 담보대출의 월별 상환액과 상환일과의 관계를 보여준다. 기본 가정인 $60,000을 30년 12% 이자율로 전액 상환할 때 월지불액은 초기 10년에는 $860.83이나 10년 이후에는 $720.10이고 상환기간 마지막 년에는 $617.17으로 낮아짐을 알 수 있다. 이는 대출상품을 만들 때 상환기간이 중요한 영향을 미친다는 것을 보여준다.

부분균등분할상환 대출 *Partially Amortizing Constant Payment Loans*

대부분의 경우 대출은 복수의 목적을 달성하도록 설계된다. 예로서 차입자가 (1) 전액분할상환하는 경우보다 상환금액이 작아지기를 선호하거나 (2) 대출 만기에 대출잔고가 제로가 되기를 원하지 않는 경우이다. 이를 다음 예시에서 살펴본다.

예 4-2

CPM에서 월상환액과,
원금, 이자 및 대출잔고
관계

그림 A. 월원리금

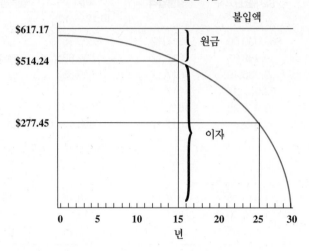

그림 B. 대출잔고

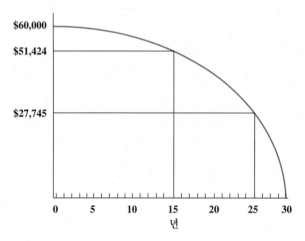

예 4-3

월 지당지불액과
상환기간상의 관계:
원리금 전액 상환의 경우

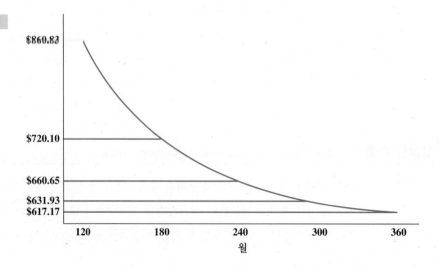

재무계산기와 엑셀과 같은 프로그램이 널리 활용되기 이전 대출관련 계산은 수작업으로 하였다. 따라서, **저당상수(loan constants)**를 표시한 다양한 테이블이 만들어졌으며 이 테이블은 대출기관에서 널리 활용되었다. 아래 표는 월별 일정한 지급액에 의해 결정되는 고정금리저당대출에 활용이 가능하다.
아래는 저당상수를 계산하는 과정을 보여준다.

계산기 해법

$$PV = \$1$$
$$n = 360$$
$$FV = 0$$
$$I = 12\%/12 = 1\% \text{ 또는 } 0.1$$
$$PMT = 0.01286 \text{ (또는 저당상수)}$$

위의 저당상수는 30년간(360개월) 12%로 원금전액 균등분할 상환시 활용할 수 있으며 이는 대출협의, 협약 그리고 대출기관과 대출자의 의사 결정시 사용이 가능하다.

연	월	Rate 8.5%			
		9%	10%	11%	12%
5	60	0.020758	0.021247	0.021742	0.022244
10	120	0.012668	0.013215	0.013775	0.014347
15	180	0.010143	0.010746	0.011366	0.012002
20	240	0.008997	0.009650	0.010322	0.011011
25	300	0.008392	0.009087	0.009801	0.010532
30	360	0.008046	0.008776	0.009523	0.010286

위의 표는 이자율과 기간에 따른 월별 저당상수를 나타낸 표이다. $60,000을 30년간 12%이자율로 대출할 경우 저당상수는 표에서 12%를 찾은 후 왼쪽의 30년 찾아 일치하는 곳에 있는 0.010286이다. 또한 연유효이자율은 0.010286 × 12 = 0.123432(또는 12.34%)이다. 이는 명목 이자율 12%보다 높다. 만약 연저당상수가 12%인 경우는 원금거치, 이자만 상환하는 경우 적용되는 이자율이다.

*반올림(소수점 여섯 자리까지)으로 인하여 저당 상수는 0.010286이다. 반올림한 상수로 $60,000을 곱하면 한 다례 $616.16가 지급된다. 더 정확한 답은 $617.17이다. 따라서 계산기의 답은 소수점 이하 8자리까지 반올림될 가능성이 있기 때문에 재무용 계산기를 사용하면 계산기의 답과 우리의 답 사이에 작은 차이가 발생할 가능성이 있다는 것을 알고 있어야한다. 반올림 전에 최소한 소수점 6자리까지의 해결책을 실행하려고 했다.

어떤 차입자와 대출자는 12%이자율 30년 만기의 $60,000대출이 만기에 $40,000의 잔고를 갖도록(**Balloon 상환**이라고 부른다) 하는 데에 합의하였다. 월상환액은 균등하다.

여기에서 상환액을 도출하기 위해서는 전액을 원리금균등분할(CPM)상환하는 계산식을 변형하여 활용하게 된다.

$$PV = \sum_{t=1}^{n} \frac{PMT_t}{\left(1+\frac{i}{12}\right)t} + \frac{FV_n}{\left(1+\frac{i}{12}\right)^n}$$

위의 산식은 만기인 n시점에서의 대출잔고를 나타내는 FV가 개입하였다는 점에서 다르다. 계산기 계산은 다음과 같이 변형된다.

예 4-4
부분 균등 상환대출

월	월초대출잔고	월지불액	이자	상환액	기말대출잔고
1	$60,000.00	$605.72	$600.00	$5.72	$59,994.28
2	59,994.28	605.72	599.94	5.78	59,988.50
3	59,988.50	605.72	599.98	5.84	59,982.66
4	59,982.66	605.72	599.83	5.90	59,976.76
5	59,976.76	605.72	599.77	5.95	59,970.81
6	59,970.81	605.72	599.71	6.01	59,964.79
.	.	.	.	.	.
.	.	.	.	.	.
358	40,605.03	605.72	406.05	199.67	40,405.35
359	40,405.35	605.72	404.05	201.67	40,203.69
360	40,203.69	605.72	402.04	203.69	40,000.00

계산기 해법
$n = 12 \times 30 = 360$
$i = 12\% \div 12 = 1\%$ 또는 .01
$PV = -\$60,000$
$FV = \$40,000$
$PMT = \$605.72$

함수:
$PMT(n, i, PV, FV)$

이제 상환액은 전액 분할상환에서 계산했던 $617.17보다 작은 $605.72라는 점에 및 대출잔고, 공시이자율(APR), 실질이자율 등을 구하는 절차에도 FV변수를 도입하여 변형되어야 한다는 점을 주목하라.

또한 대출액 대비 상환액의 비율은 $605.72/$60,000 = 0.010095이라는 점을 지적한다. 이 비율은 상환율(pay rate)이라고 불리우며 전액분할상환에서의 대출상수(loan constants)와 다르다. 대출상수는 $617.17/$60,000 = 0.010286이다.

더 자세한 사항은 [예 4-4]와 같다.

원금거치, 이자만 상환하는 Interest Only 대출

부동산 금융에서 고정금리 및 균등상환으로 많이 활용되는 구조는 **interest only(거치식) 대출**이다. 매월 균등한 상환액은 이자만으로 구성된다. 앞서의 예시로 돌아가서 만기의 대출잔고 FV는 $60,000이 된다. 매월의 상환은 $600이 된다([예 4.5]).

계산기 해법
$n = 360$
$i = 12\% \div 12 = 1\%$ 또는 .01
$PV = -\$60,000$
$FV = \$60,000$
PMT에 대하여 풀면
$PMT = \$600$

함수:
$PMT(n, i, FV, PV)$

예 4-5	월	월초대출잔고	월지불액	이자	상환액	기말대출잔고
원금거치, 이자만 상환하는 (Interest only) 대출	1	$60,000.00	$600.00	$600.00	$0.00	$60,000.00
	2	60,000.00	600.00	600.00	0.00	60,000.00
	3	60,000.00	600.00	600.00	0.00	60,000.00
	4	60,000.00	600.00	600.00	0.00	60,000.00
	5	60,000.00	600.00	600.00	0.00	60,000.00
	6	60,000.00	600.00	600.00	0.00	60,000.00
	·	·	·	·	·	·
	·	·	·	·	·	·
	·	·	·	·	·	·
	358	60,000.00	600.00	600.00	0.00	60,000.00
	359	60,000.00	600.00	600.00	0.00	60,000.00
	360	60,000.00	600.00	600.00	0.00	60,000.00

대출잔고가 증가하는 음의 분할상환 *Negative Amortization* 대출

고정금리 균등분할 대출의 마지막 변형으로서 **Negative Amortization(음의 분할상환)** 대출이 있다. 여기에서 대출기관과 대출자는 만기에서의 대출잔고가 최초 대출액보다 커지는데에 동의한다. 즉 $FV > PV$.

앞서의 예에서 만기시의 대출잔고를 $80,000으로 가정하면 월간 상환액은 $594.28이 된다. 이에 대한 계산기 해법은 다음과 같다.

계산기 해법	함수:
$n = 360$	$PMT\,(n, i, FV, PV)$
$i = 12\% \div 12 = 1\%$ 또는 .01	
$PV = -\$60,000$	
$FV = \$80,000$	
PMT에 대하여 풀면	
$PMT = \$594.28$	

상환율(pay rate)은 $594.28/$60,000=0.009905가 된다. 이는 월간 이자율인 0.12/12 = 0.010000보다 낮다. 상환율이 이자율보다 낮으면 음의 분할상환이 발생하게 된다. 이는 월간 상환액이 지급이자를 충당하기에도 부족하기 때문이다. 실제 상환액과 Interest Only대출의 상환액과의 차액이 이연되었고 향후 상환부담액에 추가되는 것이다. 이러한 금액도 역시 이자를 발생시켜 가산이 된다. 복리이자가 발생하는 이자율은 대출이자율과 동일한 월 0.01000이 된다.

경우에 따라서는 이연된 금액에 상이한 이자율(아마도 더 높은)이 적용될 수 있다. 그러한 이자율을 Accrual Rate(경과율)라고 부른다. 보다 자세한 사항은 [예 4-6]에서 알 수 있다.

반대로 월지불액을 $400으로 고정하고 5년 후 대출잔액을 구하면 아래와 같은 것을 알 수 있다.

예 4-6
대출잔고가 증가하는
음의 분할상환(Negative
Amortization) 대출

월	월초대출잔고	월지불액	이자	상환액	기말대출잔고
1	$60,000.00	$594.28	$600.00	$(5.72)	$60,005.72
2	60,005.72	594.28	600.06	(5.78)	60,011.50
3	60,011.50	594.28	600.12	(5.84)	60,017.34
4	60,017.34	594.28	600.17	(5.90)	60,023.24
5	60,023.24	594.28	600.23	(5.95)	60,029.19
6	60,029.19	594.28	600.29	(6.01)	60,035.21
⋮	⋮	⋮	⋮	⋮	⋮
358	79,394.97	594.28	793.95	(199.67)	79,594.65
359	79,594.65	594.28	795.95	(201.67)	79,796.31
360	79,796.31	594.28	797.96	(203.69)	80,000.00

계산기 해법
$PV = \$60,000$
$n = 60$
$i = 12\%/12$
$PMT = \$400$
$FV = \$76,333.93$

함수:
$FV\ (PV, n, i, PMT)$

이 예에서 보듯이 월지불액($400)이 지급이자($600)보다 작아 월 $200씩 이연되는 것을 알 수 있다. 60개월 동안 이연된 이자는 상환부담액에 추가가 되고 또한 월 복리 12%씩 이자가 더해진다. 이 결과 5년 동안 대출잔액에 총 $16,333.93이 더해지고 5년 후 대출잔액은 76,333.93인 것을 알 수 있다. 초기 대출잔액 $60,000과 비교해 보면 상환부담액이 16,333.93으로 증가한 것을 알 수 있다.

상환방식에 따른 고정금리 균등분할 저당대출의 요약 및 비교

이 장에서 상환방식에 따른 고정금리 균등분할 저당대출에 대해 알아보았다. [예 4-7] 그림 A는 기본 예제($60,000을 30년 동안 12% 이자율로 대출한 경우)를 활용하여 비교한 그래프이며 4가지 대출상환 형태에 따른 월지불액의 변화 및 상반관계에 대해 알 수 있다. 또한, 대출전략과 대출자의 목적에 대해 명백히 알 수 있다. 모든 기간 동안 대출액을 전부 상환할 경우 월지불액이 가장 많으며 음의 분할상환의 경우 월지불액이 가장 적다.[5]

그림 B를 보면, 대출잔액의 경우 월지불액이 많을수록 적어지고 그와 반대의 경우 대출잔액이 늘어남을 알 수 있다. 또한 위험의 경우 4가지 상환방식에 따라 달라진다. 각각의 상환방식에 따라 동일한 대출자가 대출할 경우 위험은 음의 분할상환일 경우 가장 크다.

이 장에서 배운 기본 개념과 예제들은 저당대출관련 구조를 이해하는 데 중요한 개념들

---

[5] 명백히 이러한 것들은 다양한 구성으로 이루어질 수 있다.

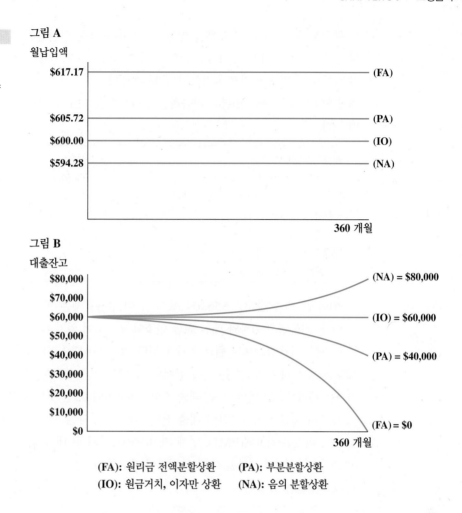

예 4-7

고정금리 균등분할
저당대출의 월납입액 및
대출잔고의 비교 및 요약

그림 A
월납입액

\$617.17 ——————————————————————————— (FA)

\$605.72 ——————————————————————————— (PA)

\$600.00 ——————————————————————————— (IO)

\$594.28 ——————————————————————————— (NA)

360 개월

그림 B
대출잔고

(NA) = \$80,000
\$80,000
\$70,000
\$60,000   (IO) = \$60,000
\$50,000
\$40,000   (PA) = \$40,000
\$30,000
\$20,000
\$10,000
                                                             (FA) = \$0
\$0
360 개월

(FA): 원리금 전액분할상환   **(PA): 부분분할상환**
(IO): 원금거치, 이자만 상환   **(NA): 음의 분할상환**

이다. 예를 들어, 여기서 배운 기본 개념들은 향후 배우게 될 파트너쉽과의 구조, MBS, 다른 투자기구 그리고 업무계약 시 중요하게 고려되어야 하는 요소이다. 또한 본 장에서는 이자율이 일정하다고 가정하고 예제를 설명하였지만 실무상에서는 위험에 따라 이자율이 변동하는 것이 가능하다. 또한 대출구조를 만들 때 위험에 영향을 미치는 요소들도 있다. 이러한 요소들은 대출상환기간 및 대출총액에 포함된다. 이러한 요소들의 변화에 따라 위험이 증가하거나 감소하며, 이는 지불액 및 상환패턴을 선정하는 요소가 된다.

대출잔고 계산

주택금융은 만기 이전에 상환되는 경우가 많으므로 대출자들은 항상 *CPM*미상환 대출잔고를 계산해 낼 수 있어야 한다. 앞서 언급한 바와 같이, 미국의 통계에 의하면 25~30년짜리 대출이라도 실제 상환은 8~12년에 이루어진다. 따라서, 대출잔고의 계산은 매우 중요하다고 할 수 있다.

앞 절의 금리 12%, 만기 30년의 \$60,000 *CPM*대출의 예를 들어보자. 10년 후에 차입자는 주택을 매각하고 다른 주택을 매입하기 위해 대출을 상환하려 한다. 연 10년 후의 원금상환 금액은 얼마인가? 이는 [예 4-1]의 분석에 의하면 구할 수는 있으나 번거로우므로 다음과 같은 두 가지 방식에 의하면 간단히 구할 수 있다.

매월 $617.17을 잔존 20년간 지불하는 현금흐름을 12% 금리로 할인하면 $56,051.02를 얻게 된다.

계산기 해법

$n = 20 \times 12 = 240$

$i = 12\% \div 12 = 1\%$

$PMT = -\$617.17$

$FV = 0$

원금잔고

$PV = \$56,051.02$

함수:

$PV(n, i, FV, PMT)$

10년 후 대출 잔액은 $56.051.02이다. 이 연습문제는 또 다른 흥미로운 사실을 지적하고 있다. 지불액은 이자와 매월 원금 인출이 포함되어 있기 때문에 남은 모든 지불액에서 모든 이자를 '제거'함으로써 원금만 남게 된다. 매월 $ 617.17의 월별 지불액을 매년 연 이자율 12%의 월 복리로 할인하는 것은 실제로 지불액에서 "이자 제거" 과정이다. 따라서 할인하여 이자를 제거한 후 미상환 또는 대출 잔액이 $56.051.02인 것으로 확인된다.

재무용 계산기를 사용하여 대출 잔액을 찾는 또 다른 방법은 미래 가치(FV)를 계산하는 것이다. 이것은 지불액(PMT), 현재 가치(PV)로서의 첫 대출 금액, 대출 상각 된 기간 수(n) (예를 들어, 월) 및 이자율 (i)를 입력하여 계산할 수 있다. 그러면 미래 가치(FV)는 대출 잔액으로 계산될 수 있다.

계산기 해법

$PV = \$60,000$

$n = 10 \times 12 = 120$

$i = 12\% \div 12 = 1\%$ 또는 .01

$PMT = \$617.17$

$FV = \$56,050.24$(소수점 차이 발생)

함수:

$FV(PV, n, i, PMT)$

대출 기간 동안 언제든지 대출 잔액을 찾는 다른 방법으로는, 대출 잔액을 지불하려는 해까지의 기간에 해당하는 $1의 FV 이자요소를 대출 전체 기간에 해당하는 $1의 FV 이자요소로 나누어서 계산하고, 그 결과를 1에서 감(−)한다. 이 계산의 결과는 원래의 금액에 대한 비율로 표현되는 대출 잔액이다.

대출잔고의 비율의 해법

$1 - \dfrac{FV, n = 10년}{FV, n = 30년}$

1단계: FV, 10년:

$n = 120, i = 1\%, PMT = -1, PV = 0$

함수:

$FV(PV, n, i, PMT)$

해답은 *FV* = \$230.03869

2단계: *FV*, 30년:

$$n = 360, i = 1\%, PMT = -1, PV = 0$$

해답은 *FV* = \$3,494.96451

3단계: 대출잔액의 %

$$1 - (\$230.03869 \div \$3,494.96451) = 93.42\%$$

이는 답이 %로 나타나기 때문에 최초대출액이 \$로 얼마였는지에 관계없이 손쉽게 사용될 수 있는 장점이 있다. 위의 예에서 최초대출액 \$60,000의 93.42%인 \$56,052가 현존 잔고임을 발견하게 된다. 이 결과는 방식1과 동일하며 차이금액은 소수점 차이에 불과하다.

분할상환 계산기능이 내장된 계산기를 사용하면 더 손쉽게 계산해낼 수 있으며, 최초대출액을 현재가치(*PV*)로 하여 미래가치를 계산하는 방법도 있다. 여기서 기간 *n*은 원금분할상환이 이루어진 10년이며 금리는 대출약정금리이다.

각기 다른 상환방식의 경우 대출잔고 계산

이제 다른 상환방식일 경우 대출잔고 계산하는 법에 대해 알아보겠다.

계산기 해법

부분상환	원금거치, 이자만 상환	음의 분할상환
PV = -\$60,000	*PV* = -\$60,000	*PV* = -\$60,000
I = 12%/12	*I* = 12%/12	*I* = 12%/12
n = 120	*n* = 120	*n* = 120
PMT = \$605.72	*PMT* = \$600	*PMT* = \$594.28
FV = \$58,684	*FV* = \$60,000	*FV* = \$61,316

앞의 예와 같은 방식으로 계산을 한 것으로 10년말 상환별 미래가치를 보여준다.

조기상환에 따른 이자율과 대출수익률

상환이전 대출을 조기 상환할 경우 대출자의 비용이나 대출기관의 수익률[6]은 어떻게 달라지게 될 것인지에 대해 궁금해 할 것이다. 여기서는 논의한 예들은 대출기관이이 연 12% 월복리 수익률을 얻을 경우로 가정을 하였다. 유사하게 대출자의 비용은 또한 연 12% 월 복리로 계산한 경우이다. 이는 대출구조가 복리이자인 12%로 구성되어 있어 위에 언급한 모든 상환패턴의 대출잔액에 영향을 준다.

그러나 실무상 대출기관이 추가적 금융비용을 차입자에게 부과함에 따라 차입자의 금융비용은 연 이자율보다 높아지게 된다. 대출기관의 수익률은 이런 비용들에 영향을 받는다.

---

[6] 대출기관이 사용하는 수익률이란 용어를 사용할 때, 이는 대출기관의 확률적인 개념이며. 또한, 대출에 대한 이자율과 수수료 등은 수시로 변경이 가능하기 때문에 대출기관의 수익률이란 용어는 대출에 대한 이자율과 수수료등을 포함하는 개념이다.

대출실행비용과 차입자의 금융비용과의 관계

대출실행비용은 주거용 부동산, 수익부동산, 건설 및 개발프로젝트에서 다양한 부동산 금융을 제공하기 위해 수반된다. 이 비용들은 대출기관이 추가적인 금융비용을 차입자에게 부과하여 차입자의 조달비용에 영향을 미친다. 일반적으로 대출기관은 이러한 추가적인 비용을 대출비용이라 한다.

차입자의 금융비용에 영향을 주는 것으로서 대출자가 징구하는 추가적인 **금융 수수료**가 있다. 이러한 수수료는 대출자에 귀속되는 수익으로서 차입자의 조달비용을 증가시킨다. 일반적으로 대출자는 이들 수입을 대출 수수료라고 한다. 이러한 수수료는 대출자가 대출을 심사하고 서류를 작성하며 완결시키는 과정에서 발생한 비용을 채무자로부터 징구하는 것이다. 이따금 이들 수수료는 대출계약서 안에 별도항목으로 언급되어 있는 경우가 많다. 이들 수수료는 보통 대출실행 시의 고정비용 항목으로 되어 있다.

대출자들이 대출금리를 높이기보다는 대출 실행시에 취급수수료로서 징구하는 이유는, 대출이 조기에 상환되는 경우 대출에서 얻는 금융수익이 대출실행비용에도 못 미칠 위험이 있기 때문이다.

예로서 12%, $60,000 대출을 집행하기 위한 비용 $1,000이 소요되었던 경우에, 금리를 12.25%로 올려도 첫 해의 수입금리는 $60,000 0.0025 = $150밖에 회수되지 않는다. 따라서 대출이 1년 후에 조기상환 된다면 대출자는 $150밖에 회수하지 못한다. 따라서 대출자들은 대출실행 비용을 대출금리와 별도로 계상하는 것이다.

또 하나의 취급수수료로서 **대출할인액**(loan discount fee) 또는 **Points**라는 것이 있다.[7] 그 목적은 저당대출의 수익률을 높이기 위한 것이다. 대출자와 차입자가 $60,000의 대출에 3%의 Points를 두기로 합의한 경우 $1,800의 Points가 공제되어 채무자는 $58,200만을 수령하게 되나, 만기상환액은 $60,000으로 동일하다. 따라서 차입자의 조달금리는 12%보다 더 높아지는 것이다.

이같이 Points를 유지하는 이유로서 대출자들은 대출금리 자체를 안정시키기 위한 것이라고 한다. 즉 시장금리가 변동할 때마다 즉각 대출금리를 인상/인하하기보다는 Points를 조절하여 대출금리의 안정성을 유지할 수 있다는 것이다.

또한 대출자는 대출집행 후 이를 다른 투자자에게 매각하여 유동화하는 경우가 많다, 여기에서 대출금리와 투자자에게 매각할 금리를 동일하게 설정한 경우 매각 합의로부터 유동화 시점 사이에 금리상승 시 이를 Points로 징구하게 된다. 만일 대출금리와 매각금리가 동일하다면 대출자의 수익은 Points만큼만 얻게 되는 것이다.

또한 이는 이자율이 하락하는 시기에 대출기관에 수익을 발생시켜 준다. 다른 투자자에게 유동화할 금리를 설정한 후 대출자와 대출설정을 하기 전에 이자율이 하락할 경우 대출기관은 그 이자율 만큼 손해를 본다. 따라서 대출기관은 하락한 이자율을 상쇄하기 위해 일

---

[7] 미국 내 일부지역의 경우 대출자들이 대출할인액을 "할인 points" 또는 단순히 "points"라고 부르기도 한다. 전통적인 담보대출에서 차입자는 금융비용으로서 이 비용을 지불한다. 이 장에서는 차입자가 대출실행수수료의 일부로서 대출할인액을 지불하는 전통적인 대출에 초점을 둔다.

정 수수료를 대출자에게 부과한다.

마지막 대출기관이 대출수수료를 징구하는 이유는 대출설정 시 **위험**이 일부 수반되기 때문이다. 즉, 이자의 구성요소로 위험이 있으며 대출자마다 그 위험이 다르다. 게다가 이러한 대출은 장기상품이며 집행 및 운용과정에서 비용이 지출된다. 따라서, 대출기관으로부터 부과된 대출할인액은 이러한 위험에 대한 보상인 것이다.

이같이 대출취급수수료와 대출할인액는 대출업계에 널리 활용되고 있다. 따라서, (1) 이들 수수료가 차입비용을 증가시키며, (2) 부동산 자금조달 시, 대출 대안들에 대한 유효차입비용을 계산하는 데 이들을 반영시키는 방법을 이해하는 것이 중요하다.

대출취급수수료가 실질대출금리에 미치는 영향

대출취급수수료가 실질대출금리에 미치는 영향을 자세히 알아보기 위해 다음의 문제를 살펴보자. 차입자는 $60,000, 30년, 12%의 대출자금을 조달하려고 한다. 여기서 3%의 취급수수료가 대출금에서 공제된다고 하면 실제 이자비용은 얼마인가?

문제에서 수수료 금액이 $1,800(0.03 × $60,000)이고 월지불액이 $617.17임을 이미 알고 있다. 대출실행 수수료가 이자비용에 미치는 영향을 다음과 같이 계산할 수 있다.

대출금액	$60,000
공제: 취급수수료	1,800
차입자 순조달액	$58,200
차입자 상환액: $60,000에 대해 30년간 월 $617.17	

다시 말하면, 대출자가 실제 제공하는 금액은 $58,200이 되지만, 상환금액은 $60,000이 될 것이고, 차입금리도 이를 기준하여 붙을 것이므로, 월 불입액은 $617.17이 된다. 결과적으로, 대출자는 실제 제공한 $58,200에 대한 수익을 얻을 수 있으므로 수익률은 12%를 상회할 것이다.

재무용 계산기를 활용하면, **유효금리**가 12.41%임을 알 수 있는데, 이는 계약금리인 12%를 상회한다.

계산기 해법	함수:
$n = 30 \times 12 = 360$	$i\,(n, PMT, PV, FV)$
$PMT = -\$617.16$	
$PV = \$58,200$	
$FV = 0$	
i(월간) = 1.034324% monthly rate	
i(연간) = 1.034324% × 12 = 12.41% 유효이자율	

이 계산방식은 미국의 부동산금융에서 보간법으로 널리 활용된다. 즉, Percentage Point로 2% 부과할 때마다 차입자의 유효금리가 대략 0.25%씩 상승한다는 경험법칙의 근거가 되고 있다.

앞의 문제에서 유효금리로 12.41%를 구했는데, 보간법을 사용하면 12.375%가 된다. 그러나 이는 대출이 만기까지 간다는 가정에 의한 것이므로 조기상환이 활발하게 일어나는 현실에서는 이러한 계산방식의 정확성은 상실된다.[8]

많은 금융기관 종사자들은 **유효연수익률**(effective annual interest rate)을 중요시하므로 유효연수익률을 계산해 보면 다음과 같다.

계산기 해법	함수:
1단계: 미래가치 계산	$FV\,(PV, i, n)$
$\quad i = 12.41\%$	
$\quad PV = -\$60,000$	
$\quad n = 12$	
$\quad FV = 67,884.47$	
2단계: 유효이자율 계산	
$\quad FV = 67,884.47$	
$\quad n = 1$	
$\quad PV = \$60,000.00$	
$\quad i = 13.14\%$	

이 예에서 (1) 월 복리와 (2) 할인 포인트 때문에 유효 연 이자율이 13.14%이지만, 효과에 대한 실효 연간 이자율은 13.14%이지만 명목 이자율 12%이며, 유효 이자 비용은 12.41%(월 복리의 연 이율)인 것에 주목하라.

대출 수수료와 조기상환: 완전 상환 대출

대출 수수료와 조기 대출 상환의 중요한 영향이 이자율에 미치는 영향에 대한 고려가 있어야 한다. 이 절에서는 대출 수수료가 청구되며 만기 전에 대출금이 상환된 경우, 만기 시에 대출금이 상환되는 경우보다 대출 이자율이 더 상승하는 것을 나타낸다.

이 점을 입증하기 위해, 차입자는 30년간 대출금 $60,000를 대출하여, 12%의 이자율에 $1,800(3%)의 대출 수수료를 지불했다고 가정하자. 5년 후에 차입자는 부동산을 매각하기로 결정한다. 모기지는 매각 시에 대출상환 조항이 포함되어 있다. 따라서 부동산이 매각된 시점에 대출 잔액을 상환해야 한다. 대출 수수료와 조기상환으로 인한 이 대출의 실질(유효) 이자율은 무엇인가?

이 대출의 실질(유효)이자율을 결정하기 위하여 먼저 5년 후의 대출잔액을 계산하였다. 대출잔액은 $58.598.16이다. 대출 이자율(대출에 대한 비용)을 구하기 위하여 5년간 매월 지불액 $617.17과 5년 후에 일시불 $58.598.16을 할인하여 현재 가치가 동등하게 $58.200이 되거나 또는 대출에 의해 실제 지출된 금액과 같게되는 할인율을 계산한다.

계산기 해법	함수:
1단계: 대출잔고 계산	$PV\,(n, i, PMT, FV)$

---

[8] 보간법은 만기에 비해 상환기간이 매우 짧거나 금리 수준이 상승하는 경우에는 매우 부정확하다.

대출기관들이 차입자들이 주택을 구입하기 위한 대출금에 과다한 수수료를 부과하는 행태를 막기 위하여 미국 의회는 Truth-in-Lending법(FRB 이사회 규정Z 12 CFR.sec226)을 제정하였다.* 이에 따라, 대출자는 대출의 연 수익률(**APR: annual percentage rate**)을 대출시점에서 채무자에게 공시해야 한다. *APR*의 계산방식은 대출만기일을 가정으로 유효연이자율과 같은 방식이다. 이 장에서 *APR*은 12.41%로 대출자에게 공시되어야 하며, 이 *APR*은 대출기본 수수료와 할인액 그리고 대출기관의 추가적인 수익을 반영해야 한다. 또한 대출시 얻게 되는 대출기관의 추가적인 수익 또한 *APR*에 포함되어야 한다.

*일반적으로 APR은 만기 때까지의 대출잔액을 가정으로 계산된 유효연이자율로 차입자에게 공시되어야 한다. 대출기관은 소수점 둘째자기까지 APR을 공시하지만 FRB 이사회 규정에 따른 APR 공시는 소수점 셋째자리까지 이다.

$$n = 25 \times 12 = 300$$
$$i = 12\% \div 12 = 1\% \text{ or } .01$$
$$PMT = -\$617.17$$
$$FV = 0$$
$$PV = \$58,598.16$$

2단계: 5년간의 수익률 계산

$$n = 5 \times 12 = 60$$
$$PV = \$58.200$$
$$PMT = -\$617.17$$
$$FV = -\$58,598.16$$
$$i = 1.069\%, \text{ 월간}$$
$$i = 1.069 \times 12 = 12.82\% \text{ 연간}$$

함수:

$$i\,(n, PMT, FV, PV)$$

*이 책 Web 사이트에 Excel 템플릿이 포함되어 있는데. 이 템플릿은 예(www.mhhe.com/bf15e)에서 볼 수 있는 것과 같은 수익률을 계산하는 데 사용된다.

이 공식은 간단히 말하자면, 5년 후에 받은 $58,598.16과 $617.17의 매월 연금 모두의 현재 가치를 지불한 금액, 또는 $58.200을 동일하게 하는 이자율(i)을 찾는 것이다. 위의 분석에서 우리가 계산한 실제 수익률(또는 실제 금리)은 계약금리인 12%와 만기까지의 수익률인 $58,200에 더 높은 복리 이자율이 적용된다는 의미이다. 따라서 지급된 이 추가 금액과 월별 대출 잔액의 12%의 이자가 합산되면 수익률이 12.8%로 증가한다.[9]

수익률과 기간 간의 관계

전술한 논의에 기초하여, 이제 주택금융 수익률과 대출경과 기간간의 관계를 알 수 있다.

1. 대출취급 수수료 공제가 없는 경우는 유효대출금리가 명목금리와 항상 동일하다. 이는 [예 4-2]에서 보듯이 원리금균등분할상환에서 대출자의 수익률은 확정되며 월 단위복리로 계산될 뿐이기 때문이다. 따라서 잔존대출원금은 아무 때나 상환될 수 있으며 대출자의 수익률은 이에 영향을 받지 않고 명목금리로 유지된다.

---

[9] 만약 1년 이전 대출을 갚는 경우, 수익률은 좀 더 커질 것이다.

2. 대출취급 수수료가 있는 경우
  - 실질금리는 명목금리보다 높아진다.
  - 조기상환이 일어날수록 실질금리는 더 높아진다.

이 관계는 [예 4-8]에서 확연히 나타난다. [예 4-8]에서 A곡선은 대출취급수수료가 없는 경우의 유효수익률이고, B곡선은 3%의 수수료를 선공제한 후 조기상환이 일어나는 시점별 유효수익률을 나타낸다.

동 수익률은 1년차에 조기상환 되는 경우 15.26%를 나타낸 후 점차 감소하여 30년 만기 상환시에는 12.41%로 확정된다. 따라서 상환시점 별로 수익률 격차가 매우 크다. 차입자 측에서 자신이 언제 조기상환할 지의 가능성을 알 수 있다면 이러한 실질금리를 아는 것이 매우 중요할 것이며, 특히 차입자가 여러 가지 조달대안 중에서 비교 선택할 수 있는 입장이라면 더욱 중요하다.

예 4-8

상환시점별로
대출수익률과 대출수수료
간의 관계

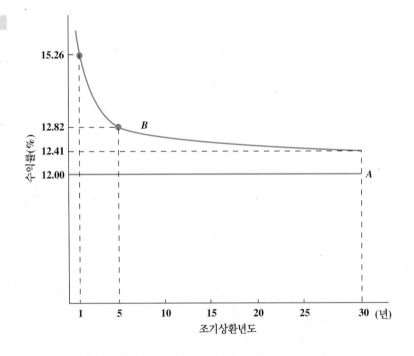

Web 응용

많은 회사들이 인터넷에서 mortgage 이자율 정보를 제공하고 있으며, 예로서 **www.country-wide.com**이 있다. $200,000으로 감정된 주택에 대한 $150,000의 고정금리 저당대출에 대한 호가를 찾아보라. 현행이자율, 대출할인액 및 다른 대출자 수수료의 금액들은 얼마인가?

저당대출의 기간동안의 실질이자율 및 7년후 상환경우의 실질이자율을 계산해보라. 이러한 이자율은 웹사이트에 제시된 연수익률과 어떻게 비교되는가? 차이의 원인은 무엇으로 설명되는가?

조기상환 위약금

많은 차입자들이 대출을 아무 때나 전부 또는 일부 조기상환할 수 있다고 알고 있으나 실제로는 그렇지 않다. 대출계약상에 관련 조항이 언급되어 있지 않은 경우에는 대출자에게 조기상환을 협상해 볼 수 있겠으나, 대개의 대출계약에는 명시적으로 **조기상환에 따른 위약금**을 부과하도록 되어 있는 경우가 많다.

위약금 부과의 근거는 대출자 측이 대출자 간의 경쟁에서 이기기 위해 대출시점에서 대출취급 비용을 채무자에게서 징구하지 않았던 부분을 회수하기 위한 것이다. 위약금의 또 하나의 근거는 원래 장기대출을 했었는데, 뜻하지 않은 조기상환시 시장금리가 저금리일 경우에는 유입된 현금을 재투자하는 데에 있어서 금리 역마진을 가져올 위험이 크다는 것이다. 단, 금리가 상승하는 국면에서는 대출자들이 조기상환을 환영할 것이다.

조기상환 위약금 부과의 또 하나의 이유는 이것이 차입자에게 공시되는 APR계산에 산입되지 않기 때문이다. 차입자가 금융비용을 정확히 계산하기 어려워, 대출자들이 수익률을 높이는 수단으로 활용할 수 있다는 점이다. 따라서 미국의 주에 따라서는 최소경과연수의 경과 이후에는 조기상환 위약금 부과를 금지하는 경우도 있고, 대출자들도 조기상환 후 신규 차입을 일으키는 경우에는 기존분 조기상환의 위약금을 면제해 주고 있다.

그러면 대출취급수수료와 조기상환 위약금이 병존하는 경우의 유효금리는 어떻게 변할 것인가? 예시를 위하여 전과 동일한 $60,000, 12%, 30년, 3% Point 및 조기상환위약금부 대출에서, 최초차입자 수령액은 $58,200 월불입액은 $617.17이며 5년차의 잔존원금은 $58,596이다. 5년차 조기상환 경우 상환액은 $58,596 × 103% = $60,354가 필요하므로 앞에서 사용하였던 계산기법에 의해 유효금리 13.25%를 얻게 된다.

계산기 해법	함수:
$n = 5 \times 12 = 60$	$i\,(n, PMT, FV, PV)$
$PMT = -\$617.17$	
$PV = \$58,200$	
$FV = -\$60,354\%$	
i(월간) $= 1.10425\%$	
연간 이자율 $= (1.10425\% \times 12) = 13.25\%$	

위와 같은 경우에도 APR은 계속 대출수수료만을 고려하고 조기상환위약금을 고려하지 않는(30년 만기) 12.375%로 공시된다.

수익률 제고를 위한 수수료 징구 및 CPM가격결정

앞 절에서는 각 대출조건별로 유효대출금리를 계산해 보았는데, 대출기관들은 대출 가격결정에서 이들 변수에 대한 의사결정을 해야 한다. 대출자들은 주택저당대출 이외에도 다른 투자 대상을 갖고 있으므로, 대체투자수익률을 기준으로 주택대출의 위험에 대비하여 충분한 수익을 얻을 수 있는 대출기준을 설정해야 한다. 반면 다른 경쟁 대출기관이 고객들에게 제공하는 수익률과 경쟁해야 하므로, 대출금리는 경쟁적으로 설정되어야 한다. 따라서 대출자들은 시장상황을 계속 모니터링하면서, 대출위험의 기준이 되는 Loan to Value(LTV: 부동산가치에 대한 대출비율)비율을 기준으로(70%, 80% 등) 대출금리 수준을 설정하게 되었으며 대출경쟁 환경이 변할 때마다 대출조건을 조정하고 있다.

만일 동일위험의 다른 투자대상과 비교할 때 80% LTV, 30년만기, 10년 예정만기인 13% 대출이 적정한 시점에서, 대출자들은 모든 80% LTV 대출에 13%를 동일하게 적용하는가? 대출 의사결정자들은 12%에 대출하는 대신 수수료를 부과하거나 조기상환위약금을 설정하며, 경우에 따라서 양자를 다 설정할 수도 있다.

이같이 12% 대출금리 및 각종 수수료 설정의 영향을 측정하기 위해서 다음 해법을 이용할 수 있다.

계산기 해법

1단계: 지급액으로 풀면

$PV = -1$

$i = 12\% \div 12 = 1\%$

$n = 30 \times 12 = 360$

$FV = 0$

$PMT = 0.010286$

함수:

$PMT (PV, i, n, FV)$

2단계: 대출잔고로 풀면

$n = 10 \times 12 = 120$

$i = 12\%/12$

$FV = 0.934180$

함수:

$FV (PV, i, n, PMT)$

3단계: 현재가치로 풀면

$i = 13\% \div 12 = 1.083333\%$

$n = 120$

$PMT = .010286$

$PV = 0.9453$

함수:

$PV (FV, i, n, PMT)$

따라서 12% 약정금리에서 최초 대출금액의 94.5%만 지급하고 5.5%의 대출취급수수료를 징수하면, 예정대로 10년차에 대출이 조기상환된다고 할 때 대출 실제수익률은 13%를 얻게 된다.

다른 고정금리 저당대출의 다른 형태–지급액 감소와 원금균등분할상환 CAM

원금균등분할 상환은 대공황부터 지금까지 사용되고 있는 대출형태이다. CAM은 매월 원금분할상환액이 항상 동일금액인 대출이다. 여기에 매월 대출잔고 기준의 이자가 가산되어 매월불입액이 결정된다. CAM의 예로서 $60,000를 연 이자율이 12%(년복리, 매월 불입)에 대출기간이 30년으로 대출된 경우를 들자. 매달 지불금액은 이자와 원금 분할상환금으로 구성되어 있으며, 30년 말에 대출을 상환하게 되어 있다.

원금상환액은 $60,000/360개월로 나눈 월 $166.67가 된다. 이자는 대출잔고에 대해 계산되는데 이는 [예 4-9]에 나타나 있다. 첫 달 불입액 $766.67은 원금 $166.67(월고정액)

예 4-9

CAM에서 월불입액 및 대출잔고

(1) 월	기초잔액 (2) ×	월이자액 (3) (0.12 ÷ 12)	월원금상환액 (4)	월불입액 (3)+(4)	기말잔액 (2)−(4)
1	$60,000.00	$600.00	$166.67	$766.67	$59,833.33
2	59,833.33	598.33	166.67	765.00	59,666.66
3	59,666.66	596.67	166.67	763.34	59,499.99
4	59,499.99	595.00	166.67	761.67	59,333,32
5	59,333.32	593.33	166.67	760.00	59,166.65
6	59,166.65	591.67	166.67	758.34	58,999.98
·	·	·	·	·	·
·	·	·	·	·	·
360	166.67	1.67	166.67	168.34	−0−

과 이자액 $600을 합친 금액이며 매월 불입액은 월 $1.67씩 감소하는데 이는 월불입액 $166.67에 월간이자율 0.12/12를 곱한 것이다. 즉 $166.67(0.12/12) = $1.67.

대출상환 및 그 잔고의 행태는 [예 4-10]에서 볼 수 있다.

상환일정과 조기상환가능 대출 *Callable Loans*

분할상환 일정의 변형으로서 자주 활용되는 것이 조기상환권으로서 만기와 별도의 상환일정이 채무증서에 명시된다. 예로서 양 당사자가 $100,000을 12% 이자율 및 30년간 상환하는 대출에 합의하였지만, 당사자는 10년차 말에 대출기관의 선택권에 의하여 조기상환 될 수 있도록 합의하였다. 이 경우 상환금은 다음과 같이 계산된다.

Step 1: 월지불액 계산

$PV = -\$100,000$

$i = 12\% ÷ 12 = 0.01$

$n = 30 × 12 = 360$

$FV = 0$

예 4-10

대출상환의 추이 및 잔고의 형태(CAM의 경우)

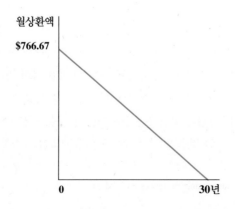

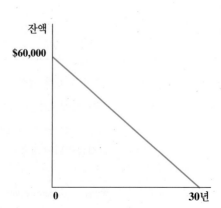

PMT에 대하여 풀면

$PMT = \$1,028.61$(월간)

Step 2: 대출잔고 계산

$PV = -\$100,000$

$PMT = \$1,028.61$

$i = 12\%/12 = 0.01$

$n = 12 \times 10 = 120$

FV에 대하여 풀면

$FV = \$93,418.59$

만일 대출이 10년차 말에 조기상환된다면 상환소요액은 대출잔고인 $93,418이 된다.

지금까지 차입자와 대출기관의 목적에 따라 대출이 구성되고 다양한 결과를 도출하게 된다는 것을 알게 되었을 것이다. **대출 구조 설계**(loan restructuring)는 상환액, 대출잔액, 상환율 등을 정하여 대출조건을 조정함으로서 원하는 결과를 도출하는 과정으로 정의된다. 결과치는 일반적으로 전액분할상환 구조에서보다 적은 월별상환액을 포함한다. 그러나 만기에서 원하는 잔액을 남기려는 다른 목적을 추구하는 경우도 있다.

역연금형 담보대출 *Reverse Annuity Mortgage: RAMs* 주택연금

최근 들어 주택소유 인구의 상당수가 퇴직이후의 소득 벌충을 위한 방법을 강구하면서, 역연금형 담보대출(reverse annuity mortgage: RAM)[10]이 중요해졌다. $500,000짜리 주택을 보유한 가계의 예를 들어 보자. 이들은 주택의 가치를 활용한 RAM으로 퇴직소득을 보충하고자 한다. 대출자는 10년간 $250,000이 넘지 않는 금액의 대출에 동의한다. 그러나, 차입자에게 $250,000을 일시금으로 주는 대신에 대출기간 동안 매달 할부금으로 대출을 제공한다. 대출자는 10%의 대출이자를 받는다고 하면, 차입자에게 제공되는 월별 최고 불입액은 얼마가 되는가? 여기에 대한 해답은 다음과 같이 구할 수 있다.

계산기 해법

$FV = -\$250,000$

$i = 10\% \div 12$

$PMT = ?$

$n = 120$

$PV = 0$

풀면, $PMT = \$1,220.44$

함수:

$PMT\,(FV, n, i, PV)$

이 사례를 들여다보면, 차입자는 120개월 동안 $1,220.44의 소득을 끌어다 쓸 수 있으며, 기간 말에 대출자는 $250,000을 받게 될 것이다. 이럴 경우, 대출자는 부동산을 매각하여 잔액을 받을 수 있다. [예 4-11]은 역연금형 담보대출의 월수령액과 잔액을 보여주며 이는 기존 고정금리담보대출과 반대인 것을 알 수 있다. 즉 대출잔액이 감소하는 것이 아니고 시간이 지

---

[10] 이는 또한 Home equity conversation mortgages (HECMs)라 한다.

미국 내 베이비 부머들이 자가 소유 주택 비중이 전체 자산에서 차지하는 규모가 커짐에 따라 역연금형 담보대출이 발달하게 되었다. 이러한 담보대출은 소득이 일정하지 못한 노년층의 소득을 보완하는 형태이며 역연금형 담보대출은 연방의 보증을 받고 차입자는 대출 전 역연금형 담보대출 전문 상담가의 조언을 받아야 한다. 차입자의 대출자격 기준은 아래와 같다.

- 신청인의 나이는 62세 이상일 것
- 차입자는 주택의 소유권을 가지고 있고 실제 해당 주택에 거주할 것
- 차입자 나이별 대출 규모 및 기간은 아래와 같음
  - 62세 이상   가치의 50% 대출, 10년 혹은 10년 이상의 기간
  - 72세 이상   가치의 60% 대출, 10년 혹은 10년 이상의 기간
  - 82세 이상   가치의 70% 대출, 10년 혹은 10년 이상의 기간
- 담보대출 관련 보험, 감정평가가 평가수수료, 기타 수수료 등을 포함한 Up-front 비용을 차입자가 부담할 것
- 이자율은 고정 혹은 변동이자율 적용 가능
- 차입자는 역연금형 담보대출 대상 주택에 거주하여야 하고 부동산 세금 등을 납부할 것
- 이자를 포함한 담보대출 총액은 소유자가 집을 영구히 떠나거나 사망하기 전까지 미리 갚지 못한다. 연금 대출자가 사망 시, 주택 소유권은 차입자의 상속인에게 이전되고 집을 매각하여 대출잔액을 갚는다.

유용한 웹사이트

www.aarp.org/money/personal/reverse_mortgages
www.reversemortgage.org
www.hud.gov/buying/rvrsmort.cfm

예 4-11

역연금형 담보대출의 월수령액 및 잔액

연	월수령액	잔액
1	$1,220.44	$ 15,335.52
2	1,220.44	32,276.87
3	1,220.44	50,992.21
4	1,220.44	71,667.28
5	1,220.44	94,505.30
6	1,220.44	119,738.97
7	1,220.44	147,612.73
8	1,220.44	178,405.23
9	1,220.44	212,422.11
10	1,220.44	250,000.00

남에 따라 대출잔액이 증가한다. 예를 들어 3년 후 역연금형담보대출의 잔액은 다음과 같다.

계산기 해법
$$i = 10\%/12$$
$$PMT = \$1220.44$$
$$n = 36$$
$$PV = 0$$
풀면, $FV = \$50,992.21$

함수:
$FV\ (i,\ n,\ PV,\ PMT)$

결론

본 장에서는 고정금리담보대출을 구성하고, 가격을 결정하는 여러 가지 접근방식에 대하여 논의하였다. 대출금리 및 조건은 여러 가지 요소에 의해 결정되는데, 이 요소들 중에는 대출자에게 영향을 주는 다양한 위험이 포함된다. 주택대출의 변형된 상품이 위험특성을 변화시키는 방향으로 설계되기 때문에 위험 요소들을 잘 알고 있어야 한다. 본 장의 초점이 주택금융 위주였지만 본 장의 개념과 계산방식은 상업용 부동산에도 적용된다(후술 참조). 대출위험이 수익부동산투자자의 수익률과 위험에도 중요한 요소라는 것을 알게 될 것이다.

주요용어

balloon 상환	상환율	음의 분할상환대출
거치식대출	실질이자율	이자
경과율	역연금형 담보대출	인플레이션 예상
금리위험	연 수익률	저당상수
금융수수료	예상치 못한 인플레이션	조기상환가능대출
대출구조	완전분할상환대출	조기상환위약금
대출실행비용	원금	조기상환위험
대출할인액	원금균등분할상환	조기상환으로 이자율 인하
명목금리	원리금균등분할상환	채무불이행위험
법적위험	유동성위험	파생되는 수요
부분분할상환대출	유효연이자율	포인트(대출 수수료)
분할상환	유효이자율	

유용한 웹사이트

www.nahb.org – 미국 주택구입자 연합협회: 주택산업 뉴스, 신축주택 리모델링 관련 정보제공

www.bankrate.com – 대출기관별 담보대출 관련 정보 제공

www.freddiemac.com/pmms/pmms30.htm – 30년만기 고정금리담보대출의 고정이자율 소개

질문

1. CAM, CPM, GPM 간의 주요한 차이점은 무엇인가? 각각의 경우에서 차입자의 이점과 대출자의 위험에는 어떤 것이 있는가? 이들 유형의 공통점은 무엇인가?

2. 분할상환(amortization)에 대하여 정의하라(이 장에서 언급한 5가지 예를 참조).

3. CPM 대출에서 초기의 월별 불입액에 이자비용의 비중이 원금 상환액보다 더 높은 이유는 무엇인가?

4. 대출실행비용이란 무엇인가? 이는 어떻게 구분할 수 있는가? 이 중에 어느 것이 차입비용에 영향을 주는가? 그 이유는?

5. 대출을 조기에 상환할 경우, 차입자의 실질 이자비용에 영향을 주는가?

6. 대출자는 왜 대출개시수수료, 특히 대출할인수수료를 부과하는가?

7. Truth-in-Lending법과 APR과의 관련성은 무엇인가?

8. 유효차입비용이란?

9. 명목이자율은 무엇을 의미하는가?

10. 저당대출에서 복리율과 지급율이란 무엇인가? 무엇이 이 둘을 다르게 하는가?

11. 기대 인플레이션 프리미엄이 금리의 구성요소라고 하는 의미는 무엇인가?

12. Jones씨에게 담보대출 $30,000이 10% 금리로 20년 만기로 제공된다. Jones씨가 CPM과 CAM간의 선택을 한다면, 전 대출기간 동안 총 이자비용의 금액이 더 큰 것은 어느 것인가? 이 중 어느 하나가 다른 것보다 금리가 더 높은가? 그 이유를 설명하라.

13. 음이 분할상환(negative amortization)이란 무엇인가?

14. 부분 상환(Partially Amortization)이란 무엇인가?

문제

1. 한 차입자가 완전 분할상환 CPM 담보대출 $125,000를 11% 금리와 10년 만기 조건으로 받았다. 대출에 대한 월 불입액은 얼마가 될 것인가? 만기 조건이 30년일때의 대출에 대한 월 불입액은 얼마인가?

2. 완전 분할상환 대출 $80,000가 6% 금리로 25년간 제공된다. 상환은 월별로 해야 한다. 다음을 계산하라.
   a. 월별 불입액
   b. 1째 달의 이자와 원금 불입액
   c. 25년 동안의 총 원금 및 이자 불입액
   d. 10년 후에 대출을 조기 상환할 경우, 대출잔고
   e. 10년 동안의 총 이자 및 원금 불입액
   f. 50번째 달의 이자와 원금 불입액

3. 원리금 균등 상환부 담보대출 $100,000가 6% 금리로 30년 동안 제공된다. 상환조건이 다음과 같을 경우 각각의 불입금액을 계산하라.
   a. 월별 상환   b. 분기별 상환
   c. 연차별 상환   d. 주별 상환

4. 3번 문제에서, 각각의 경우에 대하여 30년 동안의 총 이자와 원금을 계산하라. 어떤 상환 유형에서 이자금액이 가장 많은가? 그 이유는?

5. 분할상환 주택대출 $100,000가 6% 금리로 20년간 제공된다.
   a. CPM 대출에 대한 월별 불입액을 계산하라.
   b. 20년간 전체 불입액은 얼마가 될 것인가?
   c. 대출이 8년 후에 조기 상환된다면, 대출잔고는 얼마가 될 것인가? 그 때까지 지불된 총 이자는 얼마가 될 것인가?
   d. 차입자가 5년도 말에 대출잔고를 $5,000로 줄이려 한다.
      (1) 대출 불입액이 줄어들지 않는다면 새로운 대출만기는 얼마가 될 것인가?

(2) 대출 만기가 줄어들지 않는다면, 새로운 불입액은 얼마가 될 것인가?

6. 30년 만기 주택대출 $75,000가 10년 전에 6% 금리로 제공되었다. 차입자는 대출잔고를 $10,000 수준으로 조기 상환하려고 한다.

    a. 차입자가 월별 저당불입액을 줄일 수 있다면, 새로운 저당지불액은 얼마가 되는가?
    b. 대출만기를 줄이고 원래의 월별 저당불입액은 유지하려고 한다면, 새로운 대출만기는?

7. 주택대출 $100,000가 6.5% 금리로 제공된다. 월별 불입액이 1달에 $1,000라면, 언제 대출이 상환될 것인가?

8. 주택대출 $80,000가 25년 동안 제공된다. 총 월별 불입액이 1달에 $900라면, 대출금리는 얼마인가?

9. 부분분할상환 주택대출 $60,000가 10년 만기 조건으로 제공된다. 차입자와 대출자는 대출잔고 $20,000 남겨두고 10년 후에 한꺼번에 갚는 것으로 동의하였다.

    a. 금리가 7%라면, 10년 동안의 월별 불입액은 얼마가 되어야 하는가?
    b. 차입자가 대출을 10년 대신 5년 후에 조기 상환하려고 한다면, 대출잔고는 얼마가 되어야 하는가?

10. 원금거치 주택대출 $80,000가 10% 금리로 10년 동안 제공된다. 대출자와 차입자는 월별 불입액은 고정되고 원금분할상환은 하지 않는 것으로 동의하였다.

    a. 월별 불입액은 얼마가 될 것인가?
    b. 5년 후의 대출잔고는 얼마가 될 것인가?
    c. 대출금이 5년 후에 상환된다면, 대출자의 수익률은 얼마가 될 것인가?
    d. 대출금을 5년 후에 상환하는 대신 10년 후에 상환한다면, 대출자의 수익률은 얼마가 될 것인가?

11. 한 부분분할상환 대출자가 $90,000를 6% 금리로 10년 동안 제공한다. 대출자와 차입자는 월별로 불입하고, 10년 후에 잔고 $20,000을 남겨두고 이 때 한꺼번에 상환할 것을 동의하였다. 대출자에게 2point의 수수료가 제공된다면, 10년 후에 대출이 상환될 때 수익률은 얼마가 될 것인가? 4년 후에 대출을 상환한다면 대출잔고는 얼마가 되어야 하는가? 대출을 4년 후에 상환한다면 대출자의 수익률은 얼마가 될 것인가?

12. 대출금 $50,000가 8% 금리로 10년간 제공되는데, 월별 불입액은 없다.

    a. 10년 후에 얼마를 상환해야 하는가?
    b. 8년 후에 대출금을 상환한다면, 대출자의 수익률은 얼마가 될 것인가? (월복리를 가정)
    c. (b)의 경우, 대출수수료로 1 point를 부과한다면, 대출자의 수익률은 얼마가 될 것인가?

13. Jone은 부동산을 $105,000에 구입하길 원하는데, 그 중 80%인 $84,000를 대출 받기를 원한다. 대출자는 완전 분할상환 대출을 8% 금리로 30년(360개월) 동안 제공할 수 있음을 알려주었다. 그런데, Jone이 대출을 빌기 위해서는 $3,500의 대출실행수수료를 지불할 것도 요구된다.

    a. 대출자가 실제로 제공해야 할 금액은 얼마인가?
    b. 담보대출이 30년 후에 상환된다면, 차입자에 대한 유효이자비용은 얼마인가?
    c. Jone이 대출을 5년 후에 상환한다면, 유효이자비용은 얼마인가? (b)와 왜 차이가 있는가?
    d. 대출자가 대출금이 8년 이내에 조기 상환된다면 대출잔고의 2%에 대해 조기상환 위약금도 부과한다고 가정하자. Jone이 5년 후에 조기상환 위약금을 물고 대출금을 조기 상환한다면, 유효이자비용은 얼마가 되는가?

14. 한 대출자가 대출에 대해 어떤 조건을 제공할 것인가 고심하고 있다. 현재 시장조건을 보면, 25년 만기에 대해서는 8%의 금리가 제공된다. 차입자인 Rich는 $100,000의 대출을 필요로 한다. 대출자는 Rich가 이전에 그렇게 큰 금액을 차입한 적이 없기 때문에 별도의 신용분석과 신중한 대출통제를 해야 한다고 생각한다. 게다가 대출자는 시장금리가 대출실행이 이루어지기 전에 곧 상승할 것으로 예

상한다. 대출자는 보수적으로 Rich에게 CPM 대출 $95,000를 9% 금리로 25년 동안 제공할 것을 결정한다. 그런데, 대출자는 대출실행수수료를 부과하여 대출 수익률을 10%로 만들기를 원한다. 대출자는 어떤 수수료를 부과할 수 있는가? 10년 후에 대출금이 상환될 것으로 기대한다면 수수료는 얼마가 부과되어야 하는가?

15. 어떤 차입자는 2개의 대출간의 선택에 직면해 있다. 대출 A는 $75,000를 6% 금리로 30년 동안 이용할 수 있으며 대출실행비용으로 6 points가 부과된다. 대출 B는 같은 금액을 7% 금리로 30년 동안 이용할 수 있는 대신 대출실행비용으로 2 points가 부과된다.

a. 대출이 20년 후에 상환된다면, 어떤 대출을 선택하는 것이 더 나은가?

b. 대출이 5년 후에 상환된다면, 어떤 대출을 선택하는 것이 더 나은가?

16. $700,000의 가치가 있는 부동산에 대해 잔고가 $300,000가 넘지 않는 역 연금형 담보대출이 제공된다. 대출은 차입자에게 120개월 동안 월 불입액으로 제공되는데, 금리는 11%다.

a. 월 불입금액은 얼마가 될 것인가?

b. 3년 후 잔고는 얼마인가?

c. 차입자는 처음 50개월 동안은 월 $2,000를 수령해야 한다고 가정하자. 51~120개월 동안 잔여 불입금액은 120개월 동안 최대 잔고가 $300,000를 넘지 않은 선에서 결정되어야 한다. 51~120개월 동안 차입자는 얼마를 수령해야 하는가?

17. 차주와 대주가 $200,000의 대출을 10% 이자율에 합의하였다. 상환기간은 25년이지만 대주는 5년 후에 조기상환 요구권을 갖는다. 만일 조기상환되면 차주의 상환금액은 얼마가 되는가?

18. 전액 원금균등분할상환(CAM)방식으로 $125,000이 11%의 연이자율, 대출기간 20년의 조건으로 대출 실행이 되었다.

a. 첫 6개월 동안의 지불액과 대출잔액은 얼마가 될까?

b. 전액 원리금균등분할상환(CPM) 조건이라면 지불액이 얼마일까?

c. CAM과 CPM의 두 상환방식을 모두 5년 말에 상환을 한다면 대출자는 둘 중 어느 대출에서 더 높은 이자율을 얻을 수 있을까?

19. $50,000를 6% 금리로 30년 동안 이자만 상환하는 대출이다. 다만, 금리는 일(daily) 복리이고, 이자는 매월말 지급된다.

a. 월 지불액은 얼마인가?

b. 30년 대출잔액은 얼마인가?

c. 이 대출에서 연 이자율은 얼마인가?

20. 종합검토문제: $100,000의 주택저당대출이 12%에 20년 만기로 실행되었다. 분할상환은 매월 이루어진다.

a. 다음 각 경우 월상환액은 얼마가 되는가?

 (1) 대출이 전액분할상환(Fully Amortizing)인 경우

 (2) 부분분할상환으로서 20년차 말에 $50,000의 일시상환조건인 경우

 (3) 원금거치로서 이자만 지급하는 경우

 (4) 음의 분할상환(Negative Amortizing) 조건으로서 20년차 말에 대출잔고가 $150,000이 되는 경우

b. *a*의 (1)에서 (4)의 경우에 5년차 연말의 대출잔고는 얼마인가?

c. 위의 (1)에서 (4)의 경우에 61개월차 월말의 지급예정액 중 이자부분의 금액은 얼마인가?

d. (1)에서 (4)의 경우에서 대출자가 3%의 수수료를 징구한다. 각 경우의 연간 대출수익률은 얼마인

가?

 e. 만일 5년차 연말에 조기상환된다면 각 경우의 실질이자율은 얼마가 되는가?

 f. (1)의 경우에서 최초 36개월간 상환액이 제로라고 변형한다. 이 대출이 잔여 17년간 전액 분할상환된다면 4~20년간의 월불입액은 얼마인가?

 g. 차주와 대주는 20년차 말에 대출잔고 $150,000을 상환하기로 합의하였다.

  (1) 모든 지급에서 총 이자액은 얼마인가? 총 분할상환액은 얼마인가?

  (2) 3년차 연말의 대출잔고는 얼마인가?

  (3) 대출이 3년차 연말에 상환된다면 실질이자율은 얼마인가?

  (4) 대출자가 4%의 수수료를 징구한다면 3년차 연말에 대출이 상환될 경우 실질이자율은 얼마인가?

www.mhhe.com/bf15e

21. Excel. 웹사이트에서 제공되는 Excel Workbook의 "Ch4 EffCost"을 참고하라. 11%의 이자율에 6points 조건을 가진 다른 대출이 가능하다고 가정하라. 원래 제공된 예와 비교하여 이 대출의 실질이자율은 얼마인가?

22. Excel. 웹사이트에서 제공되는 Excel Workbook의 "Ch4 GPM"을 참고하라. 지불액이 7.5% 대신에 매년 5% 증가한다면 7년 말의 대출잔액은 얼마가 변화되겠는가?

주택대출 조건 설정에서 인플레이션 문제

미국에서 주택대출상품 중 *CPM*방식이 일정기간 동안 가장 널리 사용되는 방식이 되었으나, 70년대와 80년대 초의 고 인플레 영향으로 인해 이러한 표준적인 방식이 대출자와 차입자 양측에 문제를 일으켰다.

문제 발생에 따라 표준적인 주택대출방식 대신에 변형된 대출방식이 대두되었는데, 본 절에서는 인플레가 표준 대출방식에 익존한 대출자와 차입자에게 가져다주었던 문제점을 분석하고, 대체상품인 점증상환대출(graduated payment mortgage: GPM)을 소개한다. GPM도 고정금리 주택대출로서 금리 상승시기에 *CPM*을 대신하여 사용되고 있다.

대출자와 차입자에 대한 영향

고정금리 원리금 균등분할 대출 거래당사자들에게 인플레이션이 어떠한 문제점을 발생시키는가? 이는 예시에서 쉽게 답변을 얻을 수 있다. 최초 대출시점에서(인플레가 예상되지 않았음) $60,000이 30년 만기로 실행되었다. 인플레 예상이 없었으므로 인플레프리미엄(f)은 요구되지 않았으며, 대출자는 무위험 이자율(r)에 위험 프리미엄(p)[1] 1%를 더한 4%에 의해 30년간 매월 $286씩 불입된다고 가정하였다. 이 금액은 [예 4A-1]에서 실질불입액(real payment: *RP*)으로 나타난다.

이제 또 하나의 대출이 인플레환경 하에서 실행되는데 대출기간 동안 매년 6%의 인플레가 예상된다고 하자. 저당대출금리는 4%에 인플레 6%를 가산한 10%가 되어야 한다.[2] 대출자는 대출기간 동안 월 $527을 받을 수 있다. 이러한 상환유형은 [예 4A-1]의 명목불입액(nominal payment: *NP*)으로 나타난다.

이 사례에서 6%의 인플레로 인하여 월불입액은 $286

에서 $527로 84% 증가하였다(월$241). 월불입액이 이렇게 많이 증가하는 이유는 무엇인가? 그 이유는 [예 4A-1]에서 인플레 조정된 명목불입액(nominal payments deflated: *NPD*)에 의해 파악될 수 있다. *NPD*곡선은 월불입액 $527을 월인플레이션율으로 할인한 것이다.[3] *NPD*곡선이 대출자에게 중요한 이유는 매월 수령하는 $527의 가치가 계속 구매력 상실로 인해 감소하기 때문이다. 따라서 10% 금리를 전부 획득하려면 대출 초기의 기간 중에 더 많은 현금을 수령해야 한다(대출의 만기시점에 접근할수록 월불입액의 구매력은 더욱 감소할 것이다).

예에서 10년차 이전까지는 $527의 인플레 조정치인 *NPD*가 4% 실제 불입액(*RP*)을 상회한다. 그러나 10년 이후에는 *NPD*는 *RP*를 하회하게 된다. 결국 대출자가 획득하는 가치는 인플레가 없는 월 $286과 6%인플레 조정된 $527에서나 동일하겠지만, 이를 위해서는 10년 이전의 *NPD*가 *RP*보다 반드시 커야 한다. 이러한 관계를 Tilting(이월효과)이라 부르는데 이는 후반부의 구매력 손실 보전을 위해 초반부의 실제 불입액을 늘려준다는 의미이다.

이러한 **Tilt효과**는 차입자에게 상당한 영향을 준다. 인플레가 없는 기간에는 월 $286을 낼 것을 6%인플레 시기에는 $527을 내야 한다. 최초대출시점에서 월불입액 차액은 $241로서 차입자가 실질소득으로부터 염출해야 하는 금액이다.

시간이 갈수록 차입금에 대한 부담이 감소하기는 한다. 예를 들어, 1년이 경과하면 명목 $527의 실질구매력은 $497로 감소하고, 차입자의 실질소득은 경제성장률인 3%만큼 증가하였을 것이다. 그런데 여기에서 중요한 점은 차입자의 소득도 실질 및 명목 기준으로 매년 증가하기는 하나, 그 폭은 대출초기의 Tilt효과를 충당하기에는 부족하다는 점이다. 이러한 분석에 의해 [예 4A-1]는 고 인플레

---

[1] 실제로, 부담 금리는 만기 이전에 발생하는 예상 상환기간과 관련이 있을 것이다. 그러나, 이것이 예시된 개념을 바꾸지 않는다. 여기서 선택된 그림은 임의적인 것이다. 몇 몇의 연구에서는 실질금리는 역사적으로 1~3% 대에, 주택금융에 대한 위험프리미엄은 2~3% 대로 나타났다.

[2] 정확히는 $(1 + 0.04)(1 + 0.06) - 1 = 10.24\%$이나 단순화를 위해 10%로 하였다.

[3] 소득흐름의 할인은 월인플레이션요소(6% ÷ 12 = 0.5%)를 계산하고, 이를 각 년도별로 $527(1 ÷ 1.005)^n$ 대입하여 구할 수 있다.

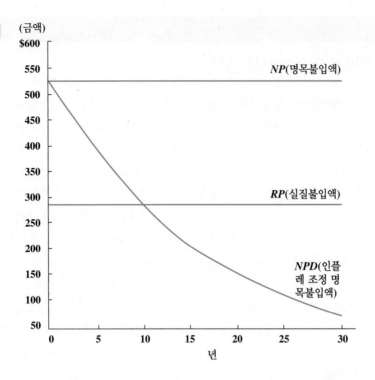

예 4A-1
대출상환액의 실질과
명목가치

(금액)

NP(명목불입액)

RP(실질불입액)

NPD(인플레 조정 명목불입액)

년

시기에 최초 주택구입자가 장기 고정금리 대출을 얻기가 어려운 이유를 명백히 나타내주고 있다.

경제성장과 인플레 환경 하에서 차입자의 소득은 점진적으로 또는 연 단위로 증가하는 반면, 대출자는 기대 인플레 수준 전체를 대출시점에서 미리 대출금리에 반영해야 하는 것이다. 이에 따라서 차입자의 현재 소득대비 월불입액은 현저한 증가가 요구된다.

Tilt효과에 대한 또 하나의 분석은 인플레이션이 상승할수록 Tilt효과도 증가한다는 점이다. [예 4A-2]에서 인플레가 6%로부터 8%로 상승할 경우, 월불입액은 $527로부터 $617로 증가하였다.

그 결과 양 대출에서 대출자가 얻는 실질금리가 동일함에도 불구하고, 최초 10년 동안 12% 명목금리 대출의 상환불입액 가치는 10% 명목금리 대출의 상환불입액 가치보다 크다. 더구나 인플레율에 관계없이 차입자의 소득증가율이 3%로 불변이라면 차입자는 소득 중에 더 많은 부분을 상환불입에 투입해야 한다. Tilt효과에 의해서 차입자는 고정금리 대출을 받기가 더 어려워지고, 현재소득에서 볼 때 상환 부담이 커지는 것이다.

점증상환 대출 *The Graduated Payment Mortgage*

인플레로 인한 문제점을 해결하기 위해 도입된 신상품 중의 하나가 **점증상환 대출**(graduated payment mortgage: GPM)이다. GPM의 목적은 표준적인 대출에서보다 초기 상환불입액 부담을 줄여주는 것이다. GPM 상환불입액은 차입자 소득이 시간을 두고 상승해 가면서 예정된 증가율에 의해 점차 인상된다. 따라서 이 구조는 Tilt효과를 어느 정도 제거하여, 차입가계로 하여금 현행소득으로부터의 상환불입액 부담을 덜어준다.[4]

GPM의 상환불입액 패턴은 예 4A-3에서 보여준다. $60,000의 30년 대출에 대하여 다양한 최초불입액, 할증상환비율, 할증상환기간 등이 제공될 수 있다.

[예 4A-3]은 가장 많이 사용되고 있는 것으로서, 매년 7.5%씩 5년간 할증한 후 잔존 25년간의 불입액은 고정된다. 이러한 GPM의 월불입액 계산과정은 매우 복잡하다.[5]

---

[4] 연방 주택국(The Federal Housing Administration)은 제 245조의 프로그램에서 널리 받아들여지고 있는 점증 상환 제도를 시작했다. 자세한 내용은 HUD 핸드북의 다양한 문제를 참고하라.

[5] 단독 주택 대출에 비해 GPM을 논의하고 있지만, 이 유형의 대출은 장기간에 걸쳐 수집된 임대료의 소득 증가와 일치하도록 모기지 상환이 설계되는 수익용 부동산에 대한 차입금을 구조화하는 것에도 이용할 수 있다.

예 4A-2
다양한 인플레이션율에서
실질불입액과
명목불입액의 관계

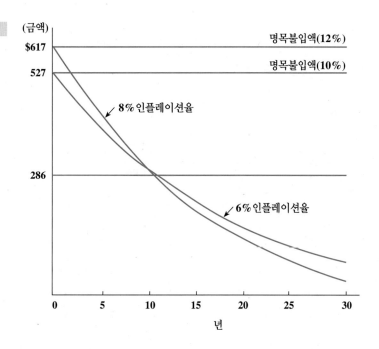

[예 4A-3]에서 $60,000의 12%, 30년 GPM의 월불입액은 $617.17이다. 동일한 금리의 GPM(연 7.5%할증)의 최초 월불입액은 약 $474.83에서 시작한다. 이 금액은 매년 7.5%씩 할증되어 6년차 초에는 $681.67이 되어 이후 고정 적용된다. CPM과 비교할 때 GPM은 최초 연도에 월 $142.34씩 상환부담이 적지만 이는 시간이 경과되면서 점차 축소된다. GPM 월상환액은 4년~5년차에 들어서면 CPM상환액과 비슷한 수준에 도달한다. 6년차 초의 차액은 $64.50($681.67 − $617.17)으로써 이 차액은 25년간 계속 유지된다.

[예 4A-4]는 GPM, CPM, CAM을 비교하여 보여준다. 최초 약 5년간 GPM불입액은 CPM보다 작지만, 이후 GPM불입액이 CPM을 추월하게 된다. 이러한 상환불입 패턴의 목적은 명백하다. 어느 경우에나 대출자 측의 대출수익률은 월복리 12%로 동일하다. 초기의 GPM불입액 부담이 CPM에서 보다 낮기 때문에 이를 보상받기 위해서 GPM불입액은 증가해야 하는 것이다. 따라서 차입자가 GPM을 선택할 경우 불입액은 6~30년간 CPM불입액을

예 4A-3
이자율별 표준 CPM과
GPM의 비교($60,000,
30년만기)

		이자율			
	10%	11%	12%	13%	14%
CPM	$526.54	$571.39	$617.17	$663.72	$710.94
(연간 7.5%)CPM Payments graduated					
1	$400.22	$436.96	$474.83	$513.71	$553.51
2	430.24	469.73	510.44	552.24	595.03
3	462.51	504.96	548.72	593.66	639.65
4	497.19	542.83	589.87	638.18	687.63
5	534.48	583.55	634.11	686.04	739.20
6~30	574.57	627.31	681.67	737.50	794.64

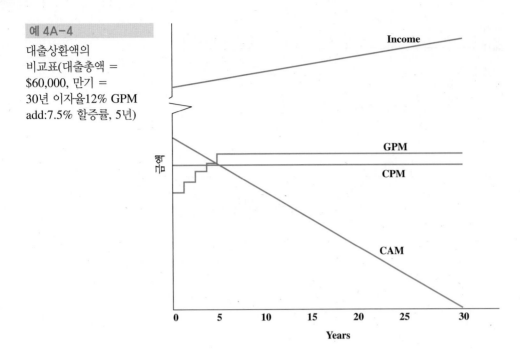

예 4A-4

대출상환액의
비교표(대출총액 =
$60,000, 만기 =
30년 이자율12% GPM
add:7.5% 할증률, 5년)

초과하는 것이다.

차입자 측에서 GPM의 장점은 명백하다. [예 4A-4]에서 보는 바와 같이 GPM은 *CPM*보다 최초 불입액이 낮을 뿐만 아니라, 불입 초기에 차입자의 소득증가(borrower income: BI)를 더 잘 반영한다. 따라서 차입자의 소득대비 상환불입 부담을 주는 Tilt효과가 감소하며, GPM주택금융 수요를 증가시키게 된다.

CAM과 비교하면, GPM과 *CPM*은 확실히 초기 불입액이 적다. 높은 인플레이션율 때문에 주택금융 기법의 변화가 발생하였다는 사실을 지적하는 것은 중요하다. 이들 3가지의 주택금융 기법은 동일한 수익률(12%)을 제공하지만, 상환 방법의 변화에 따라 최초 불입액이 감소하게 되었다. 이것은 실질 소득의 성장과 기대 인플레이션의 상승이 기대되는 상황에서 이루어졌다.

GPM의 대출잔고 계산

GPM의 월상환불입액이 매월 지급이자를 충당하기에 부족하기 때문에 GPM대출잔고는 초기에는 증가한다. 대출잔고는 만기전액상환 시점까지 항상 *CPM*에서 보다 크다. 이러한 관계는 [예 4A-5]에 나타나 있다.

[예 4A-6]은 5년차까지의 GPM 대출잔고 증가내역을 보여준다. 6년 이후에야 대출잔고가 감소하므로 만일 5년 이전에 주택이 매각된다면 상환금액은 최초대출액보다 커진다. 왜냐하면 GPM 최초 지불금액은 대출자의 요구수익률 12%보다 적기 때문이다.

따라서, 이후에 불입액이 증가하기까지는 불입액 원금의 상각이 이루어지지 않는다. 앞선 사례를 들어 보면, GPM하에서 첫 달의 이자비용은 $60,000 × (0.12 ÷ 12) = $600이다.

그런데 GPM 방식에 따른 첫해의 불입액은 $474.83에 불과하다. 따라서 그 차액인 $125.17이 마치 추가로 차입한 것처럼 최초 대출잔고 $60,000에 가산되어야 한다. $125.17 금액은 음이 *분할상한금(negative amortization)*이라 할 수 있다. 게다가 이자비용도 추가되어야 한다. 따라서 첫해 동안 월별 $125.17에 $60,000에 대한 12%의 월복리 이자가 더해진다. 이러한 과정은 월 단위 연금 $125.17을 12% 월복리로 계산하여 연말대출잔고에 가산하는 결과가 된다.

[예 4A-5]는 GPM대출잔고의 할증과 negative amortization의 중요성을 담보주택가치와 비교하여 보여준다. 담보주택가치와 대출잔고 간의 차액인 "안전지대"는 매우 중요하다. 이 안전지대는 GPM의 경우가 CPM보다 작으며,

예 4A-5

GPM, CPM, CAM의 예상 대출잔고와 예상 주택가치의 비교

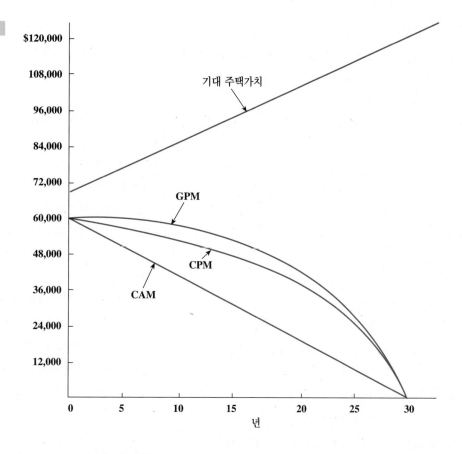

예 4A-6

GPM의 잔액($60,000 대출, 12%, 30년, 7.5% Rate of Graduation)

www.mhhe.com/bf15e

년	기초잔액	월요구 이자액	GPM월 불입액	첫 번째 달의 대출상환	잔액변동	기말잔액
1	$60,000.00	$600.00	$474.83	$125.17	$1,587.47	$61,587.47
2	61,587,47	615.87	510.44	105.43	1,337.12	62,924.59
3	62,924.59	629.25	548.72	80.53	1,021.32	63,945.91
4	63,945.91	639.46	589.87	49.59	628.93	64,574.84
5	64,574.84	645.75	634.11	11.64	147.62	64,722.46 *
6	64,722,46	647.22	681.67	(34.45)	(436.91)	64,285.55

* 최대 대출잔고, 6년차 월불입액(681.67)이 지급이자($647.22)를 초과하면 원금상환이 시작된다.

따라서 GPM은 미래의 주택가치와 미래차입자 소득에 대한 의존도가 높아서 더 위험한 대출이다.

계산기 해법

$n = 12$

$i = 12\% \div 12 = 1\%$

$PMT = \$474.83$

$PV = -\$60,000$

$FV = \$61,587$

또 다른 계산기 해법

$n = 12$

$i = 12\% \div 12 = 1\%$

$PMT = \$125.27$

$PV = 0$

$FV = \$125.17(12.682503)$

$= -\$1,587.47$

GPM대출의 실질대출수익률

마지막으로 GPM의 유효대출수익률을 살펴보면, 대출취급수수료 및 조기상환 위약금이 없다면 GPM수익률도 CAM이나 *CPM*처럼 약정대출금리와 동일하다(고정금리 대출이므로). 그러나 대출취급수수료가 징구된다면 GPM 실질수익률은 조기상환 될수록 더 **증가한다**. Point 징구된 GPM 현금흐름을 수수료 공제 후 순 조달금액과 일치시키는 수익률이 대출의 실질수익률이다. GPM에서 대출수수료가 징구되더라도 실제 저자가 계산한 바에 의하면 일반 대출에서(수수료 징구)와 매우 유사한 결과를 얻었다. 이는 GPM의 할증비율이나 대출금액별로도 차이가 없었다.[6]

앞의 예시에서 3포인트가 징구되고 대출이 5년 후에 상환된다면 실질수익률은 *CPM*의 12.82%대비 12.78%가 될 것이다. 차입자는 GPM을 택함으로써 *CPM*보다 유리하거나 불리해진다. 일반적으로 GPM과 *CPM*이 동일 조건으로 대출되었을 대 실질수익률에는 큰 차이가 없다. 그러나 GPM이 tilt효과를 없애주므로, 차입자 측에서 **양자를 동일한 금리에 얻을 수 있다면 GPM측**이 유리하게 된다.

그러면 GPM을 표준적인 *CPM*과 동일한 금리에 얻을 수 있을까? GPM에서의 더 큰 대출위험(negative amortization)으로 인해 대출자는 GPM에서 더 높은 금리를 요구할 것이다. 따라서 다른 조건이 모두 동일하다면 GPM쪽의 대출금리가 약간 높아야 한다. 이로서 GPM의 유리한 요소들이 *CPM*과 평준화될 것이다.

점증상환 *Graduated Payment* 구조 보론

본 장에서 설명하였듯이 고정금리대출에서 월별 상환액과 대출잔고를 결정하는 구조는 비교적 단순하다. 그러나 점증상환(GPM)을 설계할 때에는 차주와 대주의 목적 및 대

---

[6] 지불된 금액이 일련의 7개 "그룹 현금 흐름" 또는 연금에 동일하게 설정되지 않으면 안되기 때문에, GPM의 실질(유효)이자율 계산들은 CPM보다 훨씬 어렵다. 최종 연금 지급은 6년에서 30년까지에 이른다. 마찬가지로 대출 잔액을 찾을 때에는 CPM의 경우와 동일한 절차를 GPM에서도 사용할 수 있다. 즉 잔여 지급액 흐름은 계약 금리로 할인하여 현재 가치가 결정된다. 그러나 GPM의 대출 잔액을 결정할 때 나머지 CPM 결제가 다르면 다른 12개월의 기간에 걸친 일련의 하나 이상의 연금을 할인해야 한다.
그러나 GPM의 대출 잔액을 결정할 때 남아 있는 CPM 지급액이 다르면 다른 12개월의 기간에 걸친 일련의 하나 이상의 연금이 개입될 수 있다. GPM의 지불을 계산하는 방법은 다음 절을 참고하라.

출 시장 상황에 따라 점증율, 점증하는 기간, 이자율 등에 변수가 많다는 점을 인식해야 한다.

아마도 GPM에서 가장 복잡한 문제점은 **최초 월간 상환액을 설정**하는 데에서 발생할 것이다. 예로서 [예 4A-6]에서 다양한 GPM의 월간 상환액이 제시되었다. 각 그룹은 2년차 초부터 7.5%의 비율로 월상환액을 증가시키는 것으로 가정하였다. 그러나 최초상환금액이 어떻게 결정되었는지 및 상환스케줄을 어떻게 편성하는지에 대하여 의문을 가질 것이다. 예로서 12%의 GPM에서 최초 상환액은 $474.83인데, 이 금액은 어떻게 결정된 것인가?

이 질문에 답변하기 위해서 어려운 해법을 제시해야 한다. 그러나 자세히 살펴보면 기존에 배웠던 현재가치 공식의 응용임을 알 수 있다. GPM에서도 CAM에서와 같이 모든 상환액의 약정이자율에 의한 현재가치 할인금액이 최초대출금액과 동일해져야 한다는 점을 기억해야 한다. 이 개념은 매우 중요하며 문제를 해결해 가면서 유념해야 한다. 다음의 산식은 GPM의 최초 월상환액을 결정하기 위한 일반적 공식이다.

$$PV = \left[MP_1 \cdot \sum_{t=1}^{12} \frac{1}{(1+i/12)^t} \right]$$

$$+ \left[MP_1(1+g)^1 \cdot \sum_{t=1}^{12} \frac{1}{(1+i/12)^t} \cdot \frac{1}{(1+i/12)^{12}} \right]$$

$$+ \left[MP_1(1+g)^2 \cdot \sum_{t=1}^{12} \frac{1}{(1+i/12)^t} \cdot \frac{1}{(1+i/12)^{24}} \right]$$

$$+ \left[MP_1(1+g)^3 \cdot \sum_{t=1}^{12} \frac{1}{(1+i/12)^t} \cdot \frac{1}{(1+i/12)^{36}} \right]$$

$$+ \left[MP_1(1+g)^4 \cdot \sum_{t=1}^{12} \frac{1}{(1+i/12)^t} \cdot \frac{1}{(1+i/12)^{48}} \right]$$

$$+ \left[MP_1(1+g)^5 \cdot \sum_{t=1}^{300} \frac{1}{(1+i/12)^t} \cdot \frac{1}{(1+i/12)^{60}} \right]$$

여기에서 *PV*는 대출금액

*i*는 약정된 대출이자율

MP_1은 1년차의 월간 상환금액

*g*는 월간 상환율의 점증율

예 4A-7

최초 GPM상환금액을
계산하기 위한 표

www.mhhe.com/bf15e

1	2	3	4	5	6
상환기간	상환액	점증상환율	MPVIFA	MPVIF	3 × 4 × 5
MP_1	= MP1(1.0)	1.0	11.255077	–	11.255077
MP_2	= MP1(1+.075)	1.075000	11.255077	0.887449	10.737430
MP_3	= MP1(1+.075)^2	1.155625	11.255077	0.787566	10.243594
MP_4	= MP1(1+.075)^3	1.242297	11.255077	0.698925	9.772473
MP_5	= MP1(1+.075)^4	1.335469	11.255077	0.620260	9.323008
MP_{6-30}	= MP1(1+.075)^5	1.435629	94.946551	0.550450	75.030751
				Total	126.362333

위의 산식이 복잡해 보이지만 $60,000의 12% 30년 GPM의 7.5% 점증율에 의하여 MP_1을 비교적 쉽게 도출할 수 있다. Σ를 포함하는 표현들은 3장과 4장에서 전술한 연금의 현가($MPVIFA$)의 이자 요소일 뿐이라는 점을 유의하라. $1/(1 + i/12)^{12}$, $1/(1 + i/12)^{24}$ 등은 단순히 3장과 4장에서 전술했던 $MPVIF$요소들이다. 이러한 요소들이 지난 12개월보다 월상환액이 커지는 금번 12개월과의 다양한 간격에 대응하게 된다. 그러나 특정한 연도에 월상환액(알려지지 않은)은 당해 연도 동안에는 일정하게 된다. 따라서 예에서 나타나는 것은 알려지지 않은 6개 그룹의 월별 연금의 현가로서 약정대출이자율인 i로 현가할인되면 최초대출금액과 동일해져야 한다. 이러한 과정은 **그룹 현금흐름의 현가할인**이라고 불리우며, 부동산 금융에서 자주 직면하게 되는 문제이다.

근본적인 문제는 유일하게 알려지지 않은 MP_1을 찾아내는 것이다. 대출액이 $60,000이고 월이자율이 0.01이며 만기는 360개월이다. 게다가 2,3,4,5,6년의 MP가 MP_1이 $(1 + g)^1$, $(1 + g)^2$, $(1 + g)^3$, $(1 + g)^4$ 및 $(1 + g)^5$씩 증가한 금액과 같을 것이며 g는 0.075라는 것을 알고 있다. 이러한 정보 하에서 MP_1은 [예 4A-1]의 정보를 모아서 찾아낼 수 있다.

[예 4A-7]에 의하면 1열은 1년에서 30년까지의 상환액에 해당한다. 2열은 단순히 상환액이 매년 7.5%씩 점증함을 표시하며, 이는 알지 못하는 MP_1을 2년차부터 1.075씩

매년 복리화하는 것을 의미한다. 즉 초년도의 상환액은 12개월 동안 일정하다가 다음해에는 1.075배로 증가하는 것이다. 따라서 3열은 단순히 MP_1에 적용되는 복리이자율 요소이다.

[예 4A-7]에서 4열은 12%에서의 $MPVIFA$를 보여준다. 이 요소는 실질적으로 6가지의 상이한 연속된 월상환액들을 현재가치할인하기 위하여 사용된다. 예로서 최초 5년 동안에 12건의 월별 상환이 이루어지고 당해 12개월의 기간 동안에 할인되므로 그 요소는 11.255077이 된다. 6년에서 30년간에는 300회의 상환이 이루어지고 당해 기간에 대하여 할인되어야 하므로 그 요소는 94.946551이 된다.

5열은 월별 연속된 연금을 할인하여 현재가치로 할인하기 위한 $MPVIF$를 나타낸다. 즉 4열은 12개월의 상환금을 12개월의 간격에 대해 할인하고, 5열은 각 시리즈의 상환금이 한번에 이루어지는 것이 아니기 때문에 필요하다. 대신 2년차의 시리즈 상환액은 초년도의 시리즈 상환액보다 낮은 현가를 갖는다. 따라서 각 시리즈는 $MPVIF$에 의하여 1년간 다시 할인되며, 3년차는 2년간 재할인되는 식이다.

마지막으로 6열은 3, 4, 5열을 곱한 수치이다. 각 상환 시리즈가 MP_1으로 표시될 수 있으므로(동일한 1 + g의 비율로 증가함) 여기의 요소들은 더해질 수 있다. 산식을 잘 분석하면 $MPVIFA$, $MPVIF$ 및 1 + g는 요소화되고 곱해진 후 더해질 수 있다. 이에 따라

$$MP_1(126.362333) = \$60,000$$

$$MP = \$474.83$$

MP_2가 MP보다 1.075배임을 알고 있으므로 $474.83에 1.075를 곱하여 $510.44를 얻을 수 있다. [예 4A-3]의 계

---

7 이 절차는 많은 재무용 계산기와 스프레드 시트로 프로그램 할 수 있다. 일반적으로 설명서는 부속 계산기 및 스프레드 시트에 점증 상환 대출 및/또는 그룹화된 현금흐름 할인에서 찾을 수 있다.

PART 02 ▶ 저당 대출

산을 완성하고 12%열의 계산을 검증해 볼 수 있을 것이다.

위의 산식은 부동산 금융에서 일정 시점부터 상환금이 일정률로 증가하는 국면에서 많이 활용된다. 이 과정은 재무 계산기와 워크시트에 프로그램화 될 수 있다. 많은 계산기들이 이 절차를 프로그램화한 기능을 갖고 있다. 충분한 설명을 사용설명서에서 찾을 수 있을 것이다. 또한 다른 시점에 걸쳐서 상이한 점증율이 사용된다면 상환일정과 산식이 어떻게 바뀔지를 고찰해 볼 필요가 있다.

GPM의 대출잔고에 대해서는 상환금액만 알고 나면 잔액은 잔존 상환액의 현가에 의해 아무 때나 구할 수 있다. 이는 잔존 기간의 그룹화된 현금흐름을 고려하고 약정된 대출이자율로 적절히 할인하여 구해진다. 실질적인 금융비용에 대해서는 대출금액(PV)으로부터 대출취급 수수료를 공제해야 한다. 그리고 나서 주어진 GPM의 상환액과 잔고 하에서 12%를 넘는 새로운 이자율에서의 $MPVIFA$와 $MPVIF$에 의해 모든 현금흐름의 현가가 순차입금액과 동일해지도록 할인하게 된다.

주요용어

점증상환대출(GPM)
음의 분할상환
tilt(차양)효과

질문

A-1. 인플레이션이 급격히 상승하는 기간 동안 고정금리 담보대출의 월지불액이 왜 증가하는가? 이와 이연효과는 어떤 관계가 있는가?

A-2. 인플레이션 상승하면 이연효과는 차입자의 무거운 짐이 된다. 그 이유는 무엇인가?

문제

A-1. GPM 대출을 활용하여 $70,000원을 12% 금리로 빌렸다. 최초 5년 동안 7.5% 이자율이 적용되며, 최고 대출액은 30년 기간 동안 $63,000이다. 대출자는 7년 후 집이 팔리기를 기대하고 있다.

a. 최초 월지불액이 498.57일 경우 대출시점부터 5년 동안의 지불액은 얼마인가?

b. 어떤 지불액이 GPM 대출을 가능하게 하는가?

c. 대출자가 대출시점에서 2%의 수수료를 공제하였다면 GPM하 유효수익율은 얼마인가?

A-2. MR.Qualify는 $100,000의 GPM대출을 25년간 9% 이자율에 신청하였다. 상환액은 2년차부터 3년간 7.5%의 율로 점증하게 된다.

a. 최초 5년간 월간 상환액은 얼마인가?

b. 3년차 말의 GPM 대출잔고는 얼마인가?

c. 대출자가 대출시점에서 4%의 수수료를 공제하였다면 5년 후의 실질적인 금융비용은 얼마가 되는가?

A-3. **Excel.** 웹사이트에서 제공되는 Excel Workbook의 "Ch4 GPM"을 참고하라. 만약 지불액이 7.5% 대신에 5% 증가한다면 초기 지불액은 어떻게 변하겠는가?

www.mhhe.com/bf15e

CHAPTER 05

변동금리 저당대출
Adjustable and Floating Rate Mortgage Loans

앞 장에서는 고정금리저당대출(fixed rate mortgage: FRM) 상품들의 지불방식을 중심으로 설명하였다. 원리금 지불구조와 상환금리가 어떻게 상호 조절될 수 있는지도 살펴보았다.

본 장에서는 시장이자율이나 지표 그리고 시장조건에 따라 변하게 되는 다양한 변동금리 주택대출상품들을 살펴본다. 이러한 금리변동 방식이 단독가구주택의 자금조달 방식으로 사용되는 경우를 **변동금리저당대출**(adjustable rate mortgages: ARMs)이라 하고, 상업용부동산의 자금조달 방식으로 사용되는 경우는 **변동금리대출**(floating rate loans)이라고 부른다. 두 대출방식이 매우 유사하기 때문에 본 장에서는 두 대출간의 차이를 두지 않을 것이다. 본 장에서는 ARM이란 용어를 더 자주 사용할 것이다. 이러한 변동금리 대출 상품들은 경제환경에 따라 하나 또는 그 이상의 방식으로 조정된다는 점에서 고정금리대출(FRM)과 차이가 있다. 장기간 금리가 고정된 주택대출상품에 비해 변동금리저당대출은 대출자와 차입자가 **이자율 위험**(interest rate risk)을 공유함으로써 자금조달에 있어서 대안적 방법들을 제공한다. 변동금리저당대출은 대출자가 이자수익의 변화를 이자비용 변화에 보다 효과적으로 연동할 수 있게 해줌으로써 차입자에게는 잠재적으로 낮은 금리로 자금을 조달할 수 있게 해준다.

본 장에서는 물가변동 금리조정 담보대출(price level adjusted mortgage: PLAM)부터 설명하도록 한다. PLAM은 널리 사용되지는 않지만, 차입자와 대출자가 자금조달 방식을 결정함에 있어 고려해야만 하는 많은 문제점들을 설명하게 해주기 때문이다. 이어서 ARM과 ARM의 가격결정 방식과 관련된 사항들을 검토할 것이다. ARM 분석의 한 부분으로써, (1) 이자율변동, (2) 상환액 증가, (3) 지불이자 원금가산과 이로 인한 ARM 대출 수익률에 미치는 영향 등에 대한 한계효과를 검토할 것이다. 또한 이러한 대출들이 FRM과 대출기간이 다른 ARM과 비교해 이자율이 어떻게 결정되어야 하는지를 고려할 것이다. 본 장의 결론 부분에서는 부동산 가치의 상승액에 연동하는 상환방식의 상품인 공유형 모기지(shared appreciation mortgage: SAM)를 다룰 것이다.

고정금리저당대출(FRM)과 관련하여 대출자와 차입자가 고려해야하는 첫 번째 문제는 대출실행 시점에 고정된 대출금리가 대출이 상환될 때까지 유지된다는 것이다. 따라서, 대출자는 대출살행단계에서 대출 실행일로부터 대출금리에 포함되어 있는 구성요소들이 변하게 될 경우 발생하게 될 위험을 심사한다. 대출이자율에 포함되어 있는 구성요소는 실질이자율(r), 위험 프리미엄(p), 기대 인플레이션에 대한 프리미엄(f)이다. 대출자가 대출실행시점에 이러한 구성요소 중의 일부 또는 전부를 과소평가할 경우 대출자는 금융손실에 처하게 된다. 예를 들어 $60,000을 30년 동안 10% 금리로 원리금전액균등분할 상환하는 조건의 대출상품을 가정해보자. 이 때 대출자는 매달 약 $527의 원리금이 상환될 것으로 기대한다. 대출자가 예상한 금리 10%는 대출만기일까지 여러 가지 위험요소들을 충분히 감안하고 결정한 금리이다. 하지만 대출이 실행되고 난 이후 대출금리(i)의 구성요소 중 하나 이상이 대출 실행시점에 예상했던 것보다 상승했다면, 대출자는 손실을 보게 될 것이다.[1] 예를들어 대주가 인플레이션을 잘못 예측했거나 예상치 못한 인플레이션(unanticipated inflation)이 발생했다면, 즉 10%가 아닌 12% 이자율을 보장받았어야 했다면, 대출자의 30년 동안 손실규모는 다음과 같이 계산된다.

계산기 해법	함수:
i = 12%/12	PV (i, n, PMT, FV)
n = 360	
PMT = $527	
FV = 0	
PV = $51,190	

계산된 손실액은 $60,000 − $51,190 = $8,810이다. 이 경우 **예상치 못한 인플레이션** 2%는 $8,810(대출액의 14.7%)의 금융손실을 초래했다. 이는 **이자율 위험**과 대출자의 잠재적 손실의 관계를 보여주는 가장 쉬운 예이다. 대출금리(i)의 구성요소에 기대되는 수준의 불확실성 때문에 대출자는 위험프리미엄을 요구한다. 마찬가지로 미래에 r과 f의 불확실성이 증가하면 p도 증가하는 것이다.[2]

대출자에게 발생한 손실은 차입자에게는 이익이 됨을 유의할 필요가 있다. 이자율이 하락하게 되면 대출자는 이익을 보게 되는 것이 당연하지만, 이러한 경우 차입자는 기존 대출을 다른 대출로 전환하려고 할 것이다. 이러한 차입자의 행태는 고정금리대출의 경우에 위험부담이 체계적이거나 공평하지 않을 수 있음을 의미하는 것이다. 즉, 대출자는 이자율이 상승할 때 손실위험을 부담하게 되지만, 이자율이 하락할 때 얻는 이익을 상쇄하지 않을 수 있다는 것이다. 차입자가 언제든지 대출을 조기상환할 수 있기 때문이다. 이러한 문제를 해소하기 위해 대출자와 차입자는 이자율 상한과 하한, 이자율 스왑, 록아웃(lockout), 조기상환금지 또는 조기상환 수수료 등의 방법을 사용한다.

---

[1] 대출자가 상환 예정기간 동안 금리의 구성요소 예측을 부정확하게 하는 데는 몇 가지 이유가 있다. 통화공급량에 따라 인플레이션(f)의 변화를 가져올 수 있다. 일반 경제활동의 변화는 투자와 고용수준의 변화를 가져와 실질금리와 상환불이행 위험(R과 P)에 영향을 준다.

[2] r과 f의 기대수준이 예상치 못한 변화 때문에 항상 정확하지는 않다는 점을 인식해야 한다. 경제여건이 안정적인 시기에는 측정치의 불확실성이 비교적 작을 것이지만, 그렇지 않다면 불확실성이 커질 수 있다. 따라서 측정치의 불확실성은 금리위험과 위험프리미엄에 영향을 미친다.

물가연동 금리조정대출 *PLAM*

대출자의 불확실성의 문제를 해결하기 위한 목적으로 논의된 개념 중의 하나가 **물가연동 금리조정대출**(PLAM)이다. 앞 장에서 대출금리 i를 다시 적어보면 다음 식과 같다. 여기서 r은 기대실질 이자율, p는 리스크 프리미엄, f는 예상인플레이션이다.

$$i = r + p + f$$

이 식에서 예측하기 가장 어려운 변수는 예상 인플레이션에 대한 프리미엄(f)이다. 대출자는 이자율 위험 또는 인플레이션의 불확실성과 이자율에 대한 인플레이션의 영향을 줄이기 위해서 실질이자율에 대손위험을 감안한 프리미엄을 가산($r + p$)하여 대출을 실행한다.

　r과 p에 대한 초기 값을 추정하고 나면 PLAM 대출잔액은 물가지수에 의해 상향 또는 하향 조정될 것이다. 상환액은 인플레이션에 대해 조정된 신규 대출 진액을 기준으로 계산된다. 이러한 결과로 인플레이션에 의한 시장이자율 변화의 위험은 차입자에게 전가되고 대출자는 대출 실행시점에 이자율 변화를 예측해야 하는 어려운 부담으로부터 벗어나게 된다. 하지만 여전히 대출자는 예기치 않은 r 또는 p의 변화에 따른 위험은 부담해야 한다.[3]

PLAM 대출: 불입구조

예상 상환기일 동안 r과 p에 대한 기댓값으로만 구성되어 있는 이자율로 상환하는 PLAM 대출을 예를 들어보자. 이 때 상환액은 잔여 대출기간 동안 대출잔고의 값을 기준으로 매 기간마다 조정된다. 구체적인 설명을 위해 대출금액 $60,000, 만기 30년, 금리 4%($r + p$)인 경우가 있다고 가정하자. 대출자와 차입자는 대출잔액이 소비자물가지수에 연동되고 매년 조정되는 것에 동의하였다. 초년도 상환액은 $60,00 원금에 30년 만기, 4% 금리가 적용되므로 약 $286가 된다. 1년 후 대출잔액은 $58,943가 된다. 그런데 첫 해 소비자물가지수(CPI)가 6%까지 상승했다고 가정하면, 첫해 말 대출잔액은 $58,943 × 1.06 = $62,480가 된다. 이때 조정된 대출잔액 $62,480은 잔여 29년 동안 상환될 것이다. 2년 차 월상환액은 $62,480, 29년, 4%에 의해 $304로 수정되며 이러한 조정은 매년 계속 일어나게 된다. (1) 분할상환 일정을 활용하여 대출잔액을 계산하고, (2) 다음 해 CPI의 변화에 기초하여 대출잔액를 증가시키고, (3) 남은 대출기간 동안의 새로운 상환액을 계산한다.

　대출 잔존기간 중 인플레이션이 연간 6%로 계속 발생한다는 가정하면, [예 5-1]은 PLAM 대출의 연간 명목상환액과 대출잔액을 보여준다. [예 5-1]에는 강조해야 할 여러 중요사항이 많은데, 그림 A에서 PLAM 상환액은 물가상승률 6%와 비슷한 비율로 상승하고 있다. 이러한 상환액 증가는 원금을 상환함에도 불구하고 계속된다(그림 B 참조). 이러한 상환액이 상승하는 형태로 나타나는 이유는 (1) 대출잔액에 대한 물가지수의 상승 영향과 (2) 매

---

[3] 이들 각각의 변수들은 i를 구성하는 독립적인 변수로 취급하지만, 이들 변수 간에도 상관관계가 있을 수 있다. 예를 들어 위험프리미엄(p)은 부분적으로 차입자의 소득이나 부와 관련이 있는데, 차입자의 소득은 실질금리(r) 수준을 결정하는 경제환경의 변화에 영향을 받는다. 소득수준이 상승하거나 주택가격이 대출잔고를 능가할수록 상환 가능성이 높아지기 때문에, 소득의 변화는 상환불이행의 영향을 받는다. 유사하게, 인플레이션(f)과 실질성장률(r) 간의 관계를 완전히 이해하지 못한다. 따라서 각각의 구성요소의 중요성을 예시하기 위한 개념적 방법을 사용하는 것이지, i의 결정이 간단하다는 것을 의미하진 않는다는 사실을 인식해야 한다.

예 5-1
1년간의 복리계산

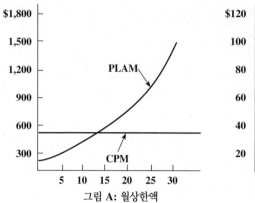

그림 A: 월상한액

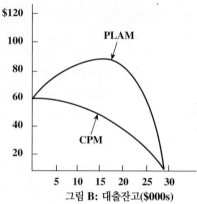

그림 B: 대출잔고($000s)

기 다음 연도의 상환액이 더 짧아진 잔여대출기간 이상으로 계산되기 때문이다.[4] PLAM의 상환추이를 대출만기가 30년이고 대출금리는 10%로 고정금리인 원리금균등분할상환 대출(CPM)과 비교해보자. PLAM의 첫해 상환액이 $286인 것과 비교해 CPM의 월상환액은 $527이다. 따라서, 주택구입 시에 PLAM을 이용하는 것이 CPM을 이용하는 것보다 더 많은 가구들을 주택구입대상이 되게 한다.

그러나 PLAM에도 문제가 없는 것은 아니다. [예 5-1] 그림 B에 의하면 PLAM의 대출잔액은 $60,000에서 15년차에 150% 상승한 $93,000까지 상승한다. 주택은 CPI를 작성하는데 사용되는 많은 구성요소 중의 하나일 뿐이다. 따라서 CPI로 대표되는 다른 재화의 가격이 주택가격보다 빠르게 상승하거나 주택가격이 하락한다면, CPI에 연동되어 있는 대출잔액이 주택의 자산가치보다 높아지게 된다. 이러한 경우가 발생하게 되면, 차입자는 채무를 이행하지 않으려는 유인을 가지게 된다. 이러한 가능성은 대출자에게 상당한 부담이 된다. 왜냐하면 대출자는 인플레이션과 고정금리로 구성된 대출을 취급하는 조건으로, 모든 차입자에게 적절한 자기부담금(down payment)의 수준을 설정하게 하고, 주택가격을 예측하여 주택대출시 담보로 설정한 주택의 자산가치가 항상 대출잔액보다 더 크다는 확신을 가져야 하기 때문이다. 따라서 CPI가 PLAM 대출잔액을 조정하는 데 사용하기에 적절한 지표인지 의심스럽다.

PLAM과 관련된 두 번째 문제점은 주택대출 상환액과 차입자 소득과의 관계에 관한 것이다. 4상 부록에서 논의된 바 있는 이월(tilt)에 대한 문제 는 상당히 줄어들 것이다. 왜냐하면, 상환액이 차입자의 소득에 보다 근접하게 일치될 수 있기 때문이다. 그러나, 여기서는 PLAM 산정에 기준이 되는 CPI와 차입자 소득이 같은 방향으로 움직인다고 가정한다. CPI가 증가함에 따라 소득도 같이 증가한다면 대출금 상환액과 차입자 소득의 비율은 쉽게 유지될 수 있다. 장기적으로 보면, 이러한 관계는 소득과 대출금 상환액이 균형 있게 상승함에 따라 가능할 수 있다. 그러나, 인플레이션이 급격히 상승한다면, 차입자 소득은 단기적으로 같은 비율로 증가하기는 어렵다. 이런 상황에서는 가구의 상환부담은 증가하여 대출금을 상

---

[4] 매년 말 나타나는 조정의 과정은 매년 말 새로운 대출로 차환하는 경우로 해석 가능하다. 이를테면, 상환액은 다른 금리와 만기구조에 기초하여 수정되며, 대출잔액은 언제나 새로운 차입금을 나타낸다. 따라서, 금리나 만기 구조의 변화가 월상환액을 조정하거나 증가시킬 수 있는 것이다.

환하는 것이 더 어려워질 수 있다. 이러한 가능성 때문에 대출자는 가구의 직업군별 미래소득과 인플레이션의 관계를 추정해야 한다. 대출잔액과 상환금액이 커지는 문제 때문에 대출자는 위험프리미엄(p)을 추정해야 한다.

PLAM과 관련된 세 번째 문제는 물가지수가 과거자료에 기초해서 측정된다는 것이다. 다시 말해, 물가지수가 과거 기간에 수집된 자료에 기초해서 작성되어 현재시점에 공표된다는 것이다. 대출금 상환액이 장래에도 발행한다는 점을 고려하면, 과거 지수값은 미래 지수의 정확한 지표가 아닐 수 있다. 가령 전년도 CPI가 10%로 상승했다고(발표시점은 현재) 하자. 이 수치는 대출금 잔액을 계산하는데 사용되고, 다음 연도 상환액을 결정하는 데 사용될 것이다. 만약 다음 연도의 CPI 상승률이 실제는 2%로 낮아졌다면, 대출금상환액은 실제(2%)보다 더 빠르게 상승(10%)하게 된 것이다. 차입자의 전년도 소득이 10%까지 상승했다 할지라도, 특정 기간에 소득의 실현과 다음 기간에서의 더 높은 상환액과 차이는 여진이 문제로 남는다. 이런 이유로 시장관계자들은 PLAM 방식이 광범위하게 적용되려면, 상환액 조정기간이 매우 짧아져야 한다고 본다. 이 기간을 조정 기간(adjustment interval)이라고 한다.

PLAM을 실행함에 따른 실질적인 문제가 있지만, PLAM의 특징들은 변동금리대출(ARMs)을 이해하는 데 기본적인 구조를 가지고 있다. 이제 이번 장의 마지막 내용에 해당하는 ARM을 설명하도록 한다.

ARMs과 변동금리대출: 개관

대출사는 물가지수를 기준으로 대출금리와 상환액을 조정하기보다는 다른 시장이자율을 기준으로 조정되는 이자율을 적용한 다양한 대출상품을 선택할 것이다. 물가지수 대신 이자율로 조정되는 지수를 사용함으로써, 대출자는 부분적으로 대출 잔존기간 동안의 실질금리와 위험 프리미엄을 추정해야 하는 부담을 피할 수 있다. 대출자는 ARM으로 매 기 조정기간 말에 현재의 금리수준으로 갱신되는 대출을 만들 수 있다. CPI 또는 기타 물가지수에 연동된 인플레이션의 과거 수치를 사용하는 대신에 이자율을 지수로 사용함으로써 대출자는 장래 기간 동안 r, p, f의 기댓값에 기초한 기대수익률을 올리게 된다. 왜냐하면, 이자율이 특정 미래 기간 동안 r, p, f에 대한 대출자와 차입자의 기대치를 반영하기 때문에 ARM으로 조정된 상환액은 항상 미래 기대치에 근거하게 된다. 따라서, 대출조건이 이자율에 연동되어 있어 월상환액은 자주 갱신된다. 대출자의 관점에서 보면 ARM은 PLAM보다 금리조정을 더 적절하게 할 수 있게 되는데, 이는 r, p, f 값이 금리 조정일 사이에 i의 각 구성요소에 대한 미래 가치의 시장기대치를 반영하기 위해 특정기간에 갱신되기 때문이다. 즉, 예상 인플레이션 f 값은 CPI 또는 기타 물가지수에 의해 측정된 과거 수치보다 미래 값의 추정치에 의해 조정된다. 유사한 방법으로 r, p 값도 두 조정일 사이에 예상되는 경제환경에 의한 위험을 현재시점에 평가한 값으로 조정되는 것이다.

ARM의 상환방식의 예시

간단한 예로 ARM의 특징을 설명할 수 있다. 첫해 대출금리가 10%이고 원금이 $60,000인

ARM이 만기 30년 조건으로 실행되었다. 그러나 상환액은 특정 지수에 의해 결정된 이자율에 의해 첫해 기간 말에 재설정된다. 첫해 매달 상환액은 약 $527이고, 연말에 대출잔액은 $59,666가 된다. 만약 시장 지수가 첫해 말에 상승하여 ARM의 시장이자율이 12%로 상승한다면, 상환액은 29년 동안 대출잔액에 기초하여 결정될 것이다.

A 단계	함수:
계산: 1년차 말 대출잔고	$FV\ (PV,\ n,\ i,\ PMT)$
$n = 12$	
$PMT = 527$	
$PV = \$60,000$	
$I = 10\% / 12$	
$FV = 59,666$	

B 단계	함수:
계산: 12%일 경우 월 지불액	$PMT\ (n,\ i,\ FV,\ PV)$
$n = 29 \times 12 = 348$	
$i = 12\%/12 = 1\%$	
$PV = \$59,666$	
$FV = 0$	
$PMT = \$616$	

따라서 1년차 말에 ARM에 설정된 12%금리는 다음 연도의 i의 구성요소를 갱신하는 추정치가 되어, 월상환액은 $527에서 2차년도에는 $616로 증가하게 된다.

간단한 예를 통해 최소한 세 개의 결과는 고려되어야 한다.

1. ARM을 이용한다고 해서 대출자의 손실 가능성이 완전히 제거되는 것은 아니다. 왜냐하면, 이자율 위험(interest rate risk)이 있기 때문이다. 첫 번째 예에서 1년차 ARM의 대출자의 수익률은 10%였다. ARM으로 대출이 실행된 다음 날 시장금리가 12%까지 상승한다면, 대출자는 1년 동안 2%의 손실을 입게 될 것이다. 이러한 위험은 금리조정기간이 하루 단위로 줄어들면 분명히 제거될 것이다. 또는 금리조정 기간이 1년보다 짧아졌다면, 손실은 그 기간만큼 줄어들 수 있은 것이다.

2. **상환 조정기간**이 길어질수록 대주의 이자율 위험은 더 커진다. 따라서, 이런 대출에 대해 대출자의 기대수익률은 더 커져야 한다. 이에 대해서는 다음 장에서 상세히 설명될 것이다.

3. 마지막으로 대출자가 이자율 위험을 작게 가정할수록, 차입자의 이자율위험은 선택된 지표의 특성과 상환조정 빈도에 따라 더 커지게 된다. 이는 FRM과 비교해보면 이해될 수 있다. 시장조건에 따라 자유롭게 상환액이 조정되는 ARM에 비해 FRM으로 대출한 경우에는 대출자가 미래 이자율 변동에 따른 모든 위험을 떠 안게 된다. 분명한 것은 ARM의 경우 이자율 위험을 차입자는 더 크게 안고, 대출자는 낮은 위험을 가지게 될 것이다. 따라서, **ARM의 최초금리는 FRM보다 낮게 설정된다.**

따라서, ARM 대출자는 금리위험을 차입자에게 전가시키기 때문에 대출기간 중 기대하는 수익률을 낮추어야 하는 것이다. 이러한 세 개의 결과는 대출자와 차입자가 대출조건을 협의할 때, 분명하게 고려되어야 하는 요소이다.

ARM의 그 외 특징들

ARM을 취급할 때 중요하게 다루어야 할 용어는 아래와 같다.

- 지표(index): **지표**는 대출금리를 결정할 때 기준이 되는 것으로 대출자와 차입자가 합의한 것다. 이때, 대출자는 지표에 대해 어떤 통제도 하지 못한다. 지표는 단기 또는 장기일 수 있으며, ARM의 대출금리를 재조정일에 재조정할 때 사용된다. 지표로 사용되는 것은 다음과 같다.
  — 1년 Treasury 증권 또는 특정 만기일이 있는 Treasury Bill(6개월 10년 등)
  — 11번째 연방주택은행(FHLB) 지구에서 발표하는 COFI
  — 다양한 기간 동안의 LIBOR(The London Interbank Offered Rate)
- 이윤(margin): ARM에 적용한 지표에서 발생한 **프리미엄** 또는 **스프레드**
- 합성금리(composite rate): 지표금리에 스프레드를 가산한 금리로 대출실행시점에서의 초기 금리와는 다를 수 있다.
- 재조정일(reset date): 통상 6개월~1년이나 3년, 5년으로 긴 경우 및 1개월의 경우도 있다.
- 음의 상환(negative amortization): 이자한도 설정(Cap)으로 인해 이자지급이 이루어지지 못한 경우, 부족한 차액이 원금에 가산되는 조건(4장 참고)
- 최대한도설정(caps): 대출금리, 상환금액, 만기연장, 음의 상환 등 최대 **증가한도**를 설정하는 경우를 말한다.
- 최소한도설정(floors): 대출 조정시기에 상환액 또는 금리를 **감소**시킬 수 있는 최대치를 설정한 경우를 말한다.
- 채무이양(assumability): 차입자가 부동산매입자에게 자신의 저당채무를 현 조건하에 승계시킬 수 있는 권리를 말한다.
- 원금할인율(discount points): FRM의 경우 차입자에게 낮은 이자율을 제공하는 조건으로 지불하는 비용으로, ARM의 경우도 대출자의 수익을 높이기 위해 종종 사용된다.
- 조기상환권(prepayment privilege): 대부분 **주택관련** 차입자들은 조기상환 수수료 없이 조기상환이 가능한 옵션을 가진다. 그러나, 조기상환은 권리가 아니기 때문에 대출자는 차입자들이 특정기간 이전에 조기상환할 경우 일정 비용을 차입자에게 부과하기도 한다.
- 록아웃(lockouts): 대부분의 상업용 저당대출은 일정기간 이내에 조기상환하는 것을 금지하고 있다. 이런 상황에서 차입자가 조기상환할 경우 조기상환수수료는 대출자와 협의해야 한다.
- 전환옵션(conversion option): ARM 차입자가 FRM으로 전환할 수 있는 권리로, 합의내용에 따라 차입자의 의견 또는 일정한 기간 이후에 행사가 가능하다. 대출자는 이 옵션에 대해 일정수수료를 부과할 수 있다.

앞에 언급한 다양한 조항의 결합으로 대출자와 차입자간 이자위험을 나눌 수 있다.[5] 지면 관계상 이 장에서 이러한 조항의 모든 결합을 분석하지는 않는다. 하지만, 다음에서 설명하는 것은 ARM 또는 변동금리 조건들의 조합을 분석하는 데 사용될 수 있는 필수적인 요소들이다.

변형: ARM과 Floating Rate Loans

3/1, 5/1, 7/1 "하이브리드 대출"

ARM의 다른 형태로서 자주 쓰이는 것이 하이브리드 ARM이다. 이는 초기 3, 5, 7년 동안 FRM처럼 고정금리로 설정되나 일정기간 이후 이자율이 ARM처럼 조정된다. 예를 들어 3/1의 하이브리드 ARM은 3년 동안 이자율이 고정되고 이 기간 이후 이자율이 조정된다. 이러한 대출의 ARM 상환액은(30년 만기, 초기 이자율 6%) 30년 만기 FRM과 같은 방식으로 시작한다. 처음 3년 동안의 월지불액을 보면 다음과 같다.

계산기 해법	함수
초기 1년부터 3년간 월지불액	$PMT(PV, i, n, FV)$
$PV = -\$100,000$	
$i = 6\%/12$	
$n = 360$	
$FV = 0$	
$PMT = \$599.55$	

3년 말 조정일에 조정금리는 차입자와 대출자가 합의한 금리지표와 이윤에 의해 결정이 된다. 예를 들어 3년 말에, ARM 금리가 6.5로 조정되었다면, 4년차 지불액은 3년 말 대출잔고($96,084)에 의해 결정된다.

계산기 해법	함수
초기 4년부터 30년	$PMT(PV, i, n, FV)$
$PV = -\$96,084$	
$I = 6.5\%/12$	
$n = 324$	
$FV = 0$	
$PMT = \$629.88$	

---

[5] 주택대출에 있어, 대출자와 차입자가 추가적으로 고려해야 할 사항은 다음과 같다.
- 예상초기이자율(expected start rate): 예상초기이자율은 대출설정시점의 지표와 마진을 합산하여 결정한다. 대출자의 이자율 위험이 차입자 보다 낮기 때문에 일반적으로 이자율은 FRM보다 낮게 설정된다.
- 실제초기이자율(actual start rate): 실제초기이자율은 ARM대출 계약을 할 때 대출자간의 경쟁시장을 통해 결정되는 이자율이다. 이는 예상초기이자율과 낮거나 같을 수 있다. 실제초기이자율이 예상초기이자율보다 낮을 경우 이를 "Teaser rate"라 한다.
- 티저금리(teaser rate): 더 많은 차입자를 유치하기 위해 대출기관이 경쟁적으로 이자율을 낮추는 것으로 차입자들은 실제 할인된 금액과 낮은 이자율로 이연된 이자에 대해 결정해야 한다.

이 예에서 초기 3년 동안 월상환액은 $100,000을 6%의 이자율로 설정된 FRM($599.55)과 동일하다. 3년 말에 대출잔액은 $96,084이고 이자율이 6.5%라고 하면, 4년차 기간동안 월 지불액은 $629.88이 된다. 월지불액은 3년마다 재 계산될 것이다.

　　앞서 설명한 바와 같이, 하이브리드 대출에서 가능한 변형으로 초기 1~3년 기간은 이자만 지불하고 4년차는 3년차 말에 조정된 ARM을 적용하는 구성도 가능하다. 이때 초기 3년 동안은 이자만 지불하므로 4년차 시점에 대출잔액은 $100,000이다. 4년차부터 지불하는 금액은 조정된 이자율과 27년 상환액을 더한 값을 기준으로 재계산될 것이다. 월 지불액은 남은 27년의 매년 초 재설정일을 기준으로 재계산된다.

이자만 지불하는 **ARM** *Interest-Only ARM* 및 변동금리 대출

나수의 변동금리 대출은 상업용 부동산의 자금조달 빙식에 사용된다. **이자만 지불하는 ARM** 또는 변동금리대출은 차입자가 매월 이자만 지불하는 구조이다. 이자상환액은 지표와 이윤에 따라서 다양하다. 예를 들어 $100,000을 30년 동안 6% 이자율로 이자만 지급하고 매년 이자율을 재설정하는 ARM의 경우 월 지불액은 다음과 같다.

$$\text{월지불액} = \text{대출액} \times (\text{이자율} / 12)$$
$$= \$100,000 \times (0.06 / 12)$$
$$= \$500$$

재조정일인 다음 년 초에 지표가 상승하여 이자율이 8%가 된다면, 월 지불액은 $666.67가 된다.

$$= \$100,000 \cdot (0.08 / 12)$$
$$= \$666.67$$

　　두 경우 모두 지불액은 이자만 지불하고 원금에 대한 상환은 포함되어 있지 않다. 1년 차 말에 차입자가 남은 29년 기간의 대출잔액을 상환하는 경우를 고려해보자. 이자만 지불하는 경우의 $666.67이 아닌 새로운 상환액은 $739.95가 된다.

계산기 해법	함수
$PV = -\$100,000$	$PMT\ (PV,\ n,\ i,\ FV)$
$n = 29 \times 12 = 348$	
$i = 8\%$	
$FV = 0$	
$PMT = \$739.95$	

2년차 지불액은 $739.95로 $73.27만큼이 대출잔액을 감소시킨다. $73.27가 8% 이자율로 복리계산될 경우 1년간 대출상환액은 $912.20이다. ($PMT = \$73.27$, $n = 12$, $i = 8\%$, $FV = 912.20$). 이 금액을 $100,000에서 빼면 2년차 대출잔액은 $99,087.79이 된다. 이러한 예처럼 대출자와 차입자는 특정한 기간에 전부 혹은 일부를 상환할 지를 선택할 수 있다. 예를 들어, 3년차 말에 이자만 상환방식이 중단되어야 한다면, 만기에 대출잔액을 전부 혹은 일부

ARM의 이자율과 불입액은 특정기간 이후 조정(통상적으로 1년)된다. 앞에서 살펴본 것처럼 조정 이자율은 차입자가 선정한 지표금리에 일정 스프레드를 더하여 구한다. 하지만 여기서 중요한 것은 왜 조정 이자율이 "teaser rate"인가 하는 점이다.

ARM의 최초 대출취급금리는 대출설정 후 첫 번째 연도에만 적용되는 이자율이며 이를 통해 월지불액 등을 계산한다. 예를 들어 ARM 대출이 종료되는 날짜에, 1년 재무부 채권금리가 4%이고 이윤이 2%라고 가정하면, 초기 월 지불액을 계산하기 위한 이자율은 6%이다. 그러나 대출취급금리가 반드시 6%일 필요는 없다. 대출기관끼리 경쟁에서 우위에 서기 위해 다수의 대출출기관들은 서로 다른 최초 대출취급금리, 금융수수료 등을 적용하여 초기 금리를 결정한다. 이러한 이유로, ARM하 최초 대출금리는 시장 지표와 스프레드를 더한 금리보다 낮게 설정되고 이를 "teaser rate"이라고 통칭한다. 대출기관들은 "teaser rate"을 이용하여 다른 대출기관 보다 경쟁우위에 있기를 바라며, 대출을 더 많이 하고자 한다. 그러나 이러한 "teaser rate"은 초기 1년에만 적용이 된다.

예를 들어 최초 대출취급금리가 6%로 설정되고, 대출기관이 teaser rate 1.5%를 제시한 경우 첫 번째 연도 월지불액은 다음과 같다.

계산기 해법	함수
$PV = -\$100{,}000$	$PMT(PV, i, n, FV)$
$i = 1.5\%/12$	
$n = 30 \times 12$	
$FV = 0$	
$PMT = \$345.12$	

Teaser rate를 적용받는 경우 월 지불액은 6% 금리 대출보다 적다. 6% 이자만 상환하는 경우 월 지불액은 $500이고, 30년 원리금균등상환인 경우 월 지불액은 $607.32이다.

Teaser rate와 Accrual Rate

위의 예는 1년 재무채권 6%와 이윤을 더한 금리가 6%일 때, teaser rate는 1.5%로 설정된 대출이었다. 이 대출에서 대출기관과 차입자는 상호협의에 의해 월지불액을 1년간 1.5%를 적용받지만, 이후 금리는 6%로 상승할 것이다. 이 경우에 teaser rate와 accrual rate의 차이는 대출잔액에 포함되어 대출잔액은 증가하게 된다(음의 분할상환).

를 상한하기 위해서는 원금을 포함한 더 많은 금액의 지불이 시작되어야 한다.

위험프리미엄, 이자율위험, 채무불이행 위험

상이한 상환특성을 가진 ARM들 중에서 기대수익률이 얼마나 다양할지를 결정하는 것은 매우 어렵다. 그러나, 일정한 차입자에 대해서 ARM 방식으로 차입하는 경우의 기대수익(비용)은 앞서 설명한 ARM 조건에 의해 결정된다: (1) 초기금리, (2) 금리가 연동되는 지표, (3) ARM에 적용한 지표금리에 대한 이윤 또는 스프레드, (4) 최초대출금에 부과되는 할인율(discount point), (5) 상환액 조정의 주기, (6) 금리나 대출잔고의 상한이나 하한. 대출액

계산기 해법

1단계 : 1년차 대출잔액   함수

$PMT = \$345.12$ FV (PMT, i, n, PV)
$i = 6\%$
$n = 12$개월
$PV = -\$100,000$
$FV = \$101,910.53$ (대출잔액)

2단계 : 조정주기 이후 월 지불액 (6.5% 적용)   함수

$PV = -\$101,910.53$ PMT (PV, i, n, FV)
$i = 6.5\%$
$n = 29$년
$FV = 0$
$PMT = \$651.43$

유의할 점은 대출합의에 따라 ARM 설정시 시장이자율 6%(accrual rate)와 teaser rate 1.5%의 차이에 따른 상환액의 차이는 대출잔액을 증가시킬 것이다. 재 설정된 대출잔액은 $101,910.53는 초기 대출잔액 $100,000.00보다 큰 값이다. (증가한 대출잔액은 6% 적용 시의 이자 $500와 $345.12의 차이인 $154.88가 된다.) 그 결과 증가한 대출잔액은 $101,910.53이 된다. 이러한 대출조정은 대출실행일 이후 2년, 3년 등 조정주기가 길어질수록 더 중요해진다. 이런 경우에 대출잔액은 훨씬 큰 금액으로 증가할 수 있다(음의 분할상환 발생).

상환쇼크 Payment Shock

앞선 예는 초기 teaser rate이 1.5%로 설정되어 월지불액이 $345.120이다. 하지만 2년 후 월지불액은 80% 늘어난 $651.43가 된다. 이러한 월지불액의 증가를 Payment Shock이라 통칭한다. Payment Shock은 ARM 이자율이 연동되어 있는 지표금리가 크게 오를 경우 발생한다. Payment Shock은 teaser rate로 실행된 ARM의 경우 더 심각할 수 있다. 차입자의 소득, 기타 자산, 재조정시기의 부동산 담보의 가치에 따라, 차입자는 금융적 어려움과 채무불이행 등의 상황에 놓일 수 있다. 이런 이유로, 차입자의 현재 능력을 기준으로 매우 낮게 적용한 teaser rate를 사용하는 것은 이자율이 재조정되는 시기에 큰 문제를 초래할 수도 있는 것이다.

과 나열한 6가지 각각의 특성이 현금흐름과 월별 예상상환액, 예상대출잔고 등을 결정한다. 따라서, 개별적인 특성이 기대수익(또는 차입자 비용)에 얼마나 영향을 미치기 쉬운지를 이해하고, 더 나아가 이러한 특성들의 조합이 시간에 따라 상호작용하며, 대출자에게 채무불이행 위험을 증폭시키거나 감소시킬 수 있는지를 이해해야 한다.

이자율 위험을 차입자에게 전가함으로써 대출자가 얻게 되는 이익에 대해서는 충분한 설명을 하였다. 이제, 대출자가 ARM을 취급함에 따라 추정해야만 하는 위험들을 추가한다. 6개의 특성의 조합은 채무불이행 위험에 영향을 주게 된다. 채무불이행 위험은 (1) 대출금을 상환하려는 차입자의 지불능력을 떨어뜨리거나, (2) 음의 분할상환으로 주택가치대비 대출잔액이 너무 크게 증가함에 따라 증가하게 된다. 대출자들의 대출심사 기준은 다음 장에서

예 5-2

금리위험, 상환불이행
위험과 위험 프리미엄의
관계

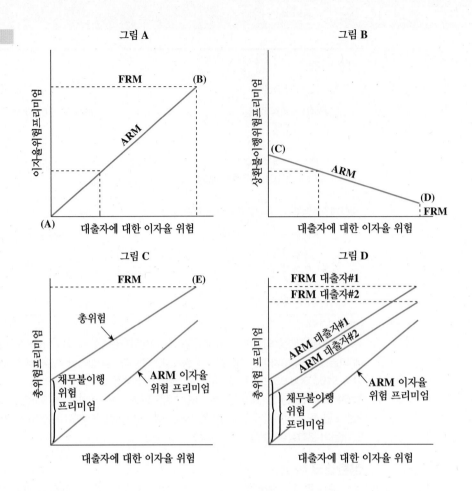

그림 A

그림 B

그림 C

그림 D

다룰 것이므로, 본 절에서는 채무불이행위험을 자세히 강조하고자 한다.

개별 차입자와 대출자에 대한 이자율 위험과 채무불이행 위험 간의 관계를 잘 설명해 주는 것이 [예 5-2]의 그림 A이다. 대출자가 요구하는 리스크 프리미엄(p)을 세로축에, 대출자가 부담하는 금리위험을 가로축에 나타낸다. A-B의 연결선에서 대출자가 이자율위험을 많이 부담할수록(차입자가 적게 부담할수록) 대출자가 위험 프리미엄을 많이 요구하게 된다. 따라서 이자율위험 곡선의 기울기는 양(+)의 값을 가진다. 극단적으로 대출자가 모든 금리위험을 떠맡는 경우(B점)는 FRM의 이자율 위험과 동일한 값을 갖게 된다. 대출사가 아무런 이자율위험을 지지 않는 경우는 차입자가 모든 이자율위험을 떠안은 경우로서 A점이 된다.

그림 B에서 차입자가 부담하는 이자율 위험이 커질수록 대출자가 부담해야하는 **채무불이행 위험**이 증가한다(지불액 또는 이자율에 상한 조항이 없는 ARM인 경우). ARM에 대한 차입자 보호조항(이자율 또는 지불액 상한)이 없기 때문에 채무불이행 위험은 C에서 최대가 된다. 따라서, 향후 이자율이 크게 상승하게 되면, 소득대비 상환에 부담도 크게 증가할 수 있다(payment shock). 따라서 채무를 이행하지 못할 가능성은 차입자가 모든 이자율 위험을 부담할 경우 더 커지게 된다. 그러나, 대출자가 이자율 위험을 더 부담하게 된다면, 차입자의 채무불이행 위험은 감소하게 된다. 왜냐하면, payment shock은 지불액 또는 이자율의 상한(cap)이 사용될 때 제약을 받기 때문이다. 본질적으로 더 많은 이자율위험을 부담함으로써 대출자는 더 많은 충격을 흡수하게 되어 **차입자의 채무불이행 위험을 줄여주게** 된다. 이러한 특징은 그림 B에서 보듯 바와 같이 채무불이행 위험 곡선은 대출자가 부담하는 이자율위험이 증가함에 따라 요구되는 위험프리미엄은 음(−)의 관계를 가지는 것으로 나타난다. 그러나, 채부불이행 위험의 수준은 FRM 대출자의 이자율 위험 이하로는 하락하지 않는다(D). D점은 대출자가 모든 이자율 위험을 부담한 것으로 가정한 그림 A에서 점 B와 일치한다.

그림 C에서 총위험 곡선은 대출자들이 이자율위험과 채무불이행 위험에 대해 ARM에 요구하는 위험프리미엄을 나타내고 있다. 총 위험 프리미엄은 이자율위험과 채무불이행위험의 두 가지의 합으로 구성되어 대출자가 부담하는 이자율 위험의 양에 비례하여 증가하되 FRM에서의 위험 프리미엄을 그 상한선으로 한다(E점).

그림 D는 **동일한 대출자가 두 명의 상이한 차입자에 대해 설정한 두 가지의 상이한 위험 프리미엄을 나타내고** 있다. 여기에서 **이자율 위험**은 차입자를 구분하지 않고 동일하시만, 채무불이행위험은 차입자 간에 서로 다르다. 따라서 총 위험 프리미엄은 개별차입자의 채무불이행 위험정도에 따라 다르게 나타난다. 채무불이행 위험은 단순히 차입금리 만의 변수는 아니며, 실업·이혼 등 다른 요인들이 존재한다. 본 절에서는 채무불이행 위험이 이자율 변동에 따라 얼마나 변하는지를 중심으로 설명한다.

[예 5-2]가 모든 차입자에게 일반화될 수 있는 것은 아니다. 하지만 대출자가 이자율 위험을 차입자에게 전가시켜 얻는 이익이 차입자의 채무불이행 손실증가 위험보다 더 큰 경우에만 ARM대출이 이루어진다는 원칙을 도출할 수 있다. 바꿔 말하면, 차입자가 FRM 보다 낮은 최초금리를 약정하는 대신 이자율 위험 부담을 받아드려야만 ARM대출계약이 이루어지는 것이다.

[예 5-2]에서는 차입자와 대출자가 직면하는 위험 수익 상쇄관계를 그래프로 나타냈다. 이자율 위험과 채무불이행 위험간의 상쇄관계를 활용하여 대출자와 차입자가 만족하는 다양한 ARM 조건을 만들 수 있다. 이들 조건에는 초기 이자율, 이윤, 할인율, 이자율 연동지수, 상환조정 주기, 지불액 상한 등의 조합들이 해당된다.

지금까지의 논의를 통해 볼 때, 대출을 실행하는 것은 **위험측정(pricing risk)**−과정으로 볼수 있다. 위험을 측정한다는 것은 대출자와 차입자가 다양한 위험의 양을 감내하는 조건으로 대출자가 받게 될 기대수익(또는 차입자가 지불하는 비용)이다. ARM을 구성하는 조건들(초기 이자율, 지표, 조정기간, 상한)은 단지 차입자와 대출자가 이자율위험과 채무불이행위험을 배분하고 협상하는 수단이다.[6]

기대수익률과 이자율위험과의 관계

대출자와 차입자 간의 위험을 배분하기 위한 계약과정은 복잡하지만, 계약과정에서 전개될 수 있는 이자율 위험과 수익률 간의 일반적인 관련성은 있다. 다음에 제시하는 이자율위험과

---

[6] 위험을 정량화할 수 있다면, 위험을 정확하게 얼마나 배분해야 하는 지에 대한 계약이 가능하다. 그러나, 위험은 추상적인 개념인 만큼 이는 불가능하다. 왜냐하면, 차입자와 대출자는 알려지지 않은 미래의 경제여건 하에서 위험을 나누기 위한 계약에 다양한 요건들을 포함하기 때문이다.

관련된 일반적인 관계는 ARM과 FRM을 비교하고, 서로 차별적인 대출 조항을 포함하고 있는 ARM들을 비교할 때 유용할 것이다. 이자율 위험과 관련한 관계는 이자율 위험이 ARM 수익률에 미치는 영향에 초점을 둔다. 이때 ARM 대출상품이 만들어지는 전제조건은 차입자에게 이자율 위험을 이전함에 따른 대출자의 이익이 채무불이행 위험으로 발생할 손실을 초과하는 경우이다. ARM의 만기, 이자율위험, 대출자의 기대수익률을 평가할 때 앞의 전제조건이 적용된다면, 다음 관계들을 고려해야만 한다.

1. 대출실행 시점에서 ARM의 기대수익률은 FRM의 기대수익률보다 낮다. 차입자에게 이자율 위험을 전가함으로써 대출자가 얻는 이익이 차입자의 채무불이행 위험이 증가하는 것보다 크다는 전제하에 이루어진다. 그렇지 않다면 대출자와 차입자는 항상 FRM을 더 선호할 것이다. ARM의 기대수익률이 더 낮아지진 경우, ARM의 초기이자율은 FRM의 초기 이자율보다 대개 더 낮을 것이다.[7]

2. 단기지표금리에 연동된 ARM은 일반적으로 장기지표금리에 연동된 ARM 보다 차입자 측의 위험부담을 더 증가시킨다. 단기 금리지표의 변동성이 장기 금리지표의 변동성보다 크기 때문이다. 따라서 위험회피형 ARM 차입자는 장기지표금리를 선호하여 더 높은 금리를 지불할 의향이 있다(대출자에게는 더 높은 위험프리미엄과 기대수익률). 위험회피 경향이 작은 차입자는 단기지표금리를 더 선호하고 추가적인 이자율 위험을 감수하는 대신 더 적은 금액을 지불하려고 기대할 것이다. 어떠한 이자율 위험도 선호하지 않는 차입자는 고정금리 대출을 선택할 것이고, 대출자에게는 가장 높은 위험프리미엄을 지불할 것이다.

3. 2와 관련되는 사항으로, 상환 조정 주기가 짧은 ARM은 일반적으로 조정주기가 긴 경우보다 차입자가 더 큰 위험을 가지게 된다. ARM이 단기금리연동조건이더라도 조정주기는 지표금리의 만기와 일치하지 않을 수 있기 때문이다. 예를 들어, 어떤 ARM의 1년 지표금리에 연동되어 있는 조정주기가 3년인 대출이 있을 수 있다. 조정주기가 짧을수록 대출자 측의 이자율위험이 작아지는데 이는 ARM의 상환액이 시장시세를 반영할 것이기 때문이다. 차입자중 금리조정을 전혀 원하지 않는 경우는 FRM을 선택할 것이다.

4. 이자율 조정시 이자율 상한(caps) 제한을 가진 ARM의 경우, 차입자의 이자율 위험은 더 낮아질 것이다. 따라서 대출자의 기대수익은 상한이 없는 경우보다 더 높아져야 한다. 기대수익은 이자율 변동 제한의 수준에 따라 달라진다. 이자율 하한(floors)이 있는 경우는 차입자의 금리위험은 더 증가한다. 주어진 기간에 ARM 상환액을 산출하는데 사용되는 이자율의 하한 값이 정해져 있기 때문이다. 상환금액과 금리가 확실할 것을 선호하는 차입자는 FRM을 선택할 것이다. 이때 FRM은 항상 가장 높은 기대수익을 대출자에게 제공할 것이다.

5. 만약 어떤 ARM이 불입액 상한으로 인한 음의 상환(negative amortization)조건이 있다면 금리변동 효과만큼 차입자와 대출자의 위험도가 반영되지 않는다. 그 이유는 금리변

---

[7] ARM의 초기금리는 일반적으로 FRM의 초기금리보다 낮지만, 단기금리가 장기금리보다 높고 ARM이 단기금리와 연동된 경우, ARM의 초기금리는 FRM의 초기금리보다 높을 수 있다. 그러나, ARM의 예상금리는 반드시 더 낮아야 하는데, 왜냐하면, 수익률은 미래의 예상금리 유형을 포함하는 만기에 의해 계산되기 때문이다.

동 효과가 원금의 증가를 통해 이연되기 때문이다. 이연된 금액은 복리이자를 발생시키며 차입자가 이를 부담해야 한다.

ARM의 더 복잡한 특징들

지금까지 ARM 조건, 위험부담, 대출자(차입자)가 ARM계약 또는 재상환 기간 동안 수익(지불)에 영향을 주는 거에 대한 일반적인 관계를 설명하였다. 이제 대출자와 차입자는 **초기 대출 조건** 협상에 대한 것을 살펴보아야 한다. 초기 대출 조건은 (1) 대출시점에 알려져 있고, (2) 기대수익에 영향을 미칠 것이다. 일단 상환조정주기와 상환금비율, 음의 상환(negative amortization)이 협상되고 나면, 대출자와 차입자에게 미칠 영향의 규모는 오로지 미래 시장조건에 의해 결정될 것이다. 반면, ARM의 초기 조건이나 대출 금액, 만기, 초기이자율, 이윤, 할인율(discount point)은 정량화가 가능하고, 대출이 실행될 때 정확하게 협상이 가능하다. 이러한 초기 대출 조건들은 (1) 대출자가 선택한 지표금리, 조정기간, 이자율 상한, 음의 상환에 의해 결정되는 이자율 위험 크기와 (2) 차입자에게 전가한 이자율 위험의 양에 의해 결정됨에 따른 대출자가 받게 될 채무불이행 위험의 크기에 영향을 준다. [예 5-3]은 가상적인 하나의 FRM과 세 개의 ARM의 조건을 보여준다.

이러한 대출들은 같은 조건이라도 상당한 차이가 있음을 주의하자. ARM I의 초기 이자율은 8%이고, ARM II는 9%, ARM III는 11% , FMA은 14%이다. 그 이유는 무엇인가? ARM I, II, III의 경우 (b)−(f)의 조건은 모두 동일하나 (g)−(i)조건이 다른다. ARM I의 지불금리에는 제한이 없다. ARM II는 매 조정주기 기준 7.5%의 불입액 인상상한과 음의 상환을, ARM III는 금리인상한도 조정주기 당 2% 및 대출만기까지 총 5%의 인상한도가 설정되어 있다. 세 가지의 ARM을 비교해보면 차입자의 이자율위험부담이 ARMI에서 가장 크며 따라서 ARM I의 대출자 기대수익이 ARM II, III 대비 낮아야 한다(차입자는 세 개의 ARM을 선택하는 동안 채무불이행 위험은 수용 가능한 수준이다).

ARM I의 기대이익이 낮기 때문에 최초금리도 다른 ARM보다 낮아야 한다. 모든 ARM의 지표금리, 이윤, 할인율이 모두 동일하므로 ARM I이 더 낮은 이익을 얻기 위해서는 초기이자율은 다른 ARM보다 줄여야 한다. ARM I는 FRM에 비해서도 가장 큰 할인 또는 스프레드를 가져야 한다. 이는 차입자가 모든 이자율위험을 부담하기 때문이다. 따라서, 대출자는 ARM I에서 FRM보다 더 낮은 위험프리미엄과 수익률을 기대해야 한다.

차입자가 더 많은 위험을 부담함으로써 초기 이자율을 낮추고, 향후 무제한 상환 조건을 사용하는 것은 ARM I, II, III, FRM을 다르게 사용될 수 있는 다양한 조합 중에 하나이다. 예로서 대출자는 ARM I의 최초금리를 ARM II와 동일하게 설정하는 대신 이윤을 줄이거나 할인율를 줄일 수가 있는 것이다. 또한 연동지표금리, 조정주기 등도 다양한 변형과 조합이 이루어질 수 있다.

[예 5-3]으로 다시 돌아가서, ARM II와 III의 최초금리는 ARM I보다 높은 것으로 나타난다. ARM II의 최초금가 ARM I보다 높은 이유는 불입액 인상 상한조건 때문이다. ARM III는 I, II와 비교할 때 대출자 측의 금리위험이 더 큰데, 이는 금리 상한으로 인해 불

예 5-3
가상의 대출조건들 비교

내용	ARM I	ARM II	ARM III	FRM
(a) 최초이자율	8%	9%	11%	14%
(b) 대출만기	30	30	30	30
(c) 지표구성만기	1년	1년	1년	–
(d) 지표마진	2%	2%	2%	–
(e) 조정기간	1년	1년	1년	–
(f) 할인(Points)	2%	2%	2%	2%
(g) 지불액상한	None	7.5%	–	–
(h) 이자율상한	None	None	2%, 5% *	–
(i) 음의 상환(Negative amortization)	–	yes	–	–

* 연간 2%, 대출기간 동안 5%인상 상한

입액이 제한을 받기 때문이다. 이럴 경우, 금리가 상승해도 상한으로 인해 대출자는 수입이 자를 일부 상실한다. 따라서 ARM III의 최초금리가 더 커야 하는 것이다.

[예 5-3]에서는 다른 가능성에 대해서도 관심을 기울여야 한다. 다른 조건들(예를 들어 금리연동지표나 조정기간)이 변화할 경우에도 최초 대출조건의 변화를 예상할 수 있다. ARM I이 장기금리에 연동되거나 불입 조정주기가 장기라고 한다면, 부과되는 초기금리나 할인금액이 상승할 것으로 예상할 수 있다. 왜냐하면 장기지표에 연동된 금리는 변동폭이 작아지기 때문에, 차입자가 이자율 위험을 덜 부담하기 때문이다. 이러한 경향은 다른 ARM의 경우도 마찬가지다. ARM II와 III에서 장기금리 지수를 연동한다면, 금리위험은 대출자가 더 부담하게 되고, 대출자의 기대수익률은 FRM의 경우에 접근할 것이다.

ARM 상환구조

상환조정주기와 대출 잔액이 ARM의 조건에 따라 어떻게 결정되는지를 설명하기 위해 대출금액 $60,000, 대출만기 30년인 경우를 [예 5-3]을 통해 통해 살펴보자. ARM 이자율은 매년 조정된다고 가정한다. 따라서 첫 번째 대출조정은 2년차 초에 발생할 것이다. 이때 대출금리는 미국 국채 금리에 이윤 2%를 더한 값으로 계산된다. 만약 (1) 1년 국채 수익률이 향후 10, 13, 15, 10%로 ARM 대출이 실행되는 선도시점을 기준으로 하고, (2) 월상환액과 이자율 조정은 매년 발생하는 것으로 가정하면, ARM의 상환금 조정, 대출잔액, 기대수익률은 어떻게 될 것인가?

불입액 및 금리인상에 상한이 없는 경우

첫 번째 경우로, 상환액 제한과 금리상한에 제한이 없는 지표에 따라 금리가 변하는 ARMI을 고려해보자. 향후 이자율의 변화에 따라 ARM의 상환 형태는 어떻게 바뀌는가? 이 경우는 상환액과 이자율에 대한 상한 제한이 없는 경우로 간단하게 계산된다.

[예 5-4]의 앞의 4개 열이 계산에 필요한 자료를 담고 있다. 가정에 의하면, 초년도 대출금리는 8%였지만 이후 연동지표금리 + 2%로 변동하므로 12%, 15%, 17%, 12%의 절대금

예 5-4

ARM I에 대한 요약
(계약조건이 없는 경우)

(1) 년	(2) 지표	+	(3) 이윤	=	(4) 이자율	(5) 지불액	(6) 잔액†
1					8%*	$440.28	$59,502
2	10%		2%		12	614.30	59,260
3	13		2		15	752.27	59,106
4	15		2		17	846.21	58,990
5	10		2		12	671.60	58,639

*초기 금리
†반올림

리로 나타난다. 이미 지적한 바와 같이, 같은 지수에 연동된 ARM도 초기금리, 스프레드, 할인율에 따라 다양하다. 이들 구성요소는 대출환경의 경쟁여건과 주요 변수에 의해 결정된다. 대출자는 지수에 대해 통제할 수 없기 때문에, 다른 요소를 가지고 경쟁을 해야 한다.

[예 5-4]의 5열의 연 불입액 계산은 비교적 간단하다. 매년 말에 마치 새로운 금리로 신규 대출된 것처럼 계산하면 된다. (1) 당해연도에 적용되는 금리에 의해 대출잔고를 계산하고 (2) 조정된 금리에 의해 새로운 불입액을 계산하며, 이러한 과정이 대출잔존 기간 동안 매 조정이후에 계속된다. [예 5-4]의 계산을 보면 불입형태에 많은 변동성이 있음을 발견하게 된다. 5년 동안 불입액은 39.5%의 증가를 보였다가 27%의 하락까지도 나타내고 있다. 금리위험을 싫어하는 차입자들의 입장에서는 이자율 상한 조건이 없는 단기 금리연동 조건 ARM은 바람직하지 못하다. 마지막으로 주목해야 할 점은 금리수준 여부에 관계없이 원금분할상환은 이루어지고 있다는 점이다. 단, 분할의 속도는 적용금리에 따라 상이하다.

ARM I의 채무불이행 위험은 [예 5-4]로부터 명백해진다. 비록 초기 상환금 수준은 낮지만, 5년간 상환의 변동폭은 대단히 크다. 차입자가 이러한 위험을 부담하게 하려면 대출자는 차입자의 미래가능소득액 또는 현재 및 미래의 재산 규모가 불입액 증가를 충분히 감당할 수 있을지 심사해야 한다.

계산기 해법

1단계: 1년차 불입액 계산　　　　　　　　　　　함수

$$n = 30 \times 12 = 360개월$$
$$i = 8\% \div 12 = 0.66666\%$$
$$PV = \$60,000$$
$$FV = 0$$
$$PMT를 풀면 PMT = -\$440.26$$

$PMT\ (n, i, PV, FV)$

2단계: 1년차 MB를 계산　　　　　　　　　　　함수

$$n = 29 \times 12 = 348개월$$
$$i = 8\% \div 12 = 0.6666\%$$
$$PMT = -\$440.26$$
$$FV = 0$$

$PV\ (n, i, PMT, FV)$

MB를 풀면 $PV = \$59,499$

3단계: 2년차 불입액 계산　　　　　　　　　　　　　　　　함수

$$n = 29 \times 12 = 348개월 \qquad PMT\,(n,\,o,\,PV,\,FV)$$
$$i = 12\% \div 12 = 1\%$$
$$PV = \$59,499$$
$$FV = 0$$

PMT를 풀면 $PMT = -\$614.25$

4단계: 2년차 MB를 계산　　　　　　　　　　　　　　　　함수

$$n = 28 \times 12 = 336개월 \qquad PV\,(n,\,i,\,PMT,\,FV)$$
$$i = 12\% \div 12 = 1\%$$
$$PMT = -\$614.25$$
$$FV = 0$$

MB를 풀면 $PV = \$59,255$

불입액 상한 제한과 음의 상환

이제 ARM II를 분석할 것인데, 여기에서는 차입자와 대출자 간에 미래 금리변동을 완화시키기 위해서 매 지불 주기마다의 인상폭을 7.5%로 제한하는 데에 합의가 이루어진 경우를 고려할한다. 하지만 이 경우에 지급되어야 할 이자액과 실제지급액과의 차액은 대출원금에 가산되어야 하며, 전술했듯이 이러한 ARM은 불입액 상한제한과 음의 상환조건을 수반한다.

　　ARM에서 지불상한선 및 음의 상환이 설정됨에 따라 지불제한이 없는 경우에서보다 지급시기가 미래로 연기되며, 대출자 측의 금리위험도도 ARM I보다 높다. 따라서 최초대출금리가 9%이고, 이윤은 2%로 불변이라고 가정한다.

　　[예 5-5]는 ARM II에 대한 상환불입액과 대출잔고의 형태를 보여준다. 표에 의하면 앞서의 금리변동에 대한 가정에 의해, 2년차의 월불입액은 $615.18로서 초년도 $482.77보다 27.4% 인상된 금액이 된다. 그런데 $615.18은 7.5% 상환을 초과하므로 불입액은 $518.98로 확정되어야 한다. 그러나 2년차에 지급되어야 할 12% 이자에 못 미치는 금액은 원금에 가산되고 복리이자로 계산되어야 한다.

　　음의 상환은 4장에서 GPM을 위해 계산했던 방식과 동일하게 계산된다. [예 5-5]는 ARM II에 대한 지급이자와 상환금액의 구성을 보여주는데, 초년도에는 9%이자율로 불입액이 계산되고, 월불입에 의해 원금잔고가 감소한다. 초년도가 지나면 월불입액은 무제한 기준으로 계산되어(3열) 증가불입액이 상한선을 초과하는지 여부가 판단된다. (3)열의 무제한기준 불입액이 7.5%를 초과한다면 (4)열의 이자율 상한 제한이 유효하게 적용된다. 무제한 적용된 월이자액은 $(0.12 \div 12) \times \$59,590 = \$595.90$(6열)이 된다. 그러나 실지급액은 $518.98에 불과하므로 그 차액인 $76.92(7열)는 복리이자와 함께 원금에 가산되어야 한다. 따라서 2년차의 차액인 월 $76.92는 월 1%로 복리 계산되어(8열) 원금잔고 $975.54의 가산

예 5-5
월불입액상한선의 계산(ARM II, Negative Amortization, 7.5% Cap)

(1) 기초	(2) 잔액	(3) 무상한 불입액	(4) 7.5%상한불입액
1	$60,000	$482.77	$482.77
2	59,590	615.18	518.98
3	60,566	768.91	557.90
4	63,128	903.79	599.74
5	66,952	700.96	644.72

(5) 월이자율	(6) 월이자액 (5) × (2)	(7) 월상환액 (4) − (6)	(8) 합성이자율 (연말)	(9) 연상환액 (7) × (8)
0.09 ÷ 12	$450.00	$32.77	12.507596	$409.87
0.12 ÷ 12	595.90	(76.92)	12.682503	(975.54)
0.15 ÷ 12	757.08	(199.18)	12.860378	(2.561.53)
0.17 ÷ 12	894.31	(294.57)	12.980582	(3.823.69)
0.12 ÷ 12	669.52	(24.80)	12.682503	(314.53)

액이 도출된다.[8]

　3차 년도의 ARM II 계산은 무제한 불입액조정이 7.5%한도 초과 여부 판단에서 다시 시작된다. 이를 위해서 기초 잔고는 전년도 말 잔고 $59,590에 음의 상환금액 $975.54를 더한 $60,566으로 계산된다(반올림). 여기에 무제한 기준으로 15%금리적용 불입액 계산액은 $768.91이 되는데 이는 $518.98대비 48% 인상된 금액이다. 따라서 불입액은 또다시 7.5% 상한선을 적용받아 결정되고, 음의 상환을 부족액에 대해서 15%기준 월복리로 원금에 가산된다. 이러한 과정이 조정주기마다 반복된다(계산에 따라서는 대출잔고 금액에 한도를 설정하는 경우도 있다. 만일 한도가 초과될 경우 대출자가 이자누적을 포기하거나, 월불입액을 다시 늘리는 조건을 협상하게 된다). 지급이 7.5%로 제한된 경우의 실제 대출잔고가 [예 5-6]에 나타나 있다.[9]

　[예 5-6]에서 ARM II에 대한 또 하나의 관찰점은, 금리가 17%에서 12%로 급락하는 5년차에서 불입액과 대출잔고의 변동에서 나타난다. 이는 과거의 음의 상환으로 인해 대출잔고가 전년 말에 $66,952로 증가하여, 금리는 하락했지만 월불입액은 $669.52에 달해 전년도의 $599.74대비 7.5% 상한선을 초과한다. 따라서 불입액은 7.5% 상한선을 적용받는데 이는 금리하락 경우에도 발생한 것이다.

　[예 5-5]와 [예 5-6]의 ARM 대출잔고를 계산하는 또 하나의 방식이 다음의 계산기 계산방식에 나타나 있다. 4단계에서 2년차의 상환요구액이 7.5% 증가하여 $518.98에 달하였지만 이자계산액 $595.90($59, 590.08에 Accrual Rate인 1%를 곱한 금액)보다는 작다. 더구

---

[8] 계산기 해법: $PV = 0$, $PMT = \$76.92$, $i = 12\% \div 12$, $n = 12$: $FV = \$975.54$.

[9] Negative Amortization 조건이 있는 ARM에서는 보통 대출기간 동안 대출잔고의 증가를 제한한다. 왜냐하면, 대출잔고의 증가 수준이 담보 부동산의 가치를 능가할 가능성이 있기 때문이다. 결과적으로, 대출자와 차입자는 이자를 대출잔고에 산입하는 것을 유보하든지 월 불입액이 증가하는데 동의해야 한다.

ARMII 대출잔고(7.5%
상한선. Negative
Amortization)

연	연동 지표금리	이윤율	이자율	대출잔고 (연초)	불입액	감소한 상환액	대출잔고 (연말)
1	—	—	9%*	$60,000	$482.77	409.87	$59,590
2	10%	2%	12	59,590	518.98	(975.54)	60,566
3	13	2	15	60,566	557.90	(2,561.53)	63,128
4	15	2	17	63,128	599.74	(3,823.69)	66,952
5	10	2	12	66,952	644.72	(314.53)	67,267

*Origination rate.

나 i가 12%로 계산기에 적용되고 FV를 풀면 대출잔고는 $60,565.61(반올림)으로 증가한다. 이를 1년차 연말의 잔고 $59,590과 비교하면 $975만큼의 음의 상환이 발생하게 된다. 이는 [예 5-7]의 8열의 2년차에 나타난 금액과 일치하며 월 $76.92가 12%(월 1%)로 복리계산된 금액으로 구성된다. 계산기 계산을 잘 이해하기 위해서는 [예 5-5]과 [예 5-6]을 검토하여야 한다.

계산기 해법

1단계: 초년도의 상환액을 결정　　　　　　　　　　　　　　함수

$$PV = \$60,000$$
$$n = 30 \times 12 = 360$$
$$i = 9\% \div 12 = 0.75\%$$
$$FV = 0$$

$PMT (PV, n, i, FV)$

PMT로 풀면 $PMT = \$482.77$

2단계 : 초년차 연말의 대출잔고를 계산　　　　　　　　　　함수

$$PV = \$60,000(위에서 가져옴)$$
$$PMT = \$482.77(위에서 가져옴)$$
$$i = 9\% \div 12 = 0.750\%$$
$$n = 1 \times 12 = 12$$

$FV (PV, PMT, i, n)$

FV로 풀면 $FV = \$59,590.08$

3단계: 2차년도의 산환액 결정

$$PMT = \$482.77 \times 1.075 = \$518.98$$

4단계: 2차년도 말의 대출잔고를 결정　　　　　　　　　　함수

$$PV = \$59,590.08(위에서 계산한 초년도 말의 잔고)$$
$$PMT = \$518.98(위에서 가져옴)$$
$$i = 12\% \div 12 = 1\%$$
$$n = 1 \times 12 = 12$$

$FV (PV, PMT, i, n)$

FV로 풀면 $FV = \$60,565.61$

2~4단계를 잔여기간에 대하여 반복하게 된다.

년	지표 + 이윤율	상한이자율	지불액	잔액
1		11%	$571.39	$59,730
2	12%	12	616.63	59,485
3	15	14	708.37	59,301
4	17	16	801.65	59,159
5	12	12	619.37	58,807

예 5-7

요약 및 결과: ARM III의 이자율 상한 2%, 음의 상환이 없는 경우

금리상한 제한

ARM에 대하여 마지막 경우로서 금리에 상한선을 설정한 것이 ARM III이다(예 5-7). ARM III에서는 매 조정 주기마다의 금리인상이 2%, 대출기간 중의 총 인상폭이 5%로 제한된다. 따라서 금리상한선은 불입액 인상의 상한선 역할을 수행하게 되는데, 이는 대출자가 금리 초과분에 대한 수입이자를 상실하게 된다는 의미이다.[10] [예 5-7]은 ARM III의 상환구조를 보여주는데, 최초 대출금리가 11%로서 ARM I, II보다 높다. 따라서, ARM III 대출자는 금리위험을 I, II에서 보다 더 많이 부담하는데, 그 이유는 상한선 초과 이자를 상실할 가능성이 있기 때문이다. 이러한 위험성을 보상받기 위해서 대출자는 초기금리를 더 높이 설정하여 고수익을 얻도록 해야 한다.

[예 5-7]에서의 불입액 패턴은 각 조정주기 말에 설정된 대출잔고에 의해 결정된다. 불입액은 그 다음 단계에서 잔존기간에 대한 적용금리에 의해 계산된다. 계산결과에 의하면 ARMI과 비교할 때 ARM III는 초기에 불입액이 크고, 이후에는 ARMI보다 낮게 유지된다. 따라서 차입자들 입장에서는 ARM III의 대출적격이 되려면 소득이 더 높아서 대출위험이 낮아져야 한다. 어느 대출형태나 5년차의 대출잔고는 유사한 규모이다. ARM II대비 ARM III의 불입액은 더 큰 값에서 시작하는데, 그 이유는 초기금리가 높고 대출기간에 걸쳐 그 금리가 유지되기 때문이다. 그러나 음의 상환으로 인해, ARM II의 대출잔고는 시간이 경과하면서 ARM III보다 훨씬 더 커진다.

ARM의 기대수익률 비교

앞 절에서, 3가지 유형의 ARM에 대하여 검토하였다. 대출자와 차입자에게는 다른 요소들도 중요하다. 그 중요한 쟁점이 대출자의 수익률 또는 차입자의 비용에 관한 것이다. 금리, 불입액, 대출잔고가 변하는 조건에서 수익률(비용)이 얼마가 될 것인지는 명확하지 않다.

ARM의 대출수익률 계산

ARM의 수익률을 비교하기 위해서는 대출자의 수익(차입자의 비용)이 각 대안별로 내부수

[10] 대부분의 경우 ARMs은 상한(cap)과 함께 하한(floor)도 설정된다. 우리의 예는 지표금리가 하락함에도 대출 금리가 최대 2%까지 할인된다는 것을 의미한다. 그러나 지표금리 하락 시에 조기상환이 허용된다면 하한설정 금리보다 더 낮은 신규대출로 차환하기 때문에 이러한 하한의 효과는 제한적이다.

예 5-8

ARM I에 대한 IRR계산,
5년 후에 상환

(1) 년	(2) 월불입액		(3) 월 연금 현가계수 13%, 12개월		(4) 연간 $1 현가계수 13%, 1~5년		(5) 현재가치 (PV)†
1	$440.28	×	11.196042	×	—	=	$4,929.39
2	614.30	×	11.196042	×	0.878710	=	6,043.53
3	752.27	×	11.196042	×	0.772130	=	6,503.22
4	846.21	×	11.196042	×	0.678478	=	6,428.04
5	617.60	×	11.196042	×	0.596185	=	4,122.43
5	$ 58,639.00	×	—	×	0.523874	=	30,719.45
							$58,746.06 *

*요구 PV = $58,800, IRR은 약 13%
†반올림

익률(IRR) 또는 할인율이 계산되어야 한다. IRR은 모든 상환불입금액과 원금상환 시점에서의 미상환잔고의 현재가치가 초기대출 대출액(할인공제) $58,800과 일치시키는 수익률이다. 예를 들어, [예 5-4]에 있는 ARM I의 자료를 가지고 IRR을 구하는 과정은 [예 5-8]과 같다. [예 5-8]에 의하면 IRR은 약 13%가 된다.[11] 이는 최초금리는 8%였고 선행 금리는 5년 동안 8~17%였지만, 기대 수익률은 13%이다는 것을 의미한다. 내부수익률을 통하여 다른 ARM의 결과를 비교할 수 있다.

각 ARM의 수익률을 비교하기 전에, [예 5-8]에서 사용한 계산과정을 검토하자. 기본적으로 일련의 현금흐름을 할인하고 있다. 여기서는 5개 집단의 월별 현금흐름을 13%의 월 연금계수의 현재가치를 사용하여 할인하였다(열 3). 그러나, 이러한 절차를 통하여 1차년도의 12개월의 현재가치만 알 수 있고, 2~5년차의 현금흐름은 계산하지 않았다. 따라서 개별 현금흐름의 현재가치가 동시에 적용되지 않도록 하기 위해서 개별 총현금흐름은 다시 $1 계수의 현재가치로 할인되어야 한다(열 4). 대출 잔액 $58,639는 총합으로써 할인된다.

결론적 고찰: ARM과 차입자, 대출자, 시장행동

위험프리미엄에 대한 그래프 분석과 이자율과 채무불이행 위험의 관계를 설명한 [예 5-2]를 다시 상기해보면, ARM I에서 III에 요구되는 위험프리미엄이 총 위험 곡선에서 얼마나 떨어져 있는지를 [예 5-9]로 나타낼 수 있다. [예 5-9]는 기본적으로 ARM I에서 III로 이동하면에 따라 대출자의 이자율 위험이 증가하는 것을 나타내는 것이다. 그러나, [예 5-2]의 그림 B에 의하면 대출자의 이자율 위험이 증가함에 따라 차입에 의한 채무불이행 위험은 이자율 변화에 따라 감소한다. 대출자의 이익(차입자에게 이자율 위험을 이전시킴으로써)이 ARM 대출시 실행될 때 예상되는 채무불이행 위험을 **초과해야 한다**는 시장규칙을 따른다면, 총 위험 프리미엄과 이로 인한 대출자의 기대 수익은 ARM I에서 III로 이동함에 따라 증가하게

---

[11] 재무용 계산기를 사용하면 수익률은 13.0%이다. IRR을 계산하기 위해서는 제3장의 Concept Box 3.2를 참고한다. 이 결과를 이후의 논의에서 사용할 것이다.

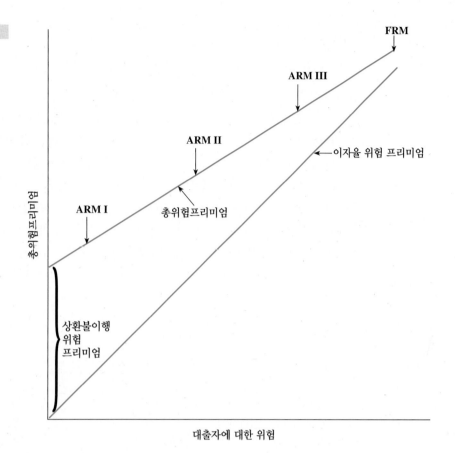

예 5-9
ARM의 총 위험별 순서

된다. 세 개의 모든 ARM의 기대수익률은 FRM의 수익률보다 낮게 유지되어야 한다.

일반적으로 모든 ARM의 최초금리와 기대금리는 FRM보다 낮아야 한다는 것을 알고 있다. ARM의 초기금리와 기대수익률이 FRM보다 낮아지거나 ARM 간에는 상환금액, 이자율 상한 등과 같은 조건들이 있는 경우보다 낮아야 한다. 차입자에게 더 많은 이자율 위험을 이전하고 상한제한이 없는 조건일 경우는 FRM에서 가장 많이 할인된 초기이자율이 적용되어야한다. 따라서, 차입자가 여러 개의 조건들과 선행금리의 기대치가 다른 ARM 중에서 선택해야 한다면, ARM과 FRM을 비교하기 전에 기대수익률을 계산해야 한다. 대출실행시점의 기대수익률이 ARM의 실제 수익률이 될 것이라는 보장은 없지만, 기대수익률은 당시 가용 정보에 기초하여 최선으로 추정한 ARM의 비용을 나타낸다.

Web 응용

많은 대출기관들이 주택대출이자율을 온라인에서 공시하고 있다. **www.yahoo.com**이나 **www.google.com**에서 ARM대출을 제공하는 대출기관을 검색해 보라. 최초이자율은 무엇이고 조정을 위한 지표는 무엇이며 가산되는 마진은 얼마인지, 조정주기 및 만기는 얼마인지 찾아보라. 이자율에 상한·하한이 설정되어 있는가? 또한 ARM 조건은 고정금리와 어떻게 비교되며 어떤 조건을 선택하겠는가?

결론

본 장에서는 대출 조건들이 변동금리에 포함되어 어떤 식으로 변경되는지를 살펴보았다. 변동금리 대출은 경제성장률과 기대 인플레이션율에 따라 때때로 필요하다. 직관적으로, 많은 경우 기대 인플레이션율이 상승하고 보다 불확실해지면, 차입자나 대출자 중 누가 미래 이자율 변화위험을 부담할 것인지에 대한 의문이 발생한다. 이러한 시기에는 고정금리 대출은 차입자에게 비용 부담이 매우 크다. 왜냐하면 고정금리와 대출 상환액의 증가율이 차입자의 소득 증가율보다 높을 것이기 때문이다. 대출상환액과 차입자 소득의 불균형으로 차입자와 대출자 모두 현재 차입자의 소득에 적절한 대출 상환액을 지불하는 수준에서 대출 계약을 수정하는 방법을 찾을 것이다. ARM대출은 이러한 불균형 문제에 대한 하나의 해답을 제공한다. 다양한 옵션(금리연동지수, 불입금조정 주기, 연간 및 상한기간 동안의 금리 상한선, 음의 상환 등)을 통하여, 대출자와 차입자는 이자율 위험을 분담하는 대출 및 불입구조에 대해 협상할 수 있다.

주요용어

금리조정기간	예상초기이자율	지표
물가연동 금리조정대출(PLAM)	예상치 못한 인플레이션	채무이양
변동금리대출	음의상환	최대한도 설정
변동금리저당대출	이윤	최소한도설정
상환쇼크	이자만 지불하는 ARM	티저금리
스프레드	이자율 위험	합성금리
실제 초기이자율	재조정일	

유용한 웹사이트

www.hud.gov – Department of Housing and Urban Development.

www.va.gov – Veterans Association Web site.

www.freddiemac.com – Federal Home Loan Mortgage Corporation.

www.mbaa.org – Mortgage Bankers Association of America.

www.aba.com – America Banker Association.

www.pueblo.gsa.gov/cic_text/housing/handbook/handbook.htm – 조정 저당담보대출 금리, ARM의 구조 및 두 개의 다른 저당담보대출을 비교하는 방법을 알려줌.

www.fanniemae.com/homebuyers/index.htm – 주택담보대출, 구입, 그리고 차환에 관한 다양한 정보를 제공.

www.freddiemac.com/pmms/pmmsarm.htm – 주택담보대출 체결현황 및 1년 기존 조정금리에 대한 정보를 제공.

질문

1. 앞 장에서, 차입자의 대출금 상환상환능력과 관련한 심각한 문제들과 다양한 상환유형을 가진 고정금리대출의 발전과정에 대해서 논의하였다. 이러한 발전과정에서 대출자가 직면한 문제들은 왜 언급되지 않은가? 최근 이러한 문제들을 해결하기 위해 대출자들은 어떤 노력들을 해 왔는가?

2. 인플레이션 기대가 담보대출 금리에 어떠한 영향을 미치는가?

3. 물가변동 금리조정 담보대출(PLAM)은 인플레이션 기대에서의 불확실성 문제를 어떻게 해결하는가? PLAM 프로그램을 실행하는데 있어서 현실적인 한계는 무엇인가?

4. ARM이 PLAM보다 더 나은 대안의 대출이라고 생각되는가?

5. ARM에서 협상 가능한 주요 조건들을 나열해 보라. 이들 조건들을 활용한 ARM 가격책정이란 무엇을 의미하는가?

6. 금리위험과 채무불이행위험간의 차이점은 무엇인가? ARM에서 조건들의 결합은 차입자와 대출자간의 위험배분에 어떻게 영향을 미치는가?

7. 다음 2개의 ARM 중에서 어느 것의 초기금리가 더 높은가?

   (1) ARM A: 3%의 마진을 가지고 있고, 3년물 금리에 연동, 불입금액은 2년마다 조정 가능. 불입금은 전기보다 10% 이상 올리지 못함. 만기는 3년. point는 없음.
   (2) ARM B: 3% 마진; 1년물 금리에 연동, 불입금액은 매년 조정 가능. 불입금액은 전기보다 10% 이상 올리지 못함. 만기는 30년. point는 없음

8. 선행금리(forward rate)란 무엇이고 어떻게 결정되는가? ARM의 불입금을 조정하기 위해 사용되는 지표지수와는 어떤 관련이 있는가?

9. ARM의 초기금리와 기대수익률간의 차이점을 설명하라. 둘 간의 일반적인 관계는 어떠한가? 이들은 보통 ARM 조건에 어떻게 반영되는가?

10. 어떤 ARM이 초기금리 8%, 이윤 2%(ARM 지표지수도 대출실행시점 8%인 경우에도)로 책정되었고, FRM은 11% 금리로 활용할 수 있다면, 대출시행 시점의 수익률 곡선에서 인플레이션과 선행금리와 관련하여 이는 무엇을 의미하는가? FRM을 10%로 활용할 수 있다면, 이는 무엇을 의미하는가? 12%로 활용할 수 있는 경우라면?

문제

1. PLAM의 가격 수준이 다음 조건으로 결정되었다.

   총액 = $95,000   초기금리 = 4%
   만기 = 30년   Points = 6%

   불입금액은 매년 초에 조정된다.

   차후 5년 동안 매년 6%의 인플레이션이 예상된다고 가정한다.

   a. 매년 초의 불입금액을 계산하라.
   b. 5년도 말의 대출잔고는 얼마인가?
   c. 이러한 대출에 대한 대출자의 수익률은 얼마인가?

2. ARM 대출이 다음과 같은 조건으로 이루어졌을 때 각각의 물음에 답하라.

   총액 = $200,000   초기금리 = 6%
   만기 = 30년   조정주기 = 매년

   2년차 이자율은 7%로 상승됨을 가정

   a. 원금균등분할 상환에 있어 1년 차 기간 중의 월 지불액은?
   b. (*a*)에 따른 1년 차 말 대출잔액은?

    c. 2년차 금리가 7% 적용이 될 경우 2년 차 기간 중의 월지불액은?

    d. 2년차말 대출잔액은?

    e. 이자만 지불하는 대출일 경우 1년차 월지불액은?

3. 복합 ARM 대출이 다음과 같은 조건으로 이루어 졌을 때 각각의 물음에 답하라.

총액 = $150,000	초기금리 = 7%
만기 = 30년	조정주기 = 3년

    a. 3년 동안 고정금리로 원금균등상환할 경우 월지불액은? 3년 후 대출잔액은?

    b. 4년차에 이자율이 6%로 하락하고 원금균등상환일 경우 월지불액은?

    c. (a)가정하 1년 동안 이자만 지불할 경우 월지불액은? 4년 차 이자율이 6%로 하락하고 원금상환 일 경우 월 지불액은?

4. ARM 대출일 경우 최초 대출금리가 5%이고 대출액에 적용되는 Teaser rate가 2년(초기 일 년 동안) 이며 그 이후 이자율이 재조정된다. 25년 원금상환을 가정하며 상환은 매월 이루어진다.

    a. 첫 번째 년 지불액은?

    b. 2년차 6% 이자율이 적용될 경우 지불액은?

    c. 월지불액을 증가시키는 이자율은?

    d. 대출설정 후 3년 후 이자율이 6%로 조정될 경우 4년부터 25년 동안의 대출지불액은?

5. ARM 대출에서 $200,000을 30년 동안 대출하고 초기 3년 동안 5%의 이자율로 이자만 상환할 경우 이다.

    a. 3년 동안 이자만 상환할 경우 지불액은?

    b. 3년차 말에 이자율이 6%로 상승할 경우 차입가 대출금을 상환하기 위해 필요한 월지불액은?

6. 차입자가 집을 구입하는 수단으로 ARM 대출을 활용하고자 한다. 차입자는 5년 동안 주택을 소유할 것으로 예상하고 대출기관에 30년 동안 $150,000을 원금상환방식으로 대출하고자 한다. 각 조건은 다음과 같다.

초기금리 = 6%	연동지수 = 1년물 국채
불입금 조정은 매년 함	이윤 = 2%
금리 상한 = 없음	불입금 상한 = 없음
음이 분할상환 = 적용 안 됨	할인율(Discount Point) = 2%

ARM이 연동된 1년물 국채 지수는 다음과 같이 예측된다.

1년말 = 7%, 2년말 = 8.5%, 3년말 = 9.5%, 4년말 = 11%.

연 지불액, 대출잔액, 5년 동안의 ARM 수익률을 구하라.

7. 다음과 같은 조건에서 30년 동안 $150,000을 빌리는 조건으로 ARM 대출이 실행되었다.

초기금리 = 7%	연동지수 = 1년물 국채
불입금 조정은 매년 함	마진 = 2%
금리 상한 = 없음	불입금 상한 = 5% (전년도와 비교 시)
Discount Point = 2%	

원금균등상환 그러나 불입금 상한 시 음의 분할상환 가능

ARM이 연동된 1년물 국채 지수는 다음과 같이 예측된다.

1년말 = 7%, 2년말 = 8.5%, 3년말 = 9.5%, 4년말 = 11%.

연 지불액, 대출잔액, 5년 동안의 ARM 수익률을 구하라.

8. 다음과 같은 조건에서 30년 동안 $150,000을 빌리는 조건으로 ARM 대출이 실행되었다.

   초기금리 = 7%   연동지수 = 1년물 국채

   불입금 조정은 매년 함   마진 = 2%

   금리 상한 = 년간 1%, 생애 3%   Discount Point = 2%

   원금균등상환 그러나 불입금 상한 시 음의 분할상환 가능
   ARM이 연동된 1년물 국채 지수는 다음과 같이 예측된다.
   1년말 = 7%, 2년말 = 8.5%, 3년말 = 9.5%, 4년말 = 11%.
   연 지불액, 대출잔액, 5년 동안의 ARM 수익률을 구하라.

9. MakeNu 모기지회사는 주택 구매자에게 Stable Home Mortgage라는 새로운 담보대출상품을 제시
   한다. 이 담보대출은 고정금리부와 변동금리부 상품 모두가 있다. Maria Petez씨는 새로운 주택구입
   을 위한 금융에 관심이 있다. $100,000이 나가는 주택은 다음 조건을 가진 Stable Home Mortgage
   를 통해 내출을 받을 수 있다.

   초기금리 = 9%   연동지수 = 1년물 국채

   불입금 조정은 매년 함   마진 = 2%

   금리 상한 = 없음   불입금 상한 = 없음

   ARM이 연동된 1년물 국채 지수는 다음과 같이 예측된다.
   1년말 = 10%, 2년말 = 11%, 3년말 = 8%, 4년말 = 12%.

   Maria Petez씨의 5년 동안의 총 월별 불입액과 매년 말 대출잔고를 계산하라. Maria Petez씨가 5년
   후에 조기상환할 경우 대출자의 수익률을 계산하라.

10. $100,000의 대출이 30년 만기, 12% 변동금리로 제공된다. 차입자와 대출자는 월 $800의 불입금을
    협상하였다.

    a. 5년 후의 대출잔고는 얼마가 될 것인가? 30년 후에는?

    b. 이자비용은 얼마가 지불될 것이고, 1년 후에 negative amortization으로 얼마가 붙을 것인가?
        5년 후에는?

11. **Excel.** 웹사이트에 제공된 Excel Workbook에 "Ch5 ARM Int Cap"의 탭을 참고. 지표(index)가 5년
    에 18%까지 상승한다고 가정. 제한 없는 ARM의 실질 비용은 얼마인가?

12. **Excel.** 웹사이트에 제공된 Excel Workbook에 "Ch5 ARM Int Cap"의 탭을 참고. 지표(index)가 5년
    에 18%까지 상승한다고 가정. ARM의 실질 비용은 얼마인가? 이자율 상한(cap)은 5년차에 얼마나
    영향을 주는가?

13. **Excel.** 웹사이트에 제공된 Excel Workbook에 "Ch5 ARM Int Cap"의 탭을 참고. 지표(index)가 5년
    에 18%까지 상승한다고 가정. ARM의 실질 비용은 얼마인가? 상환액 제한(cap)은 이자율 상승으로
    부터 실질비용을 보호해주는가?

www.mhhe.com/bf15e

CHAPTER 06

주택금융에 대한 추가 분석 등

Mortgages: Additional Concepts, Analysis, and Applications

이전 장에서 부동산금융에 사용하는 다양한 저당대출의 형태분석을 고찰하였다. 본 장에서는 이를 발전시켜 주택금융에 관련된 의문사항들을 살펴본다. 의문사항으로서는 대출조건이 상이한 두 건의 대출을 어떻게 비교함이 적절한지, 대출을 조기상환할지 차환할지의 결정 및 또는 기존 채무의 승계가 바람직한지 등이다. 또한 주택에 시장금리보다 낮은 기존 대출이 붙어 있는 경우, 이 대출이 매각가격에 어떠한 영향을 주는지를 분석해 볼 것이다. 유리한 대출이 확보되어 있으면 매수자가 더 높은 가격을 지불하므로 이 점은 중요하다.

증분 차입비용 Incremental Borrowing Cost

먼저 두 개의 대출 대안을 고려한다. 하나의 대안은 차입가능 금액이 상이하여 추가로 자금을 차입하는 대안이다. 예로서 $100,000의 주택을 구입하려는데, $80,000를 25년간 12%로 차입하는 대안과 $90,000 25년간 13%로 차입하는 두 가지 대안이 있다. 두 대출 모두 고정금리 원리금균등분할(CPM)상환방식이다. 차입자는 이 대안들을 어떻게 비교해야 하는가?

이 문제를 분석하기 위해 대출의 **한계**(marginal) 또는 **증분 차입비용**(incremental cost of borrowing)이라는 개념을 활용해야 한다. 앞 장에서 특정 대출에 대한 유효 차입비용을 계산하는 방법을 알고 있다. 그런데, 부동산금융에서는 차입자가 상이한 대출조건을 지닌 자금조달 대안들을 비교할 수 있는 능력이 중요하며, 차입자는 부동산을 구입하기 위해 한 가지 방법 또는 다른 대출 조건보다 많은 방식으로 자금을 조달 할 수 있다.

전술한 문제에서, 대출금액과 금리 면에서 차이를 고려하고 있다. 대출취급 수수료가 없다는 전제하에 양 대출의 실효금리는 12%와 13%인데, 차입자는 $80,000 대신 $90,000를 차입할 경우 추가되는 $10,000의 조달금리를 따져보아야 한다. 얼핏 보기에는 $10,000에 대한 추가조달금리가 13%인 것 같지만, 기존의 $80,000에 대해서 1%가 **추가**된 점을 간과해서는 안 된다. 이로 인해 추가 $10,000에 대한 조달금리는 대단히 상승한다. $90,000에 대해 이자지급액이 큰 이유는 $10,000의 차입이 추가되었기 때문뿐만 아니라, 전체에 대해서 더 높은 이자율이 설정되었기 때문이다. 추가 $10,000의 금융비용을 계산하기 위해서

155

$90,000 대출이 $80,000 대출과 비교해서 추가 지불액이 얼마인지를 검토해야 한다.[1] 이러한 차이는 추가 차입금 $10,000와 비교할 수 있다.[2]

	대출금액		대출상수		월 불입액
대안 2(13%)	$90,000	×	0.0112784	=	$1,015.05
대안 1(12%)	80,000	×	0.0105322	=	842.58
차이	$10,000		차액		$ 172.47

대출 상환액 차이의 현재 값이 되게 하는 연간이자율을 찾아야 한다. 양자를 비교하면 $10,000의 차이에 대해 월불입액은 $172.47의 차이가 발생한 것을 알 수 있다. 연간이자율은 다음과 같이 계산된다.

계산기 해법	함수
$n = 25 \times 12 = 300$	$i\ (n,\ PV,\ FV,\ PMT)$
$PV = -\$10,000$	
$PMT = \$172.47$	
$FV = 0$	
$i = 20.57\%$	

재무용 계산기로 계산한 금리는 20.57%이다. 따라서 차입자가 추가 $10,000에 대해 지불한 금리는 20%가 넘어 당초의 13%를 훨씬 상회한다. 이 비용을 차입의 한계(marginal) 또는 증분비용(incremental cost)라고 부른다. $90,000에 대한 13% 금리는 $80,000에 대한 12%와 $10,000에 대한 20.57%의 금액 가중평균치이다.

$$\left[\frac{80,000}{90,000} \times 12\%\right] + \left[\frac{10,000}{90,000} \times 20.57\%\right] = 12.95\% \text{ 또는 약 } 13\%$$

차입자는 추가 $10,000을 차입해야 할지를 평가할 때 이 비용을 고려해야 한다. 차입자가 $10,000를 차입할 필요가 없을 정도로 충분한 자금을 보유하고 있다면, 부동산에 투자하지 않고 펀드투자를 통해 수익을 올릴 수 있다. 다시말해서 더 큰 대출금 $90,000를 받음으로써, 차입자이 자기기금은 $80,000 대출인 징수보나 $10,000가 삼소알 것이다. 따라서, 차입자가 20.57% 이자수익율을 기대할 수 없다면, 또는 부동산에 투자하지 않고 펀드에 $10,000 투자를 통해 더 큰 이익을 얻을 수 없다면, 더 적은 $80,000 차입을 선택하는 편이 낫다.

만일 채무자가 자기자금이 부족하여 $90,000을 차입해야만 한다면, 채무자는 $10,000을 다른 경로에서 20.57%보다 낮은 금리에 차입하려 노력할 것이다. 예를 들어, 차입자가 2순위 대출을 20.57%보다 낮게 얻을 수 있다면 2순위 대출이 더 유리한 대안이 된다.[3] 따라서

---

[1] 본 사례에서는 $80,000와 $90,000 대출의 예를 사용하지만, 이는 다른 대출 사례에도 일반화할 수 있다.

[2] 계산기 계산결과 반올림으로 지급액에 약간 차이 발생가능.

[3] 단, 2순위 대출의 만기가 25년보다 짧다면 월불입액은 $90,000 단일차입에 비해 커질 수 있다. 따라서 차입자에 따라서는 고금리에도 불구하고 월불입액이 낮은 쪽을 선택할 수도 있다.

한계비용 개념은 차입자가 추가 차입금에 대해서 최소 자기자본 수익률 또는 최대 지불금리라는 점에서 *기회비용*이라 할 수 있다. 여기에서 차입자의 비용인 20.57%는 대출자의 수익률이 되는데, 본 절에서는 연방세제의 영향은 감안하지 않았지만 세금은 매우 중요하다는 점을 부언한다. 예로서 차입자가 대출자보다 세율이 높게 적용받는 자라면, 차입자의 세후 비용은 대출자의 세후 수익률보다 낮을 것이다.

조기상환

앞 절의 예에서 증분비용은 대출의 조기상환 여부에도 영향을 받는다는 점을 유의해야 한다. 가령, 대출이 만기까지 가지 않고 5년차에 상환되면 증분비용은 20.57%에서 20.83%로 상승한다. 이를 계산하기 위해서, 위의 분석에서 5년 후에 대출금이 상환된다면, $80,000 대출의 상환금액과 $90,000 대출의 상환금액이 다르다는 점을 고려해야 한다. 따라서 두 가지 대출의 월 불입액 차이뿐만 아니라 5년차에서의 잔존원금의 차액도 고려해야 한다. 이를 통해 증분 차입비용은 다음과 같이 구할 수 있다.

	대출금액		대출상수		월 불입액	5년차 잔존원금
대안2(13%)	$90,000	×	0.112784	=	$1,015.05	$86,639.88
대안1(12%)	80,000	×	0.105322	=	842.58	76,522.56
차액	$10,000		차액		$ 172.47	$10,117.32

추가차입에 수반되는 한계비용(금리)을 계산하기 위해서 $172.47의 월 연금의 현재가치와 대출잔액의 차이가 $10,000와 같아지는 이자율을 찾아야 한다. 조기 상환의 결과 증분차입비용은 20.83%이 된다. 다음 장에서 조기상환의 효과가 대출에 할인율이 적용되었을 때 더 클 수 있음을 볼 것이다.

계산기 해법	함수
$n = 5 \times 12 = 60$	$i\,(n, PV, FV, PMT)$
$PV = -\$10,000$	
$PMT = \$172.47$	
$FV = \$10,117.32$	
$i = 1.7360$(월별)	
$i = 1.7360 \times 12 = 20.83\%$(연간)	

대출취급수수료 *Origination Fees*

주택금융을 차입함에 있어서 증분비용이 매우 중요하다는 점은 명백하다. 앞 절의 예에서는 금리와 차입금액 외에는 차이가 없는 단순한 경우였다. 대부분의 경우 대출상품은 대출금액과 대출만기에 따라 대출이자율이 *다르다*. 또한 대출 **취급수수료** 대부분 대출 상품에 부과된다. 본 절에서는 2가지 대출에 수수료가 개입되는 경우를 살펴보고, 만기가 다른 경우는 다음 절에서 살펴보기로 한다.

첫 번째 경우는 대출만기가 25년으로 동일한 두 대출에 대출취급수수료가 부가될 때 차입증분비용을 계산하는 것이다. 예를 들어, 대출금 $80,000에 대해 하나는 대출취급수수료가 $1,600(2 points)이고, 다른 하나는 대출금 $90,000에 대해서 $2,700(3 points)가 청구된다고 하면, 이것이 차입증분비용에 얼마나 영향을 미칠 것인가? 대출금의 차이와 월불입액의 차이는 다음과 같이 계산된다.

	대출		수수료		순 조달액	대출 원금		대출상수		월불입액
대안2(13%)	$90,000	−	$2,700	=	$87,300	$9만	×	0.112784	=	$1,015.05
대안1(12%)	80,000	−	$1,600	=	78,400	$8만	×	0.105322	=	842.58
차액			차이	=	$ 8,900					$ 172.47

이제 $172.47의 매월 현금흐름을 현재가치로 계산한 결과가 $8,900이 되는 월복리 금리를 구하려 한다. 계산기에 의해서 23.18%를 도출할 수 있다. 따라서 $90,000의 대출에는 $1,100의 대출수수료 부담이 추가됨에 의해 증분비용이 23.2%로 증가한 것이다. 대출취급수수료가 있는 경우에도 조기상환이 일어나면 증분비용은 증가한다. 5년차 조기상환을 가정하면 증분비용은 약 24.67%로 증가한다.

계산기 해법	함수
$n = 25 \times 12 = 300$	$i\,(n,\ PV,\ FV,\ PMT)$
$PV = -\$8,900$	
$PMT = \$172.47$	
$FV = 0$	
$i = 1.9316 \times 12 = 23.18\%$	

증분차입비용과 2순위 저당대출

증분차입비용은 LTV(loan to value ratio)에 비례하여 증가한다. 앞의 예에서는 LTV가 80%에서 90%로 증가함에 따라 대출금리가 12%에서 13%로 증가하였다. 어떤 수수료도 부가되지 않고, 대출이 만기까지 유지되었을 때, 증분차입비용은 20.57%이었다. 증분차입비용은 LTV 80%와 90%의 대출금리 차이가 1%보다 크다면 증가할 것이고, 1%보다 작다면 감소할 것이다.

차입자 입장에서는 'LTV 90%의 대출'과 'LTV 80% 1순위 + 10%의 2순위 차입' 중에서 선택할 수 있기 때문에, 10% 2순위 대출금리가 증분비용과 경쟁적인 수준에서 형성될 것으로 예상할 수 있다. 최초의 예에서와 같이 2순위 25년 대출을 20.57%보다 낮은 금리에 차입 가능하다면 90% LTV 대출은 경쟁력을 잃게 되는 것이다(1%의 격차가 과다함). 대출자

예 6-1

증분차입 비용 대
금리차이

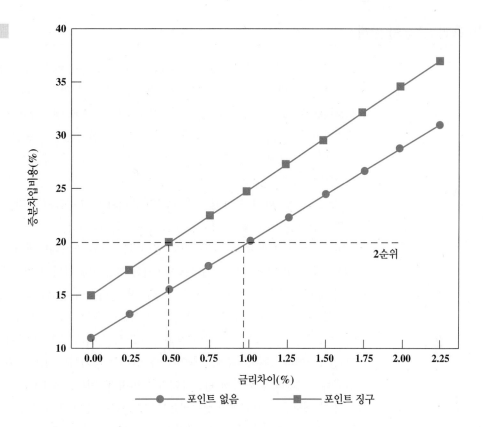

들은 대출조건을 조정하여 증분비용이 2순위대출 금리와 유사한 수준으로 맞추어야 할 것이다.

[예 6-1]은 5년차에 조기 상환되는 경우의 증분비용을 보여준다. 가로축은 80%와 90%의 LTV차이에 따른 금리차이로서 1% 차이는 12%와 13%의 차이를 나타내는 지점이다. 세로축은 금리로서, 금리차이가 0인 경우에 증분비용은 80% LTV 대출금리와 같은 12%가 된다. 금리격차가 우측으로 증가해 갈수록 증분비용도 증가하게 된다. 수수료징수 여부에 관계없이 증가율은 일정하다.

금리차이가 0인 경우 증분비용은 대출의 실질비용과 동일하다. 예를 들어, 취급수수료가 없는 증분비용은 LTV 80% 대출의 금리와 동일한 12%가 된다. 금리 차이가 커질수록 증분차입비용은 증가한다. 증분비용은 각 대출에 대한 동일비율만큼 상승한다.

최초 대출이 LTV 80%이고, 주택구입가격의 10%를 2순위로 추가한 대출이 만기 25년의 20% 실질비용으로 이용가능하다고 가정하자. 이것이 [예 6-1]에 추가되어 있다.[4] LTV 90%대출이 경쟁적이 되려면 그의 증분비용이 20%이어야 한다. 대출자들이 25년 대출이 5년차에 조기상환될 것으로 예상하고, 80%대출에는 2%이고 90%에는 3%인 수수료를 징수한다고 하면 금리차는 50bp여야 한다. 만일 대출자들이 수수료를 징수하지 않는다 하면 금리차는 90bp가 되어야 한다.

---

[4] 증분차입비용을 가진 금리와 비교한다면, 이는 포인트와 조기상환 효과가 감안된 대출의 유효비용이 될 것이다.

증분비용과 LTV의 관계

앞에서 LTV 90% 대출($90,000, 금리 13%)의 증분비용과 LTV80% 대출($80,000, 금리 12%)의 증분비용을 계산하였다. 대출취급수수료가 없고, 대출이 만기까지 보유될 경우, 증분비용은 20.57%였다. 증분차입 비용은 LTV가 80%에서 90%까지 증가한 대출에 대해 대출자가 추가적으로 요구하는 금액이다. 앞에서 언급한대로, 증분 수익은 10% 2순위 대출의 수익과 비교해서 경쟁적이어야 한다. 증분 차입비용은 대출자가 추가자금조성에 소요되는 비용을 요구하는 것으로 볼 수 있다.

앞 절의 예시에서 전체 대출액에 대한 금리차(80%대출의 금리와 90%대출의 금리)를 사용하여 10% 증액 대출에 내재하는 금리를 구하였다. 이론적으로 추가대출에 수반되는 채무불이행위험에 대한 보상의 균형점을 반영하는 것은 추가대출액에 대한 내재금리여야 한다. LTV비율이 증가해 갈수록 채무불이행위험도 증가해 간다. 따라서 증분비용이 LTV상승과 함께 상승할 것으로 기대한다. 이는 다시 전체 대출의 평균금리를 올릴 것이다. [예 6-2]는 추가차입금액에 대한 금리와 전체대출의 평균금리(특정 LTV비율에서 유효금리) 간의 관계를 나타낸다. 이 결과를 앞 절의 결과와 비교하기 위해서 25년 만기상환되며 수수료는 없다고 가정하였다. 대출은 주택가격의 10% 단위로 증가하며, LTV 10%가 출발시점이므로 이 점에서는 증분비용과 전체 평균금리가 동일하다. 이후로는 LTV가 상승해 가면서 증분비용이 전체 평균금리보다 빨리 상승하는데, 그 이유는 전체 평균금리가 지나간 증분비용들의 증가액분의 평균이기 때문이다. 이것이 한계금리와 평균금리 간의 관계이다. 즉, 한계비용은

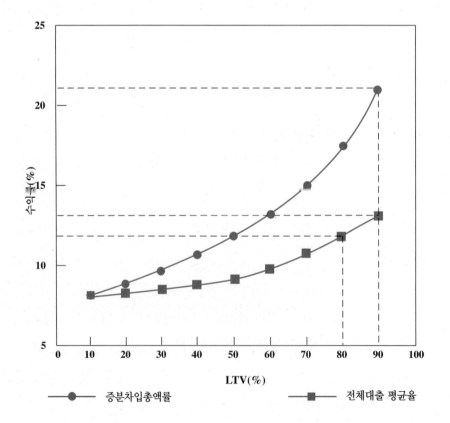

예 6-2

LTV비율이
대출금융비용에 미치는
영향

Web 응용

민간 주택대출 보험(PMI: Private Mortgage Insurance)은 80%를 초과하는 LTV의 대출을 받을 수 있는 방법이다. Mortgage Guarantee Insurance Corporation(**www.mgic.com**)과 같은 회사로부터 보험을 매입하는 것은 본 장에서 서술한 바와 같이 LTV를 높이기 위해 이자율을 높여 주는 것과 유사한 효과이다. MGIC사의 Web site에서 부보조건과 비용을 살펴보라. 보증보험이 필요하지 않은 대출과 보증보험에 의해 차입이용이 증가되는 대출을 비교해 보라.

평균비용을 초과하는 한은 평균비용을 끌어올린다.

[예 6-2]에 의하면, 80%대출의 평균금리는 12%이되, 90%대출의 한계금리는 21%이다. 이는 90%대출의 평균금리를 다음과 같이 추정할 수 있다는 의미이다.

$$90\% \text{ LTV의 평균 비용} = (80 / 90 \times 12\%) + (10 / 90 \times 21\%) = 13\%$$

이러한 계산은 앞 절의 예에서 수수료 및 조기상환이 없는 경우와 동일한 결과를 보여준다.[5]

[예 6-2]상의 증분차입비용은 2순위 대출금리와 경쟁적이어야 하므로, 2순위 대출금리와 유사해야 한다. 대출자 입장에서 LTV가 너무 낮은 경우는 대출효율이 너무 낮아질 것이므로[6] LTV 60% 이하에서는 대출금리가 더 이상 낮아지지 않을 것이다. 따라서 LTV 60% 이하에서는 증분비용과 가중평균 금리가 상승세를 보이지 않을 것이다.

만기가 상이한 두 개의 대출 비교

지금까지의 예에서는 두 가지 대출의 만기가 25년으로 동일하였으나, 두 가지 대출의 금리 및 만기가 다 상이한 경우는 어떻게 되는가? 본 절에서는 $90,000의 대출에 대해서 상이한 만기인 30년인 경우를 살펴본다. 계산결과는 다음과 같다.

이 사례에서 대안3의 대출의 경우 월 불입액이 $995.8이 된다. 이는 이전의 사례와 2가지 차이점이 있다. 대안3의 경우 차입자는 대안1보다 처음 25년간 월 $153을 더 내며, $80,000 대출금이 완전 상환된 마지막 5년간에는 월 $995.58을 더 낸다.

		대출액	1~25년 월불입액	26~30년 월불입액
대안3(13%)	30년	$90,000	$995.58	$995.58
대안1(12%)	25년	80,000	842.58	−0−
차이		$ 10,000	$ 153.00	$995.58

이 경우, $90,000, 만기 30년, 금리 13% 대출에 대해 월 불입액을 계산하면 $995.58이다. 그러나, 월 상환방식은 차이가 있다. 하나는 첫해 25년 동안 차입자는 대안 3보다 추가

---

[5] 이 공식은 근사치다. 왜냐하면, 시간이 지남에 따라 대출이 분할상환되기 때문에 각 대출의 상대적인 가중치가 실제로 조금씩 변하기 때문이다. 각 대출이 25년 동안 분할상환되기 때문에 LTV 80% 대출은 LTV 10% 대출보다 더 빨리 감소할 것이다. 왜냐하면, 대출만기로 가면서 양 LTV는 0이 되어야 하기 때문이다.

[6] 거래비용은 LTV가 더 높은 대출과 동일할 것이다.

로 월 $153.00를 지불하게 된다. 마지막 5년 동안 불입액의 차이는 $995.28가 될 것이다. 왜냐하면, $80,000 대출은 25년 후 재상환될 것이기 때문이다. 위의 식에서 $995.58는 5년간 발생하지만, 25년 말까지 받지 못하고, 25년 후에야 할인되어야 한다. 두 개가 알려져 있지 않기 때문에 해를 직접적으로 풀수는 없다. 따라서, 수익률(비용)을 계산하기 위해서는 3장 Box 3.2에 소개된 과정을 사용해야 한다.

계산기 해법	함수
초기현금흐름(CF_0) = −$10,000	$IRR\ (CF_1, CF_2, \ldots, CF_n)$
현금흐름1(CF_j) = $153.00	
만기1(n_j) = 300(1∼25년)	
현금흐름2(CF_j) = $995.58	
만기2(n_j) = 60(26∼30)	
IRR월간 = 1.5719%	
IRR연간 = 18.86%	

목표하는 정확한 현재가치는 $10,000이므로 IRR은 19%를 약간 하회해야 한다. 계산기를 사용하면[7] 해답이 18.86%임을 알 수 있다. 따라서 추가적인 조달금액 $10,000에 대해 금리가 (1) 12%에서 13%로 인상되고 (2) 만기가 25년에서 30년으로 증가되는경우 증분비용은 18.86%가 된다. 이 결과치를 만기가 25년 동일한 경우의 20.57%와 비교하면 만기가 30년으로 길어진 경우의 증분비용쪽이 낮음을 알 수 있다. 그 이유는 $90,000 대출에 대해서 더 높은 금리가 지불되어야 하지만 그 상환기간이 더 길기 때문이다. 원금을 분할상환하는 기간이 더 길기 때문에 월불입액도 더 작은 혜택이 있는 것이다. 만일 차입자가 만기 전에 조기상환한다면 증분비용을 계산할 때, 월불입액 차이 및 상환시점의 대출잔고가 고려되어야 한다는 점을 기억하라. 또한 대출수수료가 공제되면 추가차입액도 그만큼 감소해야 한다.

대출 차환 *Loan Refinancing*

경우에 따라 차입자는 대출이자를 줄이기 위해 기존 대출을 낮은 금리의 신규대출로 **차환**할 수 있는 기회를 얻을 수 있다. 대출차환에서 고려해야 할 변수로는 다음 세 가지가 있다: (1) 현행 대출의 조건, (2) 신규 가능대출의 조건, (3) 현행 대출을 상환하는 데 수반되는 비용(조기상환 위약금, 신규대출취급수수료). 설명을 위해 차입자가 한 차입자가 5년 전 차입한 $80,000의 30년 만기 15% 대출의 차환을 고려하고 있다고 가정한다. 5년 후 금리가 하락하였고, 신규대출은 14%에 25년 만기 대출이다. 기존대출의 잔존원금은 $78,976.50이다. 조기상환시 기존대출에 대해 위약금 2%를 지불해야한다고 가정하면, 신규대출을 일으키는 대출자는 신규대출취급수수료는 $2,000와 부대비용 $25(closing cost)을 요구한다. 그렇다면 차입자는 다른 대출로 바꿔야 하는가?

이 질문에 답하기 위해서 차환에 따른 비용과 편익(낮은 대출금리로 차환에 따라 감소하

---

7 원리금 상환 문제와 달리, 시간경과에 따른 다양한 현금흐름 값을 조정할 수 있는 계산기가 필요하다.

게 될 금액)을 분석해야 한다. 차환으로 인해 발생하는 비용은 다음과 같다.

조기상환위약금	2%	×	$78,976.50	=	$1,580
신규대출수수료					2,500
신규대출 부대비용					25
합계					$4,105

차환으로 인한 편익은 낮은 금리로부터 발생한 이자 절감액이다. 따라서, 차환이 일어나면 신규대출의 월 불입액이 이전보다 감소한다. 월간 편익은 다음과 같이 월 $60.88로 계산된다.

현행대출의 월불입액	$80,000	30년	15%	$1,011.56
신규대출의 월불입액	$78,976.5	25년	14%	−950.69
월불입액 차액				$ 60.87

   25년 동안(300개월) 총 절감액은 $18,261($60.87 × 300)로 차환으로 인한 비용 $4,105보다 크다. 그러나, 절감액 $18,261가 즉시 발생하지 않기 때문에 차환비용 $4,105가 대출기간 동안 매달 얻게 될 $60.87와 비교해서 투자(investment) 또는 지불할 가치가 있는지에 답해야 한다. 아마도 $4,105는 보다 이윤이 발생하는 대안에 투자될 수도 있다. 그렇다면, 25년 동안 $4,105 투자를 통해 얻을 수 있는 수익률이 얼마인지를 결정해야 한다. 매월 절감액은 $60.87로 주어져 있다. 계산기에 의해서 $4,105에 대해서 매월 $60.87을 얻는 수익률은 17.57%를 얻게 되므로, 동일한 위험도에서 17.57% 수익률을 얻을 수 있는 기회가 없다면 차환은 실시되어야 한다. 이 수익률은 신규대출금리 14%보다 높으므로 매력적이며, 따라서 차환은 바람직할 것이다.

계산기 해법	함수
n = $4,105	i (PV, n, FV, PMT)
PV = 300	
PMT = 0	
FV = $60.87	
i = 17.57%	

조기상환: 대출차환 *Early Repayment: Loan Refinancing*

   만일 주택을 25년간 소유하지 않으면, $60.87의 절감을 25년간 누리지 못하므로 차환의 타당성이 없어진다. 차입자가 10년간만 주택을 소유할 것이라고 가정해도 차환이 유리한 것인가? 이 대안을 검토하는 데에서 $4,105의 비용은 변하지 않지만 절감액은 변화한다. 즉 $60.87의 절감액은 10년 동안만 발생한다. 또한 10년 후에 차환대출을 상환하려고 하기 때문에 현재의 대출잔액과 10년 후의 대출잔액을 비교해야 한다. 조기상환위약금이 없다고 가정하면, 그 차액은 다음과 같다.

현행대출의 15년 차 잔고	$72,275
신규대출의 10년 차 잔고	71,386
차액	$ 889

*$80,000, 15% 30년, 15년 차 상환
†$78,976. 14% 25년, 10년 차 상환

만일 차환이 일어났다면 총 절감액은 10년간 매월 $60.87의 절감액과 10년차 말의 일시 $889의 합계이다. 이들 절감액이 차환비용인 $4,105의 지출을 충당할 수 있는가? 이 질문에 답하기 위해 $4,105의 지출의 수익률을 다음과 같이 계산한다.

계산기 해법	함수
$n = 10 \times 12 = 120$	$i\,(n,\ PV,\ FV,\ PMT)$
$PV = -\$4{,}105$	
$PMT = \$60.87$	
$FV = \$889$	
$i = 14.21\%$	

대출이 조기상환되면, 매달 $60.87의 절감액을 25년 동안 온전히 받지 못하기 때문에, 수익률은 조기상환이 없는 경우의 17.57% 이하이다. 차환으로 얻게 될 수익률은 10년간 연간 14.21%이 된다.

이 수익률은 25년 만기상환 경우의 17.57%보다 낮으며, 이는 차환비용은 동일하면서 월불입액 감소혜택은 줄어들었기 때문이다. 10년차에 $889의 혜택이 얻어지기는 했더라도 이는 10년에서 25년 사이에서 잃은 매월 $60.87을 상쇄하지는 못한 것이다. IRR과 차환 이후 대출이 잔존하는 기간과의 관계는 [예 6-3]에서 볼 수 있다. 차환의 혜택은 신규대출 후 5년 미만 잔존할 경우 마이너스이나, 이후 매년 급상승한 후 15년차가 되면 정체한다. 따라서 차환의 의사결정에 있어서 비용과 금리절감만을 고려해서는 안 되며, 주택보유기간을 반영하여야 한다.[8]

차환 유효비용 Effective Cost of Refinancing

차환문제를 앞에서 논의했던 유효비용 개념을 사용하여도 분석할 수 있다. 포인트 수수료가 대출의 유효비용을 높인다는 사실을 알고 있다. 앞 절의 예에서 $78,976.50을 대출받고 있지만 $4,105를 수수료로 납부해야 한다. $4,105에는 기존대출 조기상환에 대한 위약금이 포함되어 있지만, 이를 새로운 대출을 일으키는 비용 또는 차환 유효비용으로 간주하여 신규원금으로부터 공제하면 $74,871.50($74,871.50 − $4,105)의 순 신규 조달액이 된다. 25년 만기, 14%인 신규대출의 월불입액은 $950.69이다. 25년 만기 동안 대출을 유지하는 데 소요

---

[8] 명백한 것은 차입자가 차환 이후 주택을 보유하려는 기간이 짧아질수록 차환에 따른 수익률이 낮아진다는 점이다. 기간이 짧은 경우 음의 수익이 발생할 수 있다. 따라서, 차입자가 차환 이후 단기간에 부동산을 매각하려고 한다면 차환을 정당화하기는 어렵다.

예 6-3
대출차환 경우의 절감액
IRR

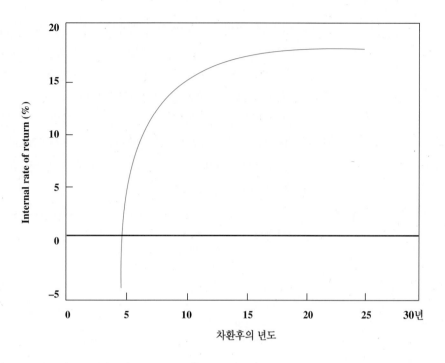

되는 유효비용을 계산하는 과정은 다음과 같다.

계산기 해법	함수
$n = 25 \times 12 = 300$	$i\,(n, PV, FV, PMT)$
$PV = -\$74,871.50$	
$PMT = \$950.69$	
$FV = 0$	
$i = 14.86\%$	

　계산기에 의해서 14.86%를 얻게 되는데, 이는 차환에 의해 신규차입을 얻기 위한 실질비용이다. 실질비용은 기존 대출의 15%보다 낮은 금리이므로 차환은 타당성이 있어보인다.[9] 따라서, 차환 시 투자 수익률을 계산한 것과 동일한 결론에 도달한다.

차환비용의 차입 *Borrowing the Refinacing Costs*

　앞 절의 예에서는 차입자가 차환비용 $4,105를 지불하는 것으로 가정하였는데, 실제로 차입자가 차환을 강행할 때는 차환비용까지도 차입하여 조달할 수가 있을 것이다.[10] 이 점이 분석에 어떻게 영향을 미치는가? 차입자는 대출잔고 $78,976.50에 $4,105를 추가하여

---

[9] 구 대출에 지급한 포인트는 일종은 "매몰비용"이기 때문에 고려하는 것이 적절하지 않다. 즉, 이미 지불한 금액은 차환 결정에 영향을 주지 않는다. 따라서 구 대출에 대한 현재 금리를 신규 대출의 유효금리와 비교해야 할 것이다.

[10] 차입자는 구 대출을 여러해 전에 제공받았다면 충분한 자금이 있을 수 있다. 왜냐하면, 그 동안 차입자가 구 대출의 잔고를 줄여 나갔을 것이고, 주택가치도 상승했을 수가 있기 때문이다.

$83,081.5를 차입한다. 14%금리 적용에 의한 월불입액은 $1,000.10이 된다.[11] 차환에서 현금지출 비용이 없으므로 이를 무엇과 비교해야 하는가? 그 대답은 간단하다. 월불입액은 차환전의 불입액 $1,011.56보다 낮다. 차입자는 현금지출 비용 없이 300개월간 월 $11.46씩 불입액이 절감되므로 차환은 바람직한 것이다.[12]

앞 절에서 했듯이 차환의 유효비용을 계산할 수도 있다. 이 경우에는 총 대출금이 $83,081.50인 반면 차입자가 조달하는 금액은 $78,976.50에 불과하다(대출액에서 비용 공제). 월 불입액 $1,000.10을 적용하고, 대출이 만기까지 간다고 하면 다음과 같이 유효비용 계산이 가능하다.

계산기 해법

	함수
$n = 25 \times 12 = 300$	$i\,(n, PV, FV, PMT)$
$PV = -\$78,976.50$	
$PMT = \$1,000.10$	
$FV = 0$	
$i = 14.81\%$	

이에 해당하는 금리를 풀면 14.81%가 되며, 앞 절에서 얻었던 금리와 거의 동일하나, 약간 낮은 이유는 신규대출 취급 수수료가 대출금액이 늘었음에도 불구하고 $2,500인 것으로 가정했기 때문이다. 차환의 수익률을 계산한 경우나 유효비용을 계산한 경우 모두 같은 결론에 도달한다. 같은 결론에 도달하는 문제를 바라보는 방법은 많이 있다. 이 문제를 점검하는 것은 개인이 다양한 자금조달 대안을 다루는 기술을 익히는 데 유익하며, 부적절한 기법을 적용하는 경우도 줄어들 수 있다.

다른 고려사항들 *Other Considerations*

2주 상환 방식 – 이자비용 절감 및 조기 상환

일반적으로 대출금을 상환할 때 차입자들은 월단위 상환을 선호한다. 그러니 일부 차입자들은 2주 상환방식을 이용하여 대출기간동안 낮은 이자율을 확보하고 대출금을 더 빨리 갚기도 한다. 예를 들어 차입자가 $80,000을 6% 이자로 30년 동안 원금상환하는 경우, 월 상환과 2주 상환방식을 비교해 다음과 같다.

계산기 해법

월단위 상환(360)	2주간 상환(26/year)
$PV = -\$80,000.00$	$\$479.20 / 2$
$i = 6\%$	
$n = 360$	$PMT = \$239.80$

---

[11] 이러한 접근방법이 대출이 조기상환되는 경우에 사용된다면, 차환 대출의 추가 대출잔고를 고려해야 한다. 이는 더 낮은 불입금 혜택을 줄일 수 있다.

[12] 만일 신규 금리가 높다면 앞 절에서 논의했듯이, $4,105에 대한 증분비용을 고려할 것이다.

$FV = 0$
$PMT = \$479.60$

아래 예는 2주간 상환 방식에서 (1) 재상환에 필요한 상환 횟수, (2) 만기까지 대략적인 대출상환 기간, (3) 대출기간 동안 이자비용 절감분에 대해 알려 준다.

계산기 해법

2주간 상환시 대출상환기간		이자비용 절감분	
$PV = -\$80,000$		월간 지불액	$172,656
$PMT = \$239.80$		2주간 지불액	−152,752
$i = 6\% / 26^*$		이자 절감분	$ 19,904
$FV = 0$			
$n = 637$개월(약 24.5년)			

*연간 6% 이자율이 2주간으로 복리계산

2주단위 상환 방식을 이용할 경우, 상환기간은 30년보다 짧은 24.5년이 되고, 총 *이자절감분*은 $19,904인 것으로 알 수 있다. 이 상환방식을 이용하면 차입자가 이자 비용 등을 절감할 수 있으나 이 방식이 항상 최선의 선택은 아니다. 대체투자안이 존재한다면 지불액 절감분을 재투자하여 6% ($i \div 26$) 이상의 수익률을 올릴 수도 있다. 그러나, 대체투자안이 없다면 차입자와 투자자는 이자비용을 줄여 이자를 저축하는 것이 더 낫다. 또한 차입자가 2주간 상환할 능력이 존재하지 않는다면, 2주간 상환방식은 적용하기 힘들다.

조기상환

또 하나의 차입자가 직면하는 문제는 조기상환에 관한 것이다. 차입자가 $80,000을 6%이자율로 30년 동안 원리금상환하는 방식에서 5년 동안 월상환하고 있는 동안 유산 등으로 큰 돈을 받을 경우 대출액을 설정된 기간보다 먼저 갚을 수 있다. 이러한 상황에서 어떻게 해야 할까?

계산기 해법 　　　　　　　　　　　**함수**

$PMT = \$479.64$ 　　　　　　　$PV (PMT, i, n, FV)$
$i = 6\%$
$n = 360$개월
$FV = 0$
$i = \$74,443$

대출잔액 $74,443을 대출만기일보다 먼저 상환할 수 있을 경우 이자절감분에 대해 살펴보면 다음과 같다.

잔존기간(300개월) 총상환예정금액 $479.64 × 300	$143,892
5년차 대출잔액	−74,443
이자 절감분	$ 69,449

그러나 여기와 관련된 질문에서 차입자가 5년차 말에 갚아야 할 대출금액 $74,443가 있는지를 고려해야한다. 6% 이자율을 가진 대출을 조기에 상환함으로써, 차입자는 대출을 갚는 데 사용한 자금으로 6%의 수익을 올릴 수 있다.

1. 6%보다 높은 것에 재투자하는 경우: 차입자는 대출금을 갚지 않는 것이 좋다. 만약 7% 이자율로 $74,443을 재투자 가능하다면 1%(7%~6%) 이자수익을 얻을 수 있다.
2. 6% 이하로 재투자하는 경우: 차입자는 5년차 말 대출잔액을 미리 갚는 것이 더 낫다. 예를 들어 이자율이 5%로 하락할 경우, 차입자는 5% 이자율로 재차입하고 대출금을 조기 상환함으로써 6%를 절약할 수 있다. 이는 1% 만큼의 이자수익의 발생이 가능하게 해준다.

대출자의 조기상환 유도 *Early Loan Repayment: Lender Inducements*

이자율 상승기를 거친 후 차입자들은 시장금리보다 낮은 금리의 대출을 보유하게 된다. 이는 이자율 하락기와는 반대되는 경우로서, 차입자들은 조기상환을 할 이유가 없는 반면, 대출자들은 차입자들에게 할인상환을 제시하여 조기상환을 유도하게 된다.[13] 대출자들은 어느 정도의 할인상환을 제시할 수 있는가?

차입자는 10년이 경과한 대출을 보유하고 있다고 가정하자. 대출실행시점에 대출액 $75,000, 만기 15년, 금리 8% 조건이었다. 10년이 경과한 현재 대출잔액은 $35,348이고, 매월 $716.24씩 불입하고 있다. 만약 현재 시장금리가 12%라면 대출자는 현존대출을 유지하기보다는 다른 차입자에게 실제금리로 재대출하는 편이 유리하다. 반면, 채무자는 $35,348의 현금을 보유하고 있더라도 이를 상환할 이유가 없다. 대출자가 $2,000를 할인한 $33,348을 제시한다면 차입자는 상환 것이 유리한가?

할인을 받아들일 경우, 차입자는 대출금 상환에 사용된에 대한 투자수익을 올릴 수 있다. 즉, 대출자에게 $33,348을 지불함으로써, 차입자는 매달 $716.74를 절약할 수 있는 것이다. 대출을 조기상환함으로써 얻게될 수익을 계산하는 방법은 다음과 같다.

계산기 해법	함수
$n = 5 \times 12 = 60$	$i\,(n, PV, FV, PMT)$
$PV = -\$33,348$	
$PMT = \$716.74$	
$FV = 0$	
$i = 10.50\%$	

차입자는 대출자의 할인을 수락함으로써 채무상환에 투입한 자금에 대해서 10.5%의 수익률을 얻게 된다.[14] 차입자가 이 제안을 받아들일지의 여부는 그가 $33,348에 대하여 어떠

---

[13] 기업금융에 있어서도 부채를 재구입하거나 시장가격에 다시 살 수 있는 권리 등이 있다.

[14] 편의상 연방소득세효과는 무시한다. IRS는 채무탕감에 대해서 40%를 과세하고 있다. 따라서 차입자는 $2,000 탕감액에 대해 세금을 납입해야 한다. 40%의 조세부담율을 가진 투자자의 경우 세금은 $800가 될 것이다. 이 예의 경우 차입자는 $2,000 − $800 = $1,200만을 수령할 것이다. 이는 확실히 차입자에게 대출 조기상환의 혜택을 줄인다.

한 투자 대안을 갖고 있는가에 좌우된다.

앞서의 예에서는 차입자가 $33,348의 현금을 보유하는 것으로 가정하였다. 실제로 다른 몇 가지의 경우를 고려해볼 수 있다. 하나는 차입자가 소요액 전부 또는 일부를 시장금리로 차입하는 것이며, 다른 하나는 차입자가 차환에 의해 대출잔고를 늘이려 하는 경우이다. 어느 경우에나 대출자는 차입자에게 조기상환하도록 유인책을 제공할 것이다. 그러나 이는 차입자가 감소한 상환액에 대한 대가로 대출잔액 할인을 유인하는 대출자 제안을 따를 것인지, 아니면, 추가적인 대출 상환을 위해 추가 자금을 받을 것인지에 따라 달라진다.

대출자산의 시장가치 *Market Value of a Loan*

대출이 몇 년 동안 분할상환된 후의 잔고를 계산하는 데에서 발생하는 문제들을 고찰해 왔다. 대출잔고는 차입자가 대출계약을 이행하기 위해 반환해야 하는 금액이므로 대출의 계약금액 또는 장부가치(book value)가 된다. 그러나 대출실행 이후 시장금리가 변화했다면 대출잔고는 대출자산의 시장가치를 반영하지 못한다.

대출자산의 시장가치는 새로운 대출자 또는 투자자들이 대출자산의 잔여 현금흐름 수입을 받기 위한 권리의 대가로 지불하려는 금액이다. 이는 잔여 현금흐름이 현행 실세금리를 반영한 현행 원금으로 계산된다.

대출자산의 시장가치를 계산하기 위해서는 잔존 현금흐름을 실세금리로 할인하여 현재가치를 계산한다. 예를 들어, $80,000 10%, 20년 만기 대출이 5년 경과한 경우를 가정하자. 월불입액은 $772.02이다. 대출의 시장가치를 산출하기 위해서는 월불입액 $772.02를 시장이자율로 할인한 현재가치를 계산해야 한다. 이때, 시장이자율은 15%라고 가정한다. 계산식은 다음과 같다.

계산기 해법

STEP 1: 남은 지불액의 현재가치 계산

$$i = 15\%$$
$$n = 180$$
$$PMT = \$772.07$$
$$FV = 0$$
$$PV = \$55,161$$

함수
$PV\ (i,\ FV,\ PMT,\ n)$

STEP2: 대출잔고 계산

$$PMT = \$772.02$$
$$i = 10\%$$
$$PV = \$80,000$$
$$n = 60$$
$$FV = \$71,842$$

함수
$FV\ (i,\ PV,\ PMT,\ n)$

따라서, 잔존원금 $71,842에 대한 대출자산의 시장가치는 $55,161이다. $55,161는 제

3자(다른 대출자, 투자자, 유통시장)에게 매각할 때 수령할 수 있는 금액이다.[15] 동 대출은 할인 매각되어야 함을 알고 있으며, 할인액은 $71,842 − $55,161 = $16,681이다. 대출은 23% 할인된 가격으로 판매된다고 볼 수 있다.

대출의 시장가치는 계약 대출잔고보다 더 작은데, 이는 금리가 10년 전 대출실행 시 금리(10%)보다 상승했기 때문이다. 그러나, 시장금리가 15%로 상승했음에 불구하고 10%에 대출이 계속되는 문제가 발생하고 있다. 이것이 ARM이 대출자에게 더 유리한 이유이다(5장 참조). ARM의 경우는 대출금의 시장가치가 새로운 시장이자율을 적용 받은 신규대출가 다르지 않다. 만약 대출잔액에 대한 시장이자율이 상환주기에 따라 매번 조정되고, 조정금액에 대한 상한이 없다면, 약정금리는 항상 시장금리와 같다. 따라서, 이 경우에 대출잔액과 대출잔액의 시장가치는 항상 같다. 미래 상환액이 현재 이자율에 연동되어 있기 때문이다.

두 가지 이상 대출의 유효비용 Effective Cost of Two or More Loans

투자자가 두 개 이상의 대출조합(예: 1순위 주택대출과 2순위 대출)을 고려할 때 많은 상황이 존재한다. 하나의 상황은 선호하는 이자율을 가진 대출의 가정이다.[16] 그러나, 주택 매수자가 대출을 승계하기 위해 필요한 현금을 1순위 대출로 받지 못할 수 있다. 이경 우는 주택 매도자가 이미 대출잔액을 상환한 경우, 그리고 부동산 가격이 매도자가 초기 구입한 이후 계속 상승한 경우에 발생할 수 있다. 따라서, 따라서 주택구입자는 현금소요액과 대출 승계액과의 차액을 2순위 대출로 채워야 한다. 예를 들어, 어떤 주택구입자가 $100,000 주택을 대출액 $80,000, 대출금리 10%, 대출만기 25년 대출을 이용하여 5년 전에 구입했다고 가정하자. 부동산 가격이 상승하여 현재 시세는 $115,000가 되었다. 주택 구입자가 판매자의 대출을 승계하기 위해 필요한 자금은 $36,669이다. 계산은 다음과 같다.

주택 구입가	$115,000
매각자의 대출잔액 ($8만. 10% 25년, 5년 경과)	75,331
필요현금	$ 39,669

구입자는 채무를 승계하더라도 $39,669의 차액을 내지 못하면 주택구입을 할 수 없으므로 2순위 대출을 고려해야 한다. 이 경우 두 가지 대출의 혼합조건이 전혀 새로운 1순위 대출보다 유리해야만 할 것이다. 구입자가 주택을 구입하기 위해 신규대출 금액 $92,000(LTV 80%), 대출이율 12%, 만기 20년 대출을 이용할 수 있다면, 2순위 대출을 어떻게 조합하는 것이 신규 대출을 받는 만큼 매력적인지를 결정해야한다. 2순위 대출금 $16,699($92,000 − $75,331)은 이자율 14%, 만기 20년이라고 가정하자. 이 문제를 분석하기 위해 승계된 대출

[15] 같은 해답을 구할 수 있는 다른 접근방법을 찾아보는 것도 유익하다. $71,842, 15% 금리, 잔존기간 15년짜리 대출을 실행한다고 가정하자. 불입금은 $1,005.49인데, 이는 계약 불입금인 $233.47보다 많다. 불입금의 차이를 15년 동안 시장금리로 할인한다면 $16,681가 된다. 대출잔고에서 이 차이를 차감하면 대출의 시장가치가 된다.

[16] 많은 지역에서 부동산이 대출을 승계하면서 매각된다. 그런데, 또 다른 많은 지역에서는 승계를 팔 권리가 명시적으로 담보대출에서 배제되거나, 대출자가 새로운 구매자를 승인하지 않는다. 대출실행 방법은 지역의 전통과 경제적 조건에 따라 매우 다양하다.

의 혼합 저당 불입액과 2순위 저당대출의 불입액을 계산한다.

승계된 대출의 월불입액*	$726.96
신규 2순위 월불입액†	$207.28
합계	$934.24

* 초기 $80,00, 10% 이자율, 만기 25년
† 2순위 대출액 $16,669, 14% 이자율, 만기 20년

결합대출의 월불입액은 $934.24이다. 월불입액 $934.24의 유효금리를 구하는 방법은 다음과 같다.

계산기 해법	함수
$n = 20 \times 12 = 240$	$i\,(n,\ PV,\ PMT,\ FV)$
$PV = -\$92{,}000$	
$PMT = \$934.24$	
$FV = 0$	
$i = 10.75\%$	

재무용 계산기에 의해 10.75%를 얻는데, 이는 완전신규대출 가용금리 12%보다 낮으므로 2순위 대출 + 승계의 대안이 더 유리하게 된다.[17] 그러나 이러한 분석은 매도자가 시장이하 금리의 대출을 승계하는 이익을 얻을 목적으로 *부동산가격*을 올릴 수 있다는 사실을 고려하지 않았다. 이는 다음 장에서 분석할 것이다.

만기가 짧은 2순위 대출 *Second Mortgages and Shorter Maturities*

대부분의 경우 2순위 대출은 20년 만기가 불가능하다. 따라서 2순위 대출이 5년 만기 14%인 경우에도 기존대출승계 + 2순위 대안이 계속 유효할 것인가의 문제가 제기된다. 이를 검토하기 위해서 승계된 대출의 10%, 20년 잔존금리와 2순위 대출의 가중평균금리를 구하여 신규대출 12% 20년과 비교해야 할 것이다. 승계대출과 2순위 대출을 결합할 경우, 월불입액 합은 다음과 같다.

승계대출($80,000, 10%, 25년)*	$ 726.96
2순위 대출($16,669, 14%, 5년)†	$ 387.86
합계	$1,114.82

* 초기 $80,00, 10% 이자율, 만기 25년
† 2순위 대출액 $16,669, 14% 이자율, 만기 20년

---

[17] 2순위 대출에 14%라는 높은 금리를 지불할 수 있는 이유는 2순위 대출의 금액가중치가 18%로 낮기 때문이다[0.82 × 10%) + (0.18 × 14%) = 10.75%(대략치)].

2개 대출의 5년간 월별 불입액 합은 $1,114.82이 된다. 그런데, 5년간 매월 $1,114.82가 지불된 후에 2순위 대출은 상환되고, $726.96만이 20년 동안 불입될 것이다. 차입자가 결합 담보대출을 이용할지 여부는 차입의 결합비용을 다시 구함으로 결정될 수 있다. 이 비용은 승계대출과 2순위 대출의 월별 불입액의 합에 기초하여 구할 수 있다. 이 비용은 *5년* 동안 의 2순위 대출의 월 불입액 $387.86와 *20년* 동안의 승계대출의 월 불입액 $726.96를 통하 여 구할 수 있는데, 이에 대한 현재가치를 $92,000로 놓고 금융비용을 구하면 된다. 계산기 해법에 의해 승계 + 2순위 조달의 혼합금리는 10.29%가 도출된다. 이 결합 금융 패키지는 신규대출 $80,000, 12%, 20년과 비교해야 한다. 결합대출의 유효비용이 시장금리보다 낮기 때문에, 최적 대안이 된다. 그런데 여기서 주의해야 할 점은 5년간의 월불입액이 $1,114.82 로서 신규대출 경우의 $1,013보다 높다는 점이다. 비록 5년 이후에 월불입액이 $726.96으 로 낮아져 보상되기는 하지만, 차입자 입장에서는 월 소득대비 월 지급소요액을 점검해야 한 다. 차입자에 따라서는 실질금리가 높더라도 월 불입액의 절대금액이 낮은 편을 선호할 수도 있는 것이다.

계산기 해법

현금 흐름 분석 요구:

최초 현금흐름 = −$92,000		함수
현금흐름 1 = −$1,114.82		CF_0 = $92,000
현금흐름 회수 = 60회(1~5년)		CF_j = $1,114.82
현금흐름2 = −$726.96		N_j = 60
현금흐름 회수 = 180회(6~20년)		CF_j = $726.96
		N_j = 180

IRR 계산:

IRR(월) = 0.8573%	i 계산 = 0.8573%(월)
IRR(연) = 10.29%	= 10.29%(연)

최근에 2순위 대출, 신용카드 대출 등을 활용한 다양한 방법이 있으며 이와 관련된 사항 은 Concept Box 6.1을 참고하기 바란다.

주택구입 시 시장금리보다 낮은 대출의 효과

많은 경우에, 투자자(주택구입자)는 시장가격보다 낮은 조건의 대출을 승계한 주택을 구입 할 기회를 가지게된다. 매도자가 시장금리보다 낮은 조건(below-market-rate)으로 주택구입 자게 승계할 수 있는 경우에 대해서 이미 논의한 바 있다. 시장가격보다 낮은 조건으로 자금 을 조달(below-market financing)한다는 것은 판매자 **신용대출**(purchase money mortgage) 의 형태로 매도자가 제공할 수도 있다. 이 경우 매도자가 금융의 전부 또는 일부를 실세금리 보다 낮은 금리에 매수자에게 제공하게 된다.

시장금리보다 저금리의 대출이 주택구입자에게 유용한 것은 사실이나, 주택매도자도 이 러한 장점을 알고 있으므로 이를 반영하여 주택의 매도가를 높이려 할 것이다. 따라서 저금 다양한 종류의 2차 저당 대출은 주택구입자가 추가적인 자금을 빌리는데 사용이 된다. 이러한 대출을 일반적으로 **홈에쿼티론**(home equity loans; HELs)이라 한다. 일반적으로 대출기관은 주택소유자에게 집값의 약 20% 정도를 요구하며 이는 Home equity Loans의 최소 자격 요건이다. 차입자는 또한 수입과 과거 신용정보 등 재정정보를 대출기관에 제공하여야 한다. Home equity loans와 Home equity lines of credit은 현재 많이 사용되고 있는 대출이다.

HELS과 HELOCS의 경우

1. 대출금액에 세금이 부과되지 않는다. 금액은 부채규모에 따라 증가하고 부동산 매각이익이 발생할 때 부과되는 세금은 없다.
2. 이자상환액은 일반적으로 대출자가 부동산에 유치권을 요구한 기간 동안은 세금이 면제된다.

HOME EQUITY LOANS (HELs)

이는 차입자에게 일시불로 제공되는 대출이며 대출기관이 대상 부동산에 제2저당권을 설정하는 행위로 이루어진다. 차입자의 자본은 HEL이 적용되는 시점에 부동산 감정평가가격에 제1저당권을 차감하여 구한다. 예를 들어 현재 부동산 감정가격이 $100,000이고 제1저당권 $40,000이 있다면 소유자의 자본은 $60,000인 것이다. 이 금액은 Home equity Loan의 담보금이 된다. 일반적으로 제2저당권은 제1저당권보다 위험하므로 HEL의 대출을 담당하는 대출기관은 제 1차 저당권 보다 더 높은 이자율을 차입자에게 요구한다. Home equity loans의 다른 특징은 다음과 같다.

1. 이자율은 고정 혹은 변동 이자율을 적용
2. 대출기간은 대출만기 시점과 동일
3. 지불액은 "월"을 기준으로 산정
4. 대출금액은 원금균등, 부분상환, 이자상환 등으로 다양한 상환방식 적용이 가능하며, 부분상환이나, 이자만 상환하는 경우 특정기간을 정하여 부분적으로 적용이 가능하다. 또한 대출금은 대출기간동안 전액 상환 혹은 대출기간 후 잔금은 일시불로 갚아야 한다.

HOME EQUITY LINES OF CREDIT (HELOCs)

홈에쿼디 신용한도대출은 HELs와 개념적으로 유사하다. 이 대출방식은 소비자 신용대출과 유사하며, HELOs의 여러가지 특성으로 HELS와 구분되게 한다.

1. 대출금은 특정기간 최대금액으로 설정되나, 일시에 금액 전부를 대출할 필요는 없다. 그러나 대출잔액이 대출금액과 동일해지면 추가 대출은 할 수 없다.
2. 차입자들은 일반적으로 월지불액을 선택해서 상환가능하나 대출기관은 월지불액이 최소금액보다 높게 설정하도록 요구한다. 월지불액은 월 이자보다 낮게 설정될 경우 대출잔액은 증가한다. 반대의 경우, 대출잔액은 감소한다.
3. 이자율은 일반적으로 변동금리를 적용한다.
4. 대출금액과 월지불액은 대출잔액을 결정하고 이에 따라 대출잔액이 증가하거나 감소하기도 한다.

HOME EQUITY LINES OF CREDIT

HELOCs가 일반 소비자 신용대출과 유사하지만, 제2차 저당권을 담보로 하기 때문에 신용대출보다 이자율이 저렴하다. 이는 소비자 신용대출의 경우 차입자의 신용에만 전적으로 의존하기 때문이다.
이자율 관련하여 HELOC 차입자는 다음과 같은 요소를 고려해야 한다.

1. 초기 상환 수수료. HELOC는 소비자 신용대출과 ARM의 결합과 유사하므로 이자율은 기준 지표에 연동된다. 따라서, 이자율이 급격히 상승할 경우 차입자는 고정금리로 바꾸길 원한다. 이러한 가능성 때문에 HELOC의 대출기관들은 초기 상환수수료를 대출설정 시 포함시킨다.

2. 미이용에 따른 수수료. 만약 차입자가 대출을 사용하지 않거나 다른 벌금 등을 물지 않기 위해 적은 금액만 사용할 경우 월지불액에 미이용에 따른 벌금을 추가하여 대출을 설정한다.

리 대출을 가진 주택의 가격은 시장금리에 연동된 대출을 가진 주택가격보다 높을 수 있다는 것이다.

승계대출의 저금리로 인해 주택구입가격이 높은 경우, 이 주택을 구입할 것인지 아니면 다른 주택을 구입할 것인가를 비교 검토해보자. 주택가격이 가격 $105,000, 승계가능대출 $70,000, 잔존 15년, 금리 9%, 월불입액 $709.99가 있고, 다른 하나의 주택은 가격 $100,000 및 신규대출 $70,000의 15년 금리 11%이다. 어느 대안이 유리할 것인가? 양 대안에서 대출금액은 동일하다고 가정한다. 대출승계 대안에서 주택가격 차액 $5,000을 현금으로 지불하는 대안이 타당한가를 판단해야 한다. 계산은 다음과 같다.

	Down Payment	월불입액
시장금리 대출	$30,000	$795.62
채무승계	35,000	709.99
차액	$- 5,000	$ 85.63

$85.63 × (MPVIFA ?% 180개월) = $ 5,000

재무용 계산기에 의해 $5,000의 자기자금 추가투입액으로 월불입액이 감소되므로 19.41%의 수익률을 얻게 된다. 반면 주택구입자가 $5,000의 자금을 추가 투입하지 하지 않는다면 동 현금을 운용하여 19.41% 이상의 수익률을 얻어야만 할 것이다. 19.41%의 수익률이 시장금리 11%보다 높으므로 저리 채무를 승계하여 주택을 구입하는 편이 바람직하다.

계산기 해법	함수
$n = 15 \times 12 = 180$	$i\,(n, PV, FV, PMT)$
$PV = -\$5,000$	
$PMT = \$85.63$	
$FV = 0$	
$i = 1.6177\%$ 월간	
$i = 19.41\%$ 연간	

감소한 대출잔고를 승계하는 경우

앞 절에서는 단순화를 위해 기존채무의 승계금액이 신규대출가능 금액과 동일한 경우를 살펴보았다. 그런데 승계대상 대출은 전채무자가 분할상환을 해왔고, 주택의 가격도 상승했을 것이므로 승계가능금액인 대출잔고가 낮아졌을 것이다. 앞의 예에서 승계가능금액이 $50,000에 불과하고 월불입액이 $507.13이라고 하자. 주택구입자는 $70,000를 필요로 하므로 2순위 대출 $20,000을 15년 14%에 얻어서 매월 $266.35를 추가 불입해야 한다. 그렇다면 대출을 승계하고 2순위 대출을 신규로 받으면서 $5,000을 주택가격으로 더 지불해야 하는가? 이에 대한 해답을 다음의 계산을 통해 구할 수 있다.

	다운페이	월불입액
시장금리 대출	$30,000	$795.62
채무승계+2순위대출	35,000	773.48*
차액	$ 5,000	$ 22.14

* $50,000에 대한 상환액 $507.13와 2순위 대출에 대한 상환액 $266.35의 합

여기서 수익률은 −2.9%가 나오며, 주택구입자는 $5,000만큼 비싸게 주택을 구입하지 않는 편이 유리하다. 그렇다면 적절한 구입가는 얼마인가를 다음 절에서 살펴본다.

현금등가 Cash Equivalency

앞의 절에서는 저금리대출을 승계할 수 있는 주택에 대하여 주택가격에 프리미엄을 지불해야 타당한 가를 고찰하였다. 본 절에서는 이를 발전시켜, 저금리대출 승계대안과 시장금리 신규대출의 두 대안의 손익을 일치시키는 주택가격을 계산한다.

앞 절의 예에서 한 주택의 대출승계금액은 $70,000, 9%, 잔존 15년, 월불입액 $709.99인 반면, 다른 주택은 가격 $100,000이고 시장금리인 11%에 조달 가능했다. 주택구입자는 저금리 대출을 승계하면서 주택의 가격을 $100,000보다 얼마를 더 지불하면 신규대출 대안과 동일한 조건을 얻을 수 있는가? 먼저 승계대출 월 불입금 현금흐름의 현재가치를 실세금리에 의해 계산한다. 승계되는 대출의 시장가치 또는 **현금등가액**(cash equivalent value)으로서 기존 대출이 제3자(신규대출자/투자자)에게 매각될 수 있는 가격을 나타낸다.

계산기 해법	함수
$n = 15 \times 12 = 180$	$PV\ (i, n, FV, PMT)$
$i = 11\% \div 12 = 0.91666\%$	
$PMT = \$709.99$	
$FV = 0$	
$PV = 62,466.30$	

기존대출 잔액을 승계함으로써 주택구입자는 동일한 월불입액 $709.99에 대해서 시장가치인 $62,466.30이 아닌 $70,000의 조달을 얻게 된다. 따라서 주택구입자의 순 혜택금액은 $70,000 − $62,466.30 = $7,533.70이 된다. 그는 주택에 대해서 $7,533.70을 더 지불할 수 있으므로 구입가는 $107,534까지 올릴 수 있다.

앞 절에서는 구입자가 $5,000을 주택가격으로 더 지불하면 주택구입자의 수익률은 19.41%였다. 구입자가 $107,534를 지불함으로서 구입자의 수익률은 시장금리와 동일한 11%가 된다. 이러한 분석에 의하여 채무승계가 붙어 있는 주택에는 $100,000에 상당하는

현금흐름에 **자금조달 프리미엄**(financing premium)이 가산된 $107,534가 지불될 것이다. 주택자체의 가치는 $100,000이므로 이를 당해 주택의 현금등가가치라고 부르는데 이는 주택의 가격과는 다르다(가격은 $7,534를 포함한다). 이 프리미엄의 인식은 중요한데, 그 이유는 주택이 $107,534에 매매되었다고만 판단하고 그 주택에 저리대출이 붙어 있는지를 모른다면, 주택자체의 가치는 과대평가되기 때문이다. 또한 구입자는 9%의 저리대출을 확보할 수 없다면 $107,534를 지불할 리가 없는 것이다. 1980년대 초에는 실세금리보다 저리의 대출이 흔했는데, 당시 감정평가사들이 금융이 붙어 있지 않은 주택감정에 저리금융부 거래사례비교를 하면서 차입 프리미엄을 고려하지 않아 비난을 받았다.

주택에 투입된 차입자의 지분은 $107,534에서 $70,000을 공제한 $37,534이다. 이를 기존대출의 현재가치인 $62,466에 더하면 주택의 현금등가가치인 $100,000이 도출된다.

현금등가-대출잔고가 적은 경우

앞 절에서는 대출승계하면서 승계대출액이 신규 실세금리 대출과 같은 경우를 가정하였으나, 실제로는 승계가능 대출의 금액은 주택구입에 필요한 금액보다 훨씬 적을 가능성이 크다. 본 절에서는 승계대상 9% 대출이 $50,000에 불과하여 구입자가 2순위 대출 $20,000을 조달하여 $70,000의 소요액을 맞추는 경우를 분석한다. 2순위 대출은 14%, 15년 만기로 가용하다.[18] 반면 실세금리 신규대출 $70,000은(LTV 70%) 11%, 15년 만기로 가용하다. 주택구입자의 입장에서 두 가지의 조달대안이 동일해지는 주택가격은 어느 수준인가?

먼저 승계되는 대출의 월 불입액 $507.13과 2순위 대출의 월 불입액 $266.35의 **합**을 실제금리 11%로 할인한다. 현재가치 $68,052.27과 실세금리에 의한 $70,000과의 차액 $1,947.73이 발생한다. 따라서 구입자는 저리대출을 확보하기 위해서는 $1,947.73을 추가로 지불할 것이다. 주택은 $101,950(반올림) 이상으로는 팔리지 않을 것이며, 이는 앞 절에서 승계대출액이 $50,000이 아닌 $70,000인 경우의 $107,500보다 훨씬 낮은 가격이다. 프리미엄이 낮은 데에는 두 가지 이유가 있다. 첫째, 승계 가능한 대출금액이 적기 때문에 저리 혜택이 작다. 둘째, 승계대출의 저금리 혜택이 2순위 대출금리 부담과 상계된다. 이 같은 분석에서 2순위 대출의 존재는 반드시 고려해야 한다. 그렇지 않으면 승계대출의 이점이 과대평가 된다.

계산기 해법	함수
$n = 15 \times 12 = 180$	$PV\ (i,\ n,\ PMT,\ FV)$
$i = 11\% \div 12 = 0.91666\%$	
$PMT = \$773.48$	
$FV = 0$	
$PV = \$68,052.27$	

---

[18] 구매자가 2순위 대출이 필요하지 않은 경우라도, 승계대출의 혜택을 현 시장금리와 비교함으로 그 혜택을 평가할 수 있다. 시장금리가 보통 LTV 70% 이상을 기준으로 하기 때문에 2순위 담보대출이 이 분석에 고려되어야 한다.

현금등가: 결론

앞의 두 절에서는 주택매매가격에서 저리대출 승계의 영향을 분석하였다. 주택이 팔리는 가격과, 부대되는 특별한 금융(시장금리보다 저리)조건 간의 관계를 이해하는 것은 매우 중요하다. 앞 절에서 몇 가지의 발생 가능한 상황을 살펴보았지만 이는 일부에 불과했고, 세 가지의 다른 상황들이 다음과 같이 발생할 수 있다.

1. 저리대출이 구입자에게 승계될 수 없다면, 이는 기존 소유자가 대출 잔존기간동안 저금리의 혜택을 누릴 수 없다는 의미가 된다. 이는 당해 주택에 대한 저당금융 프리미엄에 영향을 미칠 것이다.

2. 저리대출이 항상 신규 구입자에게 승계될 수 있다 하더라도, 구입자 입장에서 승계차입의 가치는 당해 주택매입 시점에서의 시장금리에 좌우된다. 이러한 시장금리는 현행소유자가 주택을 구입했던 당시의 금리와는 상이하다. 주택매매 당시의 금리가 대출약정금리보다 높지 않은 경우 신규구입자는 주택구입 프리미엄을 지불하지 않을 것이다. 따라서 주택의 전매가능성 및 전매시점의 시장금리가 대출승계의 이점에 불확실성 요소로 작용하고, 주택구입자가 지불하려는 금액을 감소시키는 경향이 있다.

3. 주택구입자가 대출만기보다 더 긴 기간 동안 주택을 보유할 계획이라 하더라도, 대출승계 이후에 금리가 하락할 수 있다. 금리하락 경우 대출은 차환할 수 있으므로, 저리대출 승계의 이점은 금리하락 경우 차환이 발생하여 퇴색할 수 있는 것이다.

위의 여러 가지 상황은 저리 대출승계에 의해 신규구입자가 지불할 프리미엄을 축소시키는 작용을 한다. 따라서 본 장의 분석은 저리대출승계와 관련되는 프리미엄의 상한선을 나타내게 된다. 프리미엄을 측정하는 최선의 방식은 주택구입자들이 저리대출 승계의 대가로 얼마만큼을 지불하는가에 의해 판명된다.

랩어라운드 Wraparound 대출

랩어라운드 대출(wraparound loan)은 기존대출에 추가하여 신규대출을 하나의 패키지로 합친 것이다. 대출자는 기존 채무액에 추가대출액을 합친 금액을 대출액으로 하여 제공한다. 랩어라운드 대출자는 기존의 대출상환의무를 인수하면서 신규대출을 행하는 것으로, 차입자는 기존대출을 상환하는 대신 랩어라운드 대출 한 건만을 상환하면 된다. 예를 들어, 스미스라는 주택소유자가 기존 대출잔고 $90,000에 대해 월 $860.09씩 불입하고 있다. 현행 대출금리는 8%이고 만기는 15년이다. 스미스의 주택구입 이후 주택시가는 $150,000으로 증가하여 현재 LTV는 60%에 불과하므로, 스미스는 $30,000을 추가 차입하여 LTV 80%인 $120,000을 활용하려 한다. 현재 시장에서 15년, 80% LTV의 실세금리는 11.5%이고, $30,000의 2순위 대출의 실세금리는 15년 동안 15.5%라고 가정한다.

스미스의 기존 대출선이 아닌 다른 대출기관이 $120,000의 랩어라운드 대출을 10%, 15년에 제공하고 있다. 동 대출의 불입액은 월 $1,289.53이다. 스미스가 이를 채택하면 랩어라운드 대출기관은 스미스의 기존채무 불입을 인수한다. 즉 스미스는 월 $1,289.53만을 내면 되고 랩어라운드 대출기관이 기존대출의 $860.09 월불입액을 떠맡게 된다. 스미스의 월불입액이 $429.44만 증가하며, 대출금액으로는 $30,000을 현금으로 수령하게 된다.

스미스 입장에서 랩어라운드 대출이 유리한 것인가? $120,000의 랩어라운드의 금리 10%는 신규 $120,000 대출의 11.5%보다 낮으므로 현명한 대안이다.[19] 그렇다면 왜 랩어라운드 대출기관은 신규대출보다 유리한 조건을 제시하는가? 그 답변은 랩어라운드 대출기관은 **증분** 대출분($30,000)에 대한 경쟁적인 수익률을 목적으로 하기 때문이다. 차입자가 부담하는 증분 대출의 유효비용도 고려해야 한다.

추가되는 $30,000의 비용은 얼마인가? 이 계산은 앞 절에서 증분비용 계산방식과 유사하다. 즉 60% LTV 현존대출 및 80% LTV 랩어라운드 대출과 비교한다. 추가적인 $30,000를 조달하기 위해 채무자는 $120,000 전체에 대해서($30,000뿐만이 아니라) 10%의 금리를 지불해야 한다. 기존 $90,000의 금리는 8%에 불과했으므로 $30,000의 증분비용은 10%를 넘는다. 여기에서 문제는 증분비용이 2순위 대출의 15.5%를 초과하는가의 여부이다.

랩어라운드 대출의 증분비용은 월불입 추가액의 현재가치가 현금조달 $30,000과 일치되는 금리로 계산할 수 있다. 재무용 계산기에 의해 15.46%를 얻게 되는데 이는 2순위 대출과 동일한 금리이다. 랩어라운드 대출자가 낮은 금리에 대출하고도 경쟁력 있는 증분 이자소득을 누릴 수 있는 이유는 기존 대출이 시장금리보다 저리이기 때문이다. 랩어라운드 대출금리 10%는 8%의 기존대출과 15.5% 2순위 대출의 가중평균인 것이다.[20] 만일 기존 60% LTV 대출이 시장금리 조건이었더라면 랩어라운드 금리도 80% LTV 대출금리와 같아야만 하며, 그래야만 랩어라운드 대출기관은 증분금리를 2순위 대출과 같은 수익률로 얻을 수 있다.

계산기 해법	함수
$n = 15 \times 12 = 180$	$i\,(n, PV, PMT, FV)$
$PV = -\$30,000$	
$PMT = \$429.44$	
$FV = 0$	
$i = 15.46\%$	

랩어라운드 대출자가 2순위 대출보다 낮은 금리로 대출을 실행하려는 이유는 있는가? 랩어라운드 대출은 원 대출이 여전히 살아 있기 때문에 사실상 2순위 대출이다. 게다가 동일한 금액의 랩어라운드 대출이 2순위 대출로 더해짐에 따라 LTV가 증가한다. 그러나 랩어라운드 대출에는 한 가지 장점이 있다. 2순위 대출에서는 1순위 대출의 채무불이행위험를 알지 못하고 그 저당권행사에 참여하지 못할 수 있는 반면, 랩어라운드에서는 1순위대출에 대한 통제권을 가지고 있다는 점이다. 전형적인 랩어라운드의 조건에서는 차입자로부터 상환이 있는 경우에만 랩어라운드 대출자도 1순위를 지급하게 되어 있고, 기존 대출약정은 지급

---

19 랩어라운드 대출에는 포인트가 없어 유효비용이 10%라고 가정한다. 랩어라운드대출의 비용은 신규대출 비용과 비교할 수 있는데, 이는 양 금리 $120,000 대출의 비용을 반영하기 때문이다.

20 가중평균을 하면, 랩어라운드 금리인 (90,000/120,000 × 8%) + (30,000/120,000 × 15.5%) = 9.875%, 약 10%가 된다. 가중평균이 신규대출 $120,000의 금리 11.5%보다 낮은 수준인데, 이는 기존 대출의 금리가 시장금리를 하회한다는 것을 의미한다.

에 대한 내용을 제외하고는 계속 유효하다. 차입자가 채무불이행을 하는 경우 랩어라운드 대출자는 즉시 알게 되며, 그는 1순위를 대지급하고 동 금액을 랩어라운드 잔고에 가산하거나, 저당권을 실행할 수 있다. 따라서 랩어라운드 대출자는 2순위 대출에서보다는 약간 낮은 수익률에도 만족하는 것이다.

최초 대출약정에서 추가저당 금지, 주택 매각시 채무승계불가 등의 조항이 설정된 경우가 있는데, 이 경우 랩어라운드의 사용이 불가능해진다. 이러한 제한조항이 없는 한, 최초대출자는 스미스와 서로 유익한 거래를 협상할 용의가 있다. 예로서 최초대출자는 스미스가 $30,000을 현금으로 신규차입하는 조건하에 신규 1순위대출을 랩어라운드 시세와 동일한 10%에 제공할 수 있다. 역시 10%의 신규금리는 기존 $90,000에도 적용되기 때문에, 대출자는 증분금리 15.5%를 획득할 수 있는 것이다. 따라서 그는 기존 차입자를 고객으로 지키면서도 신규대출에 대해 경쟁력 있는 수익률을 실현하는 것이다. 기존 대출사는 실질적으로 신규1순위 대출을 랩어라운드 금리와 동일한 10%에 제공함으로써 실질적으로 랩어라운드 대출자와 동일한 거래를 제공하는 것이다.[21]

바이다운 대출 *Buydown Loan*

마지막으로 고려할 대출형태가 **바이다운 대출**이다. 바이다운 대출은 주택매도자(일반적으로 주택건축업자)가 특정기간 동안 차입자의 대출금리를 떨어뜨리기 위해 원금일부를 대출자에게 지불하는 것이다. 이러한 방식은 고금리 시기에 차입자의 자금조달을 도와주려는 경우에 사용된다. 예를 들어, 현행 금리는 15%이나 주택구입자의 소득은 13%의 이자지급능력밖에 없다. 대출은 30년 만기 $75,000이므로 15%기준 불입액은 월 $948.33이다. 반면 13%기준 월불입액은 $829.65이다. 주택건축업자가 2%의 금리차를 바이다운하면 5년간은 $829.65 불입되다가 이후 $948.33으로 증액 불입된다. 이를 위해서 건축업자는 5년간의 차액 $118.68의 현재가치인 $4,988.67을 대납하는 것이다. 따라서 건축업자는 대출금리를 내리기 위해 대출자에게 $4,988.67을 지불한다. 구매자로부터 받는 불입액과 합하면, 대출자는 15%의 시장금리를 받을 수 있다.

계산기 해법	함수
$n = 5 \times 12 = 60$	$PV\,(n,\ i,\ PMT,\ FV)$
$i = 15\% \div 12 = 1.25\%$	
$PMT = \$118.68$	
$FV = 0$	
$PV = \$4,988.67$	

바이다운은 현재의 소득상 대출자의 요건을 맞출 수 없는 차입자가 대출을 받을 수 있는 적격자가 될 수 있는 이점이 있다. 그러나 건축업자는 주택가격에 바이다운 금액을 추가할 것이라는 것을 알아야 한다. 따라서 차입자는 주택가격을 낮추는 대신 시장금리 대출로 주

---

[21] 이 금리를 혼합금리(blended rate)라고 한다. 10%는 기존대출과 증분금리의 가중평균치이기 때문이다.

택을 구입할 수도 있다. 바이다운이 없다면 주택은 $4,988.67 정도 저렴하게 구입할 수 있을 것이다. 차입자는 사실상 $4,988.67의 포인트를 지불하는 것이며, 이에 따라 금리가 13%에서 15%가 될 것이다. 3~5년 동안 누진적인 불입금액으로 바이다운이 집행된 점도 명심해야 한다. 즉 월 불입액이 처음에는 $829.65에서 5년 후에는 $948.33가 된다.

몇몇 바이다운 프로그램은 초기금리를 낮출 수 있는 ARM과 연계하여 이용된다. ARM의 초기금리가 일반적으로 FRM의 금리보다 낮기 때문에, 초기금리를 더욱 낮출 수 있으며 보다 많은 구매자를 적격자로 만들 수 있다. 그러나 이러한 바이다운 프로그램은 시장금리가 상승할 경우 불입금액이 급증할 수 있기 때문에 호응도가 낮았다. 이러한 경우, 시장금리 상승과 금리할인이 되지 않은 미래 불입금의 증가 때문에 불입금이 증가하게 된다.

결론

본 장에서는 주택금융에서 대출자와 차입자가 직면하는 많은 문제들을 예시하였다. 현재의 창의적인 금융시대하에서는 다른 많은 구조들도 대두될 수 있으나, 중요한 문제점을 풀기 위한 주요한 개념과 접근방식만을 소개하였다. 이들은 다른 상황에도 적용될 수 있다. 따라서 본 장은 주택금융에서의 다른 문제를 풀기 위한 도구를 소개하는 장으로 이해하면 된다.

본 장에서 분석을 단순화하여 초점에 집중하기 위해서 고정금리 대출을 사용했으나, 다른 형태의 대출에도 본 장이 적용된다. 본 장에서는 주택금융에 대해서만 분석하였으나, 본 장의 주택금융 문제는 수익부동산이나 부동산투자에도 적용될 수 있으므로, 뒤의 수익부동산을 다루는 장에서도 본 장의 개념들을 많이 사용할 것이다.

주요용어			
	2주 상환방식	바이다운	현금등가액
	대출자산의 시장가치	자금조달 프리미엄	홈에쿼티론
	대출차환	증분차입비용	홈에쿼티신용한도대출
	대출취급수수료	차환 유효비용	
	랩어라운드 대출	한계차입비용	

유용한 웹사이트

www.businessfinance.com/wraparound-Mortgage.htm – 랩어라운드 대출의 예를 보여줌

www.fha-home-loans.com/buydown-fha-loan.htm – FHA의 Buydown 대출의 구조에 대해 알려줌

www.bankrate.com – 금리와 다양한 종류의 저당담보대출에 대해 소개함

www.mgic.com – Mortgage Guarnatee insurance Coporation (사적 저당담보대출 제공기업)

www.freddiemac.com/pmms/pmms30.html – 고정금리와 30년 저당담보대출의 수수료 등을 알 수 있는 사이트

www.freddiemac.com/pmms/pmmsarm.htm – 월평균 실행금리와 1년 조정 저당담보대출의 수수료 등을 알 수 있는 사이트

www.ipd.com – 다양한 형태의 부동산의 분석 및 측정방법을 알려 주는 사이트. 이 사이트는 시장에 직접 투자하지 않고 직접적인 투자조언을 제공해 주지 않는다.

질문

1. 대환 시(Refinancing) 고려되어야 할 사항은 무엇인가?

2. 금리가 하락한 이후 대출을 차환할 것인지 여부를 결정할 때, 어떤 요인들을 고려해야 하는가?

3. 대출의 시장가치와 대출잔고가 다른 이유는 무엇인가?

4. 차입자가 대출승계가 있는 주택에 대해 더 높은 가격을 지불하려는 이유가 무엇인가?

5. Buydown 대출이란 무엇인가? 어떤 부류들이 이러한 유형의 대출에 관심을 가지는가?

6. 랩어라운드 대출자가 신규 1순위 대출보다 더 낮은 랩어라운드 대출금리를 제공할 수 있는 이유는 무엇인가?

7. 차입자의 채무불이행위험은 없다고 한다면, 어떤 조건하에서 대출자가 차입자에게 대출잔고보다 낮은 금액을 대출하려 하고, 대출의 완전 불입을 고려하는가?

8. 어떤 조건 하에서 승계대출이 있는 주택이 승계대출이 없는 다른 주택보다 더 높은 가격에 매각되는가?

9. 추가차입의 증분비용은 무엇을 의미하는가?

10. 추가차입의 증분비용은 이전 대출의 조기상환에 영향을 많이 받는가?

문제

1. 어떤 차입자가 80% LTV, 8% 금리, 25년 월 분할상환 조건으로 대출을 받을 수 있다. 다른 대안으로 그는 90% LTV, 8.5% 금리, 상환기간은 동일한 대출을 받을 수 있다. 차입자는 전체 대출 조건을 검토할 계획이다.

   a. 추가대출에 대한 차입증분비용은 얼마인가? (*힌트*: 대출금액은 영향을 미치지 않는다)
   b. LTV 90% 대출조건에 2% 포인트가 부과된다면 답변은 어떻게 바뀌는가?
   c. 차입자가 주택은 5년간만 보유하려고 한다면, (*b*)의 답변은 바뀌는가?

2. 투자자가 $280,000 주택에 $60,000를 투자하려고 한다. 그는 첫째로, $220,000, 9.5% 금리, 20년 만기 조건의 대출과, 둘째로, $180,000, 9$ 금리, 20년 만기조건의 대출과 $40,000, 13% 금리, 20년 만기의 2순위 대출을 받을 수 있다. 원리금 균등상환이며 월단위로 지불액을 납무한다.

   a. 차입자가 대출 전 기간 동안 주택을 보유할 것이라면, 어느 대안을 선택해야 하는가?
   b. 차입자가 5년간만 주택을 보유한다면, 위의 답변은 바뀌는가?
   c. 2순위 대출이 10년 만기 조건이라면, (*a*)와 (*b*)의 답변은 바뀌는가?

3. 투자자가 5년 전에 $95,000, 11% 금리, 30년 분할상환 조건으로 담보대출을 받았다. 대출금리가 떨어지면서, 25년물 대출은 금리 10%로 받을 수 있다. 최초 대출잔고에 대한 조기상환 위약금은 없다. 그러나, 새로운 대출에 실행 비용으로 2% 포인트와 $2,000를 부담해야 한다.

   a. 차입자가 남은 대출기간 동안 주택을 소유할 예정이면, 차환을 해야 하는가? 주택소유자가 대출잔고에 대당하는 금액만을 차입한다고 가정하라.
   b. 주택소유자가 5년간만 주택을 소유하려 한다면, 답변은 바뀌는가?

4. Secondary Mortgage Purchasing Company(SMPC)는 지역의 저축대부조합으로부터 당신의 저당

대출을 구입하길 원한다. 저당대출의 원 잔고는 $140,000이고, 5년 전에 10% 금리, 30년 만기 조건으로 대출을 받았다.

   a. SMPC는 11% 수익률을 원한다면, 얼마를 지불할 것인가?

   b. SMPC가 대출을 5년후에 조기상환할 것을 예상한다면, (a)의 답변은 어떻게 바뀌는가?

5. 당신은 다음 2개의 주택 중 하나를 구매할 선택권이 있다. A 주택은 가격이 $150,000이고, LTV 80%, 10.5% 금리, 20년 만기 대출을 받을 수 있다. B주택은 가격이 $160,000이고, $100,000, 9% 금리, 잔여기간 20년인 대출을 승계받을 수 있다. 월 불입금은 $899.73다. 2순위 대출은 $20,000를 13% 금리, 20년 만기로 받을 수 있다.

   a. 자금조달 조건 외에는 다른 선호조건이 없다면, 당신은 어느 주택을 선택할 것인가?

   b. B주택의 매각자가 2순위 대출 $20,000를 승계대출과 같은 9% 금리로 제공하고자 한다면 당신의 답변은 어떻게 바뀌는가?

   c. B주택의 매각자가 2순위 대출 $30,000를 승계대출과 같은 9% 금리로 제공하고자 하여, 대출이 승계될 때 구매자의 추가적인 다운페이가 필요 없다면, 당신의 답변은 어떻게 바뀌는가?

6. 어떤 투자자가 한 주택에 15년 동안 소유하였으며, 주택가격은 $200,000로 상승하였다. 초기 저당대출잔고는 $100,000이고 월 불입금은 $1,100로 15년이 남아 있다. 주택소유자는 $50,000 추가 대출을 받기 원한다. $150,000에 대한 신규 1순위 대출은 12.5% 금리로 받을 수 있고, $50,000에 대한 2순위 대출은 14% 금리로 15년 만기로 받을 수 있다. 또한, 랩어라운드 대출 $150,000를 12% 금리, 15년 만기로 받을 수 있다. 주택소유자는 어떤 대안을 선택해야 하는가?

7. 한 주택 건축업자는 주택에 대해 $100,00 대출을 9% 금리로 25년간 제공하려 한다. 현 시장금리는 25년 만기에 9%다. 주택은 특별한 금융조건이 없다면 $110,000에 팔 수 있다.

   a. 주택 건축업자가 대출을 시장금리로 받는 효과를 누리려면, 주택가격은 얼마가 되어야 하는가? 주택 구매자가 25년 전 기간동안 대출을 받으려 한다고 가정하라.

   b. 주택이 10년 후에 되팔리고 그 때 대출이 상환된다고 한다면, (a)에 대한 답변은 어떻게 바뀌는가?

8. 어떤 부동산이 매각시 $80,000 대출을 10% 금리로 25년 동안 월 분할상환 조건으로 이용할 수 있다고 한다. 불입금은 월 $726.96이 된다. 건축업자는 구매자에게 불입금을 첫해에는 50%를, 2년차에는 25%를 깎아주고, 3년차부터는 $726.96를 지불하는 조건의 담보대출을 제시하였다.

   a. 건축업자가 은행에 Buydown 불입금을 얼마나 납부해야 하는가?

   b. 그 주택을 Buydown을 활용할 수 없는 다른 유사한 주택보다 $5,000를 더 주고 매입해야 한다면, 당신은 이를 추천하겠는가?

9. 어떤 감정평가사가 거래비교사례를 찾는 중, 최근에 $200,000에 팔린 주택을 발견하였다. 이 주택은 구매자가 매도자의 7% 저당대출을 승계할 수 있다고 한다. 매각 당시 대출잔고는 $140,000이고, 잔여 대출기간은 15년(월 불입)이다. 감정평가사는 같은 부동산에 $140,000 대출을 받을 수 있다면, 15년 만기 대출의 시장금리는 포인트 없이 8%가 될 것이라고 생각한다.

   a. 구매자가 대출 전 기간동안 승계대출에 대한 금리 절감혜택을 기대한다고 하자. 주택에 대한 현금등가가치는 얼마가 되는가?

   b. 구매자가 5년 후에 주택을 매각하거나 대출을 차환할 것이기 때문에 5년 동안만 금리 절감 혜택을 기대한다고 한다면, (a)에 대한 답변은 어떻게 바뀌는가?

10. 차입자가 2주간 원리금을 상환하는 대출조건과 월 단위로 상환하는 대출을 선택하여야 한다. 대출액은 $200,000이고 20년 동안 6% 이자율로 상환하여야 한다.

   a. 두 가지 안에 대해 분석하라.

   b. 2주마다 대출상환 시 이자율이 5.75인가?

세후 유효금리

앞 장에서는 자금조달 대안을 분석하는 여러 상황을 다루 었는데, 어느 경우든지 분석과정에서 주택저당대출 이자 지급액이 세금공제를 받는다는 사실을 반영하지 않았다. 연방소득세를 고려할 경우 분석 결과가 어떻게 변할 것인 지를 알아보기 위해서, 표준적인 고정금리 주택저당 대출 에 대한 세후 유효이자율을 설명하고자 한다.

예시

한 차입자가 $100,000의 대출을 10년 만기 10%금리로 대 출받았으며, 상환불입은 편의상 연 단위로 가정한다. 연 불 입액은 다음과 같이 계산된다.

계산기 해법	함수
$PV = \$100,000$	$PMT(PV, i, n, FV)$
$i = 10\%$	
$n = 10$	
$FV = 0$	
$PMT = \$16,275$	

[예 6A-1]은 위의 대출에 대한 상환계획표를 나타내고 있 다. 본건 대출의 세전 금융비용은 단순히 10%로서, 이는 대출취급수수료나 조기상환 위약금 조건이 없기 때문이다. 이제 지급이자의 세액 공제 효과를 살펴보고자 한다. 세 금 혜택 금액은 매년도의 금융비용에 차입자가 적용받는 소득세율을 곱하여서 계산된다. 예를 들어 초년도 이자인 $10,000의 경우 28%의 세율에 의해 차입자는 $2,800의 세금을 절세하게 되는 것이다.

세후 금융비용은 이제 연 불입액에서 절세금액을 빼 서 얻어질 수 있다([예 6A-2]). 세후 기준의 대출금리를 계산하기 위해서는 [예 6A-2]의 현금흐름을 최초대출액 $100,000과 일치시키는 IRR을 구해야 하는데, [예 6A-3] 에 의해 세후 실질이자율은 7.2%로 얻어진다.

[예 6A-3]에서 현재가치 열(4열)을 합계내면 순현재가 치 0이 도출되므로 실질이자율 7.2%가 검증되는 것이다.

예 6A-1   상환계획표

연도말	불입액	이자	원금	대출잔액
1	$16,275	$10,000	$6,275	$93.725
2	16,275	9,373	6,902	86,823
3	16,275	8,682	7,592	79,231
4	16,275	7,923	8,351	70,880
5	16,275	7,088	9,187	61,693
6	16,275	6,169	10,105	51,588
7	16,275	5,159	11,116	40,472
8	16,275	4,047	12,227	28,245
9	16,275	2,825	13,450	14,795
10	16,275	1,480	14,795	0

예 6A-2   세후 금융비용

연도	불입액	공제액의 가치 *	세후 불입액
1	$16,275	$2,800	$13,475
2	16,275	2,624	13,650
3	16,275	2,431	13,843
4	16,275	2,218	14,056
5	16,275	1,985	14,290
6	16,275	1,727	14,547
7	16,275	1,444	14,830
8	16,275	1,133	15,141
9	16,275	791	15,484
10	16,275	414	15,860

* 이자율 세율

이제 세후이자율과 세전이자율이 소득세율과 어떤 관 계를 갖는지에 대해 궁금해졌을 것이다. 이는 매우 단순한 관계로서 다음과 같다.

$$세후이자율 = 세전이자율\,(1 - 세율)$$
$$= 10\%\,(1 - 0.28)$$
$$= 7.2\%$$

세후 차입비용은 차입자의 세율과 반비례관계를 가짐 을 알 수 있다. 즉, 세율이 28%면, 세후 비용은 세전 비용

예 6A-3	세후 불입액의 현재가치		
연도	세후 현금흐름	*PVIF*	현재가치
0	-$100,000	$1.00000	-$100,000
1	13,475	0.93284	12,570
2	13,650	0.87018	11,878
3	13,843	0.81174	11,237
4	14,056	0.75722	10,644
5	14,290	0.70636	10,094
6	14,547	0.65892	9,585
7	14,830	0.61466	9,115
8	15,141	0.57338	8,682
9	15,484	0.53487	8,282
10	15,860	0.49894	7,913
총현재가치			0

의 72%가 된다(실제로, 금리는 세금공제가 된다). 이러한 관계는 포인트가 세금공제가 될 경우 포인트에도 적용된다. 포인트에 세금공제가 되지 않는다면, 이러한 관계는 정확하게는 맞지 않는다. 이러한 경우에도 이는 보통 유효비용의 좋은 근사치가 될 수 있다.[1] 차입자의 세율이 높을수록 이자의 조세 공제혜택은 더 커진다.

월 상환액

앞서의 분석에서는 편의를 위해 연 단위 불입을 가정하였다. 따라서 이자지급시점이 차입자의 세금정산 시점과 일치하였던 것이다.

그런데 원리금 상환불입이 월 단위라면, 결과는 달라질 것인가? 차입자의 세금공제 혜택도 월 단위로 발생한다고 가정하면 결과는 완전히 동일할 것이나, 세금은 매년 한 번(익년 4월 15일)납부되므로 세금 혜택과 이자 지급의 날짜가 일치하지 않는다는 주장이 대두된다. 하지만 납세자들이 예상세액을 매월 급여에서 미리 공제하여 적립하며, 내국세입청(IRS)이 분기별 납부를 요구하는 경우도 있다.[2]

따라서 이자지급시점과 세금공제 시점 간에 시차가 존재하는 것은 확실하지만 그 차액은 크지 않을 것이므로, 실무상에서는 월별로(1 - 세율)의 산식을 사용할 수 있다고 결론을 내릴 수 있다.

대출 의사결정에서 세후 이자율의 영향

세후 이자율이 차입자 자신이 적용받는 소득세율과 직결된다는 점을 앞서 확인하였다. 이는 지급이자가 지급 연도에 세금 공제되는 한은 확실하다.[3] 따라서 세금을 고려하더라도 여러 가지 투자 대안들 간의 선택에는 영향을 미치지 않게 된다. 증분비용, 차환의 유효비용 및 다른 판단 요소들을 계산하는 데에서 세전 기준으로 분석을 하게 된다.

하지만 차입 의사결정에서 세금의 영향 분석이 중요하지 않다는 의미는 아니다. 차입자의 소득세율이 **높을수록** 세후 이자율은 낮아지므로, 이는 부동산투자를 위한 차입 의지를 북돋우게 된다. 이는 후술하는 재무 Leverage의 경우 더욱 그러할 것이다.

Negative Amortization 대출

지금까지 세후 유효금리가 세전 유효금리에 투자자의 (1 - 세율)을 곱한 것과 동일하다는 것을 보았다. 대출이자가 지불된 해에 세금 공제된다면 이는 사실이다. 부가된 이자율로 인해 매달 상환액이 원금은 아니다.

음의 상환(negative amortization) 대출의 경우, 부과된 이자는 대출기간 동안의 불입액을 상회할 것이다 GPM의 예를 들어보자. 음의 상환이 있는 대출의 세후 유효수익률이 얼마가 될 것인지를 볼 것이다. $100,000, 10% 금리로, 최초 5년 동안 연 $8,000를 불입하고 이후 대출잔고가 상환될 때까지 연 $12,000를 불입하는 조건의 대출을 고려하자.

첫해에 이자부담은 $10,000($100,000 × 0.1)이고 불입금은 $8,000이기 때문에 음의 상환은 $2,000가 된다. 이에 따라 1년 후 대출잔고는 $102,000로 증가한다. 이러한

---

[1] 예를 들어, 소득발생형 부동산의 대출에 포인트가 부과된다면, 이들 관계는 정확히는 맞지 않을 것이다. 이것은 포인트에 대한 세금공제의 시기가 포인트가 실제 지불된 시기와 맞지 않기 때문이다. 포인트가 대출이 실행된 시기에 지출되더라도, 대출 전기간 동안 상각되어야 하는 수가 있다. 자가소유 부동산 구매에 지불된 포인트는 일반적으로 공제 가능하다.

[2] IRS는 납세자들이 자신의 조세액을 측정하기를 요구하며, 많은 경우 분기별로 지불해야 한다.

[3] 단 GPM과 같은 경우는 지급연도와 세금공제 연도가 달라질 수 있다.

예 6A-4   대출 상환일정표

연도	초기 대출잔고	PMT	이자	분할상환
1	$100,000	$8,000	$10,000	$(2,000)
2	102,000	8,000	10,200	(2,200)
3	104,200	8,000	10,420	(2,420)
4	106,620	8,000	10,662	(2,662)
5	109,282	8,000	10,928	(2,928)
6	112,210	12,000	11,221	779
7	111,431	12,000	11,143	857
8	110,574	12,000	11,057	943
9	109,631	12,000	10,963	1,037
10	108,594	12,000	10,859	1,141
11	107,453	12,000	10,745	1,255
12	106,198	12,000	10,620	1,380
13	104,818	12,000	10,482	1,518
14	103,300	12,000	10,330	1,670
15	101,630	12,000	10,163	1,837
16	99,793	12,000	9,979	2,021
.	.	.	.	.
.	.	.	.	.
.	.	.	.	.

과정을 계속하면, 대출 상환일정표는 [예 6A-4]와 같다.

표에서 처음 5년 동안은 음의 상환 때문에 대출잔고가 증가함을 볼 수 있다. 6년차에는 불입금이 이자비용 이상으로 증가함에 따라 대출잔고가 감소하기 시작한다. 그러나 대출잔고가 최초잔고인 $100,000 밑으로 감소하기 시작하는 때는 15년차다.

여기서 차입자는 각 해에 이자비용에 대해 얼마만큼의 세금을 공제받을 수 있을까? 자가소유인 대부분의 차입자들은 "현금주의 기준"으로 세금을 계산한다. 즉, 과대 대상인 자신의 수입과 지출은 실제 현금 수입과 지출에 기초한다.[4] 이러한 차입자들의 경우, 현 조세제도하에서는 이자공제액이 불입액을 넘지 않아야 한다. 따라서 본 예에서는 초기 5년간 $8,000만 공제를 받을 수 있다. 6년차에 들어서면서, 불입액이 이자비용을 넘기 시작한다. 처음 5년 동안 공제받지 못한 이자비용(negative amortization 때문에)은 어떻게 되는가? 여기에 대한 답은 차입자는 대출잔고가 초기 잔고(이 경우 $100,000)만큼 감소될 때까지 대출 불입액을 계속 공제할 수 있다는 것이다. 따라서, 차입자는 14년차까지 $12,000를 공제할 수 있다. 15년차에서는 차입자는 이자비용 $10,161에 대출잔고를 $100,000로 만드는 음의상환의 잔여분 $1,630를 더하여 공제받을 수 있다. 15년차 이후에는 이자는 원리금균등상환대출에 사용된 방

---

[4] 다른 대안으로 "발생주의 기준"이 있는데, 발생주의 회계시스템이 수입과 지출을 결정하는데 사용된다.

예 6A-5   **Negative Amortization 대출의 세금공제**

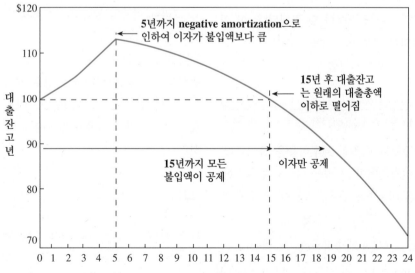

법과 동일하게 공제받는다. [예 6A-5]에서는 본 사례에서의 저당 불입액, 이자비용, 대출잔고 간의 관계를 예시하고 있다.

세후 유효비용

이제 대출금의 조세공제액과 세후 유효비용 계산에 필요한 정보를 가지고 있다. 예 6A-6에서 상환표를 만들 수 있다.

대출 전 기간의 유효비용과 대출이 조기상환되는 경우의 유효비용을 계산할 수 있다. 예시 목적으로 15년차 말 대출잔고가 $99,793가 될 때의 대출상환금의 세후 유효비용을 계산할 것이다. 이에 따라 다음의 현금흐름을 얻을 수 있다.

연도	세후 현금흐름
0	−$100,000
1~5	5,760
6~14	8,640
15	108,492

위의 현금흐름에 대한 *IRR*은 7.32%다. 세전 유효비용이 10%라는 점을 하면, 이 세후 유효비용이 완전 분할상각 대출(세후 유효비용은 7.2%)보다 약간 높다는 것을 알 수 있다.

Negative Amortization 대출의 세후 유효비용이 더 높은 것은 이자비용 공제의 이연 때문이다. 대출잔고가 늘어나는 기간 동안, 이자는 부과금액보다 덜 공제된다. 이 기간 동안 세금이 공제되지 않은 이자비용 부분은 대출잔고가 최초 잔고 이하로 떨어지기 시작할 때부터 공제된다.

결론

이자 불입금의 세금공제는 대출의 세후비용을 줄여준다. 주어진 해에 부과된 이자금액이 그 해에 세금공제되는 한, 세전 대출비용과 세후 대출비용 간에는 단순한 관계가 존재한다.

세후대출비용 = (세전 대출비용) (1 − 세율)

Negative Amortization 대출의 경우와 같이 부과된 이

예 6A-6   세후 불입액표

연도	PMT	이자공제액	조세절감액 (28%)	세후 불입액
1	$ 8,000	$ 8,000	$2,240	$5,760
2	8,000	8,000	2,240	5,760
3	8,000	8,000	2,240	5,760
4	8,000	8,000	2,240	5,760
5	8,000	8,000	2,240	5,760
6	12,000	12,000	3,360	8,640
7	12,000	12,000	3,360	8,640
8	12,000	12,000	3,360	8,640
9	12,000	12,000	3,360	8,640
10	12,000	12,000	3,360	8,640
11	12,000	12,000	3,360	8,640
12	12,000	12,000	3,360	8,640
13	12,000	12,000	3,360	8,640
14	12,000	12,000	3,360	8,640
15	12,000	11,791	3,302	8,699

*28 percent tax rate.

자금액이 전부 공제되지 않으면, 세후 유효비용은 완전 분할상각 대출보다 더 높을 것이다. 이 결과는 세금공제의 이연 때문에 발생한다. 그런데 이런 상황에도 불구하고 세전 비용 (1 − 세율)은 세후비용에 근접한다.

세금 목적으로 평가된 모든 대출이 동일하게 취급된다면, 세금은 모든 대출에 같은 방법으로 영향을 주기 때문에 고려하지 않아도 된다. 따라서 앞 장에서 논의한 분석에서는 세금에 대한 고려 없이 진행될 수 있었다.

그러나 이자의 세금공제는 부동산 구입을 위한 자금조달 비용을 줄여주기 때문에 어디서 제일 먼저 차입해야 하는가를 결정하는 문제에서 여전히 중요하다. 특히, 투자 부동산의 차입처를 결정하는 경우에는 차입의 세후 비용을 부동산의 세후 수익과 비교(차입 이전에 고려)하여 부채를 활용하는 것이 유리한지 판단해야 되기 때문에 특히 중요하다.

문제

1. $100,000 대출을 10% 금리로 15년 만기로 활용할 수 있다고 한다.

   a. 차입자가 30% 세율을 부담해야 하고 대출을 3년 동안만 보

유하려고 한다면, 대출의 세후 유효금리는 얼마가 되는가? 이자의 세금공제 혜택은 불입이 이루어지는 시기와 동일하다고 가정하라.

b. 위의 대출에 대해 대출실행비용 5% 포인트가 부과되고, 이 포인트는 지불되는 시기에 세금공제가 가능한 경우, 세후 유효비용을 계산하라.

c. (b)에서의 세후 유효비용과 세전 유효비용은 어떻게 비교할 수 있는가?

2. 담보대출 $100,000가 실행되는데, **처음** 5년 동안 불입금은 월 $500이고, 금리는 9%다. 첫해 이후에는 불입금은 남은 24년 동안 원리금 분할상환 방법으로 대출금이 완전 분할상각되는 금액만큼 증가할 것이다.

a. 첫 해의 대출에 대한 이자공제액을 계산하라.

b. 2차년도까지 이자비용은 얼마나 이연되어야 하는가(있다면)?

c. 2차년도에 이자비용은 얼마나 공제되는가?

CHAPTER 07

단독주택의 가격결정, 투자 및 납세 고려사항

Single-Family Housing: Pricing, Investment, and Tax Considerations

앞 장에서는 부동산, 재산권, 고정 및 변동금리의 저당대출, 대출 취급 절차 등을 살펴보았다. 7장에서는 단독주택을 투자의 관점에서 살펴본다. 여기에서 주택소유에 대하여 임차 대비 비교분석을 하고 주택의 수요와 공급의 특성, 주택소유자에 대한 연방 소득세 과세 그리고 경매물건 투자방법에 대해 살펴볼 것이다. 본 장의 모든 주제는 주택구입 투자자에게는 필수적인 고려사항들이다.

개요

주택 보유는 미국인들에게 오랫동안 중요한 목표로 간주되어 왔다. 주택은 주거를 제공할 뿐만 아니라 중요한 투자수단으로서 개인의 부를 축적하는 데에 중요하다. 일부 계층은 주택보유를 소비와 투자의 두 가지 모두로 간주하게 되었다. 미국 경제가 발전하면서 금융기관, 개발업체 및 다른 서비스 업체 등 많은 기관들이 설립되어 주택사업의 성장을 지원하게 되었다. 실제로 주택 및 관련 서비스업이 미국 생산의 15%를 점유한다고 추정되고 있다. 게다가 연방 소득세법은 오랫동안 저당대출이자를 공제하고, 주택 매각의 일정한 경우 자본이득세를 면세함으로서 주택보유를 지원해 왔다. 이러한 세제혜택은 미국의회가 주택보유를 통해 보다 강한 사회적 네트워크, 개선된 교육달성률 및 낮아지는 범죄율을 달성할 수 있다는 믿음에 의해 추진한 것이다. 결과적으로 의회는 세제혜택을 지속적으로 제공했으며, 본 절에서는 투자로서의 주택보유에 영향을 미치는 요소들을 상세 분석한다.

주택가격의 상승

투자로서의 주택을 고려하게 되는 주요한 요소는 주택가격 상승률(또는 하락률)과 그로부터 파생된 것이다. 이러한 논의를 하기 전에 주택가격 결정요소에 대해 알아보는 것이 중요하다([예 7-1] 참조).

위 표상의 개념에 대한 통계자료는 각 대도시권의 MSA(metropolitan statistical area)단위 차원에서 입수 가능하다(본 장 말의 '유용한 Web site' 참조). 주택 구입과 임차 중에서 선택을 하려는 사람은 이러한 정보 원천에서 자료를 검토하고 예측치를 살펴보아야 한다. 위 표에서 오른쪽 열은 각 변수들이 주택 가격에 대해 미치는 영향을 보여주고 있다. 예로서 인구, 가구수, 소득 및 고용 증가는 개별적으로는 주택 수요에 긍정적으로 작용한다. 그러나 이자율 상승은 부정적인 효과를 준다. 연방 소득세제의 변경은 그 내용에 따라 주택수요에 '정'과 '부'의 두 가지 영향을 다 줄 수 있다.

마지막으로 임차 비용이 주택가격 대비 상승한다면 주택수요는 증가할 것이다. 위의 변수들의 추세를 예측하는 경우에 다음의 근본적으로 중요한 질문을 해야 한다. (1) 무엇이 각 요소를 작용시키며, (2) 대도시별로 변수의 작용에 차이가 있는 이유는 무엇인가? 1990년대부터 미국 인구성장에 1/3을 차지하는 있는 것은 이민이며 이는 주택수요에 (+) 영향을 미친다. 또한 대학교와 직장을 위해 집을 떠나는 20~30대도 (+) 영향을 미친다.

사회적 추세도 가구수를 증가시키는 경향이 있다. 평균 결혼 연령이 높아지고 독신가구가 증가하는 경우가 해당된다. 평균 기대수명의 증가는 오랜 기간 주택을 점유하는 결과를 초래한다. 즉, 주택의 재고(housing turnover)가 감소하거나 젊은 계층이 이용 가능한 재고주택이 감소한다.

또한, 다른 자료를 살펴보면 (1) 평균적으로 28~32살 정도의 연령대가 주택을 처음 구입하고, (2) 주택을 옮기는 나이대는 평균 40살이며, (3) 휴가용이나 Second House 개념으로 주택을 구입하는 연령층은 48~52살이다. 60세 이상 연령층은 은퇴용 집을 구입한다.

소득과 고용

인구증가와 가구수가 주택수요의 근본 조건이지만 고용도 주택구매력을 좌우하는 중요한 요인이다. 과거 10년간 미국 전체의 고용증가 평균율은 연 1.76%였다. Sunbelt 지역들이 가장 높은 고용성장을 보였다. 여성들이 노동참여로 고용인구 비중 또한 증가하였다. 이들 대다수 여성은 한부모 가구로 주택수요를 증가시켰다. 각 도시별 고용율 차이에 대한 상세분석은 9장으로 미루지만 여기에서는 각 지역 간에 취업기회와 주력산업형태에 차이가 있다는 점을 지적하고자 한다. 각 대도시지역이 산업을 유치하는 상대적 장점에 따라 (1) 주택구입에 필요한 소득을 얻는 데 영향을 주고, (2) 주택가격에 영향을 주게 된다. 한 가지 기억해야 할 중요사항은 고용의 질과 속성 및 급여수준에도 지역별로 많은 차이가 있다는 점이다. 따라서 고용증가율이 중요하지만 고용의 질 및 임금수준도 중요하다. 주택가격의 상승과 고용/임금 증가와는 밀접한 관련이 있다. 따라서 주택을 투자대상으로 고려할 때에는 당해 지역 내에서 그러한 변수추이분석이 매우 중요함을 인식해야 한다.

이자율

다양한 요소들이 이자율에 영향을 주며 특히 연방정부의 정책이 이자율에 큰 영향을 미친다. 이러한 이자율의 변화는 집에 대한 수요에 영향을 준다. 왜냐하면, 부동산은 자산가치가 상대적으로 다른 재화보다 비싸기 때문에 일정수준이상의 대출이 필수적이며 이에 따른 월지불액 및 기타 수수료 등이 이자율에 영향을 받기 때문이다. 또한 이자율에 변화가 주택산업

예 7-1

주택가격 결정요소

영향요소/개념	주택가격에 대한 영향
인구 증가	+
가구 형성	+
고용	+
가계 소득	+
이자율	−
연방 소득세 정책	−
주택 임차비용 대 주택가격	+

전반(건설업, 개발업, 금융업, 평가업 그리고 부동산관련 서비스업 등)에 영향을 미친다. 이러한 영향들 때문에 주택산업은 경제의 중요한 기반산업으로 자리매김하고 있다.

[예 7-1]을 살펴보면, 다른 요소들은 고정하고 이자율만 증가시킬 경우 주택수요에 (−)의 영향을 미친다. 이는 이자율을 상승시킬 경우 주택 구입 비용의 상승을 가져오기 때문이다. 반대의 경우, 즉 이자율이 하락할 경우 일반적으로 집에 대한 수요는 증가한다.

이자율이 주택수요에 영향을 주는 것은 확실하지만 최근 금융기법 등의 발달(다양한 대출 옵션 등)로 인해 점차 이해하기 어려워지고 있다. 4장과 5장에서 언급한 것처럼 이러한 옵션들은 더 이상 FRM에만 국한되지 않는다. ARM 대출과 다양한 유형의 대출들이 차별적인 이자율, 대출상환 기간 등을 제공하고 있다. 또한 대출상품의 다른 조건들인 금융 수수료, 조기상환 옵션 그리고 대출심사기준의 엄격성 기준 등은 대출금리에 직접적으로 영향을 준다. 일례로 주택가격 상승기 또는 저금리 기간 동안 대출자는 대출심사 신용점수 등을 더 유연하게 적용하려는 경향이 있다. 이러한 경향들이 이자율에 영향을 미치고 주택 수요에도 영향을 미친다.

주택의 소유 대 임차분석

주택구입수요에 대한 분석에서 또 한가지 중요한 고려사항이 주택임차비용이다. 만일 수요자들이 소유보다 임차의 비용이 저렴하다고 판단한다면 주택구입은 좋은 투자대안이 되지 못하게 된다. 본절에서는 **동일한 주택**에 대하여 임대 대비 소유비용의 비교분석을 하도록 한다. 이러한 연습의 목표는 각 대안별 현금흐름을 도출하고, 구입 시 지출한 자기자금 대비 수익률을 구하는 것이다. 즉, 어떤 투자자가 임대를 선택했다면 사용되지 않았을 자기자금(down payment)에 대한 수익률로서, 재무적으로는 임대하는 것과 소유하는 것을 동일하게 하는 수익률이다.

임대와 소유 간의 비교분석을 위한 구조는 [예 7-2]에 나타나 있다. 본 예에서 주택은 연 $12,000에 임차 가능하고(월 $1,000), 구입가는 $150,000로 자기자금 $30,000 및 7%에 30년간 전액분할상환조건 차입이 가능하다. 관리비, 보험료, 세금 등 다른 보유비용들은 임차의 경우 납부의무가 없어진다. 전기료 등 다른 비용은 소유와 임차여부에 관계없이 발생하는 비용이다. 다른 가정들로는 (1) 연방소득세율은 28%, (2) 비용증가율은 연 2%, (3) 분석기간은 5년으로 소유의 경우 5년 후 매각하며 매각비용은 7%이다.

www.mhhe.com/bf15e

예 7-2 주택의 임차 대 소유비교

1. 주택정보

주택정보		차입정보	
구입가	$150,000	LTV비율	80.00%
최초 임차료	$12,000	대출액	$120,000
임차료 상승률	2.00%	이자율	7.00%
주택가 상승률	2.00%	만기	30년
보험료	$500.00	상환회수	12년 마다
관리비	$500.00	연간 상환액	$9,580
비용증가율	2.00%	연간 저당대출상각(Loan Constants)	7.98%
한계세율	28.00%	지분투자/Down Pay	$30,000
세율(시가대비)	1.50%	매각비용	7.00%

2. 연간 상환일정

연말	0	1	2	3	4	5
월별 상환액 × 12		$ 9,580	$ 9,580	$ 9,580	$ 9,580	$ 9,580
잔고		118,781	117,474	116,072	114,569	112,958
이자(연간)		8,361	8,273	8,179	8,077	7,969
분할상환(연)		1,219	1,307	1,402	1,503	1,612

3. 부동산정보

	0	1	2	3	4	5
부동산시가	$150,000	$153,000	$156,060	$159,181	$166,365	$165,612
임차료		12,000	12,240	12,485	12,734	12,989

[예 7-3]은 현금흐름분석을 편의상 연간기준으로 보여주고 있다. 소유의 대안에서 주택소유자에게 특별한 세제혜택이 있음에 따라(예 7-4 참조) 현금흐름은 세전과 세후기준으로 작성해야 함에 주목하라. 이러한 혜택은 임차인에게는 주어지지 않으므로 임차인에게는 세전과 세후 현금흐름이 동일하다(C부분 참조). [예 7-3]에 의하면 A부분에서 소유경우의 세전 현금지출을 요약하여 보여주고 있다. 초년도의 지출합계는 $12,830이다. 이러한 현금지출에는 차입균등분할상환 월 $798.33 × 12 = 연 $9.580이 포함되어 있다. B부분에 나타나는 세제취급에는 부동산세금 및 지급이자에 대한 공제를 포함하고 있다. 이러한 세금공제는 주택소유주의 연방소득세 납세부담을 줄여주고, 이에 따라 보유에 따른 순현금유출이 감소된다.[1] 5년차의 지급이자 공제는 $2,691로 감소하는데 그 이유는 지급이자가 매년 감소하기 때문이다.

소유경우의 세후 순현금유출은 D부분에서 나타난다. A에서의 $12,830에서 B부분의 절세액 $2,971을 공제한 결과 순유출 $9,859가 된다. 이는 소유의 경우 임차료 $12,000이 지

---

[1] 주택소유주가 납세목적상 각 항목을 구분한다고 가정.

예 7-3   소유 대 임차의 현금흐름분석

	1년	2년	3년	4년	5년
A. 세전 현금흐름-소유주					
(1) 부동산세금	$ 2,250	$ 2,295	$ 2,341	$ 2,388	$ 2,435
(2) 보험료	500	510	520	530	540
(3) 관리비	500	510	520	530	540
(4) 원리금상환	9,580	9,580	9,580	9,580	9,580
(5) 세전 현금흐름	$ 12,830	$ 12,895	$ 12,961	$ 13,028	$ 13,095
B. 세액공제-소유주					
(1) 부동산세금	$ 2,250	$ 2,295	$ 2,341	$ 2,388	$ 2,435
(2) 지급이자	8,361	8,273	8,179	8,077	7,969
(3) 총 공제	10,611	10,568	10,520	10,465	10,404
(4) 절세액 28%	$ 2,971	$ 2,959	$ 2,945	$ 2,930	$ 2,913
C. 임차					
(1) 임차료	$ 12,000	$ 12,240	$ 12,485	$ 12,734	$ 12,989
D. 순 현금흐름-소유의 경우					
(1) 세전 지출(A.5)	$(12,830)	$(12,895)	$(12,961)	$(13,028)	$(13,095)
(2) 절세액(B.4)	2,971	2,959	2,945	2,930	2,913
(3) 세후 현금흐름	(9,859)	(9,936)	(10,016)	(10,190)	(10,182)
(4) 임차료 절감액(C.1)	$ 12,000	$ 12,240	$ 12,485	$ 12,734	$ 12,989
(5) 세후 현금흐름-소유	$ 2,141	$ 2,304	$ 2,469	$ 2,635	$ 2,807
E. 세전 현금흐름-매각					
(1) 매각가	$153,000	$156,060	$159,181	$162,365	$165,612
(2) −매각비용	10,710	10,920	11,143	11,366	11,593
(3) −저당차입상환	118,781	117,474	116,072	114,569	112,958
(4) 세전 매각현금흐름	$ 23,509	$ 27,666	$ 31,966	$ 36,430	$ 41,061
F. 세후 현금흐름-매각					
(1) 매각가	$153,000	$156,060	$159,181	$162,365	$165,612
(2) −매각비용	10,710	10,920	11,143	11,366	11,593
(3) −매입원가	150,000	150,000	150,000	150,000	150,000
(4) 매각차익	(7,710)	(4,860)	(1,962)	999	4,019
(5) −제외항목	−	−	−	999	4,019
(6) 세금	0	0	0	0	0
(7) 세후 현금흐름(E.4 − F.6)	$ 23,509	$ 27,666	$ 31,966	$ 36,430	$ 41,061
G. 매각경우 Down Paid **$30,000에 대한 세후 IRR**					
(1) 세후 IRR (D.5 + F.7)	−14.50%	3.57%	9.63%	12.34%	13.71%

예 7-4 　　　　　　　　세금조항 요약

I. 적격 개인주택의 세무취급[*]

A. 지급이자 공제

이자는 적격 주택에 대하여 공제된다. 납세자의 적격 주택은 개인 주택과 또 다른 주택이다. 두 번째 주택은 일정수준의 개인적 주거용도가 요구된다. 3주택을 넘은 경우 지급이자공제는 제한된다. 이동주택, 선박, 트레일러, time-share, co-op의 지분도 일정조건하에서 적격주택으로 인정된다.

B. 공제한도

(1) 주택취득 및 개선의 경우: 부부당 $1백만

(2) Home Equity의 경우: $10만과 주택에 대한 Equity 중 작은 금액

C. 주택저당대출 할인(Points): 아래 조건에 해당하지 않는 경우 할인

(1) 적격주택 보증부 대출

(2) 대출종료 시점의 자금과 매도자가 지불한 할인금액의 합이 부가된 할인 만큼인 경우

(3) 주택구입 및 건축에 사용된 대출금

(4) 할인금액은 대출 원금의 일정비율로 계산

(5) 대출에 부가된 할인금액이 정산서 내용에 확실하게 기재된 경우

D. 부동산세금

직접세로서 납부연도에 공제, 선납세금은 선납된 연도에 공제

E. 자본이득세

97.5.6일 이후의 주택매각차익에 대해 독신자는 $25만, 부부는 $50만 공제

(1) 과거 5년간 2년 이상 보유했을 것(2년은 연속될 의무 없음)

(2) 2년간 1회의 매각에만 공제 적용됨

II. 두 번째 주택에 대한 공제

A. 지급이자에 대해서는 단일주택과 동일

B. 저당대출할인: 분할상환액에 포함되어서 공제됨

C. 자본이득세: 단일주택에만 적용원칙에 따라 배제됨

III. 휴양용 별장의 경우

A. 개인전용의 경우: 일반주택과 동일

B. 개인용으로서 연 14일 이내 임대되는 경우: 소득 · 비용 세무보고 불요.

C. 개인용과 임대겸용의 경우: 소득보고 및 비용의 손비인정. 개인용은 14일 또는 임대일의 10%를 초과할 수 없음

D. 개인용과 임대겸용으로, 개인사용일이 14일 또는 임대일의 10%를 초과한 경우: 모든 임대소득 보고하며 총 임대소득 범위 내에서 공제. 임대소득 초과비용은 미래 소득과 상계

[*] 일반적으로 Internal Revenue Code P 163(h)(4)와 P 1.163-10T에 기초, 독자는 투자나 조세를 선택할 때 이러한 일반적인 논의를 따를 필요는 없다. 이 논의는 완전하지 않을 수 있으며, Internal Revenue Code는 자주 변경된다.

급될 필요가 없다는 것을 의미한다. 연간 유출액을 도출하기 위해서는 소유경우 임차료 회피효과를 감안해야 한다. 이는 초년도에 $12,000에 해당하며, 분석에서 D에 나타나듯이 세후 순절감액으로 $2,141이 된다. 2년차에는 절감액이 $2,304로 감소되고 이후 감소가 계속됨에 주목하라. 이러한 분석을 매년 함으로서 (1) 관리비 및 보험료 등 세금혜택이 없는 비용증가의 순효과, (2) 임차료 상승, (3) 재산세 등 세금감면 비용의 증가, (4) 주택대출근의 이자 상환 등의 세금공제비용의 감소 등을 측정하게 된다.

마지막으로 주택매각대금을 고려해야 한다. 이는 [예 7-3]의 E와 F부분에서 각 연도별로 계산되어 있다. E부분의 세전 현금흐름은 단순히 매각가격에서 매각비용과 차입잔액 상환을 공제한 수치이다. 세후 현금흐름은 당초 취득가에 근거한 과세대상 매각차익을 고려해야 한

다.[2] 매각이 되는 경우 세금의 결과치는 최초 3년간은 제로인데 이는 가격상승액이 매각비용 충당에 부족한 금액이기 때문이다. 따라서 주택이 매각되어도 차주는 당초의 취득원가를 회수하지 못하고 과세대상 차익이나 공제대상 손실이 실현되지 않는다. 그러나 4년차에는 매각차익이 $999이고 5년차에는 $4,019가 된다. 또한 주거용 부동산에 적용되는 자본이득세 비과세로 인해(예 7-4 참조) 차익은 과세되지 않는다.

　매각연도까지의 연간 세후 현금흐름과 매각으로부터의 현금흐름이 합쳐져서 내부수익률이 계산된 것이 [예 7-3]의 G부분에 나타나 있다. 주택이 1년차 연말에 매각된 경우 $30,000에 대한 IRR은 마이너스 수치가 됨에 주목하라. 이는 주택을 1년 후에 팔 것이라면 임차하는 편이 현명한 선택이라는 의미이다. 그러나 소유의 수익률은 세후 현금흐름과 가격상승에 따라 2~5년간 개선된다.[3] 기간 중의 IRR은 임차의 타당성을 증명하기 위해서는 절감된 자기자금 $30,000을 운용함에 있어 주택구입과 동일한 위험노 하에서 **나른 투자**를 통해 5~14.2%의 수익률을 세후로 취득할 수 있어야 한다는 점을 의미한다. 그 이유는 주택을 구입하는 데에 투입되는 자기자금 $30,000에 대해 세후 수익률 3.6~13.71%가 가용하기 때문이다.

다른 고려사항들

소유와 임차의 현금흐름을 분석하고 나면 추가적인 질문이 제기된다. 예로써 5년차에 주택매각을 가정했는데, 개인들이 주거를 필요로 한다는 점에서 5년차 주택매각대금을 어떻게 처리할 것인가? 새로운 임차를 할 것인가? 5년차에 매각을 하지 않고 계속 보유하려는 경우에는 분석을 어떻게 변형할 수 있는가? 이러한 의문에 답변할 수 있는 지침은 비교적 단기간 내에 매각이 발생할 가능성을 고려해 보는 것이다. 일반적으로 고용변경·이사 등으로 매각이 빈번하게 발생할 것으로 보이는 경우 지역 내의 주택가격이나 임차료 상승세가 크지 않은 한은 임차가 바람직한 대안이 된다. 주택가격과 임차료 시세상승이 큰 상황에서는 주택매각에 의해 매각비용을 회수할 가능성이 크고 임차경우의 임차료 지급부담을 회피할 수 있기 때문이다. 반면 주택가격이 안정적이거나 하락세라면 단기간의 주거를 위해서는 임차가 바람직한 대안이다. 또한 임차가 선택될 경우로서는 (1) 예상임차료가 하락예상되거나 (2) 세금공제되지 않는 비용(관리비·보험료)이 급상승할 것으로 예상되거나 (3) 저당차입 최조이자율이 예시된 7%보다 훨씬 높은 경우 등이다.

　5년차 이후의 기간에 대해서는 [예 7-3]에서 같이 소유의 이점이 시간이 갈수록 증가함이 명백하게 나타난다. 이러한 형태가 확실하게 계속될 것으로 기대되지 않지만, 주택가격 상승과 자기자본 투자의 중요성을 측정하는데는 도움이 될 것이다.

　만약 [예 7-3]에서 현금흐름 분석을 할 경우 주택가격 상승률(E.1, F.1)과 **양도소득세 면제**(capital gain exclusion) 때문에 자가를 소유하는 것이 확실하게 이익이 된다.

---

2 자본적 지출이나 리모델링이 있었다면 취득가에 가산하여 매각연도의 장부가를 조정해야 한다. 매각 직전의 수선비도 가산되어야 한다.

3 2년차의 세후 *IRR*을 구하기 위해서는 1년차의 $2,141과 2년차 연말의 $2,304와 $27,266을 더한 금액의 현가를 지출액 $30,000과 일치시키는 할인율을 찾아내야 한다.

임차 VS 소유

본 절에서는 소유와 임차여부에 대하여 순수하게 재무적으로만 분석하였다. 예시에서 3년 이상 소유하는 경우 소유가 임차대비 선호되는 의사결정이라는 점은 명백하다.

한 가지 흥미로운 의문은 주택소유의 장점이 상실되는 손익분기 임차료 수준이 존재하는 가이다. 이는 여러 가지 비용들을 제한 세후 수익률이 임차료보다 적을 때 가능하다. 여기서 이러한 수익률을 5%[7% × (1 − 0.28) = 약 5%]라고 가정하자. 현금흐름을 재계산함에 있어 임차료 절감액(C부분)을 초년도 $9,155으로 수정하면 D(4)의 결과를 변동시키게 되어 투입된 $30,000의 Equity에 대한 세후 IRR을 다음과 같이 도출하게 된다.

수정된 현금흐름 및 세후 IRR 재계산

연도	1	2	3	4	5
세후 *IRR*	−23.98%	−6.19%	0.19%	3.27%	5.00%

위 표의 분석에서 동일한 주택이 연 $9,155에 임차될 수 있다면 5년간에 소유와 임차 간의 재무적 차별성은 없을 것이다. 이대표 $9,155는 이 금액은 Excel의 시행착오법(또는 Excel의 Goal Seek을 이용해서)으로 구할 수 있다.

역사적 추세

미국에서 통계에 의하면 주거의 67%는 소유이고, 33%가 임차되고 있다. 이는 주택소유가 강하게 선호되면 좋은 투자대상이라는 점을 나타낸다. 그러나 고려해야 할 다른 변수들이 있다. 소유로 인한 수익률에도 불구하고 임차를 해야 하는 다른 사유들이 존재한다.

1. 전직, 이주 등의 빈번함으로 인한 유연성 필요
2. 자기자금의 부족
3. 거주자의 신용도 부족
4. 주택가격변동성과 보유위험을 부담하지 않으려는 성향
5. 수선, 경비 및 관리를 타인에게 맡기려는 의도
6. 변동성 또는 주택거품으로 인한 손실위험 회피 성향. 이는 임대료 대비 주택가격이 상승 하여 문제화되는 국면에서 발생한다. 특정지역에서 경기순환적인 산업에 피고용자들이 급증하는 데 영향을 받기도 한다. 이 지역에서 고용축소가 발생하면 지역주택시장은 악 영향을 받게 된다.

위에 언급한 것 전부가 주택을 소유할지 임차할지에 대해 중요한 고려요소이며 투자자나 개발업자들이 이러한 요소를 고려하여 소유할지 임차할지에 대해 결정한다. 다음 장에서 부동산투자의 형태에 대해 다루겠다.

주택가격에 대한 분석

주택구입시에 고려해야할 많은 주택시장의 요소들이 있다. 주택 관련 투자자들은 **주택가격**

기대상승률(expected rate of appreciation in housing price: EAHP)을 이용하여 주택가격을 분석한다. EAHP는 다음과 같이 계산된다.

$$\frac{HP_1 - HP_0}{HP_0} = EAHP\%$$

여기서 HP_0는 최초 주택가격이며, HP_1은 1년 후 예상주택가격이다. 예를 들어 HP_0 = $100,000이고 HP_1 = $103,000일 경우 주택가격상승률은 1년에 3%인 것이다.

$$\frac{\$103,000 - \$100,000}{\$100,000} = 3\%$$

이 분석을 확대하여 관점을 넓히기 위해서는 **홈에쿼티 기대상승율**(expected appreciation rate on home equity: EAHE)을 고려할 필요가 있다. EAHE는 통계치로부터 다음과 같이 구할 수 있다.

$$\frac{HP_1 - HP_0}{HP_0(1 - L/V)} = EAHE\%$$

L/V는 **주택담보대출 비율**(loan-to-value ratio)이다. 주택가격은 3% 상승하고 LTV는 80%라고 가정한다. 연간 자기자본 상승률은 다음과 같다.

$$\frac{\$103,000 - \$100,000}{\$100,000\,(0.2)} = EAHE$$

$$\frac{\$3,000}{\$20,000} = 15.0\%$$

또 다른 방식으로 EAHE는 평균가격상승률 3%에 자기자본 대비 주택가격비율(HP/E)인 5(= 100% / 20%)를 곱하면 된다.

$$EAHP(HP/E) = EAHE$$
$$3\% \cdot 5 = 15.0\%$$

이 계산은 주택가격이 연간 평균 3% 상승한 것은 80% 대출을 이용한 경우의 자기자본이 상승률이 15%가 되었음을 의미한다. 이것은 주택투자자에게 **미실현자본이익**(unrealized equity gains)에 대한 추정치를 제시해 주는 결과로서 소유자는 다양한 시점에 (1) 주택을 매각하거나, (2) 차환할 수 있는 옵션을 가지게 된다(차환의 경우 세제가 부과되지 않기 때문에 지불할 연방소득세는 없는 경우). 본 예시는 가계가 장기 재산형성목적을 갖고서 주택을 저당차입 하에 구입해야 하는 강력한 동기를 갖는지를 설명해준다. 이것을 **부의 효과(wealth effect)**"라고도 한다. 현재 소비가 미래 소득에 의해서도 영향을 받는다는 점에 근거를 두고 있다. 예를 들어 주가가 오를 것으로 예상되는 상황에선 미래 자산 증가를 예상해 투자자들이 소비를 늘린다는 것이다. '음(−)의 자산효과'는 거꾸로 자산가격이 하락하면 소비가 감소하는 현상을 말한다.

미실현 자본의 연간 증가율 개념의 확대

위의 계산은 주택가격상승률이 지속적일 것으로 예상되거나 대략치의 추산으로 충분한 경우에 적합한 약식계산이다. 가격상승률이 매년 불규칙적이거나 보다 정확한 계산이 필요한 경우에는 다음의 $100,000 주택에 대한 80%의 대출경우 사례와 같이 수정 적용할 필요가 있다.

연도	상승률	주택가격	Equity	계산	EAHE
0	–	100,000	20,000	–	–
1	3%	103,000	23,000	3,000 ÷ 20,000	15.0%
2	2%	105,060	25,060	2,060 ÷ 23,000	9.0%
3	4%	109,262	29,262	4,202 ÷ 25,060	16.8%

계산기 해법

$n = 3$
$PV = -20,000$
$FV = 29.262$
$PMT = 0$

i에 대하여 풀면

$i = 13.55\%$

함수

$i\,(n, PV, FV, PMT)$

본 절의 예시에서와 같이 Home Equity의 예상증가율은 13.6% 또는 연복리 13.55%이다. Concept Box 7.1는 집값예상에 대한 중요한 자료를 알려준다.

부동산가치에 대한 지역경제 영향

부동산 분석에서 중요한 개념은 주택가격은 지역 또는 지리적 위치에 크게 **영향을 받는다**는 사실이다. 지역시장에서 부동산 수요는 그 지역의 산업기반 및 비즈니스와 같이 그 지역을 끌어당기는 여러 가지 요소에 크게 영향을 받는다. 비즈니스 활동과 성장률은 지역의 고용과 소득을 결정하고 모든 형태의 부동산 자산에 대한 수요에 영향을 준다. 요약하면, 부동산 분석에서는 **지역경제 동력**(regional economic drivers)을 정의하고 지역경제동력이 지역 성장의 원천이 될지 아니면 쇠퇴의 원인으로 작용할지를 판단해야 한다. 지역성장의 원천 또는 쇠퇴를 결정하기 위해서는 여러 산업(예: 컴퓨터 기술, 통신기술, 의학, 관광/휴양)에 대한 글로벌 성장 전망의 추세를 확인해야 한다.

경제활동의 성향은 다른 곳에 비해 특정 지역과 도시에 모여서 위치하려는(cluster) 경향을 가지는가? 여기서 이러한 현상에 대해 많은 언급을 하지는 않을 것이다. 지역경제를 주제로 한 많은 책들이 있기 때문이다. 그러나, 이러한 경제현상의 기초를 이해하는 것은 부동산 투자의 상대적 매력도를 고려할 때 중요하다. 어떤 특별한 부동산에 투자하는 것은 **경제지역에 투자를 하는 것**과 완전히 별개일 수는 없다. 부동산은 지역에 영원히 위치하고 있기 때문이다. 따라서 여기서는 부동산 투자의 성공에 필수적인 지역경제성장 요소들을 알아보기로 한다.

주택통계

1. 미국 부동산중개인 연합회(National Association of Realtor): www.realtor.org

A: 중위 주택가격(Median House Price)

여기서 중위값(Median)이란 통계집단의 변량을 크기 순서로 놓았을 때의 중앙에 위치한 값으로 미국 전 지역에서 수집된 가격을 기준으로 월별 중위 주택가격을 발표한다. 또한 분기별 중위 주택가격은 미국 주요지역(MSA = metropolitan statistical area)을 선별하여 발표한다.

이는 통계기간 동안 중앙값으로 발표하기 때문에 같은 기간 동안 주택들의 비교가능성에 의문이 생긴다. 게다가 가격의 변화는 주택의 크기, 방 구조 및 위치에 영향을 받으므로 이를 절대적으로 신뢰하기 힘들다.

B: 잠정주택판매(Pending Home Sales)

주택매매 계약 후 거래가 최종완료되는 데는 80%는 두달 내에 나머지 20%는 두달 이상 소요된다. 결국 최근 주택을 구입할 용의가 있는 주택 구매자들의 의향은 기존주택판매에서는 배제된다. 이러한 기존 주택판매의 문제점을 보완하기 위해 2005년 3월부터 전미부동산협회(National Association of Real-tors; NAR)는 잠정주택판매지수(Pending home sale index)를 조사 발표하기 시작하였다. 4개 주요지역과 전국단위 지수를 발표한다. 이는 주택시장상황이나 변화를 알아보는 지표로서 유용하며 기존주택판매의 선행지표(신규주택판매에는 해당하지 않음)로서 활용된다.

C: 주택구입능력지수(Housing Affordability Index)

주택구입능력지수는 중위 가구소득과 중위 주택가격의 비율로 이루어져 있으며 이 비율은 중위 가구소득이 중위 주택을 구입하고자 할 때 월소득으로 원리금을 상환할 수 있는지를 보여주고 있다.

2. 연방주택금융협회(Federal Housing Finance Agency): www.fhfa.gov

A: 주택가격지수(Purchase-Only House Price Index)

미국 내 주요도시를 대상으로 일정기간 동안 같은 부동산을 반복적으로 매매하여 이를 분기별로 보고한다. 이는 일정기간 동안 같은 부동산을 대상으로 자료를 수집함으로써 부동산의 특성 즉 크기와 내용연수 기타 등을 비교 가능하게 한다.

B: 종합 주택가격지수(All Transactions House Price Index)

종합 주택가격지수는 주택가격지수와 대환 따른 평가자료를 종합하여 발표하는 자료이다. 이러한 자료들은 FHLMC-FNMA 대출자료를 기초로 하고 있으며, 이 대출자료들은 위의 기관들이 실제 실행한 대출기록을 바탕으로 하고 있다. 이러한 기관들에 의해 대출금 상한 등이 정해지기 때문에 주택시장 분석에 사용 가능하다.

3. 케이스-쉴러 지수(S&P Case-Shiller Index: www.homeprice.standardandpoors.com)

케이스-쉴러 지수는 미국 20개 대도시를 대상으로 동일 주택의 반복매매를 기반으로 작성한다 주택가격이 변동할 때, 동일 주택의 가격변화를 통계적 수치를 적용하여 산정한다. 만약 표본주택이 리모델링, 파손 등이 발생하면 표본에서 제외한다. 이 지수는 일정 기간 동안 동일주택의 가격변화를 검토하는데 유용한다.

하지만 발표되기까지 2개월간의 시차가 존재하며, 미국 내 주요 20개 도시에 대해서만 적용 가능하다.

비교우위 법칙 논리

어떤 지역은 지리적 특성 때문에 다른 지역보다 제품 등을 생산하는데 있어 비교우위를 가지고 있다. 이러한 비교우위는 (1) 천연자원(예: 항구, 광물, 저비용 에너지, 해변)와 (2) 숙련되고, 교육수준이 높은 근로자 특성(예: 대학소재, 기술산업에 숙련된 노동력) (3) 주요 소비자 시장과의 근접성(예: 교통허브)으로 인해 존재하게된다. 예를 들어 하이테크 연구소(캘리포니아나, 시애틀, 보스톤), 석유 및 가스 탐사(휴스톤), 통신 및 컴퓨터 집적(오스틴, 샌디에고), 의료기술/치료(미네소타, 보스톤), 엔터테인먼트 생산(로스앤젤레스) 등이 있다. 이러한 지역들은 지역특성들의 상호협력 등을 통해 지속적인 수입 창출 및 발전하게 된다. 이런 단순한 예는 부동산 투자에 있어 유용한 정보를 제공해 준다. 왜냐하면 이러한 것들은 그 지역이 지속적인 성장을 예상하게 해주며 이는 집값에 영향을 주기 때문이다.

지역경제 동력, 기반산업의 정의

어느 지역의 지역성장의 동인을 정의하는 한 방법은 바로 높은 이윤을 만들어내는 **기반산업** 또는 **동력산업**을 식별하는 것이다. 그러나 생산성에 영향을 주는 동력들은 (1) 대부분이 사적인 정보들이고 (2) 공공재 등에 영향을 받기 때문에 체계적으로 수집하기는 힘들다. 따라서 대부분의 분석가들은 미국 노동청이 발표하는 **취업률**에 의존한다. 부동산 투자 조사를 위한 취업률 관련 자료를 활용하는 기본적인 가정은 산업이 발달하면서 그에 따른 사무실 등이 필요하다는 것이다. 취업률이 일반적으로 분석을 위한 기본 자료로 사용되나, 이는 항상 이상적인 것이 아니다. 즉 취업률은 수입의 증가 그리고 기업이 제공한 생산품 및 서비스 등에 항상 체증적으로 증가하지 않기 때문이다. 또한 취업률을 이용하는 방법은 높은 수익성이 있으나 관련 종사자가 적은 자본 집약적 산업과 같은 경우 과소평가하는 경향이 있다.

경제기반 분석-입지상계수 *Economic Base Analysis - Location Quotients*

한 지역의 경제산업 동인(**경제기반**)을 파악하는 방법으로 주로 사용하는 것이 **입지상계수**법이다. 이는 아래와 같이 간단한 수식으로 계산이 가능하다.

$$\frac{\left(\dfrac{RE_j}{RE_{TOT}}\right)}{\left(\dfrac{USE_j}{USE_{TOT}}\right)} > 1.0?$$

변수에 대한 설명은 아래와 같다.

$$RE = \text{해당지역 취업자}$$
$$USE = \text{미국 내 취업자}$$
$$j = \text{산업분류}$$
$$TOT = \text{Total}$$

예를 들어, 해당지역(RE)에 특정산업(j)의 취업률은 RE_j로 표현하며 그 지역에 총 취업률은 RE_{TOT}로 표현한다. 이 비율이 1.0보다 클 경우 특정산업(j)은 그 지역의 **기반산업**(base or driver industry)으로 분류가 가능하다. 그 이유는 특정지역의 특정산업이 미국 평균 특정산업보다 취업률이 높기 때문이다. 이와 반대로 이 비율이 1.0보다 작을 경우 특정산업은 기반산업이 아닌 **지원산업**(supporting industries)인 것이다. 이러한 지원산업에는 회계법인, 광고회사 등이 있으며 이러한 지원산업은 사무실 공간 등을 임차 등으로 사용하기 때문에 부동산 투자분석에 중요한 산업이다.

다양한 산업에 대한 자료 분류는 미국 노동청 주관하에 발간하고 있으며 이 부서는 미국 전 지역의 취업률을 수집하고 정리한다. 이러한 분류는 북미산업분류시스템(north american industry classification system: NAICS)에 기록되어 있다. 자료는 300개 이상의 메트로폴리탄 지역의 자료를 수집하고 있다.

고용승수 *Employment Multipliers*

경제기반분석은 해당지역의 취업자의 변화에 따라 **총 취업자**가 얼마나 변화하는지 알아보는데 도움을 준다. 해당지역의 특정산업 취업자의 변화와 입지계수와 총 취업자의 수를 분석 한 후에, 특정산업 이외의 취업자수를 구한다. 예를 들어 특정지역의 총 취업자 수가 1,000,000이고 그 지역의 입지계수가 1보다 작으며 특정산업 취업자가 400,000명일 때 지원산업 취업자는 600,000명이 된다. 이 산업에서 기본취업자 승수는 1,000,000/400,000으로 2.5가 된다. 이를 통해 특정지역의 기반산업 취업자가 40,000명 증가할 경우 총 취업자 수는 4,000 × 2.5로 100,000명이 됨을 알 수 있고 지원산업 종사자는 60,000 증가한다는 것을 예상할 수 있다. 명백하게 부동산 투자자는 특정지역 취업자가 100,000명 증가할 때 집, 아파트 그리고 오피스 등이 얼마나 증가하는지를 알고자 한다.

이러한 분석은 단기간에 걸쳐 알아보아서는 안된다. 게다가, 이러한 분석은 한 시점의 취업자 수를 파악하는 데 그친다. 따라서 취업자와 부동산에 대한 심도 있는 검토를 위해서는 장기간에 걸쳐 산업별 및 총 취업자의 변화양상을 면밀히 검토하여야 한다.

주택공급의 개관

투자로서의 주택소유분석을 완결하기 위해서는 공급측면도 고려해야 한다. 일반적으로 주택의 공급은 토지·노동 및 자본(자재)의 상대적 원가에 의해 결정된다. 투자자들이 점검하는 두 가지 지표는 주택착공 및 중고주택의 매각통계이다. 이러한 정보에 대하여 두 가지를 관찰할 수 있다. 하나는 단독주택의 공급과 중고주택의 매매는 가격탄력적으로서 매우 변동성이 크다는 점이다. 또 하나는 이자율에 의하여 영향을 많이 받는다는 점이다. 주택의 공급을 논의하면서 이자율 변수를 포함시키고 있지만 이자율은 가계의 지불능력에 의한 차입비용에 영향을 주기 때문에 주택수요면에서도 매우 중요하다.

보다 **지역적인 수준에서** 공급비용에 영향을 주는 요소는 용도구역지정(zoning), 건축조례(building ocde), 환경요소, 토질의 차이 등이다. 이러한 요소들은 개발업자들이 건축하는 데에 부담하는 원가에 중대한 영향을 준다. 그러한 영향들이 공급(신축)에 제약을 주게 되면

1. **주택공급자 연합모임**(National Association of Home Builders): www.nahb.org

A. **제공되는 자료**

- 단독주택 및 다세대 주택의 착공시기, 신규주택 판매
- 신규주택 판매 가격(평균, 중위값)

2. **미국 상무부 및 산하 센서스 국**(U.S Department of Commerce/U.S Census Brureau): www.census.gov

A. **월별 주택 통계**

- 주택건설 허가량
- 착공 시기
- 건설 중인 주택 수
- 완공된 주택 수

B. **분기별 공실률 조사**

- 75개 중심지역

많은 분석가들은 (1) 주택건설 허가량, (2) 실제 착공량, (3) 건설 중인 주택량, (4) 완공된 주택 수를 참고하여 특정지역의 주택 공급상황을 측정한다. 주택건설과 관련된 모든 시점과 신규주택 판매에 대해 고려한 후, 주택재고가 어느 정도 남았는지 판단할 수 있다. 이러한 데이터로부터 주택이 초과공급 상황인지 아닌지, 초과공급 시 얼마나 지속될지 그리고 향후 주택가격에 대한 예상을 할 수 있다.

주택가격은 상승한다. 일부 대도시(San Francisco, Boston 등)는 개발밀도를 제한하기 위하여 엄격한 건축기준, 개방공간확보, 환경영향평가 수수료 등을 부과하고 있다. 이러한 요소들은 장기적으로는 다른 지역보다 주택가격과 건축비를 높이는 원인이 될 수 있다. 이러한 주택시장에 투자하는 투자자는 의사결정 시에 그러한 부대요소들을 점검해야 할 것이다. Concept Box 7.2는 신규주택 공급량과 재고에 대해 파악하는 데 도움을 주는 사이트들을 소개해 주고 있다.

하위시장: 근린/지역사회

여러 대도시지역 간의 비교에서 전술한 요소들이 중요하지만 대도시권 안의 특정입지를 선택할 때에도 중요한 요소들이 있다. 그러한 고려사항들이 [예 7-5]에 나타나 있으며, 이 요소들은 주택에 투자한 지역에서 구해야 하는 재화와 용역들을 포함한다. 이러한 대상들을 주택과 함께 취득되는 **공공재**(public goods)라고 부르며, 장기간에 걸쳐 연구되고 상이한 시장 간에 주택가격을 차별화시키는 것으로 간주된다.

자본화 효과: 가격 프리미엄

[예 7-5]의 많은 속성들이 입지별로 주택가격차이 형성의 원인을 설명하는 데에 중요하다고

예 7-5	대도시권내 지역시장의 주택가격에 영향을 주는 공공재

항목	내용
1. 학군	SAT시험점수, 고교의 대학진학률, 도서관시설
2. 범죄율/치안, 소방	인구 1천명당 범죄율, 출동시간
3. 공원 · 휴양	인구대비 시설, 프로그램내용
4. 주택시장지표	매물규모, 매각소유기간, 매도호가 대비 달성가격 비율
5. 공공재의 질	수도의 원가 및 원천, 전기 · 가스 · 검침 방식
6. 하부시장규모	인구, 장래개발가능토지, 용도구역지정
7. 의료시설	1천명당 의사 및 병상수
8. 건축기준 · 용도구역	제한, 건축의 질에 대한 규정, 최소단위
9. 보험료	지역별
10. 소음	인접도, 소음도(공항, 고속도로)
11. 환경	개방도, 오염, 수질, 공기
12. 교통/접근성	고용센터에 대한 접근성

유용한 사이트

연방주택저당회사(Freddie Mac, **www.freddiemac.com/ finance/cmhp**)과 연방주택금융기관 주택가격지수(**www.fhfa. gov/default.aspx?page=14**). 두 지표는 미국내 주택가격의 상승 측정치를 제공한다. 측정치는 주별, 주요 MSA를 대상으로 전국적으로 계산된다. 이들 가격지수 중 하나를 사용해보면, MBA 중 하나를 선택하고 다른 지역과 전국의 가격의 주택가격지수의 상승률을 지난 5년동안 비교한다. MSA의 상승률이 다른 지역 또는 전국보다 더 빠르게 또는 더 느리게 상승하는가? 만약 이 장에서 논의한 바와 같이 임대-소유 분석을 했다면, 선택한 MSA에서 주택가격은 얼마나 상승했는가?.

간주된다. 그러나 주택가격에 대한 영향을 일반화(달러금액으로)하기는 어렵다. 도시경제학 용어인 **자본화 효과**(capitalization effect)는 개인들이 특정지역사회에 주택을 구입하여 납세한 세금(부동산세) 대비 제공받는 공적 서비스의 질에 관련된 개념이다. 지역 거주자들이 납세한 것보다 더 많은 서비스를 제공받고 있다고 인식한다면 순 편익이 존재하는 것이다. 이러한 순 편익은 주택가격에 반영 또는 자본화되는데 이는 가계들이 더 높은 가격을 지불할 의사가 있기 때문이다. 이러한 관점에서 주택을 보게 되면 주거의사결정과 동시에 다양한 공공재에 대한 선택도 동시에 이루어진다는 것은 명백하다.

마지막으로 **최적 도시 규모**에 대하여 항상 논의가 이루어지고 있는데 이 개념은 규모(인구 및 지역)와 공공재를 얼마나 비용효율적으로 공급할 수 있는지 간의 상관관계에 대한 것이다. 일부 학자는 도시가 클수록 공공재의 원가에 절감이 가능하다고 주장한다. 그러나 규모가 과다하면 (1) 서비스의 질 대비 비용이 상승하고 (2) 서비스의 질이 저하되므로 확장에는 한계가 있다. 따라서 크기 · 효율 및 운영규모 간에 균형이 잡힌 지역사회가 공공재를 비용효율적으로 제공할 수 있다. 이러한 효율성을 통해 부동산세금이 낮아지고 이는 다시 부동산 가격상승으로 자본화될 것이다.

하위시장/지역에서 부동산가격결정

대출심사 과정의 어느 시점에서는, 대출자는 주택의 담보가치가 상환불이행 시에 대출회수에 충분할지의 여부를 판단해야 한다. 이러한 가치 추정은 대출자의 직원이나 독립 감정평가사가 수행하게 되는데, 후자의 경우 수수료를 받고 감정평가를 전업으로 하는 업자이다. 이러한 업자는 거래당사자와 관계가 없어야 하며, 평가대상 부동산에 대해서 이해관계가 없어야 한다. 대출기관들은 감정평가 수요량이 전문가를 정규직원으로 채용하기에는 부족한 경우 및 직원의 다른 평가업무가 과중한 경우에 **외부평가업자**를 사용한다. 이러한 감정평가 결과는 대출기관에 의해 분석된다.

감정평가의 목적은 **시장가치**를 구하는 것으로, 이는 경쟁적인 시장환경에서 당해 주택에 대해 지불될 가장 가능성 높은 가격을 의미한다. 이러한 개념에 의한 **가치(value)**가 개별 구매자(대출신청자와 같은)가 당해 주택에 지불할 가격(price)과는 다른 것이라는 점을 이해해야 한다. 예로서 차입자(대출신청자)의 당해 주택에 대한 **선호도**는 대다수의 일반 수요자들이 시장에서 지불하려는 가격수준보다 훨씬 높을 수 있다는 점이다. 대출자는 채무불이행의 경우에 회수가능 가격에 신경을 쓰기 때문에, 감정평가자는 차입자(대출신청자)와는 다른 개인들이 매수가를 제시할 경쟁시장에서의 가능성 높은 가격에 대해 독립적인 추정을 해야 한다. 그러한 의미에서 감정평가자의 추정가치는 대출자로 하여금 대출신청자가 제시하는 가격이 실제와 격차(Outlier: 유사한 주택에 대해 시장에서 매입자들이 지불할 가격과 괴리)가 있음을 판단하는 데 도움을 준다. 전통대출과 FHA, VA대출의 심사에서 감정평가 요건에 약간의 차이는 있지만 가치평가의 기본적인 접근방식은 동일하다.

추정가치를 도출하기 위해서 감정평가사는 부동산의 수요 요인이 되는 지역경기, 소득수준, 인구, 고용, 금리 등에서부터 시작한다. 공급량은 상대적인 토지가 및 생산요소(임금, 자본)에 의해 분석된다. 현재의 시장균형 상황을 고려하기 위해서 현행 주택재고, 흡수율, 임대공실, 임대료추세, 단기간의 가격 변동요인 등을 분석한다. 마지막으로 감정평가자는 **하위시장**을 정의해야 하는데, 하위시장 내 부동산의 가치는 다른 부동산과 경쟁적이거나 대체가능한 것으로 관찰된다. 하위시장은 상가, 교육, 지역과 유사한 소득, 취향, 선호를 가진 가구들이 원하는 시설들의 유사성 때문에 이웃과 비슷한 것으로 생각할 수 있다. 하위시장은 가격 및 기타 자료가 최근 이 지역에서 판매된 부동산으로부터 얻어지기 때문에 중요하다. 하위시장을 선택하는 것도 매우 중요한데, 감정평가사는 분석 시에 학교지구, 경찰 및 소방서비스, 도서관 등으로 인해 발생할 수 있는 차이를 제거하려고 하기 때문이다.

특정 주택의 가격 추정을 위해서 감정평가자는 세 가지 방식을 사용한다. 시장가치의존, 원가의존 및 수익의 자본화의 세 가지 중 주택에서는 앞의 두 가지 위주로 평가된다. **거래사례비교법**은 가장 최근 거래된 가장 유사한 물건을 선정하여 차이점을 반영하여 조정을 하되, 이는 비교가능성의 취지에 따라 **최소한**으로 국한된다. 이 방식은 주택구입자들이 같은 주택에 대해서는 동일한 가격을 지불한다는 원칙에 근거한다. 최근 거래된 유사물건에 대해서 차이점을 조정함으로써 감정평가사들은 평가대상주택과 가치를 일치시키기 위한 노력을 한다. 조정된 가격이 당해 주택의 가격 결정에 사용된다.

원가법은 당해 주택을 재건축하는 데 드는 비용(감가상각 공제)을 추정하여 여기에 토지 가치를 가산하여 가치를 도출하는 것이다. 이 방식의 논리는 구입자가 주택의 복성가치 **이상**을 지불하지 않을 것이라는 것이다. 마지막으로 **수익환원법**은 현재 임대수입을 창출하는 유사한 주택을 사용하는 것으로 주택시세와 임대수입 간의 관계비율을 도출한다. 임대료는 양 주택간의 차이를 반영하여 조정된다. 당해 주택의 임대료가 추정되면 시세 대 임대료비율을 적용하여 당해주택의 가치를 환산하여 도출하게 된다. 수익환원법은 잘 사용되지 않는데 그 이유는 신뢰도가 가장 낮기 때문이다(임대된 유사주택이 많지 않으며, 임대된 주택은 매매도 활발하지 않다).

위와 같은 방식에 의해 감정평가사는 최종가치를 결정하여 대출자에게 보고한다. 대출자는 감정평가보고서를 검토한 후 이에 동의한다면, 감정가와 거래가 중 낮은 금액을 사용하여 대출최대액을 결정한디. 대출금액은 또한 차입자소득의 적정한 상환능력에도 의존한다. 세 가지 평가방식에 대해 앞의 예제를 보여 줄 것인데 여기에는 FNMA와 FHLMC가 요구하는 표준감정평가표([예 7-6]의 A표와 B표 참조)가 사용될 것이다. 이 표는 대출자들이 향후 대출을 매각하려 할 경우 필요한 서류이기 때문에 현재 대부분의 주택대출이 표준감정평가표를 사용하고 있다.[4]

거래사례비교법

앞서 언급했듯이 이 방식에서는 인접한 유사주택의 거래가를 비교하여 감정평가하게 된다. 똑같은 두 개의 주택은 존재하지 않으므로 평가사는 비유사성에 대해 유사한 속성(**비교 가능 속성:** comparable properties)들의 값들을 조정한다. 이러한 차이점은 개별적이므로, 조정은 감정평가사에 의해 그의 지식과 판단력에 의한다. 평가대상 주택의 가격이 알려져 있지 않으므로 **유사물건**의 가격에 대해 모든 차이점이 적절히 조정되면, 그 결과치는 당해주택의 가격에 접근할 것이다. 비교대상 주택을 선정할 때 감정평가사는 그 거래가 거래상대방 간의 합리적인 가격에 의했는지 주의해야 한다. 매도자가 준 파산상태였다든가 거래가 친척 간의 매매였다면 그 가격은 공정한 것이 못 되기 때문이다. 거래가격의 적정성이 확인된 후 감정평가사는 가격조정단계를 시작할 수 있다.

조정과정을 보여주기 위해서 [예 7-6]은 A표에서 부동산에 대한 서술을, B표에서는 세 가지 접근방식에 의한 평가과정을 보여준다. A표는 평가대상 부동산의 내용을 설명하며 B표는 감정평가에 사용될 세 가지 방식을 보여준다. 감정평가사가 조정해야 할 내용으로서는 (1) 비교대상물건의 거래일자, (2) 위치, (3) 전망, (4) 설계상의 매력점, (5) 건축의 질, (6) 주택의 연령, (7) 주택 상태, (8) 방수, (9) 내부 처리, (10) 기능, (11) 중앙난방 및 통풍 등의 시스템 형태, (12) 거래 또는 금융할인 등이다.

조정의 과정에서 감정평가사는 비교대상주택가치로부터 평가대상 주택이 비교대상주택

---

[4] 자세한 것은 FHLMC의 Underwriting Guidelines 1985.7참조. 저당대출을 유통시장에서 전매하는 시장은 뒤의 장에서 후술 참조. 모든 주택 감정평가가 위의 세 가지 접근방식을 사용하지만 FHA, VA의 경우 건축상태에 대한 평가가 추가되기도 한다. 여기에 대해서는 FHA관련 HUD Handbook 4150.1 "Valuation Analysis for Home Mortgage Insurance" 1983.4를, VA관련해서는 VA bulletin CNU−2−86 "Procedure for Making VA Appraisals" 1986.3.21 및 Department of Veterans Benefits Circular 26−86−9 "Appraisal Review Guidelines" 1986.3.10참조.

예 7-6(A)
부동산(주택) 내용 서술표

Property Description & Analysis   **UNIFORM RESIDENTIAL APPRAISAL REPORT**   File No.

SUBJECT

Property Address 482 Liberty Street	Census Tract 1005.00
City Anytown, USA. County State Zip Code	LENDER DISCRETIONARY USE
Legal Description Lot 78,1st Section Happy Acres Farm	Sale Price $
Owner/Occupant John and Jane J. Jones Map Reference 33-84	Date
Sale Price $ 76,700 Date of Sale 3-01-96	PROPERTY RIGHTS APPRAISED Mortgage Amount $
Loan charges/concessions to be paid by seller $ None	[x] Fee Simple Mortgage Type
R.E. Taxes $ 797.00 Tax Year HOA $/Mo. None	[ ] Leasehold Discount Points and Other Concessions
Lender/Client XYZ Federal Savings and Loan Assoc.	[ ] Condominium (HUD/VA) Paid by Seller $
	[ ] De Minimis PUD Source

NEIGHBORHOOD

				NEIGHBORHOOD ANALYSIS	Good	Avg.	Fair	Poor
LOCATION	[ ] Urban	[x] Suburban	[ ] Rural	Employment Stability		[x]		
BUILT UP	[x] Over 75%	[ ] 25-75%	[ ] Under 25%	Convenience to Employment		[x]		
GROWTH RATE	[ ] Rapid	[x] Stable	[ ] Slow	Convenience to Shopping			[x]	
PROPERTY VALUES	[ ] Increasing	[x] Stable	[ ] Declining	Convenience to Schools	[x]			
DEMAND/SUPPLY	[ ] Shortage	[x] In Balance	[ ] Over Supply	Adequacy of Public Transportation		[x]		
MARKETING TIME	[ ] Under 3 Mos.	[x] 3-6 Mos.	[ ] Over 6 Mos.	Recreation Facilities			[x]	

PRESENT LAND USE	%	LAND USE CHANGE	PREDOMINANT	SINGLE FAMILY HOUSING				
				PRICE $ (000) AGE (yrs)	Adequacy of Utilities		[x]		
Single Family	80	Not Likely [x]	OCCUPANCY		Property Compatibility		[x]		
2-4 Family	10	Likely	Owner [x]		Protection from Detrimental Cond.		[x]		
Multi-family	10	In process	Tenant	55 Low 10	Police & Fire Protection			[x]	
Commercial		To:	Vacant (0-5%)	80 High 20	General Appearance of Properties		[x]		
Industrial			Vacant (over 5%)	65 Predominant 15	Appeal to Market		[x]		
Vacant									

Note: Race or the racial composition of the neighborhood are not considered reliable appraisal factors.
COMMENTS: shopping is approximately two miles away at I-75 and Colerain,City Park one mile north. Other recreational facilities of a private nature. Fire protection is voluntary unit. Other aspects average or better.

SITE

Dimensions 60x125x72x140			Topography Level		
Site Area 8,745 Sq.Ft.	Corner Lot Yes		Size Typical in neighborhood		
Zoning Classification R-2 (Min.Size 7500 Sq.Ft.)	Zoning Compliance Yes		Shape Typical in neighborhood		
HIGHEST & BEST USE: Present Use Single family res. Other Use			Drainage Good		

UTILITIES	Public	Other	SITE IMPROVEMENTS	Type	Public	Private
						View Average
Electricity	[x]		Street	Macadem	[x]	Landscaping Typical in neighborhood
Gas	[x]		Curb/Gutter	Concrete	[x]	Driveway
Water	[x]		Sidewalk	Concrete	[x]	Apparent Easements
Sanitary Sewer	[x]		Street Lights			FEMA Flood Hazard Yes* No [x]
Storm Sewer			Alley			FEMA* Map/Zone

COMMENTS (Apparent adverse easements, encroachments, special assessments, slide areas, etc.): None

IMPROVEMENTS

GENERAL DESCRIPTION		EXTERIOR DESCRIPTION		FOUNDATION		BASEMENT		INSULATION	
Units	1	Foundation	Concrete	Slab	Concrete	Area Sq.Ft. 1316		Roof	[x]
Stories	1	Exterior Walls	Brick	Crawl Space	None	% Finished	0	Ceiling	[x]
Type (Det./Att.)	Det.	Roof Surface	Cedar Shingle	Basement	Yes	Ceiling		Walls	[x]
Design (Style)	Rambler	Gutters & Dwnspts	Galv. Iron	Sump Pump	No	Walls		Floor	[x]
Existing	Yes	Window Type	Dbl.Hung Wood	Dampness	None	Floor	Concrete	None	
Proposed		Storm Sash	Yes	Settlement	None	Outside Entry	Yes	Adequacy	[x]
Under Construction		Screens	Yes	Infestation	None			Energy Efficient Items:	
Age (Yrs.)	10	Manufactured House	No					•R-38 Ceiling	
Effective Age (Yrs.)	10-12							R-19 Walls	

ROOM LIST

ROOMS	Foyer	Living	Dining	Kitchen	Den	Family Rm.	Rec. Rm.	Bedrooms	# Baths	Laundry	Other	Area Sq.Ft.
Basement												
Level 1	x	x	x	x		x		3	2			
Level 2												

Finished area above grade contains: 7   Rooms; 3   Bedroom(s): 2   Bath(s): 1645   Square Feet of Gross Living Area

INTERIOR

SURFACES	Materials/Condition	HEATING		KITCHEN EQUIP.		ATTIC		IMPROVEMENT ANALYSIS	Good	Avg	Fair	Poor
Floors	Hardwood/Good	Type	FWA	Refrigerator	[x]	None		Quality of Construction	[x]			
Walls	Plaster	Fuel	Gas	Range/Oven	[x]	Stairs		Condition of Improvements	[x]			
Trim/Finish	Wood	Condition	Good	Disposal	[x]	Drop Stair	[x]	Room Sizes/Layout		[x]		
Bath Floor	Ceramic Tile	Adequacy	x	Dishwasher	[x]	Scuttle		Closets and Storage		[x]		
Bath Wainscot	Ceramic	COOLING		Fan/Hood	[x]	Floor		Energy Efficiency	[x]			
Doors		Central	x	Compactor		Heated		Plumbing-Adequacy & Condition		[x]		
		Other		Washer/Dryer		Finished		Electrical-Adequacy & Condition		[x]		
		Condition		Microwave	[x]			Kitchen Cabinets-Adequacy & Cond.		[x]		
Fireplace(s)	#	Adequacy	x	Intercom				Compatibility to Neighborhood		[x]		
								Appeal & Marketability		[x]		

AUTOS

CAR STORAGE		Garage		Attached		House Entry	[x]	Estimated Remaining Economic Life	45	Yrs.
No. Cars	1	Carport	[x]	Detached		Outside Entry		Estimated Remaining Physical Life	60	Yrs.
Condition	None	Built-In		Electric Door		Basement Entry				

Additional features: Fireplace in living room; rear concrete covered patio (22x12);4 ft. high chain link fence around rear yard.

COMMENTS

Depreciation (Physical, functional and external inadequacies, repairs needed, modernization, etc.):
Additional insulation (floor and ceiling) and automatic thermostat were added in 1979

General market conditions and prevalence and impact in subject/market area regarding loan discounts, interest buydowns and concessions:

Freddie Mac Form 70 10/86 12Ch. AO Forms and Worms Inc.® 315 Whitney Ave., New Haven, CT 06511 1(800) 243-4545   Item #111710   Fannie Mae Form 1004 10/86

보다 우수한(열악한) 점에 대해 가산(또는 감축)을 행하게 된다. 예로서 입지를 비교할 때 B 표의 중간에서 평가대상은 코너에 위치하는 반면 비교대상 1과 2는 그렇지 못하므로 열위이다. 감정평가사는 이 차이를 $1,950의 가치로 평가하여 평가대상을 그만큼 증액평가한다.

예 7-6(B)

부동산(주택)감정평가

UNIFORM RESIDENTIAL APPRAISAL REPORT　File No.

Valuation Section

Purpose of Appraisal is to estimate Market Value as defined in the Certification & Statement of Limiting Conditions.

COST APPROACH

BUILDING SKETCH (SHOW GROSS LIVING AREA ABOVE GRADE)
If for Freddie Mac or Fannie Mae show only square foot calculations and cost approach comments in this space

Measurements	No. Stories	=	Sq.Ft.
42x37	x 1		1,554
24x3.8	x 1		91

Total gross living area　　1,645sq.ft

ESTIMATED REPRODUCTION COST - NEW - OF IMPROVEMENTS

Dwelling 1,645 Sq.Ft. @ $ 38.09	=	$62,658
1,316 Sq.Ft. @ $ 7.89	=	10,383
Extras soft wtr.sys.;d/w. disp. =		
range/oven;f/h; fireplace	=	3,240
Special Energy Efficient Items R-30 Insultn	=	500
Porches, Patios, etc. and fence	=	1,800
Garage/Carport 200 Sq.Ft. @ $ 6.50	=	1,300
Total Estimated Cost New	=	$79,881

Less — Physical 13,500 | Functional | External 7,500
Depreciation = $21,000
Depreciated Value of Improvements = $58,881
Site Imp. "as is" (driveway, landscaping, etc.) = $ 3,050
ESTIMATED SITE VALUE = $15,500
(If leasehold, show only leasehold value.)
INDICATED VALUE BY COST APPROACH = $77,431

(Not Required by Freddie Mac and Fannie Mae)
Does property conform to applicable HUD/VA property standards? [X] Yes [ ] No
If No, explain: _____

Construction Warranty [ ] Yes [X] No
Name of Warranty Program _____
Warranty Coverage Expires _____

SALES COMPARISON ANALYSIS

The undersigned has recited three recent sales of properties most similar and proximate to subject and has considered these in the market analysis. The description includes a dollar adjustment, reflecting market reaction to those items of significant variation between the subject and comparable properties. If a significant item in the comparable property is superior to, or more favorable than, the subject property, a minus (−) adjustment is made, thus reducing the indicated value of subject; if a significant item in the comparable is inferior to, or less favorable than, the subject property, a plus (+) adjustment is made, thus increasing the indicated value of the subject.

ITEM	SUBJECT	COMPARABLE NO. 1	+ (−) $ Adjustment	COMPARABLE NO. 2	+ (−) $ Adjustment	COMPARABLE NO. 3	+ (−) $ Adjustment
Address	482 Liberty	478 Liberty St.		225 West 17th Street		110 East 16th Street	
Proximity to Subject		Adjacent		2 blocks West		3 blocks SE	
Sales Price	$ 76,700	$ 65,000		$ 73,500		$ 67,500	
Price/Gross Liv. Area	$ 46.63	$ 46.43		$ 44.54		$ 42.19	
Data Source	Sales con-tract	Present Owner		Appraiser's Files		Selling Broker	
VALUE ADJUSTMENTS	DESCRIPTION	DESCRIPTION	+ (−) $ Adjustment	DESCRIPTION	+ (−) $ Adjustment	DESCRIPTION	+ (−) $ Adjustment
Sales or Financing Concessions		None	−	None	−	None	−
Date of Sale/Time	3-1-96	1-29-96	−	2-14-96	−	12-17-95	−
Location	Avg.Suburb	Similar		Similar		Similar	−
Site/View	Corner Lot	Inside Lot	1,950	Inside Lot	1,950	Corner Lot	−
Design and Appeal	Rambler-Avg.	Similar		Similar		Similar	−
Quality of Construction	Good	Good		Good		Good	−
Age	20 years	19 years		20 years		13 years	(3,250)
Condition	Good	Good		Good		Int.PaintFair	950
Above Grade	Total｜Bdrms｜Baths	Total｜Bdrms｜Baths		Total｜Bdrms｜Baths		Total｜Bdrms｜Baths	
Room Count	7 ｜ 3 ｜ 2	6 ｜ 1 ｜ 1.5	7,500	7 ｜ 3 ｜ 2	−	7 ｜ 3 ｜ 1	
Gross Living Area	1,645 Sq.Ft.	1,400 Sq.Ft.		1,650 Sq.Ft.		1,600 Sq.Ft.	2,800
Basement & Finished Rooms Below Grade	80% Bsmt Area Unfinished	Full Bsmt. Rec. Room	(1,950)	Full Bsmt, Rec Rm,½ Bath	(2,800)	50% Bsmt Unfinished	3,200
Functional Utility	Good	Good	−	Good	−	Fair	2,800
Heating/Cooling	Central	Central	−	None	2,500	Central	−
Garage/Carport	1Car att.C/P	Similar	−	2 Car att.Gar.	(4,000)	2 Car att.Gar.	(4,000)
Porches, Patio, Pools, etc.	Fence, Rear Patio	Fence, Rear Screen Porch	(1,200)	Fence, Rear Patio	−	No Fence,Rear Screen Porch	(500)
Special Energy Efficient Items	R-38 Ceiling Ins. Solar HW Heater	No solar	3,900	No solar HW Heater	3,900	Inf.Insulatn. No solar HW Heater	4,600
Fireplace(s)	Living Room	Similar	−	No Fireplace	1,800	No Fireplace	1,800
Other (e.g. kitchen equip., remodeling)	Range/Oven Disp.;Dish Washer	Similar	−	Similar	−	No Built-in Appliance	500
Net Adj. (total)		[x] + [ ] −	$ 10,200	[x] + [ ] −	$ 3,350	[x] + [ ] −	$ 8,900
Indicated Value of Subject			$ 75,200		$ 76,850		$ 76,400

Comments on Sales Comparison: Sale No. 1 is recent sale of smaller house next door to subject and indicated value adjustments reflects considerable net adjustments as does sale No. 3. Sale No.2 is most comparable to subject and required only a few moderate size adjustments consequently most weight is assigned to its indicated value.

INDICATED VALUE BY SALES COMPARISON APPROACH $ 76,850
INDICATED VALUE BY INCOME APPROACH (If Applicable) Estimated Rent $ 650 /Mo. x Gross Rent Multiplier 116 = $ 75,400

This appraisal is made [X] "as is" [ ] subject to the repairs, alterations, inspections or conditions listed below [ ] completion per plans and specifications.
Comments and Conditions of Appraisal: Property is at the top of the neighborhood value, but at estimated value it is readily saleable.

RECONCILIATION

Final Reconciliation: Most weight is given to market approach as the comps are recent sales and are fairly similar and in close proximity to subject. Less weight is assigned to cost approach due to the difficulty in reliably establishing depreciation. Least weight given to income approach.

This appraisal is based upon the above requirements, the certification, contingent and limiting conditions, and Market Value definition that are stated in

[ ] FmHA, HUD &/or VA instructions.
[ ] Freddie Mac Form 439 (Rev. 7/86)/Fannie Mae Form 1004B (Rev. 7/86) filed with client December , 19 95 [ ] attached.

I (WE) ESTIMATE THE MARKET VALUE, AS DEFINED, OF THE SUBJECT PROPERTY AS OF March 7, 19 96 to be $ 77,000

I (We) certify: that to the best of my (our) knowledge and belief the facts and data used herein are true and correct; that I (we) personally inspected the subject property, both inside and out, and have made an exterior inspection of all comparable sales cited in this report; and that I (we) have no undisclosed interest, present or prospective therein.

Appraiser(s) SIGNATURE _____
NAME _____
Review Appraiser SIGNATURE _____ (if applicable) NAME _____
[X] Did [ ] Did Not Inspect Property

Freddie Mac Form 70 10/86 **12Ch.**　Forms and Worms Inc.,* 315 Whitney Ave., New Haven, CT 06511 1(800) 243-4545　Fannie Mae Form 1004 10/86

반면 차고 면에서 비교대상 2는 2대 주차인 반면 평가대상은 1대 주차이므로 차액 $4,000만큼 감액요소가 되었다. 이러한 조정 이후의 가치는 미지의 변수인 평가대상의 가치에 근접할 것이다.

감정평가사가 개별 특성의 가치를 어떻게 추정하는가? 이는 매입자와 매도자가 거래에 있어서 이러한 개별 특성에 대해 부여하는 가치에 대해 경험과 판단력, 지식을 활용하여 이루어진다. 다시 말해서 감정평가사는 차고, 침실수, 욕실 등 여러 가지 특성을 가감하여 가치를 찾아내고 지키는 것이다. 이것이 어려운 작업으로 보일 수 있지만 주택시장에서는 매주 수백 채의 주택이 매매되고, 감정평가사는 이러한 정보에 접근할 수 있다. 비교하는 과정 및 지속적인 정보획득이 평가를 가능하게 한다. 거래사례비교법에서 조정은 **건축비**에 근거하지 **않**는다는 점을 강조하고 싶은데, 그 이유는 추가된 가치에 대해 **시장**은 개인들만큼 인정하지 않을 수 있기 때문이다. 가령 소규모 오래된 저가 주택 지역에 수영장을 설치했을 때, 현 소유자가 주택매각 시에 최소한 투입원가는 회수될 것으로 기대하더라도, 시장에서는 이를 회수하지 못할 가능성이 크다. 이 경우 감정평가사들은 시장의 매수자층들이 **수영장설치비**에 대해서 현 소유주만큼 지불하지 않는다고 판단하게 된다. 따라서 수영장은 **과대설비**(over-improvement)가 되며, 그 가치는 매각가격에 전부 반영되지 않는다.[5]

당해주택의 최종 평가치를 도출하기 위해 감정평가사는 각 비교대상물건의 잔존가치에 대해서 **질적 가중치**를 주는데, 이 가중치는 얼마만큼의 조정이 있었는가에 따라 결정된다. 즉 조정이 많았으면 가중치가 작아진다. 감정평가사는 각 비교대상물을 가중치에 의해 최종 평가하고(예 7-6의 B표 아래의 코멘트 참조) 최종 평가치를 도출한다. 지금까지 내용을 요약하면 다음과 같다.

요약	비교1	비교2	비교3
매매가격	$65,000	$73,500	$67,500
순 조정액	+10,200	+3,350	+8,900
조정가치	75,200	76,850	76,400

유사물건에 대한 다양한 비교와 추정치에 대한 감정평가사의 가중치를 근거로 $76,850의 값은 거래사례비교 방법으로 평가된 부동산 가치이다.

감정평가사가 거래비교법을 사용하는 데 앞서 애로점은 비교대상의 거래가에 금융상의 혜택이 내포되어 있는 경우이다. 이러한 **매도자 금융**(seller financing)은 주택매도자가 매수자에게 금융을 지원하기 위해서 포인트를 대지급하거나, 시장금리보다 낮은 금리에 2순위 저당대출을 공여한 경우로서, 매입자의 매월불입액부담 및 주택취득가를 낮추게 된다.[6] 주택매도자들은 이러한 금융비용을 매도가격을 높임으로써 회수하게 된다. 만일 이러한 거래가 비교대상으로 사용된다면 당해 평가대상주택의 가치는 과대평가될 것이다. 이는 감정평

---

[5] 과대설비는 개인이 자신이 선호하거나 혼자서 가치증진을 줄 것이라고 판단하는 개량물을 설치할 때 일어난다. 그러나 시장은 여기에 동의하지 않아 개량비용을 지불하지 않을 것이다. 이와 유사하게 주택소유자는 과소설비(underimprovements) 문제도 일으킬 수 있다. 과소설비는 넓은 부지에 너무 작은 주택을 짓는 경우가 된다. 이는 개인들은 자신의 부동산에 대해 다른 부동산만큼의 투자도 하지 않으려고 하는 경우다. 이러한 주제에 대해서는 감정평가에서 많은 교재들을 참고할 수 있다.

[6] "seller Financing"은 주택거래에 있어 빈번히 나타난다. 이 현상은 매수자들이 금융을 얻기 어려운 고금리 시기에 더욱 팽배하며, 주택매도자들은 매수자의 금융조달액의 일부 또는 전부를 시장보다 낮은 금리에 제공하거나 매수자의 조달금리를 낮추어 주는 방식을 모색하게 된다.

가사들에게 매우 어려운 상황인데, 평가사들이 비교대상 거래의 조건을 알지 못한다면 매도자가 매수자의 금융비용을 부담했는지를 파악할 수가 없기 때문이다. 금리상승국면에서 매수자가 금융을 얻기 어려운 시기에는 매도자의 금융제공이 일반적이다. 이러한 시기에는 감정평가사들은 비교거래를 사용하기 전에 당해 거래의 당사자 또는 결제 대리인에게 직접 문의하여 매도자금융이 수반되었는지의 여부를 확인한다. 만일 매도자의 금융제공이 수반되었다면 감정평가사는 그 금융비용 상당액을 추정하여 비교대상 주택가치에서 공제해야 한다.[7] 예에서는 비교대상 거래에 매도자 금융이 수반되지 않았으므로 다른 조정항목만에 의해 감정평가액 $76,850이 도출되었다.

거래사례비교법은 비교대상주택에 대해서 많은 거래가 있고 정보 획득이 손쉬운 경우 가장 효과적으로 감정평가사들이 선호하는 평가방식이다.

원가법

원가법 적용할 경우, 감정평가사는 **토지에 대한 가치**를 결정한 후에 **재건축 비용**을 추정하여 양자를 합계낸 후, 여기에서 건축 이후의 감가상각액(적정한 금액)을 공제한다. 주택이 신축된 경우에는 설계가 입지가 나쁘지 않은 한 감가상각 조정은 불필요하다. 이 과정은 [예 7-6] B표의 위에 나타나 있다.

토지가격을 평가하기 위해서는 주택의 거래사례비교법에서와 유사한 과정이 수행된다. 비교대상 택지를 선정하여 입지, 규모, 형태, 지질 등을 반영하여 조정된다. 건축비 추정에 대해서는 자재, 노무 및 마진에 대해 메뉴얼을 참조하고 지역 내 건설회사에 조회하여 특정한 물리적, 질적 수준에서 수행한다. 위와 같은 정보원천에 의해서 거실, 지하실, 차고, 2층에 대해서 평방피트당 건축비 추정이 이루어진 후, 주방, 욕실 등 부착설비, 조경, 추가시설(수영장, 현관) 등에 대한 개별 추정이 보완된다.

당해 주택이 신축이 아닌 경우 감정평가사는 세 가지의 **감가상각**을 수행해야 한다. 첫째는 **물리적인 손상**에 대한 것으로서 수선가능(낡은 카펫, 벽 도색)한 사항과 수선 불가능(기초공사로서 건물의 외관을 해치나 효용에는 지장이 없는 사항 등)한 사항들이 있다. 둘째는 부동산의 내적 특성상 최초 건축 시보다 효용이 낮아진 것으로 **기능적 상각**(functional obsolescence)이라고 불리운다. 수선이 불가능한 기능적 상각으로는 과다하게 넓은 복도 면적이 있다. 수선 가능한 사항으로는 조명의 교체 등이 있다. 셋째의 감가상각 사항으로서는 **외부적 상각**으로서 주변의 토지용도변경으로 인해 건물이 낡기 전에 효용이 낮아진 경우이다. 예로서는 오염, 토지용도 변경, 토지용도에 대한 관계법 개정 등으로 인한 경제적 가치 상각이다.

주택이 오래될수록 감정평가사가 감가상각액을 추정하기가 더 어려워진다. [예 7-6] B에서 감정평가사는 10년 된 평가대상 주택에서 물리적 감가상각은 $13,500, 경제적 상각은 $7,500을, 기능적 상각은 없다고 보았다. 이러한 원가접근에 의해 감정평가사는 대상주택을 $77,400로 평가했다.

원가법은 평가대상 부동산이 최근에 건축되었고 상각을 감안할 필요가 없는 경우에 가장

---

[7] 여기에 대해서는 다음 장에서 자세히 분석할 것이다.

신뢰도 높은 평가방식이다. 감정평가사들은 비교대상 주택거래가 별로 없고 거래사례비교방식이 사용하기 어려운 경우에 원가법 사용을 고려한다.

수익환원방식

세 번째의 감정평가방식은 투자자가 주택이 창출하는 수익에 대해서 얼마만큼 지불할 것인가를 결정하여 가치를 도출하는 것이다. 감정평가사는 주택의 매각가격과 임대된 경우의 월 수입액과의 관계를 도출하려 한다. 그는 평가대상 주택과 유사한 임대주택의 거래사례를 사용하여 거래가 대 임대료 수입간의 비율을 도출하는데 이를 **조임대승수**(gross rent multiple)라고 부른다. 평가대상 주택의 가치는 당해주택의 임대료를 구한 후(또다시 유사 임대주택에 대해 차이 조정을 행하여서) 임대료 추정치에 **조임대승수**(gross rent multiple)를 곱하여 구하게 된다.

예에서는 [예 7-6] B의 아래쪽에서 감정평가사는 당해 주택이 임대되면 월 $650의 수입을 예상하였다. 유사한 주택이 월임대료의 116배에 거래가가 형성되었으므로 당해, 주택도 $650 × 116인 $75,400에 거래될 수 있다고 평가된다.

일반적으로 수익환원법은 사용하기 어려운데, 그 이유는 임대용 단독주택의 거래가 드물기 때문이다. 감정평가사들은 거래사례비교법과 원가법에 더 의존하는 경향이 있다. 그러나 콘도미니엄과 같은 특정 형태에서는 많은 임대가 발생하므로 수익환원법이 유용한 감정평가방식이 될 수 있다.

최종 감정평가

감정평가사는 세 가지 방식의 상이한 결과를 대조하여 최종가치를 결정한다. 이는 거래사례비교법에서와 같이 각 방식별로 그 신뢰성 및 조정이 이루어진 정도를 감안하여 질적인 가중치를 둠으로서 이루어진다. 조정이 덜 이루어지고 자료가 신빙성 있고, 최근치이며, 완전한 경우에 더 많은 가중치가 배정된다. 예에서 최종 평가액은 $77,000인데 이는 감정평가자가 지적하듯이 거래사례비교법과 원가법에 가장 가깝다.

감정평가와 실제 매각가

예에서 실거래가는 정확히 대출자의 감정평가액과 일치하지는 않는다. 예로서 거래가가 $76,700에 형성되었는데 감정가는 $77,000이라 하자. 대출자는 어떤 다른 확실한 증거가 없는 한은 $76,700 또는 거래가와 감정가 중 낮은 수치를 대출의 근거로 할 것이다.

시간 경과에 따른 주택 가치

대출자의 중요한 원칙은 담보주택의 가치가 대출잔존 기간 중 어느 시점에서도 대출원금 이하로 떨어져서는 안된다는 것이다. 다시 말해서 대출자는 주택의 시장가치가 차입자 채무불이행 시의 대출잔액보다 항상 높을 것이라는 것을 확인받기를 원한다. 대출자가 고려하는 또 하나는 시간이 경과함에 따라 주택가치 대비 대출잔고가 늘어나는 경우의 영향이다. 이는 대출실행 이후 대출잔고가 증가하는 경우로 대출프로그램에 문제가 발생할 수 있다(4, 5장에서 음의 상환의 영향을 참고).

압류 부동산투자

압류 부동산(distressed properties)은 투자자에게 해당 부동산을 시장가치보다 싸게 살 기회를 제공해 준다. 그러나 시장가치보다 할인된 금액은 항상 어떤 이유 때문에 존재하는 것으로, 부동산이 압류된 상태가 아니라면 부동산 소유자는 시세로 팔수 있었을 것이다. 본 장에서는 부동산이 압류되고, 소유자가 할인매각하는 것이 적절한가에 대한 다양한 원인들을 살펴볼 것이다. 투자자들은 압류물건을 구입하고 일정금액을 투입하여 해당 부동산 소유권에 영향을 미치는 각종 문제들을 제거하고자 한다. 이러한 문제점을 해결하고 난 후, 투자자들은 부동산 기치기 그들의 투지수익을 충족 할 수 있을 만큼 상승하기를 바란다.

　　아래의 예들은 왜 기존주택 소유자가 부동산 압류되는 이유를 금융/법률적 이슈들을 중심으로 정리하였다. 일반적으로 한 가지 혹은 두 가지 문제점들이 복합적으로 작용한다.

1. 차입자의 대출금 상환능력 부족
2. 부동산 가치가 대출잔액보다 하락한 경우
3. 부동산 관련 세금 미납에 따른 유치권 설정
4. 국세청 세금 미납에 의한 유치권 설정
5. 민사소송, 파산, 이혼
6. 건설비에 대한 유치권
7. 개인적 부채
8. 부동산 분쟁

첫 번째 가장 흔한 이유 중에 하나가 바로 대출금에 대한 상환능력 부족이다. 이 경우 일반적으로 대출기관이 압류절차를 방지하기 위해 차입자에게 유예기간을 설정해 준다.[8] 하지만, 차입자가 이러한 문제점을 해결할 수 없다면, 대출기관은 차입자로부터 해당 부동산에 대한 소유권을 가져올 것이다(이를 일반적으로 유질처분 전 소유권 양도라 한다). 이러한 과정을 통해 소유자와 대출기관은 시간과 담보권 행사(foreclosure) 비용을 아끼고 경매를 피한다. 그러나 만약 대출기관과 차입자가 소유권 양도에 합의하지 못한다면, 대출기관은 압류신청을 하게 되고 결국 경매를 통해 해당 물건을 팔 것이다.

　　채무불이행의 또 다른 이유 중 하나가 부동산 가치가 대출잔액보다 작게 될 경우이다. 이 경우, 기존 소유자는 다른 비교가능한 부동산에 비해 돈을 더 투자하는 것이 되고 이러한 부동산을 위해 대출금을 상환을 하지 않을 것이다.

　　지역경제 조건의 악화(해고, 직정폐쇄 등으로 인한 실업 등)는 경매물건을 증가시키는 요인이 된다. 실업률의 증가는 주택가구의 수입을 감소시키고 주택수요에 (−)의 영향을 끼친다. 시장 하강국면에는 압류물건이 증가하고, 구입 가능한 주택수도 증가하게 된다.

　　가구주에 대한 예상치 못한 사건들도 경매물건을 발생시키는 요인이다. 이는 해당 부동

---

[8] 만약 차입자의 채무불이행 상황이 일시적이라면 대출기관은 대출조건을 재조정할 것이다.

산에 관련된 문제가 아닌 세금체납, 파산, 이혼, 개인 및 사업관련 부채에 대한 채무불이행 그리고 유산 상속시 상속재산 해결 등에 의해 나타난다. 부동산 소유자는 이러한 금융, 법률적 문제를 해결하기 위해 부동산을 팔고자 한다.

이외에도 부동산은 주식과 채권 같은 금융자산과는 다른 특성으로 경매가 발생하는 원인이 되기도 한다. 일반적으로 금융자산(증권, 채권 등)은 부동산 자산에 비해 유동성 및 환금성이 뛰어나다. 즉 부동산을 사거나 매각 시 최소 60일에서 90일 정도 시간이 소요되고 경매물건의 경우 매각기간이 더 필요하다. 게다가 현재 소유자가 부동산에 대한 상환금이 과도한 경우에(공격적인 대출실행 또는 가격상승에 대한 잘못된 예측 등의 이유로), 압류대상 물건의 구입자는 시장환경변화에 맞게 부동산가격을 재평가하는 과정을 수행하는 것이 적절하다. 이 경우, 투자자는 시장이 안정화될 때까지 금융을 제공하고 재평가 위험을 받을 것이다.

경매물건의 금융분석

경매물건을 투자분석 할 때, 투자자들은 [예 7-7]과 같은 과정으로 투자안을 분석한다. 이러한 투자분석은 (A) 취득단계, (B) 보유단계, (C) 매각단계로 구분할 수 있고 투자수익(D)과 처분이익(C)이 (A) 취득 및 (B) 보유단계의 비용보다 반드시 높아야 한다. 경매물건에 대해 분석을 할 때 (1) 왜 해당 부동산이 경매물건이 되었는가? (2) 부동산 소유자는 왜 매각 및 임대를 통해 이러한 문제점을 해결하지 못했을까? (3) 투자자가 경매물건의 소유권을 취득하기 위해 필요한 수단과 투자액은 얼마인가? 다른 3가지에 대해 고민을 하여야 한다.

취득단계

경매물건 확인을 위한 정보획득

은행과 대출기관들은 유질처분 전 소유권 양도 및 경매를 위해 **경매대상물건 현황**(real estate owned: REO)을 수집하고 서류로 정리해 놓아야 한다. 또한, 대출기관들은 해당 부동산에 투자 및 관리할 의지가 없기 때문에 가능한 한 빨리 팔기를 원한다. 그리고 FHA, VA 그리고 HUD들 또한 경매대상 물건 현황(REO 리스트)을 가지고 있고 이러한 경매대상 물건들은 광고 등을 통해 시민들에게 알려진다.

재정적 어려움을 겪고 있는 일부 주택소유자들은 부동산을 팔기 위해 노력한다. 첫 번째 이유는 채무의 상환을 통한 개인 신용도 유지에 있고 두 번째 이유는 향후 부동산을 재 구입하기 위해서이다. 이때 그들은 집을 사기 위해 대출을 받아야 하고 대출 시 개인신용에 대해 대출기관들이 검토한다. 또한 국세청 산하 기관 또한 체납 세금 추징을 위해 경매물건 현황을 가지고 있다.

법적사항 검토

부동산 권리분석은 투자자가 경매물건을 사기 위해 검토해야 할 가장 중요한 요소이다. 이는 일반적으로 부동산 취득단계 이전에 이루어진다. 이러한 권리분석은 투자자가 향후 부동산

예 7-7

경매물건 투자시 금융적
고려사항–요약

A. 취득 단계

취득비용

　구입가격

　시장, 법률분석 비용

　물건 조사비용

　유치권해제 비용

　기타 비용

　총 취득비용

B. 보유기간

보유비용

　개보수 비용

　보험, 부동산 세금 등

　이자비용

　기타 비용

　보유기간 총비용

C. 처분 단계

기대매각가

　(−)판매비용

　순매각가치

D. 기대수익

　C − (A + B)

매각시에 구입 예정자가 법적 권리에 대한 보증을 요구하기 때문이다. 따라서, 유치권 해지 비용과 권리에 영향을 미치는 법적 사항에 대해 부동산 취득 전 투자자는 검토하여야 한다. 경매물건을 구입할 때 투자자가 항상 일반보증양도증서(general warranty deed)를 받는 것은 아니다. 예를 들어 투자자가 대출자로부터 경매물건을 구입한다면, 대출자는 투자자게에 단지 매매계약 증서(bargain and sale deed)만을 제공하려할 수 있다. 이는 대출자가 투자자에게 현재 상태(as is)의 증서만 제공하는 것을 의미한다. 증서의 기록이 만족스러운지는 투자자가 결정할 일이다. 만약 증서가 만족스럽지 못하다면, 투자자는 권리관계를 확실히 하기 위해 시간과 돈을 들여야 할 수 있다. 또 다른 경우에 대출자는 지급보증서(special warranty deed)을 제공하려 할 수 있다. 이는 대출자가 권리를 보유하고 있는 기간 동안 발생할 유치권 및 저당권에 대해 보증하는 것을 의미한다. 요약하면, 대출자가 투자자에게 일반보증양도증서를 제공한다면 투자자는 경매 부동산을 추후 매각하기 위해서는 유치권 해지 및 소유권 확보를 위해 일부 자금을 먼저 투자해야 할 수 있다.

경매과정

압류기간과 매각시기의 차이 그리고 다른 입찰자들도 경매물건에 관심을 가지고 있기 때문에 경매과정을 이해하는 것은 상당히 중요하다. 또한 주(State)마다 경매과정이 상이하기 때문에 각각 주(State)에 맞는 경매과정을 이해하여야 한다. 일반적으로 미국의 경매는 3가지 과정으로 이루어진다. **저당물선취득권**(lien theory of mortgage)을 따르는 주의 경우, 채무불이행에 있는 차입자에게 민사소송을 거쳐 압류한다. 법원은 이에 판결을 하여 차입자의 소유권을 해지한다. 이런 경우 채무불이행에 있는 차입자가 여러 가지 이유를 들어 판결을 연기 신청할 수 있다.

　저당권자담보물소유권(title theory of morgages)에 따르는 주의 경우, 소유권은 대출설정 당시 대출기관에 설정되어 있다. 즉, 대출기관은 차입자가 채무불이행에 빠져 있을 때 여러 가지 조치를 취할 수 있다. 이러한 조치들은 (1) 차입자가 채무불이행에 빠졌을 때 통지, (2) 부동산 매각을 통한 금액이 부채를 상환할 수 있을 때 처분 권리 등이 있다. 그러나 대출기관이 자산을 매각하는 과정에서 차입자가 처분행위를 연기하거나 금지하는 행위를 할 수 있다. 마지막 3번째 예로써 **변형된 저당물선취득권**이 있다. 이는 저당권이 설정될 때, 소유권을 제3의 신탁기관에 설정한다. 대출기관이 차입자가 채무불이행에 있다는 것을 신탁기관에 통지를 할 경우 소유권은 신탁기관에게 넘어간다. 이럴 경우 일반적으로 신탁기관은 채무불이행자에게 일정기일 이후 부동산을 매각 하거나 경매에 넘긴다는 사실을 통지한다. 이는 민사소송이나 법원 심사가 없다는 점에서 앞서 설명한 2가지 예와는 다르다. 이러한 매각 및 경매 등을 연기하기 위해서는 차입자가 법적 행위를 하거나 법원 등에 자산매각 연기들을 요청해야 한다.

앞서 설명한 3가지 예 모두 차입자가 압류 및 매각행위를 연기할 수 있다. 차입자가 요구하는 사항은 대출자 또는 신탁자가 채무불이행 사실을 적절한 때 알리지 않았거나, 계약조항 또는 대출 협약을 변경하지 않은 경우, 파산 등의 이유로 지연된 경우까지이다. 요약하면, 경매부동산의 매각이 지연된다면, 투자자는 (1) 소유권 조사에 시간과 비용을 지불해야하고, (2) 경매가 실제 이루어질때까지 오랜시간을 기다려야하며, (3) 경매가 성공적으로 이루어지지 않을 수 있다. 이러한 위험 및 비용들은 경매물건 투자하고자 하는 투자자들이 고려해야 할 사항이다.

경매 시 대출기관

경매를 통해 부동산을 매각할 때, 증서와 담보물을 가진 대출기관은 부동산 경매의 입찰에 응하여야 한다. 대출기관은 일반적으로 추가적인 비용지출 없이 입찰금액이 대출잔액과 일치할 때 입찰에 응한다. 만약 대출기관이 가지고 있는 담보물의 금액이 시장가격과 일치할 때, 대출기관은 성공적으로 경매를 할 수 있다. 그러나 만약 담보물의 가치가 시장가격보다 높을 시, 투자자는 대출기관에게 더 높은 값을 부른다.

현재 부동산가치가 시장가치 보다 낮을 경우, 대출기관은 부동산 현 가격과 동일한 금액으로 입찰하고 채무불이행에 따른 차입자를 고소한다. 이를 통해 대상 부동산은 대출자의 경매물건에 올라가게 되고 대출기관은 최대한 빨리 팔기를 원한다. 요약하자면, 취득단계에서 투자자들은 법률 및 시장분석을 하여 경매가 연기되거나 그들이 성공적으로 부동산을 취득할 수 있을지에 대해 심도 있는 검토를 하여야 한다. 마지막으로, 투자자들은 그들이 얻는 부동산에 대해 소유권을 확실히 할 수 있는 비용과 시간, 노력을 결정해야 한다. 그렇지 않으면, 성공적으로 경매물건을 취득할 수 없고 시간과 비용을 예상금액 보다 더 지출하게 된다.

다른 이슈—Equitable Right

경매를 통해 물건을 입찰하기 전에 경매 절차 완료 후 전 소유주가 실행할 수 있는 equity right 및 그 범위에 대해 알아보아야 한다. 예를 들어, 일부 주의 경우, 법적규정에 따라 상환권을 법제화하고 있다. 이는 경매절차가 완료되더라도 전 소유주가 소유권을 재취득할 수 있는 권리를 뜻한다. 일반적으로, 만약 이전 소유자가 미납세금, 대출기관의 이자 그리고 대출기관 및 경매과정에서 투자자가 소요한 비용 등을 모두 지불한다면 전 소유주는 경매물건을 재취득할 수 있다. 이와 비슷한 예로, 형평성 법원은 채무불이행에 있는 대출자에게 환수권을 부여한다. 이러한 환수권은 차입자의 누적자본금에 근거한다(예를 들어, 30년 장기 모기지 상품에서 차입자가 29년차 11월에 체납이 될 경우). 따라서, 투자자는 이러한 상황에 있는 경매물건을 매입하고자 할 때, 차입자가 과거 결손분을 납부하고 경매부동산을 재취득할 수 있는지 여부에 관심을 가져야 한다.

공공단체 *Public Entities*에 의한 경매

공공단체에 의해 진행되는 경매부동산을 구입할 때, 투자자는 성공적으로 경매절차 완료 후 얻게 될 부동산 소유권의 특성을 결정해야한다. 예를 들어, 일부 주의 경우, 부동산세 미납에 따른 부동산을 경매절차에 의해 투자자가 얻게 될 경우, 투자자는 국가로부터 공매증서를 받게 된다. 이러한 공매증서에는 체납에 따른 전 소유자가 특정기한까지 체납된 세금 및 증서 발급 및 기간에 따른 이사 및 수수료를 납부한다면, 전 소유자가 해당 경매물건을 재취득 할 수 있다는 사항이 명시되어 있다. 이전 소유자가 부족분을 납부하지 못하더라도, 국가 세금 기관은 신규 투자자에게 일반양도증서(general warranty deed)를 발급해 주지 않는다.

　따라서, 소유권의 질은 경매물건 투자에 있어 **중요한** 요소이다. 전형적으로, 경매물건 매입 후 성공적인 매각을 위해서는 투자자는 하자 없는 등기(소유권)를 가져야 한다. 즉, 경매를 통해 얻은 물건을 매각하고자 할 때 신규 투자자가 전통적인 대출로 저당담보 대출을 받기 위해 투자자는 하자 없는 소유권을 신규 투자자에게 넘겨주어야 한다. 대출기관들은 대출자들이 소유권 보험을 취득하거나 등기에 유치권 해제에 관한 기록을 요구하기 때문에, 투자자들은 경매절차 **전** 또는 취득단계에서 이러한 것들을 **결정**하여야 한다.

시장분석 및 비용

경매물건 취득 전 투자자는 반드시 시장조사와 관련된 지출금액을 확정해야 한다. 조사의 목적은 경매대상 물건이 다른 유사부동산과 비교하여 가격경쟁력 등이 있는지에 있다. 또한 취득 후 매각시점 가격 설정이나 개량물 설치 및 리노베이션을 통해 자산가치의 증가 여부 또한 결정하여야 한다. 부동산 가치가 최초가격보다 하락하였을 경우, 투자자는 가격이 계속 떨어질지 아니면 가격이 회복될지에 대한 것도 검토해야 한다. 시장분석을 통해 투자자가 경매참여여부 등을 결정하므로 이 과정은 상당히 중요하다.

조사비용 *Inspection Cost*

시장분석 및 법률검토와 더불어 해당 물건에 대한 조사 또한 반드시 실시하여야 한다. 일반적으로 물건 조사 항목은 다음과 같다.

- 토지, 건물 현황
- 기초, 배수관 상태
- 건축물 질 및 건축법규 준수여부
- 환경적 이슈: 백페인트나 석면 상태 등

만약 문제점들이 발견된다면, 투자자는 이러한 문제점을 해결하기 위한 비용을 측정해야 한다. 이러한 비용들은 취득단계 및 투자분석단계에 영향을 끼치는 요인들이다.

보유단계

투자목적을 충족하기 위해 투자자들은 보유기간 동안 아래에 설명한 여러 가지 사항을 검토하여야 한다.

- 리노베이션 비용
- 이자율 또는 금융조달비용
- 부동산 세금 및 보험

많은 경우, 투자자는 투자시 대출을 받아야 하며, 전형적인 대출관련 고려사항은 다음과 같다.

- 대출잔액에 대한 가정
- 개인부채 혹은 신용
- 개인 자본 또는 다른 활용가능한 자본
- 1차, 2차 저당권
- 주택 순자산 가치와 연계된 신용대출(Home equity credit line)

경매과정을 통해 부동산 소유권 혹은 유질처분과 관련된 양도증서로 소유권을 얻은 대출기관은 투자자에게 대출을 통해 자산을 매각한다. 이는 대출기관이 자산을 매각하기를 원하거나 투자자가 물건 취득 후 리노베이션을 통한 자산가치 상승으로 손실분을 만회할 것이라고 예상한 대출기관이 취하는 행위이다.

투자자들은 개인신용대출이나 다른 부동산의 담보대출 등을 이용하여 경매물건 매입을 위한 자금을 모은다. 만약 투자자가 다수의 경매물건 입찰에 참여할 때, 대출기관은 투자자가 경매물건을 매입 할 수 있게 신용대출 등을 해 준다. [예 7-8]은 압류물건에 대한 투자분석의 예이다.

예 7-8	
압류물건의 투자분석 사례	ABC 은행은 경매를 통해 3천 평방미터, 3개의 침대 그리고 2개의 화장실로 구성된 주택의 소유권을 가지고 있다. 이 주택의 가격은 $200,000으로 일반보증양도 증서를 구입자에게 제공해줄 예정이다. GMI Sharpe은 이 주택을 구매하고자 취득 및 보유에 따른 비용을 검토하고자 한다. 분석 기간은 1년이다.

1단계: 구입단계

법률자문 및 조사비용	$ 2,000
부동산 조사 비용 등	500
미납세금 변제비용	8,000
총 합계	$ 10,500

(계속)

예 7-8

(계속)

2단계: 수선비용

카펫	$ 6,000
석고보드 수리 및 페인트	1,000
조리대 및 캐비넷	3,000
수선기간 동안 공과금	200
지붕 수리비	8,000
하수 및 전기	3,000
부동산 관련 세금 및 보험	4,000
이자율	14,000
합계	$ 39,200

3단계: 매각단계

중계 수수료	$ 6,000
총	$ 6,000

질문: GMI Shape이 이 부동산을 $200,000에 구입할 경우 1년 동안 수익률이 20%가 되기 위한 매각가는?

현금흐름 분석

1단계		**2단계** **평균 월 지출액**	**3단계**
구입가격	$ 200,000	$3,267	EOY Sale 판매가격
+취득수수료	10,500		
−대출액	200,000		판매비용 = $6,000
자본	$ 10,500	$3,267	대출상환액 = 200,000

현금등가분석

$$PV = -10,500$$
$$PMT = -3,267$$
$$n = 12 \text{ months}$$
$$i = 20\% \div 12$$
$$Fv = ?$$

해설

1년 후 매각가격은 초기 구입비 $200,000과 매각비용 $6,000 그리고 매월상환액을 합친 금액보다 높아야 한다. 위에 식에서 $55,808은 판매수수료와 월 상환액등을 현금유입액에서 차감한 금액으로 1년 후 20% 수익률을 얻기 위해서 반드시 실현되어야 할 금액이다.

따라서 GMI Sharpe가 1년 후 20% 수익을 얻기 위해서는 매각가는 적어도 261,808(206,000 + 55,808) 보다 높아야 한다. 따라서 투자자는 인근지역의 경쟁부동산이 이러한 범위에서 매각되는지에 대한 심도 있는 검토가 필요하고 최종 투자판단을 하여야 한다.

경매 전 직접 접촉을 통한 구입

부동산이나 시장의 영향을 직접적으로 받지 않지만 예상치 못한 사건이 발생하여 경매물건이 되는 경우가 있다. 소유자가 채권자에게 빚을 갚기 위해 집을 매각해야 할 경우, 투자자는 부동산 계약을 하고 판매자는 양자가 합의한 기일에 소유권을 투자자에게 주며 투자자는 그 즉시 새로운 구입자에게 소유권을 양도한다. 잠정적으로 투자자는 매각을 위해 필요한 수단을 시행하고 중개인처럼 행동하며 부동산 매각 전 단순히 소유권만 취

(계속)

A. Simultaneous Title과 관련된 옵션 계약

1. 기존 부동산 소유자는 투자자에게 부동산의 소유권을 증명하는 증서를 양도하는 계약을 체결하고 계약 체결일 후 1년 동안 투자를 철회할 수 있는 옵션을 투자자에게 교부함.
2. 투자자는 해당 부동산의 가치 및 높은 가격으로 매각이 가능한지에 대해 알아보아야 한다. 재매각이 가능하다고 판단될 경우 투자자는 유치권을 설정하고 매각 전 소유권에 영향을 줄 수 있는 부동산 관련 미납 세금을 정리한다.
3. 투자자는 옵션 기간 동안 기존 주택 소유주의 저당담보금에 대한 월납입액을 납입하거나 안 할 수 있으며 투자자는 일시적 대출금을 개인신용대출이나 Home Equity Loan을 이용한다.
4. 판매자는 계약기간 동안 부동산을 포기 및 부동산 권리에 영향을 줄 수 있는 계약 그리고 부동산 물리적 변경 등을 해서는 안된다.
5. 투자자가 새로운 구매자를 찾을 경우, 투자자는 부동산을 기존 소유자에게 구입하고 판매자는 부동산과 소유권을 투자자와 합의한 금액으로 넘겨준다. 이 자금으로 판매자는 부채를 탕감하고 투자자는 새로운 구매자에게 부동산과 소유권을 동시에 양도한다.

Summary

투자자는 새로운 구매자를 찾을 때까지 소유권을 획득하지 않는다. 이는 계약체결 수수료 및 금융비용을 절감시켜 주나 옵션계약기간 동안 구매자를 찾지 못할 위험이 있다. 이러한 계약기간이 연장되지 않는다면, 투자자는 시장조사비용, 월지불액, 수수료 등의 금융 손실을 얻게 된다. 판매자의 경우 경매절차를 거치지 않아 개인신용도를 유지할 수 있다. 새로운 구매자가 제시한 가격이 옵션가격보다 높은 경우, 투자자는 투자수익 때문에 옵션가격과 시장가격이 동일하게 하고자 한다. 따라서, 시장가격은 옵션가격보다 높지 않게 되고 투자자는 옵션을 실행하지 않을 것이다. 그러나 옵션 만료일 시장가격이 행사가격(Strike price)보다 높을 경우 투자자는 손실을 최소화하기 위해 옵션을 실행할 것이다. 이러한 옵션계약을 하는 이유는 단기간에 걸친 소유자 변동이 초래하게 될 거래비용을 최소화하기 위해서이다(투자자가 6개월 이내 재매각할 계획을 가지고 있다고 생각해보자). 따라서 단기간에 걸친 소유권 변동으로 발생하게 될 계약비용 등은 투자자의 수익률을 하락시킬 것이고 수익률 하락을 방지하기 위해 물건가격을 올린다면 재매각을 위한 거래에 부정적인 영향을 미친다. 투자자의 위험은 요구수익을 취득과 보유기간동안의 비용을 충당하지 못할 만큼 주택가격이 상승하지 못할 경우이다. 이와 관련된 의문으로 왜 주택소유자는 투자자가 필요한 가이다.

많은 경우 주택 소유자는 월불입액, 주택관련 세금 및 보험료를 낼 만큼 충분한 자금을 갖지 못하기 때

예 7-8

(계속)

득한다.

예를 들어, 경매 예상물건의 소유자와 투자자가 매각가격을 결정하고 소유권 이전에 관한 계약을 할 경우, 이러한 계약서에는 확정계약체결일 등에 관한 다양한 옵션사항이 있다. 또한 판매자는 해당 부동산을 포기하거나, 소유권에 영향을 주는 다른 계약을 해서는 안 된다는 것에 투자자와 동의하여야 한다. 투자자는 계약만료일 전 새로운 구매자를 찾거나 새로운 구매자에게 즉시 소유권을 양도하기를 원한다. 새로운 구매자가 투자자를 통해 부동산을 구입한 자금은 전 소유자의 부채를 탕감시켜 주고, 부동산 소유권은 새로운 구매자가 획득한다.

처분단계-Exit 전략

경매부동산 투자의 마무리 단계로 보유기간 이후 부동산 매각 단계가 있다. 그러나 시장상황 및 기타요건의 변화에 따라 매각이 불가능할 경우 투자자는 경매부동산을 임대용 부동산 및 개인거주용 전환할지 여부를 고려하여야 한다.

문이다. 또한 주택소유자는 대출금에 따른 채무불이행으로 장래 신용하락을 방지하기 위해서이다. 또 다른 위험으로 투자자가 고려해야 할 사항은 시장가치가 옵션가격보다 높을 경우이다. 이러한 경우, 판매자가 계약을 취소하거나 스스로 부동산을 매각하는 것을 방지하기 위해 계약설정 시 보완장치가 필요하다.

B. Contract For FUTURE DEED

부동산을 팔기 위하여 투자자가 부동산을 구입할 경우 투자자와 향후 구입자는 향후 주택권리(A Future deed)를 위한 계약단계에 들어간다. 이러한 상황은 주택 예상구입자가 주택을 매입하고자 하지만 신용부족에 따른 대출을 받지 못할 때 발생한다. 투자자는 대출을 해주고자 하지만 채무불이행으로 인한 법적 위험 및 금융비용을 고려하여 소유권을 양도하지 않는다. 투자자와 판매자는 특정판매가격을 설정하고 장래 일정기일에 실행할 수 있는 계약을 한다. 이러한 계약은 계약만기일이나 특정기일을 확정하여 작성할 수 있으며, 구매자는 부동산을 포기하거나, 부동산과 관련된 다른 계약을 하지 않아야 한다. 또한 구매자는 월지불액 등을 정확히 납부히여야 한다.

전형적인 조건

1. 투자자는 부동산을 구입하고 소유권을 확보한다.
2. 투자자는 특정기일에 특정가격으로 부동산을 구입하고 하는 예상구매자는 확보하고, 계약조건 등이 일치하면 소유권을 양도한다.
3. 투자자는 계약기간 동안 부동산 소유권에 관련된 저당권 설정등을 방지하기 위해 금융지원 및 부동산 세금을 대납 해준다.
4. 예상구매자는 월지불액을 투자자에게 지불하고 추가 자기자본 또는 신용상태를 회복한다.
5. 예상구매자가 대출받을 자격이 있으면 주택대금을 투자자에게 주고 투자자는 소유권을 구매자에게 양도한다.*

---

*연방소득세 효과는 이 분석에 포함되지 않는다.

결론

이제 주택가격 결정요소 및 저당대출을 위한 감정평가 절차를 일반적으로 이해하게 되었다. 본 장에서는 주택가격 및 소유주지분(Equity)의 증가율 결정, 주택소유에 대한 과세취급 및 소유대 임차의 비교에 대한 기법을 제시하였다. 또한 감정평가사들이 주택을 평가하는 데에 사용하는 세 가지 접근방식을 검토하였다. 또한 주택버블 및 경매부동산 투자방법에 대해서도 논의해 보았다. 대출기관과 투자자는 이러한 개념과 각 개념에 사용된 가정 등에 익숙해 져야 한다.

주요용어	거래사례비교법	미실현자본이익	입지상 계수
	경매대상 물건현황	부의 효과	자본화효과
	경제기반	비교가능 속성	조임대승수
	공공재	수익환원법	주택가격 기대상승률
	과대설비	시장가치	주택담보대출비율
	기반산업	압류부동산	최적 도시규모
	기반산업	양도소득세 면제	하위시장
	매도자 금융	원가법	홈에쿼티 기대상승률

유용한 웹사이트

www.nahb.org – 전미 주택건설협회

www.realtor.com – 전미 부동산중개인 협회

www.freddiemac.com/finance/cmhpi – 프레디맥이 관리하는 전환가능 저당담보대출 인덱스 (CMHPI)

www.bestplace.net – 거주하는 곳의 범죄율을 포함한 통계자료 제공

www.ers.usda.gov/Data/unemployment – 미국 농무부로서 해당 링크는 미국 전역의 주택소득의 중앙값과 실업률을 알려줌

www.statetaxcentral.com – 미국 모든 주의 세금정보를 제공

www.realestate.yahoo.com/realestate/homevalues – 주택구입에 필요한 다양한 정보를 제공 (비교가능 매매가격, 주택가격 현황 등

www.owners.com/partners/mortgages.aspx – 주택구입 및 대출에 대한 정보를 알려줌

www.fairmark.com – 연방주택금융국

www.census.gov – 미국 센서스 협회 매월 주택통계치를 발간

www.bls.gov – 미국 노동통계청으로 미국 전역 및 대도시의 취업률 현황을 알려줌

www.bea.gov – 미국 상무부에 속한 경제분석기관으로 소득, GDP 및 기타 경제변수에 대한 정보를 제공

www.homeprice.standardpoor.com – S&P/케이스 쉴러 지수를 제공

질문

1. 수익방식이 단독주택을 평가하는 데 사용하기 어려운 경우가 많은 이유는?

2. 감정평가에서 원가방식과 거래사례 비교법의 차이는 무엇인가?

3. 주거용 부동산 소유주에게 적용되는 자본이득 규칙은?

4. 주택수요와 주택가격 상승을 유도하는 네 가지 중요요소를 열거하라.

5. 공공재란 무엇이며, 주택의 가격에 어떻게 반영되는가?

6. 경매물건에 투자할 때, 시장조사의 2가지 중요요소는 무엇인가?

문제

1. 당신은 주택의 구입과 임차대안 중 비교하고 있다. 임차료는 월 $2,000이며 건물주가 수선·보험 및 세금을 부담한다. 반면 주택을 구입하는 경우 가격을 $200,000으로서 6% 이자율에 30년 전액분할상환조건으로 80%를 차입할 수 있다. 차입은 위약금 없이 조기상환이 가능하다.

시장조사에 의하면 (1) 임차료는 연간 3%씩 상승해 왔으며 임차료 상승률은 동일하다. (2) 수선비와 보험료는 연 $1,500이며 연간 3%씩 상승한다. (3) 소득세율 26%가 적용되며 당신은 4년간 주거예정이고, 주택을 매각할 경우 자본이익에 대해서는 비과세된다. (4) 주택매도비용은 7%이며, (5) 부동산세금은 시가의 2%이다. 이러한 정보에 근거하여

a. 투입자본에 대해 10% IRR을 시현하려면 4년 동안 보유해야 하는가, 임차해야 하는가?

b. 예정 주거기간이 5년으로 연장되면 어떻게 되는가? 소유와 임차 중 어느 쪽이 유리해지는가?

c. 임차료가 어느 수준이 되면 4년 동안 보유와 임차의 차이가 없어지는가?

2. 당신은 오늘 $300,000의 주택매입을 검토하고 있다. 대금은 80%를 차입할 것이며, 주택가격 상승률은 3년간 4%일 것이다.

a. 향후 3년간 Home Equity의 증가 연평균율 예상치를 구하라.

b. 현재 $300,000의 매입가격은 비싸며, 이 가격에 매입하면 가격상승률이 초년도 제로, 2년차 2%, 3년차 3%라고 가정하자. 앞의 a 질문에 대한 답변이 어떻게 달라지는가?

3. 당신은 현재 매입을 검토 중인 부동산의 가치를 추정하는 중이다. 대상 부동산은 대도시 신 교외지역인 Rock Creek Road 322에 입지해 있다. 부동산은 지역의 다른 부동산과 마찬가지로, 침실 3개, 욕실 2개, 거실 1개, 서재 1개, 큰 부엌 1개, 차고 2대로 되어 있다. 주거공간은 약 1,800평방피트에 달하는 공조시설이 갖춰진 공간이며, 전통적인 디자인으로 구성되어 있다. 부동산은 홍수문제가 없는 Interior lot에 입지해 있으며, 건축의 질은 시장 평균 수준으로 보인다. 회사 파일로부터, 당신은 평가 과정에 활용할 수 있는 비교 부동산에 대한 정보를 다음과 같이 구득하였다.

	비교지 I	비교지 II	비교지 III
주소	123 Clay St.	301 Cherry Lane	119 Avenue X
매각가격	$85,000	$79,000	$75,000
매각시점	6개월 전	7개월 전	13개월 전
디자인	현대식	전통식	전통식
주차	2대 차고	2대 간이차고	1대 차고
입지	Corner lot	Interior lot	Interior lot
배수	좋음	평균 이하	좋음
침실	4개	3개	2개
욕실	2개	2개	2개
건축상태	보통	보통	평균 이하

회사의 상사와 토론한 이후, 당신은 비교 부동산의 상이한 속성의 시장지역에서 가치가 있다는 결론에 이르렀다. 당신은 이 지역에서 주택가치에 대한 평가가 과거 8개월 동안 매우 낮아서, 이 기간에 매각된 부동산들은 매각시기에 따른 조정이 필요 없다고 생각한다. 그러나, 비교 부동산 중 하나는 1년 전에 매각되어서 $1,500의 상향조정이 필요하다고 생각한다. 당신 상사는 호수에 가까운 부동산은 홍수 이후 배수의 문제 때문에 다른 부동산보다 $1,200가 덜 나간다고 지적하였다. Corner lot에 있는 부동산은 보통 $1,000의 프리미엄이 붙는다. 현대식 디자인으로 설계된 주택은 전통식보다 $1,000가 더 나간다. 침실이 3개인 주택은 구매자의 선호가 높기 때문에, 침실 4개인 주택에 대한 부동산 가치는 $1,200 밖에 되지 않는다고 한다. 그러나, 2개 침실인 주택은 매각이 어려워, 3개 침실 주택보다 $2,000가 덜 나간다고 한다. 이 지역의 대부분의 주택은 차고가 2개 있는데, 차고가 1대인 주택은 $800가 덜 나간다. 또한, 간이차고가 2개인 주택의 가치는 $800가 덜 나간다. 건축의 질이 낮은 비교지 III의 경우는 가치가 $1,500 덜 나간다.

a. 거래사례비교법에 따라 대상 부동산의 가치를 평가하라. 가치를 그렇게 평가한 이유에 대하여 설명하라.

    b. 대상 부동산에서 건축이 이루어진 부지의 가치가 $13,000라고 하자. 주거공간 중 공조공간을 재건축하는데 드는 비용은 평당피트당 $36라고 하자. 차고 재건축 비용은 $3,700라고 하자. 이 부동산은 신축건물이기 때문에 감가상각이 필요없다고 한다면, 비용접근법에 따른 비용을 계산하라.

4. 어느 투자자가 Northlake 은행의 경매물건 중 하나에 투자하고자 한다. 부동산 가치는 $200,000이며 투자자는 $160,000을 8% 이자율로 차입이 가능하다. 자세한 사항은 아래와 같다.

검열비용	$ 500
소유권 조사	1,000
리노베이션	13,000
조경비용	800
대출이자액	12,800
보험	1,800
부동산세금	6,000
판매수수료	8,000

    a. 투자자는 1년 후 20%의 IRR을 얻기를 원한다. 이 경우 그가 가장 고려해야 할 사항은 무엇인가?

    b. 대출기관은 만약 이 부동산이 팔리지 않을 경우, 1년 더 보유해야 한다. 이 경우 그는 한달 임대료가 $1,200(이자비용 제외 전)으로 기대한다. 그러나 그는 그 기간동안 12,800의 이자비용을 지불하고 팔아야 한다. 2년 후 20% IRR을 얻기 위해서 매각가격은 얼마가 되어야 하는가?

5. 당신은 은행이 최근에 얻은 경매물건을 취득하고자 한다. Fist Capital은 $200,000 제시하고 있으며, 만약 해당 부동산을 살 경우 취득관련 비용 $10,500과 재매각을 위한 수선비 등이 1년 동안 $2,000 소요된다. Fist Capital 은행은 경매물건을 최대한 빨리 팔고자 $180,000을 12개월 동안 8의 조건으로 (이자만 지급) 대출해주고자 한다. 시장 조사 결과 1년 후 $225,000에 매각이 가능하며 이에 따르는 수수료 및 판매수수료는 3,000으로 예상된다.

이 투자안이 20%(월 복리) 수익을 얻을 수 있는가? 만약 그렇지 않다면 20% 수익을 얻기 위해 Fist Captial 은행에 제시해야 하는 경매가격은 얼마인가?

6. **스프레시트 문제.** 웹사이트(www.mhhe.com/bf15e)에 제공된 엑셀 워크북 Chy_Rent_vs_Own 시트를 사용하여, 스프레시트의 기본값이 아래와 같이 변할 경우, 5년간 소유와 임대의 세후 *IRR*를 계산하라.

    a. 가구주의 한계소득세율: 28% → 15%

    b. 임대와 부동산가치가: 5년간 상승하지 않음

    c. 대출액: $120,000 → $105,000

    d. 1년 차 초기 임대료: $12,000 → $15,000

CHAPTER 08

주거용 부동산에 대한 대출 및 금융

Underwriting and Financing Residential Properties

본 장에서는 소유주가 거주하는 주택에 대한 장기담보대출 과정을 다루는데, 여기에서 **대출심사**(underwriting)와 **대출실행**(vlosing)의 두 가지 측면에 초점을 둘 것이다.

대출심사 과정을 논의할 때, 차입자와 부동산의 성격을 고려하여 대출조건을 설정한다. 또한 주택가치 대비 대출금 비율(loan tovalue ratio: LTV), 차입자소득 대 상환액비율 및 대출자들이 부담하는 대손위험들도 고려한다. 특정한 대출신청의 차주에 대한 대출위험이 너무 커서 대출자가 감당할 수 없는 경우 활용되는 보증보험이나 지급보증에 대해서도 고찰할 것이다. 보증보험은 민간 보험업자가 제공할 수 있지만, 주택 및 차주의 성격에 따라서는 정부기관이 보험이나 보증을 제공할 수도 있다.

대출실행과 동시에 소유권이 이전되는 경우 차입자, 대출자, 매도자 및 다른 관계자 입장에서 필요한 회계처리 절차를 고찰할 것이며, 대출자 측에서 대출금리, 대출실행명세서, 대출회수 및 차주에 대한 정보 등을 공시해야 하는 근거가 되는 연방규정들도 살펴볼 것이다.

채무불이행 위험의 심사

차입자의 대출신청을 잠재수익성과 위험의 관점에서 평가하는 과정을 **대출심사**(underwriting)라고 한다. 심사기능은 금융기관이나 주택대출회사 등의 대출담당자에 의해 수행된다. 대출담당 책임자는 (1) 차입자가 제출한 대출신청서와 (2) 감정평가서에 근거하여 신용분석을 수행한다. 이 분석은 당해 기관이 정해 놓은 대출정책 또는 지침에 부합되도록 이루어져야 한다. 경우에 따라서는 대출자는 차입자가 채무불이행 **보증보험**(default insurance)을 가입할 것을 요구하기도 한다. 차입자가 보증보험을 획득하는 목적은 차입자가 상환을 불이행하는 경우에 대출자를 잠재적인 손실로부터 보호하는 것이다. 이 경우 대출자는 대손위험을 전부 부담하려 하지 않으려고, 대출을 제3자인 투자자에게 매각할 수 있다(미국에서는 저당권이 어음과 유사한 형태의 양도증서이다: 2장 참조). 대출이 양도될 것이라면 대출자는 양수자인 투자자들이 요구할 대출심사의 기준을 고려해야 하는데, 이는 대출을 쉽게 매각할 수 있도록 하기 위함이다. 특정 대출신청이 승인될지 기각될지를 결정함에 있어서 대출책임자는 대출위험분석의 기본적인 개념을 따른다.

세부적인 대출심사기준 및 정책을 논의하기 전에 몇 가지 용어를 숙지해야 한다. 대출자가 대출위험을 고려할 때 측정하는 것이 **상환소득비율**(payment to income)과, **주택담보대출비율**(loan-to-value ratio)은 두 가지의 관계가 있다. 전자는 차입자소득 대비 월간상환액에다 기타주거비용을 더한 금액의 비율이다. LTV비율은 대출신청금액을 주택가치(추정치)로 나눈 비율이다.

첫 번째 비율이 중요한 이유는 차입자가 대출상환 책임을 부담하므로, 당초 약정금리대로(고정금리 대출의 경우) 또는 시장금리 상황이 변하는 대로(ARM의 경우) 상환일정을 지켜야 하기 때문이다. 특정 차입자의 소득상환액의 비율이 높을수록 대손 위험은 커진다는 점은 명백하다. 이와 유사하게 차입자 소유주택이 저당권의 담보역할을 수행하므로 LTV가 높아질수록 대손의 위험은 증가한다. 이는 당해 주택에 담보권을 실행(foreclosure)해도 대출잔고 및 연체액, 부대비용을 충당하기에 충분한 금액을 얻을 수 없기 때문이다. 따라서 대출신청을 심사할 때 직면하게 되는 문제점들은 다음과 같다.

(1) 대손위험의 요인이 되는 여러 가지 변수 측정

(2) 고정금리 대 변동금리 중의 선택

(3) 특정 대출신청 건의 대손위험이 너무 큰 경우 대출의 거부 또는 제3자의 보증보험/보증부로 취급의 결정 등이다.

저당대출의 분류

앞 장에서 저당대출을 금리위험 별로, 즉 고정금리(FRM)와 변동금리(ARM)로 분류했다. 5장에서 대손위험의 기본적인 사항을 언급하였으므로 본 장에서는, 대손위험을 측정하는 개별 방식과 절차들을 주로 다루도록 한다.

앞 장에서 대손위험이란 차입자가 상환을 못할 경우에 발생하는 잠재손실로 정의되었는데, 차입자가 충분한 소득을 얻지 못하거나 주택의 시가가 대출잔고 밑으로 하락한 경우와 양자가 동시에 발생한 경우에 이 손실이 발생한다. 이러한 대손위험을 배분하는 데에는 여러 가지 방식이 있다. 대출자가 전적으로 부담할 수도 있지만, 대출자와 제3자(보험사)간에 배분될 수도 있으며, 제3자(보험사, 보증자)가 전적으로 떠맡을 수도 있다. 이러한 논의를 진행하기 위해 다음 네 가지의 분류를 사용할 것이다.

1. 무보증 일반주택대출(Conventional Mortgages)
2. 보증보험부 일반 주택대출(Insured conventional Mortgages)
3. FHA-보증보험부 주택대출(FHA-Insured Mortgages)
4. VA-보증부 주택대출(VA-guaranteed Mortgage Loans)

무보증 일반 주택대출

무보증 일반 주택대출은 차입자와 대출자 간의 협상에 의해 LTV비율, 약정금리, 상환 대소득비율들이 설정된다. LTV비율에 의해서 차입자의 자기자금(down payment 또는 equity) 지불이 결정된다. 차입자가 채무를 이행하지 못할 경우 대출자와 차입자 모두가 손실을 입을 수 있는데 손실은 연체이자액, 주택처분비용 등 담보처분가가 미상환대출원금보다 작은 경우에 발생한다. 손실이 발생한 경우 차입자는 자기부담금(equity) 한도 내에서 최우선으로 손실을 부담한다. 손실액이 차입자의 자기부담금을 초과하는 경우에는 대출자도 손실을 입게 되는데, 이는 차입자에 대한 소구권이 되어(각 주의 법에 따라) 차입자의 다른 소유 재산을 압류하는 데에 사용될 수 있다.

　　일반적으로 차입자가 무보증 대출을 신청했을 때 전형적인 최고대출금액은 구입주택 가치의 80%이며 여기에는 주택의 입지가 결정적인 영향을 미친다. 채무자 부도의 경우 대출자가 담보처분가치에만 의존하여 대출을 회수해야 하기 때문에 대부분 저축기관의 영업관련 규정에서는 무보증 일반 대출취급에 있어 차입자가 최소한 20%의 자가부담금을 투입하도록 요구하고 있다. 따라서 손실이 담보물가치의 20%를 초과해야만 대출자가 손실을 입을 것이다. 무보증 일반 대출은 FNMA와 FHLMC의 영향을 받는다. Concept Box 8.1을 참조하라.

보증보험부 주택대출

차입자들이 주택구입 가격의 20%를 부담하기 어려운 경우가 많다. 하지만 차입자의 소득창출 능력과 주택의 입지가 만족스럽다면, 대출자는 보증보험 가입조건하에 80%를 초과하여 대출할 수 있다. 많은 업자들이 주택보증보험을 제공하는데, 이들이 징수하는 보험료는 차입자가 부담하며, 그 요율은 보험업자가 인수하는 위험의 정도에 비례한다. 주택저당보증보험에 대해 쉽게 설명하면, 차입자가 더 많은 금액을 차입하기 위해 협상하면서 대출자 측에 전통적 대출보다 늘어난 대출위험에 대해 이를 보험업자가 이를 부담하도록 하는 것이다. 다시 말해서 대출시점에서의 담보시가의 80%를 초과하는 여신 금액만을 대상으로 보험이 가입되는 것이다. 따라서 담보시가의 95%가 대출되고 보험이 가입된다면 차입자는 5%의 자기부담금을 내고 대출자는 95%를 대출하나, 대출자의 위험은 80%에 대해서만이고 보험업자가 15%에 해당하는 대출자의 손실을 부보하는 것이다. 이러한 대출에서의 적용금리는 보험이 없는 무보증 일반 대출에서보다 높은데, 그 이유는 대출금액이 크기 때문이다(95%대 80%).

　　주택보증보험업자는 민간업자로서 대출금액이 80%를 초과함에 따른 위험증가에 대해 보험료를 징수하여 운영한다. 이러한 보험 풀을 구성하여, 보험업자는 채무불이행 발생시 대출자에게 대지급하기 위한 준비금을 설정한다. 이러한 보험업자는 개별대출기관들이 징수해야 할 경우보다 낮은 보험료율에서 추가위험을 흡수해 주는데, 그 이유는 개별대출자들은 제한된 지역 내에서 소수의 차입자들에게 대출하는 반면, 보험업자는 전국적으로 수많은 다양한 차입자들에게 부보하기 때문이다. 결과적으로 보험업자들은 개별대출자들보다는 추가부담 위험을 더욱 효과적으로 분산시킬 수 있다. 반면 개별대출자들은 특정 지역의 경기가 침체하는 경우, 더욱 불리한 영향을 입게 되는 것이다.

보증보험부 대출이 이루어지는 경우의 최대 대출금액은 95%가 된다. 일부 보증보험의 경우

FNMA와 FHLMC의 영향은 서류의 표준화(예: 감정평가 서류 등) 이상이다(7장 참조). 다음 장에서 MBS에 대해 자세하게 설명하겠지만, 이들 두개의 정부지원기업(govermnet sponsored enterprises: GSEs)이 미국 2차 주택저당대출시장을 지배하고 있다.

이들 조직은 (1) 대출기관으로부터 주택채권을 구입하고, (2) 대규모의 주택채권 풀을 만든 후, (3) 이를 담보로 MBS를 발행한다. MBS는 주로 연기금, 보험회사, 해외 투자자 등에게 판매된다. 이러한 증권화 과정을 효율적으로 하기 위해 FNMA와 FHLMA는 대출기관에게 표준화된 약관과 규정을 준수하도록 요구한다. 이 두 기관은 (1) 적격(conforming) 또는 (2) 비적격(nonconforming) 저당대출로 구분한다. 을 규정한다. 적격대출은 미국 재무부 보증 하에 의회에서 규정한 대출한도에 적합하게 규정된 상품이다. 이러한 대출은 FNMA/FHLMC의 심사기준에 맞아야 한다. 이러한 정부 보증 때문에 다른 대출기관보다 낮은 이자율로 조달이 가능하고 다른 경쟁상품보다 수익률이 낮다.[†]

비적격 대출은 (1) 적격대출 보다 대출한도가 큰 대출상품이거나, (2) 적격대출에 사용된 대출심사 표준에 부합하지 않는 대출이다. 점보론(jumbo loan)은 정부보증이 없기 때문에 FNMA와 FHLMC은 다른 금융기관과 경쟁해야만 한다. 이러한 경쟁으로 인해 많은 금융기관들은 점보론을 항상 적격대출보다 높은 금리로 판매한다.

그 외 비적격 대출로 서브프라임과 ALTA 대출이 있다. 이 장의 대출심사 부분에서 설명한 바와 같이, **서브프라임** 대출은 일반적으로 차입자의 신용에 결함이 있을 경우 사용되며 **ALTA** 대출은 차입자의 소득기준에는 적합하지 않지만 충분한 자산이 있을 경우 (현금, 주식 등) 승인이 되는 대출이다. ALTA 대출은 일반적으로 "low doc(low documentation)"이라고도 한다.

[†]For a description of the U.S. Treasury Preferred Stock Purchase Agreement, see: http://www.treasury.gov/press-center/press-release/pages/hp1131.aspx.

더 올라가기도 하지만 95%가 일반적이다. 손실발생 위험이 더 크고 그 위험을 보험업자가 부담하므로, 대출자가 차입자를 심사하는 요건은 보험업자의 영향을 크게 받게 된다. 대출자들은 이러한 대출을 심사할 때 보험업자의 기준을 철저히 준수한다. 보험료율은 특정 차주에 대해 LTV비율이 80%를 넘는 정도에 근거하여 산정될 것이다.

FHA보증보험부 주택대출

저당대출은 **연방주택청**(federal housing administration: FHA)에 의해 보장될 수 있다. 손실발생액의 일부에 대해서만 대출자를 보호해 주는 전통적인 보증보험과 달리, FHA보증보험은 대손발생 전액을 보장해 준다. FHA는 보증보험을 제공할 뿐 대출을 제공하지는 않는다는 점을 강조한다. FHA가 대손전액을 보장하기 때문에 보험가입을 수락하기 위해서는 엄격한 적격심사 과정을 거치고 있다.

FHA는 1934년 연방주택법(Federal Housing Act)에 의해 설립되었다.[1] 최초 설립목적은 30년대의 대공황 이후 주택업계의 안정을 도모하기 위한 것이었다. FHA는 또한 저·중소득층에게 주택을 보급한다는 장기목표를 갖고 있는데, 이러한 수요계층이 전통적 대출에서보다 낮은 다운페이만으로도 주택을 마련할 수 있어 장기목표를 달성할 수 있었다. FHA

---

[1] 1934년의 국가주택법(National Housing Act)을 수정.

는 보증보험 체계로 운영되며, 보험료를 징수하고 대출자의 보험청구에 대비하여 준비금을 유지한다. FHA 보증보험부대출은 전통적 대출보다 높은 LTV로 대출되고 FHA가 대출손실의 위험전액을 인수하므로, FHA가 징수하는 보험료는 FHA의 위험부담추가분을 반영하여 일반 보증보험보다 높다.

FHA와 민간의 두 가지 보험이 필요한 이유는 무엇인가? 관련규정에서는 FHA부보대출에 한도를 설정하고 있어서 주택가격이 높은 경우 주택구입자에게 조달금액이 충분하지 못할 수 있다.[2] 따라서 가격이 높은 주택을 적은 다운페이로 구입하려는 수요자가 있는데, 그의 신용도가 적격이라면 전통적인 민간 보증보험을 택할 것이다. 일반적으로 소득이 높은 차입자들은 민간보험을 선택하는데, 이는 낮은 보험료율에서 더 많은 금액을 조달할 수 있기 때문이다. FHA부보대출자들은 소득이 낮고, FHA부보 한도 내에서 가격대가 낮은 주택을 매입할 가능성이 크다. 차입자소득이 낮기 때문에 대출자들은 전액을 부보할 것을 요구하며, 따라서 차입자들이 FHA에 지불하는 보험료 수준도 높아지게 된다.

FHA는 여러 가지 프로그램에 의해 구입자들에게 보험을 제공하는데, 가장 일반적인 것은 Section 203b로서 1가구 내지 4가구 Detached주택대출을 부보하는데, 이 프로그램은 15~30년에 걸쳐 고정금리를 제공한다. 다른 프로그램으로는 Section 251로서 ARM이다. Section 234c는 콘도미니엄 대상이며, Section 245는 GPM대상이다.[3]

VA보증부 주택대출

전역군인으로서 일정 복무기간 요건을 충족하는 경우 주택을 구입할 때, **미국원호처**(Department Of Veterans Affairs: VA)로부터 지급보증을 받을 수 있다. VA는 대출자들이 전역군인들(차입자)에 대한 여신에서 손실이 발생하면 이를 대출자에게 보상할 것을 **보증**한다. 보증액은 주택대출의 금액 및 전역군인의 수혜한도 등에 따라 결정되는데 일반적으로 FNAM-FHLMC의 적격대출 한도의 25%를 초과할 수 없다. VA는 FHA 프로그램과 같이 직접 대출을 판매하지는 않지만 환수된 주택매각과 관련하여서는 공공 대출을 실행한다. VA는 FHA 프로그램과 달리 대출에 대한 지급보증이지 보증보험은 아니다. 지급보증서는 무료로 대출자에게 제공된다. VA가 보증업무에 의해 입게 되는 모든 손실은 미국정부가 정부예산을 배정하여 충당된다. 이러한 보증 때문에 VA 심사는 평가 및 부동산 조사를 통해 체계적으로 이루어진다.

보증되는 금액은 원칙적으로 **적정가치증서**(certificate of reasonable value: CRV)로 한정된다. 전역군인들은 수혜자격을 여러번 사용할 수 있다. 근본적으로 이 권리는 소멸되지 않는다. 특정 시점에서의 수혜한도는 현행 보증한도, 과거 사용한 금액 및 과거 사용분으로부터 부활된 금액 등에 의해 결정된다. 가령, 현행 최대 한도가 $36,000일 때 차입자가 주택을 $80,000에 구입한다면 VA는 40%인 $32,000에 대해 보증서를 발급하고 $4,000의 수혜한

---

[2] FHA부보 대출한도에 대해서는 HUD Handbook, 4000.2 및 그 개정 내용 참조. FHA부보한도는 대출지역에 따라 다르며 필요시 변경되기도 한다.

[3] FHA의 보증프로그램에 대한 자세한 내용은 HUD Handbook 4000.2를 참조하라.

도를 장래 사용할 수 있도록 유보해 둔다. 만일 나중에 차입자가 수혜한도 부활의 법적 요건을 갖춘다면 과거 사용한 $32,000이 잔액에 더해져 수혜한도가 다시 $36,000이 된다.

차입자가 주택을 다른 VA보증 수혜자에게 채무와 보증승계 조건으로 매각하는 경우 최초차입자의 수혜한도는 부활된다. 다른 많은 요인들도 수혜한도에 영향을 주는데, 즉 부부 양자가 적격 수혜인 경우가 있다.[4]

대출심사 과정

대출의 형태(무보증 일반대출, 보증보험부 일반대출, FHA, VA)에 불문하고 대출심사 과정은 공통적이다. 대출책임자는 대출실행의 여부를 결정하기 위한 정보수집부터 시작한다. 이 과정의 목적은 LTV, 상환 대 소득비율, 차입자의 재산 및 신용실적 등이 대출자 또는 보험업자에게 받아들여질 만한 수준인지를 판단하는 것이다. 다음에는 (1) 차입자소득을 추정하고 소득과 차입자의 당해 차입 상환예정액과 다른 차입과의 관계를 분석하고, (2) 감정평가를 통해 담보주택의 가치를 추정한다.

차입자 소득

대출심사 과정은 대출자가 대출실행 여부를 결정하기 위한 자료 수집에서부터 시작되는데, 가장 중요한 요소는 차입자의 소득이다. 소득에 대한 정보를 얻기 위해 차입자는 (1) 취업에 대한 증명, (2) 임금에 대한 증빙, (3) 고용이 어느 정도 미래에 지속될지에 대한 문의 등을 수행한다. 일반적으로 차입자가 정규직으로 고용되어 있고 정기적인 소득을 얻을 경우에는 소득확인에 문제가 거의 없다. 차입자소득이 단일한 원천에 의하지 않을 때에는 소득의 금액과 지속가능성 증빙과정이 더욱 어려워진다.

다른 소득원천으로는 다음과 같은 것들이 있다.

- 시간제 취업
- 배우자의 취업
- 임대수입
- 이혼(별거)수당 및 자녀양육비
- 수수료 수입
- 자영업
- 상여금
- 배당금 및 이자수입
- 퇴직 연금
- 사회보장
- 공공적 지원

---

[4] 이 요건에 대해서는 38 U.S.Code. Section 3701을 참조하라.

일반적으로 위의 소득원천이 심사과정에서 인정받으려면 두 가지의 확인절차를 통과해야 한다. 첫째는 이러한 소득이 지속적일 것이라고 판단되어야 하며, 이는 과거 충분한 기간 동안 연속적으로 발생했어야 한다. 둘째로 소득은 증명 가능할 수 있어야 하므로 통상 차입자의 2년간의 납세 실적을 검토하게 된다. 퇴직연금 등 소득이 비과세 대상인 경우는 취소된 수표나 예금잔고 증명에 의해서 소득의 존재가 증빙되어야 한다.

어떠한 소득원을 인정할 것인가가 결정되더라도 어느 금액만큼 인정할 것인가의 문제가 또 발생한다. 특정 소득원은 기간별로 금액이 변동될 수 있는데 이러한 판매수당, 임대료, 자영업소득들은 세무기록에 의하여 최소한 2년간 평균되어야 한다. 소득 창출 과정에서 발생하는 비용들은 소득으로부터 공제되어야 한다.

두 사람이 취업하고 있는 경우 소득을 어떻게 판단할 것인가의 문제가 발생한다. 대출자가 사용하는 일반적인 원칙은 장기적으로 판단한다는 것으로, 두 사람이 기간제한 없이 취업상태를 지속할 것인지, 아니면 한 사람의 소득이 최소한 월상환액을 충당하는 데 충분할지를 심사한다. 이러한 경우 구입주택가가 높아, 둘 중 한 사람 소득 대비 대출요청금액이 높은 어려운 상황이 자주 발생한다. 명백히 대출자는 두 사람의 공동 소득의 미래 안정성에 대하여 판단력을 발휘해야 한다. 일반적으로 두 사람이 모두 수년간 계속하여 취업하고 있다면 마래의 소득도 안정적일 가능성이 크다. 두 사람 중 한 사람이 일정 연수 경과 후 직장을 그만 둘 계획이라도, 현재 전문적이고 안정적인 직장이 있는 경우라면 양자의 소득을 인정해 준다. 한 사람이 퇴직한 시점에서 남은 취업자의 소득이 어떨지에 대해서는 추정치를 사용해야 한다.

대출자의 입장에서 차입자소득이 위험요소의 중요한 부분이지만, 최근 연방법에서는 대출자가 차입자에 대한 정보를 획득하고 신상조회를 하는 활동을 제한하고 있다. 연방준비은행 이사회 규정 B에 의하면 대출자가 정보수집 과정에서 준수해야 하는 기준을 명시하고 있다.[5]

차입자의 재산 증명

자료수집의 또 하나의 단계는 **차입자 재산을 확인하는** 것이다. 차입자의 재산은 대출을 실행하는 데에 즉, 대출실행 비용과 자기부담금이 충분해야한다. 더구나 대출자들은 차입신청자들이 차입금으로 자기부담금을 내는 것을 인정하지 않는다. 따라서 차입차의 재산이 어느 정도 얼마동안 예금되어 있었는지가 차입금으로 자기부담금을 낼 수 있는 중요한 지표가 된다. 반면 증여받는 금액은 자기부담금으로 인정된다(증여자 측이 상환받지 않겠다는 서면 의사표시가 주고받는 양자의 서명하에 제시되어야 한다). 대출 실행에 사용되지 않는 잔여 재산

---

[5] (1) 대출심사에서 성별, 결혼여부, 인종, 종교, 연령, 국적 등을 사용하는 것은 금지되어 있다. (2) 차입자의 피임방식, 수태능력을 질문하거나 임신으로 인한 실직을 감안할 수 없다. (3) 파트타임 노동에 대해서 감액반영할 수 없다. 단 그 지속성에 대해서는 심사할 수 있다. (4) 별거로 인한 생활비나 자녀양육비 지급 부담이 소득에 미치는 영향을 심사할 수 있다. (5) 차입자가 별거로 인한 생활비나 자녀양육비에 의존하는 정도를 심사할 수 있다. 그러나 차입자로 하여금 그에 의존하지 않는 경우에는 그러한 내용을 밝힐 의무가 없다는 사실을 통보받아 알고 있도록 해야 한다. 그러한 수입에 의존하는 경우에는 대출자는 소득으로서 그의 지속성에 대하여 심사한다. (6) 공공 지원금을 받고 있는 차입자가 대출 거부되어서는 안된다. 이러한 소득액과 제공된 신용보완이 일반적인 대출기준에 부합된다면 대출은 실행되어야 한다. (7) 대출신청자는 본인이 심사기준을 통과하는 한, 배우자에게 상환의무부담을 주지 않는 선택을 할 수 있다. (8) 대출자는 대출심사에 있어서 신청자의 명의의 전화를 고려해서는 안된다. 대출자는 신청자의 집에 전화가 있다는 점을 고려할 수 있다. (9) 차입신청자의 요구가 있는 경우, 대출자는 대출이 거절되는 이유를 제시해야 한다.

이 있는 경우는 차입자에게 유리하게 작용할 것이다.

다른 재산이 존재하면 대출자의 심사에서도 더욱 중요한 영향을 주게 된다. 차입자가 저축구좌에 지속적인 저축 능력 또는 부동산, 생명보험 계약, 유가증권 등 재산을 유지할 수 있는 능력을 증빙제시할 경우 심사 평점이 개선된다. 예로서 대출만기까지 생존 가능성이 낮은 노인의 경우라도 적절한 생명보험이 존재한다면 대출상환 이전 사망하더라도 여신회수에 문제가 없으므로 대출이 나갈 수 있다. 대부분의 경우 대출자는 차입신청자로 하여금 금융기관, 투자회사, 여신기관들이 그와의 거래내역을 공개하도록 하는 요청서에 서명할 것을 요구한다. 이러한 내역은 주식, 채권, 저축구좌 및 최근의 구좌 활동사항들이다.

과거신용도 조사

대출심사 담당자는 차입자의 과거 차입 상환 실적이 어느 정도 양호한지를 판단하게 된다. 대부분의 지역에 지역 신용심사기관이 신용조사서를 발급하고 있어 차입자의 과거상환 행태를 10년까지 찾아 볼 수가 있다. 과거채무의 상환연체실적 등은 대출 심사에 부정적인 영향을 주게 된다. 과거실적이 나쁘면 대출신청은 기각되게 된다. 그러나 승인 가능한 과거실적 하에서 이혼 및 소득 변동으로 인한 일시적인 연체 등은 적절한 원인 설명이 이루어진다면 대출자가 인정할 수도 있다(차입자가 문제의 원인이 되었던 어려운 상황에서 벗어났음을 전제로). 개인 파산의 경우라도, 파산 이후에 여러 해 동안 양호한 상황을 지속하고 있다면 반드시 대출거절의 대상이 되는 것은 아니다. 분석에 관한 추가사항과 **신용평가표**는 Concept Box 8.2를 참조하라.

주거비의 추정

주거비를 측정하여 차입자가 채택하려는 상환액 대 소득비율을 결정하는 것은 매우 쉽다. 다음은 월별 주거비를 추정하는 데에 포함되어야 할 항목들이다.

- 대출신청된 주택대출의 원금과 이자
- 주택대출 보증보험(가용한 경우)
- 부동산 세금
- 손해 보험
- 아파트 또는 조합임대주택 소유주들의 협회비

위의 항목들은 대출실행 시점에서 정확한 금액을 알 수 없으므로 추정되어야 한다. 많은 경우에 대출자들은 차입자들이 매월상환액에 추가하여 보증보험료, 손해보험료, 부동산세 등을 분할하여 월별 납입할 것을 요구한다. 대출의 위험에 대한 판단은 차입자의 소득 대비 주택소유의 총 비용에 좌우된다. 만일 소유비용이 너무 높다면 대출신청은 기각되어야 할 것이다. 주택소유비용을 어떻게 추정하여 소득과 비교될 것인가는 본 장의 뒷 절에서 논의될 것이다.

신용평가방법의 진화는 저당대출 및 대출시장 전 분야에 큰 영향을 끼쳤다. 저당대출을 심사할 때, 대출기관은 일반적으로 차입자의 신용평가서를 요구한다. 대부분의 신용평가서는 신용평가점수*가 포함되어 있다. 신용평가점수는 계량모델을 활용하여 3자리수 점수로 표시하고 이를 통해 대출자의 금융관련 신용을 객관적으로 알 수 있다. 대출기관은 이러한 신용평가점수를 대출심사 시 사용한다. 즉 신용평가점수는 (1) 대출 승인 (2)대출이자율을 결정하는 데 큰 영향을 미친다. 신용평가 최고점수는 850이며 점수가 높을수록 대출승인 및 대출이자율을 낮게 설정할 수 있다. 신용평가 점수 600~700은 일반적으로 대출승인을 받기 힘들다.

신용평가점수는 사적인 정보이지만, 다음과 같은 사항을 종합적으로 고려하여 평가한다.

A. 대출금 상환의 기간 엄수액(35%)
B. Capacity Used: 신용카드 사용한도 대비 부채비율(30%)
C. Credit Experience의 기간(15%)
D. 신용대출 기관(10%)
E. 최근 신용조회 및 최근 신청한 신용카드의 수(10%)

A. 즉시 대출금 상환은 신용평가점수에 긍정적으로 작용하고 이와 반대로 30일 늦게 상환하는 경우 부정적으로 작용한다. 6개월이나 만기 후 상환은 신용평가에 상당히 부정적으로 작용한다.

B. Capacity Used: 대출자의 모든 신용카드 사용한도 보다 부채가 많은 경우 신용평가 점수에 부정적으로 작용한다.

C. 신용대출 등 사용경험은 일반적으로 대출자의 신용평가점수에 긍정적으로 작용하며, 이와 반대의 경우 부정적으로 작용한다.

D. 제2금융권 등에서 사용된 신용대출은 높은 이자율과 위험을 내포하고 있기 때문에 신용평가점수에 부정적으로 작용한다.

E. 대출자의 신용 조회 및 신용카드의 수 등은 신용평가점수에 부정적인 영향을 끼치며 대출자 신용상태에 대한 빈번한 조회도 점수에 나쁜 영향을 끼친다.

* 대부분 신용점수는 FICO 점수를 말한다. FICO는 Fair Lssac Corporation이 개발한 것으로 통계적 채무불이행 위험모델에 기초하여 계산된 것이다. 모델은 세 개의 주요 신용리포트 기관(TRansUnion, Equifax, Ecperian)에 의해 사용되고 있다. 그러나, 이들 세 기관에 신용자료를 제공하는 곳이 동일하지는 않다. 따라서, 신용리포트 기관에 따라 신용점수는 동일 신청자에 대해서 다를 수 있다.

다른 채무의 존재

차입자들은 대부분의 경우 신청한 주택대출 외에 다른 채무를 보유하고 있다. 명백한 예로서 자동차대출, 신용카드구좌, 다른 저당대출, 별거 및 자녀양육비 지급의무 등이 있다. 대출심사 책임자는 대출신청 시점에서 차입자가 모든 채무를 공개할 것을 요구하고, 차입자의 동의 하에 신용도보고서를 획득하여 이러한 상환의무액들을 확인할 것이다. 차입자 주거지역 법원의 기록도 참조하여 채무불이행에 대한 판결내용이 있는지 확인하여야 한다. 또 하나의 중요한 항목은 차입자가 파산을 신청한 사실이 과거에 있었는 가이다.

긍정적인 고려 요소

대출심사 과정에서 긍정적인 요소가 있으면 차입자 신용상의 문제요소와 상계시켜 줄 수 있다. 차입자의 유동성자산 소득에 문제가 발생할 경우에 활용할 수 있다면 이는 긍정적 요소이다. 또 하나의 긍정적 요소로는 차입자의 직업이 인력수요가 커서 소득이 상승할 것으로 예상되는 업종인 경우이다. 이러한 요인들은 차입자가 유사한 소득수준을 지닌 다른 차입자보다 더 많은 금액을 주거비에 사용할 수 있기 때문이다. 물론 주택매입가에서 많은 다운페이를 내는 것도 긍정적인 요소이다. 위와 같은 긍정적인 경우에 대출심사 기준은 상당히 완화될 수 있다.

지금까지 서술한 모든 사실자료가 확인된 후에 대출심사 책임자는 대출실행 여부를 고려할 것이다. 대출의사결정 과정은 신청된 대출의 종류에 따라 상이한데, 다음절에서는 여러 가지 대출형태에 대한 대출심사 과정을 예시할 것이다. 이와 관련된 중요사항 및 전략에 대해서는 Concept Box 8.3을 참조하라.

대출심사 과정 예시

본 절에서는 대출자가 네 가지의 대출종류별로 대출을 실행하는 과정을 예시할 것이다. 앞서 언급했듯이 대출심사의 목적은 채무자의 파산위험이 받아들일 만한 수준인지 아니면, 대출이 실행되어야 할 것인지를 결정하는 것이다. 우리는 전통적 보증보험부 전통적 FHA와 VA의 네 가지 형태별로 최대 대출금액 결정, 그 금액이 주택가치와 어떤 관계인지, 그 관계는 대출형태별로 어떻게 차이가 나는지 각각 살펴볼 것이다. 또한 우리는 (1) 소득 대비 예정된 주거비수준과 다른 차입금상환액의 비교 관계, (2) 비용과 소득 간의 관계를 적절한 수준에 설정하기 위한 기준(대출의사결정의 근거가 될), (3) LTV비율을 설정하기 위한 감정평가의 역할들에 대해서도 논의할 것이다.

이러한 논의를 진행하기 위해서 [예 8-1]상의 차입자 정보 예를 사용할 것이다. 대출심사 기준을 더 세밀하게 하면 본 절에서 예시한 것보다도 더 일반화가 가능할 것이다.

무보증 일반대출과 보증부 일반대출의 심사기준

[예 8-1]을 보면 대출자가 차입자의 소득과 기존 채무뿐만 아니라 주거비용 산출에 필요한 부동산세금, 화재보험료까지도 예상하였다. 이러한 비용에 의해 대출신청자에 대한 월별 지출액 대 소득비율을 결정할 수 있다. [예 8-2]는 대출자가 대출을 실행할지 기각할 것인지의 결정을 위해 사용하는 기준을 보여 준다. 즉 월별로 주거비용 및 다른 차입상환소요에 대한 사실을 확인한 후에, 대출자는 필요한 비율을 계산하여 대출자와 보험업자의 심사기준과 비교한다. 이에 따라 현행 금리환경 하에서 대출의 채무불이행 위험이 받아들일 만한 수준인지가 결정된다. 대출자들과 보증보험업자들은 과거 실행하였던 건들에서의 손실경험치를 통해서 심사기준 또는 최대허용비율들을 설정한다. 그러나 이러한 비율들을 일반적인 지침으로

- Lock-in 기간과 수수료: 대출기관에 의해 설정된 Lock-in 기간은 대출실행 후 실질이자가 상승하더라도 정해진 기간동안 초기 설정된 이자율로 실행되는 것을 말한다. 일부 대출기관은 Lock-in 기간 설정시 수수료를 받으며 일반적으로 45~90일 정도로 기간을 설정한다.

- 조기상환수수료(Prepayment penalty). 이는 차입자가 상환만료일 이전 해당 부동산의 매각을 통해 대출금을 상환할 경우 수수료를 내는 것을 말한다. 몇몇 경우, 차입자의 근무지가 변경할 경우 조기상환을 허락해 준다. 조기상환수수료는 일정기간 이후일 경우 해지되며, 이는 대출실행 후 급작스럽게 대출상환을 방지함으로써 이자율이 하락하는 시기에 대출기관에게 특히 유용하다.

- 사적저당대출보험(Private Mortagage Insurance). 이는 일반적으로 자산가치의 80% 이상 대출시 요구되며, 차입자가 80% 초과 대출시 80% 부분은 제1 저당권으로 하고 나머지 부분은 제 2저당권으로 하여 추가적인 비용이 소요된다. 80%미만으로 대출할 경우 차입자는 PMI에 가입하지 않아도 된다. 그러나 일반적으로 제2 저당권의 이자율은 높기 때문에 이와 PMI 프리미엄을 비교하여야 한다.

- 대출실행 후 PMI 또는 PHA 보험의 제거에 대한 옵션: PMI와 PHA를 세서하게 뇌면 대출비율이 80%에서 78%로 하락하게 되고 보험 프리미엄이 포함된 월지불액을 줄일 수 있다. PMI와 PHA를 제거하기 위해서는 대출기관에 의해 선임된 감정평가사의 감정이 필요하다.

- Buying down 이자율. 이는 larger down payment와 일반적으로 비교되며, Larger down payment가 설정시, 대출에 설정된 이자율과 Buying down 함으로써 가능한 이자율을 비교해야 한다.

- Subprime 대출. 대출심사과정에서 결점(낮은 신용도 등)이 발견될 경우. 대출기관은 일반적으로 **Subprime 대출**을 하고자 한다. 이 대출은 일반적으로 높은 이자율로 설정되며 조기상환수수료, 미납월부금에 대한 수수료 등이 포함된다. Subprime 대출의 차입자는 대출설정 후 결점(차입자의 신용도 회복 등)이 회복된 경우 이자율을 하락시키는 조항을 포함시키고자 한다.

만 해석하여야 하는데, 그 이유는 다른 긍정적인 요소들이 심사과정에서 고려될 것이기 때문이다.

또한 [예 8-2]의 ARM에서는 더 엄격한 기준이 충족되어야 하는 경우가 있다는 점에 주목하자. 이는 금리상승 경우 불입액이 인상되고, 인상상한액(Cap) 또는 음의 상환(negative amortization)조건이 있는 경우 원금의 증가가 발생할 수 있기 때문이다. 대출자는 음의 상환은 예상되는 경우를 상각(scheduled amortization) 방식으로 처리하며, ARM 심사시 LTV를 낮게 적용하여 대응하고 있다. 최초대출시점에서의 합성금리(composite rate, 현행 ARM연동지표 금리에 마진을 더함)가 최초금리보다 높음으로 인해 불입액이 조정될 경우에

예 8-1		
대출심사 예시: 차입자와 담보주택의 내용	차주 명	John and Jane J.Jones
	소득	양 배우자 취업에서 월 $3,542 연 $42,500
	채무	잔존 35개월의 할부채무로서 월 $181 상환의무, 신용카드 잔고로서 12개월 잔존 월 $50
	주택매입가	$76,700
	감정가	$77,000
	예상 부동산세금	연 $797
	화재보험료	연 $552
	대출신청금액	고정금리 30년 균등분할상환

	전통적 대출		보증보험부 전통적 대출	
	FRM	ARM	FRM	ARM
최대 허용 비율				
LTV	80%	80%	95	90*~95%
지출 대 소득	28	25†~28	28	25†~28
총채무 대 소득	36	33†~36	36	33†~36

*전통적인 ARM에서 LTV 90% 이상은 일반적으로 불가하지만 일부 대출자는 금리가 높으면 대출함. GPM은 일반적으로 90% LTV 이내(Negative Amortization 때문)

†일반적으로 높은 쪽의 비율이 인정되나 ARM, GPM으로 인해서 월불입액이 한도액을 넘게 되면 낮은 쪽만이 인정된다.

는 대출자는 상환액 대 소득 비율을 적용함에 있어서 상환액지불액(scheduled payment)의 증가를 고려한다.[6]

일반적으로 무보증 GPM 방식의 대출은 상각(scheduled amortization)방식에 근거하여 대출실행된다는 점에 주목하라. 이때, **상각**(scheduled amortization)은 최초대출 시점에 알려져 있고 LTV는 90%로 제한된다. 또한 ARM의 경우에 대출조건에서 설정된 월불입 능력한도를 초과하여 불입이 가능한 경우라면 상환액 대 소득 비율이 완화 적용될 수 있다. 예로서 ARM에서 지불액 상한이 연 15%이상 또는 이자인상 상한이 연 2% 또는 대출기간 중 5%보다 높게 설정되는 경우, 비율이 완화 적용될 것이다. 이러한 제한은 GPM에도 적용될 수 있다.

무보증 일반 대출과 보증보험부 일반대출에 대해서 심사비율을 계산할 때, [예 8-1]로부터 정보를 뽑아서 [예 8-3]과 같이 비율을 계산한다. 두 가지의 대출 중에서 보증보험부 일반대출 쪽의 금액이 크고(80% 대비 95%임) 금리도 높은 점에 주목하라. 또한 부보된 대출은 월별 보험료가 수반되는 반면, 전통대출은 이것이 존재하지 않는다. 아래쪽에 계산된 비율들을 보면 [예 8-2]상의 일반적인 심사요건에 충분히 합격하고 있으므로, 무보증 일반대출 및 보증보험부 일반대출에 적격이라는 점을 나타내고 있다.

차입자가 무보증 일반대출과 보증보험부 일반대출 중 어느 것을 선택할 것인지는 자기자금 부담가능 금액(감정가의 20% 대 5%)과 추가이자와 보증보험료를 지불하려는 의사에 따라 달라진다. 후자의 선택 또한 차입자가 부담가능한 자기자금의 정도에 따라 달라진다.[7] 차입자가 자기자금 부담이 가능하다면, 그는 양 대안의 차액(15%)을 추가이자 + 보증보험료 부담을 초과하는 수익률에 재투자할 수 있는가를 결정해야 한다(대출금액과 금리가 상이한 경우의 비교선택 절차에 대해서는 7장에서 전술하였다).

---

[6] Composite Rate가 최초대출시점의 금리보다 높은 경우 최초금리를 Teaser rate라고 부르는데, 그 이유는 대출자들이 이를 차입자로 하여금 ARM을 선택하도록 하는 유인책으로 사용할 수 있기 때문이다. 최초의 불입액 조정이 발생할 경우에 Composite rate가 최초금리보다 높다면 불입액은 상당히 크게 증가할 것이다. 이러한 ARM불입액 증가를 업계에서는 Payment Shock라고 부른다.

[7] 다양한 부대비용은 대출취급수수료, 감정평가료, 신용조사보고서 수수료, 양도세 등이며, 본 장의 후반부에서 논의할 것이다.

<table>
<tr><th>예 8-3</th><th></th><th>무보증 일반대출</th><th>보증보험부 일반대출</th></tr>
</table>

예 8-3
차입자 적격비율의
계산(무보증 일반대출과
보증보험부 일반대출의
예)

	무보증 일반대출	보증보험부 일반대출
대출 신청 금액	$61,360	$72,865
조건	고정금리 30년 9.25%	고정금리 30년 9.5%
LTV비율	80%	95%
차입자 소득(A)	$3,542	$3,542
주거비 구성		
원리금	$505	$613
부동산세금	66	66
화재보험료	46	46
보증보험료	–	21*
주거비 합계(B)	617	746
추가항목		
할부채무†	181	181
신용카드	50	50
총 채무(C)	$848	$977
주거비비율(B/A)	17%	21%
총채무 비율(C/A)	24%	28%

* 2차년도의 보험료 또는 1년말 대출잔고의 0.35%기준하여 12개월로 나눈 수치임. 초년도의 보험료는 더 높을 것이며 (0.8%) 대출실행시의 선납될 가능성이 크다. 대출시점에서 자금부담을 낮추기 위해 매월 납부도 가능하며 이를 활용하는 차입자들은 매월 보험료 청구서를 받는다.

† 일반적으로 상환기간 11개월 이상 남아 있는 경우를 말하나 대출자의 판단상 소득 대비 큰 금액의 지출이 필요한 경우는 11개월이 남지 않은 경우에도 포함될 수 있다.

FHA보증보험부 대출의 심사 기준

차입자가 FHA보증보험부 대출을 고려하는 경우에도 앞에서와 유사한 접근방식이 사용되지만 몇몇 중요한 차이점은 있다. 먼저 무보증 일반대출은 감정평가액의 일정비율(80%, 95% 등)을 대출하는 반면, FHA는 보증보험증서를 발급할 수 있는 **최대한 부보가능 대출금액**을 결정하는 특정한 절차를 유지하고 있다는 점이다.[8] 이 절차는 [예 8-4]에 나타나 있다.

　FHA는 두 가지의 적격 비율에 대해서 자체 기준을 설정하여 FRM, GPM, ARM에 대해서 일관적으로 적용한다는 점을 강조하고자 한다. 대출시점에서의 소득에 근거한 적격비율 계산은 향후에 GPM이 ARM에서 월 불입액이 변경되더라도 계속 준수된다.

　무보증 일반대출의 경우와 마찬가지로, 대출심사자는 대출실행 여부를 결정할 때 차입자의 기타 자산, 신용기록, 기타 긍정적 또는 부정적 가감요인들을 반영할 것이다. 적격비율은 차입자 소득의 적절성을 결정하는 데 표준으로 사용되는데, 이러한 비율은 또한 FHA의 보험기금 운영에서의 손실경험치에 근거한다. 여기서 가정한 대출신청자는 FHA 보증 대출에 적격일 것으로 보인다. FHA는 한 가지 추가적인 심사기준을 더 사용하는데 이는 다음 절에서 언급할 것이다.

---

[8] 최대 LTV의 한계는 언제든지 상황에 따라 변한다.

Web 응용

생애 최초 주택구입자들은 FHA 대출을 활용하는 경우가 많다. FHA 대출에 대하여 **www.fha-home-loams.com/**을 방문하여 요건을 점검해보라. 심사요인이 빈번하게 변경되므로 본서에 상술된 내용과 다를 수가 있다. 현재 시장상황을 요약해보라. 가용한 최고 LTV는 얼마인가?

예 8-4

FHA의 최대한 부보가능 대출금액 및 적격차입자 비율

1부 최대 대출금액 계산

1차 계산

시가와 감정평가 중 낮은 수치	$76,700
+ 대출 비용 감안*	1,350
취득 비용	$78,050

최초 $25,000에 대한 97%	$24,250
잔액에 대한 95%	50,397
1차계산에서 최대 대출금액	$74,647

2차 계산

시가와 감정평가 중 낮은 수치	$76,700
곱하기 최대 LTV비율: 가치 > $50,000	97.75%
2차계산에서 최대 대출가능 금액	$74,974
최대 대출가능금액†: 1차와 2차계산 중 작은수치	$74,647
+ 보증보험료 2.25%‡	1,679
조달 금액	$76,326

2부 적격 차입자 비율의 계산

월총소득(A)	$3,542
주거비용	
원금, 이자, 보증보험료일괄납부액	642
부동산세금	66
손해보험료	46
매년 보증보험료	31
총 주거비용(B)	$ 785
다른 채무	
할부채무§	$ 181
신용카드	50
총채무(C)	$1,016

적격 비율	신청자의 비율	FHA최대한 인정비율
주거비비율(B/A)	22	29
총 채무비율(C/A)	29	41

* FHA는 대출비용 감안액을 인정하되 지역별로 다르게 적용한다.

† 대출최대액은 FHA기준을 초과할 수 없는데, 이 기준은 도시별로 다르며 시간의 경과에 따라 변경될 수 있다.

‡ 보증보험료는 두 가지로 구성된다. 일시불(Up-front)은 대출금액에 포함되거나 현금지불되며, 매년납부부분은 대출조건 및 LTV에 따라 상이하게 적용된다. US Department of Housing and Urban Development *Mortgage letter 94-14*및 수정 참조.

§ 할부 10회 잔존 기준이되 그 금액비중에 따라 대출자는 수정적용 가능

예 8-5

VA보증대출에서 적격
차입자 결정

잔여소득기법(Residual Income Technique)		
총 수입		$3,542
연방소득세		602
주 소득세		106
사회보장세		266
모든 채무*		231
수선비		58
수도광열비 등		134
원리금상환†		657
부동산세		66
재해보험료		46
직업관련, 육아비		50
잔여 소득		$1,326
잔여소득은 가족구성에 따라서 다음 이상‡	1	424
	2	710
	3	855
	4	964
	5	999
	6	1,079
	7	1,159

* 일반적으로 6개월 할부잔존분이나, 대출자는 금액이 소득 대비 중요한 금액은 어떤 금액이라도 포함시킬 수 있다.
† 대출금액 $78,138 및 30년간 9.5%기준
‡ 잔존소득 기준은 지역별 및 대출금액 기준으로 결정된다.
본 표의 예는 Midwest지역에서 $70,000 초과금액 기준임

VA보증대출의 심사 기준

차입자의 대출신청액 대비 소득의 적절성을 판단하는 데에서 VA는 현저히 다른 접근방식을
취하고 있다. VA는 총 수입에서 매월의 제반 비용을 공제한 후의 **잔여소득** 개념을 중시하는
데(예 8-5 참조), VA는 잔여소득이 차입자 가계를 유지하는 데에 적절한지를 심사한다.

몇 개 항목은 매우 중요하다. 대출금액은 주택가격인 $76,700에 VA의 수수료(funding fee)
인 대출액의 0.5~3%가 더해져서 차입자가 대출비용을 조달하는 데에 도움을 준다.[9] 대출

---

[9] VA는 자신이 수령하는 Funding Fee를 대출금액에 포함하여 조달 인정한다. 수수료율은 차주가 납입하는 다운페이 금
액에 따라서 10%이상이면 1.25%이고, 5~10%이면 1.5%이다. 다운페이가 5%미만이면 2%의 수수료가 부과된다. 전역
군인이 복무관련 장애자라면 수수료는 면제된다. 수수료가 2%이면 $76,700에 대한 $1,534가 $76,700에 부가되어 대출
금은 $78,234가 된다. $1,534를 넘는 대출비용은 차입자가 대출시에 부담해야 한다. 그러나 VA는 보증의사결정에서 부
대비용이 과다한지를 고려한다.

신청액은 최대대출가능액과 같거나 그 이하이므로 보증에 적격이 된다.[10] 더구나 FHA가 지급보증하므로 월간 보증보험료 부담은 발생하지 않는다. [예 8-1]상의 차입자 정보에 근거하여 2인 가족(연소자 부양가족 없음)이라면 대출신청자는 VA보증대출에 적격이다. 이들은 FHA에 의한 2차 대출 추가요건에도 적격이다.

대출심사와 대출금액 요약

다음 주제인 대출실행을 마무리하는 단계에서 발생하는 비용(closing cost)을 설명하기 전에 몇 가지 관련 자료를 요약하는 것이 유용하다. [예 8-6]은 지금까지 고려했던 가장 중요한 요소들을 정리하고 있다. 가장 주목해야 할 점은 주택감정가는 동일했음에도 불구하고 각 대출형태별로 대출금액이 다르다는 것이다. 이러한 차이 발생은 무보증일반대출에서는 80% LTV를, 보증보험부에서는 95%를 적용(어느 경우든지 대출비용은 차입자 부담을 가정)한 데에 기인한다. FHA의 경우에는 높은 LTV가 인정되는 점(부분별로 대출신청액의 97%와 95%)과 대출비용 인정액도 대출원금에 가산이 인정되기 때문이다. VA의 경우는 대출금액은 취득가와 감정가 중 낮은 쪽이며 대출비용 추가가 인정된다. 또한 표상의 "조달금액"의 의미는 월별 원금과 이자가 계산되는 기준이다. 두 가지의 경우에서 조달금액은 대출금액과 동일하다. FHA의 경우 총 대출금액은 총 보증보험료로 대출액의 2.25%(또는 추가 $1,679)가 원금에 포함되므로, 대출자는 대출을 실행하고 총 대출금액에 대한 매달 원금과 이자에 포함되어 상환받게 된다. VA의 경우에는 조달수수료를 빌릴 수도 있는데, 총 대출금액은 대출액보다 더 많이 조달하게 된다.

[예 8-6]의 다른 중요항목으로서는 대출금리와 보증보험료가 있다. 우리의 예에서 무보증일반대출의 금리는 9.25%로 다른 대출보다 가장 낮은 것으로 가정하고 있다. 이는 다른경우보다 대출금액이 가장 작기 때문이다. 금리에 대해 또 하나 중요한 점은 모든 대출금리가 대출자와 차입자 간의 협상에 의해 경쟁적으로 설정되고 시간이 경과함에 따라 변동한다는 것이다. 본 장의 예가 무보증 일반대출과 다른 대출간의 금리 스프레드가 고정되었다고 단정해서는 안된다. 제시된 표는 예시에 불과하다. 또한 30년 만기를 사용하였는데, FHA와 VA대출은 15~30년 가용하지만 30년이 가장 많이 활용된다. 반면 전통적인 대출은 15, 20, 25년이 빈번하다.

마지막으로 대출심사에서 주거비용, 총 채무 및 다른 비용을 추정함에 있어서 예에서는 유사한 비용항목(수도광열, 개·보수, 차입금)과 동일한 추정치를 가정했다는 점을 유의해야

---

[10] 다운페이와 VA보증액의 합계는 주택취득가 또는 감정평가액의 25%여야 한다. 현행 최대보증액이 $36,000이기 때문에 다운페이 없이 대출될 수 있는 금액은 $144,000이 최대이다.

1994년 10월 13일의 H.R.995에서는 주택구입대출 및 IRRRL대출($144,000초과)에 대해서 최대수혜 한도를 $50,750으로 인상하였다.

VA보증대출은 승계 가능한데 승계에는 (1) VA수혜자가 아닌 자가 채무를 승계하는 Nonqualifying assumption과 (2) 승계자가 VA승인하에 승계하는 Qualifying assumption이 있다. (1)의 경우 대출이 88년 3월 1일 이전 실행분이라면 비수혜자라도 승계할 수 있었으며, 전역군인은 양도 후에도 책임이 잔존하였다. (2)의 경우 88년 3월 1일 이후 실행분이면 주택구입자가 수혜적격자여야 하며, 양도자인 전역군인은 책임으로부터 완전히 벗어난다.

VA보증대출이 승계될 때, 주택구입자는 전역군인일 필요가 없으며 보증료 납부 의무도 없으나, 만일 구입자도 전역군인으로서 보증수혜를 받기로 결정한다면 매각자의 보증수혜한도는 부활된다. 또한 많은 경우에 의회의 VA보증액 증액은 소급적용된다. 따라서 수혜한도를 최대 사용하고 있던 전역군인이 나중에는 추가보증 수혜를 받을 수 있다.

한다. 실제 상황에서는 이러한 추정액들이 규제체계, 정책, 비용 방침 등 대출자와 보험업자의 지침에 따라 다르게 나타난다.[11] 대출의 각 건마다 독특한 점이 있음에도 불구, 본 절에서는 중요점을 이해할 수 있도록 대출방식 간의 중요한 차이점에만 초점을 맞추었다.

대출 종결 Closing 절차

부동산을 취득할 경우 모든 관련당사자들이 한자리에 모여 매수자의 차입을 실행하고 부동산에 대한 소유권을 매도자로부터 매수자에게 이전시키는 데에 필요한 서류에 서명하고 교환하게 된다. 일반적으로 이러한 종결(closing)절차에는 (1) 매도자와 매수자(양측의 법률자문 포함), (2) 개입한 부동산 중개업자, (3) 결제 대리인 들이 참석하게 된다. 결제 대리인은 권원보험업체가 개입된 경우 그 대표자이고, 권원보험이 개입되지 않은 경우는 대출지의 대표자가 된다. 거래종결의 목적은 (1) 소유권의 양도 이전에 매도자와 매수자 간에 거래와 관련된 비용, 수수료 및 분담액을 최종 정산하고, (2) 매수자인 차주와 대주 간에 대출 계약을 완결하기 위함이다.

　거래종결과 관련한 부대비용, 수수료 및 미지급비용을 요약하기 위해서 결제대리인이 결제명세서(settlement statement)를 작성하여 제시하게 된다. 이 명세서는 매수자와 매도자가 지급해야 하는 비용과 수수료를 열거하고, 매수자가 지불하고 매도자가 수령해야 하는 금액을 명시한다. 대출자는 그의 담보권이 설정되었음을 확인하기 원하므로 (1) 매도자의 대주에 대한 상환이 이루어지고 기존의 저당권이 취소되며, (2) 매수자의 권원보험사가 권원보험을 제공하고 매수자가 취득하는 소유권에 기존 저당권이나 하자가 없음을 보장하게 되는 즉시 신규대출과 소유권 양도는 동시에 이루어진다. 이 경우 새로운 대출자는 부동산에 대한 1순위 저당권을 취득하게 된다.

예 8-6 대출심사 결과의 요약		전통적	전통적/보증보험	FHA보험부	VA보증부
감정가/취득가중 낮은 수치		$76,700	$76,700	$76,700	$76,700
대출금액		$61,360	$72,865	$74,647	$76,700
조달금액		$61,360	$72,865	$76,326	$78,138
이자율		9.25%	9.5%	9.5%	9.5%
만기		30년	30년	30년	30년
보험료		–	*	†	–

* 대출실행시 0.8%. 매년 0.35%를 월납

† 두 가지의 요소로 구성됨: 일괄선납분은 차입원금에 가산되거나 현금납부. 월납분은 대출조건, LTV비율 및 대출일자에 따라 다름

---

[11] FHA와 VA의 대출비용은 지역적으로 상이하며, 지속적으로 변동한다. 경우에 따라서는 감정평가사가 주어진 부동산에 대해 수도광열비 등 특정항목을 추정하기도 한다.

수수료 및 비용

대출을 종결하는 과정에서 소요되는 비용은 매도자와 매수자 간의 협상과 어느 정도 여신 분야의 관행에 따라 매도자 또는 매수자 또는 매도자 측에서 부담해야 한다. 비용 정산에 대하여 일반적으로 수립된 관행은 없으며, 대부분의 경우 양자간의 협상에 의하여 부담주체가 결정된다. 본 절에서는 부동산 거래종결에 관련된 다양한 비용들을 제시하고 결제명세서를 예시한다.

자금조달 비용 *Financing Costs*

자금조달 비용은 매수자인 차입자가 대출자에게 지급하며, 대출자가 대출을 심사하고 승인 하면서 제공한 서비스에 관련하여 발생한다. 대출자가 청구할 수 있는 모든 비용들의 예시는 다음과 같다.

1. 대출신청수수료: 차주의 대출 신청을 처리하는 데에 따른 청구
2. 신용보고수수료: 차주의 신용조사서를 작성함에 따른 청구
3. 대출취급수수료: 대주의 서류작업, 자금이체 등의 노력을 보상
4. 대출자의 변호사비: 저당권 서류 및 소유권 서류검토 대가
5. 부동산 감정평가비: 대부분의 경우 거래종결과 별도로 매수자측이 부담한다.
6. 대주가 요구하는 부동산 조사 및 사진촬영비: 거래 종결과 별도로 매수자인 차주가 부담하는 경우가 많다.
7. 대출상환계획 작성비: 대주가 차주의 상환일정을 작성해 주는 대가
8. 대출 할인: 대출수익률을 높이기 위한 추가 청구액(4장 전술 참조)
9. 선납 이자: 거래종결일로부터 이자가 기산되기 시작하는 날까지의 이자 청구액. 이자 기산일은 당사자가 선호하는 달의 특정일로 선정하는데 이는 거래종결일이 속하는 달 의 특정일과 다를 수 있다.

분담비용, 에스크로우비용 및 제3자 비용

부동산세금, 분담비용 및 에스크로우 계좌

부동산 세금 납부일이 소유권 이전일과 일치할 가능성이 없기 때문에 연간 부동산세 비용은 항상 매도자와 매수자가 일정 비율로 나누어서 分담하게 된다. 예로서 당해 국가의 납세일이 매년 1월 1일이고 거래종결일이 4월 1일이면 매도자는 1~3월간의 세금만을 납부할 의무가 있다. 세금의 월할계산은 거래종결일에 매수자가 부담할 세액을 매도자에게 환불해 주는 방식으로 이루어진다. 이는 거래종결일로부터 다음 납부일까지의 기간을 대상으로 하며, 매도자는 거래종결일까지의 세금만을 납부하는 결과가 된다.

당해 거래의 LTV비율에 따라 대출자는 에스크로우 계좌개설을 요구할 수 있다. 에스크로우 계좌는 이자가 분리되지 않으며 매도자의 분담세액 및 매수자가 선납하는 월별분할상환금과 월별 부담 세금이 입금된다. 이러한 자금들은 세금납부일이 도래할 때까지 누적된 후

대출기관에 의해 납세기일에 지불조치된다. 이러한 월별 지급액에 추가하여 대출자는 거래 종결일에 두 가지의 항목을 추가하여 매월 입금하도록 요구한다. 이는 대출자에게 안전지대 또는 유보금을 제공하여 차주가 연체하거나 부도발생 시에 활용하기 위한 것이다. 이 조항은 차주가 납세를 해태함으로서 부동산에 세금 질권이 설정되지 않도록 해주며, LTV가 80%를 초과하는 경우에 주로 요구된다.[12]

저당대출보증보험과 에스크로우 계좌

대출의 요건으로서 저당대출보증보험에 가입하는 경우에는 보험료 지급에 두 가지 방식이 있다. 거래 종결일에 보험료 전액을 차주가 전액 납부하거나, 차주가 보험료를 분할 납부하기 원하는 경우 거래종결일에는 초년도 보험료만을 선납한다. 2년차의 보험료도 거래종결일에 확정되며, 두 달치가 에스크로우 계좌에 선납 입금된다. 이에 따라 거래 종결일 이후 연간 보험료가 도래할 시점에 대출자는 항상 1년치 및 두달치의 보험료 선급액을 에스크로우 계좌 안에 확보하게 된다. 에스크로우는 차입자가 분할상환을 이행하지 못하고 부도의 위험에 처했을 경우에 필요하다. 에스크로우에 의해 보증보험이 실효되지 않도록 보장받게 된다. 이것은 보증보험의 가입 목적이며, 대출자는 보험의 혜택을 상실하지 않도록 보장받게 된다. 대부분의 경우에 대출잔액이 대출실행 시점의 대출잔액의 80%이하로 내려간 이후와 다른 조건하에서는 저당대출 보험을 요구하지 않는다.[13]

손해보험과 에스크로우 계좌

대출자는 부동산에 대한 손해보험을 대출 요건으로 요구하며 저당권 증서에도 동 조항이 포함된다. 그런데 LTV가 80%를 넘는 대출에 대해서 대출자는 초년도 보험료를 대출종결시점에 납입받아 보험사에 지급할 수 있도록 요구한다. 차주가 다음연도 보험 갱신일자에 지급 도래하는 보험료 월할계산액을 위해 자금을 예치할 에스크로우 계좌도 개설된다. 즉, 대출자는 부동산 세금 및 보증보험료와 함께 매월 상환액 수령시 연간 손해보험료의 1/12을 수령하여 차주의 에스크로우 계좌에 예치하는 것이다. 보험 갱신 일자가 도래하면 대출자는 12개월치 누적된 금액을 보험사에 지급하게 된다. 이러한 방식으로 대출자는 담보 부동산이 항상 손해에 대비하여 부보되도록 할 수 있다. 이는 담보가치를 확보하게 해 주며, 대출자는 또한 대출종결 시점에서 2개월치의 보험료가 선납 및 예치되도록 요구한다.

주택저당취소보험 및 에스크로우 계좌

주택저당취소보험은 차입자의 선호에 따라 선택적이다. 기본적으로 주택저당취소보험은 대출실행 시점에서 가입되어 대출기간 동안 계속되는 금액이 감소하는 생명보험에 해당한다.

---

[12] 대출자는 LTV와 관련 없이 에스크로우 계좌개설을 요구할 수 있지만 LTV가 80%를 넘는 경우는 반드시 요구한다. Title 12 CFR, Section 54532(b)(6) 참조.

[13] 저당대출 보험은 다음의 경우 차입자가 더 이상 요구하지 않는다: (1) 차입자가 대출실행 시점의 대출잔액의 80%이하까지 상환한 이후인 경우, (2) 부동산 가격이 상승하여 LTV비율이 80% 이하로 내려간 경우, (3) 대출동의서상에 차입자의 조기상환이 허용된 경우이거나 LTV 80% 이하로 대출잔액을 줄인 부분상환방식인 경우, (4) 대출액이 상환 일정의 중간지점에 도달한 경우. 가령 저당대출보험 정책에 허용된 경우라면 차입자는 매달 프리미엄을 더 이상 지불하지 않아도 된다.

전액분할상환 대출에서는 기간이 경과하면서 대출 잔액이 감소하므로 생명보험의 부보액도 대출잔고와 함께 감소되어 간다. 차입자가 사망하는 경우 보험금 지급액은 대출잔고와 동일하며, 보험금으로 대출이 상환된다. 보험료는 일반적으로 월납이며, 매월의 분할상환액에 부가된다. 대출자는 이 보험료 징구액을 보험회사에 지급하게 된다. 주택저당취소보험은 차입자의 선택에 의한 경우가 일반적이지만, 차주의 연령이 대출심사에서 핵심요소가 되는 경우는 필요성이 커진다.

권원보험 및 변호사의 권원에 대한 법률의견

권원보험회사는 부동산에 대한 소유권 등기를 조사하고, 요약하며 심사하여 매수자로 하여금 다른 청구권으로 인한 손실을 보지 않도록 보장해 주는 대가로 보험료를 청구한다. 변호사도 매도자의 소유권의 유효성 및 거래 가능성에 대하여 법률의견을 제시하고 보수를 청구하게 된다. 일반적으로 대출 종결 시점에서 권원보험료나 법률자문료 전액이 지불된다. 대출기관의 방침 및 정부 규정에 따라서 권원보험료나 법률자문료는 대출의 전제 요건이 된다.

기존 질권의 해지수수료 *Release Fees*

해지수수료는 기존의 저당권이나 건물공사의 선취특권(mechanic's lien) 등 부동산에 대한 질권을 해제하기 위한 수수료로서 이를 달성하기 위하여 제3자가 협상을 한 용역대가를 포함한다.

법률자문료

매수자나 매도자가 법률자문을 받은 경우 법률자문료는 거래종결과 별도로 또는 종결조건의 일부로서 지급될 수 있다.

해충 검역증명서

주택구입자 또는 대출자가 요구할 경우 해충 검역이 실행된다. 주(state)에 따라서는 플로리다 주의 경우와 같이 소유권 이전 이전에 검역이 요구된다. 검역수수료는 별도 직접 지급 또는 거래종결의 일부로서 지급된다.

부동산 중개수수료

매도자 측이 중개업체를 고용한 경우 매도자는 수수료를 거래종결 시점에서 지급한다.

법정 비용 *Statutory Costs*

지방정부(county)나 주정부가 부과하는 비용이 있으며, 이는 등기가 이루어지기 전에 납부가 되어야 한다.

1. 등기 수수료: 등기부에 저당권을 등기하기 위한 수수료
2. 양도세: 부동산의 양도에 대하여 카운티가 부과하는 세금

RESPA법상의 요건

RESPA(Real Estate Settlement And Procedures Act)는 주거용 부동산의 매수/매도자 간에 절차와 서류를 통일하기 위하여 입법된 법이다. 동법은 많은 조항들을 규정하고 있지만 본 절에서는 대출 종결에 관련된 내용만을 소개한다. RESPA의 핵심 요소들은 다음의 일곱 가지로 분류된다.

1. 소비자 고객 정보
2. 종결비용의 사전 공시
3. 권원보험 부보
4. 리베이트 및 소개료 지급의 금지
5. 표준적인 종결명세서(settlement statement)
6. 표준적 종결명세서에 대한 사전 심사
7. 에스크로우 예치

소비자 고객 정보

RESPA법에 의하여 대출자들은 잠재 차입고객들로부터 차입신청을 받을 때 부동산 거래 종결 및 RESPA법을 해설하는 소개책자를 제공해야 한다.

종결비용의 사전 공시 *Advance Disclosure*

현재 대출자는 대출신청을 접수한 후 3일 이내에 거래종결 비용 예상액을 신의성실에 의하여 예상하여 우편통보해 줄 의무가 있다. 대출자는 당해 시점에서 파악된 실제 정보에 기초한 정보[14] 또는 부동산이 위치한 지역의 과거 경험치에 기초하여 추정된 정보를 제공해야한다.

대출자가 제공하는 예상치는 다음의 항목들을 포함한다: (1) 권원 조사, (2) 권원조사에 따른 의견, (3) 권원 보험, (4) 법률자문료, (5) 서류 작성, (6) 부동산 서베이, (7) 신용 조사 보고, (8) 감정평가, (9) 해충 검역, (10) 공증료, (11) 대출 종결 서비스 수수료, (12) 등록세 및 양도세, (13) 대출취급수수료, (14) 대출할인, (15) 주택저당보험 신청수수료, (16) 양수 수수료, (17) 주택저당보험료, (18) 에스크로우 수수료, (19) 선납 저당대출 지급이자.

또한 대출자에게는 의무사항은 아니지만 (1) 손해보험료, (2) 주택저당보험과 손해보험, 세금에 대비한 에스크로우 예치금 등을 사전공시 시점에서 파악하고 있다면 공시할 것을 권장하고 있다. 실무에서는 대출신청 3일 이내에 이러한 정보를 대출자가 파악하기는 어려울 것이나, 대출 종결시점에 차주에게 부담이 될 것은 확실하다.

사전 공시의 형태는 대출기관에 따라 다르며, 일반적으로 달러 금액으로 공시된다. 그러

---

[14] Public Law 95~522 개정안. RESPA법에 의하면 대출자는 결제서비스를 제공하는 제3의 전문가를 요구하는 경우에만 정확한 결제비용을 공개할 의무가 있다. 차주가 서비스 제공자를 선택할 권리가 있다면 대출자는 결제비용에 대한 수용 가능한 범위만을 공개하면 된다. 미국 Department of Housing & Urban Development에서 입수 가능한 RESPA소개책자 참조.

나 대출자는 결제비용을 일정 **범위**로 공시할 수도 있다. 예로서 대출취급수수료는 $1,500에서 $2,000 이내로 표시될 수 있다. 그러나 대출기관이 특정 제3자를 결제서비스 제공자로 요구하는 경우에는 범위에 의해 공시할 수 없고 일정 달러금액으로 공시해야 한다. 또한 대출자는 차주에게 제공되는 결제서비스의 추정대가가 대출 종결 이전에 변동되는 경우 재공시할 의무가 없다.

권원보험 부보

RESPA법상 매도자는 매도의 조건으로 매수자가 권원보험에 부보할 것을 요구할 권리가 없다. 이 규정은 주로 미개발 토지에 대하여 유리한 조건에 권원보험을 획득한 개발업자를 주 대상으로 한 것으로서 개발 후에는 매수자가 동일한 보험사로부터 권원보험을 획득해야 할 의무를 갖게 된다. 동법의 권원보험 조항에서는 그러한 요건을 금지하여 매수자로 하여금 어떤 권원보험회사와도 거래할 수 있도록 선택의 자유를 보장한다.

뇌물 및 소개료 지급의 금지

RESPA법에서는 누구라도 소개의 대가로 뇌물이나 수수료를 주거나 받을 수 없다. 어느 누구라도 거래 종결에 관련된 특정 당사자(대출자, 권원보험회사, 변호사, 부동산중개인, 감정평가사 등)에게 차입매수자를 소개해 주고 소개의 대가를 수수하게 되면 위법행위가 된다. RESPA는 또한 거래종결에 관련된 당사자들 간에 실제 서비스가 제공되지 않고서 수수료를 배분하는 행위도 금지하고 있다. 이 조항은 '실제 서비스가 제공되었을 것'이라는 조항의 모호성 때문에 많은 혼동을 일으켰으나 그 취지는 수수료를 배분함으로써 소개의 대가를 제공하는 행위를 금지하는 것이다.

표준적인 결제명세서 *Settlement Statement*

RESPA법상 거래 종결에서 결제대리인은 표준적인 결제명세서를 반드시 사용해야 한다. 결제명세서의 작성 책임은 대출자 측에 있으며, 종결 시 차주 및 매도자에게 제시되어야 한다. 회사 자체 양식 등 다른 거래명세서를 사용할 수 있지만 표준결제명세서는 반드시 작성되어야 한다.

이 명세서는 RESPA법이 적용되는 모든 대출 실행에서 동일한 양식이 사용되어야 한다는 점에서 통일양식이다. 이 양식은 채무자로 하여금 대출신청시에 수령한 안내서와 함께 지불해야 하는 거래종결 비용의 합리성에 대하여 보다 현명한 판단을 할 수 있게 해준다.

표준적 결제명세서에 대한 사전 심사

거래 종결에서는 표준적인 명세서를 사용해야 할 뿐만 아니라 차입자에게 종결전일 명세서를 심사할 수 있는 권한을 부여한다. 동시에 대출 신청 시점에서 공시가 요구되지 않았던 추가적인 종결 비용에 대하여 정보가 차주에게 제공되어야 한다. 이러한 비용으로서는 손해보험료, 에스크로우 예치 비용 등이 있다. 모든 이러한 비용들은 종결 전일까지 대출자가 알려진 대로 공개되어야 한다. 또한 대출 신청 시점에서 추정되었던 금액은 실제치를 반영하여 수정되어야 한다. 모든 비용은 결제명세서에 기재되어서 차입자의 심사에 대비한다. 비록 차입자가 사전 심사를 할 권리를 갖지만 RESPA법상 차입자가 서면으로 신청을 하지 않으면 심사를 면제한 것으로 간주된다. 차입자의 신청이 없으면 대출자는 공시서면을 준비할 의무가 없다.

에스크로우 예치

RESPA법은 대출자가 차주에게 에스크로우 계좌에 최초 예치금으로 입금 요구금액에 대하여 제한을 설정하고 있다. 최대 예치가능액은 연간 지급해야 할 금액의 1/6 이내이다. 대출자들은 차입자가 예치한 에스크로우 금액에 대하여 이자를 귀속받거나 지급할 수 없다.

결제비용 예시

매도자와 매수자간에 결제비용이 어떻게 분담되는지를 이해할 수 있도록 본 절에서는 사례를 제시한다. 먼저 **전통적인 대출**에서 종결비용이 어떻게 결정되는지를 [예 8-7]에서 살펴본다. 근본적으로 이러한 비용들은 [예 8-8]과 같은 종결명세서에 의해 차주에게 공개되어야 한다.

[예 8-7]에 나타나듯이 종결비용들은 네 가지로 분류되며, 매도자, 대출자 및 제3자로부터 또는 이들에게 지급되는 세 가지는 매수자에게 귀속된다. 네 번째는 매도자가 제3자에게 지급하는 비용이다. 대부분의 항목들은 기 설명한 바 있으나 몇몇 계산 절차에 대하여 언급할 필요가 있다.

[예 8-7]의 좌측열에서 지난번 납세 이후 매도자가 소유했던 기간인 83일 동안의 세무조정을 주목하라. 세금의 일부액 환불액 $615.76이 종결일에 매도자에게 지불되어야 한다. 추가로 $132.84는 선납 부동산 세금의 두달치로서 대출자에 의해 수령되어 Escrow구좌에 예치된다. 월별 상환이 5월 1일부터 시작될 것이므로(우측열 참조) 7일간의 선납이자가 대출자에 의해 수금된다. 5월 1일의 최초 정기상환액에 내재되는 이자는 4월 1일~30일까지의 기간을 충당한다. 따라서 3월 25일~31일(당일 포함)간의 이자는 종결일에 지급되어야 한다. 두달치의 손해보험료가 선급되어 에스크로우 계좌에 예치됨을 주목하라. 마지막으로 대출자는 1년치의 손해보험료가 종결일에 보험사로 지급되는 지를 확인해야 한다. [예 8-7]에 나타난 금액들은 [예 8-8]의 표준결제명세서에 요약되어 있다. 전술했듯이 이 명세서는 대출자가 종결비용을 공개하는 데에 반드시 사용되어야 한다.

연방 Truth-in-Lending *FTL* 법 요건

RESPA법의 요건에 추가하여 연방 Truth-in-Lending법에서도 1968년부터 저당차입 비용을 규제하고 있다.[15] FTL법의 목적은 대출기관들이 대출계약상의 재무정보를 통일된 방식으로 차주에게 공개하도록 하기 위함이다. 이에 따라 차주들은 복수의 대출계약들 간의 비교

---

[15] USC 1601; Stat.146; Pub.L.90-321(1968.5.29) 개정

예 8-7

RESPA종결명세서상의 내용

매수자	John과 Jane Jones	
매도자	Ralph와 Pearl Brown	
대출자	ABC Savings and Loan Association	
결제대리인	Land Title Company	

대출신청일 3월 1일(전통적 대출)

사전공시일 3월 3일

차주는 실제 결제명세서를 3월 24일 교부 요청할 수 있다.

실제 결제일(종결일): 3월 25일

1. 매수자와 매도자 정보

a. 매수가격	$76,700
b. 계약금	$1,000
c. 세금분담: 1월 1일자 세금	$797
매도자부담액: 3.25~12.31(282일)/365 × 797	$615.76

2. 차입매수자와 대출자 정보

a. 대출금액: 9.25% 이자율, 30년 전통적 대출	$61,360
b. 선급이자 3.25~31(7일): (0.0925/365) × 61,360 × 7	$108.85
c. 부동산세금(escrow) 월 $66.42 2개월치	$132.84
d. 대출취급수수료 1%	$614
e. 대출 할인 1%	$614
f. 신청수수료	$50
g. 감정평가료	$125
h. 신용조사보고	$45
i. 손해보험(escrow)	$92
j. 해충검역(anytown pest co)	$20
k. 권원보험(land title co)	$350
l. Land Title Co 결제수수료	$75

3. 차입매수자와 타인간의 거래

a. 등기료	$31
b. 손해보험료(1년간)	$552
c. 대출자의 권원보험(land title co)	$100

4. 매도자와 타인간의 거래

a. 매도자의 기존저당 해지	$5
b. 매도자의 저당차입 상환(Anytown Stage은행)	$21,284.15
c. 부동산 중개수수료 6%(Bobbie Broker)	$4,602

를 할 수 있게 된다. FTL법은 차입의 금융비용을 규제하는 목적이 아니라 차입의 비용을 통일적으로 공시하도록 하는 것임에 유의하라. FTL법은 1~4가구용 주택을 구입하는 개인들에게 대출계약상의 정보를 공개하도록 적용된다. 상업용 부동산거래는 일반적으로 적용제외된다. FTL법상의 공시는 대출신청 후 3일 후에 대출자에 의하여 이루어져야 한다. 이러한 공시 기일은 RESPA법상의 기일과 같다는 점을 인식할 것이다. 그러나 RESPA법상의 공시는 추정치인 반면, FTL법상의 공시는 특히 연간이자율(APR)면에서 1/8%까지 정확해야 한다. 그 결과 대출 신청으로부터 종결일 사이에 시장금리와 APR이 변동이 발생하게 되면 대출자는 추가 공시를 하여야 한다.

예 8-8

결제명세서(settlement statement)

1. 매수자측이 부담할 항목		2. 매도자측이 부담할 항목	
매수가격	$76,700.00	매도가격	$76,700.00
＋결제수수료	2,337.69	＋County세금분담	181.24
County세금분담	181.24	－기존차입상환	21,284.15
－계약금	1,000.00	결제수수료	4,607.00
저당차입금	61,360.00	매도자 순귀속금	$50,627.61
매수자 순납입금	$16,496.45		
매수자측 결제부담비용		매도자측 분담 결제수수료내용	
대출취급수수료	$ 614.00	중개수수료	$ 4,602.00
대출 할인	614.00	등록세	5.00
감정평가료	125.00		
신용조사보고	45.00		
보증보험신청료	50.00		
7일간이자	108.85		
주택소유자보험	552		
2개월보험료(Escrow)	92		
2개월 세금(Escrow)	132.84		
권원보험(대출자)	100.00		
등록세	31.00		
종결수수료	75.00		
권원보험	350.00		
합계	$2,337.69	합계	$ 4,607.00

Truth-in-Lending법상의 공시 예시

[예 8-9]는 FTL규정에 의한 공시 내용을 보여준다.

연방 Truth-in-Lending법 요건상 APR을 설정하는 방식

APR은 FTL법상의 공시사항 중 가장 중요한 항목이다. 이는 차입신청자에게 공시되어야 할 뿐만 아니라 대출자가 광고를 할 때에도 사용하기 때문이다. 고정금리 균등분할상환의 경우 제시된 APR과 실제 APR간에 1/8% 이내의 차이만이 인정되기 때문에 정확한 계산도 중요하다. APR의 계산은 본서의 앞 장에서 내부수익률 계산과 근본적으로 동일하다.

[예 8-10]의 정보를 이용하면 무보증 일반대출의 APR 계산은 매우 단순하다. APR은 세 단계로 결정된다. 첫 단계는 [예 8-10]에서 최초 대출금액 $61,360(f)에서 선납차입비용(초기부담액 대출취급수수료 $614, 대출할인액 $614, 대출선납 이자 $109)를 뺀 금액인 $60,023를 먼저 계산한다. 두 번째 단계는 주택구입자/차입자의 월상환액 $504.79(최초 대출금액 $61,360, 대출만기 30년, 9.25% 금리 적용)를 고려하는 것이다(b). 마지막 단계는 상환현금흐름의 현가를 조달금액과 일치하도록 다음과 같이 이자율로 풀게 된다.

예 8-9	FTL법상의 공시요건(고정금리 대출)

공시 항목	내용
APR(annual percentage rate)	법에서 정의한 보험업기법에 의하여 산출한 차주의 연간차입 실질금융비용
차입비용(finance charges)	다음의 합계:
	(1) 대출할인 포함 모든 지급이자
	(2) 대출신청수수료* (3) 보증보험료, 손해보험료†
	(4) 대출취급수수료 (5) 대출할인
	(6) Escrow구좌개설비용 (7) 선납이자
	(8) 채무인수수수료
	(9) 상환계획 작성비(차주부담 경우)
조달금액(amount financed)	차입액에서 차입비용을 공제하여 종결일에 지급된 금액
총 상환액	차주의 월지급액 총액: 원리금 및 보증보험료 포함하나 세금과 손해보험료는 제외
상환금액	차주의 월 상환액. 월상환액이 보증보험료로 인해 변동하는 경우에는 최고액과 최저액이 공시됨. 상환액 증가폭을 알 수 있는 GPM의 경우 모든 금액을 공시
상환 회수	고정금리 균등분할상환의 경우 12회. GPM의 경우 차주가 상환해야 하는 회수가 반드시 공시되어야 함
담보권(security interest)	대출자는 차주 소유 부동산에 대하여 설정하게 되는 담보권을 서술해야 함
채무인수(assumption) 정책	대출자는 저당채무가 새로운 부동산 매수자에 의하여 인수될 수 있는지 여부 및 인수시 차입조건이 변경될 수 있는지에 대하여 차주에게 통지해야 함
변동금리	금리변동의 경우 이 사실을 명시
등록수수료	담보권을 등록하는 데에 법정 수수료가 있는 경우 명시
연체료	연체이자 적용 여부 및 율을 명시
지급기일	익일부터 연체이자가 적용 개시되는 지급기일 명시
조기상환 정책	차주가 조기상환 경우 위약금이 부과되는지 여부 및 금액
손해보험	부보 요구 여부를 명시
보증보험	대출자가 보증보험을 요구하는 경우 보험료율 명시

* 차입을 승인받는 신청자만이 아닌 모든 신청자에게 신청수수료가 징구되는 경우는 차입비용에 포함되지 않는다.
† 차주의 생명보험이나 손해보험은 대출자가 요구하는 경우에만 차입비용에 포함된다.

계산기 해법
$PV = -\$60,023$
$PMT = \$504.79$
$n = 360$
$FV = 0$
$i = 0.791827$(월)
$i = 0.791827 \times 12 = 9.50\%$(연)

함수
$i\,(PV, PMT, n, FV)$

보증부 일반대출의 APR 결정은 좀 더 복잡하다. 이는 매년 연말에 연간보증보험료로서 발생하는 불규칙한 빈번한 지출 때문이다. [예 8-11]에서는 전통적인 보증보험부 저당대출로서 보증보험료가 매년 대출잔고의 일정률로 징구되는 경우를 보여주고 있다. APR을 계산하기 위하여 12개월 지급의 30개 그룹을 현재가치 할인하여 현가를 조달금액과 일치시킨다. 현금흐름 그룹의 현재가치 할인 절차는 앞 장에서 상술하였으며, 이를 참조하라. 본 절의 [예 8-11]에서 APR은 10.19%이다(계산 과정 생략).

		전통적 대출	전통적 보증보험부
예 8-10 연방 Truth-in-Lending 공시요건(고정금리)	*a.* 차입비용 선급		
	대출취급수수료	$ 614	$ 729
	대출 할인	614	729
	선납이자	109	133
	선납보증보험료	−0−	583
	선납 차입비용	$ 1,337	$ 2,174
	b. 상환 금액		
	일정액	$ 504.79	N/A
	최대액		$ 633.94
	최소액		$ 612.69
	c. 상환 회수	360	360
	d. 총 상환액(*b* × *c*)	$181,724	$223,919
	e. 총 차입비용*	121,701	153,228
	f. 조달 금액		
	(1) 첫 번째 방식		
	최초대출금액	61,360[†]	72,865
	−선납 차입비용	(1,337)	(2,174)
	조달금액	$ 60,023	$ 70,691[†]
	(2) 두 번째 방식		
	총 상환액	$181,724	$223,919
	−총 차입비용	$121,701	153,228
	조달금액	$ 60,023	$ 70,691
	g. APR	9.5%	10.19%

* 모든 이자 및 보험료, 선납 차입비용을 모두 포함

[†] Based on amount financed.

변동금리대출과 Truth-in-Lending법상의 공시

[예 8-9]에 나타난 고정금리 대출의 공시사항에 추가하여 차주가 변동금리 대출을 신청한 경우에는 대출자의 공시항목이 약간 증가한다. 추가적인 공시 사항은 [예 8-12]에 나타나 있다. 추가 공시의 목적은 차입자로 하여금 적용금리(지표금리 + 이윤)가 인상될 경우 월상환액 및 대출잔고에 미치는 영향을 파악하도록 하기 위함이다. 그러나 변동금리에서는 APR을 구하기가 더 어렵다. 그 이유는 장래의 이자율을 알 수 없기 때문이다.

장래의 이자율 향방을 알 수 없기 때문에 변동금리에서 APR을 구하는 방식은 **대출시점에서의 이자율을 대출기간 중의 이자율로 간주**하게 된다. 예시를 위하여 다음과 같은 변수들을 채택한다.

무보증 ARM

대출액 $60,000

연간이자율의 상한 2%

예 8-11

저당대출 보증
프리미엄(보증부 일반대출
대출)

연도	연초대출잔고	연간보증보험료	월별보험료 납부액	차주의 월별상환액	최초대출액대비 현재대출잔고
대출연도	$72,865.19	$582.92	$21.25	$633.94	100.00%
1	72,865.19	255.03	21.12	633.81	100.00
2	72,415.87	253.46	20.98	633.67	99.38
3	71,921.96	251.73	20.82	633.51	98.71
4	71,379.03	249.83	20.64	633.33	97.96
5	70,782.22	247.74	20.45	633.14	97.14
6	70,126.17	245.44	20.24	632.93	96.24
7	69,405.01	242.92	20.01	632.70	95.25
8	68,612.28	240.14	19.76	632.45	94.16
9	67,740.87	237.09	19.48	632.17	92.97
10	66,782.98	233.74	19.17	631.86	91.65
11	65,730.02	230.06	18.83	631.52	90.21
12	64,572.55	226.00	18.46	631.15	88.62
13	63,300.21	221.55	18.05	630.74	86.87
14	61,901.59	216.66	17.61	630.30	84.95
15	60,364.17	211.27	17.11	629.80	82.84
16	58,674.15	205.36	0.00	612.69	80.52
17	56,816.41	0.00	0.00	612.69	77.97
18	54,774.29	0.00	0.00	612.69	75.17
19	52,529.50	0.00	0.00	612.69	72.09
20	50,061.91	0.00	0.00	612.69	68.70
21	47,349.43	0.00	0.00	612.69	64.98
22	44,367.73	0.00	0.00	612.69	60.89
23	41,090.11	0.00	0.00	612.69	56.39
24	37,487.19	0.00	0.00	612.69	51.45
25	33,526.70	0.00	0.00	612.69	46.01
26	29,173.13	0.00	0.00	612.69	40.04
27	24,387.48	0.00	0.00	612.69	33.47
28	19,126.87	0.00	0.00	612.69	26.25
29	13,344.15	0.00	0.00	612.69	18.31
30	6,987.52	0.00	0.00	612.69	9.59
31	0.00	0.00	0.00	−0−	0.00

예 8-12

변동금리대출에서 연방
Truth-in-Lending법상
요구되는 공시항목

- 지표금리(index)
- 가산금리(margin)
- 대출시점에서의 적용금리(composite rate)
- 조정주기
- 각 조정기간의 상환액 상한선
- 대출기간 중의 상환액 상한선
- 대출기간 중 이자율 상한선
- 각 조정기간 중의 이자율 상한선
- 적용금리가 상승하는 경우 상환액과 대출잔고 중 어느 쪽에 영향을 주는지 또는 양쪽에 모두 영향을 주는지 여부

대출기간 중 5%의 상한

최초적용이자율 5%

대출시점에서 지표금리 7%

가산금리 2%

대출만기 30년

조달비용 선납액 $1,200

1년차 말 대출잔액 $59,498.76

음의 상환허용(negative amortization)

다음은 앞에서 설명한 ARM에서 APR의 계산을 설명한 것이다.

(A) 1년차 상환액

계산기 해법　　　　　　　　　　　　　　　　　　　　　　함수

$$PV = -\$60,000$$
$$n = 360$$
$$FV = 0$$
$$i = 5\%$$
$$PM = \$322.09$$

　　　　　　　　　　　　　　　　　　　　　　　$PMT\,(PV,\ N,\ FV,\ i)$

(B) 2~30년차 상환액

계산기 해법　　　　　　　　　　　　　　　　　　　　　　함수

$$PV = -\$59,114.78$$
$$n = 348$$
$$FV = 0$$
$$i = 9\%$$
$$PMT = \$478.92$$

　　　　　　　　　　　　　　　　　　　　　　　$PMT\,(PV,\ n,\ FV,\ i)$

APR 계산(CF는 12개월 동안의 PMT, 348개월)

$$PV = -\$58,800$$
$$CF_j = \$322.09$$
$$n_j = 12$$
$$CF_j = \$478.92$$
$$n_j = 348$$
$$FV = 0$$

$$i = 0.733437(월)$$
$$i = 0.733437 \times 12 = 7.80\%(연)$$

FRM에서 APR은 1/8% 단위로 정확해야만 했다는 점을 기억하자. 그러나, ARM에서는 실제 APR로 부터 1/4% 정도 다양할 수 있다.

ARM에서 APR계산 방식은 차입자에 대한 실질 차입비용을 반영하지 못한다는 점을 강조하고자 한다. 분명한 것은 지표금리가 증감하면 APR은 부정확해진다는 것이다. 더구나 대출자는 APR을 재공시할 의무도 없다. 그 결과 차입자들은 ARM과 FRM을 비교하기 위하여 APR을 사용하는 것은 바람직하지 못하다는 점을 인식해야 한다. 실제로 ARM에서는 9%의 적용금리가 이후에 계속 적용된다고 가정함에 따라 APR의 유용성은 매우 제한적이다.

주요용어			
	ALTA 대출	보증	주택담보대출비율
	FHA보증보험부 주택대출	상환소득비율	주택보증보험
	VA보증부 주택대출	서브프라임 대출	주택보증보험업자
	대출심사	연방주택청	채무불이행 보증보험
	무보증 일반주택대출	잔여소득	
	미국원호처	적정가치증서	

유용한 웹사이트

www.hud.gov – 미국 주택 및 도시개발 부처
www.fha-home-loans.com – FHA 대출의 관한 정보를 제공
www.mortgageprofessor.com – 저당담보대출의 다양한 정보를 얻을 수 있는 사이트
www.freddiemac.com – 연방주택저당공사
www.homeloans.va.gov – 은퇴군인을 위한 저당상품에 관한 정보 제공
www.fanniemae.com – 연방저당공사

질문

1. 연방 Truth-in-lending법 입법 의도는 무엇이며 법상 요구되는 특정한 공시 의무사항은 무엇인가?

2. 연방 Truth-in-lending법의 공시에서 신용보험비용이 차입비용 및 공시되는 연간 이자율에 포함될 수 있는 경우는 언제인가?

3. 연방 Truth-in-lending법상의 공시를 위한 연간 이자율 결정에서 ARM을 위한 장래의 지표금리에 대해 어떤 가정을 세우게 되는가?

4. RESPA법상의 공시에서 요구되는 대출실행비용을 열거하라. 공시에서 제외되는 항목은 무엇이며, 공시는 어떤 형태를 취하게 되는가?

5. RESPA법에서 금지되는 수수료와 조건은 어떠한 것들인가?

6. 대출자가 차입자에게 에스크로우 계좌 개설을 요구하는 경우는 어떤 항목에 대한 것인가?

문제

1. 다음과 같은 대출이 실행된다.

   고정금리(9%)로서 대출요청액 $70,000이며 대출할인 $1,500을 차입매수자가 대출자에게 지급. 만기는 25년이며 월별 분할상환

   a. 연방 Truth-in-Lending법 목적상의 APR을 계산하라.
   b. *a*에서 계산한 APR이 대출자가 대출기간 중 수령할 수익률을 반영한다고 생각하는가? 대출자의 수익률이 APR과 달라지는 특정한 이유를 열거해보라.

2. 당신이 Alpha Mortgage사의 대출담당책임자이다. 대출부서의 담당자가 문제를 제기해 왔다. 그는 어제 차주가 신청한 변동금리 대출의 APR을 계산하지 못하고 있다. 대출은 현행 적용금리 13%이나 10%에 근거한 최초상환액을 부과하고 있다. 대출할인액은 없으며, 차주의 실제상환액과 적용금리에 의해 요구되는 상환액간의 차액은 음의 분할상환으로서 저당 대출잔고에 가산된다. 차주가 요청하는 차입금액은 $65,000으로 30년 만기나 일시불 보증보험료 $2,400이 차입금에 추가되어 조달되므로 차입액은 $67,400이 된다. 차주는 차입종결일에 조달비용으로 $1,600을 선납한다.

      a. 변동금리 대출이 연간 2% 및 대출기간 중 5%의 금리상한선부일 경우의 APR을 계산하라.

      b. APR공시는 차주가 당해 차입계약을 이해하는 데에 어떤 방식으로 도움을 주는가? 변동금리 대출에서 APR을 계산하는 데에 발생하는 문제점은 무엇인가?

3. Cleaver부부는 8월 20일에 Ward부부로부터 주택을 $105,000에 매입하기로 하였다. Cleaver부부는 OKAY National 은행으로부터 $84,000의 전통적 저당대출을 10%에 30년간 차입승인을 받았다. 대출기관은 Cleaver부부에게 대출취급수수료 $2,100을 요구했으며, 대출종결은 9월 22일 예정이다. 추가하여 모든 세금과 손해보험을 위하여 에스크로우 계좌가 개설되어야 한다. 그러나 보증보험은 필요하지 않다. 매수자는 1년간의 손해보험료를 Rock of Gibraltar보험회사에 지불할 것이다. Cleaver부부가 RESPA법에 의하여 9월 21일 심사할 결제비용 명세서상의 비용명세는 다음과 같다.

I.   차입매수자와 제3자간의 거래항목

a.	등록세	$ 31.00
b.	양도세	225.00
c.	등록비용, 서류작성	200.00
d.	손해보험 1년간	420.00
e.	변호사비	150.00
f.	해충검역	50.00
g.	권원보험	400.00
h.	결제수수료	125.00

II. 매도자와 제3자간의 거래항목

a.	기존저당 해지명세서	5.00
b.	기존차입 상환	32,715.00
c.	부동산중개수수료 6%	6,300.00

III. 차입매수자와 대출자간의 정보

a.	대출금액	$ 84,000.00
b.	선납이자 월 31까지 9일간 정기적 지급은 11월 1일 개시(0.10 × 84,000 ÷ 365) × 9	207.12
c.	부동산세금 2개월분 Escrow예치	133.33
d.	손해보험료 2개월치 Escrow예치	70.00
e.	대출취급수수료	2,100.00

IV. 매수자와 매도자간의 정보

a.	매수가격	$ 105,000.00
b.	계약금	1,500.00
c.	부동산세금 분담 1월 1일 연 $800납부(1.1~9.22 매도자납부) 264일	578.63

요구사항

      a. 종결일에 차주와 매도자가 지급해야 하는 금액은 얼마인가?

      b. 연방 Truth-in-Lending법상 공시되어야 하는 APR은 얼마인가?

      c. 첫번째 정기 월상환액이 차입자로 부터 지불되는 시기는?

CHAPTER 09

수익부동산에 대한 소개: 임대와 임대시장

Introduction to Income-Producing Properties:
Leases and the Market for Space

본 장에서는 수익부동산(income producing properties)에 초점을 둔다. 제일 먼저 주요 부동산의 형태 및 그의 가치에 영향을 주는 경제적 변수를 살펴본다. 다음에는 수요와 공급의 관계, 입지 분석 및 부동산 사업의 경쟁적 속성을 고찰한다. 그리고 부동산 소유자와 임차인의 계약관계를 규정하는 과정에서 임대가 얼마나 중요한지에 대해 다루기로 한다. 임대는 잠재적 수익성과 수익부동산 투자의 위험성에 영향을 미친다.

부동산의 형태

[예 9-1]은 부동산의 종류를 구분하는 주요 분류기준을 보여준다. 두 가지 주요 분류기준은 주거용, 비주거용이다. 주거용 부동산은 단독주택과 아파트 같은 다가구주택을 포함한다. 콘도미니엄과 조합주택들 또한 주거용 부동산의 범위에 포함된다.

일반적으로, 주거용 부동산은 개인이나 가족들에게 주거지를 제공한다. 호텔이나 모텔은 주거를 제공하지만, 이는 임시적인 것이므로 주거용으로 분류하지 않는다. 본 장에서도 호텔과 모텔을 상업용으로 분류할 것이다. 이는 여행숙박에 대한 수요공급이 주택과는 전혀 다른 변수에 의존하므로 경제적으로 논리적인 분류이다.

단독주택은 일반적으로 교외 소재 단독가옥(detached house)이다. 다른 비슷한 예를 들면, 야외의 녹지를 공유하는 집합주택과 단독주택과 단독부지(detached unit)를 포함하는 zero lot line(대지면적과 건축면적이 같은 방향을 말함)가 있다. 집합주택과 zero lot line은 소유나 렌탈의 형식으로 존재할 수 있다.

다가구주택은 주거용 주택의 또 다른 중요한 분류 중 하나이다. 다가구주택은 주로 위치(도심 또는 교외)와 규모(고층, 저층, 정원이 딸린 아파트)에 따라서 소분류 된다. 고층아파트는 통상 도심지에 위치하는데 이는 도심지의 지가가 높기 때문이다. 이러한 고층아파트는 월세 등으로 수입을 발생시킨다.

예 9-1
부동산의 용도별 분류

I. 주거용
  A. *단일가구*
    Detached
    Cluster개발
    Zero lot line개발

  B. *다가구*
    고층(통상 도심지)
    저층
    정원 딸린 임대주택Garden
    Apartments(통상 교외)

II. 비주거용
  상업용
  A. *오피스 빌딩*
    Major multitenant(도심지), 단일 또는
    다수 임차인(교외)
    단일 임차인(build to suit), 조합사무실
    (Combination office)/전시(showroom)
    전문 오피스: 의료, 전문화된 용도

  B. 소매유통
    지역상가, 근린시설
    노선상가(Strip centers), 특수용품상가
    (Specialty centers)
    할인점
  C. *숙박/호텔, 모텔*
    Business/회의(Convention)
    여행(Tourist)/레져(Resort)
  D. *산업용*
    중공업, 경공업
    사무실/공장,
    공장: 연구개발 등
  E. *여가용*
    컨트리클럽, Marina/Resort
    스포츠센터
  F. *기관*(special purpose)
    병원/요양소, 대학
    정부, 기타

III. 혼합용도 개발
  위의 용도를 복합적으로 사용

비주거용 부동산은 통상 오피스, 상가, 산업용, 호텔/모텔, 오락, 기관의 6가지로 대분류된다.

상업용에는 오피스와 상가 두 가지가 있는데 어떤 건물이라도 두 가지 용도로 사용될 수 있다. 또한 건물이 주거용과 상업용으로 복합용도가 될 수도 있다. 용도가 복합되어 있는 경우를 **복합용도**(mixed use)개발이라고 부른다. 따라서 본 절에서의 분류는 부동산의 수급과 투자 잠재성을 판단하기 위한 분석 목적의 편의상 분류로 이해해주기 바란다.

오피스 빌딩은 도심지의 다수임차인용과 단일입주자 수요에 맞추어 건설된 단일임차인용이 있는데, 후자의 예를 들면 병원 인근의 의료 사무실(medical office)이 있다.

소매용 부동산은 수백만 제곱피트의 대형상가로부터 조그만 상점까지 다양하다. 앞서 언급했듯이 소매용이 오피스와 혼용될 수 있는데 이는 특히 1층에서 그러하다.

호텔과 모텔은 규모 및 설비 면에서 매우 다양하다. 모텔과 소형 호텔은 주로 하루밤을 보내려는 비즈니스 여행객들이나 가족들을 대상으로 지어진다. 이런 모텔이나 소형 호텔은 부대시설(수영장, 식당, 회의실)면에서 미약하며 고속도로변에 소재한 경우가 많다. 장기투숙객을 주로 받는 호텔은 식당, 수영장 및 부대시설을 제공하며 관광지에 소재한다. 관광객의 최종목적지에 소재하는 경우 부대시설이 강하며 도심과 격리되어 손님들이 장기 투숙하며 고급이다. 이런 호텔들은 화려하고, 다양한 식사공간, 수영장, 근거리의 골프장 등을 제공한다. 회의(convention)용도의 호텔도 주요도시 인근의 유명지에 소재하는데 회의에 참석하는 고객들은 다양한 식사메뉴를 선호하며, 사업과 휴식을 동시에 즐기기를 원한다.

산업용 부동산으로는 경공업, 중공업 및 관련 보관용 등 여러 가지가 있다. 산업용 부동산은 특수한 목적을 위해 디자인된 건물도 포함하며, 이런 특수건물들은 용도변경이 어렵다. 오피스로 사용되던 낡은 건물들도 창고나 산업용으로 전환되어 사용되는 경우가 많다.

여가용(recreational)부동산은 컨트리클럽, Marinas, 스포츠센터 등으로 매우 전문화되어 있으며 관련 용품을 파는 매장과 조합되어 있다. 식당과 호텔의 조합도 종종 볼 수 있다.

기관(institutional)부동산은 정부, 병원, 대학 등의 기관이 사용하는 것으로서 건물의 형태 자체는 다른 사무실과 유사하다. 정부기관의 경우 다른 사무실과 유사하며, 일반사무실과 같은 건물을 공유할 수도 있다. 반면 병원이나 대학은 전용으로 건축되어 다른 용도로 전용되기 어렵다.

수요공급의 분석

앞 장에서, 우리는 잠재적 부동산투자를 위해서 경제적 기반을 분석하는 것이 왜 중요한지에 대해 다루었다. 부동산의 시장임대료는 경제적 기반뿐만 아니라 세입자의 수요와 공급에 의해 결정된다. 본 절에서는 부동산의 수요공급을 결정하는 시장들을 분석하고, 이들이 어떻게 부동산 투자에 영향을 주는지를 살펴본다.

시장임대료 *Market Rent* 의 균형점

특정시점에서 부동산 임대차시장은 고정된 공급량만이 존재하는데, 일부는 임대되고 나머지는 공실이거나 임대시장에 공급물량으로 출회된다. 소유주가 이 물량을 어느 가격에 임대할 수 있는지는 시장 내 유사 건물에서 형성된 시장임대 시세에 의해 결정된다. 소유주들이 다양한 임대료 수준에 걸쳐 어느 정도의 물량을 시장에 출회할 지는 [예 9-2]에서의 공급곡선으로 나타난다. 시장의 임대료 시세가 상승할수록 공급량이 늘어나는데, 특정시점에서 최대 공급량은 시장 내 현존물량으로 제한이 된다.

시장임대료가 낮은 경우, 부동산은 임대되지 않는다. 이 부분은 시세상승을 기대하는 소유주의 의도에 따라 공실로 남아 있거나, 아예 다른 용도로 전용된 것이다. 일정비율의 공급량은 항상 공실로 남아 있는데 그 이유는 임차인이 이전추진중이기 때문이거나 신축건물이기 때문이다. 이러한 공급물량은 시간이 경과하면서 신축건물 증가 및 기존건물의 퇴출로 인해 변화해 갈 것이다.

[예 9-2]는 실수요자의 수요도 보여 주는데, 임대료가 하락할수록 기업들은 인력이나 자본 대신 공간을 확장 사용하려 한다. 수요와 공급이 만나는 지점에서 시장임대료(market rent)시세 수준과 공급물량이 균형을 이루게 된다.

일정 시점에서 임대차된 총 공간은 과거에 임대차된 공간을 포함한다. 시장에 존재하는 공급물량과 임대계약 된 물량과의 차액이 공실을 나타내는데 이는 정상적인 또는 시장균형 상태에서의 공실률이다.

[예 9-2]의 공급곡선은 단기간의 균형상태를 나타내는 것으로 신규건축 또는 기존건물의 퇴출로 인한 변화로 공급의 증감이 일어나지 않는 상황이다. 이는 부동산 공급이 과거에 행해진 시장임대료 분석에 따라 지어진 기존 공간도 포함된다는 것을 의미한다.

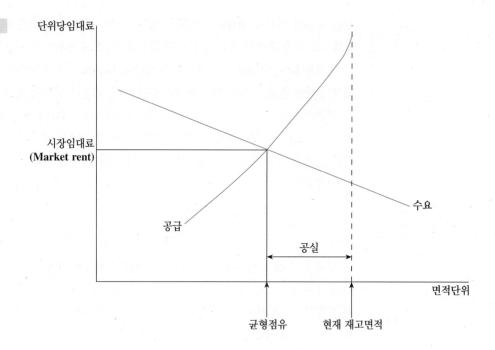

예 9-2
임대차 시장의 수급 균형

신축건물이 완공되면 시장균형이 바뀌어야 하므로 시장임대료도 변화하게 된다. 예를 들면, 지역 내에 신규기업들이 진입하고 고용인원도 증가하여 사무실 수요가 증가했다면 [예 9-3]에서의 D 수요는 D'로 증가하며, 시장의 기존 공급물량에 근거하여 임대료수준은 R에서 R'로 상승한다. 이러한 수요의 상승은 임대료강세 및 공실하락을 야기하여 개발사업의 수익성을 높이므로 신규건물의 공급을 촉발시키는데, 실제 건축되는 새로운 물량은 개발사업의 수익성뿐만 아니라 개발 가능한 토지 공급에도 좌우된다. 신규건물이 개발되고 공급이 증가할수록 최대공급량이 S_{max}로부터 S'_{max}까지 증가하여 총 공급량도 S로부터 S'로 증가한다.

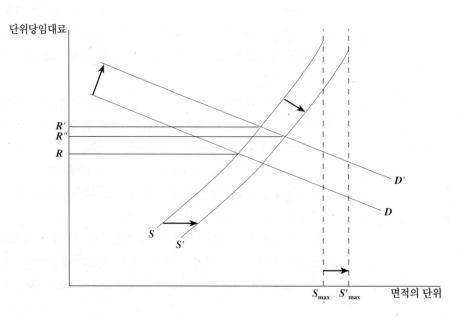

예 9-3
수요와 공급의 증가 영향

새로운 공급곡선에 의해(신규 건축 이후) 균형 임대료는 R'로부터 R''로 하락한다. 다시 말해서 임대료는 신규건축이 일어나지 않았을 경우만큼은 상승하지 않는다는 것이다. 신규 건축에 의해 증가되는 공간의 양에 따라 필요량을 초과하는 개발이 이루어졌을 경우의 임대료는 수요증가 이전보다 더 낮은 수준까지 하락할 수도 있다.

본 절의 분석에서는 수요의 증가 발생에 따라 공급이 뒤따라 증가하였는데, 수요의 **감소**는 반대의 효과를 나타내며, 이에 따라 균형임대료의 하락을 가져오고 공실률이 증가하게 된다. 공급 물량은 이미 현존하고 있으므로 공실률은 수요가 회복할 때까지 지속될 것이다. 현존 임대물량의 감소는 낡은 건물이 퇴출되어야 발생하므로 이는 매우 장기간에 걸쳐서 일어난다.

위험의 의미 *Implications for Risk*

일반적으로 시장임대료는 수요의 변화 및 공급변화 예상 치에 의해 결정된다. 부동산 사용기간 중 예측되거나 예측불가능한 시장임대료 변동이 부동산투자자의 위험과 수익에 영향을 준다. 수요변동은 지역 경기에 영향을 주는 요인들에 의해 발생되는 반면, 공급변동은 개발업자들이 임대료 상승 및 기존건물로부터 임차인들을 충분히 끌어와 사업수익성을 확보할 수 있다는 반응을 보일 때 발생된다. 부동산투자자는 수급변동으로 인한 시장임대료 변동이 어떻게 투자의 수익성과 수익의 변동성에 영향을 주는지 판단해야 한다. 투자대상이 임대 완료된 기존 건물이라 하더라도 기존 임대계약이 만료되어 재임대될 때는 당시의 임대시장 시세에 영향을 받게 된다. 본 장의 다음 절에서 후술하듯이 임대차 계약은 임대인으로부터 임차인에게 투자위험을 이전시키도록 구조화될 수 있다.

수요공급에 대한 지역 내 시장 분석

개념상으로 수요와 공급을 고려하면 유용하지만, 부동산 투자를 할 때에는 공실 수준, 임대 시세, 진행 중인 신축 공사 및 언제 이들이 입주가능하는지에 대해 시장 분석이 이루어져야 한다. 이는 매우 중요하며, 본 절에서 후술하듯이 부동산에 대한 투자를 할 때에는 시세, 공실률 및 비용에 대해 반드시 고려되어야 한다.

[예 9-4]는 시장 분석 할 때 고려해야 하는 여러 가지 변수들을 요약해 주고 있다.

위 예의 상관관계는 일반적으로 앞 절에서 서술한 지역 내 기본 산업과 이에 따른 고용형태에 따라 결정되거나 발생한다.

그러나 부동산 형태별로 수요를 고려하기 위해서는 더 자세한 분석이 필요하다. 투자자가 아파트와 소매점포에 투자를 고려할 때, 신규 고용을 예상하는 것과 더불어 급여수준에 따라 파악되는 지역 내 고용창출의 질, 노동자의 나이, 규모 및 기타 정보가 필요하다. 이러한 정보들을 통해 요구되는 아파트의 **형태** 및 소매점포의 업종 등을 보다 더 잘 이해할 수 있게 되며, 이를 통해 어떤 하부시장이 경제성장의 혜택을 누릴지 파악할 수 있게 된다.

이와 유사하게 창고 및 오피스빌딩에 대한 투자를 고려할 때에도 당해 지역 경제의 성장에 의해 생성되는 고용의 형태와 속성을 잘 이해하게 되면 투자 분석이 용이해진다. 예를 들

예 9-4
주요 부동산 형태별
수요공급 결정요인

수요 결정 요인

아파트
가구 수, 연령층, 소득수준, 금리, 주택 가용성, 임대료, 주택가격

오피스
사무실 수요가 많은 업종은 서비스 및 전문영역으로서 변호사, 회계사, 엔지니어, 보험, 부동산중개, 은행, 금융, 컨설팅, 의료 및 치과, 약국 등

창고
도매, 수송, 물류, 조립, 제도, 판매 및 서비스

소매
가계소득, 연령, 성별, 인구, 선호도

공급 결정 요인
공실률, 금리, 자금 조달 가용도, 기존 공급물량, 건축비, 토지 원가 등

Property Type		*Typical Construction Periods*
아파트	신축 기간은 교외(정원 있음)	6~18개월
	시내(고층)	18~24개월
오피스빌딩	신축기간은 교외(저층)	18~24개월
	시내(고층)	24~48개월
소매	단독 신축	6~12개월
	지역 단지 신축	12~24개월
창고	쇼핑몰 신축	36~48개월
	시외, 단독 신축	9~12개월

면, 뉴욕시의 고용 증가를 고려할 때 고용의 대부분은 오피스 부문에서 이루어질 것이다. 반면 디트로이트를 고려할 때에는 고용 증가분은 산업용 및 창고 부문에서 발생할 가능성이 크다. [예 9-4]에 의해 4개의 부동산 형태에 대해 영향을 주는 요인들을 이해할 수 있을 것이다.

각 시장의 공급 측면에 있어서는 각 부동산의 개발업자들이 [예 9-4]의 변수들을 세심하게 고려한다. 그러나 개발업자들은 자금조달 비용 및 다른 위치에서 토지를 취득하여 개발할 경우의 경제적 이익도 저울질해야 한다. [예 9-4]는 여러 가지 부동산 형태별로 개발에 소요되는 기간을 제시하고 있다.

이 사실을 미루어 볼 때, 어떤 지역 시장에서도 부동산의 공급은 다른 재화와 용역과는 달리 단기적으로는 고정되어 있기 때문에 수요증가에 대응하는 것에 시간이 든다는 것은 명확하다. 그렇기에 하부시장의 규모에 맞춘 효과적인 부동산개발을 위해서는 부동산공급량을 파악하기 위한 투자 분석이 중요하다.

입지와 사용자인 세입자

앞 절에서는 각 도시와 지방에 영향을 주는 변수에 대해 간략히 알아보았다. 본 절에서는 특정 도시 내의 입지를 어떻게 사업성 면에서 평가할 것인가에 대한 개념적 구조를 살펴보고자 한다.

예 9-5

입지 비교: 사용자의 평방피트당 매출, 비용 및 이익의 관계

	입지(Locations) in Big City, USA		
	입지(1)	입지(2)	입지(3)
사용자A			
매출	$120	$100	$ 90
비용	80	80	80
이익	40	20	10
사용자B			
매출	$100	$100	$100
비용	90	80	70
이익	10	20	30

입지가 부동산에 있어서 중요한 속성이라는 점은 논란의 여지가 없다. 부동산 투자자 및 개발업자가 성공하려면 사용자인 **세입자** 입장에서 본 입지도 매우 중요하다는 점을 인식해야 한다. 이는 성공적인 부동산 투자자/개발자들이 잠재적인 사용자인 **세입자**들의 사업 내용과, 특정한 입지가 이들 고객에게 어떻게 매력을 줄 수 있는지 이해해야 한다. 부동산을 사용하는 고객들은 이익을 내기 위하여 영업하는 기업이라는 점을 기억하라. 따라서 사용자들이 부동산에 대해 의사결정을 고려함에 있어서 다른 부동산과의 다음과 같은 경쟁 요인들이 개입된다.

(1) 매출을 증대시키거나

(2) 영업비용을 감소시키거나

(3) 매출과 비용의 혼합

사용자의 입지와 이익 간의 기본적 관계가 [예 9-5]에 나타나 있다.

어떤 대도시 내에서 3개의 입지를 비교할 때 사용자A는 입지(1)에서 이익을 더 내는데, 이는 매출이 크고 영업비용은 입지에 영향을 받지 않기 때문이다.

사용자는 입지(2), (3)보다 (1)에서 평방피트당 임대료를 더 낼 수 있고 이익도 더 낼 가능성이 크다. 반면 사용자B는 입지(3)이 최선인데, 이는 매출이 입지에 따라 다른 반면 비용은 입지(3)에서 가장 낮기 때문이다.

입지(2)는 사용자A와 사용자B는 최선이 되지 못하고, A나 B보다는 다른 사업에 적당할 수 있다.

본 절의 분석에서는 수익성이 입지에 따라 달라지므로 이는 사용자A와 그 경쟁업체(예를 들면, 소매업종, 식당 및 기타 서비스업)들은 입지(1)의 근처에 모여들(cluster) 가능성이 큰데, 그 이유는 입지가 매출액에 큰 영향을 미치기 때문이다. 이러한 업체들은 동일한 입지 내에서 임차 경쟁을 할 것이다. 이 입지는 사용자인 세입자들이 판매를 하고, 소비자들도 당해 입지에 민감해지는 **하위시장**(sub market)의 성격을 띠게 될 것이다.

한편 사용자B는 비용이 입지에 따라 민감하게 변동하므로 입지(3)을 선택할 것인데, 이는 비용이 낮아 이익이 높아지기 때문이다. 사용자B의 경쟁업체 및 다른 업종의 업체라도 영업비용 구조가 유사한 경우 입지(3)에서 임차 경쟁을 하게 될 것이다. 이러한 예로는 도매유

통업체로서 대형 창고를 필요로 하는 경우가 있다. 이러한 유통업체는 지역 내의 모든 고객에게 동일한 가격을 설정할 것이나, 배달 비용은 입지에 따라서 달라진다. 따라서 배달 비용이 가장 저렴한 입지를 선택하는 경향이 있다.

이같이 다수의 기업들 간 이익극대화를 위한 이익분석 및 경쟁분석의 결과 부동산 시장에서 일반적인 사용자 원칙이 다음과 같이 수립된다.

1. 기업들이 임차 경쟁을 하게 되면 최선의 입지에 대하여 최고의 임대료가 달성되고, 따라서 토지가치와 최고의 개발이 이루어진다.
2. 입지는 매출이나 비용 구조가 유사한 사용자들에 의해 집중적으로 지배된다.
3. 사용자에게 가장 매력적인 입지가 임대료도 높고 밀도도 높아진다. 개발업체들은 희망하는 입지에 고층으로 또는 빌딩을 밀집시켜서 평방피트당 최고의 임대료를 도출한다. 이 과정에서 비교적 작은 공간 또는 여러 층에 분산하면서도 수익성은 유지할 수 있는 성격의 세입자들이 유치된다.
4. 입지에 따라서는 가장 비용 면에서 효율적인 기업들 간에 경쟁한다. 이 기업들은 대규모 토지 및 설비에서 규모의 경제에 따라 평방피트당 낮은 임대료를 달성할 수 있다.

입지를 이러한 방식으로 분석함으로서, 도시지역에서 토지사용 행태와 하위시장(sub market)이 형성되는 이유와 과정을 이해할 수 있다. 이는 또한 소매 및 고층오피스 개발이 일정지역에서 일어나는 반면 대규모 토지를 필요로 하는 단층 창고는 다른 지역에서 개발되는지를 알 수 있게 해 준다. 물론 이러한 토지 사용 패턴은 도시지역에서 구역별 용도지정(zoning) 및 역사적으로 사용된 용도에 의해서도 영향을 받는다(그러나 이러한 영향도 주기적으로 변동된다).

요약하면, 핵심 포인트는 대부분의 사용자에게 있어서 부동산은 노동력과 함께 생산의 **투입요인**라는 점이다. 다시 말해서 기업은 노동력과 특정 입지의 부동산을 결합하여 재화와 용역을 생산한다.

예를 들면, 법률, 회계 및 광고 업체들은 고객을 위하여 용역을 제공하며, 직원들과 부동산은 특정 입지로부터 제공되는 고객 서비스를 위한 **투입** 요인들이다. 소매업체는 대량의 상품과 판매 인력을 토지와 건물에 결합시켜 판매와 서비스를 고객의 요구에 맞춘다. 더구나 상품을 유통시키기 위해서는 대규모의 토지와 창고 및 상품을 분리하고 분류하여 배달하는 비교적 소수의 직원을 필요로 할 것이다.

유통업의 예에서 핵심은 기업이 부동산을 영업비용과(또는) 이익, 토지/건물 공간의 필요성, 임대료, 직원 수, 입지에 따른 매출 등에 영향을 미치는 하나의 투입요인으로 본다는 것이다. 기업은 이러한 요인들을 복잡적으로 적용하여 이익극대화를 추구한다. 토지 사용 패턴은 사업 용지를 결정하는 패턴을 따라간다.

부동산 사업

일반적인 인식과 달리 대부분의 회사는 사무실을 소유하고 있지 않고 **임차**하여 사용하고 있다. 많은 수의 빌딩들이 빌딩외면에 입주하고 있는 주요회사의 이름을 달고 있어[1] 그 회사 소유건물인 것처럼 보이나 실은 임차하는 회사인 경우가 많다.

대부분의 회사들이 매입 대신 빌딩을 임차하여 사용하는 이유는 다음과 같다.

1. 매입하는 것보다 임차하는 것이 비용 측면에서 더 효과적이다. 회사가 위치하기 원하는 지역에 매입 가능한 사무실의 크기가 그 회사가 필요로 하는 크기보다 더 큰 것밖에 없을 때인 경우에는 그 이유가 확실히 드러난다. 예를 들어, 어떤 회사가 원하는 크기가 20,000평방피트인데 원하는 지역에 매물로 나온 부동산의 크기가 100,000평방피트짜리 밖에 없다고 가정하자. 이런 경우에는 20,000평방미터의 그 지역 사무실을 임대해서 사용하는 것이 효과적이다. 이 경우 매입하는 전략을 선택한다면 잉여되는 80,000평방피트는 타 회사에 임대해야 하는 문제가 나온다. 이 때 매입 대안이 선택되지 않는 이유는 다음과 같다.

   a. 100,000평방피트의 사무실을 매입한다면, 매입 자본을 다른 곳에 투자할 수가 있는 기회를 놓치는 것이다.

   b. 부동산의 매입은 그 회사로 하여금 부동산 사업에 '발을 담그게' 할 것이다. 이것은 사용하지도 않을 80,000평방피트를 소유하는 것에 대한 위험을 가지고, 그 부동산 사업에 대한 임대, 임대료 수금, 관리, 보험 같은 업무를 신경 써야 하는 불편함을 준다.

2. 설사 그 기업이 100,000평방피트의 전체공간을 쓰는 회사라고 하더라도 다음과 같은 이유에 의해서 임차를 선택할 것이다.

   a. 매입은 기업의 경영에 있어서 융통성을 저해할 것이다. 예를 들어 그 회사가 기존도시를 떠나기로 결정하거나 그 도시 내에서 다른 지역으로 합병이나 확장을 통해서 사무실을 이전하려고 할 때, 그 부동산을 다시 매각해야 하는 문제가 발생한다. 여기에는 상당한 시간, 인력, 예산이 소요될 것이다. 만일 그 사무실을 임대해서 쓰고 있었다면 임대기간이 끝난 후 이전한다든지 건물주와 상의해서 계약만기 전이라도 이전할 수 있을 것이다.

   b. 만일 매입해서 쓰고 있다면 그 회사는 나름의 핵심 업무와 상관없을 수도 있는 부동산의 운영, 유지, 보수 등 부동산사업과 관련된 업무를 해야만 할 것이다. 예를 들어 기술자문회사는 부동산을 소유, 운영, 임대, 보수 등의 문제에 신경쓰지 않고 컨설팅업무에만 주력하는 편이 회사이익에 도움이 될 것이다. 부동산관리는 그 분야의 전문회사가 통상 더욱 비용효과 측면에서 비교우위에 서서 일을 할 수 있기 때문이다.

   c. 만일 그 기업이 100,000평방피트의 공간을 쓰다가 사무실을 **축소**해야 할 필요가 생길 경우 그 회사는 잉여공간에 대해서 임대하거나 매각하기 위해 브로커를 추가로 고용해야 하는 문제가 생길 것이다. 거기에 더해 새로운 임대인의 요구에 맞추어 기존의 사무실을 개, 보수(renovate)해야 하는 필요성까지 생긴다. 이는 역시 고유의 사업과 관계없는 부동산사업을 의미한다.

---

[1] 이러한 것은 대다수 건물을 임차하는 회사에서 볼 수 있다.

　　요약하면, 지금껏 많은 기업들이 그들의 주요업무 외에 부동산관리 사업에 신경을 써왔다는 것은 많은 증거에 의해 뒷받침된다. 하지만 그 결과는 잘해야 절반의 성공이었다. 부동산 사업은 **그들만의 특별한** 경제적 기능을 가지고 있고, 그것들은 임대사업자들이 하는 다른 사업들과는 구별된다. 이런 비 핵심적인 부동산 사업들은 다음과 같은 위험을 가진다.

　　(1) 적정한 부지면적을 선택하고 적절한 면적을 개발해야 하는데 따르는 위험, (2) 다수의 다양한 임차희망자에게 임대해야 하는 데 따르는 위험, (3) 전문 인력을 채용하고 임대료를 징수하고 시설을 유지, 관리해야 하는 위험, (4) 투자 및 개발을 위한 자금조달의 위험, 그리고 (5) 매각적정시점과 임대료인상, 인하시점, 그리고 개, 보수시점 등을 결정하기 위한 지속적인 부동산시장동향 분석의 위험

　　이러한 사항들은 부동산사업이 주력업종인 회사에 의해서 수행되어야 비용측면에서 최선인 특화된 기법들을 요구하는 수많은 기능의 예이다. 다른 사업기업들은 그들에게 특화된 사업에 주력하는 것이 제일 바람직하다(예, 고객들을 상대하는 법무법인, 회계법인, 광고회사나 소매점). 이러한 사용자들은 부동산사업을 전문으로 하는 회사보다 일반적으로 부동산사업부문에서 효과적으로 업무를 수행하기 힘든 것이 사실이다.

　　현재 약 80%의 사무실용 빌딩과 상가들이 **임대**에 의해 임차인이 입주해 있는 것으로 추산된다. 이 수치는 공장이나 창고임대에 있어서 약간 낮은데, 약 37%가 소유자에 의해서 사용되고, 나머지 63%가 임대되고 있는 것으로 추산된다.

　　요약하면, 부동산 사업이란 입주자에게 부동산 관련 용역을 제공하는 전문 회사들에 의해 수행되는 활동이라는 것이다. 입주자가 건물을 소유하고 그에 관한 서비스를 수행하는 것보다는 임차 사용하는 것이 일반적으로 비용에 비해 효과가 크다.

　　이러한 고찰에 있어서 한 가지 예외사항이 있다면 한 건물에 입주해 있던 유일한 회사가 자체 사옥에서 독자설비를 사용하기를 원한다든지, 고도의 전문적인 실험실이나 특수한 전산 기기나 보안설비 등을 건물에 설치해야 하는 회사의 경우를 들 수 있다. 이러한 특별한 경우에는 임대보다도 매입이 바람직할 수 있다.

수익부동산시장

　　전술한 (1) 수익을 극대화할 수 있는 입지에 사무실을 구하는 입주희망자 간의 일반적 관계, (2) 또 비용 효과적 측면에서 매입보다는 임대를 선호하는 입주자의 일반적인 요구, (3) 부동산을 개발하고 매입하고 임대하고 유지관리함과 관련하여 전문부동산업체가 일반입주자보다 더욱 비용 효과적으로 기능을 수행한다는 논의에서 보듯이, 부동산서비스라는 거대한 시장이 출현하였다는 것은 확실하다.

　　부동산투자라는 주제에 접근하기 위해서는 이러한 경쟁시장이 어떻게 움직이고 있고 소유자와 임차사용자 간에 거래가 어떻게 이루어지고 있는지를 이해할 필요가 있다. 또한 빌딩의 소유자가 경비 중 빌딩 자체를 운영하는 데 드는 경비와 빌딩입주자의 사업운영과 관련된 경비를 어떻게 구별하는지 이해하는 것도 중요하다. 빌딩과 관련된 경비는 소유자에 의해 사용자에게 할당되고, 소유자는 임차인의 영업활동과 관련된 경비는 부담하지 않는다.

요약하자면, 부동산서비스라는 시장에 있어서 임차인은 수입을 늘리든 비용을 줄이든 수익을 극대화할 수 있는 입지에 임차를 희망하고, 그에 따라 부동산 소유자는 부동산의 개발, 임대, 운영에 있어서 위험을 수용하게 된다. 이러한 서비스는 부동산 소유자가 임대료를 받는 대신 제공하는 것이다. 그러나 아래에서 언급하지만, 임대료란 개념이 중요하면서도 매우 일반적인 것이어서 그것만으로는 소유자와 임차인에게 할당되는 모든 경비를 정확히 설명해 주기에는 충분하지가 않다.

임차인의 총 임차경비와 소유자의 임대수익합계를 구하기 위해서는 임대료 외에 임차인과 소유자의 합의 내용과 관련한 여러 항목들을 고찰해야 한다. 이것은 일반적 임대계약에 있어서 양 당사자 간의 추가적인 권리, 의무를 포함한다. 임대차 계약내용은 투자자의 입장에서 그 자산에서 얼마만큼의 수익을 내는지, 법률적 책임내용은 뭔지, 그리고 장래 추가사항은 어떤 것이 있는지를 반영하게 되고 이것은 그 자산의 장래 가치에 결정적인 영향을 미칠 것이기 때문에 중요하게 다뤄져야 한다.

부동산 자산의 잠재 수익성

본 절에서는 아파트, 사무실, 소매용 및 산업용/창고의 4개의 주요한 부동산 형태를 살펴본다. 본 절의 목적은 각 부동산 형태별 운영과 임대의 특성과 현금흐름 예측이 어떻게 이루어져야 하는 지를 익숙하게 하기 위함이다.

시장임대료(market rent)라는 용어는 잠재 세입자가 현행 시장 상황하에서 특정 공간을 사용하기 위하여 지불해야 하는 가격을 의미한다. 이 시세는 여러 가지 요인에 좌우되는데, 여기에는 (1) 국민 경제의 전망, (2) 당해 부동산이 입지한 지역의 경기, (3) 분석대상 입지에 소재한 건물들이 제공하는 공간에 대한 종류별 수요 상황, (4) 유사한 경쟁 건물의 공급량들이 있다.

예를 들면, 오피스 빌딩에 대한 시장임대료는 당해 지역 내에 소재하는 기업 수뿐만 아니라 단기간 내 창업할 기업의 수 및 이들이 현재 및 장래에 고용할 직원들의 수들에 좌우된다. 이러한 요인들은 많은 불확실하고 복잡한 원인에 의하여 변동하므로 추정하기는 매우 어렵다. 특정한 기업에서 직원 고용규모 및 직원들을 배치하기 위하여 필요한 공간의 양은 과거의 수치와 장래의 수치가 매우 다를 수가 있는데, 이는 기업들이 사업을 영위하는 방식이 변하기 때문이고 특히 기술의 발달에 의하여 더욱더 그러하다.

이와 유사하게 아파트에 대한 시장임대료는 당해 입지 내에서의 인구 분포 및 소득수준, 임차 대신 매입할 수 있는 주택 또는 콘도미니엄의 가격과 가용여부 등에 좌우된다. 소매상가에 대한 시장임대료는 인구 분포 및 가계 소득뿐만 아니라 가계가 재화를 구입하기 위하여 특정 소매점에서 지출하는 소득비중들에 좌우된다.

부동산 투자자들은 세입자들의 **신용도**에 매우 주의해야 한다. 임대절차의 한 과정으로서 신용보고서, 은행 거래 실적 조회서, 고객 및 납품업자로부터의 실적조회서 등을 징구해야 한다는 점은 매우 중요하다.

부동산은 내구성 자산으로서 상당히 긴 경제적 수명을 가진다. 특정 시점에서의 시장임대료는 특정 공간 단위, 예를 들면 건물 내의 임대가능 지역 내에 평방피트 단위당 사용하기 위하여 사용자가 반드시 지불해야 하는 가격이다.

시장임대료는 부동산의 경제적 수명 기간 중에 아무 때나 변동할 수 있는데, 그 이유는 잠재 수요자들로부터의 수요의 변동 또는 가용한 건물이 신축되거나 시장에서 퇴출함으로서 공급의 변동이 일어나기 때문이다.

이러한 변동으로 인하여 시간을 두고서 부동산 임대수익에 영향을 주는 변동성이 생겨나게 된다. 특정 시점에서 특정 부동산의 가치는 잔여 경제적 수명 기간 동안에 기대되는 임대차 수입의 현재가치에 의해 결정된다. 따라서 부동산에 투자하려는 사람은 부동산의 잔여 경제적 수명 기간 동안에 수요와 공급 상황이 어떻게 변하여 시장임대료에 영향을 주게 될지를 고려해야 한다.

공실률 *Vacancy*

전술하였듯이, 특정 시점에서 건물 내에서 사용 가용한 면적이 모두 임대되지 못할 수가 있다. 이는 임차인이 계약 만료로 떠났기 때문일 수 있고(계약 만료 이전에 떠나는 경우도 있다), 아니면 새로 준공된 건물에서 처음부터 임대되지 못하였기 때문일 수도 있다.

따라서 부동산으로부터의 수익을 예측하기 위해서는 예상 보유기간 동안에 임차인들이 어느 정도의 공간을 사용할지 예측할 필요가 있다. 임대인은 임대시장 상황이 강세인 경우라도 항상 어느 정도의 공실률을 감안해야 하는데, 그 이유는 임차인이 바뀌면서 임대공간을 정비하여 새로운 임차인에게 재임대하는 데에는 시간이 필요하기 때문이다. 따라서 소수의 대형 임차인들만이 입주해 있는 건물에서도 임대료에서 약간의 손실은 발생할 수밖에 없는 것이다.

공실률을 예측함에 있어서 신축 건물인 경우는 더욱 예측하기가 어렵다. 일부 임대 계약은 건물의 준공 이전에 미리 계약이 확보될 수 있지만, 준공 직후에도 **전부 입주는 달성되지 못할 수가** 있다. 이러한 경우에 잔여 공간이 시장에서 소화되는(absorbed) 데에 얼마나 시간이 걸릴지 추정해야만 한다.

즉, 임대율이 정상 수준에 도달하는 데에 어느 정도의 시간이 걸릴 것인가?

임대에 시간이 걸릴수록 부동산 소유자는 사업 초기의 수익이 줄어들게 된다는 점은 분명하다. 부동산 보유기간 초기의 현금흐름이 위축되게 되므로 부동산의 투자가치에도 상당한 악영향을 주게 된다.

여기에 몇 가지 관찰이 더해진다면 더욱 효과적이다.

첫째, 부동산의 취득 및 투자분석에서 사용할 예상 수지표를 작성할 때에는, 이 예상치가 오직 **현금흐름에 대한 요약만을** 포함한다는 것을 강조하는 것이 중요하다. 이 현금흐름을 신경쓰는 것은 중요할 뿐 아니라, 또한 일반적인 회계원칙(GAAP)에 근거하여 결정되는 회계적인 수익과 구분되어야 한다. 일반적인 회계원칙에 근거한 회계적인 수익이 연간보고서나 세금에 관련된 보고서를 만드는 것에는 중요하게 쓰이지만, 이것은 부동산 취득 의사결정을 위한 분석에 사용되어서는 안 된다.

Web 응용

www.reis.com과 같이 국가와 지역 임대시장을 요약해주고, 전망을 제공하는 온라인 사이트는 많이 있다. 아파트, 사무실, 창고 그리고 도시에 적합한 소매점포용 부동산뿐만 아니라, 당신이 살고 있거나 살고 싶은 지역에 대한 흐름 상태를 조사한 것을 찾아라. 그 지역의 당신이 선택한 형태의 부동산 전망은 무엇인가? 현재 임대율과 공실률은 어떠한가?

예 9-6
수익 부동산 조사에
유용한 정보 원천

부동산 형태	정보원천
아파트 콘도미니엄, 협동조합(cooperative)	*아파트 콘도미니엄의 수익과 비용 분석*(시카고 부동산관리협회 자료, 연간)
오피스 빌딩	*오피스 빌딩의 거래보고서*(워싱턴 DC), 연간 부동산 소유/관리 협회보고서
쇼핑센터	워싱턴 DC에서 발간한 "*The Dollars and Cents of Shopping Centers*" 보고서
산업단지	Conway 출판사에서 발간하는 *Site Selection Handbook*

두 번째로, 앞 장에서 소개되었던 순 영업이익(*NOI*)이라는 용어가 부동산업에서 전반에 통용되고 있다. 본 장에서는 현금의 유입과 유출의 결과인 **현금흐름**에도 중점을 둔다. 이러한 구분을 두는 이유는 투자분석을 함에 있어서 부동산 매각자 또는 매각자 측의 대리인으로부터 임대료와 발생비용에 대한 상세한 정보를 알게 되기 때문이다. 일반적으로 소유주는 부동산을 실사한 후에 기존 임대계약이 만료되고 새로운 임차인을 구하기 위하여 필요한 개보수(개량)(improvements) 또는 중요한 보수비용을 추징하게 된다. 그 결과 비용에 대한 연 평균치를 추정하는 대신 발생 항목별로 연간 추정할 수 있는 유리한 입장에 서게 된다.

[예 9-6]은 다양한 부동산에 대하여 재무 예측을 짜는 데에 도움이 되는 운영비용 및 다른 정보에 대해 지침이 되는 정보 원천들을 보여주고 있다.

요약하면, 재무제표를 분석함에 있어서 임차인의 임차인 개보수 지원금(tenant improvement), 개보수 등의 지출이 어떻게 현금흐름표에 포함되어 있는지에 대하여 특별히 주의를 기울여야 한다.

본 장에서는 이러한 항목들에 대해서 평균지출액을 사용하는 대신 지출이 발생할 것으로 예상되는 연도의 현금유출액을 추정하여 사용하고자 한다.

세입자 심사

일반적으로 수익성부동산은 세입자에 의해 일정기간 동안 임대가 된다. 임대약서는 임대기간 동안의 권리, 의무 그리고 **임대인**과 **세입자** 서로의 책임에 대해 명시되어져 있다. 또한, 임대계약서에는 임대인과 세입자의 이익 보호를 위한 고려사항들과 임대료 및 비용 등에 관한 것을 정하여야 한다.

임대계약을 할 때, 임대인은 세입자의 재정상황을 파악하여야 한다. 이러한 조사는 임대계약을 통해 임대인에게는 자산, 세입자에게는 부채를 형성하기 때문에 매우 중요하다. 임차를 하게 되면 때로는 상당한 금액을 매우 오랜 기간에 따라 납부해야 하는 경우도 있다. 따라서 세입자의 현재 그리고 장래의 납부능력이 중요하다. 또한, 위험을 제대로 파악하기 위해서, 임대인은 세입자가 현재 운영 중인 사업의 상태와 관련 산업과의 관계 등에 대해 확실히 알아야 한다. 일반적으로, 세입자를 평가하는 데 필요한 자료는 아래와 같다.

- 세입자의 재무상태표
- 신용등급
- 회사와 산업에 관한 보고서
- 은행과의 관계
- 기타 부채와 다른 임대상황

임대차계약 심사는 위험평가에 가장 중요한 요인이며 이는 현금흐름에 영향을 받는 부동산과 그 가치에 직접적으로 영향을 미친다. 게다가, 만약 세입자의 사업 실패 등으로 인한 세입자의 임대료 미납과 파산방지를 위한 소송이 발생 시, 세입자는 이러한 조정기간 동안[2] 임대료 없이 계속 임차를 하여야 한다.

임대차 계약 관련 일반적 사항

앞서 다루었듯이, 리스계약서상에는 부동산의 주인을 뜻하는 '임대인'이라는 용어가 사용된다. 이 장에는 임대인과 소유주를 혼용하여 사용한다. 마찬가지로, 임차인은 공간을 점유하여 사용한 대가로 임대료를 지불하는 주체이다. 따라서 이 장에서는 임차인과 사용자도 혼용하여 사용하기로 한다. 많은 용어가 임대계약서 상에서 사용되지만, 많은 임대계약에서 사용되는 요인들은 다음과 같다.

1. 임대계약 당사자(임대인, 임차인), 계약일자, 계약효력발생 일자 및 만기
2. 최초 기본 임대료 및 추가 임대료 계산방식. 양보조건과 특별조항에 대한 설명은 소유자가 사용자에게 제공한다.
3. 제3자나 공동서명인에 대한 보증 및 보상금
4. 입주일 및 세입자의 부동산 개조
5. 임차시 부동산 사용, 제한 그리고 개조에 대한 제한 조항
6. 임대공간 전대에 대한 제한사항
7. 로비, 화장실, 주차장 등 공동구역 사용에 관한 내용
8. 임차공간에 대한 수선 및 재보수 책임
9. 부동산 개조, 변경에 대한 제한사항
10. 임차인의 부동산의 개조 수요에 대한 임대인 비용부담 인정범위
11. 공간, 회사운영, 주차 가능 등 임차인에게 주어진 고려사항
12. 양자 간 비용부담 배분내용

---

[2] 또한 이는 임대인의 재정상황에 대해 세입자의 관점에서 파악하는 것 또한 중요하다. 임대인이 재정적으로 어려움을 겪고 파산에 이른다면, 부동산 소유자는 바뀌며 운영 및 관리 등 세입자에게 제공할 서비스 또한 변동 가능하다.

13. 보험가입 의무

14. 임대차 재계약 옵션

15. 금반언(Estoppels)

　　위에 열거된 내용들이 양자 간의 법적 및 재무적인 사항을 규정하고 매우 복잡하거나 상대적으로 단순하게 작성할 수 있다. 대규모 임차자(대규모 임차 및 많은 직원이나 기계들을 이동해야 할 경우)는 임대차 계약 관련 많은 조건들을 협의하여야 한다. 이와 반면에, 상대적으로 임대차가 단순할 경우(아파트 임대)에는 Concept box 9.1을 참고하면, 언급한 임대차 조건에 대한 더욱 자세한 사항들을 알 수 있다.

　　이 Concept box는 리스계약에 포함될 만한 다양한 종류의 정보들을 포함하고 있는데, 이 정보들은 임대에서 발생할 미래 현금흐름, 비용의 지불, 옵션 같은 다른 위험이나 수익률에 영향을 미칠 수 있는 것들이다. 부동산 투자분석을 할 때, 임대차조건 각각에 대해 심도 있게 검토하여야 한다. 분명히, 어떤 계약은 부동산이 임대되었을 때 영향을 미치는 모든 임대로부터 발생할 현금흐름을 기반으로 한 현재 가치에 따라 결정된다. 투자에 대한 분석을 할 때, 리스계약은 최근이나 수년 전에 체결되었을 수 있고, 또한 각각의 리스계약은 그 계약 당시의 시장상황을 반영한다. 그러므로 분석과정에서, 임대차 조건들은 부동산 가치에 큰 영향을 미치므로, 투자자들은 각각 조건들의 제한사항 등을 명확히 파악하는 것이 중요하다. 대출기관 또한 담보대출 유동화를 위한 가치평가 시 각각의 조건들을 면밀히 검토하여야 한다. 즉, 대출기관이 대출조건이 부적절하다고 판단될 시, 부동산 소유자에게 대출조건 등의 변경을 요구할 수 있다.

임대료에 대한 일반적 사항

　　임대차계약 체결 시 최초 임대료는 특정 금액으로 확정이 되며, 이를 **기본임대료**(base rent) 혹은 **최소임대료**(minimum rent)라고 한다. 이러한 기본임대료는 임대차 기간 동안 같거나 혹은 변할 수 있다.

　　임대차 기간 동안 임대료를 조정하는 다양한 방법이 있다. 이러한 임대료 조정은 임대차 기간, 임차공간의 크기 그리고 부동산의 종류에 따라 달라진다. 가장 일반적은 임대료 조정사항은 아래와 같으며 각각 결합 가능하다는 것을 명심하여야 한다.

1. 일정 임대료(flat rent). 이는 임대차 기간 동안 임대료의 조정이 없는 것으로 이는 일반적으로 아파트를 임차할 경우 사용한다. Flat rent는 상대적으로 임대차 계약기간이 짧거나 임차인이 자주 변동되는 경우 또한 적용이 가능하다.

2. 상승임대료(step-up rent). 다른 방법으로 상승임대료가 있으며 이는 임대차 기간 동안 주기적으로 **일정한** 임대료가 상승하는 지불방법이다. 상승임대료는 일반적으로 오피스, 소매점 그리고 창고 임차 시 사용되는 방법이다. 예) 기본 임대료가 평당 20,000원이고, 5년간 매년 1,000원씩 평당 임대료를 상승시킨다.

3. 지수연동임대료(indexed rent). 임대료를 인상하는 다른 기준으로서는 일정 지수에 연동

Concept Box의 목적은 임대차에 대한 이해와 다양한 조건과 옵션들이 위험과 투자자에게 어떻게 영향을 미치는지 아는 것이다. 아래의 사항들은 소유자와 임차자 모두 협의하여 임대차 계약 체결시 작성해야 할 사항들이다. 아래의 목록이 완벽하지는 않지만, 다른 계약들처럼 리스계약에도 임대인과 임차인의 필요에 의해 여러 가지 특약사항들이 더해질 수 있다.

1. *임대차계약의 당사자들*: 임차자로서 기업이 들어오는 경우, 계약당사자가 임대차 관련 책임이 있는 직원인지가 매우 중요하다. 또한 영위하고 있는 사업과 모기업과 다른 관련 기업의 대한 조사도 필요하다. 이러한 것을 하지 않을 시, 파산 등으로 인해 임대료 및 관리비가 체불될 수 있다. **입주일**은 신축건물 완공 전 임차자가 입점하는 경우 매우 중요한 임대차 요인이다. 이러한 경우, 임차자는 임대차 계약을 취소할 수 있다. 소매 리스와 비슷하게, 임차자가 장기간 입점하지 않아 다른 임차자에게 피해를 줄 경우(빈 공간에 따른 매출액 감소 등) 부동산 소유자는 임대차 계약을 취소할 수 있다. 임대차 계약을 취소할 때에는, 예치금 몰수나 다른 벌금 등을 고려해야 한다.

2. *임대료*: 앞서 언급 하였지만, 임대료 책정 기준은 Flat, Stepped-up, Index 등과 같이 다양하다. 양보조항(Concessions) 또한 임대료를 낮게 하는 효과가 있다(ex: 소유자가 특정기간 동안 **임대료 면제를** 해주는 경우 등). 이러한 양보조항 및 할인은(1) 시장의 공실률이 높거나 (2) 낮은 경제성장 때문에 수요가 감소하는 경우 일반적으로 활용된다. 이런 무료 임대정책 외에도, 이사비용 지원, 임대자산 매수권, 지정 주차장 제공 등 다른 양보조항들이 포함될 수도 있다.

3. *제3자 보증 등*: 임대차 심사과정에서 임차인의 파산위험이 있는 경우 부동산 소유자는 임차인에게 제3자 보증이나 신용장[(Letter Of Credit:LOC)]을 은행으로부터 구입하도록 요구한다. LOC는 은행이 부동산 소유주에게 줄 임대료가 연체 될 경우 그 금액을 보증해 주는 방식이다. 임차자가 임대료를 체납하지 않을 경우 LOC를 축소하는 조항은 매년 LOC 수수료를 절감하고자 하는 임차자에게 필요한 항목이다.

4. *입주일 임대공간 상태*: 이 항목은 임차인이 입주하는 날 기본 공사 및 리노베이션이 완료되어야 한다는 것으로 이런 경우, 임대차 계약 시 임차자 **임차인 개보수 지원금**(Tenant Improvements: TIs)을 (페인트, 전등, 카펫 등) 요구할 수 있다. 임차자 개량의 범위는 협상을 거쳐 결정되고, 소유주는 사용가능 공간에 비례한 금액을 임차인에게 지급한다. 금액과 TI의 세부항목은 소유주가 **작업허가서(Work Letter)**에 기록하게 된다. 또한, 이런 종류의 개량을 임대 종료 시에 처분하는 것도 기록된다.

5. **사용가능** 및 불가 공간은 임대차 계약 시 명시해야 한다. 이런 조항은 일반적으로 그들이 임차하는 공간에 대규모 변경을 금지한다. 예를 들어, 기존 오피스 빌딩에 임대차 하고 있는 경우 소매 영업의 추가는 금지된다.

6. **재임대(Subletting)**: 기존 임차자가 기존 공간보다 적은 공간을 사용하고자 할 경우, 부동산 소유주의 허락에 따라 제3자의 전대*가 허용된다. 소유주는 일반적으로 전대보다는 직접 임대를 하고 싶어하지만, 그렇다고 해도 불합리하게 전대를 금지하지는 않는다. 하지만, 전대가 허용되더라도, 대다수의 소유주는 남은 임대차 기간 동안 임대료의 법적 책임이 있는 기존 임차인이 남기를 요구한다.

7. **업무행위(Business conduct)**: 모든 임차인은 공동사용공간에 대해 규칙을 준수하도록 요구받는다. 소매 임대차의 경우, 특별판매 및 전시 등을 통행로와 같은 공동사용공간에 진행하는 것을 금지한다.

*전대: 임차인이 또다른 임차인을 구하는 것을 전대라고 함

8. 부동산 소유자가 제공한 서비스: 대부분의 오피스 임대차의 경우, 부동산 소유자는 청소, 유지관리, 수리 등과 같은 서비스를 제공한다. 소매 및 창고 부동산의 경우, 임차자에게 관리 및 공간사용에 대한 더 많은 재량권을 준다. 그러나 부동산 소유자는 일반적으로 변경행위 및 구축물 선택등과 같은 행위를 허용하는 권리를 유지하려 한다.

9. 만약 부동산 소유자가 임대공간을 확장하거나 건축하기를 원할 경우, 임대차 계약상 "**비변동(non-disturbance)**"조항을 추가해야 한다. 이는 확장 또는 리노베이션 기간 동안 임차자의 운영에 방해를 하지 않겠다는 것으로 임대차 계약 협의 시, 임차자는 일시적인 다른 공간 사용이나 확장기간 동안 신규통행로 및 출입구의 사용을 요구한다.

10. 주정부 또는 지자체는 부동산의 전체 또는 일부(통행권 취득 등) 수용하기 위해 eminent domain(**수용권**)을 사용하며, 임대차계약은 임차인이 임차료를 삭감하거나 또는 임차자의 사업에 영향을 주는 다른 요인나 주차장과 같은 고려사항을 제공해야 한다. 유사하게, 임대차계약은 보통 화재나 임차인 장소에 훼손 또는 사업상의 손실을 유발하는 어떤 상황등과 같은 대비사항을 포함한다.

11. 임차인은 **비용 책임**에 대해 다양하게 고려하여야 한다. 어떤 경우, 부동산 소유자는 운영비용을 제공하거나 직접 지불한다. 다른 경우, 부동산 소유자는 (1) 임차인에게 직접 관련되어 있고 (2) 비용에 급작스런 상승위험 때문에 운영비용에 대해 책임지는 것을 원하지 않는다. 결과적으로, 많은 부동산 소유자는 "가격전가Pass through"나 임차인에게 직접 비용을 수취하기를 선호한다.

12. 대다수의 임차인은 부동산 소유자에게 공동 사용 공간(로비, 주차장 등)에 대한 합리적인 보험가입을 요구한다. 임차자들도 또한 임대공간에 대한 보험에 가입하여야 한다.

13. 임대차 만료일이 다가올 때, 임차인은 임대인 소유자에게 계약 만료 및 갱신에 대한 통보를 하여야 한다. 이는 부동산 소유자는 임차자에게 중요한 결정사항이다. 임차인의 경우, 만약 임대차가 갱신이 되지 않으면, 사업 및 직원 이전에 대한 비용이 발생한다. 임대인의 경우, 계약 만료에 따른 신규 임차자 모집에 수수료 등 비용이 지출된다. 갱신옵션은 일반적인 사항뿐만 아니라, 갱신 임차기간 동안의 임대료 산정 등이 포함되기 때문에 복잡하다. 임대료 협의의 불확실성을 줄이기 위해, 비교가능한 부동산의 임대료에 대한 사전 시장 조사가 필요하다. 이러한 조사는 임대차 만료 1년 전 또는 적어도 3개월 전에 실행되어야 한다. 조사 결과 신규 임대료 협의에 대한 기본적인 사항을 제공해 준다. 다른 경우, 임차자는 "최혜국(Most favored nation)" 조항을 가질 수 있다. 이는 임차인에게 같은 빌딩 내 임차한 임차인의 최근 계약현황을 볼 수 있는 권리로 여기에는 현재 임대료와 각 임차인별 계약 조건 등이 포함되며 임차인은 이 정보를 활용하여 임대료 협상을 할 수 있다. 부동산 소유자와 임차자는 신규 계약이 협의되지 않을 경우 중재에 동의 할 수 있다.

14. 부동산 임차인으로부터 받는 리스 확인서(Estoppel Certificates): 이 조항은 임차인에게 (1) 현 계약상 임대료와 비용, (2) 과거 지불한 금액 (3) 부동산 소유자와의 의견 불일치로 연기된 임대료 등을 파악하기 위해 설문지를 보낼 수 있도록 한다. 이 조항은 (1) 현재 임대료와 관리비 현황 (2) 현재 분쟁 상황들을 알 수 있기 때문에 투자자에게 매우 중요하다.

15. 부동산 소유권 변동 및 파산: 이 조항은 임차인에게 부동산이 팔리거나 부동산 소유자가 파산했을 경우 임대차 계약을 종결할 수 있게 해준다.

하는 방식이 있는데, 소비자물가지수(consumer's price index: CPI)가 일반적으로 사용된다. 다른 지표로서 뉴욕시에서는 Porter's 임금지수를 사용하기도 한다. 이러한 지수 연동 방식은 인상액을 미리 알 수 없다는 점에서 상승방식(step-up)과 다르다. 또한, 연동방식은 예기치 못한 인플레의 위험을 임차인에게 전가시킨다. 그 결과, 임차인은 지수를 적용하는데 최대치를 협상하게 될 것이다. 지수를 사용해서 임대료를 정하는 대신에, 임차인은 일정임대료나 상승임대료보다 낮은 기본임대료를 얻을 수 있다. 또한, 리스계약은 디플레이션의 경우 지수를 어떻게 적용할 지에 대한 것을 표시할 수 있다. 이 경우, 최저치(임대료의 할인 최대치)를 표시하게 된다. 이러한 지수 연동방식은 오피스나, 소매(retail), 창고 리스 계약에 사용된다.

4. **수익 및 매출액에 연동된 임대료.** 쇼핑센터의 임대차는 임대료를 임차인의 매출액에 부분 또는 전부 연동시키는 경우가 많은데, 이를 **비율임대료**(percentage rent)라고 부른다. 이 경우 매출액과 관계없이 기본임대료가 계산된 후 매출액이 목표액을 초과하면, 임대료는 매출액의 일정비율로 바뀐다. 이 지점을 손익분기점(breakpoint)라고 한다. 총 임대료가 기본임대료를 초과하는 금액을 매상비례(overage rent)라고 한다. 만약, 임차인의 손질이 감소할 경우 다시 원래의 기본임대료(base rent)로 돌아간다.

임대차와 비용부담의 책임

부동산 소유주는 운영비용을 충당하기 위해 여러 가지 방법을 사용한다. 임대의 내용은 임대료와 지불방식에 따라 다르다. 하지만, 그 협상시점에 유행하는 시장의 종합적 상황이 임대계약 내용에 큰 영향을 준다는 것을 늘 명심해야 한다. 그러므로 임대료와 어느 측이 비용항목을 부담하는지를 명시해야 한다. 운영비용 관련 일반적인 형식은 다음과 같다.

1. **총임대**(gross-lease): 모든 비용을 임대인이 지불하는 임대차 계약으로 임대인이 비용증가 위험을 부담한다.

2. **완화된**(full-srvice) 임대: 이 조건은 임차인의 임대료가 상대적으로 낮게 임대인에게 지불한다. 또한, 임대인은 모든 서비스를 임차인에게 제공하지만 전기료와 같은 임차에 필요한 비용은 임차인이 지불한다. 이러한 비용은 임차인 사업유형에 따라 달라진다. 전체 면적으로 총 운영비용을 계산하고 임차인의 임대면적에 따라 비례 배분한다.

   a. **직접**(direct)-**가격권**(pass through). 어떤 임차인은 그들이 사업방식 및 유형에 따라 다른 임차인보다 더 많은 양의 서비스를 이용한다. 따라서 임대인은 임차인에게 직접 비용을 지불하기를 원하며, 이는 상대적으로 적게 서비스를 이용하는 임차인이 있는 경우 더욱 합리적이다.[3]

   b. **영업 외 비용**(non-operating expense)의 **가격전가**(pass through). 특정한 영업외비용에 대해서 소유주가 직접부과를 요청할 때에도 리스계약은 수정될 수 있다. 일반적으로 영

---

[3] 예를 들어, (A)임차인이 7일 동안 일을 할 경우, 다른 임차인은 (A)가 그 기간 동안 사용한 운영경비의 분담을 원하지 않을 것이다. 이러한 경우, 임대인은 (A)임차인에게 사용한 서비스(전기료, 시설 안전 등)의 비용 직접 지불하는 방법을 찾는다.

임대차 조건에서 어떤 항목이 회수가능(Recoverable) 비용(이하 "관리비"라 함)인지 알아보기 위해서는 부동산 소유와 운영관련 비용을 검토하는 것이 필요하다.

회수가능(recoverable) 비용 (관리비)		회수불가능(not recoverable) 비용
청소	수도료	임대관련 수수료
수리	보안	토지건물 계정에 대한 회계
유지비	관리	(Property accounting)
조경	부동산 관련 세금	간접비
전기료	보험	금융비용
사업 세금	감가상각 충당금*	자본지출 / 임차인 개선

*This allowance does not have to be the same as one of the depreciation methods prescribed by GAAP accounting principles. It may represent a rate of actual economic depreciation of the building, as estimated by the property owner.

부동산으로 발생된 모든 비용이 모두 관리비가 되지 않는다. 마케팅, 광고, 임대차, 협의, 자본지출 그리고 부동산 소유에 관련된 비용들은 부동산 소유자의 책임이기 때문에 이러한 비용들은 소유주에게 더 관련이 있고 임차인에게는 어떠한 이득도 없다. 소유주와 임차자가 관리비를 협의한 후, 임차자는 관리비의 의 증가분에 대한 협의를 하여야 한다. 계약 시점의 관리비의 기본 금액을 설정하기 위해, 리스 계약상으로 임차자가 관리비 증가분을 부담하는 최대치인 비용부담한도(expsense stop)를 설정한다. 비용부담한도(expsense stop)는 보통 평방피드당 관리비용 단위로 계산된다. 예를 들어, 평방피트 당 $7로 관리비를 설정하고 실제 관리비가 $8로 나왔다면, 임차자는 초과분에 대해서만 부담하고 ($1) 나머지 부분($7)은 소유주가 부담한다. $7는 임대차 계약기간 동안 유지된다.

*The owner and tenant will usually negotiate whether the base year is defined to be the current year, the year before, or the year after the lease is signed. This may be important during periods when operating expenses have been increasing. Determining rentable area is discussed later in the chapter.
†One complication arises when establishing stops and operating expenses for new or renovated buildings that are not yet fully occupied. In these cases, operating expenses per square foot of rented area may be unknown, or disproportionately high until the building reaches normal occupancy levels. As such, tenants may insist that their share of operating expenses be based on some level of normal occupancy (say 95%), and not on current occupancy levels.

업 외 비용이란 사업관련 비용으로 간주되며 이는 임대인의 의지에 따라 관리될 수 없는 항목이다(부동산세금, 보험료 등). 대다수의 부동산 소유주는 영업 외 비용은 외부 환경 특히 공적기관, 보험 회사 등에 의해 결정되기 때문에 임대인들은 이를 관리할 수 없다. 세금, 보험 등이 갑자기 올랐을 경우, 부동산 소유자는 영업 외 비용을 보상받기 위해 임대료를 올려 받는 것은 논란의 여지가 있다. 장기임대차일 경우 이러한 경향이 더 크게 나타나며, 결과적으로 이러한 영업외 비용을 임차인이 직접 부담하고자 한다.

3. 운영비용부담의 임대차(lease with operating expense recoveries): 많은 경우 임대차 공간이 넓을 경우, 부동산 운영관련 위험을 전가하고자 임대인들은 앞에 설명한 1과 2의 임대차 방식을 선호하지 않는다. 이런 경우, 임차인들은 1, 2보다 낮은 수준의 임대료를 지불

한다. 일반적으로, 이런 임대차 방식의 경우 어떤 운영비용들은 "회수가능(recoverable)"로 정의된다. 이런 비용들은 임차인의 임차한 공간에 비례하여 청구된다(국내의 경우 관리비라 함).

임대공간이 넓은 임차자 *Large Users of Leased Space*

일반적으로 넓은 면적을 임대하는 임차자는 부동산 운영비용을 직접 부담하는 경향이 있다. 이러한 경우, 부동산 소유자는 서비스의 질을 낮추거나, 제공하지 않는다.

1. Single net lease: 임차자가 임대료의 모든 운영비용을 부담하고 부동산세를 부담한다. 수익부동산에서의 소유와 운영에 관련된 비용

2. Double net(net net lease): Single net lease처럼 임차자는 임대료의 모든 운영비용을 부담하고 영업외 비용(부동산 세금 및 보험)도 직접적으로 책임을 진다.

3. Triple net(net net net lease): Single이나 Double net 경우와 같이 모든 운영비용과 부동산 관련 세금, 보험료 등 그리고 임차공간의 내부 수리 및 변경 비용까지 부담하는 임차조건이다. 이런 임대방식은 큰 공간을 점유하는 임차인(창고, 산업용 부동산/오피스)에게 적용되는 방식으로 그들의 사업을 효율적으로 운영하기 위해 내부 인테리어 변경, 고정물 이동 등을 하고 이러한 비용은 임차인이 직접 부담한다. 부동산 소유주의 경우 외부 수리(지붕 및 다른 장비) 등에 책임을 진다.

4. **공동구역관리비**(common area maintenance: CAM): 회사 캠퍼스나 산업용 건물 내 위치한 공원과 같이 임차인이 공동사용 공간에 사용료로 일정 비용을 안분하여 부담한다. 이러한 비용에는 도로, 정원의 유지 및 시설 보완 등이 있으며 이를 일반적으로 공동구역관리비 비용이라고 한다. 소매점의 경우, 유지비, 냉난방비, 주차장 관리 등이 공동구역관리비 비용에 해당된다. 공동구역관리비 비용을 임차자가 안분하여 부담하는 것은 매우 중요한 사항이므로 자세한 사항은 후술한다.

실질임대료 *Effective Rent*

앞 절에서 여러 가지 계약조항들이 임대료와 비용, 옵션들에 영향을 주는 것을 보았다. 이러한 조항들이 복합되어 기대되는 임대료 지급액과 양자의 위험부담 수준을 결정한다. 개별 계약조항들을 다양하게 조합시킬 수 있기 때문에 각 계약별로 현금흐름이 매우 달라진다. 그러므로 임대비용을 측정하거나, 상이한 대안 간을 비교하기가 매우 어려워진다. 따라서 **실질임대료**(effective rent)라는 개념을 활용하여 임대차 대안 간의 비교에 유용하게 활용할 필요가 있다. 다시 한번 강조하지만, 계약내용은 시장상황에 따라 다르게 적용될 수 있다.

이를 설명하기 위해, 각기 다른 임대 구조에서 임대인이 얻을 실질임대료를 구해보자. 계약 조건에 따라 지불방법이 다를 것이므로, 실질임대료는 임대인이 지불할 운영비용을 제외하고 계산되어야 한다. 임차인의 실질임대료를 계산하는 과정도 비슷하다. 이 경우, 임차인이 부담해야 할 운영비용은 실질임대료에 더하여 계산되어야 한다.

실질임대료의 계산을 위해서는 다음과 같은 절차가 필요하다.

1. 예정 순 임대료 현금흐름의 현재가치를 계산한다. 순 임대료 수입은 임대자가 부담하는 비용을 공제한 후의 수치이다. 여기에서의 초점은 빌딩소유자에 대한 수입금액에 주어진다.
2. 임대차 기간에 걸쳐서 등가수준의 연금(equivalent ievel annuity)을 계산하는데 이는 최초의 현금흐름과 동일한 현재가치를 가진다.

이를 설명하기 위해서는 다른 임대주조에 따라서 임대인에게서 받은 실질임대료를 계산할 것이다. 임대료 조정때문에, 운영비용을 지불할 책임을 임대구조에 따라 매우 다양함으로 실질임대료는 임대인들이 지불해야 하는 운영비용의 순비용으로 계산되어야 한다. 다시말해서, 임대인이 지불해야하는 운영비용은 임대료 수입에서 뺄 것이다. 임차인이 지불하는 실질임대료는 비슷한 과정으로 계산된다. 이 경우에 임차인이 지불하는 책임이 있는 운영비용은 매년 임대료에 더해진다.

예시: 10,000평방피트에 대해 5년간 여섯 가지의 계약 형태에 대한 비교.

1. **총 임대료(gross lease)**: 임대료는 매년 평방피트당 $40이다. 임대인은 모든 운영비용을 부담한다. 운영비용은 초년도 $20이고, 그 후 매년 $1씩 증가한다.
2. **비용부담한도(expense stop) 포함한 총임대료**: 임대료는 초년도 평방피트당 $38이고 임대인이 관리비의 최대 평방피트당 $20까지 부담한다. 임차인은 $20을 초과하는 모든 비용을 지불한다. 비용은 초년도 $20이고 매년 $1씩 증가한다.
3. **상승임대료(step up rents) 포함한 총임대료**: 임대료는 평방피트당 $35이고, 매년 $2씩 증가한다. 운영비용은 $20이고, 매년 $1씩 증가한다.
4. **상승임대료와 비용부담한도 포함한 총임대료**: 임대료는 초년도 평방피트당 $32이다. 운영비용은 $20이고, 매년 $1씩 증가한다. 임차인은 $20을 초과하는 모든 비용을 부담한다.
5. **비용부담한도와 소비물가지수적용(CPI adjustment)한 *총임대료***: 임대료는 초년도 평방피트당 $30이고, 그 이후 $20에 도달할 때까지 CPI에 의해 조정된다. CPI는 [예 9-7], case(5)에 따라 증가한다. 운영비용은 평방피드당 $4불이고 매년 $0.5씩 증가한다.

위의 가정에 따라, 실질임대료는 [예 9-7]에 의해 계산되어 각 대안별로 평균임대료, 현금흐름의 현재가치, 실질임대료를 보여준다. 현재가치의 계산에는 10%의 할인율을 사용했으며 이는 임대료의 투자 위험도를 반영한다. 각 경우의 실질임대료는 상이하며 이는 위험도가 상이하므로 예상되었던 결과이다.

계산을 예시하기 위해 경우(대안1)에 대해서 다음과 계산 절차를 밟았다.

(1) 임대수입의 현재가치를 10% 할인율에 의해 구한다.

$$PV = \frac{\$20.00}{1.10} + \frac{\$19.00}{(1.10)^2} + \frac{\$18.00}{(1.10)^3} + \frac{\$17.00}{(1.10)^4} + \frac{\$16.00}{(1.10)^5}$$
$$= \$68.95$$

(2) 동일한 현재가치의 등가수준의 연금(equivalent level annuity)을 계산한다. 그 결과가 실질임대료이다. 현대가치 또는 실질임대료는 비교되어 사용하곤 한다. 현재기치화(연간)된 실질임대료 금액이 실재적으로 더 사용된다.

| 예 9-7(A) | 5가지 경우의 실질임대료(Effective Rent) 계산 |

년	0	1	2	3	4	5
1. 총 임대료(gross lease) 임대료 일정(flat rents)						
총 임대료	—	40	40	40	40	40
운영비용	—	20	21	22	23	24
회수금액	—	—	—	—	—	—
순 임대료		20	19	18	17	16
평균 순 임대료	18	—	—	—	—	—
현재가치	68.95	—	—	—	—	—
실질 순 임대료	18.19	—	—	—	—	—
2. 순 임대(free rent)						
총 임대료	—	38	38	38	38	38
운영비용	—	20	21	22	23	24
회수금액	—	—	1	2	3	4
순 임대료		18	18	18	18	18
평균 순 임대료	18	—	—	—	—	—
현재가치	68.23	—	—	—	—	—
실질 순 임대료	17.99	—	—	—	—	—
3. 순 임대(100% 소비자물가지수조정)						
총 임대료	—	39	41	43	45	47
운영비용	—	20	21	22	23	24
회수금액	—	—	—	—	—	—
순 임대료	—	19	20	21	22	23
평균 순 임대료	21	—	—	—	—	—
현재가치	78.89	—	—	—	—	—
실질 순 임대료	20.81	—	—	—	—	—
4. 총 임대						
총 임대료	—	37	39	41	43	45
운영비용	—	20	21	22	23	24
회수금액	—	—	1	2	3	4
순 임대료	—	17	19	21	23	25
평균 순 임대료	21	—	—	—	—	—
현재가치	78.16	—	—	—	—	—
실질 순 임대료	20.62	—	—	—	—	—
5. 총 임대($4.00 비용 stop)						
소비자물가지수(CPI)	—	N/A	5%	6%	6%	6%
총 임대료	—	35	36.75	38.95	41.29	43.77
운영비용	—	20	21	22	23	24
회수금액	—		1	2	3	4
순 임대료	—	15	16.75	18.95	21.29	23.77
평균 순 임대료	19.15	—	—	—	—	—
현재가치	71.02	—	—	—	—	—
실질 순 임대료	18.73	—	—	—	—	—

예 9-7(B)

예 9-7(A)에 나온 리스 종류에 따른 실질임대료에 대한 부가설명

리스 종류	평방피트당 실질임대료	부가설명
1. 일정 임대료	$18.19	소유주는 연간 총액이 평방피트당 $40인 flat rent를 받고, 운영비용을 부담한다. 소유주는 가격을 올릴 권리를 포기하고, 모든 운영비용 증가에 따른 위험을 감수한다.
2. 비용한도(expense stop)	$17.99	소유주는 연간 총액이 평방피트당 $38인 저렴한 flat rent를 받는다. 그러나 소유주는 평방피트당 $20을 초과하는 모든 운영비용을 임차인에게 부담하게 한다. 소유주는 임대료를 올릴 권리는 없지만, 운영비용 증가에 따른 위험을 어느정도 임차인에게 넘기게된다.
3. 상승 임대료(연간 $2.00)	$20.81	소유주는 저렴한 초기 임대료를 받게 된다($39). 그러나, 소유주는 매년 평방피트당 $2만큼 임대료를 올릴 수 있다. 케이스 1의 경우, 소유수는 운영비용 증가에 대한 모든 위험을 감수한다.
4. 상승 임대료 & 비용한도 ($20)	$20.62	소유주는 저렴한 초기 임대료를 받게 된다($37). 그러나, 소유주는 매년 평방피트당 $2만큼 임대료를 올릴 수 있다. 또한 소유주는 평방피트당 $20을 초과하는 모든 운영비용을 임차인에게 부담하게 한다.
5. 소비자물가지수 연동 임대료 & 비용한도	$18.73	이 시나리오 상에서 이 조건이 가장 초기 임대료가 저렴하다. 미래 임대료가 CPI에 연동되는 정도만큼, 소유주는 미래 임대료 증가에 대한 위험을 임차인에게 전가시킨다. 또한 소유주는 평방피트당 $20을 초과하는 모든 운영비용을 임차인에게 부담하게 한다.

계산기 해법

$$PV = -\$68.95$$
$$i = 10\%$$
$$n = 5$$
$$FV = 0$$
실질임대료(effective rent) = $18.19

함수

PV (i, n, FV, PMT)

같은 계산과정이 각각 문제에 적용될 수 있고, 그 결과치는 [예 9-7]에 나와 있다.

[예 9-7(A)]에서 보듯이, 부동산 소유주는 **실질임대료**를 사용하여 운영비용과 계약상 임대료의 차이를 구별한다. 임차인 또한 운영비용을 고려한 실질임대료를 고려한다. 그 이유는 각각 예시의 순 임대료가 총 임대료에서 운영비용을 뺀 것과 같기 때문이다. 따라서 순 임대료에서 나오는 현금흐름은 임대계약을 판단할 때 부동산 소유주에게 중요하다.[4]

---

[4] 사실제 순임대는 많은 공간을 요구하는 세입자들과 협상하는 데 사용된다고 지적해야 한다. 총임대는 더 많은 공간을 필요로 하는 집단형 건물의 임차인들에게 종종 사용되는 경향이 경향이 있다. 그러므로, 실제로 총임대와 순임대를 비교하는 것은 임차인의 유형과 임차할 수 있는 필요공간의 차이 때문에 잘 이루어지지 않는다.

기타 재무적 고려사항

임대료와 운영비용 외에도, 임대계약에서 고려해야 할 재무적 사항들이 있다. 시장상황이 얼마나 경쟁적인지에 따라 아래 사항들이 고려될 수 있다.

할인 또는 개선비용[concessions and/or tenant improvement allowance (tis)]: 이는 이사비용, 임대료 할인, 재 임대 조건 등 임대인이 지정한 다른 추가사항을 의미한다.

이를 설명하기 위해 [예 9-7(A)]의 케이스 1번을 보자. 임대공간은 10,000평방피트이고, 평방피트당 현재가치는 $68.95이다. 따라서 총 현재가치는 $689,500이다. 이 상황에서 임대인이 $15,000의 이사비용, $20,000의 TIs를 준다고 가정하자. 그렇다면 총 $35,000의 혜택을 받게 된다. 이것은 케이스 1의 현재가치를 $654,500으로 낮추고 평방피트당 현재가치를 $65.45로 낮출 것이다. 따라서 실질임대료는 $17.25가 될 것이다.

어떤 경우에는, 임대료를 받지 않는 것 또한 적용될 수 있다. 케이스 1의 경우, 임대인이 처음 2년간 평방피트당 $30의 임대료를 할인해준다면, 5년간 10%로 할인할 경우 실질 순 임대료는 $13.61이 될 것이다.

Year	(0)	(1)	(2)	(3)	(4)	(5)
순임대료		$10.00	$9.00	$18.00	$17.00	$16.00
현재가치	$51.69					
실질순임대료	$13.61					

만일 $35,000의 혜택과 임대료 할인이 동시에 적용된다면, 새로운 현재가치는 $480,900이 될 것이다. (평방피트당 현재가치: $48.09/실질임대료 $12.69)

이 예제에서 볼 수 있듯이, 실질 임대료는 현금흐름의 현재가치를 예측하는 도구이다. 그러나 실질 임대료는 다른 위험을 반영하지는 못한다. 그렇기 때문에 실질 임대료는 다른 조건이 일정할 경우에 유용하다. 또한 평균임대료나 총 임대료를 계산하는 것보다 효과적인 방법이다.

운영 현금흐름의 산출과정

본 절에서는 투자자가 어떻게 상업용 부동산의 운영 현금흐름을 산출하는지 알아보고자 한다. 이러한 산출과정은 부동산 가치를 판단하는 데 기초가 되는 작업으로 투자분석에 있어 매우 중요하다. 이는 임대차 조건과 임대료에 영향을 미치는 시장 수요와 공급, 임차인의 신용위험 그리고 부동산 운영에 관련된 임차인과 소유주의 비용 부담 등을 반영한다.

앞에서 언급한 것처럼, 아파트와 오피스 빌딩, 소매점 그리고 창고들에 따라 임대차 조건이 각각 상이하고 이러한 차이는 운영 현금흐름을 추정하는 데 영향을 준다.

운영현금흐름을 구하는 과정은 [예 9-8]에 나타나 있다. 수취임대료는 각 임차인들에게 매월 계약기간 동안 받는 임대료의 합계액이다. 위에도 언급을 하였지만 임대료는 해당 사업

예 9-8

상업용 부동산의 현금흐름
산출 과정

Rental Income: 임대수익
add: 기타 수입
　　　관리비
less: 공실률 및 할인액

Effective Gross Income 유효총소득
less: 운영경비
　　　자본적 지출/개선비용*

순 현금흐름(Net Cash Flow)**

---

*이 용어는 자산의 정규운영과 관련해서 만들어진 개보수에 대한 순환 현금지출을 나타낸다. 이 용어들은 운영 효율성을 개선하고 신규 임차인을 위한 공간을 준비하기 위해 필요한 지출을 포함한다. 설비개선(새지붕, 주차장 등)을 위해 지출이 필요한 경우, 이 용어들은 일어날 것이라고 예상되는 데에만 영업외 자본유출과 같은 지출을 보여주는 추가 증명서가 포함되어야 한다.

**독자는 부동산투자분석에서 현금흐름에 적절한 집중을 해야 함을 알아야 한다. 비록 순영업수익(NoI)가 다음 상에서 사용됨에도 불구하고, 일반회계원리(GAAP)에서 결정되는 수익이 아니라 현금흐름에서 계산된다. 용어 순영업 수익은 영업현금흐름과 교대해서 사용된다.

수준 및 영향력에 따라 조건 등을 다양하게 할 수 있다. 또한 부동산 취득 후 기존 계약 분은 각각 계약만료일이 다르고 어떤 임대차는 만기가 되거나 연장 될 수 있다. 따라서 임대료는 직전년도 혹은 현재의 임대차 조건을 반영한다. [예 9-8]에서 알 수 있듯이 수취임대료는 임대료와 더불어 제공된 서비스에 의한 기타 수입(아파트의 세탁소 등)으로 구성된다.

또한, 관리비는 일반적으로 임대료 및 기타 수익과 더불어 현금흐름에 일부가 된다. 즉, 임대차 조건에 따라 관리비는 임차자로부터 받을 수 있다.

이렇게 임대료와 관리비를 정한 다음에, 공실률이나 미납임대료(임차인의 파단 등으로 발생) 제한다. 또한 이러한 차감금액에는 부동산 소유자가 임차인에게 제공한 **할인금액**(concession)이 더해진다. 이는 특정기간 임대료 감면이나 이동에 따른 임대료 감면 분이다. 이는 새로운 임차자가 들어오거나 장기 임대 시 임차자가 소유주에게 제공 받을 수 있다. 이러한 금액을 최종적으로 제하고 **유효총소득**(effective gross income)을 얻게 된다.

또한, 일부 경비에는 임차인의 개선비용과 자본적 지출이 있다. 이런 비용들은 임차인이 변경되거나 지붕등과 같이 반드시 수선이 필요한 항목을 수선할 때 규칙적으로 발생한다. [예 9-8]에 있는 자본적 지출 등은 이러한 항목의 1년치 예상금액을 나타내며 투자분석을 할 때, 평균금액이 아닌 실제 발생될 금액을 예측하여 현금흐름 분석을 하여야 한다.

유효총소득에서 운영경비와 자본적 지출 등을 제하면 순 영업이익(*VOI*)을 구할 수 있다. 이런 과정을 통해 평균운영기간 동안의 (일반적으로 1년) 순 영업이익을 구할 수 있으며 이는 부동산 투자 분석 시 매우 중요한 개념이다.

[예 9-8]의 순 영업이익 산출과정은 기본적인 형태이며 개별 부동산 형태에 따른 임대차 조건에 영향을 받는다. 또한 [예 9-8]은 단지 1년 동안의 순 영업이익 분석이며, 다음 장에서는 1년이 아닌 장기를 기준으로 분석을 할 예정이다. 이제 오피스, 소매점, 산업용/창고 그리고 다가구 주택을 사례를 통해 알아보겠다.

오피스 빌딩의 사례

임차 공간에 대한 할증 및 할인 임대료

오피스 임차는 일반적으로 3년에서 7년을 기준으로 계약을 하고 일부 임차의 경우 갱신옵션을 가지기도 한다. 임대료는 해당 부동산이 위치한 지역에 따라 다양하고 오피스 소유자들은 다음과 같은 특성으로 임대료를 할증 및 할인한다.

1) 할증 임대료
- 오피스: 지상층, 고층의 경관, 건물의 구석, 통로에 접근성

2) 할인 임대료
- 오피스: 중간층, 승강기 접근성 불편, 막힌 경관, 동일 임차인의 불연속 점유(동일 임차인이 2층과 6층 사용)

Concept Box 9.3은 오피스빌딩 임대차 계약 시의 전형적인 조건을 보여준다.

임대 수입액 결정

임대 매출을 결정하기 위해서는 **임대가능 면적**의 평방피트당 기준임대료에 임대된 면적수를 곱해야 한다. 이는 보기만큼 쉽지는 않은데, 특히 다수의 임차인이 공유하는 면적이 있을 때 특히 그렇다. 임대가능 면적이 어떻게 결정되는지 예시할 것이다. 그러나 빌딩 소재지에 따라 지역의 거래 관행에 차이가 있을 수 있다.

임대 가능 면적

이는 단일한 임차사용인에게 임대 가능한 총면적으로 이해할 수 있다. 즉 모든 층의 전체 면적 + 로비에서 기둥, 두꺼운 외벽, 설비, 지하실 등 관리를 위하여 돌출된 부분을 뺀 것이다. 또한 승강기와 로비, 리셉션, 화장실과 공용 면적들도 감안된다.

예를 들면, 빌딩이 총 25만 평방피트이고 이중 20만 평방피트에 단일 임차인이 입주 가능하며, 기본임대료가 $20이다. 총 임대료는 $20에 20만 평방피트를 곱한 연 $40,000이 된다. 임차인들은 이를 12로 월할 계산하여 지불한다.

다수의 임차인-층당 임대가능 면적

한 건물에 여러 임차인이 입주하는 경우 각 임차인은 층별로 **사용가능 면적**에 입주할 것이다. 예를 들면 한 층을 4인이 균분하고 각 층이 2만 평방피트인데 4,500씩 칸막이한다면 당해 층의 임대가능 면적은 18,000평방피트가 된다. 그러나 단일 임차인이 한 층을 전부 사용한다면 임대가능 면적은 2만 평방피트이다.

따라서 층을 세분할 때에는 2천 평방피트가 임차인과 그들의 방문객들에 의해 공용면적으로 사용되는 것이다. 이 경우 소유주는 2,000을 임차인들 간에 안분하여 **할당계수**(load factor)를 계산하여 임차인별로 임대가능 면적을 계산한다.

여기서는 오피스 임차 시 자주 발견하게 될 임대차 조건에 대해 알아보겠다.

- *세입자* 우선매수청구권(Tenant right of first refusal). 이 조건을 체결할 경우 임차자는 해당 오피스의 다른 곳이나 인접한 곳을 임차할 수 있는 권리를 가지게 된다.
- "Put back" space. 임차자는 임차한 공간을 줄일 필요가 있을 때 줄일 수 있는 권리를 갖게 된다.
- 임대차 계약 종료 후 임대인은 매각 등의 권리를 임차자에게 줄 수 있다.
- *Acess-egress*. 소유주가 출입구 또는 주차장환경 변경 시 임차인의 승인을 필요로 한다.
- 매입옵션(*Purchase option*). 부동산 소유자가 부동산을 팔 경우 임차자가 살 수 있는 권리를 준다.
- *Signage*. signage 조항의 목적은 하나 혹은 그 이상의 임차자에게 건물 외벽에 상호를 설치할 수 있도록 하는 것이다(일반적으로 Anchor 임차자에게 주어진다). 상호의 크기 및 디자인은 부동산 소유주가 엄격하게 관리해야 한다.
- *신 임대승인서*(New lease approval). 기존의 Anchor 임차자에게 주어지는 권리 중 하나로 그들의 이미지와 영업 등을 보호하기 위해 신규 임차자의 업종을 제한할 수 있는 권리이다.
- *과적*(Overloading). 공간의 사용으로 임차인은 평방피트당 현재 및 장래 직원들의 수를 반드시 준수하여야 한다.
- *주차장*. 부동산 소유자는 현재 및 장래 사용예정인 빌딩의 최소한의 주차장 공간을 확보해야 한다.

$$\text{층당 할당계수} = \frac{\text{층당 임대가능 면적}}{\text{층당 사용가능 면적}}$$

$$1.111 = \frac{20,000}{18,000}$$

따라서 임차인이 4,500평방피트를 사용할 때, 그에 대한 임대가능 면적은 $4,500 \times 1.111 = 5,000$평방피트가 되는 것이다. 임차인은 5,000평방피트에 대해서 임대료를 납부할 것이다.

하지만, 이 계수는 층과 임차인에 따라 다르다. 예를 들어 한 임차인이 한 층을 모두 사용한다면, 사용가능 공간과 임대가능 공간이 같게 된다.

많은 경우에 할당계수는 추가적인 조정을 거친다. 예를 들면, 대형 사무용빌딩은 대규모의 로비 및 공용면적을 갖는다. 만일 앞서의 건물이 10층인데 지상층이 전부 로비라면 건물주는 200,000평방피트를 10층에 걸쳐 골고루 분배할 것이고, 일층은 로비로서 10,000평방피트의 공용공간으로 사용된다. 이 경우 소유주는 모든 임차인에게 공용공간을 비율에 따라 할당할 것이다. 한 방법은 기존의 할당계수인 1.111에 10%를 가산하여 $1.111 \times 1.05 = 1.1667$로 늘리는 것이다. 임차인에 대한 임대가능면적은 $4,500 \times 1.1667$인 5,250평방피트가 되며, 단가 $20일 때 총 임대매출은

연간임대료 = $\$20 \times (4,500 \times 1.1667) = 20 \times 5,250 = \$105,000$

그리고 한 층을 모두 사용하는 임차인의 경우, 임대공간과 임대가능공간을 모두 사용하므로, 그 임차인은 그 층의 사용료와 공용공간 사용료를 모두 내야 한다.

$\$20 \times 20,000$평방피트 $\times 1.05 = \$420,000$

따라서 다수임차인에 분산 임대되는 빌딩에서 임차인들은 평방피트당 임차단가 뿐만 아니라 할당계수를 포함하여 임대가능면적을 계산하는 방식에도 관심을 가져야 한다. **임대가능면적에 기본임대료를 곱하여 임대지급액을 결정한다.**

임차인들이 임차대상 빌딩들을 비교할 때 그들은 할당계수를 효율성의 척도로 사용한다. 할당계수가 높으면 공용면적이 넓고 건물의 효율성이 낮은 것이다. 단 임차인이 기업이미지를 중시하여 방문고객을 위해 넓은 공용면적을 원한다면 저효율성은 문제가 되지 않을 수 있다.

오피스 빌딩의 예상 현금흐름 표

[예 9-9]는 Webster 오피스 플라자(459,295 평방피트 17층)의 1년 기준 현금흐름을 보여준다. 추정 현금흐름은 총 65임차자를 기본으로 작성하였으며 각 임차자마다 임대조건이 상이하다. 100% 임대를 가정하여 sq. ft당 평균 임대료는 $25.65이며 총면적 기준 $11,780.917이다. 또한 이 오피스 빌딩은 소매 서비스, 휴대폰 기지국 임대, 주차장 및 보관수수료 등을 통하여 추가 수입을 얻을 수 있다. 서비스 등의 제공으로 통한 추가 수입금액(관리비 등)은 $1,139,051이다. 이 금액은 65 임차자의 각각 계약 조건에 따른다. 공실률은 총면적 대비 5%로 가정하고 Concessions(새로운 임차자에 따른 할인액 등)은 수입액에서 차감된다. 이러한 과정을 통해 실질임대료는 $12,675,727이다.

부동산 소유자가 지불해야 할 운영경비는 임대가능 공간 당 $13.39이며 총 지출금액은 $6,149,959이다. 자본적 지출 등에 따른 현금 유출액 $2,549,087 또한 추가 차감해야 한다. 이러한 과정을 통해 Webster 오피스 플라자의 순 영업이익은 $3,976,681이다.

본 사례는 1년 기준으로 Webster 오피스 플라자의 현금흐름을 작성하였지만 더욱 심도 있는 투자분석을 하기 위해서는 다기간에 걸쳐 분석을 하여야 한다. 또한 이러한 분석은 65 임차자의 계약 종료일, 신규임차자, 갱신을 고려해야 하며 각각의 수수료 또한 분석에 포함하여야 한다. 그리고 임대료, 비용 그리고 관리비도 철저하게 분석을 해야 하며 자본적 지출 및 임차자의 가치증가 비용, 수리, 대체(엘리베이터, 지붕 등) 등도 다기간 예상에 포함되어야 할 요인이다.

산업용 및 창고용 부동산의 사례

오피스 임대차의 언급한 사항들 또한 산업용 및 창고용 부동산에 적용할 수 있다. 사실, 다수의 빌딩들이 오피스 공간과 창고용 공간으로 구성되어 있으나 몇 가지 점에서 몇몇 지역은 이들과 다르다.

창고용 부동산의 임대차는 그 건물의 속성 때문에 다른 부동산과 다른 특성을 가지고 있다. 임차자는 일반적으로 10년에서 20년 사이의 장기임대차를 선호한다. 장기임대차를 선호하는 이유는 초기 장비 설치비용이 많이 들고 싶게 이동할 수 없기 때문이다. 임대차 조건은 가격전가(pass-through), (1) *net*, (2) *net, net* 또는 (3) *net, net, net*이다. 산업용 및 창고용

예 9-9

1년 기준 예상 현금흐름 표

Webster Office Plaza

자산기술(property deseription)

Webster Office Plaza

임대 공간: 459,295 sq. ft., 17층	지하주차장: 2,000대
점유율: 95%	Site Area: 10 acres
임차인: 65	엘리베이터: 12
임차자의 평균임대 공간: 7,000	

수익

총수익(평방피트 당 약 $25.65)		$11,780,917
+: 관리비	$1,139,051	
+: 기타수입		
소매 Services (lobby)	10,000	
핸드폰 송수신	54,301	
보관창고	9,186	
주차장	381,215	
−: 공실률(5%로 가정)	597,898	
−: 할인조항(free rent 등)	101,045	
유효총소득		$12,675,727
−: 운영비용		
부동산 관련 세금	913,997	
관리, 임대차 비용	982,891	
보험	638,420	
유지비용	987,484	
수도광열비 등	1,731,542	
수위, 청소비	725,686	
영업 및 기타 세금	169,939	
총 운영비용	6,149,959	
자본적 지출	2,549,087	8,699,046
순 영업이익		$3,976,681

*Rounded.

부동산의 할증 및 할인 요인은 다음과 같다.

1) 할증 임대료
- 산업단지 입구에 접근성, 고속도로 접근성, 트럭의 하차 공간

2) 할인 임대료
- 입출의 불편, 교통 불편

산업용/창고용 부동산은 대규모 사업지에 위치하기 때문에 공용구역 사용비용은 임대차 계약에 포함되어야 한다. 즉, 공동구역에 대한 유지관리비용, 조경비용, 보안 등의 혜택은 모든 임차인이 받지만 비용은 각 임차인에게 부과하기 힘들기 때문이다. 따라서 부동산 소유자

Hellis 유통시설

Property Description

Hellis 유통시설/오피스/전시 빌딩
임대공간: 100,000 sq. ft./ 10% 오피스 및 전시공간
임대조건: 5년 동안 net, net 조건의 1인 임차자
sq.ft당 임대료: 월 $0.55, 연간 $6.60
관리비: 연간 평방피트당 $1.00

수익

임대료(평방피트 당 $6.60)		$660,000
+: 관리비	$100,000	
경비 이체(pass throughs):		
부동산 세금	125,000	
보험료	50,000	
유효총소득		$938,000
−: 운영비용		
관리, 수선, 임대차 비용	150,000	
부동산 세금	125,000	
보험	50,000	
총 운영비용	325,000	
자본적 지출	69,000	394,000
순 영업이익		$544,000

는 공동구역관리비(common area maintenance)를 임차인에게 부과한다.

또한 임대차 계약에는 사업 효율성을 위해 임차시설개량에 관한 권리를 포함한다. 임차시설개량 관련 비용은 일반적으로 임차인이 부담한다. 부동산 소유자는 임차시설개량을 승인하는 권리를 가지고 있으며 임차시설개량물의 제거 및 설치비용은 임대차 계약서에 명시하여야 한다.

산업용/창고용 부동산의 현금흐름 분석

[예 9-10]은 100,000 평방피트의 임대공간을 가지고 있는 창고의 현금흐름 분석이다(10%는 오피스 및 전회공간으로 활용). 임차자 및 사용자는 임대료로 평방피트당 $6.60을 지불하고 있으며 관리 및 보수에 대한 운영경비 및 수수료는 sq. ft당 $1.00이다. 예를 보면 알 수 있듯이, 일반적인 관리비, 수리 그리고 임차 시 비용 등의 금액은 총 $150,000으로 임차인이 부담하는 금액인 $100,000을 상회한다. 이 금액의 차액만큼($150,000 − $100,000 = $50,000)은 부동산 소유주가 부담한다. 그러나 부동산 세금 및 보험은 임차인이 지불한다. [예 9-10]의 자본적 지출 및 임차시설개량에 관한 비용은 각각 수입에 차감되는 항목이다. [예 9-9]처럼 [예 9-10] 또한 1년 동안의 순 영업이익을 실제 투자분석 시 다기간이 아닌 장기간을 대상으로 여러 요인들을 분석하여야 한다. 즉 장기간 분석에 따른 임대료의 변화, 임

차계약에 따른 비용, 외부 수리에 대한 자본적 지출 등을 심도 있게 분석하여야 한다.

소매 *Retail* 부동산 관련 사례

소매 부동산의 가치는 쇼핑몰 방문자를 이끌 수 있는 임차인의 구성으로 결정된다. 소매 부동산의 성공요인은 **임대 공간당 매출액**과 쇼핑몰 방문자의 수로 결정된다. 이러한 요인은 예상임차인을 임차하고자 할 때 부동산 소유주가 검토해야 할 사안이다. 소매 부동산을 개발할 때, 부동산 소유자는 **상권(trade area) 분석**을 한다. 이 분석은 해당 입지 내 인구, 연령 그리고 잠재소비자의 소득 등을 분석하여 쇼핑몰에 대한 수요를 알게 해 준다.

소매 부동산은 트렌드와 패션 그리고 컨셉에 민감하다. 또한, 임대차 계약 시 임차인이 해당 업종을 영위하는 데 영향을 미치는 다양한 조항들을 포함하여야 한다. 그 이유는 대부분의 소매업자들이 근접 혹은 근처에서 영업을 하기 때문이다. 게다가, 어떤 소매업자는 경쟁업자와 협의하여 좀 더 좋은 임차조건을 할 수 있는 권리가 있다. 임대차 계약에는 기존 업자들에게 불리한 업종을 입점하지 못하게 하는 조항이 포함되어 있다.

소매 부동산의 현금흐름은 매우 다양하다. 즉, 일정, 상승, 지주연동임대료 등 임대료 조건을 다양하게 할 수 있고 매출액 기준으로 임대료를 부과하기도 한다. 어떤 경우는 특정 운영비용에 기반하기도 한다. 한 가지 중요한 것은 소매 부동산에서 공동사용공간에 대한 임차인들의 **비용지불 여부(CAM charges)**이다. 앞 장에서 다양한 조건들이 소매 부동산에 적용할 수 있지만, 여기서 설명할 여러 요인들도 활용해야 한다.

소매 임대차 환경

Anchor 임차자와 In-line 임차자

대규모 소매 부동산의 투자 안을 검토할 때, 사업의 성격의 이해 및 다양한 임차인의 중요성을 인식하여야 한다. Anchor 임차자는 일반적으로 대규모 공간을 임차하거나 높은 매출액 및 방문객을 이끄는 역할을 한다. 대부분의 경우, Anchor 임차자는 대규모의 공간을 임차하기 때문에 임대료 할인 및 특별한 임차조건을 요구한다. in-line 임차자는 소규모 공간을 임차하며 Anchor 임차자에 의해 유발된 방문객을 활용하여 매출을 높이고자 한다. 따라서 부동산 소유자는 Anchor 임차자와 In-line 임차자의 상호보완적인 관계를 활용하여 높은 매출을 이루고자 한다.

임대료

Anchor 임차자와 In-line 임차자를 구분하는 다른 중요한 요인은 임대료 결정 과정이다. 일반적으로 Anchor 임차자가 부동산 소유자와 임대차 협의를 할 때 In-line 임차자보다 더 많은 혜택을 받는다(낮은 임대료 혹은 특정기간동안 임대료 면제 등). 사실, 해당 부동산에 꼭 필요한 Anchor 임차자가 있다면, 부동산 소유주는 낮은 임대료와 다른 인센티브(매장 설치비용 대납 등)를 기꺼이 제공해 준다. 또한, 부동산 소유주는 임대공간의 일부분을 Anchor 임차자에게 매각함으로써, Anchor 임차자가 층별 계획과 인테리어 디자인에 맞게 능동적으로 임대공간을 건축하고 운영하여 최대 효과를 이룰 수 있게 해준다. 만약 해당 임대공간이 매각되지 않는다면, 부동산 소유주는 Anchor 임차자가 장기간 운영할 수 있게 임대차 계약을 체결한다.

　　Anchor 임차자의 낮은 임대료와 장기간 임차와 달리, In-line 임차자의 임대료는 현재 시장상황에 맞게 책정된다. 전형적으로 임대료는 **기본임대료**(base rent) 형태로 단기간에 걸쳐 (3년에서 5년 사이) 체결되며, 기본임대료는 임대기간 혹은 특정기간 동안 일정, 상승, 지수와 연동한다. 임대 현황은 일반적으로 부동산 소유주에 의해 검토되고 임차인은 임대차 계약 만기일 이전 재협상을 한다.

　　In-line 임차자의 경우 기본임대료와 더불어 비율 임대료(percentage rent)를 활용한다. 비율임대료는 높은 방문객수 및 매출액 등으로 임대인 요구하는 기본임대가 상대적으로 높을 경우 합리적으로 활용하는 것으로 기본임대료는 최대한 낮게 설정하고 해당 사업이 성공적으로 운영될 때 매출액의 일부를 추가로 지불하는 방식이다(**매상비례 임대료**: overage rents). 추가 임대료는 **매출손익분기점**(breakpoint sales level) 이상 매출액에 일정부분을 계산하여 산정한다. 임차자들은 이러한 임대 계약방식이 방문객 수와 매출액과 관련이 있는 소유주의 주장과 일치한다고 믿는다. 만약 부동산 소유주의 주장처럼 소매 환경이 좋다면 부동산 소유자는 임대료 결정의 일부로써 임차자의 영업위험까지 일부 떠맡을 것이다.

　　비율임대차의 기본적인 예시는 다음과 같다. 임대공간이 1,000 평방피트이고 임대료는 일정 방식을 적용하여 평방피트당 $38이라고 가정하자. $38 임대료 대신 부동산 소유자는 $35를 제기하고 대신 손익분기점 이상 매출 시 8%를 추가 임대료로 수취하는 제안을 하였다. 손익분기점 및 %비율은 부동산 소유와 임차자가 협의해야 하며 영위업종에 따라 조건 및 종류가 다양하다. 예를 들어 보석상의 경우 낮은 손익분기점을 가지고 있으나 높은 % 임대요건을 가지고 있고 일반 잡화의 경우 상대적으로 높은 손익분기점이나 낮은 % 임대요건을 가지고 있다.

　　예제에서, 손익분기점이 $900,000로 책정이 되고 임차자가 $1,000,000 매출을 올렸을 경우 기본 임대료 및 매상비례 임대료는 다음과 같다.

기본임대료(Base rent) :		Total	Per 평방피트 (psf)
$35 psf × 1,000 평방피트	=	$35,000	$35
Add overage rents:			
($1,000,000 − $900,000).08	=	8,000	8
전체 기본임대료와 초과임대료		$43,000	$43
Rent due beginning of each month	=	($43 × 1,000 sq. ft.) ÷ 12 = $3,583.33	

　　그와 반면에, In-line 임차자의 매출액이 손익분기점 보다 낮을 경우, 기본임대료는 평방피트당 $35로 유지된다. 비율 임대차는 손익분기점 매출액과 매상비례 임대료를 책정할 때 어떠한 물품들이 매출액에 포함되는지 명확히 정해야 한다. 즉, 직원에 대한 판매, 상품권,

인터넷 매출 그리고 세금을 위한 판매수익의 조정 등을 명확히 하여야 한다. 게다가 임차인에게 요구되는 서류 즉, 판매기록, 임차자의 재정상태 그리고 영수증을 포함한 문서들을 감사할 수 있는 권리를 부동산 소유자가 가지고 있어야 한다.

공동구역관리비 *CAM* 부과-관리비

소매 임대차의 다른 중요한 고려 요인은 공용사용공간의 관리비이다. 대부분의 소매 부동산은 대규모의 공용사용공간을 가지고 있으며 이는 통로, 주차장, 모든 방문객이 활용하는 비쇼핑 공간 등으로 구성된다. 이 공간들은 조명, 운영, 관리, 수리 그리고 보안 등을 부동산 소유주가 맡아야 한다. 또한 매장안의 경우 난방 및 냉방을 하여야 한다. 소매 부동산의 임대료를 협의할 때, 공용사용공간의 관리비에 대한 부분도 협의하여야 한다. 공동 관리구역 관리비의 경우, 일반적으로 Anchor 임차자는 적게 내고 In-line 임차자는 그보다 많이 지불한다. In-line 임차자의 공동사용구역 비용은 다음과 같이 책정된다.

In-line 임차자의 평방피트당 공동사용구역 비용

$$\frac{(\text{해당 부동산의 총 공동구역관리비 비용} - \text{Anchor 임차자가 부담하는 공동구역관리비비용})}{(\text{In-line 임차자가 점유하는 총 임차공간})}$$

예를 들어 설명하면, (1) 총 2백만 평방피트 중 120만 평방피트는 임대공간, 80만 평방피트 공동사용구역이라 하자. (2) 일년 기준 총 공동구역관리비 비용은 $3,000,000이고 (3) Anchor 임차자가 700,000 sq.ft를 임차하고, In-line 임차자가 500,000 평방피트를 사용한다. 부동산 소유주와 Anchor 임차자는 평방피트 당 $2로 공동사용구역 비용을 부담하기로 합의하였다. 따라서 In-line 임차자의 공동구역관리비 비용은 아래와 같다.

$$\frac{\$3,000,000 - \$1,400,000}{500,000} = \$3.20 \,(\text{평방피트당 부담하는 비용})$$

공동구역관리비 비용을 anchor 임차자와 협의할 때, 부동산 소유자는 위험을 공유한다. 많은 경우, 부동산 소유자는 Anchor 임차자를 끌어들이기 위해 매우 호의적인 조건(상대적으로 낮은 임대료, 공동구역관리비 비용)을 제공해 준다. 이러한 호의적인 조건을 Anchor 임차자에게 주기 위해, In-line 임차자와 임대차 계약 시 상대적으로 높은 임대료, 공동구역관리비 비용으로 계약한다. 또한 소매 부동산 소유자는 보험료, 부동산 세금을 임차자 임대하는 임대공간 기준으로 임차자에게 직접 부과한다. 또한 임차자들은 해당부동산의 다양한 광고 및 프로모션 비용도 지불한다. Concept Box 9.4는 소매 부동산의 운영 특징에 대해 알려 준다.

소매 부동산의 현금흐름 분석

[예 9-11]은 Shady Elm Community Shopping Center의 사례로서, 총 임대 가능면적이

소매 부동산의 특성과 다양한 임차인의 상호작용 때문에 소매 부동산만의 특이한 임대차 조항이 있다. 아래 후술할 조항들은 소매 부동산의 위험과 수익에 영향을 미치는 중요한 요인이다.

- *계약종료 및 Kick out 조항*. sq.ft당 매출액과 방문객 수는 소매 부동산의 중요한 성공요인이기 때문에 임차자와 소유자는 계약 종료 조항을 포함한 계약을 맺는다. 이는 특정기간 동안(예: 2년) 임차인이 성취해야할 sq.ft당 매출액 수준으로 달성하지 못할 경우 임대인 혹은 임차인은 임대차 계약을 종료 할 수 있다.
- *부동산 공동소유(Co-tenancy) 조항*: Anchor 임차자나 다른 임차인이 계속적으로 임대하길 원하는 임차자가 일반적으로 설정하는 조항으로, 이는 한 임차인이 다른 임차인과 상호보완 작용을 통해 자신의 매출에 도움을 줄 때 설정되는 조항이다. 게다가, 이러한 상호보완 임차인의 계약이 종료될 때, 기존 임차인은 부동산 소유주에게 특정기간동안 대체 임차인을 찾도록 요구하거나 임대를 재협상 그리고 임대차 계약을 종료할 수 있다.
- *Anchor 임차자, 대출기관의 요구*. 대규모 Anchor 임차자는 일반적으로 In-line 임차자의 질, 이미지 및, 잠재력에 신경을 쓰고 대규모 임대 공간(예: 5,000sq.ft)을 임차할 권리와 (1) 새로운 In-line 임차자 (2) 다른 anchor 임차인의 입점에 대해서도 부동산 소유주와 협의 또는 요구한다. 대출기관은 재정적 관점에 더욱 신경을 쓴다. 즉, 그들은 대규모 임차인의 임대료와 공동구역관리비(CAM) 비용 등에 중점을 둔다.
- *표지(Signage) 조항*: 이는 건물 내벽 또는 외벽에 임차인 브랜드를 표시할 권리에 관한 사항으로 Anchor 임차자의 경우 특수한 도료표지가 임대차 계약 조건에 포함된다. In-line 임차자의 도로표지(Signage)는 일반적으로 매장크기와 색상의 일관성 등이다.
- *예외적(Exclusive) 조항*: 부동산 소유자의 사용공간에 대한 권리의 일부를 제한하는 것으로 기존 임차인의 매출액 보호 및 유지를 위해 기존 임차인과 유사한 업종의 입점을 제한할 수 있는 조항이다.
- *원래(Nondilution or radius) 조항*: 임차인에게 Exclusive 조항이 부여될 때, 부동산 소유주가 가지게 되는 권리로서, 임차인은 같은 쇼핑몰 내 다른 공간의 입점이 불가능하다.
- *예외사용(Excluded uses)*: 대부분의 Anchor 임차자는 해당 매장으로부터 일정 범위 내에 극장, 레스토랑, 헬스클럽 등의 입점을 거부할 수 있다. Anchor 임차자는 이러한 매장의 입점으로 그들의 장소로 통하는 주차장, 통로 등에 악영향을 미칠 수 있다고 믿는다.
- *운영시간(Operation time)*: 모든 임차인은 휴일 등 특정기간 동안 반드시 운영해야 한다. 이는 운영시간이 불규칙해서 오는 손님들이 감수해야하는 불편을 피하기 위함이다.

245,000평방피트이다. 이 쇼핑센터는 Anchor 임차자가 2개이며 첫 번째는 70,000평방피트를 임차하는 식품매장이고 두 번째는 40,000sq.ft를 임차하는 가구점이다. In-line 임차자는 30개로 구성되어 있다. 전체 공간 중 공동사용 구역(인테리어, 냉난방시설, 통행로)는 80,000평방피트이다. 평방피트당 기본 임대료는 $16.63이나 임차인 6개는 매출액에 비례하여 임대료를 책정한다. 이러한 임차인들은 기본 임대기간 동안(1년) $308,700 매출을 올릴 것으로 예상된다. 공동관리 구역의 관리비는 임대 공간당 $4.65 총 $1,139,250이다. Shady Elim은 1년 동안 $5,375,300의 유효가능 수익을 얻을 것으로 예상되며 부동산 소유주가 부담하는 총 운영비용은 $1,875,700이다. 또한 자본적 지출 등 부동산 소유주가 추가로 부담하는 비용은 $315,000이다. 이러한 모든 것을 제한 후 Shady Elim의 순 영업이익은 $2,984,600로 예상된다.

예 9-11
연 기준 예상 현금흐름표

쉐이드 쇼핑 센터

부동산 개요

쉐이드 쇼핑몰

임대가능 공간: 245,000평방피트	Anchor 임차자: (2) 식료품 / 가정용품점
공동시설 면적: 80,000평방피트	In-line/Shop 임차자: (30)
주차장: 2,500 spaces	Site Area: 19 acres

수입

임대료 (평방피트당 $16.73 × 임대가능면적)		$4,098,850
+: 초과수수료임료(Overage rent)	$ 308,700	
CAM 및 관리비	1,139,250	
기타 수입	159,250	
−: 공실률(5% ×임대공간 ×임대료)	330,750	
할인조항	–	
유효 총소득		$5,375,300
−: 운영비용		
관리/수선비	584,700	
관리 및 임대차 비용	340,000	
부동산 세금	1,050,000	
보험	66,000	
기타	35,000	
총 운영비용	1,875,700	
자본적 지출 등	315,000	2,190,000
순 영업이익		$2,984,600

Shady Elim의 심도 있는 투자분석을 위해서는 1년이 아닌 다 기간에 걸쳐 분석을 해야 하며 좀 더 자세한 사항은 10장에서 언급할 것이다.

아파트의 수익 분석 사례

[예 9-8]을 활용하여 아파트 투자분석을 위한 현금흐름 분석을 할 수 있다. 여러 가지 이유 때문에, 아파트 투자분석은 오피스, 소매, 그리고 창고 투자와 다르다. 임대차는 상대적으로 짧은 기간 동안 이루어지고 임차교체 시기는 명백하며 주와 연방법이 적용된다. [예 9-12]는 아파트 부동산의 현금흐름을 보여주고 있다.

임대공간이 전부 임차된 경우를 가정한 총소득은 1년에 $2,465,649이다(1 unit당 $885. 65). Loss to lease라는 아파트 현금흐름 분석이 나오는 특별한 개념이 있다. 이는 과거 임대차 계약이 체결된 임대수와 현재 새로 체결된 임대수의 차이를 반영하는 것이다. $61,036의 Loss to lease는 과거에 체결된 계약으로 결정된 것이다. 과거 체결된 임대가구의 수와 현재 체결된 임대가구 수의 차이를 구하고 여기에 과거 임대된 가구 수를 곱하여 산출한다. 여기서, 공실된 가구 수와 임대 손실(미납부 임대료, 할인액 등)을 차감한 수익이 $1,937,861

예 9-12

내부수익률의 계산:
웨스트게이트 쇼핑센터
사례

부동산	기본 편의시설	
워터풀 아파트	자동문차고	
	세탁기, 식기 세척기 구비	
위치	풀 사이즈 유닛, 수영장	
미국의 교외	제한출입문, 주차장 (400대 수용가능)	
기본개요	**지역/밀집도**	
Arterial 도로 북동쪽에 위치한	15 acres	
232세대로 구성된 아파트로서		
최근에 건축되었고 자가 주차공		
간이 포함된 높은 수준의 편의시		
설을 갖춤, 모든 빌딩은 외벽이	**형태**	
90%이상 벽돌로 구성된 복층으	1 방 — 1 화장실	104 세대
로 지어졌음	2 방 — 2 화장실	128 세대
	세대당 평균 1,000 평방피트	
	월 평균 임대료	
경과연수: 7년	세대 당 $885.65, 평방피트당 .88	

잠재 총소득	$2,465,649	
−: 전기계약분과 현재 계약분의 차이	61,036	
총 임대소득	$2,404,613	
−: 공실률 등	285,013	
할인 조항 및 조정	181,739	
순 임대 수익		1,937,861
+:		
기타소득	111,080	
관리비	200,000	311,080
총 순수익		2,248,941
−: 운영 및 임대차 비용		990,380
자본적 지출 등		246,095
순 영업이익(NOI)		1,012,466

* 만약 현재의 시장임대료가 현재보다 오래된 임대의 임대료에 비하여 떨어지면, 임대료 손실이 도움이 될수있다.

이다. 임대 이외의 소득(주차장, 보관소, 세탁소 등)으로 추가적으로 $111,080을 얻는다. 또한 수도료, 열 난방 등 임대인이 제공한 서비스에 대한 추가적인 수익을 포함하여 총 수익은 $2,248,941이다. 운영 및 임대차 비용 등은 $990.380으로 예상한다. 모든 수익과 비용을 계산할 경우 예상 순 영업이익은 $1,012,466이며 이는 자본적 지출을 포함한 금액이다. 더욱 자세한 사항은 Concept box 9.5를 보면 알 수 있다.

결론

본 장의 목적은 주요 부동산 형태별로 임대차 계약조건 및 운영 특성에 대해 익숙하게 해 주는 것이었다. 본 장의 예시들은 지역경제, 시장 수급 및 임대차 조건, 임차인의 신용도, 투자 위험도 및 소유주가 임차인에게 운영비를 전가시킬 수 있는 권리 등이 수익부동산 분석에

1. *임대관련 사항*
    a. 공동임대(Multiple occupants): 모든 임차인은 공동으로 임대할 수 있고 임대료는 각자 부담으로 한다. 이 경우 소유주의 승인이 없으면 공동 임대가 불가능하고 임차인 교체를 위한 수수료는 계약조건에 따른다.
    b. 계약종료: 임대료 미납, 임대 공간 사용의 연기, 임대차 계약 조건 및 공동사용 규칙 위반 등. 어떤 경우, 임차인이 군입대나 실직 등으로 임대차계약을 종료하거나 임대료 지불을 일시적으로 중지 할 수 있다.
2. Collection losses - 일반적으로 임대료 미납, 파산 등으로 발생한다.
3. *할인 및 조정* - 임대수수료, 일정기간 임대료 면제, 기업 할인 등
4. *임대차 기간이* 종료하고 임차인이 임차계약을 연장 또는 그만두겠다는 의견을 소유주에게 전달하지 않는다면, 일부 주에서는 임대차 계약이 자동적으로 "Month to Month"로 바뀐다. 이와 반면에 다른 주의 경우 기존 계약기간과 동일하게 자동적으로 연장된다. 다른 경우로, 임대차가 명확하게 갱신되지 않을 경우 추가적인 수수료가 임대료에 더해진다.
    a. 수수료는 일반적으로 월임대료나 NSF Check에 부과된다.
    b. 예치금: 보안, 손상, 애완동물 — 일정금액이 임대차 실행 일에 예치되며, 이 금액은 임대차 만료 후 임차인에게 다시 돌려준다.
    c. 임차인에 의한 이사 — 일반적으로 이사일 30일 이전에 알려야 하며, 이러한 이사를 소유주에게 알려주지 않을 경우 추가수수료가 부과된다.
    d. 추가수익 — 임대차 취소 수수료, 실행비용, 예치금 몰수, 케이블 TV 수수료, 세탁소, 주차장, 집회소 임대비용 등
5. *관리비* — 냉난방 시설 사용료, 수도료 등 은 임차인이 임대인에게 지불해야 한다.
6. *수리비* — 부동산 소유자는 지붕, 주차장, 시설, 창문, 열쇠, 욕조, HVAC 그리고 모든 시설에 대한 수리비를 부담해야 한다. 교체비용: 카펫 그리고 다른 청소비용, 페인트, 조리대, 화장실, 부동산관리비용, 보안 등

매우 중요하다는 것을 보여 주었다. 더구나 경쟁 시장 분석을 위해 예상 현금흐름표를 작성하고 수정할 수 있는 능력이 매입 의사결정의 기본이 된다. 매입 의사결정에 대해서 다음 장에서 계속하여 논의하고자 한다.

주요용어

계약종료 조항	비율임대료 조항	임대
공동구역 관리비	비주거용 부동산	임대가능 구역
기관 부동산	사용가능 공간	임대료 면제
기본 임대료	사용가능 면적	임대인
기본임대료보다 큰 임대료	산업용 부동산	임차인 개보수 지원금
리스 확인서	선취특권	입주일
매출 손익 분기점	세입자	작업 허가서
부동산 공동소유 조항	수용권	재임대
비변동 조항	시장임대료	지수연동방식
비용부담 한도	신용장	최소 임대료
비용이 갑자기 오름	실질 임대료	표지조항
비용지불 여부	앵커 임차자	할당계수
비용책임	업무행위	할인금액
비율 임대	예외적 조항	
비율 임대료	원래조항	

유용한 웹사이트

www.bls.gov/cp — 미국 노동부에서 소비자가격지수 제공

www.globest.com — 이 사이트는 매일 업데이트되는 현재 부동산 뉴스를 제공한다.

www.ipd.com — 다양한 형태의 부동산의 분석 및 측정방법을 알려 주는 사이트. 이 사이트는 시장에 직접 투자하지 않고 직접적인 투자조언을 제공해 주지 않는다.

www.leasingprofessional.com — 임대에 관한 용어, 임대의 예 그리고 관련 사이트의 정보 자료

www.naea.co.uk — 이 사이트는 National Association of Estate Agenst(NAEA)에서 관리한다.

www.reis.com — 부동산 전문가들이 기고하는 상업부동산의 경향, 분석, 시장조사 그리고 거래에 도움이 되는 뉴스를 제공한다.

www.snl.com/sectors/real-estate — 230여개 REITs, REOCs 그리고 건축회사의 금융데이터를 제공해주는 사이트로 상세하고 명확한 부동산 자료와 비용 등을 알려준다. 또한 분석가들에게 FFO 측정, 부동산의 AFFO 그리고 NAV 등의 측정 데이터를 제공해준다.

질문

1. 임대차 계약에 의해서 어떻게 위험이 임대인으로부터 임차인에게 이전되는가?

2. 기본(base) 또는 액면(face) 임대료와 실질(effective) 임대료 간의 차이는 무엇인가?

3. Usable과 rentable의 차이는 무엇인가?

4. 공동구역관리비(CAM) 비용이란 무엇인가?

5. (1) 가격전가비용(pass through expense), (2) 회수비용(recoverable expense), (3) 공용면적비용(common area expense)은 무엇이고 그것들의 예는 어떤 것이 있는가?

6. 금방언(Estoppel)이란 무엇인가?

7. Loss to lease란 무엇인가?

8. 부동산 소유주는 공동소유공간을 운영할 때 어떤 종류의 비용을 부담하는가? (오피스, 소매, 창고별로 답하라.)

문제

1. 어떤 건물주는 향후 5년간 오피스 빌딩의 임대 대안을 다음과 같이 검토하고 있다.

   1) 순(net) 리스로서 임대료 인상(step)조건: 임대료는 초년도에 평방피트당 15달러이되 임대차 만기까지 1.5달러씩 상승한다. 모든 관리비는 임차인 부담

   2) 순(net) 리스로서 소비자물가 연동: 임대료는 초년도에 16달러이되 이후 소비자 물가의 상승이 있을 경우 이에 연동한다. 물가상승률은 연 3%로 예상된다.

   3) 관리비 임대인 부담(gross): 임대료는 평방피트당 30달러이되 모든 관리비는 임대인 부담이다. 비용은 초년도에 9달러로 예측되며, 이후 매년 1달러씩 증가 예상된다.

   4) 총 임대로서 관리비 부담 한도설정 및 물가연동: 임대료는 초년도 22달러이며 이후 물가상승에 연동하여 상승하고 비용부담은 평방피트당 9달러에 한정된다. 물가상승과 비용 상승은 2), 3)과 같다.

   a. 각 임대차 조건에 대해서 10%의 할인율을 사용하여 실질 임대료(effective rent, 비용 후)를 계산하라.

   b. 각 임대 대안에 대하여 소유주에 내한 위험부딤 기준으로 시설을 이렇게 부여할 수 있는가?

   c. 위의 a, b의 답변에 근거하여 네 가지의 대안을 어떻게 평가하는가?

2. 당신은 Everything.com사의 CFO로서 Center City에 25명의 직원을 위한 사무실 5천 평방피트를 임차하려 한다. 임대 중개인이 10층짜리 Apex Atrium빌딩의 일부를 소개하였다. 당해 빌딩의 총면적은 30만 평방피트이다. 4만5천 평방피트는 내장 공간으로서 임대불가하다. 임대 불가 면적은 지하실, 엘리베이터 및 다른 기계적, 구조적 요인들이다. 추가적으로 3만 평방피트는 로비로서 모든 임차인들이 공동 사용한다. 임차 가능한 5천 평방피트는 7측의 2만8천 평방피트의 일부이되, 다른 임차인들이 그중 2만 평방피트를 차지하고 있다. 임대 중개인은 임대료를 **임대가능 면적당** 30달러로 제시하였다.

   a. 당해 건물의 총 임대가능면적(로비 제외)을 계산하라.

   b. 7층만에 대한 할당계수와 공통면적을 계산하라.

   c. 7층의 공통면적에 대한 할당계수를 포함하여 임대가능면적을 계산하라. 그리고 Everything.com사가 당해 건물에 임차하기로 결정할 경우 지불할 평방피트당 총 임대료를 계산하라.

   d. 건물주가 건물 내의 다른 공통면적에 대한 할당계수를 늘리려 할 경우에 b를 조정하라.

   e. 공통면적 및 7층에 대하여 수정된 할당계수가 사용가능 면적에 적용된다고 가정할 때 평방피트당 총 임대료를 계산하라.

3. Atrium Tower Office Building의 소유주는 현재 5년 단위의 리스계약을 ACME Condodated Corp.와 20,000평방피트의 rentable space를 두고 협상중이다. ACME는 평방피트당 $20의 기본임대료에 매년 $1의 step-up을 가지는 것으로 협상하고 싶어한다.

   a. Atrium의 현금흐름의 현재가치를 계산하라. (할인율 10%)

   b. Atrium의 소유주는 평방피트당 $20의 기본임대료가 너무 낮다고 생각하여 (a)의 기본임대료를 $24로 올리고 싶어한다. 하지만, 현재 Atrium은 ACME에게 $50,000의 이사비용과 $100,000의 TI를 주고 있다. 이 경우 Atrium가 가질 현재가치는 어떤 영향을 받는가?

   c. ACME는 Atrium에게 기본임대료를 $23로 올릴 용의가 있다고 말했다. 하지만, 이 경우 ACME는 Atrium가 다른 빌딩에 대한 리스계약에 포함된 1년에 대해 buyout할 것을 요구할 수 있게 된다. 그 리스계약은 연간 평방피트당 $15에 20,000평방피트를 리스하는 계약이다. 만약 Atrium이 ACME의 예전 리스계약을 buyout한다면, ACME는 이사비용과 TI를 요구하지 않을 것이다. 이 경우 Atrium의 현재가치는 어떠한가? (b)의 조건과는 어떤 차이가 있는가?

4. 소매점 리스를 위한 공동구역관리비(CAM) 규모가 계산되어야 한다. 이 소매 몰은 2,800,000 평방피트로 구성되어 있고, 그 중 800,000 평방피트는 평방피트당 $2를 내기로 한 anchor tenants들에게 분양되었다. In-line Tenants는 1,300,000 평방피트를 차지하고, 나머지는 공용공간이다. 공용공간 운영비용을 충당하기 위해 평방피트당 $8를 매년 청구하려고 한다. 만약 소유주가 공동구역관리비

(CAM) charge를 모두 부담한다면, In-line Tenants는 평방피트당 얼마를 지불해야 하는가?

5. 10,000평방피트의 분양가능 공간에 대한 소매 리스가 5년 계약으로 협상중이다.

옵션 A: 다가오는 해에 기본임대료 $25와 그 이후 매년 step-up $1조건. 다가오는 해 공동구역관리비(CAM) charge는 $3이고 매년 6%씩 연말에 증가한다.

옵션 B: 다가오는 해에 기본임대료 $23과 그 이후 매 step-up $1조건. 하지만 임차인은 초과임대료를 비율리스조항에 의거해 지불해야한다. 이 조항은 임차인이 총 판매액의 8%를 연간 손익분기점 수준 $900,000까지 낸다고 되어있다. 소유주는 임차인의 총 판매액이 첫해 $850,000이고, 그 후 매년 10% 증가할 것으로 예상한다.

a. 만약 부동산 소유주가 12%의 수익률을 생각한다면, 어떤 옵션이 소매 몰 소유주에게 최선인가?

b. 만약 판매액이 20%씩 매년 증가한다면?

6. 당신은 다가오는 해 가을시즌의 200유닛 교외 garden 아파트 단지에 대한 추정 현금흐름표를 작성하는 것을 요청받았다. 이 단지는 40 studio, 80개의 원 베드룸, 그리고 80개의 투 베드룸으로 구성되어 있고, 각각 월세로 $550, $600, 그리고 $800을 받고 있다. 리스는 12개월 단위 계약이다. 현재 임대료는 다음 6개월 동안 고정될 것으로 예상된다. 이후 월세는 각 아파트 타입마다 $10씩 오르고, 그 오른 월세는 1년간 유지된다. 10개의 스튜디오는 삼 개월 전 $500에 리스 되었고, 20개의 원베드룸은 2개월 전 $580에, 그리고 10개의 투베드룸은 지난달 $805에 리스되었다. 다른 유닛들은 최근에 현재 월세에 따라 리스되었다. 이전 모든 리스 유닛들은 연간단위로 계약되었다. 이런 리스가 갱신될 때, 시장 임대료에 따라 다음 해로 이월된다. 현재, 4개 스튜디오, 6개 원 베드룸, 6개 투 베드룸은 공실이다. 이 공실 패턴은 그해에 유지된다.

올해 가을시즌에는 기타수익이 빨래시설, 케이블 TV, 주차, 기타 수수료로부터 $200,000 발생할 것이다. 가을시즌은 다음 해부터 점유 유닛당, 매달 전체 회전율과 운영비용으로 $400을 낼 것이다. 그러나, 냉난방으로부터 발생한 운영비용은 $100씩 매달 다시 거둬들일 예정이다. 다음 해에는, $100,000이 반복되는 비용처리를 위해 사용되고, $250,000이 자주 발생하지 않는 사건들을 위해 충당금으로 적립될 것이다. 총 $10,000의 수수료가 Apartment locator services에 지급될 것이다.

a. 다가오는 해의 운영 현금흐름 표를 준비하라.

*b. a*에 더해 비경상항목과 수수료의 예상치를 준비하라. 이때 다가오는 해의 순 현금흐름은?

7. SUMMER PLACE MALL의 pro forma statement of cash flow를 작성하라.

부동산 정보:

SUMMER PLACE MALL

개발연수	10 years
임대가능 공간 (RA)	400,000 평방피트
공동사용 공간 (CA)	160,000 평방피트
임차인 수	40

재무정보:

평균 기본 임대료	$20 평방피트당
초과 임대료 (5 Tenants)	50,000 평방피트@ $8.00 평방피트당
임차인에게 회수할 공동구역관리비(CAM) 비용	$5.00 평방피트당
평균 리스기간	3.5 years
공실	총 임대수익의 10%

운영비용:

유지/보수	$1,200,000

관리 비용	$230,000
재산세	$1,715,000
보험료	$105,000
기타	—

기타정보:

경상 자본지출/개발충당금	$160,000

a. 위의 데이터에서 순 영업이익을 보여주는 추정 재무제표를 만들어라.

b. 미래 추정을 위한 가장 중요한 5가지 요인은?

8. Betts Distribution Center에 대한 추정 현금흐름표를 만드는 중이다. Betts Distribution Center는 인터넷을 기반으로 부동산관련 거래를 한다. 회수 가능한 운영비용에 더해, 새 임차인들이 보험, 재산세 등에 관련된 것을 주인에게 내게 할 것이다.

부동산 정보:

BETTS DISTRIBUTION CENTER

개발연수	8 years old
임대가능 공간	200,000 평방피트
단일 세입자	10 year lease term, net, net

재무 정보:

임대료	$7.00 평방피트당 (7-year term), flat
임차인으로부터 회수가능한 비용	$1.50 평방피트당 fixed
운영비용	$700,000
재산세	$50,000
보험료	$15,000

기타 현금 지출:

충당금 (경상 자본지출/개발 충당금)	$60,000

a. 위의 데이터에서 순 영업이익을 보여주는 추정 재무제표를 만들어라.

b. **미래 추정을 위한 가장 중요한 5가지 요인은?**

9. West Office Plaza의 추정 현금흐름표를 작성중이다.

부동산 정보:

WEST OFFICE PLAZA

임대가능 공간	300,000 평방피트
연수	8 years
층수	15
임차인수	40

재무정보:

평균 기본 임대료	$20 평방피트당
기타수익/주차비/창고사용료	$1.50 평방피트당
임차인에게 회수 가능한 비용	$2.50 평방피트당
현재 공실률	5%

비용:

관리비용/보안시설비용/소유권	$695,000
재산세	$675,000

보험료	$430,000
일반 운영/리스 비용/마케팅비용	$667,000
수도/전기/가스	$1,159,100
청소비용	$489,000
영업세	$110,000

기타:

충당금(경상자본지출/개발 충당금)	$700,000

a. 위의 데이터에서 순 영업이익을 보여주는 추정 재무제표를 만들어라.

b. **미래 추정을 위한 가장 중요한 5가지 요인은?**

CHAPTER 10

수익부동산의 가치: 감정 평가와 자본시장

Valuation of Income Properties:
Appraisal and the Market for Capital

소개

지난 장에서는 부동산임대시장과 부동산시장의 수요공급에 대해서 다뤘고 또한 부동산 사용자와 입지가 수익부동산의 가치에 어떤 상호작용을 하는지 소개하였다. 이번 장에서는 자산의 시장가치를 산정하는 여러 가지 방법에 대해서 다룬다. 자산 가치는 비용과 부동산 투자를 위한 자본의 입수 가능성에 의해 결정된다. 이 장에서는 자산의 시장가치를 평가하는 데 사용되는 다양한 방법에 초점을 맞추어 볼 것이다.

기본적 가치

시장가치는 수익부동산에 현금조달하고 투자하는데 있어서 핵심 고려 사항이다. 시장가치에 대해 다음과 같이 정의 내리고 있다.

특정한 부동산에 대해서 매각자나 매입자가 사전에 충분한 지식을 가지고 신중히 판단하여 부당한 외부조건에 영향을 받지 않은 공정한 매각조건하에서, 경쟁적이고 공개된 시장에서 결정되는 가장 확률이 높은 잠재가격을 말한다. 이러한 정의에 내포된 의미는 아래와 같은 조건 하에서 특정일에 매매가 완료되어 매각자에게서 매입자에게로 소유권이 이전되는 것인데,

1. 매입자, 매각자가 동기부여 되어 있으며;
2. 양 당사자가 충분한 정보를 가지고 조언을 받았으며 이익극대화를 위해 적절히 행동하고 있으며;
3. 공개된 시장에서 합리적이고 적정한 시간이 주어졌으며;
4. 매매대금은 미화로 지불되거나 그와 대등한 재무적 수단으로 지불되며;
5. 그 가격은 특별, 독창적인 자금조달이 있었거나, 일방의 가격할인에 영향을 받지 않은 일반적인 그 자산의 가치를 나타내고 있어야 한다.

부동산의 시장가치는 그 자산이 대출의 담보가 되기 때문에 **대출결정**에 있어서 기본적인 기준이 된다. 또한 투자자는 투자결정을 할 때 부동산의 시장가치 이상으로는 매매대금을 지급하지 않으려고 할 것이다.

비슷한 맥락에서, 대출자는 그 자산이 압류(foreclosure)절차를 거쳐 매각될 때 결국은 시장가치로 매각될 것이기 때문에 그 시장가치로 계산되는 비율이상으로는 대출을 하지 않을 것이다.

이러한 이유로 부동산 금융에 있어서 감정평가보고서는 대출자가 요구하는 문서 중 하나가 된다. 대출자나 차주나 투자자 모두 의사결정에 있어서 감정평가방법을 이용하기 때문에 그들은 감정평가의 일반적인 기법에 익숙해질 필요가 있다. 또한 보험가입을 위한 평가, 세금산정을 위한 평가, 투자자에게의 투자보고를 위한 평가 등 자산매입이후에도 이러한 자산 가치 평가가 이루어져야 하는 경우는 많다. 이러한 감정평가는 자산이 매각됐는지 여부에 관계없이 매년 혹은 그보다 더 자주 이루어져야 할 수도 있다.

본 장의 목적은 자산 가치 평가방법에 대해서 설명하는 것이고, 다음 절에서 세 가지 접근방법에 대해 언급할 것이다.

감정평가절차 및 가치 접근법

감정평가는 부동산 가치의 **추정**이다. 이러한 추정을 하는 데 있어서, 감정평가사는 **평가절차**라고 일컬어지는 체계적인 접근방법을 이용한다.

첫 번째로, 물리적 및 법률적으로 부동산을 확인한다. 두 번째로, 평가대상이 되는 권리를 확정한다. 예를 들어 대상권리가 소유권(fee simple estate)일 수도 있고 임대차계약이 붙은 부동산일 수도 있다. 세 번째로, 감정평가의 목적을 확정한다. 여기에는 대출목적이나 투자목적 외에 경매 진행이나 보험금산정, 재산세 부과 등의 목적이 있을 수 있다. 네 번째로 자산평가결과의 기준시점을 지정한다. 시장상황은 시간이 지남에 따라 변화하기 때문에 가치평가는 특정한 시점에 관련되어야 한다. 다섯 번째로, 관련된 시장정보를 수집하고 분석한다. 여섯 번째로, 가치추정을 위한 기법들을 적용한다. 이러한 절차가 본 장의 주된 논의대상이다.

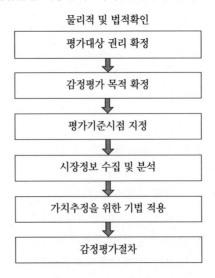

물리적 및 법적확인

평가대상 권리 확정

감정평가 목적 확정

평가기준시점 지정

시장정보 수집 및 분석

가치추정을 위한 기법 적용

감정평가절차

이러한 평가절차에 있어서 충분한 양의 시장정보가 수집되고 분석되어야 한다. 평가를 함에 있어서 평가인은 시장의 통상 임대료 수준, 임대에 관한 비용, 공실률, 수요공급요인들 등 그 자산의 가치에 영향을 미칠 수 있다고 판단되어지는 모든 자료를 수집해야 한다.

물론 본서의 목적은 이러한 세부적인 수집방법을 논의하자는 것이 아니다. 실제로 대출결정자, 차주, 투자자는 의사결정에 있어서 완성된 감정평가서를 참고할 뿐이다.

그럼에도 불구하고 그들은 감정평가자가 사용하는 감정평가 기법들을 이해하고 있어야 하는데, 그 이유는 그래야지 자산의 가격을 평가하는 데 있어서 정확한 자료들이 수집되어 졌는지, 적절한 기법들이 쓰였는지 판단하고 그 결과를 신뢰할 수 있기 때문이다.

감정평가는 대출과 투자에 있어서 결정적인 근본자료를 제공하기 때문에 그 역할의 중요성은 아무리 주장해도 지나치지 않을 것이다. 대출결정자들은 과잉대출을 막기 위해서, 투자자들은 과잉투자를 막기 위해서 감정평가에 쓰인 자료와 절차들을 면밀히 검토하는 것이다. 대출결정자는 당해 부동산의 현재 및 미래가치가 대출기간 중 원리금보다 충분히 상회하고 있을 것을 원할 것이다.

수익부동산의 경우 거래사례비교접근법, 수익환원접근법, 비용접근법의 세 가지 방법 중 적어도 두 가지 이상의 접근법이 대개 이용된다. 그럼 여기서 평가자에 의해서 수행되는 이러한 감정평가방법의 핵심에 대해서 논의하기로 한다.

거래사례 비교방식 *Sales Comparison Approach*

거래사례 비교방식은 평가대상자산과 매우 비교할 만한 최근의 부동산거래로부터 제공되는 자료를 기초로 이루어진다. 이 접근방식은 때로 시장접근방식(market approach)으로도 불린다. 이러한 매매는 반드시 공정한(arm's-length)매매(특수 관계인이 아닌 개인 간의 매매)이어야 한다. 이러한 매매는 대출에 대한 압류(foreclosure of the loan)나 공공기관이 개입된 거래 등처럼 비정상적인 상황에서 발생하지 않은 보편적인 시장거래이어야 한다.

평가대상 부동산과 비교대상 부동산의 최근 매매 사례 사이에 규모, 위치, 경과연수, 건축수준 등의 차이가 나는 정도에 따라 그와 같은 격차를 반영한 조정이 이루어져야만 한다. 이 방식이 이용될 때, 조정되어야 할 차이가 클수록 또한 비교하는 부동산 간의 유사성이 낮을수록, 거래비교방식의 신뢰도는 더 떨어지게 된다.

시장상황을 알고 있는 투자자는 결코 다른 투자자가 최근에 유사한 부동산에 투자한 것보다 더 높게 지불하려 하지는 않을 것이다. 이것이 바로 거래비교 방식의 기본논리이다. 비교 대상이 될 만하고, 건물 특성 혹은 지리적 특성에서의 차이로 인한 조정 폭이 적은 부동산에 대한 자료가 선정되어야 거래사례비교 접근방식을 성공적으로 이용할 수 있다.

부동산 평가에서 거래사례비교 접근방식을 활용하는 과정에서, 평가자는 평가대상 부동산의 추정가치와 예상임대료를 알아내기 위해 시장 내 지역분석을 통해 비교할 만한 부동산의 자료를 요약하여 이용한다. [예 10-1]은 가상의 소규모 사무실 건물과 세 개의 비교대상 건물을 이용한 거래비교 접근방식을 적용할 때 이용할 수 있는 자료의 예를 보여주고 있다.

[예 10-1]에 나타난 시장 내 지역분석을 통한 자료를 기초로, 평가대상 부동산이 최근에

항목	대상	사례비교		
		1	2	3
매매일	—	최근	1년전	2년전
가격	—	$355,000	$375,000	$413,300
연간 총 임대가	—	$58,000	$61,000	$69,000
연면적	13,300	14,500	13,750	15,390
단위면적당 가격*	—	$24.48	$22.27	$26.86
단위면적당임대가*	—	$4.00	$4.44	$4.48
대상건물과의 접근성†	—	2분	2.5분	3.5분
전면면적	300	240	310	350
층수	2	2	2	2
승강기수	1	1	1	1
건물연한	신축	3년	4년	6년
외장재	벽돌	벽돌	Stucco	벽돌
건축 상태§	평균	평균	평균	평균
조경§	평균	평균	평균	평균

*Gross square footage (rounded).
†위 예에서 대상부동산은 최고의 입지가 고려되었고, 멀어진 입지는 덜 고려되었다.
§Quality.

매각된 세 개의 소규모 사무실 건물과 비교 가능하다는 것을 알 수 있다. 이 자료를 주의 깊게 분석해 보면 전체 면적, 위치, 주요 도로와 앞거리, 건축 형태와 질, 주차 공간, 구조물 경과연수에서 작은 차이가 나타나는 것을 알 수 있다.

평가자의 목적은 이제 평가대상 자산과 비교대상 건물 간의 차이를 조정하는 것이다. 이 조정 작업은 대개 두 가지 방식 중 하나에 의해 이루어진다. 각 비교대상 건물의 평방피트당 가격이 평가대상건물의 시장가치를 결정하기 위해 조절되거나, 비교대상건물의 총 임대수입과 매각가격의 관계를 적용하여 평가대상건물이 조절될 수 있다. [예 10-2]는 평방피트당 조정이 어떻게 이루어지는지를 보여주고 있다.

평방피트를 기준으로 조정하기 위해서는 평가대상자산과 최근에 거래된 비교대상물건 사이에 주요 물리적 혹은 위치적 차이에 대한 조정이 요구된다. 평방피트당 비용의 조정은 평가대상 부동산에 대해 상대적으로 이루어져야 한다. 즉 비교대상 자료는 비교자산을 평가대상 자산과 동일하게 만든다는 가정하에서 조정이 이루어져야만 한다.

비교대상자산이 평가부동산 대비 갖고 있는 양의 숫자는 음의 조정을, 음의 숫자는 양의 조정을 필요로 한다. 평가자는 현재의 시장가치가 어떠한지, 비교대상 건물의 긍정적 및 부정적 특성이 평가대상의 가치에 어떻게 영향을 미치는지를 파악하고 난 후 모든 퍼센트 조정을 해야만 한다. 경과연수, 앞마당, 혹은 임대가능면적의 퍼센트 등에 대한 차이를 조정할 때, 평가자는 그와 같은 특성의 가치와 그 특성을 가중시키거나 약화시킬 때 평가부동산의 가치에 어떤 영향을 주는지를 추정할 수 있어야만 한다.

그런데 이러한 특성별 원가를 결정하여 가치결정을 위해 가감해서는 안 된다. 이는 부동산 매

예 10-2
비교대상 조정

	사례비교		
	1	**2**	**3**
매매가	$355,000	$375,000	$413,300
면적	14,500	13,750	15,390
단위면적당매매가	$ 24.48	$ 27.27	$ 26.86
조정			
매매일	—	+4%	+7%
임대가능 면적비	– 5%	–4%	–12%
위치	+7%	+12%	+15%
전면성	+10%	–14%	–15%
구조연령	+8%	+10%	+15%
치이점	+20%	+8%	+10%
조정 후 가격	$426,000	$405,000	$454,630
조정 후 단위면적당 매매가	$ 29.38	$ 29.45	$ 29.54
대상건물의 단위면적당 예상매매가	= $ 29.50		
추정가치 $29.500,300평방피트	= $392,350		

입자가 부동산의 각 특성별 가치가 무엇이며, 각 특성이 다른 특성과 어떻게 상호작용 하는지를 결정하기 때문이다. 그러므로 평가자는 다른 특성은 고정시키고 특정한 특성이 증감될 때 총 부동산 가치에 미치는 영향에 대해 관심을 가져야만 한다.

다른 대안으로서 평가자는 가치의 한계변동분(marginal change)을 주목해야 한다. 가치의 한계변동분은 한 특성을 가감하는 원가와 일치하지 않을 수도 있다. 이는 주관적 과정이며 그와 같은 조정은 비교가능성이 좋은 부동산의 최근 경험치에 기초를 둔 증빙에 의해 정당화 되어야 한다. 그렇지 못할 경우 심각한 오류가 발생할 수 있다.

위의 예에서 각 비교대상건물의 가격은 건물 규모의 차이를 조절하기 위해 평방피트수로 나누었다. 이 조정은 사무실 건물 가격이 평방피트 규모에 직접적으로 연관된다는 가정 하에서 이루어졌다.

이 경우 평방피트당 가격은 **비교단위**(unit of comparison)로 간주된다. 다른 다양한 비교단위가 이 부동산에 더 적합할 수도 있다. 예를 들면, 창고에는 세제곱 피트 당 가격이 더 적합하며, 아파트에는 단지당 세대수가 더 적합하다.

수익환원 접근방식

부동산 가치로서 **수익환원 접근방식**은 그 자산의 현금흐름 창출력과 연관성이 있다는 원칙을 근거로 하는 방법이다. 이 접근법을 적용함에 있어서 평가자는 단순히 비교가능자산의 매매정보를 도출하는 것뿐 아니라 수익성에 영향을 주는 많은 시장상황도 고려해야 한다.

본 절에서는 세 가지 기법이 논의되는데 그 중 두 가지 기법[**총수입승수**(gross income multiplier)와 **직접환원법**(direct capitalization method)]은 비교가능자산의 매매에서 도출된 시장의 현 상황에 매우 의존한다.

이 두 가지는 앞 절 논의된 매매사례비교접근법과 여러 방면에서 일맥상통한 면이 있다. 즉 이 두 기법의 초점은, 시장에서 거래된 비교 가능 자산의 매매가격과 연관시켜 평가대상 자산의 시장가치를 결정하는 것이다. 그렇지만 매매가격접근법이 비교대상자산의 질과 위치를 토대로 각 항목들에 가중치를 준 조정된 수치를 직접 가감하는 데 반하여, 이 두 기법들은 매각된 비교대상자산의 가격대비 수익창출측면에 첫째로 초점을 맞추고 있고, 그 후에 자산의 질이나 위치에 따른 조정을 하게 된다.

세 번째로 수익환원법은 현재가치할인 적용법(discounted present value method)이다. 이 기법은 예측되는 미래창출수익과 기대수익률을 이용한다는 점에서 총수익승수나 직접환원법과 구별된다. 이 기법에서 이용되는 관점은 투자결정을 위한 각종 정보들과 각 단계들을 결합하는 방법을 써서 자산가치 평가를 하는 투자자의 관점에 더욱 가깝다. 그러면 이 세 가지 기법들을 살펴보기로 하자.

총수입승수 *Gross Income Multipliers*

거래비교방식과 연계되어 사용되는 두 번째 기법으로서 **총수입승수**라는 용어가 만들어졌다. 이 승수는 총소득과 평가대상자산의 평가에 이용되는 모든 비교가능 부동산의 매매가격과의 관계를 말한다. 또한 이 기법은 해당 부동산에 대해 얻어지는 총수입의 주관적 추정을 필요로 한다. 총수입승수(GIM)는 다음과 같이 정의된다.

$$\text{총수입승수} = \frac{\text{매매가격}}{\text{총수입}}$$

혹은 단순히 총 수입 대비 매매가격의 비율로 정의되기도 한다. 이 승수는 평가대상 사무실 건물과 비교할 만한 부동산을 위해 쓰인다. 이 경우 총수입은 비교단위로 간주된다. [예 10-3]에서 나타나는 바와 같이, 총 수입승수가 5.99와 6.15 사이에 있는 것을 볼 수 있는데, 이는 현재의 총 소득에서 5.99 내지 6.15배로 비교대상자산이 팔렸다는 것을 의미한다. 평가대상건물이 비교가능성이 있으면, 유사한 수준으로 총수입과의 관계를 형성하는 가격으로 팔려야 한다.

그 다음 평가대상자산의 잔존 가치를 계산할 때, 평가자는 [예 10-3]에 나타난 비교대상자산의 시장자료에 기초를 두고 총수입을 추정하여야만 한다. 비교대상자산에 있어서 총수입은 부동산매각시점의 년 수입(즉, 매입자의 첫 번째 일 년 동안의 수입)이어야 한다. 마찬가지로 평가대상의 총수입은 부동산이 평가되는 날 이후의 초년도 영업 수입이 된다.

		비교자산		
예 10-3 비교대상의 총수입승수(*GIM*)개발	대상자산	1	2	3
매매가	?	$ 355,000	$ 375,000	$413,300
현재총수입	$ 36,600	58,000	61,000	69,000
총수입승수(GIM)	?	6.12배	6.15배	5.99배

어느 평가자들은 총수입승수를 도출할 때, 모든 공간이 점유되었다는 가정 하에 **잠재총소득**(potential gross income)을 이용한다. 다른 평가자들은 잠재 총 수입에서 공실을 뺀 입주된 공간에만 근거한 **유효총소득**(effective gross income)을 이용하기도 한다. 만일 평가자가 비교대상과 평가대상 부동산에 일관성을 유지한다면 결과는 비슷하게 나올 것이다. 만일 비교대상 부동산 사이에 공실률이 큰 차이가 난다면, 실질적 총 수입을 이용하는 것이 더 적절할 지도 모른다. 물론 이는 부동산들이 비교가 매우 어려우며 소속된 시장영역이 상이할 수 있다는 것을 암시한다.

이 방법은 총손질에 의존한다. 그러므로 운영비용이 모든 부동산의 손질에 대해서 비슷한 수준이라는 것이 중요한 가정이다. 많은 경우에, 특히 작고 오래된 부동산이 평가될 때에는, 운영비용에 관련된 정보가 부족할 수 있다. 이런 가정이 불가능할 경우에는 이 기법은 사용될 수 없다.

또한, 임대계약에 큰 변화가 없을 것이라는 것이 전제되어야 한다. 예를 들어, 계약 만료 후 임대료가 크게 증가할 것이 예상된다면, 이것은 반드시 반영되고 조정되어야 한다. 물리적 특성, 위치, 임대에 관한 것 이외에도, 두 비교대상의 운영비용에 큰 차이가 없다는 것이 전제되어야 한다. 만약 큰 차이가 발견된다면, 이 기법은 신뢰될 수 없다.

[예 10-3]에 나타난 총수입승수의 범위로부터 평가자는 평가대상 부동산에 대해 적절한 총수입승수를 선택하여야만 한다. 이는 [예 10-3]상의 비교대상 부동산에 대한 총수입승수의 범위를 관찰함으로써 이루어진다. 평가자는 평가대상 부동산에 적용할 비율을 선정할 때, 표에 나타난 비교대상의 총수입승수를 단순평균하기보다는 특정 비교대상에 대해 가중치를 다소간 부여할 것이다.

예를 들면, 평가자는 세 개의 비교대상 가운데 세 번째 것이 가장 최근 거래이므로 가중치가 가장 많이 주어져야 한다고 생각할 수도 있다. 따라서 평가자는 총수입승수가 세 번째 비교자산과 보다 가까울 것이라고 믿을 수 있다. 이 과정에서 가장 중요한 점은 평가자의 경험과 판단이다. 평가대상 부동산에 대한 적절한 총수입승수를 6배로 선택 가정할 경우, 추정 가치는 $59,185의 6배인 $355,110이 된다.

자본환원율 *Capitalization Rate*

비교대상자산 간에 운영비용의 차이가 존재한다면 총수입승수법보다는 순 영업이익(*NOI*)을 이용하는 직접환원법을 써야 할 것이다. 이 기법에서 추가로 활용하는 재무정보는 [예 10-4]에 요약되어 있다. 이 정보는 평가대상부동산과 세 개의 비교대상 부동산의 순 영업이익에 초점을 맞추고 있다.

[예 10-4]의 자료들은 비교대상자산의 매매에 관여했던 중개업자로부터 그 가격, 임대료, 운영경비율을 입수한 것이다(물론 매입자와 매각자의 승인하에 입수하였다). 각 자산의 **순 영업이익**은 매매 당시 비교대상 부동산의 총 임대료에서 운영경비를 차감한 것이다. [예 10-4]의 임대, 수익, 경비와 관련된 각 용어의 정의를 잘 참고하라. 또한 [예 10-5]의 순 영업이익 산출과정을 명확히 알아야 한다.

예 10-4

운영수입, 경비와 가격관계

	평가대상부동산	비교대상 부동산		
		(1)	(2)	(3)
가격	?	$355,000	$375,000	$413,300
유효총수입	$60,000	58,000	61,000	69,000
운영비용%	39%	48%	42%	41%
순 영업이익	36,000	30,160	35,380	40,170
NOI/가격 = R	?	0.084	0.094	0.099

수입, 비용 항목의 정의

공실이 없는 상태에서의 임대수입: 현대 임대계약에서 회수할 것으로 예상되는 임대수익에 시장적정임대료로 산출한 공실면적의 예상임대수익을 합한 것

+ **기타수입**: 주차수입, 세탁비, 케이블TV수수료 등 각종 적용수수료, 예탁금수입 등의 수익

= **잠재총소득(PGI)**: 자산의 소유권에 기한 회수가능한 모든 수익

− **공실률과 임대료손실(Collection Losses)**: 공실률이나 임대료미수에 따른 임대료손실

= **유효총소득(EGI)**: 예상되는 총 잠재수익에서 공실률 및 임대료손실을 뺀 것

− **당해세(Real estate Taxes)**: 지방자치단체 등에서 부과하는 당해 부동산과 관련된 세금

− **보험료**: 자산소유자는 대개 자산의 손실, 인명피해 등에 대비하여 각 개체별로(빌딩, 주차장) 보험을 든다.

− **공익비**: 계약에 따라 소유자가 전부 또는 일부를 부담하는 수도료, 전기료 등 시설설비사용료

− **유지보수비**: 3년 이내에 반복적으로 발생할 것으로 예상되며 경제적 가치 상승이 목적이 아닌 경우를 말한다.

− **일반관리비**: 인건비 혹은 대외활동과 관련된 예상비용. 다수의 자산을 소유하고 있는 부동산 전문회사는 이러한 특정비용(인력개발비, 봉급, 회계비용 등)중 일정비율을 개별부동산의 운영비용에 할당한다.

− **임대관리수수료**: 임차인모집, 임대료회수, 경비지출 등 자산현장에서 자산을 관리 감독하는 고용인에게 지급되는 수수료. 이 관리인은 자산소유회사의 직원일 수도 있고 자산관리, 임대를 대행해주고 수수료를 받는 자산전문관리회사 직원일 수도 있다.

− **보수**: 자산현장에서 항시 대기하면서 수리 등의 일을 하는 현장직원에 대한 봉급

− **자본적 지출 및 개선비용**: 임차자의 개선비용과 자본재에 대한 수리비용

= **순 영업이익(NOI)**: 상기 항목들을 모두 적용한 후 일년 간 발생하는 순 영업이익

각 비교대상자산의 순 영업이익을 도출해낸 다음 그것을 실제 매매가격으로 나누어서 소위 **자본환원율**(capitalization rate)을 구해낸다(이것은 자본환원율라고 불리기도 하고 그냥 R로 표시되기도 한다). 여기서는 세부동산의 자본환원율 또는 R은 0.084에서 0.099간으로 분포되어 있는 것을 알 수 있다.

평가대상자산의 순 영업이익은 $366,000달러이므로 이 기법에 의한 부동산의 가치는 다음의 공식에 의해 구할 수 있다.

$$가치 = 순 영업이익/자본환원율(V = NOI/R)$$

순 영업이익에 $36,000를 넣고 비교대상 부동산들을 분석하여 도출해낸 적절한 R(자본환원율)을 넣으면 구하고자 하는 빌딩의 가치를 평가해 낼 수 있다. 문제는 비교대상 자산의 분석서 을 어떻게 선택하느냐이다. 세 개의 R 중에서 평균을 구해야 할까?

가장 적합한 방법은 [예 10-4]의 표를 다시 면밀히 검토하여 평가대상부동산과 가장 유사한 비교대상 부동산을 결정한 후 그 토대로 R을 도출해 내는 것이다. 여기서는 평가대상자산이 비교대상자산(2)과 (3)에 더 근접하기 때문에 R은 0.094에서 0.099사이에서 구하는 것이

예 10-5
가상 부동산의 현금흐름표

임대수익		$615,000
+: 기타수익	$ 20,000	
잠재총소득		$635,000
−: 공실률 및 임대료 손실	$ 35,000	
유효총소득		$600,000
− : 운영비용		
부동산 세금		40,000
보험	15,000	
공익비	30,000	
유지보수비	20,000	
임대관리비	20,000	
임대관리수수료*	30,000	
보수	20,000	
총 운영비용	175,000	
자본적 지출 및 개선비용*	59,000	234,000
순 영업이익		$366,000

* 순 영업이익을 결정하기 함에 있어 정형화 되지 않는 비용들의 산정이 실무상에서 문제가 된다. 임대차 수수료, 임차인 개선비용, 복구비는 부동산의 경제적 내용연수 보다 짧다. 따라서 이러한 비용들은 매년 산정하여야 한다. 또한, 이러한 비용들은 직접적으로 순 영업이익에 영향을 주기 때문에 순 영업이익 산정에 앞서 비교가능 부동산들의 비용들과 비교하여 합리적인 수준에서 비용들을 결정하여야 한다. 임대차 수수료는 임대만료기간, 회전율 등을 고려하여 30,000로 책정하였고 임대료 개선비용과 자본적 지출액은 $59,000로 산정하였다. 보다 자세한 사항은 Concept Box 10.1을 참고하여라.

적절할 것이다. 비교대상자산(2)이 그 중 가장 근접하다고 가정하고 R을 0.095로 도출했을 때 다음과 같이 부동산가치를 도출할 수 있다.

평가대상 부동산의 가치 = $36,600/0.095 = $385,263

추가사항–적용과 한계

기본적으로, 직접환원법 **벤치마크**로서 현행 시장 매매사례에서 얻어낸 수입과 경비의 자료를 이용한다. 이것은 단지 대상자산에 지불할 $3,853,000의 매입가격이 합리적이거나 또는 비교대상자산의 매매가격과 동일선상에 있다는 것을 의미할 뿐이다. 즉 평가된 자산가치보다 매입자는 더 싼 가격을 기대해서는 안되며, 매각자는 더 많이 받기를 기대해서는 안 된다는 것을 의미할 뿐이다.

확실히 알아야 할 것은 이것은 매입자가 이 자산을 매입했을 때 그것이 좋은 투자였는지를 보장해주지는 않는다는 점이다. 이것은 단지 매입자에게 그 가격이 경쟁력 있는 시장 가격이고 이 기법이 정확히 적용됐다면 비슷한 자산을 매입한 타 투자자에 비해 과도하거나 과소한 가격을 투자하는 것이 아니라는 것을 확인시켜 줄 뿐이다. 이것이 좋은 투자였는지의 여부는 장래 임대료와 수입의 증가 및 그로 인한 자산가치의 증대와 관련된 문제이다.

이러한 사항들은 이 기법이나 총수입승수법에서 다루고 있는 문제는 아니며 투자의 적정성에 관한 결론은 여기서는 도출되지 않는다. 그것은 자산이 위치해 있는 시장 내 자산의 임대조건, 임대료, 경비, 중요보수사항 등의 장래 변화의 추이를 예측하면서 결정되어야 하는 문제이다. 다음 장의 투자분석에서 이러한 요인들을 다룰 것이다.

자본환원율의 주의사항

위에서 논의한 자산 가치와 순 운영비용 그리고 비교대상매매사례에서 도출된 자본환원율 간의 상관관계를 다루는 직접환원법은 상당히 중요한 방법이다. 그럼에도 불구하고 이 방법을 쓸 때 선택된 비교대상자산이 과연 평가대상자산과 **진정 유사성**이 있느냐 하는 문제가 대두된다.

여기서 쓰인 **유사성**이라는 의미는 자산의 질적인 면, 건축형식, 연식, 크기, 기능, 위치, 효율성 등에서 매우 비슷하여야 한다는 것을 의미할 뿐 아니라 또한 임대만기, 임대추가조건, 임대료인상조건 또는 지역권, 소유권제한 등 기타 임대부대조건 등에 있어서 유사해야 한다는 것을 의미한다. 이러한 부대조건들은 많은 투자대상자산에 있어서 유사성이 있는 반면 또 많은 자산에 대해서 그렇지 않을 수도 있다.

후자의 임대부대조건의 중요성과 관련하여 두 개의 사무실빌딩을 예로 들어 보자. 두 빌딩은 위치와 기능면에서 비슷하지만, 한 빌딩은 부대조건을 세세하게 계약서에 명료하게 개재한 4명의 장기임대계약자에게 임대되어 있고, 다른 빌딩은 비교적 단기임대계약에 각기 다른 임대특성이 있는 30개 계약자에게 임대돼 있다고 하자. 매각시점에서 두 부동산의 순 영업이익은 비슷할 수 있다. 하지만 **임대계약**과 이에 **부수된 위험** 때문에 두 자산의 가치 및 그로 인한 자본환원율은 다르다고 볼 수 있다. 그러므로 이 두 자산의 자본환원율을 가지고 평가대상자산의 가치를 매길 때는 물리적인 차이, 위치의 차이 등 요인 외에 임대에 관한 이러한 부분들이 고려되어 조정이 이루어져야 한다. 이러한 조정 작업은 항상 간단한 것은 아니다.

결론적으로 여러 비교대상자산을 기초로 정확한 직접계수를 도출하는 것은 쉬운 일이 아니며 적절하지 못한 자본환원율을 사용한다면 심각한 감정평가의 오류가 발생할 수 있다.

또 하나 주의해야 할 점은 비경상적이고 비 반복적으로 발생하는 빌딩의 자본적 지출이다. 즉 임차인 개보수 지원금(tenant improvement), 혹은 임대인이 한 개조를 보전해 주기 위한 현금지출 등이 이에 관한 고려 대상이다. 비교대상자산의 매각으로부터 도출한 순 영업이익에 기초하여 대상 빌딩의 가치를 평가할 때, 임차인 개보수 지원금(tenant improvement)이나 그에 관한 현금지출을 데이터에 포함시킬지 여부 혹은 그 중 어떠한 것을 또 어떻게 데이터에 포함시킬지 여부를 결정하여야 한다.

감정평가 실무는 이 점에서 여러 가지로 엇갈린다. 많은 감정평가사들은 이러한 항목들의 **연간평균지출**을 측정하고 이것을 연간경비와 같이 보아 **뺌**으로 순 영업이익을 하향조정한다. 비교대상자산이 평가대상자산과 **매우 유사**할 때는 이러한 실무처리는 모든 비교대상자산에 일관성 있게 처리되는 한 측정되는 가치에 큰 영향을 미치지는 않는다. 그러나 자산들 간에 이러한 비 반복적인 비용들에 있어서 중대한 차이가 어느 정도 예상된다면, 그에 관한 조정 작업을 해야만 한다. 이러한 조정작업이 까다롭고 중요하다면 대상자산은 진정 비교대상

현금흐름표를 작성할 때, 정규적으로 발생하는 비용과 일치하지 않을 수 있다. 이러한 비용이 운영비용이 아니더라도, 이 비용들은 현금흐름표 작성 시 포함되어야 한다.

임대차 수수료

임차인의 공실이 발생하여 임대가 종료되었을 때, 부동산 소유자는 중개인과 접촉하여 해당 부동산에 대한 마케팅등을 통한 정보제공을 함으로써 예상 임차인을 선별하여야 한다. 이러한 중개인에 대한 수수료 비용은 임차인의 교체와 기간별로 (통상적으로 1년 주기) 다르다. 임차인 교체와 관련된 비용의 평가는 매년 현금흐름표에 포함되어야 한다.

임차자 개선비용

부동산 소유자들은 임차 공간 사용을 위한 비용을 임차자와 일반적으로 협의한다. 전형적으로 임차자는 임차공간 사용전 방, 칸막이, 카펫 기타 등을 구성한다. 부동산 소유자는 개선비용의 비용을 임차자와 협의하여 결정한다. 임차수수료, 임차자 개선비용은 임대차 교체율에 따라서 기간별로 상이하다. 다른 경우 기존 임차인이 임대차 갱신을 할 때, 임차공간 갱신에 따른 임차비용을 합의한다.

자본적 지출

자본적 지출은 온수시설이나, 조리대, 전기 같은 자주 교체되는 것에 대한 비용도 포함한다. 반복되지 않는 것에 대한 주요 지출은 지붕, HAVC, 주차장 등이 있다.

이 될 수가 없다고 보아야 한다. 따라서 이 방식의 결과는 신중하게 해석되어야 하는 것이다.

그렇다면 어느 경우에 직접환원법이 유용하게 사용되는가? 자본환원율은 실제 부동산업에서 광범위하게 쓰이는 지표이다. 그럼에도 불구하고 1년간의 순 영업이익과 비교대상자산의 매매사례에서 도출된 자본환원율을 적용하여 부동산의 가치를 평가함에 있어서는 문제점이 따를 수 있다는 점을 다시 한번 강조하고자 한다.

현재가치할인 적용법 *Discounted Present Value Techniques*

이 기법은 본 장에서 논의하는 **수익환원법**의 마지막 기법으로서, 투자자는 미래에 발생할 모든 순 영업이익의 현재가치 이상의 가격으로는 자산을 매입하지 않을 것이라는 가정에 기초한다. 매우 장기간 수익을 발생하는 부동산의 가치평가는 경제적 사용 기간 동안 발생하는 수익의 현재가치를 구할 수 있게 해줄 현가기법에 관한 접근법과 그에 수반되는 무수한 가정들에 관한 깊은 이해를 필요로 한다. 이러한 이유 때문에 자산의 가치평가를 하는 대부분의 전문가들은 가능한 한 직접환원법이나 거래사례비교법을 선호한다.

하지만 필요에 따라 현재가치할인 적용법이 쓰이기도 한다. 이 기법을 설명하기 위해 한 아파트를 예로 들어 보자. 앞 장에서 수입과 비용의 상관관계에 대해서 논의한 것을 기억할 것이다. 순 영업이익은 임대료에 영향을 주는 시장 수요 공급의 변화를 예측 가능한 일정기간 동안 산출된다. 요약하면, 임대료, 임대조건, 시장의 수요공급의 상황을 인지 가능한 기간에 대해 현금흐름을 예측하고 분석할 수 있다.

예 10-6

Hypothetical
Hills아파트의 10년 순
영업이익 예측

년	순 영업이익	% Growth	년	순 영업이익	% Growth
1	$338,800	–	6	$416,127	3
2	355,740	5	7	428,611	3
3	373,527	5	8	441,469	3
4	388,468	4	9	450,299	2
5	404,007	4	10	459,304	2

순 영업이익 NOI의 예측

시장 수요공급의, 임대차 조건 및 수입, 비용에 대해 파악된 정보에 근거하여 Hypothetical Hills아파트 물건에 대해 10년간 예상치인 [예 10-6]에 작성하였다. 이 아파트 물건은 비교적 신축이고 설계와 입지가 독특하여 비교대상 거래물건이 별로 없어 거래사례비교법으로는 신뢰할 만한 추정치를 얻기 어렵다.

본 절의 예시에서 Hypothetical Hills아파트의 공실률은 시장평균보다 낮으며, 현금흐름 증가율도 8년 동안 3~5%로 다른 아파트에서 기대되는 성장률보다 높기 때문이다. 9년차부터는 순 영업이익이 2%로 안정되며, 이는 장기적인 아파트 수급상황과 일치할 것으로 보인다. 이러한 예상 현금흐름표에서 볼 때, 다른 아파트들이 거래사례비교법 적용에서 요구되는 만큼 비교 가능하지 못하다는 결론을 내린다.

할인율(r)의 선택

앞 절에서 예상기간 분석에 의해 순 영업이익을 추정한 다음 단계는 **할인율** 또는 투자기간 동안 **요구되는 내부수익률**을 선택하는 일이다. 이 할인율은 개념적으로 투자자 입장에서 다른 투자대안 또는 자본시장의 투자지표와 대비하여 요구되는 수익률이다. 예를 들면, 10년짜리 부동산 투자대안에 대해서 할인율은 (1) 10년 미국국채, (2) 10년 주택저당 대출 및 (3) 당해 부동산을 임차 사용하고 있는 기업들의 회사채 수익률 가중평균 또는 평균 부채금리보다 높아야 할 것이다.[1] 부동산 소유에 뒤따르는 위험 및 관리와 처분에 부수되는 관리인 위험(attendant risk)은 할인율에 적절히 가산되어야 할 것이다.

[예 10-7]은 여러 투자자산에 대하여 위험 대 기대수익률의 관계를 보여준다.

수익부동산의 경우 기대수익률은 국채, 저당대출 및 회사채보다 높아야 하지만 주식보다는 낮아야 한다. 그러나 이 같은 개념화는 수익부동산의 평균 수익률에 대한 것일 뿐임을 강조한다. 개별 부동산의 위험은 평균보다 높거나 낮을 수 있으므로 개별 부동산의 기대수익률은 평균과 차이가 있다.

본 절의 예에서 경쟁부동산과 위험비교를 하여 Hypothetical Hills아파트에 대한 내부수익률을 12%로 결정한다. 지금까지 현재가치 추정에 필요한 네 가지 단계 중 세 단계를 완료

---

[1] 이것은 자산이 임대되었을 때, 만약 임차인이 은행 빚으로 조달하여 지은 건물을 선택한다면, 이것은 임차인이 대신 대출의무를 가지는 것이다. 그러므로 부동산투자자는 추가적인 위험을 가지기 때문에 이자보다 더 큰 이익을 얻어야 한다. 만약 부동산투자자들이 더 큰 이익을 가지지 못하면, 대출자가 되는 것이 더 낫다.

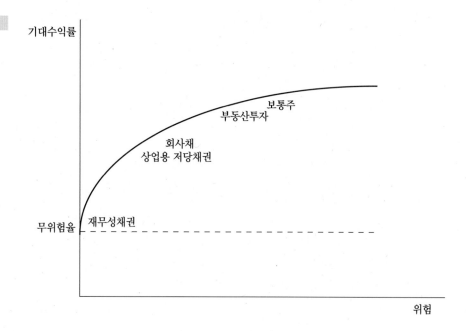

예 10-7

투자형태에 따른 위험과
수익의 관계

하였다.

1. 순 영업이익(*NOI*)의 예측
2. 적절한 기간에 대하여 **보유기간** 분석
3. 설정된 기간에 대하여 요구수익률 또는 할인율을 선택

  네 번째 단계에서는 분석기간인 10년 이후의 예상 순 영업이익의 현가를 다루어야 하므로, 현금흐름과 함께 **회귀가치**(reversion value) 또는 재매각가격을 제시한다. [예 10-6]에서 *NOI*는 9년부터 2%로 안정적이 되는데, 회귀가치는 9년차 연말에 결정된다고 가정하자. 이 경우 10년차 연초부터 시작하여 부동산의 경제적 수명까지 장기적인 성장 가정에 의한 현금흐름 예측이 필요하다. 회귀가치를 추정하는 데에 다음과 같은 가정들이 필요하다;

1. 지역 내의 아파트 수요가 미국 경제성장에 따라 장기 안정적으로 성장한다.
2. 10년차 이후에 아파트 수급에 **구조적인** 변화 요인은 없다.

  위와 같은 가정이 적용될 수 없다면 10년차 이후 안정기 도래 시까지 연도별 예측이 이루어져야 한다.

회귀가치를 추정하기 위한 가정

이 시점에서 9년차 연말에 복리가치가 어떻게 추정되는지, 특히 Hypothetical Hills 아파트처럼 새 아파트로서 경제적 수명이 50년 이상으로 장기인 부동산에 대해서 궁금할 것이다. 이를 위해 많이 사용되는 세 가지 기법을 소개한다.

(A) 예상 장기 현금흐름에 근거하여 잔존 자본환원율을 도출

10년차~50년차 간의 현금흐름을 매년별로 예측한다는 것은 현실적이 아니다. 사용될 수 있는 방식으로는 **잔존 자본환원율(R_T)**를 사용하여 잔존수명 기간 동안의 현금흐름의 현가를 근사치로 도출하는 것이다. 이 방식은 기간 중의 현금흐름 패턴과 그의 **요구수익률**과의 관계에 대한 엄격한 가정하에서만 사용될 수 있다.

경우1: $RT = (r - g)$ 장기 순 영업이익 성장률인 g가 양수일 때
경우2: $RT = (r)$ 장기 순 영업이익 성장률인 g가 0일 때
경우3: $RT = (r + g)$ 장기 순 영업이익 성장률인 g가 음수일 때

보유기간 이후 잔존 경제적 수명 기간 동안에 대한 시나리오가 선택되면 회귀가치를 추정하기 위해 g가 결정되어야 한다. 10년차 이후 NOI 성장률 g는 연 2%로 본다.

이러한 가정 하에서 Hypothetical Hill 아파트의 9차년도말 회귀가치는 10년 예상기간 기준으로 다음과 같이 근사치로 도출된다.

$$REV_9 = (NOI_{10}) \div (r - g)$$

이는 추정재매각가격 혹은 회귀가치인 REV_9 [예 10-6] 상의 10년차 순 영업이익인 $459,304를 r인 12%에서 g인 2%를 뺀 10%로 나눈 수치가 된다. 9년차의 $r - g$는 부동산 실무업계에서 잔존 자본환원율로 불리우며(R_T)로 표시된다.

$$REV_9 = NOI_{10} \div (R_T) \qquad\qquad R_T = (r - g)$$
$$REV_9 = \$459,304 \div (0.12 - 0.02) \qquad\qquad R_T = 0.10$$
$$REV_9 = \$459,304 \div 0.10$$
$$REV_9 = \$4,593,040$$

이재 9년차의 회귀가치를 도출했으므로(이는 10년차 이후 부동산 수명기간 예상현금흐름의 현재가치이다) 부동산의 1년차부터 모든 기간의 현재가치를 [예 10-8]과 같이 추정할 수 있다.

요약하면 부동산의 예상 현금흐름은 다음과 같다.

$$PV = PV순 영업이익 + PV회귀가치$$
$$PV = 2,073,475 + 1,656,296$$
$$PV = \$3,729,771$$

가정에 근거하여 부동산의 현재가치는 $3,729,771이 도출된다. 만일 어떤 투자자가 이 가격에 부동산을 매입하여 9년 보유한 후 $4,593,040에 매각한다면 최초투자 $3,729,771에 대하여 내부수익률 12%를 획득하게 된다. 또한 잔존 자본환원율(R_T)인 0.10을 사용하여 REV_9가 $4,593,040이 도출되었다는 점을 강조하고자 한다.

이 결과치는 10년차부터 80년까지 순 영업이익이 2%씩 계속 성장하는 데에 많이 의존하며 12%로 현가할인 된다.

(B) 비교 가능한 사례로부터 잔존 자본환원율을 추정

앞의 예시에서 제로시점의 자본환원율 $338,800 ÷ $3,729,771인 0.09와 잔존 자본환원율

예 10-8
HH아파트의 현재가치
잔존계산

년	(a) 순 영업이익	(b) P	(c) 회귀가치	(d) PV회귀가 치@12%	(e) (b)+(d) Total PV
1	$338,800	$302,500			$ 302,500
2	355,740	283,594			$ 283,594
3	373,527	265,869			$ 265,869
4	388,468	246,878			$ 246,878
5	404,007	229,244			$ 229,244
6	416,127	210,823			$ 210,823
7	428,611	193,882			$ 193,882
8	441,469	178,302			$ 178,302
9	450,299	162,382	$4,593040 *	$1,656,296	$1,818,676 **

Note: 순영업이익의 현재가치합 $2,073,475 + 회귀가치의 현재가치합 $1,656,296 | $3,729,771

* $(450,299 \times 1.02) \div 0.1 = 4,593,040$
** 9년차 순 영업이익($450,299)와 회귀가치($4,593,040)을 12%으로 할인하면 $1,818,676을 얻을 수 있다.

인 0.10간의 관계가 도출되었다. 부동산 시장이 결국 균형점 또는 안정상태로 갈 것으로 보이는 경우 일반적으로 이러한 패턴이 가정으로 세워진다.

예에서는 잔존 자본환원율(R_T)이 진행 중인 자본환원율(R)보다 크게 나타난다. 이러한 가정이 자주 혜택되는 이유는 시간이 가면서 부동산이 감가 상각되어 수익이 감소하므로 순 영업이익 성장률이 신축부동산보다 낮아야만 하기 때문이다.

이는 또한 다른 조건이 동일할 때 10년 된 건물은 순 영업이익과 관련하여(높은 자본환원율) 신축건물보다 낮은 가격에 팔려야 한다는 의미이다. 부동산 분석가는 현재시점에서 오래된 부동산 매매로부터의 자본환원율과 신규건물의 자본환원율을 비교하여 이 사실을 증명할 수 있을 것이다. 다른 조건이 통일하다면 오래된 부동산과 신규 부동산간의 자본환원율 차이는 경제적 상각을 반영하는 것이다.

예로 돌아가서 [예 10-6]에서 HH아파트의 특성상 7년간 높은 성장률을 가정했던 것을 기억하라. 그 기간 이후의 순 영업이익은 2%로 장기간 안정된다. 즉 초과 성장률이 영원히 계속되지 못한다고 가정한다. 그 이유는

1. 다른 경쟁 부동산이 개발되어 공급이 늘어나므로 HH의 임대료 프리미엄이 소멸되거나
2. HH가 오래되므로 기능과 스타일이 덜어지게 됨으로서

그 결과 특출한 경쟁력이 감소하는 것이다.

이러한 가능성을 고려하여 부동산업자는 HH가 10년 이후에 가질 경쟁력과 유사한 현재 10년 된 아파트의 거래 자료를 수집하여 잔존 자본환원율을 직접 추정하는 선택을 할 수 있다. 아래의 표에 나타난 3가지 비교가능부동산의 경우 완공 후 10년이 지난 아파트인 것을 제외하고는 HH아파트와 유사한 특징들을 가지고 있다. 이러한 아파트들의 매각가격과 순 영업이익으로부터 자본환원율을 계산할 수 있고 이를 이용하여 HH 아파트의 잔존 자본환원

율을 도출할 수 있다.

	HH와 비교 가능한 아파트들의 매각 사례 (완공 후 10년)		
	사례 1	사례2	사례3
현재 순 영업이익	$400,000	$425,000	$450,000
현재 매각가격	$4,000,000	$4,100,000	$4,300,000
현재 자본환원율	0.100	0.104	0.105

이 정보를 통해, 현재 자본환원율이 0.1에서 0.105 사이인 것을 알 수 있다. 만약 분석가가 이러한 비교 가능 부동산의 판매 데이터를 검토한 후 HH아파트의 잔존 자본환원율을 0.1025로 선택한다면 이를 이용한 회귀가치는 다음과 같다.

순 영업이익 ÷ 잔존(Terminal) 자본환원율 = 회귀가치
$$\$459,304 \div 0.1025 = \$4,481,014$$

10년 후 HH아파트의 회귀가치는 $4,481,014인 것을 알 수 있다. 여기서 현재가치로 환원하기 위한 할인율을 알 경우, $1,615,899를 얻을 수 있다. 이는 다음과 같이 계산된다.

$$PV_0 = PVNOI + PVREV_n$$
$$PV_0 = \$2,073,475 + \$4,481,014 \left(\frac{1}{1 + .12}\right)^9$$
$$PV_0 = \$2,073,475 + \$1,615,899$$
$$PV_0 = \$3,689,374$$

이와 같은 접근법을 이용하여 HH아파트의 잔존가치를 얻었으며 현재가치로 환원한 가치는 $3,689,374임을 알 수 있다.

분명히, 이 상황에는 현재 HH아파트와 관련된 오래된 부동산의 가치에 영향을 주는 조건들이 HH아파트가 9년 뒤 팔릴 때의 상황과 같다는 조건이 필요하다. 이런 상황에서, HH아파트의 잔존 자본환원율은 오래된 건물의 현재 자본환원율과 같거나, 현재 부동산 시장에서 팔리는 비슷한 부동산의 자본환원율과 같아야 한다. 이런 가정을 만드는 것이 문제의 소지가 있지만, 하나의 원칙이 이 예제로부터 도출된다. 그것은, 다른 조건이 일정하다면, 부동산은 시간이 지날수록 수익을 창출하기 어려워지고, 가치를 구하기 위해 사용되는 잔존(terminal) 자본환원율은 일반적으로 **투자시점 자본환원율**보다 크다는 것이다. (투자시점 자본환원율은 첫해 순 영업이익과 현재가치의 비율이다.) 이 예제에서, 투자시점 자본환원율은 $338,800/$3,689,374로 9.18%이다. 이것은 10.25%인 잔존(terninal) 자본환원율보다 낮다. 이 낮음이 앞으로 10년간 지속된다는 것은 다음의 몇 가지를 의미한다. (1) 일반적이고, 외생적인 경제적 영향 또는 사건(인플레이션, 이자율변화, 위험프리미엄 등등)이 발생하고, 그러므로 모든 부동산 가치에 영향을 미친다. (2) 더 많은 특정한 사건들이 부동산의 상대적인 가치에 영향을 미친다. (종속부동산이 위치하는 하부시장에서의 고용율 하락. 이런 경우, 분석가들은 이런 변화들을 분석에 반영해야한다. 분명히, 이 분석에 의지하는 투자자들은 이런 가정들을 조심스럽게 받아들여야 한다.

본질의 논의가 잔존 자본환원율을 이해하는 데 유용하지만 이 방식은 부동산 가치에 영

향을 주는 금리전망, 경제성장 등이 변하지 않는다고 보이는 경우에만 유효하다. 부동산은 감정평가하는 사이에 그러한 환경이 변한다면 이를 분석에 반영해야 한다. 이러한 경우 잔존 자본환원율은 최근 거래된 더 오래된 건물과는 다소간 차이나게 된다. 복합적인 효과와 그 영향에 대해서는 본 장에서 후술한다.

(c) 부동산 가치변동 예상에 의해 재매각 가격을 추정

재매각가격 추정에서 잔존 자본환원율 대신 사용되는 방법은 부동산가치가 매년 특정한 복리로 변동한다고 가정하는 것이다. 예를 들면, 부동산가치와 순 영업이익이 매년 2% 상승한다면 다음과 같은 추정을 할 수 있다. [예 10-6, 10-8]에서 요구수익률이 12%이고 9년 동안의 순 영업이익의 현재가치가 2,073,475로 예상하였다. 이러한 정보와 대수학적 처리방법을 이용하여 부동산의 현재가치를 구할 수 있다.

$$PV_0 = PVNOI + PVREV_n$$
$$PV_0 = \$2,073,475 + REV_n$$

이 공식을 사용하기 위해서는 현재가치와 재매각가격을 동시에 산정해야 한다. 왜냐하면 현재부동산 가치와 재매각가격을 모르기 때문이다. 그러나 이러한 접근방법을 기본으로, 9년 동안 복리로 부동산이 상승한다고 가정을 한다면 재매각가격은 $REV_n = PV_0 (1 + g)^n$으로 구할 수 있다. 다시 말해, 잔존 자본환원율을 사용하지 않고 현재부동산 가치(PV_0)를 n년 동안 g%씩 복리로 상승한다고 가정함으로써 재매각가격(REV_n)를 구할 수 있는 것이다. 이전에서 매년 2%씩 상승한다고 가정하였다. 이를 이용하면

$$REV_n = PV_0 (1 + g)^n$$
$$REV_n = PV_0 (1 + .02)^9$$
$$REV_n = PV_0 (1.195093)$$

이 공식은 n기간 후 재매각가격은 현재 부동산 가치에 9년 동안 복리 2%씩 상승한다고 가정하면 구할 수 있다는 것을 보여준다. 그러나, 현재가치를 모르고 또한 9년 후 재매각가격도 모른다. 그러나 매년 2%씩 9년 동안 상승한다고 가정을 함으로서 9년 후 재매각가격은 현재가치보다 1.195093만큼 크다는 것을 파악했다. 또한 할인율을 12%인 것을 가정하여 위에 식에 대입하면 풀면 다음과 같은 결과를 얻을 수 있다.

$$PV_0 = PVNOI + PVREV_n$$
$$PV_0 = \$2,073,475 + PV_0(1 + g)^n \left(\frac{1}{1 + .12}\right)^n$$

$$PV_0 = \$2,073,475 + PV_0(1.02)^9 \left(\frac{1}{1 + .12}\right)^9$$

$$PV_0 = \$2,073,475 + PV(1.195093) \left(\frac{1}{1.12}\right)^9$$

$$PV_0 = \$2,073,475 + PV(1.195093)(0.360610)$$
$$PV_0 = \$2,073,475 + PV(0.430962)$$
$$0.569038\, PV_0 = \$2,073,475$$
$$PV_0 = \$3,643,825$$

이러한 계산과정을 통해 현재가치는 $3,643,825인 것을 알 수 있고 또한 재매각가격의

경우 현재가치에서 9년 동안 2% 상승한다고 가정을 하였기 때문에 9년 후 재매각가격은 $3,643,825(1.02)^9 = \$4,354,708$이다. 다음과 같은 방법으로 이 과정을 증명할 수 있다.

$$PV_0 = PVNOI + PVREV_n$$
$$PV = \$2,073,475 + \$4,354,708 \, \frac{1}{(1 + 0.12)^9}$$
$$PV = \$3,643,826$$

요약하면, (1) HH아파트로부터 9년 동안 획득하는 순 영업이익은 [예 10-8]과 같고 (2) 9년 후 재매각가격은 현재가치에 9년 동안 복리로 2%씩 상승하며 (3) 요구수익률(할인율)이 12%일 때, 부동산의 현재가치는 $3,643,826이다.

각 방법을 통한 재 매각가격과 현재가치의 비교

구분	9년 후 재매각가격	재매각가격의 현재가치
A. 예상 장기 현금흐름에 근거하여 잔존 자본환원율을 도출	$4,593,040	$3,729,771
B. 비교 가능한 사례로부터 잔존 자본환원율을 추정	$4,481,014	$3,689,374
C. 부동산 가치변동 예상에 의해 적정 가격을 추정	$4,354,708	$3,643,826

앞서 설명한 3가지 방법을 통한 재매각가격와 현재가치를 비교한 표는 위와 같다. 명백하게, 많은 가정이 이 분석에 활용이 되었지만 부동산 가치를 판단하기 위한 현재가치할인적용법은 실무상 필요한 금융구조와 기술을 제공함으로 상당히 유용하다. 위에 보인 것처럼, 3가지 방법을 통해 산정한 수치들이 일정 가격에 수렴하는지 안하는지에 대해 알아야 한다. 만약 그렇지 않으면, 분석가는 이론적으로 일치시키기 위해 가정을 다시 검토하고 다른 방법을 검토해야 한다.

토지가격: 최 유효이용 분석

본 절에서는 토지가격 결정 요인은 무엇인가라는 질문에 대해 토지시장과 가격결정과정을 잘 이해할 수 있도록 해주는 평가구조를 소개한다.

예를 들면, 어떤 필지에 오피스 빌딩이 신축되어 향후 연간 $50만의 순 영업이익을 실현할 것으로 예상된다. 내용연수는 75년이고 순 영업이익 연 성장률 3% 및 투자가 내부수익률이 13%이다. 가치평가는

$$PV = \frac{NOI_1}{r-g} \text{ or } \frac{NOI_1}{R}$$

$$PV = \frac{\$500,000}{0.13-0.03} \text{ or } \frac{\$500,000}{0.10}$$

$$PV = \$5,000,000$$

본 예에서 오피스 빌딩은 초 년도에 $500,000을 실현하고 이후 매년 3%씩 증가 실현해준다. 유사한 빌딩에 투자하는 측은 13%의 수익률을 요구하고, 유사빌딩들은 10%의 자본환

원율에 거래되고 있어 현재가치가 $5,000,000이다.

이제 신축건물의 건축비가 $4,000,000이라 가정할 때 이는 토지거래가 잔여가치 $1,000,000임을 의미한다. 이 개념은 총 부동산가치에서 건축원가와 개보수(improvement) 비용을 뺀 잔여가치가 **토지가치**라는 것이다.

토지가격의 변동성

이 시점에서 지가의 변동성에 대해 언급할 필요가 있다.

독점지역 지가가 급등락을 보이는 시기를 보았을 것이다. 이에 대하여 단순히 투자자 측의 투기 때문이라고 볼 수 있는데, 그러한 해석이 맞는 경우도 있지만 그 보다는 당해 입지에 대한 근본적인 변화가 발생하였거나 발생할 것이어서 현재가치 산식에서의 변수가 바뀐 경우일 가능성이 더 크다.

예를 들면, 앞서 순 영업이익 예측에 있어서 두 가지 시나리오로 되돌아가 본다.

당해 건물의 순 영업이익은 $500,000으로 예상되고, 토지가치는 $1,000,000이었다. 예측하지 못했던 수요증가로 인해 순 영업이익 예상액이 $550,000으로 10%증가했다고 가정하면 다른 조건 변동이 없을 때 총가치는 $5,500,000으로 상승한다.

그러나 건축비는 단기간은 변동 없이 $4,000,000이므로 토지가치는 $1,500,000이 된다. 이는 순 영업이익 상승률 10% 대비 토지가치 상승률 50%를 나타낸다.

반대로 순 영업이익이 10% 감소하여 $4,500,000이 되는 경우 토지가격 하락률이 역시 50%이다.

이와 유사하게 순 영업이익뿐만 아니라 현재가치 산식내의 다른 변수가 변동된다면(예를 들면, 성장률 의 등락) 그 결과로 토지의 가치는 더울 큰 변동을 나타낸다. 이 같이 예상 순 영업이익 변동 및 r과 g의 예상치가 지가변동성의 기본원인이 된다.

최 유효이용의 분석-공터[나대지]일 경우

토지잔여법(land residual method)을 사용하는 또 하나의 경우는 당해 토지에 개발되어야 하는 건물 형태를 결정하는 경우이다. 예에서는 오피스빌딩이었지만 당해 토지가 점포나 아파트로 사용될 수도 있었던 것이다. 이에 대한 답변을 토지의 전체 가치를 가장 높여주는 용도로 결정해야 한다는 것이다. 이러한 분석을 **최 유효이용**이라고 부른다.

예를 들면, [예 10-9]에서는 Albert 지구에 대하여 건물 형태별로 순 영업이익을 추정하고 있다. 시장조사가 이루어졌고, 임대료와 비용을 파악했고 투자자는 투자위험에 부응하는 수익률을 확보한다고 가정한다. 건축비용은 임금, 자재, 건축 비용 등 기타 비용을 포함한다.

[예 10-9]의 분석결과는 아파트가 Albnt 지구에 대한 최고, 최선의 용도라는 것이다. 아파트일 경우에 총 부동산 가치는 $4,500,000으로서 지가는 $1,500,000이다. 소매가 더 높은 부동산가치를 만들어내지만($7,500,000), 이것의 건축비용은 더 높다. 소매 Project를 통한 기대수익을 얻기 위해 개발업자는 $750,000 이상을 투자하지는 않는다.

eXcel

www.mhhe.com/bf15e

예 10-9   최 유효이용분석

용도	(a) 1년차 순 영업이익	(b) (r − g)	(c) R	(a/c = d) 추정가 (현가)	(e) 건물원가	(d) − (e) 추정 토지가(잔여)
사무실	$500,000	0.13 − 0.03	0.10	$5,000,000	$4,000,000	$1,000,000
상가	600,000	0.13 − 0.05	0.08	7,500,000	6,750,000	750,000
아파트	405,000	0.12 − 0.03	0.09	4,500,000	3,000,000	1,500,000
창고	400,000	0.10 − 0.02	0.08	5,000,000	4,000,000	1,000,000

요약하면 지가를 결정하는 것은 **예상용도** 및 장래예상 수익창출액이 가치를 결정한다. 개발업자와 투자자들은 어떤 용도가 최고의 가치를 실현할지를 계획하고, 예상 개발사업에 대해 지불되는 가격과 경쟁에 의해서 궁극적인 지가가 결정된다.

최 유효이용의 분석−기존 건물이 있는 경우

위의 예를 통해 아파트로 개발 시 토지가치가 $1,500,000이므로 아파트 개발이 최 유효이용이라는 것을 알았다. 이 가치는 토지가 공터일 경우 시행자가 토지를 구입하기 위해 기꺼이 지불할 수 있는 금액이다. 그러나 해당 부지가 공터가 아니고 기존 건물이 있는 경우 어떻게 분석을 하여야 하나?

예를 들어, 해당 부지에 오래된 창고가 있으며 1년에 수취하게 되는 순 영업이익은 $192,000이라고 가정하자. 또한 순 영업이익 상승률은 감가상각 등으로 1년에 1%로 하고, 투자자가 요구하는 요구수익률은 13%로 하자. 이러한 정보를 이용하면, 오래된 창고의 가치는 $192,000/(0.13 − 0.01) = $1,600,000이다.

이와 같은 경우, 오래된 창고를 헐지 않고 유지한다. 즉 투자자는 오래된 창고를 $1,600,000에 기꺼이 구입을 하나 아파트 시행자의 경우 토지대금 $1,500,000 단지 지불할 수 있다. 따라서 아파트 시행자는 비싼 값으로 매입할 수밖에 없다.

그러나 1년에 순 영업이익이 $192,000가 아닌 $168,000일 경우를 가정해 보자. 이 경우 오래된 창고의 가치(토지 + 건물)는 $168,000/(0.13 − 0.01) = $1,400,000이다. 이 가치는 공터에 아파트를 개발할 경우 토지가치 보다 낮은 가격이다. 따라서 아파트 시행자는 투자자가 해당 창고에 지불하는 가격보다 높게 살 수 있다. 추가적인 고려사항은 건물해체비용이다. 실제로 해당 부지는 공터가 아니기 때문에, 시행자는 해당 창고를 해체하기 위해 비용을 추가해야 한다. 따라서 해체비용이 $100,000보다 낮을 경우, 창고는 해체될 것이다. 예를 들어 해체비용이 50,000일 경우 시행자가 해당부지에 지불하는 가격은 $1,500,000 − $50,000 = $1,450,000이다. 이는 창고로 이용 시 토지가격인 $1,400,000보다 높은 가격이다. 최 유효이용분석은 토지가치 및 이용방법을 결정하기 때문에 매우 중요한 개념이다. 이는 또한 토지에 기존 건축물이 있을 경우 유지할지 또는 해체할지를 결정하는 기준을 제공한다.

담보부채 대 자본의 자본화 *Mortgage-Equity Capitalization*

앞 절의 논의에서 부동산가치는 순 영업이익과 재매각가액을 할인하여 구할 수 있었다. 이 할인율은 "자유롭고 깨끗한" 할인율로 불린다. 부동산이 부채에 의해 매입되었는지, 자본과 부채를 어떻게 혼합했는지를 고려하지 않았다. 단지 투자자가 총 매입 가격을 현금으로 지불하였던 것처럼 부동산으로부터의 총 수익을 할인했다. 부채조달의 존재 가능성과, 그 수익이 채권자(담보대출 공여자)와 지분투자자 사이에 어떻게 배분될지를 고려하지 않았다. 부채조달을 고려할 때, 부채를 안고 있는 부동산의 평가에 이용된 할인율은 다음 가정, 즉 할인율은 자본 투자 수익률을 반영하여야 한다는 가정과 일관되어야 한다. 13장에서 언급할 것이지만(후술 참조), 할인율은 재무레버리지와 관련된 위험을 반영해야만 한다. 이제 부동산의 가치가 남보대출 내어자와 자본 투자자의 요구사항, **담보부채 대 자본의 자본화**(mortgage-equity capitalization)의 조건을 명백히 고려하여 어떻게 부동산가치를 추정하는지를 살펴본다.

이 방법에 의한 가치 추정은 총 가치(V)가 예상되는 담보부채 채무(M)와 자본 투자(E)의 현재가치와 일치하여야 한다는 개념에 기초를 두고 있다. 즉,

$$PV = M + E$$

예시로서, 소규모 수익부동산의 순 영업이익이 첫해에 \$50,000이 될 것이라고 예상된다고 가정하자. 외부부채는 첫해의 순 영업이익에 적용된 1.2인 부채부담비율(debt coverage ratio: DCR)에 기초를 두고 있고, 11% 이자율, 매월 지급으로 20년간 분할 상환될 것이다. 11장에서 수익 부동산의 외부부채가 첫 해의 목표 부채부담 비율에 근거하는 경우가 많다는 것을 보게 될 것이다. 순 영업이익은 첫해 이후 연 3%씩 증가할 것이다. 투자자는 부동산을 5년간 보유할 예정이다.

재매각 가격은 11%의 잔존 자본환원율(terminal capitalization rate)을 6년째 순 영업이익에 적용하여 추정된다. 지분투자자는 이러한 부동산에 대해 12% 자본이익률(ROE)을 요구한다. 13% 할인율과 11% 자본화비율은 5년 이후부터(부동산의 경제적 잔존 수명기간 동안) 수익의 평균 복리 연 증가가율이 2%라는 것을 암시한다. 이는 첫 5년간 가정된 3%의 증가율보다 낮다. 이미 논의했듯이, 성장률과 수익 환원율은 시간 경과에 따라 변할 수 있다.

먼저, 연 부채상환액(: debt service)을 다음과 같이 결정한다.

$$DS = NOI_1 \div DCR$$

$$DS = \$50,000 \div 1.20 = \$41,667$$

이 공식에 의하면 매월 담보부채 상환액(mortgage payment)이 \$41,667/12 = \$3,472.22라는 결과가 나온다. 담보부채 금액은 20년 기간 동안 담보대출 금리인 11%로 월상환액을 할인하여 얻어질 수도 있다. 담보부채 금액은 11%가 현재의 시장 담보대출 금리라는 것을 가정한 담보대출의 가치이다.

이제 다음과 같이 5년 보유기간동안의 현금흐름을 예측할 수 있다.

	운영기간					
	1	2	3	4	5	6
순 영업이익	$50,000	$51,500	$53,045	$54,636	$ 56,275	$57,964
부채상환액(DS)	41,667	41,667	41,667	41,667	41,667	N/A*
현금흐름	$ 8,333	$ 9,833	$11,378	$12,969	$14,608	
재매각가격						
5년간 재매각가격					$526,945	
대출상환					305,495	
현금흐름					$221,450	
총 현금흐름	$ 8,333	$ 9,833	$11,378	$12,969	$236,058	

*5년 말기간동안의 재매각가격을 추정함

위의 예에서 12%로 할인한 현금흐름의 현가는 $165.566이다. 이는 부동산의 지분투자자의 가치(E)를 나타낸다. 총 부동산가치는 담보부채의 가치(PV)와 자본가치(E)를 합해서 얻어질 수 있다.

$$PV = M + E$$
$$PV = \$336{,}394 + \$165{,}566$$
$$PV = \$501{,}960$$

위의 가치는 약 10% 정도의 지속적인 자본화비율을 암시한다($50,000/$501,960). 이는 재매각 가격을 추정하는 데 쓰인 11%보다 낮다는 것을 주목하라. 앞에서 강조했듯이 자본화비율은 시간의 흐름에 따라 부동산이 팔린 후 수익이 어떻게 변할 것이라는 가정에 따라 변화할 수 있다.

위의 자본 가치에 기초하여 첫해의 주주배당률을 계산할 수 있다(주식배당수익률이 지분투자자의 첫 해 현금흐름을 초기 지분투자액으로 나눈 것이라는 점을 상기하라).

주식배당수익률은 $8,333/$165,566, 즉 약 5%가 된다. 또한 주택담보대출비율(LTV)은 추정 가치 $336,394/$501,960, 즉 67%로 도출된다.

위의 산식에서 지분투자자가 실현한 현금흐름은 투자수익률(k)로 할인되어야 한다. 여기서 주목해야 할 점은 k는 순 영업이익을 할인하는 데 이용된 "자유롭고 깨끗한" 수익률(r)과는 같을 수 없다는 것이다. 그 이유는 투자자가 프로젝트에 기꺼이 투자한 자본은 총 투자가 아니라 지분투자에서만 실현된 모든 현금흐름의 가치를 현가로 할인한 가치와 일치해야 하기 때문이다. E를 추정하려 할 때, 추정치는 k, 즉 지분투자자들이 전 투자기간 동안 그들의 투자에서 실현할 것으로 기대하는 세전 내부수익률(before-tax internal rate of return : BTIRR)에 의해 구해져야 한다. 앞의 예시에서는 외부부채가 없는 것으로 가정했었다. 그러므로 할인율 r은 투자자가 외부부채를 이용하지 않기 때문에 총 투자, 즉 "모든 현금" 기준의 요구수익률을 반영했다. 이러한 이유로 외부부채가 이용될 때, 지분투자자에게 위험이 증가하기 때문에 k가 r보다 클 것으로 기대한다.

앞에서 지적했듯이, 담보대출 금리와 다른 대출 조건들 및 대출자가 특정 부동산가치의 몇 %를 대여할지의 결정은 비교적 단순, 명백하다. 그러나 투자자가 예상 소유 기간 동안 벌 것으로 기대하는 자본이익률(k)을 추정하는 것은 매우 복잡하다. 비교 대상 부동산이 구입되었을 때 투자자들이 현금흐름을 얼마로 추정하는지에 대해서 일반적으로 잘 모른다. 더구나 과거 자료에 기초한 k가 미래의 추세를 잘 나타내지 못할 수도 있다. 그러나 k를 추정할 때 다음과 같은 몇 가지 가이드라인이 제공될 수 있다.

1. 담보부채 대출자보다 자본 투자자가 위험 프리미엄이 더 크다. 자본출자가가 세전 현금흐름(before tax cash flow: BTCF), 즉 이익을 실현하기 전에 순 영업이익으로부터 모든 부채 상환이 이루어져야 하기 때문에 지분출자자가 담보부채 대출자보다 더 큰 위험을 지므로 이 지분 부분은 더 위험하다. 또한 부동산이 부채의 담보로 이용되기 때문에 대출자는 부동산매각대금에 대해서 최우선의 청구권을 갖는다. 즉 지분출자자들이 어떤 현금흐름을 받기 전에, 담보대출 잔액이 매각 자금으로부터 지급받아야만 한다는 것이다. 따라서 지분투자자는 잔여재산 청구자의 위치(대출자의 청구권이 지분투자자가 어떤 수익을 받기 전에 먼저 충족되어야만 지급을 받을 수 있는 위치)에 있게 된다.
2. 외부부채와 관련된 위험 때문에 지분투자자에 의해 요구되는 수익률(k)은 총 부동산의 수익률(r)보다 높아야만 한다.
3. 특정 부동산에 대한 자본 투자에 대한 요구 자기자본이익률을 추정할 때, 회사채, 주식과 같은 다른 투자에 대한 수익률이 참고자료로 활용될 수 있다. 물론 평가 대상 부동산과 다른 시장에서 생성된 지표수익률 혹은 평균수익률 사이의 위험에 있어서의 차이는 조정되어야만 한다.

거래사례 비교법과 수익환원법 간의 조정

본 장에서 전술한 바와 같이 거래사례비교법과 수익환원법은 각각 적용함에 있어서 명백한 장점과 단점이 존재한다. 따라서 감정평가에서 가능하다면 두 가지 접근 방식을 다 사용함이 바람직할 것이다. 그 이유는 가치 분석에 있어서 비교 가능한 시장 데이터가 항상 유용하기 때문이다.

거래사례 비교법을 사용하면 자본환원율에 의해 부동산 투자자들이 유사한 비교대상 부동산에 지불하고 있는 가격수준을 반영할 수 있다. 현재 매물로 나와 있는 모든 부동산은 최근 거래된 유사한 부동산의 거래 가격과 유사한 가격에 팔리는 경향을 갖는다. 이는 예상 현금흐름, 보유기간, 할인율, 회귀가치 등에 근거한 현재가치법이 어떤 가격을 도출하는지와 관계없이 변함없는 사실이다.

반면, 대부분의 경우 최근 매매된 부동산이 새로 매물로 나오는 부동산과 완전히 똑같이 비교 가능한 것은 아니다. 따라서 부동산의 속성에 맞추어 조정된다 하더라도 직접환원법(direct capitalization)만의 사용은 권장하지 않는다. 이러한 이유로 인해 현재가치 방식과 거래사례 비교법을 병행 사용하는 분석 방식이 유효하다.

시장상황 변화, 자본환원율 및 부동산 가치 간의 관계 분석

지금까지 사례를 들어가면서 가치평가의 기법 내지 접근방식을 설명하여 왔다. 부동산 가치 평가 및 투자에 적극적인 투자자들은 항상 시장 상황의 변동을 해석하고, 그러한 변동이 자 본환원율과 부동산 가치에 미치는 영향을 파악하려 한다. 다시 말해서, 분석자들은 부동산 거래를 조사하면서 당해 거래의 자본환원율(순영업이익(*NOI*)/가치(*V*))가 상승하는지 하락 하는지를 관찰할 수 있다. 이는 어떠한 의미를 갖는가? 자본환원율은 어떤 요인으로 인해 등 락하는가? 본 절에서는 시장 상황의 특정한 변동을 소개하고, 그러한 변화가 부동산 가격 및 자본환원율에 주는 영향을 해석해 보고자 한다.

시나리오 1: 수요 공급 상황에 따라서 투자시점 자본환원율에 어떤 변화가 있는가?

수요와 공급의 단기 초과 상황이 현재와 장래의 자본환원율에 어떤 영향을 주는지를 예시하 기 위하여 먼저 가장 기본적인 상황이 시나리오를 살펴본다. [예 10-10]은 기본 시나리오를 요약하여 보여주고 있다.

　기본 시나리오는 시장의 수요와 공급이 균형되어 있고, 임대료와 순 영업이익이 연 3%씩 장기 성장하며, 투자자의 목표수익률인 *r* = 12%인 상황이다. 실무에서 현재가치 기법을 사 용할 때 순 영업이익과 현금흐름은 자본적 지출 및 비경상적인 지출로 인해 달라질 수 있다 는 점을 언급하였던 것을 기억할 것이다.

　기본 시나리오로 돌아가서, 순 영업이익은 현금흐름이 모든 예시에서 동일하다고 가정한다. 기본 시나리오로 돌아가서 순 영업이익은 1년차에 $10만이며 연 3%씩 증가할 것으로 예상 된다. 5년차 연말의 회귀가치는 6년차의 순 영업이익을 *r* − g로 나눈 수치로서, $115,927/ (0.12 − 0.09) = $1,288,082가 된다.

　본 예시는 단기간을 분석대상으로 하므로 잔존 자본환원율에 대한 경제적 감가상각의 영 향을 고려하지 않았다. 그러나 분석 기간이 길어지거나 경제적 감가상각이 발생한다고 판단 될 경우에는 이를 분석에 반영하여야 한다.

　표 B에서 기본적 시나리오에 의하면 현재가치 $1,111,111과 투자시점 자본환원율(*R*)을 0.09로 가정하였다. 이는 시장균형, 즉 수요와 공급이 균형되었다는 조건과 일치하는 결과이 다. 더구나 투자자들이 예측 가능한 장래 기간 동안 시장불균형이 발생할 것으로 볼 이유는 존재하지 않는다. 투자자들은 장래의 성장률에 의해 순 영업이익이 연 3%씩 증가하며, 예시 된 부동산에 대한 투자자는 12%의 목표수익률을 요구한다. 이제, 여기에서 시장 수요의 불 균형을 일으키는 예상외의 변동에 의한 자본환원율의 변동을 살펴보기로 한다.

　A시나리오에서는 기본 시나리오 대비 단기 환경에 예상외의 변동이 발생한 경우를 보여 준다. 즉 공급초과의 상황이 3년간 지속될 것이며, 이 기간 중 임대료는 불변으로 예상된다. 순 영업이익은 3년간 10만 달러로 고정된다. 4년차부터는 수요가 회복되어 순 영업이익이 장기상승율 3%를 회복한다.

　이 가정은 B표의 A시나리오에 나타난다. 3년간의 공급 초과 상황 하에서(다른 변수는 불 변) 현재가치가 $1,054,776으로 하락했고, 자본환원율(*R*)은 0.095로 상승한 점에 주목하라.

| 예 10-10 | 시나리오1: 수급, 투자자 수익률 및 투자시점 자본환원율 간의 단기 관계 |

A표 : 시장 시나리오

		연도				
		1	2	3	4	5	6
기본 시나리오	순 영업이익	$100,000	$103,000	$109,273	$ 112,551	$115,927
시장균형 g = 3%	회귀가치				1,288,082	
A 시나리오	순 영업이익	100,000	100,000	103,000	106,090	109,273
공급 초과	회귀가치				1,214,141	
B 시나리오	순 영업이익	100,000	110,250	115,762	119,235	122,812
수요 초과	회귀가치				1,365,578	

B표

			요약
기본 시나리오	순 영업이익	$ 100,000	시장 수요와 균형 상태
	현가 12%	$1,111,111	순 영업이익 장기성장률 3%
	자본환원율(R)	0.09	투자가 목표수익률 r = 12%
A 시나리오	순 영업이익	$ 100,000	3년 동안 공급 초과, 임대료 고정
	현가 12%	$1,054,776	이후 4년부터 3%성장
	자본환원율(R)	0.095	기본 시나리오 대비 부동산 가격 하락, 자본환원율 상승
B 시나리오	순 영업이익	$ 100,000	수요초과로 4년간 순 영업이익 5%상승
	현가 12%	$1,166,989	이후 5년부터 임대료는 3%장기
	자본환원율(R)	0.086	성장률로 복귀. 기본 시나리오 대비 부동산 가격 상승 및 자본환원율 하락

명백히 R은 기본 시나리오에서의 0.09보다 높아졌다. 즉, 초과 공급 상황에서는 자본환원율이 상승한다. 따라서 자본환원율이 상승하면 부동산 시황은 부동산 가격의 하락을 나타내게 된다.

B시나리오에서는 예상외의 단기적 수요 초과가 4년간 지속되고, 그 이후는 공급이 조정되어 연 3%의 장기성장률로 복귀한다고 가정한다. 이러한 상황은 급작스러운 시장 내의 고용 증가로 인해 부동산 공급 대비 수요가 증가한 경우에 발생할 수 있다.

B표의 B시나리오에서는 현재가치는 $1,166,989로 상승하며, 자본환원율은 0.86으로 하락했다. 따라서 임대 수요가 공급을 초과하면 자본환원율은 하락하고 부동산의 가격은 상승한다.

요약하면, 본 절의 학습 목표는 시장 상황의 변동이 부동산 가격과 자본환원율에 어떤 변화를 주는지를 보여주는 것이다. 결과는 공급초과는 가격을 떨어뜨리고 자본환원율을 높이는 것이다. 투자자들은 낮아지는 임대료를 현재가치 평가하므로 더 낮은 가격과 더 높은 자본환원율에 의해서만 부동산을 매입하려 한다.

반대로, 수요 초과는 투자자들이 정상보다 증가한 현금흐름을 현재가치 평가하므로 가격을 높이고 자본환원율을 낮추게 된다.

시나리오 2: 금융시장 환경 변화가 투자시점 자본환원율에 미치는 영향

앞 절에서는 부동산 시장의 영향, 즉 입주할 수 있는 새로운 공간의 **공급**과 그러한 공간에 대한 **수요**가 부동산 가격 및 자본환원율에 주는 영향을 살펴보았다.

본 절에서는 **금융시장**의 변동이 주로 금리의 변동을 통해서 [예 10-11]의 기본적 시나리오 대비 부동산 가치 및 자본환원율에 대하여 어떤 영향을 주는지를 살펴본다.

C시나리오에서는 목표수익률이 12%로부터 예측하지 못하게 13%로 상승한 경우의 영향을 보여준다. 이러한 상승은 다른 모든 변수는 불변인 상태로 가정한다. 이는 장래의 임대료 수준, 순 영업이익 등은 불변이라는 것을 의미한다. 이자율 상승의 영향은 B표에서 현재 가치가 기본적 시나리오에서의 $1,111,111로부터 $1,000,000으로 하락하고, 자본환원율은 기본적 시나리오에서의 0.09로부터 0.10으로 상승한 결과로 나타난다.[2]

D시나리오에서는 이자율의 하락을 고려하며, 따라서 목표수익률은 기본적 시나리오의 12%로부터 11%로 낮아진다. 역시 다른 변수들은 불변이라는 가정 하에 부동산 가치는 기본적 시나리오의 $1,111,111로부터 $1,250,000으로 상승하는데, 이는 순 영업이익이 불변

예 10-11		**시나리오2: 이자율 변동, 투자자 수익률 및 투자시점 자본환원율 간의 관계**					
		연도					
A표 : 시장 시나리오							
		1	**2**	**3**	**4**	**5**	**6**
기본 시나리오	순 영업이익	$100,000	$103,000	$106,090	$109,273	$ 112,551	$115,927
시장균형 *g* = 3%	회귀가치					$1,228,082	
C 시나리오	순 영업이익	100,000	103,000	106,090	109,273	112,551	115,927
금리 상승 *r* = 13%	회귀가치					1,159,274	
D 시나리오	순 영업이익	100,000	103,000	106,090	109,273	112,551	115,927
금리 하락 *r* = 11%	회귀가치					1,449,093	

B표				
		요약		
기본 시나리오	순 영업이익	$ 100,000	시장 수요와 균형 상태	
	현가 12%	$1,111,111	순 영업이익 장기성장률 3%	
	자본환원율(*R*)	0.09	투자가 목표수익률 *r* = 12%	
C 시나리오	순 영업이익	$100,000	기본 시나리오 대비 부동산 가격	
	현가 13%	$1,000,000	하락: 높은 할인율에 기인	
	자본환원율(*R*)	0.10	자본환원율 상승	
D 시나리오	순 영업이익	$100,000	기본 시나리오 대비 부동산 가격	
	현가 11%	$1,250,000	상승: 낮은 할인율에 기인	
	자본환원율(*R*)	0.08	자본환원율 하락	

---

[2] 물론, 현실에서는, 현재 가치에 대한 정확한 영향이 우리가 설명(묘사)한 것과 다를 수 있다. 독자는 이 연습을 정확한 달러 규모가 아닌 방향적인 측면(관점)에서 봐야한다.

인 상황에서 투자자의 기대수익률이 11%로 떨어졌기 때문이다. 또한 자본환원율도 기본적 시나리오의 0.09로부터 0.08로 낮아졌다.

본 절의 결론은 다른 변수들이 불변일 때 이자율의 상승은 목표수익률(r)의 상승과 더 높은 자본환원율을 가져온다. 이는 또한 이자율이 변하지 않았을 경우보다 낮은 부동산 가격을 야기한다.

반대로 이자율이 하락할 때에는 목표수익률도 하락하고 부동산 가격이 상승한다. 이는 자본환원율을 낮추는 경향이 있다.

시나리오 3 : 금융시장 환경과 부동산 시장 변화가 복합적으로 투자시점 자본환원율에 미치는 영향

[예 10-12]는 예측하지 못한 이자율의 상승효과와 부동산 시장에서 단기 수요 또는 공급의 초과가 복합될 경우 투자시점 자본환원율에 미치는 영향을 보여준다. 기본 시나리오는 수요와 공급에 영향을 주는 금융시장과 부동산 시장의 세력들이 균형을 이루고 있다.

그러나 E시나리오의 경우는 장기이자율이 1% 상승하였기 때문에 투자자들이 13%의 수익률을 목표로 하고 있다. 이자율 상승이 부동산 시장의 공급초과와 맞물릴 경우 복합적인 효과는 **부동산 가격이 크게 하락**하고 **자본환원율도 많이 상승**한다. 이 같이 공급초과와 이자율 상승의 복합적 효과가 발생하면 부동산의 현재가치는 다른 모든 시나리오 대비 최저치를 나타내게 된다. 그 이유는 부동산 시장에서는 개발업자들이 초과공급을 내놓는 상황에서 투자자들은 더 높은 수익률을 요구하기 때문이다. 그 결과 임대료는 고정되고 순 영업이익은 더 높은 할인율에 의해 할인된다.

F시나리오는 수요가 증가하고 이자율도 높아지는 경우로서 부동산 현재가치는 기본 시나리오보다 약간 낮은 가치 및 더 높은 자본환원율이 달성된다. 그 이유는 초과 수요로 인해 임대료와 순 영업이익은 증가하고, 이러한 증가된 현금흐름이 더 높아진 이자율로 인해 더 높은 할인율로 현가 할인되기 때문이다. [예 10-11]상의 G와 H시나리오는 초과 공급과 초과 수요의 상황에서 각각 이자율 하락의 효과를 보여주고 있다.

H시나리오의 경우 초과수요와 이자율 하락이 복합되어 가장 큰 효과가 나타나는데, 기본 시나리오 및 다른 모든 시나리오 대비 매우 낮은 자본환원율이 도출된다.

G시나리오는 자본환원율이 낮아지는 긍정적인 결과가 도출되지만, 초과 공급 상황으로 인해 임대료가 하락하여 H시나리오 대비 부동산 가치가 더 낮게 나타난다.

자본환원율과 시장 상황에 대한 결어

본 절에서 검토한 시나리오들에서 다음과 같은 결론을 도출할 수 있다.

낮은 **자본환원율(즉 높은 부동산 가격)**은 다음의 경우에 달성된다.

1. 예측하지 못하였던 부동산 공급 대비 수요의 증가
2. 예측하지 못하였던 이자율의 하락
3. 위의 1과 2의 모두가 발생

예 10-12 **시나리오3: 수요-공급, 이자율, 투자자 수익률 및 투자시점 자본환원율간의 관계**

A표: 시장 시나리오

		연도					
		1	**2**	**3**	**4**	**5**	**6**
기본 시나리오 시장 균형 g = 3%	순 영업이익 회귀가치	$100,000	$103,000	$106,090	$109,273	$ 112,551 1,288,082	$115,927
E 시나리오 초과공급 13% 이자율	순 영업이익 회귀가치	100,000	100,000	100,000	103,000	106,090 1,092,727	109,273
F 시나리오 초과수요 13% 이자율	순 영업이익 회귀가치	100,000	105,000	110,250	115,762	119,235 1,228,120	122,812
G 시나리오 초과공급 11% 이자율	순 영업이익 회귀가치	100,000	100,000	100,000	103,000	106,090 1,365,909	109,273
H 시나리오 초과수요 11% 이자율	순 영업이익 회귀가치	100,000	105,000	110,250	115,762	119,235 1,535,150	122,812

B표:

			요약
기본 시나리오	순 영업이익 현가 12% 자본환원율(R)	$ 100,000 $1,111,111 0.09	g = 3%, 기대수익률 13% 예시8~15대비 자본환원율(R)상승 부동산 가격 하락
E 시나리오	순 영업이익 현가 13% 자본환원율(R)	$ 100,000 $ 949,957 0.105	초과공급 및 금리상승으로 부동산 하락: 높은 할인율에 기인 자본환원율(R)기본시나리오 대비 상승
F 시나리오	순 영업이익 현가 13% 자본환원율(R)	$ 100,000 $1,049,424 0.095	초과수요가 존재하지만 금리상승과 복합되어 부동산 가격은 상승하지만 기본시나리오보다 상승폭이 작음
G 시나리오	순 영업이익 현가 11% 자본환원율(R)	$ 100,000 $ 1,185780 0.084	금리하락으로 부동산 가격이 지지되나 이는 공급초과에 의해 상쇄됨. 그 결과 기본 시나리오 대비 약간 높은 부동산 가격과 약간 낮은 자본환원율
H 시나리오	순 영업이익 현가 11% 자본환원율(R)	$ 100,000 $1,313,977 0.076	금리하락과 초과 수요가 복합작용하여 부동산 가격을 가장 지지하고 매우 낮은 자본환원율 달성

높은 **자본환원율(즉 낮은 부동산 가격)**은 다음의 경우에 달성된다.

1. 예측하지 못하였던 부동산 수요 대비 공급의 증가
2. 예측하지 못하였던 이자율의 상승
3. 위의 1과 2의 모두가 발생

자본환원율의 등락을 결정하는 **많은 다른** 요인들이 존재한다는 점은 명백하다. 그러한 요인들로는 특정 부동산에 관련된 위험도의 변화, 주변 환경 특성의 변동 및 다른 많은 요인들이 있을 수 있다.

부동산 변수와 이자율의 변동의 복합 효과에 대해 주의

본 절의 예시는 수급 불균형의 발생 시점과 존속 기간에 대해서 및 이자율 변동의 폭과 존속 기간에 대해서 매우 엄격한 가정에 근거하였다는 점을 강조한다. 본 절의 예시 목적은 수치에 의한 예시로서 부동산 가격 및 자본환원율에 대한 시황 변동의 영향을 보여 주기 위하여 만든 것이다.

그러나 실무에서는 이러한 관계 설정도 어렵고 부동산 가격에 대한 가격 변동폭을 계산하기도 어렵다. 고려해야 하는 이자율과 부동산 시장 변수의 결합 경우의 수도 매우 많다.

더구나 한 시장에서의 변수가 다른 시장에 주는 영향력의 **상호관계**도 고려하지 못하였다. 예를 들면, 이자율의 변동 효과가 장기간 지속되어 부동산의 **장기적 수요공급**과 순 영업이익에 대해 3년 이상 영향을 줄 수도 있다. 그렇다 하더라도 본 절에서 적용한 변수들 간의 관계가 유용한 것이라고 본다.

실무에서 투자자는 이러한 관계들을 예상치에 반영할 줄을 알아야 한다. 특정 부동산을 평가함에 있어서 투자자들은 다음의 항목들을 고려한다.

1. 현행 시장 수급 상황과 현 상황이 얼마나 오래 지속될 것인가
2. 현행 시장 수급상황이 임대료 및 순 영업이익에 주는 영향
3. 장래의 이자율로서 경제성장률 및 인플레 등 비부동산 요인으로서 더 거시적인 종속변수
4. 당해 부동산에 대해 체결된 임대차 계약의 내용 및 위 1~3의 변수들이 임대료, 관리비 및 임차인의 파산확률에 어떤 중요한 영향을 줄지의 여부

   ① Office of Management and Budget의 Standard Industrial Classification Manual 참조
   ② 부동산 소유 대신 임차하면 자금 조달하여 건축 및 소유하는 대신 임대료 지급 채무로 바꾸는 결과이다. 따라서 부동산투자자는 부동산 관리 위험을 더 떠맡으므로 저당대출 금리보다 높은 수익률을 얻어야 하는 것이다. 만일 그렇지 못하다면 부동산 투자자들은 전업하여 임차인들에게 여신을 하는 편이 더 유리할 것이다.
   ③ 물론 실무에서는 현재가치에 대한 정확한 영향은 본 절에서 예시한 것과 다를 수 있다. 정확한 금액보다는 영향이 어떤 방향으로 발생하는 지에 더 초점을 두어야 한다.

기존 임대계약이 존재하는 부동산 *Leased Fee Estate* 의 가치평가

앞 장에서는 모든 평가 대상 부동산에는 기존 임대계약의 중요성이 없다고 가정하였다. 이러한 경우는 당해 부동산의 **무조건 토지상속권**(fee simple estate)이라고 부른다.

그러나 실거래에서는 부동산의 매입을 고려할 때에 기존의 임대계약이 존재하는 경우가 많다. 이러한 경우, **소유자의 임대소유권**(leased fee estate)을 매입하였다고 부른다.

이와 유사하게, 부동산을 평가하면서 최근 거래된 유사부동산을 선정함에 있어서 비교대상 부동산에도 기존의 임대계약이 잔존하는 경우가 많다. 이같이 비교대상 부동산을 활용할 때에도 기존 임대계약이 존재하는지와 그 임대차 조건을 조사해야 한다는 점은 매우 중요하다. 그렇지 못한 경우 가치평가에서 심각한 오류가 발생하게 된다.

예를 들면, A부동산은 향후 5년간 매년 $400,000을 수령하는 기존의 순 임대계약을 갖고 있다. 5년차의 종료 시점에서 임대계약은 만료하고 임대료는 시세대로 연간 기준으로 재협상된다.

한편 B부동산은 A와 정확히 비교대상 항목들이 일치하며, 기존 임대차가 없고 매년 시세대로 받을 수 있기 때문에 순 임대료 $500,000 및 매년 3% 인상 조건이 가능하다. 이러한 경우 현금흐름표는 다음과 같다.

부동산의 현재가치	5년간의 현금흐름표(단위: 달러)					
	1	**2**	**3**	**4**	**5**	회귀가치(REV)$_5$
A: $4,461,296	$400,000	$400,000	$400,000	$400,000	$400,000	$5,627,540
B: $4,908,306	500,000	515,000	530,450	546,364	562,754	5,627,540

여기에서 5년 만기 후의 회귀가치(REV_5)는 두 경우에서 동일해지는데 그 이유는 A부동산의 임대계약이 만료되어 임대료는 연말 및 이후 매년 시세대로 조정되므로, 6년차부터는 B부동산과 회귀가치가 동일해지는 것이다. 따라서 5년차부터 현금흐름은 양 부동산에서 동일하며, 그 시점에서의 회귀가치도 동일할 것이다.

양 부동산에 대한 소유자의 요구수익률은 13%로 동일하였다. 그러나 양 부동산에 대한 현재가치와 최초매입시점의(투자시점) 자본환원율은 매우 다르다. 현재가치 할인에 의하면 A부동산의 $446만과 $491만 사이에는 약 $450,000의 차이가 나타난다. 더구나 A부동산의 자본환원율은 0.09인 반면 B부동산의 자본환원율은 0.102이다.

그렇다면 A와 B부동산과 동질적인 다른 C부동산에 대해 매입을 고려하고 있으나 기존 임대차에 대한 정보가 매우 부족하다 할 때, 비교가능 부동산의 자본환원율을 사용하게 되면 C부동산 가치를 추정하기가 매우 어려워진다. 실제로 C부동산의 순 영업이익이 450,000 달러이라 할 때, 어떤 자본환원율을 선택하였는가에 따라서 추정치는 $450,000/0.09인 $5,000,000으로부터 $450,000/0.102인 $4,411,765의 범위를 갖는다. 이의 차액은 $588,235에 달한다.

그러므로 감정평가를 위하여 비교 가능한 부동산을 선정할 때, 부동산의 입지 및 물리적 속성 뿐만 아니라 대상 부동산에 대한 기존 임대차 내역도 매입대상 부동산과 유사한지를 확인해야 한다는 점은 매우 중요하다.

원가법 *Cost Approach*

충분한 정보를 획득할 능력이 있는 부동산구매자는 토지를 매입하여 동일한 건물을 건축하는데 드는 비용 이상을 기존 부동산에 지불하려 하지 않는다는 논리가 **원가접근방식**이다.

신규 부동산의 경우 원가법은 대개 특정한 건물의 건축비용을 결정하고 여기에 토지의 시가를 더하는 과정에 의한다. 기존 건물의 경우, 평가자는 우선 건물 대체 비용을 추정한다. 이 추정치는 **물리적 훼손**이 있거나, **기능적 결함** 혹은 **외부 파손**(후술)의 추정치에 의해 감액된다. 이 접근방식은 제7장 "주택금융"에서 언급된 원가법과 절차상 일치한다. 그러나 수익부동산의 경우는 구조적 디자인 및 내부설비의 차이와 입지의 영향 등이 원가추정과정을 보다 복잡하게 만든다. 원가법은 때때로 적용하기 어려운 경우도 있는데 특히 부동산이 새것이 아닐 경우가 그러하다.

부동산평가에서 원가접근방식과 연계하여 많은 기법들이 이용될 수 있다. 가치를 추정하는데 이용되는 기법들은 일반적으로 1) 평가 구조물의 연령, 2) 구조물이 디자인이나 기능상 매우 전문화되어 있는지의 여부, 3) 원가 추정에 이용될 수 있는 자료의 확보가능성 등에 의존한다. 만일 프로젝트가 제안단계라면 일반적으로 원가자료는 감정평가사 혹은 평가자에 의한 계획과 도면으로부터 나올 것이다.

원가추정 서비스는 Marshall과 Swift Company와 American Appraisal Company의 Boeckh Division으로부터 입수 가능하다.

만일 프로젝트가 제안 단계라면, 자재와 설비의 사양이 매우 구체적으로 명시될 것이므로 비교적 정확한 원가 추정이 가능하게 될 것이다. [예 10-13]은 가상적인 사무실/창고 콤플렉스의 개발 제안단계에서 직접비와 간접비의 구성내역을 담고 있다.

시장가치는 반드시 건축비와 동일하지는 않다. 이는 다음과 같은 리모델링 사업에서 인건비와 부가가치 간의 비교에서 알 수 있다. [예 10-13]에 나타난 원가 구성내역은 일반적으로 하청업자들의 건축(improvement)에 대한 입찰 추정치에 상응하는 원가분류(category)에 기초를 두고 있다. 이 과정은 크게 기술적이지 않은 신규건축에 매우 일반적이다.

[예 10-13]에 나타난 가상 사무실-창고 콤플렉스를 위한 직접원가 분류 외에도, 두 개의 추가적인 원가분류를 볼 수 있다. 하나는 간접비 분류로서 여기에는 프로젝트를 디자인하고 개발할 때 필요한 서비스와 무형자산을 위한 지출의 예측을 포함한다.

다른 하나는 토지원가이다. 토지가격의 추정은 최근의 다른 토지 매매사례와의 비교를 통해 이루어진다. 가치추정을 위해 선택된 매매사례는 현재 평가될 건축건의 토지와 **비교할 만한 토지**여야 한다. 평가되는 프로젝트가 기존 건물을 포함할 경우에는 [예 10-13]에 나타난 구체적 원가구성내역을 사용하기가 어렵다. 그 이유는 평가자가 각 부분의 물리적 및 경

예 10-13
가상적인 프로젝트의
원가명세 분석: 사무실
복합창고(73,000평방피트;
8,000사무실; 65,500창고;
3토지 에이커; 경제적 삶
프로젝트, 50년)

구성	원가	단가
Hard Costs		
직접비 굴착–되메우기	$ 31,500	
기초공사	47,250	
골조 구조공사(철골)	160,500	
파형강관 외부벽 공사	267,750	
벽돌전면–유리	51,000	
바닥마감, 콘크리트	61,000	
바닥피복공사, 사무실	17,500	
지붕틀, 피복공사	115,040	
내부마감, 사무실	57,400	
조명, 전기공사	83,400	
배수공사	114,500	
난방–공조공사	157,500	
내부크레인, 스케일	139,060	
적하시설, 난간증축	96,000	
주차시설, 거리, 처마공사	176,000	
소계	$1,575,000	$21.43
Soft Costs		
간접비 건축사, 변호사, 회계사	$ 200,000	
건설이자비용	125,000	
건설사수익	250,000	
소계	$ 575,000	
토지매입비용	$ 350,000	
원가법에 의한 가치	$2,500,000	$34.00

제적 감가상각을 추정해야 하기 때문이다.

일반적으로 현존 건물 평가에 원가법이 사용될 때, 건축물의 대체 비용이 추정되어야 하며 (1) 물리적 훼손, (2) 운영비를 절감하는 기술적 변화와, 더 효과적인 배치 디자인이 이용 가능해졌기 때문에 발생한 기능적, 구조적 결함, 3) 초과 교통 유발, 소음, 혹은 오염과 같은 부동산의 외부 변화에 의한 외부 결함 등에 의한 감가상각을 감안하여 하향 조정된다.

상기의 세 가지 감가상각 범주는 매우 판단하기 어려우며, 그와 같은 문제를 전문적으로 다루는 감정평가사의 판단이 요구되는 경우가 많다. 감가상각을 감안한 가격의 하향조정은 산업용 부동산, 공공건물 같은 특수목적 시설과, 매매가 잘 이루어지지 않는 부동산의 경우에 특히 어렵다.

건물에 대한 물리적, 기능적 경제적 감가상각을 어떻게 조정하여 반영하여야 하는지 알아보기 위해서, 다른 부동산인 15년 된 사무실 창고 콤플렉스를 고려해 보기로 하자.

만일 이 건물이 오늘 건설되고 [예 10-13]에 나타난 것과 비슷한 절차를 이용한 **현재가격**으로 정산된다면, 이 건축물의 가치는 $1,750,000이 될 것이다. 그러나 건축물이 15년 된

예 10-14

기존 건물의 상각 및
가치저하 추정

대체비용견적	$1,750,000
1. 물리적 감가	
a. 수리가능시설	
내부마감	25,500
바닥피복	5,200
조명	17,000
합계	$　47,700
b. 수리불가시설	
건물수명(15년/50년)	30%
2. 기능노후: 배치도(비효율적임)	
관리운영비의 증가(년간)	$　15,600
3. 외부시설노후	
매년임대손실*	$　4,000
시장비교에 의한 현장가치	$　200,000

*건물에 속한 부분.

것이기 때문에 [예 10-14]에 나타난 바와 같이 필요 개보수, 디자인 기술에 있어서 변화, 감가상각에 대한 어떠한 조정이 반드시 이루어져야 한다.

　　기존 부동산에 대한 원가법 접근방식의 핵심은, 우선 현재의 **대체원가**로서 건축물의 가격을 결정하는 것이다. 그 다음에 이 금액은 다음과 같은 비용항목에 의해 차감된다.

　　즉 (1) 관리상의 필요에 의해 건물을 개선하거나 돌출된 훼손을 수선하는 데 드는 비용, (2) 디자인에서의 변화 혹은 배치의 효율성으로 인해 발생된 수리/보수가 불가능한 경제적 손실과 관련된 비용으로서 준공시기가 늦은 다른 건물을 운영하는 편이 비용상 더 저렴할 경우 등이 이에 해당된다.

　　그러므로 예에서, 감정평가사는 유지보수와 대체(보수 가능한 물리적 훼손)가 지연된 결과 발생한 손실부분을 부동산 구매자가 단순히 대체하는 데 부담하는 비용을 $47,700으로 추정한다.

　　그러나 건물이 15년이나 경과되었으며 빌딩이 신축 당시의 경제적 수명이 50년이었기 때문에, 감정평가사는 낡고 손상되어서(회복 불가능한 물리적 훼손) 생기는 복구 불가능한 구조적 감가상각이 현재 재건축원가의 약 30%정도 해당된다고 추정하였다. 이 비율은 예에서 경제적 수명 대비 연령 비율, 즉, 15/50 비율로 정해졌다. 이 추정치는 건물이 균등하게 (1년에 2%, 100%를 50년으로 나눈 것) 50년 수명기간 동안 낡아간다는 것을 가정한다. 이러한 가정 하에서, 15년이 지났기 때문에 건물의 30% 정도가 감가상각 되었다고 볼 수 있다.

　　물리적 감가상각이 항상 이러한 단순 가정에 의해 구해지는 것은 아니다. 많은 구조물들이 시간의 흐름에 따라 더 빠르게 혹은 더 늦게 낡기도 한다. 그와 같은 경우에 평가자는 부동산의 실제 연령(경과년 수)보다 **실효(경제적) 연령**을 고려해야 한다.

　　예에서 기능적 훼손에 대해서, 평가자는 완전히 새로운 건물과 비교해 현존 건물의 운영비용을 $15,600 더 높게 추정하였다. 예를 들면, 더 높은 비용은 (1) 오래된 건물에서 달천정 (suspended ceiling)의 부족, (2) 통행과 보관 유형에 영향을 주는 기둥, (3) 초기 구조에 맞게 설계된 오래된 Conveyor 시스템 등에 의해 발생하게 된다. 이 초과 연간비용 $15,600은 기능적 부적절성이 존재함으로 인해 인력, 기계 등에서의 추가비용으로 나타난다. 이 초과비용은 연금의 현재가치로 처리되는데 그 이유는 운영비용의 증가가 향후 35년간 년 $15,600씩으로 예상되기 때문이다.

부동산구입자가 다른 투자대상에서 연 10% 수익률을 올릴 수 있다고 가정하면, 기능 저하에 대한 조정으로 인해 총 운영비용은 현재가치 $150,449로 떨어진다. 소유주는 유사한 부동산 사업 혹은 동일 위험을 가진 투자대상에 투자해 총 투자의 10%를 벌 수 있다는 것을 가정했다. 이는 본 장의 뒤에서 논의되는 수익환원 접근방식에서 좀 더 자세히 논의될 것이다.

마지막으로 평가자는 외부 훼손에 대해서 연 $4,000을 추정한다. 이 비용은 현재 오염, 소음, 인접지의 변화, 다른 외부 영향 등과 같이 임대료의 하락(혹은 높은 비용)을 야기하는 환경적 변화에 따라 나타난다.

이러한 특성에 대한 추정은 반드시 이러한 외부 요인이 존재하지 않는 비교될 만한 입지의 부동산으로부터 이루어져야 한다. 토지가격은 건물가치와 별도로 추정되기 때문에 토지가치의 경제적 감퇴의 효과는 이미 토지가격 추정치에 포함되어 있다. 따라서 건물가치에 대한 외부 훼손의 효과만큼 조정하는 과정에서, 임대료 손실 추정액은 건물에 적용되는 총 임대 손실(토지와 건물)중에서 건물분만을 나타내야 한다.

예를 들면, 평가자는 전체부동산의 임대소득이 외부 훼손 때문에 연 $5,000 정도 감소할 것으로 추정하였다. 그러나 건물과 토지에 별도의 리스계약이 되었다면, 평가자는 토지에서는 $1,000 적게, 건물에서는 $4,000 적게 임대수입을 예측할 수도 있다. 건물임대에 있어 이러한 손실은 자본화되어 건물의 가치를 낮추는데 사용된다.

예의 경우, 이 임대손실을 연 $4,000정도로 가정했다. 기능적 마모의 경우에서와 같이 이 수입에서의 손실도 또한 10%로 할인될 것이다. 이 손실의 할인된 가치는 $38,577이다. 실제로 이러한 추정은 지극히 하기 어려우며, 평가자는 총 임대손실이 얼마나 될지, 혹은 손실 중 얼마만큼이 건물에 할당되어야 하는지에 대해 상당한 판단력을 발휘해야만 한다.

예에서의 현주 건물에 대한 대체원가 추정치의 조정내용이 [예 10-15]에 나타나 있다.

모든 수선 가능한 감가상각 혹은 훼손은 수선 불가능한 비용(예에서 30%)에 대한 상각이 이루어지기 전에 추정대체원가로부터 빠져야 한다는 점을 주목할 필요가 있다. 다시 말해서, 수선 가능한 항목을 조정한 후에도 기능적 마모와 구조적인 감가상각 때문에 생산성 손실은 계속 존재하게 된다. 이러한 수선 불가능한 항목들의 추정치는 수선 가능한 항목들이 회복되었다는 가정하에 이루어져야만 한다.

요약하면, 원가접근방식은 구조물이 비교적 새것이고 감가상각이 심각하게 복잡하지 않을 경우에 가장 신뢰할 만하다. 그러나 감가상각과 마모로 인해 조정이 이루어져야 하는 경우나 비교할 만한 토지 매매 건을 찾기 어려운 경우에는 이 방식이 바람직하지 않다. 이는 대개 오래되고 보수된 부동산을 평가할 때 발생된다. 그러나 매매가 매우 드물고 시장정보가 드문 경우 오래된 부동산을 평가하는 데에 원가접근방식이 유일한 방법일지도 모른다.

예 10-15
대체원가 추정치에 대한
조정

현재시가에서의 대체가격	$1,750,000
차감 수선 가능한 물리적 상각	47,700
소계	$1,702,300
수선 불가능한 물리적 상각 30%	510,690
기능적 훼손(수선 불가)	
$15,600(PVIFA,10%,35년)	
$15,600 × 0.644159	150,449
경제적 입지로 인한 훼손	
$4,000(PVIFA, 10%,35년)	
$4,000 × 0.644159	38,577
가산: 부지가치(비교에 의함)	200,000
원가법에 의한 가치	$1,202,584
(단순절사)	$1,200,000

평가 사례 연구 – Oakwood 임대주택 Apartments

Oakwood 임대주택은 부동산을 구매하기로 계약한 투자자들에 의해서 융자를 포함한 목적으로 평가한 고급 복합 아파트이다.

은행에는 부동산 가치를 평가하는 평가사들을 내부에 가지고 있지만 수입접근에 초점을 맞춘 "제한된 평가"를 사용하여 평가를 제공하는 독립적인 평가사를 원한다.

은행은 부동산에 대한 요약보고서를 [예 10-16]로 제공한다. 평가사는 [예 10-17]에 임대주택 비교분석을 하여 요약해놓았고 현재 소유자와 같이 단위당 임대료 예측을 분석하였다.

Oakwood는 전체적으로 두개의 침실 단위로 구성되어 있다. 경쟁분석법은 Oakwood가 비록 각각 하나 또는 세 개의 침실을 가지고 있지만 비교사례 1과 2처럼 매우 비슷하다는 것을 가리킨다.

이것은 2개의 침실 단위의 더 큰 비율을 가진 임대주택의 소유자들이 단위당 더 높은 평균 월세를 벌 수 있는 것으로 보인다.

비교사례 3은 침실이 하나인 임대주택과 함께 밀집하여 발전했고 주차장 비율은 다른 것들보다 더 낮다. 그것은 Oakwood의 평균 임차료가 경쟁과 관계가 있다는 것을 나타내준다. 임차료 뿐 아니라, 다른 현금 수지들은 세탁물 시설들로부터 얻어질지도 모른다. 비교사례 2는 단위당 $100,000에 팔렸고 가장 Oakwood 아파트와 비슷한 비교사례 1은 단위당 $110,000에 팔렸다. 비록 감정평가사가 형식적인 판매 비교 접근을 하고 있지 않을지라도, 단위당 $110,000의 가격이 $110,000 × 95 = $10,450,000의 Oakwood 임대주택들의 가치를 제안할 것이라고 설명한다.

감정평가사는 에이커당 단위 수가 현재 최대 허가량인 것을 결정하였다. 이것은 만약 구역법들이 바뀌었거나 에이커당 20 내지 더 많은 단위로 변화하는 것을 지금 허락하면 중요할 것이다.

예 10-16

부동산
정보-Oakwood Court
임대주택(Apartments)

부동산 이름:	**쾌적한 시설:**
Oakwood Court Apartments	자동문차고, 수영장, 따뜻한 쇼파,
위치:	피트니스센터, 비즈니스센터, 조깅길,
미국의 교외	200 주차공간
설명:	**지역/밀집도:**
95단위의 고급 아파트	4.75 acres
새로 건축되었고 높은 질의 쾌적성과	**형태:**
100%의 주차장. 모든 건물은 90%의 벽돌	95개의 두 개의 침실
외관을 가진 이층건물임.	1,100 스퀘어 ft. 2개의 침실과 2개의 욕실
융자은행:	**연수:**
Bank of USA	3년
임차료와 수입증가율 = 3%	**평균 월세:**
	연간 $1,250.00 + 기타수입 $120

예 10-17

Oakwood Court
Apartment: 비교사례

		비교대상 부동산		
	Oakwood	**(1)**	**(2)**	**(3)**
에이커당 단위:	20	20.0	21.0	25.0
구성:				
1침실 / 1화장실	0	10%	10%	60%
2침실 / 2화장실	100%	85%	80%	40%
3침실/ 2화장실	0	5%	10%	0
주차공간/단위당:	2.10	2.00	1.95	1.50
연수:	3	3	3	5
조건/쾌적성:	쾌적	쾌적	준수	준수
월평균 단위당 임대료:	$1,250	$1,150	$1,100	$950
단위당 가격:	–	$110,000	$100,000	$90,000
총 임대료 승수:	–	95.65	90.91	94.74

 단위당 평균 주차공간 수는 경쟁과 밀접한 관계가 있다고 설명할 수 있는 것으로 보인다. 감정평가사는 현재 제공되는 운동시설과 후생 시설, TV케이블/위성서비스, 고속인터넷, 연결성, 세탁기/건조기 그리고 기타 등등의 것들에 관해 임대비율과 적절한 관계를 가지고 있는 것으로 보고 있다.

 현장조사 비용은 차용자들을 유지하고 준비되게 하는 현장의 요원을 위한 급료를 포함할 것이다. 운영위험은 상대적으로 짧은 임대만기, 잠재력 있는 차용자의 회전율, 공실로 인한 공실기간을 아는 아파트 투자자에 의해 그만큼 고려되어야 한다. 대도시 지역에서의 관찰에 의하면 해당 지역의 약 60% 정도가 매년 바뀌고 있다는 것을 말해준다.

 공실 때문에 수입에 총액이 관련된 손실은 현금흐름을 만드는 것에 새로운 차용자들을 위해 준비하기 위하여 단위를 만드는 것에 연루된 되풀이하여 발생한 수선유지비와 관련하여 고려되어야 한다.

 Oakwood 임대주택은 수리와 유지비용을 포함하고 있다.

모든 계약의 감독에 드는 경영비용, 임차료, 차용자 관계 그리고 기타 등등, 그리고 급료를 위한 사무실 비용, 보험, 세금, 그리고 운영을 위하여 필요한 다른 부기 서비스 또한 평가되었다. 이러한 항목은 지불 기록들과 적합한 대리 또는 도매 물류업으로부터 확인되어야 한다.

공실은 5%의 잠재 수입이 예상된다, 그리고 그들의 임대에 의무를 게을리 하는 차용자들 때문에 신용 손실은 잠재력이 있는 수입의 추가적인 1%일 것으로 기대된다. 5년 뒤 다시 팔릴 때, 그 부동산은 11%의 할인율을 가질 것을 가정하면서 평가되었다. 재매도가격은 6년도의 순 영업이익을 적용한 9%의 터미널 자본화율을 사용하여 평가할 것이다. 이 잔존 자본환원율은 5년 후에 낮은 성장 기대치를 반영한다.

임대료는 물가상승에 따라 연간 3% 증가할 것으로 기대된다. 추가적으로 유닛당 $120의 세탁수입이 공동 세탁구역으로부터 발생할 것이다. 이 손질은 연간 3%증가할 것이다.

반대로 대부분의 다른 부동산 형태, 아파트 부동산을 소유한 임차자는 보통 6개월에서 12개월 중에 만기일을 가지고 임대 계약한다. 더욱이 임차자들은 보통 그들의 실익과 보험 그리고 기타 등등에 지불한다. 그러나, 소유자에 의하여 지불되어야 하는 임대주택 공동체의 공용지에 대한 부대 설비비가 있다.

내년도 비용은 다음과 같이 계획되어 있다.

부동산 세금	$87,000
사무실 비용(경영상 회계)	$20,000
보험료	$150 per unit
수리와 유지비용	$550 per unit
광고비	$8,000
공과금	$45,000
기타비용	$15,000

지출비용은 연간 3%의 인플레이션 비율로 증가할 것으로 예상된다.

위에서 언급한 경비 이외에, 부동산 관리 회사는 차용자, 차지 계약, 차용자 관계, 그리고 수선과 유지를 위해 총 소득의 12퍼센트를 지불한다.

위의 가정에 전제로 Oakwood 임대주택의 현금흐름은 [예 10-18]에 계획되어 있다.

순 영업이익은 6년 동안 계획되어 있고 6년 후부터는 재매도 가격을 평가하는 데 사용되었다. [예 10-19]는 6년간 순 영업이익의 잔존 자본환원율 9%를 적용하고 매매가격의 5%의 판매비를 뺀 재매도 가격이 계획되어 있는 것을 보여준다.

[예 10-20]은 5년의 보유기간동안 재매도 현재가치에 순 영업이익의 현재가치를 더한 것을 보여준다. 현재 가치는 11%의 할인율을 기준으로 하고 있다. 총 가치는 $10,548,557나 $10,549,000이다. 이것은 $10,000,000의 대체비용보다 약간 더 많이 그리고 $10,450,000의 비교 판매로부터의 단위당 가격이 동일한 것이다.

이렇게 수입환원 접근방식을 기초로 하여, 평가사는 Oakwood 임대주택의 가치를 $10,549,000로 평가하여 은행에 제공할 수 있다.[3]

---

[3] 숫자를 반올림하는 것이 평가 프로세스에 있어 피할 수 없는 가정의 본질을 고려했을 때 높은 수준의 정확성은 가능하지 않다는 사실을 내포하고 있다.

예 10-18		Oakwood 임대주택에 대한 순수운영수입계획				
연	1	2	3	4	5	6
수입:						
현재임차료	$1,425,000	$1,467,750	$1,511,783	$1,557,136	$1,603,850	$1,651,966
세탁수입	$11,400	$11,742	$12,094	$12,457	$12,831	$13,216
잠재수입	$1,436,400	$1,479,492	$1,523,877	$1,569,593	$1,616,681	$1,665,181
공지	$71,250	$73,388	$75,589	$77,857	$80,193	$82,598
신용	$14,250	$14,678	$15,118	$15,571	$16,039	$16,520
기대수입	$1,350,900	$1,391,427	$1,433,170	$1,476,165	$1,520,450	$1,566,063
	$85,500	$88,065	$90,707	$93,428	$96,231	$99,118
비용:						
부동산세금	$87,000	$89,610	$92,298	$95,067	$97,919	$100,857
사무실비용	$20,000	$20,600	$21,218	$21,855	$22,510	$23,185
보험료	$14,250	$14,678	$15,118	$15,571	$16,039	$16,520
유지비용	$52,250	$53,818	$55,432	$57,095	$58,808	$60,572
광고비	$8,000	$8,240	$8,487	$8,742	$9,004	$9,274
관리비	$162,108	$166,971	$171,980	$177,140	$182,454	$187,928
유틸리티	$45,000	$46,350	$47,741	$49,173	$50,648	$52,167
기타경비	$15,000	$15,450	$15,914	$16,391	$16,883	$17,389
총 비용	$403,608	$415,716	$428,188	$441,033	$454,264	$467,892
순이익	$947,292	$975,711	$1,004,982	$1,035,132	$1,066,185	$1,098,171

예 10-19

Oakwood 임대주택의
재매각계획

재매각가격	$12,201,901
판매가격	610,095
재매각이익	$11,591,806

예 10-20

순 영업이익과 재매각
계획의 현재 가치

순 영업이익의 현재가치	$ 3,694,762
재매각의 현재가치	6,879,172
총 가치	$10,573,934

Web 응용

현재 부동산 투자동향에 관계가 있는 조항들을 제공하는 많은 사이트가 있다. 부동산기관(www.irei.com/ profiles/profiles.html)같은 사이트를 방문하거나 구글(www.Google.com)같은 검색엔진을 사용하여 "부동산 자본 시장 동향"같은 검색어나 현재투자동향과 관계된 조항으로 찾아라. 국가시장 혹은 부분별 부동산 형태와 위치에 대한 현재투자동향이 요약되어있다. 당신은 투자동향에 대한 통찰력을 제공하는 최신의 예를 찾아볼 수 있다.

결론

본 장에서 부동산평가를 위한 세 가지 접근방식을 이에 수반되어 사용되는 많은 기법들과 함께 살펴보았다. 평가방식과 기법 간에 많은 조합이 이용될 수 있다. 접근방식과 기법들은 평가에 이용 가능한 자료를 제일 잘 보완할 수 있도록 선택하여야 한다.

다시 말해서, 자료의 입수가능성과 질에 의해 평가 방법과 접근방식이 이루어져야 한다. 만일 완전한 정보가 입수 가능하다면 이론적으로는 원가법, 시장거래, 수익 환원의 어느 방법이 쓰여이든지 간에 같은 결과가 나온다. 심지어 불완전한 정보를 가지고서도, 평가의 세 가지 접근방식은 어느 정도까지는 상응해야 하는데, 이것이 감정평가보고서가 가치를 결정하기 위해 적어도 두 가지 방식에 기초를 둔 가치 추정을 담고 있는 이유이다.

이 절차가 최종분석에서 감정평가치에 대한 의견을 확인하는 데 도움이 되지만, 가치평가에 이용된 가정이나, 기법, 방법 등을 해석하고 이해하고 비판적으로 분석하는 것은 전적으로 보고서 이용자에게 달렸다. 감정평가는 단지 평가시점의 시장 상황과 이용 가능한 정보에 기초를 둔 시장가치의 추정일 뿐인 것이다. 경제적 상황은 매우 불확실하기 마련이고, 평가는 이러한 불확실성을 감안하여 이용, 해석되어야 한다. 대출자와 투자자는 평가자가 사용한 기법과 가치추정에서 적용한 가정들에 대해 익숙해야만 한다. 감정평가는 대출자 혹은 투자자에 의해 건전한 대출심사, 또는 투자 분석이 이루어질 수 있도록 대체재가 아닌 보완재로 간주되어야 한다.

주요용어

거래 사례 비교방식	실효연령	잠재 총 소득
기능적 결함	외부파손	총 수입 승수
담보부채 대자본의 자본화	요구되는 내부 수익률	최유효 이용
대체 원가	임대계약이 없는 경우	투자시점 자본환원율
물리적 회손	임대계약이 존재하는 부동산	할인율
보유 기간	잔여토지 가치	현재가치할인 적용법
수익환원 접근방식	잔존 자본 환원율	회귀 가치
순 영업이익	잠재 총 소득	

유용한 웹사이트

www.appraisalinstitute.org – 감정평가법인은 감정 교육, 제품, 뉴스 및 회의에 대한 정보를 제공한다.
www.naifa.com/consumerassistance – 평가 절차 논의에 대한 링크가 포함 된 독립적인 전국 감정평가 협회
http://nreionline.com – 국가 부동산 투자자 – 현재 추세의 좋은 원천
www.irei.com – 부동산 기관은 최신 뉴스를 제공하며, 연구페이지에는 여러 기관 투자 회사가 제공하는 연구 보고서 링크가 포함 되어 있다.
www.buildings.com – 건물 잡지 웹 사이트. 건물에 대한 기사 원천과 건물 가치에 영향을 주는 추세
www.crea.ca – 캐나다 부동산 협회 홈페이지는 캐나다의 여러 도시와 주의 평균 주택 가격을 제공하며, 캐나다 부동산과 관련된 최신 뉴스를 제공한다.

질문

1. 원가법의 경제적 논리는 무엇인가? 이 방식이 최선의 가치측정에 적절한 경우는 어떤 조건 하에서인가?

2. 시장가치 접근방식(market approach)의 경제적 논리는 무엇인가? 이 방식을 사용하기 위해서는 어떤 정보가 필요한가? 부동산이 비교 가능하다는 것은 어떠한 의미인가?

3. 자본환원율이란 무엇인가? 감정평가에 활용하기 위하여 자본환원율을 산출하는 여러 가지 방식에는 어떤 것이 있는가?

4. 투자자가 예상 장래 수익에 근거하여 부동산을 매입한다면 재매각가격 또는 수익을 예측하지 않고 감정평가하는 논리는 무엇인가?

5. 현재가치할인율과 자본환원율 간의 관계는 무엇인가?

6. 비교 단위(unit of comparison)의 의미는 무엇이며, 왜 중요한가?

7. 감정평가사들이 가치평가에서 세 가지 상이한 접근방식을 사용하는 이유는 무엇인가?

8. 부동산 가치를 평가함에 있어서 자금조달을 명백히 고려해야 하는 경우는 어떠한 조건하에서인가?

9. 원가법(cost approach)에서 감가상각은 어떠한 의미인가?

10. 잔존 자본환원율이 투자시점 자본환원율보다 낮은 경우는 언제이며, 더 높은 경우는 언제인가?

11. 일반적으로 위험이 감소하면 투자시점 자본환원율은 어떠한 영향을 받는가? 이러한 상황이 예측하지 못한 수요 증가와 동시에 발생하였을 경우의 효과는 무엇인가? 부동산 가치에 대한 영향은 어떠한가?

12. 현재 매각 중인 부동산의 가치를 평가함에 있어 과거의 부동산 거래에서 획득한 투자시점 자본환원율을 사용함에 따른 발생할 수 있는 문제점은 무엇인가?

13. 연도말 재매각가격을 구할 때, 보유기간 후 잔존 자본환원율을 사용하는가?

14. 자본환원율과 내부수익률(*IRR*)은 같은가? 어느 것이 일반적으로 많이 쓰이고 그 이유는 무엇인가?

15. 재매각가격을 산정할 때 잔존 자본환원율과 적정이율을 사용할 때의 차이점에 대해 논하여라.

문제

1. Zenith Investment회사는 오피스빌딩 매입을 고려하고 있다. 시장 분석에 의하면 현행 수급, 임대료, 운영비 등을 측정하여 연간 순 영업이익이 다음과 같다;

연차	순 영업이익
1	$1,000,000
2	1,000,000
3	1,000,000
4	1,200,000
5	1,250,000
6	1,300,000
7	1,339,000
8	1,379,170

현재 공급초과인 시장으로서 현금흐름은 향후 3년간 $1백만으로 고정된다. 4~6년간은 임대료가 상승할 것이며, 7년차부터는 시장의 균형을 반영하여 순·영업이익이 영원히 연 3%씩 증가할 것이다.

Zenith사는 이러한 투자에서 12%의 수익률을 획득해야 한다고 본다.

a. 당해 투자를 7년간 보유한다고 가정할 때 7년차 연말의 부동산 가치는 얼마인가?

b. 7년차의 잔존 자본환원율(R_T)는 얼마인가?(중요한 경제적 감가상각이 없다고 가정)

c. 현재의 가치는 얼마인가?

d. 초년차의 순 영업이익에 근거한 자본환원율(R)는 얼마인가?

2. Ace Investment Company는 Apartment Arms프로젝트 매입을 고려하고 있다. 내년도의 순 영업이익과 cashflow는 2백만 달러로 예상되며, 경제전망치에 의하면 시장 수급과 공실률은 균형 상태인바, 순 영업이익은 당분간 연 4%씩 증가할 것이다. Ace사는 본 투자에서 최소한 13%의 수익률을 목표로 하고 있다.

a. 위의 가정하에서 투자대상 부동산의 현재가치는 얼마인가?

b. Apartment Arms와 비교가능한 최근 거래된 부동산으로부터 어떤 자본환원율을 유추할 수가 있는가?

c. (*a*)의 결과에서 요구수익률이 12%라고 가정하면 현재의 가치는 얼마가 되는가?

d. (*c*)의 결과에서 투자자는 비교 가능한 매매사례 (*b*)와 대비하여 무엇을 고려해야 기치의 차이 원인을 설명할 수 있는가?

3. Acme Investment Company는 미개발 상태인 Baker Tract토지의 매입을 고려하고 있다. 현재 당해 토지는 농업용지이다. Acme가 토지를 매입한다면 상업용으로 용도 변경 및 어떻게 개발할지 결정해야 한다. 시장 조사에 의하면 Acme는 사무실과 소매의 두 가지 가용 용도에 대하여 추정하였다. 동 추정에 의해 당해 토지는 다음과 같이 개발될 수 있다.

	사무실	소매
임대가능 면적(평방피트)	100,000	80,000
임대료	$24.00	$30.00
운영비 비율	40%	50%
연간 순 영업이익상승율(평균)	3%	3%
요구수익률	13%	14%
건축비(평방피트당)	$100	$100

당해 토지에 대한 최선의 용도는 무엇인가?

4. Ajax Investment Company는 A급 사무실로 개발할 수 있는 토지의 매입을 고려하고 있다. 동시에 Ajax는 당해 토지에서 30만 평방피트의 임대가능 면적과 20달러의 임대료, 임대료의 40%에 해당하는 운영비를 예상하고 있다. 임대료는 영원히 3%씩 상승할 것이며, Ajax의 투자수익률은 12%로 보고 있다. 건물의 건축비는 평방피트당 100달러가 소요된다.

a. 위와 같은 가정하에서 부동산 가치와 토지가치는 얼마로 평가되는가?

b. 만일 임대료가 갑자기 영원히 4%로 상승한다고 바뀌면 건물가치와 토지가치는 얼마가 되는가? 토지가치는 (*a*)에서의 토지가치 대비 어떤 비율로 변화하는가?

c. (*b*)의 경우 대신 공급초과로 인해 임대료가 2% 하락하고 상승률이 연 10%에 불과하다고 가정하면 토지의 가치는 얼마가 되는가? (*a*)에서의 토지가치 대비 어떤 비율로 변화하는가?

d. 토지소유자가 매도가로 $12백만을 요구하고 있다. (*a*)의 가정하에서 본 사업의 타당성이 있는가?

e. 토지가 $12백만에 (*a*)의 가정하에서 본 사업의 타당성이 확보되려면 다음 변수가 어디까지 변화해야 하는가(각 항목을 각각 고려하고 다른 변수는 일정하다고 가정한다)?

　① 목표수익률 *r*

　② 예상 현금흐름 증가율 *g*

　③ 건축비

④ 임대료

5. Armor Investment Company는 10에이커의 토지 위에 소재한 매우 낡은 건물 매입을 고려하고 있다. 장래의 어떤 시점에서 건물은 헐고 바람직한 건물을 신축할 것이다. 그때까지 당해 건물은 창고로 임대하여 내년 10만달러를 수금할 예정이다. 그러나 감가상각이 증가할 것으로 보아 Armor사는 cashflow가 영원히 4%씩 감소할 것으로 예상한다. Armor사는 투자수익률을 13%로 예상하고 있다.

   a. 당해 부동산의 가치는 얼마인가?

   b. 그 건물을 5년 후에 부수고 일자형 소매점포로 재개발할 것이라고 가정하자. 그 후에는 NOI가 연간 $200,000 발생하고 내년 3%의 성장이 예상되며 건축비는 $1백만로 예상된다. 투자자들은 이 투자에서 현재 10%의 IRR을 얻는다. 이것은 (a) 문제의 가치를 측정하는 데 어떻게 영향을 미칠까?

6. Athena Investment Company는 오피스 건물 매입을 고려하고 있다. 시장과 임대차 조건을 조사한 결과 Athena는 내년도 cashflow를 10만 달러로 보고 있다. 또한 Athena사는 당분간 cashflow가 연 5천달러씩 증가할 것으로 보고 있다. 당해 건물보다 10년 더 오래된 건물의 매매 사례를 볼 때 Athena사는 최소한 11%의 내부수익률(요구수익률)을 목표로 한다.

   a. 오피스 건물의 추정가는 얼마인가(잔존 자본환원율 10%가정)?

   b. 당해 건물의 현행 투자시점 자본환원율은 얼마인가?

   c. (b)의 자본환원율과 10% 잔존 자본환원율 간의 차이의 원인은 무엇인가?

   d. 잔존 자본환원율추정을 위해 현행 비교가능 거래사례를 사용함에 있어서 미래의 경제환경에 대하여 어떤 가정을 세우는가?

7. 어떤 투자자는 5년 된 교외의 사무실 건물의 매입을 고려하고 있다. 신축 당시에는 건물은 50년의 경제적 수명을 가진 것으로 추정되었으며, 건축비는 시가의 80% 비중이었다. 현재의 건축비 추산에 의하면 복성 가격은 $5백만이다. 당해 건물은 50년의 경제적 수명 기간 중 일정하게 감가상각된다고 예상된다. 건물의 개선에 소요되는 다른 비용들은 다음과 같다.

수선 가능한 물리적 감가상각	$300,000
기능적 손상(수선 가능)	$200,000
기능적 손상(수선 불가)	연간 $25,000의 임대수입 감소

토지 가격은 지역 내의 유사 거래에 의하여 $1백만으로 평가되었다. 투자자는 비용이나 지출을 연기할 경우의 기회비용이 연간 12%라고 보고 있다. 당해 건물에 대한 가치 추정액은 얼마인가?

8. ABC 거주주택투자자(Residential Investors) 유한투자조합은 펜실바니아 Steel시의 120가구 아파트 매입을 검토 중이다. 시장 조사에 의하면 가구당 평균 월 600달러를 임대수입으로 실현할 수가 있다. 최근 6개월 동안 당해 지역 내에서 두건의 비교 가능한 아파트의 매매 실적이 있었다. Oaks는 140가구로서 $9백만에 팔렸다. 임대차 현황에 의하면 월평균 임대수입은 $550이었다. 90가구 아파트인 Palms는 월 $650의 임대 수입을 내며 $660만에 팔렸다. 두 아파트의 침실 수 및 넓이는 투자대상 아파트와 매우 유사하며, 기존 두 아파트의 공실률은 연 10%의 정상 수준이다. 모든 임대료는 세입자가 공익비(utilities)와 비용을 부담하는 Net조건이다.

   a. 제공된 정보에 근거하여 투자대상 부동산에 대한 감정평가치는 얼마인가?

   b. 당해 부동산에 가장 적절한 가치를 도출하기 위하여 다른 어떤 정보가 필요할 것인가?

9. 어떤 소규모 수익부동산의 순 영업이익이 초년도에 15만 달러로 예상된다. 자금조달은 초년도 순 영업이익에 1.2배의 **부채부담비율(DCR)**이 적용되며 이자율은 10%이고 20년에 걸쳐 매월분할 상환된다. 순 영업이익은 초년도 이후 연 3%씩 증가한다. 재매각가격은 6년차의 순 영업이익에 9%의 잔존

자본환원율을 적용하여 추정된다. 투자자들은 이러한 형태의 부동산에 대해서 12%의 **자기자본**이익률을 요구한다.

　a. 부동산에 대한 지분의 현재가치는 얼마인가?

　b. 부동산의 총 현재가치(저당부채와 지분)는 얼마인가?

　c. (*b*)에 대한 답변을 근거로 하여 전체적인 자본환원율은 얼마인가?

10. Sammie's Club은 대도시의 북쪽 주변에 32만 평방피트의 유통센터를 매입하려 한다. 당해 건물은 현재 평방피트당 4달러에 임대되고 있다. 시장임대료 조사에 의하면 2마일 이내 주변에서 거래된 두 개 물건이 크기, 형태 및 연령 면에서 매우 유사하다. 하나는 35만 평방피트이고 3.9달러에 임대되고 있다. 두 번째는 30만 평방피트이고 4.1달러에 임대되고 있다. 시장 자료에 의하면 공실과 운영비 부담은 총수입의 50% 수준으로 나타난다. 첫 번째 물건은 940만 달러에 팔렸고, 두 번째는 790만 달러에 팔렸다.

　a. 접환원법에 의할 때 투자 대상 부동산의 가격을 얼마로 추정하겠는가?

　b. 잔존 직접환원율(*R*)을 선정하기 전에 어떤 추가 정보가 필요할 것인가?

11. [예 10-9]로 돌아가서, 창고의 순 영업이익 상승률이 2%가 아닌 3%라 하자. 이 경우 최고최선의 이용방법은 무엇인가? 또한 새롭게 적용될 토지가치는 무엇인가?

12. 당신은 Perception Partners의 분석가로 Rose Garden 아파트의 취득에 관한 가격결정에 요청을 받았다. 이 물건은 도시근교에 위치한 5년 전에 지어진 250세대가 있는 아파트이다. 중개인의 요청가격은 $27,000,000이고 그는 또한 Rose Garden 아파트로부터 1마일 반경 떨어진 비교 가능한 아파트들의 자료를 제공하였다(아래 표 참고).

Perception사의 요구수익률은 8%이며 (1) 5년 동안 보유하고 매각하며 (2) 임대료는 연 3%씩 상승한다고 믿고 있다. 그리고 5년 후 재매각가격은 "투자회수시점" 자본환원율 기준으로 책정되며 "투자회수시점" 자본환원율은 투자시점 자본환원율보다 0.005 높다.

　a. Rose Garden 아파트와 세 가지 비교 가능 물건을 기초로 당신은 현재의 Rose Garden 아파트의 투자시점 자본환원율가 비교 가능한 아파트의 자본환원율보다 **높거나 낮을** 거라고 생각하는가?

　b. 만약 Rose garden 아파트를 $27,000,000에 취득할 경우 그때의 투자시점 자본환원율은 얼마인가? 또한 비교가능한 아파트들의 자본환원율은 얼마인가?

　c. 만약 Rose garden 아파트를 $27,000,000에 취득할 경우 5년 동안 소유자의 요구수익률 8%를 충족할 수 있겠는가?

	rose garden	비교 1	비교 2	비교 3
연수	5	6	7	10
에이커	14	10	8.75	12.5
유닛 수	250	200	175	250
에이커당 유닛 수	17.9	20.0	20.0	20.0
가격		$20,000,000	$16,625,000	$21,000,000
침실 / 화장실:	임대료 / 유닛수 / 평방피트	임대료 / 유닛수 / 평방피트	임대료 / 유닛수 / 평방피트	임대료 / 유닛수 / 평방피트
1 / 1	830 / 75 / 780	820 / 60 / 770	791 / 53 / 740	775 / 75 / 750
1 / 1.5	850 / 50 / 810	835 / 40 / 800	810 / 35 / 780	795 / 50 / 775
2 / 2	1,040 / 100 / 960	1.030 / 80 / 950	1,000 / 70 / 920	970 / 110 / 900
3 / 2	1,270 / 25 / 1.180	1,250 / 20 / 1,170	1,200 / 18 / 1,130	1,170 / 15 / 1,100
가중평균	962 / × / 898	950 / × / 888	925 / × / 864	888.5 / ×/ 842
임대가능공간 (SF)	224,500	177 600	150 130	210 500
공실률	5%	5%	5%	5%

(계속)

운영비용	40%	40%	40%	45%
총 임대료	$2,886,000	$2,280,000	$1,928,076	$2,665,500
GIM		8.77	8.62	7.88
순 이익	$1,645,000	$1,300,000	$1,099,000	$1,393,000
자본환원율		0.0650	0.0661	0.0663
가중평균				
유닛당 월세	$962	$950	$918	$889
평방피트당 임대료	$12.855	$12.838	$12.843	$12.663
유닛당 가격		$100,000	$95,000	$84,000
평방피트당 가격		$112.61	$110.74	$99.76
질	최적	상급	평균	평균
위치	최적	적절	적절	약간 부적절
유닛당 주차공간	2.00	1.75	1.60	1.50
보안 출입문	Yes	Yes	Yes	No
세탁기/건조기	Yes	Yes	Yes	Not in 1 / 1
에어콘	Yes	Yes	Yes	Yes
붙박이 가구	Yes	Yes	Yes	Yes
실내주차장	Yes	Yes	No	No
무료 케이블 티비	No	No	Yes	Yes
벽난로	No	No	Yes	No
운동실	No	No	No	Yes
수영장/바베큐장	Yes	Yes	Yes	Yes

13. 투자자는 소규모 오피스 빌딩을 매입하고자 한다. 이 물건의 순 영업이익은 1년차: $200,000, 2년차: $210,000 3년차: $220,000 4년차: $230,000 5년차: $240,000이다. 이 물건은 5년 후 매각할 예정이고 투자자는 5년 동안 부동산 가치 상승률이 연 3%로 예상하고 있다. 투자자는 연복리 기준 10%의 투자수익률을 얻기를 원한다.

    a. 5년 후 해당 부동산의 재매각가격은 얼마인가?

    b. 현재 부동산의 가치는 얼마인가?

    c. 만약 부동산의 현재가치를 모를 경우 5년 후 재매각가격은 어떻게 계산할 수 있는가?

    d. *b*의 해답을 기본으로, 만약 해당 **부동산**으로부터 현재 $2,300,000의 수익을 얻을 수 있다면 이때의 **토지가치**는 얼마인가?

$\LARGE 11$

투자분석과 수익부동산의 세금

Investment Analysis and Taxation of Income Properties

투자자는 수익부동산을 취득할 때 여러 가지 변수들을 고려해야 한다. 그 변수들로서 시장 변수인 공실률, 세제의 영향, 위험도, 부채금 규모, 투자수익률 측정을 위한 적절한 절차 등이 있다. 대출자들도 거의 동일한 관심사를 갖고 있다. 이는 이러한 요인들이 대출의 담보가 되는 부동산의 가치 및 시장성과 직결되기 때문이다. 더구나 대출자들은 그들이 금융 지원한 부동산이 대출상환을 위하여 충분한 현금흐름을 창출하는지에 관심을 가진다.

본 장에서는 여러 부분에서 직면하는 사항을 위해서 분석의 틀을 제공하고자 한다.

투자의 동기

앞서 수익부동산에 여러 가지 분류가 있는 것을 보았는데 본 절에서는 왜 투자자와 대출자가 이러한 부동산에 투자를 결정하는지 고려해 보도록 한다. **자본**이라는 용어는 부동산을 취득하는 자가 소유자로서 당해 부동산에 투입한 금액을 말한다. 부동산소유의 형태는 소유에 만기 제한이 없는 자유토지 보유권(freehold estate)의 어떤 형태도 취할 수 있다(2장 참조). 즉 자본은 부동산소유권(fee simple) 및 임대료(leased fee), 임대권(leasehold) 등 여러 법적 권리의 형태로 갖는다. 자본은 부채와 비교되는데, 부채는 취득 부동산을 담보로 조달된다.

투자자가 수익부동산의 지분 투자하는 동기는 무엇인가?

첫째, 투자자들은 부동산에 대한 임대수요가 충분하여, 임대수입에서 운영비를 지출한 후에도 순 이익이 발생할 것으로 기대한다. 이 이익은 투자수익의 일부를 구성한다(부동산 세금 및 금융비용 고려 전).

둘째, 투자자는 부동산을 어느 정도의 기간 동안 보유한 후 매각을 기대한다(이와 관련된 사항은 14장에서 논의할 것이다). 투자자는 보유기간 중에 가격 상승을 기대하는데, 특히 인플레이션 환경 하에서 더욱 그러하다. 따라서 가격상승이 투자자의 수익에 기여한다.

셋째, 투자의 다변화를 위해서이다. 이는 투자자가 주식, 채권, 머니마켓펀드(MMF)와 부동산으로 다양한 형태의 투자대상을 보유하기를 원한다는 의미이다.

마지막으로, 특정 투자자에게 더 중요한 것으로 세제 우대 혜택이 있기 때문이다. 세제

혜택으로 인해서 투자자들은 여러 해 동안 부동산투자에서 낮은 세금 또는 전혀 세금을 내지 않아 왔다. 그러한 세제 혜택이 제거되었지만, 부동산 세제에 대한 이해는 현재도 중요하다. 투자자들은 세법의 변화를 이해할 수 있어야 하며, 임대수입 및 부동산가치에 대한 영향을 해석하여야 한다. 세법의 개정은 부동산매입가, 부채비율 결정, 부동산매각시기 등에 대한 투자자의 의사결정에 영향을 미친다.

수익부동산에 투자하는 동기
1. 수익률
2. 가격 상승
3. 투자 다변화
4. 세제 혜택

부동산시장의 특성과 투자전략

전술하였던 경제적 분석 및 지역 내의 수요와 공급 분석에 근거하여 볼 때, 장래의 현금흐름을 예측함에 있어서 예상되는 시장 환경은 매우 중요하다. 예를 들면, 특정한 부동산 형태에 대한 수요와 공급이 불균형 되었고 이러한 상황이 지속될 것으로 예상된다면, 공실률 및 임대료 수준에 대한 영향을 현금흐름 예측에 반영하여야 한다. 적절히 예측이 이루어진다면 가치추정 및 투자수익률은 이러한 기대치를 반영하게 될 것이다.

본 절에서는 (1) 부동산 시장의 경기 순환성 및 (2) 모든 투자 업계(주식, 채권, 부동산 등)에서 널리 활용되고 있는 투자 스타일을 살펴본다. 본 절에서 말하는 투자의 스타일이란 일반적으로 시장 상황에 대한 기대감에 대응하는 것이라는 점을 인식하게 될 것이다. 본서는 특정한 스타일 또는 그들 간의 복합적인 스타일을 지지하지는 않는다. 단지 이러한 조건 및 서술은 투자 전문가들이 시장에 있어서 조건을 분류하고 서술하는 데에 널리 사용되고 있으며, 이들이 어떠한 것들인지를 파악하여야 한다.

부동산 경기순환

본 절에서 더 특정한 투자스타일 및 전략을 논의하기 전에 **부동산업의 경기순환** 속성을 먼저 살피는 것이 적절하다. 부동산업에 관하여 전제가 되는 사실들로는 (1) 부동산의 개수 및 면적규모에서 매우 큰 시장이고, (2) 매우 경쟁적이며, (3) 소유분포가 매우 분산되어 있어 미국 내의 어느 누구도 상당한 시장점유율을 확보하고 있지 못하다.

또한 지역 내의 부동산 소유주들 및 투자자들은 공실률이 감소하고 임대료 시세가 상승할 때쯤이면 이미 임대가능면적이 감소하고 있다는 의미로 이해한다는 점도 사실이다.

이 경우 개발 타당성이 높아지며, 개발자들은 특정한 입지에 대하여 최고최선의 용도를 분석하고 개발할 경우, 새로운 공간이 수익성 있는 임대물건으로 될 수 있을지 판단한다. 복수의 개발업자들이 동시에 개발기회를 포착할 것이기 때문에 수요에 부응하기 위해서 이들 모두가 즉시 자금을 조달하여 개발에 착수할 수도 있다. 신축 부동산에 대한 수요가 있는 것은 확실하지만 각 개발업자들이 경쟁사보다 앞서 공급하기 위해서 서두름에 따라서 과잉개

예 11-1
부동산 경기순환

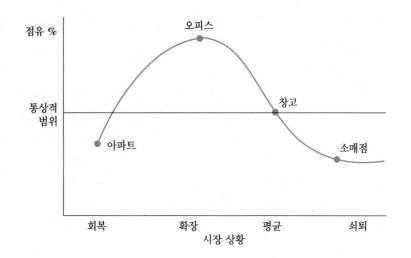

발이 이루어질 잠재성은 존재한다. 정확히 얼마만큼의 신축 공급이 필요한지는 수요의 깊이와 정도를 예측하기 어렵기 때문에 확정할 수가 없다.

그 결과 부동산업은 종종 주기적인 "과잉개발"의 **경기순환**에 처할 수가 있다. 업종 내의 높은 경쟁도와 수요 예측의 곤란으로 인해 본의 아니게 초과공급이 이루어져 공실률을 높이고 임대료를 낮추며 부동산 가격의 변동성을 야기하게 된다.

이러한 순환성에 대해 모든 부동산 형태에 대하여 각 형태별 정상 수준의 임대율 대비 **가상적인 순환성**을 보여주는 예로, [예 11-1]을 참조하면 된다. 정상 임대율 범위를 넘어서는 모든 구간은 높은 입주율과 임대료 상승기를 나타낸다. 이 구간은 신규개발이 발생할 가능성이 높은 경우이다. 정상 임대율 범위 밑에 있는 구간은 임대율이 낮고 임대료가 하락하고 있어 개발 사업에 적절하지 못한 경우이다(각 부동산 형태별로 입주율이 동일한 것은 아니므로, 본 예시는 개념적인 것일 뿐이다).[1]

시장 상황예를 들면, [예 11-1]에 의하면 아파트들은 초과 공급과 수요 부족 기를 거쳐서 회복 국면에 있고, 공실률이 개선되고 수요가 공급 대비 증가하면 회복세는 지속될 것이다.

반면에 오피스 빌딩은 임대율이 높고 수요가 많아 임대 가능 면적이 부족한 상태이다. 이러한 시장 불균형은 임대료를 높여 장래의 신규 개발을 야기할 것이다. 창고 부문은 잘 균형된 상태에 있는 것으로 보인다. 임대율이나 임대료에 큰 변동이 예상되지 않고, 그 결과 예측하지 못하였던 신규 개발의 가능성은 없다.

그러나 소매업 부동산의 경우는 임대 매물의 초과 공급이나 수요의 부족으로 인해 임대율이 낮아져 있다. 그래프에 의하면 소매점포의 임대율은 더 떨어질 것으로 예상된다.

[예 11-1]을 요약하면, 각 부동산 형태별로 특정 시점에서의 수급 상태를 제시하고 있다. 현재의 순환 국면에서 볼 때 아파트에 투자하려는 투자자들은 시황이 회복기에 있다 하더라도 공실률과 임대수입 현금흐름의 약세를 각오해야 한다.

---

[1] 이 그림에서 그래프에 표시된 일반적인 수준의 점유율이 된다. 각 속성에 대해 정확히 동일하다는 것을 유추해서는 안된다. 이것은 개념적 그림이고 일반적인 시장 상황을 묘사하기 위한 것이다.

오피스 빌딩 투자자들은 낮은 공실률과 높은 임대료를 일정기간 동안 즐길 수 있을 것이다. 그러나 오피스 역시 개발 물량 및 임대 경쟁으로 인한 임대시세 하락, 공실률 및 현금흐름의 정상 수준 복귀에 대응해야 한다. 창고 투자자들은 공실이나 임대시세에 별다른 변동을 예측하지 않는다. 소매부동산 투자자들은 시황악화가 계속될 것을 예상하되, 악화가 지속한 후의 현금흐름의 궁극적인 반등까지도 고려해야 한다. [예 11-1]에 의한 시점 예측은 매우 어렵다. 시황은 단기적으로만 지속하고 (1) 신축분이 완공되거나 (2) 시장이 예측하지 못하였던 수요 증가를 일으키는지 등을 계속적으로 재평가해야 할 수가 있다.

[예 11-1]의 예시가 매우 간단하였지만 이는 투자자에게는 수급 상태를 파악하여 이에 따른 전략을 수립하는 중요한 시작점으로서 활용된다.

투자 전략

지금까지 투자자들이 시장의 수요공급과 자본시장 상황 하에서 장래 현금흐름을 신중히 분석하여 부동산 투자여부 및 가격을 결정해야 한다는 주제를 다루어 왔다. 본 절에서는 부동산투자자와 자산 포트폴리오 운용자들이 사용하는 전략 또는 스타일을 요약하여 제시한다. 탁월한 투자수익률을 달성하기 위하여 이러한 투자 스타일들 중에서 선택이 이루어진다.

이러한 스타일들을 부동산 경기 순환과 관련하여 검토해 보고, 각 스타일 별로 평가를 해보라. [예 11-2]에서는 부동산 경기 순환에 대한 일반적인 시각 및 투자전략을 제시하여 준다.

이러한 전략들 간에는 중복도 많고 복합적으로 사용되는 경우도 확실히 많다. 예를 들면, 어떤 투자자는 부문별 투자전략과 당해 부문에 대한 시점포착 전략을 합쳐 의사결정할 수가

예 11-2

부동산 투자자들이 사용하는 투자 스타일-부문별 투자(Sector Investing)

A. 핵심부동산 투자
이 전략은 높은 신용도를 가진 임차인으로 80%이상 구성된 낮은 위험도의 부동산을 취득하는 것을 목적으로 한다. 또한, 이러한 부동산들은 포트폴리오 구성차원에서도 취득하며 상대적으로 안전한 현금흐름을 기대 할 수 있다. 또한 부동산 운영의 변화 그리고 대규모의 자본적 지출은 보유기간 중 예상되지 않는다.

B. 가치상승 전략과 핵심부동산투자의 결합
이 전략은 핵심부동산의 취득과 관리시스템의 변화 또는 특별한 자본적 지출을 동시에 수행하는 것이다. 자본적 지출의 경우 일반적으로 임대료의 상승이나 인접지역 경쟁 부동산보다 높은 수익률을 이루기 위해 이루어진다.

C. 부동산 부문별 투자
이 전략은 장기적으로 경제학 및 인구통계학에 의해 특정한 부동산 형태에서 다른 부동산 부문에서보다 우수한 투자수익률을 낼 수 있다는 이론에 근거한다. 예를 들면, 오피스 분야가 소매, 주택 및 창고부문보다 장기적으로 높은 수익을 낼 것으로 조사된다면 투자자는 오피스를 투자선호 부문으로 전문화시킬 것이다. 투자 부문이 선정되고 나면 특정 지역이나 도시에서 특정 부동산 물건을 매입한다(이 스타일은 컴퓨터, 에너지, 인터넷 등 특정 산업의 주식에만 투자할 목적으로 설립하는 뮤츄얼 펀드와 유사하다).

D. 시장 반대 투자(Contrarian)
이 전략은 경제적, 기술적 또는 발생하는 사건에 의해 특정 부동산 형태에 대한 투자 전망이 투자자들 간에 나빠지고 비 선호된다는 전제에 근거한다. 이들은 투자자들이 악재에 과잉반응을 하여 비 선호되는 부동산을 과잉 매도한다고 믿는다. 예를 들면, 많은 투자자들이 이제 전자상거래의 성장으로 인해 소매업 부동산이 악영향을 받는다고 믿고 있다. 대부분의 투자자들이 소매업 부동산을 매각한다면 시장과 반대 투자자들은 소매업 부

예 11-2
계속

동산이 매우 낮은 가격에 달할 때까지 기다렸다가 과잉 매각이 인식되면 가격이 회복될 것이라는 기대 하에 그 매물들을 매입한다.

E. 시장에서 시점포착 투자

이 전략은 부동산 형태별로 경기순환 주기와 장래의 경제 환경을 잘 이해하면 부동산의 매입과 매각 시점을 예측할 수 있다는 자신감에 근거한다. 예를 들면, [예 11-1]에서 아파트가 순환주기의 바닥을 지나 회복 국면에 있다면, 아파트는 시점포착 투자자의 투자목표(market timer)가 될 수 있다. 또한 소매업 부동산이 초과 공급으로 인해 더 떨어질 것으로 예상되면 시점포착 투자자는 초과공급이 제거될 때까지 기다려서 순환주기가 상향하는 시점에 가서야 매입을 할 것이다(이러한 전략은 부동산 시장 내에서 수급과 순환주기를 강조하므로 전자상거래 등 업계외부 요인에 포착하는 시장과 반대로 투자하는 전략과는 다르다). 이들은 특정 부동산 형태가 순환주기의 정점에 도달하면 팔고 다른 시장에서 다른 형태의 부동산을 사야 한다고 본다. 이러한 시점 포착은 부동산의 부문별 순환(Rotation)전략이라고도 불리 운다.

F. 성장(growth)에 투자

이 전략은 조사에 의하여 평균보다 높은 가치 상승을 시현할 부동산을 발견하는 데에 근거한다. 이러한 투자자들은 경제적 환경에 따라 특정한 성장 시장에서 특정 부동산 형태에 대한 수요가 증가한다고 믿는다. 이러한 투자 스타일은 시장 조사력과 경제적 환경/기술 및 모든 부동산 부문에 미치는 영향들을 이해할 수 있는 능력에 많이 의존한다. 예를 들면, 전자상거래와 기술의 성장으로 인해 특정 입지에 위치한 창고에 대한 선호가 발생할 수가 있다(8장에서 전술 참조). 성장 투자자는 창고에 투자하기 위하여 이러한 전략적인 입지를 찾아다닐 것이다. 투자자는 더 많은 후발투자자들이 동일한 대상을 추구함에 따라 가격을 올리고 차익을 볼 수 있다는 기대하에 먼저 매입한다. 이러한 전략을 구사하는 투자자는 성장투자 시장이 부동산 수요를 일으키는 산업들에 따라 확장하거나 위축될 수 있으므로 평균보다 높은 위험을 감수해야 한다는 점을 인지해야 한다.

G. 가치투자(value investing)

가치투자 전략에서는 시험해보고 확인하는 접근방식으로서 다른 투자자들이 간과하고 지나간 부동산을 발견하는 데에 조사력을 집중한다. 투자자들은 조사력을 집중하여 예상보다 높은 수익률과 가치상승을 시현할 수 있는 부동산을 찾아내려 한다. 예를 들면, 투자자는 도심 내에 위치하여 많은 임차기업들에게 장기로 임대되는 오피스 빌딩을 선호할 수가 있다. 이 경우 임차인이 신용도가 우수한 기업들이므로 임대수입이 더 확실히 보장된다. 임대차 기간의 만료가 얼마 안 남았다면 임대인이 임대료를 인상할 기회는 양호한 것이다. 이러한 전략을 구사함에 있어서 투자자들은 경쟁자들이 간과하였고 따라서 저평가되어 있는 물건에 집중한다.

H. 부동산 규모에 따른 전략

이 전략은 투자자가 임대 임차인 관계를 잘 알기 때문에 특정 부동산 형태 중에서 시장을 세분화(Subsector)하여 선호한다. 그 결과 목표로 하는 세분화된 시장에서 임대차 관리를 전문화한다. 예를 들면, 투자자는 이웃(Neighborhood) 또는 공동체(Community) 규모의 소매쇼핑센터에만 투자하고 대형 Regional Mall에는 투자하지 않는다. 또는 투자자는 도심의 고층건물보다는 교외의 소형 저층 빌딩만을 선호한다. 이러한 투자자들은 세분화된 시장을 더 잘 알고 있기 때문에 대규모의 복잡한 부동산보다 여기에서 수익을 더 낼 수 있다고 믿는다.

I. 임차인에 대한 전략

이 전략은 다수의 세입자 또는 단일 및 소수 세입자에 임대된 부동산에 대한 선호도에 근거한다. 다수 세입자인 경우에 투자자는 임대료를 시장 시세에 맞출 수 있는 기회가 많기 때문에 빈번한 임차인 교체를 선호한다. 반면 많은 투자자들이 단일 세입자에 임대된 건물이 위험도가 낮아지고 세입자의 신용도가 우수하므로 선호한다. 이러한 경우 임대료를 시장시세로 맞출 수 있는 기회가 별로 없음에 불구하고도 선호된다.

J. 재정거래 투자(arbitrage)

이 전략은 부동산 매입자들이 동일한 부동산이라도 투자시장이 다르면 가격에 격차가 있으므로 이를 찾아내는 능력에 의존한다. 예를 들면, 부동산을 직접 당사자 간 시장에서 매입한 후에 REITs와 같은 공모투자회사를 설립하여 주식을 대중에게 발행한 투자자들이 이 전략을 구사하였다. 이 경우 REITs이 공모에 의한 주식발행 대금이 부동산의 직접 매입가 및 주식 발행 비를 초과하는 만큼이 재정거래 차익으로 실현된다.

K. 구조조정/special situation 투자전략

이 전략은 기존 부동산의 용도를 변경함으로서 기회를 만들어 성공할 수 있다는 믿음에 근거한다. 예를 들면,

예 11-2
계속

투자자는
　　1) 수익률이 저조하거나 관리가 잘 안된 부동산포트폴리오를 매입한다. 일정 기간 동안에 임대관리, 리노베이션, 자산관리를 투입한 후 이 물건들은 총 원가보다 높은 가격에 매각될 수 있다.
　　2) 보유 부동산이 많은 기업을 인수한다. 이 기업은 부동산 가치가 기업 가치에 제대로 반영이 되어 있지 않다. 부동산을 분리 매각하면 기업 가치와 부동산 가치가 분리되어 가치를 실현하게 된다. 기업의 업무용 부동산은 임차하면 된다. 이 전략이 성공하면 분리 후의 가치의 합이 분리 전보다 크게 된다.

L. 기회주의적인 투자(opportunistic investing)
이 전략은 금융적 어려움을 겪고 있는 투자자로부터 부동산을 취득하거나 리노베이션, 용도전환(Repositioning)이 필요한 부동산을 취득하는 전략이다. 투자의 성공을 위해 아래와 같은 사항이 필요하다.
　　1) 싸게 살 수 있는 능력
　　2) 기회의 이해와 업그레이드, 변경 또는 부동산의 용도전환(예: 오피스를 소매로 전환)을 위한 관리 능력. 이러한 투자의 성공은 아래 전략과 같은 전략을 필요로 한다.
　　　　a. 용도전환 자산에 대한 시장 수용력
　　　　b. 이러한 자산을 구입하기 위해 필요한 구매자의 금융지원 능력

M. 우량 또는 대표적(trophy)부동산 매입 전략
이 전략은 매우 좋은 입지의 상징적인 부동산만이 투자대상이라는 전략이다. 가치투자 전략과 유사하기는 하지만 이 경우는 유일한 역사적, 건축상의, 또는 입지적 속성(예를 들면, 엠파이어 스테이트, 록펠러 센터, Transamerica타워, Mall of America, Watergage아파트 등)은 순환주기를 견뎌내고 장기적으로 최선의 투자가 될 것이라는 믿음에 근거한다.

N. 개발
이 전략은 토지를 취득, 건물을 건축하고 안정적인 안정적 임차인 확보를 위해 임대를 하는 방식이다. 이는 다른 전략보다 위험하지만 투자자들은 개발, 신축을 통한 임대차 등이 더 많은 가치를 창출할 것으로 믿는다. 따라서 기존 부동산에 투자하는 것보다 높은 수익률을 기대할 수 있다.

있다. 어쨌든, 이러한 전략들은 현행 부동산 시황을 표현하고 부동산에 투자하려는 측의 동기를 부여하는 데에 사용되는 업계 용어들을 이해하는 데에 유용하다.

시장분석 *Market Analysis*

투자자와 감정평가사들은 그들이 투자하고자 하는 여러 형태의 부동산의 가치 평가를 위해 수요 및 공급 분석을 한다. 수요는 해당 사업을 영위 하고자 하는 잠재 임차자들로 부터 얻을 수 있고 공급은 부동산을 취득하거나 개발 그리고 임대를 하고자 하는 투자자들로부터 얻을 수 있다. 이는 때때로 **공간시장**이라고도 하는데 이는 9장에서 미리 언급을 하였다.

　9장에서 다양한 형태의 부동산의 공간수요의 요인에 대해 알아보았다. 시장분석을 함에 있어서, 가상의 도시에 오피스 시장분석을 해볼 것이다. 오피스 공간의 핵심동인은 금융기관, 보험회사, 부동산 회사와 같이 오피스 임대수요에 높은 비율을 차지하는 회사의 취업률이다. 미국 노동청의 산업통계 데이터는 일반적으로 취업률에 따르는 역사적 통계를 결정하는데 사용된다.

　[예 11-3]은 지난 20년 동안 가상의 도시의 역사적 취업현황을 보여준다. 여기서 0은 현 시점을 나타내며 가정이 끝나는 시점이다. 이를 통해 취업 성장률은 기간에 따라 다르며 이는 비즈니스 사이클에 기인하기 때문이다. 취업성장률은 취업률은 초기 상승하였으나 시간

년	연초 취업현황	취업 변화량	연말 취업현황	변화율
−19	22,800	1,000	23,800	4.39%
−18	23,800	1,200	25,000	5.04
−17	25,000	1,400	26,400	5.60
−16	26,400	600	27,000	2.27
−15	27,000	408	27,408	1.51
−14	27,408	208	27,616	0.76
−13	27,616	0	27,616	0.00
−12	27,616	−216	27,401	−0.78
−11	27,401	−435	26,966	−1.59
−10	26,966	−222	26,744	−0.82
−9	26,744	0	26,744	0.00
−8	26,744	500	27,244	1.87
−7	27,244	700	27,944	2.57
−6	27,944	1,000	28,944	3.58
−5	28,944	1,100	30,044	3.80
−4	30,044	1,250	31,294	4.16
−3	31,294	816	32,110	2.61
−2	32,110	600	32,710	1.87
−1	32,710	560	33,270	1.71
0	33,270	306	33,576	0.92

예 11-3

가상 도시의 취업률 변화 추이

예 11-4

역사적 취업 성장률

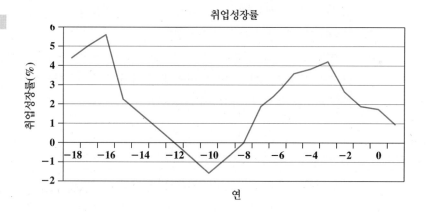

이 흐름에 따라 낮아지고 경기침체의 영향으로 몇 년 동안 (−)를 기록하였다. 경기 침체이후 현재 취업률은 과거에 비해 점차 하락하는 것을 알 수 있다.

　　[예 11-4]는 취업률의 역사적 통계치를 그래프로 묘사한 것이다. 취업률이 상승하면서 임대공간에 대한 수요 또한 증가하였다. 비즈니스는 일반적으로 **직원 한 명당 일정한 공간**이 필요하다. 예를 들어, 직원 한 명당 오피스 사용공간은 평균적으로 약 250 평방피트이다.[2]

---

[2] 전자/통신 기술의 진보를 감안할 때, 이 평균은 아마도 직원이 현장에서 필요로 하는 물리적 공간이 적어짐에 따라 감소했을 것이다. 임차인은 이제 데이터 센터, 클라우드 컴퓨팅 및 일부 기술에 필요한 직원 당 평방피트의 양을 줄이는 기타기술에 더 의존하게 될 것이다. 이러한 기술을 "수용"하는 대안적 구조에 대한 수요 증가가 이제 더 먼 지역에서 발생하고있다. 이러한 속성은 일반적으로 더 낮은 집세에서 공간을 사용할 수 있게 하므로 사용자에게 비용이 절감된다.

따라서, 한 명의 직원이 늘어날수록, 오피스 임대공간은 추가적으로 250평방피트가 필요하다. 직원 1명당 사용공간의 수는 고층건물, 근교에 위치한 오피스 빌딩 등에 따라 다르다.

[예 11-5]는 가상도시의 오피스 공간 점유량을 보여준다. 미국 대도시의 오피스 임대공간은 빌딩소유관리협회(BOMA)나 대규모 부동산중개법인으로부터 얻을 수 있다.

"흡수율"이란 1년 동안 임차인들에 의해 임차되는 공간의 양을 의미한다. 몇 년 동안 흡수율은 (-)이며 이는 연 초에 비해 연말에 임대공간이 덜 임차 되었다는 것을 의미한다. 이는 회사가 직원 수를 줄이거나 비즈니스 축소단계에 발생한다.

만약 매년 말 점유공간을 오피스 직원들의 총수로 나눌 경우 매년의 직원 한 명당 공간사용량을 알 수 있다. [예 11-6]은 이러한 결과를 보여준다. [예 11-6]은 직원 한 명당 임대 공간 사용량은 비즈니스 기간에 따라 다르다는 것을 보여준다. 경기 침체기에 임대료와 운영비용을 줄이기 위해 기업들은 직원들의 수를 줄인다. 이와 반대로, 경기 상승기에는 직원들을 더 채용하고 직원 한 명당 더 많은 공간을 제공해 준다. 이는 장래 오피스 공간사용량을 예상할 때 매우 중요하며 이와 관련된 사항은 다음 세션에서 알아볼 것이다.

"순 흡수율"이라는 용어는 때로는 흡수된 양에서 새로이 공급된 물량을 뺀 것을 의미한다. 공간의 공급은 다음 세션에서 언급된다.

임대 공간의 공급

이제 시장에서 점유 가능한 오피스 공간의 공급에 대해 알아보겠다. [예 11-7]은 역사적인 오피스 공간의 재고량을 보여준다. 이는 연 초 재고량에 신·증축물량을 더하고 최고최선의 이용이 아닌 건물의 해체 량을 감한다.

여기서, 연간의 임대공간의 점유량을 임대공간의 수요(예 11-6)와 임대공간의 공급(예 11-7)을 통해 결정할 수 있다. 이러한 두 가지 데이터를 활용하여 시장에서의 공실량과 공실률을 측정할 수 있다. 이는 [예 11-8]에서 볼 수 있다.

시장 임대료

이제 공급과 수요 그리고 점유율(또는 공실률)이 시간이 지남에 따라 어떻게 변하는지 알아볼 것이다. 이러한 변화는 같은 기간 동안 임대료의 변화에도 영향을 미친다. [예 11-9]는 시장임대료추세와 점유율을 보여준다. 여기서 임차료와 임차료 성장률이 점유율과 밀접한 관계가 있다는 것을 알 수 있다. [예 11-10]은 점유율과 임차료 성장률의 관계를 그림으로 묘사하였다. 지난 20년 동안 평균 점유율 또한 보여주고 있다. 여기서 임차료 성장률이 점유율에 따라 어떻게 변화하는지 알 수 있다. 부동산 경기순환 주기는 앞장에서 언급하였다. 언급하였다 시피, 특정시점의 부동산경기 주기는 부동산형태와 시장에 따라 다르다. 따라서 이러한 분석은 특정 부동산이나 특정 시장(예: 시카고에 위치한 교외 오피스)을 대상으로 하여야 한다.

공급, 수요, 시장임대료 그리고 점유율 예측

지금까지 단순히 역사적 관계(과거 수치)에 대해서만 고려하였다. 물론, 시장임대료와 공실

예 11-5
오피스 점유율

연말	연초 점유 공간	흡수량	연말 점유 공간
−19	5,700,000	250,000	5,950,000
−18	5,950,000	300,000	6,250,000
−17	6,250,000	350,000	6,600,000
−16	6,600,000	150,000	6,750,000
−15	6,750,000	−35,000	6,715,000
−14	6,715,000	−87,041	6,627,959
−13	6,627,959	−138,082	6,489,877
−12	6,489,877	−132,849	6,357,027
−11	6,357,027	−154,802	6,202,225
−10	6,202,225	−184,831	6,017,394
−9	6,017,394	0	6,017,394
−8	6,017,394	248,720	6,266,114
−7	6,266,114	300,720	6,566,834
−6	6,566,834	235,000	6,801,834
−5	6,801,834	408,720	7,210,554
−4	7,210,554	300,000	7,510,554
−3	7,510,554	356,470	7,867,024
−2	7,867,024	310,552	8,177,575
−1	8,177,575	140,000	8,317,575
0	8,317,575	−91,352	8,226,224

예 11-6
임대 공간 당 취업자 수

연말	연말 점유 공간	취업자 수	임대 공간 당 취업자 수
−19	5,950,000	23,800	250
−18	6,250,000	25,000	250
−17	6,600,000	26,400	250
−16	6,750,000	27,000	250
−15	6,715,000	27,408	245
−14	6,627,959	27,616	240
−13	6,489,877	27,616	235
−12	6,357,027	27,401	232
−11	6,202,225	26,966	230
−10	6,017,394	26,744	225
−9	6,017,394	26,744	225
−8	6,266,114	27,244	230
−7	6,566,834	27,944	235
−6	6,801,834	28,944	235
−5	7,210,554	30,044	240
−4	7,510,554	31,294	240
−3	7,867,024	32,110	245
−2	8,177,575	32,710	250
−1	8,317,575	33,270	250
0	8,226,224	33,576	245

예 11-7
오피스 공급량

연말	연초 공급량	신규 공급량	건물 해체량	연말 오피스 공급량
−19	6,500,000	400,000	0	6,900,000
−18	6,900,000	300,000	0	7,200,000
−17	7,200,000	100,000	0	7,300,000
−16	7,300,000	50,000	0	7,350,000
−15	7,350,000	0	0	7,350,000
−14	7,350,000	0	0	7,350,000
−13	7,350,000	25,000	20,000	7,355,000
−12	7,355,000	75,000	0	7,430,000
−11	7,430,000	50,000	0	7,480,000
−10	7,480,000	50,000	0	7,530,000
−9	7,530,000	100,000	0	7,630,000
−8	7,630,000	200,000	0	7,830,000
−7	7,830,000	300,000	0	8,130,000
−6	8,130,000	400,000	50,000	8,480,000
−5	8,480,000	300,000	0	8,780,000
−4	8,780,000	250,000	0	9,030,000
−3	9,030,000	100,000	0	9,130,000
−2	9,130,000	100,000	0	9,230,000
−1	9,230,000	50,000	0	9,280,000
0	9,280,000	0	0	9,280,000

예 11-8
역사적 점유량 및 공실률

연말	연말 점유현황	연말 공급현황	연말 점유율	연말 공실률
−19	5,950,000	6,900,000	86.23%	13.77%
−18	6,250,000	7,200,000	86.81	13.19
−17	6,600,000	7,300,000	90.41	9.59
−16	6,750,000	7,350,000	91.84	8.16
−15	6,715,000	7,350,000	91.36	8.64
−14	6,627,959	7,350,000	90.18	9.82
−13	6,489,877	7,355,000	88.24	11.76
−12	6,357,027	7,430,000	85.56	14.44
−11	6,202,225	7,480,000	82.92	17.08
−10	6,017,394	7,530,000	79.91	20.09
−9	6,017,394	7,630,000	78.86	21.14
−8	6,266,114	7,830,000	80.03	19.97
−7	6,566,834	8,130,000	80.77	19.23
−6	6,801,834	8,480,000	80.21	19.79
−5	7,210,554	8,780,000	82.12	17.88
−4	7,510,554	9,030,000	83.17	16.83
−3	7,867,024	9,130,000	86.17	13.83
−2	8,177,575	9,230,000	88.60	11.40
−1	8,317,575	9,280,000	89.63	10.37
0	8,226,224	9,280,000	88.64	11.36

예 11-9

시장 임대료 추세 및
점유율

연말	연말 유율	임대료	임대료 성장률 (%)
-19	86.23%	4.76	–
-18	86.81	5.38	13.12%
-17	90.41	6.31	17.16
-16	91.84	7.70	22.10
-15	91.36	9.44	22.55
-14	90.18	10.74	13.82
-13	88.24	12.07	12.31
-12	85.56	13.02	7.87
-11	82.92	12.84	-1.37
-10	79.91	12.43	-3.15
-9	78.86	11.29	-9.20
-8	80.03	10.33	-8.50
-7	80.77	9.72	-5.92
-6	80.21	7.48	-2.46
-5	82.12	9.22	-2.70
-4	83.17	9.03	-2.09
-3	86.17	9.33	3.28
-2	88.60	10.40	11.51
-1	89.63	11.86	14.00
0	88.64	13.33	12.45

예 11-10

시장 임대료 성장률 및
점유율

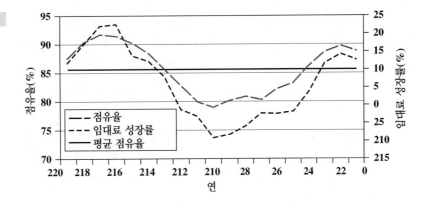

률에 영향을 미치는 향후 공급이나 수요에도 관심을 가져야 한다. 앞에서 임대료 성장률이
점유율과 얼마나 밀접하게 관련되어 있는지 알아보았다. 점유율은 총 임대가능 재고량과 더
불어 오피스 임대수요에 의존한다. 시장수요 및 공급에 대한 예상은 매우 어렵지만, 향후 취
업률에 근거한 수요와 신축될 건물의 공급에 대해 반드시 평가하여야 한다. 또한 직원 한 명
당 공간사용량도 알아야 한다.

　이러한 분석을 하기 위해, 많은 경제컨설팅 회사들은 대도시내의 취업률과 다른 경제데
이터를 제공한다(예: *www.economy.com*). 부동산 형태에 따른 시장주기를 파악하는 것 또
한 매우 중요하다.

예 11-11
취업률 전망 및 임대 공간
당 취업자 수

연	연초 오피스 취업자 수	취업자 변화량	연말 오피스 취업자 수	취업자 변화율	연말 임대 공간 당 취업자 수
1	33,576	100	33,676	0.30%	245
2	33,676	500	34,176	1.48	240
3	34,176	1,000	35,176	2.93	235
4	35,176	500	35,676	1.42	240
5	35,676	400	36,076	1.12	245
6	36,076	300	36,376	0.83	245
7	36,376	200	36,576	0.55	245
8	36,576	200	36,776	0.55	250
9	36,776	100	36,876	0.27	250
10	36,876	100	36,976	0.27	250

예 11-12

공급, 흡수률 그리고 점유율 예상

연	연초 오피스 공급량	신규건설	연말 오피스 공급현황	연초 점유 공간	흡수율	연말 점유 공간	연말 점유율
1	9,280,000	0	9,280,000	8,226,224	24,500	8,250,724	88.91%
2	9,280,000	0	9,280,000	8,250,724	−48,382	8,202,342	88.39
3	9,280,000	50,000	9,330,000	8,202,342	64,118	8,266,460	88.60
4	9,330,000	400,000	9,730,000	8,266,460	295,882	8,562,342	88.00
5	9,730,000	500,000	10,230,000	8,562,342	276,382	8,838,724	86.40
6	10,230,000	400,000	10,630,000	8,838,724	73,500	8,912,224	83.84
7	10,630,000	200,000	10,830,000	8,912,224	49,000	8,961,224	82.74
8	10,830,000	200,000	11,030,000	8,961,224	232,882	9,194,106	83.36
9	11,030,000	200,000	11,230,000	9,194,106	25,000	9,219,106	82.09
10	11,230,000	200,000	11,430,000	9,219,106	25,000	9,244,106	80.88

　　[예 11-11]은 오피스 취업률과 직원 1명당 공간사용량의 예상을 보여 준다. [예 11-12]는 예상 신규 공급량과 예상취업률 그리고 직원 1명당 사용공간에 근거한 예상 점유율을 보여준다. 신규공급의 예상은 지역 개발업자가 제출한 건축허가 신고서로부터 알 수 있다. [예 11-11]에서 알 수 있듯이, 취업률은 매년 상승하지만 최근 3년 동안 매우 저조하다. 이는 향후 10년 동안 취업률이 낮을 것임을 보여준다. 그 결과, 오피스 공간에 대한 수요 또한 낮게 성장할 것이다.

　　임차료 성장률과 점유율 그리고 예상 점유율을 결합하여 임대료 상승률을 측정할 수 있다. [예 11-13]은 임대료 성장률과 점유율을 엑셀을 활용하여 회귀선으로 나타낸 것이다. 여기서, 임대료 상승률과 점유율이 같은 방향으로 움직인다는 것을 알 수 있다. 이 분석을 기반으로, 임대료 상승률을 〈2.2718 × 점유율 − 1.8831〉로 측정할 수 있다. 따라서 점유율이 100bp 상승한다면, 임대료 성장률은 227bp 상승한다. 이 예는 임대료 성장률을 측정하는 한 가지 방법일 뿐이다. 부동산가치를 측정하기 위한 할인율을 선택할 때, 확실성에 근거한 미래에 대한 예상은 반드시 고려되어야 할 위험의 한 가지 요인이다.

예 11-13
임대료 성장률 VS 점유율

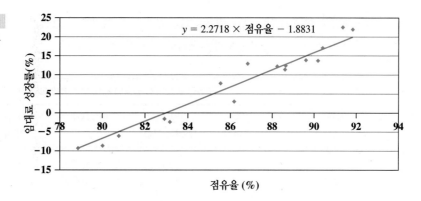

예 11-14
임대료 예상

연	연말 점유율	예상 임대료 성장률	임대료($)
1	88.91%	13.67%	$15.16
2	88.39	12.49	17.05
3	88.60	12.97	19.26
4	88.00	11.61	21.50
5	86.40	7.97	23.21
6	83.84	2.16	23.71
7	82.74	− 0.33	23.63
8	83.36	1.06	23.88
9	82.09	− 1.81	23.45
10	80.88	− 4.58	22.38

즉, 위와 같은 방법으로 [예 11-14]의 임대료 성장률과 임대료 수준을 알 수 있다. [예 11-14]의 임대료가 정확하지 않을 지라도 이는 임대료 성장률을 측정하는 한 가지 기준을 제공해 준다. 예를 들어, 향후 10년 동안 평균 임대료 성장률이 연 5.5%라고 하자. 단순히 10년 동안의 임대료 성장률을 예상했으나, 이는 초년부터 5년까지 임대료 성장률이 6년부터 10년까지의 성장률보다 높다는 것을 무시한다.

다음 절에서는 특정 오피스 부동산의 현금흐름 분석에 대해 알아보겠다.

마케팅 투자: 현금흐름의 예상 *Projecting Cash Flows*

투자자들과 대출자들이 수익부동산에 투자할 때 어떻게 현금흐름을 추정하는지 자세히 살펴볼 것이다. 이어서 특정 부동산의 매력도를 측정하기 위해 사용되는 다양한 성과지표도 살펴볼 것이다.

사무용 빌딩의 예 *Office Building Example*

수입 추정을 예시하기 위해 사무용 빌딩을 $8,500,000에 구입하는 건을 예로 들어보자. 모뉴먼트 오피스빌딩은 2년 전에 완공되어 최초 임차인인 은행은 건물이 완공된 2년 전에 5년 계약을 하였고 1년 전에 법률회사가 5년 동안 계약하고 잔존 공간은 모기지 브로커에게 5년의 임대계약을 하였다. 임대계약을 요약하면 다음과 같다.

모뉴먼트 오피스 빌딩의 임대계약 명세 요약 표

임차인	면적 (평방피트)	현임대료 (평방피트당)	현임대료	잔여임대 기간(년)	소비자물가지수 조정(%)
은행	70,000	$14.00	$ 980,000	3	50.00
법률회사	10,000	14.50	145.000	4	50.00
모지기브로커	16,000	15.00	240,000	5	50.00
합계	96,000		$ 1,365,000		

노트: 운영비 증가에 대한 임차인 책임의 추가적인 가정은 추후에 다루기로 한다.

추가적인 가정은 다음과 같다. 임대가능 공간: 96,000평방피트

기본임대료 관리 비용 5% + 현재 시장임대료비용 환급분: 평방피트당 15달러
시장임대료는 이전 절에서 다루어 진대로 시장 분석에 기반하여 예측된다.
예측된 시장임대료는 다음과 같다.

연도	1	2	3	4	5	6
시장임대료예측	$15.00	$15.50	$16.00	$16.75	$17.50	$18.00

이 표는 각 연도에 적용될 예측임대료를 보여준다. 예를 들어, 4년도에 시작하는 임대의 경우, 시장임대료는 평방피트당 $16.75로 예측된다. 시장임대료는 건물의 공간에 따라 달라질 수 있다. 예를 들어, 더 좋은 경관을 가지고 있는 공간은 임대료가 더 높을 것이다. 이 책의 예에서, 우리는 모든 공간이 같은 시장 임대료를 가질 것이라고 가정했다. 기존 임차인은 소유주에게 임차인 개보수 지원금(tenant improvement)을 요구하지 않을 것이기 때문에, 새로운 임차계약과 기존임차계약을 연장하는 경우는 임대료가 다르다. 또한, 기존 계약을 갱신하는 경우, 중계인 비용은 거의 들지 않거나 아예 들지 않는다. 마지막으로, 만약 소유주가 새로운 임차인을 찾는 것은 시간이 들기 때문에 공실이 생긴다. 그러므로 기존 임차인에게 제시된 임대료는 새로운 임대인에게 제시될 임대료보다 저렴할 것이다. 이 책의 예에서, 우리는 새로운 임차인이든 기존 임차인이든 같은 시장임대료가 적용된다고 가정하기로 한다. 그러나 우리는 기존 임차인이 계약을 갱신하지 않을 경우 발생하는 공실은 고려하기로 한다.

기본 임대료 *Base Rent*

요약 표에 의하면, 총 **임대비용**이 $1,365,000인 것을 알 수 있다. 2년 전에 계약한 은행의 임대비용($14)은 현재의 시장 임대료 평방피트당 15달러보다 적은 것을 인지한다. 비슷하게,

일 년 전에 계약한 법률회사의 임대료($14.50)는 현재의 시장 임대료 평방피트당 $15보다 적다. 시장임대료는 지난 2년에 걸쳐 올랐다.

예상 기본임대료 수입 – 소비자 물가지수 연동						
년	1	2	3	4	5	6
기본임대:						
은행	$980,000	$980,000	$980,000	$1,172,500	$1,172,500	$1,172,500
법률회사	145,000	145,000	145,000	145,000	175,000	175,000
모기지브로커	240,000	240,000	240,000	240,000	240,000	288,000
계	1,365,000	1,365,000	1,365,000	1,557,500	1,587,500	1,635,500

www.mhhe.com/bf15e

시장임대료 *Market Rent*

시장임대료 시세는 첫해 동안 $15이며 이는 작년에 계약분의 기본임대료이기도 하다. 기본임대료는 연 2%씩 증가 예상되는데 이는 물가상승 연 4%의 절반으로 가정했기 때문이다. 그러나 임대차 계약이 갱신될 시점에서의 시장임대료에 대해서는 연 4% 가정을 사용할 것인데, 그 이유는 기존임대의 만기 시점에서 시장임대료는 소비자물가와 동일한 비율로 상승한다고 가정했기 때문이다.

기존 임차인은 만기 재계약 시 훨씬 높은 임대료를 낸다. 그 이유는 신규 임대차가 소비자물가 상승률만큼 상승하는 시장임대료에 의하는 반면, 기존 임대차는 물가상승의 절반만큼만 상승하기 때문이다. 그러나 다음 절에서 임대차 갱신 시에 임차인이 임대인에게 보상하는 비용액도 감소되어야 한다는 점을 보게 될 것이다.

은행의 경우 최초 기본임대료는 $980,000으로서 3년의 잔존 임대차기간 중 연 2% 인상이 예상된다. 4년차의 기본임대료는 $1,172,500이 되는데 이는 시장임대료가 연 4%씩 상승 적용한 것이다.[3]

비용부담 한도 *Expense Stop*

예측하지 못한 인플레를 반영하여 임대료를 조정하기 위해 소비자물가에 연동하는 방식을 살펴보았다. 일반적으로 사무실 임대차에서는 하나 또는 복수의 임차인의 영업에 관련될 수 있는 비경상비용으로 인해 운영비가 최초 계약시점에서보다 과다하게 증가할 경우 임대인을 보호하기 위한 조항을 두고 있다.

예에서 사무실 임대차 계약은 **비용부담한도**(expense stop)조항을 두고 있는데, 여기서는 임대자 측이 부담하는 운영비 금액에 상한선을 설정하고 있다. 상한선을 초과하는 비용은 임차인이 부담하며, 그 상한금액의 결정은 (1) 총 임대면적 중 당해 임차인의 사용 면적 비중, (2) 양자가 상한선에 적용하기로 합의하는 비용항목 구분, (3) 임대차 계약시점에서의 실제

---

[3] $16.75 times 70,000 square feet = $1,172,500.

비용액 등에 근거하여 결정된다.

신규 빌딩의 경우 임차인과 임대자는 상한금액에 대해 협상을 한다. 오래된 빌딩의 경우에는 임대자가 예정임차인에게 운영비 명세서를 제시하면, 기발생 실제 비용 중에서 예정임차인 할당액에다 임대차 투자시점의 비용증가 추정액을 가산하여 상한액이 결정된다. 이는 양자가 비용 상한에 모든 운영비 항목을 포함시키기로 합의한 경우였으나, 임대자 측에서는 임차인에게 청구할 수 없는 건물관리비용 부담도 존재한다.

예를 들면, 상한액이 평방피트당 $4이고 현행 비용액이 $4.45라면 임차인은 임대자에게 비용보상액 45센트를 지급해야 한다. 비용 상한액 설정의 목적은 명백히 임대자들의 향후 연수입이 최소한 초년도 연수입과 같도록 보장하기 위한 것이다. 비용상한 조항은 기본임대료가 고정인 계약(물가지수 연동조건이 없는)에서 특히 중요하다.

비용 상한 조항이 없다면 운영비는 임대기간 중 상승하고 임대자의 순수입은 감소한다. 임차인에게 부담시킬 수 있는 특정 비용의 항목은 협상 대상이므로 시황에 따라 변동하게 된다. 앞서의 예는 부동산관리비용을 제외한 모든 비용을 부담시킬 수 있는 경우였다. 임차인들은 부동산 관리비용 증가액을 부담하기를 꺼린다. 그 이유는 관리비는 소유주의 책임 항목이고, 이를 임차인에게 전가함은 과다할 수 있기 때문이다. 이 책의 어떤 예에서도 9장에서 언급한 물가지수연동은 사용되지 않았다. 소비자가격지수(CPI) 조정은 이 예에서처럼 고인플레이션과 복합비용이 전가될 때 사용된다. 비록 비용 전가가 소유주를 인플레이션에 의한 비용증가로부터 보호해주지만, 이것은 순 영업이익을 일정하게 유지하게 하는 역할만 한다. 다른 말로, 소유주의 비용에 대한 부담분은 여전히 남아 있지만, 임대료는 또한 같은 수준이라는 것이다. 순 영업이익은 인플레이션상황에서 계약이 갱신되지 않는 한 변하지 않는다. 소비자가격지수 조정은 순 영업이익이 작년 소비자가격지수 증가에 따른 물가를 반영하도록 한다. 상한액이 설정될 때에는 임대료 조정은 보통 부분적이다.

기존 임대차에서의 비용 상한은 다음과 같다.

임차인	비용 상한
은행	$ 4.00
법률회사	4.25
모기지 브로커	4.45

[예 11-15]의 A표에서는 현행 건물운영비와 그 증가예상액을 보여주고 있으며, 상한선의 적용을 받는 총 운영비가 $427,200 또는 평방피트당 $4.45임을 볼 수 있다. B표에서는 각 비용항목별로 증가 예상치를 보여주는데, 미래증가액은 비용 변화에 대한 예측에 의하였다. 수도광열비는 다른 항목보다 빨리 증가할 것으로 기대된다. 부동산 세금은 2년간은 불변이지만 이후 건물가치가 재평가됨에 따라 증가하고 4년 이후에는 다시 안정될 것이다.

[예 11-15]의 C표에서는 비용 정보와 비용 상한 적용에 의한 비용보전액을 예측하고 있다. 초 년도에는 앞선 네 임차인이 임대자에게 비용보전을 지급할 것임에 주목해야 한다. 지급의 이유는 실제비용이 평방피트당 $4.45로서 $4의 상한선을 넘기 때문이다. 또한 임대차

예 11-15

빌딩운영비용 요약:
Monument Tower

www.mhhe.com/bf15e

A표: 운영비용			
	금액	단위당금액	
재산세	$ 148,800	$ 1.55	2년차 10% 증가 후 고정
보험료	14,400	0.15	연 4.00% 증가
공익설비사용료	120,000	1.25	연 5.00% 증가
청소비	76,800	0.80	연 3.00% 증가
유지비	67,200	0.70	연 3.00% 증가
합계	$ 427,200	$ 4.45	(관리비용 전)

B표: 매년 상환비용의 예상표						
	1	2	3	4	5	6
재산세	148,800	148,800	163,680	163,680	163,680	163,680
보험료	14,400	14,976	15,575	16,198	16,846	17,520
공익설비사용료	120,000	126,000	132,300	138,915	145,861	153,154
청소비	76,800	79,104	81,477	83,921	86,439	89,032
유지비	67,200	69,216	71,292	73,431	75,634	77,903
운영비용 합계	427,200	438,096	464,325	476,146	488,460	501,289
평방피트당비용	4.45	4.59	4.74	4.90	5.06	5.23

C표: 매년 비용 상환액 예상표 *						
	1	2	3	4	5	6
은행	$31,500	$41,615	$52,103	$ 0	$11,282	$22,985
법률회사	2,000	3,445	4,943	6,497	0	1,672
모기지브로커	0	2,312	4,709	7,196	9,774	0
합계	$33,500	$47,372	$61,756	$13,693	$21,056	$24,657

계약 갱신 연도에는 비용보전이 예상되지 않는 점에 주목해야 한다. 이는 갱신계약에서의 보전조항이 갱신 시점에서의 실세 비용에 근거할 것이기 때문이다.

임대자의 순 영업이익 Net Operating Income

[예 11-15]의 정보에 근거하여 당해 건물의 순 영업이익을 계산할 수 있다. [예 11-16]은 향후 6년간의 **순 영업이익**을 예상한 표이다.

관리비용을 **유효총소득**(effective gross income: EGI)의 5%로 가정했었다. 유효총소득은 공실률을 감안한 후에 실제로 수령되는 임대료를 말한다. 관리비용은 이 리스에 상환되지 않는다. 관리비용은 임대자가 부담하든가 전문관리회사에게 지불된다. 어느 경우에나 이 항목은 임차인에게 전가되지 않으므로 임대자가 관리비용을 통제할 동기부여가 된다. 예에서는 기존임대차가 갱신되는 4년차 시점에서 기본임대료의 5%를 공실로 보았다.

eXcel

www.mhhe.com/bf15e

예 11-16 　순 영업이익 예상 표

년	1	2	3	4	5	6
기본수입	$1,365,000	$1,365,000	$1,365,000	$1,557,500	$1,587,500	$1,635,500
(+)소비자물가지수 조정	$ 33,500	$ 47,372	$ 61,756	$ 13,693	$ 21,056	$ 24,657
(+)보전액잠재총소득	$1,398,500	$1,412,372	$1,426,756	$1,571,193	$1,608,556	$1,660,157
	0	0	0	78,560	80,428	83,008
(−)공실 유효총소득	1,398,500	1,412,372	1,426,756	1,492,633	1,528,128	1,577,149
(−)운영비용						
관리비용	427,200	441,072	455,456	470,373	485,846	501,896
비관리비용	69,925	70,619	71,338	78,560	80,428	83,008
순 영업이익	$901,375	$900,681	$899,962	$943,700	$961,855	$992,245

교체 및 자본적 지출을 위한 예상 지출액

9장에서 전술하였듯이, 분석가들은 부동산의 정상적인 사용 기간 동안에 감모되는 항목들에 대한 교체 성격의 지출에 대해서도 고려해야 한다. 이러한 항목들은 운영비에 포함될 수도 있다. 지붕의 교체, 주차를 위한 차고 설치 등 주요한 비 발생적인 지출의 경우에 대해서는 지출이 발생할 당해년도의 순 영업이익으로부터 추가적인 감액항목으로 제시해야 할 필요가 있다.

예에서 Monument Tower는 [예 11-16]의 예상 기간 동안에 주요한 자본적 지출이 발생할 것으로 예상되지 않는다. 또한, 추가적인 TI또한 없는 것으로 가정되고, 갱신할 때에 수수료 또한 없다. 만약 임차인이 갱신을 할 의지가 없다면, 새로운 임차인을 위한 재정비를 하기 위해 돈이 들고, 새로운 임차인을 찾기 위한 브로커 비용이 든다. 하지만, 우리는 이 비용이 들지 않는다고 가정하기로 한다.

추성 매각가격

부동산투자 보유기간에 걸친 투자성과를 측정하기 위해서는 부동산이 어떤 가격에 매각될지를 추정해야 한다. 여기서 먼저 분석을 행하기 위한 보유기간을 결정해야 하는데, 본 절에서는 5년을 채택한다.

매각가격을 추정할 때 투자자들은 공통적으로 두 가지 일반 과정을 사용한다. 첫 번째 절차는 지역 내에서 부동산가격의 상승률을 추정하는 것인데, 이는 기대 인플레와도 연결되는 사항이다(건물에 따라서는 인플레 전반보다 더 상승하거나 덜 상승하지만). 예에서는 시장 임대료 수준은 4%씩 상승한다고 가정했으나, 순 영업이익의 상승은 비용부담한도 및 물가연동 임대료조정에 의존하여 5년간 증가의 폭은 연 3%수준이 된다. 따라서 건물의 가격상

예 11-17

REIWise Operating Data Report for Monument Office Building

Select Projection	Annual Property Operating Data ✓					
Projections						
Description	**Year 1**	**Year 2**	**Year 3**	**Year 4**	**Year 5**	**Year 6**
Rental Income	$1,365,000	$1,365,000	$1,365,000	$1,557,500	$1,587,500	$1,635,500
Expense Reimbursements	$33,500	$47,372	$61,756	$13,693	$21,056	$24,657
GROSS SCHEDULED INCOME	$1,398,500	$1,412,372	$1,426,756	$1,571,193	$1,608,556	$1,660,157
General Vacancy	$0	$0	$0	($78,560)	($80,428)	($83,008)
GROSS OPERATING INCOME	$1,398,500	$1,412,372	$1,426,756	$1,492,633	$1,528,128	$1,577,149
Expenses						
Property Management Fee	($69,925)	($70,619)	($71,338)	($78,560)	($80,428)	($83,008)
Property Tax	($148,800)	($151,776)	($154,812)	($157,908)	($161,066)	($164,287)
Insurance	($14,400)	($14,976)	($15,575)	($16,198)	($16,846)	($17,520)
Utilities	($120,000)	($126,000)	($132,300)	($138,915)	($145,861)	($153,154)
Janitorial	($76,800)	($79,104)	($81,477)	($83,921)	($86,439)	($89,032)
Maintenance	($67,200)	($69,216)	($71,292)	($73,431)	($75,634)	($77,903)
TOTAL OPERATING EXPENSES	($497,125)	($511,691)	($526,794)	($548,933)	($566,274)	($584,904)
NET OPERATING INCOME	$901,375	$900,681	$899,962	$943,700	$961,855	$992,245

승도 연 3%라고 추정하는 것은 논리적이다. 매도호가를 기점으로 하여 5년간 연 3%씩 상승하면 매각가격은 $9,850,000이 된다.

이러한 방식으로 매각가격을 추정하는 데는 두 가지 문제점이 있다. (1) 이 방식에서는 부동산매입가를 가정하여 적용하고 있는데, 투자분석이 완료된 후에 이 매입가격이 적절한 가치가 아니라는 결론이 도출될 위험이 있다. (2) 이 방식은 재매각 가격이 장래를 예측하기 보다는 과거의 역사적 수치에 따라 결정된다는 가정을 하고 있다. 다음에서 논의하는 재매각 가격추정에서 이러한 문제점을 다룰 것이다.

재매각 가격을 추정하는 두 번째 방식은 앞서 소개했던 잔존 자본환원율 개념을 사용하는 것이다. 투자시점 자본환원율은 첫해 순 영업이익과 구매가격의 비율이라는 것을 상기해 보자. 건물 예에서 자본환원율은 10.6%였다.[4] 이 비율은 건물의 매입가와 매입자가 매입 초년도에 얻기를 기대하는 순 영업이익과의 관계를 나타낸다. 앞서 언급했듯이 투자자는 다른 투자자들이 최근 건물을 매입하여서 얻은 자본환원율가 비슷하다는 것을 알게 될 것이다.

미래 판매가격을 추정할 때, 투자자는 감가상각이나 노후화, 수익의 불안정 등을 반영하기 위해 현재 자본환원율에 약간의 프리미엄을 더할 것이다. 그러나, 9장에서 다룬 것처럼, 이자율은 판매시점에 높거나 낮다는 것을 고려해야 하고, 판매이후에 부동산 가치와 성장예상치가 높거나 낮아진다는 것을 고려해야 한다. 이런 모든 요인들이 판매시점의 자본환원율에 영향을 미치고 재매각가격을 추정하기 위한 잔존 자본환원 가치를 계산하기 위해 고려되어야 한다.

5년의 보유기간 후의 재매각 가격을 추정하기 위해 그 시점에서 투자자들이 건물을 비슷한 수준의 자본환원율에서 매입할 것이라고 가정할 수 있다(이는 6년간 오피스 시장에

---

[4] 이전 절에서 값을 구매 시점의 이자율에 적용하기 때문에 "going-in" 상한 이자율로 부른다.

서 변화가 없다는 가정에 의한다).[5] 건물이 5년차 말에 매각된다고 가정했으므로, 6년차의 순 영업이익은 새로운 소유주의 초년도 순 영업이익과 동일해진다. 6년차의 순 영업이익인 $992,245와 자본환원율 10.6%에 의하면 추정 매각가격은 $9,360,805가 된다.[6]

분석자는 이 시점에서 판단력을 행사하여, 어떤 것이 합리적인 추정치인지 결정해야 한다. 투자자의 사고 과정에서 필요한 고려사항을 지적하는 데 있어 어떤 단일한 방법론만 고수할 필요는 없다. 추정치의 주관적인 성격을 전달하기 위해서 추정치의 끝자리를 떼어내는 것도 일반적이다.

투자분석의 소개 Introduction to Investment Analysis

일반적으로 부동산 **투자분석**이라고 하면 특정한 부동산에 대한 투자성과를 평가 분석하는 것을 의미한다. 이 분석에 의하여 중요한 질문, 즉 부동산을 사야 할 것인가? 얼마나 오래 보유해야 하는가? 어떻게 자금을 조달해야 하는가? 투자는 얼마나 위험한가? 등에 대한 답변이 얻어진다.

다음 몇 개장에서 위와 같은 질문에 대해 답변할 수 있는 기법을 제시할 것이다. 그러나 첫 번째 질문에는 대답할 수 있다. 건물을 $8,500,000의 가격에 사야 할 것인가? 이 답변에 대한 접근방식을 예시하기 위해, 앞 절에서의 모뉴먼트 빌딩 건을 계속 사용한다.

내부수익률 Internal Rate of Return: IRR

Monument 오피스빌딩의 앞선 토론은 예상된 재매각 가격으로서의 부동산 순 영업이익을 계산했다. 목적된 부동산가격을 사용함으로서 부동산의 **내부수익률**(*IRR*)을 계산하곤 했다.

[예 11-18]은 현금흐름이 내부수익률을 계산하기 위해 사용된 것을 보여준다. 이 비율은 초기의 투자와 예상된 현금흐름의 현재 가치와 같다는 것을 다시 언급한다. 이 경우 내부수익률은 13.46%이다. 이것은 전 부동산의 수익이다. 빌려온 돈의 영향을 고려하지는 않았다. 그러므로 "비 부채형(unleveraged) 내부수익률"이라고 언급한다. 금융은 이 장의 다음 절에서 다루도록 하자.

현재가치 Present Value

Monument 오피스빌딩의 내부수익률은 13.46%(위에서 계산된)이다. 투자자가 14%의 수익률을 요구한다면? 그는 어떻게 지불할 것인가? 이 질문의 대답은 14%의 할인율에 현금흐름(순 영업이익과 매각가격)을 할인한다. 그 부동산 가격은 이 현금흐름을 포함하고 있지 않다, 왜냐하면 얼마나 많이 그 투자자가 지불할 것인지 계산하기 때문이다. 스프레드시

---

[5] 이는 그 6년의 기간 동안 오피스 공간 시장에서는 순영업이익과 가치들 사이의 관계를 변화시키는 어떤 중대한 변화도 일어나지 않는 다는 것을 가정한다. 오피스 공간에 대한 수요 및 공급이 시장 임대료에 영향을 주거나, 오피스 공간에 대한 투자자가 요구하는 수익률이 변화하게 되면 자본환원률(capitalization rate)은 바뀔 수 있다.

[6] 자본환원율이 재매각가격으로 평가될 때, 종종 잔존 자본환원율이라고 한다.

예 11-18	내부수익률의 계산					
년	**0**	**1**	**2**	**3**	**4**	**5**
부동산가격	($8,500,000)					
순 영업이익(NOI)		$901,375	$900,681	$899,962	$943,700	$ 961,855
매각 가격						9,360,805
현금흐름	($8,500,000)	$901,375	$900,681	$899,962	$943,700	$10,322,659
내부수익률	12.38%					

트의 자금계산기를 사용하여 현금흐름의 위치는 현재가치가 14%로 할인될 때 $8,011,000 로 확증할 것이다(천 달러 이하 반올림). 구입가격 $8,500,000은 NPV로 $8,011,000 − 8,500,000 = $489,000을 가지게 된다.

부채조달에 대한 소개

일반적으로 투자자는 부동산매입대금에 있어서 자신의 자본(Equity)과 부채를 합하여 지불할 것이다. 매입대금은 자본과 부채의 합계이다. 부동산소유에 있어서 지분투자자와 대출자들이 결합하여 바람직한 지배구조를 구성하는 이유를 살펴볼 것이다. 본 절에서는 부채로 인해 부동산투자자가 예상하는 현금흐름에 미치는 영향에 초점을 둘 것이다.

예시를 위하여 앞 절의 모뉴먼트 오피스빌딩을 다시 사용하되, 투자자가 20년 만기 10% 월별 상환조건으로 부채를 확보했다고 가정한다. 부채액은 매입가의 70%인 $5,950,000이다. 월 불입액은 $57,418.79 또는 연 $689,025이다. 전통적인 투자분석에서는 상환을 월 불입으로 계산하지만 여기에서는 현금흐름 예측 표 작성을 간단히 연단위로 표시하였다.

[예 11-19]는 최초 5년간 모뉴먼트 빌딩에 대한 부채상환 일정표이다. 이제부터 모든 예측은 건물이 5년 후에 매각될 것을 전제로 하여 구성하고자 한다. 추가 1년에 대하여 순 영업이익을 계산하는 이유는 5년 보유기간 종료 시에 매각가격 추정을 논의할 때 명백해질 것이다.

[예 11-20]은 부채의 금융비용을 지분투자자에 대한 현금흐름 표에 반영한 결과를 보여주고 있다.

순 영업이익으로부터 금융비용을 공제하면 세전 현금흐름(*BTCF*)을 얻게 된다. 세전 현

예 11-19		**1**	**2**	**3**	**4**	**5**
부채정보 요약	불입액	$ 689,025	$ 689,025	$ 689,025	$ 689,025	$ 689,025
	저당잔액	5,851,543	5,742,776	5,622,620	5,489,883	5,343,245
	이 자	590,569	580,259	568,869	556,288	542,388
	원 금	98,457	108,767	120,156	132,738	146,637

예 11-20
부동산 사업에서의
현금흐름 예측 표

	년				
	1	**2**	**3**	**4**	**5**
순 영업이익	$901,375	$900,681	$899,962	$943,700	$961,855
(−)부채상환	689,025	689,025	689,025	689,025	689,025
세전 현금흐름	$221,350	$211,656	$210,937	$254,675	$272,829

금흐름은 자본배당액(equity dividend)이라고도 불리는데, 그 이유는 투자자에게 매년 주어지는 현금흐름이므로 **보통주에서의 배당금**과 유사하기 때문이다.

비율을 활용한 투자성과 측정

지분 *Equity* 배당률

지분배당률은 초년도 세전 현금흐름(equity dividend로 불림)을 최초 **지분투자액**으로 나눈 비율이다. 투자자의 최초 지분투입액은 건물매입가에서 부채를 뺀 금액이므로 $8,500,000 − $5,950,000 = $2,550,000이 된다.

지분배당률은 $212,350/$2,550,000 = 8.33%로서 현재 자본이익률의 개략치가 된다. 이는 투자수익률이 아닌데, 이는 미래의 현금흐름이나 건물매각 가격을 고려하지 않은 것이기 때문이다. 지분배당률과 내부수익률과의 차이점은 중요하며, 본 장의 뒤에서 이에 대해 상술할 것이다.

부채감당률 *Debt Coverage Ratio: DCR*

부동산에 대해서 금융을 얻기 위해서는 당해 부동산이 좋은 투자라는 점을 대출자에게 인식시켜야 한다. 여기서 중요한 것은 대출자의 수익률로서 앞 절에서 언급했듯이 대출약정금리, 포인트 등에 의해 결정된다. 그러나 대출자의 수익률은 단 하나의 고려 요인일 뿐으로, 대출자는 대출의 위험을 고려해야 한다. 대출의 위험을 나타내기 위해 널리 사용되는 지표로서는 부동산의 순 영업이익이 저당대출 상환액을 초과하는 정도가 있다. 대출자는 충분한 안전지대를 설정하여, 순 영업이익이 예측치를 하회하더라도(예: 예측 못한 공실) 채무자가 자신의 고유자금을 사용하지 않고 저당대출을 상환할 수 있기를 바란다.

이러한 위험의 척도로서 **부채감당률**이 사용되는데 이는 순 영업이익과 부채상환액과의 비율이다. 순 영업이익이 시간경과에 따라 변동할 때는 투자자는 일반적으로 초년도 순 영업이익을 사용한다. 모뉴먼트의 예에서 초년도 순 영업이익은 $901,375이고 부채상환액은 $689,025이므로

부채감당률은 1.31배가 된다. 대출자들은 부채감당률 비율을 일반적으로 최소한 1.2배를 요구한다.

초 년도에 약 1.3의 부채감당률로부터 볼 수 있으며 따라서 대출자가 요구하는 부채감당률 최소비율 요건은 충족된다.

매각으로부터의 세전 현금흐름

건물이 매각되었을 때 저당대출 잔고는 매각대금으로부터 지불되어야 한다. 상환으로 인해서 매각으로 인한 세전 현금흐름이 도출된다. 5년 후에 대출 잔고는 $5,343,245이므로 이를 매각가격인 $9,360,805으로부터 공제하면 세전 현금흐름은 $4,017,559가 된다. 이 과정을 다음과 같이 요약할 수 있다.

5년차 매각으로부터의 현금흐름 추정	
매각가격	$9,360,805
대출잔고	−5,343,245
세전 현금흐름	$4,017,559

자본 투자자를 위한 내부수익률(IRR)

최초지분 투자액이구입가 $8,500,000에서 부채액 $5,950,000을 공제한 $2,550,000이었던 것을 기억하라. 지분 투자액의 세금 전 현금흐름을 이미 계산하였다. [예 11-21]은 현금흐름을 보여준다.

세전 내부수익률 17.11%가 도출된다는 점을 확인하라. 이 고려는 투자자의 수익자금에 영향을 준다. 이 수익률은 적절한 것인가? 이 질문에 대한 답변은 투자자가 다른 비교대상 투자대안(유사한 건물 또는 투자위험이 동일한 다른 부동산 등)에서 어떤 수익률을 얻을 수 있는가에 달렸다.

앞서 자본환원율 비교 방식 및 평방피트당 가격 비교방식을 논의했다. 이와 유사하게, 만일 다른 건물을 매입하였더라면 그 경우의 수익률은 얼마였을까 질문할 수 있다. 이에 대한 해답이 투자자의 기대수익에 대한 이해를 높여 줄 것이다.

물론 다른 투자자가 생각하는 내용을 말해 주지 않는 한 스스로가 예측치를 구해야만 한다. 다른 부동산 매물들에 대해, 그 매도호가를 사용해서 내부수익률 계산과 예측치를 구할 것이다. 즉, 위험도가 유사한 다른 부동산 매물들에서와 동등한 수익률을 얻어야 한다.

세전 내부수익률의 합리성을 시험하는 또 하나의 방식은 당해 부동산을 매입하기 위해 조달하는 저당대출의 실질금융비용과 비교해 보는 것이다. 일반적으로 부동산수익률이 저당부채의 실질금리보다 높을 것으로 기대하는데, 그 이유는 자본 투자자가 대출자보다 위험을 더 많이 부담하기 때문이다. 대출자의 위험이 낮은 이유는 채무불이행 발생 시 부동산매각대금으로부터 우선지급을 받을 수 있기 때문이다.

예를 들면, 빌딩의 내부수익률(세전 17.11%)은 저당대출금리 10%보다 높아야 할 것이다. 그렇지 않다면 투자자는 부동산에 투자하기보다는 대출하는 편이 더 유리할 것이다.

예 11-21	년	0	1	2	3	4	5
현금흐름 요약: Monument Office Building	세금 전 현금흐름	($2,550,000)	212,350	212,656	210,937	254,675	4,290,389

예 11-22

Monument Office
Building의 투자분석
측량치 요약

자본환원율	10.60%
부동산의 내부수익률(비 부채형)	13.46%
지분의 내부수익률(*BTIRR*)	17.11%

본 장의 뒤에서는 투자자에 대한 위험을 측정하고 평가하는 접근방식에 대해 논의할 것이며, 13장에서는 부채가 투자자에게 어떠한 위험과 수익을 가져다주는지 설명할 것이다.

투자분석 계산 요약

[예 11-22]는 오피스빌딩에 대한 분석을 요약하여 보여준다. 이 결과는 다른 투자대안과 비교되어야 하며, 당해 건물에 대한 투자가 좋은 투자였는지를 판단하게 된다.

그러나 이 분석도 연방소득세의 영향을 고려하지 못하였기 때문에 건물매입 여부를 결정하기에는 충분하지 못하다.

또한 투자의 **위험도**를 알아야 [예 11-22]상의 수치를 유사위험도를 가진 다른 대안과 비교할 신뢰도를 가질 수 있는 것이다(다음 절 참조).

얼마를 부채할 것인가와 어떤 유리한 부채방식이 있는가를 알아야 한다. 부동산에 대한 금융 조달 가능여부는 독립적인 감정평가사가 제시하는 가치에 의존한다. 감정 가치는 투자자가 지불하려는 가격보다 높을 수 있고 낮을 수도 있다. 12장에서 대체 자본조달에 대해 다룬다.

감정가가 너무 낮다면 현금흐름표에서 예측했던 부채액으로 구입자금을 조달하기가 어렵게 된다.

분명히 오피스빌딩 구입안에 대한 심층 분석을 위한 시작단계에 있을 뿐이다. 투자자들이 실제로 이러한 모든 사항을 전부 고려할지의 여부는 그들의 능력에 달려 있다. 목적은 현명한 투자판단을 하기 위해서 확실히 해야 할 모든 점들을 다루는 것이다.

수익부동산 과세

본 장의 앞부분에서 수익부동산에 대한 투자분석을 소개했으며, 내부수익률, 순 현재가치(*NPV*) 등 투자성과 지표들을 계산하였다. 그러나 이러한 계산에서는 투자와 부채활동에서의 연방소득세의 영향을 고려하지 않았으므로 이를 세전 투자분석이라고 불렀다. 이제 본 절에서는 세후 투자분석으로서 세금의 효과를 고려한 분석으로 확대시키고자 한다.

본 절에서의 세제 논의는 세금이 수익부동산의 세후 수익률에 미치는 영향을 개관하는 목적일 뿐이다. 세제는 자주 변경되며, 그 복잡성으로 인해 세제변경이 부동산투자의 타 투자 대비 상대적인 투자매력도에 영향을 미치는 과정을 반드시 인식해야 한다.

본 절에서는 개인이 **주거용**으로 소유하는 부동산은 다루지 **않**는다. 주택에는 특별한 세제가 적용된다(세무 상 감가상각 되지 않는다). 또한 부동산 보유 목적이 타인에게 전매를 위한 것이 아닌 것으로 간주한다. 재매각 목적으로 보유하는 전문업자는 **투자자**가 아닌 **딜러**이다. 딜러의 예를 들면, 개발사업자, 주택건축업자 및 즉시 전매를 목적으로 보유하는 자이다. 딜러가 보유하는 부동산은 세무상 감가상각될 수 없다(상각 규칙에 대해서는 후술).

본 장에서는 상업적 목적으로 보유하는 부동산만을 고려할 것인데 **대부분의 수익부동산들이 이 범주에 포함된다.** 투자자는 부동산을 운영하고 개조하며, 사업목적을 위해 필요한 조치를 취할 목적으로 취득한다. 개인으로서 다른 직업을 가지고 있되 부동산을 보유하고 임대하는 경우도(부동산 관리를 적극적으로 수행해야 함) 여기에 포함된다. 조합, 회사 및 신탁에 투자한 개인들도 부동산을 상업적 목적으로 보유한다(이를 Section 1231자산이라고 부른다).[7]

상업적 목적의 부동산은 토지 및 건물(임대용) 등으로서 감가상각 대상이다. 이러한 부동산 분류에 대해서는 본 장에서 후술할 것이다.

상업용 목적으로 보유하는 자는 임대수입을 세무 보고하되, 비용을 공제받을 수 있다. 보유자들은 부동산세, 취득자금부채이자, 운영자금 부채이자 등도 공제받을 수 있으며, 추가적으로 감가상각도 인정받고, 매각 시에는 특별한 시세차익(차손) 규정의 적용을 받는다(후술 참조).

부동산운영에 따른 과세대상 수입

지금까지 수익부동산으로부터 순 영업이익을 계산하는 방식을 논의하였다. 순 영업이익 계산에서 운영비용(부동산세, 보험료, 수선유지, 관리, 수도광열)을 공제하였던 것을 기억하라. 순 영업이익에서 부채상환액을 빼면 세전현금흐름이 얻어졌다. 이제 세전현금흐름과 **과세대상** 소득과의 차이점을 살펴보자.[8]

첫째, 부채상환액 중 전액이 아닌 **이자해당분만**이 세무상 순 영업이익으로부터 공제된다. 둘째, 세법은 소유주가 **감가상각 인정액**을 순 영업이익으로부터 공제받을 수 있도록 인정한다. 따라서 과세대상 소득은 다음과 같이 구해진다.

---

[7] 거래나 사업에서 소득을 창출하기 위해 사용되는 부동산은 Section 1231 자산으로 분류된다. 그런 자산을 소득 창출에 이용하는 사업체가 구입한 자본 설비(예를 들어, 기계류)도 또한 Section 1231 자산으로 지정된다.

[8] 추가적인 차이점은 추후 뒷 장에서 설명한다.

$$과세대상 소득 = 순 영업이익 - 지급이자 - 감가상각 인정액$$

특정 연도에 공제 가능한 지급이자액은 당해 연도 총 이자지급액과 동일하다. 앞에서 상환불입액을 원금과 이자로 구분하는 방법을 상술한 바 있었다. 감가상각 인정 액 계산은 다음절에서 다루고자 한다.[9]

감가상각 인정액

건물과 같은 유형자산은 시간이 갈수록 물리적 상각이 이루어지므로, 그 경제적 가치도 감소하게 된다. 건물은 언젠가는 재건축되어야 하고 세법은 건축원가가 건축으로 인해 발생한 소득이 과세되기 이전에 회수되도록 인정하므로, 투자자는 자본회수액(감가상각액)을 과세소득 확정 이전에 순 영업이익으로부터 공제받을 수 있는 것이다.

그렇지 않다면 순 영업이익과 과세소득이 감가상각으로 인한 연간 가치 감소액만큼 과대 계상될 것이다. 따라서 이론적으로 투자자들에게는 감가상각 인정액을 공제한 후의 순소득에 대해서만 과세되어야 하는데, 이것이 세무상 감가상각의 논리이다.

그러나 인플레, 수급상황의 변화 및 다른 요인들로 인해 부동산가치는 변화하고, 순 가치 변동액의 얼마만큼이 상각으로 인한 발생분인지 판단하기가 곤란하다. 더욱이 미국의 세제는 전통적으로 실제 가치하락폭보다 더 큰 감가상각액을 인정해 왔다.

감가상각 인정액이 실제 경제적 감소액보다 큰 한은 부동산투자자들이 세제혜택을 얻는다. [예 11-23]은 과거 세법상 상각인정액의 계산방식 추이를 보여주고 있다.

[예 11-23]에 의하면 감가상각 인정액에 대한 세제 정책이 많이 변화하여 왔음을 알 수 있다. 의회는 초과상각을 인정함으로써 부동산투자를 활성화시키고 임대공급을 늘리려 했는데, 불행히도 1980년대 초의 과잉 건축을 야기시키고 말았다. 1986년 세제개혁법은 상각 기간을 전보다 늘림으로써 부동산업계가 누리던 혜택을 감소시켰다. 본 장의 후반에서 상각이 부동산투자자가 누리는 세제혜택 중의 하나임을 설명할 것이다.

상각대상액 *Depreciable Basis*

건축비에서 상각될 수 있는 금액은 자산의 **상각대상액**에 의해 결정된다. 일반적으로 부동산 투자액의 기준은 건축비와 동일하다(상속이나 증여로 취득하지 않는 한). **부동산원가**는 건물 취득가에 운영을 위해 수반되는 설치비 등을 가산하여 계상된다. 보유기간 중 부동산에 대한 자본적 지출도 지출시점에서 원가에 가산된다. 토지를 제외한 건물분만이 상각대상이다. 본 장에서는 기존 건물에 대한 세제 취급에 초점을 둔다. **개발 및 건설 중인 부동산에 대해서는 후술한다.**

대출수수료 *Loan Points*

부동산취득 또는 운영을 위한 부채에 대한 수수료 지급액은 대출기간에 걸쳐 상각되어야 한다.

---

[9] 6장의 부록을 다시 검토해야 한다.

예 11-23	년	감가상각기간	방법
부동산 감가상각 규칙*	1969~1980	사용기간 약 30~40년	가속상각법 또는 정액법†
	1981~1983	15년	정액법의 175%에 기초한 가속상각‡
	1984~1985	18년	정액법의 175%에 기초한 가속상각‡
	1986	19년	정액법의 175%에 기초한 가속상각‡
	1987~1992	주거용 27.5년	정액법
		비주거용 31.5년	정액법
	1993~1997	주거용 27.5년	정액법
		비주거용 39년	정액법

*일부 부동산 투자는 가구 및 비품 등의 개인 자산이 포함된다. 개인 재산은 부동산보다 훨씬 더 짧은 기간에 (예: 현행 세법에 따라 8년) 감가상각 될 수 있다.

†투자자들은 일반적으로 부동산이 주거용인지 비주거용인지, 신규 또는 기존인지에 따라 정액 감가 상각비의 125%에서 200%까지 감가 상각 방법을 선택한다.

‡비 주거용 부동산에 대한 감가상각비를 빠르게 사용하는 투자자에게 영향을 주는 심각한 "탈환" 규정 때문에 대부분의 투자자는 이 기간 동안 비주거용 부동산에서 정액 감가 상각을 사용한다.

예를 들면, 투자자가 $800,000을 부채 조달하여 건물을 매입하였으며, 대출만기는 25년이되 10년차에 전액 상환 가능하다. 대출수수료 2%인 $16,000이 지불되었는데 이는 세무상 10년에 걸쳐 연 $1,600씩 상각되어야 한다. 만일 투자자가 $16,000이 전액 상각되기 전에 건물을 매각하면 미상각 잔액은 매각 연도에 비용 처리되어야 한다. 따라서 5년차에 매각된 경우 $8,000이 당해 연도 비용이 된다.

세금 및 세후 현금흐름

과세대상 소득을 계산한 후에는 부동산운영으로 인한 세금이 계산된다. 세금채무는 과세소득에 투자자에게 적용되는 한계세율을 곱하여 결정되는데, **한계세율**이란 부동산투자에서 발생하는 **추가발생 소득단계별로** 적용되는 세율이다. 일반적으로 이를 투자자에 대한 납세계층 구분으로 간주할 수 있다. 투자의사 결정에 있어서는 투자로 인한 추가 소득이 어떻게 세액에 영향을 미치는지 알아야 한다. 따라서 당해 투자에 대해 적용되는 한계세율을 알아야 한다.

예를 들면, [예 11-24]의 세율을 적용받은 투자자의 기존소득은 $100,000이다. 여기에 부동산 투자 건이 $10,000의 과세소득을 실현한다면 추가소득에 대해서 25%의 세율이 적용되어 $2,500을 납부하게 된다.

감가상각 대상 부동산의 처분에 의한 과세대상소득

부동산 매각 시 시세차익의 발생 여부를 판정하기 위해서는 총 매각가격을 알아야 한다. 이는 매각대금 수령액에 부동산에 대해 매입자가 부담한 채무액의 합계이다.

여기에서 매각비용(변호사비, 등기비, 중개료) 등을 공제하면 순 매각가격이 도출된다.

예 11-24

2000년도 미국의
한계소득 세율(배우자와
공동신고)

과세소득	한계세율
$0~$18,150	10%
$18,151~73,800	15
$73,801~$148,150	25
$148,151~$226,850	28
$226,851~$405,100	33
$405,101~$457,600	35
초과 457,600	39.6

차익(차손)을 계산하기 위해서는, 순 매각가격에서 부동산의 **미상각잔액**(adjusted basis)를 빼야 한다. 미상각 잔액은 **최초장부가**(토지대, 건물대, 취득수수료)에 자본적 지출을 더한 후 누적상각액을 공제한 수치이다.

순 매각대금이 미상각 잔액을 초과(미달)하는 금액이 과세대상 소득(손실)이다. 상각대상 부동산이 상업적 목적 보유였을 때 매각차익은 장기양도차익(capital gain)으로 취급된다.

장기양도차익의 세율은 일반소득에서보다 낮은 경우가 많다. 예를 들면, 1993년도 세법은 투자자가 일반 납세계층구분에서 더 높은 소득계층에 소속되더라도 양도소득세를 28%를 최고한도로 하고 있다. 1997년 양도세는 가격 상승분에 대해서는 20%로, 보유기간중의 감가상각으로 인한 차익은 25%로 인하되었다. 현재 부동산가치로 인한 수익은 15%, 감가상각의 반환에 의한 수익은 25%의 세율이 적용되고 있다.

세후 투자분석

이제 앞서 예시했던 오피스 빌딩 건에 대한 연방소득세의 영향을 분석하고자 한다. 분석의 시작점으로서 [예 11-25]는 세전 현금흐름 계산을 보여주고 있다.

부동산운영의 세후 현금흐름

투자 건에 대한 세전 현금흐름을 추정하였고, 이제 투자로 인한 투자자의 과세대상 소득의 증감액을 결정해야 한다. 투자로 인해 세금은 증가하거나 감소할 것이므로, 증감액은 세전 현금흐름에서 가감되어 세후 현금흐름을 도출하게 된다. 이를 위해서, 매 연도 운영에서 발생되는 과세소득을 계산하고 나서 건물매각연도의 세금을 반영해야 한다. [예 11-26]은 건물 운영에 의한 과세소득 및 **세후 현금흐름**을 보여준다.

[예 11-26]에서 과세소득이 순 영업이익으로부터 지급이자와 감가상각액을 빼서 얻어진다는 것을 볼 수 있다. 여기서 원금분할상환액이 아닌 지급이자액만이 세금공제대상이라는 점을 유의하라. 예에서 지급이자는 $5,950,000에 대한 20년 10% 분할상환이었다. [예 11-27]은 동 대출의 상환일정을 요약해 보여주고 있다.

감가상각

과세대상 소득은 또한 **감가상각** 인정액에 의해 영향을 받는다. 본 장에서 전술했듯이 주택은

| 예 11-25 | 오피스빌딩 운영수입 및 매각수입의 세전 현금흐름 | | | | |

	년				
	1	2	3	4	5
운영상의 현금흐름:					
순 영업이익	$901,375	$900,681	$899,962	$943,700	$ 961,855
(−)부채상환	689,025	689,025	689,025	689,025	689,025
세전 현금흐름	$212,350	$211,656	$210,937	$254,675	$ 272,830
5년차의 매각으로 인한 추정 현금흐름:					
매각가격					$9,360,805
(−)저당잔액					5,343,245
매각 전의 현금흐름(세전)s($BTCF_s$)					$4,017,559

| 예 11-26 | 건물운영의 세전 현금흐름 및 과세대상 소득 | | | | |

	연말				
	1	2	3	4	5
과세소득:					
순 영업이익	$901,375	$900,681	$899,962	$943,700	$961,855
(−)이자	590,569	580,259	568,869	556,288	542,388
감가상각	177,537	185,256	185,256	185,256	185,256
과세소득(손실)	133,269	135,166	145,836	202,156	234,210
세금(36%)	$ 46,644	$ 47,308	$ 51,043	$ 7,755	$ 81,974
세후 현금흐름:					
세전 현금흐름	$212,350	$211,656	$210,937	$254,675	$272,829
(−)세금	46,644	47,308	51,043	70,755	81,974
세후현금흐름	$165,705	$164,348	$159,894	$183,920	$190,856

27.5년에 걸쳐서 상각될 수 있고, 비주거용은 39년에 걸쳐 상각되며, 공히 정액법이 사용된다(주상복합 건물의 경우 총수입의 80%의 비중을 차지하는 용도는 전체로 인정된다).[10] 또한 토지가는 뺀 건물분만이 상각대상인 점에 유의하라. 따라서 $8,500,000의 건물가치 중에서 토지의 가치가 얼마인지 알아야 하는데, 이를 15%인 $1,275,000으로 가정한다.

건물의 순수가치는 $7,225,000이 되며, 이를 39년 상각기간으로 나누면 연 상각액 $185,256을 구할 수 있다(단순히 39년으로 나누었으나, 미국 국세청은 월중에 건물을 매입하고, 초년도 상각액을 월할 배분하는 기준을 제시하고 있다).[11]

---

[10] 이 혼합사용 속성의 경우(주거용 및 비거주 사용), 사용 중 하나가 매출의 80%를 생산하는 경우 전체 개선은 해당 사용에 해당하는 세금 기간 동안 상각 될 수 있다.

[11] IRS는 납세자가 감가 상각 공제액을 계산하는 데 사용해야하는 표를 제시한다. 표는 투자자가 매월 중반에 부동산을 구매했다고 가정하고, 부동산 구입 시 실제 월에 따라 1년 감가 상각비를 비례 배분하여, 39년으로 나눈다.

	년말				
	1	**2**	**3**	**4**	**5**
불입액	$ 689,025	$ 689,025	$ 689,025	$ 689,025	$ 689,025
저당잔액	5,851,543	5,742,776	5,622,620	5,489,883	5,343,245
이자	590,569	580,259	568,869	556,288	542,388
원금	98,457	108,767	120,156	132,738	146,637

감가상각이란 투입자본의 회수를 나타내며, 실제 현금흐름의 지출이 아니라는 점을 기억하라(이는 부동산매입시점에서 미리 일어났다). 감가상각 공제는 과세소득에만 영향을 주지 운영현금흐름과는 관계가 없다. 예에서 초년도 과세대상 소득은 $127,225였다. 투자자가 35%세율에 해당될 때 부동산소유로 인해 증가하는 조세채무는 $46,644(0.35 × $127,225)이다. 이를 세전 현금흐름으로부터 빼면 초년도 세후 현금흐름인 $165,705가 나온다.

본 예에서 과세대상 소득이 매년도 플러스 수치인 점에 주목하라. 과세대상 소득이 마이너스인 경우(즉 손실) 투자자가 손실을 다른 과세대상 소득과 상계시킬 수 있는가에 대한 추가적인 가정이 필요하다. 이에 대해서는 본 장에서 후술할 것이다.

매각으로 인한 세후 현금흐름

[예 11-28]은 건물 매각이 투자자의 과세대상 소득에 미치는 영향을 보여준다. 투자자의 양도차익(capital gain)을 계산함에 있어서 건물이 5년간 상각 누적되어 왔다는 점에 유의해야 한다. 따라서 투자자의 미상각 잔고는 감소되었다. 예에서 상각액은 첫해 $177,537이고 다음 해부터 $185,256 고정으로써 총 $918,563이 누적된다. 이 누계를 최초장부가(토지 및 건물 매입합계)로부터 빼면 미상각 잔액 $7,581,437이 된다(이는 현재 장부가로 불리운다). 매각 가격 $9,360,805와 미상각 잔액 $7,581,437의 차액 $1,779,368이 양도차익이다. 앞서 언급 했듯이 가격상승으로 인한 차익에 대한 양도세는 최고세율이 15%이며, 감가상각 누적액에 대한 세율은 25%이다. 이 세액을 세전 현금흐름에서 빼면 **세후 현금흐름** $3,658,798가 얻어진다.

세금계산 내역	
가격상승분($970만 − $850만)	$ 860,000
(+)누적감가상각	918,563
(=)총차익	$1,779,368
가격상승차익에 대한 세금	(860,805 × 0.15) = $ 129,121
누적감가상각에 대한 세금	(918,563 × 0.25) = 229,641
총자본이득세	$ 358,761

예 11-28
5년차 건물매각의 세후
현금흐름

www.mhhe.com/bf15e

매각가격		$9,360,805
(−) 저당잔액		5,343,245
매각전의 현금흐름(세전)(BTCFs)		4,017,559
양도세		
매각가격	$9,360,805	
원가	$8,500,000	
누적감가상각비	918,563	
조정	$7,581,437	
자본이득	$1,779,368	
세금		358,761
매각후의 현금흐름(세후)(ATCFs)		$3,658,798

세후 내부수익률

[예 11-26]과 [11-28]을 사용하여 세후 내부수익률을 계산할 수 있다. [예 11-29]는 세후와 세전 현금흐름을 비교하여 보여주고 있다. 예상하던 대로 세후 내부수익률 13.38%는 세전 내부수익률 17.11보다 낮다. 그러나 투자자가 적용받는 세율이 35%이지만 세후 내부수익률은 세전 내부수익률보다 35%만큼 낮지는 않고, 약 22%만큼 낮다. 즉 1 − 13.38/17.11 = 21.80%이다.

유효 세율

앞 절에서 투자자가 35% 한계세율을 적용받지만 세후 내부수익률이 22%만큼 세전 내부수익률보다 낮다고 하였다. 이 경우 투자에서의 **실질세율**은 22%라고 말할 수 있다.

실질세율이 한계세율보다 낮은 이유는 무엇인가? 그 이유는 투자자가 매년 상각액만큼 과세대상 소득을 감소시켜 가는 반면, 건물의 가치는 그만큼 감소하지 않았기 때문이다. 실제 본 예의 경우에서는 가치는 증가하였다. 감가상각 인정액으로 인해 매년 미상각 잔액을 감소시켜서 결국 매각연도의 양도차익을 증가시키지만, 화폐의 시간가치로 인해 매년도 적게 납부한 세금이 투자자에게 혜택을 주는 것이다. 더구나, 자본이익으로 안한 세율은 15%이고, 감가상각으로 인한 자본이득세율이 25%이므로 투자자는 세금을 매각시점까지 이연시킨 후에(감가상각 공제에 의해) 일반소득을 양도차익으로 전환시킬 수 있다. 양도소득 세율은 적용받는 세율이 25%를 초과하는 투자자에게는 유리한 세율이다.

수동적 손실에 대한 설명

1986년 세제개혁법과 함께 부동산을 포함한 모든 소득원천으로부터의 소득과 손실에 대해서 다음 세 가지를 구분하도록 의무화되었다.

1. **수동적 소득**(passive income). 투자자가 부동산의 관리나 운영에 영향력을 갖고 참여하지

eXcel
www.mhhe.com/bf15e

| 예 11-29 | 현금흐름 요약 |

	년말					
	0	**1**	**2**	**3**	**4**	**5**
세전 현금흐름	($2,550,000)	$212,350	$211,656	$210,937	$254,675	$4,290,389
세후 현금흐름	($2,550,000)	$165,705	$164,348	$159,894	$183,920	$3,849,654
세전 *IRR* (BTIRR)	= 17.11%					
세후 *IRR* (ATIRR)	= 13.38%					

않는 거래나 사업으로부터 발생한 소득이다. 영향력 있는 참여란 정기적, 지속적 및 상당 규모로 운영 활동에 개입한다는 의미이다. 부동산은 수동적인 투자활동으로 간주된다. 따라서 투자자가 부동산운영에 적극 참여하더라도 그 소득은 수동적 소득으로 간주된다. 공동 협력(partnership)에서의 개별주주(limited partner)가 수령하는 소득도 그 정의에 의해 수동적 소득으로 인정된다.

2. **적극적 소득**(active income). 투자자가 중대한 영향력을 갖는 급여, 임금, 수수료, 거래 등에서의 소득이다. 그러나 납세자가 중대한 영향력을 갖더라도, 임대에 의한 수입은 적극적 소득으로 간주되지 않는다. 따라서 납세자가 임대인인 주택, 오피스빌딩, 쇼핑센터 등 부동산의 임대수입은 적극적 소득이 아닌 **수동적 소득**으로 간주된다. 반면 호텔 및 숙박업, 요양소 등은 임대가 아니고, 중대한 영향력을 갖는 소유주들은 적극적 소득자로 간주된다.

3. **포트폴리오**(portfolio) 소득. 주식, 채권 및 **자본자산**(capital asset)으로 분류되는 부동산 등에서 발생하는 배당, 이자 소득이다. 본 장에서 전술했듯이 대부분의 부동산투자는 상업용으로서 자본자산이 아니다. 부동산포트폴리오 소득의 예를 들면,는 REITs주식으로부터의 배당, 장기 토지 임대 및 소유주가 적극적으로 운영에 참여하지 않는 Net Lease의 임대료 등이다.

이러한 소득 분류는 매우 중요한데 그 이유는 일반적으로 수동적 소득이 다른 원천으로부터의 소득과 상계될 수 없기 때문이다. 이러한 법규는 **수동적 손실 제한**(passive activity loss limi-tation: PAL)이라고 불린다. 1986년 세제개혁법 이전에는 상업용 부동산을 구입한 투자자들이 합자회사(limited partnership) 형태를 취하였으므로, 개별주주들은 중요한 영향력에 참여하지 않았다. 이러한 투자는 과세 손실을 많이 발생시켰으며(현재도 발생시키고 있다), 투자자들은 이 손실을 다른 소득과 상계시켰다. 수동적 손실 제한 규제는 투자자들이 소득을 수동적 손실과 상계하는 행위를 막았다. 부동산 및 다른 수동적 활동으로 인한 손실은 당해 연도의 수동적 소득과 상계하는 데에만 사용되어야 한다. 잔존 또는 사용되지 않은 수동적 손실은 이연되어 미래의 수동적 소득과 상계될 수 있다.

수동적 소득을 실현하고 있는 투자 건이 매각되어 양도차익이 발생하면, 이연되어 온 손

예 11-30

재매각분석

Select Projection	Investment Return Analysis ⌄				
Projections					
Description	Year 1	Year 2	Year 3	Year 4	Year 5
Cash Flow - To Date	$165,699	$330,044	$489,935	$673,853	$864,706
Net Resale Proceeds	$2,601,823	$2,659,189	$3,082,782	$3,314,787	$3,658,810
Invested Capital	($2,550,000)	($2,550,000)	($2,550,000)	($2,550,000)	($2,550,000) ($
Net Return on Investment	$217,522	$439,233	$1,022,717	$1,438,640	$1,973,516
Internal Rate of Return	8.53%	8.53%	12.57%	12.78%	13.38%

실에 대해서는 다음과 같이 처리되어야 한다.

    (1) 당해 사업 매각에 의한 양도차익을 상계하는데 사용되거나

    (2) 당해 연도에 다른 수동적 활동에 의해 창출된 수동적 소득과 상계되거나

    (3) 당해 연도의 적극적 및 포트폴리오 소득을 포함한 **모든 소득**과 상계되어야 한다. 사용되지 않은 손실이 잔존하는 한, 다음 연도로 이연 가능하되, 양도손실(capital loss)로서 이연되며 수동적 손실 규정에 근거하지 않는다. Section 1231부동산에 대해서는 잔존손실은 일반손실로서 공제 가능하다.

    부동산과 같은 수동적 투자가 자본손실을 발생시키고, 이연된 미 사용손실이 전년도로부터 잔존하는 경우, 잔존손실은 어떤 소득(적극적, 수동적 및 포트폴리오)과도 상계될 수 있다. 자본손실부분에서 $3,000은 당해 연도 어떤 소득과도 상계될 수 있으며, 초과액은 다음 해에 자본손실로서 이연된다(더 이상 수동적 손실 규정이 적용을 받지 않으며, 초과액 및 미사용 수동적 손실은 Section 1231손실로서 일반소득과 상계될 수 있다).**¹²**

PAL 규정의 중요한 예외

1986년 세제 개혁법에 의해 도입된 PALL규정의 특별할 예외는 개인이 소유하면서 임대하는 경우이다(개별주주의 경우에는 해당되지 않음). 이러한 투자자는 부동산임대로 인한 수동적 손실을 $25,000까지는(개인이 적극적으로 임대활동에 참여하고, 손실이 수동적 소득보다 커야 함) 적극적인 소득과 상계할 수 있다.

    "적극적 참여"의 기준은 앞에서의 "영향력을 갖는 참여" 보다 완화된 기준에 의하므로 개인적인 역할의 정도가 낮아지게 된다.

    일반적으로는 개인이 사업에 대해 10% 이상의 지분을 갖고서, 임차인 선정 임대료 결정, 용역업체계약(부동산관리자 등) 등 중요한 경영의사결정에 참여해야 한다.

    세제 개혁법은 개인의 조정 총 소득이 $100,000~$150,000인 경우 위와 같은 특례를 배제한다. 즉 당해 과세연도의 $25,000의 공제한도에서 개인의 수정 총 소득의 $100,000초과액의 50%만큼을 축소하는 것이다. 따라서 수정 총 소득이 $120,000인 개인은 $10,000

---

¹² 더 자세한 설명은 P. Fass, R. Haft, L. Loffman, and S. Presant, Tax Reform Act of 1986 (New York: Clark Boardman, 1986)을 보라.

이 축소된 $15,000만큼의 수동적 손실만을 적극적 소득과 상계할 수 있다. 수정 총 소득이 $150,000을 초과하게 되면 아무런 공제도 받을 수가 없다.

　　1993년 세법은 부동산브로커, 영업사원 및 다른 부동산업 종사자로서 부동산업에 "상당한 종사활동"[13]을 증빙하는 경우 PAL에 대한 예외를 새로 인정하였다. 이러한 개인들은 부동산 손실을 무제한 공제받는데 그 조건은,

　　(1) 당해 연도 수행한 개인적 용역의 1/2 이상의 부동산거래일 것

　　(2) 부동산 활동에 연 750시간 이상 종사할 것들이다.

결론

　　본 장에서는 수익부동산의 분석에서 중요한 개념과 기법들을 소개하였다. 앞서 투자자를 위해 현금흐름을 추정하는 방식들과 이러한 현금흐름을 투자성과 측정 수단을 가지고 평가하는 방법을 논의했다. 본 장에서 사용한 측정 수단(내부수익률, 순 현재가치, 부채감당률 등)은 본서의 전반에 걸쳐서 사용될 것이다.

　　본 장에서 사용한 기법들이 오피스빌딩 예시에서와 같은 유용한 초기분석을 제공해 주지만, 더 자세한 의문점들은 남아있다. 세금이 부동산투자 성과에 어떤 영향을 주는가? 부동산 금융을 조달하는 더 좋은 조달방식이 존재하는가? 이러한 질문에 대해서는 본서의 뒷부분에서 해답을 제시할 것이다.

　　본 장에서 취급한 또 하나의 영역으로서 부동산투자 의사결정에 영향을 주는 세금관련 사항들이 있었다. 이러한 사항들은 적절한 한계세율 결정, 감가상각 규정, 부동산운영으로부터의 과세대상 소득 계산 및 양도차익의 계산들을 포함한다. 이러한 세금관련 사항들은 본서의 다른 장들에서 취급하는 여러 가지 다양한 분석으로 발전되어 갈 것이다.

　　경우에 따라서는 본 장에서 소개된 세제를 적용하여 어떻게 투자에 영향을 미치는지 살펴볼 것이다. 이러한 사항들을 고려할 것이다. 부동산매각의 최적 시점은 언제인가? 및 부동산을 개조하면 수익성이 있는가?

　　추가적인 세금 관련 사항들로서 합자회사 및 개발사업에 대해서도 뒤의 장에서 상술할 것이다.

Web 응용

상업 투자 부동산을 위한 웹사이트는 보증된 상업 투자 매니저 교육 웹사이트의 부분이다. **www.ciremagazione.com/serch.php**. 에는 기사를 찾을 수 있는 키워드를 포함하고 있다. 상업부동산의 투자를 위한 기사를 찾고 기사의 요약을 집행부에 제공한다. 이 챕터에서는 자료의 관계를 설명한다.

---

13 "상당한 종사활동"이란 납세자가 일정하게 계속적으로 상당히 개입되어 있는 상황을 말한다. limited pantner(12장 참조)는 여기에 해당되지 않는데, 그 이유는 적극적으로 참여할 경우 유한책임 지위를 잃게 되기 때문이다.

그러나 세제가 바뀔 경우 수익부동산의 과세대상 소득과 세금계산에 큰 영향을 미칠 수 있다는 점을 기억하라.

따라서 본 장은 현재와 미래의 세법이 특정 투자에 미칠 영향을 전반적으로 분석하는 역할을 하려는 목적이 아니며, 특정 시점에서 유효한 세법 조항에 관계없이 투자자들이 고려해야 하는 일반적인 사항들을 지적하고 있다.

주요용어

가치 투자	비용부담 한도	임대자의 순 영업이익
감가상각 인정액	상각대상 액	자본
과세대상 수입	성장에 투자	자본 배당액
구조조정 투자	세후 내부 수익률	자본 이득
기본 임대료	세후 현금흐름	재정거래 투자
내부 수익률	수동적 손실	적극적 소득
대표적 부동산	시장 반대 투자	지분 배당률
딜러	시장분석	직원 한 명당의 일정한 공간
부동산 경기 순환	시점포착 투자	투자분석
부문별 투자	유효 세율	포트폴리오 소득
부채 감당률	유효 총 소득	한계 세율

유용한 웹사이트

www.ncreif.com – 부동산 투자 수탁자의 국가회의(NCREIF)는 부동산에 관심 있는 교육적인 부동산 전문가적인 연합이다. 이 사이트는 부동산의 기본적인 정보, 색인, 멤버십과 정보의 자료를 제공한다.

www.reiac.org – 부동산 투자 고문의 회의 웹사이트, 상업부동산 업무 운영하는 사람들 사이에서 고려할 것과 경험, 생각의 전환을 제공하는 것을 목적으로 한다.

www.gecapitalrealestate.com – GE 자본 부동산. 이 사이트는 회사에서 공급하는 넓고 다양한 부동산 자금 상품을 제공한다.

www.irs.gov – IRS 웹 사이트는 부동산 소득 과세 정보를 찾는 데 유용 할 수 있다. 기본 페이지에는 IRS 웹 사이트를 검색 할 수 있는 검색 엔진이 있다.

www.ciremagazine.com – 공인 상업 투자 관리자(Commercial Investment Manager)의 상업 투자 부동산 (Commercial Investment Real Estate) 잡지 웹 사이트. 상업용 부동산에 투자하는 것과 관련된 기사 원천이 있다.

www.fiabci.com – 이 사이트는 여러 국가의 법률, 전문 표준, 과세 및 라이센스 비교의 좋은 출처이다. 또한 여러 국가에서 상업용 리스에 대한 다양한 요구 사항을 비교 한 스냅 샷을 제공한다.

www.china-window.com/china_market/china_real_estate/index.shtml – 이 웹 사이트는 중국의 부동산 시장에 대한 정보를 제공한다. 또한 부동산과 관련된 법률 및 규정, 중국 부동산 관련 사이트 및 각기 다른 정부 기관의 연락처 정보에 대한 유용한 정보를 제공한다.

www.city-data.com – 이 사이트는 모든 미국 도시에 대해 매우 설명적이고 흥미로운 프로파일을 제공한다. 수만 장의 도시 사진이 있으며, 수십만 개의 지도, 위성 사진, 거주자 통계 (인종, 수입, 조상, 교육, 고용 등), 지리 정보, 주 프로파일, 범죄 데이터, 주택 도시, 직업, 날씨, 병원, 학교, 도서관, 집, 공항, 라디오 및 TV 방송국, 우편 번호, 지역 번호, 사용자 제출 사실, 유사한 도시 목록 및 평균. 요컨대, 부동산을 분석 하기에 아주 좋은 사이트이다.

질문

1. 수익 부동산에 투자하는 주된 이점은 무엇인가?

2. 부동산의 예상 순 영업이익에 영향을 주는 요인들은 무엇인가?

3. 어떠한 요인에 의해서 부동산의 보유 기간 동안에 가치가 상승하는가? 임대인의 관점에서 볼 때 비용부담 한도(expense stop)와 소비자 물가지수 연동 임대료 조정조항이 임대인의 위험에 어떤 영향을 주는가?

4. 왜 투자자들은 임대중인 건물을 매입할 때 임대료 시장시세에 신경을 써야 하는가?

5. 부동산의 재매각 가격을 예측하는 데에 성장률과 잔존 자본환원율을 쓰는 장점과 단점을 논의하라.

6. 지분(equity)의 의미는 무엇인가?

7. 전반적인 수익률(overall rate)과 자기지분 배당률의 유사점과 차이점은 무엇인가?

8. 부채감당률(debt coverage ratio)이 중요한 이유는 무엇인가?

9. 세금도피처(tax shelter)란 무엇인가?

10. 부동산의 매각 차익은 어떻게 과세되는가?

11. 유효세율(effective tax rate)의 의미는 무엇인가? 이는 무엇을 측정하는가?

12. 당신은 세금이 다른 투자 대비 부동산의 가치에 영향을 준다고 생각하는가?

13. 수동적 손실에 대한 제한(PAL) 규정이 부동산 투자자에게 대한 중요도는 얼마 만큼인가?

문제

1. 어떤 오피스 빌딩의 임대가능 면적은 3개 층인데 각 층에 단일 임차인이 입주해 있다. 1층은 2만 평방피트가 임대가능하며 15달러에 임대되어 있고 3년의 계약기간이 남아 있고, 비용부담 한도는 4달러이다. 2층은 1만5천 평방피트가 임대가능하며 15.5달러에 임대되어 있고 4년이 잔존한다. 비용부담 한도는 4.5달러이다. 3층은 1만5천 평방피트로서 최근 5년 임대계약을 17달러에 체결하였다. 비용부당 한도는 5달러이며, 이는 내년도의 비용예상액(관리비 제외)이다. 관리비는 실질적인 총수입의 5%로 예측되며, 이는 비용부담 한도에 포함되지 않는다. 각 임대차 계약은 소비자 물가지수에 연동하여 물가상승의 반만큼 기본임대료를 인상한다. 소비자물가는 연 3%씩 상승할 것으로 예상된다. 다음 연도의 운영비는 다음과 같다.

부동산 세금	$100,000
보험료	10,000
공익비	75,000
경비용역	25,000
수선	40,000
총	$250,000

모든 비용은 연간 3%씩 증가할 것으로 예상된다. 임대차 계약이 재계약될 시장 임대시세는 연3%씩 상승할 것으로 예상된다. 재계약될 때에는 임대차 첫해의 운영비와 동일한 비용부담 한도를 설정하게 된다. 기존 임대차 종료 후 새로운 임차인을 구하는 소요시간을 감안하여 공실률은 직전 2개년도(4년차와 5년차)의 유효총소득의 10%로 예상하였다.

a. 향후 5년간의 유효총소득(*EGI*)를 예측하라.

b. 향후 5년간의 비용 분담액을 예측하라.

c. 향후 5년간의 순 영업이익을 예측하라.

d. 순 영업이익은 5년 동안 얼마나 증가하는가(평균 복리)?

e. 당해 부동산을 5백만달러에 매입했다고 가정할 때 전반적인 자본환원율(투자시점)는 얼마인가?

2. 당신은 University 컨설팅 회사의 직원으로서 잠재투자자를 위하여 신축 소규모 주거용 건물에 대한 투자분석을 제시하는 업무를 맡았다. 매물의 매도호가는 125만달러이며, 임대수입은 초년도에 20만 달러이후 이후 연3%씩 성장한다. 공실률과 미수 손실은 임대료의 10%로 예상된다. 운영비는 유효총수입의 35%이다. 금융은 30년 만기로 11%이자율에 70%를 조달 가능하다. 당해 부동산은 연간 3%씩 가격상승할 것이며, 5년간 보유 후 매각 목적이다.

    a. 투자자의 자본에 대한 세전 내부수익률(*BTIRR*)은 얼마인가?

    b. 초년도의 부채감당률은 얼마인가?

    c. 잔존 자본환원율은 얼마인가?

    d. 14%할인율 기준 순현재가치는 얼마인가? 그 의미는 무엇인가?

    e. 14%의 할인율 기준 수익성지수는 얼마인가? 그 의미는 무엇인가?

3. 문제2의 연장으로서, 당신은 지금도 University컨설팅 회사의 직원이다. 투자자는 당신의 투자분석에서 세금을 어떻게 고려해야 하는지를 질문해 왔다. 당신은 건물가치가 전체의 90%이며 39년에 걸쳐서 상각될 것으로 결정하였다. 잠재투자자는 자신의 세율이 36%대이며, 본 사업에서의 수동적 손실이 수동적 손실 한도에 저촉되지 않을 만큼 다른 사업에서의 수동적 소득이 많다고 한다. 가격 상승에 따른 자본이득세는 20% 과세되며, 감가상각액의 회복에 대해서는 25% 과세된다.

    a. 당해 투자자가 예상하는 세후 투입된 자본에 대한 내부수익률은 얼마인가? 이는 앞서 계산하였던 세전내부수익률과 어떻게 다른가?

    b. 실질세율과 세전 상당 수익률은 얼마인가?

    c. 당신을 이 투자에서 세금혜택을 어떻게 평가하는가?

    d. (*b*)에서는 세후 내부수익률을 투자자가 수동적 손실을 5년 후 부동산 매각 시까지 전혀 공제받을 수 없다는 가정하에서 재계산해 보라.

4. Small City는 백만 평방피트의 오피스이며 이중 900,000평방피트는 금융, 보험 그리고 부동산회사가 주로 임차하고 있는 3,000직원이 상주하고 있다. Small City는 최근 강한 경제 회복기에 있으나 글로벌 경기침체로 향후 몇 년 동안은 취업률이 하락할 것으로 예상되고 향후 3년 동안 일년 간 100명의 직원이 증가할 것으로 예상된다. 직원 1명단 임대공간은 지금과 동일할 것으로 예상된다. 그러나, 경기침체 전 50,000평방피트의 오피스 빌딩이 신축되었고 임대차 가능 시기는 일년 후 이다. 향후 몇 년 동안 새로운 오피스 빌딩은 생기지 않을 것으로 예상된다.

    a. Small City의 현 점유율은 얼마인가?

    b. 향후 3년 동안 매년 오피스 공간에 대한 흡수율은 얼마인가?

    c. 향후 3년 동안 매년 점유율은 얼마인가?

    d. 위의 분석을 기본으로, 향후 3년 동안 임대료가 상승 또는 하락할 것인가?

CHAPTER 12

재무 레버리지와 자금조달 대안

Financial Leverage and Financing Alternatives

6장에서는 부동산금융 대안을 분석하기 위하여 관련된 여러 가지 사항들을 소개하였다. 6장에서 중요한 개념들로는 실질부채금리(세전 및 세후)와 추가로 조달할 경우의 증가금액에 대한 증분비용(incremental cost) 등이 있었고, 금리가 하락한 경우에 기존 채무를 차환해야 하는지에 대한 판단 방법을 소개하였다. 6장의 내용은 **주거용** 부동산을 대상으로 한 것이었지만 이는 모든 수익부동산에 대한 분석에도 적용 가능하다.

9~11장에서는 수익부동산의 위험과 수익을 분석하였는데, 그 분석에서는 자금조달을 소개하고 지분투자자에게 발생하는 세전 및 세후 현금흐름에 대한 영향을 지적하였다.

본 장의 목적은 앞에서의 부채에 대한 논의를 세 가지 방향으로 발전시켜 나가는 데에 있다. 첫째로는 자금조달의 수준에 따른 세전/세후 내부수익률을 고찰하고, 두 번째로 투자자가 자금조달을 원할 때 대출자들이 사용하는 심사절차를 살펴본다. 셋째로는 수익용 부동산에서 활용되는 몇 가지 상이한 자금조달 대안들을 살펴본다. 본서에서는 현재 다양하게 이용하고 있는 부채기법을 모두 언급할 수는 없으므로, 주요한 대안들에 초점을 두고 다른 조달기법에 응용될 수 있는 기본개념 및 기법에 집중하고자 한다.

재무 레버리지에 대한 소개

투자자가 부채를 활용하는 이유는 무엇인가? 단순히 투자자가 부동산을 구입하기에 충분한 자본을 갖지 못한 때문이라고 볼 수 있다. 반면, 투자자는 자본을 충분히 갖고 있으면서도 부채를 선택하고 자본을 다른 부동산 매입에 투입할 수도 있다. 자본은 복수의 부동산에 분산투자되므로, 투자자는 자산포트폴리오에 대해서 투자위험을 전반적으로 축소할 수 있다.

부채하는 두 번째 이유는 부채이자에 대하여 손비로 인정을 받아 자본출자자가 세제 혜택을 최대한 누리기 위해서이다. 세 번째 이유는 **재무레버리지**를 통한 잠재이익을 실현하기 위해서이다. 재무레버리지란 부동산투자에서 부채금리가 부동산 수익률보다 낮은 경우에 투자자가 실현할 수 있는 이익이다. 부동산 투자수익률이 부채금리보다 높으면 자본의 수익률은 극대화된다.

재무 레버리지가 투자자의 수익률에 미치는 영향을 보기 위해서 다음과 같은 투자 건을 가정한다.

부동산매입가	
건물가격	$ 85,000
토지가	15,000
총 가치	$100,000
부채	
원금	$80,000
금리	10.00%
조건	이자만 지급
수익가정	
순 영업이익	매년 $12,000 균등
소득세율	28.00%
감가상각	31.5년 정액법 가정
재매각가격	$100,000
보유기간	5년

*이 예를 설명하기 위해서만 사용된다. 세율은 변경 될 수 있다.
†1993년의 조세법에 따르면 주거용 부동산은 27.5년에 걸쳐 감가상각되며, 비주거용 부동산은 39년간 감가상각 될 수 있다. 그러나 이 요율은 변경 될 수 있다. 이 예시에서는 단지 31.5년을 사용한다.

상기 가정에 의해서 [예 12-1]과 같은 현금흐름표를 얻을 수 있다.

[예 12-2]에서는 [예 12-1]에 근거한 현금흐름 요약과 내부수익률 계산을 나타내는데, 부동산 구입과 LTV 80% 대출에 의해 세전 내부수익률은 20%이고 세후 내부수익률은 15.4%이다.

이제 부채금액이 바뀔 때 위의 수익률이 어떻게 변화하는지 살펴보자. [예 12-3]과 [12-4]는 전혀 부채를 하지 않은 경우의 현금흐름과 수익률을 보여준다.

[예 12-4]에서 세전과 세후 내부수익률은 모두 하락하였다. 즉 부채 경우가 무부채 경우보다 수익률이 높은 것이다. 이러한 경우를 정(+)의 재무레버리지를 갖고 있다고 한다. 이제 정(+)이 발생하는 조건을 살펴보고자 한다. 그러기 위해 먼저 세전 기준으로의 정(+)의 조건을 살펴보고 나서 다음에 세후 기준의 조건을 살펴본다.

세전 레버리지 Leverage 조건

무부채의 경우의 세전 내부수익률 12%를 무부채(unlevered)세전내부수익률(BTIRR)로 칭한다. 부동산가격의 80%를 부채한 경우는 BTIRR이 20%로 상승했는데 그 이유는 무엇인가? 그 이유는 무부채(unlevered) BTIRR이 부채금리보다 높기 때문이다.[1]

부채금리는 10%로서 무부채 BTIRR인 12%보다 낮다. 투자수익(금융비용공제전)이 부채금리보다 높으면, 금리의 차이 2%는 자본수익률(세전)을 늘려주는 정(+)의 레버리지가

---

[1] 정확히는 무부채 내부수익률(IRR)이 부채실질금리보다 높기 때문이다. 대출의 실질금리는 포인트, 조기상환 등 관련 요인들을 반영해야 한다는 점을 기억해야 한다.

예 12-1   상업용 건물에 대한 현금흐름

	1	2	3	4	5
	\multicolumn{5}{c}{운영상의 현금흐름 추정(년)}				

	1	2	3	4	5
A. 세전 현금흐름(BTCF):					
순 영업이익	$12,000	$12,000	$12,000	$12,000	$12,000
(−)부채상환	8,000	8,000	8,000	8,000	8,000
세전 현금흐름	$ 4,000	$ 4,000	$ 4,000	$ 4.000	$ 4,000
B. 과세소득 또는 손실:					
순 영업이익	$12,000	$12,000	$12,000	$12,000	$12,000
(−) 이자	8,000	8,000	8,000	8,000	8,000
감가상각	2,698	2,698	2,698	2,698	2,698
과세소득(손실)	1,302	1,302	1,302	1,302	1,302
세금	$ 364	$ 364	$ 364	$ 364	$ 364
C. 세후 현금흐름(ATCF):					
세전 현금흐름	$ 4,000	$ 4,000	$ 4,000	$ 4,000	$ 4,000
(−) 세금	364	364	364	364	364
세후 현금흐름	$ 3,636	$ 3,636	$ 3,636	$ 3,636	$ 3,636

	5년차의 매각으로 인한 현금흐름 추정				
매각가격					$100,000
(−) 저당잔액					80,000
매각 전의 현금흐름(세전)					$ 20,000
매각 시의 세금				$100,000	
매각가격			$100,000		
원가			13,492		
(−)감가상각누계				86,508	
미상각잔액				$ 13,492	
자본이득					
양도세					3,778
매각 후의 현금흐름(세후)					$ 16,222

예 12-2

현금흐름과 내부수익률

	0	1	2	3	4	5
	\multicolumn{6}{c}{년말}					
세전 현금흐름	$−20,000	$4,000	$4,000	$4,000	$4,000	$4,000
세후 현금흐름	−20,000	3,636	3,636	3,636	3,636	19,858
세전 내부수익률 = 20.00%						
세후 내부수익률 = 15.40%						

예 12-3 현금흐름(무부채의 경우)

	운영상의 현금흐름 추정(년)				
	1	**2**	**3**	**4**	**5**
A. BTCF:					
순 영업이익	$12,000	$12,000	$12,000	$12,000	$12,000
(−)부채상한	0	0	0	0	0
BTCF	$12,000	$12,000	$12,000	$12,000	$12,000
B. 과세소득 또는 손실:					
순 영업이익	$12,000	$12,000	$12,000	$12,000	$12,000
(−) 이자	0	0	0	0	0
감가상각	$ 2,698	$ 2,698	$ 2,698	$ 2,698	$ 2,698
과세소득(손실)	9,302	9,302	9,302	9,302	9,302
세금	$ 2,604	$ 2,604	$ 2,604	$ 2,604	$ 2,604
C. ATCF:					
BTCF	$12,000	$12,000	$12,000	$12,000	$12,000
(−) 세금	2,604	2,604	2,604	2,604	2,604
ATCF	$ 9,396	$ 9,396	$ 9,396	$ 9,396	$ 9,396

	5년차의 매각으로 인한 현금흐름 추정				
매각가격					$100,000
(−)저당잔액					0
매각전의 현금흐름(세전)(BTCFs)					$100,000
매각시의 세금					
매각가격				$100,000	
원가			$100,000		
(−)누적감가상각			13,492		
조정				86,508	
자본이득				$ 13,492	
양도세					3,778
매가후외 현근흐름(세후)(*ATCF*ₛ)					$ 96,222

예 12-4

현금흐름 요약과
수익률(무부채의 경우)

	연말의 현금흐름 요약					
	0	**1**	**2**	**3**	**4**	**5**
세전 현금흐름	$−100,000	$12,000	$12,000	$12,000	$12,000	$112,000
세후 현금흐름	−100,000	9,396	9,396	9,396	9,396	105,618
세전 내부수익률 = 12.00%						
세후 내부수익률 = 8.76%						

존재함을 의미한다.

이러한 관계를 부동산수익률과 부채금리를 변수로 한 자본수익률을 산식으로 나타내면,[2]

$$BTIRR_E = BTIRR_P + (BTIRR_P - BTIRR_D)(D/E)$$

여기에서

$BTIRR_E$ = 투자자본에 대한 $BTIRR$

$BTIRR_P$ = 총 부동산투자(투자자본 + 부채)에 대한 $BTIRR$

$BTIRR_D$ = 부채금에 대한 $BTIRR$(실효금리)

D/E = 부채대 자본 비율

위의 산식에 예시한 수치를 대입하면

$$BTIRR_E = 12\% + (12\% - 10\%)(80\% \div 20\%) = 20\%$$

산식에 의하면 $BTIRR_P$가 $BTIRR_D$보다 높은 한은 $BTIRR_E$가 $BTIRR_P$보다 높으며, 이러한 상황을 정(+)의 레버리지 상황이라 한다. 정(+)의 경우 부채금액이 커질수록 지분투자자의 수익률은 높아진다. 따라서 투자자들은 가능한 최대금액을 부채해야 한다는 결론을 얻게 된다(단 위험을 고려할 때 이 결론이 항상 옳지 않다는 점을 후술할 것이다).

[예 12-5]는 LTV수준별로 수익률에 미치는 영향을 보여준다. [예 12-5]에서 나타나는 관계는 명쾌하지만 가용한 부채의 규모에는 제약이 있다. 그 제한이 무엇인가? 첫째, 채무금액 면에서 대출자에 의해 순 영업이익대비 부채감당비율이 증가하여 채무상환 부담이 증가하는 것이다. 둘째, LTV가 상승하므로 대출자측의 대출위험이 증가한다. 그 결과로 추가 대출에 대한 한계금리가 동반 상승한다. 따라서 어느 수준에서는 $BTIRR_D$가 $BTIRR_P$를 초과하지

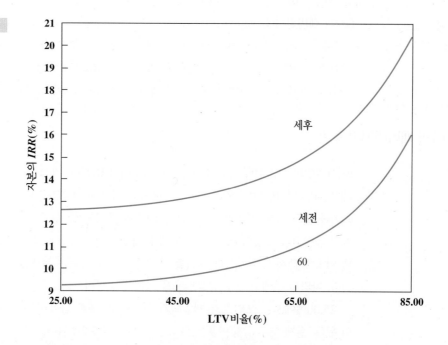

예 12-5

세전 및 세후 레버리지

---

[2] 이것은 시간이 변함에 따라 부채비율의 조사치를 나타낸다.

예 12-6
세전 및 세후 레버리지

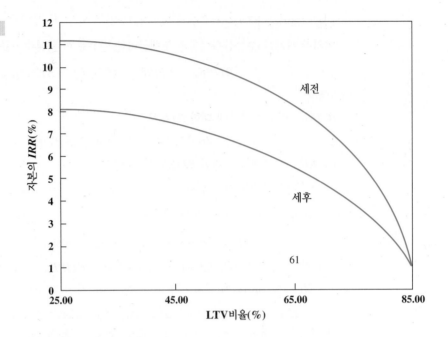

못하게 될 것이다(정(+)의 레버리지 소멸). 셋째, 추가부채는 지분투자자에게 위험을 가중시킨다. 레버리지가 위험에 주는 영향을 본 장의 후반에서 서술할 것이다. 또한 레버리지가 수익을 올릴 수 있지만, 손실을 가져올 수도 있다는 점을 지적할 수 있다. 즉 부채가 **부(−)의 레버리지(Leverage)**가 된 경우, 즉 $BTIRR_D > BTIRR_P$이면 추가 부채는 자본 투자자의 수익률을 감소시킨다. $BTIRR_P$가 $BTIRR_D$보다 커야만 레버리지가 유리한 것을 알고 있다. 만일 금리가 10%가 아니고 14%라면 무부채 $BTIRR_E$ 12%가 부채금리 14%보다 낮으므로 부(−)의 레버리지(Leverage)이다.

[예 12-6]은 LTV 비율변화가 세전 및 세후 내부수익률에 미치는 영향을 나타낸다. $BTIRR_P$가 $BTIRR_D$보다 낮으면 $BTIRR_E$도 $BTIRR_D$보다 낮으며, 부채금액이 증가할수록 더욱 감소한다는 점을 기억하자. 다음절에서 이 관계를 상술할 것이다.

세후 정(+)의 레버리지의 조건

[예 12-2]와 [12-4]에서 세후 내부수익률[ATIRR$_P$(총투자기준)]이 8.76%이고 ATIRR$_E$(자본기준)는 15.4%인 것을 보았다. 따라서 투자자는 세후기준으로 정(+)의 레버리지(leverage)를 갖고 있다. 즉 예에서와 같이 10%에 부채를 할 수 있다면, 기대되는 세후 내부수익률이 높아진다는 것이다. 그런데 무부채 세후 내부수익률 8.76%가 조달금리 10%보다 낮은데 어떻게 해서 레버리지가 유리할 수 있는가? 그 이유는 부채금리가 세금공제를 받기 때문이다. 따라서 부채의 세후 금융비용을 고려해야 한다.

25.00예에서는 포인트가 개입되지 않으므로, 세후 금융비용은 세전 금융비용(1 − 세율)이 된다. 실제 세후 금융비용은, 0.1(1 − 0.28) = 7.2%이다.

앞 절에서 부동산 수익률과 부채금리에 근거하여 자본출자자의 수익률을 산출하는 산식

예 12-7은 고정금리담보대출을 가정하였다. 하지만 5장에서 살펴보았듯이 변동금리저당대출을 이용한 다양한 방법이 있다. 그러나 변동금리담보대출을 원하지 않는 채무자는 이자율 Swap을 활용하여 고정금리담보대출과 동일한 효과를 얻고자 한다. 변동금리담보대출을 원하는 대출기관의 경우 일반적으로 채무자의 수수료를 위해 이자율 Swap을 활용한다.

이자율스왑거래는 두 채무자가 각각 상대채무자 보다 유리한 변동금리 또는 고정금리조건으로 자금을 조달할 수 있는 상대적인 비교우위에 있을 경우 두 채무자가 각자 유리한 시장에서 부채하여 각자의 부채 금리 지급 의무를 상호간에 교환함으로써 이루어진다. 일반적으로 채무자는 명목금액을 정하고 (여기서는 $80,000) 은행에 수수료와 일정프리미엄을 제공한다.*

이러한 거래를 Swap이라 하며, 두당사자는 지불액을 서로 교환한다. 즉 고정금리 대출받은 채무자는 변동금리에 해당하는 금액을 지불하고, 변동금리로 대출받은 채무자는 고정금리에 해당하는 금액을 지불한다. 실제적으로 이자율의 차이는 두당사자간의 거래로 이루어진다. 이러한 거래를 일반적으로 "Plain vanilla swap"이라 하며 이는 Swap 거래에 가장 빈번하게 활용된다. 또한, Swap 거래의 당사자들의 채무불이행 또는 파산할 가능성을 염두해 두어야 한다. 따라서 두 당사자들은 Credit Default Swap과 같은 보험을 구입하여 이러한 상황에 대비하여야 한다.

게다가, 이러한 Swap은 다른 나라의 부동산개발에 대한 외국환 거래 및 기타 복잡한 거래에 활용된다. 마지막으로 변동금리저당대출의 위험을 헤지(Hedge)하기 위해 이자율 선물옵션을 사거나 매도한다. 그러나 후자의 경우 미국 정부와 증권에 관한 위험이 상업용부동산 위험과 상이하기 때문에 이러한 거래는 Swap보다 효율적이지 못하다.

* 예제에서 스왑은 $80,000보다 크거나 작은 금액으로 실행될 수 있다. 그것이 더 낮은 한도 내에서 차용인은 과소해지고 위험을 감수하고 있으며, 금리가 오르면 차용인이 과도해지면서 이익을 기대할 수 있다.

을 사용하였다. 세금을 고려하여 동 산식을 다음과 같이 수정하여 사용할 수 있다.

$$\text{세후 내부수익률}(ATIRR_E) = \text{세후}\ (ATIRR_P) + (\text{세후}\ ATIRR_P - \text{세후}\ ATIRR_D)(D/E)$$

$ATIRR_E$ = 투입된 자본의 수익률(세후 내부수익률)

$ATIRR_P$ = 부동산에 투입된 총자금의 수익률

$ATIRR_D$ = 부채금의 수익률(실질금리)

D/E = 부채와 자본의 비율

동 산식을 사용하면,

$$\text{세후 내부수익률}(ATIRR_E) = 8.76\% + (8.76\% - 7.2\%)(80\% \div 20\%) = 15\%$$

따라서 [예 12-2]상의 실제 세후의 수익률 15.4%에 비해, 상기 산식에서는 대략치인 15%를 얻게 된다. 위의 산식이 대략치를 구해내는 이유는 D/E 비율이 기간 중에 증가하기 때문이다. 즉 최초의 D/E 비율은 4배였지만, 부동산이 매각되는 시점에서 채무액은 $80,000으로 불변 대비 출자지분의 가치는 $16,222이다(매각가격 $96,222에서 채무 $80,000 공제). 따라서 D/E 비율은 4.93이 되므로, 부동산보유기간중의 평균 D/E는 최초시점의 4배보다 높은 것이다. 그러나 최초 D/E 수치를 사용하더라도 상당히 훌륭한 대략치를 얻을 수 있다.

또한 레버리지에서 가장 중요한 변수는 세후 금융비용이다. 즉 레버리지가 세후 기준으

예 12-7
다양한 수익률 도출

	세전 IRR_E	세후 IRR_E
무 부채 경우*	12%	8.76%
80% 대출	20%	15.40%

*무부채 경우 $IRR_E = IRR_P$ 이다.

로 유리한 효과를 얻으려면 전체투자액에 대한 세후 수익률이 세후 금융비용을 상회해야 하는 것이다. 상기의 예에서 세후 IRR_P가 7.2%보다 낮으면 레버리지는 불리해지는 것이다.

앞의 예에서의 무부채 경우와 부채경우의 다양한 수익률을 요약한 것이 [예 12-7]로서 매우 유익한 표이다.

[예 12-7]상의 수익률 차이 발생을 이해하는 것은 매우 중요하다. 수익률이라는 개념을 사용할 때, 이것이 세전인지 세후인지를 구분해야 하며 무부채 경우인지 부채(levered)인지도 매우 중요한 구분사항이다.

손익분기 *Break even* 이자율

앞 절에서는 부동산의 세후 내부수익률과 세후 금융비용간의 높낮이 관계가 레버리지를 유리/불리하게 만드는 것을 살펴보았다. 여기에서 레버리지가 불리해지기 전까지 지불할 수 있는, 최대 지불 금리를 알 수 있다면 유용할 것이다. 이 금리를 **손익분기금리**라고 부르며, 레버리지가 유리하지도 불리하지도 않을 금리수준을 나타낸다. 앞 절의 산식을 활용하여 손익분기금리를 다음과 같이 설정할 수 있다.

$$세후\ IRR_D = 세후\ IRR_P$$

위의 관계에 의해 세후 금융비용이 부동산 전체 투자자금에 대한 세후 수익률과 동일해지는 금리를 찾게 된다. 6장에서 세후 금융비용인 세후 IRR_D = 세전 IRR_D (1 − 세율)이었던 것을 기억하자.

이 식을 변형하면 세전 IRR_D = 세후 IRR_D/(1 − 세율)

손익분기점에서는 세후 IRR_D = 세후 IRR_P이므로 세후 IRR_P를 IRR_D로 바꾸어 넣으면 세전 IRR_D=세후 IRR_P/(1 − 세율)인 것을 알 수 있다.

예에서 손익분기금리를 구하면

$$\frac{8.76\%}{1 - 0.28} = 12.17\%$$

손익분기금리의 의미는 부채금액 또는 부채비율에 관계없이 금융비용이 지불되면서도 자본이익률을 감소시키지 않는 금리는 12.17%라는 것이다. 이를 설명하기 위해서 [예 12-8]은 세 가지 LTV 수준별로 세후 내부수익률을 10~16%의 구간 내에서 보여주고 있다.

예에서 손익분기금리인 12.17%를 넘는 구간에서는 세후 IRR_E가 세후 IRR_P인 8.76%보다 낮은 반면, 12.17%보다 낮은 금리 구간에서는 세후 IRR_E가 세후 IRR_P보다 높다. [예 12-9]는 [예 12-8]로부터 손익분기금리간의 관계를 보여주고 있다.

예 12-8
부채금리가 자본의 세후
내부수익률에 주는 영향

이자율(%)	ATIRRE(%)		
	LTV 60%	LTV 70%	LTV 80%
10.00	10.83	11.86	13.73
10.50	10.36	11.16	12.61
11.00	9.89	10.45	11.48
11.50	9.41	9.73	10.32
12.00	8.92	9.01	9.16
12.50	8.44	8.27	7.98
13.00	7.95	7.53	6.78
13.50	7.45	6.79	5.57
14.00	6.95	6.03	4.34
14.50	6.45	5.27	3.10
15.00	5.95	4.50	1.85
15.50	5.44	3.73	0.58
16.00	4.92	2.94	−0.70

　　여기에서 손익분기금리 12.17%는 부채금액에 관계없이(60, 70, 80% LTV) 일정하다는 점을 주목하자. 부동산투자자가 손익분기 금리에 부채를 한다면 레버리지는 중립적이다.

　　손익분기금리인 세후 IRR_E는 정확히 세후 IRR_D와 일치한다(정의에 의해). 즉, 부동산투자자가 얻는 수익률은 동일 부동산에 대출한 대출자가 얻는 수익률과 동일하다. 그러나 손익분기금리의 대출은 부동산에 자본을 출자한 투자자에게 위험 프리미엄을 제공하지는 못한다. 자본 투자자들은 부동산투자성과의 변동에 의한 위험을 부담하므로 위험 프리미엄을 요구한다. 위험 프리미엄에 대해서 다음 절(risk and leberage)에서 논의한다.

예 12-9
금리수준별 세후
내부수익률

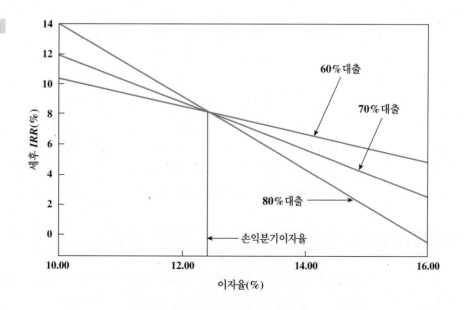

레버리지와 부채의 증분비용 *Incremental cost*

앞에서 언급했듯이 기존부채가 많은 경우, 추가로 부채를 구하려면 더 높은 금리를 지불해야 한다. 실질부채금리가 손익분기 금리보다 낮다면 레버리지가 유익하다는 점에 의해, 단순 부채금리가 손익분기 금리보다 낮은 한 부채가 유리하다고 결정을 내릴 위험이 있는데 이는 항상 옳은 것이 아니다.

앞에서의 주택금융과 관련된 증분비용 또는 증분원가(incremental cost) 개념을 기억하고 있다. 기존부채에 추가하여 신규대출을 받을 것인가의 결정은 증분원가를 고려해서 판단해야 한다. 증분원가를 알아야 한다는 점은 부동산 부채에 있어서 매우 중요하다. (예: 80% 대출 대신 90% 대출을 받기)

예시에서는 80% LTV 대출이 이자율 10%에 가용한 경우로서 그 금리는 무부채 수익률 12% 보다 낮았으므로, 레버리지가 유익하다는 결론과 함께 15.4%의 레버리지 수익률을 도출했다. 이제 85% LTV 대출을 10%가 아닌 10.25%에 얻는다고 가정한다. 이 경우, 투자자는 추가적인 자본조달이 필요한가?

첫째로, 10.25%는 여전히 12%의 무부채 수익률보다 낮다. 그러므로 이것은 여전히 유익한 레버리지로, 모든 펀드를 빌릴 수 있다. 하지만, 85%의 금리로 추가적인 자금을 빌린다면, 80%의 금리로 빌리는 것과 무슨 차이가 있을까? 또는 80%의 금리로 빌리는 것보다 더 불리한 조건일까?

이것을 알아보기 위해, 먼저 85% 금리의 경우를 계산해보자. 이것은 이자상환대출(interest-only loan)이므로, 계산은 간단하다. (10% × $80,000 = $8,000.) 그러므로, 우리는 $5000을 빌리기 위해, $712.50를 추가적으로 내야한다. 이것이 이자상환(interest-only)이므로, 우리는 $712.50을 $5,000으로 나누어 14.25%의 구차적인 비용이 든다는 것을 알 수 있다. 그러므로 추가자금에 드는 비용은 14.25%이다. 이것을 어떻게 비교해야 할까?

85%와 80%의 경우를 비교 할 때, 85%의 경우는 15.4%의 레버리지 수익률을 가지고 있다. 이것은 추가적인 레버리지가 적용될 때 발생하는 수익률이다. 유익한 레버리지를 이 추가적인 자금에 가지기 위해서, 추가적인 자금에 대한 비용은 15.4%보다 작아야 한다(12%의 무부채 레버리지 수익률이 아니다). 15.4%가 14.25%보다 크므로, 이 레버리지는 유익하다. 그러므로 레버리지 수익률은 추가적인 자금을 쓴다고 해도 증가할 것이다. 85%의 조건에서 10.25%의 이자율, 레버지리 내부수익률 21.92%조건에서 시행한다면, 80%의 조건에서 10%의 이자율보다 높은 20%의 레버리지 수익을 얻는다.

다음 절에서 다루겠지만, 위험은 더 많은 돈을 빌릴수록 커진다. 그러나 최소한 우리는 추가적인 레버리지가 유익하다는 것을 안다. 그렇지 않다면 투자자들은 80% 조건의 융자를 얻는 것이 낫다. 왜냐하면 추가적인 자금이 레버리지를 낮출 것이기 때문이다. 추가적인 자본이 유익한 레버리지에 도움이 되기 때문에, 위험대비 얻는 효과가 좋은지 따져봐야 할 것이다.

위험과 레버리지

유익한 레버리지의 경우 세전 및 세후 자본 IRR_E를 증가시킴을 보았다. 또한 부채금액을 증가시키면 레버리지 효과가 증가되는 것도 보았다. 많은 사람들이 가능한 한 자금을 많이 빌리려 하는 것은 당연하다(other people's money: OPM이라는 단어의 신봉자가 많다). 본 절의 주제는 레버리지의 사용에 대해 내재된 비용이 수반된다는 점을 강조하려는 것인데, 그 비용이란 위험증가라는 형태로 나타난다. 앞에서 위험을 재무위험으로 정의했던 것을 기억하자.

재무 위험을 예시하기 위해 다음과 같은 투자를 살펴보자. 총투자금액 $1,000,000으로 무부채의 경우이며 투자에는 세 가지의 가능한 시나리오가 있다.

1. **비관적**: 순 영업이익은 초년 $100,000이되 5년간 매년 2%씩 감소. 부동산은 5년 후에 $900,000만에 매각
2. **가장 실현성이 높은 경우**: 순 영업이익은 5년간 매년 $110,000. 5년 후 $1,100,000만에 매각
3. **낙관적**: 순 영업이익은 초년도 $120,000이되 5년간 매년 5%씩 증가. 5년 후 $1,300,000만에 매각

투자자는 비관적 시나리오의 가능성을 20%, 실현성 높은 경우 50%, 낙관적 경우를 30%의 확률로 보고 있다. 이에 근거하여 각 경우의 세전 IRR_P, 기대 세전 IRR_P, 세전 IRR_P의 분산과 표준편차를 다음과 같이 구하였다.

무부채의 경우					
	(1) 추정 세전 IRR_P	(2) 기대 세전 IRR_P*	(3) 편차 (1)-(2)	(4) 편차의 제곱	(5) 확률	(6) (4) × (5)
비관적	7.93	13.06	−5.13	26.31	0.20	5.26
실현성최대	12.56	13.06	−0.50	0.25	0.50	0.12
낙관적	17.31	13.06	4.25	18.07	0.30	5.42
					분산	10.81

표준편차 = $\sqrt{10.81}$ = 3.29

*7.93 × 0.2 + 12.56 × 0.5 + 17.31 × 0.3 = 13.06%

『역자주』 표의 $IRRP$는 $IRRE$가 정확하다. 「Excel을 활용한 부동산금융과 투자」 2판, 309페이지 참고.

한편 동일한 부동산에 대해서 $90만을 10%에 15년 만기로 부채하는 경우의 수치를 구하면 다음과 같다. 부채의 경우

부채의 경우					
	(1) 추정 세전 IRRE	(2) 기대 세전 IRRE*	(3) 편차 (1)-(2)	(4) 편차의 제곱	(5) 확률	(6) (4) × (5)
비관적	−5.09	26.49	−31.58	997.36	0.20	199.47
실현성최대	25.99	26.49	−0.50	0.25	0.50	0.13
낙관적	48.38	26.49	21.89	479.13	0.30	143.74
					분산	343.34

표준편차 = $\sqrt{343.34}$ = 18.53

*−5.09×0.2 + 25.99×0.5 + 48.38×0.3 = 26.49%

실현성이 가장 높은 시나리오에서 기대수익률은 부채의 경우가 무부채의 경우보다 높으므로 레버리지가 유리함을 보여준다. 그러나 비관적인 시나리오에서는 기대수익률이 낮아 이 시나리오가 실제 실현되면 레버리지가 매우 불리해진다. 기대 IRR_E로만 보면 절대수익률이 높아 사람들은 부채를 현명한 대안으로 생각하게 된다.

그러나 부채의 경우 수익률의 표준편차가 매우 높아서 무부채인 경우의 3.29% 대비 18.53%에 달하므로 레버리지 투자는 명백히 더 위험하다(이는 레버리지가 정(+)인지 부(−)인지의 여부와 무관하다).

중요한 점은 부채 의사결정을 세전 IRR_P와 세전 IRR_E만을 가지고 행해서는 안 된다는 것이다. 투자자는 레버리지의 높은 수익률이 높은 위험도와 균형을 이루는지를 질문해야 한다.

또는 투자자는 다른 투자에서 더 낮은 위험 부담에 의해 동일한 수익을 올릴 수 있는 다른 투자 대안 또는 동일투자 대안에 대한 상이한 조달 방안이 있는지 질문해야 한다.

수익용 부동산에 대한 대출심사

앞서 8장에서는 주택에 대한 대출심사와 여신을 다뤘다. 그러나 **상업용** 부동산과 다가구 주택에 대한 여신 신청을 심사할 때에는 대출자들이 고려해야 할 사항들이 더 많이 추가된다. 본 절에서는 중요한 고려사항에 대해서 집중하여 다룬다.

시장조사와 감정평가

부채 조달을 의뢰받을 경우, 일반적으로 대출자들은 신청서와 함께 경제 상황 분석(7장 참조)과 당해 부동산 입지 지역의 고용 증가 예상치를 포함하는 **시장조사**를 같이 제시할 것을 요구한다. 또한 하위 시장(Sub Market)에 대한 공실률, 임대시세 및 신축 건물 현황, 임차인의 기대수요 등에 대한 분석도 포함된다. 즉, 대출자는 임대율과 임대료가 저당 부채 상환에 충분하다는 점을 확인하고자 한다.

부동산에 대한 시장분석에 추가하여 부채신청서는 당해 건물에 대한 **감정평가서**를 첨부해야 한다. 감정평가는 제3자에 의해서 세 가지 평가방법 중 하나 또는 그 이상을 사용하여 이루어진 것이어야 한다. 각 평가방법은 대출자에 의해 가정이 너무 낙관적이거나 대출자의 평가와 불일치하는지 검토되고, 여신 목적상의 부동산 가치가 설정된다. 대출은 부동산에 대한 저당권으로 담보될 것이다. 따라서 대출자는 채무자가 지급불이행하여 부동산을 매각하는 경우에 여신을 회수하는 데에 충분한지를 확인해야 한다.

채무자의 재무상황

부동산에 의한 저당권에 추가하여 다른 특약이 없는 한 채무자인 투자자는 저당채무증서에 대해서 개인적인 상환의무로서 추가적인 신용 담보를 제공한다. 따라서 대출자는 개인 재무 상황 또는 기업차주인 경우 재무제표들을 요구하게 된다. 대출자는 부동산이 채무를 상환하는 데에 가치가 부족한 경우에 대비하여 차주의 상환능력도 고려하는 것이다.

그러나 대부분의 경우는 대출자와 차주 간에 저당채무증서에서 **비소구 조항**(nonre-course clause)을 두기로 합의할 수가 있다. 이 조항에 의하면 차주는 채무에 대한 개인적인 상환 의무에서 벗어나고, 부동산만이 부채를 담보하기 위한 유일한 원천이 된다. 비소구 조건을 달성하기 위해서는 대출자들은 추가적인 대출수수료나 더 높은 금리를 징수하여 안전성이 낮아진 데에 보상받게 된다.

차주의 입장에서는 비소구 조항은 **풋옵션**(put option)으로 볼 수가 있다. 차주 자신이 채무를 상환을 불이행하고 부동산 가치가 부채 잔고보다 작다면 차주는 부동산을 대출자에게 주거나 풋(Put)을 행사할 수가 있는 것이다. 채무자인 투자자는 최초부채 시점에서 부동산에 투입한 자본을 잃는다. 이러한 금액은 투자자가 옵션을 갖기 위한 비용으로 생각할 수가 있다. 이러한 채무불이행 발생 이후 여신이 워크아웃 협약으로 채무 조정될 수가 없다면 차주는 부동산에 대한 소유권을 대출자에게 넘겨주게 된다.

주택담보대출비율 *Loan to Value Ratio*

대부분의 대출자들은 대출액을 부동산 가치의 75내지 80% 이내로 요구한다. 따라서 채무자가 상환불이행 하더라도 대출자는 최초대출 이후 부동산 가치가 20~25% 하락하지 않는 한은 대손을 보지 않게 된다. 그 결과 대출자들은 대출액 대 시가 비율 범위를 여신 심사에서 중요시한다.

부채감당률 *Debt Coverage Ratio*

대출자들이 대손 위험을 축소하기 위하여 많이 사용하는 또 하나의 심사 지표는 부채감당률이다. 이 비율은 부동산으로부터 발생하는 순 영업이익이 저당상환금액을 초과할 것으로 예상하는 비율을 나타낸다. 대출자는 충분한 안전지대를 둠으로서 순 영업이익이 예상보다 낮아지더라도(예측하지 못한 공실 발생이나 임대료 하락) 차주가 자신의 고유재산을 사용하지 않고도 당해 채무를 상환할 수 있기를 바라는 것이다.

부채감당률은 순 영업이익의 저당 상환액에 대한 비율이다. 예를 들면, [예 12-1]에서 초년도의 순 영업이익은 12,000달러였고 원금거치 후 이자지급액은 8,000달러였다. 이러한 수치는 부채감당률 1.50을 달성한다. 대출자들은 전형적으로 부채감당률을 최소한 1.2배로 요구한다.

그리하면 순 영업이익이 20%까지 하락하는 사태가 발생하더라도 대출자가 대손을 입지 않게 된다. 20%의 안전지대는 대부분의 대출자에게 충분할 가능성이 크다. [예 12-1]의 경우 안전지대는 50%로서 20%보다 훨씬 컸다. 따라서 이 부동산은 대출자의 요구를 손쉽게 맞추었다. 그러나 채무자에게 질문해야 할 중요한 문제는 주택담보대출비율(LTV)을 어디까지 높이면 부채감당률이 1.2배까지 낮아질 것인가이다. 이 문제에 대한 답변은 다음과 같다.

$$\frac{\text{순 영업이익}}{\text{목표 부채감당률}} = \text{채무상환 최대금액}$$

$$\frac{\$12,000}{1.20} = \$10,000$$

이 계산은 채무상환액이 $10,000까지 늘어나도 부채감당률 1.2를 지킬 수 있다는 것이다. 대출가능 최대 금액은 80%를 넘는 여신에 대해서 대출자가 매기는 이자율에 의해서 결정된다.

예를 들면, 만일 대출자가 80%를 넘는 대출에 11%의 이자율을 요구한다면, 대출 최대액은 11% 이자율에서 부채감당률 1.2를 지키는 금액으로 다음과 같이 계산된다.

$$\frac{\text{채무상환 최대금액}}{\text{저당대출상수}} = \text{대출최대액}[3]$$

$$\frac{\$10,000}{0.11} = \$90,909$$

그러나 이 금액은 부동산 가치의 90%를 넘으므로 전형적인 주택담보대출비율(LTV)지침인 75 내지 80%를 벗어난다. 이 예시에서 11%이자율의 $90,909의 대출은 1.2배의 부채감당률은 맞추지만 주택담보대출비율(LTV)이 80%를 넘으므로 대출자의 동의를 받을 가능성이 없다. 더구나 차주가 레버리지를 높이는 데 따른 한계금융비용은 매우 높다. 이는 다음과 같이 약식 계산된다.

$$((90,909 \times 0.11) - (\$80,000 \times 0.10))/(\$90,909 - \$80,000) = 18.3\% \text{ 증분 비용}$$

증분 부채액 $10,909를 획득하는 비용은 매우 비싸다. 더구나, 증분 부채는 $BTIRR_E$는 21%밖에 늘리지 못하면서 위험은 매우 높인다. 레버리지 공식을 기억하자.

$$BTIRR_P + (BTIRR_P - BTIRR_D) \, D/E = BTIRR_E$$

$$12\% + (12\% - 11\%) \times .90 = BTIRR_E$$

$$21\% = BTIRR_E$$

이는 주택담보대출비율(LTV) 80%인 대출의 $BTIRR_E$와 대조된다. 따라서 레버리지 활용도가 높아져 90%에 달한다면, 투자자는 자본은 10% 더 투입하면서 수익률은 1%밖에 더 높아지지 않는 것이다.

요약하면, 대출자들이 대출심사를 할 때 부채감당률과 주택담보대출비율(LTV)을 지표로서 활용한다. 대출자들은 대출금액 대비 부동산 가치의 예측 못한 하락과 부채부담능력의 저하에 따른 대손 위험에 균형을 두고자 한다. 이러한 목표는 대출이 신청된 시점에 따라 달라지지만 본 예시를 통해 대출자와 채무자가 레버리지 수준을 결정함에 있어서 직면하는 상반된 요인을 이해할 수 있다.

---

[3] 본 절에서는 원금거치로 이자만 지급하는(interest only) 경우이다. 원금분할상환하는 대출의 경우에는 분모는 월별 저당대출상수에 12개월을 곱하여 사용해야 한다.

기타 대출조건 및 저당조건

주택담보대출비율(LTV)과 부채감당률 외에도 대출자들이 요구하는 다른 조건들이 있으며, 이에 대하여 앞에서 전술한 바 있었다. 대출자들은 부동산이 보험에 부보(가입)될 것 세금을 완납하며, 대출자의 승인 없이는 저당 채무 인수 조건으로 제3자에게 매각될 수 없도록 요구한다는 점을 기억하라.

대출자는 또한 부동산의 가치에 영향을 주는 중대한 사건이 있는지의 통지를 요구한다. **저당계약**에 포함되는 주요 조항들은 다음과 같다.

1. 일정 면적을 넘은 새로운 임대계약에 대한 대출자의 승인권
2. 기존 임대차 계약에 대한 수정에 대한 대출자의 승인권
3. 건물의 개조, 증축 등에 대한 대출자 승인권
4. 채무자는 정기적으로 부동산관리/현금흐름 상황 보고 의무
5. 채무자는 매년 감정평가서를 제공 의무
6. 채무자는 임차인 또는 외부인에 의한 소송, 규정위반이 있을 시 이를 대출자에게 보고
7. 채무자는 건물의 기능 등 하자 보완을 위한 자본적 지출을 대출자에게 통지
8. 대출자는 부동산을 현장 방문하여 실사권을 가짐

위의 목록은 예시일 뿐이고 모든 조항을 망라하는 것은 아니다. 대출자는 **대출 실행 이후** 부동산 가치나 수익창출력에서 손상을 예방하려는 것이다. 이러한 조항에 대한 위반이 발생할 경우 대출자는 채무자에게 계약위반이 발생하였음을 통보하여 위반상태가 해소되지 않는다면 채무자의 기한의 이익을 상실시키고 저당권 행사에 나선다.

이러한 조건뿐만 아니라 대출자는 실사 조건으로 제시되었던 내용들을 대출신청서에 첨부할 것을 요구한다.

조기상환 금지기간 및 조기상환 시의 위약금

본 절에서 강조하고자 하는 또 하나의 중요 조항은 조기상환 금지기간(lockout period)과 조기상환시의 위약금이다. 조기상환 금지기간은 채무자로 하여금 일정기간(통상 7~10년)간 설정되며, 채무자가 부동산을 매각하거나 기존채무를 차환하는 경우 대출자가 예상하지 못한 현금을 재투자하는 데에 따른 금리 하락 위험으로부터 보호하기 위한 목적이다.

또한 15년 만기 대출 경우 대출자는 금지기간 종료 후부터 만기 시까지의 기간 중에도 조기상환으로부터 보호받고 싶지만 채무자의 조기상환을 원천적으로 막을 수는 없다. 이러한 목적을 달성하기 위하여 대출자는 **조기상환수수료**(yield maintenance fee: YMF)를 징구한다.

조기상환수수료 예시

대출액　　　$10,000,000

이자율　　　8%

15년 만기이되 10년간 조기상환금지

대출 실행시점의 국채수익률(10년)은 6%로서 신용스프레드는 2%이다.

11년도 말에 채무자가 조기상환을 원하며, 국채(잔존 4년) 수익률은 5%로 하락하였다. 당초 합의된 조건이 대출자의 대출수익률 보장이었다 할 때 채무자는 대출자의 운용수익률 (5%+2%인 7%)과 당초 이자율 8% 간의 차액인 1%를 수수료로 지불해야 한다.

계산기 해법	함수:
n = 48개월	$PV(n, i, PMT)$
i = (8% − 7%)÷12	
PMT = $8,333	
현재가치 = $341.336	

즉, 채무자는 조기상환 금지기간 도래 이후에도 조기상환을 위해서는 $341,336의 수수료를 지급해야 한다. 대출자는 원금 $1천만과 수수료 $341,336을 수령하여 7%에 4년간 새로 대출하면(시장금리 5% + 2%에) 15년간의 8% 수익률을 그대로 획득하게 된다. 이는 조기상환이 없이 대출이 15년간 지속된 경우와 동일한 결과이다.[4]

고정금리 대출에 대한 대체 조달 수단들

수익부동산에 대한 대출은 양자의 필요에 맞추어 다양하게 구성될 수 있다. 채무자들은 일반적으로 모지지 비용을 충당할 정도로 수익을 창출하길 원한다. 이 관계는 자주 최소 부채감당률을 1.20으로 잡아서 얻어진다. 동시에, 채권자들은 상대적으로 높은 주택담보대출비율 (LTV)을 원한다.[5]

부동산의 수익 창출력이 보유기간 동안에 증가한다고 볼 수 있는 몇 가지 이유가 있다.

첫째, 인플레 상황에서는 수익이 상승하며, 임대차 조건이 물가상승에 연동하는 경우 더욱 그러하다.[6] 둘째, 신축 건물의 수익은 수년간 상승할 것으로 기대되는데, 그 이유는 임대를 하는 데에 기간이 소요되기 때문이다. 셋째, 대출 시점에서 시장 임대료 시세보다 낮게 계약된 기존 임대차 계약이 존재하기 때문에 수익 증가가 가능하다. 기존 임대차가 만료되면 시세대로 높은 가격에 새로 임대될 것이기 때문이다.

부동산 수익이 증가될 것으로 예상되면 전통적인 고정금리, 균능분할상환 조건으로는 초기 주택담보대출비율(LTV)이 높고 부채감당률이 한도를 넘게 되므로 대출 조건을 맞추기가 어려워진다. 이는 부동산의 가치가 장래 기대수익을 반영하는 반면, 부채감당률은 현재 수익만을 반영하기 때문이다.

---

[4] 분명, 선불 후에 대출을 할 때 대출자는 2%의 스프레드를 유지하지 못할 수 있다는 위험이 존재한다. 따라서, YMF를 위한 계산을 하는 데 있어 대출자와 차용자는 잔여대출기간동안 무위험 이자율에 추가될 스프레드에 대해 협상해야 할 수 있다.

[5] 주택담보대출비율에 따라 재무상의 위험성이 증가하게 되지만, 투자자들은 투자할 자금이 한정되어 있고 그들의 주식투자를 최소화하기를 원하거나 또는 그들의 투자 전략으로서 더 높은 기대 수익률을 희망하기에 종종 이러한 위험을 감내하고자 한다.

[6] 예를 들어, 사무실 건물 임대는 11장에서 논의되는 바와 같이 CPI 조정 그리고/혹은 비용 정산이 포함될 수 있다.

현재수익과 장래수익 간의 차이는 인플레 환경 하에서 더욱 영향력이 커지는데, 이는 4장에서 전술하였듯이 고정금리 대출은 예상 인플레를 반영하여 프리미엄을 요구하기 때문이다.

전통적인 대출은 균등분할 상환조건이므로 예상 인플레로 인하여 초년도의 이자지급액이 더 커지는 효과를 발생시킨다. 이러한 초기 지불 부담으로 인해 균등분할상환과 부동산 수익의 증가(인플레 상쇄를 위해 매년 증가하는) 간에 불일치를 발생시킨다. 이러한 불일치는 초년도에 가장 크므로 부채감당률이 낮아져 대출 거래를 결렬시키는 사례가 발생한다.

이러한 문제 해결을 위해 초기 상환액을 낮추되 장래의 수익률을 높여주는 저당대출이 설계되었다. 전술하였던 점증상환대출(graduated payment mortgage: GPM)이나 분할증분저당(shared appreciation mortgage: SAM)이 그것이다. 경우에 따라서는 대출자가 특정가격에 부동산을 매입할 수 있는 권리를 부여받기도 한다.[7]

본 장의 다음에서는 그러한 대체적인 대출구조에 대하여 논의한다. 거래 구조가 어떻게 상환조건을 바꾸며, 거래구조가 양측 거래자의 위험과 수익률을 어떻게 변화시키는지를 점검할 것이다.

수익참여대출 *Participation Loan*

본 절에서는 **지분수익참여대출**(equity participation loan)을 소개하는데 이는 참여대출(participation) 또는 지분첨가제(equity kicker)로도 불린다. 실제로 **지분참여**(equity participation)는 다소 틀린 명칭이라고 할 수 있는데, 그 이유는 대출자가 부동산소유지분에 참가하지는 않기 때문이다. 그보다 대출자는 대출의 낮은 계약 금리를 받는 대신, 부동산이 생성하는 소득 또는 현금흐름에 것이다. 따라서 대출자의 수익률은 부분적으로 부동산의 투자성과에 의존하게 된다.

수익참여(participation)의 금액계산에는 몇 가지 방식이 있는데 대출자는 다음 중의 하나 또는 둘을 수령하게 된다. (1) 잠재총소득, (2) 순 영업이익, (3) 금융비용 지급 후 현금흐름(수익참여 지급전)

에 추가하여 부동산매각시의 매각대금 또는 부동산매각 차익에 참가할 수도 있다. 신규 부동산의 현금유입에 대한 수익참여는 어느 정도 임대가 확보된 후에 시작하는 경우가 많다. 예를 들어 참가는 순 영업이익이 $100,000을 **초과하는** 부분의 일정비율이 기준이 될 수 있다. 기존 부동산의 경우에는 손익분기점을 참가가 시작되는 점으로 선정하여 1년 운영 후에 참가가 개시된다.

예를 들면, 초년도 순 영업이익이 $100,000로 예상되는 경우 참가자는 2년차에서 순 영업이익 $100,000을 넘는 경우에만 수령하게 된다. 참가 수입을 받는 대신 대출자는 낮은 계약 금리를 받게 되는데, 금리차이는 참가의 수준에 따라 다르다. 참가는 조건협상이 매우 탄력적이므로 표준적인 조건은 존재하지 않는다.

---

[7] 옵션의 행사 가격은 착수자가 부동산에 대해 지불해야하는 가격이다. 일반적으로 대출이 이루어질 때 재산의 가치보다 크지만, 옵션을 행사할 수 있는 시점에서 재산의 가치보다 낮을 수 있다.

대출자의 참여 동기

대출자가 수익참여대출을 하는 목적은 무엇인가? 이론적으로 대출자는 수익참여가 없는 고정금리 대출의 수익률과 동일한 수익률을 얻도록 수익참여조건을 설정할 것이다. 참여 조건에 따른 저금리 설정을 수락할지 여부는 참가대출의 위험도 수준에 의해 결정된다. 명백히 참여대출은 부동산의 투자수익률에 의존해야 하므로 불확실성이 수반된다.

그러나 대출자는 손실에는 참가하지 않는다. 대출자는 최소한의 금리는 수령하여(채무자의 채무불이행이 없는 한) 예상하지 못한 인플레이션에 대한 헤지 효과를 얻는다(순 영업이익 및 부동산매각 가격이 인플레이션 반영 상승조항이 가능하므로). 따라서 참가는 대출자의 실질수익률을 보장해주는 기능을 어느 정도 수행한다.

부동산투자자 참여 동기

투자자인 채무자의 수익참여 조건부 조달 목적은 무엇인가? 앞에서 언급했듯이 참여조건은 손익분기점에서부터 시작되는 경우가 많으므로 초년도 및 초기에는 참가 지급액이 없거나 매우 작을 것이다. 이 기간 동안 채무자는 일반부채 대비 상환액이 작을 것이다.

부동산투자자 입장에서는 초기 순 영업이익이 낮으므로 초기 상환부담이 작은 것이 상당히 바람직한데, 이는 특히 임대가 완료되지 못한 신규부동산에서 특히 더 그러하다. 따라서 부동산투자자 입장에서 수익참여대출의 경우가 일반 부채보다 초기 현금흐름이 개선된다. 초기 현금흐름이 개선되면 부채감당률도 개선되어 초기의 채무상환능력이 개선되는 것이다.

부동산투자자가 저금리 수익참여대출을 몇 년 후에 참가 개시하는 조건으로 조달해 놓고서는 참가 개시 전에 부동산을 팔아버리는 형태에 대해 우려를 제기할 것이다. 이 문제에 대해서는 **금리**(lockout) **기간**을 설정하여, 동 기간 중에는 대출자를 보호하기 위한 조기상환 범칙금을 납부하지 않고는 대출이 상환되거나 부동산이 매각되지 못하도록 계약을 설정하고 있다.

수익참여 예시

주택건설 프로젝트의 순 영업이익은 초년도 $100,000이고 이후 매년 3%씩 상승한다. 주택 매입가는 $1,000,000이되 건물가가 $900,000이고 감가상각 기간은 27.5년, 주택처분가는 5년의 보유기간 중에 매년 3% 상승 예상된다. 대출자는 다음의 금융방안을 제시하였다.

- 전통적인 고정금리 균등분할 상환 대출 $700,000로서 10% 금리, 15년 만기
- $700,000 8%금리, 15년 만기이되 $100,000를 초과하는 순 영업이익의 50% 및 부동산 매각 차익의 45% 참가

두 가지 대안의 대출금액이 동일하다는 점에 주목하라(레버리지가 위험 수준의 차이를 가져오지 않기 위함). [예 12-10]에서는 전통적인 대출의 현금흐름을 보여 주는데 초년도의 부채감당률은 1.11에 불과하여 대출자들이 받아들이기 어려운 수준이다. 대출자들은 통상

예 12-10   전통적인 대출

	운영상의 현금흐름 추정(년)				
	1	2	3	4	5
A. BTCF(세전 현금흐름)					
순 영업이익	$100,000	$103,000	$106,090	$109,273	$112,551
(−)부채상환	90,267	90,267	90,267	90,267	90,267
참가 전 현금흐름	9,733	12,733	15,823	19,006	22,284
참가	0	0	0	0	0
BTCF(세전 현금흐름)	$ 9,733	$ 12,733	$ 15,823	$ 19,006	$ 22,284
B. 과세소득 또는 손실					
순 영업이익	$100,000	$103,000	$106,090	$109,273	$112,551
(−)이자	69,045	66,823	64,368	61,656	58,660
참가	0	0	0	0	0
감가상각	32,727	32,727	32,727	32,727	32,727
과세소득(손실)	−1,772	3,450	8,995	14,890	21,164
세금	$ −496	$ 966	$ 2,519	$ 4,169	$ 5,926
C. ATCF(세후 현금흐름)					
BTCF(세전 현금흐름)	$ 9,733	$ 12,733	$ 15,823	$ 19,006	$ 22,284
(−)세금	−496	966	2,519	4,169	5,926
ATCF	$ 10,229	$ 11,767	$ 13,305	$ 14,837	$ 16,358

5년차의 매각으로 인한 현금흐름 추정

매각가격			$1,159,274
(−)저당잔액			569,216
$BTCF_s$(매각 전의 현금흐름(세전))			$ 590,058
매각 시의 세금			
매각가격		$1,159,274	
원가	$1,000,000		
감가상각누계	163,636		
미상각잔액		836,364	
자본이득		$ 322,910	
양도세			90,415
$ATCF_s$(매각 후의 현금흐름(세후))			$ 499,643

현금흐름 요약

	0	1	2	3	4	5연말
BTCF	$−300,000	$ 9,733	$12,733	$15,823	$19,006	$612,342
ATCF	−300,000	10,229	11,767	13,305	14,837	516,001

세전 *IRR* = 18.37%
세후 *IRR* = 14.30%

*투자자는 수동적인 활동 손실 제한의 대상이 아니라고 가정한다. 경상 소득 및 모든 자본 이익에 대해 동일한 세율이 적용된다.

www.mhhe.com/bf15e

예 12-11   수익참여대출 사례

	운영상의 현금흐름추정(년)				
	1	2	3	4	5
A. BTCF(세전 현금흐름)					
순 영업이익	$100,000	$103,000	$106,090	$109,273	$112,551
(−) 부채상환	80,275	80,275	80,275	80,275	80,275
참가 전 현금흐름	19,725	22,725	25,815	28,998	32,276
참가	0	1,500	3,045	4,636	6,275
BTCF(세전 현금흐름)	$ 19,725	$ 21,225	$ 22,770	$ 24,362	$ 26,001
B. 과세소득 또는 손실					
순 영업이익	$100,000	$103,000	$106,090	$109,273	$112,551
(−) 이자	55,090	53,000	50,736	48,284	45,629
참가	0	1,500	3,045	4,636	6,275
감가상각	32,727	32,727	32,727	32,727	32,727
과세소득(손실)	12,183	15,773	19,582	23,625	27,919
세금	$ 3,411	$ 4,417	$ 5,483	$ 6,615	$ 7,817
C. ATCF(세후 현금흐름)					
BTCF(세전 현금흐름)	$ 19,725	$ 21,225	$ 22,770	$ 24,362	$ 26,001
(−)세금	3,411	4,417	5,483	6,615	7,817
ATCF(세후 현금흐름)	$ 16,314	$ 16,809	$ 17,287	$ 17,747	$ 18,183

5년차의 매각으로 인한 현금흐름 추정

매각가격			$1,159,274
(−)저당잔액			551,364
참가전 현금흐름			607,910
(−)매각으로 발생한 참가			71,673
$BTCF_s$(매각 진의 현금흐름(세진))			₡ 536,237
매각 시의 세금			
매각가격		$1,159,274	
참가		71,673	
원가	$1,000,000		
감가상각누계	163,636		
미상각잔액		836,364	
자본이득		$ 251,237	
양도세			$ 70,346
$ATCF_s$(매각 후의 현금흐름(세후))			$ 465,891

계속

예 12-11		수익참여대출 사례(계속)				

현금흐름 요약: 투자자(년말)

	0	1	2	3	4	5
BTCF	$300,000	$19,725	$21,225	$22,770	$24,362	$562,238
ATCF	300,000	16,314	16,809	17,287	17,747	484,074

$BTIRR$ = 18.36%
$ATIRR$ = 14.07%

현금흐름 요약: 대출자

월	0	1~12	13~24	25~36	49~60	60
대출총액	$-700,000					
부채상환		$6,690	$6,690	$6,690	$6,690	
참가		0	125	254	523	$ 71,673
대출잔액						551,364
합계	$-700,000	$6,690	$6,815	$6,944	$7,213	$623,037

대출자 IRR = 10.17%

1.2배를 요구하므로 투자자는 전통적인 대출로서 $700,000을 조달하기 어려운 상황이다. 물론 대출금액을 축소하여 부채감당률을 맞출 수는 있다.

그러나 수익참여대출은 부채감당률 문제를 해결할 수 있도록 구성될 수 있다. [예 12-11]은 수익참여대출의 현금흐름을 보여주는데 그 현금흐름은 현저히 변화되어 있다. 전통적 대출과 달리 초기에 불입액(상환액+참여지급액)이 적은데, 이는 수익참여 대출금리가 낮은 점 및 수익참여가 2년차가 되어야 시작한다는 점에 기인한다. 또한 채무자가 대출자에게 지불해야 하는 수익참여금액의 일부는 부동산이 매각될 때까지는 지급되지 않는다.

지급패턴의 차이에도 불구하고 세전 내부수익률(IRR_E)는 전통적인 대출과 수익참여대출 간에 거의 같은 결과를 나타낸다.

수익참여대출이 대출자에게 매력적이 되려면, 실질 대출 금리인 대출자의 기대수익률이 전통적인 대출수익률에 비해 매력적이어야 할 것이다. 본 예시에서 대출자의 수익률은 상환액과 수익참여에 따른 지급액을 고려할 때 약 10%이다.[8] 이 10%는 전통적인 대출의 수익률인 10%와 동일하다(포인트가 개입되지 않으므로 대출 약정이자율과 동일).

두 가지 대안에서 대출자의 수익률이 엇비슷하지만, 지분참여대출의 경우 초년도 부채감당률이 1.25인 반면 전통적 대출에서는 1.11에 불과한 점이 주목된다. 대출자들이 요구하는 부채감당률 수준이 1.2이므로 지분참여대출방식 편이 대출자에게 더 편안할 것이다. 부동산 투자자 편에서도 상환패턴(이자지급+참가지급)이 부채감당률 실현 패턴과 더 일치되므로 참가방식을 선호할 것이다.

---

[8] IRR의 계산은 대출금액 $700,000과 매년상환액($80.275)+매년 참가지급액+만기참가지급액의 현재가치를 일치시키는 금리로서 구해진다. 참가 현금흐름은 매년 금액이 상이하다. 도출한 해답 10.17%는 월별로 상환 및 참가 지급이 이루어진다는 가정 하에 얻어진 것이다.

	세전 IRR	세후 IRR	DCR	대출자의 IRR
전통적인 대출	18.37%	14.30%	1.11	10.00%
수익참여대출	18.36	14.07	1.25	10.17

인플레이션 환경에서 명목 순 영업이익의 증가는 실질 순 영업이익 증가보다 클 것이다. 앞에서 인플레이션 하에서 체증상환방식(CPM)에 수반되는 문제점을 서술했던 것을 기억하라. 수익참여 대출에서는 명목상환액을 전통적인 대출에서보다 낮은 수준에서 시작하도록 하여, 명목 NOI 증가에 따라 비례하여 상승하게 하여 주므로 이러한 문제점을 극복하는 데에 유용하다.

수익참여 대출의 지급액은 부동산 수익 가능성에 의존하여 대출자의 수익률을 결정하게 되므로, 이를 우발적인 이자(contingent interest)라고 부르는 점을 기억하라. 우발 이자는 부동산의 투자성과 및 수익창출력에 근거하므로 세금공제 대상이다.

따라서 수익참여 대출의 한 측면으로는 수익참여에 따른 지급액 전체가 세금이 공제되는 반면, 전통적인 대출에서는 이자부분만이 공제대상이라는 점이 있다. 그러나 초기에는 수익참여 지급액이 작으므로, 전통대출의 이자공제의 현가가 수익참여 대출의 공제액의 현가보다 크다. 이에 따라 세전 IRR_E가 동일하더라도 세후 IRR_E의 경우, 참가대출에서 전통대출에서 보다 낮게 나타난다. [예 12-12]에서는 두 가지 방식에 대한 수익률 및 부채감당률을 비교해 보여준다.

본 절의 분석에 의해 수익참여 대출이 전통대출 못지않게 유익한 대안이라는 점이 판명되었다. 대출자가 수령하는 수익률은 동일하면서도 부채감당률은 더 높다. 부동산투자자의 세전 수익률도 양자 간 통일하되, 기대 세후 수익률만이 약간 낮다. 더구나 채무자(부동산투자자)는 부채감당률이 낮으므로 전통대출은 부채 자체가 어려울 수도 있다.

토지의 임대차조건부 매각 *Sale-Leaseback*

본 장에서 서술한 부동산투자는 토지와 건물 매입 방식을 살펴보면서 여러 가지 부채에 의해 조달하는 방안을 살펴보았는데, 이들은 토지와 건물을 동일한 부채에 의해 조달하는 대안들이었다. 그러나 빌딩만을 담보로 하여 부채하고, 토지에 대해서 별도 부채 또는 리스하는 방식이 가능하다. 즉 투자자는 건물을 소유하되, 토지는 다른 투자자로부터 리스할 수 있는 것이다. 투자자가 이미 토지를 소유하고 있다면, 그는 토지를 리스하는 조건으로 토지를 매각할 수 있다. 이러한 거래를 토지의 **임대차조건부 매각**(sale-leaseback)이라고 하며, 어느 경우이든 투자자는 토지에 대한 금융을 획득하게 된다.

예시로서 앞 절의 투자 건을 다시 사용하고자 한다. 토지는 $100,000에 매각된 후 25년간 연 $7,800 지급조건으로 리스될 수 있다. 건물은 $630,000의 부채(건물가치의 70%)으로 10%, 15년 만기 조달된다. 부동산투자자의 자본 투입은 매입가 $1,000,000 − 토지가 $100,000 − 부채액 $630,000 = $270,000이 된다.

[예 12-13]이 임대차조건부 매각의 현금흐름을 보여준다.

부동산의 매각가격의 낮아진 점에 주목하라. 이는 건물만 매각되기 때문이다.[9]

부동산투자자 입장에서 토지 임대차조건부 매각이 유리한 이유는 여러 가지가 있다.

첫째, 토지에 대해서 실질적으로 100% 조달할 수 있게 된다. 토지와 건물 전체에 대한 70% 대출은 토지에 대해서도 70% 대출이다. 임대차조건부 매각에서는 부동산투자자는 토지가격 100%에 해당하는 조달을 얻게 된다. 토지에 대해서는 저당대출 상환을 하는 대신 리스료를 내게 된다.

두 번째 이점은 리스료 지급액에 대한 세금이 공제된다는 점이다. 저당대출 상환의 경우는 원금 상환부분이 아닌 이자지급해당분만 세금이 공제된다는 점에 유의하라.

세 번째, 건물은 세법상 감가상각 되지만 토지는 감가상각 되지 않는다. 따라서 토지 소유여부에 관계없이, 부동산투자자는 동일한 감가상각 효과를 얻게 된다. 자본 투입은 감소되었으므로 투입자본에 대한 감가상각의 비율은 더 커지는 결과이다.

넷째, 부동산투자자는 리스만기에 토지를 재매입할 수 있는 옵션을 가질 수 있으므로, 필요한 경우 토지 소유권을 회복할 수 있다.

토지 임대차조건부 매각이 유리한지의 여부는 그 금융비용에 의해 판단되는데 명백히 리스료에 대한 판단이 선결되어야 하며, 토지가격 상승잠재력에 대한 기회비용도 고려되어야 한다. 즉 부동산투자자는 임대차조건부 매각 거래에 의해서 건물보유기간 만기시점에서 토지를 건물과 함께 매각할 기회를 포기한 것이다.

임대차조건부 매각의 실질금리

임대차조건부 매각의 실질금리(부동산투자자의 세전 수익률)계산은 다른 조달방식에서의 계산과 유사하나, 토지매각 기회손실을 고려해야 한다.

최초 임대차조건부 매각시점에서 토지가 매각될 때 건물투자자는 $10만을 받는다. 5년간의 투자 기간 중 토지리스료는 연 $7,800이고, 5년경과 후 투자자는 임대차조건부 매각을 하지 않은 경우보다 $115,927만큼 덜 받게 된다(예 12-3).

즉, 전체부동산은 [예 12-11]에서 $1,159,274에 팔릴 수 있었는데, 빌딩만을 $1,043,347에 팔게 되므로 $115,927의 차액이 발생한 것이다. 이에 의해 실질코스트를 다음과 같이 구할 수 있다.

계산기 해법	함수
$n = 5 \times 12$ 또는 60	$i\,(n, PV, PMT, FV)$
$PV = \$100,000$	
$PMT = \$7,800/12$	
$FV = \$115,927$	
$i = 10.25\%$	

---

[9] 빌딩가치는 토지와 건물이 합쳐진 경우와 같이 동일하게 연 3%씩 상승하는 것으로 가정하였다. 실제 건물가치는 토지 없이는 상승 속도가 느려질 가능성이 크다. 이는 앞 절에서 3%의 상승률이 건물과 토지의 가중평균상승률이었기 때문이다. 3% 상승률에 의한 건물의 매각가격은 $900,000 × 1.03⁵ = $1,043,347이다.

eXcel
www.mhhe.com/bf15e

예 12-13　토지의 임대차조건부 매각(Sale-leaseback) 계산

	운영상의 현금흐름 추정(년)				
	1	2	3	4	5
A. BTCF(세전 현금흐름)					
순 영업이익	$100,000	$103,000	$106,090	$109,273	$112,551
(−)부채상환	81,240	81,240	81,240	81,240	81,240
(−)토지임차료	7,800	7,800	7,800	7,800	7,800
BTCF(세전 현금흐름)	$ 10,960	$ 13,960	$ 17,050	$ 20,233	$ 23,511
B. 과세소득 또는 손실					
순 영업이익	$100,000	$103,000	$106,090	$109,273	$112,551
(−)이자	62,140	60,140	57,931	55,490	52,794
토지임차료	7,800	7,800	7,800	7,800	7,800
감가상각	32,727	32,727	32,727	32,727	32,727
과세소득(손실)	−2,668	2,332	7,632	13,255	19,230
세금	$ −747	$ 653	$ 2,137	$ 3,711	$ 5,384
C. ATCF(세후 현금흐름)					
BTCF(세전 현금흐름)	$ 10,960	$ 13,960	$ 17,050	$ 20,233	$ 23,511
(−)세금	−747	653	2,137	3,711	5,384
ATCF(세후 현금흐름)	$ 11,707	$ 13,307	$ 14,913	$ 16,521	$ 18,126

5년차의 매각으로 인한 현금흐름추정			
매각가격			$1,043,347
(−)저당잔액			512,295
$BTCF_s$(매각전의 현금흐름(세전))			$ 531,052
매각 시의 세금			
매각가격		$1,043,347	
원가	$900,000		
감가상각누계	163,636		
미상각잔액		736,364	
양도차익		$ 306,983	
양도세			85,955
$ATCF_s$(매각후의 현금흐름(세후))			$ 445,097

연말 현금흐름 요약					
	0	1	2	3	4	5
세전 현금흐름	$−270,000	$10,960	$13,960	$17,050	$20,233	$554,563
세후 현금흐름	−270,000	11,707	13,307	14,913	16,521	463,223

세전 내부수익률 = 19.16%
세후 내부수익률 = 14.98%

위의 결과 수익률은 10.25%가 되므로 부동산투자자(토지 임차자)의 비용은 10.25%이다. 이는 전통적인 대출보다 25bp정도 더 높다. 동시에 건물 투자자의 자본이익률은 전통대출에서보다 높다.

더욱이 대출자는 건물과 토지에 대한 단순 대출에서 획득이 가능한 수익률과 동일한 10%의 수익률을 얻고 있으면서도, 토지리스가 건물대출보다 후순위라면 대출자의 위험은 단순 대출에서보다 작을 것이다.

원금거치 대출 *Interest-only Loans*

부동산대출은 때때로 원금분할상환을 일정기간, 즉 3~5년간 유예하는 구조로 구성될 수 있는데 이를 **원금거치**(interest-only) **대출**이라고 한다. 월불입액은 지급이자로만 구성된다. 원금이 분할 상환되지 않으므로 대출원금은 시간이 가도 변화하지 않는다. 거치기간이 끝나면 원금이 잔존기간에 걸쳐 분할 상환이 시작되거나, balloon으로서 원금의 일시상환이 도래한다. 수익부동산 대출업자들은 풍선(balloon) 상환조건을 **만기전액 일괄상환형 융자**(bullet loan)이라고 부르는데, 그 이유는 단기대출이고 원금분할상환이 이루어지지 않기 때문이다. 이러한 대출들은 대부분 만기도래 시점에서 감정평가 가치에 근거하여 상환된다. 원금거치 대출을 예시하기 위해서 앞 장에서 사용했던 $70만 10%의 대출조건을 다시 사용한다. 단 부동산투자자는 5년간 원금거치만 지급하고 원금은 5년 후에 부동산매각 시 일시 상환한다. [예 12-14]는 세후 현금흐름을 나타낸다.

전통적 대출과 비교할 때 세후 내부수익률은 14.30%에 대비 14.94%로 약간 상승한다. 이것은 5년간 부동산운영기간 중에 현금유입흐름이 많아서, 대출 잔고가 크기 때문에 5년 후의 매각 시 현금흐름이 작은 현재가치 감소분을 충분히 상쇄하고 남기 때문이다. 또 하나의 장점은 부채감당률이 전통대출의 1.11배로부터 1.43배로 상승했다는 점이다.

대출자의 수익률은 계속 10%로서, 이는 대출자는 대출 잔액에 대해 이 금리로 이자지급을 받기 때문이다. 물론 대출자는 5년간 분할 상환이 이루어지지 않으므로 대출 위험도를 더 높게 보아 더 높은 대출 금리를 요구할 수도 있다.

복리대출 *Accrual Loans*

앞 절에서 소개한 Interest-only 대출은, 월 불입액은 이자만으로 구성되었고 원금분할상환은 없었다. 복리대출에서는 특정기간동안의 불입액이 이자지급 소요액보다도 더 작게 구성된다.

이를 **복리대출**이라 하는데 역 분할상환(negative amortization)이 발생한다. 이러한 대출은 주택금융에서 서술한 점증상환대출(graduated payment mortgage: GPM)과 유사하다.

불입액의 계산은 **지불이자**(pay rate)라는 비율을 사용하는데 이는 지불 금리인 **복리**(accrual rate)와는 상이하다. 지불이자는 월 불입액을 계산할 때 이자율 대신 사용된다. 지불이자는 대출상수와는 상이하다. 복리는 채무자가 법적으로 대출에 대해 지급해야 하는 금리이다. 지불이자가 복리보다 낮은 경우, 동 대출은 역 분할상환조건이 된다.

예 12-14　　　　원금거치 대출

	운영상의 현금흐름 추정(년)				
	1	2	3	4	5
A. BTCF(세전 현금흐름)					
순 영업이익	$100,000	$103,000	$106,090	$109,273	$112,551
(−)부채상환	70,000	70,000	70,000	70,000	70,000
BTCF(세전 현금흐름)	$ 30,000	$ 33,000	$ 36,090	$ 39,273	$ 42,551
B. 과세소득 또는 손실					
순 영업이익	$100,000	$103,000	$106,090	$109,273	$112,551
(−)이자	70,000	70,000	70,000	70,000	70,000
감가상각	32,727	32,727	32,727	32,727	32,727
과세소득(손실)	−2,727	273	3,363	6,546	9,824
세금	$ −764	$ 76	$ 942	$ 1,833	$ 2,751
C. ATCF					
BTCF(세전 현금흐름)	$ 30,000	$ 33,000	$ 36,090	$ 39,273	$ 42,551
(−)세금	−764	76	942	1,833	2,751
ATCF(세후 현금흐름)	$ 30,764	$ 32,924	$ 35,148	$ 37,440	$ 39,800

5년차의 매각으로 인한 현금흐름추정

매각가격		$1,159,274
(−)저당잔액		700,000
BTCFS(매각 전의 현금흐름(세전))		$ 459,274
매각 시의 세금		
매각가격	$1,159,274	
원가	$1,000,000	
감가상각 누계	163,636	
미상각 잔액	836,364	
자본이득		322,910
양도세		90,415
ATCFS(매각 후의 현금흐름(세후))		$ 368,859

연말 현금흐름 요약

	0	1	2	3	4	5
세전 현금흐름	$−300,000	$30,000	$33,000	$36,090	$39,273	$501,825
세후 현금흐름	−300,000	30,764	32,924	35,148	37,440	408,659

세전 내부수익률 = 18.98%
세후 내부수익률 = 14.94%

예를 들면, 지불이자 8%, 복리 10%인 대출이 있는데, 불입 부담을 낮추기 위해서 불입은 30년 분할상환 기준으로 분할하되 원금이 15년차에 풍선상환조건으로 만기도래하도록 하였다. 모든 다른 조건은 앞 절의 예에서와 동일하다. [예 12-15]가 이러한 대출의 현금흐름을 보여준다.

연간 불입액(월불입액 12)은 일반 대출의 $90,267에 비하여 $61,636으로 감소하였다(연간 대출률은 8.81%). 대출자의 수익률은 잔고에 대해 복리로 발생하므로 10%로서 변동이 없다. 대출자는 역 분할상환 조건이 위험하다고 판단하여 전통적인 대출에서보다 높은 복리를 요구할 수도 있다.

전통적인 대출의 경우 1.11배인 부채감당률이 역 분할상환

대출에서는 1.62배로 상승하였는데, 이는 연간 불입액이 낮기 때문이다. 5년차의 대출잔고가 역 분할상환(negative amortization)으로 인해 $753,972로 증가한 점에 주의해야 한다 (8%의 지불이자와 10% 복리의 금리차가 10% 복리로 원금에 가산되어야 하는 점을 기억하라).

많은 경우에 불입액은 분할상환 없이 지불이자에 근거하여 설정될 수 있다. 원금 분할 상환이 요구되던 되지 않던 간에 복리 보다 낮은 지불이자로 대출이 구성된 경우, 불입액은 대출액에 대한 지불 의무이자액보다 낮은 결과가 발생한다. 이러한 부족액 역 분할상환이 대출잔고를 증가시킨다. 그러나 대출자들은 예정된 기간이 끝나면 대출을 일시 상환하도록, 또는 어느 시점부터 원금 분할상환을 개시할 것을 요구할 것이다.

이러한 대출자의 요구에 부응하는 방식은 여러 가지가 있다.

역 분할상환은 7~10년까지만 허용되는 경우가 많다. 따라서 복리이자 누적분을 가산한 대출원금은 이 시점에서 상환되어야 한다. 그렇지 않은 경우는 만기가 10~15년으로 긴 경우로서, 일정연수 경과 후부터는 지불이자가 상승하여 잔존기간동안 원금분할상환이 개시될 수 있다. 경우에 따라서는 대출계약에서 지불이자가 정기적으로 상승하도록 하는 경우도 있다. 예를 들면, 지불이자가 초 년도에는 8%로 시작하여 10년까지 연 0.5%씩 상승하여, 10년 이후부터는 12.5%로 만기까지 고정되는 경우이다.

목표 부채감당률에 지불이자를 맞추는 경우

역 분할상환 조건으로 대출을 구성하는 경우, 그 주목적은 대출금액을 늘리지 않으면서 부채감당률을 늘리기 위한 것이다. 전술했듯이 대출자들은 최소한도의 부채감당률 충족을 요구한다. 본 절에서의 예에서 전통적인 대출의 부채감당률은 1.11에 불과했다. 대출자가 1.25배를 요구한다고 가정할 때, 역 분할상환 대출에서는 이를 초과 달성하였다. 또 하나의 불입금액 결정방식이 있는데 이것은 초년도 목표 부채감당률에 맞추어 불입금액을 결정하는 것이다. 이를 위해서 순 영업이익을 부채감당률로 나누면 간단히 불입액을 구할 수 있다. 예를 들면, 초년도 부채감당률 1.25배를 맞추려면 $100,000 ÷ 1.25＝$80,000을 불입하면 된다.

이 불입액은 역 분할상환 경우의 불입액보다 크나, 전통적 대출의 불입액보다는 작다. 이 경우 지급이자 소요액은 충당되므로 역 분할상환은 발생하지 않는다. 그러나 분할 상환기간

eXcel
www.mhhe.com/bf15e

예 12-15   역 분할상환(Negative Amortization) 대출

운영상의 현금흐름 추정(년)

	1	2	3	4	5
A. BTCF(세전 현금흐름)					
순 영업이익	$100,000	$103,000	$106,090	$109,273	$112,551
(−)부채상환	61,636	61,636	61,636	61,636	61,636
BTCF(세전 현금흐름)	$ 38,364	$ 41,364	$ 44,454	$ 47,637	$ 50,915
B. 과세소득 또는 손실					
순 영업이익	$100,000	$103,000	$106,090	$109,273	$112,551
(−)이자	70,394	71,311	72,324	73,444	74,680
감가상각	32,727	32,727	32,727	32,727	32,727
과세소득(손실)	−3,121	−1,038	1,039	3,102	5,144
세금	$ −874	$ −291	$ 291	$ 869	$1,440
C. ATCF(세후 현금흐름)					
BTCF(세전 현금흐름)	$ 38,364	$ 41,364	$ 44,454	$ 47,637	$ 50,915
(−)세금	−874	−291	291	869	1,440
ATCF(세후 현금흐름)	$ 39,238	$ 41,655	$ 44,163	$ 46,768	$ 49,475

5년차의 매각으로 인한 현금흐름 추정

매각가격			$1,159,274
(−)저당잔액			753,972
$BTCF_s$(매각 전의 현금흐름(세전))			$ 405,302
매각가격		$1,159,274	
원가	$1,100,000		
감가상각누계	163,636		
미상각잔액		836,364	
자본이득		$ 322,910	
양도세			90,415
$ATCF_s$(매각 후의 현금흐름(세후))			$ 314,887

연말 현금흐름 요약

	0	1	2	3	4	5
세전 현금흐름	$−300,000	$38,364	$41,364	$44,454	$47,637	$456,217
세후 현금흐름	−300,000	39,238	41,655	44,163	46,768	364,362

세전 내부수익률 = 19.27%
세후 내부수익률 = 15.25%

*이 표는 세금 목적에 대하여 발생주의 기준으로 이자를 차감 할 수 있다고 가정한다.

이 대출전액을 상환할 수 있을 만큼 길지는 못하다. 원금을 완전히 분할상환하려면 만기가 30년 이상까지 길어져야 한다. 따라서 대출자가 30년째 또는 그 이전에 일시 상환을 요구할 가능성이 크다.

또는 대출자는 일정기간 경과 후부터 매년 불입액을 증가시켜 분할 상환기간을 짧게 할 수도 있다.

한가지 가능성 있는 방법으로서 고정적인 부채감당률 유지를 위해서 불입액을 매년 재계산하는 방식이 있다. 예를 들면, 위의 대출에서 2년차의 불입액을 $103,000 ÷ 1.25 = $82,400으로 하는 것이며, 대출원금이 충분히 분할상환개시 될 때까지 계속된다. 이후에는 불입액은 고정된다.

지분전환대출 Convertible Mortgage

이는 대출자가 일정기간 경과 후에, 부동산에 대한 전체 또는 일부의 지분을 매입할 수 있는 옵션을 갖는 경우이다. 이 옵션은 대출자가 대출권리를 지분권으로 전환한다는 의미가 되므로 **지분전환대출**(convertible mortgage)이라고 부른다. 대출자는 이를 대출+콜옵션(call option)의 결합으로 인식할 수 있다. 예를 들면, 앞 절의 예대로 부동산이 $70만(LTV 70%)의 지분전환 대출을 얻었는데, 전환 조건은 5년차에 부동산 지분의 65%를 획득할 수 있는 권리라고 하자.[10]

대출은 매월 불입액에 의해 30년에 걸쳐 분할 상환된다. 대출 금리는 8.5%로서 전통적인 대출의 10%보다는 낮다. 대출자는 전환권의 대가로 저금리를 감수하는 것으로, 150bp의 차이를 옵션의 가치로 대출자가 지불하는 것이다(옵션 가격을 일시불로 내지 않고 금리 차에 의해 분할 지급하는 결과이다).[11]

[예 12-16]에서는 위의 대출에 대해서 5년 후에 전환권이 행사된 경우의 현금흐름을 보여준다.

대출자가 옵션을 행사할 것으로 기대하는데 그 이유는 예상매도가의 65%인 $753,528이 5년차 대출잔고인 $668,432보다 크기 때문이다.

즉 옵션은 행사시점에서 내가격(in the money)인 것이다. 전술한 예와 비교를 위해서 부동산투자자가 부동산에 대한 잔여 35% 지분을 매각한다고 가정하였다.

지분전환 대출자의 수익률

대출자의 전환권부 대출의 수익률은 대출금리 및 전환이익으로 구성된다. 만일 전환권이 행사되지 않는다면 대출수익률은 대출 금리와 일치한다. 따라서 대출 금리는 수익률의 하한

---

[10] 일반적으로 국세청은 부채시점 LTV가 전환비율보다 클 것을 요구한다. 그 이유는 전환비율이 더 큰 경우 내가격(In the money)로 보기 때문이다. 대출자는 전환권 행사를 위해서 기다려야 하지만 행사일 이전에 대출을 팔거나 양도할 가능성도 있는 것이다.

[11] 즉, 통화 옵션의 금액을 미리 지불하는 것이 아니라 대출 기관이 담보 대출 금리를 낮게 책정하는 것이다.

예 12-16   지분전환대출

	운영상의 현금흐름 추정(년)				
	1	2	3	4	5
A. BTCF(세전 현금흐름)					
순 영업이익	$100,000	$103,000	$106,090	$109,273	$112,551
(−)부채상환	64,589	64,589	64,589	64,589	64,589
BTCF(세전 현금흐름)	$ 35,411	$ 38,411	$ 41,501	$ 44,684	$ 47,962
B. 과세소득 또는 손실					
순 영업이익	$100,000	$103,000	$106,090	$109,273	$112,551
(−)이자	59,297	58,829	58,320	57,766	57,163
감가상각	32,727	32,727	32,727	32,727	32,727
과세소득(손실)	7,976	11,443	15,043	18,779	22,661
세금	$ 2,233	$ 3,204	$ 4,212	$ 5,258	$ 6,345
C. ATCF (세후 현금흐름)					
BTCF(세전 현금흐름)	$ 35,411	$ 38,411	$ 41,501	$ 44,684	$ 47,962
(−)세금	2,233	3,204	4,212	5,258	6,345
ATCF(세후 현금흐름)	$ 33,178	$ 35,207	$ 37,289	$ 39,426	$ 41,617

5년차의 매각으로 인한 현금흐름 추정					
매도가의 65% 교환 *					$000,000
나머지 35%의 매각					405,746
BTCFs(매각 전의 현금흐름(세전))					$405,746
매각가격				$1,159,274	
원가			$1,100,000		
감가상각누계			163,636		
미상각잔액				836,364	
자본이득				$ 322,910	
양도세					90,415
ATCFs					$315,331

년말 현금흐름 요약					
	0	1	2	3	4	5
세전 현금흐름	−$300,000	$35,411	$38,411	$41,501	$44,684	$453,708
세후 현금흐름	− 300,000	33,178	35,207	37,289	39,426	356,948

세전 내부수익률 = 18.40%
세후 내부수익률 = 13.06%

* 대출자는 부동산 지분을 받으므로 현금 수령액은 영이다.

선이 된다[채무자의 채무불이행(default)이 없는 한].[12] 위의 예에서 대출 잔액을 주식지분으로 전환한 차익이 발생하여 대출자의 수익률은 대출 금리인 8.5%를 상회한다. 그는 매월 $5,382.39씩을 받고, 5년차에 부동산에 대한 65%의 지분 가치인 $753,528을 받는다. 그의 실질수익률 계산은 다음과 같다.

계산기 해법	함수
n = 5 × 12 또는 60	i (n, PV, PMT, FV)
PV = $700,000	
PMT = $64,589/12	
FV = $753,528	
i = 10.40	

계산기에 의해 10.40%의 수익률을 얻는데 이것이 대출자의 세전 수익률이다. 이는 또한 채무자의 세전 실질 부채금리로 해석될 수 있다.[13]

자금조달 대안들 간의 비교

[예 12-17]은 앞에서 살펴본 각 자금조달 대안에 대한 성과측정을 요약한 것이다. 여기에서 복리대출이 세전 및 세후 기준으로 부동산투자자에게 가장 높은 수익률을 실현하며 부채감당률도 가장 높다. 따라서 채무자 입장에서 가장 매력적인 대안으로 보일 수 있는데, 그러나 이 결과는 대출자가 전통적인 대출과 같은 금리인 10%를 받는다는 가정에 의한 것이다.

역 분할상환 대출에서 부채감당률이 낮지만, 대출 잔고가 시간이 갈수록 증가하므로, 부동산투자자의 자본비중은 감소해가고 대출 위험은 증가해 간다. 따라서 대출자가역 분할상환 대출에는 더 높은 금리를 요구할 것으로 예상해야 한다.

예 12-17
자금조달 대안들 간의 비교

	BTIRRE	ATIRRE	DCR	IRR$_D$ *
전통적 대출	18.37%	14.30%	1.11	10.00%
수익참여대출	18.36	14.07	1.25	10.17
임대차 조건부 매각(토지)	19.16	14.98	1.12 †	10.25
원금거치대출	18.98	14.94	1.43	10.00
복리대출	19.27	15.25	1.62	10.00
전환대출(Convertible mortgage)	18.40	13.06	1.55	10.40

* 월별 현금흐름 기준.
† 토지임대료가 포함되지 않을 경우 DCR은 1.23임.
§ 빌딩의 수익률은 10%임.

---

[12] 물론 포인트가 대출금에 부과되는 경우에도 수익률이 더 높을 것이다.

[13] 모기지 잔액이 부동산의 지분으로 전환되면 차용자에게 과세 소득이 있음을 주지 해야 한다. 대출 기관의 세후 항목이 계산되는 경우, 이를 고려해야한다.

위와 같은 분석에 근거하여 원금거치 대출이역 분활상환 대출보다 부동산투자자의 수익률이 낮지만, 전통적 대출보다는 수익률이 높다는 점을 이상하게 생각할 이는 없을 것이다. 원금거치 대출은 전통적 대출보다 불입액이 낮지만, 역 분활상환 보다는 높다.

대손 위험을 고려할 때 대출자들이 전통적 대출보다 원금거치 대출에 약간 더 높은 금리를 징구할 것을 예상하지만, 이 금리는 역 분할상환 금리만큼 높지는 않다.

토지 임대차조건부 매각을 한 부동산투자자의 경우, 세전 및 세후 수익률이 두 번째로 높지만 임대차조건부 매각의 실질 비용은 전통적 대출보다 약간 높다(10.25% 대 10%). 그러나 토지를 소유하는 경우보다 리스하는 경우가 자본 투자 소요가 작아 $30,000 소요되는데, 그 이유는 토지리스는 100% 토지대금부채와 유사하기 때문이다.

따라서 토지에 대한 자금조달이 토지가의 70%로부터(전통적 대출의 경우) 100%로 증가한 것이며, 이것이 재무레버리지 효과와 재무위험을 증가시킨다. 따라서 부동산투자자들은 전통적인 대출에서보다 토지 임대차조건부 매각에서 약간 더 높은 수익률을 얻을 것을 기대해야 한다.

토지 임대차조건부 매각에서 부동산투자자의 수익률이 높은 또 하나의 이유로는 토지리스의 지급액이 토지대출을 상환하는 부담보다 작다는 것이다. 더욱이 채무자에게 임대차조건부 매각 비용의 상당 부분은 토지매각의 기회 수익 또는 포기된 토지가치로 구성되는데, 이러한 기회비용은 토지가 매각될 때까지는 발생하지 않는다.

임대차조건부 매각에서 부채감당률은 1.12로서 전통적인 대출과 유사하다. 다른 예와 균형을 맞추기 위해서 부채감당률 계산에서 토지리스료를 대출상환불입액에 포함시켰다. 대출상환 불입액과 토지리스료를 합치는 이유는 리스료가 대출상환액을 대신하기 때문이다.

참가대출은 대출자로 하여금 부동산운영수익 증가 및 부동산 자체의 가치 상승액을 배분받을 수 있게 해준다. 따라서 부동산투자성과가 좋을 때 추가수익을 얻게 된다는 점에서 지분전환대출과 유사하다. 참가대출은 대출자에게 출자지분을 제공하지 않고서도 대출자의 수익률이 부동산투자성과에 연동되게 한다. 양자의 경우 모두 대출자는 잠재수익의 대가로 낮은 대출금리를 수락한다. 본 장의 예에서 지분전환대출의 경우가 참가대출보다 대출자에게 높은 수익률을 가져다주고, 부동산투자자에는 낮은 세후 수익률을 가져다준다.

동시에 대출자들은 지분전환대출이 참가대출보다 위험이 크다고 인식할 것인데, 그 이유는 참가는 2년차에 순 영업이익이 증가하면 바로 수령할 수 있는 반면 전환이익은 5년 이전에는 발생하지 않기 때문이다.[14]

만일 지금까지 서술한 모든 대출이 비소구 조건이라면(실제로 대개 그러하다), 대출자는 채무불이행 발행 시 부동산을 넘겨받게 되어 가격하락 위험을 부담하게 된다.

실제로 채무자들은 부동산가치가 대출 잔고 밑으로 하락한 경우, 대출자에게 부동산을 넘길 수 있는 풋옵션(put option)을 갖고 있는 것이다. 따라서 지분전환대출의 경우 및 참가대출의 경우의 일부는 대출자가 부동산소유의 상승과 하락 위험을 부담하는 것이다. 따라서 각 대출의 기대 수익률은 이러한 위험에 비례하여 상승하여야 한다.

---

[14] 이것은 채무자가 채무 불이행시 개인 책임을 지지 않음을 의미한다.

Web 응용

GE부동산 사이트(**www.gecapitalrealestate.com**)에서는 더 높은 레버리지 효과를 포함하여 생산하는 과도한 금융인 은행참여대부에 해한 정보를 제공한다. GE사이트로부터 상업용 부동산을 위해 이용가능한 금융 상품의 형태를 발견할 수 있고, 이용 가능한 다른 형태의 금융에 대해서도 제공하고 있다.

상이한 조달안에 대해서 각 대안을 독립적으로 고려하는 방식을 취해왔으나, 이러한 각 대안의 요인들은 혼합되는 경우가 많다. 예를 들면, 지분전환대출이 순 영업이익에 참가 조건부이거나, 원금거치 또는 역 분할상환을 포함할 수가 있다.

본 절에서는 상이한 조달대안에 대한 위험과 수익률을 판단하는 기법을 제시했는데, 이러한 대안들은 부동산투자자와 대출자간에 위험과 수익이 합리적으로 배분될 수 있도록 설계하여 준다. 각자의 수익률은 각자의 위험과 균형이 이루어져야 한다. 양자 간 과세 취급차이로 인해 양자에게 이득이 발생하는 구조도 있다. 예를 들면, 대출자가 부동산투자자보다 한계세율이 낮아서 감가상각의 과세 영향이 대출자보다 투자자 측에 더 유리하게 적용될 수도 있다. 따라서 부동산투자자가 부동산소유권을 갖고 감가상각을 누리는 참가대출 쪽이 동일한 현금흐름의 지분전환대출보다 더 바람직할 수 있다.

궁극적으로 대출자가 부동산소유권을 원하는 경우도 있다. 지분전환대출이 사용되면 부동산투자자는 대출이 출자지분으로 바뀔 때까지의 감가상각 세제 혜택을 누릴 수가 있다. 대출자는 부동산투자자에게 이러한 세제 혜택을 주고서, 부동산취득 옵션을 매입함으로서, 전통적 대출보다 높은 수익률을 기대할 수 있다. 따라서 양자는 거래를 최적의 구조로 설계함으로서 이익을 누릴 수 있다.

다른 금융수단

추가 대출을 얻기 위해 제2저당권을 사용하는 것을 일반적으로 **메자닌 대출**(Mezzanine Loan)이라 한다. 이는 부동산에 설정된 제1저당권과 지분투자를 연결하는 것으로 부동산에 제2저당권이 설정되는 것과는 다르다. 즉, 메자닌 대출이 채무불이행에 처하더라도 일반적인 경매절차가 아닌, 메자닌 대출기관은 부동산의 지분이익에 연동되는 과정을 거친다.

메자닌 대출기관은 일반적으로 채무불이행 발생 시 제1저당권의 권리를 갖는 제1저당권자와 채권자 간 상호계약을 맺는다. 제 1저당권자가 계약을 맺는 이유는 상호계약을 통해 상대방이 제1저당권 관련 납입액을 확인할 수 있게 해주고 채무불이행 발생 시 경매절차보다 신속하게 일을 처리할 수 있게 때문이다.

또 다른 금융기법으로 **우선주**(preferred equity)가 있다. 이는 부동산의 자본에 대한 이익이나 우선주의 채권자들은 해당 부동산의 일반적인 지분투자자들 보다 앞서 현금흐름을 받을 권리가 있기 때문에 부채와 유사한 특징을 가진다. 예를 들어, 우선주 투자자들이 8%의 투하자본 수익을 받기로 하였다면, 일반적인 지분투자자보다 앞서 8%의 수익을 먼저 수취하는 것이다. 또한, 만약 우선주 투자자가 특정기간에 8% 수익을 받지 못하거나 연속해서 8% 미만의 수익을 얻었을 경우 일반적인 자본 투자자들이 받는 수익보다 앞서 지불해야 한다. 우선 수익을 지급한 후, 잔여수익을 우선주 투자자와 일반 자본 투자자와 나누어 갖는다. 우선주 소유자는 또한 매각 후 수익금의 일정 부분을 일반 지분투자자보다 앞서 배당받는다. 이는 우선주 내부수익률(preferred *IRR*)이라고 하며 이는 일반 지분투자자가 배당받는 금액 이전 우선주 지분 투자자가 매각을 통한 특정 내부수익률을 얻을 수 있는 수익률이다. 우선주 내부수익률은 매각차익 금액과 보유기간동안의 현금흐름의 합으로 구한다.

우선주 지분은 앞장에서 언급한 수익참여대출과 유사한다. 자본측면에서 고려한 우선주 지분은 일반 지분투자자 입장에서 금융 레버리지를 확대할 수 있는 추가적인 수단이다.

결론

본 장은 재무레버리지의 개념을 소개하고 세전/세후 기준으로 유리한 레버리지의 조건을 제시했다. 또한 수익률을 높이기 위해 레버리지를 늘리면 위험을 수반한다는 점을 보여 주었다. 즉 부채의 증가는 수익률의 표준편차를 늘리므로 위험도도 높인다. 따라서 투자자들이 레버리지를 활용할 때에는 추가되는 위험이 증가수익률과 균형이 이루어지는지를 고려해야 한다.

재무레버리지는 부채금액의 문제를 다루었는데, 본 장에서는 참가대출 및 토지 임대차조건부 매각 등의 조달대안도 제시하였다. 또한 제시된 대안들에 대해 부동산투자자의 현금흐름, 수익률, 부채감당률에 대한 영향을 살펴보고, 각 대안의 실질비용을 계산하였다.

이러한 계산들은 어떠한 조달수단을 선택할 것인가의 의사결정에서 사용된다. 모든 조달대안을 전부 검토하기는 불가능하지만, 본 장에서의 개념들은 실무에서 부딪히는 어떠한 경우의 분석에도 유용할 것이다.

주요용어			
	메자닌 대출	역 분할 상환	조기상환 금지기간
	복리	우선주	조기상환 수수료
	복리 대출	원금거치 대출	조기상환 조항
	부(-)의 레버리지	이자율 스왑	주택 담보대출 비용
	부채 감당률	일괄 상환형 융자	증분원가
	분할불의 최종회 잔고의	자본 수익참여 대출	지분전환 대출
	일괄 지불	재무 레버리지	지불이자
	비소구 조항	저당 조건	토지의 임대차 조건부 매각
	손익분기 금리	정(+)의 재무 레버리지	풋 옵션

유용한 웹사이트	
	www.century21.com/buyingadvice/buying101/mortgageoptions/otherconsid.jsp – Centry 21 웹 사이트의이 영역에는 부채 상각비와 같은 다양한 대출 대안 및 개념과 관련된 여러 기사가 있다.
	www.gecapitalrealestate.com – GE Real Estate의 웹 사이트는 레버리지가 높은 대출 및 참여 부채를 포함한 과다한 금융 상품에 대한 정보를 제공합니다.

질문

1. 재무레버리지란 무엇인가? 레버리지의 효과가 유리한지 불리한지를 판단하는 데에 1년 수익률 측정이 부적절한 이유는 무엇인가?

2. 재무 레버리지의 관점에서 손익분기 저당대출금리는 무엇인가? 부동산 투자자가 매입자금을 조달하면서 손익분기 금리를 지불할 것이라고 기대할 수 있는가? 그에 대한 판단 근거는 무엇인가?

3. 유리한 레버리지와 불리한 레버리지는 무엇인가? 레버리지가 커질수록 이익과 손실이 어떻게 극대화되는가? 세전레버리지와 세후 레버리지는 어떻게 다른가?

4. 레버리지는 대출의 위험도를 어떤 방식으로 증가시키는가?

5. 수익참여대출이란 무엇인가? 대출자는 어디에 참여하는 것인가? 대출자가 이러한 대출을 하는 이유는 무엇인가? 투자자 측이 이러한 대출을 받으려 하는 이유는 무엇인가?

6. 임대차조건부 매각 거래란 무엇인가? 건물주 측이 토지를 매각 후 재임차하는 목적은 무엇인가? 토지를 매입하여 재임대하는 측에는 어떠한 잇 점이 있는가?

7. 채무자가 이자율이 낮고 수익참여대출건이 있는 대출을 선호하는 이유는 무엇인가?

8. 대출자가 이자율이 낮고 수익참여대출조건이 있는 대출을 선호하는 이유는 무엇인가?

9. 수익참여대출이 대출의 위험도에 어떤 영향을 준다고 생각하는가?

10. 토지의 매각 후 재임차하는 동기는 무엇인가?

11. 두 가지의 자금 조달 대안 중에서 선택할 때에 어떤 기준을 사용해야 하는가?

12. 시장금리보다 낮은 대출이 부동산 가치에 어떤 영향을 주는지를 파악하는 데에서 전통적인 현금상당액 접근방식(Cash Equivalency Approach)이란 무엇인가?

13. 시장금리보다 낮은 대출이 부동산 가치에 미치는 영향을 투자자 측의 기준을 사용하여 어떻게 측정할 수 있는가?

문제

1. 어떤 투자자가 새로운 아파트 건물을 2백만 달러에 매입하려 하는데, 부채를 70%할지 80%할지의 결정에 직면하여 있다. 70% 비중의 대출은 25년 동안 10% 금리에 조달할 수 있다. 80%비중의 대출은 25년간 11%에 조달할 수 있다.

   순 영업이익은 연간 19만 달러이며 연간 3%씩 증가하는데 이는 부동산 가치상승율과 동일하다. 건물가치의 비중은 80%이며 27.5년에 걸쳐 상각된다. 당해 건물은 5년 후에 매각 예정이다. 투자자가 적용받는 세율은 소득세와 자본이득세 모두 36%이다.

   a. 각 부채 대안에서 매월분할 상환을 가정할 때 세전 내부수익률과 세후 내부수익률은 얼마인가?

   b. 본 사업의 손익분기 이자율은 얼마인가?

   c. 80%비중 대출의 한계비용은 얼마인가? 이는 무엇을 의미하는가?

   d. 각 대출은 유리한 레버리지를 제공하는가? 어느 대안을 추천하는가?

2. 당신은 쇼핑센터를 매입하려는 투자자들을 자문하고 있다. 투자자들은 투자액의 75%를 조달하려 한다. 제안된 부채는 10%금리로서 25년에 걸쳐 매월 분할 상환된다. 또한 부채상환 후의 현금흐름에 대하여 40%의 수익참여대출이 부여되며, 5년간 조기상환이 금지된다.

   매입가는 5백만 달러이며, 순 영업이익은 초년도 매출연동 임대료를 포함하여 $475,000으로 예상되며, 이후 5년간 연3%씩 상승 예상된다. 5년차 말의 예상 가치는 6백만 달러이다. 건물가치 비중은 80%이며, 감가상각기간은 39년이다. 투자자의 5년 보유에 따른 소득세와 자본이득세는 28%이다.

   a. 수익참여대출조건을 반영하여 5년 후의 세전 *IRR*과 세후 *IRR*을 구하여라.

   b. 당해 사업의 손익분기이자율은 얼마인가? 수익참여대출조건부 부채의 금융비용은 얼마인가?

   c. 당해 대출에는 유리한 레버리지가 작용하는가?

3. 개발자는 $1,500,000/70%/25년/이자율 8% 조건으로 자본조달을 하려 한다. 이 프로젝트의 순 영업이익은 첫해 $120,000로 예상되고, 순 영업이익은 매년 3%씩 증가하리라고 예상된다. 채권자는 초기 부채감당률을 최소한 1.20 이상으로 유지하는 것을 요구한다.

    a. 채권자는 개발자에게 돈을 빌려줄 것인가? 당신의 답을 오 년간의 현금흐름표를 활용하여 뒷받침하라. 개발자의 *BTIRR*은 얼마가 될 것인가?

    b. *a*의 프로젝트에서 채권자가 빌려줄 수 있는 최대금액은 부채감당률이 첫해 1.15일 때 얼마인가? LTV는 얼마가 될 것인가?

    c. *a*와 같은 조건에서, 모기지 이자율이 8%에서 10%로 갑자기 올랐다고 가정하자. 순 영업이익과 가치는 5%로 오를 것이다. 만약 목표 부채감당률이 1.20이라면, 채권자는 전통적인 대출을 해줄 것인가? 당신의 대답을 현금흐름표로 뒷받침하라.

4. Ace개발회사는 First National은행으로부터 부채를 조달하려 한다. 용도는 250만 달러의 부동산 매입이며, 초년도 순 영업이익은 20만 달러이다. 대출자는 부동산 가치의 80%까지만 대출하며, 초년도 부채감당률을 최소 1.25로 요구한다. 대출 상환은 월별이되, 5년 동안 매년 초에 10%씩 증가하는 조건이다. 약정 이자율은 12%이며, 대출자는 역 분할상환을 수용한다. 그러나 대출은 5년 말에 만기된다.

    a. 5년 만기 시점의 일시상환액(baloon payment)은 얼마인가?

    b. 부동산 가치가 변하지 않는다면 5년 말 시점의 LTV는 얼마인가?

5. 어떤 금융기관이 오피스 빌딩에 1백만 달러를 10% 복리(Accrual)이자율로 30년 만기 대출하려 한다. 이자지불은 8%(즉, 이자액은 대출금리가 8%인 것처럼 30년간 월 분할 상환액이 계산된다)이다. 5년이 경과한 후에 이자지불은 잔존 25년 동안에 원리금이 상환될 수 있도록 조정된다.

    a. 최초 상환지급액은 얼마인가?

    b. 초 년도에 복리 누적되는 이자액은 얼마인가?

    c. 5년 후의 대출잔고는 얼마인가?

    d. 6년차 이후의 월 상환소요액은 얼마인가?

6. 월 10만 달러의 순 영업이익을 실현하는 부동산이 있다. 순 영업이익은 연 3%씩 증가 예상되며, 감정평가액은 1백만 달러로서 대출자는 8%이자율에 90만 달러의 수익참여대출을 제공할 의사가 있다. 당해 대출은 20년에 걸쳐 매월 분할 상환된다. 또한 매월의 상환액에 추가하여 매년 순 영업이익이 10만달러를 초과하는 부분의 50%를 지급한다. 또한 부동산 가격 상승액의 50%도 지급받는다. 당해 대출은 5년 이전에 조기상환에 대해 조기상환 위약금이 있으며, 잔여 대출액은 10년차에 상환 도래한다(만일 부동산이 팔리지 않은 경우 수익참여대출은 감정가에 의한다). 감정평가사는 10년차의 가치를 11년차의 순 영업이익을 10% 자본환원율로 나누어 평가한다고 가정하자.

    대출을 10년 동안 유지한다는 가정하에 채무자의 실질 비용을 계산하라(이는 대출자의 기대수익률과도 동일하다).

7. 문제 6을 참조하여 또 하나의 대안은 수익참여대출 대신 전환대출(Convertible Mortgage)로서, 대출자는 10년차 연말에 대출잔액을 60%의 부동산 지분으로 전환할 수 있다. 즉, 대출의 원금을 상환받는 대신 대출자는 부동산 소유권의 60%를 획득하는 것이다. 대출액은 90만 달러로서 이자율 9%이고, 20년에 걸쳐 분할상환된다. 만일 10년차의 부동산 가치가 대출 잔고를 하회하면 채무자는 지급불이행이다.

    a. 만일 부동산이 10년차에 동일한 가격에 팔린다면 대출자의 내부수익률은 얼마인가?

    b. 만일 부동산이 10년차에 1백만 달러에 팔린다면 대출자의 내부수익률은 얼마인가?

    c. 만일 부동산이 10년차에 50만 달러에 팔린다면 대출자의 내부수익률은 얼마인가?

8. 채무자와 대출자 간에 2천만 달러의 원금거치 대출이 15년 만기 9% 이자율로 협상 중이다. 조기상환 금지기간이 10년이며, 10년차 이후에 조기상환하는 경우 수익률 유지비(Yield Maintenance Fee)가 징구된다. 그 금액은 대출의 잔존만기와 동일만기의 국채를 선정하여 1.5%를 가산하여 대출자의 재투자수익률로 적용한다. 위약금은 최초 대출금리와 재투자수익률간의 차액의 현재가치이다.

   a. 만일 대출이 13년차 연말에 조기 상환되고, 2년 국채수익률이 6%라면 ymf는 얼마가 되는가? 2년 국채가 8%인 경우는 어떠한가?

CHAPTER 13

위험분석
Risk Analysis

서론

앞선 장들에서 우리는 내부수익률(internal rate of return: IRR), 순현재가치(net present value: NPV) 및 여타 투자성과의 측정방식들을 어떻게 계산하는지 논의하였다. 하지만, 여러 투자대안 중에서 선택을 해야 할 경우 각 대안들의 투자위험이 다르기 때문에 내부수익률이나 순현재가치를 비교하는 것이 보통은 가능하지 않다. 실제로 내부수익률과 순현재가치의 비교는 분석하고자 하는 대안들의 투자위험이 동일할 때만 수행이 가능하다. 이 장은 위험을 평가하는 몇 가지 기법들을 제시하여, 여러 투자대안들을 보다 철저하게 비교할 수 있도록 해 줄 것이다. 먼저 투자위험의 발생원인들에 대한 간략한 논의와 투자대안마다 이들이 어떻게 달라질 수 있는지를 설명하는 것으로 이 장을 시작하도록 하자.

투자수익률 간의 비교

논의를 시작하기 위해서, 먼저 투자자들이 특정 부동산투자대안의 수익률과 다른 부동산투자 및 여타 투자대안들의 수익률을 비교할 때 일반적으로 고려하는 사항에 대해 간략히 살펴보도록 하자.

수익부동산을 합리적인 수준에서 자세히 분석하고 투자수익률의 측정을 진전시킨 후에 투자자는 이 투자대안이 적정한 수익률 또는 경쟁력이 있는 수익률을 제시하는지 여부를 결정해야 한다. 이 질문에 대한 대답은 다음 네 가지에 달려 있는데; (1) 대안으로 고려 중인 부동산투자의 특성, (2) 투자자가 고려 가능한 다른 투자대안들, (3) 이들 다른 투자대안들이 산출할 것으로 기대되는 각각의 수익률, 그리고 (4) 다른 투자대안들의 투자위험과 비교하여 고려중인 투자대안의 투자위험 차이가 해당된다.

[예 13-1]은 여러 투자대안들 사이의 투자위험과 수익률 간의 가상적 관계를 보여준다. 세로축은 각 투자군에 내재하는 기대수익률을 나타내며,[1] 가로축은 투자위험의 정도를 표현

---

[1] 상호 비교가능성을 극대화하기 위해서는 본 장 후반부에 기술하는 것처럼 수익률들을 세후기준으로 계산하여야 한다.

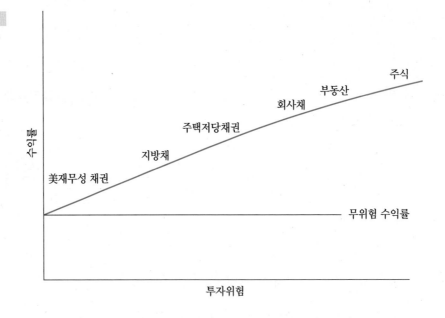

예 13-1

투자대안들의 투자위험과 수익률

한다. 주목할 점은 도시된 투자위험은 각 투자군의 평균투자위험을 나타낸다는 것이다. 즉, 각각의 투자군 내에서도 투자위험의 유의한 차이가 분명히 상존한다. 채권을 예로 들면, 채권이라는 일반 투자군 내에서도 어떤 채권들은 다른 채권들에 비하여 투자위험이 높을 것이다. 또한, 어떤 자산군은 그 투자수익률의 변동이 다른 자산군들의 그것에 비하여 작게 발생할 수 있다(예를 들면, 美 재무성 채권은 위험이 없다고 간주된다). (투자위험이 낮은) 어느 자산군에 속해 있는 자산들이라 할지라도 투자위험이 높은 자산군에 속해 있는 일부 자산들보다 높은 투자위험을 가질 수 있다. 사례로써, 비록 **자산군 전체**로 비교하면 주식이 채권보다 위험하다 하더라도, 어떤 채권종목들은 일부 주식종목들보다 훨씬 위험할 수 있다.

[예 13-1]에 표현된 투자위험은 투자자산군을 상대적 조건으로 고려한 것이다: 즉, 투자군이 수평축 우측으로 하나 이동하면 해당 투자의 위험이 높아지며 좌측으로 이동하면 투자위험이 낮아진다.

[예 13-1]이 나타내는 '투자위험−수익률'의 서열에 기초할 경우, 가장 낮은 수익률을 제시하는 유가증권, 즉 美 재무성 채권은 투자위험 역시 가장 낮다는 점에 주목해야 한다.[2] 그림의 '위험-수익률' 곡선을 타고 우측으로 이동하면, 부동산투자의 세전 기대수익률이 美 재무성 채권에 투자하는 것보다 훨씬 높은 수익률을 제시한다는 것을 발견하지만, 투자위험 역시 월등히 높아진 것을 확인할 수 있다.

투자위험의 유형

부동산에만 국한되는 투자특성이 무엇이기에 부동산투자가 정부채권에 투자하는 것보다 위험이 높아지는 것일까? 마찬가지로, 어떤 위험특성이 부동산투자를 [예 13-1]에서 설명하는

---

[2] 재무성 채권은 금리변동위험과 인플레이션 위험에 영향을 받기는 하지만, 채무불이행위험(Default Risk)에서 자유롭다.

다른 투자대안들(주식, 회사채, 지방채 등)과 차별화시키는 것일까? 이 질문에 답하기 위해서 우리는 여러 (투자대상) 자산군 사이에 존재하는 위험발생원인의 차이들을 고려해야 한다. 아래 설명하는 내용은 투자자들이 투자대안을 결정할 때 고려해야 하는 주요 투자위험 특성들을 간략히 요약한 것이다.

사업위험 *Business Risk*

부동산투자자들은 공간을 임대하는 사업에 종사한다. 경제활동의 변동은 부동산이 창출하는 소득의 변동성에 영향을 주기 때문에, 투자자들은 **사업위험**으로써 경제활동 변동으로 인하여 손실을 입게 된다. 자산유형, 입지, 기존 임대차조건에 따라서, 종종 경제여건의 변화가 어떤 자산들에게 다른 자산들보다 더 큰 영향을 미치게 된다. 동일한 수요변화, 인구증감 등에 기인하지만, 지방에 소재한 지역들과 도시 내 입지한 지역들은 서로 다른 성장률을 경험한다. 다른 자산들보다 영향을 받는 정도가 더 큰 자산들은 당연히 투자위험이 더 높은 것이다. 임차인이 (편중되지 않고) 다양하게 구성된 자산은 사업위험에 적게 영향 받을 가능성이 높다. 마찬가지로, 임대차계약에서 영업비용의 예기치 못한 증감에 대해 임대인을 보호하는 조항(예를 들면, 임대인 비용부담상한의 설정 및 임차인 분담의 명시)을 갖춘 자산이라면 사업위험이 상대적으로 낮아지게 된다.

재무위험 *Financial Risk*

재무적 차입과 관련하여, 타인자본의 사용은 사업위험을 증폭시킨다. 부동산투자에서 타인자본 투입금액이 증가할수록 **재무위험**은 증가한다. 또한, 재무위험의 정도는 타인자본의 조달비용과 구조에 달려있다. 예를 들면, 월부채서비스를 낮추어 주는 대신에 자산가격 상승 시 대주가 이익배당에 참여하는 대출형태는 재무위험을 낮추게 될 것이다. 앞선 12장은 재무적 차입과 (참여대출 등) 다양한 대출유형의 활용을 논의한 바 있다. 본 장 후반부는 재무위험에 대해 보다 자세히 고찰하게 될 것이다.

유동성위험 *Liquidity Risk*

유동성위험은 매수인 매도인 간 계속적 시장의 형성이 가능하지 않거나 빈번한 거래가 발생하지 않을 때 야기된다. 투자물건이 처분하기 어려울수록, 매도인은 자산을 조기에 처분하려면 매수인에게 가격을 양보해야 하는 위험이 증가한다. 부동산은 상대적으로 높은 수준의 **유동성위험**을 가지고 있다. 수익부동산의 매각에는 6개월에서 1년 또는 그 이상이 소요될 수 있으며, 특히 1990년대 초반과 같이 부동산에 대한 투자수요가 미약할 때에는 더 오래 걸릴 수도 있다. 특수한 용도의 부동산은 다른 용도로 쉽게 개조할 수 있는 자산에 비해 유동성위험이 훨씬 높은 경향이 있다.

인플레이션 위험 *Inflation Risk*

예상하지 못한 인플레이션은 투자물건으로부터 창출되는 수익이 물가상승 충격을 상쇄할 만큼 충분히 증가하지 않는다면, 투자자의 수익률을 감소시킬 수 있고 따라서 투자의 실질가치를 낮추게 된다. 어떤 투자대안들은 다른 투자대안들에 비하여 인플레이션에 보다 우호적인 영향을 받기도 하고 때로는 보다 해로운 영향을 받기도 한다. **인플레이션 위험**에도 불구하고, 역사적으로 부동산은 물가상승시기에 좋은 실적을 기록하였다. 이는 순영업이익이 인플레이션으로 인한 예기치 못한 변동에 적응하도록 임대차계약을 활용한 것에 기인한 듯하다. 게다가 부동산의 대체비용은 인플레이션과 함께 증가하는 경향이 있다. 하지만, 공실률이 높은 시기, 즉 공간수요가 약하고 신규건설의 타당성이 없는 시기에는 부동산에서 창출된 수익이 예상하지 못한 인플레이션과 동조하여 증가하는 것 같지는 않다.

관리위험 *Management Risk*

부동산투자에서 공간의 임차수준을 유지하고 공간을 관리하여 투자자산의 가치를 보전하는 자산관리에 대한 수요가 증가하고 있다. 투자자가 벌어들이는 수익률은 자산관리능력에 좌우될 수 있기에, 이를 **관리위험**이라 부른다. 관리위험은 자산을 관리하는 역량 뿐 아니라 혁신능력, 경쟁조건에 대한 대응능력 그리고 사업활동의 효율적 운영능력에 기초하게 된다. 어떤 자산들은 다른 자산들에 비하여 훨씬 높은 수준의 관리전문성을 요구한다. 예를 들면, 고객들을 몰(Mall)로 유인하는 활력 있는 임차인 구성을 위해서, 지역쇼핑몰은 몰에 대한 지속적인 마케팅과 공간 임차를 유지할 필요가 있다.

금리변동위험 *Interest Rate Risk*

금리의 변동은 모든 유가증권의 가격과 투자대안의 가격에 영향을 준다. 하지만, 상대적 만기(단기 대 장기)에 따라서 금리영향이 달라지기 때문에, 어떤 투자의 가격은 다른 투자의 그것에 비해서 금리에 보다 민감하게 반응하며 따라서 손실 또는 이익의 가능성이 증가하게 된다. 이런 위험을 **금리변동위험**이라 부른다. 부동산은 차입의존도가 높은 편이기 때문에 자기자본 투자자들이 벌어들이는 수익률은 금리변화에 크게 영향을 받을 수 있다. 설령 현재 투자자가 담보대출을 고정금리로 차입하였거나 아니면 차입이 전혀 없다손 치더라도, 금리수준의 상승은 (이 자산을 매수하려는) 후속 투자자의 지불의사가격을 낮출 수 있다. 또한, 투자자들이 부동산에 요구하는 수익률은 동일 경제권 내 전반적인 금리수준과 동조하는 경향이 있어서 상승하게 될 것이다.

제도위험 *Legislative Risk*

부동산은 세법, 임대료규제, 용도지역지구제와 같은 수많은 규제들과 정부가 부과하는 여타의 제약들에 종속된다. **제도위험**은 규제 변화가 투자의 수익성에 불리하게 영향을 줄 수 있다는 사실로부터 기인한다. 어떤 주(州)정부들과 지방정부들은 다른 주정부들이나 지방정부들에 비해 훨씬 엄격한 규제를 채택하는데, 특히 신규 개발사업에 대해 그러하다.

환경위험 *Environmental Risk*

부동산의 가치는 종종 환경의 변화 또는 기존 환경이 잠재적으로 위험하다는 갑작스러운 인식에 영향을 받게 된다. 예를 들면, 예전에는 건축물의 단열처리에 석면을 사용하였지만, 이제는 건축물 내 석면이 잠재적인 인체 유해물질로 인식되고 있다. 해당 토지 또는 인근 토지에 누출되었거나 이전에 매립된 유독성 폐기물에 의해서 당해 토지의 토양이 오염되었을 수 있다. **환경위험**은 위에 언급한 다른 위험들이 초래하는 손실보다 더 큰 손실을 야기할 수 있는데, 투자자는 자산가치를 크게 초과하는 정화비용에 영향을 받기 때문이다.

분석의 최종단계에서, 특정 부동산 프로젝트에 투자하려는 잠재투자자는 필히 해당 프로젝트의 기대수익률을 추정 및 계산하여야 할 것이고, 이 수익률을 반드시 다른 부동산투자의 수익률 및 여타 투자 자산군의 수익률과 비교해 보아야 한다. 비교과정에서 나타나는 투자위험의 차이 또는 기대수익률의 차이는 그것이 무엇이 되었건 간에 위험보상(risk premium)과 관련하여 신중하게 검토되어야 한다. 이 과정을 거친 다음에야 투자자는 해당 투자대안이 합당한 것인지 최종결정을 내려도 될 것이다.

부동산 투자위험 분석에서 자산실사 *Due Diligence*

부동산 투자업계에서는 투자자가 자산의 매입을 고려할 때 해당 투자자가 수행하는 조사과정을 설명할 때 자산실사(due diligence)라는 용어를 사용한다.[3] 당연히 모든 투자자들이 실사를 수행하지만, 회사가 다른 고객을 대신하여 투자할 때에는 특별히 그 중요성이 더 강조된다. 기본적으로 자산실사는 투자위험이 일련의 투자목적에 부합하는지 평가하기 위하여 필요한 정보를 찾아내는 과정이라 할 수 있다. [예 13-2]는 자산실사에서 조사하는 항목들의 일반적인 체크리스트인데, 각 항목의 중요성과 관련하여 구체적인 해설을 함께 설명하고 있다. 대부분의 경우, 투자희망자는 자산실사에서 발견된 그 어떤 투자위험일지라도 매매의 조건으로서 현재 자산소유자가 치유해 줄 것을 주장한다.

민감도 분석 *Sensitivity Analysis*

위에서 우리는 다양한 투자대안들을 평가할 때 고려해야 할 여러 유형의 투자위험을 논의하였다. 불행하게도 특정 투자대안의 위험을 측정하는 것이 쉬운 일은 아니다. 우리는 투자위험을 측정함에 있어서 다른 방법들이 상존한다는 것을 깨닫게 될텐데, 이는 분석방법이 분석자가 투자위험을 계량화하려고 시도하는 분석단계와 분석관행에 좌우되기 때문이다.

어떤 자산의 투자성과는 다른 자산의 그것에 비하여 예기치 못한 시장환경 변화에 보담 민감하게 반응할 수 있다. 예를 들면, 갑작스러운 인플레이션이 어느 자산의 순영업이익에 미치는 효과는 임대인 비용부담상한의 설정이나 임대료 상승률의 소비자물가지수(consumer price index: CPI) 연동 등과 같은 임대차조항에 영향을 받게 된다. 신규 개발가용지가 제한된 지역에 입지한 자산은 공급과잉의 결과로 공실률이 증가할 위험에 대하여 상대적으로 덜 민감할 것이다.

투자위험을 분석하는 가장 간단한 방법 중 하나는 투자자산의 **민감도분석** 또는 가상상황분석(what-if analysis)을 수행하는 것이다. 민감도분석은 하나 또는 그 이상의 주요 분석가정들을 변화시키는 것과 관련되는데, 자산의 투자성과가 가정변화에 얼마나 민감한지 파악

---

[3] 자산실사라는 용어는 기업 합병, 조합 설립 등을 추진할 때 수행하는 조사과정을 설명할 경우에도 사용한다.

| 예 13-2 | 자산실사 체크리스트의 예시 |

검토영역	해설
1. 임대장부 분석	소유주가 제시하는 임대정보 및 임차인 납부실적이 정확한가를 판단하기 위해 검토 장래 임차인과 대립을 야기할 수 있는 임대인 · 임차인 간 분쟁(예를 들면, 임대료 지불유보)을 발견하기 위해 검토 임차인의 지불능력, 연체실적 및 파산여부도 중요한 검토사항
2. 임대차계약 검토 　임대차갱신옵션 　기간연장옵션 　임차우선협상권 　허용용도 　불허용도 　임차인개보수지원금 　수수료 　주차 　간판	임차인이 갖는 옵션, 비용의 책임과 계산 등을 포함하여 임대차계약의 내용을 판단하기 위해 검토 검토내용은 임대료 · 비용 · 기간연장 등과 관련하여 장래 계약승계를 확정함에 영향을 미치게 될 것 주차, 장래 임차인 개보수 지원, 수수료 지불, 전대권(轉貸權), 간판 설치 등과 관련하여, 현 소유주가 임차인과 체결한 약정내용의 결정 기존 임대차계약에서 수정사항이 있으면 반드시 찾아서 검토할 것
3. 서비스 · 유지보수 계약의 검토 　조경, 청소, 쓰레기 처리, 승강기, 보안, 빌딩시스템, 입주증명, 기계설비, 소방점검 등	건물설비 관련 문제 발생의 주기 · 정도, 문제의 치유 · 수선 · 교체를 위해 소유주가 취한 조치 등을 확인 이 항목에서 발견된 만성적인 문제는 장래 커다란 비용 발생의 징후 : 보험 부보되는 문제인지 등을 확인 모든 설비의 품질보증서 역시 검토할 사항
4. 계류 중이거나 잠재위험 현안 검토	자산에 영향을 미칠 수 있는 법원 쟁송, 조세심판, 규제 관련 청원, 행정소송, 민사소송 등 검토
5. 권원 · 권리서류 검토 통한 판단항목 　지상권 특성 · 정도 　행위제한사항 　선취특권 존치여부 　• 채권 담보물권 　• 공사 유치권 　• 조세 압류 　• 판결 선취권	자산가치로부터 혜택을 취하거나 그 가치를 손상시킬 수 있는 타인에게 승낙한 지상권을 찾아내기 위하여 권원 및 권리 관련 서류를 검토 위 검토에서 미납조세채무, 납품업체 · 공사업체와 대가지급 관련 분쟁 등으로 인하여 존치할 수 있는 선취특권을 찾아내도록 할 것
6. 자산실사 　경계선 　건축물 위치, 구조, 기타 지상정착물	대지경계선 침해가 존재하는지, 대지 내 물리적 정착물이 적절하게 위치하는지, 이들 정착물이 법률경계선을 준수하는지 또는 통행로, 건축선후퇴 기준 등을 포함하여 단지 규제사항을 준수하는지 등을 판단하기 위하여 검토 위 검토에서 ① 모든 통행로, 차도, 보도, 가각전제(curbcut), 유틸리티 노선, 자연천, 하천, 수로 등의 위치; 그리고 ② 단지경계에 접하면서 단지 진출입과 관련된 건축선후퇴, 모든 도로 및 가로, 고속도로 등의 위치와 관련된 이슈들 역시 강조되는 사항
7. 규제준수 　현행 용도지역지구제, 허용용도 및 승계조항의 준수 　• 주차비율 　• 건축후퇴선 　• 고도제한 　• 밀도제한 　　(a) 세대수 　　(b) 용적률 　• 환경규제: 유해성 폐기물/대기질	자산의 현재 및 의도하는 용도가 용도지역지구제에서 허용되는 것인지 판단하기 위하여 검토 또한, (건축기득권) 승계조항(grandfather provision)이 현재에도 적용되는지 판단하기 위하여 검토 환경에 대한 관심은 많은 이슈를 포괄 : 유해성 폐기물의 존재, 습지 · 수목 · 멸종위기종의 파괴, 사업지가 특별수해위험지역 또는 100년 빈도 홍수 범람지역에 포함되는지 여부 등 보통 환경 엔지니어링회사가 위 검토를 수행하고 작성한 의견서를 요구

(계속)

예 13-2	자산실사 체크리스트의 예시(계속)

검토영역	해설
8. 물리적 점검 　수선 · 유지보수 · 품질보증 등의 관리파일	구조물의 물리적 상태 그리고 (만약 하자가 존재한다면) 품질보증으로 필요한 수선을 감당할 수 있는지를 판단하기 위해서 점검을 실시 "준공된 상태" 그대로의 도면 및 건축상세의 존재여부, 건물시스템 · 구조 · 유틸리티 · 건물기초 · 벽면의 상태, 유틸리티의 적정성 · 이용가능성 등을 평가하는 보고서를 준비 위성안테나와 같은 통신설비의 존재, "준공된 상태" 그대로의 도면 및 건축상세에서 변경된 건축행위, 하자의 존재 등이 파악할 대상 위 검토는 건축물이 美 장애인복지법(Americans with Disabilities Act: ADA) 규제를 준수하는지도 지적하여야 할 것
9. 세제 문제 　재산세 　• 공시가격 　• 특수목적세 부과지역 　• 납세실적	모든 조세의 납부가 완료되었는지 그리고 공시가격이 현재 기준인지를 판단하고, 조세 감면 또는 특수목적의 지방세 부과지역에 해당하는지를 발견하기 위해서 검토
10. 보험증권	보험청구실적과 현 소유주에 대한 보험금 지급 거부실적에 대해 조사
11. 엔지니어링 조사	투자자는 시장조사, 엔지니어링조사 등과 같이 거래와 관련되어 현 소유주가 발주한 보고서
12. 시장조사	일체를 요구할 권리를 가짐
13. 동산목록	분쟁 방지를 위하여 투자자는 부동산과 함께 양도가능한 동산의 목록을 요구할 수 있을 것

하는 것이 불확실할 때 사용한다. 민감도분석에서 전형적으로 고찰하는 분석가정들은 예상되는 시장임대료, 공실률, 영업비용 및 재매각 기대가격을 포함한다.

　민감도분석은 '기본상황(base case)', 즉 분석하는 일단의 가정들과 함께 시작되는데, 기본상황은 민감도분석에 사용된 인용수치들의 틀을 제공하게 된다. 이 일단의 가정들은 통상 분석자의 최선의 추정치로서 "가장 실현가능한" 상황들을 나타낸다.[4] 일단 기본상황하의 가정들을 규정하게 되면, 분석자는 이 기본가정집합을 사용하여 내부수익률, 순현재가치 및 여타 투자성과 측정치를 계산한다. 그 후, 분석자는 한 번에 하나 또는 그 이상의 가정들을 변화시키면서 각각의 변화가 투자성과에 어떻게 영향을 주는지를 관찰한다. 일반적으로 가정을 바꾸는 방법은 (1) 한 번에 한 개의 가정만 변화를 주는 방법 또는 (2) 몇 개의 시나리오를 설정하고, 각 시나리오 내에서는 하나 이상의 가정들을 동시에 변화시키는 방법이 있다.

한 번에 하나의 가정만 변화시키는 방법 *Change a Single Assumption at a Time*

이 분석방법의 장점은 분석자로 하여금 특정한 입력가정의 영향을 (다른 가정들의 영향과) 절연하여 파악할 수 있게 해준다는 것이다. 예를 들면, 앞의 11장에서 분석한 오피스빌딩은 '기본상황'이라고 간주할 수 있는 일단의 특정한 가정들하에서 세전 내부수익률이 20.08%를 달성할 것으로 추정하였었다. 이 가정들 중에는 5년 후 자산을 970만 달러에 재매각할 것이라는 추정치가 포함되어 있다. 만약 자산이 이 가격보다 높게 또는 낮게 팔리게 된다면 결과

---

[4] 통계학적 의미에서, "가장 실현가능한" 상황이란 발생확률이 가장 높은 상황이 될 것이다. 이 장 뒷부분에서 확률에 대해서 보다 자세하게 검토하도록 하자.

예 13-3

민감도분석
(Sensitivity Analysis)

재매각가격	연간변동률 *	세전 내부수익률
$ 7,300,000	−3.00%	6.69%
7,900,000	−1.45	10.74
8,500,000	0.00	14.23
9,100,000	1.37	17.32
9,700,000	2.68	20.08
10,300,000	3.92	22.60
10,900,000	5.10	24.91
11,500,000	6.23	27.05
12,100,000	7.32	29.05

* 연간변동률은 자산의 매입가격 $8,500,000이 매년 증가하는 비율로서, 복리로 계산

예 13-4

자산 재매각가격에 대한
세전 내부수익률의 민감도:
모뉴먼트 오피스빌딩 사례

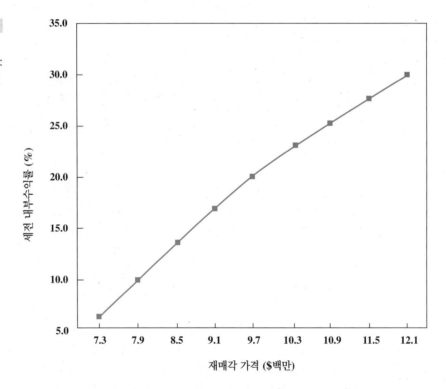

세전 내부수익률 (%) / 재매각 가격 ($백만)

가 어떻게 달라질까? [예 13-3]은 발생 가능한 재매각가격의 범주에 따라 변화하는 세전 내부수익률의 추정치를 나타낸다. 이 표는 내부수익률이 자산 재매각가격의 변화에 얼마나 민감한가를 보여주는 것이다. [예 13-4]는 분석결과를 그래프로 도시한 것이다.

시나리오에 내 여러 변수들을 동시에 변화시키는 방법

'한 번에 한 개의 변수만 변화시키는 방법'에 대한 대안으로서, 여러 **시나리오**를 설정하는 접근방법이 있다. 기본상황 내 가정들은 '가장 실현가능한' 시나리오라고 간주할 수 있다. 같은 맥락에서, 분석자는 비관적인 시나리오를 고안할 수 있는데, 비관적 시나리오 내 가정들은 가장 일어날 것 같은 시나리오 내 가정들처럼 일이 진행되지 않는 상황을 반영하게 된다. 예

를 들면, 공실률을 더 높게 가정할 수 있다. 바꾸어 생각하면, 높은 공실률은 장래 임대료와 자산의 재매각가격을 하락시킴을 의미한다. 시나리오분석은 부정적인 가정들 또는 최악의 경우에 해당하는 가정들이 결합하였을 때 분석자로 하여금 투자성과가 얼마나 크게 영향받을 것인지를 이해할 수 있게 해준다. 마찬가지로, 모든 일이 아주 순조롭게 진행된다면 투자성과가 얼마나 좋아질지 표현하기 위해서 일단의 낙관적 가정들을 설정할 수도 있다. 시나리오의 사용은 본 장의 뒷부분에서 보다 자세히 설명하도록 하겠다.

내부수익률의 분해 *Partitioning*

우리는 부동산 프로젝트에 투자한 자기자본의 내부수익률을 추정하는 과정에 상당한 주의를 기울여 왔다. 내부수익률만으로도 투자자가 프로젝트에 투자할지 말지를 결정함에 있어서 유용한 도움을 제공하지만, 내부수익률을 분해하는 것도 수익률을 구성하는 요소들 간의 상대적 가중치에 대한 개념 그리고 가장 큰 비중을 차지하는 수익의 수령시기에 대한 개념을 얻는데 있어서 유용하다.

  내부수익률의 분해가 어떤 의미인지를 설명하기 위해, 부동산의 자기자본 투자에 대한 내부수익률은 두 가지 원천의 현금흐름으로 구성됨을 상기시키고자 한다: (1) 영업으로 인한 현금흐름; 그리고 (2) 자산 매각으로 인한 현금흐름이 바로 그들이다.

  [예 13-5]은 11장에서 검토한 오피스빌딩의 세전현금흐름을 '영업으로 인한 세전현금흐름(before-tax cash-flow from operation: $BTCF_O$)'과 '자산 매각으로 인한 세전현금흐름(before-tax cash-flow from sales: $BTCF_S$)'으로 나누어 표현하고 있다. 먼저 보유기간 5년 동안 자기자본에 대한 세전 내부수익률이 20.08%라는 점을 상기하기 바란다. 하지만, 위에서 언급한 두 가지 원천의 현금흐름이 합쳐져서 20.08%를 산출하기 때문에, 각각의 현금흐름이 전체 내부수익률에서 어느 정도 비중을 차지하는지 알 수 있는 방법이 없다. 각 현금흐름

예 13-5

내부수익률의 분해:
모뉴먼트 오피스빌딩 사례

영업으로 인한 세전현금흐름($BTCF_O$)의 현재가치			
연차	현금흐름	현가할인계수(IFPV)	현재가치
1	$ 233,725	0.832778	$ 194,641
2	259,542	0.693519	179,998
3	285,121	0.577548	164,671
4	286,054	0.480969	137,583
5	319,925	0.400541	128,143
합계			$ 805,035
자산 매각으로 인한 세전현금흐름($BTCF_S$)의 현재가치			
5	$4,356,755	0.400541	$1,745,057
현재가치(세전 영업현금흐름)		$ 805,035	
현재가치(세전 매각현금흐름)		1,745,057	
현재가치 합계		$2,550,093 (반올림하면 $2,550,000)	
비율분석			
현재가치(세전 영업현금흐름) / 현재가치 합계 = 31.6%			
현재가치(세전 매각현금흐름) / 현재가치 합계 = 68.4%			

별 분해는 얼마나 많은 수익이 자산의 영업으로 인한 현금흐름으로 말미암아 구성되었는지 그리고 얼마나 많은 수익이 자산의 재매각 수입에 기인한 것인지에 관심을 가진 투자자에게 상당히 유용할 것이다.

이 문제의 해결을 위해서, [예 13-5]에서 보는 바와 같이 살짝 변형된 방식으로 영업으로 인한 현금흐름과 자산 매각으로 인한 현금흐름의 현재가치를 다시 검토하는 것이 그리 어려운 일은 아니다. 투자자가 프로젝트에서 수령할 것으로 기대하는 모든 원천의 현금흐름을 할인하면 20.08%의 세전 내부수익률을 구하게 된다는 점에 주목하기 바란다. 그렇다면, 영업으로 인한 현금흐름의 현재가치와 자산 매각으로 인한 현금흐름의 현재가치를 더하게 되면 현재가치 합계인 255만 달러(반올림한 값)를 얻게 된다. 이제 현금흐름 합계에서 각 현금흐름이 차지하는 비율을 각각 구할 수 있게 된다. 동 비율들은 세전 내부수익률 내에서 각각의 현금흐름이 차지하는 비중을 나타내는 바, 영업으로 인한 현금흐름의 비중 30%와 5년 후 자산가격의 상승 및 매각으로 인한 현금흐름의 비중 70%로 구성되고 있는 것이다.

내부수익률의 분해가 왜 중요한 것일까? 이는 투자자가 얼마나 많은 수익이 연간 영업현금흐름에 의존하고 있으며 또한 얼마나 많은 수익이 자산 재매각으로 인한 예측현금흐름에 종속되어 있는지를 판단하도록 지원하기 때문이다. 일반적으로 투자의 예측현금흐름이 운영기간 중에 발생할수록, (수익 발생의) 확실성이 높아진다(즉, 투자위험이 감소한다). 특히, 영업현금흐름의 일부가 기존 임대차계약에 의해 결정될 때, 그 확실성은 보다 높아질 것이다. 자산의 재매각가격은 현재 투자의 보유기간 이후에 발생할 예상 현금흐름에 의존하게 된다. 따라서, 장래 자산가격 상승에 대한 기대가 내부수익률에서 차지하는 비중이 높아질수록 투자자는 더 큰 투자위험에 직면하는 것으로 보일 수 있다. 예를 들면, 11장의 오피스 빌딩 사례에서 투자수익률은 20.08%였다. 이 수익률은 약30%가 매년 발생하는 영업현금흐름으로 구성되고 약70%가 매각현금흐름으로 구성된다. 255만 달러의 투자금이 필요한 또 다른 프로젝트가 있다고 가정해 보자. 이 프로젝트 역시 투자자들에게 동일한 세전 내부수익률인 20.08%를 제시하고 있다. 하지만, 내부수익률을 분해할 경우, 우리는 수익의 구성비율이 완전히 상이하다는 것을 발견할 수 있다. 연간 영업현금흐름으로부터 3%가, 매각현금흐름으로부터 97%가 발생한다고 가정해 보자. 비록 두 투자대안 모두 20.08%의 세전 내부수익률을 갖지만, 두 번째 투자대안이 훨씬 높은 비중의 수익을 장래 자산가치 상승에 의존하고 있는 것이다.[5] 이런 결과가 주어지면, 투자자는 프로젝트 간 투자위험의 차이를 보다 면밀하게 비교하고 싶을 수 있다. 왜냐면 비록 두 프로젝트가 동일한 내부수익률을 산출할 것으로 추정되었다 손치더라도, 두 프로젝트 간 유의한 투자위험 차이가 실제로 발생할 가능성이 매우 높기 때문이다.

수익변동과 투자위험

사업위험, 재무위험 등 본 장에서 논의했던 많은 위험발생원인들은 수익 발생의 **변동성**을 높

---

[5] 내부수익률이 양수임에도 불구하고 영업으로 인한 세전현금흐름($BTCF_o$)이 결손인 경우가 발생할 수 있다. 따라서, 내부수익률 뿐 아니라 영업현금흐름을 함께 고려하는 것이 중요하다.

(단위 : %)

예 13-6

수익률과 투자위험
(오피스, 임대주택 그리고
호텔)

www.mhhe.com/bf15e

오피스빌딩

시나리오	수익률	확률	수익률 × 확률	수익률 − 기대수익률	확률 × (수익률 − 기대수익률)^2
비관적	6.17%	25.00%	1.54%	−12.35%	0.3812%
가장 실현가능한	19.64	50.00	9.82	1.12	0.0062
낙관적	28.64	25.00	7.16	10.12	0.2559
Σ 기대수익률			18.52	분산	0.6434%
				표준편차	8.0212%

임대주택

시나리오	수익률	확률	수익률 × 확률	수익률 − 기대수익률	확률 × (수익률 − 기대수익률)^2
비관적	10.00%	25.00%	2.50%	−5.00%	0.0625%
가장 실현가능한	15.00	50.00	7.50	0.00	0.0000
낙관적	20.00	25.00	5.00	5.00	0.0625
Σ 기대수익률			15.00	분산	0.1250%
				표준편차	3.5355%

호텔

시나리오	수익률	확률	수익률 × 확률	수익률 − 기대수익률	확률 × (수익률 − 기대수익률)^2
비관적	5.00%	25.00%	1.25%	−15.00%	0.5625%
가장 실현가능한	20.00	50.00	10.00	0.00	0.0000
낙관적	35.00	25.00	8.75	15.00	0.5625
Σ 기대수익률			20.00%	분산	1.1250%
				표준편차	10.6066%

요약

자산	기대수익률	위험
오피스	18.52%	8.02%
임대주택	15.00	3.54
호텔	20.00	10.61

임으로써 부동산투자의 수익에 영향을 주게 된다. 사례로써, 여태까지 분석해 온 오피스빌딩을 고려해 보자. 또한, 우리가 투자대상으로 2개의 다른 자산(호텔과 임대주택건물)도 함께 고려한다고 가정해 보자.

[예 13-6]은 경제상황과 관련하여 세 개의 서로 다른 시나리오 하에서 5년의 투자기간 동안 세 자산이 산출하는 내부수익률의 추정치를 제시한다. 본질적으로, [예 13-6]이 보여주는 3개 투자대안의 내부수익률 추정치는 투자기간 동안 발생할 수 있는 세 가지의 일반적인 경제 시나리오들에 종속되어 있다.[6] 즉, 투자자는 경기와 관련된 세 가지의 가정 하에서 3개 투

---

[6] 오피스빌딩의 수익률을 산정함에 있어서는 [예 13-3]의 정보를 사용하였다. 비관적인 시나리오는 오피스빌딩이 730만 달러에 매각됨을 가정하며, 낙관적인 시나리오에서는 동 빌딩이 1,210만 달러에 매각됨을 가정한다.

자대안들의 임대료와 영업비용을 추정하게 된다. 그런 다음에야, 각 투자물건에 적합한 부채서비스효과(경우에 따라서는 조세효과가 추가될 수도 있다)가 주어질 경우, 보유기간 말 자산가치의 추정 뿐 아니라 현금흐름을 예측하게 된다.

각 시나리오 별 내부수익률을 계산한 후에, 투자자는 각 투자대안의 수익창출 가능성에 영향을 주는 경기 시나리오 각각의 발생확률을 추정할 것이다. 각 경제 시나리오가 발생할 확률을 (해당 시나리오 하에서) 추정한 내부수익률과 곱하게 되면, 각 투자수단별 기대수익률을 구하게 된다.

[예 13-6]에 나타난 분석결과에 기초하면, 오피스빌딩의 기대수익률 18.52%와 임대주택건물의 기대수익률 15%와 비교하였을 때, 호텔자산은 가장 높은 기대수익률인 20%를 산출하고 있다. 이 결과가 오피스빌딩과 임대주택건물보다는 호텔자산을 선택해야 한다는 의미일까? 꼭 그렇지는 않다. 여기에서, 독자들은 본 장 앞부분에서 논의하였던 위험특성 그리고 각 투자대안이 이러한 위험특성을 고려하면 어떻게 영향을 받는지를 상기해야 한다. 높은 기대수익률을 제시하는 자산은 다소 낮은 투자수익률을 제시하는 투자대안에 비해서 훨씬 위험할 수 있다.

투자대안 사이의 투자위험과 수익률을 비교함에 있어 발생하는 질적인 문제를 처리하기 위해서, 분석자들은 앞에서 논의된 정성적인 고려사항들을 보충적으로 활용하는 분석기법들을 사용할 수 있다. 여기서는, 예측된 투자위험을 보다 정량적으로 처리하는 것에 초점을 맞추도록 하자.

특정 투자대안에 국한된 모든 위험특성들을 처리하려고 시도할 때에, 어떤 연구자들과 시장분석자들은 이런 위험요인들(예를 들면, 이 장에서 논의한 사업위험, 재무위험 및 기타 위험들)이 결합하여 **프로젝트 수익률의 변동성을 유발하는** 데 일조하게 된다고 주장한다. 위의 사례에서, 호텔 프로젝트는 사실 오피스자산이나 임대주택자산보다 더 위험하다. 각 경기 시나리오에서 추정한 내부수익률을 자세히 관찰하면, 호텔자산의 발생 가능한 내부수익률의 분포범위가 다른 자산들의 그것에 비하여 **훨씬 넓다**는 사실을 발견하게 된다. 실제로도, 가능한 경제상태의 발생확률과 각 경제상태에서 예측하는 내부수익률 간의 관계를 그림으로 그리게 되면, [예 13-7]에서 보는 바와 같은 유형을 도출하게 된다. 이 그림에서 저자들은 경제상태의 발생확률(Y축)과 주어진 경제상태에서 각 투자대안에 기대되는 내부수익률(X축)에 좌표를 부여하였다. 그림상 곡선은 완만하게 평활된 것인데, 실제 내부수익률을 추정한 특정 좌표들 사이에 존재하는 확률점들은 발생가능성이 가장 높은 내부수익률 수치를 보간하여 그 사이를 연결한 형태이다. 이 그림에서 파악할 수 있는 중요한 시사점은 비록 호텔자산의 기대수익률이 오피스빌딩에서 산출한 기대수익률보다 높다고 하더라도 호텔자산의 기대수익률의 분포범위가 오피스빌딩의 그것보다 대단히 넓다는 점이다. 호텔자산의 결과 분포범위에 비해 오피스빌딩의 그것이 좁다는 사실은 호텔자산에 비하여 오피스빌딩의 기대수익률의 변동성이 작다는 것을 나타낸다. 많은 분석자들은 수익률의 **낮은 변동성**을 **낮은 투자위험**과 관련된 것으로 간주하는 반면, 높은 변동성을 높은 투자위험으로 간주한다. 분산이라는 통계측정치를 사용함으로써 투자자는 특정 투자대안의 위험 정도를 표시하게 된다.

예 13-7

내부수익률의
확률분포(오피스,
임대주택 그리고 호텔)

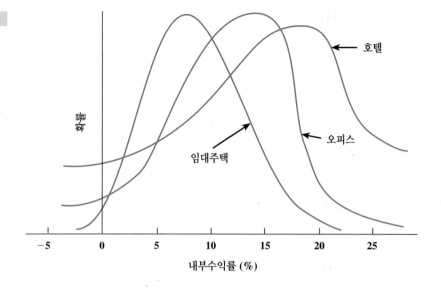

분산의 측정과 투자위험

수익률의 통계적 분산을 계산하는 과정은 간단한데, [예 13-6]은 3개 자산에 대해 분산을 산출하는 과정을 보여준다. 호텔자산의 **평균수익률**에 대한 **표준편차**는 10.61%인데, 이는 오피스빌딩의 8.02%와 임대주택의 3.54%에 비하여 더 큰 편이다. 편차에 대한 이 측정치가 우리에게 알려주는 것은 (호텔자산이나 오피스빌딩과 비교하여) 임대주택의 실현수익률은 그 기대수익률 15%에 **훨씬 가깝게 분포**할 가능성이 상당히 높다는 것이다. 반대로, 호텔자산의 표준편차는 10.61%이기 때문에 (오피스빌딩이나 임대주택건물과 비교하여) 그 실현수익률이 기대수익률 20%에 근접하여 분포할 가능성이 상대적으로 작다는 것이다. 따라서, 만약 수익률의 분산이 투자위험을 측정하는 좋은 지표라고 한다면, 분명히 호텔은 3개 투자대안 중에서 투자위험이 가장 높다고 할 것이다.

만약 고려하는 2개 투자대안의 내부수익률 확률분포가 정규분포를 따른다면, 각 투자대안의 수익률에 대한 표준편차 역시 매우 소중한 정보를 제공하게 된다. 표준편차는 특정한 수익률 범위를 제시하는데, 기대수익률에 관련된 이 범위 내에서 우리는 각 투자대안의 실현수익률이 분포할 것이라고 기대할 수 있다. 호텔자산을 예로 들면, 우리는 실현수익률이 기대수익률인 20%로부터 '± 1배의 표준편차'의 범위($\mu \pm \sigma$) 내에 분포할 것임을 68%의 신뢰수준에서 기대할 수 있다. 이는 호텔자산의 실현수익률이 9.39%에서 30.61% 사이에 형성될 것이라고 68%의 확률로 예측할 수 있음을 의미하는 것이다. '기대수익률 ± 2배의 표준편차'로 범위를 넓히면, 우리는 실현수익률이 이 범위($\mu \pm 2\sigma$) 내에 분포할 것임을 약 95.5%의 신뢰수준에서 기대할 수 있게 된다. 마찬가지로, 우리는 실현수익률이 기대수익률에서 '± 3배의 표준편차'의 범위($\mu \pm 3\sigma$) 내에 분포할 것임을 약 99.7%의 신뢰수준에서 기대할 수 있을 것이다. 반면에, 임대주택건물의 실현수익률은 훨씬 좁은 범위의 '기대수익률 ± 표준편차' 구간 내에 분포하게 될 것이다. (기대수익률이 15%, 표준편차가 3.54%이므로) '기대수익률 + 표준편차'는 18.54%이고 '기대수익률 − 표준편차'는 11.46%가 되어, 68%의 신뢰도로 임대주택의 실현수익률은 11.46% ~ 18.54%가 될 것이라고 예상할 수 있다.

투자위험과 수익 *Risk and Return*

앞에서 소개한 통계 측정치들은 투자위험의 대리변수로서 편차와 분산이라는 보다 정량적인 관점을 투자자에게 제공할 뿐 아니라, 기대수익률의 단위당 투자위험 측정치를 개발하는 과정에서도 내부수익률과 관련될 수 있다. 앞선 투자대안들에 이를 적용하려면, 내부수익률의 표준편차를 내부수익률의 평균으로 나누면 된다. 오피스빌딩의 경우, 이 계산은 8.02% ÷ 18.52%이고 결과로 0.433이 산출된다. 호텔자산의 계산은 10.61% ÷ 20.0%로서 0.5305을 산출하며, 임대주택의 계산은 3.54% ÷ 15.0%로서 0.236을 얻게 된다. **변동성계수**라고 부르는 이 통계량은 상대적인 변동성, 즉 **기대수익률의 단위당 투자위험**을 측정하는 값이다. 호텔의 경우 변동성계수가 오피스빌딩의 그것보다 상대적으로 높다. 임대주택은 3개 투자대안 중 가장 낮은 변동성계수를 나타내는데, 이는 임대주택의 수익률 단위당 투자위험이 오피스빌딩이나 호텔만큼 높지 않다는 것을 의미한다. 이런 비교결과가 반드시 '투자자는 증가한 기대수익률의 반대급부로써 추가되는 투자위험을 받아들이는 결정을 해서는 안 된다'는 것을 의미하지는 않는다. 모든 투자자는 **위험회피적**(risk averse)이라고 가정하는데, 이는 투자자들이 투자위험의 증가를 수용하는 것에 대한 보상으로써 보다 높은 기대수익률을 요구한다는 의미이다. 그렇다고 해서, 우리는 어느 특정 투자자에게 얼마나 많은 수익률이 제시되어야 할는지는 말할 수 없다. 우리가 분석한 3개 자산, 그 각각의 수익률은 각 자산의 시장가격에 기초하며 따라서 투자위험과 수익률 간 상쇄관계(trade-off)는 시장의 위험가격을 반영하고 있다. 이는 투자자들이 각 자산의 투자위험과 수익률 간의 특성에 근거하여 각 자산을 매입하려 할 것이라는 함의를 제시한다.

[예 13-8]은 상기 3개 부동산의 기대수익률과 투자위험(표준편차)을 그래프로 보여준다. 이 그래프는 모든 자산군을 대상으로 투자위험과 수익률 간 상쇄효과를 보여주는 [예 13-1]과 유사하다. 실제로 [예 13-8]에 표현된 곡선은 [예 13-1]의 한 작은 부분으로 볼 수 있는데, [13-1]에서는 부동산 자산 전체를 묶어서 하나의 자산군인 '부동산'으로 표현하고 있다.

포트폴리오 구성이라는 고려사항

아직까지 우리는 여러 투자대안들을 하나의 **포트폴리오**로 묶으면서 투자위험, 즉 수익률의 분산을 감소시킬 수 있는 가능성에 대해서는 고려하지 않았다. 다양한 투자대안들을 그리고 주식과 채권을 하나의 포트폴리오로 편입시킴으로써, 투자자는 **분산투자효과**에 의해서 투자위험을 유의하게 감소시킬 수 있다. 예를 들면, 호텔자산에 있어서 비관적인 결과를 야기하는 경제현상들이 반드시 임대주택이나 오피스에 영향을 주지 않을 수도 있고, 반대로 두 자산의 비관적인 경제상황이 반드시 호텔자산에 부정적 영향을 주지는 않을 것이다. 따라서, 세 가지 투자자산의 수익률들이 완벽하게 선형상관을 이루지는 않을 것이다. 하나의 투자자산만 선택하기보다는 세 가지 투자자산에 분산하여 투자하는 것이 포트폴리오 전체의 투자위험을 감소시킬 수 있는 것이다. 포트폴리오로 섞게 되면 높은 변동성과 낮은 변동성이 서로 상쇄되기 때문에, 분산투자는 포트폴리오 내 모든 투자자산들로부터 발생하는 총수익률의 분산을 낮추게 되고, 결과로서 전체 투자포트폴리오의 기대수익률에 대한 변동성을 감소시키게 된다. [예 13-8]의 그림으로 설명하자면, 포트폴리오는 기대수익률과 분산을 곡선의 좌측부

예 13-8
투자위험과 수익률

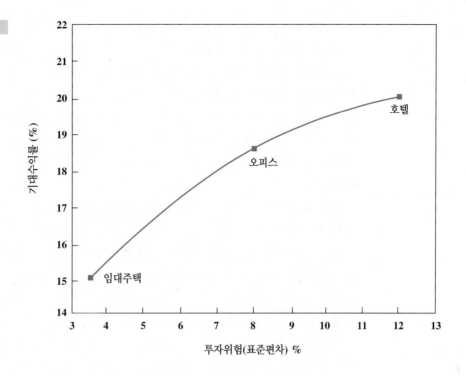

분에 형성시키게 된다. 즉, 동일한 기대위험률에 대하여 투자위험이 훨씬 작아진다는 의미이다. 투자위험을 낮춤에 있어서 분산투자의 역할은 22장에서 다시 논의하기로 하자.

판매시설 사례연구 – 웨스트게이트 쇼핑센터

웨스트게이트 쇼핑센터(Westgate Shopping Center)는 면적이 10만 평방피트(9,290 m²)인 근린형 노선상가(neighborhood strip center)이다. 한 투자자가 이 자산의 매입을 고려하고 있다. 그는 5년 간 자산을 보유한 후, 보유기간 말 자본환원율(terminal cap fate) 10.5%를 6년차 순영업이익에 적용한 자산가격으로 매각할 것을 기대한다. 자산매각에 소요되는 비용은 재매각가격의 3%로 예상한다. 투자자는 11%의 수익률(세전, 무차입 기준)을 얻게 되기를 희망한다.

향후 5년 동안 물가상승률은 매년 3%로 예상된다. 일반적으로 유사한 쇼핑센터의 공실률은 5%이고 신용손실로 추가 1% 손실이 발생한다. 기존 임차인들은 임대차계약 만료 이전에는 아무도 나가지 않을 것으로 예상되지만, 임대차계약 종료 이전에 임차인을 상실할 위험에 대비하여 5%의 통상적인 공실률을 가정하였다.

쇼핑센터의 영업비용은 다음과 같이 추산된다:

1년차에 부동산 자산세는 4만 달러이고, 매년 2.5%씩 상승
보험료는 평방피트당 18센트이고, 매년 3%씩 상승
공용공간 유지관리비[7]는 평방피트당 75센트이고, 매년 3%씩 상승

---

[7] 공용공간 유지관리비는 보도, 주차장 등 공용공간을 유지관리하기 위해 발생하는 비용이다.

관리비용은 유효총소득(effective gross income: EGI)의 6%씩 발생

현재 3명의 임차인이 있다. 첫 번째 임차인은 약국으로, 25,000평방피트(2,323 m²)를 임차하며 계약상 앞으로 5년 더 입주하게 된다. 기본임대료는 평방피트당 12달러이고 순임대차(Net Lease) 조건으로, 부동산 재산세, 보험료 및 공용공간 관리비용에 대해서 발생비용을 임대인에게 지급한다. 계약종료시점에 이 공간은 그 당시 시장임대료로 재임할 예정이다. 현재 시장임대료는 평방피트당 12달러이고 재임대시점까지 매년 3%씩 상승할 것으로 추산된다. 5년 후 체결할 임대차계약은 5년 계약기간에 임차인의 영업비용 분담금이 없을 것으로 예측된다.

두 번째 임차인은 식료품점으로, 현재 60,000평방피트(5,574 m²)를 사용하며 향후 13년간 계약기간이 더 남아 있다. 기본임대료는 평방피트당 8.50 달러이고 순임대차 조건으로 부동산 재세, 보험료 및 공용공간 관리비용에 대해서 발생비용을 임대인에게 지급한다. 계약종료시점에 이 공간은 그 당시 시장임대료로 재임차할 예정이다. 현재 시장임대료는 평방피트당 9달러이고 임대차 갱신시점까지 매년 3%씩 상승할 것으로 추산된다. 새로 체결할 임대차계약은 10년 계약기간에 임차인의 영업비용 분담금이 없을 것으로 예측된다.

세 번째 임차인은 음식점으로, 5,000평방피트(465 m²)를 임차하며 계약 상 3년이 남아있다. 기본임대료는 평방피트당 15달러이고 순임대차 조건으로 부동산 재산세, 보험료 및 공용공간 관리비용에 대해서 발생비용을 임대인에게 지급한다. 또한, 이 임차인은 매출액에 근거하여 **비율임대차**(percentage rent)를 지불한다. **손익분기점**이 되는 매출액인 평방피트당 225 달러를 초과하는 매출액의 5%를 **추가임대료**(overage rent)로 지불한다. 음식점의 현재 매출액은 평방피트당 250달러이다. 계약종료시점에 이 공간은 그 당시 시장임대료로 재임차할 예정이다. 쇼핑센터 내 인라인(in-line) 점포에 대한 현재 시장임대료는 평방피트당 16달러이고 임대차 갱신시점까지 매년 3%씩 상승할 것으로 추산된다. 새로 체결할 임대차계약은 3년 계약기간에 임차인의 영업비용 분담금이 없을 것으로 예측된다. 인라인 임차인은 임대인이 개보수지원금(tenant improvement: TI)을 지급할 것으로 기대하는데,[8] 현재 수준은 평방피트당 5달러 수준이나 매해 3%씩 증가할 것으로 예상된다. 임대수수료는 매년 임대차계약 상 기본임대료의 4%가 될 것이다.[9] 쇼핑센터 인라인 점포 중에는 현재 10,000평방피트(929 m²)의 공실공간이 있는데, 향후 2명의 임차인에게 임대할 계획이다. 한 임대차계약은 올해에, 다른 임대차계약은 1년 후에 계약될 것으로 예상된다. 각각의 계약은 3년을 계약기간으로 한다. 인라인 점포의 현재 시장임대료는 평방피트당 16달러이다. 임대수수료는 수금된 임대료의 5%이다. 새로 입주하는 임차인에게 임대인이 지급하는 개보수 지원금은 평방피트당 10달러이고, 임차인은 순임대차 조건으로 부동산 재산세, 보험료 및 공용공간 관

---

[8] 새로운 임차인에게 공간을 임대할 경우 임차인의 공간수요에 적합하도록 실내공간을 조정 또는 '입주 맞춤(Up Fitting)'할 필요가 있다는 점을 상기하기 바란다. 종종 소유주는 입주 맞춤을 위한 표준기본금액을 설정하는데, 만약 임차인이 이 금액을 초과하여 개보수할 경우 임대료가 높아지거나 임차인이 초과금액을 직접 소유주에게 지불한다.

[9] 일반적으로, 새로운 임차인에게 공간을 임대할 경우, 외부 중개인이나 건물 소유회사 내 임대부서에 임대수수료를 지급할 필요가 있다. 실제 수수료를 어떻게 계산하고 또 어떻게 지급할지에 대해서는 많은 옵션이 존재한다. 전형적으로 사용하는 방법은 첫해 임대료에 임대수수료율을 곱한 후 다시 임대기간을 곱하여 산출하는 것이다(= 임대료$_{YR=1}$ × 임대수수료율 × 임대기간).

입력값	임차인 1	임차인 2	임차인 3
이름	약국	식료품점	음식점
임대면적	25,000	60,000	5,000
임대료/평방피트	$12.00	$8.50	$15.00
최초 임대기간(년)	10	15	3
시장임대료	$12.00	$9.00	$16.00
시장임대료 연상승률	3.00%	3.00%	3.00%
매출액/평방피트			$250.00
매출액 연상승률			3.00%
손익분기점 매출액/평방피트	5	13	$225.00
추가임대료(초과매출 대비)	$0.00	$0.00	5.00%
잔여 임대차기간	0.00%	0.00%	3
재계약 시 개보수 지원금(TI)	0.00%	0.00%	$5.00
재계약 시 임대수수료			4.00%
개보수지원금(TI) 연상승률			3.00%

예 13-9

주요 임차인 가정
: 웨스트게이트
쇼핑센터(Westgate
Shopping Center) 사례

리비용에 대해서 발생비용을 임대인에게 지급한다. 3년 후 이들 임대차계약이 종료될 때에는 인라인 점포들을 대상으로 하는 전형적인 임대차계약으로 재임대될 것으로 가정하였다.

[예 13-10A]는 이 프로젝트의 영업으로 인한 현금흐름을 예측한 것이다. 각 임차인에 대하여 기존 임대차계약 상 수취하는 임대료소득과 임대차계약 갱신시점에서 시장임대료에 따라 수취가능한 임대료소득을 함께 추산하였다. 또한, 잠재총소득은 임차인의 영업비용 분담과 음식점의 추가임대료, 그리고 현재 공실공간의 임차인 모집 후 발생할 임대료소득을 포함하고 있다. 임대인의 임차인에 대한 개보수 지원금과 임대수수료 역시 인라인 공간의 음식점 갱신계약 뿐 아니라 현재 공실공간의 임대인 모집에도 지불하는 것으로 계산되어야 할 것이다.

[예 13-10B]는 자산 재매각으로 인한 현금흐름을 나타내며, [예 13-11]은 10.48%로 계산된 무차입 내부수익률을 보여준다.

할인률로서 10.48%를 사용하여, [예 13-12]에서 보는 바와 같이 우리는 내부수익률을 분해할 수 있다. 이 표에 근거하면, 우리는 내부수익률의 약 38%가 영업으로 인한 현금흐름에서 발생하며, 약 62%가 자산 재매각으로 인한 현금흐름에서 발생함을 발견하게 된다.

웨스트게이트 쇼핑센터의 시나리오 분석

투자자는 또한 비관적 시나리오하에서 본인의 투자수익률이 어떻게 되는지 알고 싶을 수 있을 텐데, 이 시나리오를 구성하는 가정들은 아래와 같다:

• 기존 임차인의 계약갱신시점에 적용하게 될 시장임대료가 증가하지 않는다
• (비율임대차를 적용하는) 음식점의 매출액이 증가하지 않는다
• 임차인의 임대료 체납가능성에 대비하여 일반 공실률을 5% 대신 10%로 설정한다

| 예 13-10A | 영업으로 인한 현금흐름 예측: 웨스트게이트 쇼핑센터 사례 |

연차		1	2	3	4	5	6
임대수입							
약국	임대료	$ 300,000	$ 300,000	$ 300,000	$ 300,000	$ 300,000	$ 0
	시장임대료*	0	0	0	0	0	347,782
	영업비용 분담	33,250	34,198	36,172	36,175	37,206	0
식료품점	임대료	510,000	510,000	510,000	510,000	510,000	510,000
	시장임대료	0	0	0	0	0	0
	영업비용 분담	79,800	82,074	84,413	86,820	89,295	91,841
음식점	기본임대료	75,000	75,000	0	0	0	0
	시장임대료	$0	$0	84,872	87,418	90,041	92,742
	영업비용 분담	6,650	6,840	0	0	0	0
	추가임대료	6,250	8,125	0	0	0	0
現 공실 1	임대료	80,000	80,000	80,000	0	0	0
	갱신 임대료	$0	0	0	87,418	90,041	92,742
	영업비용 분담	6,650	6,840	7,034	0	0	0
現 공실 2	임대료	80,000	80,000	80,000	80,000	0	0
	갱신 임대료	0	0	0	0	90,041	92,742
	영업비용 분담	0	6,840	7,034	7,235	0	0
잠재총소득		$1,177,600	$1,189,915	$1,188,526	$1,195,066	$1,206,623	$1,227,849
공실 : 現 공실공간		80,000	0	0	0	0	$0
공실 : 일반 공실		58,880	59,496	59,426	59,753	60,331	61,392
유효총소득		$1,038,720	$1,130,419	$1,129,100	$1,135,312	$1,146,292	1,166,457
관리비용		62,323	67,825	67,746	68,119	68,778	69,987
재산세		40,000	41,000	42,025	43,076	44,153	45,256
보험료		$8,000	18,540	19,096	19,669	20,259	20,867
공용공간 관리비용		75,000	77,250	79,568	81,955	84,413	86,946
영업비용 합계		195,323	204,615	208,435	212,818	217,602	223,056
순영업이익		$ 843,397	$ 925,804	$ 920,665	$ 922,494	$ 928,690	$ 943,401
TI : 現 공실공간		$ 50,000	$ 50,000	$ 0	$ 0	$ 0	
TI : 인라인 점포		0	0	26,523	27,318	28,138	
개보수지원금(TI) 합계		$ 50,000	$ 50,000	$ 26,523	$ 27,318	$ 28,138	
임대수수료 : 現 공실공간		$ 12,000	$ 12,000	$ 0	$ 0	$ 0	
임대수수료 : 인라인 점포		0	0	10,185	10,490	10,805	
임대수수료 합계		$ 12,000	$ 12,000	$ 10,185	$ 10,490	$ 10,805	
영업으로 인한 현금흐름		$ 781,397	$ 863,804	$ 883,958	$ 884,686	$ 889,747	

* 시장임대료는 임대차계약 갱신에 적용된다.

예 13-10B	자산 재매각으로 인한 현금흐름		
자산 재매각으로 인한 현금흐름 예측: 웨스트게이트 쇼핑센터 사례	재매각가격		$8,984,768
	매각비용		$ 269,543
	순매각수입		$8,715,225

예 13-11	연차	0	1	2	3	4	5
내부수익률의 계산: 웨스트게이트 쇼핑센터 사례	현금흐름 합계 :						
	현금흐름	($8,5000,000)	$781,397	$863,804	$883,958	$884,686	$9,604,972
	내부수익률	10.48%					

예 13-12	내부수익률의 분해		
내부수익률의 분해: 웨스트게이트 쇼핑센터 사례	할인율로 사용된 내부수익률		
	현재가치(영업현금흐름)	$3,204,921	37.70%
	현재가치(매각현금흐름)	5,295,079	62.30
	현재가치 합계	$8,500,000	100.00%

주목할 점은 위의 가정들은 보유기간 말 자산의 재매각가격 역시 낮추게 되는데, 이는 자본화할 6년차 순영업이익이 낮아지기 때문이다. [예 13-13]은 해당 시나리오의 분석결과를 보여준다. 내부수익률은 10.48%에서 7.33%로 하락하였다.

임대차 재계약의 위험

앞선 장들에서 그리고 이번 장의 웨스트게이트 쇼핑센터 사례에서, 우리는 현재 임대차계약이 종료되었을 때 기존 임차인 또는 신규 임차인이 어느 정도 임대료를 지불하려고 할는지에 대해서 가정을 세우고 접근하였다. 쉽게 말하면, 우리는 임대차계약 갱신시점에 무슨 일들이 발생할는지가 미리 확실하게 알려져 있다고 가정하는 것이다.

현실에서는 기존 임차인이 임대차계약을 갱신할 것인지 여부에 대해 불확실성이 존재한다. 어떤 임차인들은 갱신하겠으나 다른 이들은 퇴거할 것이다. 그 차이는 상당히 중요하다. 만약 기존 임차인이 계약을 갱신한다면, 임차인 퇴거로 말미암은 공실이 더 이상 발생하지 않을 것이며, 임대인은 임차인으로 하여금 계약 갱신을 유도하기 위하여 개보수 지원금을 지불할 필요가 없어질 것이다(왜냐면 그 공간은 이미 임차인의 공간수요를 충족하고 있다). 또한, 만약 임대차의 갱신을 위하여 중개인에게 지불해야 하는 수수료가 있다고 하더라도, 그 수수료율은 새로운 임차인을 찾기 위해 지불해야 하는 수수료율에 비하여 대개 낮은 편이다. 한편으로, 소유주는 (임차인 퇴거로 인해 발생하는) 이런 추가적인 비용과 공실문제를 예방하기 위하여 기존 임차인에게 임대차계약을 갱신하도록 현재 시장임대료에서 할인된 임대료 수준을 자발적으로 제시할 수도 있다.

예 13-13		비관적 시나리오의 분석결과: 웨스트게이트 쇼핑센터 사례				

연차		1	2	3	4	5	6
임대수입:							
약국	임대료	$ 300,000	$ 300,000	$ 300,000	$ 300,000	$ 300,000	$ 0
	갱신 임대료	0	0	0	0	0	300,000
	영업비용 분담	33,250	34,198	35,172	36,175	37,206	0
식료품	임대료	510,000	510,000	510,000	510,000	510,000	510,000
	갱신 임대료	0	0	0	0	0	0
	영업비용 분담	79,800	82,074	84,413	86,820	89,295	91,841
음식점	기본임대료	75,000	75,000	0	0	0	0
	갱신 임대료	0	0	80,000	80,000	80,000	80,000
	영업비용 분담	6,650	6,840	$0	0	0	0
	추가임대료	6,250	6,250	$0	0	0	0
現공실1	임대료	80,000	80,000	80,000	0	0	0
	갱신 임대료	0	0	0	80,000	80,000	80,000
	영업비용 분담	6,650	6,840	7,034	0	0	0
現공실2	임대료	80,000	80,000	80,000	80,000	0	0
	갱신 임대료	0	0	0	0	80,000	80,000
	영업비용 분담	0	6,840	7,034	7,235	0	0
잠재총소득		$1,177,600	$1,188,040	$1,183,654	$1,180,229	$1,176,501	$1,141,841
공실 : 現 공실공간		80,000	0	0	0	0	0
공실 : 일반 공실		117,760	118,804	118,365	118,023	117,650	114,184
유효총소득		$ 979,840	$1,069,236	$1,065,289	$1,062,206	$1,058,851	$1,027,657
관리비용		58,790	64,154	63,917	63,732	63,531	61,659
재산세		40,000	41,000	42,025	43,076	44,153	45,256
보험료		18,000	18,540	19,096	19,669	20,259	20,867
공용공간 관리비용		75,000	77,250	79,568	81,955	84,413	86,946
영업비용 합계		191,790	200,944	204,606	208,432	212,356	214,728
순영업이익		$ 788,050	$ 868,292	$ 860,683	$ 853,775	$ 846,495	$ 812,929
TI: 現 공실공간		50,000	50,000	0	0	0	
TI: 인라인 점포		0	0	26,523	27,318	28,138	
개보수지원금(TI) 합계		$ 50,000	$ 50,000	$ 26,523	$27,138	$28,138	
임대수수료: 現 공실공간		$ 12,000	$ 12,000	$0	$0	$0	
임대수수료: 인라인 점포		0	0	9,600	9,600	9,600	
임대수수료 합계		$ 12,000	$ 12,000	$ 9,600	$ 9,600	$ 9,600	
영업으로 인한 현금흐름		$ 726,050	$ 806,292	$ 824,560	$ 816,857	$ 808,757	
자산 재매각으로 인한 현금흐름							
재매각가격						$7,742,180	
매각비용						232,265	
순매각수입						$7,509,915	

연차	0	1	2	3	4	5
현금흐름 합계						
현금흐름	($8,500,000)	$ 726,050	$ 806,292	$ 824,560	$ 816,857	$8,318,672
내부수익률	7.33%					

　　만약 기존 임차인이 계약을 갱신하지 않는다면, 그 공간을 임차하려는 새로운 임차인을 찾을 때까지 대개 수개월 동안 공실이 발생하게 될 것이다. 게다가, 새 임차인은 계약의 일환으로 임대인에게 개보수지원금을 요구할 가능성이 높고, 중개인에게도 임대수수료를 지불해야 할 것이다.

　　11장에서 논의한 투자분석 또는 10장에서 검토한 수익부동산의 감정평가를 위해서 현금흐름 할인분석을 수행하여 미래 현금흐름을 추산할 경우, 우리는 기존 임대차계약이 만료될 때 어떻게 될 것인지에 대해 가정을 세울 필요가 있다. 기존 임차인이 계약을 갱신할는지 그렇지 않을는지 알 도리가 없으므로, 실무에서 이 문제를 처리하는 방법 중 하나는 임대차계약 말의 **재계약확률**을 가정하는 것이다. 예를 들어서, 만약 재계약확률이 60%라고 한다면, 기존 임차인이 임대차계약을 갱신할 확률이 60%이고 새로운 임차인을 찾아야 할 확률이 40%라는 의미이다.

재계약확률을 활용한 임대차 지표의 가중평균

대부분의 임대차계약은 현금흐름 할인분석에서 설정하는 보유기간 안에 종료되기 때문에, 몇몇 임대차계약은 위에 언급한 대로 (재계약확률을 활용하여) 전망하게 된다. 한 건물 내 여러 유형의 공간에 대해서 (시장자료에 근거한) 일련의 전망치들을 선택하여 이 문제를 해결하는 것이 전형적이다. 이러한 전망치들을 **시장 임대차지표에 대한 가정**이라고 부른다. 앞선 장들에서 보았던 것처럼 시장전망을 아주 단순하게 할 수도 있다. 즉, '재계약확률은 100%'라는 가정이 그것이다.

　　보다 복잡한 분석에서는 시장 임대차지표는 통상 신규임차인과 갱신임차인으로 구분한 다양한 시장임대료, 기존 임차인이 재계약에 서명하게 될 가능성을 반영한 재계약확률, 기존 임차인이 임대차를 갱신하지 않는다면 새 임차인을 찾기까지 소요되는 공실월수, 기존 또는 신규 임대차계약 체결을 위한 임대수수료 그리고 기존 및 신규 임대차계약을 위한 임대인의 임차인에 대한 개보수 지원금액 등에 대한 가정치를 포함하게 된다. 전체 자산에 대하여 하나의 시장 임대차지표 가정을 적용하기도 하고 한 집단의 임대차계약들에 대해서 또는 개별 임대차계약마다 각기 다른 시장 임대차 가정들을 적용하기도 한다.

　　단 하나의 시장 임대차 가정을 사용하는 방법은 모든 임대공간이 비교적 유사한 단순 오피스빌딩은 충족시킬 수 있을지 모른다. 하지만, 보다 복잡한 판매시설은 복수의 시장 임대차 가정들을 필요로 한다. 예를 들면, 커뮤니티 쇼핑센터는 대형 공간 임차인, 중형 공간 임차인 그리고 소형 공간 임차인 등으로 나누어서 각각 다른 시장 임대차 가정을 필요로 한다. (분석자가 어느 임대차계약이 독특하다고 느낀다거나 또는 분석자가 계약기간 말에 임차인의 갱신 또는 퇴거 가능성을 추산하는 데 훨씬 좋은 아이디어가 있어서) 특정 임대차계약에는 별도의 임대차 가정을 부여하는 경우에도, 단일 임대차계약에 여러 가지 다른 가정들을 설정하는 것은 상당히 이례적이라 할 수 있다.

시장임대료: 재계약확률에 의한 가중평균

재계약 가능성이 100% 보다 작고 신규 임차인과 갱신 임차인 사이에 시장임대료의 차이가 존재할 경우, 양자를 함축적으로 반영하는 예상임대료는 두 임대료의 가중평균이 될 것이다. 예를 들어서, 재계약확률이 60%이고 신규 임차인에 대한 시장임대료가 18 달러인 반면 기존 임차인의 갱신 임대료는 17 달러라고 가정해 보자. 임대차계약이 종료되는 시점에 함축적인 시장임대료는 17.40 달러가 될 것이다.

$$(0.60 \times \$17) + (0.40 \times \$18) = \$17.40$$

공실월수

임대차기간이 만료되었으나 재계약이 이루어지지 않을 경우, 대개 건축물 주인은 새로운 임차인을 찾을 때까지 어느 정도 임대중단의 고통을 겪게 되고 따라서 일정 기간 공실을 경험하게 될 것이다. 이러한 공실을 종종 **이주공실**(turnover vacancy)이라고 부른다. 재계약확률로 100%를 선택하게 되면 예상되는 **공실월수**는 0이다. 재계약확률이 100%보다 작은 경우 암묵적인 공실월수는 [(1 − 재계약확률) × 공실기간 입력치]와 같을 것이다. 예를 들어서, 만약 재계약확률이 60%이고 임차인이 임대차계약을 갱신하지 않을 경우 공실기간이 10개월이 된다고 하면, 공실월수는 4개월이 된다.

$$10 \times (1 - 0.60) = 4개월$$

일반적으로 계산값은 가장 가까운 정수로 반올림하면 된다.

임대수수료율

앞에서 논의한 것처럼, 임대수수료율은 신규 임차인보다는 기존 임차인의 갱신의 경우 더 낮을 수 있다. 재계약 가능성이 100%보다 작고 신규 임차인과 갱신 임차인 사이에 임대수수료율의 차이가 존재할 경우, 양자를 함축적으로 반영하는 임대수수료율은 두 수수료율의 가중평균이다. 예를 들어서, 만약 재계약확률이 60%이고 임대수수료율이 신규 임차인에게는 5%, 갱신 임차인에게는 3%가 적용된다고 하면, 암묵적인 임대수수료율은 3.8%가 된다.

$$(0.60 \times 3\%) + (0.40 \times 5\%) = 3.80\%$$

개보수 지원금 *Tenant Improvements*

위에서 설명한 바대로, 임대인의 임차인에 대한 개보수 지원금 비율은 신규 임대차와 갱신 임대차에 따라 달라질 수 있다. 재계약 가능성이 100%보다 작고 신규 임차인과 갱신 임차인 사이에 개보수 지원금 비율의 차이가 존재할 경우, 양자를 함축적으로 반영하는 개보수 지원금율은 두 지원금 비율의 가중평균이다. 예를 들어서, 만약 재계약확률이 60%이고 평방피트 당 개보수 지원금이 신규 임차인에게는 20달러, 갱신 임차인에게는 5달러를 지불한다고 하면, 함축적인 평당피트 당 개보수 지원금은 11달러가 된다.

$$(0.60 \times \$5.0) + (0.40 \times \$20.0) = \$11.0$$

산업부동산 사례연구 – 워딩턴 유통센터 *Worthington Distribution Center*

현재 분석하는 워딩턴 유통센터는 14만평방피트(13,006 m²) 규모이다. 기본가정은 5년 보유기간 후 매각하는 것인데, 매각가격은 6년차 순영업이익에 보유기간 말 자본환원률 9.75%를 적용하여 산출한다. 매각비용은 자산 재매각가격의 5%가 될 것이다. 향후 5년간 물가상승률은 연 3%로 추산된다. 현재 센터에는 3명의 임차인들이 거주하고 있다.

첫 번째 임차인은 전자회사로 5만 평방피트(4,645 m²)를 임차하고 있다. 현재 임대차계약의 잔여기간은 3년이고, (일체의 영업비용 분담 없이) 평방피트당 6달러를 임대료로 지불하고 있다. 동 회사는 일찌감치 임대차계약 종료시점에 시장임대료로 재계약할 의사를 표시하였다.

두 번째 임차인은 42,500평방피트(3,948 m²)를 임차하여 사용하는 간판회사로서, 계약상 잔여기간은 2년이고, (일체의 영업비용 분담 없이) 평방피트당 6.5달러를 임대료로 지불한다. 이 임차인은 계약 종료시점에 퇴거할 것으로 예상된다.

세 번째 임차인은 컴퓨터 유통회사로 47,500평방피트(4,413 m²)를 사용하고 있다. 이 회사는 계약상 잔여기간을 4년 남겨두고 있고, (일체의 영업비용 분담 없이) 평방피트당 5.75달러를 임대료로 지불하고 있다. 현 시점에서 동 회사가 계약종료시점에 재계약을 할는지 또는 하지 않을는지 불확실하다. 재계약확률은 70%로 추정된다.

현재 시장임대료는 신규 임차인은 평방피트당 7달러로, 갱신 임차인은 평방피트당 6.5달러로 형성된다. 양자 모두 임차인의 영업비용 분담이 없는 조건이다. 시장임대료는 임대차계약 종료시점까지 매년 3%씩 증가할 것으로 예측된다. 신규이건 갱신이건 새로 체결하는 계약의 계약기간은 통상 5년이다. 임차인 개보수 지원금은 신규 임대차계약은 5달러, 갱신 임대차계약은 2달러이다.

임대수수료는 신규 임차인은 3%를 갱신 임차인은 1%를 자산관리회사에 지불한다. 기존 임차인이 재계약을 하지 않을 경우, 새 임차인이 임대료를 다시 지불할 때까지 임대가 중단되는 기간은 10개월로 예상된다.

자산 운영과 관련하여 발생하는 영업비용과 자본적 지출은 아래와 같을 것으로 예측되었다.

부동산 재산세는 운영 첫해 23,000달러이고, 매해 2.5%씩 증가한다
보험료는 운영 첫해 평방피트 당 15센트이고, 매해 4.0%씩 증가한다
공용공간 관리비용은 평방피트당 20센트를 부과하고, 매해 3%씩 증가한다
관리비용은 유효총소득(EGI)의 5%로 자산관리회사에 지불한다
지붕 수선비용은 운영 1년 차에 45,000달러가 발생한다

(세전 기준) 무차입 할인율 10.5%를 적용할 때, 상기 자산의 가치는 얼마이겠는가?

[예 13-14]는 위에 언급한 프로젝트 개요 중에서 일부 주요 가정을 요약하여 제시한다. 임차인 1은 재계약할 것이 확실하고, 임차인 2는 퇴거할 것이 확실한 반면 임차인 3은 시장 임대차 가정에 기초한 재계약확률을 사용할 것을 가정하였다는 점에 주목하자.

예 13-14

주요 가정: 워딩턴
물류센터(Worthington
Distribution Center)

건물명		워딩턴 물류센터	
주소			
도시		어느 곳이든	
국가		미국	
연면적		140,000 ft² (13,006 m²)	
분석기준시점		2000년 06월 01일	
보유기간		5년	
할인율		10.50%	
보유기간 말 자본수익률		9.75%	
매각비용		3.00%	
입력값	**임차인1**	**임차인2**	**임차인3**
임차인 명칭	전자회사	간판회사	컴퓨터 유통회사
임대면적	50,000	42,500	47,500
임대료($) / 평방피트	$6.00	$6.50	$5.75
임차기간(년)	3	2	4
종료시점 재계약	갱신	퇴거	시장상황에 따라 가변적

예 13-15

시장 임대차 지표에 대한
가정: 워딩턴 물류센터

	임대기간	재계약확률	공실월수	시장임대료	임대수수료	개보수 지원금
신규 임차인	5	70%	10	$7.00	3.0%	$5.0
갱신 임차인			0	6.50	1.0	2.0
가중평균			3	6.65	1.6	2.9

　　[예 13-15]는 재계약확률에 의해 신규 및 갱신비율을 가중치로 부여하여 산출한 공실월
수, 시장임대료, 임대수수료, 개보수지원금을 정리하고 있다. 주목할 점은 가중평균의 결과
값은 분석의 첫 번째 연도에만 적용된다는 것이다. 이 수치들은 물가상승률 가정에 따라 시
간이 경과할수록 상승할 것이다.

　　[예 13-16]은 워딩턴 유통센터의 영업으로 인한 현금흐름의 예측을 보여준다. 각 임차인
에 대해서 현재 임대차계약상 임대료와 임대차계약시점의 신규 갱신 임대료를 추산하고 있
다. 이주공실은 퇴거가 확실한 임차인 2의 공실과 임차인 3이 재계약하지 않을 30%의 확률
을 반영하고 있다.

　　현금흐름을 계산하기 위해서는 순영업이익에서 임차인 개보수 지원금, 임대수수료 및 지
붕 교체 관련 자본적 지출을 차감해야 한다는 것에 주목하기 바란다.

　　끝으로 [예 13-17]은 자산 재매각으로 인한 현금흐름과 자산가치의 계산과정을 보여준
다. 재매각가격은 6년차 순영업이익에 보유기간 말 자본환원률을 적용하여 산출하였고, 여
기에 매각비용을 차감하면 순매각수입은 $8,863,598에 이르게 된다. 투자자산의 가치는 영
업현금흐름의 현재가치의 합과 매각현금흐름의 현재가치를 합산하면 계산할 수 있다. 자산
가치는 $7,629,201으로 추정된다.

예 13-16   영업으로 인한 현금흐름의 추정: 워딩턴 물류센터

연차		1년	2년	3년	4년	5년	6년
임대수입 :							
전자회사	임대료	$300,000	$300,000	$300,000	$ 0	$ 0	$ 0
	시장임대료	0	0	0	355,136	355,136	355,136
간판회사	임대료	276,250	276,250	0	0	0	0
	시장임대료	0	0	315,618	315,618	315,618	315,618
컴퓨터	임대료	273,125	$273,125	273,125	273,125	0	$0
유통회사	시장임대료	0	0	0	0	355,520	355,520
잠재총소득		$849,375	$849,375	$888,743	$943,879	$1,026,274	$1,026,274
이주공실		0	0	263,015	0	88,880	0
유효총소득		$849,375	$849,375	$625,728	$943,879	$ 937,394	$1,026,274
영업비용:							
관리비용		$ 42,469	$ 42,469	$ 31,286	$ 47,194	$ 46,870	$ 51,314
재산세		23,000	23,575	24,164	24,768	25,388	26,022
보험료		21,000	21,840	22,714	23,622	24,567	25,550
공용공간 관리비용		28,000	28,840	29,705	30,596	31,514	32,460
영업비용 합계		$114,469	$116,724	$107,870	$126,181	$128,339	$ 135,345
현금흐름:							
순영업이익		$734,906	$732,651	$517,858	$817,698	$809,055	$ 890,929
임차인 개보수 지원금		0	0	225,441	109,273	155,039	
임대수수료		0	0	47,343	17,757	28,442	
개보수지원금 · 임대수수료 합계		0	0	272,784	127,030	183,480	
자본적 지출		45,000	0	0	0	0	
현금흐름:		$689,906	$732,651	$245,074	$690,669	$625,575	
현가할인계수		0.90498	0.81898	0.74116	0.67073	0.60700	
현재가치(영업현금흐름)		$624,350	$600,030	$181,640	$463,256	$379,724	

예 13-17

자산 재매각으로 인한
현금흐름과 자산가치의
추정: 워딩턴 물류센터

재매각가격 산정:		자산가치:	
재매각가격	$9,137,730	현재가치(순매각수입)	$5,380,203
매각비용	274,132	현재가치(Σ 영업현금흐름)	2,248,999
순매각수입	$8,863,598	자산가치	$7,629,201
현가할인계수	0.60700		
현재가치(순매각수입)	$5,380,203		

투자위험과 부채의 차입

앞에서 논의한 것처럼, "재무위험"이란 재무적 부채를 차입함으로 인하여 발생하는 투자위험의 한 유형이다. 재무적으로 차입금을 사용하는 것은 자기자본 투자자의 수익률이 얼마나 될 것인지에 대하여 불확실성을 증가시킨다. 재무적 차입이 어떻게 기대수익률과 (수익률의) 표준편차에 영향을 미치는지를 사례를 통하여 설명하기로 한다.

어느 투자자산을 10만 달러에 구매가능하고 초기연도 순영업이익은 9천 달러라고 가정하자. 5년 보유기간 후, 6년차 순영업이익에 보유기간 말 자본환원률 10.0%를 적용하여 매각할 것을 가정하고 있다. 투자대안에 대해 다음과 같이 3개의 실현가능한 시나리오들을 마련하였다.

시나리오	순영업이익 증가율	확률 (P)
비관적	− 3.00%	30%
가장 실현가능한	0.00	50
낙관적	3.00	20

[예 13-18]은 각 시나리오별 무차입 기준 내부수익률을 보여준다. 수익률의 범위는 4.33%에서 10.21% 사이에 형성된다. [예 13-19]는 기대수익률이 6.98%이고 수익률의 표준편차는 2.06%임을 보여준다.

이제 투자자가 인수대금의 70%(7만 달러)를 금리 6%, 25년 만기, 매년상각조건으로 차입한다고 가정해 보자. [예 13-20]은 차입 시 내부수익률을 보여준다.

이제 수익률의 범위는 −0.45%에서 18.59%까지로 넓어진다. '비관적 시나리오'에 대응하는 무차입수익률이 4.33%이었다는 것을 상기하기 바란다. 대출이자율이 6%이기 때문에, 비관적 시나리오에서는 부의 부채효과(negative leverage)가 발생하는 것이다. (바로 이전 장에서 무차입수익률이 타인자본의 조달비용보다 작을 경우 바람직하지 못한 부채효과가 발생한다고 설명했던 것을 상기하기 바란다.) 따라서, 이 시나리오에서는 차입수익률이 무차입수익률보다 낮게 나타난다.

'가장 실현가능한 시나리오'에서는 무차입수익률이 7.27%이었다. 따라서, (무차입수익률 7.22%가 대출이자율 6%보다 높기 때문에) 부채효과가 미약한 양의 효과를 나타내는데, 이 시나리오에서 차입수익률은 10.22%로 높아진다.

'낙관적인 시나리오'에서 무차입수익률은 10.21%이었다. 이 시나리오에서는 타인자본의 차입이 보다 강한 양의 부채효과를 가져오는데, 차입수익률이 18.59%로 급등하게 된다.

우리는 또한 차입수익률의 기대수익률과 표준편차를 계산할 수 있는데, [예 13-21]은 그 결과를 보여주고 있다.

차입수익률의 기대수익률은 8.69%이고, 이 수치는 무차입수익률의 기대수익률보다 높다. 이는 무차입수익률의 기대수익률 6.98%가 대출이자율 6%보다 높기 때문이다. 12장에서 논의했던 부채효과가 기대수익률 산출에도 그대로 적용된다는 사실에 주목할 필요가 있

예 13-18
각 시나리오별
무차입수익률의 계산

www.mhhe.com/bf15e

비관적 시나리오							
연차	0	1	2	3	4	5	6
인수금액	−100,000						
순영업이익		9,000	8,730	8,468	8,214	7,968	7,729
재매각가격						77,286	
현금흐름 합계	−100,000	9,000	8,730	8,468	8,214	85,254	
내부수익률	4.33%						

가장 실현가능한 시나리오							
연차	0	1	2	3	4	5	6
인수금액	−100,000						
순영업이익		9,000	9,000	9,000	9,000	9,000	9,000
재매각가격						90000	
현금흐름 합계	−100,000	9,000	9,000	9,000	9,000	99000	
내부수익률	7.27%						

낙관적 시나리오							
연차	0	1	2	3	4	5	6
인수금액	−100,000						
순영업이익		9,000	9,270	9,548	9,835	10,130	10,433
재매각가격						104,335	
현금흐름 합계	−100,000	9,000	9,270	9,548	9,835	114,464	
내부수익률	10.21%						

예 13-19
무차입수익률의
기대수익률과 표준편차

시나리오	수익률	확률	수익률 × 확률	수익률 − 기대수익률	확률 × (수익률 − 기대수익률)²
비관적	4.33%	30%	1.30%	−2.64%	0.0210%
가장 실현가능한	7.27	50	3.64	0.29	0.0004
비관적	10.21	20	2.04	3.23	0.0209
		기대수익률	6.98%		
		분산	0.04%		
		표준편차	2.06%		

다. 즉, 무차입수익률의 기대수익률이 타인자본의 비용을 초과한다면, 차입수익률의 기대수익률은 높아지게 될 것이다.

또한, [예 13-21]에서 차입수익률의 표준편차(6.77%)는 무차입수익률의 표준편(2.06%)보다 대단히 높다는 사실에 주목해야 한다. 이는 부채를 사용함에 따라서 수익률의 변동성이 증가하기 때문이다. 비관적 시나리오의 수익률은 그 수치가 더 나빠지는 반면, 낙관적 시나리오의 수익률은 그 수치가 더 좋아지게 된다.

한편으로, 부채효과가 양이건 음이건 간에, 차입수익률의 투자위험, 즉 표준편차는 무차입수익률의 표준편차보다 항상 높다는 사실은 주목할 만한 중요성을 가진다. 다시 말해서,

예 13-20
각 시나리오별 차입수익률

www.mhhe.com/bf15e

비관적 시나리오							
연차	0	1	2	3	4	5	6
인수금액	−100,000						
대출금액	70,000						
순영업이익		9,000	8,730	8,468	8,214	7,968	7,729
부채서비스		−5,476	−5,476	−5,476	−5,476	−5,476	
재매각가격						77,286	
대출잔액						−62,808	
현금흐름 합계	−30,000	3,524	3,254	2,992	2,738	16,970	
내부수익률	−0.45%						

가장 실현가능한 시나리오							
연차	0	1	2	3	4	5	6
인수금액	−100,000						
대출금액	70,000						
순영업이익		9,000	9,000	9,000	9,000	9,000	9,000
부채서비스		−5,476	−5,476	−5,476	−5,476	−5,476	
재매각가격						90000	
대출잔액						−62,808	
현금흐름 합계	−30,000	3,524	3,524	3,524	3,524	30,716	
내부수익률	10.22%						

낙관적 시나리오							
연차	0	1	2	3	4	5	6
인수금액	−100,000						
대출금액	70,000						
순영업이익		9,000	9,270	9,548	9,835	10,130	10,433
부채서비스		−5,476	−5,476	−5,476	−5,476	−5,476	
재매각가격						104,335	
대출잔액						−62,808	
현금흐름 합계	−30,000	3,524	3,794	4,072	4,359	46,181	
내부수익률	18.59%						

설령 기대수익률만 보아서는 음의 부채효과이지만, 차입수익률의 표준편차가 아직 무차입수익률의 표준편차보다 훨씬 높다는 것이다(역자주: 평균이 낮더라도 표준편차가 크므로 경기상황이 낙관적일 때 실현수익률이 높은 수준일 수 있다는 의미이다).

투자결정에 대한 "실물옵션"적 접근

이 장 전반부에서 우리는 서로 상이한 결과와 관련하여 확률을 고려함으로써, 어떻게 투자의 "기대가치" 또는 "기대수익률"을 계산하는지를 고찰하였다. 확률적 접근은 투자의사결정에서 미래 사건의 불확실성을 반영할 수 있게 한다. 이런 접근은 투자대안의 미래 투자성과에 대한 불확실성이 상존하는 상황에서, 오늘 우리가 특정 가격에 어느 자산을 살지 말지를 결

예 13-21
차입수익률의
기대수익률과 표준편차

시나리오	수익률	확률	수익률 × 확률	수익률 − 기대수익률	확률 × (수익률 − 기대수익률)²
비관적	−0.45%	30%	−0.13%	−7.43%	0.1654%
가장 실현가능한	10.22%	50%	5.11%	3.24%	0.0526%
비관적	18.59%	20%	3.72%	11.62%	0.2699%
			기대수익률	8.69%	
			분산	0.49%	
			표준편차	6.99%	

정해야 할 때 투자대안의 기대수익률을 평가하는데 자주 사용된다.

하지만, 가끔은 우리가 어느 한 시점에 소유 자본 모두를 투자하여 전적으로 그 투자에만 매달릴 필요가 없을 때가 있다. 예를 들면, 개발사업에서 우리가 오늘 토지를 매수한다고 하더라도 건축물을 착공할는지 말는지 결정할 때까지 다소 기다릴 경우가 있다. 당장 착공해도 될 만큼 시장상황이 재무적으로 타당하지 않을 수도 있지만, 개발사업자는 내년에는 시장이 개선될 가능성이 있다거나 또는 개발사업이 타당해지는 때가 올 것이라고 생각할 수 있다. 또 한편으로는, 시장상황이 개선되지 않고 있고 따라서 건축물을 지어서는 안될 때가 있다. 그럼에도 불구하고, 개발사업자는 시장상황이 좋아지면 건축물을 착공할 수 있도록 토지를 묶어두기 위해서 매수작업을 진행하여 토지 매입을 희망할 수 있다. 토지의 매매는 오늘만 가능한 것이고 따라서 개발사업자는 만약 자신이 토지를 매입하지 않는다면 다른 개발사업자가 그 땅을 매입하게 될 것을 염려할 수 있다.

이 같은 상황에서, 토지를 구매하였지만 착공여부를 결정할 때까지 기다릴 수 있는 개발사업자는 토지에 대해 **실물옵션**을 가지고 있다고 말한다. 그 옵션은 장래 건물을 짓는 행위를 말한다. 개발사업자는 반드시 건물을 짓겠다고 결심할 필요가 없다. 토지는 계속 나대지 상태로 남아있을 것이며, 아마도 농부에게 임차하여 약간의 임대료를 수취할 수도 있다. 따라서, 개발사업자는 장래 경제상황에 따라서 건물을 지을 지 말 지를 선택할 수 있는 옵션을 가지고 있는 것이다.

지금 우리가 논의하는 사항은 개발사업자가 토지소유주로부터 미래 언젠가 토지를 사들일 수 있는 옵션을 취득하는 행위가 아니라는 점에 주목할 필요가 있다. 토지매매옵션은 자산을 실제 개발할 수 있을지 또는 없을지 불확실한 상황에 대응하기 위한 방법이고, 특히 개발사업자가 용도지역지구제의 변경이 필요한 경우 또는 개발인허가의 취득이 확실하지 않은 경우가 이에 해당한다. 이렇게 개발사업자가 위험을 처리하는 전략으로서 토지매매옵션의 사용이 포함된다. 하지만, 여기에서 인식해야 할 중요한 사항은 토지매매옵션을 행사하지 않고 매도자로부터 바로 토지를 매수하더라도 개발사업자는 토지를 개발할는지 아니면 개발하지 않을는지를 선택할 수 있는 옵션을 확보하는 것이다. 이 옵션이 바로 **실물옵션**이라고 불리는 그것이다.

토지를 매수할 때 이 옵션이 존재함을 인지하는 것이 중요한 까닭은 이 옵션이 토지의 지불의사금액에 영향을 주기 때문이다. 예시로써 설명하기 위해서, 처음에는 토지소유에 따른 실물옵션 측면을 무시하는 사례를 소개할 것이고, 그 다음에는 논의 주제를 옵션 고려의 중요성으로 다시 돌릴 것이다.

아래의 가정들을 고려해 보자:

- 착공시점의 임대료수준에서 개발이 재무적으로 타당하다면, 개발사업자는 1년 후에 건축물의 공사 착공을 계획하고 있다.
- 건축물의 공사에는 80만 달러의 비용이 소요될 것이다.
- 준공 후 운영 1년차에는 순영업이익이 13만 달러가 될 확률이 50%인 반면 순영업이익이 7만 달러에 그칠 확률이 50%이다.
- 1년차 순영업이익이 어느 경우에 속하든지 간에, 이후 연도 순영업이익은 1년차의 그것에서 매년 2%씩 증가할 것으로 예상된다.

만약 개발사업자가 12%의 수익률을 원한다면, 그녀의 이 토지에 대한 지불의사금액은 얼마가 되어야 할까?

토지가치 감정평가: 전통적 접근방법

지금의 논의는 사실 9장에서 설명하였던 "최고최선의 용도(Highest and Best Use)"와 매우 유사해 보일 수 있음에 주목하기 바란다. 이 장에서 토지가치를 구할 때는, 먼저 자산의 순영업이익에 기초하여 자산가치를 계산한 후 건축물의 건설원가를 차감함으로써 토지잔존가치를 구하게 된다. 9장에서는 토지가치를 극대화하는 최고최선의 용도를 결정하기 위하여 대상지의 몇 가지 법적 가능 (토지이용상) 용도를 적용하였다.

그러나, 9장에서는 각 잠재 용도의 순영업이익이 확실하다, 즉 그 순영업이익을 확실하게 예상할 수 있다고 가정하였다. 물론, 서로 다른 순영업이익 시나리오들의 확률들을 명시적으로 검토하지는 않았다.

위 사례에서 확률을 적용한 순영업이익의 기댓값은 아래와 같은데,

$$순영업이익의 기댓값 = (0.50 \times \$130,000) + (0.50 \times 70,000) = \$100,000$$

자본환원률은 할인율 12%에서 순영업이익의 연증가율 2%를 차감한 10%가 된다. 따라서, 준공 후 자산가치는 100만 달러(= $100,000 ÷ 0.10)가 될 것이다. 이 값에서 공사비용 80만 달러를 빼주면, 시설 준공 후 운영 개시시점의 토지가치는 20만 달러가 된다. 하지만, 공사를 1년 동안 시작하지 않을 것이므로, 이 20만 달러를 할인율 12%로 한 해 더 할인해야 하고, 따라서 이 접근법으로 구한 현재의 토지가치는 $178,571(= $200,000 ÷ 1.12)이 될 것이다.

토지가치 감정평가: 실물옵션적 접근방법

위의 전통적 접근방법에서 우리가 미처 고려하지 못한 것은 1년 후에 건물을 착공할는지 말는지를 개발사업자가 오늘 결정할 필요가 없다는 것이다. 개발사업자는 토지를 매수하고 (그

래서 토지를 묶어둔 후) 착공 의사결정 전까지는 그 때 그때의 순영업이익이 어느 수준인지 확인하면서 1년 동안 기다릴 가능성이 있다.

만약 1년 후 순영업이익이 13만 달러라면, 자산가치는 130만 달러(= $130,000 ÷ 0.10)가 될 테고, 이는 공사비용 80만 달러보다 월등히 클뿐더러 토지가치를 50만 달러에 상당하게 만든다. 하지만, 만약 1년 후 순영업이익이 7만 달러라면, 자산가치는 70만 달러(= $70,000 ÷ 0.10)에 지나지 않고, 이는 건축물의 공사비용(80만 달러)에도 미치지 못하며 따라서 개발이 재무적 타당성을 확보하지 못한다. 임시로 농사를 짓는다든지 하는 가정을 하지 않는다면, 토지가치는 0이 될 것이다.

따라서, 개발사업자는 실제로 아래 상황을 주시하고 있는 것이다. 50%의 확률은 순영업이익이 13만 달러가 되어서, 그녀가 건축물을 건설하여 자산가치가 130만 달러에 이르는 상황이다. 또한, 50%의 확률은 1년 후 토지가치가 전혀 없는 상황이다. 하지만, 1년 후에도 토지가치가 음수 값을 갖지는 않을 것이다. 개발사업자가 사업부지를 계속 나대지로 두기로 결정할 것이기 때문이다. 이 경우에도 사실 개발사업자가 미래 어느 시점에 무엇인가를 건설하는 옵션을 아직 보유하고 있는 것이다. 하지만, 단순화하기 위하여 일단 토지가치가 전혀 없다고 가정하도록 하자. 아래 다이아그램은 시나리오들을 요약하여 보여준다.

실물옵션

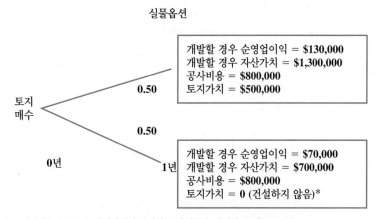

* 토지가치는 '준공 후 최대자산가치에서 공사비용을 차감한 금액' 또는 '0'

위의 시나리오들 그리고 1년 후 발생할 수 있는 서로 다른 토지가치 관련 확률들에 근거하여, 1년 후 토지가치는 아래와 같을 것이다.

$$토지가치 = (0.50 \times \$500,000) + (0.50 \times \$0) = \$250,000$$

이 값에 할인율 12%를 적용하여 오늘의 토지가치(현재가치)로 할인하게 되면, 우리는 아래와 같이 $223,214를 구하게 된다.

$$\$250,000 / 1.12 = \$223,214$$

위의 방법으로 구한 토지가치 $223,214는 전통적인 방법으로 앞에서 검토한 $178,571보다 높다는 사실에 주목하기 바란다. 양자 간 차이는 $44,643(= $223,214 − $178,571)에 이른다. 이 차이는 건축물 공사 여부의 결정을 연장할 수 있는 옵션의 가치를 나타낸다. 즉, 장래 나대지를 개발할 수 있는 옵션이 토지소유권에 내재한 실물옵션의 가치인 것이다.

Web 응용

환경위험은 부동산투자자들에게 커다란 관심사인데, 이는 이런 유형의 위험을 완화하기 위해서는 상당한 비용이 소요되기 때문이다. **www.environmental-center.com**과 같이 이 장을 이해하는 데 "유용한 웹사이트"로 추천하는 사이트 한 곳을 방문하거나 구글 (**www.google.com**)과 같은 검색엔진을 이용하여 "환경위험"을 검색해 보기 바란다. 환경위험의 한 유형을 선택하고, 해당 위험의 특성과 왜 이것이 부동산투자자들의 관심이 되는지를 정리해 보자.

실물옵션이론의 확장 그리고 투자전략

위의 사례는 부동산투자에서 옵션 소유와 연관된 사고의 중요성을 설명하기 위해서 단순화한 것이다. 위 사례에서, 실물옵션의 존재를 고려할 경우 토지가치는 높아지게 된다. 토지를 매입한 다음 사업부지의 최고최선의 용도에 따라 개발사업을 추진할 가능성이 가장 높은 개발사업자는 바로 이 옵션의 가치를 인식하고 있는 사람이 될 것이다.

이것 말고도, 부동산투자에서 은연중에 옵션이 존재하는 경우가 많다. 추가적으로 사례를 들자면 아래와 같다.

최초 사용에는 필요하지 않은 사업부지를 초과매입하는 행위는 미래 개발을 위한 옵션으로 볼 수 있다. 예를 들면, 쇼핑센터 개발사업자는 쇼핑센터와 주차시설에 소요되는 토지보다 더 넓게 토지를 매입할 수도 있다. 이 초과부지는 장래 또 다른 판매시설 또는 임대주택 또는 오피스 공간으로 개발될 수 있을 것이다.

개발사업은 사업마다 서로 다른 사업단계를 가질 수 있다. 예를 들어, 어느 사업부지가 3개의 임대주택건물 또는 아파트 동으로 구성되지만 최초에는 단 하나의 건물만 건설된다고 가정하자. 이런 경우, 개발사업자는 다른 건물들의 착공을 결정하기 이전에 최초 임대주택건물이 얼마나 잘 임대되는지 또는 최초 아파트 동이 얼마나 잘 팔리는지를 살펴보려고 기다릴 수 있을 것이다. 마찬가지로, (제17장에서 보다 자세하게 설명하게 될) 토지개발사업은 1단계에만 도로 오수시설 등 기반시설에 자금을 투입한 후 1단계 필지의 판매실적이 좋은 경우에 한하여 추가자금을 투입하는 개발전략을 사용하기 위해서 사업마다 각기 상이한 사업단계를 가질 수 있다[역자주: 소위 '단계적 개발전략(phasing strategy)"].

건축물을 레노베이트할 것인지를 결정하는 것 역시 일종의 옵션이다. 기존 건물을 꼭 레노베이트해야 할 필요는 없는 바, "현재 상태"로 사용할 수 있기 때문이다. 따라서, 소유주 또는 투자자는 자금을 투입하기 이전에 시장상황이 레노베이션을 받쳐줄 수 있는지를 살펴보려고 기다릴 수 있다. 따라서, (레노베이션 이전의) 현재 상태로 건축물을 매입하는 행위는 토지매입행위와 흡사하다.

이들은 단지 부동산투자 내에 실물옵션이 존재할 수 있는 방식들을 소개하는 몇 개의 사례에 지나지 않는다. 실물옵션에 대한 고려는 투자자가 부동산투자의 가치를 어떻게 바라볼 것인지에 중대하게 영향을 미칠 수 있다. 게다가, 명민한 개발사업자는 자주 자신이 개발전략을 수립하는 방식 내에서 옵션을 창조할 수 있다. 프로젝트의 기대가치를 극대화하고 그 투자위험을 완화하기 위해서 (위에서 설명한 단계적 개발전략의 사례처럼) 개발사업자가 미래 어느 시점에 추가로 자금을 투입할지 말지를 결정하는 옵션을 개발사업자에게 부여하도록 프로젝트를 설계하여야 할 것이다.

결론

이 장은 투자를 분석할 때 투자위험 고려의 중요성에 대하여 논의하였다. 투자대안들이 서로 상이한 수준의 위험을 가진다면 이들의 수익률을 직접 비교할 수 없다. 민감도분석, 시나리오분석, 수익률 분해 그리고 확률분포를 통한 기대수익률과 표준편차의 계산 등과 같이, 부동산투자의 위험정도를 평가하려 할 때 사용가능한 몇 가지 방법들을 소개하였다.

우리는 타인자본의 차입이 기대수익률과 표준편차에 어떻게 영향을 주는지 살펴봄으로써, (지난 장에서 소개하였던) 부채 차입이 투자위험에 미치는 효과에 대해서 보다 면밀하게 검토할 수 있었다. 우리는 또한 타인자본을 사용하게 되면 양의 부채효과이건 음의 부채효과이건 상관없이 표준편차가 함께 증가하는 것을 살펴보았다.

본 장에서는 두 개의 사례(물류센터와 쇼핑센터)를 소개하였는데, 위험분석을 예시로써 설명하기 위해서 그리고 부동산자산의 현금흐름을 모형화(modeling)함에 있어서 몇몇 자산별 고유특성에 대한 통찰력을 제공하려는 목적이었다. 앞선 장들에서는 임대주택과 오피스빌딩 투자를 소개한 바 있다.

재계약확률의 사용은 임차인이 임대차계약 기간 말에 재계약을 체결할는지에 대한 불확실성을 어떻게 처리할 것인지를 설명하기 위해서 논의하였다. 우리는 재계약확률의 사용이 임차인 개보수지원금, 임대수수료 그리고 임대차갱신 시점의 공실률에 어떻게 영향을 미치는지를 고찰하였다.

끝으로, 본 장은 투자자가 최초투자금을 투입한 후 프로젝트에 추가로 자금을 투입할지 말지를 결정하는 옵션을 가지고 있는 부동산투자의 가치에 대해서 생각해 보는 하나의 방법으로서 실물옵션의 개념을 소개하였다. 추가 투자자금 투입의 연기 또는 포기를 선택할 수 있는 옵션을 보유하는 것은 투자대안의 가치를 높일 수 있었다. 나대지의 활용을 예시로써 설명하였는데, 나대지를 구입하는 행위는 개발사업자에게 미래에 이 토지 위에 건축물을 짓거나 그냥 나대지 그대로 두거나를 선택하는 옵션을 제공하는 것이다.

비록 이번 장이 공식적으로 투자위험을 취급하는 유일한 장이지만, 이 장에서 소개한 개념들과 기법들은 본서의 남은 장들에서도 계속 기억하고 있는 것이 좋을 듯하다.

주요용어		
공실월수	손익분기점	자산실사
관리위험	시나리오	재계약확률
금리위험	시장 임대차 가정	재무위험
내부수익률 분해	실물옵션	제도위험
민감도분석	유동성위험	추가임대료
비율임대차	이주공실	환경위험
사업위험	인플레이션위험	

유용한 웹사이트

www.ecologeris.com − 이 사이트는 캐나다의 환경위험 데이터베이스 검색기능을 제공한다.

질문

1. 내부수익률의 분해가 의미하는 것은 무엇인가? 왜 이 과정이 의미가 있는가?

2. 위험보상(Risk Premium)이란 무엇인가? 왜 부동산투자에서 담보대출 금리와 자기자본 수익률 사이에 위험보상이 존재하는 이유는 무엇인가?

3. 부동산을 분석할 때 반드시 고려해야 하는 위험유형은 어떤 것들이 있는가?

4. 사업위험(Business Risk)과 재무위험(Financial Risk) 간의 차이점은 무엇인가?

5. 왜 투자위험의 측정치로 분산(또는 표준편차)을 사용하는가? 이 위험측정치의 장점과 단점은 무엇일까?

6. "실물 옵션"이 의미하는 것은 무엇인가?

7. 판매시설에서 **추가임대료**라는 단어가 의미하는 것은 무엇인가?

8. 시나리오를 사용하여 분석하는 것은 민감도분석에 대비하여 무엇이 다른가?

문제

1. 두 투자대안은 아래 형태의 기대수익률을 갖는다.

투자대안 A					
연차	1	2	3	4	4(자산 매각)
세전현금흐름	$5,000	$10,000	$12,000	$15,000	$120,000

투자대안 B					
연차	1	2	3	4	4(자산 매각)
세전현금흐름	$2,000	$4,000	$1,000	$5,000	$180,000

투자대안 A는 11만 달러의 지출이 필요하고, 투자대안 B는 12만 달러의 지출이 필요하다.

a. 각 투자대안의 세전 내부수익률은 얼마인가?

b. 만약 세전 내부수익률을 세전 영업현금흐름과 세전 매각현금흐름으로 분해한다면, 세전 내부수익률에 대해 각각의 현금흐름이 차지하는 비중은 어떻게 되는가?

c. 각각의 비중이 의미하는 바는 무엇인가?

2. 마이크 리스크리스(Mike Riskless)는 두 개의 프로젝트를 검토하고 있다. 그는 세 개의 발생가능한 시나리오 하에서 각 투자대안의 내부수익률을 추정하였고 발생확률을 각 시나리오별로 할당하였다.

경제상황	발생확률	추정 세전 내부수익률	
		투자대안 I	투자대안 II
낙관적	0.2	0.15	0.20
가장 실현가능한	0.6	0.10	0.15
비관적	0.2	0.05	0.05
	1.0		

리스크리스는 투자대안 II의 수익률형태가 투자대안 I의 그것에 비하여 훨씬 매력적으로 보인다는 것을 알고 있다. 하지만, 그는 투자대안 II가 투자대안 I에 비하여 투자위험이 높을 수 있다고 믿고 있다. 그는 어떻게 하면 각 투자대안의 투자위험과 수익률 모두를 고려하면서 두 투자대안을 비교할 수 있을는지를 알고 싶어 한다. 여러분들은 무엇을 권하고 싶은가?

3. 한 투자자가 어느 프로젝트에 대해 발생할 수 있는 3개의 시나리오를 아래와 같이 예측하였다.

비관적 시나리오: 영업 초기년도 순영업이익은 20만 달러이고, 이후 보유기간 5년 동안 매년 2%씩 감소할 것이다. 5년 후 자산은 180만 달러에 매각될 것으로 예측된다.

가장 실현가능한 시나리오: 순영업이익이 향후 5년간 매년 20만 달러로 고정될 것이며, 5년 후 자산은 200만 달러에 매각될 것이다.

낙관적 시나리오: 영업 초기년도 순영업이익은 20만 달러이고, 이후 보유기간 5년 동안 매년 3%씩 증가할 것이다. 5년 후 자산은 220만 달러에 매각될 것이다.

이 자산의 현재 매도호가는 200만 달러이다. 투자자는 비관적 시나리오의 확률이 30%, 가장 실현가능한 시나리오의 확률이 40% 그리고 낙관적 시나리오의 확률이 30%일 것으로 판단한다.

a. 각 시나리오의 내부수익률을 계산하라.

b. 내부수익률의 기대값을 계산하라.

c. 내부수익율의 분산과 표준편차를 계산하라.

d. 이 프로젝트가 12%의 기대수익률과 4%의 표준편차를 가진 프로젝트보다 나은 것일까?

4. 3번 문제의 정보를 다시 이용하자. 그리고, 150만 달러의 대출을 금리 10%, 만기 15년 조건으로 지금 차입한다고 가정해 보자.

a. 자기자본에 대한 내부수익률의 기대값과 그 표준편차를 계산하라.

b. 위 (a)에서 얻은 기대값과 표준편차를 3번 문제의 그것들과 비교해 보자. 대출이 투자위험을 증가시키는가? 이를 설명하라.

5. 개발사업자는 1년 후에 임대료수준이 개발의 재무적 타당성을 확보한다면 그 시점에 건축물을 착공할 것을 계획하고 있다. 해당 시점에 공사비용은 100만 달러가 소요될 전망이다. 준공 후 운영 1년차에 순영업이익이 15만 달러가 될 확률은 60%이고 7.5만 달러가 될 확률은 40%이다. 두 경우 모두 운영 2년차부터는 순영업이익이 매년 전년 대비 2%씩 상승할 것으로 기대된다. 만약 개발사업자가 12%의 수익률을 원한다면, 그는 해당 토지에 얼마의 금액을 지불하려고 하겠는가?

CHAPTER 14

수익부동산의 처분과 레노베이션

Disposition and Renovation of Income Properties

수익부동산을 취급한 앞선 장들에서, 우리는 부동산투자의 수익률 측정과 타인자본 차입, 연방소득세 및 기타 요인들이 수익률에 영향을 주는 정도에 많은 관심을 기울였었다. 수익률은 언제나 자산의 예상 보유기간에 기초하여 계산한다. 이 장에서 우리는 투자자의 특정 보유기간 선택결정에 영향을 주는 요인들을 보다 자세히 살펴본다. 또한, 레노베이션, 차환(refinance) 등과 같이 자산을 매각하는 것 이외의 대안들도 고려하게 된다.

처분에 대한 의사결정

투자자는 예상 보유기간 동안 부동산에서 수령할 것으로 기대하는 이익에 근거해서 매입 의사결정을 내린다. 즉, 자산을 매입하는 시점에서 투자자는 미래에 대한 기대에 근거해서 투자성과의 다양한 측정값들을 계산하게 된다. 하지만, 자산을 인수한 후에는 실제 투자성과에 영향을 주는 여러 요인들이 변화할 수 있다. 이 요인들은 자산이 투자목적을 충족시키는지 여부에 대한 투자자의 결정에도 영향을 줄 수 있다. 예를 들면, 시장 임대료가 당초 기대했던 것만큼 빨리 증가하지 않아서 투자자의 현금유입이 감소할 수도 있을 것이다. 조세법이 바뀔 수도 있다. 제11장에서 살펴보았듯이 조세법은 자주 개정되는데, 이것은 기존 투자자들보다는 잠재적인 신규투자자들에게 영향을 미칠 수 있다. 따라서 투자자들은 지금이 부동산의 **처분**, 즉 자산 매각에 적합한 시점인가를 주기적으로 평가해야 한다.

　설령 자산에 대한 투자자의 예측이 정확하더라도, 어느 정도 기간이 지나면 기타 요인들이 투자자로 하여금 자산을 매각하도록 영향을 미칠 수 있다. 중요한 하나의 요인은 (앞선 몇 개 장에서 설명하였던) 타인자본의 차입과 관련된 잠재이익이다. 담보대출에 양의 상각이 진행 중이라고 가정하면(즉 원금이 정상적으로 상환되고 있다면), (자산가치 중에서) 담보대출의 잔액은 매년 감소할 것이고 투자자의 자기자본 비중은 증가하게 된다. 이런 '**자기자본 축적**'이 비록 자산 재매각 시에는 투자자가 더 많은 현금을 수취하게 될 것이라는 측면에서 바람직해 보일 수 있지만, 한편으로는 투자자가 매해 더 많은 자금을 당해 자산에 묶어두게 됨을 의미한다. 또한, 시간이 경과함에 따라 예상했건 예상하지 않았건 자산가치의 상승은 투자자의 자기자본 축적을 증가시키는 데 기여한다[역자주: 부채총계가 고정된 상태에서 자산이 증가하면, 증가한 자산은 모두 자본총계가 된다].

자기자본 축적은 만약 투자자가 현 자산을 매각한다면 다른 투자대안에 투입할 수 있는 자금을 나타낸다. 이것은 자산을 매각하지 **않음**으로 인하여(즉 보유함으로 인하여) 발생하는 **기회비용**인 것이다. 만약 자산을 매각하였다면 투자자가 수취할 뻔했던 순매각수입은 자산을 추가로 몇 년 더 **보유**하기 위해서 투입하는 자기자본 투자금액으로 간주할 수 있을 것이다. 대출금액을 증액하여 차환하지 않는다면, 자산을 계속해서 운영하여 수취하는 현금유입에 대비하여 더 높은 비중의 자기자본이 투자자산에 묶여 있는 것이다. 게다가 담보대출의 총지급금(부채서비스)이 동일하게 유지된다고 하더라도 그 지급금 내에서 이자비용의 비중은 매년 감소하게 되어, 결국 세제상 비용공제 역시 감소하는 결과를 가져온다[역자주: 원금 상환은 손비처리되지 않으나 이자는 영업외비용으로 인정되는 점을 상기하기 바란다]. 따라서 투자자는 부채 차입의 혜택을 매년 상실하게 되는 것이다.

부동산 처분의 의사결정규칙

다음으로, 투자자가 자산을 매각할는지 또는 계속 보유할는지를 결정하기 위하여 필히 고려해야 할 요인들에 대해서 논의하기로 하자. 이 논의는 투자자가 이러한 결정에 직면하였을 때 활용해야 하는 증분수익률(incremental return) 기준 또는 한계수익률(marginal return) 기준에 기초하고자 한다.

자산을 보유할 것인지 또는 매각할 것인지 의사결정을 내릴 때 적용하는 기준을 예시로써 설명하기 위해서, 어느 투자자가 5년 전에 20만 달러의 가격으로 아주 작은 판매시설을 취득하였다고 가정해 보자. 매입시점에 아펙스 센터(Apex Center)는 15년 된 건물이었고, 취득가격의 75%를 금리 11%, 만기 25년 조건의 담보대출로 조달하였다. 투자자는 취득원가의 80%(16만 달러)를 건축물에 그리고 20%(4만 달러)를 토지에 할당하여, 전자를 정액법으로 감가상각하고 있다. 당초 취득시점에 자산은 내구연수 19년의 정액법으로 감가상각이 가능한 상태였고, 최근 5년 동안 투자자의 한계세율은 50%였었다.[1] [예 14-1]은 지난 5년 동안 아펙스 센터의 영업결과를 보여준다.

만약 오늘 아펙스 센터를 매각한다면, 25만 달러에 매각이 가능할 것으로 추정된다. 매각비용은 재매각가격의 6%를 지불해야 할 것이다. [예 14-2]는 (오늘 자산을 매각하는 경우) 재매각으로 인한 현금흐름을 보여준다. 만약 자산이 오늘 매각된다면 투자자가 납부해야 하는 양도소득세율(매각시점 당시 현행 조세법 기준)은 자산매각으로 인한 양도소득 과세표준에 최대세율 28%로 과세함을 가정하였다. 조세법의 변경으로 인하여, 이 세율은 당초 자산을 매입할 때 투자자가 기대했던 세율과 다를 수 있다.

[예 14-2]의 정보를 이용하여, 우리는 오늘 자산이 매각될 경우 투자자가 지난 5년 동안 실현하였을 수익률을 계산할 수 있다. [예 14-3]은 현금흐름의 요약을 보여준다.

---

[1] 조세법은 자주 바뀐다. 위 사례의 목적은 조세법과 다른 요인들의 변화가 자산 처분의 결정에 어떻게 영향을 미치는지 예시로써 설명하고자 함이다. 특정 조세제도를 똑같이 구현하려는 의도가 아님을 밝혀둔다. 이번 개정판의 출판 즈음의 조세법을 요약한 내용은 제11장을 살펴보기 바란다.

www.mhhe.com/bf15e

예 14-1   아펙스 센터(Apex Center)의 과년도 영업실적

	자산의 최초매입 이후 운영연차				
	1	2	3	4	5
A. 세전 현금흐름					
임대료	$39,000	$ 40,560	$ 42,182	$ 43,870	$ 45,624
(-) 영업비용	19,500	20,280	21,091	21,935	22,812
순영업이익	19,500	20,280	21,091	21,935	22,812
(-) 부채서비스	17,642	17,642	17,642	17,642	17,642
세전 현금흐름 (영업)	$ 1,858	$ 2,638	$ 3,449	$ 4,293	$ 5,170
B. 과세소득 또는 손실					
순영업이익	$ 19,500	$ 20,280	$ 21,091	$ 21,935	$ 22,812
(-) 이자	16,441	16,302	16,146	15,973	15,780
(-) 감가상각	8,421	8,421	8,421	8,421	8,421
과세소득(손실)	−5,362	−4,443	−3,476	−2,460	−1,389
세금	$−2,681	$−2,221	$−1,738	$−1,230	$ −695
C. 세후 현금흐름					
세전 현금흐름	$ 1,858	$ 2,638	$ 3,449	$ 4,293	$ 5,170
(-) 세금	−2,681	−2,221	−1,738	−1,230	−695
세후 현금흐름 (영업)	$ 4,539	$ 4,859	$ 5,187	$ 5,523	$ 5,865

만약 오늘 자산을 매각한다면 투자자가 실현하는 사후적인(ex-post) 또는 역사적인(historical) 세전수익률(before-tax internal rate of return: BTIRR)은 18.26%이고 세후수익률 after-tax internal rate of return: ATIRR)은 14.83%라는 것을 알 수 있다. 하지만, 정말로 이 수치들이 우리가 자산을 매각할는지 말는지를 결정하는 데 도움을 줄까? 예를 들어서, 당초 투자자는 세후수익률로 16%를 기대했었는데, 이제 자산을 매각하면 14.83%의 수익률밖에 발생하지 않음을 알게 되었다고 가정해 보자. 당초 기대수익률보다 낮은 실현수익률은 자산을 팔아치워야 한다는 의미일까? 우리는 그렇게 말할 수 없을 것이다. 우리가 말할 수 있는 사실은 단지 해당 자산이 당초 기대만큼 실적을 내지 못했다는 것뿐이다. 장래에는 이 자산이 좋은 투자가 될 수도 있는 것이다.

또한 위에서 계산한 역사적인 수익률은 미래 성과에 대한 징조이기도 한데, 그렇다면 오늘 자산의 매각가능 가격에는 자산의 미래 성과가 반영되어있을 가능성이 높다. 자산의 현재 매각가격은 일반적인 투자자가 기대하는 자산의 미래 성과에 의존하고 있는 것이다. 그렇지만, 자산의 미래 성과가 반드시 과거 수익률과 관계를 가질 필요는 없는 것이다.

예 14-2
자산 재매각으로 인한
현금흐름의 추정: 오늘
매각할 경우

재매각가격			$250,000
(−) 매각비용(6%)			15,000
(−) 대출잔액			142,432
세전 현금흐름 (매각)			$ 92,568
매각 당해 연도의 세금			
재매각가격		$250,000	
(−) 매각비용		15,000	
취득원가	$200,000		
(−) 감가상각 누계	42,105		
수정원가		157,895	
양도소득 과세표준		77,105	
양도소득세(@28%)			21,589
세후 현금흐름 (매각)			$ 70,979

예 14-3
현금흐름의 요약: 오늘
자산을 매각할 경우

	자산의 최초매입 이후 운영연차 (각 연도 말)					
	0	1	2	3	4	5
세전현금흐름	$−50,000	$1,858	$2,638	$3,449	$4,293	$97,738
세후현금흐름	−50,000	4,539	4,859	5,187	5,523	76,843

세전 내부수익률 = 18.26%
세후 내부수익률 = 14.83%

내부수익률의 비교: 자산의 보유 對 자산의 처분

만약 투자자가 자산을 보유해야 할는지를 결정해야 한다면, 우리는 자산에 기대되는 미래 성과를 평가해야 한다. 여기에서 투자자가 직면하는 핵심적인 질문은 아펙스 센터를 매각하고 그 수입을 다른 자산에 투자해야 하는가이다. 향후 5년 동안 아펙스 센터에 대해 신뢰할 만한 전망치를 수립하였다고 투자자가 믿고 있다고 가정해 보자. [예 14-4]는 향후 5년(운영 6년차에서 10년차) 동안 세후현금흐름의 추정치들을 나타내고 있다. 투자자는 임대료와 영업비용이 과거 5년 동안 매년 4%씩 성장한 것과 똑같이 향후에도 계속 4%씩 증가하지는 않을 것으로 생각하고 있다. 그는 향후 5년간 임대료 및 영업비용이 매년 3%씩 증가할 것으로 예측하고 있다. [예 14-4]에서 취득원가와 기존 감가상각법에 기초한 감가상각비용이 매년 $8,421로 일정하다는 것에 주목하기 바란다. 우리 사례에서 신규 매수인은 (조세법 개정 이후 적용되는) 다른 감가상각 규제를 따를 것이라고 가정하였지만, 조세법 개정 이전에 자산을 취득한 현투자자는 통상 기존 감가상각법을 바꿀 필요가 없다. 우리 사례에서는 향후 5년

예 14-4

장래 영업실적의 추정:
아펙스 센터를 매각하지
않을 경우

| | 자산의 최초매입 이후 운영연차 | | | | |
	6	7	8	9	10
A. 세전현금흐름					
임대료	$47,450	$48,872	$50,340	$51.850	$53,404
(−) 영업비용	23,725	24,436	25,170	25,925	26,702
순영업이익	23,725	24,436	25,170	25,925	26,702
(−) 부채서비스	17,642	17,642	17,642	17,642	17,642
세전현금흐름 (영업)	$ 6,083	$ 6,794	$ 7,528	$ 8,283	$ 9,060
B. 과세소득 또는 손실					
순영업이익	$23,725	$24,436	$25,170	$25,925	$26,702
(−) 이자비용	15,565	15,325	15,056	14,757	14,423
(−) 감가상각	8,421	8,421	8,421	8,421	8,421
과세소득(손실)	−261	691	1,692	2,746	3,858
세금	$　−73	$　193	$　474	$　769	$ 1,080
C. 세후현금흐름					
세전현금흐름	6,083	6,794	7,528	8,283	9,060
(−) 세금	−73	193	474	769	1,080
세후현금흐름(영업)	$ 6,156	$ 6,601	$ 7,054	$ 7,514	$ 7,980

동안 적용할 양도소득세율이 28%라는 가정하에서 현 투자자의 세율을 28%로 가정하였다. 또 하나 주목할 점은 담보대출 부채서비스(원금상환분과 이자비용)의 지급은 여전히 (자산 취득 시에 차입한) 기존대출에 근거하여 계산하였다는 것이다.

　만약 예측기간으로 5년(자산 취득일로부터 계산하면 10년)을 고려하고 있다면, 투자자는 기간말 자산 매각으로 인한 세후현금흐름(ATCF$_S$) 역시 추산하여야 한다. 자산가격이 매년 3%씩 상승한다고 가정하면, 투자자는 아펙스 센터의 5년 후 자산가치가 $289,819로 증가할 것이라고 추정할 것이다. [예 14-5]는 매각으로 인한 세후현금흐름이 얼마가 되는지, 그 추정치를 계산하고 있다. 담보대출잔액과 수정원가의 계산기간이 (이미 5년을 보유하였고, 향후 5년을 더 보유할 것이므로) 최초 취득시점에서부터 총 10년이라는 점에 주의하기 바란다.

　자산의 매각 여부를 완전하게 분석하기 위해서는 다음 두 가지 사항에 대한 조사도 필요한데, (1) 자산 매각으로 실현한 현금을 재투자할 수 있는 투자대안의 존재 여부; 그리고 (2) 기존 자산을 매각하고 신규 자산을 취득한 결과로 발생하는 세금이 그것들이다. 투자자가 아펙스 센터를 매각하고 대체자산에 투자하려면, 분명히 새로운 투자는 기존 투자에서 포기하는 수익률을 보상하기에 충분할 만큼 높은 수익률을 제공하여야 한다. 여기에서 질문은 아펙스 센터를 매각하려면 대체자산이 얼마나 높은 세후 내부수익률을 제시할 수 있어야 하는가이다.

　만약 대체자산을 취득하기 위해서 아펙스 센터를 매각한다면, 투자자는 양도소득세와 매

재매각가격		$289,819
(−) 대출잔액		129,348
(−) 매각비용(@6%)		17,389
세전현금흐름 (매각)		$143,081
매각 당해 연도의 세금		
재매각가격	$289,819	
(−) 매각비용	17,389	
취득원가	$200,000	
(−) 감가상각 누계	84,211	
수정원가	115,789	
양도소득 과세표준	$156,640	
양도소득세(@28%)		43,859
세후현금흐름 (매각)		$ 99,222

각비용을 지불하여야 재투자 가용재원을 확보하게 된다. 따라서 현 자산의 매각 및 타 자산의 취득을 검토할 때, 가장 우선적으로 수행해야 할 일은 재투자 가용재원이 얼마나 될 것인지를 확인하는 것이다. 향후 5년 후(운영 10년차) 아펙스 센터의 추정 재매각가격은 25만 달러이다. 하지만 투자자는 담보대출잔액, 각종 세금 및 매각비용을 지불한 후에 얼마나 많은 현금을 재투자 가용재원으로 확보할는지를 검토해야 한다. 이 수치는 앞의 '자산이 오늘 매각될 경우'에서 수행한 것과 유사하게 현재 이후 발생할 세후현금흐름을 계산하여 구하게 된다. [예 14-2]에서 보았듯이, 자산이 오늘 매각된다면 담보대출잔액의 상환 그리고 양도소득세의 납부 이후에 투자자는 $70,979를 순매각수입으로 수취할 것이다. 따라서 투자자가 지금 아펙스 센터를 매각하기로 결정한다면, $70,979가 재투자의 가용재원이 된다. 양도소득세율은 향후 5년 동안 계속 28%로 유지될 것으로 추정하였음에 주목하기 바란다. 순매각수입을 계산할 때는 언제나 자산의 매각시점에 유효할 것으로 기대하는 조세법에 기초해야 할 것이다. 예를 들어 우리 사례에서, 설령 자산을 양도소득의 60%가 공제되는 시기에 매입하였다고 하더라도, 실제 자산의 매각시점에서는 개정된 조세법의 적용을 받기 때문에 양도소득 공제가 더 이상 가능하지 않게 된다. 다만, 최대 한계세율이 기존 50%에서 현행 28%로 감소하였다.

이제 소유주는 아펙스 센터를 매각하지 않을 경우 벌어들일 수 있는 세후 수익률보다 $70,979를 재투자할 경우 더 높은 세후수익률을 벌어들이게 될 것인지를 검토해야 할 것이다. 바꾸어 말하면, (대체자산의 투자위험이 아펙스 센터와 동일한 상태에서) 대체자산이 벌어들이는 **최소 세후수익률**이 얼마가 되어야 계속 아펙스 센터를 보유하는 경우와 새로 대체자산을 인수하는 경우 사이에 투자자가 무차별적일 수 있는 것일까?

대답은 비교적 간단하다. 우리는 아펙스 센터를 매각하면 재투자 가용재원이 $70,979라는 것을 알고 있다. 또한 아펙스 센터를 매각하면, 투자자는 [예 14-4]에서 보는 향후 5년 동안의 영업으로 인한 현금흐름과 [예 14-5]에 제시한 5년 후 자산 매각으로 인한 현금흐름, $99,222를 포기하게 된다. 따라서, 재투자 재원 $70,978은 아펙스 센터 매각으로 상실하는 현금흐름을 충분히 상쇄할 수 있을 만큼 높은 세후수익률을 창출해야 한다. 현금흐름의 요약과 수익률의 계산은 아래와 같다.

현금흐름의 요약 자산의 최초매입 이후 운영연차						
	5년차	6	7	8	9	10
세후 현금흐름	−$70,979	$6,156	$6,601	$7,054	$7,514	$107,202*
세후 내부수익률 = 15.60%						

* $107,202 = $99,222 + $7,980

　그러므로, 투자자는 아펙스 센터를 처분하여 얻는 재원으로 15.60%보다 높은 세후수익률을 벌어들여야 할 것이다. 이 재원은 아펙스 센터의 처분을 정당화할 수 있는 **동일한 위험수준**의 대체자산을 취득함에 사용되어야 한다. 이 경우, 만약 대체투자의 위험이 아펙스 센터와 동일하면서도 투자자가 추정하는 세후 자기자본수익률(after-tax internal rate of return on equity: $ATIRR_e$)이 15.60%를 초과한다면, 아펙스 센터의 매각 및 대체자산의 취득은 정당화될 것이다. 만약 대체투자의 세후 자기자본수익률이 15.60% 보다 작을 것으로 예상한다면, 아펙스 센터를 (처분하지 않고 계속) 보유해야 할 것이다.

신규 투자자의 수익률

　(설령 현재 투자자와 신규 투자자 모두 장래 임대료 및 영업비용에 대해서 똑같이 전망한다손 치더라도) 전자가 자산을 계속 보유하기 위한 경제적 유인(incentive)은 후자가 동 자산에 새로 투자하려는 유인과 어떻게 달라질 수 있는가를 살펴보기 위해서, 신규 투자자는 지금의 자산가치대로 자산을 매입한다고 가정하자. 현재 아펙스 센터의 가치는 25만 달러이고, 5년 전 인수 당시에 금리 11%, 대출만기 25년, 월지급 조건으로 15만 달러의 대출을 차입했었다는 사실을 상기하기 바란다. 현 소유주와 비교함에 있어서 (금융조건 차이로 인한) 부채효과를 제거하기 위해서, 신규 투자자는 기존대출을 승계할 것이고 다른 추가차입은 하지 않을 것이라고 가정해 보자. 따라서, 신규투자자의 자기자본 투자금액은 인수금액 25만 달러에서 담보대출의 잔액 $142,432를 차감한 $107,568이 된다. 이렇게 되면, 신규 투자자에게 달라지는 조건은 조세법에 의한 세제효과뿐일 것이다. 첫째, 신규 투자자는 자산의 감가상각 시 새로운 취득원가를 적용받는다. 5년 차에도 건축물이 아직 자산가치의 80%를 차지한다고 가정하면, 현재 소유주가 취득원가 20만 달러의 80%인 16만 달러를 기준으로 매년 상각했던 것과 비교하여, 신규 투자자는 25만 달러의 80%인 20만 달러를 기준으로 매년 상각할 수 있을 것이다. 둘째, 신규 투자자는 인수시점에 유효한 세법에 근거하여 자산의 감

가상각을 수행해야 한다. 신규 투자자는 현재까지 기존 소유주에게 적용되던 19년의 내구연수 보다 훨씬 긴 31.5년의 내구연수로 자산가치를 상각해야 한다고 가정하자. 요약하면, 신규 투자자는 증가한 감가상각 대상금액의 이점을 가지는 대신 훨씬 오랜 상각기간으로 감가상각하는 불이익을 가지게 된다. 비록 위 사례에서 신규 투자자는 기존 소유주보다 더 오랜 기간 내구연수를 적용해야 하지만, 정반대의 경우도 존재할 수 있다는 것을 유의하기 바란다. 제11장에서 서술하였듯이, 부동산의 상각기간은 의회의 입법기류에 따라서 종종 짧아지기도 하였고 또 길어지기도 하였다.

[예 14-6]은 신규 투자자의 예상 현금흐름과 세후 자기자본수익률을 보여준다. 우리는 신규 투자자가 9.1%의 세후 자기자본수익률을 얻을 것이라는 결과를 보게 된다. 9.1%가 신규 투자자에게는 경쟁력 있는 수익률일 수 있지만, 정해진 기회비용, 즉 자산을 계속 보유하였더라면 현 소유주가 얻게 될 15.6%보다 작다는 것을 알게 된다. 이런 가장 근본적인 원인은 기존 투자자는 구(舊) 조세법에 기초한 감가상각일정을 계속해서 사용할 수 있기 때문이다. 결국 조세법의 개정은 동일한 자산이라 할지라도 '기존 투자 대(對) 신규 투자' 사이의 상대적 이익에 영향을 준다는 것을 발견하게 된다. 1986년에 그랬던 것처럼 조세법이 비(非) 우호적으로 개정되면, 기존 투자자들에게 유리해 지는 경향이 있다. ACRS(accelerated cost recovery system: 조기원가회수시스템)가 통과되고 상각연수가 상당히 단축되었던 1981년과 같이 조세법이 우호적으로 개정되면, 신규 투자자들에게 유리해지는 경향이 있다. 따라서 조세법의 개정은 부동산의 거래 또는 매매에 영향을 주는 경향이 있다. 조세법이란 항상 변화하게 마련이고, 이러한 조세법의 제·개정이 신규 및 기존 투자자들의 상대적 투자위험과 수익률 기회에 영향을 준다는 개념에 대해 이해하는 것은 중요하다.

한계수익률 *Marginal Rate of Return*

앞에서 ([예 14-4]와 [14-5]의 현금흐름을 이용하여) 계산한 자산 보유에 따른 수익률, 15.6%는 자산을 추가적으로 5년 더 보유하는 것에 기초한 세후 자기자본수익률이었다. 우리가 5년을 선택한 이유는 자산을 매각하고 그 자금을 유사 투자대안에 투입할 때 해당 재투자가 추가로 5년의 보유기간에 기초해서 평가한다는 가정에 근거하였기 때문이다. 약간 다른 접근방법은 보유기간을 단지 1년만 더 연장하였을 경우, 결과로서 발생하는 수익률을 검토하는 것이다. 이 수익률은 위의 '보유 대(對) 매각'과 같은 방법으로 계산할 수 있는데, 다만 1년 연장한 운영기간의 영업으로 인한 현금흐름과 1년 후 자산 매각 시 매각으로 인한 현금흐름을 예측한다는 점이 차별적이다. 우리는 이 1년의 세후 자기자본수익률을 **한계수익률** (marginal rate of return)이라고 지칭한다. 예를 들면, 우리는 자산의 매각을 고려하는 어느 연차에, "만약 자산을 한 해 더 보유하면 한계수익률은 얼마인가"라고 질문할 수 있다. (자산을 매각하지 않았다고 가정하고) 그 한 해가 경과한 시점에서 우리는 다시 "한 해 더 자산을 보유하면 한계수익률은 얼마인가"라고 질문한다. 이 과정을 자산이 실제 매각될 때까지 (또는 레노베이션할 때까지) 계속 반복할 수 있다.

한계수익률의 계산을 예시로써 설명하도록 하자. 순영업이익이 향후 10년 동안 실제로

예 14-6

신규 투자자를 위한
세후현금흐름의 예측

영업으로 인한 세후현금흐름의 계산 자산의 최초매입 이후 운영연차					
	6	7	8	9	10
임대료	$47,449	$48,873	$50,339	$51,849	$53,405
(−) 영업비용	23,725	24,436	25,170	25,925	26,702
순영업이익	23,725	24,436	25,170	25,925	26,702
(−) 부채서비스	17,642	17,642	17,642	17,642	17,642
세전현금흐름(영업)	$ 6,083	$ 6,794	$ 7,528	$ 8,283	$ 9,060
순영업이익	$23,725	$24,436	$25,170	$25,925	$26,702
(−) 이자비용	15,565	15,325	15,065	14,757	14,423
(−) 감가상각	6,349	6,349	6,349	6,349	6,349
과세소득(손실)	1,811	2,763	3,764	4,818	5,930
세금	$507	$ 7 / 74	$ 1,054	$ 1,349	$ 1,660
세전현금흐름	$ 6,083	$ 6,794	$ 7,528	$ 8,283	$ 9,060
(−) 세금	507	774	1,054	1,349	1,660
세후현금흐름 (영업)	$ 5,576	$ 6,021	$ 6,474	$ 6,934	$ 7,400

5년 더 운영한 후에 매각할 때 세후현금흐름 계산	
재매각가격	$289,819
(−) 대출잔액	129,348
(−) 매각비용(6%)	17,389
세전현금흐름(매각)	$143,081
매각시점의 양도소득세	
재매각가격	$289,819
(−) 매각비용	17,389
취득원가	$250,000
(−) 감가상각누계	31,746
수정원가	218,254
양도소득 과세표준	$ 54,176
양도소득세(28%)	15,169
세후현금흐름(매각)	$127,912

현금흐름 요약						
	5	6	7	8	9	10
세후현금흐름 (영업 + 매각)	$−107,568	$5,576	$6,021	$6,474	$6,934	$135,312

세후 내부수익률 = 9.10%

eXcel
www.mhhe.com/bf15e

예 14-7

영업 및 매각으로 인한 세후현금흐름의 예측: 추가로 10년 동안 운영할 경우

영업으로 인한 세후현금흐름의 예측 자산의 최초매입 이후 운영연차

	6	7	8	9	10	11	12	13	14	15
임대료	$ 47,450	$ 48,872	$ 50,340	$ 51,850	$ 53,404	$ 55,006	$ 56,658	$ 58,356	$ 60,108	$ 61,910
(−) 영업비용	23,725	24,436	25,170	25,925	26,702	27,503	28,329	29,178	30,054	30,955
순영업이익	23,725	24,436	25,170	25,925	26,702	27,503	28,329	29,178	30,054	30,955
(−) 부채서비스	17,642	17,642	17,642	17,642	17,642	17,642	17,642	17,642	17,642	17,642
세전현금흐름	$ 6,083	$ 6,794	$ 7,528	$ 8,283	$ 9,060	$ 9,861	$ 10,687	$ 11,536	$ 12,412	$ 13,313
순영업이익	$ 23,725	$ 24,436	$ 25,170	$ 25,925	$ 26,702	$ 27,503	$ 28,329	$ 29,178	$ 30,054	$ 30,955
(−) 이자비용	15,565	15,325	15,056	14,757	14,423	14,051	13,635	13,172	12,654	12,077
감가상각	8,421	8,421	8,421	8,421	8,421	8,421	8,421	8,421	8,421	8,421
과세소득(순실)	−261	691	1,692	2,746	3,858	5,032	6,272	7,586	8,978	10,457
세금	−$73	$193	$474	$769	1,080	1,409	1,756	2,124	2,514	2,928
세전현금흐름	$ 6,083	$ 6,794	$ 7,528	$ 8,283	$ 9,060	$ 9,861	$ 10,687	$ 11,536	$ 12,412	$ 13,313
(−) 세금	−73	193	474	769	1,080	1,409	1,756	2,124	2,514	2,928
세후현금흐름	$ 6,156	$ 6,601	$ 7,054	$ 7,514	$ 7,980	$ 8,453	$ 8,930	$ 9,412	$ 9,898	$ 10,385

자산 재매각으로 인한 세후현금흐름의 계산

	6	7	8	9	10	11	12	13	14	15
재매각가격	$257,500	$265,225	$273,182	$281,377	$289,819	$298,513	$307,468	$316,693	$326,193	$335,979
(−) 대출잔액	140,355	138,037	135,452	132,567	129,348	125,757	121,750	117,280	112,292	106,727
(−) 매각비용	15,450	15,914	16,391	16,883	17,389	17,911	18,448	19,002	19,572	20,159
세전현금흐름	$101,695	$111,274	$121,339	$131,928	$143,081	$154,845	$167,270	$180,411	$194,330	$209,093
취득원가	$200,000	$200,000	$200,000	$200,000	$200,000	$200,000	$200,000	$200,000	$200,000	$200,000
(−) 감가상각누계	50,526	58,947	67,368	75,789	84,211	92,632	101,053	109,474	117,895	126,316
수정원가	$149,474	$141,053	$132,632	$124,211	$115,789	$107,368	$98,947	$90,526	$82,105	$73,684
재매각가격	$257,500	$265,225	$273,182	$281,377	$289,819	$298,513	$307,468	$316,693	$326,193	$335,979
(−) 매각비용	15,450	15,914	16,391	16,883	17,389	17,911	18,448	19,002	19,572	20,159
양도소득 과세표준	149,474	141,053	132,632	124,211	115,789	107,368	98,947	90,526	82,105	73,684
세전현금흐름	$ 92,576	$108,259	$124,159	$140,284	$156,640	$173,234	$190,073	$207,165	$224,516	$242,136
(−) 세전현금흐름	$101,695	$111,274	$121,339	$131,928	$143,081	$154,845	$167,270	$180,411	$194,330	$209,093
양도소득세	25,921	30,312	34,765	39,280	43,859	48,505	53,220	58,006	62,865	67,798
세후현금흐름	$ 75,774	$ 80,962	$ 86,575	$ 92,648	$ 99,222	$106,340	$114,050	$122,405	$131,465	$141,295

(앞의 예측들에서 사용한 증가율과 같이) 연 3%씩 증가할 것이라고 가정하기로 한다. 자산의 재매각가격 역시 매년 3%씩 증가할 것이라고 가정하자. [예 14-7]은 향후 10년 동안 해당 자산의 영업으로 인한 세후현금흐름의 예측을 보여준다. [예 14-7]은 또한 각 연도(보유 6년차에서 15년차)마다 당해 연도 말 만약 자산을 매각한다면 발생하는 재매각으로 인한 세후현금흐름의 예측을 보여준다.

[예 14-7]의 정보를 이용해서 우리는 향후 10년간 각 연도별 한계수익률을 계산할 수 있다. 각 연도의 한계수익률은 추가 1년 동안 영업으로 인한 세후현금흐름과 그 해 연말에 유입될 매각으로 인한 현금흐름을 수취하는 이익에 기초한다. 이 현금흐름을 수취하기 위한 기회비용은 올해 말 발생할 매각으로 인한 세후현금흐름이다. 단지 1년만 차이가 있기 때문에, 수익률계산은 단순히 다음 수식을 따르게 된다.

$$MRR = \frac{ATCF_s\,(\text{year } t+1) + ATCF_o\,(\text{year } t+1) - ATCF_s\,(\text{year } t)}{ATCF_s\,(\text{year } t)}$$

($ATCF_S$: 매각으로 인한 세후현금흐름

$ATCF_O$: 영업으로 인한 세후현금흐름)

[예 14-8]은 6년차부터 15년차까지 각 연도의 한계수익률을 나타내며, [예 14-9]는 이를 그래프로 도시한 것이다. 한계수익률은 10년차까지 상승하다가 이후에는 하락하기 시작한다. 상승하는 임대료와 자산가치의 상승은 한계수익률을 증가시키는 경향이 있다. 하지만 자산가격 상승 및 대출원금 상환으로 인한 자기자본 축적은 한계수익률을 낮추는 경향이 있다. 세제 상 감가상각의 손비처리는 고정된 반면 임대료는 상승하기 때문에, 감가상각으로 인한 세제혜택의 상대적인 크기 역시 매해 감소한다. 10년차 이후에는 자기자본 축적효과가 상황을 주도한다. 자산을 얼마나 오랫동안 보유해야 할까? 정답은 한계수익률이 매각대금의 재투자 수익률보다 낮아질 때 자산을 매각해야 한다는 것이다. 예를 들면, 투자자는 자산 매각대금

예 14-8	
향후 10년 동안 한계수익률의 변화	

매입연차	한계수익률(%)
6	15.43
7	15.56
8	15.65
9	15.69
10	15.71
11	15.69
12	15.65
13	15.58
14	15.49
15	15.38

예 14-9
보유기간 분석

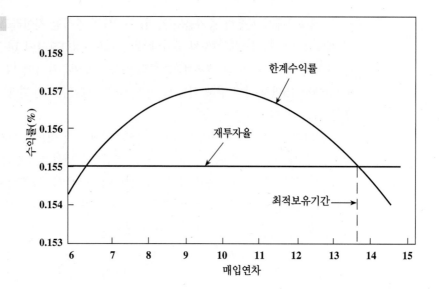

을 (투자위험은 동일하면서) 15.5%의 수익률이 예상되는 다른 부동산자산에 재투자할 수 있을 것으로 믿고 있다고 가정하자. 이는 자산이 14년차에 매각되어야 함을 의미하는데, 14년차 이후에는 한계수익률이 15.5% 미만으로 하락하기 때문이다.

　위의 분석은 **재투자수익률**이 향후 10년 동안 불변일 것이라고 가정하였다. 하지만 꼭 이렇게 가정을 수립할 필요는 없다. 예를 들어서, 전반적인 금리수준과 대체투자수단의 수익률이 상승함으로 인하여, 연차가 오래될수록 재투자수익률이 상승할 것으로 기대할 수도 있다. 시간경과에 따른 재투자수익률의 상승은 [예 14-10]에서 그림으로 설명하는 것처럼 최적투자기간을 뚜렷하게 변화시킬 수도 있다. 이 경우, 재투자수익률의 상승으로 인하여 **최적보유기간**은 11년이 될 것이다.

예 14-10
보유기간

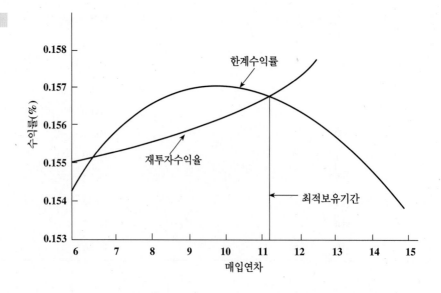

처분의 대안으로서 차환 *Refinancing* 을 하는 경우

앞에서 논의한 바와 같이, 투자자가 수년 동안 자산을 소유하고 있으면, 자산가치의 상승과 대출원금의 상환으로 인하여 자기자본 축적이 이루어질 수 있다. 즉 자산을 매입하던 시점에 대비하여 **현 시점**에서의 자산가치 대비 대출잔액의 비율(loan-to-current-value ratio: 현 시점 담보인정비율)이 낮아질 수 있다. 이 경우 당초 담보대출을 차입하던 때보다 부채효과가 훨씬 낮아질 것이고, 투자자의 입장에서는 담보대출의 차환(refinancing)을 고려할 수 있다. 증액차환은 투자자가 재무적인 부채차입을 증가시키도록 허용한다. 보다 높은 LTV비율로의 차환은 다른 곳에 투자할 추가자금을 공급할 수 있기 때문에, 어느 정도는 자산 매각의 대안이 될 수 있다.

만약 자산가치의 상승과 기존 담보대출의 원금상환으로 인하여 투자자의 자기자본이 증가하였다면, 투자자는 현재 자산가치의 일정 비율로 새로운 담보대출을 얻을 수 있을 것이다. 현재 자산가치는 보통 자산의 감정평가금액에 근거하게 될 것이다. 물론, 신규대출을 받으려면 대출수수료, 감정평가비용 및 여타 금융부대비용이 초래된다. 그러나 증액대출로 수취한 자금(대출순증금액)에 대해서는 세금이 부과되지 않는 반면, 만약 자산을 매각하면 투자자는 세금을 납부해야 할 것이다.

투자자는 차환이 더 유리할 것인지를 어떻게 결정해야 할까? 이 질문에 답하기 위해서, 우리는 먼저 차환으로 취득하는 순증금액의 차입비용을 판단해야 한다. 이것이 바로 다음 단락의 주제이다.

차환의 증분차입비용 *Incremental Cost*

우리는 제6장에서 투자자가 대출금액이 다른 두 개 대출 가운데 선택해야 할 경우, 증분차입비용(incremental borrowing cost)을 검토해야 하는 중요성에 대해 논의하였다. 대출금액이 커질수록 금리가 높아진다면, 기존대출 외에 추가차입한 대출순증금액의 증분차입비용은 당초부터 많은 금액을 차입한 대출의 금리보다 훨씬 더 높다는 사실을 상기하기 바란다. 이는 고금리가 단순히 대출순증금액에만 적용되는 것이 아니라, 차입금 전체에 부과되기 때문이었다.

동일한 개념이 차환을 분석할 때도 적용된다. 증액차환을 함으로써 우리는 추가자금을 얻게 된다. 만약 신규대출의 금리가 기존대출의 금리보다 높다면, 순증금액 조달을 위해 지불하는 증분차입비용은 이 신규대출에 부과된 금리보다 더 높다. 사례로써 설명하기 위해서, 이 장의 도입부에서 소개하였던 아펙스 센터 사례로 돌아가 보자. 이제 아펙스 센터의 기존대출을 현재 자산가치의 75%까지 빌려주는 담보대출로 차환이 가능하다고 가정하자. 즉 신규대출의 대출금액은 25만 달러의 75%인 $187,500이 될 것이다. 이 대출의 금리는 12%이고 만기는 25년이라고 가정하자. 우리는 대출순증금액의 증분차입비용을 아래와 같이 계산할 수 있다.

	현재 잔액	월부채서비스	5년 후 대출잔액
신규대출	$187,500	$1,975	$179,350
기존대출	142,432	1,470	129,348
차액	$ 45,068	$ 505	$ 50,002

신규대출의 약정금액 $187,500과 기존대출의 대출잔액 $142,432 간의 차액인 $45,068은 증액차환으로 얻게 되는 추가자금이다. 이 자금의 증분차입비용은 차환 이후 증가한 월부채서비스($505)와 5년 후 증가한 대출잔액($50,002)에 의해 좌우된다. 이를 만족하는 해(解)를 구하면, 금리는 14.93%이다. 우리는 이 해를 **증분차입비용**이라고 부른다. 증액차환을 정당화하려면 투자자는 아펙스 센터의 차환으로 얻은 순증금액을 다른 사업에 재투자하여 세전 기준으로 14.93%를 초과하는 수익률을 벌어들일 수 있어야 한다. 그렇지 않다면, 아펙스 센터를 차환하여 확보한 자금은 유리한 부채효과(즉 양의 부채효과)로 귀결되지 않을 것이다.

차환의 차입수익률 對 5년 추가보유

차환이 더 유리한 것인지 고찰하는 또 다른 방법은 추가로 5년을 보유하여 투자자가 얻는 수익률에 대해서 차환의 영향을 실제로 계산해 보는 것이다. 만약 자산을 **추가적으로 5년** 더 보유한다면 세후 자기자본수익률이 15.6%라는 것을 이미 우리는 앞에서 살펴본 바 있다. 조금 전에 우리는 대출순증금액의 증분차입비용이 세전 기준으로 14.93%라는 것을 알게 되었는데, 이 14.93%는 (투자자의 세율이 우리가 가정한 대로 28%인 상태에서) 세후 기준으로 10.75%(= 14.93% × (1 − 0.28))에 해당할 것이다. 투자자가 더 많은 자금을 차입하기 이전에 획득하는 세후 기준의 수익률(15.6%)이 순증금액의 차입비용(10.75%)보다 더 큰 것이다. 따라서, 차환으로 조달한 순증금액은 유리한 부채효과(즉 양의 부채효과)를 가지게 된다. 독자들은 제12장에서 부채 차입과 부채의 한계비용에 대한 설명을 상기하고 싶을 수도 있을 것이다. 우리는 제12장에서 만약 추가자금을 차입하기 이전의 수익률이 추가자금의 증분차입비용 보다 크다면, 대출순증금액의 차입은 양의 부채효과에 기여함을 알 수 있었다. 똑같은 개념이 차환을 통해 얻게 되는 자금에도 그대로 적용된다.

(앞에서 우리가 자산을 추가적으로 5년 더 보유하였을 때의 수익률을 계산하였던 것과 똑같은 방식으로) 이제 우리는 증액차환을 하고 나서 자산을 추가적으로 5년 더 보유한다면 달성하게 되는 수익률을 계산할 수 있다. 이 장의 앞부분에서 우리가 위의 계산을 수행할 때에, 분석에서 사용한 "초기 투자금액"은 만약 자산을 오늘 매각한다면 수취가능한 세후현금흐름이었던 사실을 기억하기 바란다. 그 초기 투자금액을 어떤 때는 **투자기준액**(investment base)이라고 부르기도 한다.

차환의 경우, 투자기준액은 자산 재매각으로 인한 세후현금흐름에서 차환을 통해 조달한 순증금액을 차감한 금액이다. 이 투자기준액이 차환 직후 해당 자산에 암묵적으로 투자된 자본량이 된다. 만약 증액차환 직후에 자산을 바로 매각한다면, 투자자는 이 투자기준액에 상당하는 금액을 수취할 것이다. 자산을 매각하지 않음으로써, 투자자는 이 금액을 자산에 투자한 셈이 되는 것이다. 아펙스 센터의 투자기준액은 아래와 같이 계산할 수 있다.

재매각가격	$250,000
－ 매각비용(@ 6%)	15,000
－ 기존대출의 대출잔액	142,432
－ 차환으로 유입된 순증금액	45,068
－ 오늘 매각한다면 납부해야 할 양도소득세	21,589
투자기준액(investment base)	$ 25,911

차환을 가정하였을 때, 향후 5년 동안 자산 보유에 따른 영업현금흐름은 아래와 같을 것이다.

	자산의 최초매입 이후 운영연차				
	6	7	8	9	10
임대료	47,449	48,873	50,339	51,849	53,405
(－) 영업비용	23,725	24,436	25,170	25,925	26,702
순영업이익	23,725	24,436	25,170	25,925	26,702
(－) 부채서비스	23,698	23,698	23,698	23,698	23,698
세전현금흐름(영업)	$ 27	$ 739	$ 1,472	$ 2,227	$ 3,005
순영업이익	23,725	24,436	25,170	25,925	26,702
(－) 이자비용	22,432	22,271	22,090	21,887	21,657
(－) 감가상각	8,421	8,421	8,421	8,421	8,421
과세소득(손실)	(7,128)	(6,256)	(5,432)	(4,383)	(3,376)
세금	(1,996)	(1,752)	(1,496)	(1,227)	(945)
세전현금흐름	27	739	1,472	2,227	3,005
(－) 세금	(1,996)	(1,752)	(1,496)	(1,227)	(945)
세후현금흐름(영업)	$ 2,023	$ 2,491	$ 2,968	$ 3,454	$ 3,950

차환을 하고 추가로 5년을 더 운영한 후에 자산을 매각할 때 세후현금흐름은 아래와 같다.

재매각가격		$289,819
(－) 매각비용		17,389
(－) 대출잔액		179,350
세전현금흐름(매각)		93,080
재매각가격	$289,819	

(−) 매각비용		17,389	
취득원가	$200,000		
(−) 감가상각누계	84,211		
수정원가		115,789	
양도소득 과세표준		156,640	
양도소득세(@28%)			43,859
세후현금흐름(매각)			49,221

이제 우리는 차환 및 자산의 5년 추가보유로 발생하는 수익률을 아래와 같이 계산할 수 있다.

	자산의 최초매입 이후 운영연차					
	5	**6**	**7**	**8**	**9**	**10**
세전 현금흐름	(25,911)	27	739	1,472	2,227	96,085
세후 현금흐름	(25,911)	2,023	2,491	2,968	3,454	53,171
세전 자기자본수익률 = 31.88%						
세후 자기자본수익률 = 22.31%						

바로 이전 단락에서 차환 이전의 수익률과 차환으로 얻게 되는 순증분금액의 증분차입비용을 비교하면서 우리가 예상했던 것처럼, 세전 및 세후 자기자본수익률이 뚜렷하게 증가한 것을 볼 수 있다. 만약 차환이 바람직하다면, 두 접근법 중 어느 것을 택하여도 같은 결론을 얻게 될 것이다.

기존대출보다 낮은 금리로 차환하는 경우

앞의 사례는 차환을 할 경우 투자자는 더 높은 금리를 지불해야 한다고 가정하였다. 신규대출을 더 낮은 금리로 조달하는 경우에도 분석방법은 동일할 것으로 본다. 이 경우, 낮은 금리와 연관되어 절감한 이자비용이 차환으로 조달한 순증분금액의 낮은 증분차입비용에 반영되어 있을 것이다. 예시로 설명하기 위해서, 아펙스 센터의 차환조건이 금리 10.5%, 대출만기 25년이라고 가정해 보자. 차환의 증분차입비용은 아래와 같을 것이다.

	현재 잔고	월부채서비스	5년 후 대출잔액
신규대출	$187,500	$1,770	$177,321
기존대출	142,432	1,470	129,348
차액	$ 45,068	$ 300	$ 47,973

이 경우, 차환의 증분차입비용은 9.01%이다. 따라서 투자자는 아펙스 센터 차환으로 얻게 되는 자금을 9.01%보다 높은 수익을 창출하는 사업에 투자함으로써 유리한 부채효과(즉 양

의 부채효과)를 달성하게 될 것이다.

분산투자 *Diversification*의 이익

앞에서 지적하였듯이 자산을 최초 매입한 후부터 자산가격이 상승하고 대출잔액이 원금상환으로 인해 감소하기 때문에, 종종 증액차환을 하는 경우 추가적인 자금을 조달할 수 있게 된다. 자산의 차환으로 얻게 된 순증금액은 또 다른 자산에 재투자되는 자기자본이 될 수 있음을 의미한다. 따라서 차환은 투자자가 소유자산의 규모를 증가시킬 수 있게 해준다. 게다가 2개 이상의 자산을 소유함으로써, 투자자는 투자를 분산하여 자산 포트폴리오를 구성할 수 있게 된다. 특히 입지여건이 다른 지역들에 다른 유형의 부동산을 취득한다면 분산투자효과는 커지게 된다. 예를 들면, 어느 투자자가 현재 100만 달러의 가치가 있는 자산을 보유하고 있으며 기존대출의 잔액이 50만 달러라고 가정해 보자. 따라서 이 사업에서 투자자의 자기자본은 50만 달러일 것이다. LTV비율 75%인 신규대출로 차환함으로써 투자자는 또 다른 사업에 재투자할 수 있는 25만 달러를 가지게 된다. 투자자가 두 번째 프로젝트 역시 LTV비율 75%의 담보대출을 조달한다고 가정하면, 그녀는 100만 달러의 자산가치를 갖는 두 번째 자산을 매입할 수 있게 된다. 이 투자자가 투입한 자기자본의 자본량은 총액(50만 달러)에서 동일하지만, 이제 자산가치 합계가 200만 달러인 2개 자산을 취득하는 데 사용되고 있음에 주목하기 바란다. 또한 이 투자자는 (기존대출 50만 달러 이외에) 이제 100만 달러의 부채를 추가로 더 지고 있다. 위에서 강조한 바를 다시 반복하면, 차환이 수익성 있는 전략이 되기 위해서는 추가부채 100만 달러의 실질비용이 조달대상인 2개 프로젝트의 무차입수익률보다 낮아야만 한다.

처분 관련 기타 고려사항─포트폴리오의 균형 맞추기

여태까지 우리는 **개별자산**의 매각여부를 결정함에 있어서 해당 자산을 계속 보유한다면 달성하게 될 수익률과 매각대금을 또 다른 자산에 재투자하여 얻게 될 수익을 비교한 결과에 기초하여 분석하였다. 한편으로, 자산 **포트폴리오**를 관리하는 투자자는 자산의 매각이 자산유형(판매시설, 오피스, 산업부동산, 임대주택 등), 입지 등과 같은 요인들과 관련하여 포트폴리오 내 자산구성에 어떻게 영향을 미치는지에 대해서도 고민하여야 할 것이다.

제22장에서 우리는 분산투자의 이익을 창출하면서도 포트폴리오 전체의 투자위험을 낮추는 방식으로 포트폴리오를 구성하는 것을 살펴보게 된다. 만약 남아 있는 포트폴리오가 자산 매각 이후 분산투자효과가 감소하게 된다면, 자산의 매각결정은 잔존 포트폴리오의 투자위험에 영향을 미칠 수 있다. 이러한 악영향은 이 장의 앞부분에서 우리가 평가했던 자산 보유로 인한 추가수익률을 들여다보는 것만으로는 잡아내기 어려운 부분이다. 포트폴리오 분석은 제22장에서 심도 있게 검토하겠으나, 여기에서는 부동산 포트폴리오를 보유한 투자자가 (자산 매각이 포트폴리오의 분산투자에 미치는 영향을 포함하여) 검토하는 전략적인 고려사항들이 있다는 것을 이해하는 것이 중요하다. 예를 들면, 만약 보유 시에 수익률이 동일한 두 개의 자산을 매각대상으로 고려하고 있고 두 자산의 '보유할 때 수익률'이 같다고 한다

면, 포트폴리오의 분산투자효과에 기여가 적은 자산이 우선매각대상이 될 것이다. 마찬가지로 투자자는 자산을 매각하고 대체자산을 취득할 때 매각자산과 기대수익률은 동일하면서도 보다 큰 분산투자의 이익을 제시하는 자산을 선택할 것이고, 이 거래의 결과로서 포트폴리오의 투자위험은 감소하게 될 것이다. 예를 들면, 어느 투자자가 보유한 포트폴리오는 상대적으로 낮은 비중의 판매시설에 대비하여 오피스에 과다하게 편중되어 있을 수 있다. 그렇다면, 투자자는 포트폴리오의 균형을 맞추기 위해서 오피스 자산에 대한 엑스포저(exposure)를 줄이고 판매시설에 대한 엑스포저를 늘리기를 원할 수 있을 것이다.

비록 다양한 지역과 다양한 자산유형에 투자하는 것이 분산투자의 이점을 증가시킬 수 있다손 치더라도, 이 이외에도 고려해야 할 다른 요인들도 상존하고 있다. 예를 들어서, 어떤 투자자는 자산유형이 자신의 전문성이 부족하여 관리하기가 어려운 자산이라거나 또는 자신이 효율적으로 관리할 수 있는 곳에 입지하지 않은 자산에 대해서는 투자하기를 원하지 않을 것이다. 물론 투자자가 자산의 일상적인 운영을 처리하는 자산관리자(property manager)를 고용할 수는 있다. 하지만 투자자는 어느 정도 자산관리자를 감독할 필요가 있으며 또한 자산관리자의 전문성에 전적으로 의존하기보다는 투자자 자신이 자산·입지에 대해 이해를 갖추어야 하는 장기결정사항들(예를 들면, 자산의 레노베이션 여부)에 대해서 직접 의사결정을 해야 한다. 따라서 자산의 취득과 처분에 대한 의사결정 시에는 반드시 포트폴리오의 분산투자와 효율적인 관리 사이의 균형을 고려하여야 할 것이다. 어느 투자자는 포트폴리오 내 특정 자산들이 다른 자산들 보다 관리하기 어려울 뿐더러 포트폴리오의 전반적인 전략과 잘 맞지 않는다고 결정할 수도 있다. 이런 자산들은 매각해야 할 것이고 경우에 따라서는 투자자의 포트폴리오 전략에 보다 잘 부합하는 자산들로 대체되어야 할 것이다.

처분 관련 세금의 이연전략

이 단락에서 우리는 자산을 처분하였을 때 고려할 수 있는 두 가지 세금 이연전략을 검토하게 된다. 매각 당해 연도에 양도소득세 전체를 납부하는 대신, 美 내국세법(Internal Revenue Code: IRC)에서 인정하는 2가지 세금이연대안들이 양도소득세를 미래로 이연하는데 활용 가능하다. 하나의 대안은 자산을 매매한 후 (매매대금을 일시에 지급하는 것이 아니라) 매매연도 이후까지 매수인이 매도인에게 매매대금을 주기적으로 나누어 지급하는 방법이다. 매매계약은 자산을 매수할 때 매수인이 전체 가격을 지급하는 대신 매수인이 상당 시간에 걸쳐서 매매대금을 나누어서 또는 "할부지급"하도록 규정한다. 美 내국세법에서는 이러한 거래를 **연부판매**(installment sale)라고 지칭한다.

두 번째 대안은 **유사자산(대체취득)거래**(like kind exchange) 또는 **면세거래**(tax-free exchange)라고 부른다. 보통 이 대안은 자산 소유주가 기존자산을 매각하고 다른 대체자산을 특정기간 내에 매입하고자 할 때 사용하게 된다. 매각 당해 연도에 양도소득세를 납부하는 대신, 거래하는 자산(매각자산)에 소유주가 가지고 있는 자기자본을 확정하고 동 금액을 대체취득자산의 자기자본으로 넘기게 된다. 마침내 대체취득자산을 매각하는 시점에서 이연한 양도소득세를 납부한다.[2] 지적할 점은 이 경우 유사자산의 대체취득은 부동산에 대해서 부동산을 교환하는 것을 지칭한다는 것이다. (부동산이면 요건을 충족하고) 자산이 동일 유형일 필요는 없다. 예를 들면, 임대주택자산을 오피스자산, 토지 또는 기타 유형의 부동산과 교환할 수 있다. 이 조세거래의 저변에 깔려 있는 보편적인 조세철학은 투자자가 이 거래 이후에도 계속해서 부동산을 소유할 것이기 때문에 법적인 소유권의 변화만으로는 **과세요건을 구성하지 못한다**는 것이다. 이는 투자자가 교환자산(매각자산)을 계속해서 보유할 수 있었음에도 불구하고 매각하였기 때문이다. 따라서 하나의 자산을 매각하고 유사자산을 대체취득하였다는 사실은 결국 같은 물건에 **투자한 것과 매한가지**라는 것이다.

　　연부판매와 세금이연거래 모두 양도소득세를 이연할뿐더러 경우에 따라서는 투자자가 자산의 양도시점에 납부했어야 할 양도소득세의 납부세액 총액을 줄이는 방법들이다. 사실 (이연된) 양도소득세 합계는 양도소득 과세표준이 (장래) 시간경과 후에 인식되기 때문에 만약 과세표준이 장래 자본적 손실과 결부될 경우 감소할 수 있고, 따라서 납부세액 총액을 낮추게 된다. 연부판매건 세금이연거래건, 양자의 주된 목적은 자산 재매각으로 인한 세후현금흐름의 현재가치를 일반적인 거래의 매각현금흐름의 현재가치보다 더 높아지도록 자산처분을 구조화 (그것이 연부판매를 통해서건 유사자산의 대체취득을 통해서건)하는 것이라 할 것이다.

연부판매 *Installment Sales*

　　연부판매(installment sales)를 이용하는 시기는 자산을 매도할 때이다. 하지만 당해 매각연도에 매매대금 전체를 수령하기보다, 매도인은 매각연도 이후의 과세연도에 걸쳐서 매수인으로부터 매매대금을 수령하게 된다. 美 내국세법 제453조 제①항에 따르면, 일반적으로 **연부판매**라는 용어는 매도인이 수령하는 매매대금이 적어도 1회 이상 자산처분 당해 연도 이후에 수령하는 경우를 의미한다.[3]

　　연부판매는 매매대금을 일정 기간에 걸쳐서 분할하여 지급하는 거래뿐 아니라 매도인이 금융을 제공하고 대출금액에 대해 이자를 수령하는 거래를 포함한다. 또한 납세자인 매도인이 매각 당해 회계연도에는 아무런 금전대가를 수취하지 아니하고 그 다음 회계연도가 시작되면 매매대금을 전부 수취하는 거래 역시 연부판매에 해당된다. 美 내국세법상 연부판매 보고조항은 매도인으로 하여금 자산양도에 부과된 세금의 납부시기와 양도대금의 수취시기를 일치시킬 수 있도록 허용한다. 법의 이 조항은 거래 또는 사업에 사용되는 자산이 Section

---

[2] 즉 또 다른 유사자산의 대체취득거래를 실행하지 않는다면 말이다(역자주: 대체취득자산의 매도시점에 다시 새로운 대체취득자산을 매입한다면 결국 양도소득세 납부시기가 재차 이연될 것이다. '이를 실행하지 않는다'는 의미는 결국 양도소득세를 납부하더라도 부동산자산을 현금화할 것이라는 의미이다).

[3] 자산의 매도 또는 소유권의 이전이 (美 내국세법상) 연부판매의 요건을 충족시킬 수 있어야 함을 강조하고자 한다. 장래 특정 기간 동안 (매수인의) 소유권 이전이 발생할 때 또는 (매수인의) 소유권이 특정 사건 내지는 매도인이 받아들일 장래 고려사항에 조건부로 변동할 때, 이러한 매매거래는 일반적으로 연부거래의 요건을 충족하지 못한다. 특히 후자는 환매조건부 매매계약으로 특징지을 수 있고, 여기에서 설명하지 아니하는 다양한 조세처리에 영향을 받게 된다. [역자주: 매도 시 특정 조건의 성취를 환매조건으로 걸 수 있다. 설령 매수인에게 소유권이 이전되더라도, 환매조건에 저촉되는 경우 매도인은 매매계약 상 환매대금을 지급하고 소유권을 다시 회복할 수 있다. 이런 환매조건이 부과된 매매계약의 경우 또는 이런 매매계약에 의한 (매수인으로) 소유권 이전의 경우, 진정한 매매(True Sale)에 해당하지 않음은 자명하다. 현재 저자들은 이렇게 진정한 거래에 해당하지 않을 경우, 美 내국세법상 연부판매가 부인될 위험을 지적하고 있다.]

1231 자산으로 결정된 자산이거나 Section 1221 투자의 소유주에게만 적용이 가능하다.[4] 위의 법 조항은 재고자산의 특성이 있는 자산들에는 적용하지 못한다.[5]

기초 사례

예를 들기 위해서 우리는 아래 사례를 고려해 보자. 어느 투자자가 보유 중인 오피스빌딩을 100만 달러에 매각하는 것을 고려하고 있다. 그는 동 자산을 5년 동안 보유하였고, 매년 직선법에 의해서 감가상각비용을 공제하여 현재 수정원가는 70만 달러가 남아 있는 상태이다. 그는 두 가지 선택가능한 대안을 고려중이다. 시나리오 A는 투자자가 자산을 100만 달러에 매각하고 담보대출잔액 60만 달러를 상환하여, 매각연도에 순현금흐름으로 40만 달러를 수령하는 것이다. 물론 투자자는 당해 연도에 30만 달러의 양도소득을 인식시키고 양도소득세를 납부하여야 할 것이다. 시나리오 B는 투자자가 자산을 100만 달러에 매각하는 것은 동일하나, 매수인이 매도인의 담보대출잔액 60만 달러를 승계하는 것이다. 매수인이 매각 당해 연도에 40만 달러 전부를 지급하는 대신에, 올해는 $25,000을 지급하고 (잔액 $375,000을) 향후 5년 동안 매해 $75,000씩 나누어서 지급하게 된다. 결국 매도인이 수령하는 현금합계는 40만 달러가 될 테지만, 대금의 납부가 연부형태로 이루어지기 때문에 국세청은 양도소득세 과세표준 30만 달러(= 매각대금 100만 달러 – 수정원가 70만 달러)의 이연을 허용하게 된다. 이 경우, 매도인이 신고 및 납부하는 양도소득세는 매수인의 최초 연부금 $25,000과 향후 5년 동안 매해 지급하는 $75,000의 지급일정을 따르게 된다. 여기에서 투자자가 직면하는 질문은 "연부판매의 5년 계약기간 동안 수령하는 연부금과 지급하는 양도소득세의 현재가치가 자산의 통상거래(시나리오 A)에서 실현하는 세후 순현금흐름보다 클 것인가?" 하는 것이다. 이 질문에 답하기 위해서, 우리는 이제 연부판매의 계약조건과 美 내국세법에 대해서 검토해 보도록 하자.

소득비율 *Profit Ratio* 의 중요성

연부판매는 본질적으로 **매도자금융**(seller financing)의 한 형태이다. 자산 매도인이 매각 당해 연도에 매수인으로부터 매매대금의 전부를 수취하지 않음으로써 매매잔금을 빌려준 셈이 된다. 매매대금의 일부 또는 전부는 할부금의 형태로 일정 기간에 걸쳐서 지급된다. 연부원금 이외에도, 일반적으로 연부잔액에 대하여 이자가 부과된다. 이 이자수입은 일반소득으로 취급된다. 매도인은 연부금을 수령하면서 양도소득을 인식시키면 된다.

---

[4] Section 1231 자산은 거래 또는 사업에 사용되는 자산이 기계설비, 자동차, 임대부동산 등과 같이 감가상각이 가능한 자산이다. Section 1231 자산을 법적 요구기간 이상 보유할 경우, 양도손실은 일반손실로 손비처리가 가능하고 양도소득은 (일반소득세율보다 낮은) 양도소득세율의 적용이 가능하다. Section 1221 투자는 일반적으로 투자 목적으로 보유하고 있는 주식, 채권 등과 같은 비업무용 자산을 포함한다. 보다 자세한 사항에 대해서는 독자들이 세법을 참고하기 바란다.

[5] 개발사업자와 건축업자들은 연부판매를 활용할 수 없는데, 이는 그들이 건설행위를 하는 토지와 부동산이 일반적으로 재고자산으로 분류되기 때문이다. 따라서 모든 매매는 계약가격에 근거해서 납세신고를 해야 한다. 매매대금의 수령시기와 무관하게 모든 매매는 현(現) 조세연도 내에 납세신고가 이루어져야 하며, 모든 소득은 일반소득세율의 적용을 받는다. [역자주: 기업회계에서는 부동산의 보유목적에 따라 판매목적인 경우 재고자산으로, 자가사용 목적은 유형자산으로, 그리고 임대·양도차익 목적인 경우 투자부동산으로 각각 분류한다. 분양사업자의 경우 부동산의 판매를 목적으로 부동산을 보유하다가 판매하는 사업자로, 그 판매대상이 되는 부동산은 당연히 유형자산·투자부동산으로 인정될 수 없다. 재고자산을 처분하는 일상적인 영업행위는 양도소득세의 부과대상이 아니라 일반 법인세의 부과대상이 된다.]

연부판매의 세제상 특수한 지위 때문에, 美 내국세법은 양도소득세의 취급 및 인식의 필수 구성요인이 되는 특정 용어들에 대해서 정의를 내리고 있다. 이 용어들 중 대표적인 두 가지 가 소득비율(profit ratio)과 계약가격(contract price)이다. 해당 거래가 연부판매의 납세신고 자격을 갖춘다면, 매년 납세의무가 부과되는 양도소득의 과세표준은 매년 수취하는 분납금 (installment payment)에 소득비율을 곱한 금액과 같다.[6]

소득비율은 총양도소득을 계약가격으로 나눈 값으로 정의된다. 연부거래의 납세신고를 위 해서, 美 내국세법은 **계약가격**을 매각가격에서 담보대출 잔액, 기타 부채 및 매수인이 승계 하거나 취득하는 기타부채합계를 차감한 금액으로 정의하고 있다. 계약가격은 또한 연부판 매의 계약기간 동안 (원금상환의 형태로) 매도인이 궁극적으로 수령하는 자기자본과 일치하 게 된다. 총양도소득은 매도인이 매각 당해 연도에 납세신고하는 양도소득 과세표준(= 재매 각가격 − 매각비용 − 수정원가)과 같다.

$$소득비율 = \frac{총양도소득}{계약가격}$$

소득비율이 1보다 작을 때는 언제나 100%보다 작은 원금수령액을 소득으로 신고한다. 위에 서 설명하였던 사례의 정보를 이용하여, 연부거래 시나리오의 소득비율을 다음과 같이 결정 할 수 있을 것이다.

재매각가격	$1,000,000
− 수정원가[7]	700,000
총양도소득	$ 300,000
재매각가격	$1,000,000
− 매도인의 대출잔액	600,000
계약가격	$ 400,000

소득비율 = $300,000 ÷ $400,000 = 75%

소득비율을 고려할 때, 만약 자산이 현금으로 팔렸다면 어떻게 되었을까를 검토해 보면 유용할 것이다. 현금으로 수취하였다면, 매도인은 30만 달러의 양도소득 과세표준을 신고하 였을 것이고, 60만 달러를 담보대출의 잔액을 상환하는 데 사용하게 되면, 매수인은 세전 기 준으로 현금 40만 달러를 수령하였을 것이다. 결과로서, 美 내국세법상의 정의에 의한 소득 비율은 75%이다(= 30만 달러 ÷ 40만 달러).

만약 매도인이 매각시점에 현금으로 40만 달러 전부를 수령하는 대신에 동 금액을 연부 로 수취한다면, 30만 달러의 과세표준은 분납금 합계가 40만 달러에 이를 때까지 (매 분납금 의 75% 비율로 안분하여) 인식될 것이다. "분납금"이라는 용어를 사용할 때, 우리는 매도인 에게 40만 달러를 상환하기 위해 사용하는 납부금액을 의미한다. 이 분납금은 "원금 상환"으

---

[6] 연부금액은 이자가 부과되기 이전의 매매잔금을 대상으로 계산한다. 이 계산법은 원금 분할상환과 유사하다.

[7] 수정원가는 자산의 취득가액에서 보유기간 중 공제한 감가상각누계를 차감한 금액으로 정의한다.

로 간주할 수 있다. 보통 매도인은 이자를 부과하려 할 것인데, 그가 사실상 "매도자금융"을 제공하고 있기 때문이다. 소득비율이 75%라는 의미는 매 1달러의 분납금(원금상환) 중에서 75센트의 양도소득 과세표준을 인식한다는 것이다.

여기에서 지적할 사항은 만약 납세의무자의 한계세율이 분납금 납부기간 중 매년 동일하게 유지된다면, 현금거래로 인한 납부세액 합계는 연부거래로 인한 납부세액 합계와 같아질 것이다. 어느 거래에서건 매도인은 같은 금액의 양도소득 과세표준을 신고할 것이다. 하지만 화폐의 시간가치라는 개념을 사용하게 되면, 세금납부를 지연함으로 인하여 납세의무자에게 이익이 발생할 수도 있다. 만약 장래에 한계세율이 낮아진다면 또는 만약 자본손실이 발생해서 신고할 과세표준을 상계하게 된다면, 추가적인 이익이 발생할 수도 있다.

위의 우리 사례에서 설명한 연부판매는 매수인이 매도인의 기존대출 60만 달러를 승계하는 것에 동의하는 방식으로 구조화되었다. 매도인은 계약시점에 $25,000을 수취하고 나머지 $375,000을 향후 5년에 걸쳐서 분납금으로 수취하는 것에 동의하였다. 그러므로 매수인이 승계하는 담보대출 60만 달러 이외에도, 매수인은 사실상 $375,000의 매도자금융을 얻게 된다. 이 거래구조는 아래와 같이 요약된다.

계약금 (계약시점 매수인 지급금)	$ 25,000
분납금 합계	375,000
구매자가 승계한 대출잔액	600,000
자산 매매대금	$1,000,000

위에서 논의한 바와 같이, 만약 매도인이 매각시점에 전체 자기자본 40만 달러를 수취하였다면, 30만 달러의 양도소득 과세표준을 즉각 인식시켰어야 했다. 하지만 연부거래에서는 매각연도에 매도인이 수령하는 금액이 $25,000에 불과하기 때문에 인식시키는 과세표준은 동 금액의 75%인 $18,750에 지나지 않는다. 나머지 과세표준, $281,250(= $300,000 − $18,750)은 시간이 경과함에 따라서 연부판매로 대여해 준 $375,000의 분납금이 납입되면서 순차적으로 인식하게 될 것이다.

매도인이 $375,000을 대여해 주었기 때문에, 통상 매도인은 대여금의 상환이 완료될 때까지 대출진액에 대해 이자 부과를 희망힐 수 있다.[8] 우리 사례에시 매도인이 매도자금융의 미상환잔액(즉, 연부잔액)에 대해서 10%의 이자를 부과하고 이 이자금액이 매년 납부하는 분납금에 가산된다고 가정해 보자. 연부거래와 통상적인 현금거래를 비교할 때 납부금액(= 분납금 + 연부이자)을 고려하는 것이 중요한데, 이는 연부판매에 부과되는 연부이자가 두 유형의 거래 사이에 가장 중요한 차이 중 하나이기 때문이다. 한편 연부이자에 따른 이자수입은 일반소득으로 과세될 것이다.

---

[8] 설령 매도인이 연부이자를 부과하지 않는다 하여도, 실제로 국세청은 이자수입을 매도인에게 "간주"시키고 매도인으로 하여금 (이 간주 이자수입에 대해 부과할) 일반소득세를 납부하도록 요구할 것이다. 이것은 매도인이 연부이자를 부과하는 대신 자산의 매매가격을 부풀리는 행위를 예방하려는 목적이 있다. 만약 매도인이 이런 행위를 하게 되면, 부풀린 매매대금은 사실상 선지급한 연부이자임에도 불구하고 (매도인의 양도소득세는 많아지겠지만) 이자수입으로 인한 일반소득세로는 과세되지 않는 결과를 야기한다. 따라서 매도인은 높은 세율의 일반소득세를 상대적으로 낮은 세율로 과세하는 양도소득세로 전환하려 할 것이다.

현금거래의 현재 세후 순매각수입 對 연부판매의 미래 세후현금흐름

앞 사례로 논의를 계속하자면, 이제 연부거래에 의해 시간이 경과함에 따라서 매도인이 수취하게 될 세후 현금흐름의 규모와 현금거래에 의해 당장 매도인이 수취하게 될 순매각수입의 규모를 비교해 보도록 하자. 현금거래로 인한 세후 현금흐름은 아래와 같이 계산된다.

재매각가격	$1,000,000
− 담보대출 잔액	600,000
− 세금	45,000*
순매각수입(세후)	$ 335,000

* 양도소득 과세표준 $300,000에 양도소득세율 15% 적용. 일반적인 직접거래에서는 전체 30만 달러가 즉시 15%의 양도소득세율로 과세된다는 것을 상기하기 바란다.

이제 연부판매로 인한 세후 현금흐름을 고려해 보자. 자산양도의 계약시점에 세후 순매각수입은 아래와 같이 계산된다.

최초 납부금(계약금)	$25,000
× 소득비율	0.75
과세표준(신고금액)	$18,750
× 표준세율	0.15
납부세액	$ 2,813
세후 현금흐름	$22,188

마찬가지로 향후 5년간 각 연도에 분납금을 지불할 때, 납부세액과 세후 현금흐름 역시 계산해야 한다. 매도자금융에서는 향후 매도인이 연부잔액 $375,000에 대하여 10%를 적용한 이자수입을 수취할 것이라는 점을 상기하자. 이 이자수입은 일반소득세로 과세되고, 우리는 과세율을 30%로 가정하기로 한다. [예 14-11]은 향후 5년 동안 각 연도의 세후 현금흐름을 보여준다.

[예 14-11]은 또한 할인율 7%를 사용하여 계산한 세후 현금흐름의 현재가치(present value: PV)도 제시하고 있다. 할인율을 7%로 선정한 근거는 매도자금융에서 10%의 이자율이 부과되었는데(이 이자율은 매도인이 자산을 매각하지 않을 경우 자산 내 유지하고 있을 자기자본의 수익률과 동등해야 한다), 이 이자수입에는 30%의 한계세율이 적용되므로, 결국 적정한 세후 할인율은 7%(= 10% × (1 − 0.3))가 될 것이라고 추정하게 된다. 이 현재가치($362,592)는 매각 당해 연도에 매각대금을 전부 현금수령하고 과세금액 전액을 납부하는 현금거래의 현재가치와 비교할 수 있게 된다. 앞에서 우리는 후자의 순매각수입을 $355,000으로 계산한 바 있다.

이제 이 사례에서, 우리는 연부거래의 현재가치 $362,592가 전액 현금거래의 현재가치 $355,000보다 크다는 것을 발견하게 된다. 후자의 순매각대금은 즉시 수령하기 때문에 할인하지 않는다. 따라서 분석결과는 투자자에게 있어서 연부거래가 훨씬 낫다는 것을 가리키고

| 예 14-11 | | 연부판매의 세후 현금흐름 | | | | | |

	분납연차						
	0	**1**	**2**	**3**	**4**	**5**	**합계**
A. 양도소득세의 인식							
분납금	$ 25,000	$ 75,000	$ 75,000	$ 75,000	$ 75,000	$75,000	$400,000
× 소득비율	75%	75%	75%	75%	75%	75%	
= 양도소득 과세표준	$ 18,750	$ 56,250	$ 56,250	$ 56,250	$ 56,250	$56,250	$300,000
× 양도소득세율	15%	15%	15%	15%	15%	15%	
= 양도소득세	$ 2,813	$ 8,438	$ 8,438	$ 8,438	$ 8,438	$ 8,438	$ 45,000
B. 매도자금융에 따른							
이자와 세금							
연초 기초잔액	$400,000	$375,000	$300,000	$225,000	$150,000	$75,000	
분납금	$ 25,000	$ 75,000	$ 75,000	$ 75,000	$ 75,000	$75,000	$400,000
연말 기말잔액	$375,000	$300,000	$225,000	$150,000	$ 75,000	$ 0	
연부이자(10%)		$ 37,500	$ 30,000	$ 22,500	$ 15,000	$ 7,500	$112,500
× 일반소득세율 (30%)		30%	30%	30%	30%	30%	
일반소득세		$ 11,250	$ 9,000	$ 6,750	$ 4,500	$ 2,250	$ 33,750
C. 세후현금흐름							
분납금	$ 25,000	$ 75,000	$ 75,000	$ 75,000	$ 75,000	$75,000	$400,000
(−) 일반소득세	$ 0	$ 11,250	$ 9,000	$ 6,750	$ 4,500	$ 2,250	
(−) 양도소득세	$ 2,813	$ 8,438	$ 8,438	$ 8,438	$ 8,438	$ 8,438	
세후 현금흐름	$ 22,188	$ 92,813	$ 87,563	$ 82,313	$ 77,063	$71,813	
할인율	7.00%						
현재가치	$362,592						

있다. 독자들은 결과가 상당히 달라질 수 있음을 인식하기 바란다. 분석결과는 부과된 연부이자율, 투자자의 일반소득세율 및 양도소득세율, 분납금의 규모, 분납기간(연수) 등에 좌우된다. 즉 연부거래가 더 나은지 아니면 현금거래가 더 나은지에 대한 판단은 특정 투자자의 환경 그리고 연부판매가 어떻게 구조화되어 있는지에 의존하게 된다.

세금이연거래 *Tax-Deferred Exchanges*

자산을 매각할 때 양도소득의 인식을 이연하는 또 하나의 전략은 **세금이연거래**(tax-deferred exchange)를 사용하는 것이다. 이 전략은 때로는 면세 거래 또는 美 내국세법 Section 1031을 참조하여 "1031거래"라고도 불린다. 이 조항에 따라서 어느 투자자가 필요한 기간 이내에 보유자산을 다른 자산으로 대체취득하고자 한다면, 그는 美 내국세법 Section 1031에 따른 조세처리를 선택할 수 있다. 매각연도에 통상적으로 신고해야 할 양도소득을 그 해에 신고하지 않고, 따라서 세금 역시 그 시점에서 납부하지 않는다. 대체취득으로 인해 이연된 양도소득은 취득자산을 궁극적으로 처분하는 시점에 신고하게 된다.

양도소득을 이연하는 것 이외에도, 대체취득거래는 아래와 같은 목적에서 다른 투자전략들과 결합하여 사용할 수 있다.

- 투자자 자산들의 지리적 위치 조정
- 다른 현금흐름특성(예를 들면, 높은 임대율)을 가진 신규 자산과 기존 자산의 교환
- 포트폴리오의 분산투자를 위해서 하나의 자산을 여러 개의 자산으로 교환
- 기존 자산을 관리강도가 낮은 다른 자산으로 교환(예를 들면, 임대주택을 순임대차 조건의 의료(醫療) 오피스로 교환)

美 내국세법 Section 1031

곧 소개할 테지만, 투자자는 Section 1031의 대체취득전략을 사용할 것인지를 평가할 때 어느 정도 기본적으로 고려해야 할 사항들이 있다. 이 중 몇몇 고려사항은 다음과 같다.

- 국세청에서 규정하는 시간제한 내에 대체자산을 취득할 것인지를 확정해야 하고 교환거래를 완료하여야 한다.
- 교환으로 대체취득이 가능한 자산의 수는 (1) 최대 3개로 제한되거나; (2) 만약 3개보다 많을 경우, 인수하는 자산들의 가격합계가 처분하는 자산의 공정시장가치의 200%로 제한될 수 있다.
- 처분하는 자산 내 현재 자기자본이 대체취득하는 자산의 자기자본보다 크거나 작을 수 있다. 이 관계는 교환거래를 통해 얻을 수 있는 세제혜택을 감소시키거나 없애는 경향이 있다.
- 교환거래에 비(非)부동산(즉 동산)이 포함될 수 있다. 이 경우, 이런 "비(非)유사자산"은 동산("부트(Boot)"라고 부른다)으로 간주되며 과세대상이 된다.

지금부터의 내용은 美 내국세법 규정에 따른 유사자산 교환에 대한 아주 간략한 설명이다.

美 내국세법 Section 1031에 따르면, 거래·산업 등의 생산적인 용도로 보유하던 자산을 매각할 때 또는 투자의 경우 생산적인 용도의 토지를 유사자산에 속하는 자산과 단순하게 교환하여 거래·산업 등의 생산적인 용도로 사용하거나 투자 용도로 보유하려 할 때 양도소득 또는 손실을 인식하지 아니한다. 강조할 점은 오직 Section 1231과 Section 1221의 자산들만 교환거래의 자격을 충족하는데, 다른 자산들의 교환은 자격을 충족하지 못한다. 거래인은 적격자산 내 자기자본만을 포기할 수 있고 또한 적격자산 내 자기자본만을 대체취득할 수 있다. 마찬가지로, 거래인은 교환거래로 대체취득하는 자산을 Section 1231 또는 Section 1221 자산으로만 보유할 수 있다. Section 1231 또는 Section 1221 자산으로 인정되어 보유하던 부동산은 (Section 1231 또는 Section 1221 자산으로 보유하려는) 거의 모든 유형의 부동산 자산과 교환할 수 있다. 예를 들면, 美 내국세법은 다수 임차인이 입주한 판매시설을 단일 임차인이 입주한 대형 판매매장으로, 임대주택건물을 투자용 토지로, 오피스건

1970년대 후반, 오리곤(Oregon)州의 납세자, 스타커(Starker)는 교환거래가 동시에 이루어져야 한다는 규정에 문제를 제기함으로써, 세금이연거래의 처리방식을 바꾸는 데 기여하였다.

스타커는 노스웨스트(Northwest)지역에 수천 에이커의 삼림지대를 소유하고 있었고, 한 목재회사가 이 땅의 구매를 희망하였다. 그는 매각토지를 다른 부동산으로 교환하기를 원했지만, 그가 직면한 문제는 동시교환을 달성하기 위한 대체취득자산을 찾는 것이었다. 동시교환이 불가능하게 되었지만 목재회사와의 거래를 완성하고 싶었고, 그래서 두 당사자들은 스타커가 고정가격에 그의 토지를 목재회사로 양도하는 것에 합의하였다. 그런 다음, 목재회사는 (매매대금을 직접 스타커에게 지급하는 것이 아니라) 스타커가 지정하는 부동산을 (위의 고정가격과) 같은 액수의 현금을 지급하여 대신 취득해주기로 합의하였다. 이후 몇 년의 조세연도에 걸쳐서 목재회사는 스타커가 지정하는 자산들을 매입하였고, 그 다음에 이들을 스타커의 명의로 양도하여 교환거래를 마무리 지었다.

국세청에 따르면, 이 계획의 문제는 스타커가 그의 삼림지대를 매각하는 조세연도에는 세금환급을 신청할 수 없었던 바, 매각시점에서 스타커는 향후 그가 교환거래를 완성할지 단순하게 자산을 매도할지 (그래서 현금을 수령하고 끝내게 될지) 알 수 없었다는 점이다. 대체자산 전체의 취득을 완료하고 나서야, 스타커는 세금환급을 신청할 수 있었던 것이다. 즉 이 계획에서 국세청이 문제 삼는 부분은 스타커가 동시거래를 완성하지 못하였기 때문에 그가 Section 1031이 규정하는 교환처리의 자격을 갖추지 못한다는 점이다.

결국 스타커는 소송에서 승소하였고, 결과로서 美 내국세법 Section 1031은 부동산 자산의 비(非)동시적 거래에 대해 세금이연거래의 적격성을 보장하는 방향으로 개정되었다. 이것은 매우 중요한 변화인 바, 이제 투자자들이 교환거래를 활용함에 있어서 훨씬 더 많은 유연성이 제공된 것이기 때문이다.

스타커가 그의 이익을 성공적으로 주장할 수 있었던 것은 그가 비(非)유사자산을 수령한 적이 없고 비(非)유사자산을 통제한 적도 없었기 때문이었다. 그는 이 거래에서 현금을 수령하지 않았는데, 언제나 목재회사가 현금을 보관하고 있었다. 그는 동 현금에 대해서 그가 취득하기를 희망하는 자산에 목재회사가 언제 지급해야 할지 알려주는 것 이외에는 일절 통제권을 행사하지도 않았다. 그가 기존자산의 소유권을 포기한 급부로 대체취득자산의 소유권을 수령하였기 때문에 그리고 이 과정에서 그가 현금을 적극적으로 수령한 사실이 없기 때문에, 스타커는 단지 적격자산(즉 부동산)만 교환하라는 규정을 충족시킬 수 있었던 것이다.

시간제한(Time Frame)의 개정

스타커 판례와 유사 판례들의 결과로 인하여 이후 의회는 Section 1031을 개정하였고, 국세청은 납세의무자들과 부동산업체들에게 어떻게 해야 비(非)동시적 세금이연거래를 성공적으로 완성할 수 있는지를 안내하는 규칙을 제정하게 되었다. 납세의무자는 교환자산(즉 매각하는 자산)의 매도 이후 180일 이내에 대체취득하는 자산의 소유권을 취득하여야 한다.

역(逆) 스타커(Reverse Starker)

투자자들이 자주 직면하는 문제는 美 내국세법 Section 1031이 (자산 매도일 이후) 45일 이내에 대체취득할 자산을 확정하도록 규정하고 있는데 이 45일이 교환에 의해 대체취득하고자 하는 자산을 확정하기에 충분한 시간이 아니라는 점이다. 투자자들은 (대체취득자산의 물색과 확정에) 이렇게 엄격한 시간제한을 야기하기 때문에, 현재자산의 매매계약 체결을 주저하게 된다. 따라서 투자자들은 기존자산을 매각하기 이전에 취득하고 싶은 자산을 확정하기를 희망할 수 있다.

"역(逆) 스타커"로 불리는 이 전략은 먼저 자산소유주가 대체자산을 선(先)취득한 다음에 당초 자산을 후(後)매각하면서 세금이연거래의 조건이 완성되었다고 주장할 때에 발생하게 된다. 제대로만 수행된다면, 이 거래는 Section 1031의 시간제한을 충족시킨다. 만약 당초 자산의 매도 이전에 투자자가 대체자산을 소유하게 되면, 45일 및 180일 시간제한은 맞추어지게 된다.

납세의무자는 연부판매와 세금이연거래, 특히 역(逆) 스타커전략의 장점을 활용할 계획이라면, 조세변호사 또는 경험이 많은 세무전문가와 상담해야 할 것이다.

세이프 하버 규칙(Safe Harbor Rules)

납세의무자는 교환기간 동안 유사자산이 아니라고 간주되는 자산을 수령할 수 없다. 비(非)유사자산의 수령은 현금으로 간주되며 세금이연거래의 자격을 갖지 못한다.

투자자가 비(非)유사자산을 적극적으로 수령한 것으로 간주되지 아니하기 위하여, 국세청의 규칙은 납세의무자들에게 세이프 하버 규칙이라 불리는 다음과 같은 몇 가지 가이드라인을 제공한다.

* 적격한 에스크로우(escrow)계정: 적격한 에스크로우계정이란 에스크로우계정의 일종으로서, 납세의무자 또는 부적격자(그 정의는 Section 1031의 (k)를 참조할 것)는 중간수임자(escrow holder)가 될 수 없으며, 에스크로우계약에 명시적으로 에스크로우계정에 유보 중인 현금 또는 현금등가물을 납세의무자가 수령하거나, 차입하거나 또는 여타의 방법으로 이익을 취하는 행위를 제한하여야 한다.
* 적격한 신탁: 신탁의 하나로서, 납세자 또는 부적격자는 수탁자가 될 수 없으며, 신탁계약에 명시적으로 수탁자가 보관 중인 현금 또는 현금등가물을 납세의무자가 수령하거나, 차입하거나 또는 여타의 방법으로 이익을 취하는 것을 제한하여야 한다.
* 적격한 중개인: 교환거래를 손쉽게 처리하기 위하여 투자자는 종종 적격한 중개인을 사용한다. 오늘 교환거래를 완성시키고자 한다면, 이 방법이 가장 보편적이라 할 수 있다. 수수료를 받고서, 중개인은 투자자가 포기하는 자산을 취득하고 투자자가 지정하는 대체자산을 취득하여 투자자에게 동 자산을 이전하는 것을 내용으로 투자자와 약정을 체결함으로써, 지연되고 있는 교환거래를 손쉽게 처리해 준다.

적격한 중개인은 대체자산의 소유권을 실제로 취득할 필요는 없다. 자산은 중개인을 거치기보다는 현 소유주에게서 투자자에게로 직접 이전된다. 중개인을 거쳐서 소유권을 이전하면 2장이 아닌 4장의 권리증서가 필요하다. 소유권의 직접이전이 허용될 경우, 이전과세와 등기수수료가 2배가 된다. 또한 직접이전은 혹시 존재할지도 모를 환경부담을 감소시키게 된다.

물을 판매시설로 또는 다수 임차인이 입주한 오피스건물을 단일 임차인이 입주한 오피스건물로 교환하는 것을 허용하고 있다.[9] 파트너쉽은 자신이 소유한 적격 자산을 다른 적격 자산과 교환할 수 있으며 Section 1031에서 보장하는 세금이연 혜택을 누릴 수 있다. 하지만 (파트너쉽에 참여한) 투자자들은 그들의 파트너쉽 지분을 Section 1031이 규정하는 세금이연의 방법으로 교환할 수 없다. 이는 투자자들이 소유한 파트너쉽 지분이 동산인 까닭이다. 당연히 파트너쉽은 부동산을 소유할 수 있다.

시간제한의 설정

美 내국세법 Section 1031 (a)는 교환자산(즉, 매각자산)의 소유권 이전일로부터 45일 이내 대체취득할 자산을 확정하고 180일 이내에 교환거래를 완료할 것을 규정하고 있다.

180일 이내에 대체취득하지 아니한 자산은 유사자산의 대체취득으로 간주되지 아니한다.

---

[9] 하지만 한도를 설정하는데, 미국 내 부동산과 해외 부동산은 유사자산으로 간주하지 아니한다. 따라서 Section 1031의 자격을 충족하기 위해서는, 교환거래에 포함된 두 부동산 모두가 미국 내 소재하거나 두 부동산 모두 역외에 소재하고 있어야 한다.

납세의무자가 대체취득자산을 인수해야 하는 180일의 기간은 두 개의 시기로 세분할 수 있다. 첫 번째 시기에서는 납세의무자가 교환거래로 대체취득하는 자산이 무엇인지를 확정하는데 45일의 말미를 부여한다.

자기자본의 일치 *Balancing Equities*

성공적인 세금이연 거래를 완료하기 위해서, 사실상 투자자는 (1) 기존 부동산의 자기자본을 포기하고, (2) 대체 부동산의 자기자본을 취득하여야 한다. '자기자본의 일치(balancing equities)'의 개념 하에서는 만약 포기한 자기자본의 금액이 취득하는 자기자본의 금액과 같다면, 자기자본은 "일치"된 상태이고 따라서 교환거래 전체는 세금이 이연된다. 예를 들면, 만약 투자자가 담보대출이 없는 상태로 50만 달러의 자산을 소유하고 있으며 이 자산을 담보대출 없이 50만 달러 가치의 인수자산과 교환한다면, 투자자는 인수자산의 자기자본과 같은 금액으로 처분자산의 자기자본을 포기하는 것이며 비(非)유사자산을 인수하는 것이 아닌 것이다. 이 사례는 부동산자산의 자기자본을 부동산자산의 자기자본으로만 교환할 수 있다는 필요조건을 충족하게 될 것이다.

하지만 많은 세금이연거래에서 자기자본이 일치되지 않을 것이다. 이러한 불일치는 교환하려는 자산의 가치가 취득하려는 자산의 가치보다 크거나 작을 때 발생하게 된다. 대체취득하는 자산의 가치가 더 큰 경우, 매각자산의 양도소득이 이연되기는 하지만 취득하는 자산의 수정원가을 낮추게 된다. 그러면 대체취득원가(substitute basis)가 확정되는데, 그 다음에 감가상각 원가를 정하기 위하여 대체취득원가를 토지분과 건축물분으로 할당하게 된다. 이 경우, 대체취득한 자산을 궁극적으로 매각할 때에 그 매각으로 인한 양도소득이 일반적으로 더 크게 부풀려진다. 이는 대체취득 자산의 대체취득원가가 낮게 책정되었기 때문이다. 취득 부동산의 가치가 교환하려는 부동산의 가치보다 작고 그 차액이 비(非)유사자산(이는 현금 등의 동산을 포함한다)으로 인해 발생한 결과인 경우, 해당 비(非)유사자산은 교환 당해 연도에 양도소득으로 인식시켜야 한다. 그러면 취득자산의 대체취득원가는 교환거래에서 취득한 부동산의 가치를 기준으로 확정된다. 끝으로 많은 교환거래는 당사자 어느 일방 또는 쌍방이 부담하고 있는 담보대출의 승계를 거래의 일환으로 포함할 수 있다. 승계하는 부채금액에 차이가 발생하는 경우 일정 금액 감채(減債)가 발생한 것이고, 당사자 어느 일방이 이익을 얻게 될 것이다. 이런 일이 발생할 때, (해당 이익만큼의) 양도소득은 교환 당해 연도에 인식되어야 한다. 다음의 내용은 독자들이 세금이연거래의 개념을 보다 잘 이해하도록 지원하려는 의도로 거래사례들에서 발췌한 것이다.

양도소득의 인식

정상적인 경우, 만약 어느 투자자가 양도소득을 목적으로 자산을 매각하게 되면, 동 소득은 매각 당해 연도에 인식시키고 양도소득세를 납부하게 된다. 하지만 어느 투자자가 상업부동산 또는 투자부동산을 현금으로 매각한 후 수령한 현금 전부를 다른 부동산의 매입에 사용하였다면, 동 투자자는 매각으로 인한 양도소득 전체를 인식시킬 필요는 없을 것이다. Section 1031은 한 자산에 속한 자기자본을 다른 자산의 자기자본으로 이전할 수 있도록 투자자에게 허용하며, 따라서 양도소득의 일부 또는 전부를 미래로 이연시켜 준다. 인식시키지 아니한 양도소득은 전부 미인식소득으로 남게 된다.

예를 들면, 어떤 투자자가 자산을 40만 달러에 매각할 때 수정원가가 16만 달러라고 하면, 그 투자자는 자산의 현금판매 시 24만 달러의 양도소득을 인식시킬 것이다.

매각금액	$400,000
− 수정원가	160,000
양도소득 인식금액	$240,000
재매각가격	$400,000
− 대출잔액	0
자기자본	$400,000

대체취득원가

Section 1031에 의해 적격한 교환거래인 경우, 미래로 이연되는 자본은 어떻게 되는 것일까? 양도자산의 처분시점에 신고하지 아니한 양도소득은 대체취득자산의 취득원가 보정항목이 된다. 세금이연거래에서 대체취득하는 자산의 취득원가를 **대체취득원가**(substitute basis)라고 부른다.

앞의 사례에서 양도소득 인식금액 전부를 이연할 수 있도록 교환거래를 구조화하였다고 가정해 보자. 즉 교환시점에 인식하지 아니한 양도소득이 존재한다는 것이고, 이는 그 시점에는 해당 소득이 과세되지 않는다는 의미이다. 이 양도소득 미인식금액은 교환거래로 취득한 대체자산의 취득원가를 낮추게 된다. 이를 요약하면 아래와 같다.

매각자산의 시장가격	$400,000
− 공제금액	160,000
양도소득 인식금액	$240,000
대체취득자산의 시장가격	$500,000
− 양도소득 미인식금액	$240,000
대체취득원가	$260,000

취득원가의 보정효과는 대체취득하는 자산의 취득원가에 24만 달러의 양도소득을 차감하는 형태로 반영된다. 예를 들어서, 신규자산이 취득 다음날에 50만 달러에 팔린다면(즉 자산의 현재 시장가치가 50만 달러라면), 24만 달러의 양도소득이 신고되는 것이다[역자주: 취득원가가 50만 달러로 인정되는 것이 아니라 26만 달러만 인정되므로, 취득원가 그대로 매도하더라도 양도소득이 "0"이 되는 것이 아니라 24만 달러가 된다].

대체취득원가의 할당

위에서 설명한 대체취득원가(substituted basis)는 감가상각 손비처리 목적으로 토지분과 건축물분으로 할당된다. 위의 사례에서 매도하는 자산은 나대지이고 대체취득하는 자산은 작은 임대주택건물이며, 후자의 취득원가는 25%의 토지와 75%의 건축물로 구성된다고 하면,

$195,000(= \$260,000 \times 75\%)$이 과세목적으로 감가상각될 것이다.

비(非)유사자산

많은 경우에 있어서, 취득하는 자산이 정확하게 유사자산이 아닌 경우도 있다. 비(非)유사자산(unlike property 또는 boot)이라는 용어는 부동산이 아닌 자산을 의미한다. 美 내국세법 Section 1031은 교환거래가 순전하게 같은 종류의 자산들 사이에 이루어질 것을 요구한다. 만약 교환거래에서 비(非)유사자산을 포함한다면, 이는 과세요건을 구성하게 된다.

투자자가 교환거래에서 비(非)유사자산을 수령할 경우, 투자자가 부동산을 유사자산(부동산)으로 교환한 것이 아니기 때문에 그는 양도소득을 인식시키게 될 것이다. 비(非)유사자산은 다양한 종류가 있을 수 있고 때로는 집합적으로 **부트**(boot)라고 부른다. 예를 들면, 만약 투자자가 나대지를 호텔자산과 교환하였다면, 호텔은 가구 등 다른 동산(비(非)유사자산)을 포함하고 있을 것이다. 이 경우, 호텔 취득의 한 부분으로서 취득하는 동산은 **부트**를 포함한다고들 말한다.

현금

비(非)유사자산의 교환에서 수령하는 현금(cash)은 양도소득으로 신고해야 한다. 예를 들면, 어느 투자자가 아래 사실과 같이 자산의 거래를 수행한다고 가정해 보자.

매각자산의 시장가격	$400,000
− 매각자산의 대출잔액	$200,000
매각자산의 자기자본	$200,000
대체취득 자산의 시장가격	$300,000
− 대체취득 자산의 대출잔액	$200,000
대체취득 자산의 자기자본	$100,000
+ 현금	$100,000
대체취득 자산의 자기자본 합계	$200,000

이 거래에서 투자자가 자기자본이 10만 달러가 적게 소요되는 자산을 취득하고 10만 달러를 현금으로 수령하였다는 사실에 주목하자. 이 현금 10만 달러는 부트인 것이고, 이는 매각시점에 10만 달러의 양도소득을 인식시켜야 한다는 의미이다. 만약 당초 자산에서 실현한 양도소득이 30만 달러라고 한다면, 10만 달러의 양도소득은 교환시점에 과세될 것이고 나머지 20만 달러는 이연될 것이다.

담보대출 감채(減債)

만약 투자자가 부담하는 부채규모가 기존자산 보다 대체자산에서 적다고 하면, 투자자는 **담보대출 감채**(mortgage relief)의 혜택을 입는다고 간주된다. 결과적으로, 어느 투자자의 채무규모가 교환거래의 결과로서 감소할 경우, 자기자본을 자기자본으로만 교환한다는 요구조건이 충족되지 아니하는 것이다. 예를 들어서, 교환거래와 관련된 아래의 사실들을 가정해 보자.

매각자산의 시장가격	$400,000
− 매각자산의 대출잔액	200,000
매각자산의 자기자본	$200,000
대체취득 자산의 시장가격	$300,000
− 대체취득 자산의 대출잔액	100,000
대체취득 자산의 자기자본	$200,000

비록 매도자산의 자기자본금액과 취득자산의 자기자본금액이 같지만, 투자자가 거래 이전에 대비하여 거래 이후에 채무부담을 10만 달러 줄였기 때문에 그는 담보대출 감채를 얻은 것이다. 이 10만 달러는 부트이고 따라서 설령 현금을 수령한 것이 없더라도 교환연도에 양도소득으로 신고해야 한다. 비록 같은 규모의 자기자본이 대체자산에 투입되었지만, 그 자산가치가 10만 달러 적고 따라서 이는 마치 투자자가 기존 자산 중 10만 달러어치 매각한 것과 같기 때문에 과세가 필요한 것이다.

교환거래의 결과로서 나타날 수 있는 기타 유형의 비(非)유사자산이 더 있을 수 있다. 독자들은 교환계약을 약정하기 이전에 반드시 조세변호사나 회계사와 상담하여야 할 것이다.

미인식 소득 *Unrecognized Gain*

일단 실현된 양도소득(realized gain)을 계산하고 수령한 비(非)유사자산(boot)이 있을 경우 그 금액을 확정하게 되면, 양도소득 미인식금액을 계산할 수 있다. 계산식은 아래와 같다.

$$\text{양도소득 미인식금액(Unrecognized Gain)} = \text{실현소득(Realized Gain)} - \text{비(非)유사자산(Boot)}$$

예를 들어서, 어느 투자자가 오늘 자산을 70만 달러에 매각하게 되면 25만 달러의 양도소득을 실현하게 될 것이라고 가정해 보자. 교환거래를 통해서 투자자는 10만 달러의 현금을 제외하고는 자기자본 전액을 신규 자산으로 이전하였다. 결과로서, 15만 달러의 양도소득은 미인식(이연)될 것이고 (수령한 비(非)유사자산 또는 부트의 금액과 동일한) 10만 달러의 양도소득은 인식될 것이다.

실현소득	$250,000
− 비(非)유사자산	100,000
양도소득 미인식금액	$150,000

교환거래의 목적은 (자산처분으로 납세하게 될 미래 어느 시점까지) 이연이 가능한 양도소득 미인식금액을 확보하는 것이다.

세금이연거래의 경제학

앞에서 논의한 바와 같이, 교환거래의 가장 주요한 이익은 양도소득세를 이연하는 것이다. 여기에서 질문은 두 번째 자산을 취득함에 있어서 투자자가 교환거래를 수행하는 것과 통상의 직접거래로 매입하는 것 중에서 어떤 것이 나은가 하는 것이다. 이 두 가지 대안들을 비교함에 있어서 고려해야 할 몇 가지 요인들이 있다. 첫째, 교환거래에서는 대체취득하는 두 번째 자산의 대체취득원가가 감가상각 대상금액이 된다. 이 대체취득원가는 이연하는 양도소득의 규모에 의해 낮아지게 된다. 따라서 낮은 감가상각 대상금액 때문에 두 번째 자산은 매년 더 적은 금액의 감가상각만이 가능하다. 둘째, 교환자산의 양도소득이 이연되기 때문에, 두 번째 자산을 처분하는 시점에서 (두 번째 자산에) 훨씬 더 많은 양도소득 과세표준이 포착될 것이다. 이는 이연한 양도소득이 교환으로 취득한 대체자산의 매각으로 인한 추가적인 양도소득과 함께 인식될 것이기 때문이다. 따라서 여기에서의 질문은 교환시점에 적게 지불하는 양도소득세가 (1) 거래 후 감소한 감가상각의 세제혜택 그리고 (2) 두 번째 자산의 매도시점에 지불하는 더 높은 양도소득세 등의 현재가치 합계를 상쇄할 수 있는가 하는 것이다.

예시로써 설명하기 위해, 아래의 사례를 검토해 보자. 어느 투자자가 매도를 희망하는 자산을 소유하고 있다. 그녀는 대체취득하고 싶은 자산을 확정하였고 이제 교환거래를 할는지 말는지를 결정하여야 한다.

지금 현재 자산은 100만 달러에 매각이 가능하다. 수정원가는 60만 달러이므로 매각 시 40만 달러의 양도소득세 과세표준이 발생하게 될 것이다. 과세표준에 적용되는 양도소득세율이 15%라고 가정하면, 오늘 자산을 매각할 경우 양도소득세는 6만 달러가 될 것이다.

재매각가격	$1,000,000
수정원가	600,000
양도소득 과세표준	$ 400,000
양도소득 과세율	15%
양도소득세	$ 60,000

교환거래에서는 거래를 통한 대체자산의 취득원가가 양도소득 이연금액만큼 낮아진다는 사실을 상기하기 바란다. 이렇게 낮아진 수정원가가 감가상각 대상금액이 되는 것이다. 우리 사례에서는 교환거래를 이행함으로 인하여 연간 감가상각 비용처리가 매년 1만 달러(= 40만 달러/40년)씩 감소하게 된다. 만약 투자자의 일반소득세율이 30%라고 가정한다면, 교환거래를 하면 감가상각으로 인한 절세금액이 감소하여 그녀는 매년 3천 달러(= 1만 달러 × 30%)씩 손해를 보게 된다.

두 번째 자산을 매각할 때는 이연된 40만 달러의 양도소득을 인식시켜야 한다. 하지만, 교환거래로 인하여 두 번째 자산의 감가상각금액이 매년 적어졌기 때문에, 대체자산의 감가상각 누계가 교환거래를 통하지 않고 취득하였을 때의 경우보다 낮아지게 될 것이다. 이 경우, 10년 동안 매년 감가상각금액이 1만 달러씩 감소하였기 때문에, 10년 간 감가상각 누계는 10만 달러 감소하였다. 이 10만 달러는 교환거래를 사용할 경우와 사용하지 않을 경우를 비교하였을 때 발생하는 양도소득의 차액을 상계하게 된다[역자주: 교환거래 사용 시에, 양도소득 이연금액으로 양도소득이 증가하지만, 매년 감가상각 비용공제가 감소하고 따라서 감가상각 누계 역시 감소하게 된다. 감가상각 누계의 감소분만큼 수정원가는 증가하여, 양도소득의 과세표준을 낮추게 된다. 즉 순증가한 양도소득은 최초자산으로부터 이연된 양도소득에서 대체자산 처분시점의 감가상각 누계만큼 차감하여 계산함이 타당하다]. 이러한 양도소득의 차이를 아래와 같이 정리할 수 있다.

최초 자산의 매각으로 발생한 양도소득의 이연금액	$400,000
− 두 번째 자산을 교환거래 없이 취득하였다면 얻을 뻔한 감가상각 누계	$100,000
= 처분시점에 대체자산에 부과된 추가적인 순양도소득	$300,000
× 양도소득 과세율	15%
교환거래로 인해 대체자산이 추가로 부담하는 양도소득세	$45,000

우리는 이제 직접거래 대비 교환거래의 수행으로 얻게 되는 경제적 이익을 계산할 수 있다.

0년차(교환시점)에는, 교환거래를 수행함으로써 투자자가 양도소득세 6만 달러를 절감하게 된다. 하지만 직접 신규자산을 매입하는 대신 교환거래를 수행한 결과, 감가상각 비용공제가 감소하여 투자자는 매년 3천 달러(= $10,000 × 30%) 만큼의 세금절감분을 포기하게 된다. 또한 두 번째 자산을 매각하는 시점에 양도소득이 높게 포착되어 투자자는 추가적으로 $45,000의 양도소득세를 더 지불해야 한다. 이를 계산하면, 우리는 아래의 결과를 얻게 된다.

$$현재가치 = \$60,000$$
$$연지급금 = \$-3,000$$
$$미래가치 = \$-45,000$$
$$투자기간 = 10년$$
$$\text{Calculate } i = 2.80\%$$

이 2.8%는 무엇을 의미할까? 사실 이 2.8%는 교환거래를 통해 세금을 이연함으로써 정부로부터 6만 달러를 차입하는 비용이다. 이 비용이 낮아질수록, 투자자에게 교환거래는 보다 경제적이다. 두 번째 자산을 매각할 때까지 투자자가 투자대금에 대해 매년 2.80% 이상 벌어들일 수 있는 한, 교환거래는 바람직하다고 할 것이다.

물론 이 결과는 투자자의 일반소득세율 및 양도소득세율과 같은 분석가정들에 좌우된다. 두 번째 자산을 매각할 때 양도소득세율이 달라질 것인지도 영향을 주게 된다. 따라서 이런 가정들에 변화가 있을 경우 분석결과 역시 달라질 수 있다. 예를 들어서, 만약 투자자가 두 번째 자산을 매각하는 시점에서 양도소득세율이 낮아질 것으로 예상한다면, 교환거래의 비용은 훨씬 더 낮을 것이다.

끝으로 우리는 교환거래로 취득하는 자산의 순영업이익, 재매각가격, 자본구조 등을 고려하지 않았다는 점을 강조하고자 한다. 여기에서는 이런 고려가 반드시 필요하지 않은데, 교환거래로 취득하였건 직접거래로 취득하였건 자산의 순영업이익과 재매각가격은 동일할 것이기 때문이다. 두 가지 대안들 간에 조세처리의 차이에 초점을 맞추는 것이 타당할 것이다.

자산 처분의 대안으로서 레노베이션 *Renovation*

기존 자산을 매각하고 다른 자산을 취득하는 것보다 투자자는 자산을 **레노베이션**하는 옵션을 고려할 수도 있다. 예를 들면, 지역시장과 자산이 소재한 국지시장의 경제동향에 따라서, 투자자는 증축에 의해서 또는 건물의 질을 높이고 영업비용을 줄일 수 있는 대규모 자본적 지출에 의해서 자산을 개선하는 것을 고려할 수 있다. 한편으로 투자자는 도시 내 주거지역에 소재한 소형 다가구 주택을 소형 전문서비스 오피스빌딩으로 변경하는 것과 같이 건축물의 용도가 다른 경제용도를 수용하도록 변경하는 것도 고려할 수 있다(용도지역지구제에서이런 용도변경을 허용한다는 가정하에서 말이다).

여기에서 우리가 강조하는 이슈는 이런 레노베이션 옵션을 어떻게 적절히 분석할 것인가이다. 사례로써 설명하기 위해서, 우리는 이 장의 앞부분에서 분석하였던 아펙스 센터를 레노베이션하는 것을 고려해 보자. 독자들이 기억하는 바대로, 아펙스 센터는 현재 20년이 된 건물이고 현 소유주는 이 건물을 20만 달러의 가격에 5년 전에 매입하였다. 5년 전 매입 당시, 이 자산은 금리 11%, 대출만기 25년 조건의 담보대출 15만 달러를 차입하였다. 우리는 만약 아펙스 센터를 레노베이션하지 않으면 현재 25만 달러에 매각이 가능하다는 사실을 알고 있다([예 14-2] 참조). 우리는 또한 만약 자산을 (레노베이션하지 않더라도) 5년 더 보유한다면 수익률이 얼마가 되는지도 알고 있다([예 14-4]와 [예14-5] 참조). 이제 우리는 자산을 레노베이션하기 위한 추가투자와 관련하여 어떻게 수익률을 평가할 것인지를 살펴보게 될 것이다.

소유주는 레노베이션에 20만 달러가 소요될 것이라고 생각하고 있다. 우선 우리는 프로젝트에 내재한 투자위험 때문에 은행이 현재 대출잔액($142,432)과 레노베이션 비용 20만 달러의 75%(15만 달러)를 합산한 $292,432만을 증액대환하는 것에 동의하였다고 가정하기로 하자.[10] 신규 증액대출은 금리 11%, 대출만기 15년의 금융조건을 가진다.[11]

만약 소득세율 28%에 해당하는 소유주가 시설 현대화 프로젝트에 착수하면서 투자제안서 상의 세후수익률을 분석하고 싶다면, 자신이 **추가로** 자산에 투자해야 하는 자기자본금액을 결정해야 한다. 이 금액은 레노베이션 비용에서 증액대출의 순증금액을 차감하면 된다. 이 경우, 대주는 레노베이션 비용의 단지 75%만을 부담하는 대출순증금액을 제시할 것이다. 그렇지만 레노베이션 프로젝트에서는 레노베이션 이후 전체 자산의 가치가 어떻게 되는지 감정평가를 받고 그 평가가치의 일정 비율로 차입하는 것 역시 흔한 일이다. 이런 접근법은 투자자가 자산에서 자기자본 일부를 회수할 수 있도록 허용할 수도 있다[역자주: 기존에 담보대출 잔액이 없거나 과소한 경우, 준공 이후 완성가치의 일정 비율로 대출하면 대출금이 레노베이션 비용을 충당하고도 오히려 남을 수 있다. 이 금액만큼 투자자는 자기자본을 감자 등의 방법으로 회수할 수 있다].

---

[10] 대주는 흔히 (기존대출이 최초 실행될 당시의 시장가치에 기초한) 기존대출의 잔액이 아니라 자산의 현재 시장가치와 레노베이션 비용을 합산한 금액에 근거해서 대출금액을 결정한다. 이에 대해서는 다음 단락에서 고려하게 된다.

[11] 증액차환을 하는 대신, 대안으로서 5만 달러의 후순위 담보대출을 차입할 수 있다. 여기에서 제안하는 과정은 후순위 대출에도 여전히 적용이 가능할 것이다.

이 경우 레노베이션비용은 20만 달러이고, 대출의 순증금액은 레노베이션비용의 75%인 $15만 달러이다. 따라서 투자자의 자기자본 추가투자금액은 5만 달러(= 20만 달러 − 15만 달러)가 된다. 투자자는 자산에 5만 달러를 추가로 투자하여 급부로써 무엇을 얻게 될까? 일반적으로 레노베이션은 많은 이점을 가질 수 있는데, 임대료 상승, 공실 하락, 영업비용 절감, 장래 자산가치 상승 등이 이에 해당된다.

위와 같이 시설 현대화의 추정비용과 차환조건이 주어졌을 때, 투자자가 직면하는 결정적인 요인들은 임대료, 영업비용, 자산가치 및 예상보유기간 등에 대한 추정치들이다. 분명한 점은 계획하는 레노베이션의 성패가 위 수치들에 의해서 좌우될 것이므로, 우리가 앞에서 논의한 것처럼 세심한 시장분석과 사업계획이 필요한 것이다. 이 계획이 실행에 옮겨졌다고 가정할 때, [예 14-12]는 소유주가 추정하는 레노베이션 이후 아펙스 센터의 5년간 세후현금흐름을 보여준다.

[예 14-12]를 보면서, 우리는 운영 1년차의 순영업이익이 레노베이션하지 않을 때의 $23,725([예 14-4] 참조)에서 (레노베이션 계획에 의하면) 레노베이션하였을 때의 $45,000으로 증가하였음에 주목해야 한다. 순영업이익의 증가율 역시 기존 3%에서 레노베이션 이후 4%로 상승할 것으로 기대된다. 부채서비스금액은 신규담보대출의 약정금액 $292,432를 기준으로, 금리 11%, 대출기간 15년을 적용하여 산정하였다. 레노베이션 비용으로 감가상각 대상금액이 20만 달러 증가하면서, 감가상각비용은 $14,770으로 산출되었다. 우리는 레노베이션 시점에 발효 중인 조세법에 근거해서, 레노베이션 비용을 31.5년에 걸쳐서 상각하는 것을 가정하였다. 따라서 레노베이션의 결과로서 매년 $6,349(= $200,000 ÷ 31.5년)의 추가 감가상각이 발생한다. 기존 건축물분 감가상각 대상금액(당초 감가상각 대상금액)은 레노베이션에 의해 영향을 받지 않는다. 따라서 매년 건축물분 감가상각 비용은 여전히 매년 $8,421로 동일하다. 당초 감가상각 비용($8,421)에 레노베이션 비용의 감가상각 비용, $6,349를 더하게 되면, 결과로서 연간 감가상각 합계는 $14,770이 산출된다.

분석을 위해서 예상보유기간은 5년을 선택하였다. 재매각가격의 추정을 위해서, 투자자는 현재로부터 6년 후의 순영업이익 예측값에 10%의 보유기간 말 자본환원률을 적용하였다. 이 방법은 다음과 같은 가정에 근거하는데, 레노베이션의 이익은 미래 순영업이익에 반영될 것이고, 5년 후(운영 10년차)에 이 자산을 매입하는 신규투자자는 11년차부터 시작하는 순영업이익에 근거해서 자산을 매입할 것이다.

이제 우리는 레노베이션의 결과로 세후현금흐름이 얼마나 증가하였는지 측정하는 것에 관심을 가진다. 즉 만약 증가하였다면, 레노베이션 **이후** 세후현금흐름은 레노베이션 **이전** 세후현금흐름과 비교하여 얼마나 커진 것일까? 레노베이션을 하지 않는다는 가정하에서의 세후현금흐름은 우리가 아펙스 센터를 보유할 때의 현금흐름을 분석한 [예 14-4] 및 [예 14-5]의 결과와 같다. [예 14-13]은 레노베이션을 할 경우와 하지 않을 경우의 세후현금흐름들을 요약하여 제시한다.

[예 14-13]으로부터 우리는 만약 자산을 레노베이션하면 처음 두 해 동안 (레노베이션을 하지 않을 때에 대비하여) 세후현금흐름이 소폭으로 작아지는 현상을 보게 된다. 하지만 그 이후에는 실행대안이 비실행대안에 비하여 세후현금흐름이 크게 높아진다. 또한 만약 자산

| 예 14-12 | | 레노베이션 이후 아펙스 센터의 세후현금흐름 예측 | | | | |

	영업으로 인한 세후현금흐름의 계산 자산의 최초매입 이후 운영연차					
	6	**7**	**8**	**9**	**10**	**11**
순영업이익	$45,000	$46,800	$48,672	$50,619	$52,644	$54,749*
(−) 부채서비스	39,885	39,885	39,885	39,885	39,885	
세전현금흐름	$ 5,115	$ 6,915	$ 8,787	$10,734	$12,758	
순영업이익	$45,000	$46,800	$48,672	$50,619	$52,644	
(−) 이자	31,766	30,827	29,779	28,609	27,304	
(−) 감가상각	14,770	14,770	14,770	14,770	14,770	
과세소득(손실)	−1,537	1,203	4,123	7,240	10,569	
세금	$ −430	$ 337	$ 1,155	$ 2,027	$ 2,959	
세전현금흐름	$ 5,115	$ 6,915	$ 8,787	$10,734	$12,758	
(−) 세금	−430	337	1,155	2,027	2,959	
세후현금흐름	$ 5,545	$ 6,578	$ 7,632	$ 8,707	$ 9,749	

	자산 재매각으로 인한 세후현금흐름의 계산					
재매각가격					$547,494	
(−) 매각비용(6%)					32,850	
(−) 대출잔액					241,290	
세전현금흐름					$273,354	
매각시점 양도소득세						
재매각가격				$547,494		
(−) 매각비용				32,850		
취득원가			$400,000			
(−) 감가상각누계			115,957			
수정원가				284,043		
양도소득 과세표준				$230,601		
양도소득세(28%)					64,568	
세후현금흐름					$208,786	

* 매입 10년차 말의 재매각가격 산정에는 매입 11년차의 순영업이익 예측치를 사용하였다.

을 레노베이션한다면 매각으로 인한 세후현금흐름 역시 커지게 된다. 현금흐름의 순증가분을 이용하여, 우리는 자기자본의 추가투자에 대한 내부수익률을 17.58%로 산출하게 된다. 이 내부수익률은 자산을 레노베이션하는 데 지출하는 추가적인 5만 달러의 자기자본에 대해서 투자자가 17.58%를 벌어들이게 될 것이라는 의미이다. 이것이 좋은 투자인지 아닌지는

예 14-13
레노베이션 비실행 대비
실행 시 현금흐름증가분석

		자산의 최초매입 이후 운영연차				
	5 (현재)	6	7	8	9	10
세후현금흐름 (실행대안)		$5,545	$6,578	$7,632	$8,707	$218,585
세후현금흐름 (비실행대안)		6,156	6,601	7,054	7,514	107,202
현금흐름의 순증가분	$−50,000	−611	−23	578	1,193	111,382
현금흐름 순증가분의 내부수익률 = 17.58%						

비교할 만한 투자위험수준에 있는 다른 투자에서 5만 달러로 어느 정도의 수익률을 벌어들일 수 있는지에 달려 있다.

　중요하게 인지해야 할 사항은 방금 우리가 계산한 17.58%의 수익률은 아펙스 센터 전체 투자에 대한 수익률이 아니라는 점이다. 이 17.58%는 아펙스 센터가 레노베이션하기 이전에 좋은 투자였었는지 아닌지에 대해서 전혀 말해주지 않는다. 그것은 본 장의 앞부분에 다루었던 분석의 목적이었다. 지금 우리는 투자자가 이미 아펙스 센터를 소유하며 이 자산을 레노베이션하는 추가투자가 타당한 전략인지를 알고 싶어 한다고 가정하고 있는 것이다.

레노베이션과 차환

앞의 사례는 만약 자산을 레노베이션한다면 증액차입의 약정금액은 (레노베이션하기 이전에) 자산의 기존대출 잔액과 레노베이션 비용의 75%를 합산한 금액이 될 것으로 가정하였다. 자산을 레노베이션할 때에 투자자는 종종 자산 전체를 차환하는 기회로 사용하게 된다. 예를 들면, 아펙스 센터에 설정된 기존대출의 잔액은 현재 자산가치의 단지 57%(= $142,432 ÷ $250,000)에 지나지 않는다. 따라서 투자자는 레노베이션에 필요한 금액보다 더 많은 금액을 차입할 수 있을 것이다. 특히 만약 투자자가 레노베이션 비용을 감당할 목적으로 후순위 담보대출을 받기보다는 전체자산에 대하여 신규대출(증액대출)을 받을 계획을 가지고 있다면 더욱 그러할 것이다.

　투자자가 빌려올 수 있는 증액대출의 약정금액은 통상 레노베이션이 완료된 이후 자산의 평가가치에 대해 일정 비율로 정해진다. 물론 이 자산가치는 감정평가에 기초하게 될 것이다. 만약 레노베이션으로 부가된 가치가 레노베이션의 비용과 일치한다고 가정한다면, 이 자산가치는 기존 자산가치 25만 달러에 레노베이션 비용 20만 달러를 합산한 45만 달러와 같아질 것이다. 만약 투자자가 이 평가가치의 75%를 차입할 수 있다면, 증액대출의 약정금액으로 $337,500(= $450,000 × 0.75)을 빌릴 수 있을 것이다. 기존대출의 잔액이 $142,432이므로, 증액대출을 통한 순증금액은 $195,068이 된다. 즉 투자자는 자산을 레노베이션하는 데 자신의 자기자본을 단지 $4,932(= $200,000 − $195,068)만 투자하면 되는 것이다. 분명히 이는 차입비율이 대단히 높은 상태이고 따라서 증분수익률이 뚜렷하게 높아져야 할 것이다. [예 14-14]는 금리 11%, 대출만기 15년의 금융조건으로 증액대출 $337,500을 얻는다는 가정하에서 아펙스 센터의 현금흐름을 보여준다.

예 14-14   차환으로 조달한 레노베이션의 세후현금흐름

영업으로 인한 세후현금흐름의 계산
매입 이후 운영연차

	6	7	8	9	10	11
순영업이익	$ 45,000	$46,800	$48,672	$50,619	$52,644	$54,749*
(−) 부채서비스	46,032	46,032	46,032	46,032	46,032	
세전현금흐름	$ −1,032	$ 768	$ 2,640	$ 4,587	$ 6,612	
순영업이익	$ 45,000	$46,800	$48,672	$50,619	$52,644	
이자	36,662	35,578	34,368	33,018	31,512	
감가상각	14,770	14,770	14,770	14,770	14,770	
과세소득(손실)	−6,432	3,548	−466	2,831	6,361	
세금	$ −1,801	$ −993	$ −131	$ 793	$ 1,781	
세전현금흐름	−1,032	$ 768	$ 2,640	$ 4,587	$ 6,612	
세금	−1,801	−993	−131	793	1,781	
세후현금흐름	$ 769	$ 1,761	$ 2,770	$ 3,794	$ 4,831	

자산 재매각으로 인한 세후현금흐름의 계산

재매각가격			$547,494
(−) 매각비용(6%)			32,850
(−) 대출잔액			278,477
세전현금흐름			$236,168
매각 시 세금			
재매각가격		$ 547,494	
매각비용		32,850	
취득원가	$400,000		
감가상각누계	115,957		
수정원가		284,043	
양도소득 과세표준		$230,601	
양도소득세(28%)			64,568
세후현금흐름			$171,599

* 매입 10년차 말의 재매각가격 산정에는 매입 11년차의 순영업이익 예측치를 사용하였다.

[예 14-15]는 현금흐름증가분석의 결과를 제시한다. 지적한 것처럼, 단지 $4,932만 레노베이션을 완성하는 데 투자되었다. 하지만 신규대출이 기존대출보다 월등히 많기 때문에, 증가한 부채서비스가 자산을 매각하기 이전까지는 매해 음의 현금흐름 순증가를 야기하게 된

예 14-15
차환을 가정한
레노베이션 여부에 따른
현금흐름증가분석

	자산의 최초매입 이후 운영연차					
	5(현재)	6	7	8	9	10
세후현금흐름(실행대안)		$ 769	$ 1,761	$2,770	$ 3,794	$176,430
세후현금흐름(비실행대안)		6,156	6,601	7,054	7,514	107,202
현금흐름의 순증가분	$-4,932	-5,387	-4,840	-4,283	-3,720	69,227
현금흐름 순증가분의 내부수익률 = 37.47%						

다. 레노베이션으로 인해 자산가치가 높아지기 때문에 현금흐름의 확연한 순증가는 자산을 매각할 때 나타나게 되고, 결과로서 투자자의 현금흐름 순증가분에 대한 세후 자기자본수익률은 37.47%에 이르게 된다. 즉 증액차환(부채비율의 확대)은 자산의 레노베이션으로 인한 증분수익률을 뚜렷하게 증가시킨다. 하지만 우리가 알다시피, 부채의 증가로 인하여 투자위험 또한 높아지게 된다. 투자자는 추가수익률이 추가위험에 상응하는지 여부를 판단해야 할 것이다. 사실 대출순증금액의 상당 부분은 기존대출의 잔액을 LTV비율 75%까지 대출금액을 늘림으로 인하여 발생한 것이다. 따라서 비록 레노베이션 비용만 보아서는 부채비율이 상당히 높다손 치더라도, 자산 전체에 대한 부채비율은 아직 일반적인 수준(75%)에 머무르고 있다. 투자자는 정보에 근거한 투자의사결정을 내리기 위해서 이 모든 요인들을 고려해야 할 것이다.

재생(再生) 투자에 대한 세금감면

도시재생과 관련한 특정 지출에 대해서는 해당 연도 또는 실제 지출이 일어난 때에 투자세금감면이 가능하다. 투자세금감면은 투자자의 납세의무액을 차감해준다(예를 들면, 일반적으로 1달러의 세금감면은 투자자가 납부해야 하는 1달러의 세금을 줄이게 된다). 따라서 투자자에게 있어서 1 달러의 세금감면은 종종 1달러의 추가적인 공제(예를 들면, 감가상각 비용공제)보다 훨씬 더 가치가 큰데, 이는 추가공제가 투자자의 한계세율에 따라 과세되는 과세표준(과세대상금액)을 차감하지만 세금감면은 직접 세금을 상계하기 때문이다. 28%의 소득세율이 적용되는 투자자에게 있어서, 1달러의 소득공제는 28센트의 세금을 줄이게 된다. 하지만 1달러의 세금감면은 1달러의 세금을 절약하게 해준다.

일반적으로 재생과 관련하여 세금감면이 가능한 내용들은 아래와 같다.

구분	감면비율
1936년 이전 사용승인된 건축물	10%
역사건축물 인증	20%

투자자에게는 자산이 사용승인을 받는 해, 즉 자산이 준공되어 임차인들이 입주하는 시점에서 세금감면이 가능하다. 납부세액을 감면받은 해에 자산의 감가상각 대상금액은 세금감면분 만큼 감액하게 된다. 예를 들어서, 어느 투자자가 역사건축물로 인증된 자산을 재생

하는 데 5만 달러를 지출하였고 **재생투자 세제감면**을 위해서 필요한 요구조건을 충족시킨다고 가정해 보자. 세금감면금액은 1만 달러(= 5만 달러 × 20%)가 될 것이다. 재생비용에 대한 감가상각 대상금액은 세금감면금액, 1만 달러만큼 감소할 것이다. 따라서 감가상각 대상금액은 4만 달러(= 5만 달러 − 1만 달러)가 된다.

역사건축물 인증에는 건물수령 제한은 없다. 하지만 건축물이 역사지구로 등록된 지구 내에 소재하여야 하고 美 내무부장관의 인가를 득하여야 한다. 또한 재생의 정도가 "상당한" 수준이어야 하는데, "상당한" 수준이란 재생비용이 (1) 재생 전 건축물의 수정원가 또는 (2) $5,000 중에서 큰 금액을 초과하여야 한다. (이 기준은 자산을 오랫동안 소유하였고 자산의 수정원가가 낮은 투자자들에게 유리하다는 것에 주목하기 바란다.) 게다가 건축물 기존 외부벽체의 적어도 75%가 재생 이후에도 유지되어야 하며, 적어도 50%가 여전히 외부벽체로 사용되어야 한다. 또한 적어도 75%의 건축물 내부골조가 유지되어야 한다.

만약 투자자가 재생건물의 사용승인을 득한 후 재생투자 세금감면을 받고 5년 안에 자산을 처분한다면, 감면세액의 일부는 환수될 것이다. 당초 세금감면에 대비한 환수비율은 아래와 같다.

처분연도	환수비율
사용승인 후 1년 이내	100%
2년 이내	80%
3년 이내	60%
4년 이내	40%
5년 이내	20%

저소득층 주택 세금감면

1986년 세제개혁법에 의해 새로 도입된 **저소득층 주택 세금감면**은 저소득층 주택을 제공하는 임대주택건물의 소유주가 요청할 경우 세금감면을 허용한다. 세금감면은 10년에 걸쳐서 매년 요청할 수 있다. 매년 세금감면의 상한은 신축 또는 재생의 경우에는 소요비용의 9%, 기존 재고주택인 경우 매입비용의 4%이다. 자격을 갖추려면 저소득층 주택의 신축비용 또

Web 응용

이 장에서 논의한 연방세금감면 이외에도, 대부분의 주(州)에서는 특정 유형의 자산을 레노베이션하는 경우 추가적인 세금감면과 기타 경제적인 인센티브를 활용할 수 있다. 주(州) 하나를 선택하고, 이 주(州)에서 활용이 가능한 주(州)정부의 세금감면과 기타 경제적인 인센티브가 무엇인지 찾아서 정리해 보자. 이 인센티브의 특징은 무엇이고 그리고 이것이 어떻게 자산의 레노베이션을 촉진할 수 있는지 여러분이 생각한 바를 요약해 보자.

는 재생비용이 가구당 2천 달러를 초과하여야 한다. 세금감면을 받기 위해 적격한 자산은 (1) 프로젝트 세대수 중 적어도 20%가 해당 지역 중위소득의 50% 이하인 가구들이 입주하고 있거나; (2) 프로젝트 세대수 중 적어도 40%가 해당 지역 중위소득의 60% 이하인 가구들이 입주해 있어야 한다. 저소득층 주택 세금감면금액은 (재생투자 세제감면과 달리) 프로젝트의 감가상각 대상금액을 감액하지 않는다.

결론

이 장의 가장 주요한 목적은 다음의 두 가지 질문에 답하는 것이었는데, (1) 언제 자산을 매각하여야 하는가; (2) 자산을 레노베이션해야 하는가가 그것들이다. 우리는 일단 자산을 매입하게 되면 자산을 보유하면서 발생하는 수익률이 당초 매입 시에 추정하였던 수익률과 사뭇 다를 수 있다는 것을 살펴보았다. 한계수익률의 개념은 자산을 매각할는지 아니면 추가로 수년 더 보유할 것인지 평가하는 데 도움을 준다. 한계수익률은 투자자가 오늘 자산을 매각함으로써 얻는 것에 대비하여 그가 자산을 보유함으로써 장래에 얻는 것을 고려하게 된다.

자산 매각을 분석할 때에는 대안으로서의 조세전략을 검토해 보아야 한다. 양도소득세의 이연을 허용하는 두 가지 중요한 전략들은 **연부판매**와 **교환거래**라 할 수 있다. 자산은 일반거래(또는 전액 현금거래)에 의해서 매도할 수도 있으나, 매도자가 매매가격의 일부를 장래에 수취하는 연부판매에 의해서도 가능하다. 교환거래는 (투자자가) 매도시점에 양도소득을 인식시키지 않으면서 하나의 자산(기존자산)을 다른 자산(신규자산)으로 교환하도록 허용한다. 때로는 **면세거래**라고도 불리우나, 실질에 있어서는 통상 매각시점에 신고하는 양도소득을 그 해에 신고하지 아니하고 따라서 그 연도에는 세금을 납세하지 않는 것뿐이다. 대신 교환거래로 연기한 양도소득은 대체취득한 자산을 과세처분하는 시점에서 신고하게 된다.

자산을 레노베이션할지 말지를 결정하기 위해서, 우리는 자산을 레노베이션하지 않을 때에 대비하여 레노베이션하였을 때 증가하는 이익을 고려하였다. 이 접근방법은 투자자가 이미 자산을 소유하고 있으면서 자산을 레노베이션하기 위하여 **추가로** 투자하는 것이 타당한지를 묻고자 할 때 적합할 것이다. 만약 투자자가 아직 자산을 보유하고 있지 **않다면**, 우리는 다른 접근방법을 취해야 한다. 이 경우 투자자는 자산의 인수와 레노베이션, 전과정을 포괄한 총수익률을 알고 싶어 할 것이다. 또한 투자자는 자산을 인수하되 레노베이션하지 않을 때의 수익률을 알고 싶어 할 텐데, 이는 자산을 인수하되 레노베이션하지 않는 것도 여전히 합리적일 수 있기 때문이다.

위의 설명으로부터 투자를 분석할 때 우리가 취하는 접근방법은 우리가 대답하고자 애쓰는 특정한 질문에 좌우된다는 것이 분명해 보인다. 종종 잘못된 투자의사결정이 내려지는 이유는 (분석자가 대답하려는) 질문 자체가 올바르지 않았기 때문이다.

주요용어

美 내국세법 Section 1031	부트	재생투자세금감면
美 내국세법 Section 453(1)	세금이연거래	재투자수익율
계약가격	소득비율	저소득층 주택 세금감면
대체취득원가	연부판매	처분(매각)
레노베이션	유사자산거래	최적보유기간
면세거래	자기자본 축적	한계수익률

유용한 웹사이트

www.globest.com – 이 사이트는 매일 업데이트되는 현재 부동산 뉴스를 제공한다. 많은 기사들이 부동산 자산의 처분과 레노베이션에 관련되어 있을 것이다.

www.eda.gov – 경제개발청(Economic Development Administration: EDA)은 기반시설 개발, 지역역량 강화 및 산업개발을 위해서 보조금을 제공한다. 경제개발 관련 재원을 소개하는 좋은 사이트이다.

질문

1. 어느 투자자가 수년간 보유해 온 부동산을 처분할 것인지 결정하려 할 때, 고려해야 하는 요인들은 무엇인가?

2. 왜 자산의 실제보유기간은 자산의 매입시점에 예측하였던 보유기간과 달라질 수 있는 것일까?

3. 한계수익률이란 무엇인가? 이것은 어떻게 계산하는가?

4. 시간이 경과함에 따라 무엇이 한계수익률을 변화하게 만드는가? 한계수익률은 자산 매각시점을 결정하기 위하여 어떻게 사용될 수 있는가?

5. 왜 신규투자자와 이미 자산을 보유하고 있는 기존투자자 사이에 세후 자기자본수익률이 달라질 수 있을까?

6. 자산을 레노베이션할 말지를 결정할 때 어떤 요인들이 고려되어야 하는가?

7. 왜 차환은 종종 레노베이션과 결합하여 일어나게 될까?

8. 왜 차환이 자산매각의 대안이 될 수 있을까?

9. 조세법의 변화는 어떻게 해서 투자자들이 다른 투자자들에게 자산을 매각하려는 경제적 유인을 만들어 낼 수 있을까?

10. 자산매각을 결정함에 있어서 세금은 어느 정도나 중요할까?

11. 레노베이션을 결정할 때 세금에 대한 고려가 중요한 것일까?

12. 레노베이션의 이익은 무엇이고 비용은 무엇인가?

13. 여러분은 레노베이션이 신규투자보다 더 또는 덜 위험하다고 생각하는가?

14. 차환의 증분차입비용은 무엇을 의미하는가?

15. 일반적으로 어떤 종류의 세제유인들이 수익부동산의 재생을 위해서 사용이 가능한가?

16. 왜 투자자들이 교환거래 또는 연부판매를 고려하게 될까?

문제

1. 어느 부동산이 오늘 2백만 달러에 팔릴 수도 있다. 이 자산의 대출잔액은 1백만 달러이고 만약 매각한다면 투자자는 양도소득세로 25만 달러를 납부하게 될 것이다. 투자자는 만약 오늘 자산을 매각한다면 지난 5년 동안 자기자본 수익률로 15%를 벌어들이게 될 것이라고 판단하였다. 만약 매각하지 않는다면, 이 자산은 내년에 5만 달러의 세후현금흐름을 창출할 것으로 기대된다. 보유기간 말에 자산가치는 210만 달러로 상승할 것으로 기대되고 대출잔액은 90만 달러로 감소할 것이며 납세하여야 할 양도소득세액은 $255,000으로 증가할 것으로 예상된다.

   a. 자산을 1년 더 추가로 보유함에 따라 얻는 한계수익율은?

    b. 여러분은 투자자에게 어떻게 충고하고 싶은가?

2. 문제 1에서, 소유주는 만약 매각하는 대신 자산을 레노베이션한다면, 소유주는 내년 세후현금흐름은 6만 달러로 증가할 것이고 1년 후에 자산을 240만 달러에 매각할 수 있을 것으로 판단하였다. 레노베이션 비용은 25만 달러가 될 것으로 추정된다. 투자자는 자산을 레노베이션하기 위해서 추가자금을 차입하지 않으려고 한다.

    a. 투자자가 자산을 레노베이션하는 데 투자하는 추가자금에 대하여 얻게 되는 수익률은 얼마인가?

    b. 여러분은 자산의 레노베이션을 추천할 것인가?

3. 로니 카슨(Lonnie Carson)은 2년 전에 로얄 오크 아파트(Royal Oaks Apartment)를 매입하였다. 카슨에게 보다 큰 임대주택 프로젝트인 로얄 팜스(Royal Palms)를 인수할 수 있는 기회가 찾아왔다. 카슨은 로얄 팜스를 인수하기에 충분한 자기자본을 확보하기 위해서는 로얄 오크를 매각해야만 할 것이라고 믿고 있다. 2년 전 로얄 오크를 인수할 때 카슨은 2백만 달러를 지불하였고, 이 중에서 토지는 약 20만 달러의 가치를 차지하였다. 최근 실시한 감정평가는 자산이 약 220만 달러의 가치가 있다고 기술한다. 2년 전 매입할 때, 카슨은 금리 10%, 만기 25년, 월지급 조건으로 자산가치의 70%를 대출로 조달하였다. 자산은 현재 내용연수 27.5년에 기초하여 감가상각하고 있다(간단히 말해서, 매년 1/27.5로 상각한다). 내년 유효총소득은 35만 달러가 될 것으로 기대되고, 영업비용은 유효총소득의 40%가 될 것으로 예측된다. 카슨은 유효총소득이 매년 3%씩 증가할 것으로 예상하고 있다. 자산가치는 매년 3%씩 동일하게 상승할 것으로 예상된다. 현재 카슨은 36%의 세율구간에 속해 있고 장래에도 동일한 구간에 속할 것으로 기대된다. 카슨은 현재 과세소득을 창출하는 다른 부동산투자를 가지고 있기 때문에, 로얄 오크에 수동적 손실제한(PALL)이 적용되어 로얄 오크에서는 세금손실이 발생할 것으로 예상하지 않는다. 그가 만약 로얄 오크를 매각한다면, 매각비용은 매각가격의 6%가 될 것이다.

    a. 만약 로얄 오크를 오늘(카슨이 자산을 매입한 후 정확히 2년이 된다) 매각한다면, 카슨이 수령하는 재매각으로 인한 세후현금흐름($ATCF_S$)은 얼마가 될 것인가?

    b. 만약 카슨이 로얄 오크를 매각하지 않는다면, **향후 5년 동안 예상되는 영업으로 인한 세후현금흐름**은 얼마가 될 것인가?

    c. 만약 오늘로부터 5년 후에 카슨이 로얄 오크를 매각한다면, 카슨이 수령하는 재매각으로 인한 세후현금흐름($ATCF_S$)은 얼마가 될 것인가?

    d. (*a*)에서 (*c*)까지의 결과를 이용하여, 오늘 자산을 매각하는 것에 대비하여 로얄 오크를 추가로 5년 더 보유한다면 카슨이 벌어들일 것으로 예상할 수 있는 세후 자기자본수익률($ATIRR_e$)을 구하라.

    e. 만약 카슨이 자산을 추가로 1년만 더 보유한다면 (만약 그가 올해 자산을 매각하는 것에 대비하여 내년에 자산을 매각한다면) 한계수익률은 얼마인가?

    f. 여러분은 왜 위 (*e*)의 한계수익률이 (*d*)에서 계산한 세후 자기자본수익률보다 높다고 생각하는가?

    g. 여러분은 로얄 오크의 소유권을 유지하면서도 로얄 팜스를 매입하기 위하여 카슨이 사용할 수 있는 다른 전략들을 생각해 낼 수 있겠는가?

    h. 카슨에게 추천할 여러분의 전략은 무엇인가?

    I. **컴퓨터 사용자들을 위한 옵션.** 향후 10년 동안 각 연도 한계수익률은 얼마인가? 이 계산값이 언제 로얄 오크를 매각해야 할는지 결정하는데 어떻게 사용될 수 있을까?

4. 현재 리차드 람보(Richard Rambo)는 마린 타워(Marine Tower) 오피스빌딩을 소유하고 있다. 마린 타워는 20년이 된 건물이고, 현재 레노베이션을 고려하고 있다. 람보는 2년 전 이 자산을 80만 달러에 매입하였고, 만기 25년, LTV비율 75%, 금리 10% 및 월지급 조건의 대출을 차입하였다. 감정평가사는 80만 달러 중에서 토지가치가 20만 달러이고 건물가치는 60만 달러라고 지적하였다. 람보는 내용연수 39년의 정액법을 이용하여 감가상각을 수행해 왔다(간단히 말해서, 매년 1/39로 상각한다).

현재 마린 타워는 순영업이익으로 9만 달러를 산출하며, 순영업이익과 자산가치는 매년 2%씩 상승할 것으로 예상된다. 자산의 현재 시장가치는 82만 달러이다. 람보가 추정하기로는, 만약 마린타워 오피스빌딩을 20만 달러의 비용을 들여서 레노베이션한다면 임대료가 높아지는 반면 영업비용이 낮아져서 내년에는 순영업이익이 20% 높아질 것이다($108,000 대 $90,000). 또한 람보는 레노베이션할 경우 순영업이익이 매년 2%가 아닌 3%씩 상승할 것으로 기대한다. 게다가 5년 후에 신규 투자자는 마린 타워 오피스빌딩을 지금부터 6년 후의 예상 순영업이익을 자본환원율 10%로 자본화한 값에 근거한 가격으로 매입할 것이라고 람보는 믿고 있다. 매각비용은 재매각가격의 6%가 될 것이다. 람보는 28%의 세율구간에 속해 있고 향후에도 계속 그 구간에 머무를 것으로 기대하고 있다. 또한 그는 수동적 손실제한에 해당이 없을 것이다. 만약 람보가 레노베이션한다면, 그는 금리 11%, 만기 20년, 월지급 조건으로 신규대출을 얻을 수 있을 것이라고 생각한다.

a. 만약 람보가 자산을 레노베이션한다면, 그는 기존 담보대출잔액에 레노베이션 비용 75%를 가산한 금액으로 신규대출을 얻을 수 있다고 가정해 보자. 레노베이션을 하지 않는 경우에 대비하여 레노베이션을 하는 경우 증분수익률(세후 자기자본수익률)은 얼마인가? 보유기간은 5년이라고 가정하자.

b. (*a*)번의 계산을 반복하되, 이번에는 람보가 얻을 수 있는 신규대출의 금액이 기존자산의 가치(82만 달러)와 레노베이션 비용(20만 달러)을 합산한 금액의 75%와 같다고 가정해 보자. (이는 레노베이션 이후 자산가치가 적어도 레노베이션 비용만큼은 증가할 것이라고 가정하는 것이다.)

c. (*a*)와 (*b*)에서 계산한 수익률들 간의 차이에 대하여 설명하라. 각 금융대안과 관련하여 위험차이가 존재할까?

d. 여러분은 람보에게 어떤 충고를 해주겠는가?

www.mhhe.com/bf15e

5. **Excel.** 웹사이트에서 제공하는 엑셀 워크북 안에 "Ch14 Renovation"을 참조하기 바란다. 이 워크시트는 본문에서 사례로써 설명하였듯이 아펙스 센터를 레노베이션할 경우의 증분수익률을 계산하고 있다. 레노베이션 이후 순영업이익이 $45,000이 아니라 $42,000이라고 가정해 보자. 이 가정이 세후 증분수익률에 어떻게 영향을 주게 되는가?

www.mhhe.com/bf15e

6. **Excel.** 웹사이트에서 제공하는 엑셀 워크북 안에 "Ch14 MRR"을 참조하기 바란다. 순영업이익과 자산가치 모두 상승률이 3%가 아니라 5%라고 가정하자. 3%에서 5%로 높임으로 인하여 1년차에서 10연차까지 각 연도의 한계수익률은 어떻게 변화하는가? 첫해의 한계수익률은 증가하는가 아니면 감소하는가? 시간이 경과함에 따라 한계수익률은 보다 빠르게 감소하는가 아니면 다소 늦추어져서 감소하는가?

7. 어느 투자자가 현재 수정원가가 150만 달러인 자산을 2백만 달러에 매각하는 것을 고려하고 있다. 자산은 175만 달러의 대출잔액을 가지고 있다. 그녀는 다른 매각전략들을 모색하고 있다. 모든 양도소득에 대해서는 (감가상각비용의 회수이건 가격상승이건 무관하게) 20%가 과세되고 일반소득에 대해서는 35%가 과세된다.

a. 자산을 연부판매로 매각하면서, 매수인이 그녀의 대출을 승계하며 매매계약 체결시점에 5만 달러를 그리고 향후 4년 동안 매년 5만 달러씩 분납금을 지급한다고 가정해 보자. 매도인에게 미지급한 연부잔액에 대해서는 금리 10%의 이자가 부과될 것이다. 이 매각조건이 현금거래보다 나은 것일까?

b. 이제 투자자가 연부판매 대신 세금이연거래를 고려하고 있다고 가정하자. 그녀는 대체자산을 4백만 달러에 취득하고 375만 달러의 기존대출을 승계할 것이다. 그녀는 매입가격에서 토지가 약 20%의 가치를 가지고 건축물이 약 80%의 가치를 가진다고 생각한다. 만약 그녀가 교환거래를 수행한다면, 그녀는 대체취득자산을 5년 후에 매각할 계획을 세우고 있다. 대체자산의 감가상각 내용연수는 30년이다. 과연 교환거래전략이 그냥 현금을 수령하면서 자산을 매도한 후에 다른 자산을 매입하는 일반 거래보다 더 나은 것일까?

CHAPTER 15

기업부동산금융
Financing Corporate Real Estate

수익부동산을 취급한 앞선 장들은 다분히 임차인들에게 공간을 임대하는 소유주·투자자의 관점에 초점을 맞추었다. 이 임차인들은 대개 사업 운영의 일환으로써 공간을 사용하는 회사들일 것이다. 예를 들면, 오피스 빌딩의 대표적인 사용자는 종업원들이 사용할 목적으로 공간의 일부 또는 전부를 임차하는 기업이라 할 수 있다. 즉 기업은 오피스 공간을 사용하기는 하지만 이 건물을 영업자산의 하나로 소유하지는 않는다고 할 것이다. 이 장에서는 투자자의 관점이 아니라 (사업 운영의 일환으로써 부동산을 사용하는) 기업의 관점에서 부동산을 분석하게 된다. 이런 (공간의) "사용자 회사들"의 많은 수가 기업들이기 때문에, 이 회사들의 부동산활동을 통상 **기업부동산**이라 지칭한다.[1] 그렇지만, 본 장의 내용을 단지 기업들에 한정시키려는 의도는 없으며, 오히려 부동산 자산의 **사용자** 모두에게 적용이 가능할 것이다. 비록 이 회사들의 주된 사업영역이 부동산이 아니라고 할지라도, 통상 부동산이 기업영업에 있어서 필수적 부분을 차지하기 때문에 기업들은 부동산의 사용과 관련하여 다수의 의사결정을 내려야 한다. 예를 들면, 부동산은 업무공간, 물류공간, 생산장소 등의 목적으로 사용된다. 단순하게 부동산을 사용하는 것 이외에도, 기업들은 아래의 이유들을 포함하여 여러 다양한 이유에서 부동산의 소유를 결정할 수 있다.[2]

- 사업 운영에 사용되는 공간을 임차하기보다는 소유
- 핵심 사업분야의 업종 다변화의 한 수단으로서 부동산에 투자
- 이전까지 사업 운영에 사용하던 부동산을 매각하기보다는 계속 보유
- 장래 사업의 확장 또는 이전을 목적으로 부동산을 취득

위 사유들로 인하여, 기업들은 미국 내 상업부동산의 가장 중요한 사용자들이라 할 수 있다. 어떤 추정에 따르면, 기업 사용자들은 상업부동산의 75%에 달하는 공간을 지배하고 있

---

[1] 이 장의 여러 단락들은 William B. Brueggeman, Jeffrey D. Fisher and David M. Porter의 논문, "Rethinking Corporate Real Estate," [Journal of Applied Corporate Finance, 1991, 시카고 소재 콘티넨탈 은행(Continental Bank) 발행]에 기초하고 있다.

[2] 우리가 부동산을 "소유한다"고 표현할 때에는 자산에 대한 (기업의) 절대소유권을 의미하는 것이다. 한편, 기업이 해당 부동산에 대해서 가치 있는 임차권을 보유하는 것으로도 볼 수 있는데, 이는 기업이 시장임대료 이하로 자산을 임차하고 있는 셈이기 때문이다.

다. 게다가 장부가격 기준으로 포춘(Fortune) 500대 기업들의 총자산의 약 1/3이 부동산인 것으로 추정된다. 이렇게 기업 부(富)의 상당 부분이 부동산에 집중되어 있기 때문에, 기업들 또는 부동산 사용자들이 부동산의 투자와 금융과 관련된 의사결정을 수행하는 방식에 대하여 자세히 살펴보는 것은 가치 있는 일이라 할 것이다.

　기업 사용자에게 부동산 소유와 관련된 이익은 투자자들이 인식하는 이익과 많은 부분에서 동일하다. 예를 들면, 부동산 소유 기업은 공간을 임차하였으면 지불했어야 하는 임대료를 절약하게 되는데, 이는 투자자가 임대료 수입을 벌어들이는 것과 유사한 것이다. 또한 기업은 부동산을 소유함으로 인하여 감가상각의 과세소득 공제로 인한 세제혜택을 받게 된다. 더군다나 부동산을 소유함으로 인하여 기업은 장래 부동산을 매각할 수 있는 권리를 보유하게 된다. 장래 매도시점에서 만약 기업이 아직까지 공간을 사용할 필요가 있다면 매수인에게 이를 다시 임차할 수도 있을 것이다[소위, 매후환대차(賣後換貸借: sale and lease back)]. 하지만 핵심 사업분야가 부동산이 아닌 기업들은 추가적으로 고려할 요인들이 있다. 특히 사용자는 부동산에 투자한 자본의 기회비용, 부동산 소유가 기업 재무제표에 미칠 영향, 공간을 효율적으로 사용할 수 있는 기업역량 등에 대해서 고려해야 할 것이다. 이 사항들은 본 장에서 논의하게 될 이슈들 중 일부이다. 우리는 먼저 사업 운영에 필요한 공간을 임차할 것인지 아니면 소유할 것인지를 기업 사용자가 어떻게 분석하는가를 살펴보는 것으로 논의를 시작하도록 하자.

임차 대 소유분석 *Lease-versus-Own Analysis*

기업은 사업 운영에 필요한 공간을 임차할 수도 있고 소유할 수도 있는데, 어떤 선택이 보다 나을는지 결정하기 위해서 "**임차 대 소유분석**(lease-versus-own analysis)"을 수행하게 된다. 만약 기업이 공간을 소유한다면, 이는 필연적으로 부동산에 "투자"하는 것이 된다. 이런 자산들을 취득할 때, 기업은 자기자본 이외에 부동산을 담보로 담보대출을 얻어서 취득에 소요되는 재원을 조달할 것인지 아니면 그냥 자기자본만을 사용할 것인지 결정하게 될 것이다. 대안으로서, 사업 운영에 필요한 재원을 조달하면서 기(旣) 사용 중인 타인자본의 정도에 따라서 취득재원을 주식매각 및 (내부유보 중인) 이익잉여금으로 조달한 자기자본과 무보증 회사채권을 조합하여 구성할 수도 있다.

　반대로, 만약 기업이 공간을 임차한다면 기업 입장에서는 회사 자기자본의 투자 없이 공간을 사용할 수 있게 되고, 자기자본을 회사가 고려하는 다른 투자기회에 사용할 수 있는 여유를 확보한다. 이런 투자기회가 부동산에 투자하는 것보다 더 나은 것인지 여부는 부동산 투자에 대비하여 이런 투자기회들이 제시하는 세후수익률과 투자위험에 좌우된다.

임차 대 소유 분석: 사례

사업 운영에 사용할 계획을 가지고서, 기업이 부동산을 임차하기보다는 소유할 것을 결정하는 사례로 논의를 시작하도록 하자. 아래 사례를 고려해 보자. XYZ社는 새로운 상권에 연간

150만 달러의 매출액을 증대시키게 될 새 영업소의 개설을 고려중이라고 가정한다. 매출원가는 매출액의 50%가 될 것으로 추정되고, 영업소 공간의 취득 또는 임차에 따른 비용을 제외하고도 회사의 일반관리비는 연간 20만 달러씩 증가할 것이다. 영업소 공간의 취득 또는 임차에 따른 비용을 고려하는 것 이외에도, XYZ는 또한 영업소의 가구·설비 그리고 새 영업소 개설과 관련된 기타 초기비용 등으로 130만 달러를 투자해야 한다.[3]

XYZ는 총가격 180만 달러를 지불하고 단독사용을 위한 소형 오피스 건물을 매입할 수 있다. 매입가격 180만 달러 중에서 12.5%인 $225,000는 토지가격을 나타내며, 87.5%인 $1,575,000는 건물가치를 나타낸다. 건물가치는 31.5년에 걸쳐서 감가상각한다.[4] XYZ는 법인세율 30%에 속하고 있다. 소유에 대한 대안으로, 어느 투자자가 XYZ社에 접촉하여 본인이 동일한 부동산을 인수한 후 15년 동안 XYZ에 매년 임대료 18만 달러에 임대하고자 하는 의향을 표시하였다. XYZ는 모든 부동산 영업비용을 지불해야 하고(완전순임대차), 이는 임대료의 50% 수준(9만 달러)으로 추정된다. XYZ는 자산가격이 향후 15년 동안 지속적으로 상승하여, 15년차 말에는 3백만 달러에 매각될 것으로 추정하였다.[5] 또한 XYZ는 만약 자산을 매입한다면 금리 10%, 대출만기 10년, 만기일시상환 방식의 담보대출, $1,369,000(매입가격의 76%)을 차입하여 조달할 것으로 판단하였다.[6]

임차로 인한 현금흐름

[예 15-1]은 임차로 공간의 사용권을 얻어서 오피스 건물을 개설하는 경우의 세후 현금흐름 계산결과를 보여준다. 초기에 현금으로 130만 달러를 영업소 공간을 준비하는 개업비용으로 일시에 지출해야 한다는 점을 상기하기 바란다. $196,000의 세후현금흐름이 향후 15년 동안 매해 발생하게 된다. 우리는 또한 XYZ가 임차기간 말에 영업소를 폐점할 것이고 이 시점에 가구 및 설비는 잔존가치가 없을 것이라고 가정하기로 하자. 만약 XYZ가 오피스 건물을 소유하기보다 임차하기로 결정한다면, 초기비용 130만 달러를 절감한 것에 대한 자본의 기회비용, 즉 재투자수익률은 세후 기준으로 12.5%라고 가정하였다. 이 12.5%는 새로운 영업소를 개설하는데 필요한 130만 달러를 투자할 것인지를 XYZ가 고려할 때 같은 위험수준의 다른 투자대안과 비교할 수 있는 세후수익률이다.

XYZ가 새로운 지역에 영업소를 개설하기로 생각한다고 가정한다면, 그 다음에 직면하는 질문은 XYZ가 새 영업기능을 수용하는 부동산을 임차할 것인가 소유할 것인가를 결정하는 것이다. 이 질문에 답하는 하나의 방법은 공간을 임차하기보다 소유한다고 가정하고 세후현금흐름과 세후 수익률을 계산하는 것이다.

---

[3] 기타 초기비용은 판매원 교육비용, 직원 재배치비용 및 기타 이와 유사한 비용들이 포함된다.

[4] 단지 예시를 위한 것이다. 감가상각의 내구연수는 매입시점에 유효한 조세법에 좌우될 것이다.

[5] 기업이 아직도 공간을 사용할 필요가 있다면, 기업은 자산을 매각하고 이를 다시 임차할 수 있을 것이다. 본 장 후반부에서 매후환대차(sale-and-leaseback)를 고려하게 된다. 기업은 또한 건축물을 매각하고 이 회사가 임차 또는 소유하고 있는 다른 자산으로 판매본부를 이전하기로 결정할 수 있다.

[6] 사례를 쉽게 표현할 목적으로 담보대출금액은 매년 18만 달러씩 지불하는 임대료를 대출금리 10%에 의해 현재가치로 할인한 금액과 같다고 가정하자. 이렇게 하면, 본 장 후반부에서 설명하는 것처럼 차입과 임차를 서로 비교할 수 있게 된다.

| 예 15-1 | 세후현금흐름: 오피스빌딩을 임차할 경우 |

영업으로 인한 현금흐름	
	임차
매출액	$1,500,000
(−) 매출원가	750,000
매출총손익	750,000
(−) 영업비용 :	
사업	200,000
부동산*	90,000
(−) 임차료비용	180,000
과세소득(손실)	$　280,000
(−) 법인세	84,000
당기순손익	$196,000
세후현금흐름	196,000

세후현금흐름의 요약		
	최초지출	현금흐름
연차	0	1~15
	$ −1,300,000	$196,000
내부수익률	12.50%	

* (재산세 · 보험료와 같이) 순임대차 조건에서 임차인이 지불의 책임을 지는 부동산 관련 영업비용.

소유로 인한 현금흐름

[예 15-2]는 새 오피스 건물을 소유한다는 가정 하에 영업소의 개설로 인한 세후 현금흐름을 보여준다. 초기 현금지출 $1,731,000은 오피스 빌딩의 자기자본 몫으로 투자하는 $431,000와 초기에 일시불로 지출하는 개업비용 130만 달러를 합산한 금액이다. 최초 15년 동안, 매년 발생하는 세후현금흐름은 $241,170이다. 자산의 매각으로 인한 세후현금흐름은 $1,046,000이다. 이 시나리오 하에서 세후 내부수익률은 12.95%이다. 이 수익률은 [예 15-1]에서 제시하는 대로, 만약 XYZ가 공간을 임차하기로 선택하였을 경우 얻게 될 세후 수익률 12.50%보다 약간 높다. 이 수익률, 12.95%는 임차보다는 소유가 나은 선택이라는 결과를 제시한다. 하지만 12.95%의 수익률은 영업소를 개설하는 데 투자된 자금(130만 달러)과 건물을 소유하는 데 자기자본 몫으로 투자된 추가자금($431,000)을 합산한 금액에 대한 세후수익률이라는 점에 주목하기 바란다. 즉 이 수익률은 두 가지 투자의사결정을 결합하여 얻게 되는 수익률인데, (1) 새로운 영업소를 개설하는 것과 (2) 그 오피스 건물을 소유하는 것이 바로 그들이다. 설령 오피스 건물을 소유하여 얻게 되는 수익률이 임차하여 얻게 되는 수익률보다 높다손 치더라도, 투자수단으로서의 부동산을 보유함에 따른 투자위험에 연동하여 이 대안의 위험 역시 높아지게 될 것이다.[7] 이 위험을 보다 자세히 분석하기 위해서,

---

[7] 오피스 공간을 사용할지 말지는 보통 공간의 임차로 인한 세후 현금흐름을 고려하여 결정해야 할 것이다. 이 현금흐름이 바로 공간사용에 대한 의사결정이 공간사용에 대해 시장이 결정하는 가격에 근거하였음을 확신시켜 주는 것이다. 이는 또한 공간을 소유하여 얻는 이익을 새로운 판매 오피스를 개설함으로써 얻는 이익과 구분하게 해준다.

예 15-2	세후현금흐름: 오피스빌딩을 소유할 경우

운영기간 중 영업으로 인한 세후현금흐름		
매출액		$ 1,500,000
(−) 매출원가		750,000
매출총손익		750,000
(−) 영업비용		
사업		200,000
건물 또는 자산		90,000
(−) 이자		136,900
(−) 감가상각		50,000
과세소득(손실)		273,100
(−) 법인세		81,930
당기순손익		191,170
(+) 감가상각		50,000
현금흐름		$ 241,170

운영기간 말 자산 매각으로 인한 세후현금흐름		
재매각가격		$ 3,000,000
(−) 대출잔액		−1,369,000
재매각가격	$ 3,000,000	
(−) 수정원가	−1,050,000	
양도소득 과세표준	$ 1,950,000	
(−) 양도소득세(@30%)		−585,000
세후현금흐름		$ 1,046,000

내부수익률 계산의 요약			
	최초지출	영업현금흐름	매각현금흐름
연차	0	1~15	15
현금흐름	$−1,731,000	$241,170	$ 1,046,000
내부수익률	12.95%		

우리는 부동산 투자결정에 따른 세후 수익률만을 따로 분리해야 할 것이다.

'소유 대 임차'의 현금흐름 비교

지금까지 우리는 두 가지 상호연관된 의사결정을 취급해 왔다. 첫 번째는 기업이 추가적인 영업소 공간을 사용하기 위해 자금을 투자함으로써 영업을 확장해야 할는지에 대한 결정이다. 두 번째 결정은 공간을 사용하기 위해 어떤 방식으로 지급해야 하는가이다. 앞 선 분석에서 우리는 기업이 공간사용에 대한 대가를 어떻게 지급할 것인가와 관련하여 두 가지 다른 가정을 가지고서 수익률을 계산하였다. 한 개 또는 두 개 대안 모두 그 산출하는 수익률이 기업의 투자기준을 충족시킨다고 가정하면, 해당 기업은 공간을 사용하기로 결정해야 할 것이다. 하지만 공간사용권을 얻는 두 가지 대안들에 대해서 투자위험과 수익률이 동일할 것인지는 분명하지 않다. 이 사례에서는 두 가지 시나리오 모두 똑같은 건물을 사용하면서, 동일

한 매출가능성과 비(非)부동산 비용을 수반한다.[8]

하지만 앞에서 우리가 살펴본 것처럼, 공간 소유의 결정은 임차 시에는 필요하지 않은 (자산 취득가액 내) 자기자본의 추가적인 투자를 포함하고 있다. '소유 대 임차'를 결정함에 내재해 있는 자산 취득가액 내 자기자본 투자를 보다 자세히 살펴보기 위해서는, 공간을 소유하기보다는 임차하였다면 기업에게 발생하였을 현금흐름의 *차이*에 대해서 고려해야 한다. [예 15-3]은 '임차' 시나리오 및 '소유' 시나리오 하에서 발생하는 세후 현금흐름을 되풀이해서 보여주면서, 두 대안 간 현금흐름의 차이를 계산하고 있다.

[예 15-3]의 처음 두 열은 '소유로 인한 세후현금흐름'과 '임차로 인한 세후현금흐름'의 계산결과를 반복한다. 앞에서 설명한 것처럼, 기업에 귀속되는 이 현금흐름들은 각 대안별로 오피스 건물을 사용함으로 인하여 발생한 결과들이다. 이제 $431,000의 최초지출은 '소유할 경우' 자산 취득가액 내 자기자본 투자금액만을 나타내게 된다. 15년 동안 자산을 소유한다면 매년 발생하는 세후현금흐름은 $241,170이므로, 임차할 경우 매년 발생하는 $196,000과 비교하면 그 차액은 매년 $45,170이 된다. 기업이 자산의 소유를 선택하면 15년차 말에 자산재매각으로 인한 세후현금흐름, $1,046,000을 인식시키게 될 것이다. '임차 대 소유'의 결정을 내릴 때에는 (공간의 임차 또는 소유와 무관하게) 매출규모와 그 만큼의 매출을 창출하기 위해 소요되는 영업비용이 동일할 것이라고 가정했었던 것을 상기하기 바란다. 즉 임차 또는 소유의 결정은 두 대안하의 현금흐름 *차이*에만 의존해야 할 것이다. 달리 말하면, 건축물의 소유 또는 임차의 차이가 절대로 XYZ의 사업 운영에 영향을 미쳐서는 안 될 것이다. [예 15-3]의 3열은 이 현금흐름의 차이를 보여준다. 임차하는 대신 소유함으로 인하여, XYZ는 매년 세후 기준으로 $45,170을 절약하게 된다.[9] 게다가 만약 XYZ가 공간을 소유하고 있다면, 15년차 말에는 오피스 빌딩을 매각함으로써 $1,046,000을 수령하게 될 것이다.

임차로 인한 수익률 대(對) 소유로 인한 수익률

자산을 소유하기 위해 필요한 자기자본 투자금액은 $431,000이었다는 것을 상기하기 바란다. 이 초기투자와 증분현금흐름(매년 $45,170 및 15년 차 말 $1,046,000)에 기초하면, 세후 내부수익률은 13.79%로 계산된다. 13.79%가 공간을 임차하는 것에 대비하여 소유함으로 인하여 투자하는 추가자금을 정당화하기에 충분한지 여부는 자산금액 내 자기자본 투자에 대한 기회비용과 투자위험에 달려있다. 만약 XYZ가 13.79%의 세후수익률이 공간 소유와 관련된 투자위험을 정당화하기에 충분하지 않다고 생각한다면, XYZ는 공간을 소유하기보다는 임차하는 것을 선택해야 한다. 정반대로, 만약 XYZ가 13.79%는 (자산을 보유하다가 궁극적으로 15년 후 매각하는) 주어진 투자위험에 대비하여 적절한 수익률이라고 믿는다면, XYZ는 자산을 소유하여야 할 것이다.

---

[8] 현실에서는 임대 목적으로 접근가능한 공간이 매입 목적으로는 접근이 불가능할 수 있다. 따라서 임대하려는 공간과 소유하려는 공간이 일치하지 않을 수도 있는 것이다. 이러한 불일치는 각 대안의 매출가능성에 대해서 다소 상이한 가정을 유발할 수 있다. 문제를 단순화하기 위해서, 우리는 이런 매출 차이의 발생가능성을 무시하였다.

[9] 소유보다 임차를 택함으로서, 회사는 매년 45,170불을 지불해야 한다.

| 예 15-3 | 임차 대 소유 분석 |

영업으로 인한 현금흐름

	소유	임차	차이(소유 − 임차)
매출액	$ 1,500,000	$ 1,500,000	0
(−) 매출원가	750,000	750,000	0
매출총손익	750,000	750,000	0
(−) 영업비용			
사업	200,000	200,000	0
부동산	90,000	90,000	0
(−) 임차료비용	0	180,000	−180,000
(−) 이자	136,900	0	136,900
(−) 감가상각	50,000	0	50,000
과세소득(손실)	273,100	280,000	6,900
(−) 세금	81,930	84,000	2,070
당기순손익	191,170	196,000	4,830
(+) 감가상각	50,000	0	50,000
세후현금흐름	$ 241,170	$ 196,000	$ 45,170

자산 매각으로 인한 현금흐름

재매각가격(소유할 경우)			$ 3,000,000
(−) 대출잔액			−1,369,000
재매각가격	$ 3,000,000		
(−) 수정원가	−1,050,000		
양도소득 과세표준	$ 1,950,000		
(−) 양도소득세			−585,000
세후현금흐름			$ 1,046,000

세후현금흐름의 요약

	최초지출	영업현금흐름	매각현금흐름
연차	0	1~15	15
소유-임차	$ −431,000	$45,170	$1,046,000
내부수익률	13.79%		

부동산 잔존가치의 중요성

임차와 소유는 종종 두 개의 금융대안으로 간주하는데, 이는 앞에서 설명한 대로 임대료 지급이 부채서비스를 대신하기 때문이다. 하지만 앞의 사례에서 보듯이, 임대료 채무에 대응하는 차입채무는 구매가격 중에서 자기자본이 가지는 자산의 잔여가치에 대한 권리까지 포함하지는 못한다. 즉 부동산 임차는 설비 리스와 다른 것이 설비 리스는 잔존가치를 통상 "0"으로 가정한다는 점이다.

일반적으로 부동산의 임차 또는 소유는 설비의 리스 또는 소유와 다른데, 이는 부동산이 상당한 잔존가치를 가지기 때문이다. 부동산 소유주는 잔존가치에 대한 권리를 가질뿐더러, 잔존가치가 매입시점의 매입가격과 달라질 수 있는 위험을 부담하게 된다. 즉 부동산의 소유를 선택한 기업은 임차기간 동안 (임차인처럼) **자산의 사용권을 갖는 것은 물론이고 자산의 잔여가치에도 투자하였다는 점이다.** 이는 자산의 소유와 임차 중에서 선택하는 결정이 단순하게 두 가지 금융대안 중에서 하나를 선택하는 것과 같지 않다는 의미이다. 비록 두 방법 모두 사용기간 동안 자산의 사용권에 자금을 조달한다는 점에서는 공통적이지만, 소유는 사용기간 말 자산의 잔여가치에 대한 권리를 포함한다는 점이 다른 것이다.[10] 임차는 자산의 잔여가치에 대해서 그 어떤 이익을 주지 않는다.[11] 부동산의 잔여가치는 만약 자산이 그 가치를 잘 유지하거나 사용기간 중 그 가치가 상승한다면 굉장히 큰 금액이 될 수 있다. 반면에, 기업의 설비는 대부분의 경우 예상되는 잔존가치가 너무 작아서 종종 무시할 수 있는 수준이다.

부동산의 잔존가치는 사용기간 동안 부동산의 수급 변화에 영향을 받을뿐더러 대개는 지불하는 계약임대료보다 훨씬 불확실하게 마련이다. 즉 '소유 대 임차'의 증분현금흐름을 평가할 때 사용하는 '소유에 대한 요구수익률(할인율)'은 (비록 통상적인 기업투자(자기자본 사용)에 사용되는 자본비용만큼 높을 필요는 없다손 치더라도) 필시 기업부채(타인자본 사용)의 세후 금융비용보다는 높아야 할 것이다.[12]

잔존가치의 추정

잔존가치는 사용기간 말 토지 및 정착물의 회수가격을 말한다. 이 잔존가치는 '소유 대 임차'의 결정에서 중요한 부분이지만, 기업 관리자들에게 혼란을 야기하고는 한다. 어떤 분석자들은 부동산의 잔존가치는 자산의 장부가격, 즉 취득원가에서 사용기간 종료시점의 회계상 감가상각 누계를 차감한 금액과 같을 것이라고 가정한다. 또 어떤 이들은 잔존가치란 존재하지 않는다는 극단적인 가정으로 치닫는다. 왜 이렇게 가정하는 걸까? 이는 기업에게는 늘 시설의 필요성이 상존하게 마련이고 따라서 재매각으로 수령한 재원은 해당 시점에 새로운 임대차 또는 새로운 시설에 재투자되어야 하기 때문이다.

통상 부동산은 그 가치가 회계적 감가상각만큼 빠르게 하락하지 않을뿐더러 일반적인 사용기간 동안에 그 가치가 "0"이 되는 경우 역시 드물기 때문에, 잔존가치가 존재하지 않는다는 가정은 '임차 대 소유'의 결정에서 임차 쪽으로 결론을 내리도록 편견을 야기하게 된다.

---

[10] 우리의 '임차 대 소유' 사례에서 자산을 비소구(non-recourse) 대출로 조달한다고 가정해 보자. 조세이익을 제외하면, 소유와 임차의 차이는 사용기간 말 자산가치가 대출잔액을 초과하는 경우 부동산의 계속 보유를 선택할 수 있는 권리가 될 것이다. 만약 자산가치가 대출잔액보다 작다면, 기업은 담보대출의 채무를 이행하지 않을 것이고 자산의 소유권은 대주에게 귀속될 것이다(마치 임대차기간 말 임대자산이 임대인에게 귀속되듯이 말이다). 이 경우 소유가 임차와 다른 것은 자산의 잔여가치에 대한 콜 옵션(call option)을 매입하기 위해서 자기자본을 투자한다는 점이다. 옵션의 행사가격은 임대차 종료시점의 대출잔액이다. 우리가 대출잔액을 임대료의 현재가치와 동일하다고 가정하였기 때문에, 콜옵션의 매입가격은 본질적으로 자산에 투자된 자기자본금액과 일치하게 된다. [역자주 : 통상의 담보대출은 소구 대출이다. 경매로 회수되지 아니하는 대출채권에 대해서 차주는 무한책임을 진다. 만약 비소구 대출이라면 자산가격과 대출잔액을 비교하여, 채무불이행을 선택할 수 있게 된다. 저자들은 이러한 경우를 자산에 대한 콜 옵션이 존재하는 것으로 해석하고 있다. 즉 대출잔액이 옵션 행사가격이 되어서, 자산가치가 더 높으면 잔여채무를 이행하되, 반대의 경우 채무불이행을 선택하게 된다. 그렇다면 자산 매입 시 투자한 자기자본은 이 콜 옵션을 매입하는 비용이 될 것이다.]

[11] 물론 임차도 자산의 잔여가치에 대한 청구권을 보유하도록 구조화하는 것이 가능하다. 예를 들면, "지분참여형 임대차(equity lease)"는 임차인에세 건물의 소유권 일부를 부여한다. 또한 임차인이 임대차기간 말에 자산을 매입할 옵션을 가지는 경우도 있다.

[12] 통상 기업에서 사용하는 자본비용은 기업부채의 비용과 자기자본의 비용을 가중평균한 값이다. 자기자본이 타인자본보다 더 비싸기 때문에, 자본비용의 가중평균은 타인자본의 비용보다 더 높아지게 된다(이 장의 부록을 참조하기 바란다).

그렇다고 비현실적으로 높은 자산가치 상승률을 가정하는 것 역시 부정확하기 마련이어서, 분석자를 소유 쪽으로 결론을 내리도록 편견을 유발하게 된다. 정확한 접근방법은 부동산의 잔존가치 그리고 예상가격의 불확실성에 대해서 현실적으로 추정하는 것이다. 이 추정가격은 제10장에서 설명했던 것처럼, 자산의 **시장가치**를 고려해야 하는 것이지 기업 입장에서의 투자가치를 고려하는 것이 아니다.

　부동산을 소유하기로 결정함으로써, 사실 기업은 회사의 영업적인 성공과 완전히 무관할 수 있는 부동산의 잔여가치 변동위험을 감수하는 선택을 내린 것이다. 부동산이 여타 기업 자산들과 다른 점은 보유기간 말에 (취득원가 대비 현저히 낮거나 현저히 높은) 넓은 범주의 발생가능한 잔존가치를 가진다는 것이다. 중기 또는 장기의 임대차 계약기간 중에 국지적 • 지역적 심지어 국제적인 경제요인들까지 기업 부동산의 시장가치를 중대하게 변동시킬 수 있다. 공간을 임차하는 것보다 소유하기로 결정함으로써, 기업은 부동산 잔존가치의 예기치 못한 변화위험을 부담해야 하는 것이다.

　어떤 분석자들은 기업이 계속기업의 관점에서 지속적으로 공간을 사용할 필요가 있기 때문에 부동산의 잔존가치라는 것은 무관하다고 주장한다. 즉 시설에 대한 필요가 늘 상존할 것이기에, 잔존가치의 매각으로 인한 유입자금은 해당 시점에 신규 시설에 재투자되어야만 할 것이다. 하지만 이런 접근은 기업이 사용기간 말에도 가치를 지닌 자산의 소유권을 계속 보유하고 있다는 사실을 간과한다. 사용기간이 종료되는 그 시점에 경영진은 해당 공간을 계속해서 사용할 것인지 말 것인지를 결정할 수 있다. 만약 해당 부지에 '최고최선의 이용'의 변화로 인하여 공간이 계속 사용하기에 충분하지 않다면, 기업은 영업소를 이전할 수 있는 선택권을 갖고 있는 것이다.[13] 만약 기업이 공간을 계속해서 사용하기로 결정한다면, 그 다음에는 공간을 계속 소유할 것인지 아니면 매각한 후에 임차할 것인지(매후환대차)를 결정할 수 있을 것이다.[14]

　장래 기업이 무엇을 결정하든지 간에, 자산을 임차하기보다 소유하기로 한 최초 결정은 사용기간이 종료되는 시점에 예상 시장가치를 가진 자산을 기업이 보유하게 된다는 의미이다. 만약 부동산 가치가 상승하였다면, 기업은 당초 매입할 때보다 훨씬 높은 가치를 지닌 자산을 소유하게 된다. 만약 부동산 가치가 하락하였다면, 매입시점보다 자산의 가치는 낮아질 것이다. 어느 경우가 되었건, 기업은 (만약 임차하기로 결정하였다면 가질 수 없었던) 자산항목을 재무상태표(舊대차대조표) 상에 나타낼 수 있게 된다. 만약 자산에 적용하는 시장 자본환원률이 크게 변동하지 않는다면, 자산의 시장가치의 변화와 시장 임대료는 상당히 높은 선형상관을 보일 것이다. [역자주 : 직접환원법에서 자산가치(V)는 순영업이익(I)을 자본환원률(R)로 나눈 값이다. 즉 $V = I/R$의 관계를 갖는다. 만약 R이 고정적이라면, V와 I는 선형비례하게 된다.] 즉 자산을 소유함으로써 기업은 사실상 자신의 공간 임차비용 변동과 연동하여 등락하는 수익률(을 산출하는) 자산에 투자한 셈이 된다. 상술하였듯이, 이 수익률은 기업의 핵심 사업영역에서 산출하는 수익률과 상관관계를 가질 수도 있고 아닐 수도 있다. 만

---

[13] 공간의 최고최선의 이용이 변화하였을 때 기업이 선택가능한 옵션에 대해서는 이 단락 후반부에서 고려하기로 한다.

[14] 매후환대차는 이 장 후반부에서 보다 자세하게 살펴보게 된다.

약 시장가치와 시장임대료가 상승한다면, 공간 사용의 기회비용은 그 공간을 임차하였건 소유하였건 간에 장래에 더 커지게 될 것이다. 단지 차이가 나는 것은 소유하기로 결정함으로써 기업은 가치가 상승하는 자산을 보유하고 있으며 부동산 가치의 상승이익을 누릴 수 있다는 점이다. 지적하였듯이, 기업은 이 사후적인(또는 역사적인) 이익을 매후환대차 또는 영업소 이전 등의 방법을 통해서 실현시킬 수 있을 것이다.[15]

대안으로서 만약 기업이 공간을 임차하였다면, 기업은 끊임없이 더 높은 임차료비용에 직면할 수도 있지만 그 자금을 다른 자산에 투자하여 해당 자산의 가치가 상승하였을 수도 있다(반대로 상승하지 않았을 수도 있다). 물론 만약 임대료가 하락한다면 기업은 이제 훨씬 저렴한 가격에 공간을 임차할 수 있을 것이다. 또한 임차 대신 소유를 선택함으로써 기업은 부동산 가치 하락에 따른 손실을 초래하게 된다.

요점은 임차 대신 소유를 선택함으로써 기업은 국지시장의 부동산 시세에 따라 수익률이 등락하는 투자를 했다는 점이다. '소유 대 임차'의 결정은 부동산투자로 인한 투자위험과 예상수익률이 기업의 전반적인 투자 및 금융전략과 어떻게 부합할 것인가를 고려해야 할 것이다.

임대사업자의 관점

앞선 분석에서, 우리는 '소유 대 임차'와 관련된 증분현금흐름을 고려하였다. 기업의 관점에서 소유로 인한 수익률(임차의 비용)은 13.79%로 계산되었다. 만약 기업이 공간을 임차하기로 결정한다면, 우리 분석에서 자산을 소유하고 이를 기업에 임대하고자 하는 임대사업자가 존재한다고 가정해 보자. 투자자가 기대하는 수익률은 얼마나 될까? 물론 이 수익률은 투자자가 자금을 어떻게 조달하는지와 투자자의 조세입장(세율구간)에 좌우된다. 비교 목적으로, 투자자의 세율구간은 기업과 같은 세율구간에 있고 재원조달 역시 같은 조건을 따른다고 가정하자. [예 15-4] 는 임대기간 중 자산의 영업으로 인한 예상 현금흐름과 임대기간 말 자산 매각으로 인한 예상 현금흐름을 보여준다.

임대사업자의 세후 수익률은 기업의 세후 수익률과 정확하게 일치한다. 놀라울 것이 없는 것이 (계속 강조하듯이) 소유와 임차의 차이는 부동산에 대한 자기자본 투자여부 밖에 다른 점이 없기 때문이다.

프로젝트금융 *Project Financing* 에 대한 이해

앞에서 설명한 '임차 대 소유분석'에서, 우리는 기업이 자산을 담보로 대출을 얻는다고 가정하였다. 기업은 담보대출 대신에 무보증 회사채권을 사용할 수도 있었을 것이다. 기업이 일정한 비율의 부채합계(예를 들면, 부동산 담보대출의 합계, 회사채 합계 등)를 유지하고 싶

---

[15] 만약 지급하는 임대료가 자산가치만큼 상승하였다면, 아직까지 기업에게는 공간을 계속해서 소유하는 것이 매후환매차보다 유리할 것이다. 그렇다고 이 언술이 부동산을 계속해서 소유하여 얻게 되는 수익률이 회사가 자산의 소유 대신 임차를 선택하고 그 자금을 다른 사업에 투자하여 얻게 되는 수익률보다 더 크거나 반대로 더 작을 수 있다는 사실을 부정하는 것은 아니다.

예 15-4	투자분석: 회사에 부동산을 임대하는 투자자의 관점

임대료소득	$180,000
(−) 영업비용 (순임대차 조건)	0
순영업이익	180,000
(−) 감가상각	50,000
(−) 이자	136,900
과세소득(손실)	−6,900
(−) 세금	−2,070
순영업이익	180,000
(−) 부채서비스	136,900
(−) 세금	−2,070
세후현금흐름	45,170

임대기간 말 자산 매각

재매각가격		$ 3,000,000
(−) 대출잔액		−1,369,000
재매각가격	$ 3,000,000	
(−) 수정원가	−1,050,000	
양도소득 과세표준	$ 1,950,000	
(−) 양도소득세		−585,000
현금흐름		$ 1,046,000

현금흐름의 요약

연차	최초지출	영업현금흐름	매각현금흐름
	0	1~15	15
현금흐름	$−431,000	$45,170	$1,046,000
내부수익률	13.79%		

어 한다고 가정하고, 부동산을 담보로 활용하는 담보대출의 사용을 무보증 회사채권을 사용하는 것으로 대체해 보자. 다만, 기업들은 부동산으로 담보하는 담보대출의 금리가 무보증 회사채의 신규발행에 지불하는 금리보다 낮다는 것을 발견할 수도 있다. 이는 담보대출금리가 부동산의 위험을 반영하는 경향이 있는 반면 무보증 회사채의 위험은 기업의 신용위험을 반영하기 때문이다.

신용등급이 높은 기업은 담보대출보다 무보증 회사채에 더 낮은 금리를 지불할 수도 있다. 이는 담보대출, 특히 차주에 대해 비소구로 구조화된 담보대출의 금리는 차주의 신용위험보다는 자산이 산출하는 현금흐름이 부채서비스를 이행하지 못하여 발생하는 채무불이행 위험을 반영하기 때문이다. 즉 비소구금융의 경우 담보대출의 금리가 대주에게 지급하는 위험보상(risk premium)을 포함하는 바, 자산가치가 대출잔액보다 적거나 자산의 현금흐름이 부채서비스를 이행할 수 없을 때 차주가 "채무불이행을 선택할 옵션"을 보유하고 있기 때문이다. 이러한 경우, 금융업계는 기업자산에 기초한 대출(기업여신)을 부동산에 기초한 대출(담보대출)보다 덜 위험하게 생각할 수 있고 따라서 무보증 회사채의 차입금리가 단지 부동산만을 담보로 확보하는 담보대출의 차입금리보다 더 낮을 수 있는 것이다.

정반대로, 부동산보다 더 위험한 기업자산을 보유한 회사라면(즉 신용위험이 높은 회사라면) 부동산만을 유일한 대출담보로 제공할 때 부동산의 취득자금을 조달하는데 이용하는 담보대출의 금리보다 무보증 회사채에 대해서 더 높은 금리를 지불해야 할지도 모른다.

만약 기업이 부동산 담보대출의 금리보다 낮은 금리로 무보증 회사채를 조달할 수 있다면, 우리는 [예 15-2]와 [예 15-3]을 분석할 때 보다 낮은 금리를 가정하고 분석에 착수할 수 있다. 하나의 대안으로서, 때때로 분석자들은 **명시적으로 부채차입을 고려하지 않으면서**(즉 무차입으로) [예 15-3]에서처럼 '소유 대 임차'의 증분현금흐름을 계산하기도 한다. 이런 유형의 분석은 [예 15-4]처럼 부동산 소유로 인한 수익률을 계산하는 것과 유사하지만, 마치 무차입으로 자산을 취득하는 것처럼 금융비용 이전의 현금흐름만 이용하게 된다. 이 경우, 임차에 대비하여 소유로 인해 발생하는 수익률을 반드시 기업의 부채비용 및 자기자본비용의 가중평균, 즉 '자본비용의 가중평균(weighted average cost of capital: WACC)'과 비교해야 한다. 이 접근방법은 타인자본의 차입비용을 현금흐름의 계산과정에서 부채서비스 형태로 고려하는 것이 아니라 부동산 소유로 인한 요구수익률 형태로 반영할 수 있게 해준다.[16] 이 장의 부록에서 보듯이, 위 접근은 기업이 부동산에 투자하여 얻는 수익률에 대한 결론을 바꾸지는 않는다. 분석자들이 종종 주장하기를, '소유 대 임차' 결정에서 차입을 명시적으로 고려하지 않을 때 '소유 대 임차'의 증분현금흐름에 대한 수익률은 타인자본 및 자기자본의 가중평균비용과 비교할 것이 아니라 기업의 부채 차입비용과 비교함이 타당할 것이라고 한다. 이 주장은 (지급할 임차료의 현재가치 합계인) 임차료채무가 타인자본의 차입규모와 같고 따라서 자산을 소유함에 있어서 추가적으로 자기자본을 투입하지 않을 것이라는 가정에 근거한다. 위 가정은 설비리스에서는 현실적일 수 있는데, 설비는 상당한 잔존가치를 갖는 경우가 없기 때문이다. 하지만 앞서 우리 사례에서 설명하였듯이, 설령 우리가 지급임차료의 현재가치 합계와 같은 금액으로 부채를 차입할 수 있다손 치더라도, 부동산은 잔존가치의 예상 현가(現價)로 인하여 자기자본의 추가적인 투자를 요구하게 된다.

'소유 대 임차'의 결정에 영향을 주는 요인들

위 사례는 공간을 소유할 것인지 혹은 임차할 것인지를 결정함에 영향을 미치는 주요 재무적 요인들에 대해서 통찰력을 제공한다. 그렇지만 고려해야 할 다른 문제들도 존재한다. 어떤 문제들은 '소유 대 임차' 분석에 명시적으로 섞어 넣기가 쉽지 않지만, 최종결정에 영향을 줄 수는 있다.

필요한 공간의 규모

기업의 공간 소요규모가 주어진 대상지의 최적개발규모보다 한참 작을 때에는 임차가 바람직할 수 있다. 기업 사용자가 희망하는 공간의 규모가 대상지에 개발해야 할 최적 건축물 규모보다 작을 경우, 기업 사용자는 임차를 선택하고 개발업자들(그리고 그들의 투자 파트너

---

[16] 이 접근방법은 재무관리 교과서에서 전형적으로 취하는 방법이다. 이 장의 부록은 자본비용의 가중평균을 사용하는 접근방법에 대해서 설명하고 있다.

들)이 부동산 개발의 위험을 감당하는 구조를 예상하게 된다(그리고 종종 이를 발견하게 된다). 심지어 기업 임차인이 주(主)임차인이 될 경우에도 기업 임차인의 입장에서는 임차가 더 바람직할 수 있다. 예를 들면, IBM 같은 회사들은 개발업자가 개발금융을 차입할 때 자신들의 신용을 공여하면서 임대료의 간접할인 또는 개발이익의 배분을 협상할 수 있을 것이다. [역자주: 신용등급이 높은 기업들의 준공 후 매입확약, 장기임대계약 등은 프로젝트의 상업위험을 헤지(hedge)하고 채권회수위험을 현저히 경감하므로, 대출의 직접적인 채무보증 못지않게 강력한 신용공여수단이 될 수 있다. 위의 방법 외에도, 국내에서는 민자역사사업 등 상업부동산개발에서 금전대차, 선수보증금, 선수임대료 등 임차인이 직접 사업비를 빌려주는 임차인금융(lessee financing)도 광범위하게 발견된다.]

필요한 공간의 사용기간

또한 자산의 예상 내용연수가 기업이 예상하는 사용기간을 크게 초과할 경우, 기업은 일반적으로 비유동자산을 매각하는데 소요되는 비용을 감수하기보다 임차하는 쪽을 선택하게 될 것이다. 임대인들이 자산을 다른 용도로 변경하거나 다른 용도를 입주시킴에 있어서 (임차인에 비하여) 상대적으로 유리하다는 점이 이런 경향을 일부 설명할 수 있을 듯하다.

위험 감수 *Risk Bearing*

앞서 우리는 부동산 잔존가치의 중요성에 대해서 논의한 바 있다. 잔존가치는 국지시장의 부동산 시세 변동에 영향을 받는다. '임차 대 소유' 분석은 기업의 영업가치에 영향을 주는 요인들과 국지적인 자산시장을 주도하는 요인들 사이의 관계를 주의 깊게 고려해야 한다. 이러한 고려는 다른 부동산투자자들이 부동산 국지시장과 관련하여 위험감수의 상대적인 이점을 가지는지를 판단하려는 것이 그 목적이다. 예를 들면, 연기금들은 일반적으로 무차입의 부동산 포트폴리오를 보유하면서 자산유형별로(오피스, 물류창고 등) 그리고 지리적 입지별로 분산하여 투자한다. 이런 연기금들과 부동산투자회사들(real estate investment trusts: REITs)은 (대기업을 제외한) 일반기업들보다 훨씬 효율적으로 자산시장의 위험을 분산하여 투자할 수 있을 듯하다. 고려하는 부동산투자가 기업의 총자산에서 높은 비중을 차지한다면, 이런 위험을 감당하는 여타 투자자들의 상대적 이점이 해당 기업으로 하여금 임차를 선호하도록 만들게 될 것이다. [역자주 : 부동산이 핵심 사업분야가 아닌 회사에서는 자산의 부동산 편중현상, 즉 부동산에 대한 엑스포저가 높은 것이 바람직하지 않을 수 있다. 이런 경우, 해당 회사는 소유보다 임차를 선호할 것이다. 정반대로, 이런 위험을 감수할 수 있는 투자자들이 자산을 소유할 것이고, 이들이 해당 회사에 임대를 주면 될 것이다.] 이러한 사유들에 의한 상대적인 위험감수역량의 차이 때문에, 영업망이 폭넓게 분산된 대기업들은 영업망이 지리적으로 밀집된 소기업들보다 소유를 선호할 가능성이 높다.

관리전문성

일반적으로 부동산의 소유와 관리는 기업의 사업활동 중에서 핵심 분야라고 할 수는 없다. 따라서 기업이 부동산을 소유할 경우, 해당 기업은 부동산 관리에서 불리한 입장에 놓일 수 있다. 기업이 부동산 자산관리의 전문성을 가지고 있지 않을 수도 있다. 자산을 임차하기보다 소유할 경우, 경영진은 공간을 사용하는 진정한 비용을 인식하지 못할 수 있고, 이는 부동산의 비효율적 이용으로 귀결된다. 기업이 개발업자들이나 다른 투자자들에 비하여 부동산을 관리하고 궁극적으로 매각함에 있어서 비교우위를 가지고 있지 않다면 임차가 보다 바람직할 수 있다.

유지관리수준

자산가치가 유지관리수준에 대단히 민감한 부동산의 경우, 기업들은 소유를 선호할 것 같다. 유지관리에 민감한 건물을 소유한 임대인은 유지관리 관련 강제조항으로 건물을 보호하지 않으면,[17] 임차인(특히 단기임차인)의 낮은 유지관리 이행수준이 예상될 경우 이를 보상받기 위하여 높은 임대료를 부과할 가능성이 있다. 따라서, 기업 사용자들이 본인들의 이익 뿐 아니라 임대인들의 이익을 위해서도 자산이 잘 관리되고 있음을 임대인들에게 확신시킬 수 있는 방법을 찾아내지 못하는 한에는(아마도 매우 긴 장기계약 같은 것을 통해서), 기업 사용자들 입장에서는 차라리 소유하는 것이 보다 경제적이라는 것을 알게 될 것 같다.

특수목적 건물들 *Special Purpose Buildings*

기업들은, 특히 그 영업유형이 색다르다거나 경쟁사가 적은 경우라면, 자신들의 영업에 맞춤 설계된 건물의 경우 소유하고 싶어 할 듯하다. 맞춤형 기업부동산의 사례를 예시하자면, 우리는 하이테크, R&D(Research & Development) 운영 등에 최적화된 건축물들에서 일반적으로 기업들이 임차보다 소유를 선택하는 것을 관찰하게 된다.[18] 정반대로, 대형 물류센터는 소유보다 임차하는 편이 훨씬 나을 것 같다. 전문적인 설비와 기계류의 높은 이사비용은 기업으로 하여금 임차보다 소유하는 것에 대한 분명한 동기가 된다.

　단일 임차인이 사용하는 **특수목적 건물들**의 여러 사례에서 보면, 부동산의 가치는 현재 기업의 용도로 임차할 때가 고려 가능한 다른 용도로 변경하여 임차할 때보다 높을 것이다. 이런 경우는 어느 정도에 있어서 임대인이 (그 가치가 거의 전적으로 기업의 영업성공에 좌우되는) 기업주식을 보유한 것과 마찬가지일 것이다. 이런 경우, 기업 사용자들은 기업 고유의 위험을 감수함에 있어서 부동산투자자들에 비하여 상당한 이점을 가지게 될 것이다.

세금에 대한 고려

오랫동안 세금에 대한 고려는 일반적인 '소유 대 임차' 분석에서 중요한 역할을 담당하였다. 1986년 이전 기간과 비교하여 오늘날에 다소 불분명한 것은 세제혜택이 있는 부동산소유주

---

[17] 설령 임대인이 (임차인이 관리책임을 지는) 순임대차조건으로 협상을 진행하더라도, 강제조항의 실효성이 있는 계약을 체결하기가 쉽지 않다. 그 이유는 (임차인 유지관리에 대한 임대인의) 모니터링(monitoring), 불만접수(및 문제진단), (임차인의) 과(過)설비문제로 야기되는 분쟁의 해소, 잘못된 건축설계에 기인하였거나 기타 임대인 귀책으로 간주되는 여러 문제들의 해결 등에 많은 시간손실이 발생하기 때문이다.

[18] 사실 유지관리와 전문화는 밀접한 관련이 있다. 예를 들면, 설계에서부터 특수한 하드웨어(hardware)를 요구하는 R&D시설에서는 회사가 고용하는 기술자들이 유지관리상의 문제들을 진단하고 대처함에 있어서 더 나을 수 있다. 이런 경우에는 임대차계약서에 임대인의 유지관리 관련 조항들을 복잡하게 잔뜩 넣어두는 것보다 오히려 기업이 직접 소유하는 편이 더 나을 것이다.

가 기업인지 아니면 [파트너쉽(partnership)과 기관투자자 중 어느 하나를 도관체로 이용하는] 개인인지 하는 점이다.

　'임차 대 소유' 결정에서 세금관련 사항을 간단한 경험칙으로 제시하면 다음과 같다. 만약 임대인의 세율구간이 임차인의 세율구간보다 높다면, 임대제도는 감가상각이 제공하는 세금절감으로 가장 크게 이익을 볼 수 있는 어느 일방의 손에 자산소유권을 맡기게 된다. 1981년에서 1986년까지 세법상 두 가지 요인이 합쳐져서 높은 세율구간에 속한 개인들의 부동산 소유를 진작하였는데: (1) 부동산 자산에 대해서 감가상각의 내용연수가 상당히 짧게 적용되어서 감가상각에 의한 절세금액을 증가시켰으며; (2) 부유한 개인에 대한 한계세율(50%)이 기업에 적용하는 최고 한계세율(46%)보다 높았을 뿐더러 많은 기업들이 그들의 한계세율을 법정세율 46%보다 훨씬 아래로 효과적으로 낮추는 절세수단을 가지고 있었다. 이 두 가지 조건들은 운영손실을 투자자들에게 직접 이연할 수 있고 배당수익에 대한 이중과세(double taxation)를 회피할 수 있는 파트너쉽의 장점과 결합하여 높은 세율구간의 개인들이 투자하는 파트너쉽이 부동산을 소유하여 기업에 임차하려는 강한 동기를 유발하게 되었다. 기업부동산의 가치를 주가로 반영하기를 노골적으로 주저하는 주식시장의 속성과 결합하여, 기업들이 개인들에게 부동산을 매각하도록 유인한 조세 인센티브는 이 시기에 일어난 상당수의 부동산 거래와 매후환대차를 설명하고 있다.

　1986년의 세제개혁법은 몇 가지 방법으로 개인이 기업에게 부동산을 임대하려는 동기를 상당하게 감소시킨다. 첫째, 법에서 감가상각 내용연수를 연장하였고 따라서 세금공제금액이 낮아졌다. 둘째, 기업에 대한 최고 한계세율(34%)이 이제 부유한 개인의 최고 한계세율(31%)보다 살짝 높아지게 되었다. 셋째, 개인들에게 수동적 손실(passive loss)의 한도를 적용하여, 부동산에서 발생한 회계적 손실을 이용해서 다른 소득과 상계하는 규모를 제한하게 되었다. 이러한 조세법의 변화는 기울어진 운동장을 평평하게 만들어서, 부동산 소유주로서의 파트너쉽, 기업, (연기금과 같은) 면세 도관체 사이에 공정한 게임이 가능하게 되었다. [19] 이런 이유로 현재는 세금이 기업의 '임차 대 소유' 결정에서 결정적 요인이라고 말할 수 있을 것 같지 않다.

자본시장 접근성

부동산은 매우 자본집약적이다. 부동산의 소유비용은 타인자본과 자기자본을 취득하는 비용과 함수관계이다. 앞서 언급하였듯이, 신용등급이 높은 회사들은 부동산을 소유하여 기업에 임대하고 싶어 하는 개인들과 기관투자자들에게 부과되는 자본비용보다 더 낮은 비용으로 무담보 회사채와 자기자본을 조달할 수 있을 것이다. 이런 양호한 금융조건은 기업에게 소유를 선호하게 만드는 경향이 있는데, (임차할 경우) 임대료가 소유주의 높은 자본비용을 감당할 만큼 높아질 것이기 때문이다. 정반대로, 잠재 임대인에 비해서 높은 자본비용을 갖는 기업은 소유보다 임차가 훨씬 매력적이라는 것을 알게 될 수도 있다.

---

[19] 사실, 현재 어떤 연구자들은 (특정한 조건하에서 세제목적을 위해서는) 파트너쉽보다 기업이 부동산 보유의 최적 조직 형태일 수 있다고 주장한다. Jeffrey D. Fisher and George Lentz, "Tax Reform and Organizational Forms for Holding Investment Real Estate: Corporations vs Partnership," American Real Estate and Urban Economics Association Journal, Volume 17, Issue 3, 1989를 참조하기 바란다.

소매분야에서 중요한 위치에 있는 여러 기업 사용자들은 그들의 핵심 사업 운영에 있어서 필수불가결한 요소로서 그리고 반복되는 주요 업무로서 매후환대차(sale-leaseback)의 이용을 선택한다. 이런 접근을 이용하는 기업들은 월그린(Walgreens), CVS(Consumer Value Store) Pharmacy, 매트리스社(Mattress Firm), 달러 트리(Dollar Tree), 달러 제너럴(Dollar General), 론 스타 스테이크하우스(Lone Star Steak-house), 트랙터 서플라이(Tractor Supply) 및 기타 여러 회사들이 있다.

이 회사들이 매후환대차를 이용하는 것에는 몇 가지 이유가 있다. 이들 회사는

⑴ 그들이 속해 있는 소매 아울렛(retail outlet)의 입지, 규모 및 설계와 관련하여 상당한 통제권을 행사할 수 있다.
⑵ 이들 부동산의 매각으로 인한 현금흐름을 수령할 수 있고 따라서 자금을 다른 대안적인 용도에 재배치하여 부동산 자산에 기업자본이 묶이는 것을 피할 수 있다.
⑶ 장기간의 임대차계약을 작성할 때 이들 회사의 높은 신용등급의 장점을 이용할 수 있는데, 장기임차계약은 부동산을 매입하는 투자자들에게 훨씬 안정적인 임대료 소득기반을 제공하게 된다.

또한 매후환대차는 기업이 회사채 차입을 이용하는 것에 대한 대안(代案)으로서도 도움을 준다. 회사채 차입은 채권 공개(公開)의 담보로써 모든 자산이 상호연대하여 담보로 제공될 것을 요구한다. 모든 자산이 회사채의 담보로 제공될 때, 한 개 또는 수 개 소매자산의 경제적 실패는 (회사 자산 전체에 대해서) 심각한 부의 영향을 미치게 된다. 매후환대차하에서는, (어느 한 점포의) 부정적인 사건은 단지 해당 점포의 임대차계약 종료와 매후환대차에 영향을 받는 개별 자산의 재무적 청산을 야기하는 정도로 그치게 된다.

만약 자산이 담보로 제공된다면(즉 담보대출이라면, 대출금리는 부동산의 위험에 기초하지 차주의 신용위험과는 무관할 것이므로), 우리는 대출금리가 기업에게나 개인 투자자에게나 동일할 것이라고 예상할 수 있을 것이다. 그러나 만약 대출이 차주에 대해서 소구권을 행사할 수 있다면, 기업과 개인 투자자에 적용되는 담보대출금리는 달라질 수 있다. [역자주 : 차주에 대한 소구권 행사란 차주가 채무에 지는 무한책임을 의미한다. 법원경매로도 회수하지 못하는 채권금액을 회수하기 위해서 대주는 차주의 모든 자산과 계좌에 대해서 채권보전조치를 실행할 것이다. 하지만 프로젝트금융에서 논의한 것처럼 비소구금융이라면 대출위험은 결국 담보위험으로 귀결될 것이고 (즉 차주의 신용위험과 절연될 것이고) 차주가 누구인가보다는 담보가 무엇인가를 평가하게 될 것이다.]

영업권 통제

기업은 앞의 사례에서 고려하지 않았던 재무적인 이유로, 자산을 소유함으로써 부동산을 통제하기를 원할 수 있다. 예를 들면, 기업은 특정한 입지에서 사업을 영위하기 때문에, 다른 입지로 이동하는 것이 곤란한 소위 '영업권'을 형성할 수도 있다. 만약 영업장소를 임차하였다면, 임대인은 시장에서 통용되는 임대료 수준보다 더 높은 임대료를 부과함으로써 임차인으로부터 기업 고유의 가치(영업권) 중 일부를 흡수하려고 시도할 수 있다. 부동산을 소유함으로써 기업은 합리적인 가격에 영업권을 유지할 수 있게 된다.

재무제표에 대한 영향

공간의 '소유 대 임차' 결정은 기업의 재무제표에 영향을 주고, 이는 다시 투자자와 대출자가

회사에 부여하는 가치에 영향을 미쳐서 결국 기업의 자본비용에 영향을 주게 된다. 이런 재무적인 고려사항들은 '소유 대 임차'의 결정에 상당한 영향을 미칠 수 있다. 사실 다른 회사 자산에 대비되는 부동산의 속성 때문에, 기업들은 종종 다른 투자자들보다 부동산을 소유함에 있어서 불리한 입장에 놓여있다.

　[예 15-3]을 다시 살펴보자. 소유와 임차를 비교하면, 임차할 경우 15년 동안 매년 당기순이익이 단지 $4,830 더 높을 뿐이고, 세후현금흐름은 오히려 소유하였을 경우 15년 동안 매년 $45,170이 더 높다. 현금흐름과 비교할 때 회계 재무제표상 소득은 잠재적인 문제를 야기하는데, 이는 투자자들은 단지 기업이 보고하는 "주당순이익(earnings per share: EPS)"만 인식할 뿐 현금흐름은 알지 못하게 될 것이라는 점이다. 게다가 이 사례에서 소유로 인한 이익의 많은 부분은 사용기간 말 부동산의 잔존가치로부터 발생한다. 이렇게 실현되지 않은 출처에서의 잠재소득은 매년 손익계산서에 반영되지 않을 것이다. 또 다른 잠재적인 문제는 기업의 재무상태표에 부동산을 장부가격으로 기재한다는 점이다. 장부가격은 취득원가에 근거하므로 최초 취득가액에서 감가상각 누계를 차감한 금액과 같다. 투자업계는 기업이 보유한 부동산의 시장가치를 알지 못하거나 적어도 부동산가치를 판단하기 쉽지 않을 것이다. 따라서 많은 분석자들은 기업의 주식가격이 기업 소유 부동산자산의 평균을 상회하는 상승분 이익은 전혀 반영하지 않을 수 있다고 주장한다.[20]

　사실 부동산 자산을 주기적으로 재평가하지 않는 한, 기업의 경영진들은 기업 부동산의 가치가 장부가격보다 높다는 사실을 인지하지 못할 수 있다. 따라서 그들은 부동산을 비효율적으로 사용할 수 있는데, 이는 그들이 공간의 진정한 가격을 고려하지 않기 때문이다. 기업의 부동산에 대한 비효율적 이용은 부동산의 가치를 인식하고 또한 이 부동산이 최고최선으로 이용되지 않고 있다는 사실을 알고 있는 투자자들로 하여금 기업인수를 시도하게 만들 수 있다. 이런 기업인수 이후에는 새 소유주가 부동산 자산을 매각하고 영업시설을 다른 곳으로 옮기게 될 것이다.

　기업의 재무상태표에서 또 다른 왜곡이 발생하는 때는 부동산 가치는 장부가격으로 기재되어 있지만 담보대출은 현재 시장가치에 기초하여 차입할 경우이다. 만약 이런 일이 발생하면, 시장가치로 구한 LTV비율(loan-to-market-value ratio)이 장부가격으로 구한 LTV비율(loan-to-book-value ratio)보다 훨씬 낮게 계산된다. 따라서 담보대출이 (장부가격으로 기재한 자산가치에 근거하여 계산한) 기업의 전반적인 부채비율을 상승시킬 수 있다. 회사 자산의 부채비율이 실제 부채비율보다 훨씬 더 높아 보일 수 있기 때문에, 왜곡된 부채비율은 기업을 주주들에게 훨씬 위험해 보이도록 만들 수 있고 따라서 낮은 주식가격으로 귀결될 것이다. 여러 사람들이 주장하기로는, 부채비율 왜곡이 이런 차이(장부가치와 시장가치 차이)를 알고 있는 투자자들이 기업을 인수하려 할 때 이들이 현재 시장 주가보다 더 높게 지불하는 프리미엄을 부분적으로 설명해준다고 한다.

---

20 투자자들은 부동산이 평균적으로 장부가격보다 높은 가치를 가진다는 것을 알고 있을 것이다. 하지만 특정 기업의 부동산 시장가치와 관련하여 자세한 정보를 알지 못하는 한, 그들이 할 수 있는 최선의 방법은 시장가치가 장부가격에 비해 임의로 정한 일정 금액만큼 높을 것이라고 가정하는 정도이다.

부외금융 *Off-Balance-Sheet Financing*

부동산의 소유는 종종 기업의 재무제표에 바람직하지 못한 영향을 주기 때문에, 기업들은 종종 재무제표상에서 부동산을 나타내는 것을 피하려고 시도한다. 기업들이 부동산을 감추는 방법이 바로 **부외금융**(簿外金融: off-balance-sheet financing)을 이용하는 것이다. 임대차 계약이 일정한 조건을 충족한다면, 임차는 기업들로 하여금 부동산을 부외로 처리하도록(즉 재무상태표에 나타나지 않도록) 허용할 수 있다. 만약 임대차가 **운용리스**(operating lease)로 간주되면, 임대차계약은 회사의 재무상태표에 아무런 영향을 주지 않게 된다. 하지만, 만약 임대차가 **금융리스**(capital lease)로 간주되면, 임대차는 재무상태표에서 비유동자산(장기자산) 및 비유동부채(장기부채)로 기재된다. 자산·부채 모두 재무상태표에서 리스료 지급금의 현재가치 합계와 동일한 금액으로 기재된다.[21] 이는 분명히 기업의 부채의존도(debt-to-asset ratio)를 높이게 된다. 따라서, 많은 기업들은 임대차가 운용리스로 간주되는 것을 선호한다. 하지만 FASB(Financial Accounting Standards Board: 美재무회계기준원)의 가이드라인에서, 임대차는 다음 네 가지 조건 중 어느 하나라도 충족할 경우 금융리스로 간주된다.[22] 다음 경우의 리스는 금융리스인데: (1) 리스기간이 자산 수명의 75% 이상으로 길게 설정된 경우; (2) 리스기간 말에 소유권이 임차인에게 이전되는 경우; (3) 염가매수옵션(廉價買收 옵션: bargain purchase option)에 의해 임차인에게 소유권이 이전될 가능성이 상당한 경우가 이에 해당한다.[23] 마지막으로 (4) 계약 리스료의 현재가치 합계가 리스계약 체결시점에 자산의 공정시장가치의 90%와 같거나 초과하는 경우, 해당 리스는 금융리스로 간주된다.

과거에는 많은 기업들이 비연결 자회사가 부동산을 소유하는 방법을 준비하고는 단지 (모회사는 또는 연결재무제표는) 자회사에 대한 소유지분만을 보고하는 반면 (자회사의 자산 인수가격과 차입부채는 보고하지 않으면서) 자회사의 이익만 연결재무제표에서 보고하는 방법을 사용하였다. [역자주 : 자회사를 연결하지 않아서 자회사의 자산·부채를 연결재무제표에서 누락하였다면, 당연히 자회사의 이익 역시 연결재무제표에 연결되어서는 안될 것이다.] 자회사가 "비(非)동질적인(nonhomogeneous)" 또는 관련성이 없는 활동에 종사한다고 간주될 때에는 기업들이 자회사를 이런 식으로 악용하였다. 즉 만약 부동산이 기업의 핵심 사업영역과 무관하다면, 기업은 비연결 자회사가 부동산을 소유하게 하되 연결재무상태표에는 영향을 주지 않는 방법을 사용할 수 있었다. 하지만 이후 FASB 가이드라인이 이런 목적으로 비연결 자회사를 이용하는 것을 엄격하게 제한하는 방향으로 개정되었다. 부외로 (즉 회계적으로 절연하여) 비연결 자회사가 부동산을 소유하기를 원하는 기업들은 해당 자회사의 지분을 50% 미만으로 소유하여야 하다. 이는 곧 그 회사들이 자회사의 지배권을

---

[21] 이것이 바로 우리가 '소유 대 임차' 사례에서 대출금액은 지급 임차료의 현재가치 합계와 동일할 것이라고 가정한 이유들 중의 하나이다. FASB(Financial Accounting Standards Board: 美재무회계기준원)의 가이드라인은 할인율이 주어진 임차인 신용도에 맞도록 적절한 수준일 것을 요구한다. 우리 사례는 지급 임차료를 담보대출 금리로 할인한 현재가치의 합계가 바로 대출금액과 일치한다고 가정하였음을 상기하기 바란다. 동일 기업에 대한 임대와 담보대출은 비교가능한 위험수준을 가질 것이다.

[22] FASB, Statement of Financial Accounting Standards(재무회계기준서), *NO. 13*, par. 7.

[23] 염가매수옵션은 옵션 실행 시에 자산에 기대되는 공정시장가치보다 훨씬 낮은 가격으로 자산을 매입할 수 있는 권리를 임차인에게 부여하게 된다.

포기해야한다는 의미이다.

잠복가치 *Hidden Value* 의 문제

어떤 기업부동산은 그 가치상승이 경영진에게 골치 아픈 문제를 야기하기도 한다. 여러 시장 관찰자들이 주장하기를, (1) 회계관행으로 기업은 부동산 자산을 "저가법(Lower of Cost or Market: 원가와 시장가치 중 낮은 가격을 기재하는 방법)"에 기초하여 기재하고; (2) 많은 부동산 자산들이 공시되는 이익에 기여하는 바가 적고 기업부동산의 가치가 (기업 내 잠복하여) 투자자들에게는 가려지며 따라서 주가에 완전하게 반영되지 못한다고 한다. 이를 **잠복가치**의 문제라고 한다. 부동산 가치가 주가에 적정하게 반영되지 않을 경우 기업 경영은 기업 사냥꾼들의 약탈에 공격받기 쉽다. 이들은 기업을 염가에 매입할 능력이 있고, 그런 다음 저평가된 자산을 팔아치우려 할 것이다.

두드러지게 저평가된 기업부동산은 기업 경영진이 세심하게 부동산 자산의 목록을 작성하여 이들의 대안적인 용도를 구상하도록 유도한다. 어떤 경우에는 이 과정이 주요 시설의 이전에 수반하여 그냥 자산을 처분하는 결과를 가져오기도 하고, 다른 경우에는 매후환대차를 모색하게 되며, 또 다른 경우에는 잠복가치를 잡아낼 목적의 다양한 자산담보부 차환(asset-backed refinancing)전략을 구상하게 된다. 이와 동시에 어떤 회사들은 지분참여형 임대차(Equity Lease)와 (임대인과) 합작법인(joint venture) 설립을 통하여 입주비용뿐 아니라 장래 잠복가치문제의 가능성을 줄이려고 시도한다. 이런 방법들은 기업들로 하여금 그들이 주요 임차인인 부동산 프로젝트의 가치상승에 참여할 수 있게 허용하되, 부동산에 많은 자본이 투입되어 발생하는 비용문제를 피할 수 있게 해준다.

부동산의 경우 몇 가지 특수한 문제들을 나타내게 되고, 이로 인하여 주가가 저평가되는 결과를 낳는다. 그 중 하나는 외부 투자자들이 이런 부동산 회사의 가치를 확신함에 소요되는 비용이 큰 폭의 주가 할인을 정당화할 만큼 클 수 있고, 특히 경영진이 (1) 자신이 보유하는 부동산의 가치를 알지 못하거나; (2) 그 가치를 알기는 하되 투자자들과 소통하는데 실패하는 경우에 더욱 그러하다.

둘째, 투자자들은 현재 영업 현금흐름을 산출하지 않는 부동산에 대해서는 미래의 기대가치를 (설령 그들이 그 기대가치를 고려하고 있다손 치더라도) 매우 과다하게 할인하려 할 것인데, 특히 그들이 생각하기로 경영진이 해당 부동산을 처분하거나 개발할 의도가 없다면 더욱 그러하다. 예를 들면, 만약 미개발 나대지의 가격이 크게 상승하였으나 경영진이 이 가치를 거두어들일 계획을 가지고 있다는 확신을 투자자들에게 심어주지 못한다면, 투자자들이 이런 장래 성장 옵션에 대해서 낮은 가격을 부과함은 타당한 것일 테다. 어찌 되었건, 투자자들은 잠복가치를 실현함에 필요한 (기업자산에 대한) 지배권을 쥐고 있지 못하고 있다 (그것은 경영진이 쥐고 있다).

셋째, 현재 운영 중인 부동산의 경우, 훨씬 더 높은 가치를 갖는 대안용도가 존재함에도 불구하고 경영진이 자산을 수익성이 한계에 다다른 용도로 계속 운영하겠다고 고집하는 것은 주식가격의 상당한 저평가 사유가 될 수 있다. 즉, 자산의 처분 또는 용도변경에 대한 경영진의 의도가 시장에 신호로서 전달되지 않는다면 말이다.

부동산을 평가함에 있어서 또 하나의 잠재적인 문제가 (심지어 수익부동산의 경우에도) 대두될 수 있다. 일반적으로 회계적인 감가상각비용은 진정한 의미의 경제적 감가상각 금액을 초과하기 마련인데, 부동산 회사의 공시이익은 대체로 영업현금흐름의 수준을 낮춰 잡아 표현하게 된다. 만약 시장이 공시이익에 기계적으로 반응한다면, 시장은 부동산자산을 체계적으로 저평가하게 될 것이고 그러면 시장은 오로지 현금흐름에만 관심을 갖는 기업사냥꾼들에게 부동산기업들을 먹이로 남겨두게 된다. 하지만 시장이 (학계의 연구자들이 제안하는 수준으로) 당기순이익뿐 아니라 현금흐름을 자세히 살펴본다면, 회계 관행이 부동산을 저평가하도록 유도하지는 않을 것이다.

한편으로, 앞에서 언급한 것처럼 부동산을 많이 가진 회사를 인수하고, 인수한 부동산의 가치를 시장에서 제대로 평가받도록 가치를 높이며, 자산가격을 [1981년 '경제회복 세제법안(Economic Recovery Tax Act)'이 제공하는] 훨씬 단축된 내용연수로 감가상각하는 일련의 기업 인수인의 능력은 분명히 1980년대 초반 기업인수 활동에 인위적인 자극을 제공하였다. 하지만 이러한 자극은 1986년 '조세개혁법(Tax Reform Act)'으로 인해서 사라지게 되었다.

요약하면, 주식가격과 체감하는 부동산가치 사이의 커다란 불일치는 시장 비효율성의 가능성뿐 아니라 정보 및 지배권문제에서 그 원인을 찾을 수 있다. 첫째, 부동산을 분산하여 소유하는 대형 제조업체들의 경우, 투자자들에게 부동산가치를 확신시키는 비용이 매우 크다. 둘째, 설령 시장이 이 자산들의 가치를 알고 있다 하여도, 경영진이 이런 부동산가치를 실현시키는 수단을 강구할는지 그리고 언제 그런 수단을 취하게 되는지에 대해서 불확실성이 상존하며, 바로 이 불확실성이 투자자들로 하여금 주식가격을 결정할 때 부동산자산을 과도하게 할인하도록 유도하는 것이다.

기업 구조조정에서 부동산의 역할

광범위한 규제완화로 특징지어지는 1980년대의 사업환경은 국제경쟁을 심화시켰으며 주주행동주의를 증진시켰고 따라서 미국 기업들이 여러 측면에서 그들의 영업을 (어떤 경우에는 기업사냥꾼들에 대해서 경영권을 보호하기 위해서라도) 주주가치의 증진을 시도하도록 강요하였다. 효율성을 증진하려는 경영의 긴박성에 편승하여, 상술한 경쟁지향적인 기세는 유례없이 많은 수의 인수합병(merges and acquisitions: M&A), 사업매각, 기업분할, 차입매수(leveraged buyout: LBO) 및 기타 재자본화(recapitalization)를 야기하였다. 부동산 자산들은 종종 이런 구조조정의 초점이 되었다.

이런 구조조정의 결과로서, 오늘날의 기업 경영진은 기업이 부동산을 소유함으로 인해 비교우위를 갖는다는 전통적인 통념에 대해서 의문을 제기하는 경향이 훨씬 강한 듯하다. 기업부동산은 기업 운영에서는 시설로 기능하겠지만, 한편으로 국지 및 지역 부동산시장의 한 부분이라는 것을 기억하는 것이 중요하다. 기업이 작은 국지시장에서 지배적인 경제동력이 아닌 이상, 일반적으로 부동산의 시장가치는 기업 영업활동의 가치를 견인하는 요인들과는 전혀 다른 요인들에 의해서 지배를 받게 된다. 영업에 초점을 맞춘 기업 경영진보다, 개발업자들과 부동산투자자들이 자산가치의 변화와 이 변화를 이용하는 사업기회에 훨씬 민첩하게 대응하는 것 같다.

매후환대차(賣後煥貸借)

일정 기간 부동산을 소유해 온 기업과 관련하여 추가로 분석할 사항은 기업이 그 부동산을 매각하고 새로운 소유주(매수인)에게 그 부동산을 임차해야 할 것인지에 대한 결정이다. 매후환대차는 기업이 부동산을 매각하기를 희망하되 현실적으로 이전하는 것이 쉽지 않아서 계속해서 그 공간을 사용할 필요가 있는 경우에 매력적일 것이다. 예를 들면, 1988년에 타임 社(Time Inc.)는 록펠러 센터(Rockefeller Center)에 소재한 본부 지분의 45%를 이전(以前) 공동건물주이던 록펠러 그룹(Rockefeller Group)에 매도한 후 다시 이 공간을 장기임차하였다.

왜 기업은 매후환대차로부터 이익을 얻게 될까? 매후환대차를 하게 되면, 기업은 자산매각으로 인해 현금을 수령하게 되고 (아직 기업이 해당 부동산을 사용해야 할 필요가 있다고 가정하면) 그 시설을 다시 임차하면서 임대료를 지급하게 된다. 또한 기업은 건축물의 장부가치에 남아 있는 감가상각 대상금액을 상실하게 된다. 하지만 매후환대차는 자산의 잔여가치와 관련된 위험을 제거하는 효과가 있다.

'임차 대 소유' 분석에서 논의하였듯이, 어느 기업이 계속해서 부동산의 투자자로 남아있는 것이 이익이 될 것인가는 **매후환대차**를 할 것인지 여부를 좌우하게 될 것이다. 사실 매후환대차 분석은 '임차 대 소유' 분석과 매우 흡사하다. 단 하나 차이점이 있다면, 기업이 이미 부동산을 소유하고 있기 때문에 만약 기업이 계속해서 자산을 소유하기로 결정한다면 이 시점에 투자자금의 규모로써 (당초의 취득원가가 아니라) 자산의 매각으로 수령하는 세후 현금흐름을 고려한다는 것일 게다.

만약 양도소득세를 납부해야 한다면, 매각으로 인한 세후 현금흐름은 자산의 취득원가보다 작을 것이다. 따라서 기업이 (매후환대차를 하지 않을 경우) 자산 매각 후 수령하는 잔여자금의 수익률은 기업이 동일한 자산을 아직 소유하지 않은 상태에서 이를 소유 또는 임차하기로 결정하는 경우의 수익률보다 높을 것이다.

기업이 공간을 매후환대차할 것인지 여부를 어떻게 분석하는지 살펴보기 위해서, 앞서 '임차 대 소유' 분석에서 고려하였던 사례를 확장해 보도록 하자. 5년 전에 기업은 부동산을 임차하기보다는 소유하기로 결정하였다고 가정하자. 5년이 지난 현재에 경영진은 자산의 매후환대차를 고려하고 있다고 역시 가정해 보자. 오늘 자산을 매각한다면 200만 달러에 매각하여 오늘부터 15년 동안 매년 20만 달러의 임대료를 지불하는 임차로 전환할 수 있다. [예 15-5]는 오늘 자산을 매각할 경우의 세후현금흐름을 보여주는데, 5년 전에 기업이 자산을 180만 달러에 매입하였음을 고려한 결과이다. 지난 5년 동안 회사가 자산을 감가상각하였기 때문에, 회사는 양도소득세로 $135,000을 납부하여야 하고, 결과로서 오늘 매각할 경우의 세후현금흐름은 $1,865,000이 된다. 소유 대신 임차함으로써 향후 15년 동안 경영진은 매년

예 15-5	매후환대차의 기업손익 영향 분석

취득원가: (5년 전)

토지	$ 225,0000	12.50%
건물	1,575,000	87.50%
합계	1,800,000	100.00%
감가상각 내용연수	31.5년	
세율	30,00%	

오늘 매각할 경우의 세후현금흐름:

재매각가격		$ 2,000,000
(−) 대출잔액		−1,369,000
재매각가격	$ 2,000,000	
(−) 수정원가	−1,550,000	
양도소득 과세표준	$ 450,000	
(−) 양도소득세		−135,000
세후현금흐름		$ 496,000

임차료비용		$200,000(15년간 순임대차)
영업비용(부동산)		지급 임차료비용의 50.00% 가정

	소유	임차	차이(임차 − 소유)
매출액	$ 1,500,000	$ 1,500,000	0
(−) 매출원가	750,000	750,000	0
매출총손익	750,000	750,000	0
(−) 영업비용:			
사업	200,000	200,000	0
부동산	100,000	100,000	0
(−) 임차료비용	0	200,000	−200,000
(−) 이자	−136,900	0	−136,900
(−) 감가상각	−50,000	0	−50,000
과세소득(손실)	263,100	250,000	13,100
(−) 법인세	78,930	75,000	3,930
당기순손익	184,170	175,000	9,170
(+) 감가상각	50,000	0	50,000
(−) 원금	0	0	0
현금흐름	234,170	175,000	59,170
재매각가격			$ 3,000,000
(−) 대출잔액			−1,369,000
재매각가격		$ 3,000,000	
(−) 수정원가		−800,000	
양도소득 과세표준		$ 2,200,000	
(−) 양도소득세			−660,000
세후현금흐름			$ 971,000
연차	0	1~15	15
소유 − 임차	$ −496,000	$ 59,170	$ 971,000
내부수익률	14.10%		

세후 현금흐름으로 $155,000을 추가로 지불해야 한다.[24] 게다가 만약 자산을 오늘 매각한다면, 기업은 임대차기간 말에 (매각자산이 없으므로) 자산 매각으로 인한 현금흐름을 수령할 수 없을 것이다. 우리는 15년 임차기간 말에 자산이 300만 달러의 가치를 가질 것으로 가정한다.

　[예 15-5]에서 볼 수 있듯이, '소유 대 임차'의 세후 내부수익률은 14.10%이다. 이 수익률은 임차 대신 **계속 소유하였을 경우 발생하는 수익률**이다. 한편으로, 이 내부수익률은 매**후환대차의 금융비용**으로 간주할 수 있다. 즉 오늘 자산을 매각하고 이를 다시 임차하면서 $496,000을 취득하는 것에 대한 비용인 것이다. 계속 소유함으로 인한 수익률은 당초 '임차 대 소유' 사례의 수익률보다 살짝 높다. 왜 그런 것일까? 하나의 이유는 자산을 매각한다면 양도소득세를 지불해야 하고, 계속 소유하면 (그 세금만큼 절감하므로) 이익이 증가하게 된다. 시장임대료가 지난 5년 동안 상승하였기 때문에 지급 임차료 역시 이전보다 높아졌다. 이런 상황에서, 지금 당장 지급해야 하는 높은 임차료를 절약할 수 있기 때문에 소유에 따른 이익이 더 많은 것이다. 만약 기업이 임차를 선택한다면, 훨씬 더 높은 지급 임차료가 자산을 매각하여 실현하는 자산가격 상승분을 상쇄하게 되고 따라서 (임차에 대비하여) 소유할 경우 얻는 이익을 희생시키게 된다.

　또한 매후환대차는 기업의 재무제표에도 함의를 갖는다. 우리가 논의하였듯이, 자산의 매각은 양도소득세를 수반하게 된다. 하지만 동시에 매후환대차는 기업으로 하여금 손익계산서상에 양도소득으로 인한 추가소득을 보고하게 해준다. 추가소득은 공시하는 주당순이익의 증가를 가져오게 된다. 경영진은 그들이 주당순이익의 증가를 보여주고 싶을 때 부동산의 매후환대차를 통해서 양도소득을 인식시키고 싶은 충동을 가질 수도 있다. 하지만 이런 이유로 추진하는 매후환대차는 반드시 기업의 최선의 이익을 보장한다고 할 수 없을 것이다.

　다른 자산매각과 마찬가지로, 매후환대차는 잠재적인 기업사냥꾼들이 부동산을 조달수단으로 이용하는 옵션을 제거한다. 만약 경영진이 자산매각대금을 핵심 사업영역에 수익성 있게 재투자하거나 주주들에게 현금으로 돌려준다면, 외부 투자자들이 부동산의 매각 또는 차환을 통해서 기업인수로 이익을 볼 수 있는 기회가 봉쇄될 것이다. 게다가 만약 회사가 (매각자산을) 단기로 재임차한다면, 회사는 이전(移轉)할 수 있는 옵션을 계속 유지하게 된다. 하지만 만약 회사가 자산을 매각하고 그냥 장기로 재임차한다면, 소유권 양도는 아무런 경제적 이익을 주지 못할 것이다. 자산 매각으로 인한 자본유입은 새 주인(매수인)이 부과하는 높은 임대료에 의해서 시간이 경과함에 따라 간단히 상쇄될 것이다. 무엇보다 만약 자산매각이 큰 규모의 조세채무를 유발한다면, 실제로 매후환대차는 주주가치를 훼손시킬 수도 있다.

　하지만 기업들이 양도소득세를 회피할 수 있다고 가정하면,[25] 회사의 주주들은 어느 정도 매후환대차로 이익을 볼 수 있다(미국 내 기관투자자들과 외국인 투자자들은 기꺼이 기업들이 요구하는 수익률보다 낮은 수익률(투자위험과 차입으로 보정한 수익률)을 받아들이려 할 것이다). 이런 경우, 회사에 유입되는 순매각대금은 소유권 포기로 인한 절세 포기금액과 미

---

[24] 반대로 자산을 계속 소유하고 있으면, 기업은 세후 현금흐름으로 $155,000을 절약하게 된다.

[25] 물론, 기업이 활용하고자 하는 차기이월손실(Loss Carry-Forward)을 상계처리하기 위해서 자산의 양도소득을 이용하려는 매후환대차의 사례는 언제든지 나타날 수 있다.

Web 응용

"합성임대차(Synthetic Leases)"라 불리는 한 유형의 부외금융이 최근에는 기업들이 임차하는 부동산을 구조화하는 방법으로서 인기를 끌고 있다. 많은 첨단기술회사들이 이 유형의 임대차를 이용하여 그들의 본사를 짓거나 매입하는 자금을 조달하였다. 검색 엔진을 활용하여, 이 방법을 사용한 회사 또는 이 임대차가 어떻게 작동하는지를 설명하는 웹사이트를 찾아보자. 이 임대차 구조의 주요한 장점과 단점은 무엇인가? 아직도 합성임대차가 사용되고 있는가?

래 지급임대료 흐름의 현재가치를 합산한 금액을 초과하게 된다.

매후환대차의 또 하나의 잠재적 이익은 "신호" 도구로서의 역할이다. 어느 정도에 있어서 투자자들에게는 부동산가치의 인식이 불가능하였거나 내키지 않는 일이었겠지만, 매후환대차는 이제 부동산가치를 시장에 분명하게 증명하게 된다. 이에 못지않게 중요한 부분은 매후환대차가 (특히 자사주 매입과 결합할 때) 경영진이 주주가치 증진을 위한 노력에 대해 훨씬 진지해졌음을 투자자들에게 설득할 수 있다는 점이다. 시장이 성숙한 산업군(産業群)에 속하여 투자기회가 제한된 회사들의 경우, 주주들에 대한 대규모 배당과 함께 수행하는 매후환대차는 투자자에게 잉여자본을 돌려줌으로 인하여 주주가치를 높일 수 있다.[26]

매후환대차로 인한 또 다른 잠재적 이익은 기업성장 기회에 자금을 조달하거나 기존의 고금리 부채를 차환하는 데 이용할 재원을 제공한다는 점이다. 예를 들면, 프레드 마이어社(Fred Meyer, Inc.)는 최근에 35개 매장과 한 개의 유통센터를 매후환대차하였고, 이로 인해서 4억 달러의 자금을 마련하였다. 모든 매장은 20년 동안 고정임대료, 순임대차, 그리고 부외금융 처리를 허용하는 운용리스구조로 임차하였다. 이 거래는 회사로 하여금 효과적으로 부동산 자산의 시장가치 전부를 흡수하게 하였고, 순매각대금을 이용하여 고금리부채의 일부를 상환하게 하였으며 또한 장기 임대차계약을 통해서 자산에 대한 통제권을 유지할 수 있게 해주었다.

차환

앞 단락에서 논의한 것처럼, 기업이 매후환대차를 고려하게 되는 또 다른 이유는 자본을 마련하는 것이다. 재무관리의 한 대안으로서 부동산을 담보대출로 차환(refinancing)할 수 있는데, 특히 당초 자산 매입 시에 기업의 무담보 차입재원(즉 신용대출 한도)을 사용하였을 경우 고려할 수 있는 방법이다. 앞에서 설명하였듯이, 만약 기업부채가 재무상태표에 나타나고 이 부채가 기업의 부채비율을 상승시킨다면, 담보대출 차입은 기업부채의 대안이 될 수 있다. 즉 기업은 부동산 담보대출을 무보증 차입보다 낮은 이자율로 얻을 수 있는지에 대해서 고려해야 할 것이다. 기업이 사용할 수 있는 또 다른 옵션은 12장에서 설명하였듯이 하이브리드 모기지(hybrid mortgage)로 차환하는 것이다.

---

[26] 이게 바로 "잉여현금흐름(free cash flow)의 대리인비용"이라고 알려진 마이클 젠슨(Michael Jensen) 주장의 요점이다. 이 개념의 알기 쉬운 설명과 기업 구조조정활동에 반영된 사례는 아래 논문을 참조하기 바란다. Michael Jensen, "The Takeover Controversy: Analysis and Evidence," *Midland Corporate Finance Journal*, Vol. 4, No. 2, (Summer 1986).

사업포트폴리오 다각화를 위한 부동산투자

기업들은 부동산의 소유를 자신들의 사업활동을 다각화하는 수단으로 간주할 수 있고, 이는 이들이 영업에 필요한 것보다 더 많은 부동산을 인수하는 것으로 귀결될 수 있다. 예를 들면, 기업이 자신의 사용목적에 필요한 것보다 더 큰 오피스 건물을 개발하거나 인수하도록 결정할지 모른다. 이 경우 오피스 건물에서 기업의 자체 사용 이외의 공간은 투자로써 보유하게 되는 것이다.[27]

또한 기업이 예전에는 핵심 사업부문에 이용되다가 현재는 더 이상 필요 없게 된 공간을 소유하고 있을 수도 있다. 이런 잉여공간을 투자의 일환으로 계속 보유할지 모른다. 이런 두 가지 경우(사업 운영목적 대 투자목적) 모두에서 질문은 기업이 투자부동산을 소유 및 관리할 전문성을 갖추고 있는가 하는 것과 회사의 주식가치가 부동산투자의 가치를 완전하게 반영하고 있는가 하는 것이다. 즉 같은 부동산을 부동산투자회사(real estate investment trusts: REITs)나 부동산 유한파트너쉽(limited partnership)과 같은 다른 형태의 투자 도관체가 보유할 경우 그 가치가 더 높아질 것인가를 묻는 것이다. 이런 투자도관체들은 나중의 장들에서 보다 자세하게 설명할 것이다. 여기에서 핵심은 부동산을 투자로써 보유하는 것이 주주들의 최대이익이 될 수 있는가를 기업이 결정할 필요가 있다는 점이다. 주주들은 오히려 회사가 핵심 사업분야와 관련된 자산만을 보유하는 것을 선호할 지도 모른다.

결론

이 장은 기업의 핵심 사업분야에 사용되는 부동산을 소유할 것인지 임차할 것인지를 결정하는 것에 초점을 맞추었다. 우리는 부동산의 '소유 대 임차'의 결정이 앞선 장들에서 광범위하게 분석하였던 단순한 부동산투자분석과 유사하다는 것을 보여주었다. 하지만 핵심적인 차이는 부동산의 소유 또는 매후환대차가 기업의 재무제표에 미치는 영향이라 할 것이다. 어떤 특정 회사가 소유할 것인지 임차할 것인지는 기업이 다른 투자자들 또는 다른 투자도관체들에 대비하여 부동산의 소유에 있어서 비교우위를 갖고 있는가에 달려있다.

기업부동산이 순이익과 주가에서 차지하는 중요성을 인식하고 있는 최고재무관리자(chief financial officer: CFO)들은 기업부동산에 점점 더 많은 주의를 기울이고 있다. 오늘날의 부동산 관리자들은 투자금액을 줄이고 유연성을 높이면서도 (소유권의 장점인) 영업통제권을 가질 수 있는 다양한 대안들과 비교하여 구태여 부동산을 소유하는 것에 대한 타당성을 제시해야 할 것이다. 영업통제 목적으로 부동산을 유지함에 있어서 구태여 소유해야 할 필요성이 감소함에 따라서, 기업들이 합작법인 형태의 소유뿐 아니라 다양한 형태의 임대차를 포함하는 이러한 대안들을 수용할 가능성이 훨씬 높아진 것이다.

---

[27] 만약 기업이 확장할 필요가 있다면 건물의 소유는 장점이 될 수 있다. 왜냐면 임차인의 계약기간이 종료될 때 기업은 자신이 소유한 건물 내 공간에 대해 사실상 가장 우선하는 선택권을 가지고 있기 때문이다.

주요용어

금융리스	부외금융	매후환대차
기업부동산	운용리스	특수목적 건물
잠복가치	잔존가치	
임차 대 소유 분석		

유용한 웹사이트

www.reis.com – 부동산 전문가들이 기고하는 상업부동산의 경향, 분석, 시장조사 그리고 거래에 도움이 되는 뉴스를 제공한다.

www.corenetglobal.org – 기업부동산 네트워크(Corporate Real Estate Network) 또는 CoreNet Global은 세계적인 대기업들을 대상으로 부동산의 전략적 관리에 종사하는 비즈니스 리더들을 위한 최상위급 조직이다.

www.naiop.org – 전미 산업 및 업무부동산 협회(National Association of Industrial and Office Properties). 산업용, 업무용 및 관련 상업부동산에 종사하는 개발업자, 소유주, 투자자 그리고 자산관리자들을 위한 매매협회.

www.equiscorp.com – UGL Equis는 기업부동산의 관리를 전문적으로 수행하는 세계적인 부동산회사이다.

질문

1. 기업들이 부동산 보유를 선택하는 주요한 이유들은 무엇인가?

2. 어떤 요인들이 소유보다 임차를 훨씬 매력적으로 만드는 경향이 있을까?

3. 기업부동산의 재원을 조달하면서, 왜 담보대출의 비용이 무담보 회사부채의 비용보다 더 높아질 수 있을까?

4. 왜 부동산 잔존가치로부터 발생하는 현금흐름의 위험이 기업의 핵심사업으로부터 발생하는 현금흐름의 위험과 달라질 수 있는가? 무엇이 이 현금흐름들을 상호 관련되도록 만드는 것일까?

5. 무엇이 부동산을 매입하여 기업에 임차하고자 하는 투자자의 수익률을 동일한 자산에 대해 임차하기보다 소유하기로 결정하고 추가적으로 자기자본을 투자하는 기업이 거두는 수익률과 달라지게 만드는 걸까?

6. 왜 부동산을 임차하기보다 소유하기로 한 결정이 기업의 재무제표에 불리한 영향을 미칠 수 있는 걸까?

7. 왜 기업부동산은 종종 투자자들에게 "잠복한" 가치로 간주되는 것일까?

8. 매후환대차분석은 '소유 대 임차' 분석과 어떻게 다른 걸까?

9. 왜 매후환대차의 조달비용은 본질적으로 계속 소유함으로 인한 수익률과 같은 것일까?

10. 핵심 사업영역으로부터 분산투자의 수단으로서 부동산에 투자할 때, 기업은 비교우위를 갖지 않는다는 주장은 왜 제기되는 것일까?

11. 왜 부동산은 기업 구조조정에서 종종 주요한 요인이 되는 걸까?

12. 왜 차환을 매후환대차의 대안으로 간주할 수 있는 걸까?

13. 어떤 요인들이 일반적인 임대차기간 중에 부동산의 최고최선의 이용에 변화를 일으키는 것일까?

14. 왜 기업들은 정기적으로 부동산을 재평가해야 하는 걸까?

15. 어떤 요인들이 임대차의 가치에 영향을 주는 경향이 있는가?

문제

1. ABC社는 새로운 상권에 연간 250만 달러의 매출액을 증대시키게 될 새 영업소의 개설을 고려하고 있다. 매출원가는 매출액의 40%가 될 것으로 추정되고, 영업소 공간의 취득 또는 임차에 따른 비용을 제외하고도 회사의 일반관리비는 연간 30만 달러만큼 증가할 것이다. 영업소 공간의 취득 또는 임차에 따른 비용을 고려하는 것 이외에도, 회사는 영업소의 가구 · 설비 그리고 새 영업소 개설과 관련된 기타 초기비용 등으로 250만 달러를 투자해야 한다.

    회사는 총가격 390만 달러를 지불하고 단독사용을 위한 소형 오피스 건물을 매입할 수 있다. 매입가격 390만 달러 중에서 60만 달러는 토지가격을 나타내며, 330만 달러는 건물가치를 나타낸다. 건물가치는 39년에 걸쳐서 감가상각한다. ABC社는 법인세율 30%에 속하고 있다. 어느 투자자가 동일한 부동산을 인수한 후 15년 동안 ABC社에 매년 임대료 45만 달러, ABC社가 모든 부동산 영업비용을 지불하는 조건(완전순임대차)으로 임대하려는 의향을 가지고 있다. 부동산 영업비용은 임대료의 50% 수준($225,000)으로 추정된다. 자산가격은 향후 15년 동안 지속적으로 상승하여, 15년차 말에는 490만 달러에 이르게 될 것으로 추정된다. 만약 자산을 매입한다면 금리 10%, 대출만기 15년, 만기일시상환 방식의 담보대출, 273만 달러를 차입하여 조달할 것이다.

    a. 임차한다는 가정하에서 영업소를 개설하여 발생하는 수익률은 얼마인가?

    b. 소유한다는 가정하에서 영업소를 개설하여 발생하는 수익률은 얼마인가?

    c. 임차에 대비하여 소유로 인한 증분현금흐름의 수익률은 얼마인가?

    d. 일반적으로 임차 또는 소유를 결정하기에 앞서 기업은 어떠한 요인들을 고려하게 될까?

2. 문제 1에서, 5년 전에 ABC社는 부동산을 임차하기보다 소유하기로 결정했었다고 가정하자. 5년 후 현재 시점에서 경영진은 자산의 매후환대차를 고려하고 있다고 가정해 보자. 오늘 자산을 매각한다면 424만 달러에 매각하여 오늘부터 15년 동안 매년 45만 달러의 임대료를 지불하는 임차로 전환할 수 있다. 5년 전에 오피스 건물은 390만 달러에 매입하였다. 15년 임대기간 말에 자산의 가치는 570만 달러가 될 것이라고 가정하자.

    a. ABC社는 자산의 매후환대차로 인하여 얼마를 수령하게 되는가?

    b. 매후환대차로 자금을 취득함에 따라서 지불하는 비용(즉 매후환대차의 세후 내부수익률)은 얼마인가?

    c. 계속 자산을 소유함으로 인한 수익률은 얼마인가?

    d. 기업이 매후환대차의 실행을 결정하기 위해 고려할 수 있는 다른 요인들과 대안들은 일반적으로 무엇이 있을까?

3. 문제 1에서, ABC社가 '임차 대 소유'의 이익은 분석전제로 수립한 여러 가정들에 민감하게 반응할 수 있다는 것을 인식하고 있다. 경영진은 가정을 다르게 수립할 경우 임차 대비 소유의 증분현금흐름으로 인한 수익률이 어떻게 영향을 받을 것인지를 알고 싶어 한다. (이 문제는 엑셀 스프레드시트를 사용하는 것이 가장 좋다.)

    a. 기업의 법인세율이 0%라고 하면, 수익률은 어떻게 영향을 받게 될까?

    b. 시간이 경과함에 따라 자산가치가 상승하지 않고 그대로 머물러 있다면 수익률은 어떤 영향을 받게 될까?

    c. 만약 대출금리가 10%가 아니라 8%라고 하면, 수익률은 어떤 영향을 받게 될까?

4. **Excel**. 웹사이트에서 제공하는 엑셀 워크북 안에 "Ch15 Lease_Own"을 참조하기 바란다. 아래 질문하는 각 사항은 임차 대비 소유의 세후현금흐름 차이로 인한 수익률에 어떤 영향을 주게 되는가?

    a. 자산의 연임대료가 20만 달러가 아니라 $175,000으로 낮아질 경우

    b. 금리 10%가 아니라 8%로 담보대출의 조달이 가능할 때

www.mhhe.com/bf15e

부동산의 자산가격 결정과 자본예산분석 : 통합적 관점

제11장에서 논의를 시작한 것처럼, 수익부동산은 종종 자기자본 투자자의 관점에서 그 가치를 평가한다. 즉 자산의 매입과정에서 차입에 이용한 담보대출의 비용과 대출기간에 대한 명확한 가정에 기초해서, 우리는 자기자본 투자자에게 귀속되는 (세전의 또는 세후의) 현금흐름을 할인하게 된다. 세후 현금흐름을 할인하기 위해서는 세후 할인율을 사용한다. 세후 기준으로 분석할 때에는 투자자에게 돌아가는 세후 현금흐름의 계산이 이자비용의 과세소득 공제혜택을 반영하게 된다. 어느 투자자가 투자하고자 하는 자기자본 금액은 자기자본 포지션의 가치를 나타낸다. 담보대출 대주가 부동산에 대출하려는 대출금액은 담보대출 포지션의 가치를 나타낸다. 총자산가치는 담보대출 포지션과 자기자본 포지션의 가치를 합산한 금액이다.

반면에, 기업 재무관리 교과서에서 볼 수 있는 전통적인 자본예산(capital budgeting)의 분석절차는 프로젝트가 산출하는 **금융비용 차감 이전의 세후 현금흐름**을 (타인자본과 자기자본의 세후가격을 고려한) 자본비용의 가중평균으로 할인해 주어야 함을 암시한다. 타인자본의 이자비용 과세소득 공제혜택은 다음 두 가지 방법 중 하나로 취급해야 하는데: (1) 자본비용의 가중평균을 계산할 때 타인자본의 세후가격을 사용하거나; (2) 타인자본의 이자비용 소득공제로 창출된 세금 절감분을 프로젝트가 산출하는 세후 현금흐름에 다시 더해주는 것이다. 후자의 경우, 자본비용의 가중평균을 계산하기 위해서 타인자본의 세전가격을 사용한다. 두 가지 접근방법 모두에서 자본비용의 가중평균은 자기자본의 세후가격을 포함하고 있다.

이 부록은 위에서 언급한 세 가지 접근방법 모두 일관된 값을 산출하며 따라서 정확히 적용할 경우 동일한 자산가치를 산출하게 됨을 증명하게 된다.

담보대출−자기자본 접근법

제9장에서 보았듯이, 부동산에서 '담보대출−자기자본 분석'

이라는 용어는 자산의 매입비용을 어떻게 조달할 것인지를 (즉 자본구조를) 명시적으로 밝힌 상태에서 수익부동산을 평가할 때 사용하는 용어이다. 단순화하기 위해, 이 부록에서는 모든 현금흐름이 균등한 영구연금(level perpetuity)이고, 대출은 만기일시상환방식이며(원금 상환이 없다), 감가상각 공제가 없다고 가정하도록 하자. 일반적으로 담보대출−자기자본접근에서 발견되는 자산의 가치는 아래와 같다.[1]

$$V = \frac{(NOI - r_dD)\,(1-t)}{R_e} + D$$

여기에서, V = 자산의 추정가치

$\qquad D$ = 담보대출금액

$\qquad NOI$ = 순영업이익

$\qquad t$ = 세율

$\qquad r_d$ = 담보대출의 비용(세전), 즉 이자율

$\qquad R_e$ = 자기자본의 비용(세후)

❖ 예시 :

순영업이익은 매년 \$115,000이라고 가정하자. 대출금액 (D) 80만 달러는 이자율(r_d) 10%로 차입이 가능하다. 투자자의 세율(t)은 20%이고 투자자의 세후 요구수익률(R_e)은 14%이다. 위의 수식을 이용하면, 우리는 다음과 같이 자산가치를 구할 수 있게 된다.

$$V = \frac{(115,000 - 0.10 \times 80,000)\,(1 - 0.20)}{0.14} + 800,000$$

$$V = 200,000 + 800,000$$

$$V = 1,000,000$$

자본비용의 가중평균: 대안 1

자본비용의 가중평균을 사용할 때에는 프로젝트가 여타의 다른 프로젝트들과 동일한 비율의 타인자본을 사용한다

---

[1] 현금흐름이 균등하지 않고 프로젝트를 일정 보유기간 이후 매각한다고 가정하거나 또는 감가상각 공제가 존재한다고 가정하더라도 이 부록에서 제시하는 결론을 바꾸지는 못한다.

고 가정하게 된다. 위의 예시에서 타인자본은 자산가치의 80%를 차지하고 있다. 다른 프로젝트가 동일한 비율의 타인자본으로 수행되고 있다고 가정하면, 자본비용의 가중평균은 아래와 같다.

$$R_a = [D/V \times r_d \times (1 - t)] + [E/V \times R_e]$$

여기에서 R_e = 자본비용의 가중평균

E = 자기자본 투자금액

D/V = 타인자본비율

E/V = 자기자본비율

자산의 가치는 아래와 같이 구할 수 있다.

$$V = \frac{NOI\,(1 - t)}{R_a}$$

앞서 고려했던 예시에서, 우리는 아래와 같이 자산가치를 구할 수 있다.

$$V = \frac{115,000\,(1 - 0.20)}{[0.80 \times 0.10 \times (1 - 0.2)] + (0.20 \times 0.14)}$$

$$V = \frac{92,000}{0.092}$$

$$V = 1,000,000$$

이 결과는 앞에서 구한 답과 정확하게 일치하고 있다.

자본비용의 가중평균: 대안 2

자산을 평가하는 또 다른 방법은 프로젝트가 산출하는 세후 현금흐름을 타인자본의 과세소득 공제 관련 세금절감분으로 보정하는 방식이다. 세금절감분은 연간 이자비용(= $r_d \times D$)에 세율(t)을 곱한 금액과 일치하게 된다. 위에서 사용한 부호로 표시하자면, 세금절감분은 $r_d \times D \times t$와 같다. 현금흐름을 세금절감분으로 보정하게 되면, 자본비용은 타인자본의 세후비용이 아니라 세전비용(r_d)을 사용하여 계산하게 된다. 자기자본은 세후비용(R_e)을 계속해서 사용하게 된다. 이런 경우, 자산가치는 아래와 같이 표현할 수 있다.

$$V = \frac{(NOI)\,(1 - t) + (r_d \times D \times t)}{(D/V \times r_d) + (E/V \times R_e)}$$

위의 식에서 분자는 자기자본 투자자에게 귀속되는 현금흐름이 아니라는 점을 주목하기 바란다. 이 금액은 (1) 전체 자산이 발생시키는 현금흐름과 (2) 타인자본의 이

자비용 관련 추가적인 세제혜택만큼의 보정금액을 합산한 것이다.[2]

위에서 고려했던 동일한 예시로부터, 우리는 아래와 같이 자산가치를 구할 수 있다.

$$V = \frac{115,000\,(1 - 0.20) + (0.10 \times 80,000 \times 0.20)}{(0.80 \times 0.10) + (0.20 \times 0.14)}$$

$$V = \frac{108,000}{0.1080}$$

$$V = 1,000,000$$

이렇게 구한 해(解)도 앞서 구한 자산가치들과 동일함을 알 수 있다.

결론

부동산을 평가할 때, '담보대출 – 자기자본' 접근법의 사용 결과는 전통적인 자본예산의 분석절차로 산출한 결과와 일치한다. '담보대출 – 자기자본' 접근법에서는 이자 지급 후 산출된 현금흐름을 할인할 때에 자기자본의 세후비용을 자본비용의 가중평균 대신 사용하게 된다. 전통적인 자본비용의 가중평균에서는 세전현금흐름을 할인할 때에 타인자본과 자기자본의 세후비용을 사용한다. 후자 대신에 사용가능한 방법이 자산이 산출하는 세후현금흐름을 타인자본의 이용으로 발생하는 세금 절감분을 다시 더해줌으로써 보정하는 방법이 있다. 이 방법에서는 자본비용의 가중평균을 계산할 때 반드시 부채의 세전비용을 사용해야 한다. (자본비용의 가중평균과 관련한) 두 방법 중 어느 것을 사용하더라도, 자산의 추정가치는 부동산 평가에 통상적으로 사용되는 '담보대출 – 자기자본' 접근방법에서 산출한 결과와 동일하다.

우리는 위 분석에서 현금흐름은 균등한 영구연금이고 담보대출 원금을 상환하지 않는다고 가정함으로써 분석을 단순화하였다. 이 접근은 타인자본비율 및 자기자본비율이 시간이 경과함에도 일정하게 유지될 것임을 암시하고 있다. 분석자들이 주장하기로, 기업들은 타인자본과 자

---

[2] 이 보정금액 때문에 무차입 자산에 대비하여 타인자본을 이용하는 것이 반드시 자산가치를 높여줄 것이라고 가정할 필요는 없다. 이 금액은 단지 이자비용이 과세소득에서 공제된다는 사실을 인정하는 것뿐이다.

기자본을 번갈아 발행하면서 기업 자본구조에서 목표 부채비율을 유지할 수 있다고 한다. 즉 어느 프로젝트의 매입자금 조달에 사용된 타인자본 또는 자기자본 금액에 기초하여, 해당 프로젝트의 가치를 평정하는 것이 적절하지 않을 수 있는 것이다. 하지만 담보대출은 통상 원금을 상환하는 구조이고 보통 특정 자산으로 담보된다. 차환의 비용이 높고 따라서 여러 연도에 걸쳐서 일정한 부채비율을 유지하는 것이 가능하지 않다. 이 부록이 지적하듯이, 타인자본의

사용과 관련하여 일관된 가정을 수립한다면 '담보대출 – 자기자본' 접근방법으로 계산하는 자산가치는 전통적인 자본예산기법들로 계산하는 결과와 동일하다. 하지만 부동산이 타인자본의 담보로 제공된다는 점, 그리고 일정한 부채의 존도(ratio of debt to asset) 유지를 위해서 차환하는 것은 많은 비용이 수반된다는 점 때문에, 부채를 명시적으로 고려하는 '담보대출 – 자기자본' 접근방법이 보다 적절할 수 있을 것이다.

16

부동산개발금융

Financing Project Development

소개

이 장은 임대주택단지, 오피스 빌딩, 물류창고, 쇼핑센터 등과 같은 수익부동산의 개발사업에 금융을 제공하는 것을 다룬다. 이런 부동산개발사업의 개발사업자들은 전국경제 및 국지경제의 변화하는 환경, 다른 개발사업들과의 경쟁에서 오는 압력, 임차인들의 입지선호도 변화 등에 직면한다. 이런 요인들 모두는 수익부동산을 개발 및 운영하면서 얻게 되는 장기적인 수익성에 영향을 미치게 된다. 이 요인들 모두가 개발사업자의 능력, 즉 토지를 취득하고, 건축물을 짓고, 공간을 임차인에게 임대하며 또한 영업비용을 감당하기에 충분한 수입을 벌어들이는 능력에 다함께 영향을 주는 것이다.

개관: 계획 및 인허가 과정

본 저서가 토지이용계획을 다루는 교과서는 아니지만, 몇몇 개념들과 전문용어들을 이해하는 것은 부동산 개발사업에 투자할 때 그 중요성을 가진다. 우리가 **부동산개발사업**이라고 지칭할 때는 건축물을 짓고, 공간을 임차하고, 부동산자산을 관리하다가 궁극에는 프로젝트를 매각할 의도를 가지고서 일단의 토지를 취득하는 사업에 금융을 제공하는 과정을 말한다. 토지취득에 금융을 제공하고 개발의 특성 및 범위를 평가하는 한 방편으로서, 어떤 규제들은 그 용어 및 절차를 이해해야 한다. 이는 이 규제들이 (1) 구상하는 개발사업의 규모와 비용; (2) 투자자가 토지취득을 위해 지불할 수 있는 가격; 그리고 (3) 매각시점에 프로젝트가 팔리는 가격에 영향을 줄 수 있기 때문이다. 독자들에게 기본적인 개발사업 용어들의 일부를 소개할 목적으로, 본 장은 [Concept Box 16.1]을 제공하고 있다. 상자의 상단에는 부동산개발사업의 대상지를 평가할 때 가장 먼저 고려하는 주요한 개념들에 대해 매우 간략한 체크리스트(checklist)가 있다. 이 상자의 하단에는 이 체크리스트의 용어들과 함께 선별된 여타의 주요 용어들이 함께 정의되어 있다.

인허가

인허가과정은 통상 대상지 및 그 위치를 확인하는 신청서와 함께 시작되는데, 건축하려는 구조물의 예비설계도가 함께 첨부된다. 그러면, 공무원들은 이 신청서를 현행 용도지역지구제 분류에 부합하는지를 확인하는 데 사용하게 된다. 만약 신청내용이 부합한다면, 사업자는 인허가를 득하게 되고 건축코드(building code)와 검사과정을 준수하면서 프로젝트의 공사가 시작될 것이다. 만약 인허가가 거절된다면, 신청인은 일반적으로 신청내용을 정정 또는 수정하고 도시계획국 공무원/국장에게 재검토를 요청하게 될 것이다. 만약 재차 거절된다면, 신청인은 일반적으로 시(市) 의회 산하 (용도지역지구제 및 도시계획) 소위원회에서 도시계획국 의견청취를 요구할 권리를 갖고 있다. 통상 도시계획국은 소위원회 앞으로 신청내용과 관련하여 '취급자 권고사항'을 작성하여 보낸다. 강조할 것은 위 절차 중 매 단계에서 계획국 담당자와 신청인은 계속된 협상(소통)에 임하게 되고, 이 협상(소통)과정에서 제안한 개발내용상 문제되는 부분들이 논의된다는 점이다. 보통은 신청인이 신청내용의 수정을 제안하게 된다. 하지만 많은 사례에서 이런 절차가 실패하여, 개발사업자의 지속적인 이의제기 및/또는 재신청이 벌어지게 된다. 만약 인허가 신청이 계속해서 반려된다면, 신청인은 시 의회 본회의에서 도시계획국 의견청취를 요구할 권리를 갖는다. 시 의회는 보통 투표를 통하여 아래 사항을 결정할 것인 바: (1) 신청을 승인하거나; 또는 (2) 신청을 거절하고 이를 도시계획국 취급자에게 돌려보내거나; 또는 (3) 하자 있는 신청으로 반려하는 것이다(즉 개발사업자는 문제가 된 특정 인허가 신청에 대해서 다시 재신청할 수 없다는 의미이다).

수익부동산의 개발

본 장 도입부에서 시사하였듯이, 많은 유형의 수익부동산이 개발될 수 있고 각 유형마다 그 자신의 고유한 특성을 가지고 있다. 시장수요의 차이는 각 개발사업의 경제적 타당성에 영향을 주게 된다. 하지만 몇몇 일반적인 개념은 모든 부동산개발사업에 공통적으로 적용될 것이다.

[예 16-1]의 단순화한 다이어그램(diagram)은 일반적인 개발사업과정을 보여준다. 'IV. 관리단계'에서 예외가 있을 수 있지만, 이 과정은 대부분 범주의 개발사업들에 일반적으로 적용이 가능하다. 본질적으로 개발사업자는 (1) 사업부지를 취득하고; (2) 대상지를 개발하고 건물 등 정착물을 시공하며; (3) 각종 비용을 정산하고 임차인이 입주할 공간을 준비하며; (4) 준공 후 자산을 관리하다가; 그리고 (5) 궁극에는 프로젝트를 매각하게 될 것이다. 개발사업자가 준공 후 얼마나 오랜 후에 프로젝트를 매각할 것인지는 그가 채택한 사업전략에 달려있다. 만약 프로젝트의 시장가치가 토지비용과 (프로젝트를 완수할 때까지 소요된) 개발비용의 합계를 초과한다면, 해당 프로젝트는 경제적으로 성공을 이룬 것이다. 이 관점에서 본다면, 개발사업자들은 "가치를 창출한다"고 말할 수 있다. 즉 임대료를 지불하는 임차인에게 그 가치를 높게 평가받는 방식으로 (즉 임차인이 높은 임대료를 지불하는 방식으로) 토지와 건물 등 정착물을 결합함으로써, 개발사업자는 각 개발 요소비용들의 합계를 초과하는 가치를(즉 부가가치를) 창출하는 것이다.

개발사업자들의 사업전략은 일반적으로 세 가지 방식으로 분류할 수 있다. 첫째, 많은 개이 체크목록의 항목들은 통상 개발사업자가 잠재사업의 후보지를 평가할 때 가장 먼저 검토하는 항목들이다.

1. 용도지역지구 분류상 허용용도
2. 용도지역지구 분류상 최소필지면적
3. 최대 용적률(floor-to-area ratio: FAR Ratio)
4. 건축물의 규모/밀도 제한
5. 건축선후퇴(setback)/건축선
6. 건물 고도제한
7. 건물 바닥면적, 건물 외피(building envelope)
8. 주차장비율
9. 교통순환체계, 도로폭, 기타 안전 관련 규제사항
10. 진출입구 관련 규제사항

부동산개발사업의 주요 용어

건축선후퇴(setback)/건축선(building line): 건물을 건축할 때 통행선 또는 기타 랜드마크로부터 일정 수치의 거리를 후퇴해서 건축해야 하는 규제. 이는 인접 빌딩과의 조화를 확보하며, 보행자 및/또는 차량 운전자에게 선명한 가시성을 제공한다.

통행선(right-of-way line): 교통, 공용사용, 유틸리티 등에 사용할 목적으로 공용 도로 또는 골목에 지정된다. 공공주체가 이 지역을 소유하며 따라서 일반대중은 이를 자유롭게 이용할 권리를 갖는다. 결과적으로, 어떤 구축물도 일반적으로 통행선 위에 건축되는 것이 허용되지 않는다.

건물 관련 전문용어:

a. 바닥면적(footprint): 슬라브, 벽 또는 구조물 외벽으로 둘러싸인 공간/지역의 수평투영면적. 이것은 기준층 슬라브의 형태나 윤곽일 수도 있고, 부지에 건설된 건물기초일 수도 있다.

b. 건물외피(envelope): 구조물의 외부 둘레의 합으로, 바닥면적에 외부 파티오(Patio), 몰웨이(Mallway), 조경 등을 포함한다.

c. 파사드(Facade): 건물외벽, 주로 건물 주출입구로 사용되는 정면의 외벽. 역사적으로 중요한 건축물 또는 건축적 독창성 때문에 보전의 한 수단으로서, 파사드의 승인(인허가)이 필요할 수도 있다.

d. 건축규모(bulk): 높이, 너비, 바닥면적 및 수개의 구조물/승강기/형강(形鋼)으로 둘러싸인 3차원 공간의 합계를 (구조물이 정착한) 토지면적에 대비하여 토지이용의 강도를 판단한다. 이렇게 구한 비율은 도시계획가들에 의해서 지역 내 다른 구조물과 비교하여 지역 전체에 미칠지 모를 혼잡·소음 등의 가능성을 평가할 목적으로 사용된다.

e. 건축코드(building Code): 특정 행정구역 내에서 건축물을 시공할 때에 요구되는 건축자재와 공법을 말한다. 건축코드의 준수 여부는 사용승인(certificate of occupancy: CO)을 발급하기 이전에 사용검사를 통해서 강제된다.

f. 인허가(permit): 도시계획국장이 작성한 공식문서로, 건축물의 신축·복구·변경·수선 등에 정당한 공적 권한을 부여하고 건축계획이 현행 용도지역지구제의 규제사항을 준수한다는 것을 인정한다.

용적률(FAR): 일정 지리적 구역 내 소망스러운 개발규모와 토지이용을 통제하기 위해서 도시계획가가 사용하는 중요한 수단 중의 하나이다. 용적률은 일반적으로 총건축연면적을 토지면적으로 나누어서 계산하게 된다. 예를 들면, 용적률이 3이라고 가정하면, 1에이커의 토지(43,560평방피트 = 4,046.86 m²)는 개발가능한 총연면적 130,680평방피트(= 3 × 43,560평방피트 = 12,140.57 m²)의 건축물을 제공하게 된다. 명확한 것은, 대상지에 더 높은 용적률이 허용될수록 대상지에는 더 큰 프로젝트가 건축될 것이고, 반대의 경우 더 작은 건축물이 들어선다는 점이다.

고도제한(height restrictions): 건축하는 건축물의 수직적 높이를 제한하는데 사용된다. 통상 용도지역지구제에 의해 부과되지만, FAA(Federal Aviation Administration: 美 연방항공국)의 항공기 진입/착륙 요구사항과 FCC(Federal Communications Commission: 美 연방통신위원회)의 통신탑 규제에 영향을 받는다. 통상 교외지역은 CBD(Central Business District: 중심업무지구)보다 고도제한이 약하고 따라서 종종 더 높은 고도 및 용적률이 허용되기도 한다[역자주: 밀도역전현상].

허용용도(allowable use): 용도지역지구제 분류 상 허용되는 화원·여행사·보험사 등과 같은 사용자의 활동. 통상 SIC(Standard Industrial Classification: 美 표준산업분류) 코드 분류에 기초하여 허용한다.

부담금(impact fees): 교통통제의 부담증가, 교통문제, 배수 등과 같이 개발로 야기될 것으로 예상되는 공공부문의 추가적인 비용을 충당하기 위해서 공공주체가 부과하는 금전적 의무

인센티브 용도지역지구제(incentive zoning): 민간부문의 개발사업들을 적절히 유도하여 지역사회의 목표를 달성하기 위해서 도시계획가들이 사용하는 방법이다. 만약 어느 개발사업이 다가구주택을 포함하거나 공원을 조성한다면, 공공부문이 개발사업자에게 추가적인 용적률의 허용, 고도·밀도제한의 완화 등을 허용하는 것이 그 사례가 될 수 있다.

사회통합형 용도지역지구제(inclusionary zoning): 용도지역지구제의 하나로서, 사업부지의 인허가를 득하기 위해서는 특정 유형의 개발이 포함될 것을 요구하는 제도이다. 하나의 사례가 될 수 있는 것이 바로 다가구주택 개발사업에서 인허가 발급조건으로 저소득층 주택을 포함할 것을 요구하는 경우이다. [역자주: 이에 대칭되는 개념이 Exclusive Zoning이다.]

최소필지면적(minimum lot size): 용도지역지구제 분류에 따른다. 예를 들면, 경공업(통상 최소규모 제한 없음), 중(中)공업[5 에이커(= 20,234 m²)], 중(重)공업[10 에이커(= 40,469 m²)], 단독주택(필지 당 1/4 에이커(= 1,012 m²) 그리고 다가구주택[20호당 1 에이커(= 202 m²/호), 240호 단지라면 12 에이커(= 48,562 m²가 필요] 등이다. 최소필지면적은 대규모 개발사업들의 상호 간 구분을 확보하기 위하여 사용된다.

주차장비율(parking ratio): 건물 총연면적 또는 임대주택 호당 요구되는 주차공간의 수를 말한다. 예를 들면, 오피스 공간 1,000 평방피트(= 92.90 m²)당 1대 또는 아파트 호당 1.5대가 이에 해당한다. 지하주차, 기계주차, 지상층 주차, 타 건물과 (주·야) 공유주차(shared parking) 등에 따라서 다른 비율이 적용될 수 있다.

단지계획(site plan): 단지의 통행선, 건물의 건축후퇴선, 교통순환체계, 주차장, 완충녹지, 주요 조경시설 등의 평면배치를 축소하여 그린 도면을 말한다.

입면도(elevations)/투시도(renderings): 최초에는 구상 또는 준비 차원에서 작성하고, 이후 실행 차원에서, 그리고 나서 대상지에 건설할 정착물(건물 등)의 최종도면을 작성하게 된다. 입면도(또는 투시도)는 인허가·용도지역지구제·금융 조달을 위한 발표자료의 하나인데, 통상 단지계획에 부종되어 표현된다.

교통량(traffic counts): 특정 대상지를 통과하는 시간 당 차량교통의 수를 지칭한다. 현재 교통량과 개발사업으로 증가하는 잠재교통량을 확인하기 위해서 교통량조사를 실시할 수 있다. 교통량조사는 인허가 신청, 용도지역지구 조정 또는 공공주체에 의한 부담금 사정(査定) 등의 한 구성요소로서 필요할 수 있다.

지경(地境) 침범(encroachment): 지경 침범은 구조물의 건축이 해당 부동산의 지적경계선을 넘어서 인접 부동산에 걸쳐서 이루어질 때 발생하게 된다.

재산세 감면(property tax abatements): 특정 기간 동안 재산세의무를 부과하지 않는 것을 말하는데, 도시계획가들이 특정 장소로 개발을 유인하기 위하여 이 방법을 사용한다. 예를 들면, 만약 공공컨벤션센터, 스포츠시설 등과 인접하여 호텔을 건립할 경우 재산세를 감면받을 수 있다.

조세담보금융(tax increment financing: TIF): 보통 민간 개발사업의 인근에 소재하면서 해당 사업의 성공에 반드시 필요한 기반시설 및 기타 공공시설을 개발하는 데 있어서 재원을 조달하기 위한 금융기법이다. TIF는 자산가치 상승분을 창출하고, 이 가격상승분에 대해 징수하는 장래 재산세를 부채의 상환재원으로 전용(專用)하게 된다.

특별소비세지구(special sales tax districts): 어느 지구에서 공공 건축물, 도로 등의 조성자금 조달에 전용할 목적으로, 또는 공공시설 건설로 인한 수혜지역을 대상으로 공채(公債) 이자의 지불에 전용할 목적으로 해당 지구 내 판매활동에 특별소비세를 부과하기도 한다.

토지가격비율(land-to-value ratio): 프로젝트 완료시점에 예상되는 프로젝트의 총가치(토지가격을 포함)에 대해서 토지가격이 차지하는 비율을 말한다. 프로젝트 총가치 대비 토지취득가격의 비율이 시장 내 다른 프로젝트들의 동 비율과 비슷한 수준인지를 평가하는 벤치마크(Bench Mark)로 활용된다.

완충녹지(buffer)/턱(berm): 용도가 매우 이질적이거나 비(非)순응적인 인접 필지로부터 (사업부지로의) 접근, 시각, 소음 등을 차폐 또는 차단하기 위해서 필요한 조경/경사면의 조성을 말한다.

밀도이양(density transfer) 또는 개발권이양(transfer of development rights: TDR): 몇몇 지자체에서 허용되는 바, 어느 자산 소유자가 현행 용도지역지구제에서 본인의 자산에 허용되는 개발권(건물의 고도, 밀도 및 용적률)의 전부 또는 일부를 다른 자산의 소유주에게 매각하거나 이양할 수 있다. TDR은 인수주체로 하여금 개발사업에서 (인수하지 않았을 경우) 실현가능한 고도 그리고/또는 밀도보다 더 높은 고도·밀도를 얻는 것을 가능하게 해준다.

복합용도개발(mixed-use development: MXD): 복합용도개발이란 하나의 프로젝트 내에서 오피스, 판매시설 및/또는 호텔을 결합하여 개발하는 행위를 지칭한다. 또한 이 개발방식은 위락시설, 스포츠시설 등을 포함할 수도 있다.

역(逆) 수용(inverse condemnation): 개발의 결과가 인접/연접한 필지의 토지이용가치에 영향을 줄 수 있다. 사례로써, 어느 지역에 공항, 댐, 발전소 등의 건설은 자산가치를 높이거나 낮추는 영향을 주지만, 정부가 토지수용권을 발동하여 전체지역을 수용할 필요가 있을 수도 또는 없을 수도 있다. [역자주: 역(逆)수용은 일반적인 토지수용(Direct Condemnation)과 원고·피고가 정반대로 바뀌어 있다. 즉 피해토지의 소유주가 손해배상 내지는 피해토지의 수용을 정부에 요구하기 때문이다.]

누적 용도지역지구제(cumulative zoning): 많은 지자체에서 사용되는데, 현행 용도지역지구제에서 허용하는 최대밀도보다 낮은 밀도의 개발은 자동적으로 허용되는 제도를 지칭한다. 예를 들면, 밀도, 소음 등이 가장 심각한 토지용도는 보통 중(重)공업지역이다. 누적 용도지역지구제 하에서는 중공업지역 내 토지소유주가 물류센터, 창고 등과 같이 (토지이용) 침해가 약한 건물을 '중공업지역' 분류지역 내에 개발할 수 있다. 또 다른 예를 들면, 상대적으로 밀도가 높은 '다가구주택' 분류지역 내에서 저밀도인 단독주택의 건립이 허용되는 경우이다. 하지만 침해정도가 더 높은 토지이용은 상대적으로 침해정도가 더 낮은 용도분류지역 내에서 허용되지 않는다(예를 들면, '단독주택' 분류지역 내에서 다가구주택의 개발은 허용되지 않는다).

층별배치계획(stacking plan): 건물 내 각 층마다 어느 정도의 공간이 임대가 가능한지를 그림으로 보여주기 위해서 그리고 현재 임차인이 임대중인 공간의 위치와 규모를 추적하기 위해서 사용하는 각 층별 템플릿(Template) 또는 레이아웃(Layout).

교통순환체계(circulation): 안전, 방재, 방범 등의 기준을 충족시키는 데 필요한 도로의 최소폭, 차량 선회구간 등.

진출입구(ingress/egress): 단지로의 진입, 단지로부터의 진출을 담당하는 출입구의 수(數). 단지 외부 조성에 필요한 자본적 요구.

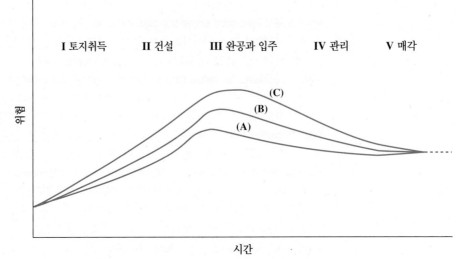

예 16-1
부동산 개발사업의
사업단계들과 프로젝트
위험

(A) 준공 이전에 정상적 수준보다 높은 사전임대율, 계획공정보다 빠른 공사기성
(B) 준공 이전에 정상적 수준의 사전임대율, 계획공정에 맞춘 공사기성
(C) 준공 이전에 정상적 수준보다 낮은 사전임대율, 계획공정에 뒤쳐진 공사기성

발회사들은 준공 후에도 수년 동안 부동산을 소유 및 관리할 의도를 가지고서 해당 프로젝트를 수행한다. 이런 개발사업자들은 개발기능 외에도 임대 및 관리를 그들 사업의 필수적인 부문으로 간주한다. 둘째, 어떤 개발사업자들은 초기 임대기간(lease-up) 이후 또는 정상임대율을 달성하는 시점에서 그들의 개발사업을 매각할 것으로 기대한다. 이런 개발사업자들은 통상 보험회사 또는 여타의 투자주체들과 같은 기관투자자들에게 프로젝트를 매각하거나 아니면 프로젝트의 전체 또는 일부를 유한 파트너쉽(limited partnership) 형태의 신디케이션(syndication) 회사들에게 매각할 수 있다. [역자주: 신디케이션 회사란 여러 기관들이 공동으로 출자하여 설립한 회사를 지칭한다. 단일 회사가 출연하여 설립한 자회사와 개념적으로 대칭된다.] 이런 경우, 비록 개발회사들이 프로젝트를 매각하더라도 (위탁계약을 통해서) 이들이 계속해서 자산을 관리할 수도 있을 것이다. 어떤 개발사업자들은, 특히 업무단지 · 산업단지에서 보는 것처럼 토지개발과 상업부동산 개발이 결합된 개발방식에 종사하는 개발사업자들은 보통 전체 단지의 종합계획(master plan)을 수립하고 이에 따라서 토지와 임대용 건물들을 개발한다. 물론 이들 역시 개별 임차인에게 특화된 **맞춤형 개발**(build tasuit)을 수행하기도 할 것이다.

요점은 많은 개발사업자들이 의도적으로 [예 16-1]에서 보는 일반화 다이어그램에서 하나 이상의 사업단계에 그들 사업활동을 **전문화**하고 있다는 점이다. 초기 임대기간 후 바로 자산을 매각할 의도를 가진 개발사업자들은 2단계에서 5단계까지 사업단계들에서 상당 부분을 완수하기 위해서는 외부 계약업체, 설계사, 부동산중개인, 임대대행업체 및 자산관리업체에 과도하게 의존할 수밖에 없다. 반대로 상당히 규모가 크고 여러 기능을 종합적으로 갖추어서 여러 지역시장에서 활동하는 개발회사들은 비용효과가 클 경우에만 외부업체들을 활용하면서, [예 16-1]에 보이는 기능들의 대부분을 자체적으로 수행하는 것이 보다 수익성이 높음을 발견할 것이다. 하지만 회사가 스펙트럼 양극단(兩極端)의 어느 곳에 소재하든지 간에, 개발의 어느 단계에서건 예기치 않게 프로젝트를 팔아치울 수 있다. 대부분의 개발사업자들은 어느 때건 프로젝트의 진지한 인수제안을 검토하는 것에 대해서 마다하지 않는다.

시장위험과 사업타당성

또한 [예 16-1]은 사례 (B)가 대표하는 "정상적인" 시장에서의 일반적인 위험 시나리오를 표현하고 있다. 정상적인 시장에서는 시장임대료가 개발사업을 정당화하기에 충분하다고 믿겨진다(이 주제에 대해서 우리는 이 장의 후반부에서 보다 자세하게 설명할 것이다). 프로젝트 위험은 토지취득과 함께 시작되고, 임대로 인한 기대 현금흐름이 구체화되기 전까지는 착공 이후 꾸준하게 증가하게 된다. 초기 임차인 모집이 완료된 후, 임차인의 입주가 시작되고 자산관리단계가 시작된다. 그 시점에서 프로젝트의 위험은 감소하는 바, 이는 임차인들이 다양한 기간의 임대차계약 상 임차의무를 감당하기 때문이다. 자산이 성과를 잘 내고 있다고 가정하면, IV단계 동안 해당 자산은 **제철 만난 부동산**(seasoned property)으로 묘사할 수 있다. 낮은 위험의 시장 시나리오의 사례는 (A)에서 볼 수 있는데, 사례 (A)에서는 공간에 대한 시장수요가 증가하고 있고 개발 전(前)단계 임대율, 즉 준공 이전의 사전임대율이 "정상보다 높은" 비율로 발생하며 따라서 기대 현금흐름을 증가시킨다. 기대 현금흐름의 증가는 통상 개발 중인 공간유형에 대해서 예상 수요보다 더 큰 시장수요를 반영하는 것이며 따라서 프로젝트 위험의 감소를 가져온다. 사례 (C)와 같이, 만약 시장수요와 기대수입이 감소한다면 또는 만약 초기 임차인 모집에 필요한 시간이 상당하게 지연된다면, 분명히 프로젝트 위험은 극적으로 증가하게 될 것이다. 공정 지연, 자재가격 상승 그리고 금리 인상과 같은 요인들 역시 프로젝트 위험에 변화를 야기하게 된다.

비록 이 책이 지역 및 도시경제와 고용사정에 초점을 맞추지는 않지만, 개발 중인 공간유형(예를 들면 오피스, 판매시설, 물류창고 등)의 수요결정요인들이 프로젝트 위험에 매우 중요하다는 것은 분명하다. 이런 요인들은 공실률 수준, 임대료수준, 임차인의 개발 전(前)단계 임차확약서 등과 같은 현재의 시장지표를 통해서 스스로를 드러낼 수도 있다. 부동산개발사업의 타당성을 평가할 때 도시 또는 지역의 기반을 이루는 경제기초에 대해서 잘 이해하는 것은 매우 중요하다. 이는 임대공간의 수요가 개발기간 중에도 중요하지만 준공 이후에도 오랫동안 중대한 영향을 미치기 때문이다. 시장에서는 어느 때건 수요가 감소할 수도 있고 임대료가 하락할 수도 있다. 또한 임차인들이 보다 저렴한 임대료의 보다 매력적인 공간을 찾아낼 수도 있다. 단지 프로젝트가 준공되고 임차인을 채워 넣었다는 것이 이제 더 이상 경쟁에 취약하지 않음을 의미하는 것은 아니다. 신규사업들로 인한 공간이 시장에 공급되면서, 기존 프로젝트의 소유주들은 임차인 상실의 위험에 노출된다. 사실 많은 개발사업자들은 장기간에 걸친 시장위험과 임차인 유지를 위해 필요한 강도 높은 자산관리부담을 감수하고 싶어 하지 않는다. 앞에서도 언급한 바, 부동산 자산관리 및 임대사업에 특화하면서 기꺼이 장기위험을 감수하려는 기관투자자 또는 여타 투자자들에게, 개발사업자들은 차라리 프로젝트를 매각하는 편을 선호할 수도 있다.

사전 타당성검토는 프로젝트가 (사업의 성공과 실패를 가늠하는) 사전(事前) 시장테스트를 어떻게 충족시키는지를 다루는데, 이를 예시로써 설명하기 위해서 우리는 임대주택단지의 사업타당성을 검토하는 [Concept Box 16.2]를 제공한다.

초기 임차인 모집 이후 바로 프로젝트를 매각하는 개발사업자들과 대조적으로, 보다 대형의 그리고 보다 지리적으로 분산된 개발활동을 하는 개발사업자들은 여러 지역에서 프로젝트들을 관리하고 싶어 할 수도 있다. 이들은 이런 위험을 포트폴리오의 맥락에서 바라보는데, 포트폴리오 내에서 장기적인 경기변동과 개별 지역의 쇠락으로 야기되는 위험은 충분히 분산될 수 있고 따라서 그들이 소유한 전체자산에 적절한 위험보정 수익률을 제공하게 된다. 이런 회사들은 개발이 종료된 이후에도 임대사업과 자산관리기능을 계속 수행함으로써 부대이익을 손에 넣을 수도 있다. 그 중 하나는 회사가 관리하는 기존 임차인기반으로부터 미래 개발기회의 단서를 포착할 수 있다는 점이다. 이런 단서들은 다음의 세 가지 형태를 취할 수 있는데: (1) 기존 임차인의 시설 확장; (2) 기존 임차인의 영위 사업이 다른 지역에서 성장기회를 추구하려고 시설을 필요로 함에 따라서 다른 도시들로 확장하는 기회; (3) 다른 상품유형의 개발(예를 들면 현재 다른 지역에서 창고공간을 임차해 보고 만족도가 높은 임차인을 위해서 오피스 빌딩을 개발하는 경우)이 바로 그것이다.

프로젝트 위험

개발사업자가 부동산 개발사업에서 고려해야 하는 위험의 발생원인이 일반적인 시장수요와 임차활동에만 국한되는 것이 아니다. 분명히 개발사업을 위해 취득하려는 사업부지의 입지 역시 중요한 고려사항인데, 이는 도시지역 내 다른 입지들과의 공간근접성은 임차인의 사업활동비용 또는 임차인이 판매하는 재화·용역에 대한 수요에 영향을 줄 것이기 때문이다. [역자주: 근접성(proximity)과 접근성(accessibility)을 혼동하여 오용하는 경우가 있는데, 도시 내 주요 지역들과 멀리 떨어져 있지만 교통 접근(access)이 좋다면 접근성이 양호할 수 있고, 반대인 경우도 있다. 즉 전자는 다분히 지리적인 개념인 반면, 후자는 교통적인 개념을 담고 있다.] 임차인이 인지하는 공간근접성, 즉 입지가 좋을수록, 사업부지의 가치는 높아진다. 주어진 어느 시장에서 개발사업자가 사업부지를 취득할 때, 토지취득가격은 건축물의 질과 가격의 중요한 결정요소이다. 일반적으로, 주어진 사업부지의 가격이 증가할수록, 건축물의 질이 높아질 것이고 개발하는 비용도 더 높아질 것이다. 게다가 토지가격이 상승함에 따라서, 사업부지는 보다 고밀하게 개발될 가능성이 다분하다. 이런 기본적인 경제관계가 왜 도심과 같이 도시의 특정지역에서는 고층 오피스 건물 위주로 보다 고밀하게 개발되는 반면에, 교외지역은 보다 저밀하게 개발되는지(예를 들면 상대적으로 토지가격이 저렴한 교외지역 또는 농업지역에 소재한 물류창고)를 부분적으로 설명하고 있다.

비용과 질을 차별화할 수 있는 주요 구성요소들 중 일부는 다음을 포함하는데: 물리적 설계, 인테리어 레이아웃의 기능성, 인테리어 마감의 질, 사업부지의 개발밀도, 교통시설로부터 접근성 및 진출입의 적정성, 편의시설(식당, 체육시설, 판매시설 등), 조경, 단지 내 주차 및 순환체계, 공용공간, 승강기, 공조설비[heating(난방), ventilation(환기) 그리고 air con-

I. 물리적 타당성분석

1. *목표*: 특정 대상지에서 임대주택 프로젝트가 규제기준에 부합하여 건설할 수 있는지 여부 그리고 현재 임대료 수준이 토지취득을 정당화하는지 여부를 판단하기 위해서 예비개발계획을 분석
2. *부지*: 10에이커 또는 435,600 ft^2 (40,468.^{56} m^2)
3. *매도호가*: 280만 달러
4. *기본적인 프로젝트 개요/용도지역*

     a. 건축선후퇴 요구비율: 15%

     c. 에이커 당 최대 건축호수: 24호(1-, 2-, 3-실 임대주택; 가중평균 = 호당 900 ft^2(83.^{61} m^2))

     d. 최소 주차면적: 호당 1.5면, 면당 400 ft^2(37.^{16} m^2)

     e. 오픈 스페이스, 완충녹지/뚝, 조경공간, 지원공간(Support Area): 240호 기준으로 1.0 에이커 소요(4,046.^{86} m^2)

     f. 최대 건물높이: 2층

5. 물리적 타당성

	평방피트	제곱미터
a. 총 토지면적	435,600	40,468.^{56}
– 건축선후퇴	65,340	6,070.^{28}
– 교통순환체계	65,340	6,070.^{28}
– 오픈스페이스/지원공간/기타	43,560	4,046.^{86}
b. 건축가용면적	261,360	24,281.^{14}
– 지상주차(= 240호 ×1.5면 × 400 ft^2)	144,000	13,378.^{04}
c. 순건축가용면적	117,360	10,903.^{10}
d. 계획 건축면적합계(= 240호 × 900 ft^2 ÷ 2층)	108,000	10,033.^{53}
용도지역지구 요구기준 대비 건축면적의 초과(부족)	9,360	869.^{57}

결론: 대상지는 240호 임대주택 프로젝트를 수용할 수 있으며, 용도지역지구의 요구기준을 충족하는 것으로 보인다.

II. 재무적 타당성분석

1. 건축비: (= 8만 달러/호 × 240호)	$19,200,000
2. 토지 매도호가	2,800,000
총사업비(인프라, 토지, 건축비용 포함)	$22,000,000
3. 초기임대 완료 및 안정화 이후 총수입	
임대료(= $1.10/ft^2 × 900 ft^2 × 240호 × 12개월)	$ 2,851,200
– 평균공실(@ 5%)	142,560
– 영업비용(@ 35%)	997,920
순영업이익(NOI)	$ 1,710,720
4. 총사업비 수익률(= $1,710,720 ÷ $22,000,000)	7.8%
5. 순영업이익에 근거한 개산(槪算) 자산가치	
a. 자본환원율 = 0.078인 경우	$22,000,000
b. 자본환원율 = 0.080인 경우	$21,384,000
c. 자본환원율 = 0.070인 경우	$24,439,000

III. 결론

만약 투자자·개발사업자가 총사업비 대비 수익률 7.8%를 기꺼이 받아들인다면, 프로젝트는 타당성이 있을 것이다. 만약 준공시점에 투자자들이 비교가능한 다른 프로젝트들을 자본환원율 8%로 평가한다면 제안된 이 프로젝트는 타당하지 않은 바, 이는 자산가치($21,384,000)가 사업비용($22,000,000)보다 적기 때문이다. 만약 이 프로젝트를 자본환원율 7%로 평가한다면, 프로젝트는 $2,439,000(= $24,439,000 – $22,000,000)의 상당한 개발이익을 산출하게 될 것이다.

ditioning(냉방): HVAC]의 질 및 외장 마감(화강암, 혼합자재, 목재 등)이 그것이다. 개발의 한 부분으로서 제공하는 서비스의 양과 질을 어떻게 결합하여야할는지 그리고 수요에 맞추어 어떻게 패키지(Package)로 묶을 것인지가 불확실하기 때문에, 위의 각 요인들은 프로젝트 위험의 잠재적인 발생원인이 된다.

신규 개발사업 모두가 당초부터 고품질의 내·외장재 및 기계설비로 보완된 사치스러운 "A급"으로 건설되는 것은 아니다. 사실 시설 확장을 모색하는 다수의 국내 대기업들은 다양한 범주의 종업원들에게 필요한 공간의 질과 관련하여 사내 방침을 세울 것이다. 기업들은 마케팅과 같이 1차적인 고객접촉과 관련된 몇몇 직원들에게는 상대적으로 고품질의 공간을 제공하겠지만, 반면 회계·전산 등 지원서비스를 위해서 값비싼 공간을 제공할 필요를 발견하지 못할 수도 있다. 만약 공간 확장의 대부분이 지원서비스를 위해서 필요하다면, 기업임차인은 평균수준의 마감과 건물의 질을 갖춘 시설을 찾는 것 뿐 아니라 입지 자체도 교외 입지를 선호할 수 있다. 종업원들을 위해서 주거지역 근접성은 기업에게 있어서 대단히 중요한 고려사항이 될 수 있는데, 이는 지원시설은 일반적으로 고객 접촉시설을 포함하지 않을 것이기 때문이다. 정반대로, 고객들과 잦은 대면접촉을 갖는 임차인들(예를 들면 법률회사, 유행을 선도하는 판매점포 등)이 임대할 것으로 예상되는 건물은 일반적으로 상당히 높은 마감비용이 소요되는 시설을 요구한다.

요점은 투자자들은 어느 주어진 시장에서 **최종 사용자들**(end users, 즉 임차인들)의 수요 특성과 관련하여 공간수요를 조사해야 한다는 것이다. 반대로, 상기 수요는 국지시장의 고용 유형 및 임차인이 수행할 기능특성에 의존한다. 오직 국지경제와 고용특성을 이해함으로써, 개발사업자는 수요를 정확하게 예측할 수 있을 뿐 아니라 시장수요를 만족시키도록 적정하게 양과 질을 조합한 공간을 공급할 수 있다.

부동산개발 금융의 개관

[예 16-1]의 I단계에서 개발사업자는 토지의 매입옵션을 확보한 후에(이 옵션에 대해서는 17장에서 설명하기로 한다), 자기자본을 이용하거나 또는 자기자본과 타인자본을 결합하여 토지를 취득할 것이다. 자기자본은 개발사업자가 제공한 자본일 수도 있고, 개발사업자가 토지소유주 또는 기타 투자자들과 함께 설립한 파트너쉽(partnership)에서 제공한 자본일 수도 있다. 만약 개발사업자가 토지 취득 후 바로 프로젝트의 다음 단계를 추진하고자 한다면, 위에서 언급한 하나 또는 여러 재원들을 결합하여 자기자본 필요기준을 충족시키면서 건축공사비용을 지원하는 대출을 협상할 것이다. 일반적으로 건축물과 여타 정착물의 건설자금으로 사용되는 대출을 **토지인수 및 개발자금**(acquisition and development loan: ADL) 또는 **건설자금**(construction loan)이라고 부른다. 건설자금은 통상 상업은행, 담보대출금융기관 또는 어떤 경우 저축대부조합(savings and loans association) 등에서 취급한다. 건설자금은 일반적으로 다음을 결합한 정보에 기초하여 결정되는데: (1) 준공 시점 예상되는 감정평가가치; (2) 건설의 **직접공사비용**(예를 들면 건축공사에 소요되는 자재비 및 노무비); 그리고 (3) **간접공사비용**(예를 들면 임대비용, 계획비용 및 관리비용)이 그것이다. 대출규모는 초기

임대기간 중 임차인을 지원하기 위해 지불하는 인테리어 마감비용 일부를 포함할 수도 있다. 만약 개발사업자가 토지를 무차입으로(부채 없이, 자기자본으로만) 취득하였다면, 토지가치를 담보로 사용하여 추가대출을 얻는 것도 가능할 수 있다. 대주들은 건축비용과 밀접하게 관련된 대출금액만큼 빌려주고 싶어 한다. 대주들은 가능하다면 간접공사비 또는 단지 외부 조성비용에 대해서는 많은 금액을 대출하고 싶어 하지 않는데, 이는 이 비용항목들이 차주인 개발사업자가 재무적 어려움에 직면할 경우 회수하지 못할 수도 있기 때문이다. 하지만 급속히 확장하는 시장에서는 대주 간의 경쟁(대출경쟁)이 훨씬 유연한 대출기준을 적용하는 결과를 가져올 수 있다. 또한 단기대출을 모색하는 대부분의 경우에서 개발사업자는 회사어음에 대해 개인연대보증을 서게 된다. 목적물이 준공되고 임차가 완료될 때, 대주는 개발사업자에게 연대보증의 전부 또는 일부를 면책해 줄 수 있다. 이 시점에서 어음은 차주/개발사업자에 대해서 비소구(nonrecourse)로 전환되는 것이다.

개발금융에 사용되는 세 가지의 일반적인 금융구조가 있다.[1] 보통 대출구조의 선택은 공사와 임대가 완료된 이후 개발사업자가 자산으로 무엇을 하고 싶어 하는지에 달려있다. 대부분의 경우 개발사업자는 다음 세 가지 중 하나를 수행하기를 기대한다.

1. 준공 및 임대모집을 완료하자마자, 부동산 소유를 희망하나 개발 및 초기 임대단계의 위험을 지고 싶지 않는 투자자들에게 자산을 매도할 수 있을 것이다. 이 경우, 개발사업자의 비용과 완성된 자산에 대해 수령한 금액과의 차이가 개발사업자의 이익으로 나타난다. 이 경우, 개발사업자는 대개 단기 금융구조를 고려할 것이다.

2. 개발사업자는 자신이 계속 자산을 관리·운영·임대하는 전체 사업의 한 부분으로서 소유권을 유지할 수도 있다. 많은 개발사업자들은 임차인과 관계를 유지하면서, 만약 임차인이 장래에 사업을 확장한다면 이를 개발하여 임차인에게 임대하는 사업기회를 가지게 될 것이다. 이 경우, 개발사업자는 장기 금융구조를 모색할 것이다. 이 금융구조는 두 가지 대출로 구성되는데, 장기담보대출(permanent loan)과 단기 건설자금(construction loan)이 바로 그것이다.

3. 개발사업자는 준공 시점에 자산의 매각 또는 차환을 고려할 수 있다. 이 방식은 위 (1)과 (2)의 요소들을 결합하는 옵션이다. 이 경우, 개발사업자는 건설기간 이후 1년 내지 2년 간 대출을 연장할 수 있는 옵션 또는 대출확약서를 갖춘 단기 건설자금을 모색할 수 있다. 이 금융방식은 건설기간 말고도 추가적인 시간여유를 허용하는 바: 이는 (1) 자산의 양도를 준비하거나; 또는 (2) 영업에서 발생한 실제 재무자료를 준비하여 (장기담보대출) 대주에게 제공하는 기간이다. 후자는 훨씬 매력적인 금리로 차환할 수 있는 기회를 제공하는데, 이는 프로젝트가 대주들에게 훨씬 덜 위험하게 인식되기 때문이다. 이런 대출들은 5년에서 7년 사이의 만기를 가지며, 보통 **미니 펌**(mini-perm) **대출**이라고 불린다. 하지만 이 전략의 단점은 공사가 시작된 후에 금리가 높아질 수 있고, 그렇게 되면 개발사업자는 개발의 시작단계에서 장기담보대출의 사전확약서를 확보하

---

[1] 현실에서 사용가능한 대출구조는 많이 있다. 이 장에서 우리는 일반적으로 많이 사용하는 세 가지 형태에만 초점을 맞춘다.

고 장기대출을 이용하였더라면 지불하게 될 금리보다 더 높은 금리를 지불해야만 할 것이다. 만약 미니 펌 전략을 선택한다면, 개발사업자는 금리스왑(interest rate swap) 또는 고금리에 대한 헤지(hedge) 가능성을 함께 조사해야 할 것이다. 초기 임대가 완료되고 정상 임대율 수준이 달성된 후에, 통상 단기 건설자금은 자산매각대금 또는 장기담보대출로 얻은 자금을 통해서 상환된다. 장기 운영자금은 보통 보험회사, 연기금 또는 어떤 경우에는 대형 상업은행에서 취급한다.

개발사업자가 장기간 자산의 소유권을 보유하기를 원하는 경우, 건설자금의 대출확약서를 얻기 이전에 장기 운영자금의 대출확약서를 취득할 수도 있다. 개발사업자가 프로젝트가 완료되면 자산을 매각하거나 차환할 것을 기대하는 경우, 비록 임대시장 여건이 이 계획을 받쳐줄 수 있다손 치더라도, 단기자금 대주는 개발사업자에게 (1) 장기대출 확약서를 확보하거나; (2) 단기대출의 만기 이전에 (신원이 확인된) 매수인에게 프로젝트를 매각할 것을 내용으로 하는 계약 근거서류를 제시할 것을 요구할 수 있다. 만약 국지시장의 공간수요가 저조할 것으로 예상되는 반면 초기 임차인 모집 후 자산의 매각가능성이 높다면, 위의 대출 요구사항을 정당화할 상황이 발생할 것이다. 국지시장의 지나치게 **투기적인**(speculative) 그리고 **상환재원이 불투명한 건설자금 대출**(open-ended construction lending)관행은 심각한 과잉건축 또는 공간의 과잉공급을 야기할 수 있고, 이는 후속하여 공실의 증가와 임대료의 하락을 수반하게 될 것이다. [역자주: open-ended construction lending을 직역하면 개방형 건설금융이지만, 이렇게 직역하면 마치 아무나 대여가능하거나 자금용도가 자유로운 대출처럼 들린다. 문맥상 만기시점의 상환재원이 되는 장기대출을 확보하지 않은 상태에서 취급하는 대출이라는 의미이므로, 부득이하게 '상환재원이 불투명한'이라고 해석하였다.] 그러면 자산가격은 하락하게 되고, 이는 자산압류(foreclosure)로 귀결된다.[2] 이런 경우, 건설자금 대주는 자산의 매각 또는 다른 대주가 확약하는 장기자금을 통해서 자신의 대출이 상환될 것이라는 보다 큰 확신을 갖기를 원할 것이다.[3]

개발금융에서 대주(貸主)의 요구조건

수익부동산을 개발할 때 개발사업자는 금융을 얻는 과정이 훨씬 더 복잡하다는 것을 알게 될 텐데, 이는 어떤 경우 2명의 대주들, 즉 건설자금 대주와 장기운영자금 대주가 관련되기 때문이다. 즉 개발사업자는 두 세트의 대출기준들을 만족시켜야 한다. 이 두 세트의 기준들은 많은 부분에서 같은 구성요소들을 공유하는 반면, 어떤 요소들은 각각의 대주에게만 적용되는 특수성을 갖는다. 한층 복잡한 사항은 장기담보대출 대주와 합의한 대출약정의 특성이 단기자

---

[2] 많은 시장관찰자들은 자금의 조달가능성이 개발활동의 가장 중요한 결정요인이라고 생각한다. 그뿐 아니라, 이들 관찰자들은 만약 자금만 조달할 수 있다면 일반적인 시장지표와 무관하게 개발사업자들은 개발을 밀어붙일 것이라고 믿는다. 왜냐면 개발사업자들은 너무도 낙관적이어서 경쟁특성과 국지시장여건에도 불구하고 그들 각각의 프로젝트들은 언제나 성공할 것이라고 믿고 있기 때문이다.

[3] [예 16-2]에 포함된 정보는 필요서류와 대출취득요건을 총망라하는 완전한 목록이라는 의미가 아니다. 건설자금 대출에서 법적 고려사항의 올바른 취급을 위해서는, Richard Harris, *Construction and Development Financing* (New York: Warren, Gorham, and Lamont, 1982)을 참조하기 바란다.

금 대주와 합의해야 할 대출약정의 특성에 영향을 줄 수 있다는 점이다. 장기자금 대주가 테이크아웃(take-out) 대출의 제공을 고려할 때에는, 장기자금 대주는 문자 그대로 건설자금 대주를 "내보내고(take out)" 그 대주가 개발사업자에 지고 있는 대출의무 일체로부터 풀어 주는 것이다. 만약 테이크아웃 대출확약서의 요구조건(최소임대율 달성 요건, (대주의) 임대 차계약 승인요건 등)이 너무 엄격하면, 이 조건을 받아들이겠다는 건설자금 대주를 구하는 것이 너무 어려워지게 되고 테이크아웃 약정이 되려 개발사업자에게 큰 문제를 야기하게 된다. 이런 상황은 개발사업자의 금융 선택권을 위축시키고 결국 상당한 사업지체로 귀결된다. [예 16-2]는 독자들이 프로젝트 금융을 받는 과정과 두 종류의 대주들이 일반적으로 요구하는 대출서류의 특성을 이해하는 데 도움을 줄 것이다.

대출요청을 위한 대출정보의 개관

[예 16-2]의 섹션 A에 있는 많은 항목들은 자명한 편이다. 대주에게 제출하는 최초 대출신청은 사업부지에 무엇을 개발할 것인가에 초점을 맞추게 된다. 즉 신청서는 프로젝트의 규모, 설계 및 비용에 대해서 상당히 자세한 설명을 제공한다. 또한 최초신청은 자세한 시장 및 경쟁분석을 제공하고, 프로젝트를 개발할 팀(설계사·시공사·주(主)하도급업체 등)을 확인하며, 용도지역지구제 및 사업승인과 관련하여 취득하거나 필요한 공공의 인허가사항을 문서화하게 된다. 자세한 프로포마(pro forma) 형태의 영업수지분석과 차주 또는 차입주체의 재무제표 역시 포함된다. 지적한 그대로, 만약 장기대출 대주가 개발사업자에게 프로젝트에 대출을 제공하겠다는 관심을 표명한다면, 장기대출 대주는 보다 자세한 정보를 요청할 것인데, 개발업자는 시장분석의 프로포마 영업수지분석에 사용한 가정들을 뒷받침하고 대주가 요구하는 자료를 제공하라는 요청을 받을 것이다. 대주가 만족할 수준으로 개발사업자가 자료를 제공할 것이라고 가정하면, 대주는 일반적으로 금융 제공에 대한 의향서를 발급하게 되며 개발사업자는 비용 세부내역, 설계, 계획 등의 업무를 보다 자세한 수준으로 진행하게 될 것이다. 개발사업자가 보다 자세한 계획 수립을 위해서 추가자금을 투자하기 이전에, 통상적으로 위의 대출의향서가 필요하게 된다. 하지만 이 상세한 계획은 장기대출 대주가 **대출확약서**를 발급하기 이전에는 완성되어야 할 것이다. 분명히 단기대출 대주 역시 상세한 계획을 요구할 것인데, 그는 공사의 진행과정과 공사의 계획 및 계획도서 부합여부를 모니터링(monitoring)할 것이다. 대출계약을 체결하고 시장 및 재무자료를 분석하기 위해서 사용하는 방법들은 본 장의 후반부에서 사례를 통해서 설명하게 될 것이다.

　개발사업자가 자금을 조달하려고 처음 장기대출 대주를 접촉할 때에는 일반적으로 [예 16-2] 섹션 A의 정보가 완전하지 않을 것인데, 이 시점에는 대부분의 경우 개발구상과 개발전략이 마무리되지 않은 상태이기 때문이다. 대출신청은 되도록 많은 정보를 포함하고 있어야 한다는 것을 명심하기 바란다. 하지만 단기 및 장기대출의 대주들 모두는 개발사업자가 제공해야 할 근거자료에 대해서 각각의 고유한 질문과 요청을 가지게 될 것이다. 즉 단기 및 장기대출 모두를 취득해 가는 과정은 모든 이해관계자들 사이의 연속된 과정으로 바라보아야 할 것이고, 이 과정은 문서로 된 확약서가 만들어지기까지 모든 관계자들에 의해서 여러

| 예 16-2 | 프로젝트 개발금융에서 대출신청 및 인출실행에 필요한 일반적 요구사항 |

A. 대출신청 서류의 일반적인 요구사항
  1. 프로젝트 정보
    a. 프로젝트 개요: 대상지의 법률적 검토, 현지조사, 대상지 전경사진, 건축물 및 주차시설의 개략 구상, 개발전략 및 일정
    b. 단지계획 및 교통순환체계계획, 지상권 존치여부 확인, 유틸리티 이용가능성, 인접필지의 토지이용, 토질조사
    c. 건물 등 정착물 계획, 편의시설의 자세한 목록
    d. 설계사·시공사·주(主)하도급업체의 확인. 이들 이해관계자들의 근거 재무자료 및 과년도 실적, 이해관계자들 사이에 체결한 계약서의 사본. 공사 및 개발과정에 대한 개요.
  2. 시장 및 재무 정보
    a. 차주 및 기타 주요한 프로젝트 실(實)차주(sponsor)의 재무제표 일체, 과년도 개발실적, 이전 프로젝트의 대출기관 목록
    b. 프로포마(pro forma)형태의 영업수지분석표, 임차인에 제안한 임대조건의 명세서 - 기본임대료·인상조건·경비상한(expense stop)·갱신옵션·공용공간 유지관리비용 배분·추가임대료(overage: 판매시설의 경우)·인테리어 지원금(finish-out allowance) 및 기타 약정사항
    c. 상세한 비용내역, 아래 사항을 포함할 것:
      • 토지취득비용
      • 부지조성비용
      • 철거비용
      • 직접공사비(hard cost): 토공 및 정지공사, 기초공사, 벽돌공사, 철골공사, 미장공사 또는 건식벽, 공조설비(HVAC), 배관공사, 전기공사, 승강기 및 기타 기계설비, 특수마감 또는 비품
      • 간접공사비(soft cost): 설계비, 감리비, 법률자문비용, 재산세, 건설자금 이자, 개발대행수수료, 보험료 및 이행보증수수료, 추정예비비, 장기대출 예상수수료
    d. 임차예정인에게서 징구한 (구체적인 임대조건을 적시한) 임차확약서 또는 임차의향서
    e. 시장조사 및 감정평가 보고서: 유사사례, 경쟁사가 부과한 임차인별 임대료 계획(rent schedule)
    f. 대출신청서, 대출기간, 예상금리, 상환기간, (대출의) 지분전환옵션(participation option)
    g. 개발사업자 및 여타 실(實)차주가 납입할 자기자본(현금 및/또는 토지), 대출금의 인출예정 및 상환예정
  3. 정부 및 규제 정보
    a. 토지이용계획확인원
    b. 재산세 납부실적, 납부방법, 재평가일자
    c. 필요한 모든 인허가의 목록, 용도지역지구 특례에 대한 승인 관련 증빙([예 17-2] 참조)
  4. 법률서류
    a. 대출신청의 법인격(사업자등록증, 파트너쉽(partnership) 계약서)
    b. 지가(地價) 확인원, 취득을 증명하는 토지매매계약서
    c. 행위제한(deed restriction) 세부 내용 및 기타 사항([예 17-2] 참조)
    d. 후순위 대출약정([예 17-2] 참조)
    e. 불가항력(개발사업자의 통제를 벗어난 사건, 예를 들면, "Act of God") 관련 조항
B. 단기대출(interim loan) 취급에 필요한 추가 정보 (단기대출·장기대출의 두 가지 대출이 사용될 경우)
1. 장기담보대출 대주가 발급한 장기대출 또는 대기성 여신(standby)에 대한 대출확약서 사본. 약정금액, 대출금리, 대출기간, 금융수수료, 조기상환·강제상환·지분전환 등과 관련된 옵션의 세부 내용. 개발사업자가 충족시켜야 하는 최초인출선행조건의 세부 내용(이 장 후반부에서 최초인출 선행조건을 설명하기로 한다).
2. 자세한 건축계획 및 설계도서
3. 사업비용의 세부 내역
4. 위의 'Part A'에 열거한 요구사항과 관련한 자료 그리고 적절한 갱신(update)
(1) 위 Part A 및 B와 관련된 모든 내용을 심사한 후, 단기대출 대주가 확약서를 발급하며; (2) 개발사업자가 프로젝트를 진척시킨다고 가정한다면, 다음 단계는 단기대출의 약정 체결이 될 것이다.

(계속)

예 16-2	프로젝트 개발금융에서 대출신청 및 인출실행에 필요한 일반적 요구사항(계속)

(계속)

C. 단기대출(interim loan) 대주의 인출실행요건(최초인출 선행조건)
   1. 프로젝트 정보: 최종 설계도면, 추정비용, 단지계획 등
   2. 시장 및 재무 정보: 대출신청 이후 차주의 재무상태에 불리한 변동이 부(不)존재한다는 확인서
   3. 정부 및 규제 정보: 필요한 모든 인허가, 용도지역지구 특례에 대한 정부의 통지([예 17-2] 참조)
   4. 법률서류
      a. 장기담보대출 대주가 Part A의 모든 정보와 Part B의 모든 갱신사항을 검토 및 승인하였음을 진술하는 서류
      b. 시공사·설계사·단지계획가·하도급자와 체결한 계약 관련 서류 일체. 이행보증 증빙 및 모든 계약을 단기대출 대주 앞으로 조건부 양도담보(conditional assignment). (차주와 계약하는) 모든 계약당사자들의 대출약정 준수확약서. 재산세보험 계약증명 등(토지개발금융의 인출실행요건을 다루는 [예 17-2]의 Part B 참조)
      c. 단기대출의 담보로 제공되는 동산(personal property)의 목록(특히 쇼핑센터와 호텔사업에서 중요)
      d. 기(旣)체결한 임대차계약 및 장기담보대출 대주의 승인서류
      e. (차지(借地)하는 경우) 토지임대계약 사본, 임대인/소유주가 발급한 차지료 납부실적 확인원
      f. 단기대출 대주는 차주의 기한이익 상실 시 모든 임대차계약·임대료 및 기타 소득의 (대주 앞) 양도 그리고 차주의 채무상환 보증(개인 연대보증)을 요구할 것이다.
         상기 항목들을 검토한 이후, 단기대출 대주는 차주에게 자세한 금융조건(약정금액, 이자율, 대출기간, 수수료율, 조기상환·강제상환·지분전환 등의 옵션)을 적시한 대출확약서를 발급할 것이다. 하지만 장기/담보대출 대주는 단기대출 대주와 대출채권양수도계약(buy-sell agreement 또는 triparty agreement: 이 장 후반부 후술)과 같은 계약을 요구할 수도 있다.

D. 장기대출(permanent loan) 대주의 인출실행요건(최초인출 선행조건)
   장기대출의 인출실행요건은 다음 경우에 필요하다: (1) 개발사업자가 공사를 완료하고; (2) 장기대출 확약서의 유효기간 이내에 확약서에 포함된 모든 인출선행요건(최소임대율 달성요건 포함)을 충족시키는 경우
   1. 시장 및 재무 정보
      a. 차주의 재무상태에 불리한 변동이 부(不)존재한다는 확인서
      b. 공증한 임대목록, 기(旣)체결한 임대차계약, 현재 수금 임대료를 증명하는 금반언증명(estoppel certificate, 즉 입주증명), 차주의 채무내용 일체, 개발사업자가 체결한 잔금청산계약의 지급 관련 분쟁 일체
   2. 프로젝트 정보
      a. 프로젝트 가치의 최종 감정평가
      b. 대상지 내 건축물 최종 실사
   3. 정부 및 규제 정보
      a. 현행 재산세로 정보 갱신
      b. 건축물 사용승인필증
      c. 기타 인허가 요구사항(방화·안전·보건 등)
   4. 법률서류
      a. 건설자금대출의 양도(장기대출 대주가 대출채권을 양수하는 경우)
      b. 설계사의 준공확인(상세한 검사내역, 최종도면 등을 함께 제출할 것)
      c. 일체의 재해 및 손해보험의 보험증서에서 장기대출 대주를 새로운 보험수익자로 배서를 완료할 것
      d. 권원보험(Title Insurance)의 보험증서 내용 갱신
      e. (차지(借地)하는 경우) 차지료 납부실적 확인원의 내용 갱신
      f. 차주의 개인채무 한도를 경감하는 면책약정(적용 가능한 경우에만)
      g. 유치권 등 시공사의 담보권 해제, 지급이 도래한 비용의 완불증명 또는 지불계획

번에 걸친 검토를 갖게 될 것이다.

장기 *Permanent* 대출확약서 또는 테이크아웃 *Take-Out* 대출확약서

단기 및 장기대출을 사용한다고 가정하면, 장기담보대출 대주는 서면으로 확약서를 작성하면서 그 대출확약서가 법률적으로 구속력을 가지기 위해서 개발사업자이자 차주가 충족시켜야 하는 인출선행조건을 구체적으로 명시한다.(아래에 보다 자세한 내용을 설명하기로 한다) 이 인출선행조건이 충족될 때, 장기대출 대주는 개발사업자가 건설자금을 상환하도록 자금을 제공할 것이다. 만약 테이크아웃 대출확약서상 인출선행조건 중 어느 하나라도 충족되지 않는다면, 장기대출 대주는 장기운영자금을 제공할 의무를 지지 아니한다. 이러한 경우, 개발사업자는 다른 장기대출을 모색해야 한다. 그렇지 않으면, 건설자금 대주가 완료된 프로젝트에 대출을 계속 끌고 가야할 수도 있다. 아니면, 개발사업자는 단기대출의 만기가 도래하였을 때 단기대출 대주가 주도하는 압류절차에 직면할 것이다. 테이크아웃 확약서의 의도는 개발사업자와 장기대출 대주 간에 법적으로 구속력이 있는 계약의무를 발생시키는 것인데, 여기에서 대주의 의무는 건물이 준공되고 만족스러운 임대수준이 성취되며 여타의 인출선행조건들을 만족한 후에는 자산에 대해 장기대출을 제공하려는 완전한 의도를 지칭한다.

대기성 여신 *Standby Loan*의 대출확약서

대기성 여신(standby loan)의 대출확약서를 종종 (대기성 여신을 취급하는) 대주에게서 취득하기도 하는데, (1) 개발사업자가 장기대출 확약서의 취득에 발생하는 수수료를 지불할 수 없는 입장이거나 지불하고 싶지 않을 때; (2) 차주가 현재 진행 중인 공사의 준공과 사전임대가 완료된 후에 다른 대주로부터 보다 유리한 금융조건으로 장기대출 확약서를 확보할 것으로 기대하기 때문에; 또는 (3) 개발사업자가 준공 및 임대인 모집 완료시점에 바로 프로젝트를 매각할 계획이어서 장기대출이 필요할 것이라고 생각하지 않기 때문이다. 장기대출처럼 대기성 여신의 자금 역시 건설자금을 상환하는 데 이용된다. 인출선행조건과 대출약정의 여타 내용과 관련해서는 대기성 여신과 장기 테이크아웃 대출은 유사한 반면, 전자가 후자와 구별되는 점은 차주와 대주 모두 대기성 여신의 확약서가 실제로 건설자금을 영구적으로 테이크아웃(take-out: 내보내기)하는 것에 사용되리라고 기대하지 않는다는 것이다. [역자주: 대기성 여신은 채무불이행 사태를 대비한 헤지방안일 뿐이다. 그야말로 최악의 사태에 대한 예방책이지, 대주·차주 모두 대기성 여신을 실제 인출하는 일(차주 채무불이행의 시급한 치유, 즉 지급이 도래한 부채서비스의 부족분 충당)이 실제로 발생할 것으로 기대하지 않을 것이다. 그렇게 위험하다면, 사업을 하겠다는 사람도 돈을 빌려주려는 사람도 없을 것이다.] 하지만 차주인 개발사업자는 개발사업에 착수하고 싶은데 단기대출 대주가 본인 대출의 상환에 대한 확신을 원하기 때문에, 개발사업자는 단기대출 대주의 강요로 대기성 여신의 대출확약서를 구해와야만 할 것이다. 만약 개발사업자가 프로젝트를 매각하지 못한다면 또는 만약 프로젝트 완료시점에 장기 테이크아웃 대출을 찾을 수 없다면, 대기성 여신의 대출확약서를 사용하게 될 것이고 이 대출확약서를 발급한 대주에 의해서 장기대출이 인출될 것이다.

설령 대기성 여신의 대출확약서를 발급하는 장기대출 대주가 확약서에 대한 수수료를 부과하고 단기자금 만기일에 담보대출자금을 교부해야 할 법적 의무를 지고 있다손 치더라도, 차주가 그저 대기성 여신의 대출확약서만 확보하고 있다면 많은 은행들은 건설자금을 대출함에 있어서 주저하게 된다. 이는 대기성 여신의 대출확약서 자체가 실제 사용될 것이라는 기대가 매우 낮은 상태에서 작성되기 때문이다. 많은 경우 차주가 대기성 여신의 대출확약서를 사용하겠다고 결정하면, 이를 취급하는 대주는 확약서상 인출선행조건에 대해서 상당히 경직된 태도를 취할 수 있다. 예를 들면, 대기성 여신의 대출 확약서를 발급한 대주들은 확약서상 인출선행조건의 "기술적 위반사항"을 찾으려 할 수 있다(예를 들면, 대주가 승인하지 아니한 건축계획의 경미한 변경 그리고 건축자재의 교체). 단기대출 대주가 직면하는 문제의 하나는 개발사업자와 장기자금 취급기관이 어떤 때에 그야말로 장기대출의 확약을 한 것이며 또 어떤 때에 단지 대기성 여신만을 의미했을 뿐인지를 판단하는 것이다. 확약서가 장기대출인지 대기성 여신인지에 대해 명시적인 문구를 포함하지 않을 수도 있다. 따라서 개발사업자가 제시하는 장기자금계약을 주의 깊게 분석하는 것이 중요한 바, 만약 시장여건이 바뀌게 되면 개발사업자와 단기대출 대주는 대기성 여신의 확약서 발급기관이 자금공급의 법적 의무가 있다고 간주하는 반면, 해당 발급기관은 프로젝트를 매각하거나 보다 양호한 조건으로 장기대출을 구할 수 있어서 반드시 본인이 자금인출을 집행할 필요가 없다고 예상하므로 대출취급에 주저할 수 있기 때문이다.

대출확약서 상 인출선행조건 *Contingencies*

개발에 착수하기 이전 그리고 건설자금을 취득하기 이전에 개발사업자가 장기대출 확약서를 확보할 때, 장기대출 대주는 통상 확약서 내에 **인출선행조건**(contingencies)을 포함시킨다. 단기대출 또는 미니 펌 대출을 사용하는 경우, (장기대출의 인출선행조건과) 동일한 (단기대출) 선행조건들의 상당수를 만족시켜야 대주는 비로소 개발사업자를 개인연대보증에서 면책하게 되어 비로소 어음이 차주에 대해서 **비소구**로 전환된다. 지적하였듯이, 만약 개발사업자가 이 인출선행조건 하의 요구조건들을 충족시키지 못한다면, 장기대출 대주는 자금을 제공할 의무가 없다. 장기대출 대주들이 발급하는 장기대출 확약서들에서 공통적으로 발견되는 인출선행조건들은 다음을 포함한다.

- 개발사업자가 건설자금 대출확약서를 취득함에 허용되는 최장기간
- 프로젝트의 준공기일
- 최소임대율 달성 요건, (장기대출이 유효하기 위해서) 모든 주요 임대차계약의 대주 승인
- 최소임대율 요건 미(未)충족 시, 임시자금대출(gap financing, 또는 차액대출) 관련 조항
- 장기대출 확약서의 유효기간 만료일 및 연장조항
- 설계변경 및 일체의 건축자재 교체는 장기대출 대주의 승인을 득할 것

본래 이 항목들은 공통적인 조건들을 나타내는데, 대주가 장기대출 확약서를 발급하기 이전에 이 조건들을 협상해야 할 것이다. 당초에 제안사업의 금융을 물색할 때 이들 인출선행조건들에 대한 고려가 매우 중요한 바, 개발사업자가 약속한 대로 프로젝트를 이행한 때에 이

들 조건이 장기대출의 인출여부를 좌우하기 때문이다. [역자주: 당초 조건을 잘 설정해 두면 나중에 인출이 무난하나, 반대의 경우 인출이 난관에 봉착하거나 무산된다.]

　장기대출 대주들에게도 인출선행조건들은 반드시 필요한데, 이는 이 조건들이 개발기간 동안 또는 장기대출 확약서의 유효기간 이내에 개발사업자가 이행해야 하는 의무를 규정하고 있기 때문이다. 예를 들면, 위의 목록 중 처음 두 개 조항들은 차주가 '특정 기간 이내에 공사비용과 개발비용을 감당하는 대출을 제공하겠다'는 단기대출 대주를 찾을 것과 프로젝트가 특정 일자까지 완료될 것을 요구하고 있다. 장기대출 대주는 (은행과 같은) 지역 대출기관이 건설자금 또는 단기대출을 제공하고 공사의 질을 모니터링하는 것에 의존해야 할 것이다. 왜냐면 장기대출을 취급하는 대형 금융기관들은 보통 생명보험회사, 연기금과 같은 기관들이고, 이들은 프로젝트가 개발되는 도시에 입지하지 않을 가능성이 있다. '마감일 요건'은 개발업자가 준공과 건물공간의 임대를 향하여 가급적 효율적으로 일해야 할 유인(誘因)을 제공한다. 그렇게 하지 않으면, 개발사업자는 대출기회를 상실할 위험에 직면하기 때문이다.

　목록 세 번째의 최소임대율 요건은 장기대출 대주에게 (토지가치와 프로젝트 타당성을 정당화하려고 사용되는) 지역경제여건이 양호한 상태임을 확신시키는 데 도움을 주기 위해서 활용된다. 장기대출 대주가 이와 같은 조항을 요구하는 것은 국지시장에 친숙할 뿐더러 해당 시장에서 건설자금 대출을 전문으로 하는 단기대출 대주들에게 프로젝트 위험의 일부를 전가하기 위해서이다. 단기대출의 대주는 국지시장의 여건을 주의 깊게 고려하여야 하는 바, 만약 장기대출 확약서 유효기일 내에 프로젝트가 특정 임대율을 달성하지 못한다면 최소임대율 관련 인출선행조건을 충족시키지 못하기 때문이다. 선행조건의 미(未)충족은 장기대출 대주가 확약한 금액을 대출할 필요가 없음을 의미한다. 장기대출 대주가 기꺼이 장기자금 확약서 상 조건을 수정해 주지 않는 이상, 대출만기의 도래는 건설자금 대주가 단기대출을 당초 의도했던 기간 이상으로 연장해주든지 아니면 아마도 본인이 장기자금 대주가 되도록 압박하게 될 것이다.

　많은 경우 장기대출 대주가 동의할 만한 방법은 만약 임대요건이 충족되지 않을 경우 만기까지 달성한 임대율에 안분(pro rata)하거나 비례하여 대출자금을 집행하는 방식이다. 그렇게 되면, 임대율이 증가함에 따라서 인출금액이 증가하여 약정금액에 다다르게 될 것이다.

　하지만 단기대출 대주가 안분방식의 원금회수를 수용하려 하지 않을 때, 개발사업자는 임시자금대출[대기성 여신으로서 상환부족분을 지원하는 **차액대출**(gap financing)]의 확약서를 제공할 제3의 대주를 찾아야 할 수도 있다. 이 임시자금 확약서는 (장기대출이 인출되기로 한 날까지 개발사업자가 임대율의 달성요건을 충족하지 못하였기 때문에) 장기대출 대주가 부분적으로만 집행하는 대출금액과 건설자금 대주에게 상환하여야 할 자금 사이의 "차액(gap)"을 임시자금 대주가 제공하겠다는 내용을 규정한다. 임시자금 대주는 통상 (건설·장기자금 대비) 후순위 권리를 취하는 대신, 건설 및 장기대출의 대주들보다 높은 이자율을 취하며 환불이 불가(不可)한 확약서 발급수수료를 부과한다. 임시대출 대주와 장기대출 대주가 제공하는 자금으로 단기대출을 상환하게 된다. 프로젝트의 임대율이 올라가고 장기담보대출 대주가 인출금액을 증액함에 따라서, 개발사업자는 장기운영자금으로 임시자금 대출을 상환하게 된다.[4] 또한 건설자금 및 장기대출의 확약서보다 비용초과가 발생할 때 또는 장기대출의 약정금액이 건설자금보다 작을 경우, 개발사업자는 임시자금대출을 이용하기도 한다. 둘 중 어느 경우에도, 임시자금 대주는 프로젝트를 분석하고 프로젝트 위험을 수용할 만한 수준이라고 확신한다면, 후순위의 채권지위를 받아들이게 될 것이다.

앞선 인출선행조건의 목록 중에서 맨 마지막 항목은 공사 및 설계변경에 대한 대주의 승인요건인데, 이 조항은 장기대출 대주에게 개발사업자가 양자 간 합의된 바를 상당한 수준으로 준수하여 프로젝트를 완료할 것임을 확신시킨다. 즉, 개발사업자들이 표준자재 대신 저가자재를 대용(代用)하지 않을 것이고, 프로젝트의 질을 위험하게 만들 수 있는 손쉬운 비용절감방법을 사용하지 않을 것이라는 점을 확신시킨다. 조악(粗惡)한 건물의 질은 분명 임대의 성공여부에 영향을 줄 수 있고, 따라서 장기담보대출의 부수담보(2차 담보)에도 영향을 미치게 된다. 결국 단기대출 대주들은 일반적으로 그들이 모든 건축자재의 교체와 설계변경에 있어서 승인하는 권리를 보유하게 해달라고 주장하게 된다.

건설자금 *Construction Loan* 또는 단기대출 *Interim Loan*

앞서 지적하였듯이, 개발사업자가 단기대출 대주와 수익부동산의 건설자금을 협상하기 이전에, 개발사업자는 이미 장기담보대출 또는 대기성 여신의 확약서를 취득하였을 수 있다. 개발사업자는 장기대출을 취득하기 위해 사용하였던 ([예 16-2]의 Part A에서 보여주는) 제안사업의 정보와 상당 부분 동일한 정보를 단기대출 취득을 위한 근거자료로 제출하게 된다. 장기자금 대주는 일반적으로 단기대출의 취급에 관심이 없는데, 이는 건설자금 대주들이 국지시장의 여건을 잘 알고 있을뿐더러 이들이 공사과정의 모니터링과 기성의 지급(프로젝트 각 과정이 완수될 때마다 자금을 지급)을 보다 잘 수행할 것이기 때문이다. 개발금융에서 이런 사후관리업무는 공법(工法) 및 공사자재 관련 지식을 필요로 하며, 일반적으로 건설자금 대주들이 (장기자금 대주들보다) 비용에 대비하여 보다 효율적으로 수행할 수 있다. 하지만 장기대출 대주가 개발사업자에게 요구하는 인출선행조건 때문에, 건설자금 대주는 장기대출 신청에 있는 정보를 매우 주의 깊게 평가해야 한다. 건설자금 대주가 개발사업의 자금을 제공하는 확약서를 발급하였지만 개발사업자가 테이크아웃 대출의 인출선행조건을 충족시키지 못하는 경우 장기대출의 자금이 공급되지 않을 것이고, 건설자금 대주는 어쩔 수 없이 해당 사업의 장기대출 자금을 제공하든지 만기일에 건설대출의 기한이익을 상실시켜야 할 것인 바, 이는 개발사업자를 파산으로 내몰 수 있다.

많은 경우, 건설대출과 장기대출을 각각 협상하기보다, 개발사업자는 단기대출 대주로부터 **단일의 일괄대출**을 얻어서 건설자금을 조달하고 초기 임대단계 후 1~2년 운영단계 동안 사용할 수도 있다. 건설자금 대출과 장기대출 모두를 얻는 대신에 사용되는 이런 변형된 대

---

[4] 어떤 경우 장기담보대출의 인출시한이 다가옴에 따라, 만약 아직도 임대율 달성요건이 충족되지 않는다면, 건설자금 대주가 임시자금 대주(Gap Lender)가 되는 것에 동의할 수도 있다. 건설자금 대주가 이렇게 함으로써 장기대출 확약서의 효력을 살려둘 수 있고, 특히 차주가 제3의 대주(임시자금 대주)를 구하지 못할 경우에는 더욱 그러하다.

출이 소위 말하는 **미니 펌(mini-perm) 대출**이다.[5] 1980년대 개발붐 시대에 대주들이 건설자금시장에서 더 큰 점유율을 차지하기 위해서 서로 간에 공격적으로 경쟁하였기 때문에 미니 펌 대출은 미국 전역에서 광범위하게 이용되었다. 이 대출방법을 이용하는 개발사업자는 대출만기에 또는 만기 이전에 자산을 매각하든지 훨씬 우호적인 조건으로 차환할 것으로 기대했었다. 대주들은 주로 저축 및 대부조합과 상업은행들이었는데, 이들은 미니 펌 대출을 개발사업자들이 장기대출을 얻으러 다니지 않아도 되는 "원스톱 쇼핑(one-stop shopping)"의 한 방편으로 제시하였다.

건설자금의 집행방식

일반적으로 건설대출은 미래의 완성품으로 담보되는 대출, 즉 개방형(open-end) 담보대출이다. 건설자금 대주는 통상 토지에 대한 1순위 담보권 설정과 사업부지에 건축물이 준공되면 모든 건축물에 대한 1순위 담보권 설정을 요구한다. 건설자금 대주들은 대출담보로 제공된 자산의 경제적 가치를 초과하는 대출자금을 선대(先貸: 미리 빌려 준다)하지 않는다는 기본원칙을 따른다. 달리 말하자면, 건설자금 대주들은 개발사업자가 현재까지 완성한 건축기성비용을 초과하는 자금을 인출함에 따라서 인출일정을 앞당기는 것을 원하지 않는다.

상업부동산 개발에서 가장 일반적으로 사용하는 자금집행방법은 **매월인출방식(monthly draw method)**이다. 이 방법은 인출금액 수요가 큰 대규모 개발사업의 건설에 광범위하게 사용된다. 개발사업자는 직전 한 달 동안의 기성(완료된 공사금액)에 근거하여 매월 인출요청을 하게 된다. 설계사 또는 감리사가 공정이 적절히 완료되었음을 대주에게 확인하게 되면, 대주는 요청자금을 집행한다. 말하자면, 대출의 담보가치가 자금의 집행규모와 함께 증가해 나가는 것이다.

대주가 권원보험을 이용한다면, 어떤 경우에는 개발사업자가 보험회사로 송장을 제출하여야 하고, 보험회사는 매 인출마다 표제부의 채권가액을 갱신한 후에 송장 상의 대출금 인출을 승인하게 된다. 기성이 지급됨에 따라, 도급인(시공사)과 하도급인(하청업체)은 그들이 현재까지 수행한 공사의 대가를 수령하였다는 확인서에 서명하게 된다.[6] 일반적으로 이 확인서는 시공업체들의 공사유치권(mechanics' liens) 행사를 미연에 배제하게 된다.[7]

대출금리와 대출취급수수료

많은 기업대출처럼, 일반적으로 건설자금의 금리도 현재 금융환경에 따라서 시시각각으로

---

[5] 미니 펌 대출을 협상하는 경우에도, 이 장에서 설명한 내용의 대부분이 (비록 사업 조달에 하나의 대출만 사용될 경우 서류작성과 여타 요구조건에서 필요 없는 내용을 다소 포함하고는 있기는 하지만) 관련되어 있다.

[6] 대규모 개발사업은 완료되기까지 상당한 시간이 소요되고 많은 납품업자들과 계약업체들이 관련된다. 이런 사업에서 권원보험회사는 빈번하게 자금집행을 수행해야 하고 따라서 종전 인출 이후 담보권 설정이 없었음을 확인해 주어야 한다.

[7] 건설기간 중에 설정된 담보권은 준공시점에 개발사업자가 장기대출을 인출하거나 또는 자산을 매각함에 있어서 문제를 야기할 수 있다. [역자주: 체불 등으로 공사가 중단되면, '사용승인 → 건축물대장 등재 → 등기부등본 기재'의 일련의 절차가 불가능하므로 당연히 재산권 행사와 채권보전조치가 극도로 제약된다. 설령 사용승인을 받더라도 공사유치권 행사는 수분양자의 입주, 자산 매각 등이 지난하므로, 대주에게 매우 치명적인 대출사고라 할 수 있다.]

크게 변동할 수 있는 단기금리에 기초한다. 대부분의 대주들, 특히 상업은행들은 통상 건설자금에 대해 변동금리체계를 부과한다. 변동금리는 취급은행의 우대금리 또는 그 은행에서 가장 신용도가 높은 고객들에게 대출하는 상업여신에 부과하는 단기금리를 기준금리로 설정한다. 하지만 어떤 단기대출들은 T-Bill(treasury bill: 미(美) 단기재정증권(短期財政證券) 또는 LIBOR(london inter-bank offered rate: 런던 은행 간 대출금리)를 기준금리로 설정한다. 대주는 일반적으로 대출취급과정 중에 건설자금을 대출위험과 관련하여 평가한다. 따라서 대출에 부과된 금리는 해당 대출이 연동하여 변동할 기준금리(단기금리)와 대출위험으로 가산된 가산금리를 合算한 금리를 반영하게 된다. 예를 들면, 건설자금 대출에 부과된 금리를 "프라임 + 2 포인트"와 같이 언급할 수 있다. 이 표현이 의미하는 바는, 만약 대출금리가 인출시점에 10%의 프라임 대출을 기준금리로 설정하였다면, 이 건설자금에 부과되는 금리는 12%(= 10% + 2%)가 된다는 것이다. [역자주: 대출금리는 기준금리(base rate)와 가산금리(Spread)로 구성된다. 저자들의 설명대로, 기준금리는 단기금리 중 대표성을 지닌 금리를 인용하고, 가산금리는 대출의 신용위험 평가결과에 따라 부과된다. 가산금리는 대출기간 중에 고정되어 있으나, 기준금리는 동 기간 중 인용금리의 변동에 연동하여 등락한다. 국내 개발금융은 통상 91일물 CD(Certificate of Deposit: 양도성예금증서) 또는 3개월·6개월의 KORIBOR(KORea Inter-Bank Offered Rates: 한국 은행 간 대출금리) 금리를 인용한다. 표현형식은 'CD + 200 bp(basis point)'와 같이 나타낸다.] 건설자금에 부과된 금리가 변동금리이기 때문에, 개발사업자가 실제로 지불해야 하는 이자비용은 예산을 수립할 때의 금액 또는 대출신청서에 포함된 금액과 상당히 달라질 수 있다. 달리 표현하면, 개발사업자는 개발기간 동안 금리위험을 감수하게 될 것이다. 게다가 건설자금 대주는 대출의 취급수수료를 부과하게 될 것이다.

단기대출 신청을 위한 추가정보

[예 16-2]의 Part B는 (일반적으로 장기대출 대주에게 제공한 자료를 보완 및 갱신한) 단기대출 신청 시 요구되는 몇몇 추가정보를 요약하고 있다. 개발사업자는 장기대출 대주에게 제공한 예비자료가 만족스럽고 개발사업자가 장기대출 확약서를 취득한다고 가정한 상태에서 이러한 추가정보를 단기대출 대주에게 제공하게 된다. 건설자금 대주가 요구하는 서류작업의 상당 부분은 장기대출 확약서에 포함된 금융조건에 좌우된다. 즉 단기대출 대주는 최종 개발계획과 [예 16-2]의 Part A에 나열된 대출신청의 각 요소들의 갱신된 정보 뿐 아니라 장기대출, 즉 테이크아웃 대출을 검토하는 위치에 있다고 할 것이다. 게다가 단기대출 대주는 통상 건설대출을 인출하기 이전에 장기대출 대주 역시 갱신된 정보 모두를 검토하게 될 것이라는 확신을 갖기를 원한다(즉 동일한 갱신 정보가 장기대출 대주에게도 제공되기를 희망한다).

단기 *Interim* 대출의 인출선행조건

비록 본 장이 대출에 초점을 맞추고 있기는 하지만, [예 16-2]의 Part C는 개발사업자가 단기대출을 인출하기 위해서 제공하는 일반적인 인출선행조건들을 목록으로 제시하여 보여준다. 일반적으로 말하자면, 만약 단기자금 대주가 공사에 자금을 제공하는 것에 관심을 표시한다면, 해당 대주는 차주가 자금을 인출하기 위해 필요한 모든 선행조건들과 서류작업을 적시한 내용이 포함된 확약서를 발급하게 될 것이다.

장기대출 확약서의 양도 *Assignment*

개발사업자가 프로젝트에 자금을 대여하는 두 종류의 대출(단기 및 장기대출)과 관련하여 확약서를 취득한 경우, 개발사업자와 두 명의 대주 각각의 사이에는 법적 의무가 존재하지만, 두 대주 상호 간에는 법적 의무가 존재하지 않는다. 대주 간에 그러한 의무를 발생시키려면, 건설자금 대주는 차주로 하여금 테이크아웃 대출확약서를 단기대출 대주에게 양도할 수 있는 권리를 장기대출 대주로부터 취득하라고 요구하게 될 것이다. 이러한 경우, 만약 프로젝트가 완료일에 준공되고 모든 인출선행조건이 충족된다면, 건설대출 대주는 개발사업자를 경유하지 않은 채 담보대출 약정금액을 장기대출 대주로부터 직접 지급받을 수 있다. 또한 만약 개발사업자와 장기대출 대주 간에 의견 불일치가 발생할 경우, 대출확약서를 양수하여 취득함으로 인하여 건설대출 대주는 장기대출 대주에게 직접 확약서의 이행을 최고할 수 있게 된다. 대출확약서의 양도는 또한 개발사업자가 공사기간 중에 장기대출 확약서를 종결시키고 다른 대출을 물색하는 행위능력을 제약하게 된다.

대출채권 양수도계약 *Triparty Buy-Sell Agreement*

테이크아웃 대출확약서를 양도하는 대신, 개발사업자, 건설자금 대주 그리고 장기대출 대주는 보다 공식적인 형태의 계약을 체결할 수 있는데, 이 계약에서는 (1) 모든 인출선행조건들이 충족되었다는 가정 하에 장기대출 대주는 준공일에 건설자금 대주로부터 직접 건설 담보대출을 양수하는 것에 동의하고, 또한 (2) 두 대주는 그들의 의무와 책임에 대해 동의하게 된다. **대출채권 양수도계약**(triparty buy-sell agreement)으로 알려진 이 공식계약은 테이크아웃 대출확약서의 양도를 넘어서서 다음 사항을 규정하는데: 장기대출 대주는 (1) 단기대출 대주에게 테이크아웃 대출확약서가 완전히 유효하다는 사실을 통보하여야 하고; (2) 건설자금의 최초인출 이전에 모든 필요한 계획과 서류를 검토하였으며 장기대출을 승인하였음을 단기대출 대주에게 알려주어야 하며; 그리고 (3) 차주(개발사업자)가 장기대출 확약서상 준수사항을 위반한 경우, 이런 위반사항과 이의 치유에 소요되는 기간을 단기대출 대주에게 통지해 주어야 한다.

이 계약의 목적은 차주, 장기대출 대주 및 건설자금 대주 간에 법적 책임을 만들어내기 위한 것이다. 대출채권 양수도 방식에서는 개발사업의 진척과 장기대출을 인출할 즈음에 어떠한 문제가 발생할는지 여부에 대해서 단·장기대출 대주 모두가 보다 잘 알고 있을 듯하다. 이 방식에서 장기대출 대주는 기(既)합의한 금리와 기타 금융조건으로 장기대출이 인출될 것임을 훨씬 더 확신할 수 있게 된다. 그렇지 않다면, 장기대출 대주가 테이크아웃 확약서를 발급할 때, 그는 개발사업자에게 장기대출을 대여할 배타적인 대출권리를 갖고 있는 것인지에 대해서 의문을 가질 수 있다. 사실 만약 개발사업자가 보다 우호적인 조건의 다른 대출확약서를 발견한다면, 그는 기존 장기대출 대주에게 지급한 대출확약서 취급수수료를 상실하더라도 새로운 장기대출 대주로부터 인출하는 편을 선택할는지 모른다. 이런 경우, 어느 곳에서 차입하였건 그 자금으로 건설자금을 상환할 수 있기 때문에, 당초의 건설자금 대주는 (장기대출 대주의 교체를) 반대하지 않을 것이다. 하지만 대출채권 양수도계약을 사용함으로써, 건설자금 대주는 동 약정상의 당초 장기대출 대주 이외의 대주로부터 차입하는 자금은 받아들이지 않기로 합의하게 된다.

장기담보대출의 실행

준공 및 초기 임대기간 종료 후에, 테이크아웃 대출확약서에 열거된 모든 인출선행조건들이 충족되었다고 가정하면, 장기대출이 인출될 것이고 건설자금 대주는 내보내질 것이며("Taken out"), 즉 건설자금은 장기대출 대주로부터 차입한 자금으로 상환될 것이다. 이 시점부터 차주는 임대료 수입으로 담보대출의 월부채서비스를 시작하게 될 것이다. [예 16-2]의 Part D는 장기대출 인출을 위한 일반적인 선행조건 일부를 목록으로 보여준다. 비록 장기대출 대주가 테이크아웃, 즉 장기대출의 확약서를 발급하였다고 하더라도, 대출이 인출될 준비가 될 때까지 또는 프로젝트가 완료될 때까지 확약서에 따른 인출은 일어나지 않는다는 점을 명심하기 바란다. 즉 장기대출 대주는 건축 및 자재 명세서, 임대실적 등이 대출확약서를 발급할 당시 개발사업자가 약속하였던 바에 부합하도록 수행되었는지 여부를 평가하는 위치에 있게 될 것이다. 게다가 장기대출 대주는 대출을 실행하기 전에 모든 인출선행조건이 충족되었는지 여부를 확인하는 위치에 있게 된다.

부동산금융 분야의 최근 추세는 모든 인출선행조건이 충족되고 장기대출이 인출된 후에 프로젝트가 정상적으로 운영되고 있을 경우 차주의 채무를 제한하는(즉 면책을 확대하는) 방향으로 발전하고 있다. 장기담보대출에서 **면책조항**(exculpation clause) 또는 **비소구조항**(non-recourse clause)을 삽입함으로써 차주의 채무를 제한하는 것이다. 본질적으로 이 조항은 채무불이행 시 대주의 채권청구를 부동산의 처분으로 인한 매각대금에 국한함으로써 차주의 채무에 한도를 설정한다. 개발사업자에게 개인 연대보증의 일부 또는 전부를 경감해 주는 것이기 때문에, 이 조항은 채무불이행 및 자산압류 시에 대주의 대손(貸損) 회수능력을 잠재적으로 감소시킨다. 따라서 이 조항은 대주와 차주가 진지하게 협상하는 대출조건이다. 한편으로, 대주의 입장에서 채무제한은 대출심사과정에서 자산의 질(質)을 보다 강조하게 만드는 요인이 된다. 왜냐면 자산으로부터 창출된 수입으로 대출을 상환할 수 있어야 하고, 만약 자산이 재무적으로 곤경에 빠지게 될 때를 대비하여 자산가치가 언제나 대출잔액을 상환할 수 있을 만큼 충분히 높아야하기 때문이다.

만약 면책조항이 장기대출 약정서의 일부로 포함되지 않았다면, 장기대출 대주는 확약서 발급일 이후 차주의 재무상황에 중대한 변경이 발생하지 않았음을 매우 조심스럽게 확인하고 싶을 것이다. 그 어떤 대주도 파산을 향해 치닫는 개발사업자에게 돈을 빌려주는 위치에 있기를 원하지 않을 것이다. 하지만 "중대한 변경"은 문제를 야기할 소지가 있는 표현인데, 중대한 변경을 구성하는 바를 확인하기 위해 사용하는 기준이 단기대출 대주와 장기대출 대주 사이에 달라질 수 있고, 경우에 따라 장기대출 대주는 대출의 실행을 거절할 수 있기 때문이다. 어떤 경우, 잠재적인 문제를 예상하여 단기대출 또는 장기대출의 대주가 착수시점에 개발사업자로 하여금 신용장 또는 제3자 채무보증 등과 같은 신용보강(Credit Enhance-ment)을 요구할 수도 있다.

부동산개발사업의 예시 *Project Development Illustrated*

프로젝트의 개요와 사업비용

다음 내용은 사우스포크 개발社(Southfork Development Co.)가 제안한 롤링 메도우즈 센터(Rolling Meadows Center)의 사례로서, 고소득 주거지역에 입지한 고품질의 쇼핑센터 개발사업이다. 사우스포크는 롤링메도우즈를 개발하여 장기간 소유 및 운영할 것을 계획하고 있다. 동사는 단기 및 장기대출 모두를 사용할 것을 계획하며, 장기대출을 제공하는 시타델 생명보험회사(Citadel Life Insurance Company)에 접근하였다. 만약 사우스포크가 준공 및 초기 임대기간 후 바로 쇼핑센터를 매각할 계획을 세운다면, 동사는 미니 펌 대출을 찾아보는 편을 선택하였을 것이다. 양자의 어떤 경우에도, 아래와 같은 대출심사와 인출선행조건의 대부분을 적용할 수 있을 것이다. [예 16-3]은 사업부지면적, 용적률, 주차장 그리고 예상하는 건설 및 장기대출의 대출정보와 관련한 세부분석을 포함하고 있다. [역자주: 용적률은 주의가 필요하다. 국내에서 사용하는 법정용적률은 지상층연면적/대지면적이고, 사업용적률은 총연면적/대지면적이다. [예 16-3]에서 사용한 용적률은 대지면적/총건축면적으로, 국내 용적률식과 비교하면 역수관계이다. 현재 3.45배를 제시하는데, 국내 개념으로는 29%에 지나지 않는 저밀한 상태이다.] [예 16-3]은 또한 사업부지면적에 대비하여 건폐면적, 주차장면적 및 오픈 스페이스(open space)가 차지하는 비율을 세분하여 제시한다. 대주는 이 세부 면적비율을 검토하여 대상지에 개발사업의 밀도가 너무 높지 않은지 그리고 주차배분이 적정하지를 확인하게 된다. 특히 대주는 단지계획과 단지 내 원활한 교통순환체계에 주의를 기울일 것이다. 시타델은 기(旣)취급한 프로젝트 파이낸싱 대출서류들과 업계정보에서 이 프로젝트와 비교할 만한 자료를 찾게 될 것이다.[8]

[예 16-4]는 개발비용을 토지취득비용, 단지 외부 조성비용, 직접공사비 및 간접공사비로 세분하고 있다. 각 비용항목은 다시 총사업비 대비 점유비율(상대비율)과 총건축가능면적당 비용을 계산하여 표에 함께 표시되어 있다.

쇼핑센터의 유형[예를 들면 노선형, 근린주구형, 전문매장, 지역 몰(mall)]에 따라서, 대주들은 비용의 상대비율 및 면적당 비용이 비교가능한 입지에 최근에 개발된 근린주구형 쇼핑센터의 비용 세부내역의 평균값과 부합하는지 여부를 알고 싶을 것이다. 너무 높은 토지비용 또는 토지비용 대비 너무 낮은 직접공사비는 적절한 질을 갖춘 판매공간으로서 적절한 부동산상품을 구성하는데 소요되는 개발비용이 현재 시장임대료 수준에서는 성취가 불가능

---

[8] 중요한 정보원의 하나로서, Urban Land Institute가 발간하는 *Dollars and Cents of Shopping Centers*가 있다.

예 16-3 프로젝트 개요: 롤링 메도우즈 센터(Rolling Meadows Center)			
A. 사업부지 및 건축구상			
사업부지면적		9.5에이커	38,445.^{13} m^2
총건축가능면적(GBA)		120,000평방피트	11,148.^{36} m^2
총임대가능면적(GLA)		110,000평방피트	10,219.^{33} m^2
임대가능면적비율		91.67%	
용적률 (= 사업부지면적/총건축가능면적)		3.45배	
주차장비율 (총임대가능면적(GLA) 대비)		5대 / 1,000 ft^2	5대 / 92.^{90} m^2
주차대수 (= 총임대가능면적 / 주차비율)		550대	
B. 개발기간		12개월	
C. 단지계획			
건폐율		29%	
노상주차면적비율 (= 350 ft^2 × 550대 / 사업부지면적)		45%	
오픈 스페이스 및 조경면적비율		26%	
합계		100%	
D. 대출정보			
건설자금			
대출기간		12개월	
최초 4개월 내 인출비율		75%	
4개월 이후 인출비율		25%	
대출금리		12%	
금융수수료율(건설자금)		2%	
장기운영자금			
원금상환 계산기간		25년	
대출기간		10년	
대출금리		12%	
금융수수료율(장기운영자금)		3%	
E. 준공 후 예상보유기간		5년	

하다는 의미일 수 있다. 마찬가지로, 너무 넓거나 너무 좁은 공용공간(총건축가능면적에서 총임대가능면적을 차감한 면적)은 공간을 임대하는 능력에 영향을 줄 수 있고 따라서 수익성에 악영향을 미칠 수도 있다. 건물위치, 밀도, 주차장, 교통순환체계 및 설계의 "정확한" 상품구성은 사업성공에 있어서 매우 중요하다고 할 것이다.

많은 경우에 있어서, 대주는 토지취득비용을 대출하지 않는다. 또한 프로젝트 감정가치의 일정비율에 해당하는 기초자금을 대출하지도 않는다. 즉 대주는 건축비용을 감당할 만큼만 대출하기를 원하며 따라서 개발사업자가 토지를 자기자본으로 출자하기를 기대한다(즉 토지는 자기자본으로 조달하고 건축비만 대출을 신청하기를 원한다). 더군다나, 대주는 통상적으로 토지에 대하여 그리고 건설자금을 인출하여 공사하는 모든 건축물에 대하여 1순위 담보권의 설정을 요구한다. 대주들이 이렇게 하는 이유는 감정평가가치에만 근거한 대출은 만약 감정평가에 오류가 있는 경우 자산의 시장가치를 초과하여 자금을 대여하는 결과를 가져올 수 있기 때문이다. 예를 들면, 만약 대주가 프로젝트 총가치의 80%를 대출하기로 동의하였고, 감정평가가 준공시점에 실제 자산가치의 130% 범위에서 자산가치를 과추정한 결과를 가져온다면, 인출금액은 실제가치의 104%(= 80% × 130%)에 이르게 될 것이다(독자들

	비용	총사업비 대비 점유비율(%)	건축가능면적 (ft²) 당 비용
A. 토지 및 단지조성비용			
토지취득비용	$ 2,500,000	20.9%	$20.83
단지 내·외부 조성비용			
단지 외부 조성비용	$ 250,000		
단지(내부)조성비용:			
토공 및 정지공사	50,000		
상하수도 인입공사	150,000		
포장공사	200,000		
보도공사	100,000		
조경공사	100,000		
단지 내·외부 조성비용 합계	$ 850,000	7.1%	$ 7.08
B. 공사비용			
직접공사비:			
골조공사	$3,925,000		
공조설비	528,500		
전기설비	613,000		
배관설비	221,580		
PM 수수료	300,250		
마감공사	1,400,600		
도로표지 및 간판	66,570		
직접공사비 합계	$ 7,055,500	58.9%	$58.80
간접공사비:			
설계·감리비	$ 147,000		
인허가 제반비용	24,300		
법률자문비용	26,900		
건설자금 이자	692,416		
건설자금 금융수수료	180,028		
장기운영자금 금융수수료	270,042		
임대수수료	45,300		
직접관리비용	160,000		
간접관리비용	30,800		
간접공사비 합계	$ 1,576,787	13.2%	$13.14
총사업비용	$11,982,287	100.0%	$99.85

건설자금신청:

단지 내·외부 조성비용 합계	$ 850,000
직접공사비 합계	7,055,500
간접공사비 일부	403,500
대출대상 사업비용	8,309,000
추정건설이자	692,416
대출금액	9,001,416
자기자본 소요금액	2,980,871
총사업비용	$11,982,287

이 인지하여야 할 것은 프로젝트에 대한 이 감정평가가 아직 계획 및 설계단계에 지나지 않을 때에 수행된다는 점이다). 게다가 만약 프로젝트 가치의 과대추정이 장래 임대료 실적에 대해서 지나치게 낙관적으로 평가한 것에 기인한다면, 개발사업자는 담보대출의 부채서비스를 이행함에 있어서도 곤란을 겪게 될 것이다. 분명히 이런 곤란은 개발사업자 뿐 아니라 (건설대출을 상환해 줄 장기대출 대주만 바라보고 있는) 단기대출 대주에게도 문제를 야기하게 된다. 장기대출 확약서가 임대율 · 임대영업실적과 관련하여 인출선행조건을 포함할 수 있으며, 또한 완성된 프로젝트의 평가가치가 장기대출의 약정금액에 대비하여 특정 비율을 초과해야 한다는 선행조건도 포함할 수 있음을 상기하기 바란다. 만약 이런 선행조건들을 달성하지 못하면, 단기대출 대주와 개발사업자는 테이크아웃 대출확약서의 이행을 강제함에 있어서 어려움에 직면할 것이다.

우리는 대주가 대출심사과정에서 감정평가가치를 전혀 고려하지 않는다는 말을 하려는 것이 아니다. 대부분의 대주들도 차주가 요청하는 대출이 감정가치의 합리적인 비율을 나타내어야 한다는 점을 인식하고 있다. 합리적인 비율이란, 만약 제안된 프로젝트의 LTV비율(loan-to-value ratio)이 80%라고 한다면, 대주는 건축비용과 (대주가 자금의 대여를 허용하려 하는) 여타 개발비용의 합계가 80%의 범위 이내에 있어야 함을 의미한다. 바꾸어 말하면, 대출비율 80%는 대출금으로 지원하지 않는 토지가치와 기타 비용의 합계가 20%의 범위에 있음을 의미한다. 달리 말하면, 대주는 개발사업자가 사업비용의 20%에 대해서는 자기자본을 납입하기를 기대하고 있는 것이다. 예를 들어서, 설령 건축비용이 프로젝트 가치의 90%인 것으로 추정된다고 할지라도, 대주는 여전히 해당 가치의 80%만큼만 빌려주고 싶어 할 것이다. 이런 경우, 건축비용 전체에 대해서 자금지원이 이루어지지 않는다. '감정가치 대비 대출금액(loan-to-appraised value)' 관계로 판단하는 대신, 하나의 대안은 (우리 사례에서) 대주가 건축비용 전체와 프로젝트 가치의 80% 중에서 낮은 금액만큼만 대출금액을 제공하는 방법이라 할 수 있다.

많은 대주들은 대출신청의 일부인 '단지 외부 조성비용'에 대해서는 자금을 지원하지 않을 것이다. 그 이유는 조성비용이 투입된 단지 외부의 토지는 다른 이해관계자가 소유권을 가지고 있을 것이기 때문이다. 설령 개발사업자가 단지 외부 토지의 소유권을 갖고 있다 하더라도, 건설자금 대주의 입장에서는 조성공사가 수행될 단지 외부의 토지에 대해서 만족스러운 담보권 설정에 어려움을 겪을 것이다. 단지 외부 조성비용에 대해 대출을 해줄는지 여부는 완료시점에 프로젝트의 가치가 대출총액보다 얼마나 클 것인지에 대한 대주의 판단에 전적으로 좌우된다.

만일 직접공사비를 (대출약정으로) 서류화할 수 있고 그 수준이 전체 개발사업의 질에 적합하다면, 대주들은 직접공사비 전체에 대해서 자금을 제공하려 할 것이다. 하지만, 간접공사비의 많은 항목들에 대해서는 대주마다 자금지원 의사(意思)가 달라진다. 그들은 토지취득과 관련된 잔여비용(잔금 · 중개수수료 · 취등록세 등), 금융수수료, 계획 및 설계 수수료, 인허가 제반비용 그리고/또는 사업비용의 일부로 개발사업자가 요청하는 관리비용에 대해서는 자금을 지원하고 싶어 하지 않을 것이다. 왜냐면 이들 비용은 차주의 채무불이행 시에 또는 파산 시에 만약 자산을 경매 또는 매각하여 건설자금을 회수한다면, 그 회수가 어려울 것으로 간주되는 서비스에 대한 수수료 또는 무형자산을 대표하기 때문이다. 직접공사비는 유형의 정착물(예를 들면 벽돌, 모르타르 등)에 지출한 바를 나타내며, 무형자산에 대한 지출보다(비록 이 지출이 반드시 필요한 것은 사실이지만) 훨씬 양호한 담보로 간주된다. 하지만, 대부분의 경우 추정건설이자는 대출신청서에 포함하게 된다(즉 건설이자는 대출지원대상이다).

건설자금 *Construction Loan* 의 신청

[예 16-4]는 또한 대출신청서 상 사업비용의 세부내역을 포함하고 있다. 사례로 소개한 특정 대출신청은 토지비용을 포함하고 있지 않음에 주의하기 바란다. 또한 대출신청서는 간접비용 일체에 대해서 대출지원을 요청하지 않고 있음에 주목해야 한다. 하지만 사우스포크는 단지 외부 조성비용의 일부에 대해서 대출지원을 요청하고 있다. 대출신청 합계는 $9,001,416 이고, 이는 (토지비용과 여타 모든 비용을 합산한) 총사업비용의 추정치, $11,982,287의 75%에 해당한다. 또한 [예 16-4]에는 대출신청에서 대출금의 일부로 건설기간 이자가 포함되어 있음에 주목할 필요가 있다. 이것은 개발금융에서 매우 일반적인데, 개발기간 중에는 프로젝트가 임대료 수입과 현금흐름을 창출하지 못하기 때문이다. 따라서 개발사업자는 통상 공사비용의 추가비용으로서 건설이자를 빌리는 것이 허용될 것이다. 건설기간의 추정 이자비용은 12개월 동안 대주가 집행하는 공사비용에 대한 매월 인출비율로 계산하였다. [예 16-5]에서 이를 자세히 설명하고 있다.

[예 16-5]의 (a)열에 보이는 인출비율은 직접 사업비 $8,309,000에 대한 월별 예상인출비율을 승산(乘算)하여 계산하였다는 것에 주목하기 바란다. 또한 추정이자비용은 $692,416 이라는 것에 주목해야 한다. 이 금액은 (c)열에 보이는 대출잔액 누계에 월 1%(= 12% ÷12 개월)의 이자율로 계산한 이자금액으로 이루어진다. 이자비용의 인출은 매월 대출잔액에 기초하여 계산한 후, 매월 말 공사비용의 일부로 인출하게 된다. 개발사업자는 (d)열의 이자비용을 매월 현금으로 은행에 지급한다. 하지만 모든 지불이자가 차입한 것이므로, 이자비용은 대출원금에 가산된다. 또한 개발사업자가 은행에 매월 지급한 비용은 이자뿐이므로, 원금의 감소는 발생하지 않는다. 요약하면 이 유형은 앞선 장들에서 설명하였던 일시상환대출(interest-only loan)과 유사하다. 독자들은 이런 대출들은 부채서비스가 지급이자만을 포함하도록 계산하기 때문에 대출원금의 감소가 필요하지 않다는 점을 상기하게 될 것이다. 또한 (d)열의 이자 지급금액은 (b)열의 이자 인출금액에 의해 정확하게 상계된다는 점에 주목하기 바란다. 따라서 순효과는 전체 대출잔액이 상환되는 건설기간 말까지 대주에게는 마치 아무런 원금상환이 없는 것처럼 보인다. 이 방식은 매월 도래한 이자비용만큼 대출잔액이 증가하는 역(逆)상각대출(negative amortization mortgage)과 유사하다.

요약하면 [예 16-5]는 대출잔액이 매월 사업비용과 차입이자비용의 합계만큼 증가하게 될 것임을 보여준다. 대출기간 말 대출잔액, $9,001,416은 12개월 후 건설자금의 대출금액 합계와 일치하게 될 것이다. 이 금액은 장기대출 대주에 의해 조달될 것이고, 따라서 그 시점(12개월 후)에 건설자금 대주를 내보내게 될 것(taking out)이다. 대부분의 경우, 장기대출 및 단기대출의 대출확약서들은 동일한 대출금액으로 작성된다.

비록 개발사업자가 매우 주의 깊게 사업비용을 추정하겠지만, 개발사업에서 실제로 발생

예 16-5

롤링 메도우즈 센터
프로젝트금융의 상환일정

월말	대출 인출			부채서 비스		
	(a) 사업비용	**(b)** 이자비용	**(c)** 대출잔액	**(d)** 이자지급	**(e)** 원금상환	**(f)** 기말잔액
0	$ 0	$ 0	$ 0	$ 0	$ 0	$ 0
1	1,557,938	0	1,557,938	0	0	1,557,938
2	1,557,938	15,579	3,131,454	15,579	0	3,131,454
3	1,557,938	31,315	4,720,706	31,315	0	4,720,706
4	1,557,938	47,207	6,325,851	47,207	0	6,325,851
5	259,656	63,259	6,648,766	63,259	0	6,648,766
6	259,656	66,488	6,974,910	66,488	0	6,974,910
7	259,656	69,749	7,304,315	69,749	0	7,304,315
8	259,656	73,043	7,637,014	73,043	0	7,637,014
9	259,656	76,370	7,973,041	76,370	0	7,973,041
10	259,656	79,730	8,312,427	79,730	0	8,312,427
11	259,656	83,124	8,655,208	83,124	0	8,655,208
12	259,656	86,552	$ 9,001,416	$ 86,552	$ 9,001,416	$ 0
합계	$ 8,309,000	$ 692,416				

한 사업비용과 이자비용은 이런 추정비용들과 달라질 수 있는데, 이는 공정 진행율에 불확실성이 상존하기 때문이고 또한 금리가 변동할 수 있기 때문이다. 즉 실제 이자비용 인출행태는 추정했던 행태에서 벗어날 가능성이 상당하다. 하지만 일단 $9,001,416의 대출 약정금액이 소진되면 건설자금 대주는 더 이상의 인출에 자금을 지원할 필요가 없고, 장기대출 대주 역시 확약서상 약정금액을 초과하는 자금을 지원해줄 필요가 없다. 만약 개발사업자가 예기치 못한 금리변동위험과 이자비용 초과위험을 감수하고 싶지 않다면, 그녀는 수수료를 주고 금리스왑(interest rate swap)을 매입함으로써 이 위험을 제거하거나 적어도 최소화할 수 있을 것이다.

만약 개발사업자가 금리위험 제거비용(예를 들면 금리스왑 매입수수료)을 감수하고 싶지 않다면, 그녀는 (아마도 사업법인에 더 많은 파트너들을 모집함으로써) 추가자금을 제공하거나 임시자금 대주나 자기자본 투자자들을 물색해야 할 것이다. 자재비용 및 노무비의 초과, 예기치 못한 금리의 변동,[9] 경기후퇴로 인한 임대기간의 예상 밖의 장기화 등을 사유로, 만약 실제비용이 추정비용을 초과한다면, 그리고 만약 개발사업자가 (파트너쉽 및 기타 이와 유사한 투자도관체를 통한) 자기자본의 다른 공급처 또는 임시자금대출을 찾을 수 없다면, 그리고 만약 단기대출 대주가 추가자금의 대여(약정금액 확대)를 거절한다면, 개발사업자는 자산압류에 직면하게 될 것이다.

대주와 개발사업자(차주)는 또한 재무통제의 한 수단으로서 [예 16-5]에서 보는 것과 유사한 인출, 이자지급 및 원금상환일정을 사용한다. 그들은 매월 말 누적공정률이 매월 말 대

---

[9] 일부 개발사업자들은 변동금리대출을 사용할 경우 금리위험을 헤지(hedge)하기 위하여 금리선물(interest rate futures)을 사용하기도 한다.

출잔액과 일치하는지를 확인하기 위하여 감리기술자가 완성한 기성보고서와 함께 위의 일정을 사용할 수도 있다. 만약 대주가 인출된 자금총액이 누적공정을 초과한다고 느낀다면, 대주는 결손공정이 만회될 때까지 추가인출을 허용하지 않으려 할 것이다. 건설자금 대주가 2%의 대출취급 수수료를 부과하기 때문에, 대출의 수익률은 약 15.5%가 될 것인 바, 이는 대출이자의 계산을 위해 사용된 12%의 금리보다 높다는 점에 주목하기 바란다. 위의 수익률은 1~12개월 동안 매월 인출된 대출금액과 12개월 말에 일시에 유입되는 대출상환금액을 합산한 금액의 현재가치를 단기대출 대주가 최초인출시점에 부과한 대출수수료, 즉 $180,028과 일치하도록 만드는 할인율을 구함으로써 계산하게 된다.

인출일정과 관련하여 마지막으로 주목할 점은 대주들이 사용하는 **공사비 유보**(holdback)와 관련이 있다. 일반적으로 개발사업자가 공사 수행을 위해서 여러 건설업체들과 계약을 체결할 때에는, 모든 공사가 만족스럽게 완성되기 전까지 개발사업자는 매번 이들 건설업체들에 지불하는 기성에서 일정 비율(10%)을 유보하게 된다. 공사비 유보는 개발사업자로 하여금 모든 공사가 당초 계획 및 명세서에 맞도록 완수되었다는 사실을 보장하는 역할을 한다. 공사가 개발사업자가 만족할 수준으로 완료되었을 때, 유보된 공사비가 최종적으로 건설업체들에게 지급된다. 대부분의 대주들은 공사비 유보관행에 대해 잘 알고 있고 따라서 이번에는 대주들이 개발사업자가 요청하는 인출금액의 일정 비율(10%)을 유보하려 할 것이다. 대주의 인출 유보는 개발사업자들이 건설업체들에 지불해야 하는 금액보다 더 빠른 비율로 대출금을 인출하는 것을 미연에 방지하게 된다. [예 16-5]는 인출 유보를 고려하지 않고 있다. 하지만 독자들은 이런 관행에 대해서 인지하고 있어야 하며, 적용 가능하다면 인출일정에 인출 유보를 고려해야 할 것이다.

장기담보대출의 신청

건설자금의 모든 대출조건을 충족할 뿐더러 장기운영자금 대출확약서에서 제시한 인출선행조건을 모두 충족한다는 가정 하에서, 프로젝트 준공시점에서 시타델 생명보험사는 건설자금을 **장기담보대출**(permanent financing)로 대환하게 될 것이다. ([예 16-6]에 개략적으로 기술된) 장기대출의 금융조건은 공사가 시작되기 이전에 이미 결정되어있다는 사실을 상기하기 바란다. $9,001,416을 초과하는 어떤 개발비용도 개발업체인 사우스 포크의 책임이다. 대출취급 수수료 3%를 수령하여야, 시타델 생명보험사는 사우스 포크에 10년 만기의 담보대출을 제공할 것이다. 금리 12%에 25년 상환일정에 기초하여 월부채서비스는 $94,805가 될 것이다.

시장자료와 임차인 구성

[예 16-7]은 롤링 메도우즈 센터의 예상 임차인 구성내역과 입주할 것으로 기대하는 공간임차인을 포함하고 있다. 근린주구 쇼핑센터의 경우, 대부분의 대주들은 식료품 체인 그리고/또는 일반 편의점으로부터 준공 이전에 적어도 한 건 이상의 임차확약서를 확보할 것을 기대하고는 한다. 만약 대출신청에 사전 임차확약서가 양호한 수준으로 수반된다면, 분명 대출

예 16-6		
장기운영자금의 대출조건 요약	대출금액 (약정금액)	$9,001,416
	원금상환 계산기간	25년
	대출기간	10년
	대출금리	12.00%
	월부채서비스	$94,805
	연부채서비스	$1,137,661
	장기운영자금 금융수수료 (3%)	$270,042
	장기운영자금 대출수익률	12.55%

예 16-7
시장조사자료: 쇼핑센터 임차인 정보

구분	점포수	임차인 중 점유비율 (%)*	총임대가능면적 (ft²)	총임대가능면적 점유비율(%)	미국 평균 (%)	국지시장 평균 (%)
일반 편의품	1	3.57	4,950	4.50	5.60	5.20
식료품	2	7.14	37,400	34.00	30.80	36.00
음식점	1	3.57	8,800	8.00	8.80	7.00
의류	3	10.71	7,700	7.00	5.00	6.00
신발	1	3.57	1,155	1.05	1.30	0.70
가구	1	3.57	1,100	1.00	2.60	2.30
가전	1	3.57	990	0.90	2.40	1.00
건축자재	1	3.57	1,320	1.20	3.40	2.00
자동차용품	0	0.00	0	0.00	1.70	1.50
취미	1	3.57	2,035	1.85	2.70	2.50
선물	2	7.14	2,860	2.60	2.50	2.30
보석·화장품	1	3.57	1,650	1.50	0.70	2.00
주류	1	3.57	1,430	1.30	1.50	1.50
약국	1	3.57	9,900	9.00	8.50	8.00
기타판매시설	6	21.46	12,100	11.00	4.40	6.00
개인서비스	2	7.14	8,910	8.10	6.50	7.00
오락시설	1	3.57	2,200	2.00	3.50	3.00
금융기관	1	3.57	3,300	3.00	4.10	3.00
업무시설	1	3.57	2,200	2.00	4.00	3.00
합계	28	100.00	110,000	100.00	100.00	100.00

*반올림한 값

확약서가 발급될 가능성이 높아지게 된다. [예 16-7]의 여타 통계는 미국 평균에서 얻은 경험치와 국지시장조사에서 취득한 평균값들에 기초하고 있다. 강조할 점은 대출심사를 위해 신청한 저각각의 프로젝트에서 임차인 구성(tenant mix)의 정확한 비교가능성을 기대하기가 어렵다는 것이다(즉 똑같은 임차인 구성을 가진 다른 비교대상을 찾기는 쉽지 않다). 다만 과거 경험으로 일반화하자면, 동일한 쇼핑센터 내에서 어떤 유형의 임차인들은 서로 조화를 이루기 어려운 반면에(예를 들면 자동차 부품가게와 보석상), 어떤 유형의 임차인들은 상호 조화를 이룰 수 있다(예를 들면 보석상과 모피상). 임차인 구성에 대한 이해가 부족해 보이는 대출신청은 개발사업자의 경험 부족을 드러내게 된다. 게다가 임차인 내역이 현실적이어야 하는데, 만약 개발사업자가 너무 많은 "최고급(high-end)" 판매점포(이들은 통상 높은 임대료를 지불한다)를 예측한다면, 이것은 개발사업자가 지나치게 낙관적이라는 점을 나타내게 된다.

[예 16-7]에 보이는 자료 이외에도, 개발사업자는 대주에게 쇼핑센터가 서비스할 것으로 예상되는 상권과 관련하여 보다 상세한 정보, 다른 쇼핑센터들과의 경쟁분석 그리고 또 다른 쇼핑센터의 추가건립이 해당 상권에서 판매공간을 과잉공급하지는 않을 것이라는 증거를 제공할 것이다. ([예 16-7]에 표현하지는 않았으나) 상권 내 인구증가, 연령, 가구, 소득, 소비지출행태 등과 관련한 추가정보 역시 대출신청을 뒷받침할 수 있어야 한다. 이런 자료의 중요성은 아무리 강조하여도 지나치지 않을 것이다.

프로포마 *Pro Forma* 형태의 건설비용과 현금흐름 예측

장기대출 대주에게 제공하는 자료에 반드시 포함되어야 할 또 다른 구성요소는 건설비용과 순영업이익을 추정한 프로포마(pro forma)이다. [예 16-8]은 토지취득비용, 단지조성비용, 직접공사비 및 간접공사비 등 건설기간 중 발생하는 연간비용의 추정치를 담고 있다. 건설자금의 인출합계는 2년 개발기간에 걸쳐서 타인자본으로 소요되는 대출신청금액 $9,001,416(이자비용 포함)에 근거한다. 개발사업자는 최초인출시점에 토지취득과 대출취급수수료를 감당하기 위해서 내부재원, $2,950,071이 필요할 것이고, 그 외에도 간접관리비용 $30,800을 감당하기 위해서 추가적으로 $30,800이 소요되므로 자기자본 합계는 $2,980,871이 될 것이라는 점에 주목하기 바란다. 시타델 생명보험사는 사우스 포크가 내부재원으로 이 만큼의 자금을 제공할 능력을 갖추었는지 판단하기 위해서 이 회사의 재무제표(본문에는 소개하지 않음)를 검토할 것이다.

[예 16-9]는 롤링 메도우즈 센터의 영업수지분석 프로포마를 자세히 보여준다. 임차인 모집과 마케팅 노력의 결과로서 2년 차에 70%의 임대율을 달성할 것이며 그 이후에는 95%를 유지하게 될 것이다. 사우스 포크는 총임대가능면적의 평방피트(ft^2)당 15달러를 기본임대료(base rent)로 추정하고 있는데, 임대차계약에 기초한 평균 임대료상승률은 운영 1년차 이후 매년 6%의 물가상승률에 연동된다(각 임대차계약은 1년에서 5년의 범위로 임대기간을 가질 것으로 예상된다). 또한 추가임대료(overage rent)조항은 임차인들에게 매월 기본매출수준을 초과하는 매출액의 5%를 추가임대료로 지불하도록 규정하고 있다.[10] 판매시설의 운영에서 임대료는 통상 두 가지의 구성요소로 분류할 수 있다. 하나는 평방피트당 최소임대료(기본임대료)이고, 다른 하나는 **비율임대료**(추가임대료)라고 불린다. 개발사업자는 종종 사전에 정해진 매출분기점 또는 매출규모를 초과하는 임차인의 매출액에 대해서 일정 비율로 계산한 비율임대료(Percentage Rent)를 부과한다. 임차인의 매출액이 매출분기점보다 낮은 상태에서는 임대인은 단지 최소임대료만 받게 된다. 임차인의 매출액이 매출분기점을 능가

---

[10] 추가임대료(overage rent)는 판매시설 임대차계약에서 일반적으로 사용된다. 통상 매출분기점은 임차인의 기본임대료 (= ft^2 당 임대료율 ×임대가능면적)를 임대인과 임차인 간 협상한 비율임대료로 나누어서 결정하게 된다. 보다 자세한 설명은 Urban Land Institute(Washington, DC)가 출간한 *"Shopping Center Development Handbook Series"*를 참조하기 바란다.

<table>
<tr><td rowspan="3">예 16-8
건설기간 중 현금흐름
프로포마</td></tr>
</table>

예 16-8
건설기간 중 현금흐름
프로포마

	연도별 인출		
	(0)	**(1)**	**합계**
토지취득비용	$2,500,000		$ 2,500,000
단지 내·외부 조성비용		$ 850,000	850,000
직접공사비		7,055,500	7,055,500
간접공사비		434,300	434,300
장기운영자금 금융수수료	270,042		270,042
단기건설자금 금융수수료	180,028		180,028
추정건설이자		692,416	692,416
건설기간 중 현금유출 합계	2,950,071	9,032,216	11,982,287
(−) 인출합계(약정금액)	0	9,001,416	9,001,416
자기자본 소요금액	$2,950,071	$ 30,800	$ 2,980,871

하여 증가할 때, 매출분기점을 초과하는 매출액에 비율임대료가 적용되어 최소임대료에 가산되며, 따라서 총임대료를 증가시키게 된다. 이 방식에서는, 만약 쇼핑센터가 매우 성공적이라면 임대인은 임차인이 창출하는 매출증가분을 나누어 가질 수 있게 된다. [예 16-9]에 보이는 비율임대료는 롤링 메도우즈 센터 내 모든 임차인을 대상으로 추정한 값이다. [역자주: 비율임대차의 기본논리는 쇼핑센터 내 어느 임차인의 매출 증가는 그 점포의 경쟁력에 기인한 측면도 있으나, 임대인이 쇼핑센터의 경쟁력을 잘 유지하여 지속적으로 고객들을 쇼핑센터로 유인한 기여도 크다라는 것이다. 따라서 추가임대료는 임대인이 지속적으로 자산의 경쟁력을 유지하도록 노력하게 만드는 경제적 유인이라 볼 수 있다.]

[예 16-9]에는 임차인의 영업비용 분담금 역시 발견된다. 이 금액은 임대인과 임차인 간의 협상에 기초하며, 경비상한(expense stop)을 초과하여 임차인에게 책임이 있는 영업비용의 금액을 표시하고 있다(제11장에서 오피스 빌딩을 사례로 이 경비상한을 설명한 내용을 상기하기 바란다). 즉 기본임대료, 비율임대료 그리고 사전에 합의한 금액(즉 경비상한)을 초과하여 임차인이 책임을 지는 영업비용 모두는 롤링 메도우즈의 소유주에게 있어서 총수입(잠재총소득)으로 표시되고 있다.

또한 영업비용 역시 [예 16-9]에 자세하게 설명되어 있다. 이 금액들은 롤링 메도우즈를 운영하기 위해서 지불해야 하는 실제 영업비용을 나타낸다. 이 비용들은 기본임대료·추가임대료 및 임차인 영업비용 분담금의 합계에서 차감하게 된다. 보험료와 재산세와 관련하여 모든 임대차계약은 임차인의 순임대차 조건이어서 (임대인을 경유하여) 임차인이 직접 부담하게 된다. 또한 임차인들에게는 공용공간(주차장, 쇼핑센터 내 동선순환공간 등) 유지관리비와 유틸리티(전기·수도·가스 등) 비용이 분배비율에 따라 배분되어서 청구될 것이다. 유틸리티 비용에는 공조설비의 대체충당금(장기수선충당금)을 준비할 목적으로 추가요금이 가산될 것이다.[11] 임차인들은 상술한 요금들(보험료·재산세·공용공간 유지관리비·유틸리티

---

[11] 임차인으로부터 징수하는 유틸리티 수입(임차인 영업비용 분담금)과 사우스 포크 경영진이 지불하는 실제 유틸리티 비용 간의 차액에 주목하기 바란다. 이 차액은 임차인들에게 유틸리티를 판매하여 벌어들인 프리미엄(premium)이다. 판매공간을 차지하려는 경쟁정도에 따라서, 개발사업자는 이 프리미엄에 대해 협상해 볼 수도 있고 아닐 수도 있다.

| 예 16-9 | | 운영기간 중 현금흐름 프로포마 | | | |

현금흐름(연도 말)	(2)	(3)	(4)	(5)	(6)
수입:					
기본임대료(최소임대료)	$1,650,000	$1,749,000	$1,853,940	$1,965,176	$2,083,087
추가임대료(비율임대료)	30,000	124,800	129,792	134,984	140,383
임차인 영업비용 분담금					
부동산세(재산세)	137,500	143,000	148,720	154,669	160,856
공용공간 유지관리비	385,000	400,400	416,416	433,073	450,396
유틸리티	367,500	382,200	397,488	413,388	429,923
보험료	33,000	34,320	35,693	37,121	38,605
잠재총소득	$2,603,000	$2,833,720	$2,982,049	$3,138,410	$3,303,249
(−) 공실 및 수금손실	780,900	141,686	149,102	156,920	165,162
유효총소득	$1,822,100	$2,692,034	$2,832,947	$2,981,490	$3,138,087
영업비용					
자산관리 및 임대수수료	$ 104,500	$ 93,690	$ 99,187	$ 105,008	$ 111,174
일반관리비	77,000	80,080	93,283	86,615	90,079
부동산세(재산세)	137,500	143,000	148,720	154,669	160,856
공용공간 유지관리비	385,000	400,400	416,416	433,073	450,396
유틸리티	300,300	312,312	324,804	337,797	351,309
보험료	33,000	34,320	35,693	37,121	38,605
기타	27,500	28,600	29,744	30,934	32,171
영업비용 합계	$1,064,800	$1,092,402	$1,137,847	$1,185,215	$1,234,589
순영업이익	$ 757,300	$1,599,632	$1,695,099	$1,796,275	$1,903,498
(−) 부채서비스	1,137,661	1,137,661	1,137,661	1,137,661	1,137,661
세전현금흐름	$−380,361	$ 461,971	$ 557,438	$ 658,614	$ 765,837
비율:					
영업비용률		40.58%	40.16%	39.85%	39.34%
부채서비스보상비율(DCR)		1.41	1.49	1.58	1.67
무차입수익률(FCR)		13.35%	14.15%	14.99%	15.89%
자기자본이익률(ROE)		15.50%	18.70%	22.09%	25.69%
공실 및 수금손실률		5.00%	5.00%	5.00%	5.00%
손익분기점 입주율		78.70%	76.31%	74.01%	71.82%

비용)을 영업비용 분담금의 형태로 사우스 포크에 지불하게 될 것이다. 그러면 사우스 포크의 경영진은 제3자들에게 지급기일이 도래한 영업비용을 지불하게 된다. 한편으로 사우스 포크는 임차인들에게서 보전할 수 없는 자체적인 영업비용, 즉 자산관리, 임대수수료 그리고 일반관리비를 지급할 책임을 질 것이다. 이 금액들은 기본임대료·추가임대료 및 임차인 영업비용 분담금에서 차감하게 된다. 이상의 현금흐름 예측은 2년차 말에 장기담보대출의 인출을 보장할 만큼 충분한 숫자의 임대차계약이 체결될 것이라는 가정에 근거하고 있다.

[예 16-9]의 하단에 나타나는 비율들에 특별히 관심을 갖기 바란다. 이 비율들은 "정상적인" 운영이 예상되는 3년차의 자료부터 시작해서 계산하는데, 자산의 운영성과를 평가하기 위해 사용하게 된다. 장기대출의 대주는 이 성과지표들이 수용할 수 있는 대출취급 범주에 해당할 것인지를 확인하기 위하여 이 비율들과 여타 비율들을 검토하게 될 것이다. 다시 한

번 우리가 강조하고 싶은 것은 기본임대료 및 추가임대료 수준을 뒷받침할 수 있는 시장자료, 비교가능한 타(他) 쇼핑센터의 관리실적에서 취득한 추정영업비용의 증빙자료, 현실적인 초기 임대율(임차인 모집) 그리고 소매시장의 임차인이 수용할 수 있는 임대기간, 이 모두가 대출심사과정에서 매우 중요하다는 점이다.

연간 영업비용 합계를 유효총소득(effective gross income: EGI)으로 나누어서 계산하는 영업비용률(operating expense ratio)은 롤링 메도우즈의 EGI가 많아야 40.5% 정도 영업비용 지불에 사용될 것임을 나타낸다. 이와는 대조적으로 롤링 메도우즈의 부채서비스 보상비율(debt coverage ratio: DCR), 즉 영업이익을 부채서비스로 나눈 비율은 1.41을 넘어선다. 이 비율은 부채서비스를 충족시키는 자산의 수익창출능력을 증명한다. 총투자액에 대해 벌어들인 현금수익률(즉 무차입 수익률)은 양수이고 담보대출 이자율보다 크다.[12] 이 무차입 수익률(free and clear return: FCR)은 순영업이익을 총사업비용($11,982,287)으로 나누어서 계산한 값이다. 두 번째 현금수익률 측정치인 자기자본이익률(return on equity: ROE)은 세전 현금흐름을 납입자본금 합계($2,980,871)로 나누어서 계산하였다. [역자주: 주의할 사항은 통상의 재무분석에서 사용하는 ROE와 저자들이 말하는 ROE가 같지 않다는 점이다. 전자의 분자는 당기순이익이고 분모는 전기와 당기의 자본총계의 가중평균인 것에 반하여, 후자는 분자가 세전 현금흐름이고 분모 역시 모든 연도에 걸쳐서 최초 자본금으로 고정되어 있다. 따라서 명칭 역시 재무분석에서 사용하는 자기자본순이익률 대신 자기자본이익률로 완화하였다.] 상기 수익률들은 프로젝트 가치의 상승을 포함하지 않는다. 마지막으로, 손익분기점 입주율은 프로젝트의 부채서비스와 영업비용 모두를 감당하기 위해서 필요한 임대율 수준을 약산(略算)한 것이다. 이 비율은 연간 부채서비스와 영업비용의 합계를 잠재총소득(gross potential income: GPI)으로 나누어서 계산한다. 공실 및 수금손실 5%의 주된 원인이 공실이라는 점을 가정하면, 이는 임대율이 95%라는 것을 의미한다. 임대율을 95%로 예측할 경우, 분명히 롤링 메도우즈는 부채서비스와 영업비용 채무(지급부담)를 어렵지 않게 충족시키고 있다.

장기담보대출 대주가 대출확약서를 발급한다고 가정하면, 개발사업자는 대출확약서 상의 실제 약정금액을 프로포마 재무제표들에 반영하여 건설자금 대주를 찾으러 다닐 것이다.[13] 이 기간 중에 개발사업자는 비용과 시장 추정치들을 정교하게 다듬고 업데이트하여, 단기대출 취득을 위한 보다 자세한 공사계획을 제공하게 될 것이다. 하지만 장기대출 확약서를 취득한 이후에는 설계, 비용, (준공 이전) 사전 임대차계약 등과 관련한 일체의 변경사항들을 장기 및 단기 대주들 모두에게 제출해서 그들이 검토할 수 있도록 해야 할 것이다.

---

[12] 총사업비용은 $11,982,287로 추정된다. 이 금액으로 순영업이익을 나누게 되면, 총투자비 대비 13.35%의 수익률을 결과로서 얻게 된다. [역자주: 현재 저자들은 total project cost와 Total Investment를 혼용하므로, 해석에서 양자 간 구분은 실익이 없을 것으로 보인다.]

[13] 실제 테이크아웃 대출확약서는 본문에서 제시한 프로포마 재무제표들에 영향을 줄 수 있는 인출선행조건들을 포함하고 있다. 현재까지 작성한 모든 재무제표들이 장기대출 대주에게 제출하는 제안서의 일부라는 점을 상기하기 바란다. 다른 무엇보다, 만약 장기대출 대주가 대출신청금액보다 적은 자금을 제공하기로 결정하거나 더 높은 수준의 임대율을 요구한다면, 잠재적인 단기자금 대주에게 제출하는 자료에 이런 변경사항들이 반영되어 있어야 할 것이다.

사업타당성 · 수익성 및 위험: 추가적인 이슈

단기 및 장기대출 대주들이 수행하는 대부분의 분석들은 프로포마 재무제표와 대출신청 시에 제출한 시장자료에 초점을 맞추고 있다. 왜냐면 대주들은 시장현황, 임대료, 프로젝트의 영업비용 및 부채서비스 감당 능력 등에 관심을 가지기 때문이다. 사우스 포크 역시 이런 이슈들에 똑같이 관심을 갖는다. 다만 개발사업자는 이 프로젝트가 하나의 투자수단으로 세전 및 세후 기준으로 어느 정도 투자성적을 낼 수 있을는지를 파악하는 것에도 관심을 가지게 된다. 또한 위험을 평가하는 관점에서, 사우스 포크는 프로포마 재무제표에서 제시하는 추정치들이 분석을 위해 수립한 여러 가정들에 대하여 얼마나 민감하게 반응하는지도 알아야 할 필요가 있다. 아래 설명하는 내용의 대부분은 프로젝트의 성과를 평가하는 분석도구들이다. 시장자료, 건축비용, 이자율 등이 변동하면, 개발기간 중 어느 때라도 이 도구들을 사용할 수 있다. 이 도구들은 또한 토지를 **취득하기 이전에** 토지에 지불할 수 있는 최대가격을 확인하기 위해서도 사용할 수 있다. 이들의 개념을 예시로써 설명하기 위해서 지금까지 사용했던 프로포마 추정치를 사용하되, 민감도분석을 도입하여 이들 추정치에 변화를 줄 것이다.

세전 및 세후 수익성

사우스 포크가 롤링 메도우즈 센터의 세전 및 세후 수익성을 평가하기 위해서는 운영기간과 자산가치 상승률과 관련하여 추가적인 가정을 수립해야 한다. 우리는 준공 후 5년 간 운영한 이후에 자산을 매각할 것으로 가정하였다.

[예 16-10]은 [예 16-8] 및 [예 16-9]에 포함되어 있는 정보에 기초하여, 개발기간 및 운영기간 중의 세전 현금흐름의 추정치를 요약하여 제시한다. 순현재가치를 계산하기 위한 초기 2년 동안의 세전 현금흐름은 모두 음의 현금흐름으로 이루어져 있는데, 이는 최초 인출시점의 자기자본 요구금액(토지취득비용 및 대출취급 수수료), 대출대상이 되지 않는 개발기간의 비용항목(간접관리비용)에 필요한 현금출자 그리고 초기 2년, 즉 초기 임차인 모집기간에 필요한 현금 요구금액으로 구성된다. 양의 현금흐름은 3년차에서 6년차까지의 영업 현금흐름과 6년차 말의 자산매각으로 인한 현금흐름에 기초한다(모든 수치는 반올림한 값이다).

[예 16-11]은 사우스 포크가 롤링 메도우즈 센터를 계속 소유 및 운영하는 대신에 투자계획을 재평가하여 자산을 모니 상호부동산자문(Mony Mutual Realty Advisor)에 매각하기로 결정하였을 때 발생하는 세전 현금흐름의 추정치를 담고 있다. 모니는 연기금 스폰서들을 위해서 이 자산을 취득하여 관리하게 된다. 매각비용을 지불하고 담보대출 잔액을 시타델社에 상환하고 나면, 사우스 포크社는 세전 기준으로 $7,104,160을 현금으로 수령한다는 사실을 알 수 있다. 자산의 매각가격, $16,035,003은 [예 16-8]의 당초 사업비용, $11,982,287을 매년 자산가격상승률 6%로 5년 동안 복리로 계산한 값이다.

[예 16-10]으로부터 우리는 1년차에서 6년차까지 발생할 것으로 예상되는 세전 현금흐름을 세전 요구수익률 21%로 할인하여 세전 순현재가치의 추정치를 계산할 수 있다. 결과로서 양의 순현재가치, $38,884를 얻게 된다. 이 21%의 요구수익률은 담보대출금리 대비

eXcel

예 16-10 롤링 메도우즈 센터에 대한 수익성분석

	세전현금흐름						
	연차						
	0	1	2	3	4	5	6
자기자본	$-2,950,071	$-30,800					
영업 세전현금흐름			$-380,361	$461,971	$557,438	$658,614	$ 765,837
매각 세전현금흐름							7,104,160
세전현금흐름 합계	$-2,950,071	$-30,800	$-380,361	$461,971	$557,438	$658,614	$7,869,997
세전자기자본수익률		21.33%					
세전순현재가치@21%	$ 38,884						
			과세표준				
순영업이익			$ 757,300	$1,599,632	$1,695,099	$1,796,275	$1,903,498
(−)							
이자비용			1,076,900	1,069,194	1,060,511	1,050,726	1,039,701
감가항목:							
자본적 지출			256,769	256,769	256,769	256,769	256,769
임차인 개보수			256,769	183,406	131,005	93,575	77,979
지원금							
상각항목:							
임대수수료			9,060	9,060	9,060	9,060	9,060
건설자금 금융수수료		$ 180,028					
장기운영자금 금융수수료			27,004	27,004	27,004	27,004	27,004
과세표준		$-180,028	$-869,202	$ 54,199	$ 210,750	$ 359,141	$ 492,985
세금(28%)		$ -50,408	$-243,377	$ 15,176	$ 59,010	$ 100,559	$ 138,036
			세후현금흐름				
세전현금흐름 합계	$-2,950,071	-30,800	$-380,361	$461,971	$557,438	$658,614	$7,869,997
(−) 일반소득세	0	$ -50,408	$-243,377	17,712	61,547	103,096	138,036
양도소득세	—	—	—		—	—	1,713,304*
세후현금흐름	$-2,950,071	$ 19,608	$-136,984	$446,795	$498,428	$558,055	$6,018,657
세후 자기자본 수익률		17.79%					
세후 순현재가치@17%	$ 96,077						

* 양도소득세액 1,713,304의 계산과정은 [예 16-11]을 참조할 것

예 16-11
롤링 메도우즈 센터의
매각으로 인한 현금흐름

	세전 현금흐름
매각가격	$16,035,003
(−) :	
매각비용	320,700
대출잔액	8,610,143
매각으로 인한 세전현금흐름	$ 7,104,160

	매각년도의 양도차익
매각가격	$16,035,003
(−) :	
매각비용	320,700
수정원가	9,595,358
양도소득 과세표준	$ 6,118,945

	세후 현금흐름
매각으로 인한 세전현금흐름	$ 7,104,160
(−) 양도소득세 (28%)	1,713,304
매각으로 인한 세후현금흐름	$ 5,390,856

9%의 위험보상을 나타내는데, 사우스 포크 경영진은 롤링 메도우즈 프로젝트의 주어진 위험수준에서 21%의 수익률은 모든 사업비용을 회수하고 나서도 만족스러운 자기자본 수익율이 될 수 있으리라 믿는 것이다.

[예 16-10]은 또한 사우스포크에 귀속되는 세후 자기자본 수익률을 나타낸다. 개발기간 동안 그리고 운영 각 연도에 세후 순현금흐름(net cash flow)을 분석하기 위해서, 우리는 추가적인 정보로서 소득세를 고려할 필요가 있다.

[예 16-12]는 과세소득을 추정하는 데 필요한 여러 사업비용 항목들의 감가상각과 관련한 정보를 제공한다. [예 16-12]의 Part A는 건축물의 일부분으로 자본화하여 감가상각을 해야 하는 비용항목들의 목록을 담고 있다. 우리는 Part B에서 전체 감가상각 대상금액 중 90%가 자본적 지출이고 따라서 31.5년에 걸쳐서 정액법(straight line method)으로 감각상각하는 대상이라는 것을 발견하게 된다.[14] 사우스 포크는 전체 대상금액 중 10%를 임차인 개보수 지원금으로 추정하는데, 개보수 지원금은 부동산이 아니라 동산으로 분류된다. 이 범주에 해당하는 지출항목은 7년에 걸쳐서 이중체감법(double-declining balance method)으로 감가상각할 수 있다.[15] Part C는 상각대상이 되는 프로젝트의 간접공사비에 대해 기술하고 있다. 프로젝트에 자금을 조달하기 위해 두 가지 유형의 대출을 사용한다고 가정하였기 때문에, 우리는 각 대출의 개별 대출기간에 걸쳐서 대출취급 수수료를 상각하게 된다.[16] 끝

---

[14] 감가상각의 방법에 대한 설명은 제11장을 참조하기 바란다.

[15] 이중체감법에 대한 설명은 회계기초 교과서에서 발견할 수 있다. 또한 정액법으로의 전환이 허용되므로, 이 책의 분석에서는 정액법을 사용하여 수행하였다.

[16] 장기담보대출의 취급수수료는 확약서를 취득한 때에 지불한다고 가정하였다. 하지만 이 비용의 상각처리는 3년차 초에 장기대출이 최초 인출될 때까지는 시작하지 않는다고 가정하였다.

예 16-12
롤링 메도우즈 센터에
대한 감가상각계획표

A. 감가상각 대상금액

단지 내·외부 조성비용		$ 850,000
직접공사비		7,055,500
간접공사비		
설계·감리비	$147,000	
인허가 제반비용	24,300	
법률자문비용	26,900	
추정건설이자	692,416	
직접관리비용	160,000	
간접관리비용	30,800	
간접공사비 합계		$ 1,081,416
감가상각 대상금액 합계		$ 8,986,916

B. 감가상각 일정

		감가기간
자본적 지출(대상금액 합계의 90%)	$ 8,088,225	31.5년
임차인개보수지원금(대상금액 합계의 10%)	898,692	7년
	$ 8,986,916	

C. 상각 일정

		상각기간
건설자금 금융수수료	$ 180,028	1년
장기운영자금 금융수수료	270,042	10년
임대수수료	45,300	5년
감가상각비용 합계	9,482,287	
(+) 토지	2,500,000	
총사업비용	$11,982,287	

항목	총비용	(-) 감가상각누계	수정원가
	6년차 말의 수정원가		
토지	$ 2,500,000	$ 0	$2,500,000
자본적 지출	8,088,225	1,283,845	6,804,379
임차인 개보수 지원금	898,692	742,734	155,958
장기운영자금 금융수수료	270,042	135,021	135,021
임대수수료	45,300	45,300	0
건설자금 금융수수료	180,028	180,028	0
합계	$11,982,287	$2,386,928	$9,595,358

으로, 우리는 임대수수료를 자본화하고 이를 사업의 평균임대기간에 걸쳐서 장부에서 상각 처리하였다.

　또한 세후 내부수익률 계산을 완성하기 위해서 자산의 매각 당해 연도 세후 현금흐름이 필요하다. [예 16-11]에서 매각 당해 연도의 양도소득세, $1,713,304는 추정 순매각수입(= 매각가격 - 매각비용 = $16,035,003 - $320,700 = $15,714,303)에서 수정원가($9,595,358)를 차감하여 얻은 양도소득 과세표준($6,118,945)에 28%의 세율을 곱하여 산출한 금액이다. 제11장에서 설명하였듯이, 양도소득은 일반소득에 비하여 낮은 세율로 과세될 것이다. 이 사례에서 우리는 양도소득과 일반소득에 대해 같은 세율이 적용된다고 가정하였다. 수정원가는 토지비용과 모든 정착물을 합산한 금액, 즉 $11,982,287에서 7년에 걸쳐 수행된 감가상각 누계를 차감하여 계산한 금액이다.[17] 수정원가, 즉 양도소득세를 계산하기 이전에 자산 매각으로 회수되는 원가는 $9,595,358이다. 그러면, 우리는 자산 매각으로 인한 세후 현금흐름이 $5,390,856이 될 것으로 추정할 수 있다.

우리는 최초 인출시점의 자기자본 요구금액이 각 연도 세후 현금흐름 및 매각연도 세후 현금흐름과 같다고 놓고서 세후 순현재가치를 0으로 만드는 할인율의 해를 구함으로써, [예 16-10]에 보이는 세후 자기자본수익률을 구할 수 있다. [역자주: 좌변에 최초에 투자자가 납입한 자기자본을 놓고, 우변에 할인 (영업 및 매각) 세후 현금흐름을 놓은 후, 이 방정식을 만족시키는 할인율을 구하면 된다.] 비록 1년 차의 세전 현금흐름이 음수이더라도, 금융수수료의 세금공제 때문에 당해 연도 세후 현금흐름은 양수가 된다는 점에 주의하기 바란다. 이런 공제는 순손실을 야기하거나, 당해 연도 사우스 포크가 벌어들인 여타의 능동적 소득에 대하여 상계할 수 있다. 즉 공제는 세금을 줄이고, 현금을 절약하며, 음의 세전 현금흐름을 상쇄하게 된다. 일반소득세는 28%의 세율을 가정하고 계산하였는데,[18] 그러면 세후 현금흐름이 결정되어 세후 자기자본수익률을 결정하는 데 사용된다. 롤링 메도우즈의 경우 세후 자기자본수익률은 17.79%이다. 이 수익률은 [예 16-10]에 보이는 세전 자기자본수익률에 (1 - 세율)을 승산한 값, 즉 15.36%(= 21.33% × (1 - 0.28))과 같지 않다는 점에 주목하기 바란다. 왜냐면 [예 16-12]에서 보듯이 부동산에 허용되는 정액법상 31.5년의 감가상각에 비하여 임차인 개보수 지원금과 각종 수수료들의 상각에 허용되는 상각율이 더 높기 때문이다. 세후 할인율 17%를 이용하여, 우리는 세후 순현재가치(after-tax net present value: ATN-PV)는 $96,077이라는 것을 알게 된다.

민감도분석, 투자위험 그리고 타당성분석

앞선 분석에 근거하여, 우리는 만약 21%의 세전 자기자본수익률이 롤링 메도우즈 센터 개발을 수행하기에 적절하여 사우스 포크가 만족한다면 이 회사는 양의 순현재가치를 벌게 될 것이라고 결론지은 바 있다. 이것이 의미하는 바는 공사비용, 시장 임대료, 영업비용 및 자산 가치의 상승률에 대한 추정치 하에서 토지취득가액 250만 달러가 타당성을 확보한다는 것이다. 바로 이 부분에서 "시장 임대료가 평방피트당 15달러가 아니라 12달러로 추정되고 다른 모든 가정들(공간의 양, 공사비용, 이자율, 자산가격 상승률 및 영업비용)은 동일하다고 가정해 보자. 여전히 이 프로젝트가 타당성을 가질까? 이 프로젝트가 모든 비용을 감당할 뿐 아니라 개발사업자에게 경쟁력 있는 자기자본수익률을 제시할 수 있을까?"라는 재미있는 질

---

[17] 1986년 세제개혁법(Tax Reform Act) 이전 시기에는 양도소득과 일반소득에 대한 표준세율이 같지 않았다. 게다가, 건설기간 이자, 재산세 및 여타 수수료 등에 대한 세금처리 또한 서로 달랐다. 이런 차이로 인해서, 이자비용, 각종 조세 및 수수료들은 건축물로 자본화하였고, 매각 연도에 미상각 잔액은 일반경비(판매비와 관리비)로 공제하거나 수정원가에 가산하였다. [역자주: 일반경비로 공제될 경우 법인세를 절감하게 되고, 자산의 수정원가에 가산될 경우 양도소득세를 절감하게 된다.] 다양한 비용항목들에 대한 세금처리가 자주 변동하기 때문에, 부동산세제에 대해 주지하고 있어야 하며, 특히 개발사업을 분석할 때에는 더욱 잘 알고 있어야 할 것이다.

[18] 우리는 사우스 포크社가 개인회사 또는 일반세율로 과세되는 파트너들이 참여하는 파트너쉽(partnership)이라고 가정한다. 우리는 또한 사우스 포크의 파트너들은 이 프로젝트에서 발생하는 수동적 손실(passive loss)을 상쇄하기 위해 이용할 수 있는 다른 수동적 소득(passive income)을 가지고 있다고 가정한다(수동적 소득에 대한 설명은 제11장을 참조하라).

예 16-13
임대료 변화에 따른 롤링
메도우즈 센터의 세전
순현재가치 변화

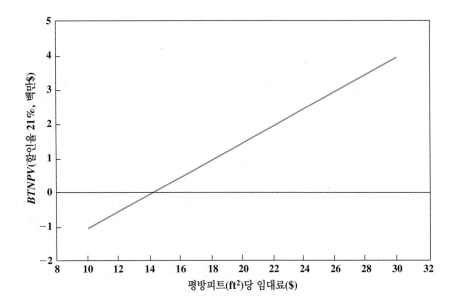

문이 제기될 법도 하다.

이 질문을 검토하기 위해서, [예 16-13]을 참조하기 바란다. 이 다이아그램은 수직축의 세전 순현재가치(before-tax net present value: BTNPV)와 수평축의 임대가능면적(ft²) 당 시장 임대료와의 관계를 나타내고 있다. 할인율이 21%로 고정된 상태라면, 우리 분석에서 가정한 평방피트당 15달러의 평균임대료에서 세전 순현재가치는 0을 살짝 상회하고 있다. 하지만, 만약 시장 임대료의 평균이 평방피트당 12달러에 형성된다면(그리고 다른 모든 가정들이 동일하게 유지된다면), 세전 순현재가치가 음수가 될 것이라는 점이 분명해 보인다. 이런 경우라면, 사우스 포크社는 해당 개발건을 더 추진하는 것에 관심을 두려하지 않을 것이다. 민감도분석의 훨씬 더 심각한 상황은 자명(自明)해지는데, 장기 및 단기대출의 확약서가 발급된 이후 프로젝트의 공사가 진행되고 있는 상태에서 임차인 모집 중에 시장임대료가 평방피트당 15달러에서 12달러로 하락하는 경우가 바로 그것이다. 이러한 경우에는 사우스 포크社는 음의 순현재가치를 맞닥뜨리고 있으면서도 해당 개발사업에 발목이 잡혀있게 될 것이다. 만약 개발사업자 스스로 더 많은 자기자본을 출자하지 못하거나 또는 이 시점에 증자에 참여할 다른 투자자들을 찾아내지 못한다면, 사업비용과 부채서비스를 충족시킬 수 없게 될 것이다. 그런 때가 되면, 단기대출 대주는 개발사업자가 임대율 조건을 충족시키지 못할 것이므로 장기대출 대주가 테이크아웃 대출확약을 지키려 하지 않을 것이라는 전망에 직면하게 될 것이다. 단기대출 대주는 개발사업자와 함께 단기대출의 금융조건을 다시 협상하거나[종종 워크아웃(workout)이라고 불린다] 아니면 자산압류절차를 준비해야 할 것이다. 이제 독자들은 변화하는 시장환경이 사업위험에 어떻게 영향을 줄 수 있는지를 이해하기 시작한 것이다.

또 하나의 중요한 고려사항이 [예 16-14]에 분명히 드러나는데, 이 다이아그램에서는 세전 순현재가치가 수평축의 토지비용과 관계되어 있다. 토지를 250만 달러에 취득한다고 가정할 때, 우리는 세전 순현재가치가 0보다 살짝 클 것으로 추정하였음을 상기하기 바란다.

예 16-14
내부수익률의 계산:
웨스트게이트 쇼핑센터
사례

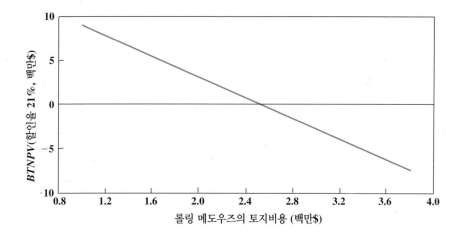

만약 사우스 포크가 사업에 대해 너무 낙관적이어서 토지에 대해 300만 달러를 지불한다면, 우리는 이 다이아그램에서 세전 순현재가치가 음이 된다는 것을 알 수 있다(물론 할인율은 21%이고 다른 모든 변수들의 값은 고정되어 있다). 정반대로, 만약 토지를 250만 달러보다 적은 가격으로 취득할 수 있다면, 세전 순현재가치는 훨씬 양호해질 것이다. 이 시점에서 민감도분석의 가치는 아주 분명하다.[19] 이 분석은 **타당성분석**(feasibility analysis)이라고도 불리는데, 현재의 시장 임대료, 토지가격 그리고 건축비용 및 금융비용에서 프로젝트가 상업적으로 타당성을 가지는지 여부를 결정하는 것이다.

결론

이 장은 임대주택단지, 오피스 빌딩, 물류창고, 쇼핑센터 등과 같은 수익부동산의 개발사업에 금융을 제공하는 것을 다루었다. 개발 프로젝트들은 우리가 앞선 장들에서 이미 준공된 자산들을 대상으로 설명하였던 위험들 이외에도 많은 위험을 내재하고 있다. 이런 부동산개발사업의 개발사업자들은 전국경제 및 국지경제의 변화하는 환경, 다른 개발사업들과의 경쟁에서 오는 압력, 임차인들의 입지선호도 변화 등에 직면한다는 것을 알게 되었다. 이런 요인들 모두는 수익부동산을 개발 및 운영하면서 얻게 되는 수익성에 영향을 미치게 된다. 이런 힘들 모두가 결합하여 개발사업자의 능력, 즉 토지를 취득하고, 건축물을 짓고, 공간을 임차인에게 임대하며, 또한 영업비용을 감당하고 건설자금 및 장기담보대출 모두를 상환하기에 충분한 수입을 벌어들이는 능력에 영향을 주게 된다. 이 장은 우리가 이미 광범위하게 논의하였던 장기담보대출과 성격이 다른 건설자금대출의 기술적인 부분을 자세히 설명하였는데, 건설자금은 건설기간에 걸쳐서 (자금소요에 따라) 인출되기 때문이다. 다음 장은 토지개발사업을 탐구하는데, 본 장의 개념들을 토지조성사업의 개발과 금융으로 확장하게 된다.

---

19 건축비용, 이자율, 영업비용 등과 같은 여타 변수들이 세전 순현재가치에 미치는 영향을 평가하기 위해서, 이들 변수들을 한 번에 하나씩 변화시켜가면서 동일한 분석을 수행할 수 있을 것이다.

Web 응용

건설자금대출은 대부분의 상업은행들을 포함하여 다양한 금융기관들로부터 차입이 가능하다. 건설자금을 제공하는 대주들로부터 얻을 수 있는 정보를 담고 있는 웹사이트들이 상당히 많이 있다. 검색엔진을 사용하여 건설자금의 현재 이자율 정보를 제공하는 사이트를 찾아보자. 이자율이 얼마인지 그리고 어떻게 대출을 구조화하는지에 대해 여러분들이 찾을 수 있는 한 많은 정보를 찾고, 이를 요약해 보자.

주요용어

간접공사비	매월인출방식	제철 만난 부동산
건설자금	면책조항/비소구조항	직접공사비
건설자금 대출	미니펌 대출	타당성분석
공사비 유보	비율임대료/추가임대료	토지인수 및 개발자금
대기성 여신	인출선행조건	투기적인 / 상환재원이 불투명한
대출채권양수도계약	임시자금대출/차액대출	
맞춤형 개발	장기대출	

유용한 웹사이트

www.uli.org – 도시토지연구소(Urban Land Institution)의 미션은 전체 환경의 질을 높이기 위해서 토지이용에 있어서 신뢰할 수 있는 방향타를 제공하는 것이다. 이 사이트는 또한 개발사업의 금융추세와 관련한 최근 이슈들을 제공하고 있다.

www.bizloan.org – 개발사업에 사용되는 다양한 유형의 대출들에 대해 정보를 얻기에 좋은 정보원. 전문용어의 어휘풀이를 포함하고 있다.

www.census.gov – 美 통계국(US Census Bureau)의 웹사이트

www.icsc.org – 국제쇼핑센터협회(International Council of Shopping Centers)의 웹사이트

www.economy.com – Economy.com은 경제정보 제공자이다.

www.bls.gov – 美 노동부(US Department of Labor)의 웹사이트

www.bea.gov – 美 상무부(US Department of Commerce) 경제개발국(Bureau of Economic Development)의 웹사이트

www.claritas.com – 닐슨 클라리타스(Nielson Claritas)가 인구통계자료와 가공한 센서스자료를 제공한다.

www.axiometrics.com – 악시오메트릭스(Axiometrics)는 공모시장에서 거래되는 임대주택 리츠(REITs)가 소유한 포트폴리오의 운용성과에 초점을 맞추어서 임대주택 분야의 기초적인 부동산연구를 제공하는 리서치 회사이다.

www.econdata.net – 이 사이트는 주제별로 그리고 자료 제공업체별로 정리된 약 1,000개의 사회경제자료원으로의 링크를 가지고 있으며, 인터넷상 고급 자료 컬렉션으로 연결되는 포인터가 존재한다. 이 사이트는 지역경제자료를 찾을 수 있는 10대 최고 사이트라는 자체적인 리스트를 가지고 있다.

www.economy.com/freelunch – FreeLunch.com은 웹에서 무료 경제자료를 취득할 수 있는 최고의 정보원이다. 이용자들은 빠르고 손쉽게 경제자료를 표로 작성하거나 다운로드 받을 수 있다. 무디스(Moody's) Economy.com의 아시아, 유럽 및 미국 데이터 서비스팀은 자료의 원시저작권이 해제되는 즉

시로 FreeLunch.com의 경제자료를 업데이트하고 있다.

http://finance.yahoo.com - 야후 금융(Yahoo Finance)은 가입자들에게 금융 관련 최신정보를 제공한다. 한편으로 이 사이트는 뮤츄얼펀드, 공과금 납부, 은행업무, 대출, 보험, 은퇴설계 및 세금 분야의 정보센터가 존재한다는 것이 특징이다.

질문

1. 개발사업과 관련하여 위험의 원인은 무엇인가?

2. 많은 개발사업자들이 추구하는 몇몇 개발전략들은 무엇인가? 왜 그들은 그런 전략들을 추구하는 것일까?

3. 어떻게 시장에서 각 개발사업을 다른 개발사업들과 구별되게 할 수 있을까?

4. 일반적인 부동산 개발사업에서 건설 및 운영에 타인자본을 차입하는 과정에 대해서 서술하라. 부동산개발에 자금을 대여하는 대주를 물색하는 순서와 왜 이 패턴을 따르게 되는지 간단히 설명하라.

5. 장기대출 확약서, 즉 테이크아웃 대출확약서에서 공통적으로 발견되는 인출선행조건은 무엇인가? 왜 이들 조건이 사용되는 걸까? 개발사업자가 이들 조건을 충족시키지 못한다면 어떤 일이 발생하는가?

6. 대기성 여신의 대출확약서란 무엇인가? 이것이 언제 그리고 왜 사용되는 걸까?

7. 미니펌 대출이란 무엇을 말하는가? 이런 유형의 대출이 언제 그리고 왜 사용되는 걸까?

8. 부동산 개발사업에서 종종 제3의 대주가 임시자금대출(즉 차액대출)을 제공한다. 왜 이 대출이 사용되는 것일까? 이 대출은 어떻게 작동하는가?

9. 대출채권양수도는 테이크아웃 대출과 대동소이하다고 말한다. 만약 개발사업자가 테이크아웃 대신 대출채권양수도계약을 사용하려고 계획한다면 건설자금 대주가 관심을 가져야 할 사항은 무엇일까?

10. 왜 일반적으로 장기대출 대주는 개발사업자에게 건설자금을 제공하지 않는 것일까? 건설자금 대주들은 개발사업자들에게 장기담보대출을 제공하려고 할까?

11. 테이크아웃 대출확약서를 건설대출 대주 앞으로 양도하는 것과 대출채권양수도계약의 차이는 무엇인가? 만약 개발금융에서 두 가지 금융기법 모두를 사용하지 않는다면, 이런 경우 건설자금 대주와 장기대출 대주 간의 관계는 어떻게 되는 것일까?

12. 자산가치를 평가하기 위해 사용하는 수익환원법과 관련하여, 건설자금 대주가 표명하는 주된 염려사항은 무엇인가? 왜 이들은 가능하다고만 하면 원가법의 사용을 선호하는 것일까? 원가법을 사용할 때, 만약 개발사업자가 개발착수 이전 5년 동안 토지를 소유하고 있었다면, 과연 원가법을 사용하는 것이 보다 효과적인 것일까? 왜 그런가? 아니면, 왜 아닐까?

13. 판매시설 임대차계약에서 **추가임대료료**란 무엇을 의미하는가? 추가임대료는 어떻게 계산하는가?

14. **민감도분석**이란 무엇인가? 부동산 개발사업에서는 민감도분석을 어떻게 이용하는가?

15. 종종 토지는 잔존가치를 나타낸다고 말하고는 한다. 이 언술은 건축비용은 입지에 따라서 심대하게 변동하지 않는 반면, 임대료는 입지에 따라서 상당히 달라진다는 사실을 반영하고 있다. 즉 토지가치는 입지에 따라 증감이 발생하는 임대료의 변동을 반영한다는 것이다. 여러분은 이에 동의하는가 아니면 반대하는가?

16. 왜 공사비 유보라는 관행이 이용되는 걸까? 이런 관행에는 누가 관련되어 있는 것일까? 이런 관행이 건설자금 대출에는 어떻게 영향을 주는가?

문제

1. Concept Box 16.2를 살펴보기 바란다. 자기자본 투자자이기도 한 개발사업자는 총사업비 대비 7.8%의 수익률에 만족하지 못할 수도 있다. 왜냐면 "오차한도(Margin for Error)"가 너무 위험하기 때문이다. 만약 당초 예상한 것보다 공사비용이 상승하거나 임대료가 하락한다면, 이 프로젝트는 타당하지 않을 것이다.

   a. 프로젝트가 용도지역지구제의 요구기준을 충족하고도 더 개발할 수 있는 9,360평방피트(= 869.^{57} m²)를 가진다는 사실에 기초해서, 개발사업자는 추가로 10호, 즉 총250호(에이커당 25호)를 허용해 달라고 계획부서에 주장할 수 있을 것이다. 이 주장이 재무적 타당성에 어떻게 영향을 미치게 되는가? 이 주장을 뒷받침하기 위해서 무엇이 포함되어야 할까? 왜 공공부문의 규제당국은 에이커당 25호로 밀도를 높이는 것에 관심을 갖게 될까? 아니라면, 왜 관심을 갖지 않게 될까?

   b. 위의 (a) 대신에, 개발사업자가 한 채에 $83,000의 비용이 소요되는 240호의 고급 임대주택단지를 건축할 수 있다고 가정해 보자. 이런 프로젝트에서 총사업비 대비 8%의 수익률을 만들기 위해서 평방피트 당 임대료는 얼마가 되어야 할까? 개발사업자가 고려해야 하는 위험요인들은 무엇인가?

2. 쿠너 개발社(Kuehner Development Co.)의 대표이사는 지금 막 마케팅부 직원과 회의를 가졌는데, 이 자리에서 그는 파커 로드 플라자(Parker Road Plaza) 쇼핑센터의 신축제안과 관련한 시장조사를 보고 받았다. 이 조사는 건설단계에 1년, 운영단계에 5년을 요구하고 있다. 자산은 운영 5년차 말에 매각할 예정이다.

   Part I. 건설단계

   마케팅부는 위 프로젝트를 위해서 12에이커(= 48,562.^{28} m²)의 대상지를 선정하였고, 이들은 동 부지를 225만 달러에 취득할 수 있을 것으로 믿고 있다. 최초 조사는 이 쇼핑센터가 36.65%의 용적률과 92.11%의 임대가능면적비율로 개발이 가능할 것으로 기술하고 있다. (이는 총건축가능면적(GBA)이 19만평방피트(= 17,651.^{58} m²)이고, 총임대가능면적(GLA)이 17만 5천평방피트(= 16,258.^{03} m²)이기 때문이다.) [역자주: 다시 한번, 용적률에 주의가 필요하다. 본문 [예 16-3]의 용적률은 국내 법정용적률의 역수관계임에 반하여, 현재 질문에서의 용적률은 국내 개념과 일치하고 있다. 즉, 17,651.^{58} ÷ 48,562.^{28} = 36.65%]

   쿠너의 건설본부장은 GBA 평방피트당 25달러(= 269.^{10}달러/m²)의 직접공사비와 GBA 평방피트당 4.5달러(= 48.^{44}달러/ m²)의 간접공사비(건설이자비용 및 단·장기 대출수수료 제외)로 공사를 진행할 수 있을 것이라고 대표이사에게 장담하고 있다. 건설본부는 단지조성 전체를 총도급액 75만 달러에 하청을 내보내기로 결정하였다.

   쇼무트 은행(Shawmut Bank)은 이 프로젝트에 단기대출을 제공하기로 합의하였다. 동 은행은 건축비용과 단지조성비용 전체를 연이자율 13%, 대출취급 수수료 2%의 조건으로 자금을 대여할 것이다. 건설본부는 건설기간 첫 6개월 동안 직접비용 합계의 60%를 매월 균등하게(매월 10%씩) 인출할 것으로 추정하였다. 쿠너는 애크미 보험사(Acme Insurance Co.)로부터 연이자율 12%, 원금상환 계산기간 20년, 선납 금융수수료 2.5% 및 10년 만기의 금융조건으로 대출을 취득할 것으로 기대하고 있다. 쿠너는 부채서비스를 월주기로 수행할 것으로 예상한다.

   a. 대출취급 수수료와 건설이자비용을 제외한 파커 로드 플라자의 총사업비용은 얼마가 될까? 직접비용 합계는 얼마인가?

   b. 파커 로드 플라자 프로젝트의 건설이자비용은 얼마가 될까? 건설이자비용을 포함하여, 쿠너가 차입하여야 하는 대출총액(약정금액)은 얼마인가? 대주에게 귀속되는 건설자금의 대출수익률은 얼마인가?

   c. 총사업비용은 얼마인가? 건설기간 중에 매년 프로젝트에 투입되어야 하는 자기자본은 얼마인가?

(쿠너는 단기 및 장기대출의 취급수수료를 자기자본으로 조달할 것이다.)

Part II. 운영단계 및 최종매각

쿠너는 자신들이 임대가능면적(GLA) 평방피트당 $18.^{50}$달러(= $199.^{13}$달러 / m²)의 기본임대료 및 200달러(= $2,152.^{78}$달러 / m²)를 초과하는 총매출액에 대하여 3%의 추가임대료를 부과하는 조건으로 파커 로드 플라자를 임대할 수 있을 것으로 추정한다. 동사(同社)는 임대료가 임대기간 중 매년 5%씩 상승하고, 임차인의 영업비용 분담금이 GLA 평방피트당 8달러(= $86.^{11}$달러 / m²)에 달할 것이며, 이 분담금이 매년 임대료 상승률과 같은 비율로 상승할 것으로 예상하고 있다. 쿠너는 운영 첫해 동안 쇼핑센터의 70%를 임대할 것으로 기대한다. 그 이후부터 공실률은 평균하여 매년 약 5% 수준이 될 것으로 추정한다. 공실손실은 전체 잠재총소득에 비례하여 계산해야 하며, 잠재총소득은 기본임대료, 비율임대료(추가임대료) 및 임차인의 영업비용 분담금으로 구성된다. 점포들의 매출액은 운영 1년차에는 평균하여 GLA 평방피트당 210달러(= $2,260.^{42}$달러 / m²)가 될 것으로 예상되고, 매년 6%씩 증가할 것이다. 영업비용은 운영 1년차에 평균하여 GLA 평방피트당 14달러(= $150.^{69}$달러 / m²)가 될 것으로 예상되고, 임대료와 같은 비율로 증가하게 될 것이다. 쿠너는 관리비용 명목으로 연간 유효총소득의 5%씩을 추가로 징수하게 된다. 운영기간 말 최종매각가격은 1,840만 달러가 될 것으로 기대하며, 그 중 2%를 쿠너는 자산매각비용으로 지출하게 될 것이다. 두 가지 일정 계획은 프로젝트 운영단계와 관련하여 필수 정보를 제공하는데: (1) 하나는 5년 운영기간 동안 파커 로드 플라자의 잠재총소득이고, (2) 다른 하나는 프로젝트의 감가상각계획표이다.

d. 만약 파커 로드 플라자를 5년 동안 운영할 것으로 계획한다면, (일반소득 및 양도소득에 대한 한계세율을 28%로 가정한 상태에서) 쿠너 개발社가 이 자산을 통하여 얻게 되는 세전 및 세후 현금흐름은 어떻게 되는가? 운영기간 5년 후, 쿠너가 실현하는 자산의 매각으로 인한 세전 및 세후 현금흐름은 어떻게 될까?

e. 쿠너의 세전 요구수익률이 16%라고 가정할 때, 회사는 파커 로드 플라자를 개발해야 할까? 세전 순현재가치와 세전 자기자본수익률에 기초하여 여러분들의 대답이 옳다는 것을 증명해 보라.

프로포마 영업수지분석표: 파커 로드 플라자 프로젝트

현금흐름 (연도 말)	2	3	4	5	6
수입					
최소임대료	$3,237,500	$3,399,375	$3,569,344	$3,747,811	$3,935,201
추가임대료 ($200 초과 매출액의 3%)	52,500	118,650	188,769	263,095	341,881
영업비용 분담금	1,400,000	1,470,000	1,543,500	1,620,675	1,701,709
잠재총소득	$4,690,000	$4,988,025	$5,301,613	$5,631,581	$5,978,791

항목	상각일정
건설자금 금융수수료	1년
장기운영자금 금융수수료	10년

항목	감가상각일정
자본적 지출(감가상각 대상금액 합계의 90%)	31.5년 (정액법)
임차인 개보수 지원금(감가상각 대상금액 합계의 10%)	7년 (이중체감법)

3. 스페인 개발社(Spain Development Co.) 재무자문의 한 사람으로서, 당신에게 팀버크리크 오피스(Timbercreek Office) 제안사업의 건축 및 마케팅조사 보고서가 주어졌다. 수 개의 잠재적인 대상지

가 선정되었으나, 아직 최종결정은 내려지지 않은 상태이다. 당신의 책임자는 전체 사업기간에 걸쳐서 16%의 수익률이 보장되는 상태에서 토지에 대해서 얼마나 지불할 수 있는지(최대 지불가능한 토지금액)를 파악하고자 한다.

전략계획은 1년의 건설기간과 5년의 운영기간을 요청하는데, 이 기간 후에 자산을 매각할 예정이다. 마케팅부 직원은 1.3에이커(= 5,260.^{91} m^2)의 대상지가 적합할 것이라 말한다. 왜냐면 최초 조사에서 이 정도 면적이 되어야 총임대가능면적(GLA) 26,520평방피트(= 2,463.^{79} m^2)의 오피스 빌딩 건축을 뒷받침할 것으로 지적되었기 때문이다. 임대가능면적비율을 85%로 가정할 때, 총건축가능면적(GBA)은 31,200평방피트(= 2,898.^{57} m^2)가 될 것이다. 덧붙여서, 마케팅부 직원은 공간을 평방피트당 19달러(= 204.^{51}달러 / m^2)에 임대할 수 있다고 당신에게 장담하고 있다. 건설본부장은 (건설이자비용 및 모든 금융수수료를 제외한) 직접비용 총계가 240만 달러가 될 것이라고 주장한다.

퍼스트 스트리트 은행(The First Street Bank)이 위 프로젝트의 건설자금 대출을 제공할 것이다. 모든 공사비용과 단지조성비용 그리고 건설이자에 대해서 연이자율 13%, 대출 취급수수료 1.5%의 금융조건으로, 이 은행이 대출을 지원할 것이다. 건설본부는 직접비용을 최초 인출시점부터 6개월 동안 매월 동일한 금액으로 인출할 것으로 추정하고 있다. 프로젝트의 장기대출은 1년이 경과한 시점에 연이자율 11.5%, 선납 금융수수료 4%의 금융조건으로 릴라이어블社(Reliable Co.)로부터 차입할 것이다. 장기대출의 만기는 8년이고, 25년의 원금상환 계산기간에 기초해서 매월 부채서비스를 수행하게 될 것이다. 금융수수료는 단기 및 장기대출 모두에서 대출금액에 포함되지 않는다(즉 대출금액으로 금융수수료를 지급할 수 없으므로, 자기자본으로 지불하여야 한다). 스페인은 회사의 자기자본으로 토지취득 자금을 조달할 것이다.

스페인은 이 프로젝트의 임차인 영업비용 분담금이 평방피트당 3.25달러(= 34.^{98}달러 / m^2)이고, 운영 첫해 동안 오피스 빌딩의 75%를 임대할 것으로 기대한다. 그 이후부터 공실률은 평균하여 연(年) 잠재총소득의 약 5% 수준이 될 것으로 추정한다. 임대료, 임차인 영업비용 분담금 및 영업비용은 임대기간 동안 매년 3%씩 상승할 것으로 예상된다. 영업비용은 평방피트당 9.^{50}달러(= 102.^{26}달러 / m^2)로 예상된다. (5년 운영기간 후) 최종매각가격은 프로젝트의 6년차 순영업이익을 9.5%로 자본화한 금액에 기초한다(즉 보유기간 말 자본환원률은 9.5%이다). 이 중 4%는 자산매각비용으로 지출하게 될 것이다. 세전 자기자본수익률 16%를 확보해야 하는 상태에서, 스페인은 토지가격을 지불할 수 없게 될까봐 염려하고 있다(토지취득비용은 스페인의 자기자본으로 지급되어야 한다는 사실을 상기하기 바란다). [역자주: 위에 열거한 정보로 역산(逆算)한 최대 지불가능 토지금액이 토지주의 호가보다 작다면, 거래가 성사되지 않을 것이다. 즉 스페인은 프로젝트 무산을 염려한다는 의미이다.]

프로젝트의 타당성을 검토하기 위해서,

a. 건설자금의 인출일정, 건설이자비용 그리고 건축용도로 지원하는 대출총액을 추정하라. (금융수수료를 포함한) 총사업비에서 대출총액을 차감하여 사업에 필요한 자기자본 규모를 결정하라.

b. 영업 및 최종매각으로 인한 현금흐름들을 추정하라.

c. (*b*)에서 자기자본의 현금유출입을 할인하여, 양(+) 또는 음(-)의 순현재가치가 존재하는지를 입증하라.

d. 이 경우, 순현재가치가 의미하는 바는 무엇인가? 만약 토지의 호가가 $195,000이라면, 이 프로젝트는 타당성이 있을까?

4. Excel. 웹사이트에서 제공하는 엑셀 워크북 안에 "Ch16 Const"를 참조하기 바란다.

a. 만약 대출금액의 90%를 최초 4개월 동안 인출하고 10%를 나머지 8개월 동안 인출한다면, 대주의 대출수익률과 투자자의 세후 자기자본수익률은 어떻게 달라지는가?

b. 대출금액의 60%를 최초 4개월 동안 인출하고 40%를 나머지 8개월 동안 인출한다고 가정한 상태에서, 위의 (a)를 반복하여 계산하라.

CHAPTER 17

토지개발금융
Financing Land Development Projects

앞 장에서 지적하였듯이, 부동산개발은 투자자나 대출자 모두에게 있어서 매우 복잡한 분석 과정이라 할 수 있다. 이 장은 **토지개발**(land development)을 다루게 된다. 토지개발사업은 일단의 토지를 취득하여 기반시설과 지표면 정착물을 건설한 후 개발된 용지들의 일부 또는 전부를 프로젝트 개발사업자에게 (택지를 예로 들면 주택건설업자에게) 매각하는 과정과 관련된다. 앞 장에서 설명하였듯이, **프로젝트 개발**은 특정 부지를 취득한 후 오피스 빌딩·쇼핑센터 또는 기타 부동산상품을 건설하는 과정을 다룬다. 본 장은 토지개발에 대한 기본적인 설명과 재원조달에 대한 내용을 담고 있지만, 부동산개발의 많은 특징들이 프로젝트 개발과 토지개발에 공통적으로 적용되기 때문에 불필요하게 분량이 늘어나는 것을 피하기 위해서 앞 장과 중복된 부분은 반복하지 않는다. 앞 장과 본 장을 읽고 나면, 독자들은 개발과정에서의 투자와 금융에 대해서 일반적인 이해를 가지게 될 줄로 믿는다.

본 장은 토지개발과정과 어떻게 토지개발사업의 타당성을 판단하는지에 대한 통찰력을 제공한다. 어떻게 개발사업의 대출을 구조화하는지, 지급 및 상환을 위해서 금융조건을 어떻게 결정하는지 그리고 어떻게 투자수익성을 예측하는지에 대해 논의하게 된다. 대출계약과 상환일정을 구조화하는 것 그리고 토지개발 사업기간 중 이자비용을 추정하는 것은 상세하면서도 복잡한 과정이라 할 수 있다.

토지개발사업의 산업적 특성

토지개발과정을 일반화할 때, 토지개발사업자를 그냥 일반적인 개발구상을 가진 한 개인이라고 생각하면 편리하다. 하지만 개발을 추진하기 이전에 프로젝트가 타당성이 있다는 증거 또는 최종상품(단독주택, 오피스, 물류창고 등)의 시장 수용가능성이 매우 높다는 증거가 있어야 한다. 비록 토지개발사업자가 최종상품의 개발사업자인지 아닌지와 상관없이, 최종상품의 타당성을 증명하는 과정은 매우 중요하다. [역자주: 토지개발만 수행하는 경우라 하더라도, 최종상품의 타당성이 부족하다면 필지분양에 곤란을 겪게 될 것이다.] 즉 토지개발단계에서도 토지개발사업자는 최종상품의 수요를 예상하고 이해해야 할 것이다(복합용도의 토지개발에서 최종상품을 예로 들자면, 단독주택 주택업자, 임대주택 개발사업자 그리고/또는 쇼핑센터 개발사업자들에게 분양하는 필지들을 포함하게 된다). 분명히 최종상품의 수요는 토지개발사업에서 개별 용지·필지·독립필지(판매시설 용도)의 수요에 영향을 주게 된다. 토지취득 관련 모든 의사결정은 개발계획을 추진하려는 현재 나대지 상태의 대상지가 충분한 면적을 확보하여 계획을 수용할 만큼 적정량의 개발가용지를 제공할 수 있는지 여부에 근거해야 한다. 개발의 기본구상에 기초하여 개발계획이 달라지겠으나, 모든 개발계획은 취득한 일단의 토지 내에서 용지들의 세분(필지 세분), 즉 지적계획을 포함하고 있다. 어떻게 대규모 개발을 개별 필지로 세분할 것인지 그리고 어떻게 개별 용지의 분양가격을 책정할 것인지에 대한 결정은 개발기본구상에서 비전으로 제시하는 최종용도에 근거하게 된다.

택지개발에서는 교외 변두리지역의 나대지를 취득하여 단독주택 또는 다용도(예를 들면 단독주택, 다가구 임대주택, 단지주택 등을 결합하는 것과 같이) 택지로 개발하는 전문업체를 물색하는 것이 일반적이다. 최종용도의 분양가능성이 높은 하부시장에 초점을 맞추어서, 토지개발사업자는 토지를 취득하고 토지이용계획 및 교통순환계획을 수립하며, 도로, 조명 및 지상 정착물(공급처리시설, 배수구, 하수도 등)의 공사를 수행한다. 그런 다음, 토지개발사업자는 사업부지를 개별 용지들로 세분하고, 보다 작은 규모의 용지들을 건축업자와 개발사업자에게 분양하게 된다. 만약 용지 중에 고속도로에 대해 적당한 전면성을 확보한 용지가 있다면, 토지개발사업자는 판매시설용지의 일부로써 이를 보유하기로 결정할 수도 있다.

여기에서 한 가지 강조할 사항은 토지개발사업자가 건축업자 또는 프로젝트 개발사업자와 같은 주체일 수도 있고 아닐 수도 있다는 점이다. 토지개발사업자는 건물 공사 그리고/또는 프로젝트 개발사업을 수행할 전문성을 갖출 수도 있고 아닐 수도 있다. 이들 기능(토지개발사업 對 프로젝트 개발사업)은 각각의 개발기술과 시장위험에서 차이가 있다. 하지만 몇몇 대형 회사들은 양쪽 활동 모두에 종사할 수도 있다. 예를 들면 저가의 최초구매주택을 위해서 주거택지를 개발하면서, 토지개발사업자가 일부 택지에서는 주택건설에 참여할 수도 있다. 반면에 토지가 상당히 고가일 경우, 토지개발사업자는 일반적으로 전통적인 주택사업자에게 택지를 매각하게 되고, 설령 참여한다손 치더라도 주택건설의 아주 작은 역할에 국한하게 된다.

업무단지와 산업용 부동산개발에서는(앞장에서 설명한 대로) 토지개발사업자가 프로젝트 개발사업자에게 분양할 용지를 준비하기도 하지만, 종종 그들 자신이 수행할 프로젝트 개발을 위해서 일부 용지를 유보하기도 한다. 예를 들면 단일의 대형 임차인이 업무단지에 빌딩을 건설하기를 원할 수 있다. 이런 경우, 단지개발업자는 동 임차인을 위해서 맞춤형으로 건축물을 설계하고 시공을 수행한 후(**맞춤형 개발**: build to suit), 임차인에게 장기로 임대할 수 있다. 아니면, 개발사업자는 대상지에 건물을 짓고 이 건물을 **턴키방식**(turnkey basis)으로 동 임차인에게 일괄매각할 수도 있다. 또한, 업무단지 및 산업단지 개발에서, 토지개발사업자는 임차인들을 단지로 유인하기 위하여 투기적인 방식으로 빌딩 건축물을 건설할 수도 있다. 하지만 이런 개발사업자들도 보통은 다른 프로젝트 개발사업자들에게 (자신들이 요구하는 개발통제(development control)를 준수하는 한) 단지 내 용지들을 매각할 준비를 하고 있다. 이런 개발통제는 통상 적절한 수준의 빌딩 건축, 유지관리, 조경 등을 포함하고 있다. 이런 개발통제는 보통 행위제한(deed restriction) 그리고/또는 업무단지 소유주연합회의 운영규약 내 조항들에 상세하게 명시한다.

토지개발과 관련한 또 하나의 관찰사항은 이 산업이 대단히 잘게 쪼개져 있고, 국지적이며, 경쟁적이라는 점이다. 다수의 토지개발회사들이 통상 기존의 도시시장에 존속한다. 이들은 토지 소유주 또는 토지 중개인과 계약을 체결하거나 매물로 나와 있는 일단의 토지에 대한 정보를 취득함으로써 나대지가 거래되는 시장에 진입하게 된다. 그 다음으로 개발사업자는 컨설턴트를 고용하여, 궁극적으로 개발하게 될 최종용도들에 대한 수요와 각 용도에 대한 가격범위를 평가하는 시장조사의 수행을 위탁한다. 이후 개발사업자는 사전 토지이용계획을 완성하고, 토지개발비용을 추정하며, 매매대상 토지를 취득하여 수익성 있게 개발할 수 있을는지를 분석한다. 이런 과정을 **타당성조사**라고 부른다. 여기에서 강조할 사항은 많은 경우에 있어서 개발사업자는 토지개발과정의 필요기능을 모두 다 수행하는 사람이라기보다는 개발과정을 촉진하는 사람일 뿐이라는 점이다. 즉 토지개발 프로젝트를 완수하기 위하여 필요한 많은 기능들은 실제로 컨설팅업체들(토지계획가, 토목기술자, 조경기술자)과 건설업체(도로·공급처리시설 건설회사들)에 의해서 수행된다. 이러한 경우, 개발사업자는 토지를 소유하고 필요한 금융을 조달하며 전반적인 개발계획을 실행하겠지만, 공사나 설계업무만 수행할 목적으로 직원을 채용하지는 않을 것이다. 또한 개발사업자는 다양한 사업인허가와 필요한 경우 용도지역지구의 특례를 취득하는 과정에서 공공부문의 공무원들과 접촉해야 하며, 그런 다음 용지를 프로젝트 개발사업자 그리고/또는 건축업자에게 분양하게 된다.

토지개발과정―개관

[예 17-1]은 토지개발과정의 여러 단계에서 수행하는 활동을 일반적으로 서술하고 있다. 일반적으로, 매물로 나와 있는 토지 소유주를 대신하여 토지 중개인이 개발사업자를 접촉하면서 개발과정이 시작된다. 이 시점(제I단계)에서 개발사업자는 대상지, 시장상황, 어떻게 대상지를 개발할 것인지 그리고 비용은 어느 정도 될 것인지에 대해서 매우 기초적인 사전조사를 수행한다. 토지협상을 추진할 만큼 충분한 관심을 갖고 있다면, 개발사업자는 통상 토지 소유주와 **옵션계약**(option agreement)을 협상하게 된다. 옵션계약은 보통 개발사업자에게 장래 특정일에 특정 가격으로 토지를 매입할 수 있는 (의무가 아닌) 권리를 제공한다. 개발사업자는 옵션가격을 토지 소유주에게 지불하는데, 통상 이 비용은 개발사업자가 토지를 매수하게 될 경우(옵션을 행사할 경우) 토지매수가격에 충당하게 된다. 개발사업자가 행사기한(만기일)에 토지를 매수하지 않기로 결정하는 경우, 토지 소유주는 옵션가격을 그대로 몰취(沒取)하게 될 것이다.

토지의 취득: 옵션계약의 사용

토지를 실제로 취득하기로 결정하기 이전에 여러 업무 및 활동을 수행하느라고 상당한 시간이 소요되므로, 개발사업자는 일반적으로 옵션계약을 협상하게 된다. 이런 활동의 일부가 [예 17-1]의 II단계에 제시되어 있다. 토지매입에 대한 개발사업자의 최종결정이 표에서 제시하는 활동으로부터 취합한 정보에 의존하는 한, 분명히 토지인수 결정이 신속하게 내려질 수 없을 것이다. 결과로서, 이들 업무를 수행하기 위해서 개발사업자는 되도록 장기의 옵션

예 17-1		토지개발사업의 진행과정	
I단계 **(중개인 통한) 사전접촉**	**II단계** **옵션기간**	**III단계** **개발기간**	**IV단계** **판매기간**
• 현장 조사	• 토양조사, 설계용역	• 토지 매입	• 마케팅 계획 실행
• 사전 시장조사	• 타당성조사, 감정평가, 디자인 전략	• 토지개발자금 대출실행 • 단지조성공사 착공	• 주택건설업체와 추가적인 협조
• 사전 비용추정	• 건설업체 입찰 및 협상 • 인허가를 위해 계획 제출, 금융 신청서류 제출	• 재무적인 통제 실행 • 건설업체 · 컨설턴트 · 공공부문과 협조	• 주택건설업체에 설계통제 실행 • 시설관리 수행 그리고/또는 주민 협의회 출범

행사기간을, 되도록 낮은 가격의 옵션비용으로 확보하려고 협상하려 할 것이다. 게다가 개발 사업자는 토지를 인수해야 하는지에 대해서 조사하는 과정에서 비용을 지불하게 된다. 개발 사업자는 이렇게 비용이 초래되는 기간 동안 토지가 다른 매수자에게 매각되지 않을 것이라 는 보장을 원한다. 정반대로, 만약 토지소유주가 되도록 빨리 매각하기를 원한다면, 짧은 행 사기간과 높은 가격의 옵션을 선호할 것이다. 옵션계약은 개발사업자에게 조사를 수행할 시 간을 제공하는 반면에, 토지를 묶어두게 된다. 즉 옵션행사기한(만기일)까지 토지 소유주가 토지의 매각을 할 수 없도록 만드는 것이다.[1] 결과로서, 개발사업자가 실제로 거래를 실행할 것이라는 보장이 없는 한, 토지 소유주는 옵션기간 동안(계약의 이행을 통해) 토지를 매각할 기회를 포기할 수도 있다. 옵션기간은 매우 짧을 수도 있고(예를 들면 소규모 택지개발사업 의 경우 1개월) 아니면 3년 혹은 그 이상으로 길 수도 있다(예를 들면 지역 쇼핑센터).[2]

개발사업자가 수용할 만한 행사기간과 가격에 옵션을 취득하였다고 가정하면, 토지를 취 득할 것인지 결정해야 하는 만기일 이전에 몇몇 중요한 활동을 수행하여 한다. 얼마만큼 많 은 지표면이 성토와 절토가 필요한지 그리고 그 비용은 얼마가 되는지를 확정하기 위해서 사업부지를 조사해야 한다. 이 결정은 지형, 배수특성, 토양조건 그리고 지하특성과 함수관 계에 있다. 또한 시장조사를 수행해서, 필지규모의 혼합을 위해서 수요가 얼마나 되는지를 추정해야 할 것이다. (Concept Box 17.1에 사전 타당성조사의 한 사례를 제시하였다.) 경쟁 지역 내에서 시장에 공급될 용지물량 역시 고려해야 한다. 프로젝트가 수익성이 있는 것인지

---

[1] 토지매매의 모든 조건들이 옵션계약에 포함되어 있기 때문에, 많은 경우에 옵션계약 대신에 토지매매계약을 사용하게 될 것이다. 옵션기간과 동일한 의미를 갖는 계약실행일(closing date)에 토지매매계약은 실행될 것이다. 모든 거래조건, 전 제조건, 선행요건 등은 매매계약이 실행될 시점에 협상하거나 첨삭될 수 있다. 보통 이런 접근방식은 옵션을 사용할 경우 발생할 수 있는 매도인과 매수인 사이에 계약상 모호함을 제거하게 된다.

[2] 토지투기에서는 전매조항이 있는 옵션이 사용되기도 했다. 이런 경우, 장래를 예측한 토지 매수인은 토지매수의 가능성 이 거의 없거나 전혀 없는 상태에서 (물론 매수의사가 없다는 것을 드러내지는 않겠지만) 토지 소유주로부터 옵션을 취득 하게 된다. 옵션 소유자는 옵션 만기일 이전에 행사가격보다 더 높은 가격에 토지를 매수할 제3의 매수인을 찾아내기를 기대한다. 만약 그렇게 할 수 있다면, 그는 전매차익을 실현하게 될 것이다. 만약 그가 다른 매수인을 찾을 수 없다면, 투 기적 매수인은 옵션가격만 날리게 될 것이다. 이런 관행을 '계약을 넘겨 친다(flipping a contract)'고 부른다. 어떤 경우에 는 행사기간이 장기(長期)인 옵션을 갖고 있는 개발사업자들이 의도하지 않게 전매차익을 실현하기도 한다. 이런 차익은 개발사업자들이 타당성조사를 수행한 이후 토지가격 상승분을 실현시킬 때 발생하게 된다. 이런 경우, 이들은 스스로가 토지 중개인으로 나서거나(즉 옵션 만기일 이전에 다른 매수인을 찾으려고 시도하거나) 아니면 토지 소유주와 옵션의 기 간연장에 대해서 협상하려 할 것이다. 어떤 사례에서는 토지 소유주가 개발사업자에게 옵션을 제공한 이후, 더 높은 가격 을 제시하는 후속제안을 받는 경우에 직면하게 된다. 이런 경우, 새로운 입찰자가 옵션 만기일 이전에 거래를 마무리하기 를 원한다면, 토지 소유주는 개발사업자로부터 옵션의 환매(다시 사들이는 행위)를 시도할 수 있고, 새 매수인과 개발사업 자가 만나서 본인들끼리 직접 협상하지 않기를 희망하게 될 것이다.

I. 물리적 특성

1. 목표: 대규모 택지개발이 규제사항에 부합하여 건설될 수 있는지, 그리고 건축비용과 토지취득비용의 타당성을 입증할 만큼 충분히 높은 시장가격으로 분양할 수 있는지를 판단하기 위하여, 예비 개발계획과 재무분석을 준비

2. 사업부지: 20에이커(= 871,200 ft² = 80,937.^{13} m²)

3. 사업부지 호가: 100만 달러

4. 프로젝트 개요: 단독세대를 위한 단독주택의 비선형·곡선 형태의 배치

　　a. 용도지역지구상 최대 필지밀도 그리고/또는 행위제한: 평균적으로 에이커당 4개 필지(= 1,011.^{71} m²/호)일 것, 개발의 최소 필지규모는 6,000 ft²(= 557.^{42} m²)로 제한; 필지규모의 최대한도는 없음

　　b. 교통순환체계 요구사항: 토지면적의 15%를 도로/통행로로 사용

　　c. 오픈 스페이스 그리고/또는 기부체납 요구사항: 토지면적의 10%. 지표수 고갈에 대비하여 못(pond)을 유지할 것.

　　d. 순개발가능면적: 75% 또는 653,400 ft²(= 60,702.^{85} m²)

　　e. 필지 구성/수율: 80 필지

　　f. 필지유형 별 바닥면적(건축선후퇴 포함): 유형① 표준 인테리어, 32필지, 필지당 6,000 ft²(= 557.^{42} m²); 유형② 고급 인테리어, 32필지, 필지 당 8,000 ft²(= 743.^{22} m²); 유형③ 코너 필지, 16필지, 필지 당 12,837 ft²(= 1,192.^{60} m²)

II. 재무적 타당성

1. 시장조사에 근거한 필지 분양가격

－ 표준 인테리어: 10만 달러 × 32필지	$3,200,000
－ 고급 인테리어: 12만 달러 × 32필지	3,840,000
－ 코너 필지: 13만 달러 × 16필지	2,080,000
분양수입 합계(total sales revenue)	$9,120,000

2. (－) 필지당 평균 개발비용(모든 교통순환체계－도로용지, 배수구, 하수도, 각 필지 지적선까지 공급처리시설의 인입공사): $70,025 × 80필지　　$5,602,000

3. (－) 사업부지 호가　　1,000,000

4. 잠재총이익(potential gross profit)　　2,518,000

5. (－) 행정비용, 법률자문, 수수료, 광고비용 등(분양수입 합계의 12.5%)　　1,140,000

6. 잠재순이익(potential net profit)　　$1,378,000

7. 분양수입마진율: $1,378,000 ÷ $9,120,000 = 15%

　　총사업비순이익률(return on total cost)*: $1,378,000 ÷ $7,742,000 = 18% (반올림)

8. 결론: 프로젝트는 타당성이 있는 것으로 보인다. 하지만, 수익률 예측에는 금융, 공사일정에 대한 할인, 그리고 준공 필지를 건축업자에게 분양하는 추정 기간/분양률을 반영하지 않았다.

* 총사업비 = 개발비용 $5,602,000 + 토지비용 $1,000,000 + 행정비용 등 $1,140,000

또는 시장가치가 토지가격과 모든 조성비용, 건설이자 및 분양비용을 합산한 사업비용을 초과하는 것인지를 결정하기 위해서 개발 완료시점의 프로젝트 가치에 대한 추정도 수행되어야 한다. 조성비용은 시공업체들, 컨설팅 기술자들 및 토지계획가들로부터 견적서를 취득하여 추정해야 할 것이다. 이 추정치들은 예상되는 토지개발계획에 근거해야 하는데, 이 계획

서론: 용도지역지구제와 토지이용

많은 지역사회들은 도시계획 공무원들이 수립하는 토지이용계획제도를 채택하는데, 이 계획은 주민, 사업체, 비영리 법인 등 지역사회 모든 분야의 자료를 입력한다. 일반적으로 토지이용계획은 모든 토지이용행위가 어느 장소에 입지할 것인지를 확인해 준다. 이런 토지이용들은 보통 공업용지, 주거용지, 상업용지(판매시설·업무시설) 및 공공시설용지(공원, 공공청사)를 포함하고 있다. 각각의 상위 토지용도는 그 다음과정으로 보다 구체적인 토지이용으로 분류하게 된다. 예를 들면 주거지역은 종종 단독주택(R-1), 공동주택(R-2), 특수주택(정부보조 요양주택 등) 등으로 세분된다. 이렇게 세분된 용도지역 내에서도 추가적인 재(再)세분화가 진행되는데, 예를 들면 R-2 공동주택은 고층형·전원아파트형·중층형 건축물로 나뉜다. 또한 층수, 엘리베이터, 에이커당 임대주택 최대호수, 주차장비율(즉 호당 주차면수), 지하/차고(車庫) 내 주차장 허용여부 등도 포함한다. 이러한 분류는 토지이용계획에 디자인 감각, 규모, 밀도 및 교통흐름뿐 아니라, 개인들이 어디에서 거주하고 어디에서 구직(求職)·사업·교육·공공 및 보건서비스를 찾아야 할 지를 구체화시킨다. 각 상위 토지용도(업무시설, 판매시설, 산업시설 등)마다, 위와 유사한 하위용도 세분화가 상세히 규정된다. 이런 일반적인 토지이용계획은 통상 매 5~10년마다 지역사회의 의견을 청취하여 재정비(update)한다.

토지개발에 사용되는 주요 용어

개발사업을 위해서 토지를 취득할 때, 다양한 "기술적(技術的) 용어"와 개념은 중요할뿐더러 숙지하고 있어야 한다. 이런 용어들은 개발사업자, 공무원, 건설자금 대주 및 기타 관련주체들이 추진하려는 개발사업의 유형을 설명하기 위해서 사용한다. 이들 용어의 다수는 매우 기초적일 뿐 아니라 도로, 공급처리시설, 건축선 후퇴 등을 허용한 후 사업부지에 얼마나 많은 건축필지가 개발이 가능할 것인지와 같은 사안들을 고려하기 위해서 사용된다. 이런 사안들은 개발사업의 가치에 영향을 미치기 때문에 분명히 숙지하고 있어야 한다. 투자자에게 가장 유리한 결과를 판단하기 위하여 개발패턴(pattern)의 다양한 결합 역시 고려될 수 있을 것이다. 지금부터 이 표의 마지막까지, 우리는 가장 간단한 전문용어의 목록과 그 정의들을 취합하였다.

지적계획도(plat): 토지개발사업에서 개별 택지들, 즉 필지들과 도로의 위치를 도시(圖示)한 도면이다. 일반적으로 지적계획도는 최초에는 스케치, 그 다음은 예비구상 그리고 그 다음은 최종, 즉 인허가를 득한 계획도의 순서로 발전하게 된다.

합필(assemblage): 단일의 토지개발사업 부지로 통합할 의도를 가지고 다수의 개별 필지들을 취득하는 행위를 지칭한다.

밀도(density): 바람직한 필지 크기, 건축선후퇴, 교통순환체계 요구사항 및 (적용되는 경우라면) 습지 보전지역/지역권을 공제한 후, 사업부지를 개발하여 산출할 수 있는 개별건축이 가능한 부지수·필지수를 지칭한다. [역자주: 습지 지역권(wet land easement)은 습지를 보전하기 위해서 정부가 개인 토지에 설정하는 규제의 일종이다.]

필지수율(yield): 통상 전체 사업부지면적에 대해서 개발이 예상되는 필지들의 대지면적 합계가 차지하는 비율을 지칭한다.

격자형 및 장방형 주거단지 개발(grid and rectangular residential development): 보통 토지개발에서 가장 비용효과적인 방법이다. 이 방식에서는 도로, 통행로 등이 직선으로 균일하게 또는 격자형으로 배치된다. 정지작업비용과 기반시설 설치비용이 일반적으로 곡선형 개발에 소요되는 비용보다 저렴하다. 하지만 격자형의 교통흐름은 안전성이 낮을뿐더러 곡선형 개발만큼 심미적으로 만족스럽지 않다고 인식된다.

결합개발(cluster development): 충분한 규모의 녹지 및 오픈 스페이스가 제공되는 한, 하나의 택지개발지구 내에서 불균형 필지개발을 허용하는 경우이다. 개발이 종료되었을 때, 전체 프로젝트에서 개발한 모든 필지들의 에이커당 평균밀도는 용도지역지구제의 요구사항을 준수하여야 한다. [역자주: 한 단지 내 특정 부분에 개발이 집중되어 밀도가 높고 다른 부분은 밀도가 낮은 상태라 하더라도, 전체 단지의

(계속)

평균밀도가 규제기준을 준수한다면 개발이 허용된다.]

교통순환체계 건설조건(circulation construction requirement): 토지개발이 소재한 지자체에 의해서 구체적으로 명시된 도로폭, 회전반경, 진출입구, 적재량·압력 명세서 등을 지칭한다. 이들 조건은 일반적인 교통흐름, 소방차 및 긴급차량의 접근 등을 수용하기 위해서 필요하다. 도로, 통행로 등의 기부채납(기반시설의 유지관리를 개발사업자에서 공공부문으로 이전하는 행위) 이전에 건설조건의 구체적 사항들을 충족시켜야 한다.

기부채납(dedication): 토지개발사업에서 민간 개발사업자가 공공주체에게 통행로, 도로, 공원 등의 소유권을 이전하는 행위를 지칭한다. 기부채납 시점에서 배수구, 하수도, 도로 등 기반시설의 유지관리는 시(市)의 책임이 된다. 신규 개발로 인한 재산세는 이런 시설들을 설치할 목적으로 징수하는 것이다.

배척형 용도지역지구제(exclusionary zoning): 지자체가 운용하는 지역지구제로서, 어느 지역 또는 토지개발사업에서 특정 건축물·활동이 명시적으로 배제되는 결과를 가져온다(사례: 단독주택 주거지역에서 이동식 주택의 건립 배제). 어떤 경우에 있어서, 이 제도는 불법이 될 수 있다. 예를 들면, 만약 최소필지 규모를 요구하면서 그 규모가 비합리적으로 커서 저소득층이나 소수계층 가구들을 배척한다고 간주된다면, 이런 유형의 용도지역지구제는 차별금지법을 위반할 소지가 있고 따라서 은연중에 편파적이고 배타적이라고 간주될 수 있다. [역자주: 이에 대칭되는 개념이 inclusionary zoning이다.]

사회통합형 용도지역지구제(inclusionary zoning): 대형 프로젝트의 인허가를 득하기 위한 조건으로서, 저소득층 주택, 판매용지, 공공용지 등 "가외공간(加外空間)(set aside space)"을 요구하는 용도지역지구제를 지칭한다.

부의 영향(adverse impact): 제안된 택지개발로부터 유출되는 부정적인 영향으로 인하여 인허가가 거절될 수 있다. 여기에는 다른 필지들에 영향을 줄 수 있는 부적절한 배수로, 하수도 등을 포함한다.

건축가능면적(buildable area): 용도지역지구제의 요구사항, 경사면, 습지 등을 총부지면적에서 차감한 후 사업부지의 남아있는 면적으로, 건축물을 지을 수 있는 지역(대지)을 지칭한다.

은 통상 몇 차례의 반복과정을 거쳐서 (1) 시장수요를 충족시키려고 의도하는 전체적인 개발구상에 부합하게 되고, 또한 (2) 여러 행정당국(市 관련부서들, 계획위원회, 시의회 등)의 인허가 요건을 충족시키게 된다. 다음으로, 개발사업자는 이들 활동의 결과를 해석하고 대출신청서류를 진척시키기 위해서 이 결과를 이용해야 할 것이다. 토지취득 및 조성공사에 필요한 자금의 많은 부분을 제공하는 대주들의 대출승인이 없다면, 해당 프로젝트는 더 이상 진척될 것 같지 않다. (Concept Box 17.2는 토지이용계획의 매우 기초적인 정보 그리고 공무원을 접촉할 때 사용하는 전문용어들 및 개념들의 일부를 제공하고 있다.)

이 점에서 [예 17-1]의 II단계에서 묘사하는 절차의 한 측면이 명확해 진다. 이들 직무를 완수하는 개발사업자의 대응시간이 매우 중요하며 종종 개발사업자의 일정을 위해서 다른 용역회사들이 몰두해 줄 필요가 있다. 만약 개발사업자가 공무원으로부터 필요 인허가를 득할 수 없다거나 대출기관을 찾을 수 없다면, 사업자는 옵션비용뿐 아니라 II단계 활동을 완수하려고 노력하는 과정에서 발생한 수수료와 비용을 손해 보게 될 것이다. 만약 인허가와 대출확약서를 옵션 행사기한 내 확보하지 못한다면, 개발사업자는 토지 소유주와 옵션기간의 연장을 협상하려고 시도할 것이다. 이마저도 실패하면, 개발사업자는 옵션기간이 만료되고 토지를 취득한 지 얼마 되지 않아서 바로 인허가 그리고/또는 대출승인을 득하게 될 것이라는 기대를 갖고, 토지취득을 위해서 출자자들로부터 자기자본을 일으켜야할지도 모른다. 분명히 이런 접근방식은 위험할 수 있는 바, 설령 토지를 취득하였다고 하더라도 대출승인 및 필요 인허가를 취득하는 데 오랜 지체시간이 발생할 수 있기 때문이다. 또한 이 지체기간 중에 시장상황과 비용 역시 변동할 수 있으며, 따라서 개발위험이 높아질 것이다.

금융과 개발사업

토지개발사업자가 성공적으로 II단계의 모든 활동들을 완수하였다고 가정하면, 토지매수, 금융 조달, 공급처리시설의 공사 그리고 단지 조성공사가 다음 Ⅲ단계에서 추진될 것이다. 앞에서 설명하였듯이, 일반적으로 개발사업자는 촉진하는 사람으로서, 토지조성공사의 조정, 통제, (대주로부터 자금을 취득하여) 비용 지불 등을 수행하게 된다. 토지취득과 개발과정에 자금을 차입할 때, 개발사업자는 수많은 금융구조를 활용할 수 있다. 하지만 여기에서 우리는 보다 보편적으로 사용하는 세 가지의 금융대안에 대해서만 논의할 것이다.

1. 개발사업자는 토지를 현금으로 매입할 수 있다. 그러면 개발사업자는 대출자금을 조성비용과 건설이자비용 용도에 국한하여 차입하게 될 것이다.
2. 개발사업자는 계약금만 지급하고서 토지를 취득할 수 있다. 매도인은 토지자금의 전부 또는 일부에 대해서 개발사업자로부터 구매자금저당권(purchase money mortgage)을 수취하는 형태로 금융을 제공할 수 있다. [역자주: 매도인금융(seller financing) 또는 소유주금융(owner financing)의 한 방법이다. 매수인(차주)의 구매자금이 부족할 경우, 부족분만큼 매도인(대주)이 저당권(대출채권)을 설정함으로써, 매도인이 매수인에게 구매자금을 대여하는 효과를 가져온다.] 그러면 개발사업자는 조성공사비용만 (대출기관으로부터) 대출을 얻게 된다. 토지 매도인(저당권자)은 구매자금저당권으로 표시되는 본인의 담보권이 개발자금의 그것보다 후순위가 되는 것에 동의해야 하고, 개발사업자는 용지 분양대금으로 개발자금을 먼저 상환한 후에 매도인의 저당대출을 상환하게 된다.
3. 개발사업자는 계약금을 지급하고, 토지가치와 조성비용을 합산한 감정평가가치의 일정 비율로 대출을 취득하여 토지를 구매한다. 조달자금으로 토지취득비용과 공사비용 전부를 갚게 된다.

개발사업자가 상기(上記) 금융기법 각각을 사용하는 정도는 토지시장의 여건과 토지에 지불하는 가격에 달려있다. 만약 개발가능지에 대한 수요가 강하다면 매도인은 현금을 요구할지 모르며, "조건이 달려 있는" 매도, 즉 구매자금저당권으로 돌려받는 매도에 응하려 하지 않을 것이다. 하지만 이런 시기에는 일반적으로 대주들이 조성공사비 뿐 아니라 토지취득 가격의 일부에 대해서도 자금을 제공하려는 의지가 훨씬 강할 수 있다. 수요가 강하지 않은 기간에는 토지 매도인은 구매자금의 일부에 매도인금융을 제공하려는 의지가 보다 강하겠지만, 시장에서 불확실성이 훨씬 폭넓게 지배함에 따라서 통상 대출기관들은 훨씬 더 조심하려고 할 것이다.[3]

---

[3] 대주가 토지개발사업자에게 얼마나 많은 자금을 지원하려는 의사가 있는지를 일반화하는 것은 쉽지 않다. 만약 개발사업자가 토지를 소유하지 않은 상태에서 개발을 위해 현재 토지를 취득하는 과정에 있다고 한다면, 그리고 만약 토지가치가 장래에 하락하지 않으리라는 것에 대주가 만족한다면, 대주는 토지인수 및 개발자금을 제공하려는 의사를 가지게 될 것이다. 게다가 개발사업자가 상당한 개인자산을 소유하며 (대출에 대해) 개인적으로 채무를 지겠다고 한다면, 대출 뒤에 있는 추가담보를 확보한다는 관점에서 대주는 토지취득자금의 일부를 내보내려는 의사가 훨씬 강할 것이다.

토지를 취득하는 데 사용한 금융기법과 무관하게 통상 대주들은 단지조성비용에 대해서는 대출을 지원한다. 이 건설자금은 개발사업자가 각 단계별로 자금을 "인출(draw down)"하도록 허용하며, (보통 월 단위로) 완료된 공정비율(즉 기성율)에 근거하여 대주가 확인해서 집행하게 된다. 개발사업자는 대출담보로 근저당(open-end mortgage)을 설정하게 된다. [역자주: 개방형 저당권이란 저당권을 설정한 이후에도 채권 최고가액에 도달할 때까지 차주가 계속 대출을 인출할 수 있는 저당권을 의미한다. 국내 근저당권과 유사한 개념으로 이해된다.] 이런 대출들은 통상 변동금리방식으로 만들어진다. 즉 대주는 보통 우대금리에 2%나 3%의 가산금리를 얹어서 대출금리를 결정한다. 따라서 개발사업자는 개발기간 동안 금리변동위험을 감수하게 된다. 앞에서 지적하였듯이, 단지조성비용에 자금을 제공하는 대주는 개발 중인 토지에 대한 1순위 담보권의 취득과 조성공사가 진행되고 자금이 집행되면서 기성부분 전체에 대해서 1순위 담보권의 취득을 주장할 것이다.

토지개발자금의 상환은 궁극적으로 건축업자 또는 다른 개발사업자들에게 세분한 용지들을 분양한 성적에 달려 있다. 대출상환이 필지분양에 의존하고 대주들은 이런 대출을 매우 위험하다고 판단하기 때문에, 대주들은 대출의 상환가능성을 판단하기 위해서 프로젝트의 위험과 용지분양률을 정확하게 평가해야 한다. 대주들은 재무제표, 감정평가 보고서 그리고 시장조사 결과를 엄밀하게 분석한다. 뿐만 아니라, 공사가 진행되는 동안에는 대출약정에 반(反)하여 대출금이 인출되지 않도록 매월 공사감리를 실시해서 해당 공정이 모두 수행되었음을 확인하게 된다. [역자주: 매 인출요청 시 감리보고서를 첨부하도록 하여, 대주들은 과(過)기성이 지급되는 깃을 통제한다.]

앞에서 지적하였듯이, 최종적으로 개발사업자가 개별 필지들의 분양대금으로부터 자금을 수령하기 시작하면, 각 용지의 분양대금은 일정 비율로 (토지조성 그리고/또는 토지취득에 사용하였던) 대출금을 상환하기 위해서 사용해야 한다. 통상 개발사업자와 대주는 프로젝트의 완성필지 유형별로 (분양대금 중 대출상환을 위해서) 지급할 금액을 놓고서 협상을 하게 되는데, 이를 **담보해지일정**(release schedule)이라고 부른다. 개발사업자가 용지를 매각하고 대주(또는 대주들)에게 대출을 상환할 때, 개발사업자는 대주가 분양용지에 대한 모든 담보권을 철회한다는 내용의 해지확인서를 얻게 된다. 그러면 하자가 없는 소유권이 개발사업자로부터 용지의 수분양자에게로 이전된다. 대주들은 용지가 분양됨에 따라서 상환자금도 함께 확보될 수 있도록, 이 해지조항을 개발자금의 통제수단으로 사용한다. 또한 이 단계에서 대주들은 비용초과위험, 시장수요의 변동위험, 사업을 지연시키고 유지비용(대출이자, 세금 등)을 체증시키는 공급상황 변동위험 등을 처리하게 된다.

마지막 단계인 IV단계에서는 판촉, 마케팅, 그리고 건축업자(또는 프로젝트 개발사업자)에게 필지를 분양하는 활동이 일어난다. 일반적으로 개발사업자는 건축업자들과 프로젝트 개발사업자들에게 토지개발사업을 홍보하기 위해서 다양한 미디어(신문, 전문잡지 등)를 활용하는 마케팅 프로그램을 설계하게 될 것이다. 이들 건축업자들과 개발사업자들은 개발이 완료된 단지의 특성(택지, 업무단지 등)에 기초해서 건축물을 건설하게 될 것이다.

토지개발금융에서 대주의 요구사항

이 장이 토지개발사업의 재무분석과 타당성조사에 초점을 맞추기는 하지만, 금융절차 그리고 대주와 차주 간의 상호작용에 대한 다소의 이해는 꼭 필요한 부분이라 할 수 있다. 또한 개발과정과 관련된 서류상 요구사항의 일반적인 이해는 독자들이 채무의 특성 그리고 (토지개발사업에 금융이 제공되고 공사가 진행될 때 창출되는) 성과관련 요구사항을 파악하도록 돕게 될 것이다. [예 17-2]는 (A) 대주에게 토지개발자금 신청을 위한 보편적인 요구사항, (B) 대출신청이 승인된 경우, 최초인출 실행을 위한 요구사항 그리고 (C) 최종확약서 및 최초인출 이후 인출후행조건으로 구성된 일반적인 목록을 담고 있다. 이 목록은 요구사항에 대한 매우 일반적인 목록일 뿐이고 각 토지개발사업마다 각각의 독특한 요구사항을 가지게 될 것이라는 점을 인식하기 바란다. 또한 토지개발사업에 금융을 제공하고 대출을 실행하려고 노력하는 과정에서, 대주가 다른 의문점을 제기하고 추가적인 서류와 증빙을 요구할 수도 있다. 개발사업자는 대출신청기간 중에 이들 서류와 증빙을 대주에게 제공해야 할 것이다. ([예 17-2]의 일부 내용은 제16장에서 취급한 프로젝트 개발의 토지요소에도 적용된다. 중복을

예 17-2

토지개발금융에서
대출신청 및 인출실행에
필요한 일반적 요구사항

A. 대출신청 서류의 일반적인 요구사항: 토지개발사업
  1. 프로젝트 정보
    a. 프로젝트 개요: 토지이용계획, 항공사진, 토양보고서, 지적계획도(Plat), 교통순환체계, 편의시설, 렌더링(Rendering), 환경영향평가 보고서 등과 관련된 세부사항 일체
    b. 지적선, 지상권, 공급처리시설을 보여주는 현장조사 및 법률사항
    c. 조성공사 및 시방서 관련 예비계획
    d. 사업비용 상세내역
    e. 설계사·토지이용계획가·시공사의 확인. 이들 이해관계자들의 은행 신용조회서 그리고/또는 인허가 취득 시 이들이 프로젝트를 완료할 수 있음을 나타내는 근거자료
  2. 시장 및 재무 정보
    a. 희망 금융조건: 약정금액, 대출금리, 대출만기, 담보해지일정(이 장 후반부에서 다룰 예정)
    b. 차주의 재무제표(은행 신용조회서 포함)와 과년도 개발실적
    c. 타당성분석: 시장 내 유사사례, 감정평가 결과, 프로포마(pro forma)형태의 영업수지분석표(이 장 후반부에서 다룰 예정), 추정판매가격 일람표
    d. 추정 최초인출 실행일
  3. 정부 및 규제 정보
    a. 토지이용계획확인원: 용도지역지구 현황, 개발 수행 이전에 필요한 용도지역지구 변경사항 기재
    b. 재산세: 시행 예고된 부과방식의 변경, 시행 예고된 토지가치 재평가, 현재 납부현황
  4. 법적 서류
    a. 법인설립허가서, 파트너쉽(partnership) 계약서를 포함한 법률서류(대출을 신청하여 채무가 부과되는 법인격에 일체의 모호함이 존재해서는 안 될 것)
    b. 지가(地價) 확인원, 소유증명(등기부등본) 또는 (옵션 또는 매매계약으로 증명할 수 있는) 소유권 취득 예정 증빙
    c. 토지이용 관련 행위제한(deed restriction) 또는 사용제한계약(restrictive covenant)의 구체적 내용
    d. 후순위 대출약정: 토지를 취득하기 위해서 매도자금융(seller financing) 또는 부채차입을 이용하였거나 이용할 예정인 경우, 이 채권자들이 자신들의 담보권을 기꺼이 개발사업자금 대주의 그것보다 후순위가 되는 것을 받아들이겠다는 증명. 만약 신청한 개발사업 대출금액으로 기존 토지담보대출을 상환할 예정이라면, 상환예정금액이 정확하게 기재되어야 하고 기존채무 상환으로 얻는 실익(實益)이 무엇인지를 밝혀야 할 것

(계속)

예 17-2
(계속)

B. 토지개발금융에서 인출실행을 위한 일반적인 요구사항
  1. 프로젝트 정보: 지적계획, 렌더링, 교통동선체계, 공공처리시설, 조경 등을 포함한 단지개발계획
  2. 시장 및 재무정보: 최초 대출신청 이후 차주의 재무상태에 불리한 변동이 부(不)존재한다는 확인서
  3. 정부 및 규제 정보
    a. 관련 당국 및 지자체로부터 취득한 모든 인허가의 사본: 건축허가, 용도지역지구 특례에 대한 승인, 보건, 상수, 하수, 환경영향평가 등을 포함
    b. 공급처리시설의 이용가능성: 대상지의 이용가능한 공급처리시설의 정도를 나타내는 시·군 관련 부서의 공문. 단지 외부 공급처리시설의 (단지 내로의) 인입 요구사항은 상세히 기술되어야 하고 인입비용 역시 밝혀야 할 것
  4. 법률서류
    a. 시공사 및 모든 하청업체들과 체결한 계약의 상세내용(계약금액 포함)
    b. 시공사의 이행보증서와 (하도급비용) 지불보증서 취득 증빙
    c. 개발사업자의 기한이익 상실 시, 시공사·설계사 및 토지계획가가 대주의 지시대로 과업을 수행하겠다는 동의서
    d. 재해, 손해 및 기타 모든 보험의 보험증서에 대주를 보험수익자로 배서한 증빙
    e. 개발사업자에게 필요한 일체의 사용자배상책임보험의 부보 증빙
    f. 권원보험 가계약서

C. 대출확약서 및 대출약정
  1. 대출확약서 및 금융조건: 인출 승인을 위한 대주의 요구사항, 인출 유보금액 계산방법, 조기상환 옵션 및 기한연장 약정
  2. 어음의 배서, 채권금액과 대주의 권리순위를 입증하는 저당권 또는 담보신탁의 설정
  3. 채무 상환에 대한 차주의 개인연대보증[역자주: 정확히는 개발회사 채무에 대한 대표이사의 개인연대보증을 지칭]
  4. 차주의 기한이익 상실 시, 시공사·설계사 및 토지계획가와 체결한 모든 계약을 대주 앞으로 양도할 것을 내용으로 하는 조건부 양도담보계약

피하기 위해서 [예 16-2]에서는 토지관련 내용들을 포함하지 않았다.)

[예 17-2]에 수록된 요청정보의 대부분은 (1) (시공업체·설계업체와 같은) 제3주체들의 수행역량; (2) 제안된 개발사업의 토지이용과 밀도가 대상지의 토지이용규제 및 기반시설 제한용량에 부합한다는 공무원의 확인(대주는 이런 정보들을 개발사업자가 제공할 것이라고 기대해서는 안 된다. 공무원들은 착공을 허락하는 인허가를 발급해야 하므로, 시(市)정부 또는 카운티(county)는 이런 이슈들에 대해서 명쾌하게 진술할 것이다); 그리고 (3) Part B의 4에 수록한 항목들이 나타내는 것처럼 제3주체들이 예측 불가능한 사업위험을 감수함에 있어서 최선을 다하겠다는 확인을 다루고 있다. 만약 개발사업자가 이들 증빙 중 어느 것 하나라도 취득하지 못한다면, 이는 분명 대주에게 대출 신청을 뒷받침하기 위해서 보다 사실적인 정보가 필요하다는 신호를 보내게 될 것이다.

사업비용의 세부내역

통상 개발사업자는 추정비용의 세부내역과 조성공사의 세부계획을 제출해야 한다. 일반적으로 대주는 비용 세부내역이 공사계획 및 시방서에 맞도록 정확하게 추정된 것인지를 확인한다. 공사가 진행되고 대주가 자금을 집행함에 따라서, 대주는 통상 월 기준으로 모든 비용의 증빙을 요구할 것이다.

도급계약 및 하도급계약

관행적으로 대주들은 개발사업자가 하청업체들과 확정금액부 계약을 체결하는 것을 선호한다. 대주는 공사기간 중에 자재비와 인건비가 상승할 경우 발생할 수 있는 비용초과위험을 예방하는 수단으로서 이런 계약들을 요구할 수 있다.

노무비 및 자재비 지불보증서 그리고 완공보증서

많은 대주들은 계약업체들이 노무비 및 자재비 지불보증서(labor and material payment Bond)와 **완공보증서**(completion bond)를 매입할 것을 요구한다. 첫 번째 유형의 보증서는 대주에게 시공업체가 파산하는 경우 체불된 노무비와 자재비를 보증보험회사가 대위변제할 것임을 보장하게 된다. 완공보증서는 대주로 하여금 건설기간 중에 시공업체가 파산하는 경우 보증보험회사가 공사를 마무리하는 데 필요한 자금을 제공할 것이라고 확신하게 해준다.

권원보험 *Title Insurance*

토지개발자금을 취득하는 조건으로서, 일반적으로 개발사업자는 권원보험(title insurance)을 매입해야 한다. 이런 보험은 공사가 시작될 때 자산에 대주의 담보권보다 더 상위의 담보권리가 설정되어 있지 않음을 대주에게 보장하게 된다.

공사비유보 *Holdbacks*

프로젝트 개발을 취급했던 앞 장에서 설명하였듯이, 토지개발자금은 개발사업자에게 지불되어야 할 인출금의 일정 비율을 유보하는 조건을 규정할 수 있다. 인출금의 일부 유보는 개발사업자 그리고/또는 시공업체가 다수의 하도급업체를 고용하면서 하도급계약 상 지급하여야 할 자금의 일부분을 유보할 때 발생하게 된다. 개발사업자가 공사비의 일부를 유보하는 까닭은 하도급업체들이 마지막 대금을 수령하기 이전에 모든 공사를 완전히 수행하도록 확실하게 해두기 위해서이다. 결과적으로, 개발사업자가 하도급업체들에게 공사비를 유보하는 기간 동안 개발사업자에게 잉여자금(과(過)인출)이 발생하지 않도록, 대주는 개발사업자에게 인출의 일부를 유보하게 된다.

대출연장계약 *Extension Agreement*

개발과정의 문제들 또는 용지분양의 부진으로 인해서 대출자금이 적기에 상환되지 않을 수 있기 때문에, 대주는 통상 최초 대출약정 안에 대출의 **대출연장**조항을 요구한다. 이 조항은 대출상환에 필요한 추가시간에 대해서 별도의 금융수수료를 부과하도록 규정한다. 이런 만기 조정은 결국 임시자금대출(gap financing) 또는 추가적인 단기대출과 매한가지인 셈이다. 연장이 필요한 경우 대주는 보통 이자비용 이외에도 대출잔액의 일정 비율로 연장수수료를 부과한다. 사실 어떤 경우에는 대주가 이 수수료를 징수하지 못할 수도 있다. 만약 프로젝트가 극단적인 곤경에 직면하게 된다면, 대주는 자산을 압류하고 개발사업의 소유권을 본인 명의로 돌려놓을 것이기 때문이다. [역자주: 대주는 상환이 확실하다면 만기 연장에 동의할 것이다. 하지만 극단적 곤경으로 상환이 불투명하다면, 대출 연장보다 채권보전조치를 취하려 할 것이다.]

예 17-3

그레이손 사업부지의
기초자료

대상지 면적	50에이커(202,342.^{82} m²)
매도 호가	200만 달러
옵션	30일 동안은 "공짜 구경(free look)", 이후 5개월 동안은 2만 달러 부과
현행 용도지역 지구	단일가구를 위한 단독주택, 최대 평균개발밀도는 개발가능면적 기준으로 호당 7,500 ft²(= 696.^{77} m²)
법률현황	현재 행위제한과 지상권 설정사항이 나타나지 않음. 제한물권 설정사항 없음
대상지 특성	개천과 유수지가 지표면적 상 5에이커(20,234.^{28} m²)를 차지. 지형은 완만한 구릉지로서 입목상황은 중간 정도. 개천은 1사분면에 걸쳐서 흐르며 유수지는 수로와 경사가 급한 제방 사이에 형성. 토양이 안정적이어서 정상적인 투수(透水) 가능
공급처리시설	상·하수도, 전기, 가스 모두 용량이 적정하며 단지로 직접 인입 가능
근접성	66번 주(州)고속도로에서 1,500피트(457 m), 166번 주간(州間)고속도로에서 서쪽으로 1마일(1.6 km), 중심업무지구(CBD: central business district)에서 북쪽으로 15마일(24.1 km)
이용현황	교외 변두리에 소재한 농지

택지개발 예시

예시로써 설명하기 위해서, 가능성이 있는 여러 토지개발 시나리오 중에서 우리는 중간 규모의 택지개발사업을 선택하였다. 하지만 상당수의 **일반적인** 개념과 분석의 틀은 업무/오피스단지 그리고 산업/창고/물류센터에도 그대로 적용된다. 우리 예시는 50에이커(= 202,342.^{82} m²) 규모의 그레이손(Grayson) 지대이다. 그레이손의 거래 가능성이 토지 중개인을 통해서 랜드코 개발회사(Landco Development Company)에 전달되었다. 중개인이 제공하는 사업부지의 개요, 해당 지역에 대한 랜드코의 지식 그리고 토지 소유주로부터 취득한 정보를 취합하여, 주요 현황을 요약한 것이 [예 17-3]에 소개되어 있다.

[예 17-3]의 정보는 사업부지가 중심업무지구(central business district: CBD)에서 북쪽으로 15마일(= 24.1 km) 떨어진 교외개발지구의 변두리에 소재한 농지로서, 양호한 고속도로 근접성을 가지고 있음을 나타낸다. 현재 소유주는 최근에 사업부지를 단독주택 개발이 허용되는 용도로 그 용도를 변경하였다. 지표면적의 대부분은 개발이 가능하지만, 5에이커(= 20,234.^{28} m²)는 개천과 유수지로 구성되어 있다. 현재 토지이용 규제는 최대 **평균개발밀도**를 개발가능한 지표면적 기준으로, 7,500 ft^2(= 696.^{77} m²)당 한 채의 단독주택으로 규정하고 있다(개발가능 지표면적 = 부지면적 − 유수지면적 − 교통동선체계(도로·골목 등)). 지형은 토지조성공사에 커다란 지장이 없을 것으로 보인다. 중개인이 전하는 바로는, 소유주가 200만 달러라면 사업부지의 매도제안을 흔쾌히 받아들일 것 같으며 개발사업자에게 별도 비용 없이 30일간 매입옵션을 줄 것이라고 한다. 옵션기간이 만료되는 시점에서 개발사업자는 토지가격의 1%, 즉 2만 달러를 지불하고 추가로 5개월 동안 매입옵션을 유지할 수 있다. 만약 랜드코가 옵션을 행사하여 토지를 매수하게 되면, 지불하였던 옵션가격은 토지취득가격으로 충당하게 된다.[4]

토지 소유주가 30일 동안 자산의 "공짜 구경(free look)"을 허용하는 까닭에, 랜드코는 프

---

[4] 많은 경우, 매수인은 매도인에게 옵션가격을 현금으로 지불하는 대신에 신용장으로 제공할 수 있을 것이다. 만약 매도인이 이를 수용한다면, 이 방식은 매수인에게 비용을 낮추는 대안이 된다. 왜냐면 매수인은 옵션기간 동안 자금을 보다 수익성이 높게 사용할 수 있기 때문이다.

로젝트가 타당성을 가지며 200만 달러의 매도호가가 정당한 것인지를 판단하는 노력을 들이기로 결정하였다. 이런 판단이 가능하려면, 랜드코는 예비개발계획을 완성해야 할 것이고, 가까운 장래의 택지수요 및 경쟁사업지 공급상황을 평가하는 시장조사를 수행해야 할 것이다. 만약 토지계획과 시장조사의 결과가 긍정적이라면, 이들 정보는 대출확약서와 인허가를 신청하기 위해서 활용될 것이다.

시장상황과 단지계획

앞에서 지적하였듯이, 이 예시는 택지개발사업의 경제적 타당성을 평가하기 위해서 사용가능한 접근방법에 초점을 맞추려는 의도를 가진다. 이런 개발사업들을 예측하기 위해서 사용하는 추정치들은 상당 부분 시장 및 비용정보에 근거하게 된다. 우리가 독자들에게 어떻게 시장조사를 수행하고 어떻게 비용추정치들을 산출하는지에 대해서 심도 깊은 설명을 제공하지 않는다고 해서, 개발사업자가 토지개발사업에 착수할는지를 결정할 때 위의 분석들이 사소한 고려사항이라는 의미는 절대로 아니다. 사실 이들 조사는 굉장히 중요하며, 독자들은 이들 과정에 대한 통찰력을 갖기 위해서 여타의 정보출처들을 참고해야 할 것이다.[5]

[예 17-4]는 마케팅조사 및 엔지니어링조사의 대상이 되어야 할 주요 사실들의 간략한 요약결과를 제시한다. 이들 조사가 옵션기간 중에 그리고 토지를 취득하고 대출을 신청하기 이전에 수행되어야 할 것이다. 토지매입에 대해 분명한 입장을 취하기 전에 건축업자들의 용지수요가 얼마나 강한지를 측정하는 것 말고도, 개발사업자는 추진사업에 대해서 그리고 소비자들이 이 사업을 어떻게 바라볼 것인지에 대해서 분명한 비전을 가지고 있어야 한다. 소비자들은 (이 사업뿐만 아니라) 경쟁하는 다른 사업들에서도 주택구매를 선택할 수 있기 때문이다.

기본적으로 랜드코의 계획은 단지형(cluster-type) 주택용지, 표준형 필지 및 천변(川邊)형 대형 필지를 개발하는 것이다. 또한 프로젝트는 단지시설(수영장 · 테니스장)을 포함하게 될 것이다. 사업부지 중 5에이커(= 20,234.^{28} m^2)는 유수지에 소재하기 때문에 개발할 수가 없다. 경쟁하는 다른 사업들은 이러한 개발가용지의 손실이 없기 때문에, 랜드코가 다음 중 하나를 선택하지 않는다면 경쟁열위일 수 있다. (1) (다른 모든 조건이 동일하다면) 면적 손실을 낮은 토지취득가격으로 반영하거나; 또는 (2) 랜드코가 천변지역을 보다 건설적이고 보완적인 지형으로 개발할 수 있을 것이다. 만약 필지들을 개천에 연접하여 개발할 수 있다면, 필지들을 높은 가격에 매각할 수 있다. 천변 필지의 고가매각은 유수지로 인한 가용지 손실의 전부 또는 일부를 상쇄할 수 있다. 그 어떤 경우에도, 개발사업자는 개발이 경제적으로 타당한지를 결정할 때, 비교가능한 다른 사업부지들에 대비하여 얼마나 많은 토지가 개발가능할 것인지 그리고 용지 각각의 가격에 대해서 주의 깊게 고려해야 한다. 랜드코의 경우, 이슈는 그레이손 부지의 매도호가 2백만불과 개발비용의 합계가 경쟁하는 타 택지들의 시장가격에 비하여 너무 높을 것인지 여부라 할 것이다.

토지개발사업에 투자하거나 금융을 제공할 때 고려해야 하는 단지계획의 한 측면은 필지 개발을 위한 가용토지의 비율이다. 예를 들면, 우리 사례에서 총부지면적은 50에이커

---

5 예를 들면, John M. Clapp의 *"Handbook for Real Estate Market Analysis* (Englewood Cliffs, NJ: Prentice Hall, 1987)"을 참조하기 바란다.

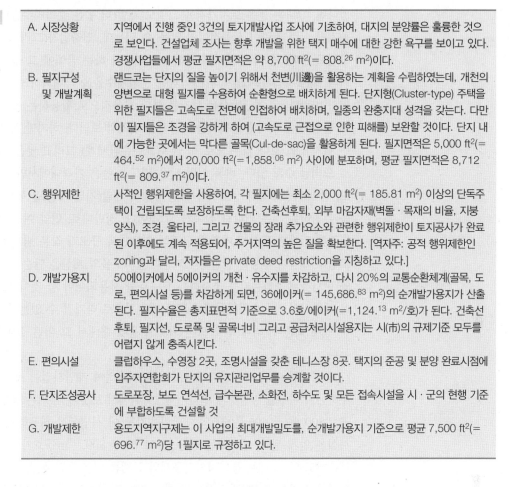

예 17-4
시장자료 및 개발전략의
요약: 그레이손 프로젝트

A. 시장상황		지역에서 진행 중인 3건의 토지개발사업 조사에 기초하여, 대지의 분양률은 훌륭한 것으로 보인다. 건설업체 조사는 향후 개발을 위한 택지 매수에 대한 강한 욕구를 보이고 있다. 경쟁사업들에서 평균 필지면적은 약 8,700 ft²(= 808.²⁶ m²)이다.
B. 필지구성 및 개발계획		랜드코는 단지의 질을 높이기 위해서 천변(川邊)을 활용하는 계획을 수립하였는데, 개천의 양변으로 대형 필지를 수용하여 순환형으로 배치하게 된다. 단지형(Cluster-type) 주택을 위한 필지들은 고속도로 전면에 인접하여 배치하며, 일종의 완충지대 성격을 갖는다. 다만 이 필지들은 조경을 강하게 하여 (고속도로 근접으로 인한 피해를) 보완할 것이다. 단지 내에 가능한 곳에서는 막다른 골목(Cul-de-sac)을 활용하게 된다. 필지면적은 5,000 ft²(= 464.⁵² m²)에서 20,000 ft²(=1,858.⁰⁶ m²) 사이에 분포하며, 평균 필지면적은 8,712 ft²(= 809.³⁷ m²)이다.

였다면, 그녀는 높은 토지가격을 고밀도 개발(더 높은 순필지수율)을 통하여 회수해야 한다. 하지만 이런 전략이 성공적이지 않을 수 있는데, 건축업자(그리고 궁극에는 주택 구매자)가 고밀도 주택, 즉 작은 택지에 대해 지불하고자 하는 금액에 그 성공가능성이 좌우되기 때문이다. 개발사업자는 언제나 에이커당 순필지수율을 극대화하려고 시도한다는 가정은 하지 말기 바란다. 위 접근방식은 토지를 보다 효율적으로 활용하는 것처럼 그리고 개발사업자에게 훨씬 많은 수의 분양필지를 제공하는 것처럼 보인다. 하지만 시장수요는 주택 구매자들이 큰 필지규모, 보다 넓은 도로 및 골목(교통순환체계) 그리고 낮은 개발밀도를 선호하는 것으로 드러날 수도 있다. 비록 이런 낮은 밀도는 높은 가격대에서만 공급이 가능하다손 치더라도, 만약 가구소득과 선호도가 이런 유형의 개발(저밀 개발)을 뒷받침하게 되면 고밀도 개발을 추진하는 것은 커다란 실수가 될 것이다. 정반대로, 만약 이 사업부지가 중심업무지구에 인접해 있다면 도심에 가깝게 근접해 있으면서 규모가 작은 필지를 선호하는 가구들에게는 고밀도 개발이 수용할 만할 것이다. 즉 필지수율의 계산은 단순히 비교대상사업들의 수율과 왜 **편차**가 존재하는지를 조사하는 도구로만 사용되어야 할 것이다. 필지수율을 이용하는 것은 개발사업자가 소비자들에게 보다 매력적으로 다가갈 수 있는 하부시장을 훨씬 잘 이해할 수 있게 해준다. 최대 수율 또는 최소 수율에 대해서 그 어떤 절대적인 법칙은 존재하지 않는다.

공공기관 역시 에이커당 필지수율을 이용하여 제안사업이 용도지역지구제의 규제를 준수하는지 여부를 판단하게 된다. [예 17-4]에서 보듯이, 우리는 용도지역지구제가 필지당 **평균 7,500** ft^2(= 696.^{77} m²)의 개발가용지를 이 사업에서 허용하는 최대 밀도로 제시한다는 사실을 알게 된다. 랜드코는 평균 **8,712** ft^2(= 809.^{37} m²)/호가 최대 **평균밀도**가 될 것으로 예측하고 있고, 이는 용도지역지구제의 규제를 어렵지 않게 충족하게 된다. 개발사업자들이 언제나 토지이용규제가 허용하는 최대 밀도로 설계하지 않는다는 점에 유의하기 바란다. 모든 경우에 있어서, **시장 수요**와 가구 선호도가 어느 정도 밀도로 개발되어야 할는지를 결정한다. 앞에서 지적하였듯이, 주택 구매자들은 낮은 밀도, 이로 인한 프라이버시의 증대(대형 필지) 그리고 교통량 및 혼잡의 감소에 보다 높은 가격을 지불하는 것을 오히려 좋아할 수 있다. 이런 경우, 만약 개발사업자들이 밀도를 높이려고 시도하면 (설령 현행 토지이용규제가 그들이 그렇게 할 수 있도록 허용한다손 치더라도) 개발사업자는 과도한 위험을 감수하게 되고, 결과로서 평균용지가격이 낮아질 수 있을 것이다.

랜드코가 직면한 시장상황의 일부를 고찰하기 위해서, [예 17-5]에 제공하는 경쟁시장분석의 요약을 참조하기 바란다. 예를 들면, 그레이손에 비해서 A사업은 동일한 순개발밀도를 갖고 있지만 편의시설과 천변 필지를 갖고 있지 않고, 따라서 표준형 필지의 평균 분양가격이 다소 낮게 나타난다. 그레이손보다 규모가 큰 B사업은 훨씬 낮은 순밀도, 훨씬 큰 평균 필지규모, 다소 큰 교통순환체계 요구기준(지형이 구릉지라서 그렇다), 조금 더 괜찮은 편의시설 제공규모, 그리고 절벽형 용지들을 특장점으로 갖추고 있다. B사업의 용지들은 모든 필지유형에서 가격이 더 높게 책정되어 있다. C사업은 규모면에서 가장 크지만 특별한 지형특색을 갖고 있지 않다. C사업은 그레이손사업보다 개발밀도가 더 높을뿐더러 편의시설도 더 많이 갖추고 있다. 이 경쟁분석에 기초하여, 랜드코는 그레이손의 용지가격구조가 타당하다

	그레이손	A	B	C
예 17-5 그레이손 프로젝트의 경쟁분석 조사결과				
총 면적(에이커)	50	40	70	100
필지수	180	160	210	420
밀도:				
개발가용지 비율	72%	80%	75%	80%
필지수율	3.6	4.0	3.0	4.2
필지면적의 범위	5~20,000	5~10,000	5~5,000	5~22,000
평균필지면적	8,712	8,712	10,890	8,300
교통순환체계 점유비율(%)	20%	20%	25%	20%
편의시설:				
수영장 · 탈의실	2	N/A	2	2
테니스 코트	8	N/A	10	12
실내 피트니스	N/A	N/A	1	2
클럽하우스	N/A	N/A	N/A	1
기타	개천	—	절벽	—
가격:				
단지형 주택	$19,000	N/A	$36,000	$19,000
표준형 주택	45,600	40,000	48,000	40,000
천변 · 절벽에 입지한 주택	47,500	N/A	60,000	N/A

	필지수	가격	합계	비율(%)
단지형 주택	54	$19,000	$1,026,000	15.0
표준형 주택	90	45,600	4,104,000	60.0
천변 · 절벽에 입지한 주택	36	47,500	1,710,000	25.0
분양수입 합계(그레이손 사업)			$6,840,000	100.0%

건설기간:	6개월
인허가기간:	6개월
조달가능한 금융조건:	토지취득가격 240만 달러 중 100만 달러, 조성비용의 100%(감정평가 및 타당성분석 결과에 따라 변동). 대출금은 공사기성에 따라서 인출되고, 이자는 매월 지급한다.
대출금리:	대출금리 12%, 즉 '우대금리(Prime Rate) 10% + 가산금리 2%' 최초인출시점에 3%의 금융수수료 지급

고 믿고 있다(학교 · 판매시설 · 교회 등으로의 접근성과 같이 다른 중요한 특성들은 모두 동일하다고 간주한다).

　위의 검토로부터, 시장 수요의 추정과 최종상품의 가격 책정이 매우 중요하다는 것을 바로 알 수 있다. 경쟁하는 사업들이 상당히 유사한 경우 책정하는 가격이 비슷할 것임에 틀림이 없는데, 이는 각 사업이 제공하는 속성 패키지(package)가 같기 때문이다. 반면에, 사업들이 차이가 클수록 책정 가격의 변동성이 커질 가능성이 높다. 이러한 경우, 가격 책정은 각 개발사업의 속성들이 지닌 상대적인 매력도에 근거해야 한다. 이런 상황에서는 가격책정에 따른 위험이 증대될 것이다. 이들 용지의 추정 시장가격에 근거해서, 모든 용지들을 완전히 개발해서 즉시 분양한다고 가정할 경우 그레이손 분양용지의 시장가격에 대한 임시 추정치는 684만 달러이다.

개발비용과 건설이자비용의 추정

랜드코는 자신들이 제시하는 예상 토지계획에 근거해서 직접개발비용을 추정하기 위하여, 엔지니어링 회사인 로버트 홀 앤 어소시에이츠(Robert Whole and Associates)를 고용하였다. [예 17-6]은 비용 추정치를 제시한다. 이들 비용은 (A) 토지인수 및 개발비용(직접 및 간접공사비)과 (B) 운영비용으로 세분하게 된다.

토지인수 및 개발비용 *Land Acquisition and Development Costs*

토지개발을 위한 사업부지를 취득할 때 많은 직접비용 항목들, 즉 **토지인수 및 개발비용**을 평가해야 한다. 사업부지 취득은 이들 비용의 단지 한 부분에 지나지 않는다. 개발사업자는 단지 조성과 공급처리시설을 설치하는데 소요되는 직접공사비와 사업부지 엔지니어링, 공공인허가 수수료, 건설기간 이자비용 및 대출 취급수수료를 포함하는 간접공사비를 추정해야 할 것이다. 대주가 모든 간접공사비 항목에 대해서 대출을 지원하는 것은 아니다. 하지만 어느 정도에 있어서 랜드코는 토지인수 및 개발비용을 빌릴 수 있고, 그레이손 사업이 완료될 때까지 수년이 소요될 것이기 때문에 건설기간 이자는 이 사업의 상당한 비용요소가 될 것이다.

영업비용 *Operating Expenses*

[예 17-6]에 포함되어 있는 다른 항목들은 개발사업자가 사업부지를 개발하고 용지의 분양을 준비할 때 마케팅, 각종 조세, 법률자문 및 기타 지출항목에 대해서 그가 지불해야 하는 비용항목들이다.

　랜드코社는 50에이커 규모의 그레이손 사업부지 개발과 관련해서 미드 시티 저축조합(Mid City Savings Association)에 접근하였다. 미드 시티는 사업을 검토한 후, 동 사업의 타당성이 인정된다고 믿고 있다. 미드 시티는 동 사업에 대해 100만 달러의 토지취득비용, 모든 직접공사비, 70만 달러의 간접공사비 그리고 건설기간 이자에 대해 금융을 제공하기로 합의하였다. 대출금리는 우대금리에 2%의 가산금리를 합산한 금리로 책정하였다. 그레이손 사업의 경우, 이자율은 매월 말 대출잔액에 연리 12%를 적용하게 된다.[6] 그리고 랜드코는 이 금리가 개발기간 동안 동일하게 유지될 것이라고 생각한다. 앞 장에서 우리가 논의하였던 프로젝트 개발사업처럼, 개발의 대부분이 완료되어 건축업자들에게 용지를 분양하기 이전에는 개발사업자가 아무런 소득을 벌어들이지 못하지만, 토지개발자금의 일부로 건설기간 이자를 빌려주는 것이 보편적인 관행이다. 개발을 통해서 사업부지에 더해지는 부가가치가 토지취득비용과 조성공사비용을 합산한 금액에 대해 건설자금 대출로 초래되는 이자비용보다 더 크게 초과한다고 대주가 확신하는 한, 건설이자비용을 포함하여 대출금액을 산정하는 행위는 타당성을 가진다. [역자주: 다소 복잡한 표현이지만, 분양수입이 (토지비용 + 조성비용) + 이자비용 보다 크다면, 이자비용도 대출해 줄 수 있다는 의미이다.]

---

[6] 금리위험은 금리스왑(interest rate swap)으로 저감(低減)할 수 있다.

예 17-6
그레이손 프로젝트의
사업비용 추정

A. 토지비용 및 개발비용		
토지취득비용		
50에이커 @ $48,000/에이커		$2,400,000
개발비용		
직접공사비		
성절토/정지	$390,000	
포장공사	540,000	
우수공사	70,000	
오수공사	125,000	
상수도	125,000	
전기설비	120,000	
조경공사	90,000	
기타(도로표지 및 간판 등)	90,000	
편의시설(수영장, 탈의실, 테니스 코트)	390,000	
직접공사비 합계		$1,940,000
간접공사비		
설계 · 감리비	$110,000	
직접관리비용 (랜드코)	80,000	
인허가 제반비용	90,000	
기타 직접경비	80,000	
법률 · 회계 자문비용	100,000	
예비비	240,000	
건설이자	451,052	
건설자금 금융수수료(3%)	122,732	
간접공사비 합계		$1,273,783
토지취득비용 · 직접공사비 · 간접공사비 합계		$5,613,783
B. 기타 개발비용		
분양수수료 @ 5% (총분양수입 대비)	$342,000	
재산세	87,500	
일반관리비	210,000	
마케팅비용	100,000	
영업비용 합계		$ 739,500
총사업비		$6,353,283

인출금액과 분양수입의 추정

건설이자의 규모를 추정하는 것은 다소 복잡하다. 그 이유는 (1) 대출금이 매 **"인출"**, 즉 사업단계마다 인출될 것이고, 이자는 이미 인출된 자금(대출잔액)에 대해서만 계산될 것이기 때문이고; (2) 각 유형의 용지는 그 분양수입이 다르기 마련이며; (3) 대출의 상환비율은 용지가 언제 실제로 분양되는지에 좌우될 뿐 아니라; 그리고 (4) 앞에서 지적하였듯이, 이자율이 통상 변동금리로 설정되어 있고 따라서 금리 변동에 노출되어 있다. [예 17-7], [예 17-8], [예 17-9]는 건설기간이자를 계산하는 데 이용되는 절차를 보여준다. [예 17-7A]는 대출신청금액의 세부내역을 보여주며, [예 17-7B]는 랜드코가 계획하는 인출금액과 (이 인출금액의) 직접개발비용에 대한 인출비율을 담고 있는 예상일정표를 보여준다. [예 17-5]에서 제

토지취득비용 조달		$1,000,000
직접공사비 합계		1,940,000
간접공사비 중 대출금액		
설계 · 감리비	$110,000	
직접관리비용(랜드코)	80,000	
인허가 제반비용	90,000	
기타 직접비용	80,000	
법률 · 회계 자문비용	100,000	
예비비	240,000	
간접공사비 중 대출금액 합계		700,000
직접비용 대출금액 합계		$3,640,000
건설이자([예 17-12]의 계산 참조)		448,109
대출총액 (약정금액)		$4,088,109
자기자본 소요금액		
총사업비		$6,353,283
− 대출총액		4,088,109
자기자본		$2,265,174

월차	인출금액	인출비율 (%)
최초인출*	$1,019,200	28%
1	655,200	18%
2	655,200	18%
3	655,200	18%
4	218,400	6%
5	218,400	6%
6	218,400	6%
총계	$3,640,000	100%

* 토지취득비용 중 $1,000,000 + 랜드코가 지불해야 하는 직접비용 중 $19,200 = $1,019,200 ($3,640,000의 28%)

시한 바, 비록 단지형 택지들이 개발하는 택지수의 30%에 상당하지만, 이들이 창출하는 분양수입은 전체 분양수입에서 단지 15%에 지나지 않는다는 사실을 상기하기 바란다. 단지형 택지들은 각 필지의 규모가 작기 때문에 상대적으로 적은 분양수입을 산출하게 된다. 작은 필지규모 때문에, 이들 용지의 평균 조성비용 역시 훨씬 낮은 편이다(표에 제시하지는 않았다). 전체 택지수에서 다수를 차지하고 있는 표준형 택지들은 50%에 상당하며, 전체 분양수입의 60%를 창출하게 될 것이다. 반면, 천변형 택지들은 택지수의 단지 20%에 지나지 않지만, 전체 분양수입의 25%를 산출할 것이다. 천변형 택지들은 필지면적이 훨씬 크고 평균 개발비용보다 더 높은 비용이 소요된다.

위의 택지수 및 분양수입 점유비율을 통해서 유추할 수 있는 사항은 만약 표준형 및 천변형 택지를 더 개발한다면 사업의 수익성이 더 높아질 것이고 개발의 전체밀도를 낮추게 될 것이라는 점이다. 하지만 시장수요가 이런 택지들을 더 많이 분양할 만큼 충분히 높지 않을 수도 있다. 요점은 각 유형의 택지에 대한 **상대적인 수요**가 프로젝트 가치를 극대화하는 택지들의 조합과 가격의 책정을 결정함에 있어서 중요하다는 것이다. 예를 들면, 천변형 택지들은 개발하기에 비용이 가장 많이 소요될 수 있고, 결과로서 가장 높은 가격을 책정하게 될 것이다. 단지형 택지들은 현재 유일하게 지형에 순응하는 택지유형인데, 이 택지에 건축물 공사가 진행될 것이다. 즉 전체 개발밀도를 수용할 만한 수준으로 유지하고 천변의 택지들을 활용하며 전체 프로젝트 가치를 극대화하기 위해서, 모든 택지유형들을 적절히 배합할 필요가 있다.

용지분양률과 상환비율

[예 17-7C]는 3개 범주 택지들의 분양이 어떻게 발생할 것이며 그레이손 사업의 직접개발비용 용도로 대출금액이 어떻게 인출될 것인지를 추정한 일정표를 제시한다. 랜드코는 시장조사에서 경쟁사업들에서 취득한 정보와 랜드코의 최근 유사사업 경험에 근거해서 분양 추정치들을 만들어냈다. 이들 분양추정치들이 필요한 까닭은 필지분양이 진행됨에 따라서 대주들은 분양수입으로 상환을 받기 때문이다. [예 17-7C]는 각 유형의 택지를 분양하여 창출되는 수입과 매월 분양되는 필지수를 보여준다. 이들 월별 분양수입률이 중요한 이유는 용지가 분양됨에 따라서 각 필지분양에서 산출되는 수입에 대응하여 대주는 부분적으로 대출원금을 상환받을 것이기 때문이다.

　[예 17-8]은 월별 건설자금 인출과 월별 분양수입을 요약해서 보여주는데, 각각에 대해서 월별 금액의 합계와 현재가치의 합계 역시 포함하고 있다. 마지막 용지가 분양되었을 때 대출금액이 전부 상환될 수 있도록 대주에게 지급할 필요가 있는 각 용지분양의 대출상환비율을 계산하기 위해서 우리는 이 정보를 이용할 수 있다. (마지막 용지를 분양하기 이전에 대출을 상환할 수 있도록 지급일정을 가속하는 것에 대해서는 뒤에서 설명할 것이다.) 근본적으로, 대주들이 일반적으로 노력하려는 것은 각 용지분양으로 발생하는 수입과 대출상환을 일치시키려는 것이다. 그래서 용지들이 분양되면서, 대주가 대출담보의 한 수단으로서 용지에 설정해 둔 담보권을 해지하게 되며, 따라서 개발사업자가 건축업자에게 용지를 분양하는 길을 열어주게 된다. 담보권 해지를 득하기 위해서 차주가 대주에게 지급하는 금액을 **담보해지 가격**(release price)이라고 부른다.

예 17-7C   대출 실행 이후 추정 월분양률

월	단지형[1]	표준형[2]	천변형[3]	분양필지누계	분양수입누계	월분양수입	월분양수입비율
최초인출	0	0	0	0	$ 0	$ 0	0.000000%
1~3	0	0	0	0	0	0	0.000000
4~6	2	2	0	12	387,600	129,200	1.888889
7~12	4	3	1	60	1,949,400	260,300	3.805556
13~18	3	6	3	132	4,788,000	473,100	6.916667
19~24	1	5	2	180	6,840,000	$342,000	5.000000
합계	54	90	36	180	$6,840,000	—	100.000000%

*필지당 가격: 1) $19,000 2) $45,600 3) $47,500

예 17-8
월별 건설자금 인출금액
및 분양수입의 요약

	(a) 월차	(b) 건설자금 인출금액	(c) 분양수입(필지 판매)
	최초 인출	$1,019,200	0
	1	655,200	0
	2	655,200	0
	3	655,200	0
	4	218,400	$ 129,200
	5	218,400	129,200
	6	218,400	129,200
	7		260,300
	8		260,300
	9		260,300
	10		260,300
	11		260,300
	12		260,300
	13		473,100
	14		473,100
	15		473,100
	16		473,100
	17		473,100
	18		473,100
	19		342,000
	20		342,000
	21		342,000
	22		342,000
	23		342,000
	24		342,000
합계		$3,640,000	$6,840,000
현재가치(@ 12%)		$3,569,554	$5,880,209

이 책의 앞부분에서 차주가 대출로 수령한 금액(최초 대출금액)은 미래 지불하는 부채서비스를 대출의 이자율로 할인한 현재가치의 합계와 일치한다고 설명하였던 내용을 독자들은 기억할는지 모르겠다. 이 설명을 일반화해서 이렇게 말할 수 있는데, 차주가 인출기간에 걸쳐 수령한 대출금액의 현재가치의 합계는 미래 부채서비스의 현재가치의 합계와 반드시 일치해야 한다. [예 17-8]에서 표의 (맨 마지막 줄에 있는) 두 개의 현재가치는 같지 않은데, 이는 분양수입이 대출을 상환하는데 필요한 금액 뿐 아니라 개발사업자가 그의 비용을 감당하면서도 투자한 자기자본에 대한 수익을 제공하기 위해서 취득해야 하는 금액을 포함하고 있기 때문이다. 그러므로, 만약 우리가 분양수입의 현재가치에 대한 대출인출금액의 현재가치의 비율을 구하게 되면, 대출을 상환하는데 사용하기 위해서 필요한 용지분양수입 대비 대출상환금액의 비율을 구하게 된다. 표에 있는 현재가치를 이용하면,

$$\text{분양수입의 대출상환비율} = \$3,569,554/\$5,880,209 = 60.7045\%$$

이 수치가 의미하는 바는, 만약 대출이 마지막 용지가 분양될 때 정확하게 상환이 완료되려면, 한 개의 택지가 분양될 때마다 대주가 분양수입의 60.7045%를 수취해야 한다는 뜻이다. 이 비율은 아래와 같이 각 유형의 용지에 대해 상환해야 하는 금액을 결정하기 위해서 사용된다.

필지 유형	분양가격	대출상환비율	담보해지가격
단지형	$19,000	0.607045	$11,534
표준형	45,600	0.607045	27,681
천변형	47,500	0.607045	28,835

통상 대주는 각 용지분양마다 대출상환비율을 적용하는 것보다 고정된 금액으로 계약하려 할 것이다. 왜냐면 분양이 막바지로 갈수록 개발사업자가 분양을 촉진하기 위해 용지가격을 할인하는 결정을 내릴 것에 대해서 대주는 염려하고 싶지 않기 때문이다. 보다 중요하게는, 대주는 대출이 완전히 상환되게 하려고 마지막 필지가 분양될 때까지 기다리고 싶지 않을 것이다. 대주는 용지분양의 지연 또는 일부 용지의 분양 애로사항이 대출상환을 상당하게 지연시키는 위험을 지고 싶지 않아 한다. 즉 대주와 협상하는 실제 담보해지가격은 통상 위에서 보여준 해지가격보다 높을 수 있다. 하지만 이 부분을 검토하기 이전에, 우리는 먼저 위의 해지가격이 마지막 용지가 분양될 때까지는 대출을 완전히 상환하게 된다는 것을 증명하고자 한다.

[예 17-9]는 위에서 계산한 담보해지가격에 근거한 대출상환일정을 보여준다. 1월차에서 3월차까지, (b)열의 건설이자 인출패턴은 전월 말 대출잔액에 대출이자율(12%)을 12개월로 나눈 월 금리, 즉 1%의 금리를 승산(乘算)한 값에 근거하게 된다. 또한 건설기간 이자 역시 차입하기 때문에, 동 금액이 대출잔액에 누적된다는 사실에 주목하기 바란다.[7] 매월 말 대출잔액은 계속 증가하게 되는데, 각 월의 용지분양수입이 이자인출을 초과하여 원금을 상환할 만큼 충분할 때가 되어서야 비로소 감소하기 시작한다(7월차). 하지만 (대출원금이 완전히 상환될 때까지는) 매월 이자지급은 전월 말 대출잔액에 기초하여 계속해서 지급된다.[8]

[예 17-9]의 원금상환((d)열)은 위에서 계산한 추정 용지분양수입과 담보해지가격에 기초하고 있다. 예를 들면, 4월차에는 두 필지의 단지형 택지가 각각 $11,534에 분양되고, 두 필지의 표준형 택지가 각각 $27,681에 분양되어, 총 $78,430의 분양수입이 유입된다. 월말 대출잔액이 24개월차에 정확하게 0이 된다는 것에 주목하기 바란다.

---

[7] 이렇게 대출이자가 원금으로 계속 누적되는 현상은 부의 상각(negative amortization)과 유사하다.

[8] 우리는 [예 17-9]에서 개발사업자가 실제로 이자금액을 인출하는 것으로 예시하고 있다((b)열). 그러면 개발사업자는 동 금액을 인출과 동시에 현금으로 이자비용을 지불하게 된다((c)열). 만약 대주가 직접개발비용만 인출할 수 있게 허용하고((a)열), 이 금액에 대해서 (b)열과 같이 이자를 계산한 후 (실제로 현금으로 이 이자비용을 지불하게 하는 대신에) 이 이자비용을 대출잔액에 더하거나 원금상환이 일어나면 대출잔액을 감소시키면서((d)열) 개발사업자에게 현금으로 이자비용 지불을 요구하지 않는다고 하면, 결과로서 동일한 대출잔액이 발생하게 된다는 점에 주목하기 바란다. 만약 이 방식을 따른다면, 매월 말 잔액은 동일할 것이고 대주는 이자비용에 대해서 현금인출을 해주지 않으며 개발사업자 역시 현금지급을 하지 않게 된다. 지금 막 설명한 방식에서는, 건설이자비용이 단순하게 대출잔액으로 가산(이연)되게 된다.

| 예 17-9 | | | 대출상환일정: 필지 분양수입에 안분(按分)한 상환금액 가정 | | | | |

	대출 인출			부채 서비스			
월차	(a) 인출금액	(b) 건설이자	(c) 인출합계	(d) 대출원금	(e) 건설이자	(f) 부채서비스	(g) 기말잔액
최초인출	$1,019,200	$　　0	$1,019,200	$　　0	$　　0	$　　0	$1,019,200
1	655,200	10,192	665,392	0	10,192	10,192	1,684,592
2	655,200	16,846	672,046	0	16,846	16,846	2,356,638
3	655,200	23,566	678,766	0	23,566	23,566	3,035,404
4	218,400	30,057	248,754	78,430	30,354	108,784	3,205,728
5	218,400	32,057	250,457	78,430	32,057	110,488	3,377,755
6	218,400	33,778	252,178	78,430	33,778	112,208	3,551,502
7	0	35,515	35,515	158,014	35,515	193,529	3,429,003
8	0	34,290	34,290	158,014	34,290	192,304	3,305,279
9	0	33,053	33,053	158,014	33,053	191,067	3,180,318
10	0	31,803	31,803	158,014	31,803	189,817	3,054,108
11	0	30,541	30,541	158,014	30,541	188,555	2,926,635
12	0	29,266	29,266	158,014	29,266	187,280	2,797,887
13	0	27,979	27,979	287,193	27,979	315,172	2,538,673
14	0	25,387	25,387	287,193	25,387	312,580	2,276,866
15	0	22,769	22,769	287,193	22,769	309,962	2,012,442
16	0	20,124	20,124	287,193	20,124	307,318	1,745,373
17	0	17,454	17,454	287,193	17,454	304,647	1,475,633
18	0	14,756	14,756	287,193	14,756	301,950	1,203,196
19	0	12,032	12,032	207,610	12,032	219,642	1,007,619
20	0	10,076	10,076	207,610	10,076	217,686	810,085
21	0	8,101	8,101	207,610	8,101	215,710	610,577
22	0	6,106	6,106	207,610	6,106	213,715	409,073
23	0	4,091	4,091	207,610	4,091	211,700	205,554
24	0	2,056	2,056	207,610	2,056	209,665	$　　0
합계	$3,640,000	$512,191	$4,152,191	$4,152,191	$512,191	$4,664,383	

담보해지일정 *Release Schedule*

대출잔액이 남아 있을 것으로 예상되는 기간에 대해서, 대부분의 대주들은 토지사업에서 차주가 모든 용지들을 분양할 것으로 예상되는 기간 이전에 모든 대출금액이 상환될 것을 주장한다. [역자주: 모든 용지의 분양 및 대금입금이 완료될 때까지 대출기간을 넉넉하게 허용하지는 않는다는 의미이다.] 대주들은 통상 사업 막바지의 저조한 분양과 관련된 잠재적인 위험을 감수하고 싶지 않아 한다. 많은 토지개발사업에서 인기 택지는 조기에 분양되고 선호하지 않는 택지들은 시간이 흘러도 미분양인 채로 남아 있다. 어떤 용지들은 분양하기가 훨씬 힘들기 때문에, 대주는 개발사업자가 추가적인 위험을 감수할 것이라는 확신을 원한다. 결과적으로 대주는 훨씬 빠른 대출상환비율을 요구할 것이며, 따라서 180개의 필지가 모두 분양되기 이전에 대출상환이 완료되도록 확실하게 해둔다.

　미드 시티 저축조합이 빠른 상환비율을 요구하는 또 다른 이유는 미드 시티가 "착수단계"

예 17-10
건설자금의 대출기간 결정

월차	단지형	표준형	천변형	분양수입	
				분양수입누계($)	월분양수입($)
4~6	6	6	0	387,600	129,200
7~12	24	18	6	1,949,400	260,300
13~18	18	36	18	4,788,000	473,100
19	1	5	2	5,130,000	342,000
20	1	5	2	5,472,000	342,000
21	1	5	2	5,814,000	342,000 ← 이 달 중에 상환완료

자금의 대부분을 최초 6개월 동안 사업에 투입하기 때문에, 분양수입이 발생하게 되면 대출상환에 우선권이 주어질 것이라는 확신을 갖고자 하는 것이다. 게다가 개발사업자가 매 용지 분양마다 일정부분 이익을 시현할 것이기 때문에, 대주는 만족할 만한 담보해지일정을 협의할 다소의 여지를 가지면서도 개발사업자에게 합리적인 규모의 현금유입을 남겨줄 수 있다.

　많은 토지개발자금은 총분양수입의 약 80%에서 90%가 유입되었을 때 대출상환이 완료되도록 상환비율을 설정하게 된다. 정확한 일정은 대주가 얼마나 빨리 대출상환이 이루어지기를 원하는지, 개발사업자가 대출금으로 지원되지 않는 비용들을 감당하기 위해서 각 용지의 분양대금 중에 얼마나 많은 현금을 유보해야 하는지, 그리고 대출시장에서의 통상적인 조건에 기초해서 협의하게 된다.

　[예 17-10]에서는 대주가 분양수입의 약 83.33%, 즉 570만 달러가 실현되었을 때 대출상환이 완료되기를 원한다고 가정한 상태에서, 건설자금의 존속기간(duration)을 추정하였다. 이것이 의미하는 바는 대주는 수령하는 월수입 대비 상환비율의 120%와 같은 비율로 상환되기를 원하는 것이다(100%/83.33% = 120%). 만약 차주와 대주가 24개월 사업기간 전체에 걸쳐서 상환하는 것에 합의한다면, [예 17-9]에서 설명한 것처럼 100%의 사업수입을 수령하였을 때 대출의 100%가 상환되게 될 것이다. 16.67%만큼 상환비율을 가속한다는 것은 매 1달러의 매출수입이 실현될 때마다 대출을 사업기간 전체에 걸쳐서 상환하는 경우보다 120% 큰 금액으로 개발사업자가 대출을 상환한다는 의미이다. 우리 사례에서는, [예 17-7C]에서 보는 분양수입 누계에 근거해서, 총분양수입의 80%를 최초 21개월 동안 수령하게 될 것이다. 즉 대주는 그 시점에서 대출상환이 완료되기를 바라는 것이다.

분양필지당 담보해지가격의 추정

일반적으로 대주는 추정 분양수입 비율을 초과하는 대출상환비율을 주장할 것이라는 점을 이미 지적한 바 있다. 사실 우리 사례에서 대주는 분양수입 수령 비율의 120% 비율로 대출이 상환되기를 희망하고 있다고 지적하였다. 하지만 우리가 본 것처럼, 대주와 개발사업자가 토지개발자금을 협상할 때, 이들은 또한 사업의 각 용지에 대한 담보해지가격을 배당하게 된다. 각 용지가 분양될 때, 대주에게 담보해지가격이 지불된다. 그러면 대주는 담보권을 해지하고 따라서 용지 수분양자가 방해받지 않는 소유권을 취득하도록 보장하게 된다. [예 17-

예 17-11

필지당 담보해지가격의
계산

용지유형	가속 이전 담보해지가격	가속배수	가속 이후 담보해지가격
단지형	$11,534	1.2	$13,840
표준형	27,681	1.2	33,217
천변형	28,835	1.2	34,602

www.mhhe.com/bf15e

예 17-12　　가속한 대출상환일정: 랜드코 개발회사

| 월 | 대 출 인 출 | | | 부채 서비스 | | | |
	(a) 인출금액	(b) 건설이자	(c) 인출합계	(d) 대출원금	(e) 건설이자	(f) 부채서비스	(g) 기말잔액
0	$1,019,200	$　　0	$1,019,200	$　　0	$　　0	$　　0	$1,019,200
1	655,200	10,192	665,392	0	10,192	10,192	1,684,592
2	655,200	16,846	672,046	0	16,846	16,846	2,356,638
3	655,200	23,566	678,766	0	23,566	23,566	3,035,404
4	218,400	30,354	248,754	94,116	30,354	124,470	3,190,042
5	218,400	31,900	250,300	94,116	31,900	126,017	3,346,226
6	218,400	33,462	251,862	94,116	33,462	127,579	3,503,972
7	0	35,040	35,040	189,617	35,040	224,656	3,349,395
8	0	33,494	33,494	189,617	33,494	223,111	3,193,272
9	0	31,933	31,933	189,617	31,933	221,549	3,035,588
10	0	30,356	30,356	189,617	30,356	219,973	2,876,327
11	0	28,763	28,763	189,617	28,763	218,380	2,715,474
12	0	27,155	27,155	189,617	27,155	216,771	2,553,012
13	0	25,530	25,530	344,632	25,530	370,162	2,233,910
14	0	22,339	22,339	344,632	22,339	366,971	1,911,617
15	0	19,116	19,116	344,632	19,116	363,748	1,586,102
16	0	15,861	15,861	344,632	15,861	360,493	1,257,331
17	0	12,573	12,573	344,632	12,573	357,205	925,272
18	0	9,253	9,253	344,632	9,253	353,885	589,893
19	0	5,899	5,899	249,131	5,899	255,030	346,660
20	0	3,467	3,467	249,131	3,467	252,598	100,996
21	0	1,010	1,100	102,005	1,010	103,015	0
22	0	0	0	0	0	0	0
23	0	0	0	0	0	0	0
24	0	0	0	0	0	0	0
합계	$3,640,000	$448,109	$4,088,109	$4,982,630	$448,109	$5,430,739	
역자주*	$3,640,000	$448,109	$4,088,109	$4,088,109	$448,109	$4,536,218	

* 역자주: 엑셀로 위 표를 복원해 보면, (d)열의 합계와 (f)열의 합계가 틀린 것으로 보인다. 역자는 단순한 오타가 아닐까 판단하는데, (c)열을 다 더한 값과 (d)열을 다 더한 값은 일치해야 하고, 실제로 구해보면 일치한다. 다만 (d)열의 합계가 틀린 듯하다. 즉 $4,982,630이 아니라 $4,088,109가 맞는 계산일 것 같다. 이로 인해서 (f)열의 합계 역시 틀리고 있다. 실제 (f)열의 합계를 구해보면 $4,536,218을 구하게 된다.

11]은 우리 사례의 3개 유형의 택지들에 대한 담보해지가격을 계산하고 있다.[9]

대출신청 및 상환일정

[예 17-12]는 새로운 담보해지가격에 의해서 수정된 대출상환계획을 보여준다. 우리가 [예 17-10]에서 예측한 것처럼, 이제 대출이 21월차에 상환이 완료된다는 점에 주목하기 바란다.[10] 이 표는 총건설기간이자가 $448,109임을 나타낸다. 이 금액은 개발사업자가 대출신청서에 포함시켜야 하는 금액이다. 만약 분양이 저조해지면, 대출잔액은 급격히 증가할 것인바, 실제 이자비용 인출이 당초 **추정한 인출금액**보다 더 빠르게 증가할 것이기 때문이다. 만약 이렇게 분양지체가 발생하게 되면, 이자비용 충당금 $448,109는 신속히 고갈될 수 있다. 게다가, 만약 대출잔액이 $4,088,109에 도달하게 되면, 대주는 추가인출을 허용하지 않으려 할 것이다. 이 경우, 개발사업자는 다른 재원에서 이자비용을 지급해야 할 것이다. [역자주: 프로젝트 파이낸스에서는 이자비용을 별도의 대출좌(tranche)로 관리하고는 한다. 각 대출좌는 고유의 자금용도가 정해져 있는데, 어느 용도의 자금을 다른 대출좌에서 유용하는 것이 어렵다. 즉 특정 대출좌의 약정금액이 소진될 경우, 다른 대출좌의 여유 약정자금을 사용하는 것이 쉽지 않다. 그리고 전체 약정금액을 소진한 경우 추가로 자금을 인출하는 것은 불가능하다. 통상 후순위 대출의 차입도 허용되지 않으므로, 자기자본 투입을 늘리든지 건설회사로부터 자금을 차입하는 수밖에 없다.] 이것이 왜 대출신청금액이 총 프로젝트가치에 비하여 낮은지를 설명하는 한 원인이 된다[$4,088,109 / $6,840,000 = 60% (반올림한 값)]. 사실 대부분의 대주들은 70% 범주 내에서 토지개발사업의 LTV비율(loan-to-value ratio)을 유지하는 것을 선호하는데, 만약 사업이 채무불이행상태에 빠질 경우 그들의 대출채권을 회수할 가능성을 높이기 위해서이다.

프로젝트의 타당성과 수익성

개발사업자의 관점에서 보면, 그레이손 사업의 경제타당성은 개발 후 용지의 시장가치가 토지취득비용, 직접개발비용, 건설기간이자 및 기타 비용(미드 시티가 제공하는 대출에 포함되어 있지 않은 비용항목)의 합계를 초과하는가에 기초하게 된다. 앞에서 설명했었던 [예 17-6]은 총사업비를 요약해서 보여주는데, 랜드코가 지불해야 하지만 그레이손 사업의 대출로는 조달할 수 없는 토지취득비용 및 기타비용이 포함되어 있다. 건설이자비용은 대출총액 $4,088,109에 **포함되어** 있다. 이제 우리는 총사업비가 시계열적으로(일정 기간에 걸쳐서) 어떻게 발생할는지 그리고 용지분양으로 인한 수입이 시계열적으로(일정 기간에 걸쳐서) 어떻게 산출될는지 보다 자세한 예측을 할 수 있게 되었다.

---

[9] 담보해지가격을 가속하는 다른 계산방법들도 존재한다. 이 책의 이전 판에서 본문은 약간 다른 접근방법을 취했었다. 이번 판에서 우리는 접근방법을 단순화하였는데 그러면서도 사실상 같은 답을 얻게 된다. 어떤 방법을 취하건, 요점은 대주와 차주 모두에게 받아들여질 수 있는 담보해지가격(안)에 쉽게 도달하는 것이다.

[10] [예 17-10]의 접근방법은 사용하는 담보해지가격이 얼마가 되어야 하는지 판단하기 위해서 언제 대출이 상환되어야 할까를 결정하는 추정치였다는 점을 독자들은 기억하기 바란다. 매월마다 이자비용, 대출잔액 등을 실제로 계산한 [예 17-12]의 보다 자세한 예측을 사용해서 계산할 경우, 상환이 완료되는 실제 기간은 약간 달라질 수 있다.

eXcel www.mhhe.com/bf15e

예 17-13 개발사업자의 현금흐름

분기	최초 인출	(1)	(2)	(3)	(4)	(5)	(6)	(7)	(8)
현금유입									
분양수입		$ 0	$ 387,600	$ 780,900	$780,900	$1,419,300	$1,419,300	$1,026,000	$1,026,000
건설자금 인출	$1,965,600	$1,965,600	655,200	0	0	0	0	0	0
건설이자 인출	50,604	50,604	95,717	100,466	86,274	66,985	37,687	10,375	0
현금유입 합계	$1,019,200	$2,016,204	$1,138,517	$881,366	$867,174	$1,486,285	$1,456,987	$1,036,375	$1,026,000
현금유출									
토지취득비용	2,400,000								
이전비용	100,000								
금융수수료	122,643								
매출현금		$ 0	$ 282,349	$ 568,850	$568,850	$1,033,896	$1,033,896	$ 600,268	$ 0
직접비용 대출금액	19,200	1,965,600	655,200	0	0	0	0	0	0
건설이자 지급		50,604	95,717	100,466	86,274	66,985	37,687	10,375	0
일반관리비		26,250	26,250	26,250	26,250	26,250	26,250	26,250	26,250
재산세					43.750			43.750	43.750
분양비용		0	19,380	39,045	39,045	70,965	70,965	51,300	51,300
현금유출 합계	2,641,843	2,042,454	1,078,896	734,612	764,169	1,198,096	1,168,798	688.194	121.300
순현금흐름	$(1,622,643)	$ (26,250)	$ 59,621	$ 146,755	$103,005	$ 288,189	$ 288,189	$ 348,182	$ 904,700

개발사업자의 세전 자기자본수익율(BTIRR) = 16.64% (분기별 현금흐름으로 산출한 자기자본수익률에 4를 곱한 값)

세전 순현재가치(BTNPV) @ 15.00% = $40,056

대출이 상환될 때까지 개발사업자가 사업을 수행할 수 있는 능력을 조사하기 위해서 그리고 프로젝트가 타당성이 있어서 개발사업자가 목표하는 예상 투자수익률을 충족할 수 있는지를 확인하기 위해서, 대주는 개발사업자가 준비한 현금흐름표를 분석해야 한다. 이 재무제표는 직접비용 뿐 아니라 그레이슨 사업이 필요로 할 수 있는 추가적인 일상 영업비용도 포함하고 있어야 한다. 이런 식으로 대주는 개발사업자의 현금 상황을 예측하고, 대출의 채무불이행위험을 보다 잘 분석하며, 프로젝트의 사업성 여부를 확인할 수 있게 된다. [예 17-13]은 전체 프로젝트 기간에 걸쳐서, 랜드코의 모든 현금유입 및 유출을 분기별로 요약한 내용을 담고 있다. 현금유입은 각 유형의 용지에 대한 분양수입, 대출의 인출금액 그리고 토지취득 및 이전비용을 위해서 개발사업자에게 요구되는 자기자본 납입금액에 근거해서 추정하였다. 현금유출은 직접개발비용에 지출한 비용항목을 포함하는데, 월별 대출인출일정([예 17-12])에서 발췌하였다. 대출상환은 대출상환일정([예 17-12])에서 발췌하였다. 일반관리비, 분양수수료, 재산세 등과 같은 기타 영업비용들은 분기 기준으로 추정하여 표에 삽입하였다.

개발사업자는 최초 두 분기 동안은 음의 순현금흐름을 갖게 될 것이다. 이 두 음의 현금흐름을 더하게 되면 $1,648,893을 결과로서 얻게 되는데, 이 금액은 개발사업자가 사업에 필요로 하는 자기자본 총계이다. 위에 상세히 설명한 대출상환일정에 따르면, 개발사업자는 21월차에서 시작하여 24월차에 이르는 기간 동안 분양수입에서 발생한 모든 현금흐름을 차지하게 될 것이다. 설령 초기 분양수입 중에 일부 현금흐름을 유보할 수 있다손 치더라도, 분명히 개발사업자는 대부분의 현금흐름을 사업 후반부 분기들에서 수령하게 될 것이다. [역자 주: 분양 초기의 수입은 대부분 비용과 대출상환에 사용될 것이고, 자기자본의 과실로 귀속되는 현금흐름은 사업 후반기에 집중될 것이다.]

사업 시작에서부터 21월차까지의 기간 동안, 미드 시티의 대출금액으로 조달되지 않는 영업비용과 기타 현금유출소요를 충족시킬 수 있는 개발사업자의 능력과 관련해서 의문이 제기될 수 있다. 개발사업자에게 대출된 금액은 단지 토지비용의 일부, 직접비용 그리고 건설이자만 감당할 뿐이다. 관리비용과 금융수수료와 같은 여타의 비용도 공사기간 안에 지불해야 한다. 또한 분양수수료, 재산세 그리고 일반관리비는 개발자금의 지원항목으로서 대출되지 않으며 따라서 각 용지의 분양수입을 유보한 보유현금으로 감당해야 할 것이다.

[예 17-13]은 전체 사업의 현금수요를 이행하는 랜드코의 능력에 대해서 통찰력을 제공한다. 인출시점과 첫 번째 분기에는 랜드코가 음의 순현금흐름을 갖게 될 것이다. 하지만 두 번째 분기부터 여덟 번째 분기까지는 순현금흐름이 양의 값을 갖게 된다. 비용, 분양수입, 분양률 및 상환조건이 차주(랜드코)와 대주(미드 시티) 모두에게 매우 중요한 시기가 바로 이 기간 동안이다. 만약 공사에 필요한 기간이 당초 추정기간을 초과한다면, 또는 만약 실제 개발비용이 추정 비용을 초과한다면, 또는 만약 분양성적이 당초 예측한 것만큼 실현되지 않는다면, 이 기간 동안 랜드코의 현금흐름 상황은 극적으로 변화하게 될 것이다. 마찬가지로 만약 미드 시티가 너무 높은 대출상환을 요구하는 담보해지일정을 주장한다면, 랜드코에 귀속되는 분양수입으로 인한 현금흐름이 감소하게 될 것이고, 이는 랜드코가 프로젝트를 수행하며 대출을 상환할 능력을 위태롭게 할 수도 있다. 이러한 이유로, 위의 열거한 불리한 요인들 중 하나라도 구체화되는 경우를 대비하여, 미드시티는 랜드코의 자체 재원을 검토해야 한

다. 만약 이 사업에서 랜드코의 현금상태가 의문시된다면, 사업을 성공적으로 완수하기 위해서 분명히 랜드코는 그 자신의 재원으로 운전자본을 납입함으로써 위험의 일부를 나누어 부담할 것으로 (미드 시티는) 기대할 것이다. 운전자본을 제공할 수 있는 랜드코의 능력을 분석하기 위해서 (만약 필요하다면) 미드 시티는 랜드코의 손익계산서와 재무상태표를 철저히 검토할 뿐만 아니라, 대출담보로 제공된 사업부지 이외에도 랜드코로부터 추가적인 대출담보 또는 채무보증을 요구할 수도 있다.

마지막으로 [예 17-13]에 따르면, 사업의 후반부 이전에는 랜드코의 (자기자본 수익을 위한) 현금흐름이 상당 수준으로 랜드코에 귀속된다고 보기 어렵다. 이런 시기문제는 사업기간 중 위험이 벗겨지는 방식과 보조를 맞추게 된다. 대주가 착수단계에서 자본을 투입하기 때문에, 대주는 사업기간이 경과할수록 분양수입에서 본인의 높은 우선순위에 대한 보장을 원한다. 결과적으로, 랜드코는 자신의 수익을 실현하려면 대주의 우선 청구권이 충족될 때까지 기다려야 할 것이다. 하지만 랜드코의 관점에서 보면, 실제 사업이 추진되어 사업에 부가가치가 더해질수록 사업에서 자신들의 지분은 증가하게 된다. 즉 랜드코의 수익 중 대부분은 사업 후반부로 적절하게 이연되고 있는 것이다.

사업수익률과 순현재가치

지금까지의 분석에서 우리는 그레이손 프로젝트의 경제적 타당성과 관련하여 몇몇 개략적인 추정치들을 도출하였다. 만약 오늘 그레이손의 개발이 완료되고 모든 용지들이 분양된다면, 프로젝트의 시장가치가 684만 달러가 될 것이라고 추정하였던 것을 상기하기 바란다. 또한 우리가 사업비용을 $6,353,283로 추정하였고, 따라서 총분양수입과 총사업비 간에 마진이 존재한다고 지적하였던 것도 상기하기 바란다. 설령 이렇게 마진이 존재한다손 치더라도, 개발과 이에 후속한 분양과 관련하여 현금의 유입 및 유출이 즉시 발생하지는 않는다. 결과로서, 화폐의 시간가치가 고려되어야만 할 것이다. 그레이손 사업에서 화폐의 시간가치를 고려하기 위해서 3%의 위험보상(risk premium)을 대출금리에 가산한 수준, 즉 15%가 이 시점에서 랜드코가 자기자본 투자금액에 대비하여 받아들이려고 하는 최소 세전수익률일 것으로 우리는 추정하게 된다.[11] 이 할인율을 [예 17-13]에 보이는 분기별 순현금흐름에 적용하게 되면, $40,056의 순현재가치를 결과로서 얻게 된다.[12] 이 수치는 사업이 경제적으로 타당하며 또한 랜드코의 요구수익률을 충족한다는 것을 지적한다. 달리 표현하면, 우리 분석에서 사용한 가정들에 의거하여, 랜드코는 토지취득에 240만 달러를 지불할 수 있을 뿐더러 그러면서도 여전히 양의 순현재가치를 벌어들일 수 있는 것이다. 마지막으로 [예 17-13]의 현금

---

[11] 분기 수익률을 복리로 계산한 연합인율 15%가 현금흐름 할인에 사용한 수익률이다. 이 할인율은 랜드코가 개발회사로서, 즉 계속기업(going concern)으로서 벌어들여야 하는 요구수익률을 나타내며, 이 사업과 관련하여 모든 직접 및 간접비용을 차감한 수익률이다. 이 할인율은 랜드코社의 소유주들, 즉 주주들에게 귀속되는 수익률을 나타낸다.

[12] 사업이 양의 순현재가치를 보여주기 때문에, 랜드코는 240만 달러보다 살짝 더 높은 토지가격을 지불할 수 있고, 그러면서도 여전히 회사의 요구수익률을 달성할 수 있다. 하지만 만약 토지 매도인이 240만 달러에 만족한다면, (다른 모든 예측치는 동일하게 실현된다고 가정할 때) 랜드코는 보다 높은 수익률을 달성하는 위치에 있게 될 것이다. 매수인의 지불의사금액과 매도인의 수령희망금액 사이에 이렇게 차이가 발생하는 이유는 장래 개발수입에 대한 기대의 차이에서 비롯되거나 또는 각자가 보유한 정보(예를 들면 시장지식)의 차이에서 기인하게 된다. 이 장에 수록된 표들은 스프레드시트(spreadsheet) 형태로 연결할 수 있으며, 컴퓨터를 가지고서 다양한 "가상 상황(What If)"의 시나리오들을 분석하거나 시뮬레이션(simulation) 분석을 수행할 수 있을 것이다.

Web 응용

Sustainable Land Development Today(**www.sidtonline. com**: 오늘날의 지속가능한 토지개발)은 온라인 출판물로서, 개발사업자 · 계획가 · 측량사 · 토목기술자 · 조경기술자 · 시공 전문인력 등과 같은 토지개발 전문가들에게 뉴스와 전망을 전달하는 일에 전담하며, 이들이 오늘날 변화하는 환경에서 성공할 수 있도록 조력한다. 이 사이트를 방문하여 토지개발과 관련한 최근 기사를 찾아보자. 이 기사의 요약보고(Executive Summary)를 작성해 보기 바란다.

흐름을 다시 사용하면, 우리는 사업의 내부수익률, 즉 사업수익률이 16.64%라는 것을 알게 된다. 순현재가치가 양수이기 때문에 예측할 수 있었겠지만, 16.64%는 랜드코의 요구수익률 15%를 초과하고 있다.

기업가 이윤 *Entrepreneurial Profit*

앞 단락에서 우리는 그레이손 사업이 산출할 것으로 랜드코가 예측한 분양수입은 모든 비용을 감당할 것이고, 세전 현금흐름을 요구수익률(이 사례에서는 세전 기준으로 15%일 것이라고 가정하였다)로 할인할 때 양의 순현재가치로서 약 4만 달러를 제공할 것이라고 기술하였다. 이런 추정치를 산출할 때, 개발관련 **모든 비용**, 특히 랜드코의 직원, 임원 및 기타 인원들이 소비한 시간과 관련된 **직접관리비용**을 포함해야 할 것이다([예 17-6]을 참조하기 바란다). 이 분석의 목표는 순현금흐름의 추정치를 산출하는 것이다. 순현금흐름은 랜드코가 그레이손 사업에 투자하는 자기자본, $2,265,174에 대해서 세전 수익률 15%를 벌어들이게 될 것인가를 평가하는 데 사용될 수 있다(모든 관련비용을 차감한 수익을 대상으로 한다). 이 요구수익률은 랜드코가 사업에 자기자본을 할당하는 것을 정당화하기 위해서 벌어들여야 하는 최소 수익률이라고 보아야 한다.

순현금흐름을 예측할 때, 부동산 분야의 몇몇 전문가들은 개발의 부대비용으로서 개발이익, 즉 **기업가 이윤**(enterpreneurial profit)(예를 들면 10% 또는 15%)의 추정치를 그들의 현금흐름 예측에 포함하는 수가 있다. 그런 다음, 순현금흐름을 자기자본의 요구수익률로 할인하고 있다. 이렇게 할 때에 분석자는 1) 개발이익 그리고 2) (개발위험을 감당함으로써 얻게 되는) 위험보상을 이미 포함하고 있는 요구수익률에 의한 할인을 모두 반영함으로써 사업이익을 "이중계산(double counting)"하는 실수를 피하려 주의해야 할 것이다. 우리 예측은 명시적으로 토지, 노동 및 자본과 관련한 모든 비용을 포함하였지만, 개발의 **부대비용**으로서 마진, 즉 개발이익의 추정치는 포함하지 않았다. 그런 까닭에, 이 사업의 예측 수익률, 16.64%는 사업을 개발하는 랜드코의 기업가적인 능력에 대한 보상을 이미 포함하고 있는 것이다.

민감도분석 *Sensitivity Analysis*

방금 분석에서 결론내린 바대로, 랜드코가 양의 순현재가치를 추정하고 있기 때문에 240만 달러의 토지가격은 정당화된다. 사실 사업의 현금흐름을 예측하는데 사용된 가정에 근거해서, 이 분석은 랜드코가 실제로 약간 더 높은 토지가격을 지불할 수 있으며 그러면서도 회사가 희망하는 15%의 수익률을 벌어들일 수 있음을 보여준다. 하지만 랜드코는 토지를 취득하기 이전에 반드시 민감도분석을 수행해서, 이 수익률이 낮은 용지분양가격, 더 오랜 개발기간, 초과비용의 발생, 높은 대출이자율과 같은 요인들에 얼마나 민감하게 반응하는지를 판단해야 할 것이다. 우리는 이미 앞 장의 결론부분에서 민감도분석에 대해 설명한 바 있다. 이 분석방법은 프로젝트 개발 뿐 아니라 토지개발에도 그대로 적용이 가능하다.

결론

본 장에서는 토지개발사업을 다루었다. 토지개발사업은 일단의 토지를 취득하여 기반시설과 지표면 정착물을 건설한 후 개발된 용지들의 일부 또는 전부를 프로젝트 개발사업자에게 또는 택지의 경우 주택건설업자에게 매각하는 과정과 관련되어 있다. 토지개발 관련 설명은 부동산개발금융을 취급한 앞장에서 소개한 여러 개념을 확장하고 있다. 앞장과 이 장을 마치고 나서, 독자들은 공사과정과 토지개발 금융과정을 포함하여, 개발과정에 대한 바람직한 이해를 가지게 되었을 줄로 믿는다.

주요용어

공사비유보	연장계약	턴키방식
기업가 이윤	옵션계약	토지개발
담보해지가격	완공보증서	토지인수 및 개발비용
담보해지일정	인출	
맞춤형 개발	타당성조사	

유용한 웹사이트

www.uli.org – 도시토지연구소(Urban Land Institution)의 미션은 전체 환경의 질을 높이기 위해서 토지이용에 있어서 신뢰할 수 있는 방향타를 제공하는 것이다. 이 사이트는 또한 개발사업의 금융추세와 관련한 최근 이슈들을 제공하고 있다.

www.bizloan.org – 개발사업에 사용되는 다양한 유형의 대출들에 대해 정보를 얻기에 좋은 정보원. 전문용어의 어휘풀이를 포함하고 있다.

www.census.gov – 美 통계국(US Census Bureau)의 웹사이트

www.icsc.org – 국제쇼핑센터협회(International Council of Shopping Centers)의 웹사이트

www.economy.com – Economy.com은 경제정보 제공자이다.

www.bls.gov – 美 노동부(US Department of Labor)의 웹사이트

www.bea.doc.gov – 美 상무부(US Department of Commerce) 경제개발국(Bureau of Economic Development)의 웹사이트

www.claritas.com – 닐슨 클라리타스(Nielson Claritas)가 인구통계자료와 가공한 센서스자료를 제공한다.

www.axiometrics.com – 악시오메트릭스(Axiometrics)는 공모시장에서 거래되는 임대주택 리츠(REITs)가 소유한 포트폴리오의 운용성과에 초점을 맞추어서 임대주택 분야의 기초적인 부동산연구를 제공하는 리서치 회사이다.

www.demographia.com – 이 사이트는 전 세계에 걸쳐 산재하는 여러 시장들에 대해 관련 인구통

계정보를 찾기에 아주 좋은 정보원이다. 이 사이트의 주요한 몇 가지 특징은 이 사이트가 여러 나라의 주택 가득성(可得性: Affordability) 순위, 다양한 설문조사, 다양한 경제보고서 그리고 부동산 관련 다양한 시장동향을 제공한다는 점이다. 또한 이 사이트는 부동산 관련 규제 및 정책을 찾기에 괜찮은 정보원이다. **www.fedsatats.gov** – 연방정부가 후원하는 사이트로서, 미국 내 여러 주에 대한 관련 인구통계정보를 찾기에 아주 좋은 정보원이다. 이 사이트는 100개 이상의 미국 연방기관들의 통계에 접속할 수 있는 접속로(Gateway)이다.

질문

1. 어떻게 해서 토지개발활동은 전문화될 수 있을까? 왜 이런 활동은 앞선 장에서 설명하였던 프로젝트 개발과 다른 것일까?

2. 옵션계약이란 무엇인가? 이것이 토지취득에서 어떻게 사용되는가? 이런 옵션을 사용할 때 개발사업자가 걱정해야 하는 것들은 무엇인가? 토지옵션계약에 포함될 수 있는 조건들은 무엇인가?

3. 개발사업자가 토지를 매입할 때 걱정해야 하는 물리적인 고려사항은 어떤 것들이 있을까? 이런 고려사항들이 지불해야 하는 가격을 결정할 때 어떻게 고려되어야 하는가?

4. 토지개발사업에서, 왜 대주들은 분양수입 대비 상환비율을 초과하는 대출상환비율을 주장하는가? 담보 해지가격이란 무엇인가?

5. 개발사업자의 관점에서 그리고 대출기관의 관점에서, 토지개발사업의 독특한 위험은 무엇인가?

문제

1. Concept Box 17.1을 참조하기 바란다. 수정된 시장조사는 아래 사항들을 지적하는데: 아마도 표준 인테리어 필지들의 가격은 각각 $103,000이 될 것 같고, 고급 인테리어 필지들은 $118,000 그리고 코너 필지들은 $125,000이 될 것 같다. 필지당 평균 개발비용은 수정되어 $71,000에 이르고, 행정비용 등은 여전히 분양수입 합계의 12.5%를 유지한다.

   a. 총사업비순이익률이 계속해서 동일하게 18%로 유지될 수 있는가?

   b. 개발사업자는 총사업비순이익률로 21%를 원한다고 가정해 보자. 토지에 얼마나 많은 금액을 지불할 수 있는가?

2. 트리탑 연합그룹(Treetop Associated Group: TAG)은 147개 필지 규모의 토지인수 및 개발을 위해서 금융을 물색하고 있다. 토지가격은 150만 달러가 될 것이고, TAG는 추가로 직접개발비용 270만 달러를 추산하고 있다. 시티연방은행(City Federal Bank)은 토지취득가격의 40%, 직접개발비용의 100%, 이자율 11%의 건설기간이자 및 대출취급 수수료 3%에 대해서 금융을 제공할 것이다.

   TAG는 택지유형을 두 가지, 즉 표준형과 고급형으로 나누기로 결정하였는데, 표준형 택지는 전체 147필지 중 87필지를 구성하고 있다. 또한 TAG는 고급형 택지가 표준형 택지의 분양가격, $36,000보다 $2,000 더 비싼 가격을 형성할 것이라고 생각하고 있다. 프로젝트의 분양수입 합계는 $5,412,000이다. 토지가격의 60%와 이전비용 5만 달러를 지불한 이후에, TAG는 나머지 개발비용을 최초 3개월 동안은 매월 60만 달러씩 인출하고 그 다음 3개월 동안은 매월 30만 달러씩 인출할 것이라고 생각한다. 용지분양은 최초인출 후 4월차 중에 시작할 것으로 예상된다. TAG는 1년차의 남은 기간 동안에는 매월 3개의 표준형 택지와 4개의 고급형 택지를 분양하고, 2년차에는 매월 5개의 표준형 택지와 2개의 고급형 택지를 분양할 것으로 추정하고 있다.

   TAG와 은행은 분양수입의 수령보다 20% 빠른 비율로 대출상환을 요청하는 상환일정에 동의하였다. 즉 대출원금과 건설기간이자는 모든 수입의 약 83.33%가 실현되었을 때 전부 상환될 것이다. 고려해야 하는 기타 비용은 분양비용(각 분기 동안 분양한 택지의 5% 비율로 분기마다 지급), 분기당

$7,500의 일반관리비용 그리고 매년 말 $19,000의 재산세가 해당된다.

    a. 각 택지유형별로 담보해지가격은 어떻게 될까?

    b. 건설기간이자를 포함해서, TAG에게 제공할 대출총액을 추정하라.

    c. (*b*)와 대출인출패턴에 기초하여 대출상환일정을 작성하되, 언제 TAG가 대출을 완전히 상환하게 될는지를 보여라. 토지개발대출에 대한 현금지급 합계는 얼마가 되겠는가?

    d. 총사업비는 얼마가 되는가? 총사업비 대비 몇 퍼센트가 대출로 지원되는가?

    e. 만약 TAG의 세전 요구수익률이 15%라면, 이 사업의 순현재가치와 사업수익률은 얼마인가? (힌트: 사업 전기간에 걸쳐서 분기 단위로 현금흐름표를 작성하라.)

3. 리 개발회사(Lee Development Co.)는 사업부지 한 곳을 찾아낸 바, 동 부지는 75개의 택지를 산출할 것으로 리社는 믿고 있다. 또한 동사는 토지를 $225,000에 매입할 수 있으며, 추가로 직접개발비용이 $775,000에 달할 것으로 생각하고 있다. 텍사스최종국립은행(The Last National Bank of Texas)은 조성비용의 100%와 건설기간이자에 대해서 대출을 실행할 것이다. 대출은 **취급수수료 3%**와 **금리 13%**의 조건으로 실행될 것이다. 리社는 사업용지들을 두 유형, 즉 표준형과 고급형으로 구성하면 분양이 신속하게 마무리될 것으로 믿는데, 표준형 택지는 전체 75개 택지 중에서 57개를 차지하고 있다.

    리社의 마케팅 직원은 고급형 택지들은 $24,000에 분양할 수 있는 반면, 표준형 택지들은 $13,500밖에 벌어들이지 못할 것이라고 생각한다. 리社는 직접비용 인출은 1월차에서 4월차까지 4개월 동안 네 번의 동일한 금액으로 인출될 것으로 추정한다. 기타 초기비용은 토지이전비용 1만 달러와 3%의 대출취급 수수료가 해당되며, 동 비용항목들은 대출금으로 지원되지 않는다. 리社의 분양부서 책임자는 4월차에서부터 분양활동을 개시하여 최초 3개월 동안은 매월 5개의 표준형 용지와 4개의 고급형 용지를 분양하는 결과를 가져올 수 있다고 마케팅 직원에게 장담하고 있다. 그 다음 6개월 동안은 매월 7개의 표준형 용지와 1개의 고급형 필지를 분양하게 된다. 최종국립은행은 사업에서 자신의 대출금을 조기에 회수하고 싶어 하는데, 유입이 예상되는 분양수입보다 25% 빠른 대출상환 결과를 가져오도록 설정한 담보해지가격에 리社가 동의해 주기를 원한다. 고려해야 하는 기타 비용은 분양비용(각 분기 동안 분양한 택지의 5% 비율로 분기마다 지급), 분기당 $11,000의 일반관리비용 그리고 $7,000의 재산세가 해당된다. 이 비용들 중 어떤 항목도 대출 지원대상이 되지 못한다.

    a. 리社를 위한 월별분양일정을 전개하라. 리社의 분양수입 합계는 얼마인가? 리社가 대출을 완전히 상환하는데에는 몇 개월이 걸리는가?

    b. 대출총액으로 지원되는 건설기간이자 총액은 얼마인가? 각 유형의 택지마다 담보해지가격은 얼마씩 부과되는가? 대출상환일정을 계산하라. 리社가 최종국립은행에 지불하는 현금지급 합계는 얼마인가?

    c. 리社에 요구되는 자기자본 총액은 얼마나 될까? 만약 리社의 자기자본에 대한 요구수익률이 18%라고 하면, 리社는 이 사업을 수행해야 할까? (힌트: 사업 전기간에 걸쳐서 분기 단위로 현금흐름 분석을 수행하라.) 사업수익률은 얼마나 되는가?

4. **Excel.** 위의 문제3을 참조하라. 웹사이트에서 제공하는 엑셀 워크북 안에 "Ch17 Land Dev"를 참조하기 바란다. 문제3을 풀기 위해서 파일에 있는 가정들을 바꿔라. 그리고 난후, 아래의 질문들에 답하라.

    a. 다음의 가속상환비율에 따라서, 대출상환금을 요청하는 상환일정에 기초해서 담보해지가격을 결정하라. 분양수입수령에 대비하여 각각 0%, 10% 및 30% 빠르게 상환할 때. (주의: 위의 당초 문제에서는 25% 빠르게 상환하는 것으로 가정하였다.)

    b. 0% 가속할 경우(즉 가속하지 않을 경우) 대출은 마지막 택지가 분양될 때 정확하게 상환이 완료된다는 것을 증명하도록 대출상환일정을 전개하라.

    c. 위 (*a*)문항에서 각각의 비율에 대하여 대주의 내부수익률(대출의 실질비용)을 계산하라.

부동산투자의 구조: 조직구성의 형태 및 합작투자[1]

Partnerships, Joint ventures, and Syndications

본서의 1장에서는 부동산의 소유권이 매도인에서 매수인에게 적법하게 양도되는 방법에 대해 논의하였다. 그 외의 장에서는 부동산소유권과 관련된 위험과 수익에 대해 논의를 하였다. 그러나 지금까지는 어떠한 법적 소유권의 형태가 부동산을 취득하기 위해 사용될 수 있는지에 대해서는 논의하지 않았지만, 본 장에서는 이에 대해 알아볼 것이다. **법적 소유권 형태**란 정부 및 법원에서 부동산 권리취득 시 인정하는 것으로 개인기업(sole proprietorship), 조합(partnership), 유한책임회사(limited liability company) 또는 법인(corporation) 중 하나에 속한다. 여기서는 각각의 법적 형태 및 부동산 투자 시 그들이 갖는 이점에 대해 알아보도록 하자.

개인기업 *Sole Proprietorships*

개인기업(sole proprietorship)은 한 명의 개인이 하나의 사업체인 경우이다. 개인기업 설립 시 반드시 거쳐야 하는 절차와 비용이 없으며 개인이 사업을 시작할 때 필요하다. 운영에 따른 수입, 비용, 자본이득 및 손실은 개인세금보고서에 언급되어야 하고 개인이 운영하기 때문에 사업관리에 따른 의견충돌이 없다.

개인기업은 기본적으로 무한책임이기 때문에 자신이 투자한 금액 이상의 손실이 발생할 경우법원에서 개인기업 자산 등에 대한 소구권을 가지게 되며 자본의 확충이나 투자를 위한 자금마련에 어려움이 있다.

개인기업은 개인이 직접 투자가 가능할 경우 일반적으로 사용되는 부동산투자형태이다. 또한 투자에 따른 수익 및 손실이 본인에게 직접 부과되기 때문에 이중과세가 적용되지 않

---

[1] 본 장을 작성하는 데 도움을 준 프루덴셜 부동산투자팀의 책임자인 Youguo Liang에게 감사의 뜻을 전한다.

는다(즉, 투자 시 손실이 발생했을 경우 다른 과세대상 수익에 상쇄된다). 그러나 개인기업은 투자가 복잡해질수록 즉 개인적 채무와 자본 확충의 어려움 그리고 다양한 부동산에 대한 분산투자의 어려움이 있는 경우 이상적인 부동산 투자 형태는 아니다.

조합 *Partnership*

조합은 하나 또는 둘 이상의 부동산에 대한 소유권을 두 명 이상이 가지고 있는 경우 적용 되는 법적 형태이다. 기본적으로 조합은 무한책임조합(general partnership)과 합자조합(limited partnership) 형태로 운영된다.

무한책임조합 *General Partnership*

무한책임조합(general partnership)은 한 명 이상으로 구성되며 각각의 무한책임조합의 구성원들은 조합정관에 특별히 명시되지 않는다면 사업관리에 관한 책임에 동등한 권리를 가지고 있다. 무한책임조합의 구성원은 개인 또는 다른 기업체와도 이루어질 수 있으며 무한책임조합 설립은 주(state)에서 규정하나 설립 시 필요한 절차 및 비용은 없다. 무한책임조합은 둘 이상의 구성원들이 사업을 시작할 때 사용하는 기본적 형태이다. 잠재 조합 구성원들은 조합 설립 이전 반드시 변호사와 상담을 하여야 하고. 상담 결과 무한책임조합을 선택했다면, 변호사는 수익과 손실의 분배, 관리책임 그리고 조합의 해산에 관한 내용이 담긴 정관을 작성해 줄 것이다.

무한책임조합은 개인기업과 마찬가지로 이중과세가 적용되지 않는다. 조합의 수익 등에 관한 정보는 미국 국세청에 보고가 되지만 세금납세 목적이 아니고 단순 보고용이다. 운영에 대한 모든 수익과 자본이득 그리고 손실은 조합의 구성원 각자에게 적용된다.

무한책임조합의 단점은 조합에 대한 법률적 금융적 책임이 무한하다는 점이다. 즉 구성원 1인의 사업을 운영함에 있어 발생된 모든 책임이 다른 구성원에게도 영향을 미친다. 게다가, 조합에 각자 투자한 금액에도 불구하고 구성원 모두가 조합의 대출잔액 등에 대해 모든 책임을 진다.

부동산 소유권은 조합의 이름으로 등록된다. 각 구성원들은 조합의 이익을 취득하나 부동산 소유권은 취득하지 못한다. 이는 구성원의 이혼, 사망, 재정적 어려움이 발생할 경우 유동성관련 문제를 일으킬 수 있다. 또한 14장에서 언급한 것처럼 부동산으로부터 얻는 무한책임조합의 이익은 개인자산으로 취급되기 때문에 Section1031 교환에 따른 세금이연의 적용을 받지 못한다.

무한책임조합은 조합원들의 청산요구만 없다면 영속적으로 존재하고 사망, 무능력 또는 조합원의 철회가 있을 경우 해산한다. 만약 청산요구가 있다면, 조합원들은 협의를 통해 청산 날짜를 정관에 명시해야 한다.

무한책임조합은 합작투자(joint-venture)나 전략적인 제휴를 맺는 기업에 주로 활용되며 기타 다른 운영형태와 일반적으로 결합된다. 즉 유한책임회사와 유한책임조합을 결합하여 관리비 및 운영비용을 줄일 수 있다. 그러나 무한책임조합은 각각 조합원들에게 무한한 책임이 따르기 때문에 부동산 투자 시 선호되는 사업형태는 아니다.

합자조합 *Limited Partnerships*

합자조합(limited partnerships: LP)은 하나 이상의 무한책임조합과 하나 이상의 유한책임조합의 형태로 구성된다. 일반적으로 주에서는 합자조합을 규정하고 있으므로 무한책임조합에서 발생할 수 있는 무한책임을 피하려면 합자조합으로 등록하여야 한다. 합자조합의 구성원들은 조합 협정 시 각 조합원들의 책임과 수익분배에 대해 정관 등에 명시하며 합자조합 구성 시 등록 및 변호사 수수료 등의 비용이 발생한다.

합자조합의 특징은 두 가지 다른 형태의 조합의 결합이다. 합자회사 안에서 무한책임조합은 모든 사업의 운영에 대해 책임을 지고 이에 따른 법률, 재정적 책임도 맡는다. 또한 부동산의 매각, 차환 등에 대한 의사결정을 한다. 이와 반대로, 유한책임조합은 운영에 대해 수동적으로 참여하는 조합원으로서 제한된 책임만을 갖는다. 즉, 유한책임조합은 회사의 주주처럼 그들이 초기 투자한 금액에 대해서만 책임을 지고 무한책임조합의 행위에 대해 법률적 책임을 지지 않는다. 유한책임조합의 투자는 수동적 활동이고 11장에서 언급한 수동적 손실이 적용된다.

무한책임조합과 유한책임조합사이의 부동산 매각에 따른 이익대립이 발생할 수 있는데 이는 각 조합원마다 적용되는 세금규정이 다르기 때문이다. 합자조합은 이중과세의 예외대상이다. 무한책임조합인 경우 운영에 따른 소득 및 자본이득 손실 등은 각자의 세금납세서에 적용된다. 따라서 소득 분배시기에 합자회사의 세금부담액은 "0"이다.

무한책임조합과 마찬가지로 부동산소유권은 합자조합이 소유한다. 각 조합원들은 조합의 이익만 취득할 뿐 소유권은 조합이 소유한다. 이는 앞 절과 마찬가지로는 구성원의 이혼, 사망, 재정적 어려움이 발생할 경우 유동성관련 문제가 나타날 수 있다. 또한 조합의 소유에 따른 이익은 개인자산이기 때문에 Section1031에 규정한 교환에 따른 세금이연은 적용되지 않는다.

합자조합은 일반 회사와 달리 영속적으로 운영되지 않으므로 합자조합의 정관에 관계가 종결되는 기일이 날짜가 명확히 기록되어야 한다. 따라서 투자자는 일이 마무리될 수 있는 충분한 투자주기를 고려하여 해산할 날짜를 정해야 한다.

합자조합은 하나 이상의 무한책임조합이 제한된 책임을 추구하는 수동적 투자자로부터 초기 자본금을 얻어 책임운영하는 일반적으로 부동산투자 시 활용되는 모델이다. 합자조합의 경제적 이점에 대해서는 향후 설명할 것이다.

유한책임조합 *Limited Liability Partnership*

유한책임조합은 다수의 유한책임조합 구성원으로 구성된 기구이며 변호사, 건축가 등 전문적인 구성원으로 구성되고 일부 주의 경우 전문적인 구성원만이 유한책임조합에 참여할 수 있다. 다른 조합과 마찬가지로 정관을 가지고 있고 조합을 만들 때 등록세와 변호사 비용 등이 요구된다.

무한책임조합과 마찬가지로 각각의 조합원들은 조합운영에 책임을 진다. 주마다 책임의 형태는 다르나 일반적으로 조합원들은 그들이 투자한 자금에 대해서만 책임을 지며 법적으로 한 조합원의 법률적 행위는 다른 조합원들에게 영향을 주지 못한다.

또한 운영에 따른 소득, 자본이득 및 손실은 각 조합원에 직접 적용이 되며 이중과세 적용을 받지 않는다. 조합원들의 책임은 유한하나 운영권리를 갖기 때문에 수동적 손실이 적용되지 않는다.

다른 모든 조합과 마찬가지로 부동산 소유권은 유한책임조합이 가지며 각 구성원들은 부동산 소유권이 아닌 조합의 이익만을 수취한다. 무한책임조합, 합자조합과 마찬가지로 조합원들의 사망, 이혼, 재정적 어려움이 생긴다면 유동성에 대한 문제가 야기된다. 또한, 조합에서 수취한 이득은 개인재산으로 간주되기 때문에 Section1031 교환에 따른 세금이연은 적용되지 않는다.

무한책임조합, 합자조합과는 달리, 유한책임조합은 일반적으로 기간을 명시하지 않는다. 조합원의 사망이나 무능력은 조합의 청산에 영향을 미치지 않으며 이는 일반 회사와 유사하다. 유한책임조합은 각 구성원의 유한책임 때문에 부동산투자자들에게 효과적인 소유권 형태이다.

유한책임회사 *Limited Liability Companies*

유한책임회사는 1988년 미국 국세청이 인가한 새로운 형태의 회사이고 현재는 모든 주에서 유한책임회사의 성립과 운영을 승인하였다. 유한책임회사는 구성원들의 유한책임 등 유한책임조합의 모든 장점을 가지고 있다. 또한 사업운영에 있어 유연하며 일부 제한된 책임을 갖는 투자자도 허용한다. 그러나 만약 주에서 유한책임회사보다 유한책임조합에 더 많은 유한책임을 허용하고 기존에 존재한 무한책임조합이 기구 형태를 변경하고자 할 때는 유한책임조합이 더 선호된다. 무한책임조합에서 유한책임조합으로의 전환은 유한책임회사로의 전환보다 간편하고 관리비용이 절약되고 다른 주의 경우 무한책임조합이 유한책임회사로 전환 시 세금문제가 발생하나 유한책임조합으로의 전환 시에는 세금문제가 발생하지 않는다. 또한 다른 주의 경우 유한책임회사 설립을 위한 의무 보험규정이 있는데 이는 관리 비용을 증가시키는 요인이 된다.

다른 주의 경우 유한책임회사 등록 시 1인도 가능하나 몇몇 주는 적어도 2인 이상의 구성원을 필요로 하며 일반적으로는 인원의 제한은 없다. 유한책임회사 등록절차로 회사는 반드시 주에 조직에 관련된 사항을 명시한 서류를 제출하여야 하고 구성원의 관계와 책임을 명시한 문서도 필수적으로 제출하여야 한다. 유한책임회사 설립을 위한 등록비용과 변호사 수수료도 필요하다. 유한책임회사의 관련된 법률은 주마다 상이하며 이로 인해 한 주에서 운영이 가능하더라도 다른 주에서는 운영이 불가능할 경우가 발생할 수 있다. 게다가, 유한책임회사의 경우 최근에 규정된 회사 형태이기 때문에 아직 관련법에 대해서는 불안정한 상태이다.

유한책임회사는 (1) 조합원 운영(member-managed) (2) 관리자 운영(manager-managed) 두 가지 형태가 있다. 조합원 운영 유한책임회사의 구조는 유한책임조합과 유사하며 모든 구성원은 사업운영에 관한 의결권을 가지고 있다. 관리자 운영 유한책임회사의 경우 일반적인 회사와 유사하고 유한책임회사 운영에 관련된 역할을 맡으며 다른 구성원들은 관리책임 없이 주주와 유사하게 소유권에 대한 이익을 소유한다. 관리자들은 유한책임회사의 구성원일 수도 있고 외부 인사도 가능하며 그들의 책임과 의무는 의사결정을 위한 절차를 포함하여 운영 약정서에 명시하여야 한다. 관리자운영 유한책임회사 구성원들은 수동적 참여자가 아닌 적극적 참여자이기 때문에 사업운영에 관한 회의에 참여할 수 있지만 구성원들은 운영결정에 관해 의결권을 가지지 못한다. 유한책임회사의 구성원으로 참여할 수 있으며 이는 호의적인 대출 조건 협의를 위해 관리책임 없이 유한책임회사 운영에 관해 의사를 개진하기 위해서이다.

앞서 설명한 다른 기구와 마찬가지로 유한책임회사는 이중과세를 적용받지 않는다. 과세대상 소득 및 손실은 유한책임회사를 거치지 않고 바로 투자자에게 귀속되며 유한책임회사는 단지 세금관련 보고서를 국세청에 제출할 뿐이다. 또한 다양한 형태의 투자자를 구성할수 있고 계층별로 각기 다른 수익금 배분이 가능하다. 또한 유한책임회사는 위원회, 정기 주주총회 등의 개최를 필요로 하지 않는데. 일부 주의 경우 부가가치세 등을 요구하기도 한다.

조합과 마찬가지로 유한책임회사의 이름으로 부동산을 소유하고 각각 구성원들은 유한책임회사의 수익만 수취한다. 이는 유동성이 필요할 때 문제가 되기도 한다. 또한 유한책임회사의 수익은 개인재산으로 간주되기 때문에 Section1031에 따른 교환에 따른 세금이연이 적용되지 않는다.

이중과세의 미적용, 유한책임 그리고 관리형태의 유연성으로 상업용 부동산 소유에 있어 유한책임회사는 많이 활용되고 있고 여러 가지 장점으로 유한책임조합을 대체하고 있다. 그러나 기존에 존재한 무한책임조합, 합자조합을 다른 형태로 변경할 경우 유한책임조합을 더 선호하며 이는 세금이 적용되는 유한책임회사와는 달리 세금관련 비용이 발생하지 않기 때문이다.

법인 *Corporations*

마지막으로 알아볼 구조는 법인이다. 법인은 두 가지 형태가 있으며 하나는 C 법인이고 다른 하나는 S 법인이다.

C 법인

C 법인은 임원이 관리하고 하나 이상의 주주로 구성된 법률적 과세대상 기구이다. C 법인의 지위는 개별 주에서 받아야 하며 조례에 법인의 운영규정이 명시되어 있다. 각종 수수료와 선행비용 때문에 C 법인의 설립 및 운영비용은 다른 기구에 비해 비용이 높다. 또한 주와 연방에 제출해야 할 분기, 반기 보고서에도 비용을 지출하여야 한다.

C 법인의 주주들은 자신들이 초기 투자한 자본금 내에서 책임을 지고 기타 다른 부채에 대해서는 책임이 없다. C 법인의 주된 장점은 그들의 자본금이 상장을 통해 유동성을 확보할 수 있다는 점이다. 상장법인의 주식은 부동산과 비교하여 매우 유동적이다. 또한 기업운영의 영속성을 확보할 수 있으며 주주나 임원진들의 사망 등은 회사 영속성에 영향을 미치지 못한다.

C 법인의 단점은 이중과세 적용에 있다. C 법인은 소득에 대해 세금을 납부하여야 하고 주주들은 세금을 제한 세후순이익을 배당받아야 한다. 이와 유사하게 C 법인손실은 각각 주주들에게 떠넘길 수 없다. 그러나 C 법인은 재투자 등을 통하여 수익을 보존할 수 있다. C 법인의 수익은 개인재산으로 간주되기 때문에 Section1031에 규정한 교환에 따른 과세이연은 적용되지 않는다. C 법인 이중과세와 유한책임 문제 등으로 일반적으로 상업용 부동산을 취득하는 데 사용되지 않는다.

S 법인

S 법인은 개인이나 투자자 그룹이 소유하는 법률적 기구로써 법인 설립 시 S 법인으로 구성하여야 하며 필요사항은 아래와 같다.

- 100명 이하의 주주
- 주주는 일반 개인만 가능
- 외국인 투자자는 불가능
- 주식은 한 가지 종류만 발행가능

만약 위에 언급한 4가지 사항이 충족된다면, S 법인의 지위를 갖게 되고 조합처럼 운영에 따른 소득, 자본이득, 손실에 대해 이중과세를 피할 수 있다. 그러나 하나 이상의 요건이 충족 되지 못할 경우 S 법인은 C 법인과 마찬가지로 세금을 납부하여야 한다.

S 법인의 지위는 개별 주에서 주어지며 C 법인과 마찬가지로 주에 정관과 조례를 제출하여야 한다. S 법인의 설립 시 각종 수수료 및 선행비용과 운영비용에 관한 지출이 많을 수 있다.

S 법인은 주주들에게 제한된 책임을 부여한다. 즉 회사의 부채에 대해서는 주주들에게 소구권이 없으며 주주들은 자신들이 투자한 자금에 대해서만 책임을 진다. 또한 S 법인은 상장을 통해 유동성을 확보할 수 있다(일반적으로 S 법인의 주식과 관련된 엄격한 운영규제 때문에 C 법인 주식에 비해 유동성이 낮다). S 법인의 이익은 개인재산으로 간주되기 때문에 Section1031에 규정한 교환에 따른 과세이연은 적용받지 못한다. 또한 기업운영의 영속성을 확보할 수 있으며 주주나 임원진들의 사망 등은 회사 영속성에 영향을 미치지 못한다.

S 법인은 이중과세 적용을 받지 않기 때문에 부동산 투자 시 좋은 대안 중 하나이다. 또한 S 법인이 충분한 서비스를 제공해 줄 수 있다면 부동산임대업을 운용하는 데 좋은 기구이다. 그러나 부동산임대 관리가 수동적인 Net Lease 방식으로 이루어진다면 소득액에 대한 세금납부 위험이 발생할 수 있다. 또한, 3년 연속 수동적 소득이 전체 소득금액의 25%를 상회한다면 S 법인의 지위를 상실한다.

합작투자 _Joint Ventures_

합작투자는 특정한 목적을 달성하기 위해 최소 둘 이상의 기구가 조합한 형태이다. 다른 기구들과 달리 합작투자는 목적이 달성했을 때 일반적으로 청산을 한다. 합작투자는 일반적으로 다음과 같은 장점을 가지고 있다.

1. **위험 분산**: 1인 투자자는 부동산 투자의 위치, 금액, 자본적 지출 등을 모두 떠안기를 꺼려

하나 위험분산이 가능한 둘 이상의 기구라면 기꺼이 부동산 투자를 한다.

2. **자본과 전문지식의 결합** : 합작투자는 초기 자본금을 투자자에게 모집하고 다양한 경험을 가진 전문가들과 함께 사업을 영위하는 것이 일반적인 형태이다. 개발과 부동산투자운영 관리 쪽에 경험을 가진 전문가와 초기 자본금을 대주는 투자자가 보기 쉬운 예이다. 합작 투자는 기존 부동산 취득과 운영을 포함한다. 이러한 경우, 구성원 중 한쪽은 취득, 임대, 관리를 맡고 다른 쪽은 자본을 제공한다.

3. **투기목적**: 장기간 개발이 예정되지 않는 대규모 부지를 취득하는 경우로서 향후 개발 확정시 큰 이익을 얻을 수 있다. 하지만 이러한 투자의 경우 1인 투자자가 하기에는 위험부담이 크므로 일반적으로 둘 이상의 투자자가 모이게 된다면 투자할 여력을 가지게 된다.

조직 유형 *Organizational Forms*

합작투자의 참여자들은 개인투자자, 조합, 회사, 신탁 등 다양한 조합으로 이루어진다. 그러나 합작투자 그 자체는 법적 형태가 아니기 때문에 자본의 기여, 권리, 의무, 이익 분배 등을 명확히 하기 위한 협의서를 작성하여야 한다. 이 장에서는 합작투자 시 주로 사용되는 조합에 초점을 두어 설명을 할 것이다.

이익분배 *Profit Sharing*

합작투자의 구성원들은 다양한 형태로 기여하기 때문에 조합 구성 시 모든 구성원이 인센티브를 받을 수 있도록 하여야 한다. 또한 투자자의 세제납부 차이도 조합을 구성하는 데 영향을 미친다. 합작투자는 다양한 조합으로 구성될 수 있으며 쉽게 접할 수 있는 것이 합자조합이다. 다른 조합과 마찬가지로 적어도 한 명의 무한, 유한책임조합 구성원이 필요하다. 일반적으로 부동산 투자에 있어 유한책임조합 구성원들은 초기 자본금을 제공하며 무한책임조합 구성원들은 조합의 자산관리를 맡고 초기 자본금 구성에 있어 상대적으로 적은 비율을 담당한다. 유한책임 사원은 합작투자의 관리에 제한적이며 초기 지출한 자본금에 대해서만 책임을 진다. 이에 대해서는 후술할 것이다. 합작투자를 구성할 때, 투자자가 고려해야 할 사항은 아래와 같다.

1. 구성원 간 초기 자본금 투자금액과 향후 추가적인 자본금 투자가 예상될 때 그 비율
2. 부동산 운영에 따른 수익금 분배 비율
3. 부동산 매각 후 자본이득금액 분배 비율
4. 우선수익금을 받을 구성원과 우선 수익금 구성 방법(연간 운영수입 또는 매각 후 매각차익)
5. 운영에 따른 현금흐름에 따른 과세대상 소득(손실)과 자본이득(손실)의 분배[2]
6. 구성원 중 누가 부동산 운영 및 자본투자 결정, 임대차 업무, 대출 및 차환, 언제 부동산을 매각할 것인지에 대한 책임을 질 것인가?

---

[2] 각 구성원들이 수취하는 운영 및 매각에 따른 과세대상 소득(손실), 자본이득(손실)이 상이하기 때문에 특별배분이 필요하다

초기 자본금 구성

앞서 언급했다시피, 합작투자는 초기 자본금을 담당할 구성원과 전문적인 지식을 갖춘 전문가의 조합으로 이루어진다. 공동투자자(investor-partner)는 부유한 개인 투자자 또는 투자자의 기금으로 수익을 내는 기관의 전문투자담당자가 참여하고 이들은 부동산에 투자하고자 하지만 전문적 지식이 없다. 현금투자자(money-partner)는 일반적으로 투자의 다변화에 더 관심을 가지고 있고 일반적으로는 부동산 개발 및 관리에 대한 전문적 지식이 없으며 관심도 적다.[3]

예를 들어, **초기 자본금 구성**은 다음과 같다. 현금투자자들은 합작투자 설립 및 운영에 관한 자본금의 90~95%를 담당하고 부동산 개발 및 관리자들은 나머지 5~10%를 담당한다. 부동산 운영에 경험 및 전문적 지식을 갖고 있는 참가자도 운영비용의 일부를 담당해야 하며 이는 공동 투자자와의 **금융적 권익 조정**을 위해서다. 또한 합작투자 시 초기 투자자본금은 상대적으로 위험이 크기 때문에 개발업자 및 관리자의 수익과 현금투자자의 수익은 일정 범위 내에서 조정되어야 한다. 개발업자와 관리자는 부동산 운영에 대해 책임을 지고 있기 때문에 초기 자본금 중 일부를 인건비 등으로 수취하고 이는 합작투자를 성공적으로 이끌려는 유인책 중 하나이다. 또한, 개발업자 및 부동산 관리책임자들은 합작투자에 관심을 가질 만한 현금 또는 공동투자자들을 접촉해야 한다. 따라서 성공적인 자본구성과 수수료 그리고 이익 분배의 결합은 초기 투자한 자본금을 자본시장으로 이끌 요소가 된다.

운영에 따른 현금흐름의 분배

부동산 운영에 따른 현금흐름을 분배하는 방법 중 하나는 자본금 비율로 분배하는 방식이다. 예를 들어, 만약 개발업자가 자본금 중 10%를 출자하였다면, 향후 10%에 해당하는 현금흐름을 받게 될 것이다. 이러한 방식을 **비누적적 균등 분배**(noncumulative pari passu distribution)라고 한다. 그러나 일반적으로 현금투자자와 운영담당자(operating partner)는 현금흐름과 부동산 매각차익에 대해 받는 비율이 일정하지 않다(일반적으로, 공동투자자는 현금흐름에 대한 **우선 배당**을 받고 개발업자는 부동산 가치상승에 대한 몫을 받는다). 예를 들어, 공동투자자들은 초기 투자금의 8% 수익률로 계산된 **우선 수익**을 받는다. 결과적으로 만약 공동투자자가 $1,000,000를 투자했다면 초기 투자자는 $80,000를 받을 것이다. 공동투자자들에게 초기 배당을 하고 나서, 만약 개발업자 등에게 분배할 **충분한 자금**이 있다면 개발업자 등은 투자자와 동일하게 최초 투자한 금액의 8%를 얻을 것이다. 또한, 투자자와 개발업자 등에 분배 후 자금이 충분히 남아 있다면, 초기 투자 비율 혹은 다른 계약 비율대로 나머지 부분을 분배한다. 예를 들어, 잔존 현금흐름을 50:50으로 나누기로 하였다면, 개발업자는 초기 자본금의 5%만 투자했지만 개발 및 운영 성공의 보수로 잔존 현금흐름의 50%를 수취하고 이를 "**수익금(promote)**"을 받았다고 한다.

8%의 우선배당은 누적되거나 누적되지 않을 수 있다. **누적분배**(cumulative distribution)

---

[3] 현금투자자들은 연기금이나 부유한 개인들이나 부동산 관련 업무에 제한적인 경험을 가지고 있다.

는 만약 투자자에게 우선 배당할 충분한 금액이 없을 경우 다음 기에 부채로 계상된다. 이 경우, 투자자들은 전년도 미수금액과 올해 받을 금액을 합산하여 기말에 받게 된다. 또한 미수금액에 일정 이자를 가산하는 것도 가능하다.

　개발업자 등은 운영 및 관리 서비스에 대한 보상으로 수수료를 수취할 수 있다. 이러한 수수료에는 프로젝트 개발에 따른 감독수수료(일반적으로 직접 및 간접 건설비의 4%로 계산)[4], 운영 후 관리감독 수수료(유효조소득의 3.5%로 계산)[5]가 있다. 이러한 수수료는 투자자본금과 관련이 없으며 개발업자 등이 서비스를 제공하여 받는 금액이다. 따라서 합작투자 시 관리 및 감독업무를 아웃소싱 하였을 경우 해당업체에 그에 따른 금액을 지불하여야 한다.

매각에 따른 현금흐름 분배

투자의 성공여부는 부동산이 매각되기 전까지 알 수 없다. 물론, 부동산으로부터 얻게 되는 임대료 및 시장상황 그리고 부동산 평가를 통해 투자의 성공여부를 판단할 수 있지만 실제로 부동산이 매각될 때, 투자자들에게 분배할 금액을 최종적으로 알 수 있기 때문이다.[6]

　매각을 통한 자본이득의 분배는 부채를 상환한 이후에 이루어진다. 먼저, 부채상환 후 각 구성원들이 초기 출자한 자본금을 회수한다. 그리고 매각을 통한 자본이득을 미리 결정한 비율대로 분배한다. 이를 일반적으로 "내부수익률 선호(*IRR* preference)"라 한다. 이는 전체 투자기간 동안 출자한 자본에 대한 내부수익률을 상회하는 금액을 각 투자자가 받는다는 것을 의미한다. 이러한 경우 앞서 언급했다시피, 부동산 매각 후 각 구성원이 출자한 자본금 비율만큼 회수한 후 나머지 부분을 각 투자자가 수취하게 된다. 각 구성원이 내부수익률 선호를 수취한 후 남은 현금흐름을 초기 결정한 비율만큼 나누게 된다(일반적으로 각 구성원당 50% 수준).

　내부수익률 선호 분배의 변형된 형태를 일반적으로 **내부수익률 회수**(*IRR* lookback)라 한다. 이 경우, 각 구성원이 초기 자본금 회수한 이후 잔존 현금흐름을 초기 결정한 비율(일반적으로 50%)로 다시 각자 나누어 갖게 된다. 그러나 잔존현금흐름에 대한 분배는 하나 혹은 둘이상의 구성원이 요구하는 특정 내부수익률 12%를 만족하여야 한다. 잔존현금흐름을 50% 분배하여도 특정 내부수익률을 만족하지 못한다면, 내부수익률 회수를 얻어야하는 구성원의 수익률을 보장하고자 모든 구성원들에게 분배해야 할 잔존현금의 일부를 재분배하여야 한다.

　내부수익률 선호와 내부수익률 회수의 차이점은 아래와 같다.

사례

투자회사인 ICI는 부동산 개발업체인 PDI와 합작하여 부동산 개발과 운영업무에 참여하

---

[4] 16, 17장에서 언급하였지만, 직접건설비는 자재, 인건비 등을 포함하고 간접건설비는 설계, 엔진니어링, 감정평가, 법률비용 등을 포함한다.

[5] 유효조소득은 총 임대료에서 공실률 등을 차감한 금액이다.

[6] 부동산 매각전 재융자도 투자의 성공 또는 실패여부를 알게 해준다. 특히 부동산 가치가 상승하였을 경우 현재 부동산에 설정된 융자금액보다 더 높은 금액을 융자할 수 있다.

고자 한다. 이 부동산개발사업의 초기 필요 자본금은 $50,000,000이며 ICI가 $45,000,000 PDI가 나머지인 $5,000,000을 출자하기로 했다.

각 구성원의 자본금과 운영에 따른 연말현금흐름을 요약하면 아래와 같다.

기간	운영에 따른 현금흐름	매각금액
사업초기	($50,000,000)	
1년	$ 1,000,000	
2년	$ 2,000,000	
3년	$ 5,000,000	
4년	$ 6,000,000	
5년	$ 6,500,000	$75,000,000

5년 후 매각을 통한 예상현금흐름은 $75,000,000이며 이 매각금액은 투자자에게 분배되어야 한다. 합작투자기구는 ICI가 초기 출자한 자본금($45,000,000)의 5%에 해당하는 금액을 운영을 통한 현금흐름을 PDI가 수취하기 전 비누적적방식으로 매년 지불하는 약정을 체결하였다. ICI가 우선수익을 수취한 후, PDI는 초기 출자한 자본금($5,000,000)의 5%를 동일한 비누적적 방식으로 수령하기로 약정하였다. 또한 잔존현금흐름은 50:50으로 배당받기로 하였다.[7] 초기 연수익률은 초기 투자금액의 5%로 단순하게 계산할 수 있다 〈초기 투자금액 × .05〉.

부동산이 매각되었을 때, 매각금액은 일차적으로 ICI가 초기 자본금을 회수한 후 PDI가 투자한 자본금을 회수한다. ICI는 초기 투자한 자본금의 12% 수익을 상회할 수 있도록 매각대금 중 일부를 수취하고 나머지 잔존 현금흐름은 50:50 비율로 배당한다.

이러한 가정을 통해 합작투자기구의 현금흐름표를 작성할 수 있으며 이는 [예 18-1]에서 볼 수 있다.

연간 현금흐름 요약

[예 18-2]에서 보듯이, 초기 ICI의 수익은 PDI가 운영에 따른 어떠한 수익도 수취하기 전에 5%에 해당하는 우선수익을 받을 수 있도록 계산되어야 한다. 초기 2년 동안은 임차자 구성단계라 ICI가 요구하는 5%의 수익률을 지불하기에 현금흐름이 충분하지 않기 때문에 2년 동안 ICI는 발생하는 **현금흐름**의 대부분을 수취하는 반면 PDI는 아무런 수익도 얻지 못한다. 3년째, 운영에 따른 현금흐름이 $500,000로 증가하면서 3년차 ICI는 $2,250,000 ($45,000,000의 5%)을 받고, PDI는 $2,250,000($5,000,000의 5%)를 수령하게 된다. 잔존 금액인 $2,500,000은 각 구성원이 50:50비율($1,250,000)로 수취한다.[8]

---

[7] PDI 입장에서 40%의 "수익금(promote)"을 받았다고 말할 수 있다. 즉, PDI는 개발사업의 10%의 지분권이 있지만 잔존현금흐름의 50%를 배당받기 때문이다.

[8] ICI가 누적적 방법으로 초기 수취하였다면 3년차에 받게 될 금액은 $3,750,000이다. 이는 1년차 미수취금액

예 18-1

합작투자법인이 창출한 총 현금흐름

연	초기 투자금	운영에 따른 현금흐름	매각에 따른 현금흐름	합작투자법인 창출한 총 현금흐름
0	$-50,000,000			$-50,000,000
1		$1,000,000		1,000,000
2		2,000,000		2,000,000
3		5,000,000		5,000,000
4		6,000,000		6,000,000
5		6,500,000	$75,000,000	81,500,000

* 한 법인이 전체 투자를 했을 경우 내부수익률은 14.81%이다.

예 18-2

운영에 따른 현금흐름 요약

A. ICI

연	초기 5% 배분	ICI와 PDI 초기 배분액 공제 후 50%의 매각이익 공유	운영에 따른 수익 총 배분액
1	$1,000,000	-	$1,000,000
2	2,000,000	-	2,000,000
3	2,250,000	$1,250,000	3,500,000
4	2,250,000	1,750,000	4,000,000
5	2,250,000	2,000,000	4,250,000

B. PDI

연	초기 5% 배분	ICI와 PDI 초기 배분액 공제 후 50%의 매각이익 공유	운영에 따른 수익 총 배분액
1	-	-	-
2	-	-	-
3	$250,000	$1,250,000	$1,500,000
4	250,000	1,750,000	2,000,000
5	250,000	2,000,000	2,250,000

C. ICI과 PDI 간 조정

연	분배에 따른 현금흐름	ICI 현금 배분액	PDI 현금 배분액
1	$1,000,000	$1,000,000	-
2	2,000,000	2,000,000	-
3	5,000,000	3,500,000	$1,500,000
4	6,000,000	4,000,000	2,000,000
5	6,500,000	4,250,000	2,250,000

매각을 통한 현금흐름

여기서는 매각을 통해 각 구성원들이 받게 될 현금흐름에 대해 알아 볼 것이다. (1) 각 구성원은 초기 투자한 자본금을 받을 수 있어야 하며 ICI의 자본금이 우선순위가 된다. 이 경우 ICI와 PDI 모두 초기 투자금을 회수할 수 있을 만큼의 충분한 현금흐름이 발생되어야 한다. (2) ICI 투자회사가 우선수익률 12%를 받을 수 있도록 적정한 현금흐름을 계산하여야 한다. 이는 [예 18-3]에서 보여주고 있다. 현금흐름 $16,801,668은 ICI투자회사가 초기 투자한 금액 $45,000,000을 회수하고 정확히 12%의 수익률을 얻기 위해 필요한 금액이다. 따라서 나머지 잔존금액을 각 구성원이 나누어 갖기 전, ICI가 $16,801,668의 금액을 먼저 배당받아야 한다.

ICI 투자회사의 우선수익률인 12%를 충족시킬 수 있는 금액을 확정한 뒤(예 18-3) 그 금액을 공제시킨 각 구성원들에게 배당할 나머지 금액을 구할 것이다.

총 매각금액	$ 75,000,000
ICI의 초기 투자금	− 45,000,000
PDI의 초기 투자금	− 5,000,000
ICI의 내부수익률 선호	− 16,801,668
잔존 금액 (50:50 배분)	$8,198,332 또는 구성원당 $4,099,166

각 구성원들은 잔존금액 $8,198,332의 50%인 $4,099,177을 수령하게 될 것이다.

합작투자 구성원의 내부수익률 산정

ICI 투자회사의 우선수익률인 12%를 배당해 준 후 각 구성원들의 내부수익률을 계산한다. [예 18-4]에서 알 수 있듯이 ICI의 내부 수익률은 13.22%이고 PDI는 26.64%이다. ICI의 수익률이 12%가 아니고 13.22%인 것을 주목하자. 이는 12% 수익률 달성 후 잔존 현금을 PDI와 50:50으로 나누어 추가로 받게 되는 금액을 더한 결과이다. 또한 PDI는 "수익금"를 받아 최종적으로 26.64%의 수익률을 얻게 될 것이다(이는 PDI가 초기 자본금의 10%만 투자 하였지만 ICI의 우선수익률인 12%에 해당하는 금액을 배당하고 난 후 남은 금액의 50%를 수취한 결과이다).

운영 및 매각 수익의 50%을 배당받아 ICI는 우선 수익률을 충족할 수 있었고 성공적인 사업 운영 및 투자 결과 PDI는 50%의 인센티브를 획득하였다. 이 예에서 ICI와 PDI의 이익 조정과정을 알 수 있다. PDI는 부동산 개발 및 운영에 책임이 있기 때문에 성공적인 투자로 인센티브를 받았으며 초기 투자금에 2배 이상 상회하는 26.44%의 수익률을 얻을 수 있었다. ICI의 경우 Money-Partner 혹은 유한적 책임을 가진 투자자이기 때문에 위험이 PDI보다 낮았고 이에 따라 수익률도 높지 않았다.

$1,250,000과 2년차 미수취금액 $250,000에 3년차 수취금액 $ 2,250,000을 합산한 금액이다. 또한, 합작투자 계약에 따라 5% 또는 특정 이자율을 더한 값으로 결정 할 수 있다.

예 18-3	연	ICI의 운영에 따른 현금 흐름	ICI의 매각 후 초기 투자분에 대한 수익	12%의 내부수익률 선호 달성을 위한 매각 후 추가 현금 흐름	ICI가 받게 될 총현금 흐름
ICI의 내부수익률 선호(Preference IRR) 계산	0				$-45,000,000
	1	$1,000,000			1,000,000
	2	2,000,000			2,000,000
	3	3,500,000			3,500,000
	4	4,000,000			4,000,000
	5	4,250,000	$45,000,000	$16,801,668	$66,051,668
					내부수익률 = 12%

예 18-4	연	ICI	PDI
합작투자 청산 후 각 투자자들의 내부수익률	0	$-45,000,000	$-5,000,000
	1	1,000,000	0
	2	2,000,000	0
	3	3,500,000	1,500,000
	4	4,000,000	2,000,000
	5	$70,150,834*	$11,349,166**
	내부수익률	13.22%	26.64%

* 5년차 운영에 따른 현금흐름 : $4,250,000 + $45,000,000 + $16,801,668 + $4,099,166
** 5년차 운영에 따른 현금흐름 : $2,250,000 + $5,000,000 + $4,099,166

내부수익률 선호 Preferred IRR 의 변형 – 내부수익률 회수 IRR Lookback

앞 절에서 이야기하였지만, 투자자가 우선수익을 제공받을 시 더 선호하는 방법은 내부수익률 선호가 아닌 내부수익률 회수이다. 내부수익률 선호 방식은 ICI의 우선수익률 12%를 넘을 만큼의 충분한 현금흐름이 발생한다면 그 금액을 반으로 나눈다([예 18-5]).

내부수익률 회수의 경우 매각에 따른 현금흐름의 배당은 ICI와 초기 약정한 12%를 충족하는 금액만으로 이루어진다. 따라서 ICI의 12% 충족 후 나머지 현금흐름에 대해서는 개발업자인 PDI가 전부 수취한다. 위의 사례에서 ICI가 얻게 되는 현금흐름은 $66,051,493으로 제한되고 이는 ICI의 내부수익률인 12%와 정확히 일치한다. 이러한 경우 PDI는 잔존현금 전부를 수취하기 때문에 앞선 예에서의 26.64%의 수익률을 상회하는 32.94%를 얻을 것이다. 내부수익률 선호가 내부수익률 회수보다 항상 적어도 동일하거나 혹은 높은 수익률을 보장해 주지만 투자자 입장에서 내부수익률 선호보다 내부수익률 회수를 선호하는 이유가 있다. 매각가치가 기대보다 낮을 때 이러한 현상이 발생한다. 이 경우, ICI는 매각에 따른 현금흐름에 있어 최소한의 위험을 선택하게 될 것이고 초기 투자금액 및 약정 수익률 충족에 더 큰 관심을 기울이게 될 것이다. 명백하게, 이 경우 PDI는 더 큰 위험을 가지고 있어 수익률

연	ICI	PDI
0	$-45,000,000	$-5,000,000
1	1,000,000	0
2	2,000,000	0
3	3,500,000	1,500,000
4	4,000,000	2,000,000
5	$66,051,493	$15,448,507
내부수익률	12.00%	32.94%

이 앞선 예보다 더 높다([예 18-5]에서의 32.94% VS [예 18-4]의 26.64%). 만약 부동산 매각가치가 초기 투자금인 $450,000,000을 하회하게 된다면 모든 매각금액은 ICI가 수취하고 PDI의 수취금은 $0이다.

신디케이션 *Syndication*

부동산 **신디케이션**(syndication)의 개념은 부동산 프로젝트 진행이라는 공동의 목표를 위해서 자신이 보유하는 투자재원을 부동산 전문가의 역량과 결합시키는 투자자그룹이면 어디에나 다 해당된다. 신디케이션은 특정한 조직에 국한되지 않으며 일반회사, 합자조합, 무한책임조합 중 어떠한 법률적 형태도 취할 수 있다.

신디케이트(syndicate)는 부동산의 취득, 개발, 운영, 관리, 마케팅 등의 역할을 수행하기 위하여 구성하며 소액투자자에게 투자규모나 관리운영능력 면에서 다른 투자형태에서는 불가능한 투자기회를 제공해 주는 자금조달 형태이다. 신디케이터(syndicator)는 자신이 제공하는 용역에 대한 수수료 및 지분 참가를 통해 수익을 얻는다. 대부분 신디케이션 업체들은 부동산을 취득해서 관리하고 매각하는 사업에 종사한다. 부동산을 취득하기 위해서는 다른 투자자를 영입하여 부동산취득을 위한 자본을 형성한다. 신디케이터들은 일반적으로 자기자금을 많이 투자하지 않고, 자본을 투자한 투자자의 소유하에 있는 부동산을 취득, 관리, 매각 대행하고 수수료를 받는 대리관리자(agent-manager)로서 행동한다.

개발업자들은 프로젝트 수행을 위하여 추가적인 자본이 필요할 때 신디케이션을 많이 활용하며, 직접 신디케이션을 구성하거나, 신디케이션 지분매각 통해 자금 조달하는 전문 회사들을 이용할 수도 있다. 신디케이션이 적용되는 시점은 개발, 건설 기간 중일수도 있고 건물이 완성되어 임대한 후일 수도 있다. 후자의 경우 신디케이션은 개발업자가 프로젝트에 투입했던 지분을 회수하는 수단이 되는데, 개발완료 후의 임대가치가 건설비용보다 큰 경우에 더욱 그러하다. 개발업자는 또한 개발수수료도 수령하므로, 이러한 전략에 의해 개발업자는 개발사업에 전념할 수 있고 수수료를 받으면서 프로젝트의 일부 지분을 소유하고, 다음 개발사업으로 옮겨 갈 수 있는 것이다.

단일 또는 소수의 프로젝트를 신디케이트 하는 경우 투자자들은 **합자조합**의 형태를 취

최근에 상업용 부동산의 취득이나 개발을 하는 데 있어 부채와 자기자본의 조합을 통해 자금을 대는 것을 **"자본구축(capital stack)"**이라고 불리어 왔다. 이 자본구축의 부채와 자기자본 투자자들에게 현금흐름을 분배하는 것은 **"자본배분(waterfall)"**이라고 하였으며, 그들 사이에서의 우선순위 배분도 보여주고 있다.* 아래에 여러 가지 조합을 찾아 볼 수 있다:

부채/자기자본의 구조
["자본구축(Capital Stack)"]
Possible types of:

부채	금리에 따른 분배
제1순위 저당	고정, 변동, 금리(Interest Only),
제2순위 저당/메자닌 부채	축척(이자) 등
이익배당모기지	제1순위 저당보다 낮게
전환모기지	현금흐름에 의거
	부동산의 가치에 의거

부채/자기자본 투자자들에게 현금 배분
["자본배분(Waterfall)"]

자기자본	잔여 분배
유한책임조합 구성원들	선호
	회수
무한책임조합 구성원들	수익금
	잔류

* 이 용어들은 모기지담보증권풀에서 다양한 투자지들의 부류에 띠리 분배가 이떻게 이루어지는지 묘사할 때 주로 사용된다(19장과 20장에서 설명). 이 용어들은 일반적이고 대중화되었으며 부채 또는 자본투자자들에게 현금배분을 할 상황이 올 때 투자계약서에 서술한 대로 명확한 우선순위로 배분한다.

하는 경우가 많다. 소수의 투자자를 필요로 하는 사업에서 조합의 자본조달은 **사모**(private offering)에 의해 이루어지는데, 신디케이터들은 조합지분을 투자자에게 판매할 때에는 관련 규정을 준수해야 한다.

신디케이터가 많은 부동산 취득을 위해 거액을 조달하려는 경우도 있는데, 자금모집 과정에서 취득대상 부동산들이 확정될 수도 있고 그렇지 못할 경우도 있다. 확정이 안 된 경우를 blind pool이라고 하는데, blind pool은 투자자에게 제시한 사업설명서 상의 일반적인 지침 하에서 신디케이터에게 부동산 선정의 일임권을 부여한다. 조합의 지분이 여러 개의 주에 걸쳐 많은 투자자를 대상으로 할 경우에는 **공모**(public syndication)의 방법에 의해 이루어지며 여러 주나 연방법에 의한 많은 규제를 받게되는데 이는 본 장의 다음 절에서 서술한다.

본 장의 목적은 부동산 신디케이션 지분에 대해서 이해하고 평가할 수 있도록 하는 것으로서, 이러한 지식은 개발업자 및 장래투자자 양측에 모두 중요하다. 투자자들은 신디케이트에 참가할 경우의 수익과 위험을 다른 투자 대상과 비교 평가해야 한다. 개발업자는 신디케이션을 통해 지분을 취득하는 비용(그가 포기하는 권리와 관련하여)을 다른 자금조달수단과 비교할 것이다.

본 장의 분석은 합자조합이 단일부동산을 취득하여 사모에 의해 투자자를 모으는 경우에 초점을 둘 것인데, 부동산을 소유하는 조합지분의 취득 경우가 어떻게 직접 부동산 취득 경우와 다른가의 차이점에 중점을 둘 것이다.

공모 및 사모 신디케이트에서 합자조합의 활용

부동산 사업에 자본을 모집하기 위한 수단으로서 합자조합의 형태가 많이 활용되고 있다. 이는 회사법에서의 유한 책임제와 조합원에게 특별히 이익배당을 할 수 있는 조합의 융통성을 결합한 것이다. 투자자인 **유한책임조합 구성원**은 최초출자액 및 장래 출자하기로 약정한 금액 외에는 손실 의무를 부담하지 않는 반면, 조합에 대한 경영책임은 부동산 업무에 정통한 **무한책임조합의 구성원**이 수행하므로 조합은 전문적인 관리를 확보할 수 있다.

1986년의 세제개혁법에 의해 합자조합이 다른 부동산투자방식에 비해 우위에 있었던 세무상의 이점이 상실되었다. 한 예로서 합자조합투자에서 발생하는 세금상의 손실은 수동적 소득 제한(passive activity limitation) 규정(11장 참조)의 적용을 받게 되었으며 이러한 세법개정으로 인해 부동산투자에서의 활용이 현저히 감소하게 되었다. 그러나 현재에도 많은 합자조합이 존재하고 있으므로, 이에 대한 이해는 매우 중요하다. 더욱이 1990년대에 많은 부동산투자신탁(REITs)들이 설립되면서 합자조합의 무한책임조합 구성원의 지위를 부여받았다.

이러한 구조로 현존 부동산 신디케이션 유한책임조합 구성원들은 조합원 지분을(86년 세법개정 이전 투자분도 포함) 세금부담 없이 부동산투자신탁이 설립한 새로운 조합지분으로 전환할 수 있다. 부동산투자신탁에 대하여는 21장에서 상술할 것이며, 본 절에서 강조하려는 점은 합자조합이 부동산 중요한 역할을 맡고 있다는 점이다.

사모형태의 신디케이션의 문제점 예시

투자자를 모집하는 신디케이션에서의 당사자들은 그 사업의 내용을 잘 이해해야만 한다. 본 절에서는 Plaza 오피스 부동산(office building)을 매입하여 운영하기 위해 구성한 **사모형태**의 신디케이션 사례를 소개한다. 신디케이터인 Dallac 투자회사(Investment Corpration)는 단독 무한책임조합 구성원으로서 35인의 개인을 조합원으로 영입하였다.[9] Dallac투자회사는 부동산매입에 충분한 자본조달을 위해 합자조합방식을 채택하였으며, 투자에 참가하는 조합원들의 책임부담을 유한책임으로 국한하였다.

[예 18-6]은 사업계획의 재무구조를 나타낸다. Dallac투자회사는 부동산을 살 수 있는 옵션(option)선택권을 확보했으며, 푸르덴트(Prudent) 생명보험으로부터 비소구권(nonrecourse)대출을 약속받다. 대출의 조건으로 어느 미래시점에서 무한책임조합 구성원이 변경될 시 미리 승인을 받아야 한다.

---

[9] 조합원이 35명이 넘는 경우는 사모형태의 신디케이트가 된다.

예 18-6

Plaza 오피스 부동산
취득가 및 자금조달 요약

원가 명세		
토지	$525,000	
건물	3,475,000	(자본화됨)
수수료	60,000	(대출기간에 걸쳐 상각됨)
소계	$4,060,000	
조직구성수수료	20,000	(5년간 상각)
조직구성 비용	100,000	(자본화되나 상각되지는 않음)
총 조달 소요액	$4,180,000	
대출 금액	$3,000,000	(총 소요액의 71.77%)
금리	12%	
만기	25년	(매월불입)
수수료	$60,000	
연 불입액	$379,161	

조합원 계약의 재무적인 고려사항

[예 18-7]은 조합원 계약의 재무적 조건과 조합원의 자본 납입 요건을 나타낸다. 조합계약의 내용은 무한책임조합원과 유한책임조합 구성원 간의 관계를 상세하게 규정하고 있다. 계약은 최소한 조합원 간의 지분 구성 및 분배 내용을 명시해야 하며, 조합재산에서 현금부족이 발생하거나 부동산의 개·보수가 필요한 경우의 부과방식에 대해서도 명쾌하여야 한다. 본 건과 같은 사업에서 Dallac투자회사는 무한책임조합 구성원으로서 5%의 지분을 출자하고, 나머지 35인의 유한책임조합 구성원들이 95%를 출자했다.[10] 유한책임조합 구성원들에 대한 미래 부과금 계산 방식 근거 규정은 없다. 유한책임조합 구성원들은 장래 채무부담이 없으므로, Dallac투자회사는 현금흐름 부족 시의 충당을 책임지는 보증을 하거나(Dallac투자회사의 수수료 징구 조건하에서) (1) 최초출자를 충분히 모집하고, (2) 추가 차입을 확보하며 (3) 신규조합원을 모집할 권리를 갖는다.

정관은 또한 부동산 운영이익(손실)과 처분차익(차손)을 배분하는 근거를 명시한다. 본 사례에서 운영수입은 Dallac투자회사가 5%, 유한책임조합 구성원이 95% 배분받되, 처분차익은 10% 대 90%로 배분된다. 앞서 언급했듯이 조합원은 모든 소득을 균등 분배받는다는 원칙에서 벗어나 특별배분(special allocation)에 의해 각 조합원 간에 배분 비율을 조절할 수 있는 융통성이 있다.

특별배분이 적용됨에 따라 부동산매각 시의 분배액 결정방식이 매우 중요해 지는데, 이는 최초 지분출자액, 운영수입 수령액 및 처분대금 수령액을 반영하여 각 조합원의 자본계정(capital account)에 집계된다. 자본계정의 성격 및 중요성에 대해서는 다음 절에서 후술한

---

[10] 본 사례에서는 유한책임조합 구성원 간에는 균등지분을 가정하였으나 차등지분도 가능하다. 또한 무한책임조합 구성원이 1%지분 또는 전혀 지분이 없는 경우도 있을 수 있다.

예 18-7

Plaza 오피스 부동산
신디케이트 구성을 위한
조합내용 및 자본요건

1. 설립일자 : 12월 1일
2. 파트너 수 : 무한책임조합 구성원 1인과 35인의 유한책임조합 구성원
3. 자본 출자액 : 무한책임조합 구성원 5%, 유한책임조합 구성원 95%
4. 현금 부과액 사정액 : 없음
5. 운영 수입의 현금 분배조건 : 무한책임조합 구성원 5%, 유한책임조합 구성원 95%
6. 운영손실 및 과세소득 : 무한책임조합 구성원 5%, 유한책임조합 구성원 95%
7. 매각 손익의 배분 : 무한책임조합 구성원 10%, 유한책임조합 구성원 90%
8. 매각 시의 현금 배분 : 자본계정 잔고에 근거함(후술 참조)

최초 자본 소요액	
토지 및 건물	$4,000,000
저당대출 수수료	60,000
조직구성수수료	20,000
신디케이션 수수료	100,000
총 현금 소요액	$4,180,000
차감: 차입액	3,000,000
자본소요액	$1,180,000
무한책임조합 구성원 (5%)	59,000
유한책임조합 구성원* (95%)	1,121,000

* 유한책임조합 구성원들은 자본납입을 이연하여 분할납입 가능하다. 이러한 납입(Pay-in)기간 중에 무한책임조합 구성원은 유한책임조합 구성원이 제시한 어음을 담보로 자금조달을 주선한다. 본 예에서는 이 경우를 고려하지 않았다.

다. 여기에서 강조하고자 하는 점은 매각대금의 배분이 자본계정잔고에 따라 할당된다는 것이다.

운영계획

[예 18-8]은 Dallac투자회사의 운영계획을 나타낸다. 자본모집 서류에 기재되는 계획수치는 오류 또는 누락의 경우 투자자의 소송 또는 규제기관의 징계조치를 불러올 수 있으므로 신중하고 조심스럽게 작성되어야 한다.[11] 정부기관의 심사 및 유한책임 조합원들의 소송제기 위험에 대비하여 무한책임조합 구성원인 신디케이터들은 미래의 실적 추정에 있어서 기본적인 사항만을 기재하거나, 투자부동산에 대한 현황서술만을 자사의 현황정보와 함께 기재한다.

Dallac투자회사는 임대수입, 운영경비, 관리수수료 외에 감가상각방식 및 발생수수료 비용의 상각기간, 신디케이션 수수료 비용의 연방소득세공제 시점까지도 공시하고 있다. 발생한 수수료 비용은 조합 초년도에는 비용 처리될 수 없으며, 세법에 근거한 기간에 걸쳐 상각되어야 한다. 투자자 입장에서 상각되는 비용의 현금유출은 초년도에 발생하지만 세금 효과는 장기간에 걸쳐 발생하므로 매우 중요하다.

---

[11] 공모의 경우에는 각 주의 증권감독기구에 등록되어야 하며, 전국적인 모집의 경우는 연방차원의 증권관리위원회인 SEC에 유가증권신고서가 제출되어야 한다

예 18-8	
Plaza 운영 및 세금 예상표	

잠재적인 총 수입(2년차)	$750,000
공실 및 수금 손실	잠재 총 수입의 5%
운영비용(2년차)	실질 총 수입의 35%
감가상각 방식	정액법, 31.5년*
융자 수수료의 상각	$60,000을 25년간 또는 연 $2,400
조직구성 수수료의 상각	$20,000을 5년간 또는 연 $4,000
예상 소득 성장률	연 3%
5년 후의 재판매 예상가	$5,000,000
유한책임조합 구성원의 적용세율	28%
무한책임조합 구성원의 적용세율	28%

*11장에서 언급하였지만, 감가상각관련 규정은 자주 변한다. 여기서는 감가상각 기간은 31.5년으로 가정한다.

예 18-9	
예상 세전 현금흐름표	

			년		
	(2)	(3)	(4)	(5)	(6)
잠재 총수입	$750,000	$772,500	$795,675	$819,545	$844,132
(−)공실 및 수금손실	37,500	38,625	39,784	40,977	42,207
실질 총수입	712,500	733,875	755,891	778,568	801,925
(−)운영비용	249,375	256,856	264,562	272,499	280,674
순운영소득	463,125	477,019	491,329	506,069	521,251
(−)부채상환	379,161	379,161	379,161	379,161	379,161
세전현금흐름	$ 83,964	$ 97,858	$112,169	$126,909	$142,091
분배					
무한책인조합 구성원	5%				
유한책임조합 구성원	95%				
세전현금흐름의 배분					
무한책인조합 구성원	$ 4,198	$ 4,893	$5,608	$6,345	$7,105
유한책임조합 구성원	$79,766	$92,965	$106,560	$120,563	$134,986

세전 현금흐름표

[예 18-9]의 세전 현금흐름표는 조합을 분석하는데 중요한 자료로서, 유한책임조합 구성원들이 초년도 12월에 납입한 $1,121,000에 추가하여 Plaza 오피스 부동산에서 발생하는 세전 현금흐름 또는 현금부족액을 나타낸다.

　　또한 조합원에게 배분되는 현금액도 보여 주는데, 2년차에는 $83,964의 배분가능 현금에 대해서 $79,766을 조합원에게 배분하여 7% 수준의 배당률을 나타낸다.

순이익과 순손실의 계산

[예 18-8]에 제기된 세금효과에 대해 설명하기 위해 [예 18-10]에서는 과세대상 손익계산

서를 구성하였다. 초년도 12월 말에 $1,121,000를 투자한 유한책임 조합원들은 2년차에는 $12,502의 과세대상 손실을 시현하게 된다. 이 신디케이션 손실은 11장에서 언급한 수동적 손실 제한(passive activity loss limitation)이 된다. 본 절의 예에서 35인의 조합원들이 다른 투자에서 충분한 수동적 소득을 갖고 있어(이익이 발생하고 있는 단계의 다른 조합 지분 등) 본 조합에서의 2년차 손실 분담액($11,877 ÷ 35)을 활용할 수 있다고 가정하였다. 3년차부터는 조합원들은 과세대상 소득을 시현하며, 이때부터는 일반적인 세율이 적용된다.

부동산매각 시세차액의 계산

신디케이트 부동산매각에 의한 양도 소득의 계산 및 그 과세취급은 일반개인이 부동산을 매각한 경우와 동일하다. [예 18-11]은 자본이득을 조합계약에 의해 무한책임 조합과 유한책임조합 구성원들에게 배분하는 과정을 보여준다. 10%는 무한책임조합 구성원에게 귀속된 후 90%는 유한책임조합 구성원에게 지급된다.

www.mhhe.com/bf15e

| 예 18-10 | Plaza 오피스 부동산 신디케이션의 예상 손익계산서 |

	년				
	(2)	(3)	(4)	(5)	(6)
순운영소득	$463,125	$477,019	$491,329	$506,069	$521,251
(−)					
이자	358,910	356,342	353,448	350,187	346,512
감가상각	110,317	110,317	110,317	110,317	110,317
상각					
조직구성수수료	4,000	4,000	4,000	4,000	4,000
대출수수료	2,400	2,400	2,400	2,400	50,400
과세소득	$ −12,502	$ 3,960	$ 21,164	$ 39,165	$ 10,022
배분					
무한책인조합 구성원	5%				
유한책임조합 구성원	95%				
배분					
무한책인조합 구성원	$ −625	$ 198	$ 1,058	$ 1,958	$ 501
유한책임조합 구성원	$ −11,877	$ 3,761	$ 20,106	$ 37,207	$ 9,521

예 18-11

자본이득과 조합원에 대한 할당액 계산

6년차에 매각을 통한 회수(Reversion)에서 자본이득 계산		
매각가격		$5,000,000
매각비용		250,000
최초 장부가	$4,100,000	
누적상각액 공제	551,587	
미상각 잔액		3,548,413
총 과세대상소득		$ 1,201,587
소득의 할당		
무한책인조합 구성원		$ 120,159
유한책임조합 구성원		$ 1,081,428

자본계정

자본계정은 조합원이 조합재산에 대해 갖는 지분권 구좌를 나타낸다. 각 조합원에게 귀속되는 모든 현금 및 소득, 이익을 여기에 배정함으로서 구좌개념을 유지한다. [예 18-12]는 최초 출자, 운영소득발생 및 배당, 매각차익 할당 후의 자본계정 잔고를 나타낸다. 따라서 자본계정 잔고는 매각대금 현금만을 제외한 모든 가치를 포함하게 되는데, 이는 매각차익 배당이 조합계약에 의거 자본수지 잔고에 근거해야 하기 때문이다.

1년차 종료시점에서 자본계정 잔고는 유한책임조합 구성원 전체에게는 $1,121,000이고 무한책임조합 구성원에게는 $59,000로서 최초 지분출자액과 동일하다. 2년차에는 손실배분 및 현금의 유출로 인해 잔고는 감소한다. 손실이 발생하면서도 지급가용 현금이 있는 이유는 손실의 발생원인이 현금유출이 수반되지 않는 상각비용이기 때문이다(11장 참조). 3년차부터는 소득의 할당으로 자본계정 잔고가 증가하는 반면, 현금의 유출이 잔고를 감소시키는 점에 주목해야 한다. 마지막으로 6년차에는 부동산매각소득이 배정되어 잔고가 증가한다. 회계 측면에서 6년차의 잔고는 각 조합원이 지분으로 보유하는 가치를 나타낸다. 이는 부동산 매각대금이 잔고에 비례하여 배분되기 때문에 매우 중요하다.

부동산매각대금의 분배

[예 18-13]에서는 부동산매각대금의 분배금액을 보여준다. 조합계약에 의해서 부동산매각 비용과 차입금을 상환한 후에, 유한책임조합 구성원들과 무한책임조합 구성원은 자본계정 잔고에 따라 매각대금을 수령하며, 수령 후에 모든 조합원의 잔고는 제로가 된다. 이는 과거에 누적된 모든 이익과 손실, 현금흐름의 할당분이 모두 상계되었기 때문이다[예 18-12].

www.mhhe.com/bf15e

| 예 18-12 | 매각대금 배분 이전의 자본계정 | | | | | |

	연말					
	(1)	(2)	(3)	(4)	(5)	(6)
	유한책임조합 구성원					
자기자본	$1,121,000					
(+)수입	0	$ 0	$ 3,761	$ 20,106	$ 37,207	$ 9,521
(−)손실	0	−11,877	0	0	0	0
(+)양도차익	0					1,081,428
(−)현금분배	0	−79,766	−92,965	−106,560	−120,563	−134,986
년간합계	1,121,000	−91,643	−89,204	−86,455	−83,357	955,963
잔고	$1,121,000	$1,029,357	$940,153	$853,698	$770,341	$1,726,304
	무한책임조합 구성원					
자기자본	$59,000					
(+)수입	0	$ 0	$ 198	$ 1,058	$ 1,958	$ 501
(−)손실	0	−625	0	0	0	0
(+)양도차익						120,159
(−)현금분배	0	−4,198	4,893	−5,608	−6,345	−7,105
년간합계	59,000	−4,823	−4,695	−4,550	−4,387	113,555
잔고	$59,000	$54,177	$49,482	$44,932	$40,545	$154,100

예 18-13		
6년차의 부동산매각대금 분배	매각가	$5,000,000
	(−)매각비용	250,000
	(−)저당잔액	2,869,596
	세전현금흐름	1,880,404
	분 배	
	무한책인조합 구성원	154,100
	유한책임조합 구성원	1,726,304
	잔액(0이 되어야 함)	$0

세후 현금흐름의 계산 및 자기자본의 세후 내부수익률 *IRR*

앞 절의 예시와 28%의 가정 한계세율로 부동산운영과 매각 시의 세후 현금흐름이 계산되며 자본이익률을 구할 수 있다. [예 18-14]에서 최초 출자액이 초년도 현금 유출액이고 세전 현금흐름에 세금절감액을 더한 것이 현금유입액이다. 부동산운영과 매각으로부터의 세후 현금흐름은 유한책임조합 구성원들에게 13.15%, 무한책임조합 구성원에게는 22.24%의 세후 내부수익률을 나타낸다. 무한책임조합 구성원의 고 수익률은 이익의 추가 배분에 기인한 것으로, 부동산운영수입에 대해서는 5%를 수령하는 반면 매각차액에 대해서는 10%를 수령하기 때문이다. 만일 매각차액에 대해서도 5%를 수령하는 조건이라면 그들의 수익률은 유한책임조합 구성원과 동일한 수익률(13.68%)이 될 것이다(적용세율 동일 가정).

　　Dallac투자회사의 예를 통해서 합자조합을 통한 투자에서 고려할 사항에 대해 기본 사항을 제시하였다. 본 예는 투자대안을 구성하기 위한 하나의 가능한 방식을 예시한 데에 지나지 않는다.

　　실제로 부동산 신디케이션 금융과 조합은 연방세법상 가장 복잡한 영역으로 조합원들이 서로 각기 다른 항목에 적용을 받는다. 따라서 전문적인 영역에 도달하기 위해서는 본 장에서 소개한 수준을 넘어 법률과 연방세법에 대하여 많은 연구가 필요하다.

　　그러나 이러한 투자 검토에서도 어느 정도의 일반화는 가능하다. 먼저 신디케이션투자도 모든 다른 투자와 동일한 변수인 위험과 수익의 영향을 받는다. 따라서 부동산투자는 신디케이트 여부에 관계없이 창출되는 소득은 원래 동일하였을 것이다. 합자조합 신디케이션인

예 18-14

세후현금흐름과 세후 내부수익률의 계산

	연말					
	(1)	(2)	(3)	(4)	(5)	(6)
	무한책임조합 구성원					
운영						
세전현금흐름*	$−59,000	$4,198	$4,893	$5,608	$6,345	$7,105
과세소득†	0	−625	198	1,058	1,958	501
세금(28%)	0	−175	55	296	548	140
세후현금흐름	$−59,000	$4,373	$4,838	$5,312	$5,797	$6,965
복귀액						
세전현금흐름†						$154,100
자본이득§						120,159
세금(28%)						33,644
세후현금흐름						120,456
세후현금흐름합계	$−59,000	$4,373	$4,838	$5,312	$5,797	$127,421
세후내부수익률 = 22.24%						

(계속)

예 18-14		유한책임조합 구성원				
세후현금흐름과 세후 내부수익률의 계산(계속)	**운영**					
	세전현금흐름*	$-1,121,000	$79,766	$92,965	$106,560	$120,563	$134,986
	과세소득†		−11,877	3,761	20,106	37,207	9,521
	세금(28%)	0	−3,326	1,053	5,630	10,418	2,666
	세후현금흐름	$-1,121,000	83,092	$91,912	$100,930	$110,145	$132,320
	복귀액						
	세전현금흐름‡						$1,726,304
	자본이득§						1,081,428
	세금(28%)						302,800
	세후현금흐름						1,423,504
	세후현금흐름합계	$-1,121,000	$83,092	$91,912	$100,931	$110,145	$1,555,824
	세후내부수익률 = 13.15%						

*[예 18-7]과 [18-9], †[예 18-10], ‡[예 18-12], §[예 18-11]

경우, 부동산운영과 매각 수입은 단순히 여러 당사자 간에 배분되는 것뿐이다. 신디케이트의 주체는(무한책임조합 구성원의 위치를 겸하는 경우가 일반적) 현재의 시장경쟁 환경하에서 유한책임조합 구성원들에게 필요한 것만을 제시하여 투자결정을 하도록 유도할 것이다. 이러한 수익률은 투자자 입장에서 다른 조합에 투자 또는 다른 투자상품에 투자하는 경우의 수익률과 경쟁적이어야 한다. 따라서 투자자에 대한 현금부과액, 현금흐름 배분 등에 사용되는 비율들이 합리적으로 설정되어서, 본 장에서 제시한 절차에 의한 적절한 가격수준과 현금흐름 가정하에서 투자자들이 수용할 만한 수익률이 얻어질 수 있어야 한다.

투자자들은 투입될 투자액과 위험을 고려하여 기대수익률이 적절한지 두 경쟁 신디케이트 투자 대안을 비교하여 판단할 수 있어야 한다. 그런데 무한책임조합 구성원도 신디케이트의 주도적 역할을 수행하는 대가로 적절한 수익을 얻어야 한다는 점을 유념해야 한다. 신디케이터들은 자사의 역할을 부동산을 물색하여 매입 또는 개발하고, 투자자를 모아 운영 관리한 후 매각하는 대리업자의 역할로 간주하고 있으며, 제공한 용역에 대해서 보상받아야 한다. 따라서 그들은 부동산 물색, 임대업무, 조합지분 매각의 주선, 투자관리 및 계리 업무에 대한 용역수수료를 청구하며, 투자자들은 조합의 법률 및 계리 비용에 추가적으로 용역수수료를 지불하게 된다.

유한책임조합 구성원들은 신디케이터들이 청구한 수수료율, 부동산가치 및 현금유입액에 대한 배분 참가 권한의 폭이 적절한지를 고려하여 신디케이트 투자를 판단한다. 여기에서 주안점은 무한책임조합 구성원의 수수료율이 높고 미래수입에 대한 참가비율이 너무 커서 유한책임조합 구성원들의 수익률을 손상시키는가이다. 반면 무한책임조합 구성원의 입장에서도 부담한 위험 및 시간투입의 대가로 적절한 수익을 얻어야 하며, 만약 무한책임조합 구성원이 조합지분에 직접 참가하지 않는다면 모든 수익은 수수료에 의해서만 얻고 조합의 장기적인 수익률에는 무관심할 가능성도 크다. 유한책임조합 구성원들이 무한책임조합 구성원에게서 기대하는 것이 부동산운영과 관리 역량이라면, 무한책임조합 구성원이 수수료만을 얻기보다는 지분을 가지고 투자 주체로서 공동 참가하는 편을 원할 것이다. 보상체계의 여러 측면을 고려하여 양측은 균형을 찾을 것이며, 무한책임조합 구성원이 받는 수수료가 유한책임 조합원의 수익률을 낮추는 요인이지만, 이는 그만큼 투자 위험과 역할을 무한책임조합 구성원과 분담하는 비용이기도 하다. 따라서 유한책임사원들은 자신이 단독으로 투자하는 경우만큼 높은 수익률을 기대해서는 안 될 것이다.

조합의 할당과 실질적인 경제적 효과

조합의 장점은 손익을 각 조합원 간에 출자비율과 상이하게 조절하여 할당할 수 있다는 것이다. 그러나 이러한 행위가 정당하게 인정되기 위해서는 일정한 기준을 따라야만 한다. 신디케이트는 전형적으로 사업상 발생한 과세손실을 가능한 한 조기에 개인(유한책임조합 구성원)들에게 할당하려 한다. 실질적으로 투자자들이 매수한 것은 이러한 과세손실에 따른 혜택 때문이다. 특정 항목(상각 자산 등)을 불비례 방식으로 배분하는 등 다양한 수단에 의해 조기에 유한책임조합원들에게 손실을 할당하기 위한 노력이 이루어져 왔다.[12] 조합원이 갖는 소득, 이익, 손실, 공제, 신용도는 조합계약에 의해 결정되는 것이나, 국세청이 그 배분을 유효하게 인정하기 위해서는 이러한 할당이 **상당한 경제적 효과**를 갖고 있어야 한다. 손익 할당의 내용이 상당한 경제적 효과를 결여한 경우는 국세청에 의해 조합원의 조합지분에 따라서 조정 할당되어야 한다.[13]

조합원에게 실질적인 경제적 효과를 갖는 할당이었는지의 여부를 판단하기 위해서, 법원은 조합원들의 자본계정에 할당량이 적절하게 조정되어 반영되었는지를 검토하여 왔다.

특별배분에 대한 새로운 규정[14]도 동일한 입장을 취하여 조합원의 자본계정을 적절히 유지하도록 규정하고 있다. 자본계정은 회계목적으로 사용되며, 조합에 조합원들의 경제적 기여분을 반영한다. 상정된 법안에 의하면 (1) 조합원의 배분액은 그의 자본계정에 반영되어야 하며, 부동산 청산대금은 자본계정에 근거하여 배분되어야 하고, (2) 청산대금을 배분받은 후에 조합원들은 자산의 자본계정 잔고가 부족할 경우 잔고가 남아 있는 조합원에게 현금을 지급하여 자신의 잔고를 충족시켜야 한다(이는 주법에 의하거나 조합계약에 의할 수 있다)는 두 가지의 조건하에 실질적인 경제적 효과가 나타날 수 있으며 국세청이 이를 인정해줄 것이다.

---

[12] Richard B. Peiser의 "Partnership Allocations in Real Estate Joint Ventures" *Real Estate Review* 13 no.3 참조.

[13] 조합원의 "조합지분"은 조합원의 초기 투자, 이윤 · 손실 · 현금흐름 · 자본이득의 배분에 있어서의 지분을 포함한 모든 사실과 상황을 고려하여 결정된다.

[14] Treasury Regulation Section 1.704-1 규정.

자본계정과 차익 *Gain* 의 부과   *Charge-Backs*

조합원 A와 B가 조합을 결성하여 A는 유한책임조합 구성원으로 $100,000를 출자하되, B는 무한책임조합 구성원으로서 지분출자를 하지 않는다고 가정하자. 조합은 $400,000의 비소구권차입을 10% 금리에 조달하여 부동산을 $500,000에 매입한 경우 초년도의 실적은 다음과 같다.

총 수입	$70,000
– 공실 및 수금손실	−4,000
실효 수입	$66,000
– 운영비용 공제	−21,000
순 운영수입	$45,000
– 금융비용 공제(이자)	−40,000
세전 현금흐름	$5,000

초년도의 감가상각을 $50,000로 가정할 때 과세소득은 다음과 같다.

순 수입	$45,000
감가상각 공제	$50,000
금융비용 공제	$40,000
과세 대상 소득	$−45,000

조합원 A와 B 간 소득, 손실과 운영수입에 대한 배분비율을 90 대 10으로 가정할 때 1년 차의 자본계정현황은 다음과 같다.

초년도의 자본계정 현황		
	A조합원	**B조합원**
최초 지분 출자액	$100,000	0
손실 배분 공제	−40,500	$−4,500
현금 기 배분액 공제	−4,500	−500
최종잔고	$ 55,000	$−5,000

부동산이 1년 후에 $550,000에 부대비용 부담 없이 매각된 경우 과세대상 소득은 다음과 같이 계산된다.

부동산매각 가격		$550,000
매입원가 공제	$500,000	
감가상각 누계	50,000	
수정된 원가		450,000
차익		$100,000

부동산이 매각으로부터 생성되는 현금흐름은 매각가 $550,000에서 비소구 차입금 $400,000을 상환한 $150,000이 된다.

부동산매각 가격	$550,000
− 저당잔고	450,000
차익	$150,000

이제 과세대상 매각차익은 A와 B 사이에 50 대 50으로 배분된다고 가정하자. 매각대금에 대해서는 먼저 A에게 최초지분출자액에서 기존 현금배분액을 공제한 금액을 상환해 준 후에, 남는 잔액을 A와 B에게 50 대 50으로 배분한다. [예 18-15]는 이러한 배분이 A와 B의 자본계정에 미치는 영향을 보여준다. 두 조합원의 자본계정잔고는 0이 되어야 하는데, A의 잔고는 마이너스이고 B의 잔고는 플러스이다. 앞 절에서 언급했듯이, 실질적인 경제적 효과가 인정받으려면 청산대금의 배분은 자본계정 잔고의 불일치를 반영하여 이루어져야 한다. A의 잔고가 마이너스이고 B의 잔고가 플러스라면, 실질적으로 A는 B의 손실부담에 의해 자기투자액을 회수한 결과이다. A가 $17,750을 현금으로 B에게 지급하여 자신의 잔고를 복구하지 않는다면, 자기가 받은 감가상각 공제액에 대한 경제적 부담액 전체를 부담한 것이 아니므로 상기의 배분은 실질적 경제효과를 갖지 못한다. 따라서 배분액을 국세청에서 인정받기 위해서는 각 조합원의 자본계정은 청산잔존현금을 50 대 50으로 배분하기 전에 잔고가 균등해 져야 한다. 여기에는 2가지의 방식이 사용될 수 있다.

첫째는 청산현금 배분액을 조절하여, A에게 $17,750을 덜 지급하고 B에게 동일금액을 더 지급하는 것이다. 두 번째의 방식은 A의 자본계정 잔고에 부동산매각차익으로부터 $17,750을 추가로 가산하여 주는 방식으로, B가 차익에 대해 갖는 몫은 비례하여 감소한다. A에게 차익을 더 배정함으로서 자본계정 잔고는 현금배분 후에 각각 0이 된다.

[예 18-16]은 두 번째 차익의 부과방식에 의한 조합할당의 예를 보여주는 것으로, A와 B의 자본계정 잔고의 변동을 보여준다.

이러한 사례를 주의 깊게 분석해 보면, 부동산의 매각 후에 각 조합원의 자본계정 잔고가 0이어야 한다는 요건을 국세청이 확인하는 방식이다. 즉, 세무상 많은 손실을 할당받은 조합원은 부동산매각 후에 더 많은 매각차익이 할당되거나, 또는 현금배분을 더 적게 받아야 한

예 18-15 건물매각 후의 자본계정 잔고		A의 자본계정	B의 자본계정
	매각 이전의 잔고	$55,000	$−5,000
	이전현금 배분을 감한 원 자기자본의 회수	$−95,500	NA
	이득의 50%	50,000	50,000
	50%의 나머지 현금수입	−27,250	−27,250
	기말 잔고	$−17,750	$ 17,750

예 18-16

건물매각 및 차익의 부과 이후의 자본계정 잔고

	A의 자본계정	B의 자본계정
매각에 우선한 잔고	$55,000	$ -5,000
이전 현금분배를 감한 원 자기자본의 회수	$ -95,500	
차익의 부과	35,500	
나머지 이득의 50% *	32,250	32,250
50%의 나머지 현금수입	-27,250	27,250
기말잔고	$ 0	$ 0

* 매각차익은 $100,000이며 차기의 부과 이후 $65,000이 잔존 배분대상이다.

다는 것이다. 만일 그렇지 못하다면 조합들은 고 세율을 적용받는 조합원들에게 더 많이 손실을 할당하고, 저 세율 조합원들이 더 많은 이익을 할당받게 된다. 고 세율 조합원들은 손실을 할당받는 대신 기꺼이 수익할당에 대한 권리를 포기하고 그들의 자본계정 잔고는 마이너스가 될 것이다. 조합원들 입장에서는 이러한 조합 구조가 유리한 것이지만, 정부의 입장에서는 세수를 잃게 된다. 따라서 자본계정 잔고가 0이 아닌 조합배분에 대해서는 국세청이 조치를 하게 되는 것이다.

예시된 Plaza 오피스 부동산에서 차익이 먼저 자본계정에 할당된 후에 최종 현금흐름이 자본계정에 근거하여 배분되었다는 점을 기억하라. 이러한 접근방식에 의해 자본계정이 0이 된다는 점이 확실해졌다. 조합계약이 다르게 구성되어도 0 자본계정이 달성될 수 있다. 예로서 매각대금의 일정 비율이 각 조합원에게 배정된다면 무한책임조합 구성원은 10%, 유한책임조합 구성원은 90%를 받을 수 있을 것이다. 그 후에 잔고를 0으로 만들기 위해 차익의 할당이 자본계정 잔고에 근거할 수가 있다(이 경우 잔고는 현금 배분 후에 마이너스치가 될 것이다. 그러면 차익의 할당으로 인해 마이너스 잔고가 제거될 것이다). 중요한 점은 모든 소득 및 현금의 할당은 할당 및 배분 후에 제로 잔고를 확실히 하기 위한 조정조건 없이는 이루어질 수가 없다는 것이다.

공모와 사모 신디케이트에서 합자조합의 활용

합자조합은 부동산투자를 위한 지분자본 모집 수단으로 널리 이용된다. 합자조합은 유한책임하에 조합원을 모집하되, 조합원에 대한 배당비율을 조절할 수 있는 무한책임조합 구성원의 성격이 혼합되어 장점이 크다. 유한책임조합 구성원의 책임은 최초 자본납입액 및 추가 납입약정액으로 한정된다. 더구나 조합의 경영은 무한책임조합 구성원이 맡는데, 그는 주로 부동산 전문가로서 전문적인 경영능력을 제공한다.

합자조합을 설립하는 데에는 조합계약의 내용에 있어서 국세청에 의해 조합으로 간주되어야 하며 협회(association)로 간주되지 않도록 유의해야 한다. 협회는 세무상 법인과 동일하게 간주된다. 세무상 법인으로 간주하는 기준은 다음과 같다.

1. 사업협회(business association)
2. 사업 영위 및 소득배분
3. 존속 기간
4. 중앙 집중적 관리
5. 유한 책임
6. 지분 양도의 자유성

    상기 기준에서 법인 성격이 비법인 성격보다 많은 경우 법인으로 간주된다. (1)과 (2)는 법인과 조합의 공통된 특징이므로 조합으로 인정받으려면 (3)부터 (6)까지의 성격은 존재하지 않아야 한다.

    대부분의 유한책임조합원들은 법인과 유사하게 중앙 집중적 관리를 하므로 (3), (5), (6)에서 구분이 이루어진다. 공동 협정법안(Uniform Partnership Act)에 의하면 무한책임조합 구성원이 조합을 언제든지 해산할 수 있는 권한을 갖고 있으므로, 존속기간 문제는 해결된다. 그렇지 않은 경우는 조합 정관에 존속기간을 정할 수 있다. 유한책임의 문제는 하나의 조합원이 무한책임조합 구성원으로서 무한책임을 지는 점에서 해결된다. 지분양도성에 대해서는 양도에 대해 무한책임조합 구성원 또는 다른 조합원들의 승인조항을 둠으로써 제한할 수 있으며, 이는 재무성 규정에서도 인정되고 있다. 이러한 계약조항을 잘 결합하면, 조합으로서의 세무적 위치는 확보될 수 있다.

법인이 무한책임조합 구성원으로서 역할 수행

    합자조합의 단독 무한책임조합 구성원은 법인인 경우가 많다. 법인의 장점은 프로젝트의 건설업자/스폰서가 법인을 통해 합자조합에 참가하므로 책임부담을 제한시킬 수 있다는 점이다. 또한 법인인 무한책임조합 구성원은 지속적으로 더 나은 경영을 할 수 있다. 국세청은 명목적으로만 무한책임조합 구성원의 역할을 하는 사태를 방지하기 위하여, 그의 지분구성 및 자본요건에 대하여 기준(safe harbor rules)을 설정하고 있다. 유한책임조합 구성원들은 무한책임조합 구성원인 법인의 지분을 각각 또는 합계로 20% 이상 보유할 수 없으며, 순자산에 대해서는 조합의 자본규모에 따라 요건이 설정된다. 조합의 자본이 $2,500,000 이하인 경우, 무한책임조합 구성원의 순자산은 조합자산의 15% 이상이어야 하되 $250,000를 넘을 필요는 없다. 조합이 $2,500,000를 초과하는 경우는 무한책임조합 구성원은 조합자산의 10% 이상 순자산을 갖추어야 한다.

사모와 공모 신디케이트의 구분

    신디케이트에 대한 중요한 구분은 **공모**와 **사모**이다. 대부분 사모의 경우 1933년 증권법상의 D 규제(regulation D)에 근거한다. 증권거래위원회는 1982년 연방증권법상의 등록요건을 완화하기 위해 D 규제를 제정했다. 이를 통해 신디케이트는 증권법상의 등록 요건은 면제받지만, 투명성 및 신뢰조항은 면제받지 않는다. 그렇지만 등록비용을 줄일 수 있기 때문에, 정식

등록 대비 사모의 약식등록의 혜택은 매우 크며 중소규모의 조합에 매우 적합하다. 사모에서는 대상투자자가 **전문투자자**(accredited investor)로 제한되는데 이는 다음에서 언급한다.

D 규제상의 사모투자자 요건

투자대상을 전문투자자로 함에 따라 D 규제에 의한 정식등록의 면제절차도 필요가 없어진다. 전문투자자들은 D 규제에 의해 판매활동이 가능한 투자자 수 제한에도 해당되지 않으며, 투자경험 및 투자판단 역량 구비 요건도 해당되지 않는다. 이러한 전문투자자의 속성으로는,

1. 공모 또는 매각대상 증권발행회사의 이사, 집행 간부진, 무한책임조합 구성원, 또는 발행회사의 무한책임조합 구성원법인의 이사, 집행간부, 무한책임조합 구성원
2. 발행증권 $15만 이상을 매입하는 자로서 매입액이 순자산의 20% 이내인 경우
3. 개인으로서(배우자 포함) 순자산이 $1,000,000를 넘는 자
4. 개인으로서 최근 2년간 소득 $200,000 이상으로 금기에도 $200,000 소득이 합리적으로 예상되는 자

사모에 의한 지분모집은 35인 이하로 투자자 수가 제한된다. 공모의 경우 연방 및 주의 증권감독기구의 엄격한 요건을 따라야 한다. 또한, 많은 보고서, 브로셔, 투자설명서를 통해 대중에게 알려야 한다. 공모는 증권관리위원회 등록에 최소한 $50,000이 소요되고, 대형 신디케이션의 경우 $300,000~500,000가 소요된다. 따라서 공모는 대규모 모집의 경우에만 적합하다.

공모 신디케이트의 참가지분 증서는 $500, $1,000 및 $5,000 단위로 판매되는데, 사모의 경우는 최소단위가 공모의 10배 정도가 된다. 최근에 공모 신디케이트는 최소단위를 축소하여 개인 및 자영업자 퇴직자기금(Individual Retirement Account and Keogh: 개인기업 연금제도)의 자금을 유치하고 있다. 그 결과로 투자위험부담 능력이 큰 소수의 참가자들 대신 수 천명의 소액투자자들이 참가하게 되었다. 이제 개인투자자들은 일반적으로 거액 개인 및 기관들만이 참가하던 핵심 부동산에 대한 투자에 참가할 수 있는 기회를 가지게 되었다.

투자유의점

대규모 공모 신디케이션의 경우, 신디케이션 무한책임조합 구성원들은 투자위험 중에서 극히 일부만을 부담한다. 그는 다른 사업에서 구입하였던 부동산을 신디케이트에 전매하여 이미 이익을 확보하였을 수도 있다. 그는 다른 계열사를 통해서 지분공모의 판매수수료, 관리수수료 등 수입을 많이 올릴 수도 있다. 조합계약상 유한책임조합 구성원에 귀속되지 않는 수익과 시세차익은 무한책임조합 구성원에게 유리하게 작용한다. 이러한 사실들은 잠재적인 투자자에게 공시될 수도, 공시되지 않을 수도 있다. 연방 증권관리위원회와 주 증권감독 기구들은 무한책임조합 구성원의 역할에 대해서 더욱더 신경을 쓰고 있다.

본 장에서 설명해 왔듯이, 주식을 매각하여 자기자본을 모아 사업시작하거나 확장할 시에 1933년 증권법 및 1934년 증권거래법에 의해 규제되었다. 그리하여, 사모이거나 D 규제 또는 A 규제의 면제자격이 주어지지 않는 한 증권거래위원회에 등록을 하여야 했다.

D 규제는 공인투자자들을 위한 사모라고 했을 때 증권거래법에 의해 사모에 대한 면제를 받으므로 "기준(safe harbor)"로 여겨져 왔다. 주정부는 연방의 D 규제의 등록면제 요건에 대해서 사전에 방지할 수 없었다. 공인투자자들은 다시 말해 최근 2년간 $200,000(배우자가 있을 경우는 $300,000의 합)을 넘는 소득을 내거나 또는 주택을 제외한 순자산이 $1,000,000가 넘는 자들을 말한다. 사모는 공적으로 내놓지 않고 사전에 발행인과 관계가 있었던 사람들만을 대상으로 하는 것이라 등록 없이 이루어진다. 이 말은 즉, 투자자들에게 홍보를 하지 않을 수도 있다는 말이다. D 규제는 전문투자자거나 정보노출의 위험을 충분히 제공할 수 있는 소수(최대 35명)의 비 공인투자자들도 허용했었다. 또한, 공인투자자들과 비 공인투자자들을 합한 최대 인원은 500명으로 한정하였었다.

A 규제는 하나의 주 또는 여러 개의 주에 청공법에 의해 등록된 사업체의 경우 공인투자자와 비 공인투자자들 모두 주식을 최대 $5,000,000만큼 매입할 수 있도록 허용하였다. 워싱턴 D.C.의 H거리에 있는 펀드라이즈 부동산 재개발이 A 규제를 사용한 부동산의 예로 주로 언급되었다.[1] 모든 자금은 국부에서 모아 하나 이상의 주에서 등록할 필요가 없었다. 하지만 그것이 곧 일어날 주식형펀드의 변화를 예고했었고 그 이후 그 회사는 미국 전역에 인터넷 상품으로 자금을 확보하는 선도자가 되었다. 연방에서는 A규제 아래 등록요건은 의무가 아니었지만 증권거래위원회는 발행인에게 발행에 있어 시간 소모가 크고 부담이 될 만한 고려요소에 대해 언급을 할 수 있다. A 규제 속에서는 비교적 소액의 자금만 모을 수 있는 것에 한정하며 번거로운 주의 규칙이 있어 A 규제는 투자자들에게 별 도움이 되지 않았다.

2012년 4월 신생기업 지원법(JOBS Act)이 통과됨으로 이 모든 것들은 바뀌게 되었다. (아래의 표에 신규 옵션이 요약되어 있다.) 제정법은 규제를 시행하기 위해서는 초안이 지체 없이 작성될 것을 요구했으나 D 규제(506C)투자의 Title II 규정이 나오기 전인 2013년 9월까지 진행이 지연되었으며, 그리고는 18개월 뒤 새로운 "A + 규제"의 투자를 통제하는 Title IV규정이 발표되었다. 이 상태로는 규칙을 입안한 Title III 크라우드펀딩이 영구적으로 되기까지 2016년 이후가 될 것으로 보인다. ("크라우드 펀딩"은 주로 새로운 규제에 의해 인터넷을 통해 투자자들로부터 자본을 마련하는 것을 말하나, 본래의 크라우드펀딩 법안은 아래에 명시되어 있듯이 아직 입안 단계에 있다.)

규제들은 증권거래위원회가 시도한 정책과 정치의 사이의 미묘한 균형을 보여준다. 1993년과 1934년의 법률은 소비자들을 1929년 주식시장의 붕괴로 인한 혼란, 투명성의 부족, 명백한 사기와 사칭으로부터 보호하기 위해 성립되었다. 근본적 원리는 공시를 함으로써 투자자들을 크게 보호할 것이나, 전문투자자들은 비전문투자자들에 비해 적은 보호가 필요할 것이다. 이 보호의 실행은 주정부가 아닌 연방수준에 속한다.

아래 표는 공인투자자와 비 공인투자자로부터의 자금마련에 대한 옵션들을 간략하게 요약하여 보여주었다. A+ 규제에 대한 모든 규칙은 다음의 URL에서 찾아볼 수 있다: http://www.sec.gov/rules/final/2015/33-9741.pdf. D 규제는 다음의 주소에서 볼 수 있다: https://www.sec.gov/info/smallbus/secg/general-solicitation-smal-entity-compliance-guide.htm.

사업에서 현대기술을 사용할 수 있다는 점이 중대한 변화이다, 예를 들어, 인터넷을 이용하여 광고하고 공인투자자들에게 다가갈 수 있으며 여러 경로로부터 투자자들을 유치할 수 있다. 발행인은 투자자들이 공인투자자라는 것을 입증하는 데 있어 상당한 주의가 필요하다.

비 공인투자자들도 이제는 신규 옵션이 생겨나 과거에 금지하였던 신생기업에도 적당한 투자를 할 수 기회가 주어졌다. 이런 규제들로 인해 투자할 수 있는 금액, 총 모을 수 있는 금액, 주식의 유동성, 판매방법과 보상제도, 노출과 보도의 필수조건 등의 여러 제한이 생겨났다. 더 상세한 비교를 한 것은 다음의 URL에서 찾아볼 수 있다:

*저자들은 Susanne Cannon과 Megalytics, LLC에게 신생기업 지원법의 투자옵션(Investment Options under JOBS Act)의 게재를 준비하는 데 도움을 준 것에 감사를 표한다.

투자자 자격		최대 투자액	최대 자본금	자격 증명	제2시장
공인투자자	Title II, REG D (506c)	제한 없음	N/A; 투자자 2,000명 제한	발행인/플랫폼 에서 입증	없으나, 생성되고 있음
	Title IV, REG A+	제한 없음	아래의 비 공인투자자와 같다	N/A	있음
	Title III, 크라우드펀딩 초안 규제	$100,000 이상 소득의 10%	$1,000,000	플랫폼운영자 입증	오직 공인투자자
비 공인투자자	Title IV, Reg A+ Tier 1	제한 없음	$20,000,000/12개월; 투자 자의 수는 제한 없음	증명 불필요	있음
	Title IV, Reg A+ Tier 2	소득 또는 재산의 10%를 넘길 수 없음	$50,000,000/12개월, 투자 자의 수는 제한 없음	증명 불필요	있음
	Title III, 크라우드펀딩 초안규제	$2,000~100,000 소득 이 $100,000 이하인 경우 소득 또는 순자산의 5% 자본환원율; 소득이 $100,000 이상인 경우 10%의 자본환원율	$1,000,000/12개월	플랫폼운영자 입증	12개월 동안 전매금지 (전문투자자에 게는 가능)

http://www.duanemorris.com/alerts/SEC_adopts_regulation_a_plus_rules_5513.html. D 규제 는 투자자 500명의 제한에서 2,000명까지 허용 가능하도록 변경되었다.

신규 A+(tier 2)규제에 따르면, 자본을 모을 수 있는 허용 금액이 이전 $5,000,000의 한도에서 $50,000,000까지 늘었다. 증권의 공모와 공개적 매도가 가능하며, 주정부의 법률은 연방법 위에 추가적 제한을 둘 수 없다. 또한, 공인투자자 또는 비 공인투자자에게 매도할 때도 같은 요건이 적용된다. 그러므로 사실상 A+ 규제에 공인투자자에 대한 필요요건은 따로 존재하지 않는다. 이 신규 A+ 규제로 인해 이전 A 규제에 비해 공모가 상당히 증가하는 결과가 나타날 수 있다.

공인투자자는 D 규제, A+ 규제 또는 신규 Title III 크라우드펀딩 기회가 유효하게 되면 그 안에서 주식 매입이 가능하다. D 규제에서 가장 중요한 변화는 투자처를 찾을 수 있는 것이며 그들의 자격을 입증하는 것이 필수라는 점이다. A+ 규제는 극적인 변화를 하였는데 일종의 D 규제와 기대하던 크라우드펀딩의 혼 합으로 조금 더 전통의 공모방식을 추진한다. 다음의 URL에서 관련정보를 확인할 수 있다:

http://www.flastergreenberg.com/media/article/454_A_Regulation_A_Plus_Primer_final.pdf.

증권 발행인은 투자위원회에 일종의 홍보(접촉)하는 것이 제한되어 있는데, 누가 영업사원인지, 어떻게 보상을 받는지, 그리고 어느 정도의 노출과 보고가 필요하다. 이것은 정치적 배경의 한 부분으로 A 규제의 거래량이 적었으나 세력을 포기하고 싶지 않았던 주정부가 관리하고 있는 시점인 새로운 규제가 생기기전 부터 존재하였으며, 또한 평범한 투자자들을 위한 특별한 보호가 필요하다고 느낀 것에서 비롯되었다. 크라 우드펀딩의 진짜 규제는 발행되지 않았지만 증권을 매도할 증권 중개인 또는 아직 존재하지 않는 개체인 인 터넷 "펀딩포털"을 필요로 하게 될 것이다. 증권거래위원회는 자본금 $1,000,000을 모으려면 $76,660 에서 $151,660 수준이 될 것이라고 추측하였고 가장 적게 모인 자본금도 $39,000을 웃돌 것이라고 하였 다.[2] 초인 규제는 다음의 URL에서 찾아 볼 수 있다.

http://www.sec.gov/rules/proposed/2013/33-9470.pdf 그리고 좀 더 상세한 내용은 다음의 URL 에서 확인이 가능하다:

http://www.whiteandwilliams.com/resources-alerts-Jumpstart-or-False-Start-SEC-Proposes-New-Rules-to-Implement-Crowdfunding-Provisions-of-the-JOBS-Act.html.

흥미로운 것은 20개가 넘는 주에서 각각의 주에 적용되는 그들만의 크라우드펀딩 규제를 만들어 자금을 조달하려는 사람들에게 가능성뿐만 아니라 규제의 불확실성도 함께 실어주고 있다는 것이다.

법의 구조를 넘어 이 새로운 방법이 부동산투자의 세계에서 어떻게 쓰일지에 대한 의문이 있는데 최근 투자자들을 위한 다양한 선택권이 생겨나고 있다. 투자 건들은 대게 광범위한 위험과 기대수익률을 가지고 있으며, 투자의 기간은 몇 달에서부터 7년에서 10년까지도 있을 수 있다. 투자의 규모는 작게는 $1,000에서 크게는 $50,000이상이다. 스폰서나 발행인은 아마도 순자산 투자, 총 부채 구조, 또는 그 둘의 중간, 그리고 아예 맨 처음부터 개발하는 것을 제안할 수 있으며, 완전한 주택 리모델링이라든지, 안정적인 인수 및 운영을 할 수 있는 상품을 찾을 것이다. 부동산 유형의 범위는 호텔, 리테일, 오피스, 공업(공장)과 주택을 포함한다.

이전 규제에서 투자자들에게 가능했던 것보다 새로이 생긴 신 규제가 더 투자하기 수월하다는 점에서 자금조달을 하는데 있어 크게 성장할 것으로 예상된다. 신 규제는 발기인과 투자자들이 인터넷 사용으로 인한 투명성과 효율성의 장점으로 투자자들로부터 투자를 용이하게 하는 것을 가능하게 하였다. 웰스포지(Wealth-Forge, www.wealthforge.com)와 같은 회사들은 크라우드 펀딩 사이트를 위해 백엔드 인프라 제공을 통한 인터넷 사용으로 발기인들이 공인투자자들로부터 자금조달을 쉽게 할 수 있도록 하였다. 그들의 해결책은 잠재적 투자자들을 적격투자자 배팅을 하고, 투자절차로 진척을 추적하며 결국 투자를 하게 되면 결제 처리를 한다. 이것은 규제에 대한 전문지식이 없는 개인회사들이 아무 웹사이트에 적용될 수 있는 "투자" 버튼을 만들어 그들이 직접 "크라우드 펀드"하는 것을 가능하게 한다. 그러므로 발기인의 거래는 부동산 웹사이트를 만들어 웰스포지의 투자 버튼을 추가하여 잠재적 투자자들을 그 웹사이트로 이끌 수 있다. 이것은 전통적인 크라우드 펀딩 사이트에서 기회를 찾는 것에 추가적으로 투자자들에게 또 다른 대안을 제공한다.

부동산 투자에서 가장 성공한 몇몇의 플랫폼들을 아래에 나열하였다.

Prodigy Network
www.prodigynetwork.com

RealtyShares
www.realtyshares.com

Realty Mogul
www.realtymogul.com

Patch of Land
https://patchofland.com

Fundrise
https://fundrise.com

CrowdStreet
www.crowdstreet.com

Endnotes

[1] http://www.citylab.com/work/2012/11/real-estate-deal-could-change-future-everything/3897/

[2] http://venturebeat.com/2014/01/02/it-might-cost-you-39k-to-crowdfund-100k-under-the-secs-new-rules/

신디케이트 관련 규정

합자조합은 융통성이 많아 남용되었다. 1980년 북미 증권관리협회(Securities Administration Association)는 합자조합의 지분발행을 위한 정책지침을 발표했으며, 당해 지역 증권당국에서는 동 지침에 어긋나는 등록들의 신청 건을 부정적인 시각으로 처리하였다. 캘리포니아를 제외한 모든 주들이 동 협회에 소속했지만(캘리포니아는 더욱 엄격한 지침을 사용), 모든 주들이 동 지침을 공식 채택한 것은 아니었다. 그러나 대부분의 주가 동 지침을 따랐고, 동 지침이 공모만을 대상으로 한 것이었지만 등록면제 신청을 접수한 때에도 동 지침을 참고하였다. 동 지침은 신디케이트의 투자정책, 스폰서의 보수체계, 투자자에 대한 적합성 등을 심사하며, 증권당국이 가장 관심을 갖는 분야도 바로 이 부분이다.

투자목적과 투자정책

신디케이트들은 달성하려는 투자목적 및 채택하는 투자정책에 따라 매우 다양한 형태를 갖고 있다. 만약 신디케이트 투자자들이 적용세율이 낮고 꾸준한 수익을 추구하는 성향이라면(IRA 및 연금투자자), 투자목표는 현금흐름 창출력이 좋은 부동산일 것이다. 이러한 부동산 중 일부는 전액 현금으로 구입될 것이다. 다른 투자자층에서는 꾸준한 수익을 원치 않고 미래의 시세차익 발생 가능성이 큰 사업(토지나 개발지역 부동산)을 원할 수 있다. 반면 또 다른 투자자들은, 감가상각이 크고, 저당대출 지급이자에 대한 손비인정이 커 세무상 유리한 부동산투자를 선호할 것이다. 이러한 목표투자자의 성향이 신디케이트의 목적과 정책을 결정하게 된다.

1960년대 후반까지합자조합에서는 신디케이트가 목표부동산을 선정하여 투자설명서에 기재함으로써 투자자들이 미리 검토해볼 수 있도록 하여 지분을 모집하였다. 이러한 형태를 "특정 부동산 신디케이트(specified property syndicate)"라고 부른다. 다른 신디케이트에서는 투자부동산을 확정하기 이전에 지분을 모집하였으며 이를 "**블라인드 풀** 신디케이트(blind pool syndicate)"라고 부르며, 부동산 설명서 및 재무정보 등이 전혀 없는 벤처(venture) 성격의 투자이다. 블라인드 풀의 경우에도 특정한 투자요건(부동산 형태 및 투자대상 지역 등)의 정보와 스폰서회사의 개요, 경력, 과거실적 등을 투자설명서에 기재해야 한다. 이는 블라인드 풀이 신디케이터의 과거실적과 평판에만 의존해서 투자를 유치하는 것이기 때문이다. 따라서 블라인드 풀에 대한 투자자는 투자설명서를 면밀히 검토하고 스폰서의 과거실적을 잘 판단해야 한다. 신디케이트의 투자목적은 다음과 같은 변수들에 따라 달라진다.

- 충분히 검증된 투자대상 부동산
- 블라인드 풀 투자
- 차입에 의한 레버리지 효과 활용
- 부동산 판매 시점까지의 예상보유기간
- 토지개발 투자가 허용되는지 여부
- 개발업자 및 다른 투자자와의 공동 사업
- 재매각을 위한 유질(Foreclosed)된 부동산의 유입

스폰서와 관리자에 대한 보상체계

신디케이트 투자자의 주요 관심 사항은 조합결성 촉진비용과 관리수수료 수준이다. 이러한 수수료 비용을 합리적인 수준으로 맞추기는 대단히 어려운데, 이는 지급될 수 있는 항목이 매우 다양하기 때문이다. 신디케이터들은 부동산 취득에 대한 용역, 관리, 투자자에게 최소한의 현금 수입보장 역할, 부동산매각, 상환자금 조달 주선 등의 명목으로 수수료를 징수한다. 실제 이러한 사전 수수료로 인해서 부동산매입에 쓰여질 순 투자액이 감소된다. 또한 부동산매각 시점에서도 사후처리 수수료가 징수될 수 있는 것이다.

관리수수료는 총자산, 순자산 또는 총임대수입, 순수입, 현금흐름액 등을 기준으로 부과된다. 각 계산기준은 신디케이트의 운영투자실적에 따라 특별한 결과를 나타내게 된다. 불행히도 예상손익은 정확한 가정에 의한 것이 못 되므로, 예상이 잘못되면 적절한 보수 계산 체계도 틀려지게 된다. 어느 경우에도 참가 당사자의 이해상반 요소와 당사자에 대한 직·간접 보수체계는 철저히 공시되어야 한다. 이러한 공시는 보수의 지급시기와 금액을 명시하고, 그 대가로 제공된 용역의 세부내용을 포함해야 한다.

앞서 언급했듯이, 신디케이트를 결성하는 주체들이 징수하는 수수료는 매우 다양하다. 투자자들은 조달된 조합자본액의 20% 이상이 수수료로 빠져나가는 조합을 특히 조심해야 한다. 일반적인 수수료 수준은 지분매각을 주선하는 브로커에게 7~10%, 법률 및 회계자문비로 1~3%, 신디케이트 구성과 금융비는 5~15% 선이다.

투자자에 대한 적합성 기준

투자대상으로서 합자조합의 뚜렷한 약점은 그 지분의 유동성 또는 시장성이 없다는 점이다. 지분의 양도성 제한으로 인해, 신규 참가 조합원이 매각자 조합원이 누리던 이익을 향수하기 위해서는 다른 조합원들의 동의를 받아야 한다. 또한 주 정부 차원에서 잠재투자자의 재무적 의무요건을 설정함에 따라 지분의 유통시장 형성은 더욱 어려워졌다. 조합의 지분권을 나타내는 증서의 발행도 복잡해졌는데, 이는 지분을 매각하는 조합원이 유가증권의 발행자로서 등록의무를 부담하게 되었기 때문이다. 이러한 유동성과 시장성 부족으로 인해 합자조합의 투자의 위험은 더욱 높아졌다.

신디케이트 투자의 또 하나의 약점으로서는, 고 세율을 적용받는 투자자층에만 투자매력을 준다는 것이다. 절세 효과가 없는 투자자에게는 수익률이 미미하였는데, 저소득 투자자가 신디케이트 투자의 경제적 타당성이 낮다는 점을 잘 모르고 투자하게 될 가능성이 있었다. NASAA지침은 최소한도의 투자적합성 기준에서 연간소득 $30,000과 순자산 $30,000 또는 순자산 $75,000의 요건을 설정하였다. 절세 목적의 신디케이트일 경우 더 요건을 높여서 최고세율을 적용받는 투자자만을 대상으로 하기도 하고, 고위험 신디케이트에서는 소득과 순자산 요건을 더 높이기도 한다. 어느 경우이든 투자설명서에 투자자의 예상수익률과 절세효과 예상액을 명백히 제시해야 한다.

연방 및 주정부 기관

연방 및 주정부의 증권관련 법규는 모든 부동산 신디케이트에 적용된다. 1933년 증권법 및 1934년 증권거래법상의 공시요건에 따라 부적절한 공시를 한 사람은 민사 및 형사상의 책임을 지게 된다. 각 주의 법은 증권 세일즈맨들에게 등록의무를 부과하고 있다. 이러한 법규는 연방법 차원을 벗어나 주 차원에서도 발행을 금지하거나 공시를 강화할 수 있다. 발행자의 발행절차에 하자가 있는 경우 투자자는 거래 취소 및 환불을 요구할 권리가 있다. 더욱이 허위사실의 기재에 대해서는 추가적인 제재 조항이 있다. 각 주 및 연방법이 그 적용에 대해서 정도의 차이가 존재하지만, 신디케이터와 투자자의 입장에서 증권법규를 적극적으로 준수하는 것이 양자에게 최선의 방법이다.

결론

주로 대규모의 부동산투자는 충분한 자본으로 부동산을 매입하기 위해 여러 명의 투자자 모집을 통하여 자본금을 끌어 모은다. 각기 다른 투자자들은 서로 다른 자본금액을 투자하며 각기 다른 분야의 전문지식을 보유할 수 있으므로, 이것을 고려하여 소유권계약이 구성되어야한다. 본 장에서는 한 명 이상의 투자자들이 합작하여 부동산을 매입 혹은 개발하는 다양한 방법에 대해 알아보았다. 무한책임조합, 유한책임조합, 법인 등의 사용될 수 있는 법적소유권 형태와 더불어 합작투자의 경제적 이점에 대해서도 논하였다.

본 장에서의 논의는 합자조합을 위주로 하였지만 본 장의 개념은 유한책임조합 구성원이 없는 무한책임조합에도 적용된다. 또한 본 장의 모두에서 전술하였듯이, 최근 10년간 결성된 투자신탁사는 부동산을 소유하고 있는 합자조합 무한책임조합 구성원의 구성과 유사하다. 유한책임조합 구성원들은 그들이 보유하던 신디케이트 지분을 투자신탁사가 보유한 합자조합지분과 교환한 투자자들이었다. 이 점에 대해서는 21장에서 후술할 것이다.

주요용어

C 법인	블라인드 풀	유한책임회사
S 법인	비누적적 균등	자본계정
개인기업	사모	자본구축
공모 신디케이트	사모 신디케이트	자본배분
기준	수익금	전문투자자
내부수익률 선호	신디케이션	차익의 부과
내부수익률 회수	실질적인 경제적 효과	초기 자본금 구성
누적분배	우선배당	특별배분
무한책임조합	우선수익률	합자조합
무한책임조합의 구성원	유한책임조합	합작투자
분배	유한책임조합의 구성원	

유용한 웹사이트   www.sppre.com – 민관 부동산 파트너십을 구조화하고 정부, 대학 및 학교의 미활용 부동산자산 가치를 극대화하여 부동산 자산 정부, 대학 및 학교를 지원하기 위한 목적을 가진 국립 컨설팅, 개발관리 및 부동산자산관리회사

질문

1. 내부수익률 선호와 내부수익률 회수의 차이점은?

2. 부동산 신디케이트에서 합자조합에 의한 소유의 장점은 무엇인가?

3. 무한책임조합 구성원가 신디케이트의 구성 주체가 되는 구조가 유한책임조합 구성원에게 어떻게 투자 유인을 제공하는가?

4. 부동산 투자조합이 어떤 구조로 구성되는가에 대해 미국 내국세입청이 관심을 갖는 이유는 무엇인가?

5. 조합의 과세와 회사의 과세 간의 주된 차이점은 무엇인가?

6. 특별 분배(Special Allocation)란 무엇인가?

7. 무한책임조합 구성원의 세후 내부수익률이 유한책임조합 구성원과 달라지는 원인은 무엇인가?

8. 자본계정(Capital Account)의 중요성은 어떠한가? 자본계정의 잔고를 매년 변화시키는 요인은 무엇인가?

9. 조합에 대한 투자에 수반되는 위험이 무한책임조합 구성원와 유한책임조합 구성원 간에 어떻게 다른가?

10. 무한책임조합 구성원가 보상을 받는 방식에는 어떠한 것들이 있는가?

11. 1986년 미국 세제개혁법이에 의한 부동산 투자의 타당성에 어떠한 영향을 미쳤는가?

12. 부동산 신디케이트에 투자하는 투자자는 무한책임조합 구성원에 대해서 어떤 점에 유의해야 하는가?

13. 사모와 공모 신디케이트를 구분 설명하라. 전문투자자(accredited investor)란 무엇인가?

14. 신디케이트에서 무한책임조합 구성원가 보상을 받는 방식은 무엇인가? 투자자가 신디케이트에 투자를 고려할 때 유의점들은 무엇인가?

15. 회사형태의 부동산투자 기구와 무한책임조합 형태의 차이점은 무엇이가? 양쪽에 유한책임 조합은 어떻게 적용 될 수 있는가?

문제

1. ABC투자회사는 뉴턴개발회사와 함께 부동산 개발을 위한 합작투자를 하기로 결정했다. 개발 및 운영을 위한 초기 투자금은 $100,000,000이고 이는 공사비를 포함한 금액이다. 또한 합작투자의 대출은 "0"이다. 각 구성원들의 초기 투자금은 기초에 이루어지고 운영관련 현금흐름은 아래와 같다.

1년	$ 2,000,000
2년	4,000,000
3년	9,000,000
4년	12,000,000
5년	14,000,000

5년차 매각 시 매각금액은 $ 150,000,000로 예상한다.

ABC 투자회사는 $45,000,000을 투자할 계획이고 뉴턴개발회사는 개발 및 수수료 등을 포함하여

$55,000,000을 투자할 계획이다. ABC 투자회사는 비누적적방법으로 운영수익의 5%을 수취할 예정이며 우선 수익금을 배당 받은 뒤 뉴턴개발회사는 동일 조건으로 운영수익의 5%를 수취할 것이다. 또한 잔존금액은 50:50으로 배분할 예정이다.

매각 관련 사항은 아래와 같은 조건이다.

(1) ABC투자회사의 투자자금 상환

(2) 뉴턴개발회사의 투자자금 상환

(3) ABC투자회사가 11% 수익률을 얻을 수 있도록 자금지불

그 이후 잔존금액에 대해 50:50로 분배

위의 사례를 이용하여 각 구성원들이 받을 금액과 내부수익률을 계산하라.

2. Venture Capital사는 자사가 무한책임조합 구성원로서 35인의 유한책임 조합원과 함께 신디케이트를 결성하여 Tower 오피스빌딩을 매입·운영하기로 하였다.

비용 구성

토지	$ 1,000,000
개보수공사	9,000,000 (자본화됨)
대출취급수수료(points)	100,000 (대출기간에 걸쳐 상각)
소계	$10,100,000 (5년에 걸쳐서 상각)
신디케이트수수료	100,000
총 조달 소요 금액	$10,300,000

조달 내역

대출금액	$ 8,000,000
이자율	11%
만기	25년 (매월 상환)
대출취급수수료(Points)	$ 100,000

조합 구성 내용 및 출자 구성

결성일: 1년차 12월
조합원 수: 무한책임조합 구성원 1인과 유한책임조합원 35인
출자액: 무한책임조합 구성원 10%, 유한책임 조합원 90%
현금평가액(cash assessment): 없음
운영현금흐름의 배분 : 무한책임조합 구성원 10%, 유한책임조합원 90%
과세손익 배분: 무한책임조합 구성원 10%, 유한책임조합원 90%
매각 손익의 배분: 무한책임조합 구성원 15%, 유한책임조합원 85%
매각 현금의 배분: 자본계정(capital account)의 잔고에 의함.

운영 및 납세 예상

2년차의 예상 잠재소득	$1,750,000
공실율 및 임대료 대손	예상 잠재소득의 10%
2년차의 운영수수료	유효 잠재소득의 35%
감가상각 방식	31.5년 정액법
소득 증가율 예상	연 3%
5년후 예상 재판매 가격	$13,500,000
유한책임조합원의 적용 세율	28%
무한책임조합 구성원의 적용 세율	28%
매각 비용	5%

    a. 유한책임조합 구성원의 세후 예상 내부수익률을 산출하라(35인의 조합원을 단일 투자자로 간주함).

    b. 무한책임조합 구성원에 대한 예상 세후 내부수익률을 계산하라.

    c. 무한책임조합 구성원와 유한책임 조합원 간에 수익율이 다른 이유는 무엇인가?

3. A와 B의 두 투자자가 조합을 결성하는데, A는 유한책임조합 구성원으로 50만 달러를 출자하고, B는 무한책임조합 구성원으로 현금을 출자하지 않는다. 동 조합은 원금거치 10% 이자율로 2백만달러를 비소구(nonrecourse)대출을 확보하여 AB아파트를 250만 달러에 매입하였다. AB아파트의 첫해의 운영 결과는 아래와 같다.

NOI	$250,000
(−)부채상환(거치식)	−200,000
(=)세전현금흐름	$ 50,000

첫해의 세금 감면액은 25만 달러로 가정한다.

해당 조합은 운영으로부터 발생하는 모든 과세대상 수입, 손실, 현금흐름의 90%를 투자자A에게 배분하고, 나머지 10%를 투자자 B에게 배분한다. 부동산의 재판매 시의 과세대상 손익은 A와 B간에 50:50으로 배분되고, 발생현금은 앞서 배분한 현금액을 차감한 초기 투자액에 해당하는 금액을 우선 A에게 배분하고, 남은 현금을 50:50으로 A와 B에게 나눠준다.

    a. 1년 후 A와 B 간의 자본계정잔고는 각각 얼마인가?

    b. AB아파트가 1년 후에 매가비용 없이 3백만 달러에 팔린다고 가정하자. 세전 기준 매각대금 유입액은 얼마인가?

    c. 부동산 매각 후 A와 B에게 배분되는 금액은 얼마인가?

    d. 부동산 매각 후 자본이득은 A와 B에게 어떻게 배분되는가?

    e. 부동산 매각 후의 A와 B의 자본계정잔고를 계산하라.

www.mhhe.com/bf15e

4. Excel. 웹 사이트에서 제공하는 Excel Workbook의 "Ch18 Partner"탭을 참조하라. 자기자본 기여도와 수입, 손익은 유한책인조합 구성원에게 99%, 무한책임조합 구성원에게 1%에게 배분된다. 이러한 변화는 각각의 구성원의 기대 수익률에 어떠한 변화를 초래하는가?

CHAPTER 19

제2차 담보시장: 원리금자동이체증권

The Secondary Mortgage Market : Pass-Through Securities

서론

본 장에서는 제2차 저당시장의 성장에 대해 간단히 설명을 하며 시작해보겠다. 제2차 저당시장의 필요성과 그 시장에 참여하고 있는 주요 조직들에 중점을 두어 다룰 것이며, 최근 다양해진 형태의 주택담보증권과 더불어 투자성격분석체계를 알아볼 것이다. 담보대출 관련 증권은 여러 가지 형태의 담보대출을 근거로 할 수 있지만, 본 장의 범위를 주택담보대출에 국한하기로 한다. 마지막으로, 두 가지 형태의 주택담보증권에 대한 가격결정 및 이러한 증권형태를 차별화 시켜주는 중요한 요소에 대한 평가를 제시할 것이다. 다음 장도 이어서 같은 부분을 다룰 것인데, 다계층 증권(collateralized mortgage obligations: CMOs)와 파생상품에 대해 상세하게 분석하고 상업용 부동산 담보부 증권(commercial mortgage-backed securities)의 소개로 이어질 것이다.

주택담보 대출 시장의 형성

현재의 **주택담보 대출 시장**은 다음과 같은 요소들의 영향으로 인해 생성되었다고 보아도 무리가 없을 것이다.

1. 담보대출은행(mortgage bank) 등 주택담보 최초대출전문기관들은 대출자산을 매각하여 새로운 대출을 실행할 수 있도록 자금을 재조달할 수 있는 시장이 필요하였다.
2. 또한 지역 간에 자금의 흐름을 조정할 수 있는 시장체계가 필요하였다. 이러한 시장을 통해, 주택금융 수요가 역내 예금수신을 초과하는 지역에 소재한 대출금융기관은, 잉여 저축이 존재하는 지역에 소재하는 기관들에게 여신자산을 매각할 수 있다.

3. 1960년대 말부터 수신금융기관에 대한 규제완화로 인해 증권화가 혁신적으로 발전하였는데, 이러한 추세로 인해 저축자들은 저축구좌나 양도성예금증서 등 전통적인 저축수단에만 의존하지 않게 되었다. 더구나 개인 퇴직금 적립 계정에 세제혜택을 주는 입법조치와 미국의 고령인구 증가로 인해 연금계좌의 자금흐름이 증가되면서 투자가능 자금이 매우 큰 규모가 되었다. 따라서 주택담보 대출기관들은 유가증권을 인수하여 일반투자 및 기관 투자자에게 판매하는 증권회사들의 도움으로, 투자자금을 흡수하여 신규대출을 행하는 도전적인 과업을 수행하게 되었다. 연방 정부측에서도 주택보유를 늘이기 위해 강력한 주택금융에 대한 지원을 하려는 의지가 오랫동안 있어 왔다.

초기의 담보대출 매수자층

과거부터도 항상 담보대출의 유통시장은 어떤 형태로든지 존재해 왔다. 1950년대 이전에는, 최초의 주택대출기관들 중에서 대출유통시장에 참여한 계층은 주택자금 대출회사(mortgage companies) 및 저축기관(thrift institutions)이었다. 잉여자금이 있는 대형 생명보험사 및 동부지역의 저축기관을 비롯한 투자자들은 대출가능 자금에 비해 주택금융수요가 높은 지역에서의 주택자금 대출회사 혹은 지역에 소재하는 저축기관으로부터 담보대출을 매입하였다. 매입자들은 대출자산을 매입함으로써, 전쟁 후의 주택구입 호황기에 필요한 재원을 마련하는 데에 기여하였다.

초기 유통시장이 발달한 주요인은 FHA(Federal Housing Administration: 연방주택국) 및 VA(Veterans Administration: 재향군인회) 등의 기관을 통해 보증보험 및 지급보증 프로그램을 제공하여, 투자자들을 대손위험으로부터 보호하여 주었다는 점이다. 이러한 프로그램의 성과로서, 차입자 자격을 심사하기 위한 최저 대출기준, 감정평가, 담보 건물의 규격 등에 대한 시스템이 갖추어졌다.

주택자금 대출회사들은 FHA와 VA가 요구하는 표준화된 업무처리절차를 준수하였고, 이에 따라 대규모의 신규대출을 위한 공간을 제공하며 서비스 활동을 촉진시켰다. (1) 보증보험과 지급보증이 유효하고, (2) 대출보증, 업무처리, 서비스관련 체계가 표준화되었고 , (3) 손해보험과 권원보험이 존재하였으므로, 담보대출에 대한 투자자들은 대규모 자산을 획득하여 채무불이행 위험 부담이 거의 없이 원리금을 상환받게 되었다. 채무불이행 및 연체 등 업무처리 문제는 수수료 지급조건 하에 자산관리자가 수행하여 해결되었으므로, 담보대출에 대한 투자는 유가증권(債券) 투자와 유사한 것이 되었다. 담보대출을 기관투자자에게 매각하여 조달된 자금으로, 최초대출자(주로 주택자금 대출회사)는 신규대출을 할 수 있는 자금을 공급받게 되었다.

1954년 이후의 유통시장

1954년에는 의회가 **FNMA**(Federal National Mortgage Association: 미 연방담보대출공사)의 정관을 변경하여, 3가지의 독립적이고 분명한 기능을 부여하였다.

1. 연방정부 차원에서 보증보험 및 지급보증이 제공된 담보대출에 대한 유통시장 운영개선 및 발전
2. 기 대출된 자산을 관리하며, 필요한 경우 부동산 및 채무불이행이 된 담보대출 처분
3. 보조금을 지급받는 주택담보대출 프로그램을 포함한 특별 지원 프로그램 관리

각각의 기능들은 독립된 기업이 운영하는 것처럼 수행되었다.

이 기간 이전부터 FHA, VA보험 및 보증 대출의 금리는 정부기구가 규제하였으며, 의회는 FHA-VA 금리를 자유화하지 않고 주택구입자에 한해 낮은 수준에 제공하였다. FNMA의 역할은 금리상승 국면에서는 담보대출 매입을 위해 채권을 발행한 후 대출금융기관의 담보대출을 매입하여, 이들에게 자본을 지원한다. 매입한 담보대출자산은 금리가 하락한 이후에 매각되어 차익을 얻으면서, 차입금상환재원이 마련되게 된다. 따라서 FNMA는 필요시에 주택금융시장에 유동성을 공급하기 위한 기구로서, 자체발행채권 투자자와 담보대출 매각자 간의 중개 위치에서 금리위험을 부담한다. 물론 FNMA는 금리변동 주기가 여러 번 반복되어 가면서, 평균적으로 대출자산의 금리와 채권발행금리 간의 "금리차이(spread)"를 만들어내며, 주택금융계에 유동성을 부여할 것으로 기대되었다.[1]

FNMA 역할의 변화

시장실세금리가 점차 상승한 반면, FHA-VA대출금리는 고착됨에 따른 금리 스프레드로 인해, FNMA를 유지하는 데 문제가 심각해졌다. 이러한 영향으로 의회는 즉각적으로 FNMA의 역할을 재검토하였고, Charter Act of 1954(1954 선언 법안)가 입법되었다. 그러나 동 법의 내용 중에는 유통시장에 대한 정부의 참여가 점차적으로 민간기구에 의해 대체되어야 한다는 조항이 추가되어있었으며, FNMA도 장기적으로 민간조직으로 변경되어야 하는 절차가 명시되어 있었다. 신규 조직을 설립하기보다는 FNMA를 민간조직으로 변환시킴으로써, 변환 기간 중에도 FNMA의 유통시장 경험이 활용될 수 있고 궁극적으로는 전체 기능을 민간에게 맡길 수 있었다.

FNMA가 운영될 수 있는 재정기반을 제공하기 위해, the Charter of Act는 무의결권 우선주와 보통주의 발행을 인가하였고, 우선주는 재무성이 인수하였다. 보통주는 FNMA에 담보대출을 매각하는 기관들에게 거래조건으로 인수시켜 자본이 조달되었고, 지분이 분산되게 되었다. 추가적인 자금조달은 채권발행에 의해 이루어진다. 해당 법안에서는 필요시 재무성이 $2,250,000,000까지의 FNMA발행채권을 취득할 수 있도록 지원하였다. 이러한 인수 지원은 FNMA의 수익성 및 발행채권 소화 능력이 의문시되는 경우에도, 채권투자자들에게 동 채권의 가격 및 유동성에 대한 확신을 제공하기 위한 것이다. 또한, FNMA에게 자본시장에서 차입에 대한 추가적인 지원책을 부여하였으므로, 인수 보장이 없을 때보다 채권발행 금리 면에서 유리한 위치가 확보되었다.

---

[1] 분명히 FNMA의 전략에서의 위험은 금리상승국면에서 조달금융비용이 보유 대출자산의 금융수익을 초과할 위험이다. 이는 여러번의 금리변동주기에 걸쳐 자산매입대금이 자산매각대금을 초과하는 형태로 나타나게 될 것이다.

2008년 서브프라임 위기로 FNMA 재정에 심각한 타격을 입게 됨에 따라, FHFA(Federal Housing Finance Agency: 미 연방주택기업감독청)가 FNMA의 관리 및 운영 등에 책임을 맡게 되었고 (FHLMC: 미 연방주택대출저당공사도 정부기관 산하에 들어가게 되었음) 추가적으로 미국 재무성은 FNMA의 주택 및 담보대출 시장에 유동성을 보장하고자 $100,000,000,000의 금융지원을 실시하였다. 지속적인 경제의 불확실성속에서 FNMA의 미래는 불투명해지고 있다.

Government National Mortgage Association *GNMA*, 미 정부국가저당공사

GNMA(Government National Mortgage Corporation: 미 정부국가저당공사)는 Housing and Urban Development Act of 1968 (1968 주택도시국 법안)에 의해 다음의 세 가지 주기능을 수행하기 위하여 설립되었다.

1. FNMA가 취득했던 대출자산의 관리 및 청산: 청산은 대출자산의 회수 및 매각을 통해 이루어졌다.
2. 정부의 대출지원을 통한 특별 주택 프로그램: GNMA(또는 "Ginnie Mae")는 FHA의 다양한 주택 프로그램에서 나온 담보대출보증 권한을 부여받아 일반적인 대출이 지원되지 못하는 지역에 주택을 제공한다.
3. FHA-VA 담보대출 공동출자 풀에 대한 보증 조항은 주택담보증권(MBS)에 적기 원리금 상환 보증을 제공하는 것이다. GNMA의 사업은 미국 재무성 자금 및 차입금에 의해 유지된다.

주택담보증권 *MBS*와 GNMA의 지급보증

1968년법에 의한 GNMA지급보증 프로그램은 현재의 담보대출 유통시장에 있어서 가장 중요한 사건이었다고 할 수 있다. 근본적으로 GNMA의 기능은 FHA, FmHA(Farmers Home Administration, 미 농업주택청) 및 VA보증부 대출의 공동출자(Pool)에 의해 담보되는 유가증권의 원리금의 적기 지급을 보증하는 것이다. GNMA이전의 담보대출 유통시장의 문제 중의 하나로서, 투자자들이 FHA에 편입된 대출을 매입하여 매월 원금과 이자를 수령하지만 (자산관리 수수료 공제 후) 투자자들은 차주의 채무불이행이 발생할 경우 매월의 수령금액이 지연되는 경우를 많이 경험하였다. 이러한 경우 자산관리자가 원금 및 연체금을 FHA 및 VA에 지급 청구하는데 그 정산과정이 시간소모가 크며, 투자자 측에서도 추가적인 관리업무가 요구되었다.

담보대출에 투자하는 많은 투자자들이 이러한 대기 기간으로 인한 현금흐름의 불확실성 및 수익률의 감소를 반기지 않았다. GNMA는 이러한 투자자들에게 원리금을 적기에 지급할 것을 보증함으로써, 실질적으로 대출분할상환 수입에 근거한 매월의 원리금 지급 자체를 보증하고 있는 것이다. 보증의 내용은 차주가 조기상환 하거나 파산하는 경우의 원금조기상환액도 포함한다. GNMA는 투자자에게 적기에 대신 지급한 후 자산관리자와 사후 정산하게 된다. 이는 투자자들이 원금회수로 인한 업무 부담과 지체가능성으로 인한 우려감으로부터 벗어나게 해준다. 이러한 보증의 대가로 투자자는 보증료를 납부하며, GNMA는 이를 운영재원으로 사용하고 있다.

GNMA보증의 결과 담보대출의 유통시장은 폭발적인 확장을 이룩하게 되었으며, FHA-VA대출기관들이 담보대출을 공동출자하여 증권(원리금자동이체증권)을 발행하게 되었다. 원리금자동이체증권은 공동출자 내의 담보대출에 의해 담보되며, 투자자들이 공동출자 내의 담보대출에 대해 배분되지 않은 지분을 보유하며, 입금된 금액은 입금되는 그대로 투자자들에게 직접이전된다. 이러한 증권은 증권회사에 의해 인수되어 투자자에게 판매되는데, 이들은 증권화 혁명이 이루어지기 전에는 접근이 불가했던 투자자층이다. 자산보유자들은 원리금자동이체증권 발행에 의해 조달된 금액을 신규대출 재원으로 사용할 것이다. FHA보험 혹은 VA보증으로 인해 채무 불이행의 위험이 최소화되어 투자자들은 원리금자동이체증권에 대해 매력을 느끼게 되었다. 투자자들은 거의 무위험이나 국채에 준하는 투자상품으로 인식하였고, GNMA가 원리금의 적기 입금을 추가적으로 보증함에 따라 증권은 더욱 채권의 성격을 갖게 된 것이다(원금의 조기상환이 언제든지 일어날 수 있지만). 조기상환은 차주가 파산하거나 다른 차입 또는 자기자금으로 상환할 경우에 일어난다.[2]

Federal Home Loan Mortgage Corporation *FHLMC*: 미 연방주택대출저당공사

70년대 초반에 들어서며 주택담보증권시장은 FHA 보증과 VA 주택 담보대출의 공동출자로 FNMA와 GNMA체제하에서 호조의 성장을 보였다. 그러나 저축기관으로부터 받은 일반적인 대출을 재판매할 수 있는 유통시장은 존재하지 않았는데, FHA-VA담보대출은 전체의 21%만 차지하였고 일반적인 대출은 나머지인 79%를 차지하였다. 저축기관들이 일반적인 대출의 58%를 점유했고, 담보대출회사들은 FHA-VA대출의 80%를 점유했다. 따라서 저축기관과 같은 최초의 대출자들에게 자금의 유입을 지속시켜 주려면 일반적인 대출을 증권화하는 방식을 찾아내야만 하는 상황이었다.

또한 1960년도 중후반대에는 간헐적으로 금리격변동이 발생하여, 저축기관들도 유동성 문제에 봉착한 상황이었다.[3] 일반부동산담보대출시장에 자금유입이 감소됨에 따라, 의회는 1970년 Emergency Home Finance Title III(긴급주택금융3법)에 근거하여 FHLMC (Federal Home Loan Mortgage Corporation, 미 연방주택대출저당공사 또는 "Freddie Mac"이라 통칭)을 설립하게 되었다. FHLMC의 주목적은 유통시장을 만들어 주는 것으로서, FNMA와 GNMA가 FHA-VA담보대출에 그랬듯이 일반주택대출업자들에게 유동성을 공급하는 것이다.

---

[2] 조기상환은 담보부동산이 매각되면서 매입자가 대출을 승계하지 않거나, 화재 등의 재해 발생에 의한 보험금이 재건축에 사용되지 않고 대출상환에 사용되는 경우에 발생한다.

[3] 금리자유화 이전에는 소액저축자가 저축기관이나 은행에 예금하면, 수신을 받은 기관은 다시 담보대출을 실행하여 대출자산을 보유하였다. 그러나 규제금리 시대에 저축자들은 저축을 인출하여 금융자산(증권)에 직접 투자하기 시작하였다. 이러한 변화는 개인들에 대한 퇴직구좌 개설을 허용(저축기관이 아닌) 함과 맞물려 저축기관(수신으로 조달할 수 없게 된 상태의)들로 하여금 자금유치 경쟁을 해야 하는 입장으로 내몰았다.

초기에는 FHLMC에게 1순위의 고정금리부 전통적 주택대출 자산의 매입 및 지분참여에 대한 매입 또는 매입확약을 하도록 인가하였다. 또한 동법에 의해 FNMA에 대해서도 전통적인 대출 매입이 허용되고, FHLMC도 FHA-VA대출자산의 취급이 승인되었다. 이러한 조항의 핵심은 양 기관이 모든 주택대출에 대해서 경쟁하도록 한 것이다. 그러나 FHLMC의 사업영역은 과거부터 전통적 대출 위주였으므로 앞으로도 주력부문으로 계속될 것이며, FNMA도 FHA-VA주력이 지속될 것이다(이미 FNMA의 전통적 대출 매입액이 FHA-VA 대출 매입액을 초과했지만).

2008년 서브프라임 사태 이후 Freddie Mac에 대한 재정 어려움이 가속화됨에 따라 연방정부가 FNMA에 했던 것처럼 Freddie Mac을 직접 운영하게 되었다. 또한 2008년 FHFA는 Freddie Mac의 관리위원 역할을 맡게 되었다. 또한 금융위기가 가속화됨에 따라 Freddie Mac의 미래 또한 불투명해지고 있다.

2차 저당시장의 운영

2차 저당시장(담보대출 유통시장)의 기능을 이해하기 위해서는, 이 시장의 기능이 최초대출자의 대출재원을 회복시키는 것이라는 점을 기억하자. 이 기능은 최초대출기관으로 하여금 금리상승기나 하락기에나 새로운 주택대출이 실행될 수 있도록 해준다. 최초대출기관은 이를 달성하기 위해서 대출자산을 FNMA, FHLMC 또는 다른 민간기관에 직접 매각하거나, 아니면 자산 공동출자 풀을 구성해서 증권발행 한다(그렇게 함으로써 담보대출에 직접 투자하지 않았을 투자자층으로부터 자금을 유치하였다). 따라서 현재의 주택금융시장의 최초대출자들의 주목적은 사업자금을 조달하는 기업처럼 더 넓은 투자자층을 접촉하여 자금원을 충족시키는 것이다.

직접 매각 프로그램

[예 19-1]은 최초대출자들이 자금조달을 위해 사용하는 직접 매각 프로그램을 보여주고 있다. 앞서 언급했듯이, 1950년대 중반 이전의 유통시장이란 FHA-VA 대출을 실행한 담보대출회사와 저축기관들이 대출자산을 생명보험사와 동부의 대형 저축기관에 매각하는 형태였다. 매입자들은 매입자금을 보험자산 및 수신으로 조달했는데, 이러한 시장은 1950년대 중반 FNMA가 최대의 FHA-VA매입세력으로 대두함에 따라 변화하게 되었다. FHLMC는 1970년이 되어서 이 시장에 진입하여 저축기관들로 하여금 전통대출 및 FHA-VA대출을 매각할 기회를 부여하였다.

　　FNMA의 현행 매입 수락 프로그램에는 의무매입과 매도자 선택권부 매입의 두 가지가 있다.

1. 의무매입에서는 FNMA는 일정한 대출자산을 일정시점에 일정가격에 반드시 매입해야 하며, 최초대출자는 반드시 **양도**해야 한다. 최초대출자는 매입확약에 대한 수수료를 FNMA에게 지급한다.

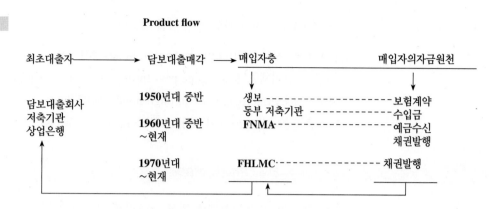

예 19-1
자금흐름 분석(직접 매각
프로그램

2. 선택적 매입에서는 최초대출자는 FNMA에게 수수료(의무매입경우보다 높아야 한다)를 지불하며, FNMA에 양도 여부를 결정할 **선택권**을 갖고 있다.

의무매입 프로그램 하에서는 최초대출자는 금리가 상승하는 경우에는 유리하나, 금리가 하락하는 경우는 다른 곳에 더 비싸게 팔지 못하므로 손해를 볼 수 있다. 반면에 매도자 선택권부에서는, 최초대출자는 FNMA에 양도할 권리는 있으나 의무는 없다. 따라서 그는 금리가 상승하면 FNMA에 양도하고, 금리가 하락하면 다른 매수자에게 더 유리한 가격에 양도할 권리(또는 FNMA와 새로운 가격을 협상할 권리)를 갖는다. 이러한 제도의 발전에 따라 최초의 대출자들은 금리위험을 FNMA에 전가시킬 수 있게 되었다(그러나 이는 수수료 지급의 대가이다). FNMA의 매입 프로그램이 너무나 성공적이어서 FHLMC도 1970년에 유사한 프로그램을 도입하였다.

담보대출증권집합의 발전

전술했듯이, 최초대출기관들은 투자자로의 직접 매각 프로그램과는 별도로, 담보대출집합을 담보로 다양한 증권을 발행할 수 있다는 사실을 발견했다. 투자은행의 지원 하에 대규모 대출기관들은 증권을 소액단위로 발행하여 많은 신규 투자자에게 소화시킬 수 있었다. 대출자산 규모가 작은 기관들은 대출자산을 FNMA, FHLMC에 매각하면, 이들 정부기관들이 큰 공동출자 풀을 형성하여 유가증권을 발행하였다. 증권화하기 위해 만들어진 담보대출공동출자 풀로 인해저축기관들이 대출 후에 자기가 보유하거나, 담보대출회사들이 대출 후에 생보사 및 자금잉여 저축기관들에 매각하던 과거의 행태는 완전히 변화되었다. 많은 최초 대출기관들은 더 이상은 예금수신액을 담보대출에 투입하여 발생하는 금리위험을 부담하려 하지 않으며, 증권화를 통해서 자금을 조달하고 금리위험은 증권투자자(금리위험 부담 의사가 있는)에게 전가시킨다.

최근 담보대출관련 증권이 다양한 형태로 발전하였다. 최초대출기관, 증권회사 및 연방기관(FNMA, FHLMC, GNMA)들이 지속적으로 새로운 것들을 도입하고 투자자에 접근함에 따라, 새로운 형태가 계속 개발되고 있는 것이다. 본 장과 다음 장에서는 현재 활용되고 있는 주택담보증권의 주요 형태를 깊이 다룰 것이다.

1. 담보대출담보부채권(mortgage backed bonds: MBBs)
2. 원리금자동이체증권(mortgage pass-through securities: MPTs)
3. 지불이체채권(mortgage pay-through bonds: MPTBs)
4. 다계층증권(collateralized mortgage obligations: CMOs)

담보대출담보부채권 *Mortgage-Backed Bonds, MBBs*

민간의 최초대출기관(담보대출 회사, 저축은행, 상업은행)들이 신규 대출재원 조달을 위해 사용한 증권화 기법 중의 하나가 **담보대출담보부채권**발행이다. 담보대출담보부채권을 발행할 때 발행자는 담보대출공동출자 풀을 형성하여(공동출자 풀은 주거용이 일반적이지만 상업용과 담보대출관련 증권도 가능) 채권을 투자자에게 발행한다. 발행자는 대출에 대한 소유권을 계속 유지하지만, 대출자산은 담보로 제공되며 제3자인 수탁자에게 예탁된다. 이 수탁자는 투자자를 위해 채권발행 계약 조건이 확실히 준수되도록 한다. 담보대출담보부채권은 회사채와 같이 고정금리 및 확정만기로 발행된다.

대출자산으로부터의 수입이 발행채권의 원리금 상환에 충분함을 보장하기 위해서 발행자는 초과담보를 제공하는데, 이는 발행채권 금액을 초과하는 잔존원금을 가진 담보대출을 공동출자 풀에 제공함으로서 가능하다. 전통적으로 발행자들은 발행채권의 액면 대비 125% 내지 240%까지 초과담보를 제공했는데, 이러한 관행이 준수된 이유는 발행자가 파산하거나 지급을 연체할 수 있기 때문이다. 이 경우 일부 담보대출이 채무불이행 되더라도, 약정된 채권지급일정은 초과담보에 의해 준수된다. 더구나 일부 대출은 담보대출의 만기 또는 발행채권의 만기 이전에 조기 상환될 수 있다. 담보대출담보부채권은 확정만기에 의해 발행되기 때문에, 초과담보 조건에서 일부 대출이 조기상환 되더라도 다른 대출들이 공동출자 풀 내에 계속 존재하여 조기상환분을 대신하게 된다.

초과담보 설정의 또 하나의 이유는, 채권발행에서 수탁자가 모든 담보저당권을 시가평가하도록 의무화하고 있기 때문이다. 이 작업은 주기적으로 이루어져, 초과담보의 가치가 사전에 합의된 비율(예 125% 또는 240%) 또는 발행채권 잔존 기간 중에 합의되는 다른 비율이 유지되도록 한다. 만일 신탁된 대출자산의 시장가치가 채무불이행 과다 또는 조기상환으로 인해 약정된 초과담보 비율을 하회하는 경우, 발행자는 공동기금에 질적으로 동일한 신규대출자산을 보완 투입해야 한다. 만일 발행자가 보완하지 않거나 발행채권의 조건을 준수하지 않는다면, 수탁자는 채권투자자를 위해 신탁된 모든 담보물을 처분할 수 있다.

담보대출담보부채권은 다른 주택담보관련 증권처럼 증권회사에 의해 인수되며, 신용평가사[4]에 의해 신용등급이 부여되고, 일괄인수조합을 통해 매각된다.[5] 신용등급이 부여되는 기준은 다음과 같다.

---

[4] Moody's나 Standard & Poor's사와 같은 기관이다.

[5] 부동산 담보부 관련 증권들의 중요한 인수자들로는 First Boston Company, Salomon Brothers, Goldman Sachs 등이 있다.

1. 공동출자 풀 담보대출의 내용: 그 형태 및 LTV비율, 보증보험 및 지급보증(전부 또는 일부) 조건
2. 담보대출 증권의 지리적 다변화 정도
3. 담보대출의 금리 수준
4. 담보대출이 만기 이전에 조기 상환될 가능성
5. 초과담보 제공의 정도
6. 상업용 부동산 저당의 경우 감정가 및 부채상환비율(debt coverage ratio)

　　명백히 담보대출공동출자 풀 내의 FHA-VA 혹은 민간대출보험이 되어있는 일반담보대출들의 경우 무보험/무보증 대출보다 대손 발생 위험이 낮다. 그런데 경우에 따라서는 발행자가 제3자로부터 추가적인 형태의 신용보강을 받아, 대손위험에 대해 추가적으로 안전성을 확보할 수 있다. 이러한 신용보강은 은행의 보증서, 보험사로부터의 보증 및 신용도 높은 제3자로부터 수수료 지급의 대가로 받은 계약이다. 신용보강이 이루어지면, 투자자는 제3자가 보증채무를 이행할 수 있는 능력 및 발행자/제3자가 제공한 보증서의 지급조건을 평가해야 한다. 신용보강의 특성은 일반적으로 초과담보 제공 요구수준 및 발행채권의 표면금리에 영향을 미친다.

　　요약하면, 공동출자 풀내의 담보대출의 특성과 형태는 그 현금흐름이 발행채권의 이자지급과 최종적인 원금상환에 적절한 지 결정하는 주된 결정요소이다. 이러한 속성에 의해 발행자가 채권발행의 요건을 갖추게 되고 투자자의 위험에 영향을 준다. 이 위험에 의거하여 투자자의 채권요구수익률은 결정될 것이며 따라서 채권의 발행가도 결정된다. 이러한 가격결정 문제는 다음절에서 상술한다.

담보대출담보부채권의 가격 결정

　　담보대출담보부채권 발행자가 주간사 증권회사와 협상하여 발행가격을 결정하는 과정을 설명하기 위하여, $200,000,000의 담보대출담보부채권이 $300,000,000의 담보대출공동출자 풀을 담보로 발행되며, 발행단위는 $10,000, 만기는 10년이라고 가정한다. 발행채권은 표면금리 8%를 매년 지급한다.[6] 담보대출에 대한 평가, 초과담보 설정 및 발행자의 신용도(신용보강 포함)에 따라 발행채권이 Aaa 또는 AAA등급을 획득한다고 본다.[7] 발행채권이 발행일에 투자자에게 판매되는 가격을 결정하기 위해서는, 미래의 이자지급과 원금상환 현금흐름을 채권투자자가 요구하는 수익률로 할인해야 한다. 이 수익률은 명백히 본 채권의 투자위험도를 반영하며, 다른 채권의 시장수익률과 비교된다.

　　예에서는 10년간 연 $800씩의 이자 및 10년차 원금 $10,000의 현금흐름의 현재가치를 구하여 발행채권의 가격을 구하는데, 발행자가 주간증권사와 협의하여 채권판매를 위한 수익률을 9%에 합의했다면 가격은 다음과 같이 설정된다.

---

[6] 미국의 채권은 반년마다 이자를 지급하지만 여기에서는 단순화시킨 것이다.

[7] 이는 최상위 등급이다. 등급의 방식과 결정에 대한 설명은 Moody's나 Standard & Poor's에서 구할 수 있다.

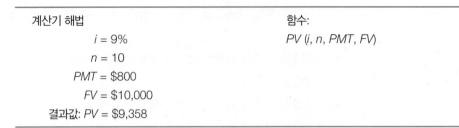

계산기 해법	함수:
$i = 9\%$	$PV\ (i, n, PMT, FV)$
$n = 10$	
$PMT = \$800$	
$FV = \$10,000$	
결과값: $PV = \$9,358$	

따라서 발행채권은 $642 할인 또는 액면의 93.58%에 가격이 결정되고, 9%의 만기수익률(yield to maturity)을 갖게 된다.[8] 발행자는 발행증권을 교부하고[9], $187,160,000에서 주간사 수수료를 공제한 금액을 주간 증권회사로부터 수령하게 된다. 반면에 만일 수익률이 7%로 결정되었다면 채권의 현재가치는 $10,702가 되거나 프리미엄 $702에 판매되므로, 발행자는 $214,400,000을 수령하게 된다. 따라서 발행채권의 가격은 발행채권의 표면금리와 시장에서 요구되는 실세 수익률과의 관계에 의해 결정된다. 시장금리가 표면금리보다 높은 경우 발행채권의 가격은 낮아진다. [예 19-2]는 8%채권이 발행되는 시점에서 채권가격과 시장수익률과의 관계를 보여주고 있다. 여기에서 채권가격과 시장 요구수익률과는 반대의 관계를 나타내는 점을 주목하자.

예 19-2

금리변동에 따른
8%이표채와 무이표채
담보대출담보부채권의
가격변동

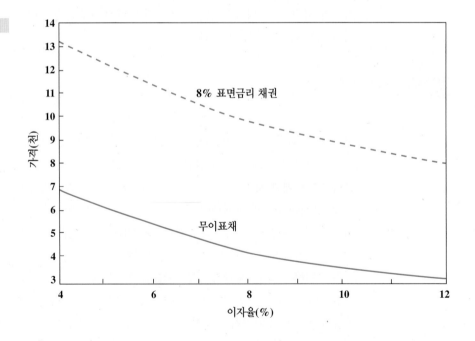

---

[8] 만기수익률(yield to maturity)은 채권투자자들이 사용하는 용어로 내부수익률과 동일한 개념이다.

[9] 인수자는 발행자와 합의된 가격에 총액 인수 확약을 한다고 가정한다. 그러면 인수자는 증권딜러망을 통해 기관투자자나 공보로 증권을 재매각하는 데 따른 위험을 부담하는 여러 인수자들과 조합을 구성한다.

발행 후의 채권가격 형성

앞 절에서 발행된 담보대출담보부채권이 발행 후 유통되는 가격은 발행가격에 영향을 미치지 못하지만, 이러한 형성가격은 투자자 및 추가발행을 원하는 발행자에게 모두 중요하다. 예로서 발행 2년 후 시장 요구수익률이 역시 9%라고 할 때 채권의 가격은 다음과 같다.

계산기 해법	함수:
$i = 9\%$	$PV\,(i, n, PMT, FV)$
$n = 10$	
$PMT = \$800$	
$FV = \$10,000$	
결과값: $PV = \$9,447$	

따라서 채권의 가격이 액면의 94.47%인 것을 알 수 있다. 할인액은 이제 발행시점보다 낮아졌는데 그 이유는 잔존기간이 10년이 아닌 8년으로 단축되었기 때문이다. 그 대신에 만일 2년 후의 수익률이 7%라면 채권가격은 $10,597 또는 액면의 105.97%가 된다. 따라서 프리미엄과 할인률의 폭은 만기가 10년인 경우와 8년인 경우에서 상이하게 나타난다. 그러나 잔존만기에 관계없이 시장수익률이 8%로서 표면금리와 동일하면, 채권은 항상 액면가에 거래될 것이다. 이는 직접 확인할 수 있다.

Zero Coupon 담보대출담보부채권

경우에 따라서는 채권은 표면금리 없이 발행되기도 하며, 이 채권은 만기에 원금상환을 할 때 까지 이자를 경과 누적시킨다. 앞 절의 예로 설명을 하자면, 표면금리를 없애되, 8%로 만기까지 경과시킨다고 하면 만기 원금은 $10,000이다. 그러나 만약 발행시점에서 투자자들이 요구하는 수익률이 8%라면, 발행가격은 다음과 같이 계산된다.

계산기 해법	함수:
$i = 8\%$	$PV\,(i, n, PMT, FV)$
$n = 10$	
$PMT = \$0$	
$FV = \$10,000$	
결과값: $PV = \$4,632$	

이 결과에 의해 발행채권은 $4,632 또는 액면의 46.32%에 발행된다. 만일 발행시점에서 시장금리가 7.5%라면 채권의 가격은 48.52%가 된다. [예 19-2]는 10년 만기로 발행된 무이자 할인채에 대해서도 시장금리와 채권가격 간의 관계를 보여준다. 8% 이표채권과 비교할 때 무이표채의 가격민감도(액면 대비 %로 나타남)는 이표채보다 훨씬 크다.

예로서 요구수익률이 4%일 때 8%이표채는 액면의 130%에 팔리는 반면 무이표채는 액면의 68%에 팔린다. 이표채보다 무이표채의 가격민감도가 큰 이유는 모든 이자 소득이 만기까지 지불이 유예되기 때문이다. 따라서 투자기간 중 현금흐름을 일부 되돌려 주는 이표채 대비하여 무이표채의 현재가치는 금리의 변동에 대해 민감하다.

담보대출공동출자 풀의 시가평가 *Mark to market*

앞서 언급했듯이 수탁은행은 채권의 발행조건이 이행되는 지를 감독하고, 신탁받은 담보물에 대해 그 가치가 약정한 초과담보 비율에 부합되는지를 주기적으로 점검해야한다. 수탁은행이 담보가치를 측정하기 위하여 사용하는 기법은 매우 복잡한데, 그 이유는 (1) 신탁된 대출의 금리조건이 매우 다양하게 혼합되어 있고 (2) 대출이 원금분할 상환되고 (3) 대출조건이 채무자의 조기상환을 언제든지 허용하기 때문에 조기상환이 발생할 수 있고 (4) 일부 차입자는 채무불이행을 할 수 있기 때문이다. 명백히 (3)과 (4)의 요인은 공동출자 풀 내의 담보대출의 금액과 건수를 감소시킬 수 있다.

공동출자 풀 내 담보대출의 가치를 추정하기 위해서 수탁은행은 각 대출의 건수와 잔존원금에 의해 각 대출의 가치를 평가해야 한다. 평가는 각 대출형태별로 대출이 잔존할 것으로 기대되는 기간에 대한 가정에 근거하여(대출 약정만기가 아닌 이유는 조기상환 가능성 때문) 현재 투자자들이 시장에서 요구하는 수익률에 의해 이루어진다.[10]

따라서 평가는 어려운 작업인데, 특히 조기상환을 고려할 때 더 그러하다. 이러한 평가기법들은 원리금자동이체증권을 평가할 때에도 매우 중요하다.

원리금자동이체증권 *Mortgage Pass-Through Securities: MPTs*

1968년도에 GNMA가 주택담보보증 프로그램을 착수시켰는데, 이에 의해 투자자금을 위해 국채나 회사채와 경쟁할 수 있는 주택담보담보부 투자상품을 탄생시키기 위한 시도가 이루어졌다.

전술했듯이 극복되어야 할 가장 심각한 문제점은 안전성의 문제였다. 주택담보 관련증권이 소득수준 및 가족형태가 상이한 수많은 개인 차주에 대한 대출을 나타내는 것이므로, 탄생되는 투자상품은 공동출자 풀 내의 담보여신이 잘 이해될 수 있으면서 다른 증권과 비교가 용이한 성격을 가져야만 했다.

담보대출에서는 채무불이행 위험과 금리위험이 발생한다는 것을 알 수 있다. 기업채나 국채와 같은 고정금리채권은 금리위험이 있지만 주택담보채무불이행 위험은 FHA보험/VA보증에 의해 제거되거나 대부분 감소된다.

투자자 측이 우려하는 또 하나의 요소는 수입금액의 예측 가능성이었다. 일반 채권의 경우는 조기상환 불가능채권(non-callable bond)이므로 상환 일정이 예측 가능하다. 반면, 전술했듯이 담보대출의 상환에서는 차주의 가족이 상환일정을 지키지 못하거나 상환을 불이행하는 경우 연체가 발생한다. 이러한 연체발생을 제거하기 위해서 GNMA는 원금과 이자 전액을 적기에 대지급할 것을 보증하였다.

GNMA의 보증은 보증보험의 역할로서 미국정부의 충분한 신뢰와 신용도에 의해 뒷받침되며, 이는 GNMA가 재무성으로부터 무제한으로 차입할 수 있음을 의미한다. 이러한 독보적인 보증력으로 인해 GNMA증권은 주택담보 유통시장 증권 중에서 가장 유동성이 높은 증권이 되었다.

---

[10] sinking fund retirements나 call porvisions와 같은 원금상환 방법들도 사용될 수 있다.

예 19-3   원리금자동이체증권의 발행과 현금흐름도

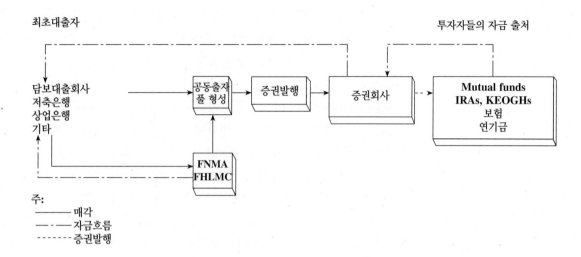

최초대출자   투자자들의 자금 출처

담보대출회사   공동출자   증권발행   증권회사   Mutual funds
저축은행   풀 형성   IRAs, KEOGHs
상업은행   보험
기타   연기금

                    FNMA
                    FHLMC

주:
———— 매각
—·—· 자금흐름
······ 증권발행

　　최초의 주택담보증권인 원리금자동이체증권이 생성되기 전에는, 최초의 대출기관이 대
출자산을 집합하여 매각할 수 있는 유일한 방식은 단순 매각하는 것으로서, 대출자산에 대
한 소유권뿐만이 아니라 투자자들의 우려요소가 되는 속성까지 전부 양도하는 것이었다. 그
러나 원리금자동이체증권의 생성 이후에는 많은 문제점들이 극복되었다. **원리금자동이체증
권(MPTs)**은 최초대출기관(주로 담보대출회사 및 저축기관)들이 발행하는 것으로서, 공동출
자 풀 내의 담보대출에 대해 배분되지 않는 소유권을 나타낸다. 공동출자 풀은 다양한 담보
대출들로 구성되는데, 통상 최소한 $100,000,000로서 1,000건 이상이 된다. 공동출자 풀 내
에 편입된 담보대출에 대한 회수관리는 최초대출기관 또는 승인된 자산관리자에 의해 계속
수행된다. 하나의 수탁은행이 공동출자 풀 내의 소유자로서 지정되어, 모든 수입금액을 채권
투자자에게 지급하는 역할을 맡는다. 공동출자 풀로부터 발생하는 현금흐름 수입(원금과 이
자)은 자산관리 수수료 및 보증료가 공제된 후 채권투자자들에게 배분된다. 현금흐름이 자
산관리자로부터 투자자에게로 직접전가(pass-through)되기 때문에, 증권도 pass-through(원
리금자동이체)라고 부르는 것이다.

　　[예 19-3]은 업무절차도를 통해 원리금자동이체증권이 어떻게 생성되어서 매각되는지 보
여주고 있다. 기본적으로 담보대출이 실행된 후, 최초대출기관들은 이를 공동출자 풀로 형성
하거나 FNMA, FHLMC에 매각한다. 최초대출기관으로부터 직접 공동출자 풀이 형성되는
경우는 최초대출기관이 증권회사의 협조를 받아서 유가증권을 창출하는데, 증권의 매입자는
뮤추얼펀드, 개인퇴직기금(individual retirement account 보유자), 신탁 및 연금운용자, 생
명보험 및 자금잉여 지역 소재 상업용 은행과 저축기관이다. 증권화에 의해서 최초대출기관
들은 궁극적으로 소액투자자에 대한 접근이 가능해졌는데, 소액투자자들은 뮤추얼펀드를 통
하거나 직접 매입에 의해 GNMA 등이 발행한 원리금자동이체증권에 투자하게 된다.[11]

---

[11] [예 19-3]에 있는 원리금자동이체의 절차 외에도 관련된 다른 프로그램들이 개발되고 있다. 이에는 참여증명(PC) 프로
그램, Swap 프로그램 등이 있다.

담보대출공동출자 풀의 중요한 속성

[예 19-4]는 현재 사용되는 원리금자동이체증권의 중요한 형태들을 보여주고 있다. 모든 원리금자동이체증권들은 동일한 기본구조를 갖고 있지만, 일부의 차이점을 언급하고자 한다. 이러한 차이점은 발행자들이 공동출자 풀을 구성할 때와, 투자자들이 다른 투자대상과 비교하여 투자가치를 고려할 때 매우 중요하다.

모든 주택담보증권들이 똑같지는 않다. [예 19-4]상의 특성을 검토할 때에는, 원리금자동이체증권의 가격이 시장금리 상황 변화에 어떻게 반응하는지를 특별히 주의해야 한다. 특정 증권의 가격 변동은 공동출자 풀 내의 담보대출의 내용, 금리변화에 대한 차주들의 반응, 주택수요에 영향을 주는 차주의 행동변화 분석, 고용시장 및 다른 변수들에 의존한다. 차주들은 금리변동에 따라 기존 차입을 차환할 수도 있으며, 경기변화에 따라서 이사하거나 다른 지역으로 직장을 옮길 수도 있는데, 이러한 경우에 기존 주택대출을 상환할 가능성이 크다. 이러한 요인들은 투자가치의 판단을 위해서 현금흐름 유입시점을 추정해야 하는 투자자들에게 매우 중요하다.

증권발행자 및 보증자

[예 19-4]에 의하면 첫 열의 GNMA 원리금자동이체는 FHA와 VA대출을 행한 담보대출회사/저축기관/은행 및 다른 기관에 의해, 참여증명(participation certificate)은 FHLMC에 의해, 주택담보대출은 FNMA에 의해 각각 발행된다. 전술했듯이 참여증명과 주택담보대출은 FNMA와 FHLMC가 각각 최초대출자들로부터 매입하고 적기지급에 대해 보증한 담보대출에 의해 담보되는데, 이 경우 양 기관은 소액다수의 대출 건을 매집하여 증권을 발행하는 중개기관(intermediary)의 역할을 수행한다.

예 19-4		원리금자동이체증권의 특성	
증권의 종류	GNMA	참여증서(Participation Certificate)	주택담보대출(MBS)
발행자	Mortgage Co, 저축기관들	FHLMC	FNMA
채무불이행 보증자*	FHA, VA, FMHA	FHA-VA,민간보증 보험	FHA-VA,민간보증 보험
편입가능대출 종류	FRM, GPM, MH, ARM	FRM, GPM, ARM, MF, 2순위저당	FRM, GPM, ARM, MF
담보대출의 변동 금리 조건 가능여부	가능	가능	가능
2순위 저당 인정	인정	인정	인정
보증의 내용	원리금과 조기상환액에 대해 적기 지급을 보증	좌동	좌동
보증자	GNMA(정부신용)	FHLMC	FNMA

*Key
FRM: 1~4가구 30년 고정금리대출   MH: 조립주택 담보대출
GPM: 점증상환 담보대출   MF: 다세대주택 담보대출
ARM: 변동금리 담보대출   Seconds: 2순위 저당

보증보험

GNMA 원리금자동이체증권은 FHA-VA mortgage들을 대상으로 하여 대손에 대한 보증보험/지급보증의 혜택을 받는다. 초기에는 전통적인 대출 부문에 대해서 민간 보증보험이 가능하지 않았으므로 FHA-VA 담보대출만이 그러한 혜택을 누렸다. 현재에는 전통적 대출에 민간보증보험이 활용 가능해졌지만, 주요 발행자들은 FHA-VA대출자산과 전통적 대출을 혼합하지 않고 있다. 그 이유는 FHA-VA쪽이 훨씬 보증폭이 넓기 때문이다. [예 19-4]에 나타나듯이, GNMA는 아직도 FHA-VA mortgage만을 대상으로 하는 반면, FNMA/FHLMC는 FHA-VA뿐만 아니라 전통적인 대출도 대상으로 한다. 양 기관은 전통적인 대출 사업부문에서, LTV가 80%를 넘는 전통적인 대출에 대해서 민간 보증보험을 요구하고 있다.

공동출자 풀 *Pool* 내의 담보대출의 상환패턴과 안전성

[예 19-4]에서 나타나듯이, 변동금리/점증상환 담보대출(ARM/GPM), 단독주택 및 다가구 주택, 조립주택 및 2순위 대출까지 대부분 형태의 담보대출이 원리금자동이체증권 발행 대상이 될 수 있다. 그러나 원리금자동이체증권에 사용되는 주류는 단독주택에 대한 고정금리 대출이다.

FHA-VA혜택을 받는 대출과 전통대출을 같은 공동출자 풀(pool)에 혼합하지 않는다는 원칙은 상환패턴, 대출 안전성 및 만기에도 적용된다. 즉, 담보대출공동출자 풀은 주로 다음과 같은 기준으로 나눠진다.

1. 상환 패턴(예: 변동금리 담보대출, ARM)
2. 만기(예: 10년 만기의 2순위)
3. 안전도(예: 단독주택, 이동조립주택) 등이다.

이러한 기준의 근거는 투자자들이 수령할 것으로 기대하는 현금흐름의 패턴을 신뢰도를 가지고 예측할 수 있어야 하기 때문이다. 공동출자 풀의 상환패턴이 여러 가지 상이한 패턴으로 구성된다면, 투자자들은 전체의 현금흐름 패턴을 예측하는 데에 더 큰 어려움을 겪게 된다. 개인 차주들이 고정금리 대출을 상환하는 패턴은 변동금리 담보대출 및 2순위 대출에서의 패턴과는 매우 상이할 것이다. 가격결정에 관한 절에서 서술할 것이지만, 예상되는 조기상환은 주택담보대출의 예상수익률에 대단히 큰 영향을 준다. 따라서 시장 관계자들이 따르는 일반원칙은 공동출자 풀은 가능하면 동질적인 자산으로 유지하여 조기상환 성향을 추정하기 쉽도록 해야 한다는 것이다.

공동출자 풀의 표면금리, 금리 및 담보대출 경과기간

FNMA와 FHLMC보증부 원리금자동이체증권은 증권화를 위한 매집을 용이하게 하기 위해, 공동출자 풀 내의 대출자산에서 금리조건이 상이한 부분을 혼합할 수 있도록 허용하였다. 상이한 금리조건의 혼합으로 인한 현금흐름의 불확실성보다 공동출자 풀의 대형화를 통한 이득이 더 크다는 판단하에, 다른 발행자들도 이를 뒤따랐다.

FHLMC가 PC 원리금자동이체 프로그램을 도입했을 때 동일 공동출자 풀 내에서 2%의 금리격차(최고금리와 최저금리 간)를 인정했으며, FNMA도 1981년 최초발행에서 2%를 허용했다. GNMA 원리금자동이체의 경우는 일부는 동일금리이고 일부에서는 1%의 격차를 인정하며, 이러한 인정범위는 각 기관에 의해 수시로 변경 가능하다.[12]

공동출자 풀 내 대출자산의 다양한 금리조건은 투자자 입장에서 고려해야 하는 중요한 사항일 수 있다. 이는 투자자에게 지급이 약정되는 **표면금리**는 공동출자 풀 내의 대출금리 중 **최저금리**를 적용하여 보증료와 자산관리수수료를 공제하여 설정되는 것이 일반적이기 때문이다. 이는 표면금리가 동일한 두 가지 증권 사이에서도 상이한 금리를 섞은 공동출자 풀의 현금흐름이 동일금리 공동출자 풀의 현금흐름보다 안정적일 것이라는 의미가 된다. 그 이유는 상이한 금리가 혼합된 공동출자 풀 내의 담보대출은 조기상환의 가능성이 동일금리공동출자 풀에서보다 낮기 때문이다. 이러한 가능성이 존재하는 이유는 한 가지의 금리는 시장금리의 하락 시에 한꺼번에 조기상환이 몰릴 가능성이 크기 때문이며, 예상현금흐름을 더욱 불안정하게 만든다.

투자자의 현금흐름 수령액 및 수령시점에 대한 또 하나의 중요한 요소는, 공동출자 풀 내 대출자산의 만기 및 경과대출(seasoned loan)이 얼마만큼의 비중을 차지하고 있는가이다. **경과대출**이란 대출이 공동출자 풀에 편입되기 전에 존재했던 기간을 나타내는 용어이다. 원리금자동이체증권의 예정만기는 공동출자 풀 내의 대출 중 최장만기로 택하는 것이 일반적으로서, 조기상환을 고려하지 않는다. [예 19-4]상의 각 보증기관들은 공동출자 풀 내의 경과대출 대출자산 편입에 대해 제한을 두고 있다. GNMA경우는 대출 후에 1년 이내의 부분만을 편입하는 반면, FNMA, FHLMC는 더 다양한 경과대출을 허용하고 있다. 경과대출에 대해 고려하는 것은 매우 중요한데, 그 이유는 대출경과 기간이 길수록 조기상환 발생 가능성도 높기 때문이다(주택매도, 전근 등의 가능성이 커짐).

반면에 채무불이행의 위험은 대출초기에 높다. 따라서 경과대출된 대출자산에서는 채무불이행으로 인해 조기상환이 감소되는 경향이 있다. 그러나 경과대출로 인해 조기상환이 증감하는 정도에 따라, 현금흐름이 불안정해지고 투자자의 증권가치 평가는 어려워지게 된다. 따라서 투자자들이 증권에 대해 지불하려는 가격도 영향을 받게 된다.

담보대출건수와 지역적 분포 상황

공동출자 풀 내의 담보대출의 속성으로서 대출건수와 **지역적 분포상황**이 있는데, 이들은 원리금자동이체증권에 대한 월별 현금흐름의 예측가능성을 변동시키게 된다.

이 두 가지 요소가 원리금자동이체증권의 수익률 추정에 매우 중요한 요소인데, 그 이유는 원금상환에 영향을 주기 때문이다. 일반적으로 공동출자 풀의 절대금액이 클수록 편입건수가 증가하고, 건수가 많을 경우 다른 조건이 동일하다는 전제하에 현금흐름의 예측가능성은 개선된다. 이는 몇몇 차주의 채무불이행이나 조기상환으로 인한 현금흐름의 변화 가능성은, 투자자에 대한 지급 흐름에 대해서 큰 영향을 주지 못한다는 것이다. 대부분 담보대출공동출자 풀의 편입자산은 최소한 $100,000,000인데, 대출건당 금액평균이 $100,000라면 편

---

[12] GNMA I 원리금 자동이체 프로그램의 경우 공동출자 풀 내 동일한 금리이어야 함.

입건수는 최소한 1천 건이어야 한다. 이 정도라면 소수 대출건에서의 변동이 전체에 미치는 영향이 미미하다는 점을 투자자들에게 충분히 보장할 수 있다.

지역적 분포가 중요한 이유는, 조기상환과 채무불이행 가능성에 영향을 주기 때문이다. 특정지역은 경기하락에 더 큰 영향을 받고 다른 지역에 비해 실업률이 높게 발생할 수 있어 채무불이행 비율이 높을 수 있다. 조기상환율도 차주의 연령 및 가족상황에 따른 이주성향에 의해 특정 지역에서 높을 수가 있다. 지역적으로 분산된 공동출자 풀은 이로 인한 불확실성을 감소시켜 주는 경향이 있다.

차주성향과 조기상환

본 장에서 [예 19-4]와 관련하여 서술한 다른 어떤 요소보다도 중요한 속성으로서, 차주의 속성 또는 사회경제학적 위치가 궁극적인 대출상환의 원천으로서 매우 중요하다. 그 이유는 다음과 같다.

1. 가계는 소득 및 가족 수, 주거성향의 변화에 따라 주거비 지출을 조정하기 위해 주택대출을 조기에 상환한다.
2. 다른 경제 주체들처럼 가계도 금리하락 경우에는 기존 차입을 차환하고 금리상승 경우에는 주택구입을 뒤로 미룬다.
3. 가계는 실업, 이혼 등의 사유로 차입 상환의무를 불이행할 수 있으며, 보증보험이 확보되어 있다 하더라도 보험청구가 되면 대출잔액 전액에 대해 조기상환이 발생한다.

따라서 이러한 성향에 의한 차주의 행동 변화가 예상되는 현금흐름과 예상만기에도 영향을 준다. 실제로 차주의 행동에 따라 대출의 예정만기는 큰 차이를 나타내며, 수익률도 그러하다. 불행하게도 개별차주에 대한 정보는 원리금자동이체증권 투자자에게 충분히 제공되지 못한다. 따라서 중요한 변수임에도 불구하고, 투자자에게 신뢰성 있는 정보는 제공되지 않는다.

자산관리자의 조기상환권 *Nuisance Calls*

담보대출의 조기상환으로 인해 공동출자 풀 내의 대출건수 및 금액이 감소하여, 최초공동출자 풀금액의 10%수준으로 줄어들었다면 자산관리자가 발행증권 잔액을 조기상환 요구할 수 있다. 이러한 요구권을 조기상환권(nuisance call 또는 cleanup call)이라고 부르며, 자산관리 비용부담이 자산관리 수입대비 커지는 시점에서 행사된다.

원리금자동이체증권의 가격결정을 위한 일반적인 접근방식

전술했듯이, 원리금자동이체증권(또는 어떤 주택담보증권이든지)의 가격결정에 영향을 미치는 변수는 여러 가지인데, 이를 요약하면 다음과 같다.

1. 금리 위험: 예측하지 못한 금리 상승으로 인한 가치하락 위험으로서, 고정금리대출을 대상으로 한 공동출자 풀에서 가장 크다.
2. 대손 위험: 채무자의 채무불이행으로 의한 손실 발생 위험으로서, 단독주택에 대해서는

FHA보증보험부, VA보증부, 민간 보증보험부 대출 순으로 높아진다. 이러한 위험은 일반적으로 변동금리 담보대출(ARM) 및 변동상환 담보대출(variable payment mortgage)에서 더 높다.

3. 원리금의 연체 위험: 이 위험은 보증자의 재무적 신용도에 의해 평가된다. 그 이유는 원리금 적기지급 보증은 보증자가 보증의무를 이행할 수 있는 능력이 있어야만 유효하기 때문이다. GNMA는 미국 정부의 전적인 신뢰와 신용도에 의해 지지되며, FNMA와 FHLMC, 두 개의 기관도 현재 연방정부 통제하에 있을 것이다.

4. 조기상환 위험: 예상보다 많은 원금상환으로 인해 수익률이 떨어지는 위험으로서, 담보대출은 일반적으로 형식만기보다 일찍 조기상환된다. 따라서 원리금자동이체증권에 투자할 때, 투자자는 조기상환율을 분석하여 예상현금흐름을 추정하여야 한다. 고정금리 대출공동출자 풀의 경우, 조기상환으로 인해 투자자에게 전가되는 현금흐름에 대한 영향은 다음 요소에 의해 결정된다.
   a) 공동출자 풀 내의 대출건수
   b) 담보대출 금리조건의 분포
   c) 공동출자 풀 내 경과대출 대출의 수
   d) 차입자의 지리적 소재지 분포
   e) 차입자(가계)의 성향
   f) 예측할 수 없는 사고: 홍수, 지진 등

위와 같은 위험요소들이 발행자와 투자자에게 중요하지만, 담보대출공동출자 풀에 대해서 수집 가능한 정보는 통상 일반적인 채무자 및 담보대출의 속성에 대한 것으로 제한된다. 담보대출공동출자 풀에 대해 유효한 정보는 다음 절에서 상술한다.

원리금자동이체율, 수익률 및 자산관리 수수료

원리금자동이체율은 발행자가 투자자에게 지급할 것을 약정한 표면금리이다. 만기수익률(yield to maturity)은 내부수익률과 같은 개념으로서, 증권이 액면가에 발행된 경우에만 표면금리와 일치한다.

원리금자동이체증권에서 표면금리는 공동출자 풀 내의 최저대출금리 이하로 설정된다. 대출금리와 원리금자동이체증권 표면금리와의 차이는 자산관리수수료로 알려져 있다. GNMA I의 경우 공동출자 풀 내에 금리의 격차가 인정되지 않는데, 자산관리수수료 0.5%(50bp)를 두고 있다. 이 수수료는 보증료와 회수관리비로 배분되는데, 공동출자 풀 내의 잔존원금에 대한 일정비율로 계산된다. 예로서 GNMA는 잔존원금의 0.06% (6bp)를 원리금 적기 지급 보증료로 징구하며, 나머지 44bp가 자산관리자에게 귀속된다. 공동출자 풀 내의 담보대출 간에 금리격차가 존재하는(예: GNMA Ⅱ의 경우) 경우, 표면금리는 공동출자 풀 내의 최저대출금리보다 낮게 설정된다.

가중평균 표면금리 *Weighted Average Coupon*

가중평균 표면금리(weighted average coupon, WAC)는 공동출자 풀 내의 담보대출들의 표면금리의 동질성을 측정하는 수단으로서, 발행일 현재 공동출자 풀 내에서 각 대출 금액에 의해 가중된 표면금리의 평균치이다. 가중평균 표면금리는 공동출자 풀 내에 표면금리간 격차가 존재하는 경우에만 의미가 있다. 대부분의 경우 자산관리수수료와 보증료는 원리금자동이체증권 표면금리와 가중평균 표면금리 간의 차액에 의해 근사치로서 사용된다.

공동출자 풀의 형식만기

공동출자의 형식만기는 조기상환이 발생하지 않는다는 가정하에 공동출자 풀 내의 가장 긴 만기이다. 예로서 공동출자 풀이 75%는 15년 대출, 나머지 25%는 20년 대출로 구성되었다면 형식만기는 20년이 된다. GNMA는 일반적으로 공동출자 풀 내의 대출의 만기 격차에 대한 제한을 많이 두고 있으나, FNMA/FHLMC의 공동기금은 더욱 다양한 만기 및 경과대출을 포함할 수 있다.

가중평균만기

공동출자 풀 내 담보대출의 형식만기까지 잔존기간이 조기상환 및 발행증권의 수익률에 영향을 주게 되기 때문에, **가중평균만기**(weighted average maturity: WAM)개념이 도입되었다. 가중평균만기는 증권발행일 현재 기준으로 대출잔존원금에 의해 가중된 평균 대출잔존기간으로 계산된다.

자산관리자의 지급 시차 *Payment Delay*

주택구입자들이 지급도래액을 입금하는 시점과 자산관리자가 증권투자자에게 지급하는 시점 간에는 시차가 존재하는데, 이는 14일에서 55일까지 발생한다. 다른 증권과 마찬가지로 현금흐름의 시점이 중요하므로, 시차는 투자자가 얻는 수익률을 낮추게 된다.

공동출자 풀요소 *Pool Factor*

이는 최초 공동출자 풀의 잔고에 대한 현재의 대출잔고의 비율로서, 매월 분할상환 및 조기상환이 일어남에 따라 계속 변화한다. 공동출자 풀요소(pool factor)는 1에서부터 시작하여 감소하는 것이 일반적이다(단 마이너스 상각이 허용되는 경우에는 1을 초과할 수 있다). 공동출자 풀요소는 어떤 특정시점에서 공동출자 풀 내의 현존 대출잔고를 측정할 수 있다. 예로서 공동출자 풀요소가 0.9050이고 공동출자 풀 최초잔고가 $50,000이었다면 현재의 잔고는 $50,000 × 0.9050 = $45,250이 된다. 이는 증권이 발행일 이후 거래가 될 때와 투자자들이 증권매입가를 고려할 때 중요하다. 예로서 공동출자 풀요소가 작아질수록 공동출자 풀 내의 대출자산 잔고도 작아지므로, 조기상환의 가능성이 커지게 된다(다른 조건 동일 가정).

원리금자동이체증권의 지급과정 예시

[예 19-5]는 원리금자동이체증권을 평가할 때 중요한 현금흐름의 과정을 보여주고 있다. 이 예시에서 10% 고정금리 대출인 $1,000,000 원리금자동이체증권발행을 위해 공동출자 풀에

편입되었으며, 발행증권의 표면금리가 9.5%이므로 금리차 0.5%는 자산관리 수수료이다(잔존원금 기준으로 계산). 예시를 단순화시키기 위해서 모든 대출의 만기는 10년으로 동일하게 가정했으며, 현금유입과 유출도 연 1회 발생으로 가정하였다.[13]

개별 원리금자동이체증권투자자에게 지급되는 현금흐름(g열)의 도출과정은 다음과 같다. 먼저 최초 공동출자 풀잔고 $1,000,000에 의해 10%, 10년 대출의 매년 원리금 상환 현금흐름(b열)을 도출한다.[14] 자산관리수수료 0.5%(e열)가 직전 지급기말 잔액 기준으로 산출되어 원리금상환액으로부터 공제되면, 총 투자자에게 지급되는 연간액(f열)이 도출된다. 투자자에 대한 총지급액(f열)은 d열이 매년 동일한 금액임에 불구하고 자산관리 수수료 공제액 계산으로 인해 매년 상이한 금액이 된다.[15] 공동출자 내의 담보대출에서 조기상환이 전혀 없다면(c열) 즉, 모든 대출이 형식만기까지 잔존한다면 공동출자 풀의 원금잔고는 10년 말 이전에는 0에 도달하지 않는다.

위와 같은 형태의 공동출자 풀이 구성되어 증권화되었을 때, 조달되는 현금 금액은 현행 시장환경 하에서 투자자들이 요구하는 수익률에 따라 결정된다. 만일 시장이 요구하는 수익률이 표면금리(9.5%)와 동일하다면, 조달금액(투자자의 투자금액)은 $1,000,000가 된다(액면 $25,000의 채권 40매가 매각됨). 이는 표상의 연간 현금흐름을 9.5%로 할인하여 얻어지며, 발행증권은 액면가인 $25,000에 판매된다.

그러나 실제로는 투자자가 요구하는 수익률이 발행증권의 표면금리와 **정확히** 일치하는 경우는 드물다. 우리가 알고 있듯이 시장금리는 지속적으로 변하며, 과거에 대출이 실행되어 공동출자에 편입된 대출의 금리가 증권발행시점에서의 발행금리와 일치한다면 이는 우연일 것이다. 채무자로부터 공동출자 풀에 유입되는 매년 현금흐름을 증권발행시점에서 알 수 있는 한, 증권발행자가 수령하는 발행가격은 투자자들이 수령할 현금흐름을 시장실세금리로 할인하여 결정될 것이다. 전술했듯이 할인금리는 시장금리, 기대 인플레이션율, 위험에 대한 프리미엄에 의해 결정되고, 또한 대체투자에 의해 발생된 이익에 의해서도 영향을 받는다. 담보대출이 잔존할 것으로 기대되는 기간이 증권발행가의 결정에 매우 중요하다는 점도 살펴볼 것이다.

시장실세금리가 원리금자동이체증권의 가격에 따른 결과를 살펴보기 위해서, [예 19-5]에서 투자자에게 지급되는 현금흐름(g열)을 시장금리 8.5%로 할인한다고 가정하면, 증권의 발행가는 프리미엄부인 $26,130(B의 계산식 참조)가 된다. 만일 시장실세금리가 10.5%로 오른다면 증권의 발행가는 할인된 $23,944(C의 계산식 참조)이 된다. 그러나 이 두 가지 계산식은 공히 원리금자동이체증권의 만기가 공동출자 풀 내의 대출의 형식만기와 동일한 10년이라는 가정에 근거하고 있다. 따라서 분할상환기간은 총 10년으로서(줄어들지 않음) 조기상환을 전혀 고려하고 있지 않다.

증권의 발행가격과 시장실세금리와의 관계를 보여 주기 위해 [예 19-6]에서는 시장금리

---

[13] 대부분의 원리금자동이체증권의 경우, 실제로는 지불이 월별로 발생한다.

[14] 공동출자 풀 내의 모든 담보대출이 10%, 10년 만기로 동일하므로 b열의 상환액은 매년 균등하다.

[15] 조기상환이 없다면(c열), 해마다 투자자에게 이체되는 상환금도 상이할 것이다.

| 예 19-5 | | 원리금자동이체증권의 현금흐름(균등분할상환, 10년 10%고정금리, 조기상환이 없다는 가정, 표면금리 9.5%) | | | | | |

연도	(a) 공동출자 풀 잔고	(b) 예정불입액	(c) 원금조기 상환액	(d) 총 불입액* (b)+(c)	(e) 보증료및자산관리 수수료 Service Fees (0.5%)†	(f) 투자자에게 총 지급액 (d)−(e)	(g) 개별투자자에 지급액 (f)÷40
0	$1,000,000						($25,000)
1	937,255	$162,745	$0	$162,745	$5,000	$157,745	3,944
2	868,235	162,745	0	162,745	4,686	158,059	3,951
3	792,313	162,745	0	162,745	4,341	158,404	3,960
4	708,799	162,745	0	162,745	3,962	158,784	3,970
5	616,933	162,745	0	162,745	3,544	159,201	3,980
6	515,881	162,745	0	162,745	3,085	159,661	3,992
7	404,724	162,745	0	162,745	2,579	160,166	4,004
8	282,451	162,745	0	162,745	2,024	160,722	4,018
9	147,950	162,745	0	162,745	1,412	161,333	4,033
10	0	162,745	0	162,745	740	162,006	4,050
A.	요구수익률이 9.5%일 경우, 발행자에 대한 현금흐름 가치 =				$1,000,000		
	9.5%에 개인투자자에 대한 현금흐름 가치 =				25,000		
B.	8.5%(요구수익률)일 경우, 발행자에 대한 현금흐름 가치 =				$1,045,219		
	8.5%에 개인투자자에 대한 현금흐름가치 =				26,130		
C.	10.5%(요구수익률)일 경우, 발행자에 대한 현금흐름 가치 =				$ 957,754		
	10.5%에 개인투자자에 대한 현금흐름 가치 =				23,944		

* 월지불액은 연기준
† 공동출자 풀 잔고는 기말기준

의 변동을 가로축, 발행가격을 세로축으로 나타내고 있다(조기상환 가정은 동일). 그 결과를 보면 시장금리가 9.5%를 넘는 경우는 발행가가 할인되고, 시장금리가 하락하면 발행가가 할증된다. 시장요구수익률과 표면금리가 9.5%로 동일한 경우에만 액면 발행이 이루어진다는 점에 유의해야 한다.

조기상환 유형과 증권 가격

증권의 발행가격에 영향을 미치면서 주택담보대출시장에서 가장 독특한 문제점은, 차입자가 잔존대출원금을 아무 때나 (조기)상환할 수 있다는 점이다.[16] 이 점이 중요한 이유는 투자자가 원리금자동이체증권과 회사채, 국채 및 다양한 지방채를 비교 투자할 때, 다른 증권들과

---

[16] 조기상환에 영향을 주는 약간의 예외 및 추가적인 사실들을 언급하면, FHA-VA담보대출은 주택 구입자들에 의해 채무가 승계된다. 따라서 주택이 매각될 때 항상 조기상환되는 것은 아니다. 반면 전통적인 대출은 매각시 상환(Due-on-sale) 조건이 붙어 있는 경우가 많아 채무를 주택구입자에게 승계시킬 수 없으므로, 주택이 매매될 경우 상환될 가능성이 크다. 전통적인 대출 중 오래된 고정금리 대출 분에는 조기상환 수수료 조건이 설정되어 조기상환을 억제하는 효과를 갖는다. 최근 대출이 실행된 전통적대출 및 ARM에는 이러한 조기상환수수료가 설정되지 않는다.

예 19-6

증권가격과
요구수익률과의
관계(조기상환 0% 가정)

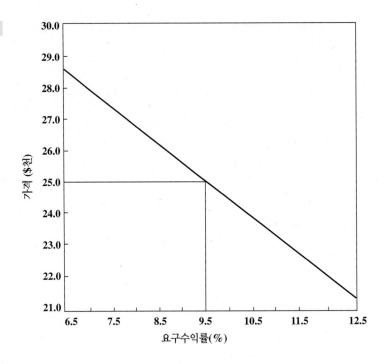

비하면 원리금자동이체증권의 **예정** 만기는 추정하기가 대단히 어렵기 때문이다. 예로서 회사채가 발행자 조기상환 권리부로 발행될 경우(callable bond), 발행계약조건에는 매년 조기상환할 가격이 확정 기재되어 있으며, 발행사는 향후 금리하락 시에 낮은 금리로 차환 발행하기 위해 이 조항을 확보하는 것이다.[17]

회사채 및 지방채들은 조기상환옵션 대신 발행 후 특정연도에 걸쳐 시장금리의 변동방향에 관계없이 일정한 부분의 채권을 상환하는 계획을 설정하기도 한다.[18] 대부분의 미국 국채는 확정만기부로 발행되며, 조기상환이 불가능하다. 즉 국채는 발행 후 만기까지 존속한다.[19]

중요한 점은 다른 채권들은 원금의 상환 시점에 대해서 예측이 가능한 반면, 원리금자동이체증권에서는 그러하지 못하다. 원리금자동이체증권의 수익률을 다른 채권과 비교할 때에는 투자자들이 고려해야 하는 상환속도에 대한 불확실성이 분명히 추가적으로 존재한다.

---

[17] 그러나 발행자가 발행계약에 이 옵션을 확보하기 위해서는 조기상환옵션 행사 시 투자자들에게 채권액면가를 할증하여 상환하는 조건을 부여함이 일반적이다. 이러한 할증액을 지급하는 이유는 (1) 금리하락으로 인해 채권의 가치가 상승하였으므로 채권을 상환받으면 투자자들은 가치상승분을 잃게 되기 때문이며 (2) 투자자들이 원래 만기까지 채권을 보유할 계획이었는데 발행사가 차환을 하면 현금흐름에 차질이 발생하고, 투자자들은 더 낮은 금리에 재투자하게 되기 때문이다.

[18] 이러한 상환액은 묵시적인 분할상환의 효과이며, 감채기금을 설정함으로써
(1) 채권의 일련번호 별로 사전 계획대로 조기상환(할증 또는 할인)
(2) 발행증권 중에 일부를 일련번호에 의해 무작위로 조기상환(액면 또는 할증)
(3) 감채기금을 투입하여 시장에서 시가로 재매입 등의 여러 가지가 있다.

[19] 단, 국채 중에서 소수의 종목에서는 만기 전에 조기상환 가능한 경우도 있다.

조기상환의 가정

차입자들이 공동출자 풀의 일부에 대해서는 조기상환할 것이기 때문에, 공동기금의 원금이 감소할수록 당해 금액은 투자자에게 이체된다. 조기상환액은 금리가 상승하는 기간에는 0이 되고, 금리가 하락하면 급증할 수 있다. 조기상환 급증기에는 가계는 차환을 하게 되는데, 원금이 증권투자자에게 지급되면서 기존대출은 공동출자 풀로부터 제거된다.

원리금자동이체증권을 발행할 때 증권발행자는 표면금리를 정하고(앞 절의 예에서는 9.5%) 증권의 발행가를 제시하는데, 이 발행가는 액면보다 할증이거나 할인될 수 있다. 이 같은 조절은 발행시점의 시장요구금리가 표면금리인 9.5%와는 다르게 형성되어 투자자들은 다른 수익률을 요구할 수 있기 때문이다. 조기상환이 없을 것이라는 가정을 했을 때도 투자자의 시장요구금리에 의해 증권가격의 변동 폭은 매우 클 수 있다(예 19-6 참조). 그런데 투자자들이 원리금자동이체증권을 매입하여 보유하는 기간 중에도 조기상환이 일부 일어날 가능성이 크다는 것을 알고 있기 때문에, 발행자들은 발행가격 결정 과정에서 **조기상환 행태에 대한 가정**을 세워 반영하는 것이 일반적이다. 이는 모든 차입자들이 약정된 지급기일에 따라서만 상환한다는 가정에서보다 정확한 현금흐름을 추정하는 데에 필요하며(따라서 수익률도 추정) 추정방식에는 다음과 같은 4가지가 사용된다.

1. 평균 만기: 이 방식은 예를 들어 10년 만기 대출이 공동출자 풀에 편입되었으나, 공동출자 한 금액은 실제로는 어느 특정 기간(5년)을 평균으로 전액이 상환된다고 본다. 따라서 발행가 및 수익률을 계산할 때, 5년간의 분할상환이 일어난 후 잔존 원금은 일시상환 된다고 본다. 이 방식은 간단하고(평균 조기상환율이 공동출자 풀 내의 모든 담보대출을 대표한다고 보므로), 일반적인 다른 채권과의 비교가 쉽다는 장점이 있다.

   그러나 장점보다는 단점이 더 큰데, 이는 5년의 평균만기가 조기상환 문제를 해결하는 적절한 방식이 못 되고 수익률을 과대 또는 과소평가하게 되기 때문이다. 전술했듯이, 조기상환은 다양한 요소들의 부산물이므로 평균치를 사용해서는 이러한 요소들의 변화를 반영하지 못할 수 있다.

2. 일정비율의 조기상환(constant rates of prepayments: CPR): 이 방식은 매년 공동기금의 잔고를 기준으로 일정한 비중이 조기상환 된다는 가정으로서, 그 장점은 이해하기 쉽고 계산도 용이하다는 것이다. 그러나 경험적 증거에 의하면 채무자파산에 의한 조기상환은 대출초기에 많이 일어난다. 따라서 일정비율의 조기상환을 초기에 과소 반영하고, 후기에는 과다 반영하는 경향이 있다. 이 방식이 평균만기 방식보다는 선호되지만, 공동출자 풀의 성격을 정확히 반영하지는 못할 수 있다.

3. *FHA의 조기상환 경험치*: FHA가 수십 년 동안 실제 경험을 통해 축적한 경험적 증거로 인한 조기상환에 대한 예측은 더 정확한 추측을 위해 지침으로서 제안되고 있다. FHA는 보험 프로그램 하에 대출 종결 건에 대한 광범위한 데이터베이스를 구축하였고, 이에는 한 해 동안의 전반적인 대출 종결 건에 대한 자료들이 들어 있으며, 파산 및 차환으로 인한 건도 포함한다. 많은 시장관계자들이 FHA경험에 근거한 조기상환 가정적용이 가능하다고 주장한다. 예로서 투자자의 기대치 차이로 인해서 조기상환이 빠르거나 느리다고 판단

될 경우, FHA경험치 100%보다 크거나 낮은 조기상환율을 적용하여 얻어진 수익률을 투자자에게 제시하는 것이다.

그러나 FHA의 데이터가 결점이 없는 것이 아니다. 조기상환의 원인(금리변동, 채무자 취업 등)은 시간에 걸쳐 분석하기 어렵기 때문에 과거의 FHA 경험치를 현재의 담보대출 공동출자 풀에 적용할 때 많은 문제점과 봉착할 수 있다. 과거 행태가 미래에 재현된다는 보장은 없는 것이다. FHA는 조기상환 행태에 대해서 체계적인 조사가 가능할 만큼 개별 대출 및 채무자에 대해서 충분히 자세한 기록을 보존하고 있지는 못하다.

4. *PSA 조기상환모델*: PSA(Public Securities Association, 미국 공공채권업협회)가 FHA통계모델을 단순화시키기 위해 개발한 것으로서, FHA경험치와 유사한 단점을 지니고 있지만 조기상환 추측을 위한 미국의 표준방식이 되고 있어 많은 주택담보대출발행자로부터 사용되고 있다. 간단히 설명해서 이 모델은 월간 조기상환율로 표시되는데, 이는 기간 중에 변화한다. 현행 PSA 곡선(*100% PSA*로 불림)은 최초연도 월 0.2%로 시작한 후 30개월차까지 매월 0.2%씩 증가하다가, 그 이후는 월 0.5%(또는 연 6%)로 잔존 상환기간동안 고정된다는 것이다. 이 모델은 FHA경험치와 CPR방식을 결합한 것이다.

투자자와 발행자들은 조기상환율이 수익률에 영향을 미치는 것을 알고 있기 때문에, 증권발행시점에서 PSA모델은 투자자들에게 가격과 수익률에 대한 정보를 전달하기 위해 널리 사용된다. 예정투자자에게 채권 발행 시 각각의 조기상환율에 대한 수익률의 민감도를 보여주기 위해서 사업설명서에 PSA조기상환율(75%, 150% 등)별로 수익률시세표가 첨부된다.

조기상환 효과의 예시

조기상환 발생이 원리금자동이체증권투자자에게 지급되는 현금흐름에 어떻게 영향을 주는가를 [예 19-7]에서 보여주고 있다. 조기상환율은 연 10%(전기말 잔고 기준)이며, g열의 금액을 조기상환율 0%를 가정한 [예 19-5]에서의 수치와 비교해 볼 필요가 있다. 그러나 양 표의 차이에 불구하고 g열의 수치를 9.5%로 할인하면 $1,000,000이 도출된다는 점은 동일하다(투자자당 $25,000). 이러한 결과가 나오는 이유는 10%의 조기상환으로 인해 현금흐름이 일찍 일어나지만, 금리는 9.5로 동일하게 적용되기 때문이다. 따라서 투자자가 원금을 먼저 받더라도 대출잔고의 이자는 9.5%로 유지된다. [예 19-5]와 [예 19-7]의 g열의 현재가치는 할인율이 9.5%일 경우 동일하게 $25,000이 된다.

[예 19-8]은 0%, 10%, 50%의 세 가지 조기상환율의 경우를 비교하여 보여주었는데, 그 비율에 따라 투자자의 현금흐름에 큰 격차가 발생한다는 것을 알 수 있다. 또한 전술했듯이 만일 시장이 요구하는 수익률과 표면금리가 일치하게 된다면 조기상환율과는 관계없이 발행가는 액면가인 $25,000이 된다.

증권의 가격과 예상수익률의 관계

전술했듯이 증권발행자가 발행가를 결정할 때에는(증권회사의 조언하에서), 동 시점에서의 투자자측 기대수익률에 대한 판단이 서 있어야 한다. 더구나 동 기대수익률은 증권의 표면금

| 예 19-7 | | | 원리금자동이체증권의 현금흐름(Constant Payment, 고정금리 10년 만기 공동출자 풀, 금리 10%, 조기상환 10%, 표면금리 9.5%) | | | |  |

연도	(a) 공동출자 풀 잔고	(b) 예정 불입액	(c) 원금조기 상환액	(d) 총 불입액* (b)+(c)	(e) 보증료 및 자산관 리수수료 (0.5%)†	(f) 투자자에게 총 지급액 (d)~(e)	(g) 개별투자자에 게 지급액 (f)÷40
0	$1,000,000						($25,000)
1	837,255	$162,745	$100,000	$262,745	$5,000	$257,745	6,444
2	691,873	145,381	83,725	229,107	4,186	224,921	5,623
3	562,186	129,688	69,187	198,875	3,459	195,415	4,885
4	446,710	115,476	56,219	171,695	2,811	168,884	4,222
5	344,142	102,568	44,671	147,239	2,234	145,005	3,625
6	253,358	90,784	34,414	125,198	1,721	123,477	3,087
7	173,431	79,927	25,336	105,263	1,267	103,996	2,600
8	103,692	69,739	17,343	87,082	867	86,215	2,155
9	43,946	59,746	10,369	70,115	518	69,597	1,740
10	0	48,340	0	48,340	220	48,120	1,203

A.

요구수익률이 9.5%일 때 발행자에 대한 현금흐름가치 = $1,000,000
요구수익률이 9.5%일 때 투자자에 대한 현금흐름가치 = $ 25,000

B.

요구수익률이 8.5%일 때 발행자에 대한 현금흐름가치 = = $1,033,908
요구수익률이 8.5%일 때 투자자에 대한 현금흐름가치 = = $ 25,848

C.

요구수익률이 10.5%일 때 발행자에 대한 현금흐름가치 = = $ 967,970
요구수익률이 10.5%일 때 투자자에 대한 현금흐름가치 = = $ 24,199

* 월지불액은 연기준
† 공동출자 풀잔고는 기말기준

리와는 다를 가능성이 있다. 이러한 기대수익률 측정은 (1) 투자자들이 동일한 만기의 국채에 대비 그 이상의 프리미엄 범위의 측정 혹은 (2) 시장에서 거래되는 다른 원리금자동이체증권의 현행수익률을 고려하여 이루어진다. 전자의 경우 원리금자동이체증권만기가 불확실하기 때문에 국채 대비 프리미엄을 측정하기 어렵다. 후자의 경우에는 양쪽 공동출자 풀의 내용이 같다는 존재하에 가격결정이 이루어지는 것이기 때문에 다른 원리금자동이체증권과 비교한다는 것은 어려울 수 있다. 그렇지만 증권을 투자자에게 판매하기 위해서는 발행시점에 가격결정이 이루어져야 한다.

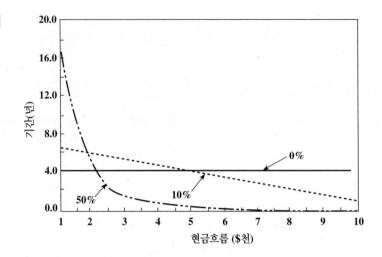

예 19-8

조기상환율별
원리금자동이체증
권투자자에 대한 현금흐름

앞 절의 사례로 돌아가서, 만약 모든 현재 및 미래의 상황을 고려했을 때 발행자가 성공적으로 모든 증권매각을 하기 위해선 8.5%의 수익률이 필요하다고 결정하였고, 조기상환율이 10%라고 했을때, 증권발행가는 [예 19-7]에서 g열을 8.5로 할인한 현재가치와 동일하게 된다. 이는 $25,848의 발행가로서 $848의 할증이며(표의 B계산식 참조), 액면의 103.39%($25,848/$25,000)라고 표현된다. 그러나 발행자는 투자자에게 조기상환이 더 빠르거나 늦은 경우도 가정하여 정보를 제공한다. 이를 위해서는 증권의 발행가($25,848)를 고정시킨 후, 10%보다 높고 낮은 조기상환율 두 가지 경우의 현금흐름에 대하여 내부수익률을 구하는 것이다. 이 예시에서 조기상환이 빠른(느린) 경우에는 수익률이 낮을(높을) 것이다.

본 예에서 투자자들이 $848의 프리미엄을 지불할 의향이 있는 이유는 표면금리가 투자자 요구수익률보다 높기 때문이다. 그러나 공동출자 풀 내의 담보대출이 예상보다 빨리 상환될 가능성이 크기 때문에, 투자자는 높은 표면금리의 혜택을 오랫동안 누리지 못하게 될 것이다.

따라서 프리미엄은 발행증권의 표면금리와 투자자들이 요구하는 유사한 투자건의 시장수익률 간의 관계만을 반영해서는 안 되며, 채무자들의 상환의 속도까지도 고려해야 한다. 반면에 발행시점에 시장수익률의 가격이 조기상환율이 10%일 때 10.5%를 나타내도록 정해져야한다면. 증권은 할인되어 발행되거나 $24,199(예 19-7의 C계산식 참조)의 가격으로 발행된다. 이 경우는 담보대출이 조기상환될 가능성이 낮다. 따라서 예상되는 조기상환율은 감소하고 증권의 할인발행액은 표면금리와 시장금리뿐만 아니라 조기상환까지도 반영하여야 할 것이다.

시장금리수준과 원리금자동이체증권의 가격변동 관계

시장금리의 변동과 조기상환과의 중요한 관계를 보여 주기 위한 것이 [예 19-9]다. 시장금리가 7.5%로 하락할 경우, 9.5% 원리금자동이체증권을 보유한 투자자들은 가격상승을 누리게 된다. 더구나 조기상환이 없다고 가정할 시, 원리금자동이체증권의 가격은 $25,000에서

예 19-9
원리금자동이체증권의
요구수익률 및
조기상환율별 분석

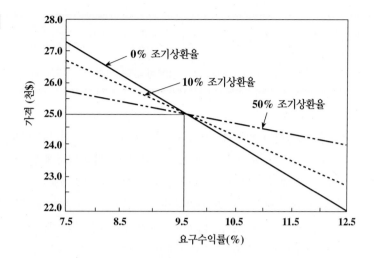

$27,500선까지 상승할 것이다. 그러나 채무자가 대출한 금액을 상환하기로 하여 금리가 하락하고 조기상환이 증가한다면 원리금자동이체증권의 가격은 조기상환의 상승이 애초에 일어나지 않은 것처럼 움직임이 없을 것이다. 이 관계는 조기상환 0%와 50%(시장금리 9.5% 이하)의 두 가지 극단적인 경우의 가격을 비교하여 고찰할 수 있다. 금리가 하락하더라도 조기상환이 50%로 급증한다면 7.5%시장금리에서의 증권가격은 $25,000을 약간 상회할 뿐이라는 점에 주목하자(반면 9% 조기상환 경우의 가격은 약 $27,500이다).

반면, 시장금리가 표면금리보다 높아진 경우 원리금자동이체증권의 가격은 하락하는데 특히 조기상환의 속도가 느려질수록 악화된다. 이것은 9.5%보다 높은 시장금리로 조기상환의 0%와 50%를 비교하여 알 수 있다. 따라서 원리금자동이체증권의 가격은 금리와 상반된 관계이되, 금리하락에 대해서는 덜 민감한 반면 금리상승에 대해서는 더 민감한데, 그 이유는 조기상환이 금리 하락시에는 증가하며 금리 상승시에는 느려지기 때문이다.

이러한 불균형은 투자기간 및 채권의 볼록성(convexity)에 영향을 주는데, 볼록성이란 금리변동에 따른 기간(duration)의 민감도를 나타내는 척도이다. 예로서 금리가 상승하면서 조기상환이 감소될 수 있으므로 기간이 길어짐에 따라 보통 원리금자동이체증권의 볼록성은 '음'의 속성을 띄게 된다. 이러한 프리미엄에 대한 한계는 가격수축(price compression)이라고 부른다. 더구나 금리가 하락하고 조기상환이 증가하면, 투자자가 수령하는 모든 현금흐름은 낮은 시장금리에 재투자되어야 한다. 이러한 상황은 어쩌면 원리금자동이체증권투자자가 가장 심각하다고 여기는 문제일 수 있다.. 이러한 문제가 다른 요소들과 결합되어서 다계층증권의 탄생을 가져왔으며, 다계층증권는 다음 장에서 논의될 주택담보증권의 다른 형태이다.

담보대출담보부채권과 원리금자동이체증권에 대한 부언

앞서 공동출자 풀 내의 담보대출이 채권발행에 충분한 초과담보 비율을 유지하는지 판단하기 위하여, 수탁은행이 정기적으로 시가평가를 해야 한다고 설명하였다. 앞 절에서의 원리금자동이체증권 가격결정 기법은 수탁은행이 담보대출담보부채권을 발행할 때 공동출자 풀의

Web 정보

GNMA 웹사이트(www.ginniemae.gov)로 가면, 최근의 GNMA가   발행한 주택담보대출의 평균금리를 점검할 수 있다.

가치를 측정하기 위하여 사용하는 기법이기도 하다. 더구나 담보대출담보부채권의 경우 발행자는 초과담보 요건으로 인해 조기상환의 위험을 부담하게 된다.

다시 말해서 조기상환이 발생할수록, 새로운 담보대출이 공동출자 풀 내에 교체 편입되어야 한다는 것이다. 반면 원리금자동이체증권의 경우는 채권투자자들이 조기상환 위험을 부담하는데 그 이유는 조기상환액이 투자자에게 전가되기 때문이다.

그 의미는 (1) 담보대출담보부채권은 발행자가 조기상환 위험을 부담하므로 원리금자동이체증권보다 낮은 수익률에 의해 가격이 결정되어야 하며 (2) 시장금리가 변동하면서 담보대출담보부채권의 가격은 조기상환의 속도변화를 반영할 필요가 없어졌다는 것이다. 위의 담보대출담보부채권에 대한 특성은 [예 19-9]에서 나타나듯이, 원리금자동이체증권에는 해당사항이 없다. 만일 원리금자동이체증권와 담보대출담보부채권의 발행조건이 정확히 동일하다면 담보대출담보부채권의 가격 움직임은 조기상환 제로의 그래프와 동일하게 나타날 것이다.

주요용어

PSA(미국 공공채권업협회)	공동출자 풀요소	볼록성
조기상환 모델	담보대출담보부채권	원리금자동이체증권
가격수축	미 연방담보대출공사	일정비중 조기상환 가정
가중평균 만기	미 연방주택대출저당공사	주택담보 대출 시장;
가중평균 표면 금리	미 정부국가저당공사	제2차 저당시장

유용한 웹사이트

www.fanniemae.com – FNMA(Federal National Mortgage Association)의 웹사이트로, 자가주택 소유자가 되기 위한 정보를 제공한다.

www.ginniemae.gov – GNMA의 웹사이트

www.hud.gov – 미국 주택 및 도시개발청(HUD)의 웹사이트. HUD의 부서인 FHA에 대한 정보를 얻을 수 있다. www.hud.gov/office/hsg/hsgabout.cfm을 참조

www.freddiemac.com – FHLMC의 웹사이트

www.va.gov – 미국 재향군인청의 웹사이트. www.homeloans.va.gov에서 VA보증부 대출에 대한 정보를 얻을 수 있다.

www.fha.gov – 연방 주택협회

www.va.com – 퇴역군인협회로 www.homeloans.va.gov에서 VA가 보증하는 대출금액 관련 정보를 얻을 수 있다.

질문

1. 2차저당시장이란 무엇인가? 왜 그것이 중요한지 3가지 이유를 꼽는다면?

2. 1954 charter하에서 FNMA의 3가지 중요한 활동은 무엇이었나? 현재의 주요기능은 무엇인가?

3. FNMA가 현재 2차저당운영을 자금조달하는 2가지 방식은?

4. GNMA는 언제 출현했나? 원래의 기능은 무엇인가? 현재의 주기능은?

5. 왜 FHLMC 형식이 그렇게 중요했는가?

6. 부동산 담보부관련 증권이란 무엇인가? 부동산 담보부증권과 회사채의 유사점과 차이점은 무엇인가?

7. 부동산 담보부증권의 주 형태들은? 그 형태들의 차이는 무엇인가?

8. 저당권이 2차시장에 매각될 수 있는 방법은 여러 가지가 있다. 2가지를 선택하여 매각으로부터 자금 흐름의 극대화와 관련한 효율성과 거래의 상대적인 용이성을 비교하고 유통 채널의 길이를 대조해 보라.

9. 선택사양 유동약정(optional delivery commitment)은 무엇인가?

10. Mortgage swap certificate란 무엇인가?

11. 저당집합(mortgage 공동출자 풀)의 5가지 특성을 기술하라. 각각이 왜 중요한지 설명하라.

12. 일반적으로, 시장이자율의 하락은 MPT증권 가격의 하락을 가져오는가 상승을 가져오는가? 증권이 할인부로 발행된다면, 상승이나 하락이 더 클 수 있는가? 조기상환의 증가도 같을 수 있는가, 다를 수 있는가? 예를 들어 설명하라.

문제

1. 두 종류의 25년 만기 부동산 담보부 채권이 발행되었다. 첫 번째 채권은 액면가 1만 달러에 약정금리가 연간 10.5%이고 두 번째 채권은 10%의 경과이자를 포함하여 25년 만기 시에 1만 달러를 지불하는 zero coupon 채권이다. 발행 시에 투자자들의 요구수익률은 두 채권에 대하여 모두 12%이다.

   a. 각 채권의 개시 가격은 얼마인가?

   b. 양 채권의 약정 이자율이 반기 복리로 10.5%라고 가정하자. 양 채권의 개시가격은 얼마가 될 것인가?

   c. 5년 후에 시장이자율이 9.5%로 떨어진다면, 각 채권의 가치는 얼마인가(a에서처럼 매년 지불형태를 가정하라. 액면가의 %와 실제 현금 가치를 모두 기술하라)?

2. The Green S & L은 평균잔고 10만 달러인 고정금리부 담보대출의 공동출자 풀을 발행하였다. 모든 담보대출은 12%의 표면이자율로 실행되었다(단순화시키기 위하여, 12% 이자율로 매년 상환이 이루어진다고 가정하자). Green은 이 공동출자 풀을 FNMA에 지금 처분하고 싶다.

   a. 10%의 연간 균등 조기상환(조기상환은 전년도 말의 잔액을 기준으로 하고 1년차 말에 시작하는 것으로 가정하자)을 가정하면, 만약 시장이자율이 각각 11, 12, 9%이었을 경우에 Green은 얼마를 얻을 수 있는가?

   b. a 상황의 날짜로부터 5년이 지났다고 가정하자. 어떤 공동출자 풀 factor가 존재할 것인가? 만약 시장이자율이 12%였다면, 지금 Green은 얼마를 받을 수 있나?

   c. a 상황의 저당집합을 처분하는 대신에, Green은 100장의 원리금자동이체 증권의 발행을 통하여 담보대출을 증권화하기로 결정했다. 표면이자율은 11.5%, 서비스와 보증수수료는 0.5%가 될 것이다. 시장수익률은 10.5%이다. Green은 원리금자동이체증권의 청약에서 얼마를 받을 수 있나? 각 구매자는 MPT를 얼마에 매입할 것인가(a에서처럼 동일한 조기상환을 가정하라)?

   d. c 상황에서 매입한 즉시 이자율이 9%로 떨어지고 첫 번째 해의 말에 조기상환율이 연간 20%로

상승될 것으로 예상된다고 현재 가정하면, MPT 증권의 현재가치는 얼마가 될 것인가?

eXcel
www.mhhe.com/bf15e

3. **Excel**. 웹 사이트에서 제공하는 Excel Workbook의 "Ch19 MPS"탭을 참조하라.

   a. 7.5% 요구 수익률에 기반하여 발행자와 개인 투자자들을 위한 현금흐름의 가치를 찾아라.

   b. 11.5% 요구 수익률에 기반하여 발행자와 개인 투자자들을 위한 현금흐름의 가치를 찾아라.

CHAPTER 20

제2차 담보시장:
다계층증권 및 파생증권

The Secondary Mortgage Market: CMOs and Derivative Securities

서론

본 장에서는 19장의 내용을 기본으로 하여 제 2차 저당시장을 구성하는 2가지 유동화 증권에 대해 알아 볼 것이다. 첫째인 지불이체채권(mortgage pay-through bond: MPTB)은 주택저당담보부채권(mortgage-backed bond: MBB)과 원리금자동이체증권(mortgage 원리금자동이체증권 securities: MPTs)의 요소들을 다 가지고 있다. 두 번째인 다계층증권(collateralized mortgage obligation: CMO)은 Freddie Mac이 1983년 주간사증권사와 함께 개발했고 Fannie Mae(FNMA)도 1987년에 발행에 동참하였다. 이러한 신상품들은 주택저당담보부채권과 원리금자동이체증권의 성공에 따른 자연스러운 발전형태이다. 앞 장에서 논의한 원리금자동이체증권은 어느 정도 투자위험을 감소시킬 수 있었다. 그러나 조기상환위험이나 재투자위험은 여전히 투자자에게 전가된다. 주택저당증권(mortgage-backed security: MBS)의 발전형태로 다계층증권과 새로운 **파생증권**들은 이러한 위험을 경감하는 일련의 수단으로 정착되었다.

지불이체채권 *Mortgage Pay-Through Bond: MPTB*

지불이체채권(mortgage pay-through bond: MPTB)은 원리금자동이체증권과 주택저당담보부채권의 성격을 혼합하고 있는 신상품이다. 지불이체채권에서도 담보대출 공동출자 풀(mortgage pool)을 통해서 발행되며 원리금자동이체증권에서와 같이 공동출자 풀(pool)의 현금흐름은 지불이체채권투자자들에게 자동이체(pass through)된다. 그러나 원리금자동이체증권과 달리 지불이체채권은 **채권**이며, 모기지풀에 대한 미분할 **지분소유권**(equity ownership)과는 다르다. 주택저당담보부채권과 같이 지불이체채권은 모기지풀을 소유하는 주체가 발행한 채권이다. 반면 원리금자동이체증권과 유사한 점은 채권투자자에게 지급되는 현금흐름은 표면금리에 의하고, 원금은 분할상환구조 및 조기상환에서 유입되는 대로 투자자에게 자동이체 된다는 점이다. 따라서 지불이체채권은 원금을 자동이체하는 주택저당담보부채권의 형태이자 조기상환의 특징을 가진원리금자동이체증권 형식으로 보일 수 있다.

대부분의 지불이체(pay-through)는 주택대출을 대상으로 하며, (1) 발행채권액보다 많은 저당권을 도관체에 편입시키는 초과담보(over-collateral)방식을 사용하든지, (2) 국채 등 추가 담보를 제공해서 투자 위험을 제거한다. 이러한 추가담보로부터의 수입이 발행채권의 상환에 충분한 현금흐름으로 확보된다는 점을 보장한다. 주택저당담보부채권과 같이 지불이체채권도 이표채 또는 제로쿠폰채로 발행될 수 있다.

지불이체채권의 신용평가 등급은 (1) 공동출자 풀 내의 저당대출의 위험성, (2) 초과담보의 수준, 그리고 (3) 추가 담보를 구성하는 국채 등의 내용 등에 좌우된다. 중점을 두는 변수로서는 공동출자 풀로부터 생성되는 현금흐름 유입의 정도, 현금유입시점으로부터 지불이체채권 원리금 지급기일(통상 매 반기) 도래시점까지의 여유자금 운용기간, 초과담보로 제공된 유가증권이 있는 경우 그 내용, 그리고 지불이체채권 이자지급 일정과의 관계 등이다. 이 모든 변수들은 조기상환 위험과 비교하여 분석된다. 지불이체채권에서는 원금분할상환과 조기상환의 원리금자동이체가 일어나므로 주택저당담보부채권에서 만큼 담보가치가 중시되지 않으며, 따라서 적당한 초과담보가 유지되는 한 담보의 시가평가(mark to market)는 요구되지 않고 초과담보수준도 주택저당담보부채권보다는 완화될 수 있다. 지불이체채권발행자는 더욱 높은 신용 등급을 확보하기 위하여 은행의 신용장이나 제3자의 보증 및 보험의 형태인 신용 보완을 활용된다. 이러한 신용보완이 확보되지 못하는 경우에는 발행주체의 신용도가 매우 중요해진다. 왜냐하면 공동출자 풀 내의 채무불이행과 조기상환 발생이 커지는 경우 지불이체채권 투자자들은 발행주체에 의존할 수밖에 없기 때문이다.[1]

본 장에서 지불이체채권의 상세한 분석은 생략하는데, 그 현금흐름 패턴은 19장에서의 주택저당담보부채권과 원리금자동이체증권 분석과 유사하다. 그러나 주택저당담보부채권과 달리 지불이체채권발행자는 조기상환 위험을 부담하지 않는다. 조기상환 위험은 투자자가 부담한다. 따라서 지불이체채권의 가격이 결정될 때, 원리금자동이체증권의 조기상환 패턴과 재투자율을 평가할 때 매우 중요하게 사용되는 위험은 지불이체채권에서도 똑같이 중요하다. 원리금자동이체증권과 지불이체채권에서 해결되지 못한 조기상환으로 인한 불확실성 문제가 지속됨에 따라, 주택저당담보부채권보다는 약하지만 원리금자동이체증권과 지불이체채권보다는 조기상환 위험처리가 강한 상품이 개발되었다. 이를 다계층증권(collateralized mortgage obligation, CMOs)이라고 하며 다음 절에서 분석하고자 한다.

다계층증권 Collateralized Mortgage Obligation: CMOs

다계층증권(collateralized mortgage obligation: CMOs)이 어떻게 조기상환과 재투자 위험을 어떻게 완화시키는가를 이해하기 위해서는 다계층증권을 지불이체채권, 원리금자동이체

증권과 비교할 필요가 있다. 다계층증권도 주택저당담보부채권과 마찬가지로 담보물에 대한 담보대출의 공동출자 풀을 이용하여 만들어진 채권이다. 원리금자동이체증권에서는 투자자들이 전체 공동출자 풀에 대한 개별적인 지분을 보유한다. 반면, 다계층증권의 발행자는 공동출자 풀에 대한 **소유권을 가지면서** 동 공동출자 풀에 대해 채권을 발행하는 것이다. 하지만 원리금자동이체증권과 지불이체채권에서처럼 다계층증권도 원금분할상환금과 조기상환액이 가공되어 **투자자에게** 전달된다는 점에서 지불이체증권(pay-through security)의 일종이다. 이는 투자자 측이 계속 조기상환 위험을 부담한다는 것을 의미한다. 단지 다계층증권은 그 위험이 할당되는 방식을 가공하고 변형시킨다. 공동출자 풀 내의 담보가치 확보를 위해 제공된 자산액과 공동출자 풀이 발행하는 채무와의 차액만큼이 발행자의 지분이 된다는 점은 주택저당담보부채권, 지불이체채권과 동일하다.

다계층증권과 다른 주택 저당채권의 중요한 차이점으로서는, 다계층증권은 동일한 저당권 공동출자 풀에 대해서 여러 가지의 상이한 종류의 유가증권이 발행된다는 것이다. 여러 가지 종류의 만기는 3년, 5년, 7년 등 다양하게 구성되며, 만기구성은 투자자의 투자욕구를 반영하여 발행자가 결정한다. 따라서 발행자는 기초 공동출자 풀의 내용과는 상이한 만기와 현금흐름을 갖는 유가증권들을 창조하는 것이다.

다계층증권과 원리금자동이체증권 간에는 몇 가지 근본적인 차이점이 있다. 조기상환 위험(및 이에 따르는 재투자위험)을 낮추기 위해서는, 공동출자 풀에서 유가증권을 발행하는 기본구조 하에서 투자자 측이 아닌 다른 주체가 조기상환 위험을 맡아 주는 구조의 도출이 필요했다. 이는 발행자가 공동출자 풀의 소유권을 보유하면서 발행하는 채권의 계층(class)들 간에 이자와 원금의 지급 우선순위를 부여함으로써 달성되었다. 이러한 우선순위는 형식 만기가 상이한 **트랜치**(tranche, 분할발행채권)를 통해 부여된다. 또한 각 트랜치의 개수 및 만기를 결정하기 위해서는, 공동출자 풀로부터 발생하는 이자·원금 및 조기상환금을 다계층증권투자자에게 지급하기 위한 우선순위 결정이 필요하다. 이러한 우선순위 설정에 의해 다계층증권의 어떤 트랜치는 전통적인 채권처럼 원리금을 상환받는 반면, 다른 트랜치투자자들은 원리금 수령을 미루어 나중에 받게 된다. 이러한 할당 관계는 수익률을 더 높여준다면 현재 원리금자동이체증권에 투자하는 계층보다 조기상환 위험을 감수할 수 있는 투자자층에 접근을 확대하기 위한 목적이다. 다계층증권은 **다양한 계층의 지불이체증권**이라고 할 수 있다.

1983년 최초로 도입된 이래로 다계층증권은 대단히 복잡한 투자대안으로 발전하였다. 선순위 우선지급의 서열구조([예 20-1] 참조)는 다계층증권 초기에 투자자의 관심을 불러일으키는 데에 크게 기여하였지만, 다양한 트랜치 구성을 창조해 낸 것은 투자자의 높은 수요와 투자자의 특별한 요구조건에 의한 것이었다. 원금상환방식 또는 표면금리계산 방식을 변형시킴으로써 증권회사들은 현재 다계층증권시장을 지배하고 있는 다양한 파생상품을 만들어 냈다.**2**

---

2 파생상품이라는 의미는 근거하는 투자가치가 다른 증권, 지수, 증권의 공동출자 풀에 의존한다는 것을 말한다. 예를 들어, 투자자가 S&P 500지수의 콜 옵션을 구매한 경우, 이 콜 옵션은 가격이 S&P500 지수의 변화에 종속적이기 때문에 파생상품으로 분류할 수 있다. 모기지공동출자 풀로부터 발생하는 현금흐름 변화에 의존하는 많은 파생-유형의 투자가 창출되었다. 이러한 파생상품은 이 장의 후반부에서 논의할 것이다.

예 20-1		다계층증권의 우선지급 순위별 트랜치의 내용					
			추정만기	표면금리	발행금액	비중	가중평균금리
자산 :		부채 :					
저당대출	$75,000,000	Class A 트랜치	2-5	9.25%	$27,000,000	0.375	3.47%
(년리 11%)		Class B 트랜치	4-7	10.00	15,000,000	0.208	2.08
10년 만기		Class Z 트랜치	6-10	11.00	30,000,000	0.417	4.58
		총부채			72,000,000	1.000	10.14%
		자본 :			3,000,000		
총자산	$75,000,000	총 부채 및 순가치			$75,000,000		

주요투자자층
Class A – 저축기관, 상업은행, 단기금융자산투자신탁, 기업
Class B – 보험, 연금, 신탁, 해외투자자
Class Z – 연기금, 신탁, 해외투자자, 헤지펀드

다계층증권예시 해설

[예 20-1]은 아주 단순화된 다계층 증권구조를 보여준다. 예시에서 자산측면을 보면, 채권 발행의 담보가치가 되는 풀은 미 연방주택청(FHA), 미 재향군인회(VA)이거나 일반 주택저 당채권으로서 금리는 10년간 11%로 고정되어 있다. 원리금자동이체증권에서와 같이 다계 층증권 풀 안에 편입되는 주택저당채권은 유사한 종류의 부동산에 대한 저당권으로 구성되 어 있고 유사한 지급패턴을 갖고 있다. Ginnie Mae(government national mortgage associ-ation: GNMA)나 다른 원리금자동이체증권을 공동출자 풀을 이용해 다계층 증권을 만들어 내는 것도 가능하다.[3] 원리금자동이체증권도 모기지 공동출자 풀에 의한 증권을 나타내기 때문에 공동출자 풀에 편입이 가능한 것이다.

예시의 부채 측면을 보면 만기와 금리가 상이한 3개 계층의 트랜치가 발행되었다. 그런 데 $75,000,000의 공동출자 풀에 대하여 $72,000,000의 다계층증권이 발행되었으며 차액 인 $3,000,000는 초과담보로 발행자가 지분을 출자한 것이다. 이러한 초과담보 설정원인은 앞으로 다계층증권 구조를 설명하는 과정에서 명백해 질 것이다. 예시에서 또한 주목해야 할 점은 자산 공동출자 풀에서 얻는 11%의 금리가 채무에서 지불하는 표면금리보다 높다는 것 이다(Z class만이 예외). $75,000,000에 대한 11% 수익률인 $8,250,000과 $72,000,000에 대한 **가중평균금리** 10.14%인 $7,297,500의 차액은 발행자의 이익으로서 $956,400에 달한 다. 이 잔존현금이 $3,000,000의 초과담보(또는 발행자 지분)에 대한 수익금이 된다. 또한 신용보완, 자산관리 등의 역할을 발행주체가 수행하는 경우 추가 수익을 얻을 수 있다.

[예 20-1]에서 원하는 다계층증권 만기 구조를 도출하기 위해서는 발행조건상 표면금 리가 지급기일이 도래하는 대로 모든 트랜치에 즉각 지불되지는 않는다. 이것이 **순차적지급**

---

[3] 다계층증권는 앞 장에서 논의한 상이한 모기지풀(ARMs, GPMs 등)에 기초하여 창출될 수 있다.

(sequential payment)구조로서 이자가 A와 B의 트랜치에 지불되지만 Z에는 A와 B의 원금이 상환될 때까지 지불되지 않는다. Z트랜치의 이자는 지불되지 않고 투자원금에 계속 누적되어 가산될 뿐이다. A트랜치의 만기가 비교적 짧아지게 하기 위해 Z 트랜치에서 누적 계산된 이자금액은 A트랜치에게 먼저 할당되는 것이다. 또한 Pool전체에서 얻어지는 원금분할상환액과 조기상환액도 A트랜치에 우선적으로 할당된다. 따라서 다계층증권 발행액에서 $27,000,000의 권리를 갖고 있는 A트랜치 채권자들은 자기금액에 대해 9.25%의 표면금리를 받을 뿐만 아니라, 공동출자 풀 전체에서 발생하는 원금(정기·조기상환)과 Z 트랜치에 가야했던 이자액을 우선 지급받는 것이다. A트랜치의 발행 잔존액은 공동출자 풀 전체에서의 원금상환액과 Z트랜치의 이자액에 의해 계속 감소해 나간다. A트랜치의 명시된 다양한 만기(2~5년)는, (1) 공동출자 풀에 대한 조기상환이 일어나지 않았다고 가정할 시에 A class 투자자가 원금을 되찾을 수 있는 최대한의 기간과 (2) 투자원금을 되찾을 수 있는 최소한의 기간(2년)의 예정치를 대표한다. 물론 해당 예정치는 실제 조기상환의 속도에 따라 달라질 수 있다.

B트랜치는 A트랜치가 상환될 때까지 이자만 수령하다가 A트랜치가 지급 완료된 이후에부터 원금상환액이 B트랜치에 할당된다. Z트랜치는 A와 B가 상환되는 도중에는 전혀 원금 및 이자를 받지 않는다. 대신 이자는 11%의 복리로 누적되어 투자된 $30,000,000 원금에 가산된다. A와 B의 원금지급이 완료된 후에는 Z트랜치에 이자가 현금으로 지급되고 원금상환 유입액도 Z트랜치에 할당된다.

$3,000,000의 초과 저당채권은 **초과담보**로서 Pool 내에 존재하는데 그 목적은 여러 가지가 있다. 첫째, 대부분의 다계층증권은 투자자에게 분기 또는 반기 지급조건을 약속한다. 하지만 공동출자 풀의 수금주기는 월별이다. 발행자는 투자자들에게 지급기일이 도래하기 전까지 월별담보대출지급액을 재투자할 수 있기에, 약속된 이자지급과 원금상환의 우선을 **포함하여 최소한의 운용수익률을 보장**하게 된다. 따라서 금리가 급격히 하락하는 경우 조기상환 위험과는 별개의 재투자수익률 위험이 존재한다. 이 경우는 차입자들이 조기상환을 서두를 것이므로 각 트랜치는 예정만기보다 **훨씬 빨리** 상환된다. 또한, 발행자는 금리하락에 따라 예정된 운용수익률을 얻는 것이 불가능할 수도 있다. 이 경우 다계층증권 투자자에게 지급할 부족한 현금은 $3,000,000의 초과담보로부터 충당되게 된다. 따라서 주택저당담보부채권과 지불이체채권에서와 같이 초과담보설정 수준은 투자자들이 다계층증권 투자를 판단할 때에 평가하는 중요한 변수이다. 초과담보액이 크게 설정될수록 다계층증권의 원리금지급의 확실성은 높아진다. 반면 다계층증권투자 위험도가 낮은 것은 표면금리와 재투자수익률 목표치도 낮다는 점을 말한다.

또 하나의 중요한 점은 다계층증권 발행자가 $3,000,000의 출자액을 초과하여 채무부담을 지는가 하는 점이다. 통상 다계층증권은 회사형태의 발행자에 의해 발행되므로 채무는 발행자에게 소구권(Recourse)이 있는 경우와 없는 경우가 다 설계 가능하다. 따라서 일반 회사채에서처럼 발행자가 파산하고 잔존 채무가 $3,000,000를 넘는 경우 다계층증권 투자자들이 발행주체에게 상환청구를 할 수 있을 것이다.

다계층증권의 역학

다계층증권의 현금흐름 패턴을 [예 20-2]에서 보여 주는데 이는 [예 20-1]에서의 자산의 현금흐름을 사용하고 있다. 편의상 자산의 현금흐름이 연단위로만 발생하는 것으로 가정하여 예시했으므로 현금유입 시점으로부터 다계층증권 현금유출 시점까지의 기간 중 재투자수익을 고려할 필요는 없다. 먼저 조기상환율을 0%로 놓고 시작하자. [예 20-2]는 공동출자 풀에 유입되는 현금흐름의 구성을 보여주는 반면 [예 20-3]은 각 다계층증권발행 트랜치에 배정되는 현금 지급흐름의 구성을 보여준다. 조기상환이 없다는 가정 하에서 초년도 말에 A트랜치 채권자들은 (1) $27,000,000에 대한 9.25%의 이자인 $2,497,500과 (2) 원금분할상환액 $4,485,107([예 20-2] 3열 참조) 및 (3) Z트랜치에 해당하는 이자액 $330,000을 합친 총 $10,282,607을 수령한다([예 20-3] 참조). 이와 같은 현금흐름 패턴이 매년 일어나서 4년차에 A트랜치가 모두 상환완료된다. 여기에서 Z트랜치의 투자자는 이자를 전혀 현금으로 받지 않으며 복리로 누적시키고만 있다는 점을 명심해야 한다.

[예 20-3]은 B트랜치와 Z트랜치에 대해서도 비슷한 구성을 보여준다. B트랜치는 1년에서 3년까지 이자지급은 받고 있으나 A트랜치가 완료될 때까지는 원금상환은 받지 않고 있다는 점에 주목해야 한다. 그 이후 B트랜치는 이자와 원금분할상환액 및 Z트랜치에 해당하는 이자 상당액을 수령한다. 중요한 점은 조기상환이 전혀 없다는 가정하에 B트랜치는 정상적인 원금분할상환 일정에 의해 5년의 만기를 가질 것이라는 점이다. Z트랜치는 5년까지 이자를 누적해가다가 현금수령을 시작한다.

[예 20-4]는 다계층증권에서 잔존지분에 대해 귀속되는 현금흐름을 보여준다. 앞 절에서 유동화주체가 $3,000,000의 지분을 투입하여 담보로 제공했던 것을 기억하고 있다. 따라서 발행자는 모든 다계층증권채권을 상환하고 관련수수료를 지불한 후에 잔존하는 현금에 대

예 20-2   다계층증권 저당 공동출자 풀에 대한 연간 현금흐름(조기상환율=0%)

기간	(1) 모기지풀 : 10-년 만기 11% 고정금리	(2) 공동출자 풀에 원리금 유입액	(3) 총원금분할상환액 (조기상환제외)	(4) 이자액	(5) 다계층증권 투자자의 권리금액
0	$75,000,000				$72,000,000
1	70,514,893	$12,735,107	$4,485,107	$8,250,000	67,514,893
2	65,536,424	12,735,107	4,978,469	7,756,638	62,536,424
3	60,010,324	12,735,107	5,526,100	7,209,007	57,010,324
4	53,876,352	12,735,107	6,133,971	6,601,136	50,876,352
5	47,067,644	12,735,107	6,808,708	5,926,399	44,067,644
6	39,509,978	12,735,107	7,557,666	5,177,441	36,509,978
7	31,120,968	12,735,107	8,389,009	4,346,098	28,120,968
8	21,809,168	12,735,107	9,311,801	3,423,307	18,809,168
9	11,473,069	12,735,107	10,336,099	2,399,008	8,473,069
10	0	12,735,107	11,473,069	1,262,038	0

예 20-3　　　　　　　**A, B 및 Z트랜치투자자에 대한 현금흐름*(조기상환율＝0%)**

	트랜치 A(표면금리＝9.25%; 투자금액＝$27,000,000)			
기간	각기말 다계층증권 투자자 권리액	풀의 원금 및 Z의 이자로부터의 현금가용액	표면금리	총 상환액
0	$27,000,000			
1	19,214,893	$7,785,107	$2,497,500	$10,282,607
2	10,573424	8,641,469	1,777,378	10,418,846
3	981,394	9,592,030	978,042	10,570,072
4	0	981,394	90,779	1,072,173
5	0	0	0	0
6	0	0	0	0
7	0	0	0	0
8	0	0	0	0
9	0	0	0	0
10	0	0	0	0

	트랜치 B(표면금리＝10.00%; 투자금액＝$15,000,000)			
기간	각기말 다계층증권 투자자 권리액	풀의 원금 및 Z의 이자로부터의 현금가용액	표면금리	총 상환액
0	$15,000,000			
1	15,000,000	0	$1,500,000	$1,500,000
2	15,000,000	0	1,500,000	1,500,000
3	15,000,000	0	1,500,000	1,500,000
4	5,334,240	$9,665,760	1,500,000	11,165,760
5	0	5,334,240	533,424	5,867,664
6	0	0	0	0
7	0	0	0	0
8	0	0	0	0
9	0	0	0	0
10	0	0	0	0

	트랜치 Z(표면금리＝11.00%; 투자금액＝$30,000,000)				
기간	각기말 다계층증권 투자자 권리액	경과이자액	누적경과 이자액	원금에 할당	총 지급
0	$30,000,000				
1	33,300,000	$3,300,000	$ 3,300,000		
2	36,963,000	3,663,000	3,663,000		
3	41,028,930	4,065,930	4,065,930		
4	45,542,112	4,513,182	4,513,182		
5	44,067,644	5,009,632		$1,474,468	$6,484,101
6	36,509,978	4,847,441		7,557,666	12,405,107
7	28,120,968	4,016,098		8,389,009	12,405,107
8	18,809,168	3,093,307		9,311,801	12,405,107
9	8,473,069	2,069,008		10,336,099	12,405,107
10	0	932,038		8,473,069	9,405,107

*A, B 및 Z 트랜치 투자자에 대한 현금 배분은 "낙수"와 같이 위에서 아래로 흐르는 것임.

한 소유권을 갖는다. 여기서 현금흐름은 공동출자 풀 안에 유입되는 모든 현금흐름의 합으로 부터 다계층증권 트랜치들에 지급된 현금유출 흐름을 공제한 금액이다. 예에서 지분 권리자 들은 Z트랜치가 아무런 금액도 받지 못하고 있는 상태인 1~4년차의 기간 중에도 잔여현금 을 수령하고 있다.[4] 또한 초년도 $952,500은 $75,000,000 총액대비 담보가치로는 1% 미만 의 적은 비율에 해당한다. 이러한 잔존현금은 발행주체가 자산관리를 수행함에 따라 취득해 야 하는 자산관리수수료까지도 포함한다. 이 마진은 매우 중요한 것으로 만일 증권 발행 직 후 $10,000,000의 조기상환이 갑자기 일어난다면 공동출자 풀에 유입되는 이자수입이 대폭 감소하게 될 뿐 아니라, $10,000,000는 A트랜치의 이자를 연말에 지급하기 위해 재투자 운 용되어야 한다. 따라서 이 $952,500은 조기상환으로 상실한 대출금리와 재투자운용으로 얻 는 금리의 차손발생을 보전하는 데 사용될 수 있어야 한다.

예측이 불가능한 조기상환이 발생하고 금리하향세에서 재투자 운용해야 하는 문제(금리 하락이 조기상환을 다시 또 가속시킴)의 발생가능성이 왜 $3,000,000의 초과담보가 필요한 지를 대변한다. 또한, 다계층증권 발행에 사용된 주택저당 대출이 FHA-VA의 보험부이거나 전통적 담보대출인 것으로 가정했는데, 어느 경우이든지 채무불이행 손실에 대해서는 보험 으로 충분히 보상된다는 것을 전제로 했다. 만일 대손에 대해 충분한 보상이 확보되지 못한 경우(즉 상업용 부동산 저당이나 2순위 저당에 대해 발행된 경우), 투자자는 대손으로 인한 손실 가능성을 검토해야 한다. 따라서 이 경우

1. 초과담보 제공 규모가 커지거나
2. 발행자가 제 3자로부터 보증보험을 획득하거나
3. 금리하락/조기상환증가/재투자수익률 하락 발생 경우 발행된 다계층증권을 조기상환 요구 조항(calamity call) 등을 요구하게 된다.

그러나 조기상환 발생이 [예 20-4]대로 일어난다면 발행자는 세전내부수익률(*BTIRR*)인 20.19%를 $3,000,000 투자에 대해 획득하게 된다(자신 관리 수수료 무시). 이러한 내부수 익률은 공동출자 풀의 현금에 대해 우선 수령권을 갖은 다계층증권 각 트랜치의 수익률보다 훨씬 높다.

다계층증권 현금흐름과 조기상환 가정 설정

모기지풀에서는 원금의 조기상환이 항상 있기 때문에, 각 Class증권의 예상만기가 발행자의 수익성에 영향을 미칠 것이다. 그 효과를 분석하기 위해 앞 절에서 조기상환을 '0%'으로 보 았던 것을 본 절에서는 10%씩 발생한다고 가정한다.

공동출자 풀로부터 생성되는 현금흐름이 채권투자자에게 지급되는 과정이 [예 20-5]에 나타나 있는데, 예정된 원리금균등분할 상환에 추가하여 매년 10%의 조기상환이 발생하 고 있다. [예 20-6]에서는 A트랜치의 투자자가 예정된 표면금리 $2,497,500과 Z트랜치이 자에 해당하는 $3,300,000과 모든 원금상환액 $4,485,107 및 조기상환 $7,500,000을 합쳐

---

[4] 다계층증권구조에 따라서는 지분 권리자들이 이 금액을 받아가지 못하고 준비금으로 남겨 놓도록 규정하기도 한다. 이 경우에는 내부수익률은 [예 20-4]에서 나타난 것보다 낮아지게 된다. 그 이유는 공동출자 풀이 완전 상환될 때까지 현금이 실현되지 못하기 때문이다.

| 예 20-4 | 잔존 현금흐름(조기상환율=0%의 경우) |

Residual Equity Class($3,000,000 투자액)

기간	공동출자 풀에 유입현금	A, B, Z에 대한 지급액	Equity에 대한 잔존현금
0			($3,000,000)
1	$12,735,000	$11,782,607	952,500
2	12,735,000	11,918,846	816,261
3	12,735,000	12,070,072	665,035
4	12,735,000	12,237,933	497,174
5	12,735,000	12,351,765	383,342
6	12,735,000	12,405,107	330,000
7	12,735,000	12,405,107	330,000
8	12,735,000	12,405,107	330,000
9	12,735,000	12,405,107	330,000
10	12,735,000	9,405,107	3,330,000

잔존 내부수익률 20.19%

$17,782,607을 수령한다. 이렇게 현금흐름유입이 빨라짐에 따라 A투자자들은 이제 2년 이후에 지급받을 것이다. 이는 [예 20-3]에서 조기상환이 없어 4년까지 걸리던 상황과 비교된다. 이러한 이유로 인해 A트랜치는 "선순위지불채권(Fast Pay Tranche)"라고 불린다. 2년차 이후에 이자만 받고 있던 B트랜치 투자자들이 Z트랜치에 해당하는 이자액과 공동출자 풀 전체의 원금상환 유입액을 수령하기 시작한다. 이러한 현금수령 방식에 의해 B트랜치도 3년 차이면 모두 상환되며, [예 20-3]에서의 5년 상환과 비교된다.

앞 절에서 지적했듯이 Z트랜치의 투자자들은 A와 B트랜치가 상환될 때까지 원금이나 이

| 예 20-5 | 다계층증권 공동출자 풀로의 연간 현금흐름 유입(조기상환율=10%) |

기간	(1) 모기지풀 : 10-년 말기 11% 고정금리	(2) 풀에 원리금 유입액	(3) 조기상환율 (10%)	(4) 총원금분할상환액 (조기상환제외)	(5) 이자액	(6) 다계층증권 투자자 권리금액	(7) 다계층증권 투자자에 배분가용액 (2)+(3)
0	$75,000,000					$72,000,000	
1	63,014,893	$12,735,107	$7,500,000	$4,485,107	$8,250,000	60,014,893	$20,235,107
2	52,264,447	11,380,595	6,301,489	4,448,956	6,931,638	49,264,447	17,682,084
3	42,631,009	10,156,083	5,226,445	4,406,993	5,749,089	39,631,009	15,382,527
4	34,010,368	9,046,951	4,263,101	4,357,540	4,689,411	31,010,368	13,310,052
5	26,311,218	8,039,254	3,401,037	4,298,113	3,741,141	23,311,218	11,440,291
6	19,455,296	7,119,034	2,631,122	4,224,800	2,894,234	16,455,296	9,750,156
7	13,378,894	6,270,955	1,945,530	4,130,872	2,140,083	10,378,894	8,216,484
8	8,037,865	5,474,818	1,337,889	4,003,140	1,471,678	5,037,865	6,812,708
9	3,424,664	4,693,580	803,786	3,809,415	884,165	424,664	5,497,366
10	0	3,801,377	0	3,424,664	0	376,713	3,801,377

자를 전혀 수령하지 않으며, [예 20-6]에서 보듯이 $30,000,000에 대해 이자는 11%로 복리 누적될 뿐이다. 3년차에 11% 표면금리가 현금으로 Z투자자에게 지불되며, 이자는 경과이자 가 누적된 투자원금잔고 대비 11%로 계산된다. Z트랜치는 10% 조기상환가정에 의하면 10 년차에 완료된다.

마지막으로 발행자는 모든 다계층 증권 트랜치의 완료 후에 잔존 현금흐름을 갖게 된다. 이 잔존 금액이 발행자가 초과담보(Equity)에 투자하고 다계층 증권을 관리해온 대가로 얻 는 수익에 해당한다. [예 20-7]에서 보면 잔존가치는 공동출자 풀에 유입현금과 다계층 증권 투자자에 대한 유출의 차액이다. 물론 이러한 계산은 10%의 조기상환 가정을 전제로 한 것 이므로 조기상환율이 달라지면 잔존가치의 금액은 전혀 달라질 것이다. 10% 조기상환에서 지분 $3,000,000의 수익률은 17.25%가 되어, 역시 A, B, Z채권의 수익률은 상회한다. 또한 전체 다계층 증권에서 지분의 금액이 적어질수록 레버리지(leverage) 효과로 인해 그 수익률 이 상승한다.[5]

또한 세전 내부수익률이 조기상환이 없을 때의 수익률 20.19%([예 20-4])에 비해 17.25%([예 20-7])로 감소한다. 그 이유는, 조기상환 발생으로 인해 전체 공동출자 풀이 수 령하는 총 수입이자 금액이 감소하여 이자 수입액과 지급액 간의 차액이 작아지기 때문이다.

다계층증권: 가격결정과 예상만기

[예 20-8]에서 조기상환 속도의 변화에 따라 어떻게 각 트랜치에의 현금지급이 변화하는지 볼 수 있다. A그래프에서는 조기상환이 '0%'인 경우의 다계층증권 투자자의 수령 현금흐름 을 보여주며, B표에서는 4가지의 현금흐름 패턴을 나타낸다. 이것이 다계층증권 발행자의 발행 목적으로서, 일반적인 원리금자동이체증권투자자들 보다는 더 특정한 만기를 요구하되 주택저당담보부채권만큼 정확한 만기를 요구하지 않는 투자자층을 포착하여, 만기별로 구분 하여 접근한다는 것이다. 그러나 앞 절에서 보듯이 다계층증권이 조기상환 위험을 완전 세거 하는 것이 아니다. 금리가 급락할 경우 다계층증권 증권이 원리금자동이체증권보다는 투자 자를 더 보호하지만, 그 폭은 크지 않다. 10% 조기상환의 경우를 [예 20-9]에서 살펴보면 다 음과 같다.

일반적으로 다계층증권은 현금흐름의 우선순위 설정에의해서 원리금자동이체증권보다 는 만기의 확실성을 높여 주었다. 19장에서 원리금자동이체증권 투자자들은 조기상환에 따 라 현금흐름 수령액이 기간별로 상이해지고, 10년까지 투자기간이 늘어날 수 있었던 점을 기억하라.

다계층증권은 FHA-VA 또는 전통적인 보증보험부 저당권을 대상으로 한 공동출자 풀을 기초로 한 경우라도 미국국채보다 높은 수익률을 제공해야 하는데, 이는 현금수령시기의 불 확실성 때문이다.[6] 만일 금리하락이 예상되지 않는 경우라면 [예 20-9]상의 현금유입이 원리

---

[5] 다계층증권의 재무구조에서 레버리지가 부채를 지닌 수익성 부동산의 레버리지와 유사하다고 생각할 것이다. 비슷하게, 다양한 계층의 트랜치소유자의 위험은 초과담보 금액에 따라 차이가 날 것이다.

[6] 다계층증권 투자자는 예정된 만기범위에 의해 투자되기 때문에, 예정만기를 사용하여 다른 투자상품과 비교 판단된다.

예 20-6	A, B 및 Z트랜치에 대한 현금지급(조기상환율=10%)

트랜치 A(표면금리=9.25% ; 투자금액=$27,000,000)

기간	각기말 다계층증권 투자자 권리액	풀의 원금 및 Z의 이자로부터 현금가용액	표면금리	총 상환액
0	$27,000,000			
1	11,714,893	$15,285,107	$2,497,500	$17,782,607
2	0	11,714,893	1,083,628	12,798,521
3	0	0	0	0
4	0	0	0	0
5	0	0	0	0
6	0	0	0	0
7	0	0	0	0
8	0	0	0	0
9	0	0	0	0
10	0	0	0	0

트랜치 B(표면금리=10.00% ; 투자금액=$15,000,000)

기간	각기말 다계층증권 투자자 권리액	풀의 원금 및 Z의 이자로부터 현금가용액	표면금리	총 상환액
0	$15,000,000			
1	15,000,000	0	$1,500,000	$ 1,500,000
2	12,301,447	$2,698,553	1,500,000	4,198,553
3	0	12,301,447	1,230,145	13,531,592
4	0	0	0	0
5	0	0	0	0
6	0	0	0	0
7	0	0	0	0
8	0	0	0	0
9	0	0	0	0
10	0	0	0	0

트랜치 Z(표면금리=11.00% ; 투자액=$30,000,000)

기간	각기말 다계층증권 투자자 권리액	경과이자액	누적경과 이자액	원금에 할당	총 지급
0	$30,000,000				
1	33,300,000	$3,300,000	$3,300,000		
2	36,963,000	3,663,000	3,663,000		
3	39,631,009	4,065,930	2,668,009		$ 1,397,921
4	31,010,368	4,359,411		$8,620,641	12,980,052
5	23,311,218	3,411,141		7,699,150	11,110,291
6	16,455,296	2,564,234		6,855,922	9,420,156
7	10,378,894	1,810,083		6,076,402	7,886,484
8	5,037,865	1,141,678		5,341,029	6,482,708
9	424,664	554,165		4,613,201	5,167,366
10	0	46,713		424,664	471,377

예 20-7   잔존 현금흐름(조기상환율=10%)

기간	풀에 유입현금	A, B, Z에 대한 지급액	Equity에 대한 잔존현금
	잔존 자기자본 Class ($3,000,000 투자액)		
0			($3,000,000)
1	$20,235,107	$19,282,607	952,500
2	17,682,084	16,997,073	685,011
3	15,382,527	14,929,513	453,014
4	13,310,052	12,980,052	330,000
5	11,440,291	11,110,291	330,000
6	9,750,156	9,420,156	330,000
7	8,216,484	7,886,484	330,000
8	6,812,708	6,482,708	330,000
9	5,497,366	5,167,366	330,000
10	3,801,377	471,377	3,330,000

잔존 내부수익률=17.25%

예 20-8   다계층증권 트랜치와 잔존지분(residual equity)에 대한 연간 현금흐름(조기상환율=0%)

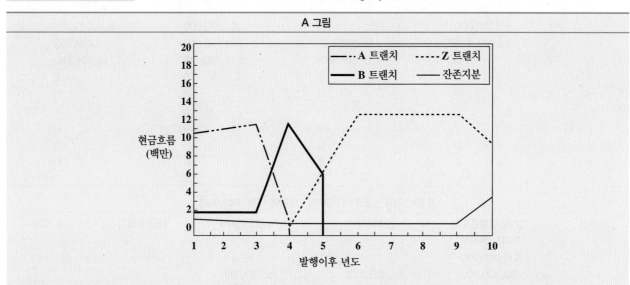

A 그림

발행이후 년도

B 표

기간	A트랜치 현금흐름	B트랜치 현금흐름	Z트랜치 현금흐름	잔존 현금흐름
1	$10,282,607	$ 1,500,000	0	$ 952,500
2	10,418,846	1,500,000	0	816,261
3	10,570,072	1,500,000	0	665,035
4	1,072,173	11,165,760	0	497,174
5	0	5,867,664	$ 6,484,101	383,342
6	0	0	12,405,107	330,000
7	0	0	12,405,107	330,000
8	0	0	12,405,107	330,000
9	0	0	12,405,107	330,000
10	0	0	9,405,107	3,330,000

| 예 20-9 | | 각 다계층증권 트랜치와 잔존지분에 대한 연간현금흐름(조기상환율=10%) |

A 그림

B 표

기간	A트랜치 현금흐름	B트랜치 현금흐름	Z트랜치 현금흐름	잔존 현금흐름
1	$17,782,607	$ 1,500,000	0	$ 952,500
2	12,798,521	4,198,553	0	685,011
3	0	13,531,592	$ 1,397,921	453,014
4	0	0	12,980,052	330,000
5	0	0	11,110,291	330,000
6	0	0	9,420,156	330,000
7	0	0	7,886,484	330,000
8	0	0	6,482,708	330,000
9	0	0	5,167,366	330,000
10	0	0	471,377	3,330,000

금자동이체증권을 선호해 왔던 투자자에게 더 매력적으로 보일 것이다. 특히 단기인 A트랜치(fast-pay tranche)이 단기국채와 비교하여 단기금융자산투자신탁(money market fund)에게 매력적일 것이다. B트랜치는 보험회사 및 연기금에 적합한 반면, Z트랜치는 장기투자자, 헤지펀드 등에 의해 선호될 것이다. 따라서 현금흐름의 우선순위 설정에 의해 다양한 계층의 투자자에게 원리금자동이체증권보다 구체적인 만기구조를 가지고 접근하게 된 것이다.[7]

조기상환에 따른 다계층증권 예정만기의 민감도를 보기 위해 [예 20-10]을 보면 0% 조기상환(A 그림)과 10% PSA 조기상환경우의 발행잔존 금액을 보여주고 있다. A트랜치의

---

[7] 다계층증권이 미국지방정부 발행 비과세 감채기금채(Sinking Fund)와 유사하다고 생각할 수 있다. 이 경우는 일정주기로 일정금액이 조기상환되므로, 각 투자자층 간의 상이한 만기선호도에 접근한다는 점은 유사하다. 단지 Z class와 잔존지분(Residual Equity)을 만든 점이 다계층증권에서만 볼 수 있는 혁신적인 차이점이다.

잔존액은 발행 즉시부터 원리금이 상환되기 시작하는 반면 B트랜치는 현금 우선순위 유입 속도에 따라 상환이 이루어진다. 반면 Z트랜치의 잔고는 이자가 복리로 누적되는 기간 동안 급격히 늘어난다. B 그림처럼 원금상환속도가 빨라지면 각각의 Class트랜치 잔액도 급격히 감소하고 모든 다계층증권 투자자들은 10년차 이전에 투자대금을 회수해 가게 된다.

예 20-10　　다양한 조기상환율에서의 다계층증권 트랜치 만기

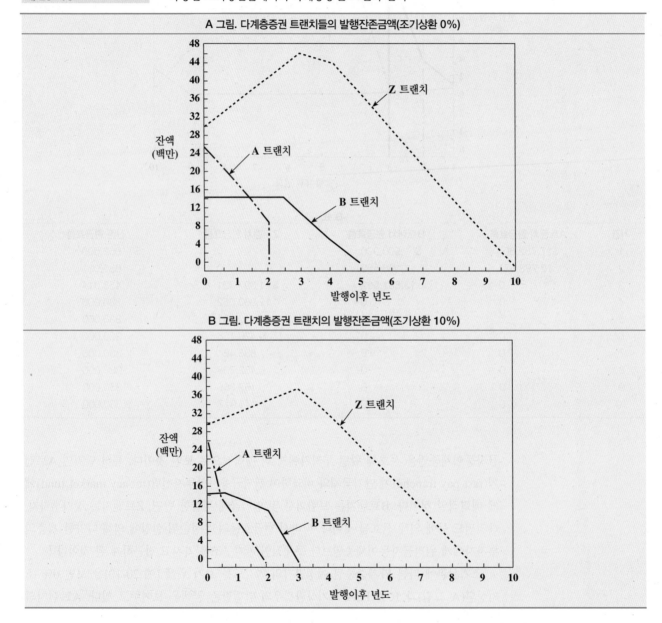

A 그림. 다계층증권 트랜치들의 발행잔존금액(조기상환 0%)

B 그림. 다계층증권 트랜치의 발행잔존금액(조기상환 10%)

다계층증권 트랜치가격 움직임과 조기상환율

원리금자동이체증권의 가격이 그렇듯이 다계층증권 가격도 금리와 조기상환율의 변동에 따라 변화한다. [예 20-11]의 A그림은 0% PSA 조기상환율 경우의 금리수준별 각 트랜치의 가격을 나타낸다. 가로축의 금리변동에 대비하여 세로축의 A와 B트랜치 가격은 변동폭이 비교적 작은 움직임을 나타낸다. 그 이유는 현금지급의 우선순위 때문으로서 가격을 완화시키는 효과(smoothing effect)를 얻는다. 반면 Z트랜치와 잔존 지분의 현재가치는 A와 B트랜치보다 더 변동성을 나타내는데, 이는 다계층증권 발행을 위해 A, B트랜치와 Z를 구분한 데 따른 결과이다.

[예 20-11]의 B그림에서 보듯이 조기상환이 매우 많은 경우에도 다계층증권 각 트랜치의 가격은 금리변동 대비 격차가 크지 않다. 그런데 여기에서 조기상환율이 증가할수록 예정만기도 역시 짧아졌다는 사실을 명심해야 한다(예 20-10 참조). 따라서 다계층증권 구조는 Z트랜치와 잔존지분으로부터 A와 B트랜치로 트랜치가격의 안정성을 끌어내는 대신 모든 트랜치에 대해서 만기를 단축하는 것이다. 그러나 원리금자동이체증권과는 달리, 다계층증권의 A, B트랜치는 조기상환액을 원리금자동이체증권보다 더 많이 수령하고 트랜치가격 면에서의 보호를 더 받게 된다. 원리금자동이체증권 투자자의 경우도 조기상환이 증가할 때 현금수령액의 증가를 누리는 것은 사실이나, A, B트랜치만큼 급격한 만기의 축소효과를 누리지는 않는다. 따라서 Z트랜치를 포함하는 다계층증권을 구성하여 A와 B트랜치를 단기로 설정하면, 원리금자동이체증권 투자를 극히 혐오하고 단기물만을 선호하는 투자자 층의 기호에 맞출 수 있게 된다. 가격, 수익률, 만기간의 관계를 측정하기 위하여 사용하는 기준이 **듀레이션**(duration)이다. 듀레이션은 본 장의 부록에서 후술한다.

다계층증권 트랜치의 변형

앞 절에서의 예시는 다계층증권 구조를 기본적으로 이해하는 데에 유용하지만, 이러한 기본적 구조는 오늘 날의 다계층증권시장의 극히 일부에 불과하며, 실제 시장에서는 하나의 공동출자 풀로부터 다양한 파생증권의 형태로 20가지의 다계층증권 트랜치가 구성되고 있다. 본 절에서는 시장에서 많이 활용되고 있는 변형된 구조를 설명하고자 한다.

원금상환액의 변형

앞서 예시에서처럼 순차적 지불체계(sequential pay)를 구성하는 대신 감채기금(Sinking Fund)을 구성하여 원금상환을 할 수 있다. 이 방식은 트랜치들이 현금흐름의 확실성을 더 갖게 된다는 장점이 있다. 여기에서는 두 개 이상의 트랜치가 지급기일에 원금상환액을 수령하게 된다. 실제 수령금액은 감채기금 설정내용 및 조기상환분 수령액에 따라 결정된다.

감채기금 구조에서는 **계획상환종류채권**(planned amortization class: PAC) 트랜치가 가장 현금흐름의 확실성을 높여 준다. 공동출자 풀의 원금상환 수령액 전부를 할당받는 것이 아닌, 계획상환종류채권에서는 일정기간 동안 일정폭의 조기상환 시나리오 하에서 확정된

예 20-11	이자율과 조기상환율의 변화에 따른 다계층증권 가격의 변화

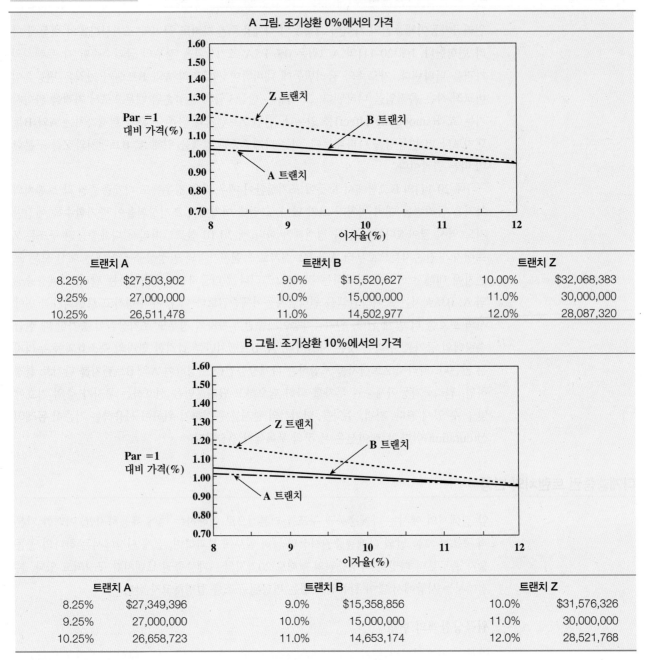

A 그림. 조기상환 0%에서의 가격

트랜치 A		트랜치 B		트랜치 Z	
8.25%	$27,503,902	9.0%	$15,520,627	10.00%	$32,068,383
9.25%	27,000,000	10.0%	15,000,000	11.0%	30,000,000
10.25%	26,511,478	11.0%	14,502,977	12.0%	28,087,320

B 그림. 조기상환 10%에서의 가격

트랜치 A		트랜치 B		트랜치 Z	
8.25%	$27,349,396	9.0%	$15,358,856	10.0%	$31,576,326
9.25%	27,000,000	10.0%	15,000,000	11.0%	30,000,000
10.25%	26,658,723	11.0%	14,653,174	12.0%	28,521,768

금액을 수령하게 된다. 여기에서 조기상환율 폭(band)은 계획상환종류채권의 상환일정이 고정될 수 있도록 최대한 및 최소한의 조기상환 속도 상하한율을 설정한 것을 말한다. 한편 **목표상환종류채권**(targeted amortization class: TAC)은 단일수치인 목표 조기상환율에 대응하는데, 이를 가격속도(pricing speed)라고 부른다. 두 가지 변형 모두 동반 트랜치(companion Tranche or support tranche)를 별도로 설정하는데, 실제 조기상환율이 TAC의 가격속도를

초과하는 부분은 계획상환종류채권과 목표상환종류채권에 지불되지 않고 동반 트랜치에 지급되는 것이다. 따라서 계획상환종류채권과 목표상환종류채권이 설정된 경우 채권투자자를 조기상환 위험으로부터 보호하려는 취지가 조기상환 위험이 동반 트랜치에 전가됨으로써 가능해진 것이다.

표면금리의 변형

앞서 예시에서 나타났듯이 Z 트랜치는 **복리채**(accrual bond)로서, 이자 미지급액이 자동적으로 원금에 가산되므로 그 재투자수익률은 표면금리와 동일하다. Z채의 복리채 이자가 다른 트랜치의 원금상환에 사용되므로, 발행자는 예정만기가 짧은 채권을 동반(companion)만으로 제공 가능하다.

서브프라임 주택저당증권 *Subprime MBS*

전통적으로, 다계층증권은 높은 신용등급(prime) 차입자들을 유인하기 위해 FHA-VA 보증을 받은 대출 또는 일반적인 대출로 구성이 되었다. 또한 이러한 증권들은 채무불이행에 따른 투자자보호를 위해 GNMA 보증을 받을 수 있다. 불행하게도, 2000년 중반 대출기관들은 신용등급이 낮은 차입자(subprime 차입자)에게 대출을 승인하였다. 서브프라임 차입자들은 낮은 신용등급을 가지고 있으며 대출액 상환에 대한 신뢰도가 낮은 집단들이다. 대다수의 서브프라임 차입자들의 대출형태는 5장에서 언급한 변동금리 담보대출(ARM)의 저금리 고정기간(teaser rate)이 있기 때문에 차입자들은 대출금을 상환할 수 있다는 환상을 가지고 있었다. 즉, 초기 이자율이 전체 대출기간동안 이자율보다 낮기 때문에 초기에 차입자들은 대출이자를 상환할 수 있었고 부동산가치가 계속 상승한다면 대환 그리고 주택의 자본가치로 대출금을 상환할 수 있기 때문이다. 그러나 버블 붕괴 후 주택가격이 하락면서 서브프라임 대출 차입자들은 채무불이행에 빠지게 되었다.

서브프라임 관련 증권들은 GNMA의 보증이 없기 때문에 부실이 발생한다면 투자자 또한 채무불이행 위험에 빠지게 된다. 즉, 차입자가 서브프라임 대출을 상환하지 못한다면, 낮은 이율의 다계층증권 트랜치들의 가치에 손실을 가져다준다. 여기서 더욱 상황이 악화된 점은, 낮은 이율의 다계층증권을 담보로 하여 다른 형태의 파생증권인 부채담보부증권(collateralized debt obligation: CDO)을 발행한 것이다. 그 결과, 서브프라임 대출로 발행된 증권을 소유한 다수의 투자자들은 예상치 못한 투자 손실을 입게 된다. 이는 은행시스템에 심각한 문제를 야기한다.

돌이켜 생각해보면, 서브프라임 대출로 파생된 증권들에 대한 위험은 투자자나 신용평가기관이 명확히 인식하지 못하고 있었다. 그들은 모기지 대출 지역의 다변화(즉, 미국 전역지역의 주택담보대출을 공동출자 풀 작업을 통해 지역적 위험을 줄이고자 했음)를 통해 위험을 줄일 수 있다고 믿었으나 전국적으로 집값이 하락할 경우는 고려하지 않았다.

주택담보대출을 통한 다계층증권의 개념은 아직까지 유효하다. 그러나 향후에는 대출기관들은 이러한 형태의 주택담보대출에 대해 좀 더 조심스럽게 접근하여야 하며 신용평가기관들은 서브프라임 주택담보대출을 담보로 한 증권들을 평가할 때 더 엄격한 규정을 마련하여야 한다.

파생상품의 예시 *Derivatives Illustrated*

변동금리 트랜치는 기관투자자가 변동금리 채무를 변동금리자산으로 대응시키려 하는 경우 가장 매력적인 투자상품이다. **변동금리 트랜치**에서는 특정 지표금리에 연동되어 고정 스프레드가 가산됨으로서 표면금리가 결정되고, 정기적으로 조정된다. 예로서, 변동금리채의 지표금리가 7%로부터 6.75%로 하락하였고, 스프레드가 75bp라면, 표면금리는 7.75%로부터 7.5%로 하락하게 된다. 다계층증권 시장에서 사용하는 지표금리로서는 **LIBOR,**[8] 11개 지역에서 조달금리 평균치, 1년국채 수익률, 양도성 예금증서(CD) 등이 있으며, 조정주기는 1개월~6개월에 걸쳐 설정되고 있다.

그런데 하나의 다계층증권 발행 내에서, 하나의 **변동금리 트랜치**의 변동지급이자액을 상쇄시키기 위해서 **역변동금리**(inverted floating rate) 트랜치가 동일 다계층증권 내에 설정되는 경우가 많다. **역변동금리 트랜치**의 조건은 표면금리가 지표금리에 대해 반대방향으로 조정되는 것이다. 두 가지 변동금리의 표면금리의 합계가 1이 되도록 설계함으로써, 다계층증권 발행자는 두 트랜치의 가중 평균수익률이 특정 지표금리 대비 항상 안정적이 될 수 있다.

변동금리–역변동금리 트랜치의 예를 들어 보면 다음과 같다. 각 트랜치 규모는 $10,000,000이며, 각각은 변동금리 트랜치와 역변동금리 트랜치로 구성된다. 변동금리 트랜치의 지표금리가 LIBOR와 연동하고 발행당일 6%라 하자(6개월마다 조정). 그리고 각 트랜치별로 발행일 모기지풀의 비중에 따른 이자 배분이 다음과 같다고 하자.

발행일 변동금리–역변동금리 트랜치 금리가 LIBOR=6%라면,

예시 1

변동금리채이자	: $10,000,000×0.5×6% = $600,000	
역변동금리채이자	: $10,000,000×0.5×6% = $600,000	
총 지급이자		$1,200,000

발행일 이후 LIBOR가 7%로 상승하는 경우, 양 투자계층의 이자 배분은 다음과 같이 될 것이다.

예시 2

변동금리채이자	: $10,000,000×0.5×7% = $700,000	
역변동금리채이자	: $10,000,000×0.5×5% = $500,000	
총 지급이자		$1,200,000

---

[8] LIBOR(London Interbank Offer Rate, 런던 은행 간 거래금리)는 유로통화시장에서 활동하는 은행 간의 일별 금리를 말한다. LIBOR는 전세계적으로 금융기관의 금리 지표로 널리 사용되고 있다.

예시 2)의 경우 총 지급이자는 $1,200,000으로 동일하되, 변동금리 트랜치와 역변동금리 트랜치 투자자간의 이자 배분 비율은 변화되었다. 만일 LIBOR가 12%로 상승한다면, 변동금리 트랜치 투자자가 $1,200,000 전액을 차지하게 되고, 역변동금리 트랜치 투자자는 한 푼도 이자를 받지 못하게 된다. 금리가 12%를 초과하더라도 역변동금리채 투자자가 마이너스 이자를 수령(현금을 도리어 지급)할 수는 없으므로, 이에 따라 변동금리채 투자자의 수령이자에 상한선(Cap)을 발행시점에서 설정해야 한다. 변동금리채 이자의 **상한선**은 $1,200,000/$20,000,000＝12%의 LIBOR 수준으로 계산된다. 그러나 발행일의 변동금리채와 역변동금리채에 대한 투자수요에 따라서 상한선은 12% 아래의 다양한 수준에서 결정될 수 있다. 반대로, LIBOR가 2% 하락한다면 역변동금리 트랜치 투자자는 LIBOR 6%에 2%를 더한 8%의 금리를 지급받게 되고, 변동금리 트랜치 투자자는 LIBOR 6%에 2%를 차감한 4%의 금리를 지급받는다. 총 이자지급액은 $1,200,000가 되어야 한다. 또한, 역변동금리 트랜치 투자자에 대한 금리 **하한선**(floor)도 지정되어야 한다. 그런데 하한선은 기준 LIBOR와 0% 금리 사이에서 결정될 것이다. 이는 본질적으로 변동금리 - 역변동금리 구조의 목적이기도 하다. LIBOR가 상승한다면, 변동금리 트랜치 투자자가 가져가는 이자지급액의 몫은 LIBOR 상승분만큼 상승하고, 변동금리 트랜치 투자자의 몫은 그만큼 하락할 것이다. LIBOR가 하락한다면 그 반대의 상황이 벌어질 것이다.

이러한 기본 관계에 의거해, 증권 인수자들이, 시장여건의 영향을 받는 투자자의 선호를 맞추기 위해, 투자구조를 어떻게 변화시키는가를 보여주는 것이 가능하다. 이는 변동금리 및 역변동금리 트랜치 투자자가 각각 받는 이자지급액의 상대적 비중의 **측정**(scaling the ratio)을 통해 할 수 있다. 예를 들어, 변동금리채 투자자가 트랜치의 60%를, 역변동금리채 투자자가 트랜치의 40%를 차지한다면, 변동금리 : 역변동금리 투자자의 상대적 비중은 1.5(60 : 40)가 될 것이다. 이 경우 발행일에 이자배분은 다음과 같이 될 것이다.

변동금리채 60% = 12,000,000 × 0.06 = $720,000
역변동금리채 40% = 8,000,000 × 0.06 = 480,000
100% = 20,000,000 $1,200,000

변동금리 - 역변동금리 트랜치의 비중이 변한다하더라도 총 이자지급액은 $1,200,000이 될 것이다. 그런데 앞에서 변동금리 - 역변동금리 상대적 비중이 1.5이기 때문에 LIBOR가 7%로 상승한다면, 다음과 같이 될 것이다.

변동금리채 60% = 12,000,000 × 0.070 = $840,000
역변동금리채 40% = 8,000,000 × 0.045 = 360,000
100% = 20,000,000 $1,200,000

변동금리 트랜치 투자자는 LIBOR에 직접 연동되어 있기 때문에 변동금리 트랜치의 금리가 7%로 상승한다. 따라서 변동금리 트랜치 투자자 $840,000을 지급받아야 한다. 그러나 두 트랜치에 대한 총 이자지급액이 $1,200,000이 되어야 하기 때문에 역변동금리 트랜치의 금리는 1.5% 하락(LIBOR 하락분 1%×상대적 비중 1.5)한 4.5%가 된다. 앞서 지적한 대로 LIBOR 상한선이 있는데, 최대 상한선은 LIBOR가 4% 상승한 10%가 된다. 이 수준에서 변동금리 트랜치는 $1,200,000의 이자를 지급받게 되고, 역변동금리 트랜치는 이자를 한 푼도 지급받지 못한다. 역변동금리 트랜치의 이론적인 하한선에서 역변동금리 트랜치의 금리는 역변동금리 트랜치 투자자가 모든 이자금액을 지급받는 수준인 15%($1,200,000 ÷ $8,000,000)가 된다.

예로 돌아가서, LIBOR가 4% 하락하여 2%로 떨어진다면, 다음과 같이 될 것이다.

$$
\begin{array}{rl}
\text{변동금리채 } 60\% = 12,000,000 \times 0.02 = & \$240,000 \\
\text{역변동금리채 } 40\% = \underline{8,000,000 \times 0.12} = & \underline{960,000} \\
100\% = & \$1,200,000
\end{array}
$$

이 경우, 역변동금리 트랜치의 금리는 6% 상승(LIBOR 상승분 4% × 상대적 비중 1.5)한 12%(LIBOR 6% + 상승분 6%)가 되어, 이자수령액이 $960,000이 될 것이다. 기준 LIBOR로부터 금리가 4% 상승함으로 역변동금리 트랜치 투자자의 이자수령액이 100% 상승한 것이다.

이러한 간단한 예로부터 변동금리 – 역변동금리 트랜치의 비중과 금리 상·하한선을 구할 수 있다. 또한, 변동금리 – 역변동금리 트랜치의 비중이 높아질수록 역변동금리 투자자에 적용되는 레버리지는 커질 것이다. 레버리지가 커질수록 변동금리 – 역변동금리 트랜치 투자자의 현금흐름 변동성이 커지는데, 변동금리 – 역변동금리 비중을 어떻게 결정할 것인가는 투자자의 성향에 따라 달라진다. 증권 인수자와 발행자는 투자자에게 가장 적합한 구조를 결정해야 한다.

그럼 왜 투자자들은 변동금리 – 역변동금리 파생상품에 투자를 하는 것일까? 그 이유는 이들이 생각하는 향후 금리에 변동성이 있기 때문이다. 파생상품은 주택저당채권이나 채권 포트폴리오 수익률을 유지하기 위해 구매할 수 있다. 예를 들어, 투자자가 현 시장가치가 $1,000,000인 고정금리채 포트폴리오를 가지고 있고 이를 6개월 만기 사업자금대출을 위한 담보물로 활용한다면, 담보물의 가치는 이 기간 동안 $1,000,000를 유지해야 한다. 만일, 금리가 상승하면, 담보물 가치가 하락하게 되는데, 이 경우 투자자는 포트폴리오에 담보물을 추가해야 한다. 다른 방법으로는 투자자가 담보를 위한 채권을 추가로 구매하는 대신 6개월 만기의 변동금리 트랜치 다계층 증권을 구매할 수 있다. 이 방법은 채권을 추가로 구매하여 6개월 이후 매각하는 것보다 비용이 적게 든다.[9]

금리지급액의 변화에 따라, 변동금리 – 역변동금리 트랜치의 가격은 **변동성**이 클 것이다. 실제로 파생증권은 일반적으로 기초증권보다 가격 변동성이 큰데, 이러한 가격 변동성 때문에 고위험 투자자의 투자처가 될 수 있다.

---

[9] 위험을 회피하는 방법은 이외에도 많이 있다. 위험회피를 원하는 투자자는 T-bill 선물을 구매할 수 있는데, 이 역시 담보물 가치하락으로부터 헤지가 가능하다. 단순히 금리선물에 대한 풋옵션을 구매하는 것도 가능하다. 투자자가 중간에 이자수입에 연연하지 않는다면 이러한 방법들도 활용 가능하다. 변동금리 – 역변동금리 다계층증권을 구매하면 담보물 가치하락에 대한 헤지는 물론 이자수입도 받을 수 있다. 이 역시 투자자에게는 중요하다.

수익률 향상

포트폴리오의 수익률 향상을 위해서는 투자자들은 헤징을 선택하기 보다는 변동금리 트랜치와 역변동금리 트랜치를 구매하기를 원할 수 있다. 예를 들어 투자자가 위험이 낮은 투자(단기 국채 등) 포트폴리오를 보유하고 있다면, 금리 하락이 발생하더라도 단기채권을 보유한 포트폴리오의 가치에 큰 영향을 주지 않을 것이다. 증권의 만기가 돌아오면 현재의 낮은 금리로 재투자해야 한다. 예상 만기가 짧은 역변동금리 트랜치 다계층증권을 구매함으로, 금리 하락에 따른 포트폴리오 수익률 감소를 상쇄할 수 있을 것이다. 물론, 금리가 갑자기 상승한다면, 반대의 효과가 나타날 것이다.

슈퍼 변동금리 트랜치에는 표준적인 변동금리 트랜치의 특성과 역변동금리 트랜치에서 발견되는 레버리지 효과의 특성이 들어 있다. 이러한 증권의 표면금리는 방향은 같지만 변동성은 더 커지게 된다.

원금/이자분리 *IO/PO Strips*

원금한정(principal-only: PO) 트랜치는 공동출자 풀 내로의 매월 불입액 중에서 대출 원금분만을 분리해 낸 것으로 제로쿠폰채와 유사하다. 지급액은 초기연도에는 작다가 기간이 경과하면서 원금분할상환과 조기상환액이 증가함에 따라 점증하게 된다. 다계층증권이 계획상환종류채권(또는 목표상환종류채권)과 원금한정 계층을 모두 가지고 있다면, 원금한정은 슈퍼원금한정으로도 불리는데, 그 이유는 계획상환종류 채권으로부터 발생한 조기상환위험이 동반되는 슈퍼 원금한정의 변동성을 커지게하기 때문이다.

이자한정(interest-only: IO)은 이자분만을 분리해 낸 것으로, 투자자에게 돌아가는 이자지급액은 초기에 많다가 시간이 경과하면서 예정분할상환과 조기상환이 증가하면서 이자지급액이 감소한다. 이자한정은 보통 원금한정과 같이 발행되므로, '분리형' 주택저당증권(Stripped MBS)이라고 불리우며, 시장에서 매우 중요한 위치를 차지하고 있다.

[예 20-12]는 특정한 저당대출 공동출자 풀에서 이자와 원금을 분리하여 만들어 낸 두 가지 유가증권(**원금한정**분리와 **이자한정**분리)을 보여주고 있다. 조기상환이 전혀 없다는 가정 하에서 투자자 요구수익률이 11%인 경우, 이자한정증권의 수령액의 현재가치는 $461,248이고 원금한정증권의 수령액 현가는 $538,752이다. 이 2가지 현재가치의 합은 명백히 $1,000,000이 되는데, 실제로 이렇게 발행하기는 어렵다.

이자한정과 원금한정증권에 대한 투자분석에서는 조기상환에 대한 위험요소에 대해 고려를 하여야 한다. 이자한정과 원금한정발행 후에 금리가 많이 하락하면, 공동출자 풀 내의 저당대출이 **조기상환**될 가능성은 매우 크다. 이 경우 원금한정 투자자들은 예상보다 일찍 투자원금을 회수하게 된다. 이러한 현금유입이 금리하락과 맞물리면 원금한정증권의 가격은 상승하게 된다. 반면 조기상환에 의해 이자한정투자자들은 공동출자 풀이 작아짐에 따라 수령금액이 작아진다(대출이 상환되면 이자발생도 중단되는 것이다). 극단적인 경우로서 저당대출 전액이 상환된 경우 **이자한정증권의 가치는 0이 된다.** 이자한정투자자의 수익률은 이자수입으로만 구성되는 것이다. 조기상환이 0으로부터 20%로 증가해감에 따른 현금흐름이 [예 20-12]의 B표에 나타나 있다. 조기상환이 20%가 되면 이자한정투자자의 수령금액은 매우 작아지는데, 이를 11% 수익률로 현가계산하면 A표에서의 $461,248가 B표에서의 $276,200으로 감소하고, 이는, 약 40%에 상당하는 $184,048의 가치를 상실하게 되는 것이다. 반면 원금한정은 B표에서처럼, 더 많은 현금을 더 일찍 수령하게 된다. 원금한정 현금흐름을 11%로 현가화하면, A표 대비 34%의 가치 증가를 보이게 된다(즉, 예정된 분할상환액 $222,403 + 원금조기상환액 $501,397 = $723,806). 여기서 원금한정증권은 조기상환에 관계없이 총 수령액 $1,000,000을 수령하게 된다는 점을 주목하라.

[예 20-13]은 금리변동과 조기상환이 이자한정과 원금한정증권에 미치는 영향을 보여주고 있다. 조기상환이 0%에서 20%로 확대될 경우, 이자한정 현가는 어떤 수익률에서든지 현저히 하락하는 점에 주목하라. 반면, 원금한정은 가치가 증가하는데, 그 이유는 금리가 불변이었던 경우에서보다 현금유입이 일찍 이루어졌기 때문이다.

예 20-12 이자한정과 원금한정증권을 만들기 위한 풀 내의 현금흐름 구분(일백만 달러 담보대출, 11% 연이율, 10년 만기)

A표 조기상환 0%의 경우

기간	기초잔액	이자한정분리의 이자	원금한정분리의 원금	원금한정 조기상환액	기말잔액
1	$1,000,000	$110.000	$ 59,801	0	$940,199
2	940,199	103.422	66,380	0	873,819
3	873,819	96,120	73,681	0	800,138
4	800,138	88,015	81,786	0	718,351
5	718,351	79,019	90,783	0	627,569
6	627,569	69,033	100,769	0	526,800
7	526,800	57,948	111,853	0	414,946
8	414,946	45,644	124,157	0	290,789
9	290,789	31,987	137,815	0	152,974
10	152,974	16,827	152,974	0	0
			$1,000,000	0	
11%로 할인한 현가=		$461,248	$ 538,752		

B표 조기상환 20%의 경우

기간	기초잔액	이자한정분리의이자	원금한정분리의 원금	원금한정 조기상환액	기말잔액
1	$1,000,000	$110,000	$ 59,801	$200,000	$740,199
2	740,199	81,422	52,259	148,040	539,900
3	539,900	59,389	45,525	107,980	386,395
4	386,395	42,503	39,495	77,279	269,620
5	269,620	29,658	34,074	53,924	181,623
6	181,623	19,978	29,163	36,325	116,135
7	116,135	12,775	24,658	23,227	68,249
8	68,249	7,507	20,421	13,650	34,178
9	34,178	3,760	16,198	6,836	11,144
10	11,144	1,226	11,144	0	0
			$332,738	$667,261	
11%로 할인한 현가=		$276,200	$222,403	$501,397	

　　　　이러한 비교에 의해 이자한정과 원금한정의 가격변동성이 큼을 알 수 있으며, 또한 투자자들은 이자한정과 원금한정을 고려할 때 장래의 금리변동(등락)과 조기상환율(가속 또는 둔화) 변화를 판단해야만 하는 것이다. 또한, 앞서 설명한 변동금채 - 역변동금리 트랜치 투자와 마찬가지로 이러한 파생상품 투자는 투자자가 장래에 금리가 변동할 것으로 예상하여 이를 헤지하고 싶을 때도 할 수 있다.

볼록효과 Convexity

　　　　[예 20-13]의 A그림과 B표의 현재가치 패턴을 설명하는 유용한 방법은 원금한정이 이자한정보다 그래프상 **볼록효과**(convexity)가 크다는 용어로 표현된다. 이는 [예 20-13]에서 조기상환 0인 경우의 현재가치 범위를 분석하여 확인될 수 있다. 조기상환이 0인 경우 원금한정곡선은 각 할인율 별로 곡선의 기울기가 이자한정곡선에서보다 크다. 그 의미는 원금한정의 가격이 이자한정보다 금리변동(할인율 변동)에 더 민감하다는 뜻이다. 즉 원금한정의 가격 볼록효과가 크다는 것이다. 그런데 조기상환율이 20%로 상승하면, 주택저당채권이 더 빨리 상환되기 때문에 원금한정의 가격은 **상승**하지만, 20%에 해당하는 주택저당채권 포트폴리오에서 이자지급이 중단되기 때문에 이자한정의 가격은 **하락**한다. 다양한 할인율 수준에서 이

예 20-13　　　　　　각 할인율별 이자/원금한정의 가격: 조기상환율(PPR) 0%와 20% 비교)

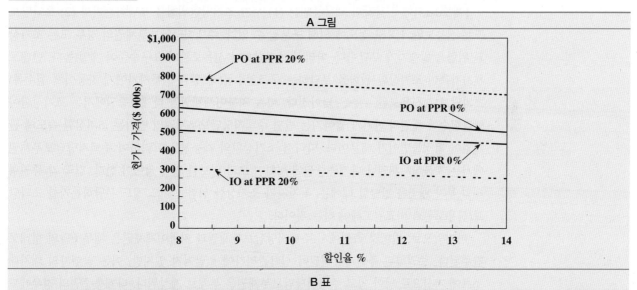

할인율	PPR=0% 이자한정현가	PPR=20% 이자한정현가	PPR=0% 원금한정현가	PPR=20% 원금한정현가
8%	511	297	628	784
9	494	290	596	763
10	477	283	566	743
11	461	276	539	724
12	446	270	513	706
13	432	264	489	688
14	419	258	467	671

자한정의 가격을 평가하기 위해서는 조기상환율을 반드시 고려해야 한다. 그 결과 이자한정 가격은 조기상환과 금리 변화에 대한 민감도가 더 클 것이다.

주택저당증권_MBS_: 요약

4가지 유형의 증권의 주요 특성에 대해 요약하면 다음과 같다. [예 20-14]는 주택저당증권 (mortgage-backed security: MBS) 시장에서 사용되는 주요 개념 및 용어를 요약한 표이다. [예 20-15]는 4가지 증권의 중요한 성격을 보여 주는데, 그 현금흐름과 위험흡수 형태를 이해하는 데 유용한 비교표이다.

공동출자 풀에 대한 공유지분을 나타내는 원리금자동이체증권을 제외한 나머지 3가지 증권은 모두 채무형태이다. 원리금자동이체증권은 증권화되어 투자자에게 매각된 후, 신탁 안에 편입되어 있는 독립적인 투자대상으로 간주되어야 한다. 공동출자 풀 내의 저당권은 통상 FHA-VA 또는 보증보험부이고 발행자 또는 GNMA가 적기(timely)지급을 보증하고 있으므로, 원리금자동이체증권은 독립적인 투자대상이다. 즉 이는 초과담보나 신용보완이 필요하지 않다는 의미이다. 원리금자동이체증권 투자의 성공여부는 저당대출에서 생성되는 수입에만 의존하며, 투자대금회수는 원금분할상환 및 조기상환에 의해 결정된다. 그러나 원금의 원리금자동이체로 인해 투자자들은 모든 조기상환 및 재투자 위험을 부담해야 하고, 보유하는 원리금자동이체증권이 언제 만기가 될지도 알지 못한다.

[예 20-15]에서 각각의 채무증권은 (1) 누가 조기상환위험을 부담하는가와 (2) 초과담보 또는 신용보완의 요구 정도에 의해 구분될 수 있다. 주택저당담보부채권의 경우 모든 조기상환 위험을 발행자가 부담한다. 따라서 초과담보나 신용보완의 요구수준이 제일 높다. 반대로 투자자측이 조기상환 위험을 부담하는 구조일수록(즉 원금이 투자자에게 자동이체 될수록) 초과담보나 신용보완 수준은 낮아진다. 이는 지불이체채권과 다계층증권에서는 조기상환이 빨라질수록 채권의 만기가 짧아지는 반면 주택지당담보부채권의 만기는 조기상환 속도에 관계없이 확정불변이기 때문이다. 따라서 조기상환의 가능성을 고려하여 주택저당담보부채권에서는 지불이체채권이나 다계층증권에 비하여 초과 담보를 많이 쌓아야 한다. 결국 각 증권형태의 투자 매력을 판단할 때에는, 투자자가 조기상환 위험을 어느 정도 부담하는가를 초과담보/신용보완과 비교검토해야 하는 것이다.

마지막으로, 발행자 측면에서 주택저당담보부채권과 지불이체채권은 채무조달의 형태로 간주된다. 증권화된 주택저당채권이 신탁관리자에게 맡겨져 있지만, 이는 발행자의 대차대조표에 자산으로 남아 있고 주택저당담보부채권은 부채로 계상된다. 다계층증권의 경우에도 발행자가 잔존지분을 제3자에게 파는 경우에만 발행자는 저당대출 풀을 자산에서 제거하고 다계층증권을 부채에 계상하지 않을 수 있다. 다계층증권 발행에 이러한 불리한 점이 있으므로, 그 해소책으로서 발행자는 부동산저당대출투자회사(real estate mortgage investment conduit: REMIC)법상의 혜택을 이용하면 부외금융(off-balance-sheet)효과를 확보할 수 있다. 부동산저당대출투자회사 법상의 유동화회사제도를 활용하면 발행자는 공동출자 풀을 투자자에게 매각 처리하여 부외 자금조달이 달성되며, 부동산저당대출투자회사 증권이 발행되

예 20-14
다계층증권 및 파생증권시장
관련 주요 개념

다계층채권(CMO)

다계층증권은 주택저당채권이나 주택저당증권에 의해 담보되는 채권 또는 차입증서다. 모기지풀의 현금배분은 다양한 현금흐름 선택권과 만기 위험을 가진 원리금자동이체증권과 다계층증권 투자자에게 제공하기 위해 설계한다.

축소위험(Contraction risk)

주택저당채권 시장금리가 떨어지면 주택소유자는 차환을 하려고 한다. 계약위험은 2가지 방법으로 주택저당증권의 가격에 영향을 미친다.

(1) 저택저당증권의 조기상환위험 때문에, 국채와 같이 조기상환위험이 없는 채권만큼 가격이 오르지 않는다.

(2) 주택저당증권 투자자가 원금을 조기상환받으면, 더 낮은 시장금리로 재투자해야 한다.

이러한 2가지의 효과가 결합해서 축소위험에 반영된다.

볼록효과(Convexity)

시장금리(투자자의 할인율)의 변화에 따라 투자 가격의 변화율을 의미한다.

파생증권(Derivative security)

파생증권은 가치의 근거가 다른 증권, 지수, 금융청구권으로부터 파생된 것이다. 원리금자동이체증권과 다계층증권과 같은 주택저당증권의 가치가 모기지풀에 기초하기 때문에 이들을 파생상품이라 부른다. 옵션, 스왑과 같은 많은 파생상품이 있다.

듀레이션(Duration)

금리 하락(상승)에 따라 조기상환율이 증가(감소)할 때, 주택저당증권의 기대 만기는 분할상환 현금흐름의 변화에 따라 짧아(길어)진다. 이러한 투자의 현재가치 뿐만 아니라 만기도 변화한다. 듀레이션은 현금흐름 수입의 시간 가중치의 측정이며, 현금흐름 수입의 현재가치 평가 도구가 될 수 있다.

확장위험(Extension risk)

확장위험은 축소위험의 반대의 경우로, 금리가 상승할 때 투자자가 직면하는 위험을 말한다. 금리 상승은 주택저당증권 투자자에게 2가지 영향을 미친다.

(1) 주택저당증권의 가격은 다른 고정금리 증권과 마찬가지로 하락한다. 그러나 금리 상승으로 조기상환율이 떨어지기 때문에, 투자자에게 돌아가는 현금흐름이 줄어들고 기대 만기도 증가한다. 이것은 주택저당증권의 가격을 더욱 떨어뜨리게 된다.

(2) 조기상환율이 떨어지면서, 현금흐름을 더 높은 금리에 재투자할 기회가 상실된다. 이들 2가지 효과(주택저당증권 가격이 떨어지고 재투자 수익률이 낮아짐)가 결합해서 확장위험으로 반영된다.

IO/PO Strips

이자/원금분리는 주택저당채권이 2개의 증권으로 쪼개질 때 발생한다. 이자한정분리 투자자들은 모기지풀로부터 이자만 수령한다. 원금한정분리 투자자들은 원금을 수령한다. 금리가 하락할 경우 차입자들이 차환을 하면서 원금한정분리 투자자들에게 더 많은 현금이 제공되면서 원금한정분리의 가격이 상승한다. 금리가 상승할 경우 원금한정분리 투자자들의 현금흐름은 가속화된다. 금리 상승은 이자한정분리 투자자들에게 유리한데, 주택소유자들이 차환보다 현 저당대출의 유지를 선호하면서 차환율이 떨어지기 때문이다. 이자한정분리 투자자들은 예상보다 긴 기간의 이자수입을 얻게 되는 것이다.

LIBOR

LIBOR(London Interbank Offer Rate, 런던 은행 간 거래금리)는 유로통화시장에서 활동하는 은행간의 일별 금리를 말한다.

조기상환 위험(Prepayment risk)

주택소유자들은 주택저당채권의 조기상환할 수 있다. 주택저당증권 투자자들은 투자가치를 평가할 때 주택저당채권 재상환을 예측해야 한다. 이는 현금흐름의 시기가 조기상환율에 영향을 받기 때문에 중요하다.

Tranche

트랜치는 다계층증권에서의 채권계층을 말하는데, 계층별로 현금흐름 수령의 우선순위가 다르다. 트랜치는 프랑스어로 "자르다"는 뜻을 지니고 있다.

예 20-15　　　　　　　　　　각 주택저당증권(MBS) 형태별 특성요약

	담보대출담보부채권	원리금자동이체증권	지불이체채권	다계층증권
(a) 이자 취득 유형	차입	지분	차입	차입
(b) 발행되는 채권의 가짓수	단일	단일	단일	복수
(c) 원금의전가(원리금자동이체증권)	없음	있음	있음	우선순위 설정하여 있음
(d) 조기상환 위험 부담자	발행자	투자자	투자자	투자자
(e) 초과담보	있음	없음	있음	있음
(f) 담보의 시가평가	이루어짐	해당없음	안함	안함
(g) 신용보완	있음	없음	있음	없음
(h) 만기 확정여부	있음	없음	없음	없음
(i) 조기상환조항	가능	Cleanup 조항	가능	Calamity와 nuisance 조항
(j) 부외처리 가능여부	불가	가능	불가	가능(REMIC)

는 시점에서 공동출자 풀의 매각손익을 계상하게 된다.

주택저당증권 MBS : 결론

지금까지 본 장의 논의를 통하여, 투자자는 채권의 특정한 만기에 대해 선호도가 강하므로 투자자 층을 세분화(segmentation)할 수 있다는 사실을 명백히 알 수 있다. 투자자의 선호도는 운용자들이 부채 만기와 일치하는 자산을 요구함에 따라 결정된 것이다(예를 들어 연금자산의 경우 정년퇴직자수 등에 의해 요구되는 연금지급 의무액에 맞추어 구성되어야 한다).

투자자가 주택저당담보부채권, 원리금자동이체증권, 지불이체채권, 다계층 증권 간에서 선택을 해야 할 경우에 각 상품에 따라 상이한 현금흐름 패턴에 직면하게 되므로, 각각의 수익률을 어떻게 계산하는가의 질문이 대두된다. 예로서 주택저당담보부채권의 경우는 일정주기로 확정이자를 받다가 만기에 원금을 일시 상환받는다. 반면 원리금자동이체증권에서는 조기상환으로 인해 현금흐름이 더 가변적이다. 다계층 증권 Z채권의 경우에는 현금흐름이 만기 근처에만 집중된다. 만일 3가지 채권이 각각 동일한 수익률을 제공한다고 할 때, 투자자는 각 채권을 동일시해야 할 것인가?[10] 3가지 채권이 한 포트폴리오에 있고 지급이 측정 기간에 돌아오는 채무상환에 활용된다면, 현금흐름이 들어오는 만기와 금리 간의 관계는 어떻게 평가할 것인가? 이는 현금흐름에 의한 수익률과 만기를 구성하는 듀레이션(duration)이라는 요소에 의해 평가할 수 있는데, 듀레이션은 이 장 부록에서 다룬다.

---

[10] 일반적으로 동일한 모기지풀을 대상으로 했을 때 주택저당담보부채권, 원리금자동이체증권, 다계층증권 Z의 수익률은 상이하게 되는데, 그 이유는 주택저당담보부채권에서 발행자측이 조기상환 위험을 부담하므로 투자자측은 원리금자동이체증권투자에서보다 낮은 수익률을 감수해야하기 때문이다. Z채권의 경우는 투자자가 조기상환 위험을 부담할 뿐만 아니라, 이자도 복리로 만기에 지급받기 때문에 원리금자동이체증권보다 수익률이 높아야 한다.

상업용 부동산저당증권 *Commercial Mortgage-Backed Security: CMBS*

지금까지 본 장과 앞 장에서는 주택저당증권(MBS)을 다루어 왔다. 상업용 부동산저당증권 (CMBS)도 기본적으로 방법론과 구조에서 주택저당증권과 매우 유사하다. 그러나 저당권의 내용, 부동산의 수익 창출력, 상업용 저당채권 풀에 수반되는 위험 등은 주택저당증권에서와 는 여러 면에서 상이하다. 이러한 차이를 본 절에서 살펴보고자 한다.

주택저당증권과 마찬가지로 대부분의 **상업용 부동산저당증권**은 주택저당담보부채권, 원 리금자동이체증권s, 다계층증권의 형태를 가진다. 주택과 상업용 저당채권 풀의 주 차이점은 **채무불이행위험** 가능성에 집중된다. 주택의 경우 공동출자 풀 내의 저당권은 FHA-VA 또는 전통적인 보증보험부인 것을 기억하고 있다. 또한 GNMA나 FNMA, FHLMC가 적기에 원 리금 지급을 보장한다. 민간발행자가 주택저당담보부채권과 지불이체채권을 정부의 보증 없 이 발행하기는 하지만 정부가 지원하는 공공기관 발행물이 발행규모면에서 압도적으로 많다.

그런데 상업용 부동산저당증권은 수익을 창출하는 부동산에 대한 저당권에 근거한다. 이 부동산의 세입자들이 체결하는 임대차 계약이 상업용 부동산저당증권 원리금상환을 위한 임 대료수입원을 구성한다. 따라서 부동산의 질, 입지, 세입자의 신용도 등이 상업용 부동산저 당증권발행 채권의 신용등급 판정에 중요한 요소가 된다. 만일 세입자들이 임차료 납부를 하 지 않거나 당해 지역 부동산시장이 공급과잉으로 인해 임대료수준이 하락하는 경우, 상업용 부 동산저당증권 상환재원이 되는 현금수입원이 위태로워진다. 더욱 이 저당대출은 비소구(non-reconrse) 조건으로 부동산소유주에게 대출된 것이기 때문에, 상업용 부동산저당증권 투자 자들은 채무불이행의 경우에도 당해 부동산의 처분가치 외에는 투자액을 회수할 원천이 없 다. 상업용 부동산저당증권 발행의 여러 가지 특징을 [예 20-16]에서 보면 첫째, 상업용 부 동산저당증권 대상자산은 5~15년의 단기가 일반적이며 현금유입은 이자한정인 경우가 많 다. 즉, 국채나 회사채와 같이 원금상환은 거치되고 매월 이자만 납부하다가, 만기에 원금이 일시 상환되는 조건을 말한다. 둘째, 상업용 부동산저당증권에서도 선순위와 후순위채가 발 행되며 이를 각각 "A piece" 그리고 "B piece"라고 한다. 실무적으로는 각각의 주요 계층 내 에 하위계층이 구성된다. 선순위, 후순위의 차이점은 공동출자 풀로부터 얻은 현금흐름의 우 선청구권의 여부이다. 즉, **선순위채**가 상환된 후의 잔존가치는 **후순위채** 또는 잔존지분 소유 자에게 차례로 귀속된다. 이러한 것은 [예 20-16]에서 볼 수 있다.

또 다른 중요한 점은, 주거용 주택저당증권에서는 원금 상환의 경우 대출만기 도래 훨씬 이전에 대출 상환이 이루어질 가능성이 큰 반면, 상업용 부동산에서는 그렇지 않다. 상업용 부동산저당증권에서는 **조기상환 금지**(lockout) 조건으로 인하여 조기상환은 거의 이루어질 가능성이 없다. 이에 따라 상업용 부동산저당증권-다계층증권투자자들의 주 관심사는 만기 에 원금상환이 잘 되겠는가에 집중된다.

상업용 저당채권(mortgage)은 종종 대출이 완전히 상환되기 이전에 일시상환(balloon payment)되는 경우가 있다. 일시상환이 되는 경우, 채무자인 소유자는 담보로 제공된 부동 산을 매각하지 않기 위해서는 차환을 해야 한다. 만일 차환이 상환 갱신(roll over)합의에 의 해 이루어지는 경우라면 차환자금이 공동출자 풀의 기존대출 상환에 사용된 후, 상업용 부동

예 20-16	상업용 부동산저당증권 다계층증권 발행의 단순 예시

풀의 내용 : $10,000,000 저당대출, 10% 이자율, 5년 만기

자산		부채		
		선순위채:	표면금리	
상업용 담보대출	$10,000,000	Class A 채권	8%	$ 6,000,000
		후순위채 :		
		Class B 채권	10%	3,000,000
		합계		9,000,000
		순자산(잔존지분)		1,000,000
총계	$10,000,000	합계		$10,000,000

산저당증권투자자에게 재상환될 것이다. 일시상환 시점에 부동산 시황이 나쁘거나 금리가 높아진 경우, 저당대출의 차환 가능여부에 대한 위험성이 매우 크다. 따라서 최초대출자가 갱신을 거절하거나, 갱신을 하더라도 차환대출금액을 축소하는 조건하에서만 갱신하는 경우가 발생한다. 이 경우 저당대출만기에 상업용 부동산저당증권 만기원금도 회수할 것으로 믿고 있던 상업용 부동산저당증권 투자자들은 투자를 회수하지 못하거나, 일부만 회수가 가능한 문제에 봉착하게 된다. 상업용 부동산저당증권 투자자들은 공동출자 풀 내의 저당대출이 비소구 조건의 대출로서 차입자 및 대출자(상업용 부동산저당증권발행주체)에게 대한 상환 청구권이 없으므로, 수탁 담당자가 담보물을 처분하거나 채무조정을 해주기를 기다릴 수밖에 없다. 차입자가 만기 시 차환을 하지 못하는 위험을 **대출연장위험**(extention risk)이라 한다. 차입자가 채무불이행을 하여 도산하는 경우, 결국 담보 부동산을 매각하여 대출잔고를 상환하는 데 사용해야 한다. 담보물을 처분하여 저당대출을 상환하는 경우에도 매각가격이 대출원리금에 미달하면 상환 부족액이 발생하여 다계층증권투자자 중 후순위 일부는 투자손실을 입게 되므로, 투자자들은 차입사의 신용노 분석에 주의를 기울이고 있다.

[예 20-17]은 [예 20-16]의 조건으로 발행된 상업용 부동산저당증권에서 발생하는 상업용 부동산저당증권투자 위험의 분석을 예시한 것이다. A표에서, 대출이자 수령 입금액은 먼저 A선순위(60%비중) 채권자에게 8% 금리로 이자금액 $480,000이 지급되며, 이후 B후순위 채권자(30%비중)에게 10% 금리로 $300,000이 지급된다. 잔존 $220,000은 $1,000,000을 투자한(10%비중) 잔존계층(residual class)에 귀속된다. 채무불이행이 없다면 각 상업용 부동산저당증권투자자들은 예정대로 현금흐름을 수령하여 만기인 5년차에 원금을 회수한다.

[예 20-17]의 B표에서는 만기에서 채무불이행 사태가 발생하여 담보물을 처분하더라도 대출원금의 80%만이 회수되는 경우를 보여준다. 5년차의 현금유입이 $9,000,000[$1,000,000의 이자와 원금 $8,000,000(80%)]에 불과하므로 선순위 A채가 이자 $480,000과 원금 $6,000,000만을 회수한다. 후순위 B채권자들은 이자 $300,000과 원금 $2,220,000을 회수하여 $780,000의 대손을 입게 된다. 잔존투자자들은 원금 $1,000,000을 회수하지 못한다. A채권의 수익률은 8%가 확보된 반면, B채권의 내부수익률은 10%가 아닌 5.33%로 하락한다. 잔존투자자의 수익률은 예정했던 22%(A표 참조)와는 거리가 먼 −4.92%로 떨어진다.

예 20-17	상업용 부동산저당증권 채권자에 대한 현금흐름 지급

A표. 채무불이행이나 조기상환이 없는 경우				
기간	풀에 현금유입	선순위채	후순위채	잔존지분
1	$ 1,000,000	$ 480,000	$ 300,000	$ 220,000
2	1,000,000	480,000	300,000	220,000
3	1,000,000	480,000	300,000	220,000
4	1,000,000	480,000	300,000	220,000
5	11,000,000	6,480,000	3,300,000	1,220,000
내부수익률=		8%	10%	22%
B표. 채무불이행발생, 담보처분가치가 대출잔고의 80%				
기간	풀에 현금유입	선순위채	후순위채	잔존지분
1	$ 1,000,000	$ 480,000	$ 300,000	$220,000
2	1,000,000	480,000	300,000	220,000
3	1,000,000	480,000	300,000	220,000
4	1,000,000	480,000	300,000	220,000
5	9,000,000	6,480,000	2,520,000	-0-
내부수익률=		8%	5.33%	-4.92%

　　이와 같은 예시에서 보듯이 채무불이행 위험 가능성으로 인해 잔존투자자들이 가장 큰 위험을 부담하며, 다음으로 후순위 투자자들이 손실가능성을 흡수한다. 이러한 이유로 채권 투자자 사이에서 후순위채는 **우선손실부담포지션**으로 불린다. 투자자들이 상업용 부동산저당증권 발행 건을 검토할 때 각 계층 채권별 크기 및 대손위험 대비 지급우선순위가 가장 중요한 변수라는 것을 명확히 이해할 수 있다.

　　채무불이행 위험이 매우 중요하기 때문에 유동화 풀을 구성하기 위한 저당대출은 상업용 부동산 및 다가구 주택에 대출한 은행·보험사로부터 가져오게 된다. 이들 대출은 대출실행 후에 상당기간이 경과되면서 양호한 이자납부 실적을 쌓고 있다. 이는 잠재 투자자에게는 매우 중요한 정보다. 금리 하락기에는 기초대출의 가치가 상승하게 되면서, 많은 대출자들이 대출자산 매각을 원한다. 그러나 개별 대출자산에는 유동화될 수 있는 시장이 거의 존재하지 않기 때문에(개별 건당 금액이 크고, 대출조건이 표준화되어 있지 못함) 매수자를 찾기가 매우 어렵다. 따라서 이러한 저당대출들을 공동출자 풀에 모아서 이에 대해 채권을 발행함으로서, 대출자들은 다수 투자자에게 소액으로 판매하여 대출을 현금화하며, 금리하락으로 인한 시세차익도 실현시킬 수 있는 것이다. 대출자 측에게 추가적인 유동화의 목적으로는 기존대출을 회수하여 신규영업자금을 더 확충하는 것이다.

　　따라서 상업용 부동산저당증권 풀은 단일 저당대출로서 다양한 용도의 다수 세입자용 건물일 수도 있고, 다수의 소규모 수익부동산건의 혼합일 수도 있다. 그러나 일반적으로는 단일 대출자가 보유하는 풀을 대상으로 상업용 부동산저당증권이 발행되며, 공동출자 풀 내의 부동산은 동일한 형태(예를 들어 오피스빌딩 또는 유통업)로서 지역적으로 분산되어 있다.

상업용 부동산저당증권의 신용평가

상업용 부동산저당증권은 독립적인 신용평가사로부터 신용등급을 획득한다. 그러나 공동출자 풀 내의 저당대출 성격이 주택대출과 상이하므로 상업용 부동산저당증권 평가기준도 주택저당증권에서의 기준과 매우 상이하다. 상업용 부동산저당증권이 발행자의 신용등급에 의존하고 제3자의 보증이나 보험이 없는 경우, 공동출자 풀 내의 부동산이 획득하는 현금흐름에 최악의 임대료수준, 공실률, 관리비 상황을 가정하여 채무상환능력을 판단하게 된다. 만일 대형 부동산에 대한 단일대출 또는 소수건의 대출을 유동화하는 경우라면, 이 판단은 더욱 중요하다. 다수의 저당대출이 공동출자 풀에 편입되는 경우라면 대출자의 과거 대출회수 실적에 중점이 부여된다. 즉 과거대출에서의 대손관리실적(현재의 공동출자 풀과는 무관함)이 면밀히 검토되는 것이다. 최악의 시나리오 적용을 위해서는 부동산 소재지역별로 특정한 통계를 현금흐름모델에 입력하여 사용한다. 일반적으로 신용평가사들은 선순위 트랜치, 또는 A piece(AAA, AA 또는 A)에만 투자적격 등급을 부여하며 후순위 트랜치는 더 낮은 등급(BBB에서 B)을 부여받거나 미등급(unrated)상태로 두는데, 이는 투자적격이 못되므로 연기금이나 신탁기금의 투자 대상이 될 수 없다. [예 20-18]은 각각 다른 기준의 종속(subordination)에 따라 계층(채권)별 신용등급을 보여준다. 또한 이 예시에서는 각 증권에 대한 주택담보대출비율(LTV)과 부채상환계수(DSCR)를 보여준다.

상업용 부동산저당증권 발행이 성공적이기 위해서는 발행주체가 충분한 신용보완을 제공하여 투자자측의 채무불이행 위험을 무난한 수준까지 줄여주어야 한다. 신용보완방식은 다음과 같은 형태를 취한다.

1. 발행주체 또는 제3자의 보증:

여기에는 (a) 적기지급(timely payment) 보증과 (b) 공동출자 풀의 현금부족경우에도 투

예 20-18

상업용 부동산저당증권의 일반적인 채권위험 고려요소

평가액	종속* (Subordination)	DSCR†	LTV††	가격	
AAA	30%	2.00	52.50%	102	
AA	24%	1.84	57.00%	101	할증
A	18%	1.71	61.50%	100	
BBB	11%	1.57	66.75%	98	↓
BB	6%	1.49	70.50%	75	
B	3%	1.44	72.75%	65	할인
NR	0%	1.40	75.00%	35	

출처: 본 표는 Josh Marston과 Mass Financial Services에 의해 만들어지고, Charter Research에 의해 제공되었음
* 종속 퍼센트는 배후 융자의 LTV가 75%일 때 1 − (LTV / 75%)와 같다. 예를 들어 AA등급일 경우 종속 퍼센트는 1 − (57% / 75%) = 24%이다. 이것은 가장 높은 다음 평가액 구간에 손실이 발생하기 전, 얼마나 많은 융자손실이 발생할 수 있는지 나타낸다. 따라서 AA 평가액 투자자는 융자의 가치가 24%를 잃지 않는다면 손실이 발생하지 않는다.
† 부채상환계수(Debt Service Coverage Ratio)
†† 주택담보인정비율 (Loan-to-value ratio)

자자에게 지급보증, 그리고 (c) 원금상환보증 등의 여러 형태가 있다. 이러한 보증은 금액이 제한적으로서, 발행주체가 부분보증하고 제 3자가 일정금액 초과 손실을 보증하는 경우가 많다. 어느 경우든지 투자자는 발행주체 및 제 3자의 보증능력을 심사한다.

2. **보증증권(surety bonds) 및 신용보증서(letters of credit):**

은행이나 보험회사가 수수료를 대가로 이자와 원금을 보증한다. 여기서 제 3자의 보증자가 채무불이행 위험을 부담하며 앞 (1)의 보증에 중첩될 수 있다. 보증금액은 여러 가지 범위를 지닐 수 있다.

3. **선불(advance payment) 계약:**

이는 발행주체가 적기지급을 보장하는 것이되 채무불이행 이후의 수회차로의 지급에만 한정될 수 있다.

4. **저당권의 교체 및 환매수 계약:**

발행주체가 결함이 있는 저당대출을 건전한 저당대출로 교환해주거나 환매수 하겠다는 계약

5. **임대차 양도(assignment):**

이 계약은 부동산소유자가 임대차 계약상의 임대료 수령권을 대출자에게 양도하고, 대출자는 이를 상업용 부동산저당증권 투자자에게 지급하는 계약이다(부동산소유주 또는 관리자가 먼저 수금받은 후에 동 금액을 대출자에게 지급하는 대신에). 이 방식은 부동산소유주 또는 관리자가 파산위험에 처했을 때, 상업용 부동산저당증권 투자자가 받을 금액을 수령하지 못할 위험을 축소시켜 준다.

6. **초과담보:**

최초대출자는 공동출자 풀이 발행하는 상업용 부동산저당증권 금액보다 많은 금액의 저당대출을 공동출자 풀에 편입시킨다. 공동출자 풀에는 상업용 부동산저당증권 지급현금 소요액보다 많은 금액이 입금되게 된다. 채무불이행이 초과담보금액을 초과하지 않는 한 상업용 부동산저당증권 투자자는 손실을 입지 않는다. 초과담보 요구수준의 결정은 적절한 부채상환계수(DSCR)에 의해 결정된다.

7. **교차환수(cross–collateralization)와 연쇄지급불능조항(총괄저당):**

공동출자 풀 내에 다수의 저당대출이 단일 차입자(부동산개발업자)를 대상으로 한 경우, 각 저당대출은 전체 공동출자 풀에 연대하여 담보가 제공된다는 계약이다. 따라서 하나의 저당대출이 상환불이행 되었을 때 대출자는 모든 저당대출에 대해서 기한의 이익을 상실시킬 수 있다. 따라서 하나의 저당대출에서의 대손을 계약 내의 전체 부동산에서 흡수할 수 있으므로, 그중 가격이 상승한 부동산에 대해 저당권을 실행하게 되면 차입자(부동산소유자)의 자본 지분이 높아지고, 모든 부동산을 잃지 않으면서 연체금을 완납할 수 있게 된다.[11] 따라서 이러한 총괄저당이나 교차환수 저당권은 상업용 부동산저당증권 투자자에게도 유익한 것이다.

---

[11] 교환차수(cross-collateralization)는 부동산 개발업자가 기 완공된 부동산을 제공하여 신규개발자금조달에 사용하며 신규사업에 현금투입을 절감할 수 있게 한다. 대출자 측도 대출이 비소구 조건이므로 안전성을 확보하기 위해 다른 부동산의 담보가치도 활용하는 것이다.

상업용 부동산저당증권시장 성장에서 가장 중요한 것이 만기 도래 시 차환 위험이다. 주택시장은 (1) 가계가 주택을 매각하면서 새로운 집을 구매하고 (2) FHA 등 공적보험이나 민간보험이 있어 채무불이행 위험이 적기 때문에, 유동성도 높고 차환도 가능하지만, 상업용 저당채권시장에서는 이를 활용하기가 어렵다. 상업용 부동산저당증권만기에 차환이 불가능할 경우, 상업용 부동산저당증권투자자들은 원래 만기 이후로 기간을 연장해 주는 수밖에 없다.

이때 제3자가 보증서나 기타 보증수단을 제공하여 신용을 보완하는 경우는 채무불이행 위험이 발행자로부터 제3자에게로 이전되므로, 제3자의 보증이 기초자산 공동출자 풀의 저당채권보다 더 중요해진다. 따라서 증권보유자는 보험자나 보증자 등 신용보완제공자의 신용도에 더 많은 관심을 가질 것이다.

부채담보부증권 *CDOs*

부채담보부증권이란 최근에 도입된 담보증권으로서 다양한 종류의 담보를 보다 유연하게 적용하고자 도입된 상품이다. 앞 절에서 언급한 상업용 부동산저당증권은 상업용 부동산을 담보로 하고 있으나, 부채담보부증권의 경우 보다 다양한 담보를 대상으로 하며 예를 들어 부동산투자신탁(real estate investment trusts: REITs)에서 발행된 부채나 상업용 부동산저당증권의 담보 중 위험수준이 높아 상업용 부동산저당증권에 편입이 불가능한 부채 등이 있다. 부채담보부증권안에 편입된 다양한 종류의 담보들은 위험수준이 모두 높기 때문에 이는 고수익이면 고위험(high risk, high return)을 원하는 투자자에게 분산투자를 제공해 준다. 즉 부채담보부증권은 위험수준이 다른 담보들을 이용하여 위험수준을 낮아지게 한다. 부채담보부증권안의 다계층 구조는 상업용 부동산저당증권과 유사하며 앞 절에서 언급하였듯이 원리금 지불 및 부채상환에 있어 선순위, 후순위 등으로 구성된다. 부채담보부증권을 구성하는 다른 형태의 담보중 일부는 상업용 부동산저당증권 중 낮은 수익률의 채권이다.

후순위 대출 경우 때때로 부채담보부증권 안에 포함되나 일반적으로 선순위 대출에 대한 후순위채 역할을 담당한다. 예를 들어, 선순위설정자는 **A 노트, B 노트** 계층을 구조화하고 각각은 선순위 대출에 보증되어 진다. 위험도가 높은 B 노트의 경우 부채담보부증권의 자산으로 편입되며 A 노트의 경우 낮은 위험의 상업용 부동산저당증권의 담보로 편입된다.

또 다른 부채담보부증권 안에 편입된 담보로는 상업용 부동산저당증권의 낮은 등급의 채권이다. 예를 들어 앞 절에서 언급하였지만, 상업용 부동산저당증권은 일반적으로 Class A, Class B 증권으로 발행된다. 상업용 부동산저당증권의 Class B 증권을 직접 투자자에게 매각하기 보단 Class B 증권을 부채담보부증권 발행자에게 매각한다. 매각한 Class B 증권은 부채담보부증권 내의 다른 증권과 결합하여 부채담보부증권 내의 Class B 증권을 구성한다.

부채담보부증권을 구성하는 다른 형태의 담보로 **메자닌 대출**(Mezzanine loan)이 있다. 메자닌 대출은 해당 부동산의 1순위 저당과 자본금을 연결하는 역할을 한다. 이는 2순위 저당과 유사하나, 해당 부동산의 담보에 보증되지 않고 부동산에 투자된 자본금에 보증된다. 따라서, 메자닌 대출의 대출기관은 해당 부동산이 채무불이행 상황이라면 일반적인 경매절차를 거치지 않고 자본수익금을 대출금과 전환하는 전환옵션을 실행한다. 또한 메자닌 대출의 대출기관은 선순위저당권자와 대출은행간 협약에 따라 채무불이행 발생 시 선순위 저당권을 인수할 권리를 갖는다. 부채와 자본의 전환 및 대출은행간 협약의 조합으로 메자닌 대출 대출기관은 더욱더 신속히 부동산의 전체를 조정할 수 있게 된다. 즉, 회사나 조합의 자본금은 동산이어서, 채무불이행시 경매절차의 진행보다 신속한 법적 절차를 통해 소유권을 획득 할 수 있기 때문이다.

마지막으로 부채담보부증권 구성 자산 중의 하나로 **우선주**(preferred equity)가 있다. 우선주는 부동산의 자본 수익이지만 다른 투자자보다 부동산으로부터 창출된 현금흐름에 최우선순위의 지위를 가지고 있기 때문에 일정 부분 부채의 성격도 가지고 있다. 예를 들어, 우선주가 투자금액 대비 8%의 수익률을 수취한다면 이는 다른 투자자가 현금배당을 받기 전 자본투자금 대비 8% 수익률을 우선하여 수취하는 것을 의미한다. 만일 우선주 투자자가 해당 년도에 8%의 수익을 받지 못할 경우 다음 년도에 부족분이 이월되어 일반 투자자가 배당 받기 전 우선주 투자자는 누적금액을 수취할 수 있다. 우선 수익 지불 후, 잔존금액에 대해 때때로 우선주 투자자와 잔존 자본투자자가 나누어 수취한다. 따라서 우선주는 앞 절에서 언급한 공동참여대출(participation loan)과 유사한 구조를 가지고 있다. 이러한 매우 다양한 형태의 부동산에 설정된 우선주와 부채들로 충분히 분산된 부채담보부증권을 만들 수 있다. 또한 각각 개별화된 부채의 경우 낮은 신용등급이 예상될 지라도 이러한 분산을 통해 부채담보부증권에서 발행된 Class A 주식의 경우 높은 신용등급(예를 들어 AAA 또는 AA)을 받을 수 있다.

관리형 부채담보부증권 *Managed CDO*

관리형 부채담보부증권은 부채담보부증권 발행자에게 더욱 유연하게 구조를 설계할 수 있도록 도움을 준다. 관리형 부채담보부증권 발행자는 (1) 부채담보부증권을 구성하는 대체 담보를 제공하고 (2) 담보에 대한 원리금을 재투자한다. 담보물의 대체는 공동출자 풀 안의 하나 또는 하나 이상의 담보가 상환 후 이루어진다. 부채담보부증권은 부채와 비슷하게 상환자금을 재투자한다. 원리금 재투자는 대출자로부터 월별 지불을 받은 후에 적용가능하고, 또한 부채담보부증권 투자자들에게 원금을 지불하기 보다는, 발행자는 원금을 다른 부채에 재투자한다. 이는 부채담보부증권 발행자가 초기 부채담보부증권 배급 이후 추가적인 투자기회를 찾을 수 있게 한다. 관리형 부채담보부증권은 건설대출(construction loan) 또는 개발대출(development loan)과 같은 다양한 재투자 기회를 제공한다.

[예 20-19]는 다양한 부채 및 담보물을 활용한 부채담보부증권 구조를 보여 준다. 예를 들어, $500,000,000 자산 중 $100,000,000는 자본으로 구성하고 $400,000,000는 상업용 투자 은행에 선순위대출로 설정한다. 투자은행은 $400,000,000 담보대출 중 $300,000,000는 A note로, $100,000,000는 B note로 구성한다. 자본금 $100,000,000 중 $25,000,000는 메자닌 대출로, $25,000,000는 우선주, 그리고 나머지 $50,000,000는 일반적인 형태의 자본으로 구성한다(메자닌 부채의 경우 자본으로 전환 할 수 있는 청구권이 있으며 담보에 의해 보증되지 않는다는 사실을 명심하자).

$300,000,000의 A 노트는 상업용 부동산저당증권의 A class 및 B class로 구성되고 상

예 20-19　　　　　부채담보부증권 구조 예시

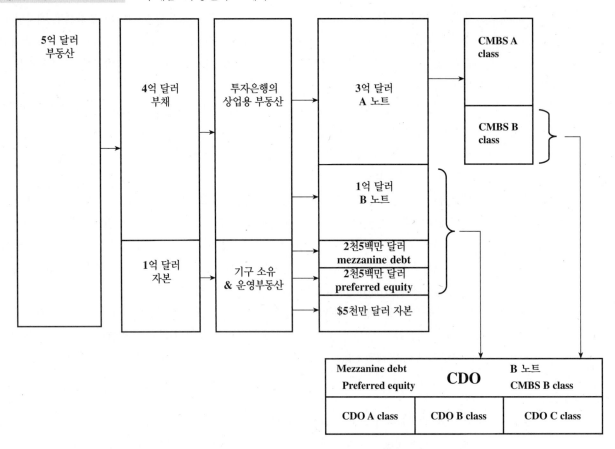

업용 부동산저당증권의 B class, 메자닌 대출, 우선주는 부채담보부증권을 구성하는 담보로 편입된다. 이러한 과정을 거쳐 부채담보부증권은 증권을 발행한다(A class, B class, C class). 쉽게 설명하기 위해 본 예에서는 3가지 계층으로 이루어진 부채담보부증권을 예시하였지만 실무상으론 추가적인 계층과 다양한 신용등급으로 이루어진 증권으로 구성된다. [예 20-20]은 일반적인 부채담보부증권 금융 구조를 보여준다.

　　최근에 부채담보부증권과 관련된 여러 가지 문제점이 표출되고 있다. 부채담보부증권은 위험이 높은 자산(B 노트, 낮은 신용등급의 상업용 부동산저당증권 채권, 메자닌 대출 등)으로 구성되어 있고 선순위 계층은 일반적으로 신용등급 A로 평가된다. 따라서 다양한 담보물(상업용 부동산저당증권 BBB 등급의 채권 등)로 구성되어 위험이 충분히 분산되어 있지만 2000년 후반처럼 부동산 가치가 동시에 하락함에 따라, 차입자가 대출금에 대한 채무불이행 그리고 낮은 신용등급의 상업용 부동산저당증권 발행 증권이 원리금 지급을 제때에 받지 못함으로서 가치가 손실된다면 심각한 문제가 발생한다. 즉, 부채담보부증권은 이러한 증권을 근간으로 발행되기 때문에 가치가 하락할 경우 부채담보부증권 가치 또한 하락한다. 따라서, 2000년 후반에 나타난 부채담보부증권의 문제점들을 살펴보면, 많은 투자자 및 신용평가기관들은 부채담보부증권이 직면한 체계적인 위험(systematic risk)에 대해 충분한 이해를 하

예 20-20   전형적인 부채담보부증권 자본구조

투자자 계층	금액($)	등급	연 수익률(%)	수익률(%)
Class A	$ 75,000,000	AAA	5.60%	4.20%
Class B	3,000,000	AA	5.84	0.18
Class C	4,000,000	BBB	6.84	0.27
Class D	7,000,000	BB	7.70	0.54
Class E	2,000,000	B	8.72	0.17
총 부채	91,000,000			5.36
자본	9,000,000	Not rated	15.00	1.35
서비스 및 운영에 따른 수수료				0.85
총 자산	$100,000,000			7.56%

지 못함을 보여준다.

주택저당채권 관련증권 및 REMIC

다계층증권의 탄생 이전에는 대부분의 발행이 주택저당담보부채권 또는 원리금자동이체증권 형태로 이루어졌다. 이에 대한 미국연방 과세취급은 명쾌하였다. 주택저당담보부채권과 원리금자동이체증권에서는 위탁자 신탁 방식이 사용되어 수탁은행이 투자자의 이익을 대변한다. 다소의 변수는 있지만 연방세법이 인정하는 신탁요건이 충족되면 신탁은 법인세를 면제받고, 공동출자 풀을 거쳐 가는 이자소득에 대해서는 투자자 차원에서만 과세된다. 그러한 신탁의 요건으로서는 (1) 존속기간이 설정되어 있을 것, (2) 자체적으로 청산될 것, (3) 신탁에 편입 이후는 적극적인 운용관리가 이루어지지 않을 것 등이다. 즉, 기업과 같이 영업을 하는 법인체로 간주되어 법인세 과세 대상이 되지 않으려면 신탁의 운용은 수동적(passive)인 것이어야 하는 것이다. 따라서 주택저당담보부채권과 원리금자동이체증권에서는 투자자(또는 신탁 수혜자)가 수령한 이자금액만이 과세대상이 된다.

다계층증권이 처음 발행되었을 때에 미국 국세청(international revenue service: IRS)은 여러 트랜치와 잔여를 구성하는 소유구조가 자금조달 목적의 회사와 유사하다고 판정했다. 실제로 다계층증권 발행주체는 수동적인 투자수익 전달역할 보다는 자금조달 목적의 회사에 가까우며, 원리금자동이체증권보다 훨씬 적극적인 재무관리 역할을 행한다. 특히 일시적인 여유자금 발생시 운용대상 유가증권을 선정하는 기능이 문제화되었다. 따라서 미국 국세청은 공동출자 풀이 발행하는 유가증권이 하나를 넘는 경우 회사로 간주하여 과세하겠다는 입장을 취했으므로, 발행자들은 신탁과 투자자 차원에서 이중과세를 당하게 되었다. 만일 이러한 세제가 적용되었다면 다계층증권은 원리금자동이체증권과 주택저당담보부채권에 대적할 만한 상품이 될 수 없었다.

1986년 세제개혁법(Tax Reform Act)에서 미국의회는 **부동산저당대출투자회사(REMIC)**

에 대해 제도화하였다. 이러한 법제의 내용에는 주택저당채권이 담보된 증권을 발행할 시 여러 개의 트랜치를 발행하더라도 비과세 처리하는 조치가 있다. 법제화의 의도는 증권 발행자가 모기지풀을 관리할 시 어느 정도 유연성을 부여하고, 신탁의 소득을 수동적으로 유지할 수 있도록 하기 위함이었다.

부동산저당대출투자회사의 제도적 규정

부동산저당대출투자회사는 조합 · 회사 · 신탁 등 법인형태의 구분이 아니라, 과세단위의 형태로서 공동출자 풀에 대하여 별도의 기록을 보존해야 한다. 조합 · 신탁 · 회사 · 재단의 모두가 부동산저당대출투자회사가 될 수 있으며 엄격한 기준을 준수해야 한다. 예로서 모든 자산은 적격 저당채권, 유입부동산(foreclosure), 현금투자 및 적격 준비금 구조로 구성되어야만 한다.

1. **적격 저당채권**이란 직/간접으로 전체/부분에 대해 부동산(주거용, 상업용 및 기타)에 설정된 저당권을 말한다. 이 정의는 매우 광범위하며 모든 저당권/참가계약 및 원리금자동이체증권 등을 포함한다. 동산저당대출투자회사 발효일 이후에는 새로운 저당권을 사거나 팔 수 없다. 그러나 동산저당대출투자회사 설립 2년 이후에는 하자가 있는 저당권은 교체가 가능하다.
2. **유입부동산**은 공동출자 풀 내의 저당대출 채무불이행으로 인한 취득부동산만 인정된다.
3. 추가적인 **현금투자**는 단기적이고 수동적인 이자소득 자산으로서 일시 여유자금의 운용을 위한 것이다.
4. **적격 준비금구좌**는 장기투자로서 투자소득을 부동산저당대출투자회사 공동출자 풀 운용비용에 쓸 수 있다. 준비금은 투자자 들을 공동출자 풀 채무불이행으로부터 보호하기 위한 보험으로 사용되며 수동적인 투자상품, 신용보증서, 보험 및 다른 신용보완의 형태를 취할 수 있다. 준비금은 주로 FHA-VA 및 일반신용보증보험이 부보되어 있지 않는 상업용 부동산 저당대출에 대해서 더욱 중요하다.

부동산저당대출투자회사: 기타 고려사항

부동산저당대출투자회사의 원리금자동이체 성격에 따라 잔여지분(통상 증권발행자가 된다)의 보유자들은 세금문제를 해결할 수 있었다. 또한 부동산저당대출투자회사 관계규정을 준수하면 대차대조표의 공시에도 혜택을 얻을 수 있다. 이론적으로 부동산저당대출투자회사를 구성하면 대출자는 대출자산을 부동산저당대출투자회사에 양도한 것으로서 매각손익이 발생하며, 손익은 즉시 또는 부동산저당대출투자회사 만기까지에 걸쳐서 과세된다.

따라서 양도자측은 부동산저당대출투자회사에 의해 생성된 자산과 부채를 대차 대조표에 계상하지 않게 된다. 그러나 양도자가 양도시에 차손익을 계상하기를 원하지 않는 경우는 부동산저당대출투자회사이 보유한 잔존지분을 대차대조표에 계상해야 한다. 일반적으로 부외회계처리(off-balance-sheet)는 잔존지분을 제3자에게 매각한 경우에만 인정된다.

요약하면, 미국 의회는 부동산저당대출투자회사 도입에 의해 다계층증권을 발행할 수 있

Web 응용

GNMA 웹사이트(www.ginniemae.gov)로 가면, 최근의 REMIC   시의 증권 계층의 수와 금리 조건 개요를 볼 수 있다.
모집 시의 투자설명서를 제공한다. REMIC 투자설명서를 통해 모집

는 면세 대상이 되는 도관체(conduit)를 만들어 준 것으로, P원리금자동이체증권 구조에서는 불가능하였던 다계층(multiple class) 채권을 창조한 것이다. 따라서 투자자들에게 더욱 다양한 상품선택을 제공하였고, 투자자 참여를 확대시켰다.

결론

주택저당증권시장의 확대는 최근의 가장 중요한 자본시장 혁신을 가져왔다. 주택저당증권시장의 시작은 단순한 원리금자동이체 형태로서 주택저당채권이 공동출자 풀 되었고 증권이 발행되며, 투자자들은 원금과 회수금액에서 자산관리 수수료 지급 후에 잔액에 대해 안분 비례지분을 가졌다. 여기에서 예측 못한 차입자의 조기상환에 대한 투자자들의 우려가 컸으므로, 증권회사들은 다계층증권을 고안하여 발전시켰다. 다계층증권은 현금흐름이 단순히 거쳐가는 것이 아니라 모기지풀을 담보로 하여 발행되는 것으로, 현금흐름을 각 채권 간에 지급 우선순위의 격차를 설정한다. 다계층증권 투자자들은 표면금리를 받으면서 원금분할상환과 원금조기상환을 수령할 수 있는 우선순위를 선택한다. 후순위채 설정을 통해 투자은행들은 고금리 장기 주택저당채권을 가지고 단기저금리채부터 장기고금리채까지 뽑아낼 수 있게 되었다. 이러한 구조를 통해 단순 원리금자동이체에서 보다 많은 투자자들에 접근이 가능하게 되었다. 최근의 혁신은 분할증권(stripped securities)나 역변동금리채권(inverse floaters)와 같은 주택저당채권 파생상품으로 발전하고 있으며, 파생상품을 통해 더욱 더 시장이 넓어지고 투자자에게 금리위험을 관리하고 해지할 수 있는 기회를 제공하고 있다.

주요용어

A 노트	부동산저당대출투자회사	잔존
B 노트	부채담보부증권	조기상환 금지
계획상환종류채권 트랜치	상업용 부동산저당증권	지불이체채권
관리형 부채담보부증권	선순위 트랜치	채무불이행 위험
다계층증권	역변동금리 트랜치	측정
리보 금리	우선손실부담포지션	트랜치
메자닌 대출	우선주	파생증권
목표상환종류채권 트랜치	원금한정 분리	확장위험
변동금리 드랜치	이자한정 분리	후순위 트랜치
볼록효과	자기(잔존) 자본	

유용한 웹사이트

www.freddiemac.gov – Freddie Mac/FHLMC는 자가주택 보유자와 주택임차인을 위해 미국 주택저당채권시장을 안정화시키는 역할을 한다. Freddie Mac은 대출자로부터 주택저당채권을 구매하여 가계가 담보대출을 좀 더 편리하게 하도록 한다. 이 웹사이트는 사업수단뿐만 아니라 주택에 대한 정보도 제공한다.

www.frbservices.org – 연방준비제도(FRS) 금융서비스의 웹사이트.

www.investinginbond.org/info/igcmo/overview.htm – 채권시장협회의 다계층증권 투자에 대한 정보를 제공한다.

www.fanniemae.com – Fannie Mae/FNMA(Federal National Mortgage Association)의 웹사이트로, 자가주택 소유자가 되기 위한 정보를 제공한다.

www.ginniemae.gov – GNMA의 웹사이트

www.hud.gov – 미국 주택 및 도시개발청(HUD)의 웹사이트. HUD의 부서인 연방주택청에 대한 정보를 얻을 수 있다. www.hud.gov/office/hsg/hsgabout.cfm을 참조.

www.va.gov – 미국 재향군인청의 웹사이트. www.homeloans.va.gov에서 재향 군인국 보증부 대출에 대한 정보를 얻을 수 있다.

www.fha.gov – 연방 주택연합

www.intex.com – 부동산 파생상품에 최근 정보를 제공해 주는 사이트로 부채담보부증권의 현금흐름 평가를 위한 소프트웨어를 제공해 준다.

www.nasdbondinfo.com – 투자등급, 비적합 투자등급 및 전환사채에 관한 정보를 제공해 주는 사이트. 추가적으로, 기본적인 정보와 각 회사채의 신용등급 또한 제공해 줌

질문

1. 지불이체채권(mortgage pay-through bond)란 무엇인가? 주택저당담보부채권과 유사한 점과 차이점은 무엇인가?

2. 지불이체채권의 초과담보 요건은 주택저당담보부채권의 경우와 유사한가?

3. 지불이체채권의 초과담보 두 다른 방법을 설명하라.

4. 다계층증권이란 무엇인가? 다계층증권이 금융혁명과 마케팅혁명으로 불리는 이유를 설명하라.

5. 파생상품투자란 무엇인가?

6. 4개의 주요 주택저당채권 관련 증권에는 어떤 깃이 있는가! 승권발행자로서 그 중의 하나를 선택한 이유를 설명하라.

7. 다계층증권과 다른 유형의 주택저당채권 관련 증권 간의 주요한 차이점은 무엇인가?

8. 다계층증권에는 초과담보가 왜 필요한가?

9. Accrual tranche의 목적은 무엇인가? Z등급 채권 없이 다계층증권을 발행할 수 있는가? Accrual 등급 채권이 있는 다계층증권과 없는 다계층증권 간의 차이점은 무엇인가?

10. 다계층증권에서 어떤 트랜치가 시장금리 변동 대비 가격 변동이 가장 적은가? 그 이유는 무엇인가?

11. 주거용 저당채권을 근거로 발행한 주택저당채권 관련증권과 상업용 부동산 저당채권을 근거로 발행한 저당채권 관련증권간의 주요한 차이점에는 어떤 것이 있는가?

12. 상업용 부동산저당증권에서 신용향상을 위해 사용하는 방법들을 나열하라.

13. 다계층증권 발행시 변동금래채와 역변동금리채는 무엇인가?

14. 변동금리채와 역별동금리채 구조에서 "scale"의 역할은 무엇인가?

15. 변동금리나 역별동금리 파생상품 투자를 원하는 이유는 무엇인가?

16. 이자한정과 원금한정 분리란 무엇인가?

17. 상업용 부동산저당증권이 주거용 주택저당채권을 담보로 한 다계층증권과 다른 점은 무엇인가? 상업용 부동산저당증권에서 채무불이행 위험에 더 주의를 해야 하는 이유는 무엇인가?

18. 부채담보부증권은 어떠한 점에서 상업용 부동산저당증권과 다른가?

문제

1. MZ 주택저당채권회사는 3개의 트랜치를 가진 다계층증권을 발행한다. A 트랜치는 원금 $40,500,000, 8.25% 쿠폰 금리로 구성되어 있다. B 트랜치는 원금 $22,500,000, 9.0% 쿠폰 금리로 구성되어 있다. Z 트랜치는 원금 $45,000,000, 10.0% 쿠폰 금리로 구성되어 있다. 증권 발행의 기초가 되는 주택저당채권은 만기 10년(연간 상환)에 10% 고정금리로 이루어졌다. 증권발행자는 $4,500,000를 초과담보로 할 것이고, 발행자는 선순위 증권의 원리금 상환이 끝난 잔여 현금흐름을 수령할 것이다. 선순위 상환은 A 트랜치에 있고, 쿠폰이자를 포함한다. B 트랜치는 A 트랜치의 상환이 끝날 때까지 이자만 받고, 상환이 끝난 후 우선순위를 가진다. Z 트랜치는 A와 B 트랜치의 상환이 끝날 때까지 이자가 원리금에 더해지고, 상환이 끝난 후 비로서 원리금을 제공받는다.

   a. 다계층증권이 발행될 때 가중평균 쿠폰금리(WAC)는 얼마인가?

   b. 주택저당채권 조기상환이 없다고 가정하면, 각각의 트랜치의 만기는 얼마가 될 것인가?

   c. 3년도, 4년도, 8년도 말의 WAC는 얼마인가?

   d. A, B, Z등급 투자자가 각각 증권발행 시 만기 수익률로 8.5%, 9.5%, 9.75%를 요구한다고 하면, MZ mortgage회사는 증권가격으로 얼마를 요구해야 하는가? 회사는 다계층증권 발행을 통해 얼마를 받게 되는가?

   e. MZ 주택저당채권회사에 들어오는 잔여 현금흐름은 얼마인가? 지분 초과담보를 통해 들어오는 수익률을 얼마인가?

   f. 기초 풀에 있는 주택저당채권들이 연간 10% 정도 조기상환된다고 하면, (b)~(e) 질문의 답은 어떻게 변하는가?

   g. (f)의 경우에서 모든 증권의 가격이 갑자기 발행가격의 10%를 초과하여 거래된다고 가정하면, 각 증권의 만기 수익률은 얼마가 될 것인가?

2. 한 투자자가 다계층증권 발행 시 이자한정이나 원금한정 분리의 구매를 고려하고 있다. 이들 트랜치를 담보되는 모기지풀은 만기 10년에 8% 금리를 가진 주택저당채권 $1,000,000로 구성되어 있다고 한다.

   a. 연 단위 상환과 상환 위약금이 없으며, 이 트랜치의 투자자에게 지불해야 할 이자한정과 원금한정 현금흐름 일정을 준비하고 있다고 하자. 투자자의 요구 수익률이 8%라면, 이자한정과 원금한정 strip의 가격은 얼마가 될 것인가?

   b. 금리가 10%로 상승하고 상환위약금은 없다고 하면, 이자한정과 원금한정 분리 가격은 얼마로 변하는가? 이자한정과 원금한정 분리 중에서 어떤 것이 가격 변화가 더 크게 나타나는가? 그 이유는?

   c. 투자자의 요구 수익률이 6%로 떨어졌다고 가정하자. 이자한정과 원금한정 분리 가격은 얼마가 될 것인가? 조기상환 위약금이 연간 20%라고 가정하면, 이자한정과 원금한정 분리 가격은 얼마가 될 것인가? (20%의 조기상환 위약금을 그 전해 말의 대출잔고에 기초하여 각 연도 말에 받는다고 가정하자) (a)와 (b)를 비교할 때 이자한정과 원금한정 분리 중 어떤 증권이 가격 변동이 더 크며, 그 이유는 무엇인가? 이러한 패턴을 통해 각 증권의 상대적 위험에 대해 어떤 분석이 가능한가?

3. 증권발행자는 다계층증권 발행시 변동금리 트랜치를 구성하려고 한다. 트랜치는 8% 금리, 현 대출잔고 $2,000,000의 주택저당채권으로 담보되어 있다. 변동금리채와 역변동금리채 투자자에게 지불할 금리는 초기의 시장금리 8%를 기준으로 한다. 변동금리채 투자자들은 기준 금리의 상승에 따른 혜택을 받고, 역변동금리채 투자자들은 기준금리의 하락에 따른 혜택을 받는다.

   a. 트랜치의 변동금리채와 역변동금리채의 비중이 동일하다고 가정하면(각각 50%), 발행일 날 각 등급의 투자자들에게 돌아갈 이자는 어떻게 되는가? 변동금리채 투자자에 대한 이자상한이 있다고 한다면, 얼마가 될 것인가? 역변동금리채 투자자의 이자하한은 얼마가 될 것인가?

   b. 역변동금리채 주자자가 레버리지 발행을 선호한다고 하자. 투자자의 비중이 변동금리채 투자자

60%, 역변동금리채 투자자 40%로 바뀌었다면, 증권 발행일날 이자 할당은 어떻게 되는가? 이자 상한과 하한은 어떻게 되는가?

c. (a)와 (b) 조건을 비교하자. 다계층증권 발행 이후 즉시 금리가 기준금리인 8%에서 2%가 상승했다고 하자. 변동금리채 투자자와 역변동금리채 투자자에 대한 현금 배당은 어떻게 되는가? 금리가 기준금리에서 2% 하락했다고 하면, 현금 배당은 어떻게 되는가? 어떤 등급의 투자자들이 현금흐름의 변동성, 다시 말하면 가격 변동성을 더 많이 경험하는가? 그 이유는?

4. **Excel**. 웹 사이트에서 제공하는 Excel Workbook의 "Ch20 CMOr" 탭을 참조하라. 조기상환율이 15%, 20%, 25%, 그리고 30%일 경우 남은 잔액의 수익률은?

5. **Excel**. 웹 사이트에서 제공하는 Excel Workbook의 "Ch20 Floater" 탭을 참조하라. $15,000,000가 변동금리, $5,000,000가 역변동금리 트랜치라고 가정하자. LIBOR가 2%, 4% 그리고 6%일 때 역변동금리 트랜치의 수익률 변화는?

6. **Excel**. 웹 사이트에서 제공하는 Excel Workbook의 "Ch20 IO_PO" 탭을 참조하라. 조기상환율이 25%와 30%일 경우 이자한정(IO)트랜치와 원금한정(PO) 트랜치의 수익률은?

7. **Excel**. 웹 사이트에서 제공하는 Excel Workbook의 "Ch20 CMBS" 탭을 참조하라. 대출 잔금의 90% 금액으로 부동산이 매각되고 만기에 채무불이행이 일어났다고 가정하자. 종속 트랜치와 남은 잔액의 수익률은?

www.mhhe.com/bf15e

듀레이션 *Duration* : 수익률 측정에서 추가적인 고려 요소

지금까지 본 장에서는 주택저당채권 관련 파생상품에 대한 많은 예시를 살펴보았다. 주택저당담보부채권이 약정이자와 만기원금상환을 약속한다는 점에서 회사채와 매우 유사했다는 점을 기억하라. 원리금자동이체증권도 이자지급은 약정하는 점은 같지만, 원금은 채무자로부터 공동출자 풀로 상환되어 들어오는 그대로 투자자에게 전가된다. 따라서 원리금자동이체증권증권의 원금상환은 증권이 발행되어 잔존하는 기간 중에 걸쳐서 분할 상환되어 가게 된다. 다계층증권의 경우는 앞의 두 가지 증권과는 상이하다. 다계층증권도 이자지급은 약정하지만, 채무자로부터 원리금이 공동출자 풀 안으로 상환되어 들어올 때, 일부 트랜치에 대해서 일부 원금과 이자의 수령에 대해서 우선순위를 부여한다. 어떤 트랜치에 대한 이자는 지불이 이연되었다가, 더 우선순위를 갖는 다른 트랜치에 대한 원금과 이자가 완불된 후에 지불되게 된다.

위와 같이 현금흐름의 패턴이 상이한 증권들은, 투자자들이 수익률을 비교하는 데에 있어서 상당한 문제점을 야기한다. 문제가 발생하는 이유는 만기수익률이 투자수익 측정수단이라고 할 때, 투자대상 채권이 수익률은 동일하더라도 현금흐름 패턴에서 상당히 다를 수 있기 때문이다. 두 채권의 수익률은 같은데 그 현금흐름이 상이하다면, 양자를 어떻게 비교할 것인가? 두 다른 투자를 비교할 시 각각의 현금흐름의 규모와 시기를 추가적으로 고려해야할 것인가?

이러한 문제를 분석하기 위해서 개발된 측정기법이 듀레이션이다. 이는 현금흐름의 규모뿐만 아니라, 수령 시점까지도 고려하는 척도라는 점을 주목하라. 특히 듀레이션은 투자에 대한 모든 원금과 이자가 회수될 때까지 소요되는 가중평균만기이다.

듀레이션(D)은 수학적으로 다음과 같이 정의된다.

$$D = \sum_{t=1}^{n} w_t(t)$$

*t*는 원리금을 수령하는 기간

*n*은 원리금을 수령하는 기간의 횟수

*w*는 투자의 대가로 매년 수령하는 가치의 비중

예로서, A채권(일반채권 및 주택저당담보부채권)의 현재가치가 $10,000이고 표면금리가 10%, 만기 5년이라면, 동 채권의 만기보유수익률은 다음과 같이 계산된다.

계산기 해법		함수:
n =	5 years	*i* (*n, PV, PMT, FV*)
PV =	$10,000	
PMT =	$1,000	
FV =	$10,00	
결과값 *i* =	10%	

따라서, 동 채권의 만기보유 수익률이 10%라는 것을 알 수 있다.

반면, B채권(원리금자동이체증권) 경우도 가격이 $10,000이고, 원리금의 분할 상환이 매년말 $2,637.97씩 5회 수령된다고 하면, 그 만기보유수익률도 10%이다.

계산기 해법		함수:
n =	5 years	*i* (*n, PV, PMT, FV*)
PV =	$10,000	
PMT =	$2,637.97	
FV =	$0	
결과값 *i* =	10%	

따라서 구조적으로 양 채권의 수익률은 10%이다. 그러나 양 채권의 현금흐름을 살펴보면, 양자는 전혀 다르다. 여기에서 듀레이션은 원금과 이자를 전액 회수할 수 있는 가중평균 소요기간을 결정하는 수단을 제공해 주는 것이다. 세부적으로는, 요구수익률 (*i*)에 대해서 각 기간 (*t*)의 비중 (*w*)는 다음과 같이 구해진다.

$$w_t = t \left[\frac{\dfrac{R_t}{(1+i)^t}}{PV} \right] \text{ 여기에서 } PV = \sum_{t=1}^{n} \frac{R_t}{(1+i)^t}$$

위의 정의에 의해서, 특정자산 j에 대한 듀레이션을 다음과 같이 계산하게 된다.

$$D_j = (1)\left[\frac{\dfrac{R_t}{(1+i)^1}}{PV}\right] + (2)\left[\frac{\dfrac{R_2}{(1+i)^2}}{PV}\right]$$

$$+ \ldots (n)\left[\frac{\dfrac{R_n}{(1+i)^n}}{PV}\right]$$

위의 산식에서는 투자의 현가(현재 채권가치)에 대한 각 연도의 현금흐름 비율에 연차수를 곱하여 그 합계가 도출된다.

위의 예시에서 채권 A의 듀레이션은

$$D_A = (1)\left[\frac{\dfrac{1,000}{(1+.10)^1}}{10,000}\right] + (2)\left[\frac{\dfrac{1,000}{(1+.10)^2}}{10,000}\right]$$

$$+ (3)\left[\frac{\dfrac{1,000}{(1+.10)^3}}{10,000}\right] + (4)\left[\frac{\dfrac{1,000}{(1+.10)^4}}{10,000}\right]$$

$$+ (5)\left[\frac{\dfrac{\$11,000}{(1+.10)^5}}{10,000}\right]$$

$$= .0909 + .1653 + .2254 + .2732 + 3.4151$$

$$= 4.170 \text{ 년}$$

채권 B의 듀레이션은

$$D_B = (1)\left[\frac{\dfrac{2,637.97}{(1+.10)^1}}{10,000}\right] + (2)\left[\frac{\dfrac{2,637.97}{(1+.10)^2}}{10,000}\right]$$

$$+ (3)\left[\frac{\dfrac{2,637.97}{(1+.10)^3}}{10,000}\right] + (4)\left[\frac{\dfrac{2,637.97}{(1+.10)^4}}{10,000}\right]$$

$$+ (5)\left[\frac{\dfrac{2,637.97}{(1+.10)^5}}{10,000}\right]$$

$$= .2398 + .4360 + .5946 + .7207 + .8190$$

$$= 2.810 \text{년}$$

위의 계산으로부터 채권 B의 듀레이션이 채권 A보다 짧다는 것을 알 수 있다. 이는 두 채권의 수익률 및 만기는 동일하지만, 투자의 현금흐름을 실현하는 기간 면에서는 B쪽이 훨씬 빠르다는 의미이다. 따라서 투자자들은 현금흐름이 수령되어 가면서 재투자로 운용될 수 있는 기회에 대한 판단에 의해서, B 채권을 선택을 하게 되는 것이다. 예로서 수익률 곡선이 가파른 정상곡선을 나타낼 것으로 예상된다면 B 채권에서 유입되는 현금흐름이 더 높은 금리에 운용이 가능하므로 A 채권보다 선호될 것이다.

듀레이션은 상이한 투자 대안들 간에 금리의 변동에 따른 투자위험을 측정하는 데에도 사용된다. 예로서, 금리가 급등한다고 할 때, 듀레이션이 긴 A 채권은 B 채권보다 더 크게 하락할 것이다. 앞의 예시에서 금리가 15%로 상승했을 때, A와 B 채권의 가격변동률 산식은 다음과 같다.

$$\text{가격변동률(\%)} = -D\left(\frac{\Delta i}{1+i_t}\right) \text{ when } \Delta i > 0 \text{ and}$$

$$D\left(\frac{\Delta i}{1+i_t}\right) \text{ when } \Delta i < 0$$

A 채권의 가격하락률 :

$$\% \text{ decline} = -4.170\left(\frac{.05}{1.10}\right)$$

$$= -.1895, \text{ 즉} 18.95\% \text{ 하락 } \$8,105$$

B채권의 가격하락률 :

$$\% \text{ decline} = -2.180\left(\frac{.05}{1.10}\right)$$

$$= -.1278, \text{ 즉} 12.78\% \text{ 하락 } \$8,722$$

듀레이션은 자산 pool 또는 자산과 부채의 portfolio를 가지고 있는 경우에도, 자산과 부채의 현금흐름이 불일치한다면(만기가 같더라도) 적용될 수 있다. 금리변동에 따른 자산과 부채의 가치 변동 위험에 대응하기 위해서는, 단순히 자산과 부채의 단순 가중평균에 의존하는 것보다, 듀레이션을 활용하는 것이 훨씬 합리적인데, 그 이유는 듀레이션이 현금흐름의 크기 및 유입시점을 설명해 주기 때문이다. 예로서 앞의 채권 A가 자산이고 채권 B가 부채라고 할 때, 양자의 만기는 동일하지만 금리가 15%로 변하였을 경우 A의 가치는 $8,105인 반면 B의 가치는 $8,722로서 부채가 자산을 초과하게 된다. 이러한 경우는 펀드매니저나 금융기관의 자산부채관리자(ALM manager)는 심각한 곤경에 빠질 수가 있다. 따라서 듀레이션은 금리변동 상황에서 자산과 부채를 대응시킬 수 있는 중요한 접근 방식이다.

참고 : 유효 듀레이션

주택저당채권과 관련 파생상품을 취급할 때에는 유효듀레이션(effective duration)을 사용한다. 그 이유는 주택저당에서는 조기상환에 대한 가정을 사용하였기 때문에, 표준적인 듀레이션보다는 조기상환을 반영한 수정듀레이션을 사용하는 것이다.

문제

A-1. Provincial 보험회사는 $100,000를 10년 원리금 분할지급, 10% 금리 조건의 주택저당채권과, 5년 만기 일시 상환, 10% 금리 조건의 회사채에 투자하는 대안을 선택 중에 있다.

a. 채권이 액면가격으로 발행된다면, 각 채권의 듀레이션을 구하라.

b. 각 채권의 시장금리가 10%에서 7%로 하락하고, (a)의 듀레이션이 그대로 있다고 한다면, 각 증권의 새로운 가격은 얼마가 될 것인가?

CHAPTER 21

부동산투자신탁(리츠)

Real Estate Investment Trusts (REITs)

부동산투자신탁(Real Estate Investment Trusts: REITs)의 개념은 1880년대에 이미 사용되었다. 초창기에는, 신탁이익이 수익자에게 돌아가는 한, 신탁은 과세되지 않았다. 그러나 1930년대에 대법원은 중앙 조직을 가지고 있고, 법인과 같이 관리되는 모든 수동적 투자기구들은 법인과 같이 과세되어야 한다고 판결하였다. 이는 부동산투자신탁을 포함하는 것이었다.

주식 및 채권 투자회사들은 이러한 대법원 판결이 있자 많은 노력을 통해, 뮤추얼펀드를 포함하여 법에서 인정된 투자회사들에 대한 연방 과세를 면제시켜주도록 법을 제정(1936년)하였다. 반면 부동산신탁들은 그 당시에 증권투자회사와 같은 세제혜택을 받을 수 있을 정도로 조직화가 잘 되어 있지 않았으므로, 부동산투자에 있어 신탁이 주요한 법적인 형태로 발전하지 못하였다.

그러나 2차 대전 후에, 부동산 지분과 저당대출 자금에 대한 커다란 수요로 인해 **REITs(리츠)**로 알려진 부동산투자신탁의 광범위한 이용에 대한 관심이 새롭게 부각되었고, REITs에도 뮤추얼 펀드와 같은 특별한 세금 혜택이 주어져야 한다는 여론이 일었다. 그 결과, 1960년에 국회는 이에 필요한 법률을 제정하였다.

REITs의 법적 요건

부동산투자신탁은 기본적으로 내국세법(Internal Revenue Code)의 창조물이다. 부동산투자신탁은 주주에게 자산처분으로부터 발생하는 자본이득을 포함하는 모든 과세대상소득을 배당하는 도관체(pass-through entity)가 되기 위해 특정한 세법 조항을 만족시키도록 설립된 부동산 회사 또는 신탁이다. 근거 세법 조항에 따라 부동산투자신탁은 과세대상소득을 계산하여 주주에게 배당할 수 있다. 리츠는 대부분의 소득을 주주에게 배당하기 때문에 연방소득세를 거의 또는 전혀 부담하지 않는다. 배당소득은 주주에게 배당되며, 이에 따라 주주가 적용받는 세율에 의해 과세된다. 이와 같이 배당된 시세차익 역시 주주에게 적용되는 세율에 따라 과세된다.

1961년 1월부터 효력이 발생한 내국세입법 규정의 개정에 의해, 특별 소득세 혜택이 새로운 형태의 투자기구에 주어졌다(Sections 856-858). 이 개정내용에 따르면, 일정한 요건들을 충족하는 부동산투자신탁은, 과세연도 동안에 신탁 수익자에게 분배되는 소득에 대하여 단순한 도관체(conduit)로 간주될 수 있다. 그러므로 법인처럼 과세되는 비법인 신탁이나 협회(association)는 특별한 세제 혜택 요건을 갖추게 되면, 배당되는 과세대상소득에 대해 면세혜택을 받았다. 단지 해당 소득의 수익자만이 배당된 소득에 대해 세금을 납부하게 된다. 세법상 부동산투자신탁으로서의 자격요건을 갖추기 위해서는 다음의 요건들을 충족시켜야만 한다.

자산 요건

- 최소한 REITs의 자산가치 중 75% 이상은 부동산자산, 현금, 국채로 구성되어 있어야 한다.
- 만일 위의 75% 요건의 포함대상 자산이 아닐지라도, 가치의 5% 이상을 동일 발행자의 증권으로 편입해서는 안 된다.
- 만일 어떤 증권이 위의 75% 요건의 포함대상 자산이 아닐 때, REITs는 동일 발행자의 기 발행된 의결권이 있는 보통주식의 10% 이상을 편입해서는 안 된다.
- 과세대상 REITs의 자회사 주식의 25% 이상 소유하여서는 안 된다.

소득 요건

- 최소한 총 소득의 95% 이상은 배당금, 이자, 임대소득, 또는 자산매각에 의한 것이어야 한다.
- 최소한 총 소득의 75% 이상은 임대소득, 저당에 의해 보증된 채무로부터의 이자수입, 자산매각으로부터의 이익, 다른 REITs 투자에 따른 소득이어야 한다.

배당 요건

- REITs의 과세대상소득의 90% 이상은 주주에게 배당해야 한다.

주식 및 소유 요건

- REITs는 법인으로서 과세 가능한 것이어야 한다.
- REITs는 이사회나 신탁회사에서 관리해야 한다.
- REITs의 지분은 완전히 양도 가능해야 한다.
- REITs의 지분은 최소 100명 이상이 보유해야 한다.
- 과세연도 하반기 동안 5인 이하가 REITs 지분의 50% 이상을 소유해서는 안 된다.

1986년 이전에는 REITs의 수동적인 성격을 보증하기 위해 관리 활동이 제한되었다. REITs의 수탁자, 관리자, 피고용인은 REITs의 재산을 관리하고 운용하는데 있어 적극적으로 개입해서는 안 되며(세입자에게 서비스 제공이나 임대료를 추심하는 행위 등), 이러한 기능들은 독립적인 계약자들에 의해 수행되어야 했다. 1986년 조세개혁법의 통과로, 관리 제한에 대한 요건이 완화되어 REITs는 일상적인 유지활동과 임차인을 위한 서비스 활동이 가능하게 되었으며, 부동산관리와 같은 기능을 외주 줄 필요가 없게 되었다. 이러한 변화로

REITs 관리자들은 이들 기능을 내부화하는 것이 가능하게 되어, REITs는 수직적으로 통합된 관리회사로서 성격이 변화하게 되었다.

1986년 이전, 많은 REITs는 보험회사, 상업은행, 모기지(mortgage) 은행과 같은 금융기관에 의해 설립되었다. 발기인 기관(sponsoring institution)은 직접적으로 혹은 자회사를 통해 REITs의 자문가(advisor) 역할을 수행했다. REITs의 자산과 부채 관리를 포함한 REITs의 운영을 관리하는 책무가 자문회사에게 위임되었다. 1986년 조세개혁법 이후, REITs는 수동적인 투자체에는 관심이 없던 부동산개발업자들에게 매력적인 도구가 되었다. 부동산개발업자와 운영업자들은 REITs, 특히 대규모 REITs의 주요 발기인이 되었다.

현재의 REITs산업의 성장 배경에는 2개의 기념비적인 기업공개가 있었다. 첫째로 1991년 Kimco Realty에서 부동산과 자산관리를 통합한 수직적으로 통합된 REITs를 공개한 것을 들 수 있다. 1986년 조세개혁법 이후 내부관리 및 자문을 하는 REITs를 대규모로 공개한 것은 Kimco Realty가 처음이었다. 두 번째는 Taubman Realty에서 UPREIT(umbrella partnership REIT)를 고안한 것을 들 수 있다.

UPREIT는 부동산을 보유한 유한 파트너십(limited partnership)의 지분을 소유한 REITs로서, 기존의 REITs가 부동산을 직접 소유한 것과는 차이가 있다. 이러한 구조는 1992년 부동산 개발업자와 부동산 소유자들이 자신의 부동산을 REITs로 전환하면서 조세 이연을 하기 위한 목적으로 고안되었다. 이 전환은 하나의 파트너십 지분에서 다른 파트너십 지분으로 교환되는 것이기 때문에 과세 대상이 아니다. 운영 파트너십(operating partnership) 또는 OP로 불리는 이들 파트너십 지분은 일반적으로 투표권과 배당권을 가지는 REITs 지분으로 전환 가능하다.

1992년 전통적인 부동산자본들이 신용위기로 시장에서 대거 사라졌다. 이러한 여건에서 적극적인 관리가 가능하고 조세가 이연되는 자산 교환이 가능한 "현대적인" REITs 구조는 부동산 소유자와 투자자들에게 매력적이었다. 그 결과 REITs 시장의 시가총액 규모가 비약적으로 성장하게 되었다.

2007년과 2008년, 미국의 금융시스템은 서브프라임 모기지발 금융위기로 인해 마비되었으며, 그 결과 대다수의 REITs들은 회사 부채 또는 부동산을 담보로 한 대출의 차환이 쉽지 않게 되었다. 이에 REITs의 시가총액은 급격히 감소하여, 2008년 12월 31일 기준 미국 증권거래소 및 뉴욕증권거래소에 상장되어 거래되는 REITs의 수는 136개로, 시가총액은 $1,920억 달러로 감소했다. 이는 2006년 12월 기준 상장되어 거래되는 REITs의 수가 183개, 시가총액은 $4,380억 달러인 것과 비교해 보면 시가총액 및 REITs의 수가 크게 하락한 것을 볼 수 있다. 금융위기의 충격으로 상장 REITs 수의 변화는 [예 21-1]을 통해 알 수 있다.

미국의 금융시스템이 서브프라임 모기지 금융위기로부터 회복되면서, REITs도 강하게 회복되었다. 2014년 6월 30일 기준으로, 미국 증권거래소에 상장된 REITs의 수가 210개에 이르는데, 이 중 182개는 뉴욕 증권거래소에 상장된 것이다. REITs의 시가총액은 $8,160억에 이르는데, 2008년 12월 31일 기준 $1,920억 달러와 비교하면 급증한 것을 볼 수 있다.

현재의 지분형 REITs 대부분은 자기관리(self-advised)를 하는 수직적으로 통합된 운영회사다. REITs는 적극적으로 자신의 포트폴리오를 관리하며, 이전의 "수동적인" REITs와

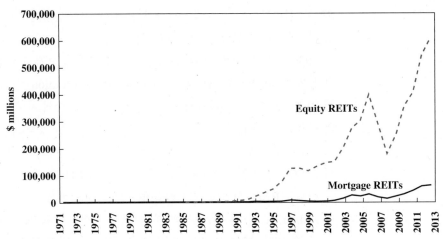

예 21-1

공개된 REITs의 시가총액 규모

출처: NAREIT 웹사이트(www.nareit.org)의 "Data and Research" 참조.

는 근본적으로 다르다. 즉, 자본구조, 공모규모 및 방식, 포트폴리오 구성 그리고 기관과 외국인 투자자와의 합작투자(joint-venture) 등으로 적극적이고 효율적으로 관리를 할 수 있다. REITs 산업은 부동산시장의 역동성과 투자자의 선호에 대응하여 계속 변화할 것이다.

세금 처리

REITs의 회계처리에 있어 중요한 분야 중 하나는, 재무보고 및 과세대상소득 결정에 있어서 감가상각의 방법이다. 예를 들어, 어떤 REITs는 과세대상 소득의 결정에 있어 가속상각 방법을 사용할 수 있다. 그러나 배당가능 소득을 결정할 때는 40년의 내용연수를 사용하여야 한다. 이러한 일관되지 않은 소득 산출 방법으로 인하여 때로는, 주주가 REITs의 산출된 과세대상 소득금액을 초과하여 배당받는 경우가 있다. 그러나 이 경우에도 이익 배당금이 ROI를 나타내는 한, 배당금은 통상적인 소득으로 과세될 것이다. 2003년 5월 미 의회는 고용 및 성장관련 조세 감면조정법(Job and Growth Tax Relief Reconciliation Act)을 통과시켰는데, 이 법에 따르면 대부분의 배당금에 대한 소득세는, 일정한 소득검증을 조건으로, 15%를 최대한도로 한다는 감면 내용을 포함한다. REITs는 일반적으로 법인세를 부담하지 않기 때문에, 대다수의 REITs 배당금은 일반적인 소득세율로 과세될 것이다. 감가상각 등으로 인한 추가적인 배당금의 경우 최초 자본의 반환으로 간주되어, 주주의 과세기준을 감소시킬 것이다. REITs는 Form 1099의 연간 배당 내역을 보고하며, 투자자들은 배당 내역에 근거한 과세대상(또는 비과세대상)계정을 보고 특정 REITs을 보유할 것인가를 선택할 수 있다.

위반 시의 벌칙 Penalties과 지위 상실 Status Termination

회사 또는 신탁 등 REITs사업을 목적으로 하는 법인격체(entity)가 REITs으로서의 자격 요건 획득에 실패하거나 고의적으로 REITs으로서의 지위를 포기하였을 경우, 법인격체의 REITs 지위는 해당연도와 그 이후 상당 기간에 걸쳐 상실된다. 일단 이러한 지위소멸이 발생하면, 그 법인격체는 지위상실이 발생한 날로부터 5년간 REITs의 과세 지위를 회복할 수 없다. 다만, 만일 그 법인격체가 REITs으로서의 자격요건들을 충족하는 데 실패하여 지위를 상실하였다 하여도, IRS에 자격요건 미달이 합당한 원인에 의한 것이고 고의적인 불성실에 의한 것이 아니라는 사실을 증명할 수 있다면, 5년 이전에라도 REITs로서의 지위를 다시 획득할 수 있다. 2004년 11월, 기업세금개혁안이 통과되면서 불가피한 사유로 REITs의 지위를 상실하는 경우 기존 주주들의 보호를 위하여 지위상실 대신 벌금형을 부과할 수 있게 되었다.

과세가능 REITs 자회사

1999년 REITs 현대화법(REIT Mordernization Act: RMA)이 입법되었다. REITs 현대화법은 REITs가 다른 상업용 부동산 소유조직과 보다 효율적으로 경쟁할 수 있도록 몇 가지 조항을 담고 있다. REITs 현대화법 이전에는 REITs가 임차인에게 일상적인 수준을 넘는 서비스를 제공하는 것이 금지되었다. 예를 들어, 오피스 REITs는 임차인에게 가구를 임차할 수 있어야 한다. 그리고 쇼핑센터 REITs는 자사 신용카드를 고객에게 제공할 수 있어야 한다. 그런데 REITs가 "일상적이고 관행적인" 수준을 넘는 서비스를 제공할 경우, 그 서비스로부터 발생한 소득은 적격하지 않은 부동산소득으로 취급된다. 부동산산업이 발전하면서, "일상적이고 관행적인" 소득을 정의하기가 어려워졌고, 규정을 준수하는지 점검하는데 많은 비용이 들게 되었다. 이러한 비적격 소득으로 취급될 위험 때문에 일부 REITs는 서비스 제공을 꺼리게 되었다.

REITs 현대화법에서는 REITs가 지분을 100% 소유할 수 있는 과세가능 REITs 자회사(Taxable REIT Subsidiary: 이하 TRS)의 설립을 허용했다. 새로운 법 하에서, TRS는 REITs 임차인과 일반인에게 서비스를 제공할 수 있으며, 소득세를 지불하고 남은 소득을 적격소득으로 REITs에 넘겨줄 수 있다. TRS는 이전에 REITs가 비 REITs C-corporation의 일부 지분을 소유하던 구조를 대체할 수 있는데, C-corporation 구조의 경우 심각한 이해상충 문제를 발생시킬 수 있기 때문이다. TRS 구조는 이러한 갈등을 해소시켰다. REITs 현대화법은 REITs와 TRS 간의 채무나 임대료 지불을 제한하고, TRS와 이해관계가 있는 REITs 간의 거래에 대해 100% 과세하는 조항도 가지고 있다.

REITs의 유형

REITs의 주요한 2가지 유형으로는 지분형(equity trusts), 저당대출형(mortgage trusts)이 있다. 2010년 이전에는 지분형 리츠와 저당대출형 리츠를 혼합한 혼합형(hybrid trusts)가 제3의 유형으로 존재했다. 그런데 2010년 12월 17일 이후 NAREIT(전미리츠협회: National Association of Real Estate Investment Trusts)는 혼합형 리츠 분류를 제외시켰는데, 당시 혼합형 REITs는 4개에 불과했다. REITs 중에는 공개된 기업이지만, 거래소시장이나 장외시장에 상장되지 않은 REITs가 존재하는데, 이를 일반적으로 "사모(private)" REITs라 부른다. 1970년대까지는 지분형이 일반적이었으나, 1970년대 중반에는 저당대출형이 더 중요하게 되었다. 그러나 최근 들어서는 지분형이 다시 더욱 중요해지고 있으며, 회사수나 자본규모에 있어서 지배적인 유형이 되었다. 2014년 6월 30일 기준으로 전체 REITs의 81%는 지분형 REITs이고, 19%는 저당대출형 REITs이다.

지분형이 보유하고 있는 자산과 저당대출형이 보유하고 있는 자산의 차이는 명확하다. 지분형 은 부동산에 대한 소유권 지분을 취득하는 반면, 저당대출형은 저당권을 매수하여, 부동산 지분 소유자보다 선순위의 채권자가 된다.

지분형 REITs

대부분의 REITs는 부동산 유형에 따라 전문화되어 있다. 몇몇 REITs는 특정 지리적 입지에 전문화되어 있다. 부동산 유형과 지리적 입지에 모두 전문화된 REITs도 있다. 모든 REITs가 전문화된 것은 아니다. 부동산 유형과 지리적 모두 다변화된 REITs도 있다. 전문화를 하는 목적은 노력을 한군데 집중함으로 비교우위를 얻고자 함이다. REITs와 투자분석가들은 일반적으로 다양한 집중의 수준에서 **전문화**란 용어를 사용한다. 실제로 전문화란 정도의 문제다. REITs가 전문화된 정도에 따라 REITs 소유와 관련된 위험에 영향을 준다. 따라서 개별 REITs의 상대적인 위험을 평가하기 위해 다른 REITs에 비해 어느 정도 전문화되었는지를 점검하는 것이 중요하다. 지분형 REITs는 전문화된 부동산 유형별로 분류할 수 있는데, NAREIT는 지분형 REITs를 다음과 같이 분류한다.

1. **산업시설/오피스:** 이 유형의 REITs는 다시 산업형, 오피스형, 산업과 오피스 혼합형 REITs로 나눌 수 있다. 몇몇 분석가들은 부동산 입지(CBD형, 교외형, 메디컬 빌딩형)에 따라 세분하기도 한다.

2. **소매시설:** 이 유형의 REITs는 다시 회랑 센터, 지역 몰, 자유입지형 소매시설 부동산으로 나눌 수 있다.

3. **주거시설:** 이 유형의 REITs는 다시 다가구 아파트형과 조립식 주택형으로 나눌 수 있다. 몇몇 투자분석가는 이를 기숙사형, 군인주택형으로 세분하기도 한다.

4. **다변화:** 이 유형의 REITs는 다양한 유형의 부동산을 소유하거나, 범주화되지 않은 유형의 부동산(원룸 임대주택, 전산센터, 교도소 등)을 소유한 경우다.

5. **숙박/리조트:** 이 유형의 REITs는 주로 호텔, 모텔, 리조트를 소유한 경우다.

6. **의료/건강시설:** 이 유형의 REITs는 병원, 고령자 주택, 의료관련 시설에 전문화되어 있으며, 주로 의료서비스를 제공하는 의료공급자들에게 재임대한다. 이는 가장 전문화된 REITs인데, "진정한 의미의 부동산"증권으로 간주하지 않는 사람들도 많다.

7. **자기보관창고:** 이 유형의 REITs는 자기보관 창고를 전문적으로 소유한 경우다.

8. **임야:** 이 유형의 REITs는 임야를 전문적으로 소유한 경우다.

9. **사회간접자본시설:** 이 유형의 REITs는 다양한 유형의 사회간접자본시설을 전문적으로 소유한 경우다. 여기에는 철도, 전력 및 가스 배송시설, 기지국 등이 있다.

회사	심볼	유형	자산규모(10억$)
1. Simon Property Group Inc.	SPG	지분형	52,250
2. American Tower Corporation	AMT	지분형	37,438
3. Public Storage	PSA	지분형	29,204
4. Crown Castle International Corp.	CCI	지분형	24,781
5. Equity Residential	EQR	지분형	23,273
6. General Growth Properties, Inc.	GGP	지분형	20,652
7. Prologis, Inc.	PLD	지분형	20,333
8. Vornado Realty Trust	VNO	지분형	19,735
9. Health Care REIT, Inc.	HCN	지분형	19,546
10. AvalonBay Communities, Inc.	AVB	지분형	19,157
11. HCP, Inc.	HCP	지분형	19,023
12. Ventas, Inc.	VTR	지분형	18,684
13. Boston Properties, Inc.	BXP	지분형	18,113
14. Host Hotels & Resorts, Inc.	HST	지분형	16,438
15. Weyerhaeuser Company	WY	지분형	16,395
16. American Realty Capital Properties, Inc.	ARCP	지분형	11,904
17. Essex Property Trust, Inc.	ESS	지분형	11,791
18. Annaly Capital Management, Inc.	NLY	저당대출형	10,514
19. SL Green Realty Corp.	SLG	지분형	10,226
20. Realty Income Corporation	O	지분형	9,532
21. Macerich Company	MAC	지분형	9,136
22. Kimco Realty Corporation	KIM	지분형	9,083
23. Digital Realty Trust, Inc.	DLR	지분형	9,715
24. American Capital Agency Corp.	AGNC	저당대출형	9,235
25. Federal Realty Investment Trust	FRT	지분형	8,159
26. Plum Creek Timber Company, Inc.	PCL	지분형	7,319
27. UDR, Inc.	UDR	지분형	7,276
28. W.P. Carey Inc.	WPC	지분형	6,508
29. DDR Corp.	DDR	지분형	6,301
30. Camden Property Trust	CPT	지분형	6,139

출처: NAREIT.

부동산 유형별로 REITs 소유 분포는 계속 변화한다. 1991년 9월에는 주거시설 부동산이 공개된 REITs의 부동산 투자의 절반 이상을 차지하였고, 다음으로 오피스, 소매시설, 의료/건강시설, 산업시설, 호텔, 기타 부동산 순이었다. 2003년 중반에는, 산업시설/오피스가 총 REITs 자산 중 1/4을 차지하여 가장 큰 비중을 차지하게 되었고, 뒤를 이어 소매시설, 주거시설, 다변화, 숙박/리조트, 의료/건강, 자기보관창고, 특수목적용 부동산 순이었다. Concept Box 21.1은 2014년 7월 기준 미국 REITs의 시가총액별 순위를 보여준다.

REITs는 다른 요인을 가지고도 분류할 수 있을 것이다. 예를 들면, 만기에 따라 기한부 REITs와 무기한부 REITs로 나눌 수 있다. 기한부(자기청산) REITs는 특정일까지 모든 자산을 처분하고 모든 수익을 주주에게 배당해야 한다. 기한부 REITs가 설립된 이유는 많은 투자자들이 REITs의 배당이 보통주의 배당과 같은 속성이라는, 즉 배당이 REITs의 보유 부동산가치가 아닌 현재와 미래의 예상 수익에 기반한다는 비판을 했기 때문이다. 그 결과 만기 배당일을 설정함으로써 투자자들이 대상 자산들의 최종가치를 더욱 잘 예상할 수 있고, 이로 인해 REITs의 지분가격이 자산가치에 더욱 가까이 접근한다는 주장이다. 이러한 특징은 무기한부 REITs에는 해당되지 않는다. 무기한부 REITs는 모든 부동산매각과 재무 이익을 새로운 혹은 기존의 부동산에 재투자하고, 계속 기업(going concern)과 같이 운영되는 경향이 있는데, 이는 투자도관체와는 반대되는 개념이다. 기한부 REITs의 잠재적인 문제점 중의 하나는 REITs가 자산을 처분하려고 하는 시점의 시장 상황과 관련된다. 만일 금리가 높고 임대료가 낮으면 매각시점으로 적절하지 못하므로, 배당일이 연기되어야 할 것이다. 대부분의 신규 설립 REITs는 무기한부 REITs인데, 기존의 몇몇 기한부 REITs는 무기한부 REITs로 전환하는 정관변경을 하였다.

지분형 리츠의 투자 매력

부동산 지분(주식)형 펀드는 투자자들에게 다음과 같은 기회를 제공한다.

1. 전문가에 의해 관리되는 다양한 부동산 포트폴리오에 투자
2. 조직화된 시장(증권거래소 등)에서 거래되는 주식지분을 소유하게 되므로, 직접 부동산을 구입하였을 경우보다 더 많은 유동성 확보

개별 투자자들은 동일한 관심을 갖는 사람들과 자금을 집합 투자할 수 있는 기회를 가지므로, 펀드는 가장 매력적인 수익을 낼 것으로 보이는 비율로 빌딩, 쇼핑센터, 토지 등을 투자할 수 있다. 투자의사결정 및 관리활동은 그러한 결정을 내릴 자질이 있고, 투자자들에게 인정받는 수탁자 위원회에 의해 이루어져야 한다. REITs 지분은 일반적으로 장외 시장이나 주요 증권거래소에서 매도가 가능하다. REITs에 대한 투자는 REITs 주식에 특화된 뮤추얼 펀드를 통해서도 할 수 있다. 또한, 부동산 및 REITs 상장지수펀드(exchange traded fund: ETF)와 폐쇄형 펀드들도 많이 있다.

대체 투안안이 나타나고 시장이 성숙함에 됨에 따라 REITs 시장은 지속적으로 성장하게 되었다. 최근에는 해외 REITs 투자가 본격화되기 시작하였다. 투자자의 포트폴리오의 다변화를 위한 해외 부동산 투자는 잠재적으로 REITs의 현금흐름을 증가시키고 있으며, 이러한 해외 REITs 투자는 두 가지 방법으로 실행되고 있다. 첫 번째는 미국과 외국 REITs 간의 국제간 투자를 통하는 방법이고, 두 번째는 국제적인 포트폴리오를 구축한 기존의 미국 REITs를 통하는 방법이다. 지금은 투자자가 국제 부동산에 투자할 수 있는 메커니즘을 찾는 것이 더 쉬워졌다. 2007년 전 세계적인 신용위기는 모든 유형의 부동산 투자와 해외 부동산 투자의 자본유입을 감소시키고 있으나 향후 자본시장이 회복하게 된다면 국제 부동산 투자 또한 지속적으로 성장할 것으로 예상된다.

현재 30개국에서 REITs와 유사한 투자기구들을 도입하여, 국제시장에서 자본이동을 활

발히 하고 있다. 2012년 12월 31일 기준으로 EPRA/ NAREIT[1] 선진시장 부동산지수가 발표되었는데, 여기에는 20개 국가에 상장되어 거래되고 있는 290개가 넘는 상장 기업이 포함된다. 시가총액 기준으로 50%를 북미가 차지하며, 약 36%를 아시아가 차지하고, 14%를 유럽이 차지한다. Concept BOX 21.2는 전세계 REITs의 현황을 보여주고 있다.

투자 유의사항 *Caveats*

앞서 설명한 대로, 지분형 REITs가 설립될 때 기존의 부동산이나 개발 중인 프로젝트가 투자대상으로서 취득될 것이다. 그리고 REITs의 존속 기간 동안 관리수수료, 자문수수료, 커미션이 리츠 관계회사와 펀드와 계약한 업체들에 지급될 것이다. 부동산 소유자는 투자은행과 협력하여 증권공모를 통해 자본을 조달하여 REITs를 설립하는 것이 전형적인 형태이다. REITs는 조달된 자금을 현 소유자로부터 부동산을 취득하는 데 사용한다. 이 거래에서 정해지는 가격은 보통 공정한 협상에 기초하지 않고, 감정평가나 기타 독립적인 가치지수를 활용하지도 않는다.

   REITs가 다른 부동산 업자와 또는 발기인들과 밀접한 관계를 가지므로 잠재적인 이해상충 문제가 발생할 수 있다. 이러한 이해상충은 다양한 형태로 나타날 수 있는데, 여기에는 REITs 경영진이 자기 소유 부동산에 대해 REITs로 하여금 유리한 조건에 취급하도록 할 경우 등이 있다. 투자자는 이례적인 가치평가가 된 부동산이라고 인지하면 REITs에게 예민하게 반응하고, 경연진에게 REITs가 쓸모없는 부동산을 매입한 규정이 무엇인지를 요구한다. 또 다른 이해상충에는 REITs가 운영을 개시한 후의 과도한 관리수수료를 부과하는 경우도 포함된다. UPREITs 형태에는 잠재적인 갈등 가능성이 더 커지는데, 여기에는 부동산 지분 소유자와는 출자 부동산에 대해 다른 조세적 이해관계에 있는 운영 파트너십(OP) 지분 소유자 또는 경영진이 과세대상인 출자 부동산을 매각 또는 차환할 수 있다는 사실을 포함한다. REITs설립 계약 조항에서 이러한 이해상충 문제로부터 투자자를 보호하기 위해, 수탁자나 관리자가 REITs의 발기인의 계열사여서는 안된다는 등, 많은 안전장치들이 존재한다. 또한 REITs는 독립적인 감정평가인을 고용하여 발기인으로부터 취득한 자산의 구입가가 공정한 시장가격인지, 그리고 REITs의 관리 및 자문사에게 지급된 수수료가 합당한지를 결정한다. 많은 REITs는 외부 자문사를 쓰지 않고 스스로 해결(self-advised)함으로써 이러한 갈등들을 피해나간다. 자문을 스스로 해결하는 REITs는 특정 관리자들의 신원을 공개하고 그들의 의무와 보수내용 등을 공시한다. 이렇게 제공된 정보들은 투자자들이 리츠지분을 평가할 때 사용된다. 또다른 방법으로 Sarbanes-Oxley법(상장사에서 회계문제가 발생할 경우 미국 증권거래위원회가 정확성을 보증한 기업경영진을 처벌할 수 있는 법)을 활용할 수 있다.

사모 REITs

대부분의 REITs는 증권시장에 상장되어 거래되지만, REITs가 공개시장에서 거래되어야 한다는 요건은 없다. 거래소시장이나 장외거래시장에 상장되지 않은 REITs를 사모(Private)

---

[1] 전유럽부동산리츠협회 / 전미부동산리츠협회

REITs는 1960년대 미국에서 처음 시작되었으며 네덜란드, 호주, 푸에르토리코가 그 뒤를 이었다. 일본은 2001년 3월 REITs를 도쿄 거래소시장에 상장함으로, 전 세계에서 13번째로 REITs를 도입하였다.

일본에 REITs가 도입된 후 한국, 홍콩, 대만 그리고 다른 아시아 국가가 REITs를 도입하였다. 유럽의 경우 2003년 프랑스가 REITs 제도를 도입하였고, 뒤이어 2007년 영국과 독일이, 2009년에는 핀란드와 스페인이, 2011년에는 헝가리가, 2013년에는 아이슬란드가 REITs 제도를 도입하였다.

이 장은 향후 전 세계적으로 유력한 부동산 증권화 상품이 될 REITs에 초점을 맞추고 있다. 다음은 해외의 REITs 제도를 요약한 것인데,

REITs의 특징, 주요 분야, 주요한 제도적 차이점을 분석하였다.

이 장에서는 미국(REITs), 캐나다(C-REITs), 네덜란드(FBI), 벨기에(SICAFI), 프랑스(SIIC), 호주(LPT), 싱가폴(S-REITs), 한국(K-REITs), 일본(J-REITs) 말레이시아(PTF), 홍콩(H-REITs), 터키(REIC)의 REITs 제도를 소개한다.

세계의 주요한 REITs 간 비교의 편의를 위해 다음의 표는 (1) 도입년도, (2) 관련법, (3) 펀드 형태, (4) REITs 구성요건 등 4가지 범주에서 비교한다.

REITs는 기본적으로 이중과세의 적용을 받지 않는 투자 도관체이기 때문에 각국의 법인세법에 영향을 받는다. REITs는 미국과 같이 세법에 근간을 두고 있는 경우와 네덜란드와 같이 투자신탁법에

각 국의 REITs System 비교

		1	2	3	4	5
	국가	미국	캐나다	네덜란드	벨기에	프랑스
	시스템	부동산 투자 신탁 (REITs)	부동산투자신탁 (C-REITs)	Fiscale Beleggingsinstelling (FBI)	Sociètè d'Investissement á Capital Fixe Immobilière (SICAFI)	Sociètè d'Investissements Immobiliers Cotèes(SIIC)
1	입법년	1960	1993	1969	1995	2003
2	법률 시스템					
2-(1)	세제 법률	미국 내국세법 (IRC)	소득세법	법인세법	소득세법	소득세법
2-(2)	관련법	개별 주의 회사법 및 신탁법 증권거래법 등	개별 주의 신탁법과 각 주의 증권법	집합투자기구 관련 조항	Act of 12 4,1990, Royal Decreeof 4월 10일 1995	2003 예산법
2-(3)	상장	NYSE,American, NASDAQ	TSX	Euronext Amsterdam	Euronext Brussels	Euronext Paris
2-(4)	감독기관	증권거래 위원회(SEC)	각 주의 증권거래 위원회(SEC)	금융시장 감독 위원회 (AFM)	은행, 금융, 보험 위원회 (BFIC)	금융시장 감독위원회 (AMF)
2-(5)	집합투자기구	No	Yes	Yes	Yes	No
3	펀드 시스템					
3-(1)	상장 / 미상장	모두 가능	모두 가능	모두 가능	상장해야 함	상장해야 함
3-(2)	폐쇄형, 개방형	폐쇄형	모두 가능	폐쇄형	폐쇄형	폐쇄형
3-(3)	내부관리 /외부관리	모두 가능	대다수 외부관리, 일부 외부관리	모두 가능	모두 가능	내부관리
3-(4)	펀드 형식	회사형, 신탁형	회사형, 신탁형	회사형, 신탁형	회사형, 신탁형	회사형, 신탁형
4	리츠 상장시 필요사항					
4-(1)	폐쇄형/개방형	금융기관, 보험회사가 아니며 국내 회사기준으로 세금을 산정	부동산 취득, 관리, 처분 등을 할 것,	AFM의 승인	벨기에 BFIC의 승인을 받은 후 일 년 이내 최소 30% 이상 공모를 할 것	주된 업무로 취득, 임대용 부동산을 영위할 것
4-(2)	최소 자본금			BV 180,000 유로 NV 450,000 유로	1.2 백만 유로	15백만 유로
4-(3)	최소 주주수	100	150			
4-(4)	공모의무비율				30% 공모	
4-(5)	주주수 및 주식 소유규정	최소 5명의 수수가 50% 이상 주식 소유금지	외국인 소유비율 49%	특정 외국인 주주는 25%이상 주식 소유금지 소매투자자는 25% 이상 주식소유 금지		

출처: Real Estate Securitization Handbook 2005, with permission from the Association for Real Estate Securitization (ARES), in Tokyo, Japan. 178-179 페이지.

근거한 두 가지 형태를 가지고 있다.

REITs는 미국형(세법) 또는 호주형(신탁법)을 기본으로 하는데, 대대수의 나라는 폐쇄형의 신탁구조(호주)를 활용하여 투자자로부터 투자금을 얻고 자산관리회사가 운영하는 외부관리형을 채택하고 있다. 그러나 최근에는 세법에 근거한(미국형) 내부관리가 주로 활용되며 수동적 소득에 근거한 임대료 수입과 더불어 부동산 개발에도 활용되고 있다.

투자도관체의 Pass-through를 위한 다양한 방법이 있는데, 이 중 많이 사용하는 방식이 Pay-through 혹은 Pass-through다. 이 중 Pay-through가 가장 보편적으로 활용되고 있는데, 이 구조는 비용을 공제한 후 배당을 허용한다. 각국의 나라들은 배당비율, 구조, 자산 및 수입 요건 및 부채 제한 등을 REITs의 설립요건으로 활용하고 있다. REITs는 각 요건들이 충족할 경우에 적용되며 이러한 요건에는 최소자본금, 주주 수, 상장요건, 자산 및 수입구성 요건, 투자자 제한 및 부채비율 제한 등이 있다. 대다수의 나라는 최소배당비율을 활용하고 있다.

부동산 매각을 통해 발생하는 자본이득을 처리하는 방법은 국가별로 다르다. 국가에 따라 (1) 비과세인 경우, (2) 재투자 시 비과세, (3) 배당금액에 포함 안되는 경우, (4) 일반수익처럼 세금과세 대상인 경우가 있다.

6	7	8	9	10	11	12
호주	일본	싱가폴	한국	말레이시아	홍콩	터키
상장 부동산 신탁 (LPT)	부동산투자신탁 (J-REITs)	S-REITs	K-REITs	부동산신탁 펀드 (PTF)	H-REITs	부동산투자회사 (REIC)
1971	2000	1999	2001	1986	2003	1985
소득세법	법인세법	소득세법	법인세법	소득세법	소득세법	소득세법
회사법 등	투자 신탁 및 투자회사법, 증권 거래법	부동산 펀드에 관한 주식 및 선물 관련 법	부동산투자회사법	부동산 펀드에 관한 주식 및 선물 관련 법	부동산 펀드에 관한 주식 및 선물 관련 법	자본시장법
오스트레일리아 (ASX)	도쿄(TSE)	싱가폴(SGX)	한국	쿠알라룸푸르 (KSE)	홍콩	이스탄불(ISE)
오스트레일리아 증권 및 투자 위원회 (ASIC)	금융 서비스 기구	싱가폴 통화 관리국 (MAS)	국토교통부, 금융위원회	증권 위원회 (SC)	증권 및 선물 위원회 (SFC)	자본시장 위원회 (CMB)
Yes	Yes	Yes	No	Yes	Yes	No
모두 가능	모두 가능	모두 가능	모두 가능	모두 가능	상장해야 함	상장해야 함
폐쇄형	모두 가능	폐쇄형	폐쇄형	폐쇄형	폐쇄형	폐쇄형
외부관리	외부관리	외부관리	내부관리, 외부관리	외부관리	외부관리	내부관리
신탁	회사, 신탁	회사, 신탁	회사	신탁	신탁	회사
ASIC의 등록	금융감독기구에 등록된 투자회사 투자회사는 최소 주주 구성요건을 충족하거나 공모의무가 있음	MAS의 승인을 받은 위탁관리 업체의 승인이 필요 위탁관리 업체는 싱가폴에 등록된 회사일것	성립 시 주주가 30% 이상 주식 취득 금지	위탁관리업체는 말레이시아에 등록된 회사일 것 위탁관리업체는 금융기관 또는 개발회사의 자회사일 것	SFC에 승인을 받은 위탁관리회사	부동산투자신탁이란 용어를 사용하고 자산 구성요건에 맞아야 함
	10억엔		50억원	1억 링키트		1 조 리라
	50인 이상의 주주 또는 검증받은 기관투자자			1,250(개별 주주들은 최소 1000주 이상 취득해야 함)		
	기업 공개시 최소 10 엔을 공모하여야 함		최소 30% 이상 공모 해야 함	25% 이상 공모		49% 이상 공모
	3인 또는 그 이하 주주는 총주식의 50% 이상 소유 금지, 50% 이상은 국내 투자자로 구성		특정 주주의 경우 10% 이상 소유 금지	외국인 주식소유 한도는 30%		

REITs라 부른다. 기술적으로 이들 REITs는 실질적인 공개기업이지만 상장되지 않은 경우가 많다. NAREIT는 사모 REITs를 다음과 같은 3가지로 분류한다.

1. 대형 기관투자자가 표적을 삼은 REITS
2. 금융자문가가 조언한 투자 패키지의 하나로, 투자자가 연합하여 투자한 REITS
3. 향후 공개를 예상하고 벤처캐피탈이 자금을 투자한 인큐베이터 REITS

기관투자자가 표적을 삼거나 인큐베이터로 시작된 몇몇 유명한 REITs도 있지만, 투자자가 연합 투자한 REITs가 급성장을 하여 부동산시장에서 중요 변수가 되었다. 금융시장이 회복된 이후의 저금리 환경하에서, 사모 REITs는 다른 투자상품에 비해 더 많은 배당을 한다는 점 때문에 많은 투자자금의 유입을 경험하였다. 사모 REITs인 Robert A. Stanger & Company는 펀드 규모가 2012년에는 $103억 달러, 2013년에는 $198억 달러에 이른다고 보고했다. 이들 회사는 REITs 시장에서 중요한 역할을 하고 있으며, 새로 투자된 자금으로 그들이 필요한 투자처에 투자를 하고 있다.

비상장된 REITs는 통상적으로 지분을 금융전문가를 통해 고정가격으로 투자자에게 매각한다. 시초 가격의 일정 부분은 마케팅 수수료로 금융전문가에게 지불하고, 비상장된 REITs의 자문가에게도 수수료를 지불한다. 나머지 자금을 비상장 REITs가 표명한 투자정책에 적합한 부동산을 구매하기 위해 사용한다. 대부분의 경우, 수수료는 10%를 넘게 되고, 90%가 못되는 자금이 부동산 투자에 사용된다.

비상장 REITs는 상장 REITs에 비해 비용이 많이 들고 유동성이 없다는 비판이 있다. 반대로 비상장 REITs를 옹호하는 자들은 비상장 REITs가 변동성이 심한 시장가격에 영향을 받지 않고, 유동성을 확보하는 투자설명서를 가지고 있다고 주장한다. 일반적으로 비상장 REITs는 주식이 특정일에 상장되지 않으면 부동산을 청산하여 잔여 수익을 돌려주는 "상장과 청산의 양자택일" 계획을 가지고 있다. 이러한 점 때문에 회사가 매우 불리한 시기에 청산해야 하는 투자위험이 추가된다. 서브프라임 위기 시에 사모 REITs 산업이 붕괴된 것을 잘 알려져 있다.

상장 REITs와 비상장 REITs간에는 상당한 차이가 있다. 투자자와 자문가들은 이러한 차이를 숙지하여 투자결정이나 추천 시에 각각에 관련된 위험을 확인해야 한다.

운영자금수입 *Funds from Operations*의 중요성

FFO는 **운영자금수입**(funds from operations)을 말하는데, 이를 대다수의 분석가들은 REITs의 수익성의 등가물로 취급한다. FFO는 분석가와 투자자들이 REITs가 주주들에게 배당할 수 있는 현금흐름의 측정치로 사용한다. 대부분의 투자자들은 주당 순이익(earning per share: EPS)의 사용에 익숙해 있다. 그러나 REITs에 있어서는 순이익이 현금흐름의 측정도구로서 적합하지 않다. REITs는 감가상각이 허용되는 많은 부동산을 소유하기 때문에, REITs의 주당순이익과 주당 FFO의 차이를 알아야 한다. 둘의 차이는 간단한 예로서 잘 볼 수 있다.

다음 표에서 REITs의 기발행주수가 10주라면, 그 주당순이익(EPS)은 $4.00이 될 것이다. 그러나 운영으로 인한 자금흐름(FFO)은 $6.00이 된다. 일반회계원칙(GAAP)에서는 자산에 대해 유효수명동안 감가상각을 허용하는데, 감가상각 기간과 상각률은 자산의 종류마다 다르다. 대부분의 사람들은 감가상각의 개념을 자신이 가지고 있는 자동차나 기타 내구재를 통해 잘 알고 있다. 이러한 재화는 노후화 되면서, 기관이 고장이 나고 기능이 저하되고, 가치가 떨어진다. 그런데 부동산은 물리적 상태는 비록 저하될지 모르지만, 물리적 상태보다 시장여건에 의해 가치가 상승하거나 떨어질 수 있다. 이러한 이유 때문에 일반회계원칙에 따라 역사적 원가를 가지고 감가상각비를 추정하여 계산된 주당순이익(EPS)이 더 이상 REITs의 재무적 성과를 나타내는 데는 정확하고 의미 있는 정보가 되지 못한다.

	REITs 손익 계산서	REITs 현금흐름
임대료	$100	$100
(−)운영비용	40	40
순 운영수익	60	60
(−)감가상각	40	−
(+)부동산 판매이익	20	−
순 이익	40	−
현금흐름	−	60
EPS(주당순이익)	$ 4	−
주당 FFO	−	$ 6

NAREIT는 이러한 문제를 인식하여, FFO를 REITs의 대표적인 성과 지표로서 개발, 공표해 왔다. NAREIT가 1991년에 채택하고 2002년에 부분 개정한 FFO의 개념은 다음과 같다.

운영자금수입(FFO)은 순이익(일반회계준칙에 의해 계산된)에서 부동산 매각이익(손실)을 제외하고, 감가상각비용을 더한 값에, 비통합된 파트너십과 합작투자를 조정한 순이익을 의미한다. 비통합된 파트너십과 합작투자의 조정치는 FFO에 반영하기 위해 같은 기준을 가지고 계산된다.

이러한 개념은 부동산산업에서 널리 통용되었으며, FFO는 REITs 성과를 나타나는 표준적인 측정치가 되었다. 투자분석가와 투자자는 FFO를 가지고 REITs 간의 성과를 비교 측정한다. NAREIT는 투자자가 FFO 측정치의 채택함으로 REITs 운영을 더 쉽게 이해할 수 있다고 권고한다. 투자자들은 REITs에 대한 이해를 증진함으로 소유형태로서 REITs의 성장을 촉진할 수 있다고 주장한다.

REITs가 성장하면서 FFO와 FFO의 보고는 중요한 사안으로 등장했다. NAREIT가 채택한 개념은 포괄적인 것은 아니며, 해석의 여지를 남겨두고 있다. 1992~1993년의 REITs IPO 붐이 일어나는 시기에 REITs의 공모가격은 일반적으로 예상 FFO에 의해 결정되는 **배당수익**의 관점에서 결정되었다. 경영의 소유권 가치는 공모가격에 영향을 미치기 때문에, 예상 FFO를 최대수준으로 끌어올리려는 경향이 있었다. 1993년 중반까지 투자설명서에서 예상 FFO를 다루는 페이지는 "마술 페이지"로 알려졌다. 이는 FFO가 공모가격을 높이기 위해 공격적으로 추정되었다는 것을 의미했다.

많은 투자분석가들과 투자자들은 FFO를 넘어서 조정된 운영자금수입(adjusted funds from operations: AFFO), 배당가능자금(funds available for distribution: FAD), 배당가능현금(Cash available for distribution: CAD) 개념을 활용하였다. AFFO, FAD, CAD 개념은 분석가의 선호에 따라 상호 적용이 가능하다. FFO와 이들 보조 개념간의 중요한 차이는 자본적 개보수 문제, 특히 지속되는 자본적 개보수와 관련이 있다. 차이를 이해하기 위해 아파트의 예를 들어보자. 아파트에는 기본적인 수준을 유지를 위해 페인팅, 카펫 교체와 같은 주요한 지출항목이 있다. 예를 들어, 카펫은 5년마다 교체되어야 하고, 페인팅은 3년마다 해야 한다. 이들 비용을 어떻게 처리할지는 REITs마다 회계정책이 다르다. 가장 보수적인 방법은 이들 지출을 비용으로 분류하여 당해년도의 소득에서 차감하는 방법이다. 다른 방법으로는 이들 비용을 자본적 개보수로 분류하여 대차대조표 상에 자본화시키고, 장기간 감가상각하는 방법이다. 후자의 경우 자본적 지출금액은 FFO에 영향을 미치지 않는데, 이는 FFO를 계산할 때 EPS에 감각상각비용이 더해지기 때문이다. 따라서 어떤 방법도 가능하지만, REITs마다 수입과 비용항목이 다르기 때문에 차이가 발생한다. NAREIT는 REITs들이 자본적 지출과 직선 임대료(straight-line rent) 등을 포함한 FFO 관련 추가명세서를 제출하도록 권고하고 있다.

REITs의 확장과 성장

수익의 90% 이상이 배당금으로써 지급되어야 한다는 요구조건 때문에, REITs는 수익이나 현금흐름을 유보할 수 없어 추가적으로 부동산을 매입할 능력에 제약을 받는다. 즉, REITs는 여유 현금흐름을 거의 갖고 있지 않다. 따라서 대부분의 REITs는 장래에 추가적으로 주식을 발행하여 성장해야만 한다. 이것은 추가적인 부동산 자산의 취득을 위한 신규 자본을 모집하는 후속 주식 모집을 말한다. 분석가들은 이러한 주식의 추가 발행이 장래 잠재수익의 가치희석(dilution)의 한 원인이 될 것으로 본다. REITs 산업에서는 후속 주식모집으로 모인 자금의 활용을 통해 가치희석을 차감하고도 남을 만큼 현금흐름의 증가가 일어나는지를 평가한다. 현금흐름 증대가 일어날 경우 이를 증분거래라 한다. 가치희석은 추가적인 주식이 발행되고 나서 새로 취득한 부동산으로부터의 추가 현금흐름이 발생하기 이전 기간에 특히 중요한 문제가 된다. 더욱이, 새로운 부동산의 개발, 임대차·관리 및 개보수와 관련하여 임대를 일시 중단하는 문제를 해결하는 데는 시간이 필요한데, 이는 수익의 잠재적인 위축 요소로 작용한다. 추가적인 주식 발행에 의한 수익의 가치희석이 일어난다면 REITs의 주식가격에도 악영향을 미칠 것이다.

REITs는 사업 확대를 위해 다양한 유형의 부채자금 조달방식을 활용해 왔는데, 여기에는 저당대출, 보증부대출, 무보증대출, 신용대출 등이 있다. 많은 REITs는 여러 신용평가기관으로부터 투자등급을 평가받아 부채자금을 조달해 왔다. 부채를 통해 조달된 자금은 추가적인 자산 취득에 사용될 수 있다. 추가 주식 공모나 장기 담보대출이 성사될 때까지의 임시적인 자금원으로서, 무담보대출(unsecured debt)이나 신용공여(lines of credit)가 사용되기도 한다. 어느 경우에도, REITs는 이익을 유보하는 데 있어 상당히 제한을 받는 "자산-집약적인(asset-intensive)" 기구이기 때문에, 그들의 미래 성장을 위한 자금 조달 능력은 매우 신중하게 계획되어야 한다. Concept Box 21.3은 최근 글로벌 신용위기가 REITs 그리고 자본 관련 의사결정에 어떠한 영향을 미치고 있는지 논의하고 있다.

　REITs가 소득과 FFO를 증가시켜 배당을 증가시킬 수 있는 방법에는 (1) 현 부동산으로부터 소득을 증가시키는 방안, (2) 자산 취득을 통해 소득을 증가시키는 방안, (3) 개발을 통해 소득을 증가시키는 방안, (4) 추가 서비스를 통한 소득을 증가시키는 방안, (5) 금융공학을 활용하는 방안이 있다. 어떤 방법을 사용할 것인가는 전략적 의사결정이다.

현 부동산으로부터의 소득 증가

현재 보유한 포트폴리오에서 소득을 증가시키는 방법 중에서 가장 확실한 것은 임대공간을 확대시키는 것이고, 그 다음은 임대료를 올리는 것이다. 명확히, 이 2가지 방법은 내재적으로 관련이 있으며, 시장의 수요 · 공급 여건에 달려 있다. 재개발도 제3의 대안이 될 수 있다. 재개발은 주로 임차인의 변화된 요구를 만족시키기 위해 공간을 개조하는 것을 말한다. 재개발은 임차인에게 보다 매력적이고 적합한 공간을 제공하기 때문에 소득 증가를 가져올 수 있다. 재개발은 엘리베이터 부족과 같은 물리적인 문제를 일으킬 수 있다. 확장은 임대차 목적의 공간을 확대시켜 소득을 증가시킬 수 있는데, 매장용 시설에서는 일반적이다. 업무용 및 산업용 REITs는 보유 부동산 주변의 토지를 보유하고 있는 경우가 있는데, 이들 토지는 장래의 성장 수요에 대비하는 목적이 있다. 수요가 없는 지역의 경우 부동산을 매각하여 보다 더 생산적인 지역에 자산을 재배치하는 방법이 있다. 소득을 증가시키는 또 다른 수단으로는 주력시장을 바꾸는 것도 있다. 몰(mall)을 패션 중심으로 바꾸는 방법을 들 수 있다. 마케팅이나 관리정책을 바꾸는 방법도 있는데, 아파트 단지에 애완동물 기르는 것을 금지하는 정책을 들 수 있다. 또한 REITs는 비용을 통제하여 소득증가를 가지고 올 수 있다. 예를 들어 다수의 아파트 REITs들이 경우 아파트 각 층마다 전기계량기를 설치하여 관리비와 이와 관련된 변동비를 입주자에게 부담토록 하고 있다.

자산 취득을 통한 소득 증가

자산 취득을 통한 포트폴리오 증가 방안에는 2가지가 있다. (1) 자본비용과 부동산 수익간의 차익을 이용해 소득(정(+)의 스프레드)을 얻는 부동산을 취득하는 방안, (2) 조세 절감 목적으로 REITs 주식이나 운영 파트너십 주식을 부동산 지분과 교환(swap)하는 방안이 그것이다. 정(+)의 스프레드 취득은 REITs가 보유 부동산에 비해 낮은 주가로 거래되지만, REITs 수익률은 보유자산의 자본환원률을 능가하는 경우에 일반적으로 활용할 수 있다. 이는 순 **자산가치**(net asset value: NAV)의 관점에서 접근할 수 있다. NAV는 회사의 부동산을 포함한 모든 자산에서 부채를 차감한 "순 시장가치"를 말한다. REITs가 NAV 이상의 주가로 거래될 경우에는 NAV 이하에서 거래되는 것보다 높은 스프레드를 얻을 수 있다. 주가와 NAV 차이가 크지 않을 경우, 자본 거래비용을 감안할 때 부동산을 취득하지 않는 것이 현명하다.

　REITs나 운영 파트너십의 지분을 부동산 지분과 교환(swap)하는 것은 현금이 많이 들지 않는다는 이점이 있다. 일반적으로 운영 파트너십 스왑(swap)은 과세시기의 이연 때문에 보전통적으로 차환금융(Refinancing) 위험에 대한 평가는 부채비용과 자본조달능력과 관련이 있다. 2008년 이전, REITs 분석가들은 REITs의 자본구성에 대해 평가를 할 때 자본조달능력보다 자본비용에 초점을 맞추었다. 2007년과 2008년 서브프라임 사태로 인한 국제적인 신용위기로 다수의 REITs들의 그들의 운영수익과 관계없이 회사부채 및 개별 부동산에 설정된 부채에 대한 차환금융이 현실적으로 어렵게 되었다. 일부의 경우 부채를 자본으로 전환할 수 없었기 때문에 전환 비용은 문제가 되지도 않았다. 분석가 및 신용평가기관은 REITs들의 자본구성의 지속가능성 즉, 단기 및 중기 부채의 차환금융으로서 자본조달 능력에 관심을 기울이기 시작했다. 이로써, 많은 REITs 투자자들은 이러한 REITs시장의 변화에 어려움을 겪고 있으며 이는 REITs 주식의 단기하락을 초래하였다.

REITs 가격은 급격히 하락하였고 General Growth Properties(미국 내 가장 영향력이 있는 REITs 중 한 곳)는 파산위험에 처하게 되었다. A 등급에 있는 다른 REITs 또한 자본구성 문제에 따른 유사한 위험에 직면하고 있다. 대부분의 경우, 이러한 REITs들은 투자분석가, 신용평가기관, 그리고 투자자들이 예상하는 것 보다 높은 자본구성위험에 노출되어 있다.

REITs 자본구성은 1992년 점진적으로 변화하였다. 대다수의 REITs들의 자기자본과 개별 부동산의 부채로 자본구성을 하였다. REITs 시장이 커지면서 자기자본은 우선주 발행으로 채워지게 되었고 개별 부동산의 부채는 전체 포트폴리오의 부채로 대체되거나 보충되었다. 점진적으로 REITs 들은 사채발행, 신용대출 그리고 무담보대출을 하기 시작하였다. 시간이 경과함에 따라, 무담보부채 및 변동금리대출의 활용이 점차 늘어나게 되었고, 중기성 채권에 REITs들이 의존하게 됨에 따라 부채 만기일이 짧아졌다(전형적으로 3~5년). 단기성 변동금리대출일 경우 장기 고정금리대출보다 금리가 낮았으며 이 기간 동안 차환금융에 수반된 위험은 점차 증가하였다. 신용위기 이전의 경우 이러한 위험들은 차입에 따른 이득에 비해 작다고 여겨졌다. 하지만 이는 장기자산(부동산)을 단기자본으로 구입하는 것이므로 근본적인 문제점을 내포하고 있었다.

신용위기가 점차 진행됨에 따라, 일부 REITs들의 이사진들은 일반적인 자본시장에서는 고려하지 않은 담보자본을 위한 조치를 고려하게 되었다. 부채 만기 상환일이 도래하고 대환이 불가능한 상황에서 대체안으로 고려한 것이 대체 대출(신용대출을 담보대출로 전환) 또는 추가적인 담보자본이다.

2008년 다수의 REITs들은 유동성 위험으로 배당가능이익의 90%이상을 배당하는 것이 힘들다는 것을 알게 되었고 이는 REITs 자격요건과 연관된 문제였다. 2008년 12월 10일 미국 국세청은 일부 요건이 충족한다는 가정하에 REITs의 주식배당을 과세년도 또는 2009년 12월 31일 이전까지 과세대상 배당금으로 인정하겠다는 Revenue Produre 2008-68을 발표하였다. 이러한 조치로 REITs들은 주식배당을 통해 의무배당규정을 충족시킬 수 있었다. 또한 이러한 조치로 REITs은 유동성 위험을 방지하기 위한 내부 현금보유가 가능하게 되었고 REITs 산업의 새로운 논란이 되었다. 필연적으로 주식배낭은 기손 수수들에게 추가적인 자본투자를 요구하는 것이다. 이는 안정적인 현금배당을 얻고자 하는 다수의 주주들에게 이중고를 겪게 하였다. 즉, 주주들은 배당에 따른 어떠한 현금을 수취하지 못하였으며 인적납세의무가 있는 주식을 받았기 때문이다. 또한 인적납세의무는 현금으로 지불하여야 한다. 그 결과 투자자들은 세금을 납부 하거나 주식을 팔고 세금을 납부하는 입장이 되었다(이러한 과정에서도 추가적인 비용이 소요됨). 이러한 주식배당은 자본관리 수단으로 필수적인 방법으로 인식되고 있으나 일부에서는 이러한 주식배당으로 투자자에게 손실을 주며 장기적인 관점에서 REITs 시장에 부정적인 영향을 미칠 것으로 예상하고 있다.

일부 REITs의 경우 유상증자를 통한 부채비율을 낮추는 방법을 선택하였다. 유상증자는 주식의 희석화를 가지고 올 수 있기 때문에 회사의 순자산 가치보다 낮게 주식가격이 결정된다. 이러한 유상증자를 통해 부채를 지분으로 전환하는 것은 다수 REITs의 생존가능성에 대한 의문을 해결해 주기 때문에 긍정적인 측면이 있는 반면 기존 주식가치의 희석화를 초래한다. 다른 REITs의 경우 부동산 가격 하락 및 시장상황이 부정적이지만 부동산을 매각하는 방법을 선택한다.

단기적으로 신용위기에 따른 자본구조의 변화는 REITs의 시장가격을 안정화를 가지고 온다. 즉 파산 위기의 REITs들에게 회복할 시간을 줄 수 있기 때문이다. 어떠한 형태의 자본구조의 변화가 현재와 같이 심각한 신용위기에 적합할지에 대해서는 시간이 지나서야 알 수 있을 것이다.

---

[1] Ph.D Ron Donohue 작성

다 이점이 있다. 현재의 주주들은 취득 부동산의 소유주가 유동성 확보를 위해 부동산의 할인 교환을 받아들이기 때문에 스왑이 유리한 자본환원율에서 이루어질 수 있어 이익을 얻을 수 있다. 어떤 경우 스왑에는 REITs에게 이익이 될 수 있는 사업이나 인력도 포함된다. 예를 들어, 현재의 REITs가 개발 능력이 부족할 경우 공개절차를 통해 개발 능력이 있는 비공개 회사와 스왑을 할 수 있다. 이를 통해 REITs는 대규모 포트폴리오와 전문 노하우를 확보할 수 있다. 비공개 부동산 소유주는 비용을 최소화하면서 기업 공개를 할 수 있는 이점이 있다.

개발을 통한 소득 증가

REITs는 부동산 개발을 통해서도 소득을 증가시킬 수 있다. 위험은 일반적으로 재개발이나 취득 시 보다 더 크게 되겠지만, 줄일 수는 있다. 예를 들어, 부동산 개발에 개입된 위험은 신용도가 높은 임차인과 장기 순 임대차 계약을 함으로써 상당히 줄일 수 있다. 이를 위해서는 시장분석이 절대적으로 필요하다. 개발을 통해 이윤을 확보하고 FFO를 증가시킬 수 있지만, 수익은 건축 지연, 비용 과다, 임대차 문제 등의 위험 때문에 반감된다. 시장에서 많은 투자자들은 분기별 수익에 주로 관심이 있기 때문에, 관심의 초점이 부동산의 장기적 수익보다는 주가에 영향을 미치는 요소에 두어질 수 있다. 부동산 취득 기회가 줄어들 경우 REITs는 개발 쪽으로 방향 돌릴 수 있다. 개발에 장기적, 전문적으로 개입한 REITs가 있는 반면, 자산 취득에 전문적인 REITs도 있다. 제3의 경우로 REITs가 개발업자들과 긴밀한 연계를 통해 건축 프로젝트를 수행하는 것도 있다.

추가 서비스를 통한 소득 증가

REITs는 관련 혹은 관련이 없는 제3의 회사와 연관된 추가 서비스를 통해 소득을 증가시킬 수 있다. 이러한 활동을 통한 소득 증가는 REITs에 따라 다양하게 적용 가능하다. 일부 회사는 이러한 활동을 통한 소득 증가에 큰 비중을 차지하고 있으며 이와 반면, 다른 회사의 경우 외부수익을 얻기 위한 어떠한 서비스를 제공하지 않는다. 이러한 서비스에는 부동산 관리, 개발 그리고 부동산 서비스와 관련된 것들을 포함한다. 다른 경우, REITs는 기관투자자와 함께 합작투자(joint venture)에 들어가고 이 경우 REITs는 합작투자의 주식을 일부 취득하고 합작투자의 부동산 및 자산관리를 하여 추가 수익을 얻는다. REITs는 제3자와 관련된 서비스를 제공하여 수익을 얻으며 이 경우 수익은 경쟁시장비율에 의해 얻는다. 또한 REITs는 임차자들에게 마케팅, 금융 그리고 기타 다른 서비스를 제공해 줄 수 있다. 따라서 REITs는 부동산경험과 인적자원의 활용으로 추가적인 소득을 얻을 수 있다.

금융공학

다섯 번째 대안은 금융공학을 통해 FFO를 증가시키는 방법이다. 금융공학에는 다양한 회계적 처리 방안과 FFO 증가를 위한 레버리지 활용 방안이 있다. 금융공학에는 또한 금리, 금융조건, 자본조달원을 확보하는 능력을 포함한다. 이들 요소들은 REITs의 장기 자본비용에 영향을 줄 수 있다. 본질적으로, 이는 배당 극대화를 위해 REITs의 경영을 통해 자본구조를 조작할 수 있다는 생각이다. 다양한 금융기법의 활용에 따른 위험과 보답은 다음 장에서 논의할 것이다.

회계적 처리방법을 통해 FFO를 증가시킬 수 있다. REITs의 주가는 FFO의 배수로 거래되는 경향이 있기 때문에 FFO가 증가할수록 주가가 상승할 수 있다. REITs는 주주가 기대한 만큼의 FFO를 올리지 못할 위험이 있다. 주주들은 FFO의 배수가 미래의 성장지표로 바라보고, 그에 걸맞는 배당금의 상승을 예상한다. FFO 예상치에 미치지 못한 REITs는 투자자들이 외면한다.

회계적 처리방안이 가져다주는 영향의 예로서, 유지비용을 비용화할 것인지 자본화할 것인지의 문제가 있다. 어떤 부동산의 경우, 특히 다가구 주택의 경우, 유지비용은 주기적이고, REITs의 배당금에 영향을 준다. 유지비용에 대한 회계적 처리방법은 REITs마다 상이하기 때문에 REITs간의 비교가 어렵다. 따라서 많은 분석가들은 일찍이 배당가능현금(cash available for distribution: CAD)을 분석의 툴로 활용해 왔다. CAD는 보수적인 관점에서 유지비용을 자본항목보다는 비용항목으로 처리한다. 문제는 CAD 개념이 표준화되어 있지 않아, 표준화된 정보를 활용할 수 없다는 점이다.

REITs는 단기간에 FFO를 증가시키기 위해 레버리지를 활용하기도 한다. REITs가 부동산을 취득하기 위해 단기 변동금리를 활용하는 방법이 있다. 변동금리 대출은 장기 고정금리 대출보다 금리가 낮아, 적어도 단기적으로는 투자수익률이 상승할 수 있다. 이론적으로는 투자 수익률이 높을수록 FFO와 배당이 커지고, 주가가 상승할 수 있다. 불행히도 높은 수익률에는 높은 위험이 내재되어 있기 때문에, 레버리지를 통해 손실이 커질 수 있으며, 주가도 더욱 하락할 수 있다. 부채를 지분으로 대체하는 능력이 없는 경우, 적절한 시기가 아니더라도 차환이 필요하게 된다. 차환 위험은 주가에 반영된다.

REITs는 지급비율도 바꿀 수 있다. 지급비율은 FFO나 CAD의 일정 비율로 계산된다. 지급비율은 조직의 재무적 유연성과 지속적인 배당 여력을 가늠하기 위한 중요한 지표다. 2개의 REITs의 예를 들어 보자. REITs 1은 주당 FFO가 $1.00이고, $0.85를 배당하여, 지급비율이 85%가 된다. REITs 2는 주당 FFO가 $0.93이고, $0.85를 배당하여, 지급비율이 91.4%가 된다. 양 REITs의 소득이 주당 $0.10씩 하락한 경우 배당률은 각각 94.4%와 102.4%가 된다. REITs 1은 현금 유보분의 감소 없이 배당을 유지할 수 있는 반면, REITs 2는 현금 유보분의 감소가 불가피하다. 이러한 배당정책은 단기간에는 유지될 수 있지만, 성장을 헤치지 않고 무한대로 이러한 배당을 유지할 수 없을 것이다.

회계 및 재무 보고시 고려사항: 지분형 REITs[2]

REITs의 재무제표를 분석할 때, REITs도 다른 경제 주체들처럼 그의 사업 활동을 회계 처리함에 있어 상당한 재량권이 있다는 점을 이해해야 한다. 본 장에서는 REITs 투자자들이 재무제표와 다른 서류들에 근거하여 재무분석을 할 때 고려해야 할 사항들을 다룬다. 이들 이슈들은 투자은행과 여타 REITs 시장분석가들의 산업보고서에서 광범위하게 다루고 있는 것들

[2] "Do You Bilieve in Magic? Understanding a REITs IPO's Pro Forma Funds from Operantion"(Morgan Stanley: *U.S. Investment Research*, January 24, 1994) 보고서를 제공해 준 Eric Hemel과 Neil Barsky에게 감사한다.

이다. 다음에서는 REITs와 재무제표를 평가하는데 있어서 기본 사항과 중요성을 다룬다.

임차인의 개보수와 무상 임대: FFO에 대한 영향

부동산시장이 약세이고 공실이 평균 이상으로 많을 때, REITs관리자는 임차인을 유치하기 위해, 임대료 면제기간 제공이나 개보수 비용부담을 임대 조건으로 제시할 수 있다. 이러한 경우는 REITs의 수익을 이해하는 데에 중요한데, 특히 임대차기간이 길 때 더욱 그러하다. 산업용, 오피스, 소매시설 부동산 보고서 작성에 있어 입주상황과 수입임대료는 매우 중요한 조항이다. 임대인은 임대율을 높이고 임대수익을 증가시키기 위해서, 임차인의 개보수 비용을 부담하는 경우가 있다. 일반적으로, 상업용 건물을 새로 임차하면 사용하는데 알맞도록 공간을 재구성하는 데 비용이 든다. 소유주가 임차인의 개보수 비용을 부담하는 것은 부동산 업에서 일반적인 관행이다. 그러나 그 금액이 시장에서 경쟁업자가 제시하는 것보다 상대적으로 매우 클 경우는 우려해야 할 상황이 온다. 소유주가 부담하는 임차인 내부 개조 비용은, 자본화된 후에 감가상각 되는 경우가 많다. 따라서 FFO는 감가상각 이전의 수익을 나타내므로, 임차인 개보수 비용은 FFO 계산에 포함되지 않는다. 그러므로 투자자들은 이 현금유출 금액이 현재 발생하고 있으나, 시간을 두고 감가상각비로 회계처리 된다는 것을 유념해야 한다. 투자자들은 또한 "시작되기로 예정된 임대차 계약"을 포함하는 FFO 예상치에 대한 주석(notes)에 특별한 관심을 기울여야 한다. 이것은 미래의 특정일까지는 발효되지 않을 임대차의 영향을 REITs가 현재 반영하고 있다는 것을 나타낼 수도 있다.

투자자가 새로운 임대차계약의 영향을 평가하는 방법 중 하나는, 평방피트당 비용 및 임대계약에 임차인 개보수 비용 대지급액과 임대료 면제기간을 포함하며 결정하는 것이다. 이러한 결정은 특히 REITs가 공모에 의한 기업공개를 하려고 할 때 중요하다. 예를 들어, 기업공개 이전 3년간 임차인 개보수 비용 대지급비용이 평방피트당 평균 $7이었다고 가정하자. 그러나 그 REITs가 기업공개 전년도에 평방피트당 비용 $20을 지불했다고 하면, 이 임차인 개조비용에 들어간 추가비용은 기업공개에서 투자자들에게 더욱 매력적으로 보이기 위해 임대율 및 명목 임대료 수준을 끌어올리는 노력을 하고 있었다는 것을 말해준다. 많은 REITs 들이 임차인 개조비용의 평방피트당 부담내용을 명백히 밝히지는 않는다. 그러나 투자자들이 나름대로 예상을 할 수 있도록 과거 임대사업 활동에 관한 충분한 정보를 제공할 수도 있고, 임차인 개보수 비용 수준을 총계로서 보여주고 있을 수도 있다.

임대차 중개 수수료 및 관련 비용

많은 REITs들은 임차인을 끌기 위해 외부 임대차 중개인들에게 수수료를 지급한다. 이 수수료는 보통 현금으로 지불하고, 비용은 임대기간이 끝날 때까지 자본화한다. 이 비용들은 상각되는 비용항목에 포함된다. 투자자들은 전통적으로 REITs의 수익성을 FFO(감가상각과 비용상각 이전의 수익)에 따라 평가하므로, 이연된 임대차 비용은 간과될 수도 있다. 이연된 임대차 비용을 밝혀내는 데에, 단 하나의 기준만이 인정되고 있는 것은 아니다. 많은 REITs

들은 스스로 임대 하거나, 고용된 중개인에게 월급이나 수수료, 또는 둘 다를 지급한다. 그리고 나서 이에 대해 비용 처리하거나, 비용을 자본화 하여 이연할 수도 있다. 임대차 비용의 이연은 2가지 문제를 발생시킨다.

(1) 임대차 비용은 계속되는 영업비용의 원천이다. 이를 영업비용에서 빼게 되면 비용을 줄이고, FFO를 증가시킨다. (2) 드문 경우지만 브로커들이 수수료를 일시불로 받지 않고 임대차의 만기에 걸쳐 받는다. 이 경우에 기업공개 직전의 REITs에 대한 투자자들은 기업공개 이전에 계약된 임대차에서 발생한 수수료를 지급하게 된다. 즉, REITs가 과거에 계약된 임대차에 대해 미래에 현금을 지급해야 함을 의미한다.

직선 *Straight-Line* 임대료의 이용

REITs가 임대차 계약 만기까지 임대료 인상률 확정조항이 있는 장기 임대를 취급할 때, 또 다른 회계 상의 문제가 야기된다. 이는 연 단위 및 월 단위로 임대차 계약하는 아파트회사의 경우에는 일반적으로 드물게 발생하나, 장기 임대하는 REITs에는 중요한 문제이며 실질적으로 모든 종류의 상업용, 산업용 부동산에 해당한다.

잠재한 문제를 이해하기 위해, 임대료 정기 인상조건(step-ups)인 10년 만기 임대차 계약에서의 단순한 해법을 고려해 보자. 첫해에서 3년차까지 임대료는 평당 $8이고, 4년차부터 7년차까지는 평당 $10, 그리고 8년차에서 10년차까지 평당 $12라고 하자. 만일 수입 인식이 "직선(straight-line)"기준으로 보고된다면, 임대수입은 총 임대차 기간동안 평균이 될 것이고, 본 건 예의 경우 평당 $10이다. 그러므로 실제 현금유입은 $8이지만, 첫해의 임대수입은 $10이 된다. FFO는 감가상각 이전의 이익으로 계산되므로, 대략의 FFO는 실제 $8이 아닌 $10을 사용할 수 있다(계산의 전제가 되는 가정들을 다른 방식으로 명확히 명기해 놓지 않은 한). 분명히, 임대차 후반에는 FFO 추정액이 실제 수입보다 낮을 것이다($12의 현금흐름이 평균치 $10을 초과하므로). 그러나 기업공개 시에는 관심이 최초, 혹은 근년도의 FFO 추정에 많이 집중된다. 이 경우에, 투자자들은 임대수입 흐름을 직선(평균값 적용, straight-line)으로부터 곡선으로 바꾸고 싶어 할 수도 있다. 경영진은 초년도에서 직선으로 조정되지 않은 현금흐름에 관해, 투자자들에게 명확한 정보를 제공해야 할 것이다. 이러한 방식으로 투자자들은 REITs의 배당 지급 능력을 더욱 잘 산정할 수 있고, 장래의 계약임대료 조정조항에 따른 잠재 현금흐름 성장에 근거하여 가치를 정확하게 평가할 수 있다. 이는 많은 분석가들이 조정된 FFO, CAD, 여타 보조적인 현금흐름 측정치들을 사용하려는 주요한 이유가 된다.

다른 부동산 관리에 따른 FFO와 수익

많은 REITs는 제3자 관리수입(third-party management income), 즉 REITs 자사의 소유가 아닌 다른 자산을 관리해 준 대가로 받는 수익을 얻고 있다. 제3자 관리에 의한 이익은 추가적인 수익원을 제공하기는 하지만 이와 관련된 수익의 흐름은 REITs가 소유한 자산으로부터의 임대료 수익보다 더 많은 변동성을 갖는다. 왜냐하면, 많은 관리 계약들이 언제라도 제3자인 소유주에 의해 취소될 수 있기 때문이다. 더욱이 다른 사건들이 이 수익원에 영향을 미칠 수 있다. 많은 REITs는 기관투자가와의 합작투자에서 가지가 가지고 있는 포트폴리오 지분을 매각하기도 하고, 포트폴리오의 소수 지분(20%가 일반적)을 보유하기도 하고, 관리 부동산에서 수수료 수입을 올리기도 한다. 부동산에 대한 합작투자의 파트너의 통제와 관리자인 REITs의 교체권에 대해서는 일반적으로 합작투자 계약에 들어 있고, 그래서 투자자와 투자분석가가 이들 계약조건을 잘 아는 것이 마땅하다. REITs가 관리하는 다른 자산들이 팔릴 수도 있으며, REITs가 제3자의 자산에 너무 많은 관심을 쏟는다면 REITs 자사가 소유한 자산에 대한 관리가 소홀해 질 수도 있다. 따라서 REITs 증권분석가들은 대부분 이러한 관리 수익에 의한 FFO에 낮은 비중을 둔다. 투자자들은 REITs 가 다른 수입원 또는 수수료 수입을 제시할 때, 이에 대해 주의를 기울여야 한다. 왜냐하면 이러한 수수료의 많은 부분이 단기성이기 때문이다. 제3자 관리계약과 여타 수입원의 성격을 이해하는 것이 중요하다. REITs의 경영진이 계약관계에 있는 파트너십 지분을 가졌다면, 제3자와의 관계의 성격이 또한 중요하다. 몇몇 수입원은 부동산으로부터 발생하지 않을 수 있어, 이것이 허용 수준을 넘어설 경우 REITs의 면세 지위도 위험해질 수 있다.

저당대출 및 다른 채무들의 유형

REITs투자를 고려할 때, REITs가 차입한 저당대출의 조건을 살펴보는 것이 중요하다. 저당대출이 단기인지 장기인지 여부, 변동금리인지 고정금리인지 여부, 분할상환조건인지 여부를 검토해야 한다. 실제로 대부분의 REITs는 차입금을 분할상환하지 않고, 차입시장에서 계속해서 만기 차입금을 차환하고 있다. 단기 변동금리부 차입금을 활용함으로 REITs는 인플레이션 및 금리위험을 부담하는 대신 낮은 금리로 조달할 수 있다. 단기 변동금리를 활용하면, 단기적으로는 낮은 금리 때문에 유리하지만, REITs를 심각한 위험에 노출시킬 수 있다. REITs는 금리 "상한(caps)"이나 "스왑(swap)"을 활용하여 위험을 회피할 수 있다. REITs는 또한 다양한 조건의 회사채 및 보증부, 무보증부 회사채를 발행 할 수 있다.

토지 임대차 *Ground Leases* 의 존재

용어에서 알 수 있듯이, 토지 임대차는 건물이 존재하는 부지를 임대하는 것이다. 이는 일반적으로 장기로 계약되며, 경우에 따라서는 99년까지 가기도 한다. 토지 임대차는 순 임대차인 경향이 있는데, 이는 임차인이 전기 · 가스 등 공익시설(utilities) 비용, 세금, 개보수 비용 등의 건물의 운영과 관련된 모든 비용을 부담하는 것을 말한다. 수수료를 받는 토지 소유자는, 건물 소유자인 운영자로부터 임대료를 받는 것 이외의 아무런 운영과정에서의 역할을 하지 않는다. 임대차 만기 시점에는, 토지 소유자가 모든 건물 및 토지 위의 모든 개량물에 대한 권리를 갖는다.

REITs에는 토지 임대차의 2가지 기본적인 계약형태가 적용될 수 있다.

(1) 다른 주체가 소유한 토지 임대차 권리를 기반으로 REITs가 **건물을 소유하는 경우**다. 만일 토지 임대차 지급액이 **고정되어** 있다면, REITs은 잠재적인 이득을 가지고 있을 수도 있다.

이러한 경우에, REITs는 레버리지를 이용하는 것과 유사하다. 왜냐하면 만일 상대적으로 고정된 토지 임대차 지급에 비해 빌딩 임대료 수익의 현금흐름은 계속해서 성장해 나간다면, REITs 지분에 대한 높은 더 수익이 달성되는 것이다. 토지 임대차의 결정적인 단점은, REITs가 임대차 만기 시점에 건물에 대한 소유권을 포기하거나, 만기 이전에 임대차에 대해 재협상을 해야 한다는 것이다. 투자자들은 가치평가(valuation) 과정에 있어서, 만기 시점이 다가옴에 따라 토지가 임대차된 건물로부터의 현금흐름을 대폭 할인해야 한다. 게다가 어떤 토지 임대차는 토지임대인이 수익 성장분에 대한 참여 권리가 있을 수도 있다. 이는 이익 참가부 사채(participating debt)와 비슷하며, REITs 투자자들에게는 부정적이다. 분명 모든 토지 임대차의 계약조건들은 임대차의 만기 보다 **훨씬 이전에** 재협상해야 한다.

(2) REITs가 토지소유자와 직접 계약하여 **토지 임대차권을 직접 소유하는 경우**이다. 토지 임차는 REITs가 투자 가능한 대상으로서, REITs는 복귀(reversion)의 모든 권리를 갖는 토지소유자와 건물소유자의 중간에 위치하게 된다. REITs가 빌딩 소유자로부터 임대료 흐름을 추심할 위험을 지고서 수금하여, 토지소유자에게는 수입임대료보다 낮거나 혹은 고정된 지급을 하는 이 계약은 "spread investing"으로 알려져 있다. 제3자에 대한 토지 임대차는 그 제3자의 신용에 따라서 안전하고, 믿을 만한 수익흐름을 확보하는 방안이 될 수 있다.

어떤 토지 임대차는 중요하고 복잡하여 상세한 재무 분석이 필요하다. 예를 들어, 많은 소매시설 REITs는 토지 임대차가 계약된 쇼핑몰을 소유하고 있다. 이 경우에 토지소유자(토지임대자)는 일반적으로 일단 매출 수익이 분기점을 넘어서면 상당한 현금흐름을 수령할 수 있으나, 토지 임대차의 지급액으로 인해 REITs의 궁극적인 성장 전망은 줄어든다.

임대차 갱신 옵션 *Renewal Options* 과 REITs 임대료 인상

투자자들은 REITs의 임대 계약기간의 도래에 따른 계약연장을 검토해야 한다. 이는 특히 지역 쇼핑몰, 산업용부동산, 오피스와 같은 장기 임대차 계약에 집중하는 REITs에 있어서 중요하다. 대부분의 REITs는 기업 공개(IPO) 시, 대부분 신규 계약분의 임대료뿐 아니라, 최근에 만기가 지난 임대차의 임대료의 평균값도 밝힌다. 이를 통해 투자자들은 새로운 건들 중 이전 임대료 보다 낮거나 같은 임대료로 계약된 건이 얼마만큼 이었는지, 그리고 얼마나 많은(혹은 적은) 임대료인상이 임대차계약 연장 과정에서 일어났는지를 알 수 있게 된다.

갱신 옵션을 갖는 계약에 해당되는 임대면적 합계와, 이러한 옵션이 행사되는 임대료 수준의 범위를 결정하기 위해, 임대계약 연장 일정이 검토되어야 한다. 임대차 만기 시점의 임대료가 현재 임대료보다 훨씬 낮을 수 있다. 또한 투자자들은 임차인들이 그들의 임차를 갱신하지 않을 가능성에 대해 살펴보아야 한다. 임차인들이 현재의 공간이 그들의 사업 확장에 적합하지 않다고 생각하거나 다른 이유들로 인해, 그들의 임차를 갱신하지 않을 수 있기 때문이다. 그러므로 투자자들은 새로운 임차인에게 임대될 확률과, 새로운 임차인을 구하는데 얼마나 시간이 걸릴지, REITs가 얼마의 비용이 소요될지(중개수수료 및 계약에 드는 비용)를 고려해야 한다.

입주한 임차인의 수: 임대된 공간 또는 입주된 공간

입주자 수에 관해 논할 때, 거의 모든 REITs는 재무제표와 운용결과 기록에 입주된 공간(*oc-cupied space*)이라는 용어를 사용한다. 다른 공시 항목들처럼, 처음에는 이 역시 잘못되지 않은 것으로 보이지만, 좀 더 깊이 검토해 본다면 이는 잠재적인 왜곡의 여지를 남겨둔다. 입주된 공간은 임차인이 현재 임대료를 내고 있는 공간 면적이다. 임대된 공간은 임대차가 앞으로 6~12개월간 효력을 발생하지 않더라도, 임대차 계약이 체결된 모든 공간을 포함한다. 임대된 공간의 양은 입주공간보다 몇 % 높은 경우가 많다. 투자자가 어떤 REITs의 입주된 공간을 다른 REITs의 임대된 공간과 비교한다면, 두 가지의 다른(비교 불가능한) 방법을 사용하고 있을 수 있는 것이다. 예들 들면, 어떤 REITs는 현재는 임대된 상태이지만, 임차인이 퇴거했거나 곧 퇴거할 상황일 수도 있는 공간을 입주공간으로 고시할 수 있다. 임대차 구조와 기간의 차이 때문에 부동산 부문별로도 차이가 있을 수 있다. 결론적으로 REITs는 현재 임차인이 입주 상황이더라도, 가까운 미래에 임차인이 입주하지 않은 상태가 될 이유가 있다고 예상되는 경우, 이를 입주 실적으로 주장해서는 안 된다.

소매시설 REITs와 평방피트당 매출

소규모 상점의 평방피트당 소매 매출을 측정하는 표준적인 방법은 없다. 몇 가지 계산법이 발전되었으나, 투자자들은 각 방법들이 내포하는 의미를 알고 있어야 한다. 예를 들면, 첫 번째 방식은 "지역 몰의 가판 등 임시점포(free-standing stores)"로부터의 평방피트당 매출을 배제하는 방식이다. 두 번째 방식은 "몰 상점 매출"을 사용하지만 공간이 덜 집중적으로 이용되거나, 총 공간의 일부가 임차인에 의해 소유되거나 매우 제한적인 운영 계약에 의해 지배되는 "대형 매장 사용자들"의 매출을 배제하는 방식이다. 위의 두 가지 방법의 문제점은, 몰의 총 소매 매출과 평방피트당 매출이 대형 매장 사용자들을 배제함에 따른 영향을 받는다는 것이다. 비록 많은 대형 매장 사용자들이 몰에 그들의 공간을 소유하고 있거나, 매우 엄격한 운영계약을 함으로써 그들 공간에 대해 상당한 통제권을 갖고 있다고 할지라도, 투자자들은 어떤 면에서는 임대 포트폴리오나 임차인 명부, 그리고 모든 임차인들의 "영업력"에 대한 지급을 하고 있는 것이다. 보다 나은 접근 방법은 대형 매장 사용자들을 배제하기보다는 총 평방피트당 전체 매출을 보고하는 것이다.

재무보고서에 대형 매장 사용자들을 배제하는 논리는, 많은 오래된 몰들이 잡화상 타입의 대형 상점을 갖고 있어 평방피트당 매출의 평균을 낮춘다는 것이다. 임대차 계약이 갱신되면 몰이 매출과 수익의 성장을 이룰 기회가 생기는데, 특히 잡화상 타입의 대형 상점의 임대차 만기가 다 되어 간다면 더욱 그렇다. 결과적으로, 평방피트당 매출을 더욱 포괄적으로 정의할수록 몰의 장기 잠재 매출력이 과소평가되는 경향이 있다.

세 번째 방식은 평방피트당 매출을 "운영기간 동안 12개월의 매출을 보고한 몰 상점 임차인"에 근거하고 있다. 이 정의는 아마도 파산했거나 고의로 임차를 끝냄으로써 12개월 미만의 매출을 보고한 임차인들을 배제하고 있다. 이 방법은 "임차인 생존 편향" 또는 생존한 임차인들만을 계산하고 그렇지 못한 임차인들은 배제하는 과정을 겪는다. 배제된 임차인들은 아마도 다른 임차인들보다 낮은 평방피트당 매출을 실현했을 것이고, 만일 포함되었다면 평방피트당 평균매출을 끌어 내렸을 것이다.

공개기업으로서의 추가비용

REITs는 일반적으로 운영자와 임원에 대한 보험에 가입해야 하고, 운영수수료를 지급해야 하며, 증권거래소 상장비용을 지급해야 하고, 증권거래위원회(SEC)에 연간, 분기보고서를 제출해야 한다. 이러한 비용들은 통상 일반 관리비용에 포함되지만, 실제 금액은 최초 REITs가 예상했던 것보다 상당히 클 것이다.

2002년 Sarbanes-Oxley법 제정이후, 엔론(Enron)과 월드컴(WorldCome) 사태를 막기 위해 다양한 조치를 취하였다. 이 법은 1934년에 제정한 증권위원회법의 규제 규정을 수정한 것이다. 증권거래위원회(SEC)는 Sarbanes-Oxley법의 규정을 적용 받는 주요한 기관이다. Sarbanes-Oxley법은 제정 후 상장회사에 대한 규정과 주식거래를 위한 추가적인 기준을 마련하기 위해 여러 번에 걸쳐 개정되었다. 법의 일부는 이미 효력을 발휘하여 회계위원회, 추가재무정보와 회계감사의 독립 등에 영향을 미쳤다. 다른 일부는 향후 주기적으로 필요한 사항을 SEC에 제출하도록 될 예정이다. 또한 추가적으로 법과 관련된 다른 사항들은 지속적으로 개정이 될 예정이다. 규정을 따르는 비용은 기업의 규모에 관계없이 일정하기 때문에, 법의 구비요건을 갖추기 위해 소형 REITs의 부담이 더 커지게 되었다. 어떤 소형 REITs는 다른 기업과 합병을 하든지, 비공개 기업으로 전환하든지 하고 있다.

저당대출형 REITs의 투자 매력

저당대출형(mortgage) REITs는 부동산 자산을 소유하지 않는다는 점에서 지분형 REITs와 다르며, 기초 부동산자산에 의해 담보되는 저당권(mortgage)을 소유한다. 저당권 증서로부터 발생하는 수입은 저당대출 금리, 대출채권 구입시점의 디스카운트(혹은 프리미엄), 대출채권 잔액 등에 영향을 받는다. 펀드의 수익에 대응하는 REITs의 비용은, 차입을 위해 지급되는 이자, 관리회사에 대한 용역비용, 그리고 이러한 투자회사의 운영에 부수되는 소액 비용들이다.

1960년대 말부터 1970년대 초에 이르는 기간 동안, 저당대출형 REITs는 대출원으로서 이용되었는데, 특히 제도권 은행, 저축대부조합(savings and loans), 보험사 또는 다른 부동산 금융 취급 기관들의 법적 및 대출 정책상 대출 제한 규모를 초과하는 건축, 개발의 경우에 더욱 많이 활용되었다. 왜냐하면, 저당대출형 REITs들의 대출 정책은 상대적으로 규제를 덜 받았고 또 공모 자본시장에 접근할 수 있었기 때문에, 저당대출형 REITs들은 부동산 금융시장의 틈새를 메우는 역할을 하고 있었다. 그들의 단기 조달금액에 대한 비용은 상대적으로 높았음에도 불구하고, 항상 다른 대출원들이 적용하는 이자율보다 3.5~4%p 정도 더 높은 이율로 건축, 개발 대출을 할 수 있다고 합리적으로 예상할 수 있었다. 조달비용과 대출수익 사이의 스프레드로 인해, 대출 포트폴리오가 성장해 감에 따라 REITs 지분 소유자의 지분에 이익의 증가를 줄 수 있었다. 이러한 이익 증가는 REITs 지분의 판매가 더 높은 가격에 이루어질 수 있게 지원하였다. 이러한 패턴을 따라, 저당대출형 REITs는 1970년대 초반에 급격히 성장하였다.

그러나 1974년에 경기 침체기가 시작되었고, 우량은행들이 사상 유례없이 대출금리를 올렸다. 예상치 못했던 자금조달 비용의 상승 때문에, 많은 저당대출형 REITs들은 영업 손실을 입지 않을 수 없게 되었다. 그 이유는 그들이 채무자에게 이러한 높은 자금조달비용을 충분히 전가할 수 없었기 때문이다. 게다가 많은 저당대출 선 확약서(advance mortgage commitments)가 낮은 이율에 이미 제시되어 있었고, 이율을 마음대로 인상시킬 수 있는 유연성이 없었다. 이 금리 상승기 동안에 많은 개발업자들이 완성된 건축물을 매각할 수 없었고, 급격한 건축비용의 상승으로 인해 프로젝트를 완성할 수 없었다. 결과적으로, 그들은 건설대출에 대해 지급불능에 처하게 되었다. 저당대출형 REITs의 지분가치는 급격히 하락하였고, 그러므로 REITs의 자금조달원으로서 추가적인 주식공모의 성공확률은 낮아지게 되었다.

대출의 상환불이행이 예상됨에 따라, REITs의 CP발행 시장도 침체되어 거의 전적으로 은행의 신용공여에 의지할 수밖에 없었다. 1975년에 파산율이 계속해서 높아짐에 따라, 많은 대형 시중은행들은 이러한 신용공여에 따른 채권들의 만기를 연장할 수밖에 없었는데, 이는 회전약정(revolving credit agreement)하에서 채권단 은행들에 의해 연장되었다. 이러한 연장은, 만일 심각한 경기 침체기에 저당대출형 REITs들이 문을 닫게 된다면 전체 금융시스템에 미칠 누적적인 영향을 피하기 위해 허용되었다. 여신이 더욱 어려워져 시중 은행들의 신용공여가 더 이상 합리적으로 갱신될 수 없게 되었을 때, 많은 스폰서 은행들은 저당대출형 REITs의 채무를 줄이기 위해 저당대출형 REITs의 포트폴리오로부터 거액 단위로 저당권을 빼내서 그들 자신의 대출계정 및 청산계정에 집어넣었다. 이러한 행위들은 모든 시중은행들의 유동성에 전반적으로 영향을 주었고, 저당대출형 REITs들은 건축 및 개발자금 대출 시장에서 자금 공급자로서의 위치를 상실하게 되었다. 현실적으로는 많은 저당대출형 REITs는 상업용 저당증권(commercial mortgage backed securities: CMBS)에 투자하였다. 점차적으로 저당대출형 REITs는 보다 다양한 투자, 즉 메자닌 대출과 건설대출 등에 투자하고 있다.

2007년에 시작된 세계 신용위기 동안, 저당대출형 REITs는 자본 한계, 기대 채무불이행률 상승, 단기적인 금리변동으로 인해 심각한 영향을 받았다. 이들 요인들로 인해, 저당대출형 REITs 투자자는 더 높은 위험 프리미엄을 요구하였다. 이 와중에, 주가는 급속히 하락했으며, 부채를 차환하지 못한 기업들은 부도 위기에 직면했다. 몇몇 저당대출형 REITs는 대출을 갚기 위해 자신의 포트폴리오 일부를 매각할 수 있었지만, 이는 매우 낮은 가격에 팔렸으며, 그 결과로 주주 가치는 손실을 입게 되었다.

저당대출형 REITs는 뒤이은 서브프라임 위기와 성과가 좋지 못한 여타 REITs 분야로 인해 어려운 시장여건에 직면했다. 연방준비이사회가 양적 완화를 하면서, 저당대출형 REITs는 성장과 회복세를 보였다. 저당대출형 REITs의 총 지분모집은 2012년 $162억 달러, 2013년 $73억 달러로 증가하였다. 2013년 12월 31일 기준으로, 상장된 주거용 저당대출형 REITs의 회사 수는 26개, 시가총액은 $423억 달러에 이르며, 상장된 상업용 저당대출형 REITs의 회사 수는 19개, 시가총액은 $197억 달러에 이른다.

투자 유의점 *Caveats*

지분형 REITs의 경우처럼, 저당대출형 REITs의 스폰서와 계열사들(예를 들어, 모기지회사, 저축기관, 시중은행)이 저당대출 최초대출자라면, 잠재적인 이해충돌이 또한 존재하게 된다. 이들은 이러한 경우에, 대출자산을 관리하는 수수료를 받으면서 REITs에게 역마진이 나는 대출을 매각할 유인이 있을 수 있는 것이다. 앞에 지적되었던 대로, 저당대출형 REITs를 만들고 운영하는데 있어서 비계열 수탁자와 외부 감정평가자를 임명하는 데에 대한 규정이 준수되어야 한다. 또한, CMBS 포트폴리오가 고위험 트랑셰(B piece)를 가지고 있는데, 저당대출형 REITs는 성장 압력을 받는 상황에서 이러한 고위험 트랑셰의 주요한 고객이 되고 있다는 점이다. 따라서 투자자들은 저당대출형 REITs의 투자정책과 대출의 질을 지분형 REITs만큼이나 꼼꼼히 살펴보아야 한다. 본질적으로 저당대출형 REITs는 단기로 자금을 조달하여 장기 자산을 구입하는데, 그 결과 이익흐름이 지분형 REITs에 비해 매우 불안정해질 수 있다.

지분형 REITs의 재무분석의 예

다음의 내용은 투자자나 지분보유자가 REITs의 분석을 하기 위한 예시이다. Midwestern America Property Trust의 재무보고서가 [예 21-2]에 나와 있다. Midwestern America는 수년간 3개의 중서부 주에 걸쳐 대략 500만 평방피트의 교외 사무용건물, 오피스-창고 겸용 공간, 전문 오피스/물류 공간을 소유하고 관리하고 있다. 이 자산들의 원가는 $3억 달러다. 이 REITs는 자산취득의 자금조달 방법의 일환으로 총 $8,000,000의 저당대출을 받았다. Midwestern America의 주식은 현재 1주당 $75에 거래되고 있으며, 시가 총액은 $375,000,000다.

부동산 지분형 REITs를 분석할 때, 두 개의 중요한 재무 관계가 이해되어야 한다.

1. 투자의 성과와 위험의 판단
2. Midwestern America(MA)와 다른 지분형 REITs와의 비교다.

[예 21-2]를 보면, 지난 한 해 동안 MA의 순 이익이 $13,600,000, 주당 순 이익이 $2.72임을 알 수 있다. 그러나 추가 자료([예 21-3])에 의해 다른 흥미 있고 중요한 관계들이 이해되어야 한다. 부동산투자의 경우에 항상 그러하듯, **현금흐름**이 상당히 중요하다. 예를 들어, [예 21-3]의 섹션 II는 추가적인 성과 측정치들을 제공한다. **영업으로부터의 순소득**(net income from operations)은 앞의 장에서 상술했던 순 영업소득(NOI)과 비슷한데, 이는 세

예 21-2	**Midwestern America Property Trust**의 재무제표

A표: 영업실적 요약

순 수입	$70,000,000
−영업비용	30,000,000
−감가상각 및 비용상각	15,000,000
−일반관리비	4,000,000
−자산관리비용	1,000,000
영업 수익	$20,000,000
−지급이자	6,400,000
순이익	$13,600,000
주당순이익	$2.72

B표: 대차대조표 요약

자 산			부채와 자본	
현금		$500,000	단기부채	$ 2,000,000
미수 임대료		1,500,000	저당차입	80,000,000
부동산(원가)	$300,000,000		부채 계	$ 82,000,000
−감가상각충당	130,000,000		자기자본	90,000,000
부동산(순)		170,000,000		
순 자산		$172,000,000	부채와 자본 계	$172,000,000

전 및 이자 공제 전 소득을 말한다. 그런데 이는 전체 REITs의 영업으로부터의 순소득을 말하는데, 여기에는 일반관리비와 REITs 관리비용과 같은 REITs의 운영과 관련된 비용을 공제한 것이다. 모든 개별 부동산의 NOI를 계산하기 위해, 부동산의 영업비용을 순수입으로부터 공제해야 한다. Midwestern America의 경우, $70,000 − $30,000 = $40,000이 된다. 영업으로부터의 순소득은 이자를 제외한 영업현금흐름을 나타내는데, 지난 한 해 동안 주당 $7.00이었다. 두 번째 측정방법인 FFO는 주당 순 현금흐름과 비슷하다. 이는 현금흐름을 수반하지 않는 비용항목들을 순 이익에 더함으로써 구해진다. 일반적으로 현금흐름을 수반하지 않는 비용은 감가상각과 비용상각을 포함한다. 대부분의 분석가들은 REITs를 비교하거나 판단을 내릴 때 FFO에 많이 의존한다. 지난 한 해 동안 MA의 **EPS**가 $2.72이었고, 주당 FFO가 $5.72였음을 알 수 있다. 이 예시에서 차이 발생 이유는 $1,500,000의 감가상각 때문이다.

　전술한 바와 같이 REITs를 규제하는 요건 중 하나는 순 이익의 90%가 배당금으로 지급되어야 한다는 것이다. 그러므로 섹션 Ⅲ에서 또 다른 중요한 지표는 주당 배당금이다. 본 예에서, 주당 $4.00의 지급은 90% 이상 요건을 충족시킨다. 그러나 이 금액은 주당 순이익보다 크다. 즉, MA는 EPS가 단지 $2.72였음에도 주당 $4.00의 배당금을 지급한 것이다. 이는 FFO, 또는 주당 **현금흐름**이 $5.72로 주당 순이익보다 크기 때문에 발생 가능한 것이다. 실제로, MA는 1주당 $2.72의 90%인 $2.45만 지급하면 되었지만, 1주당 $5.72의 배당금을 지

예 21-3

Mid America의 재무적 성과의 지표 요약

I. 일반사항 요약

부동산: 5백만 평방피트	저당 차입: $80,000,000
부동산 원가: $300,000,000	평균 차입금리: 8%, 10년 만기
감가상각 누계: $170,000,000	보통주 발행주식수: 5백만주

II. 이익실적 요약

	총 $	주당
주당순이익(EPS)[1]	13,600,000	$2.72
영업수익 + 감가상각, 비용상각(주당NOI),[2]	35,000,000	$7.00
FFO(주당FFO),[3]	28,600,000	$5.72

III. 다른 중요 재무자료

보통주 시장가	$75
주당 배당금	$4
주주의 자본 회수(주당 Recovery of Capital):[4]	$1.28
주당 현금 보유(Cash Retention)[5]	$1.72
이익의 수익률[6]	3.62%
FFO수익률[7]	7.62%
배당수익률[8]	5.33%
현재 이익승수[9]	27.6배
현재 FFO승수[10]	13.1배
주당순자산[11]	$34
주당 장부가치(Book value per share)[12]	$18

IV. 계산방식 설명

[1]EPS: 순 이익 $13,600,000 / 기발행 5백만 주

[2]NOI: 영업수익 + 감가상각 및 비용 상각액($20,000,000 + $15,000,000) / 5백만 주

[3]FFO: 순이익 + 감가상각, 비용상각($13,600,000 + $15,000,000) / 5백만 주

[4]ROC: 주당 배당액 EPS = $4 - $2.72 = $1.28

[5]CRPS: FFO - 주당배당: $5.72 - $4 = $1.72

[6]EPS / 주당시가 = $2.72 / $75 = 3.62%

[7]FFO / 주당시가 = $5.72 / $75 = 7.62%

[8]주당배당금 / 주당시가 = $4 / $75 = 5.33%

[9]주당시가 / EPS = $75 / $2.72 = 27.6배

[10]주당시가 / FFO = $75 / $5.72 = 13.1배

[11]NAPS: 순자산 $172,000,000 / 5,000,000 = $34.00

[12]BVPS: (자산 - 부채) ÷ 기발행주수 = $90,000,000 / 5,000,000

급할 수도 있었다. MA는 $4.00의 배당금을 지급함으로서, 순익의 90% 배당요건을 충족시켰고, 운영과 새로운 자산의 취득을 위해 주당 $1.72의 현금을 유보했다.

REITs의 이익과 배당금과의 차이는 지분보유자가 내는 세금에 중요한 영향을 미친다. 세무 규정에 의하면, MA의 투자자들이 주당 $4.00을 받는다고 할지라도, 단지 주당 순이익인 $2.72의 배당만이 과세대상이 된다. 나머지 $1.28은 **자본의 회수**(recovery of capital, ROC)로 간주되며, 투자자가 취득한 주식의 원가를 줄이는 역할을 한다. 예를 들어, 만일 MA의 주식을 배당 기준일 이전에 $75에 매입했다면, 투자자는 투자 주식의 원가를 $75에

서 $1.28을 차감한 $73.72로 낮추는 것이다. 주식을 매도한다면, 투자자는 투자 수익이나 손실을 줄어든 원가인 $73.72를 기준으로 계산해야 하는 것이다. 주식을 1년 이상 소유하였었고, 매각 이득을 얻었다면, 현행 자본이득 세율에 의해 과세될 것이다. 이는 만일 일반 세율과 자본이득세율에 차이가 있다면, 투자자는 두 세율 차이에 $1.28을 곱한 금액만큼의 세금을 절약하는 것이다. 결과적으로, 이러한 방법은 투자자들이 배당금의 일부($1.28)를 주식을 팔거나 REITs가 해산되기 전까지 "비과세"로 취급될 수 있도록 해준다. 그 시점에, 만일 투자자가 주식을 자본이득의 자격요건을 갖출 수 있을 만큼 충분히 오래 가지고 있었고 자본이득에 대한 세율이 일반 소득에 대한 세율보다 더 낮다면, 투자자들은 또한 절세하게 될 것이다.

REITs가 운영 손실을 보고했을 때, 손실은 전혀 투자자들에게 전가되지 않는다. 대신에, 손실은 이연되어 미래의 수익을 상쇄시키게 된다. 수동적 손실제한(passive loss limitation) 규정은 실질적으로 REITs에 영향을 미치지 않는다, 왜냐하면 REITs의 손실은 투자자들에게 전가되도록 허용된 적이 없었기 때문이다. REITs의 배당금은 **포트폴리오의 이익**으로 간주되므로, 수동적 손실(passive losses)을 상쇄하는 수동적 이익(passive income)이 되지 않는다.

자산의 매각으로 인한 자본이득과 관련하여, REITs는 (1) 이익을 유보하여, 주주에게로의 배분을 미룰 수도 있고(이 경우에 이익은 적정한 법인 양도소득세율 즉 특별부가세율에 의해 과세된다), (2) 이익을 배당금으로 주주들에게 배분할 수도 있다. 후자의 경우에, REITs는 배당한 이득에 대해 과세되지 않는다. 그러나 REITs은 이러한 배당금이 주주에게로의 자본이득의 배당임을 명시하여, 주주들이 이를 개인 소득세에 있어 자본이득으로 보고하도록 해야 한다. 자본손실은 개별 투자자들에게 전가될 수 없고, 이연되어 미래의 자본손실과 상쇄되어야 한다.

또한 [예 21-3]의 섹션 Ⅲ에 나오는 현금흐름 유보, 즉 주당 FFO와 주당 배당금의 차이($1.72) 역시 중요하다. MA는 이 금액을 현금으로 적립했을 수도 있고, 지난 한 해 동안 부동산을 취득하는데 사용했을 수도 있다. 앞서 지적했던 대로, MA는 이 금액을 배당금으로 지급하여 일반 소득세율로 과세될 수도 있었다. 그러나 배당하지 않았으므로, MA의 주가가 경영진의 현금유보를 통한 투자의사 결정에 우호적으로 반응한다면 현금흐름 유보액은 결국 자본이익으로 전환된다. 배당을 전혀 하지 않고 모든 이익을 미래의 성장을 위해 유보할 수 있는 일반 기업과 달리 MA는 적어도 주식당 $2.72의 90%인 $2.45을 배당으로 지급해야 한다. 다시 말하면, MA는 배당금 지급과 관련하여 일반 기업보다 훨씬 적은 의사결정 권한을 가지고 있는 것이다. 이는 REITs와 일반기업과의 주요한 차이점으로서, REITs의 배당 재투자와 성장 정책에 중요한 영향을 미친다.

REITs의 가치평가 방법

이전 장에서 개별 부동산의 가치평가 방법에 대해 알아보았다. REITs 대규모의 지리적으로 다변화된 부동산 포트폴리오를 소유, 운영하기 때문에, REITs의 가치평가는 더욱 더 도전할

만 하다. 따라서 다양한 지역에 위치한 부동산 포트폴리오의 가치를 고려하고 REITs의 관리능력 및 영업권의 가치를 종합적으로 판단해야 한다. 또한, 개별 부동산의 가치를 산정할 때, 부동산 공간과 자본시장의 토대에 대한 이해가 필요하다.

투자분석가가 작성한 REITs 투자 보고서는 적시에 일반 투자자에게 전달되지 않기 때문에 투자 참고 시 적절하지 않을 수 있다. 또한 투자분석가 들이 선호하는 투자분석 방법론이 모두 다르기 때문에 이러한 변수들도 고려하여야 한다. 즉 일부 투자분석가들은 REITs의 재무상태표 그리고 비율을 중시하는 반면 다른 투자분석가들은 부동산의 성장가능성에 비중을 두고 평가하며 마지막으로 부동산 상태, 자본구조, 관리 그리고 기술적인 주식시장 요소를 종합적으로 분석하는 투자분석가가 있다.

REITs가 공시하는 자료들은 다양한 정보들을 제공한다. 그러나 이러한 자료들에는 REITs들이 소유하고 있는 부동산 가치를 정확하게 제공해 주지 않는다. 재무회계표준이사회(financial accounting standards board: FASB)는 최근 들어 미국의 재무보고서를 국제적인 표준으로 맞추기 위한 노력의 일환으로 부동산의 공정가격 회계기준을 요구하고 있다. 최근까지 미국 REITs에 대한 공정가격 회계에 대한 정책이 없지만, 미국 REITs가 장래에는 공정가격에 기초해서 자산가치를 책정하기 위한 기회가 될 수 있다. 이러한 보고서가 없는 상황 하에서, 투자자는 REITs가 소유한 부동산의 가치를 평가하는 자신만의 방법을 개발할 필요가 있다. 여기서는 Midwestern American Property Trust의 사례를 통해 REITs의 가치를 평가하는 다양한 방법들에 대해 알아 볼 것이다.

Midwestern American Property Trust의 가치평가

Midwestern American Property Trust에 대한 이전의 분석은 회사 자체와 특정 시점에서 회사의 성과에 초점이 맞추어져 있었다. Midwestern American Property Trust의 가치를 평가하기 위해서는 미래 성과에 대한 몇 가지 가정이 필요하다. REITs의 가치평가에 대한 다양한 접근 방법을 논의하면서, 이들 가정을 추가할 것이다.

고든배당할인모형 *Gorden Dividend Discount Model*

REITs의 주식가치 평가는 일반 주식 평가 방법과 유사하다. 현재 가장 널리 사용하는 방법이 **고든배당할인모형**(Gorden Dividend Discount Model)이다. 이는 전통적으로 사용하는 방법으로, 주식에 대해 고정 배당성장률을 가정한다. 이 모델은 주식의 가치는 미래 배당금을 할인한 값이 현재가치와 같다고 가정한다. REITs는 기본적으로 배당률이 높기 때문에 고든모형 적용이 적절하다. 이 모델에서 주식의 가치(V)는 차기배당금(D_1)을 요구수익률(K)와 배당성장율(g)의 차로 나눈 값이다. 이를 수식으로 표현하면 다음과 같다.

$$V = D_1/(K - g)$$

Midwestern America 사례의 적용을 위해 다음과 같이 가정하기로 한다.

● 초기 주당 배당금은 $4이며 차기년부터 연 5% 성장한다.

- Midwestern America Trust의 요구수익률은 10.5%이며 이는 장기적인 관점에서 보았을 때 합리적인 수치이다.

위와 같은 가정을 고든모형에 적용해 보면 주식의 가치는 $4.2/(10.5% - 5%) = $76.36이 된다.

소득 승수모형 *Income(FFO) Multiple*

투자분석가들이 적용하는 또 다른 방법은 소득을 적절한 승수 또는 가격대 수익 비율로 곱하여 산정하는 것이다. 투자분석가들은 대상 회사와 비교 가능한 경쟁 회사의 승수에 관심을 가지고 있고 적절한 승수를 선택한다.

소득 승수모형 적용에 있어 가장 보편적인 방법이 앞서 언급한 FFO를 활용하는 것이다 (FFO는 EPS보다 REITs의 현금흐름의 측정치로서 더 우월하다). 그 다음 대상 REITs와 유사한 형태의 경쟁 REITs에서 승수를 산출하는 것이다. Midwestern America Property의 사례에서 FFO는 주당 $5.72이고 현재 FFO 승수가 약 13.1×라 할 때, 주식 가치는 $75.00이다.

시장에서 비교 가능한 REITs의 수가 4개 있다고 할 때, FFO 승수의 범위는 12.×에서 15.× 사이이다. 이를 통해 Midwestern America Property의 FFO 승수는 비교가능 REITs 의 승수의 중간 값보다 약간 낮은 수준임을 알 수 있다.

만약 Midwestern America Property의 향후 예상수익이 경쟁 REITs보다 높을 것으로 예상된다면, 경쟁 REITs보다 높은 수준의 승수 적용이 가능하다. 마지막으로 적절한 승수의 결정은 객관적인 자료를 기반으로 하지만 주관적인 과정을 통해 이루어진다. 그러나 상대적은 기준에 의해 REITs 순위가 매겨지고 승수는 REITs의 순위를 반영한다. 따라서 Midwestern America Property의 향후 수익률이 경쟁 REITs보다 높을 것으로 가정하는 경우 시장이 이를 반영하기 때문에 Midwestern의 승수는 14.×로 선택할 것이다. FFO가 5.72이고 승수가 14일 경우 주식가격은 $80.08이 된다.

순자산 가치 모형 *Net Asset Value*

고려해야 할 마지막 평가방법은 순자산 가치(net asset value: NAV)다. REITs는 주로 부동산으로 구성되어 있고 REITs의 부채는 부동산의 담보(부채)로 이루어져 있다. 이론적으로, REITs가 소유한 부동산과 기타자산의 현재가치를 평가하고 REITs가 가지고 있는 부채 및 담보를 차감하여 나온 값이 순자산가치(NAV)이고 이는 주주의 지분을 의미한다.

REITs가 공시한 보고서에는 현재 소유한 부동산의 장부가치를 공시하며, 이는 여러 가지 이유로 현재 시장가치와 다르다. 투자자들은 REITs가 소유한 부동산의 현재 시장가치 알고자 하지만, 불행하게도 REITs들은 주기적으로 자산 재평가를 하지 않는다. 따라서 분석가들은 REITs가 소유한 부동산의 현재 시장가치를 알아야 한다.[3]

순자산가치와 REITs 주식의 시장가격과의 차이는 주식시장 투자자들이 REITs가 소유한 부동산에 지불하고자 하는 가격과 사모시장의 투자자들이 REITs가 소유한 동일 부동산

---

[3] Green Street Advisor와 같은 회사는 REITs의 순자산 가치를 산정하여 제공한다.

에 지불하고자 하는 가격의 차이이다. 만약 사모시장 투자자들이 가격을 높게 책정한다면 REITs는 사모시장에 있기를 선택할 것이다. 대체적으로, 주식시장의 투자자들이 사모시장 투자자보다 REITs의 가치를 높게 산정하므로 (일정 프리미엄을 가산) REITs들은 주식시장에 상장한다.

순자산가치를 산정하기 위해, 전체 REITs의 순영업소득(NOI) 산정하고 순영업소득을 모든 REITs에 적용할 수 있는 **혼합자본환원율**(blended capitalization rate)로 환원한다. 혼합자본환원율은 포트폴리오상 개별 부동산에 적용할 수 있는 자본환원율의 평균치를 뜻한다. 여기서 문제점은 개별 부동산에 대한 NOI를 가지고 있지 않다는데 있다. 따라서 혼합자본환원율을 한 번에 적용하기 위해 REITs가 소유하고 있는 개별부동산의 NOI를 정확히 산정해야 한다. 이를 기본으로 하여 다음과 같은 산식을 도출 할 수 있다.

$$NAV = NOI/r$$

여기서 NOI는 REITs가 소유하고 있는 부동산의 NOI의 합이고 r은 혼합자본환원율이다.

부동산 자산의 순자산가치를 산정하기 위해, 개별 부동산을 면밀히 살펴보아야 한다. 즉, REITs 전체의 일반관리비용, 감가상각, 이자비용을 포함하기 않고 개별 부동산 수준의 수익 및 비용을 산정하여 부동산 운영에 따른 NOI를 계산하여야 한다. MIdwestern은 임대수입 $70,000,000(주당 $14)에서 운영비용 $30,000,000(주당 $6)을 차감한 NOI는 $40,000,000(주당 $8)이다. 여기서 혼합자본환원율 8.75%로 환원하면 Midwestern의 총자산은 약 $457,000,000(주당 $91.40)이다. 여기서 Midwestern의 총부채 $82,000,000(주당 16.40)을 차감하면 순자산은 $375,000,000(주당 $75)이다.

만약 REITs의 자산 중 일부가 개발중이라면, 현재 NOI가 아닌 예상 조정 NOI를 조정하여야 하며 이 경우 임대차 계약이 완료되기 전까지 임대로 손실이 발생하기 때문에 가치는 약간 하락할 것이다.

가치 측정 요약

여기서 세 가지 방법을 이용해하여 주식 가치를 산정하였다.

고든 모형	주당 $75.36
소득 승수모형	주당 $80.08
순자산가치 모형	주당 $75.00

이 경우, 순자산 가치 모형에 따른 주식가치는 다른 방법에 비해 약간 낮은 수준이며 일반적으로 주식시장에서 거래되는 REITs의 가치는 순자산가치에서 REITs의 부동산 관리 능력과 향후 예상 프로젝트의 사업성에 따라 할증 또는 할인된다. 소득승수모형은 Midwestern이 현재 주가수준을 잘 반영하고 있고 경쟁업체에 비해 가격을 더 잘 받는다는 것을 의미한다. 고든모형에 따른 주식가치는 $76.36이다. 3가지 모형을 고려해 볼 때, Midwestern의 주식가치는 $76~77 사이로 예상되며 Midwestern의 주식가치가 $75이면 시장에 의해 저평가 받는다는 것을 의미한다.

Web 응용

NAREIT의 웹사이트(www.reit.com)로 가면, FTSE NAREIT 지분형 REIT 지수에 대한 최신정보를 얻을 수 있다. 그런 다음 개별 REIT 웹사이트로 가면, 다음과 같은 정보를 얻을 수 있다: 회사명, 주식심볼, 거래소, 부동산 유형, 포트폴리오 구성(부동산수, 임대 호수 또는 면적, 주요 시장), 현재 가격, 현재 배당, 현재 수익률. 마지막으로 배당할인모델 사이트로 가면, 적절한 할인율을 사용하여 당신이 선택한 REIT의 가치를 구할 수 있다. (할인율을 선택하는 방법 중 하나로는 그 사이트의 REIT 지수에 대한 기대수익율이 얼마인가를 구하는 방법이다.)

추가 고려사항

위의 분석을 통해 REITs 주식의 가격 범위에 대해 예상을 해 보았다. 물론, 측정된 주식가치는 계량적으로 움직이지 않는다. 모든 주식은 전체 시장에 영향을 받으며 REITs 또한 예외는 아니다. 22장에서 언급할 예정이지만, REITs는 전체 주식시장과 상관관계가 높은 편이 아니기 때문에 REITs 주식은 포트폴리오상 주식분산 효과가 있다. 그러나 REITs 주식은 전체 주식시장의 추세선을 일부 따라가는 경향이 있기 때문에 투자자는 REITs 주식을 평가할 때 반드시 전체 주식의 추세현황을 파악하여야 한다.

또 다른 고려사항으로 REITs가 소유한 부동산들은 부동산 특성에 따른 투자 사이클이 있다. 예를 들어, REITs가 오피스 경기가 하락하는 지역에 오피스를 소유하고 있다면 이는 예상 NOI 또는 FFO에 영향을 미친다. 특히, 신규 개발된 부동산이 있을 경우 REITs의 NOI는 크게 영향을 받는다.

마지막으로 투자자들은 REITs의 순자산가치 모형에 의한 가치보다 주식 가치가 하락할 경우 주식을 매각할지 또는 보유할지 등을 결정하여야 한다. REITs는 단지 부동산의 집합이 아니다. REITs는 실체형 회사이며 구입, 매각, 개발, 금융, 운영 그리고 소유 부동산의 리노베이션을 담당한다. 따라서 REITs를 단순한 부동산의 집합 관점에서 보면 안 된다. 관리, 회사명, 로열티 그리고 기타 다른 요소들 또한 깊게 관심을 가져야 한다.

결론

1990년대 초반의 부동산투자신탁(REITs)의 부활은 부동산이 "증권화(securitized)"되는 영역 중에서 REITs가 또 하나의 대안임을 보여주는 것이다. 전통적인 투자방식에 비교할 때, 부동산증권은 그 시장성, 관리의 공익성, 그리고 다른 많은 이유들로 인해 점차 중요해지고 있다. 주식투자자를 위한 뮤추얼펀드의 구조와 유사한 구조를 갖는 REITs는, 투자자들로 하여금 전문적으로 관리되고, 지역적으로 분산되어 있는 부동산 포트폴리오에 투자할 수 있도록 해준다. 반대로, 뮤추얼펀드는 외부위탁 관리하에서 부동산 수입에 대한 청구권만 가진다. 게다가 REITs는 일반적으로 세금이 면제되고, 포트폴리오 관리에 의한 현금흐름의 대부분을 배당금으로 투자자들에게 전달한다. 감가상각과 비용상각 및 그 결과로서의 순이익에 대한 회계처리 방식은 REITs 배당금에 대한 세금의 일부를 이연될 수 있도록 허용한다.

오늘날 REITs의 시가총액은 $8,160억을 넘어섰고, 그래서 시장 조사 및 증권회사들과 다른 투자기관들은 REITs에 대한 폭 넓은 분석과 시장조사를 하고 있다.

주요용어

FFO 수익률	부동산투자신탁(REITs)	자본의 회수(ROC)
FFO 승수	순자산가치(NAV)	주당순이익(EPS)
umbrella partnership REITs	영업으로부터의 순소득	주당 장부가치
고든배당할인모형	운영자금수입(FFO)	혼합자본환원율
배당가능현금(CAD)	이익승수	
배당률	이익의 수익률	

유용한 웹사이트

www.reit.com – NAREIT의 웹사이트. NAREIT는 전미 REITs 협회로, REITs와 REITs 투자자에 대한 정보, 프로그램, 통계, 출판물, 조사물 등을 제공한다.

www.investopedia.com – 개인의 자금투자를 완전하고 공평하고 이해하기 쉽게 가이드하는 사이트다. 이 사이트에서는 가장 많은 금융 웹 주소와, 수많은 논문 및 지침과, 무위험 포트폴리오를 구성하는 시뮬레이터를 제공한다.

www.riskgrades.com – 전 세계의 금융자산에 대한 위험지수를 제공해 주는 사이트다.

www.snl.com/sector/real-estate – 230여 개 REITs, REOCs 그리고 건축회사의 금융데이터를 제공해 주는 사이트로 상세하고 명확한 부동산 자료와 비용 등을 알려준다. 또한 분석가들에게 FFO 측정, 부동산의 AFFO 그리고 NAV등의 측정 데이터를 제공해 준다.

www.iirealestate.com/REITscafe_talk.aspx – REITs 산업의 전반적인 정보를 제공해 주는 사이트로 NAV측정가치 및 업계 최신 뉴스 등을 알려준다.

질문

1. REITs가 이중과세 면제를 받기 위해 따라야할 소득, 투자, 배당요건들에는 어떤 것이 있는가?

2. REITs의 주요한 유형 2가지는 무엇인가?

3. 보유 자산유형에 따른 지분형 REITs의 유형과 특성을 설명하라.

4. 주당 순이익(EPS)과 영업자금흐름(FFO), 조정된 영업자금흐름(AFFO), 주당 배당액의 차이점을 설명하라.

5. 지분형 REITs에서 투자자가 세금이 유예되는 배당을 받을 수 있는 방법은 무엇인지 설명하라.

6. 투자자가 REITs의 재무보고서를 분석할 때 유의해야 할 중요한 임대차 조건에는 어떤 것이 있는가?

7. 저당대출형 REITs란 무엇인가?

문제

1. 당신은 IPO를 준비하는 REITs인 National Property Trust의 재무보고서를 다음과 같이 보고받았다. 이 REITs는 창고의 취득과 관리를 전문으로 한다. 당신 회사인 Blue Street Advisors는 National Property Trust 지분 취득을 고려하고 있는 투자관리회사다. 당신은 REITs의 재무분석을 요청받았다. National Property Trust는 다른 REITs에 필적한 말한 수준인 주당 $3.00의 배당을 할 것이라고 한다. 그러나 이 목표가 달성될지는 확신할 수 없다.

표 A: 영업보고서 요약

순 수익	$ 100,000,000
차감:	
영업비용	40,000,000
감가상각 및 감모상각	22,000,000
일반 관리비	6,000,000
관리비용	3,000,000
영업소득	29,000,000
차감:	
이자비용(8% 금리)*	6,400,000
순 소득(손실)	$ 22,600,000

*At 8% interest only.

표 B: 대차대조표 요약

자산

현금	$ 51,500,000
받을 임대료	2,500,000
부동산(원가)	700,000,000
차감 : 누적 감가상각	450,000,000
부동산(순)	250,000,000
총 순자산	$304,000,000

부채

단기부채	$ 12,000,000
저당부채(8% 금리)*	80,000,000
총	92,000,000
주주 지분(10,000,000주)†	212,000,000
총 부채 및 자본	$304,000,000

*At 8% interest only.
†10,000,000 shares outstanding.

a. Blue Street Advisors가 National Property Trust와 다른 REITs를 비교 평가하기 위해 유용한 정보를 제공할 수 있는 재무비율을 구하라.

b. 당신 보고서에는 같은 지역에서 창고 취득을 전문으로 하는 유사 REITs의 지분이 배당수익률 8%대에서 거래된다고 지적하고 있다. 이들 REITs의 주가는 현 FFO×12라고 한다. National Property Trust의 지분 구입을 추천하기 위해서는 National Property Trust의 배당수익과 현금 유보는 얼마가 되어야 하는가?

c. 혼합자본환원율이 10%로 가정할 때 National Property Trust의 NAV 가치는 얼마인가?

2. Robust Properties는 100만 주를 공개(IPO)할 것을 계획하는 REITs다. 아래의 표는 최근의 개략적인 재무제표다. Robust Properties는 회계 및 재무공개 사항을 다루는 데 있어서 여러 가지 의문점을 가지고 있다.

Robust Properties

Ⅰ. 주요 재무 정보:

a. 자산 - 부동산(실제 비용)	$100,000,000
b. 감각상각 기준액 - 건물 만	$80,000,000
c. 유효 수명	40년
d. 영업 비용	임대료의 38%
e. 관리비용 - 제3자	임대료의 5%
f. 일반 관리비	임대료의 3%
g. 저당대출(8% 금리, 10년 만기)	$30,000,000
h. 금융 수수료	$900,000

Ⅱ. 임대차 정보:

a. 평균 임대기간	5년
b. 임대가능 면적	1,000,000 평방피트
c. 기준 임대료(1년)	피트당 $15
d. 임대료 상승률 - 연간	5%
e. 임대차 수수료	연간 임대료의 4%
f. 임차인 개보수	피트당 $10

당신은 Robust Properties의 관리를 위해 추후 3년 동안의 예비적인 개략 재무제표 준비를 요구받았다. 특히, 당신은 (1) 대차대조표의 작성, (2) 추후 3년간의 영업보고서의 작성, (3) 1년간의 영업결과를 파악할 수 있는 적절한 재무비율 계산을 요구받았다. Robust Properties는 영업개시 시 모든 금융 수수료, 임차인 개보부비용, 임대차 수수료를 지불할 것이다. 주당 최소 $4.00의 배당을 할 것이다. Robust Properties는 개략 영업보고서를 준비 시에 다음과 같은 2가지 방법별 효과를 고려한 보고를 요구한다.

a. 각각의 접근방법별로 EPS, FFO, ROC는 얼마가 되는가? Robust Properties는 어떤 회계정책을 사용할 것으로 생각되는가?

접근방법	(1)	(2)
임대차 수수료	분할상각, 5년	1년 단위 비용
금융 수수료	분할상각, 10년	1년 단위 비용
임차인 개보수	감가상각, 40년	감가상각, 임대차 조건에 따라 5년 이상
건물	감가상각, 40년	감가상각, 40년

3. Atlantis REITs는 주당 $8의 수익을 예상하고 있다. 여기에는 주당 $2의 감각상각에 대한 공제액이 포함되어 있으며 부동산 매각에 따른 매각이익은 고려하지 않고 있다. Atlantis REITs는 주로 아파트를 소유하고 있으며 평균적으로 8%의 Cap.rate를 적용하고 있다. Atlantis는 100만주를 가지고 있으며 재무제표상 부채액은 $4천만달러이다. 비교가능한 REITs의 FFO 승수는 10이다. Atlantis는 주당 $6씩 배당하고자 하며 매년 2%의 상승할 것이라 예상하고 있다. Atlantis REITs에 투자하고자 하는 투자자의 예상 수익률은 12%이다.

a. FFO 및 소득승수모형에 따른 atlantis reits의 가치는 얼마인가?

b. 고든모형에 따른 atlantis reits의 주당 가치는 얼마인가?

c. 순자산가치모형에 따른 주당 가치는 얼마인가?

CHAPTER 22

부동산 투자성과와 포트폴리오 고려사항

Real Estate Investment Performance and Portfolio Considerations

소개

지금까지 본서에서의 위험과 요구수익률 논의는 특정 프로젝트 또는 저당대출 대안을 평가할 때 사용되는 방법론 또는 접근방법을 중심으로 하였다. 이 장에서는 다양한 부동산 투자수단과 투자 포트폴리오에 대한 성과와 위험을 측정하는 데 있어서의 문제점과 측정방식에 대하여 고찰해 보고자 한다.

재무이론에 근거한 개념과 방법론을 사용할 것이며 부동산투자에 대해 실제 적용 가능한 방법을 보여줄 것이다. 이러한 적용은 보험사, 투자자문, 연기금 운용과 부동산신탁 및 부동산 포트폴리오를 운용하는 주체들에게 매우 중요하다. 포트폴리오 운용자들은 부동산투자의 성과를 측정할 수 있어야 하며 이를 주식 · 채권 및 다른 투자의 성과와 비교할 수 있어야 한다. 또한 많은 운용자들은 부동산투자와 다른 투자가 결합되었을 때 투자성과가 얼마나 좋을지에 대해 알고 싶어 한다. 다음 장에서는 이들 개념을 확장하여, 기준 포트폴리오의 성과를 비교하고, 성과 차이가 발생하는 이유를 살펴볼 것이다.

부동산 투자정보의 본질

부동산과 같이 넓게 정의되는 상품의 투자 성과를 측정할 때는 여러 가지 점에 유의해야 한다. 이상적으로는 부동산투자성과 측정을 위해 경제 내에서 일어나는 모든 부동산-호텔에서부터 창고, 아파트까지-거래정보를 갖기를 원한다. 또한 동일한 부동산에 대해 시간의 흐름에 따른 지속적인 매매정보가 필요하며, 이를 통해 여러 가지 투자수익률을 계산해 낼 수 있다. 그러나 불행하게도 그러한 시계열자료는 고사하고 여러 지역 내의 적절한 거래사례 조차도 얻기가 쉽지 않은데, 그 이유는 부동산이 상대적으로 동질성이 약한 자산일 뿐 아니라 가격협상이 매도자 · 매수자 양자사이에만 이루어지는 시장이기 때문에 일반적으로 이러한 가격은 투자대중이나 민간기구에 공시되어야 할 필요가 없으며, 증권시장과 달리 중앙 집중

된 부동산거래정보와 부동산운영수익률 자료 수집 체계가 존재하지 않는다.[1]

이러한 한계성으로 인해 현재 부동산투자성과를 측정하려는 시도들은 몇몇 선택된 자료원천에서만 얻어지는 제한된 정보에 근거하여 이루어지고 있다. 가용한 자료만으로는 (1) 부동산의 형태, (2) 부동산이 소재하는 지역, (3) 경제 내에서의 부동산투자활동을 나타내는 거래빈도 등을 충분히 나타내지 못할 수 있다. 따라서 부동산투자성과를 일반화할 때 주의해야 한다.

부동산 투자성과 측정에 사용되는 정보원천

본 절에서는 부동산투자 성과측정에서 제한적으로 사용되는 2가지의 부동산 정보원천에 대해서 소개하겠다. 또한 주식, 채권, 국채 등에 대해 얻을 수 있는 정보로부터의 투자수익률도 고려할 것이다. [예 22-1]은 이러한 투자정보의 원천을 보여준다. 본 장에서 2가지의 부동산 수익률에 근거하는데, 하나는 REITs 주가에 의해 나타나는 증권가격이고 두 번째는 연금의 스폰서가 소유하는 개별 부동산에 대한 가격추정치이다. 이러한 정보의 차이는 전자는 부동산에 의해 지지되는 증권인 반면 후자는 개별부동산에 대한 추정이라는 것이다.

REITs정보: 증권가격

본 장에서 부동산투자수익률을 얻기 위한 두 가지 정보원천중의 하나는 REITs에 의한 것이다. NAREIT 주가지수는 종가기준의 월간지수다. 자료는 NYSE(New York Stock Exchanges: 뉴욕증권거래소), AMEX(American Stock Exchange: 미국증권거래소), NASDAQ 등의 거래소에서 활발히 거래되는 REITs 자료로, 1972년 1월부터 구득 가능하다.[2]

본 장에서 사용되는 정보는 부동산을 소유하는 지분형 REITs에만 근거한다. NAREIT는 월말 기준으로 지분형 REITs의 주가와 배당에 대한 월별지수를 발표한다. REITs 주가는 투자자들이 REITs가 얼마만큼 유리한 가격에 부동산을 찾아내어 관리하고 매각하는 데에 성공적일 것인가에 대한 기대수준에 의해 형성된다. 지분형 REITs주가가 편입된 부동산의 질·다변화·위험 등에 대한 투자자의 인식도를 반영하는 것은 확실하지만 투자자들은 또한 주가평가에서 REITs 내부인력의 역량도 평가하는 것이다. 더구나 주식을 매수할 때 투자자들은 부동산을 직접 취득하여 운용할 때만큼 유동성을 포기하지는 않는데, 그 이유는 주식시장에서는 주식매매를 위해 계속 경쟁입찰이 이루어지기 때문이다(예: NYSE). 따라서 지분형 REITs는 직접 부동산을 투자하는 것보다 위험이 줄어든다.

혼합형 REITs 및 저당대출형 REITs

저당대출형 REITs의 수익률 추이와 혼합형 REITs의 수익률 추이는 [예 22-1]의 지수를 통

---

[1] 미국의 일부에서는 실거래자료 부동산과세 담당자에게 공개되어야 한다. 그러나 부동산의 특성 및 운용현금흐름에 관한 다른 자료는 입수 불가능하다.

[2] NAREIT의 다양한 출판 자료에서 구득하였다.

예 22-1			

투자성과 측정에 사용되는
일반적인 정보원천

1	NAREIT - 지분형 REITs 주가지수 및 배당수익률	부동산을 소유·경영하는 REITs 주가에 대한 월별 지수 주가는 NYSE, AMEX, NASDAQ으로부터 입수되며 배당정보는 NA-REIT가 수집 소유 부동산은 무차입이거나 차입(Levered) 가능 지수는 1972년부터 발표
2	NAREIT - 저당대출형 REITs 주가지수 및 배당수익률	일부 주택대출 및 상업용부동산대출(건설, 개발, 장기)을 행하는 REITs 주식에 대한 월별 주가지수 주가는 NYSE, AMEX, NASDAQ으로부터 입수 배당정보는 NAREIT가 수집 지수는 1972년부터 발표
3	NAREIT - 혼합형 REITs 지수	부동산을 소유하거나 저당대출을 행하는 REITs 주가 및 배당수익률에 대해 NAREIT가 발표하는 월별 지수 정보원천은 1,2와 동일 지수는 1972년부터 발표
4	NCREIF 부동산지수 - National Council of Real Estate Investment Fiduciaries	연금들이 투자자문사를 통해 소유하는 1500~2000건에 의해 NCREIF 회원들이 제공하는 정보에 의함 지수는 분기별 발표되어 NOI, 분기초와 분기말 감정가로 구성되며, 실거래가는 가용한 대로 사용됨 분기별지수는 1978년부터 발표
5	일반 주식: S&P 500지수	시가총액순 500대기업의 주가지수 주가는 금융정보매체에서 입수 배당정보는 Wilshire and Associates가 수집하여 Ibbotson Associates에 의해 월별, 연간 총수익지수에 포함됨 일별지수가 1926년부터 발표됨
6	회사채 - Barclays Capital U.S Aggregate bond Index	U.S Aggregate Bond 지수는 재무부에 등록된 달러로 표시된 과세채권과 투자등급, 고정금리 등을 포함한 것으로 정부와 관련된 채권, 회사채, MBS, ABS, 그리고 CMBS를 모두 망라하고 있음 이 지수는 1986년 처음 발표됨
7	국채	미 Tresury bill과 bond가 있음. 가격정보는 Wall Street Journal로부터 입수하며, 월별 수익률이 Ibbotson Associates에 의해 제공됨 일별지수가 1926년부터 발표됨

해 볼 수 있다. 저당대출형 REITs지수는 다양한 형태의 부동산에 대한 저당대출을 전문으로 행하는 REITs의 주가에 근거하여 작성한다. 따라서 저당대출형 REITs에 투자할 때 투자자는 주로 담보대출을 보유하는 REITs의 주식을 매입한다. 혼합형 REITs는 부동산 매입과 담보대출을 병행하여 운용한다.

NCREIF 부동산지수: 부동산가치

NCREIF 부동산지수는 수익형 부동산의 역사적 투자성과를 측정하는 것으로서, (1) 연금 또는 이윤공유(profit sharing)신탁이 소유하는 투자 지분을 판매하는 개방형 또는 합동운용형(commingled) 투자펀드로부터 취득할 수도 있고, (2) 투자자문업자 및 독립형 투자계정으로부터 취득할 수도 있다. **NCREIF 지수**에 포함되는 정보는 NCREIF 회원들이 운용하는 부동산투자 성과를 자발적으로 제공[3]하는 것이다. 분기별 수익률은 2가지의 수익률 지표에 의해 구성되는데, (1) NOI−자본적 지출과 (2) 분기별 부동산 시세의 차액(상승 또는 하락)으로 구성된다. NCREIF 지수는 5가지의 부동산 유형, 즉 아파트단지, 오피스, 산업용 부동산(창고, 사무실/전시실/연구개발시설), 소매시설(지역쇼핑센터, 커뮤티티 소핑센터, 근린 쇼핑센터, 자유입지 점포 등), 호텔로 구성된다. 부동산 가치는 감정평가 가치 또는 매각된 경우 순 거래가격에 의해 당해 분기 말에 보고된다. 동 지수는 운용보수를 공제하기 전의 개별 부동산 수익의 총계이다. 분기별 수치는 각 부동산별 가치의 증감을 합계 낸 후에 분기 중의 NOI를 더하여 얻어지는데, 가치 증감액을 얻기 위해서는 **분기별 감정평가**가 필요하고 실제 매각이 이루어진 경우는 실 거래가가 지수에 사용된다.

다른 투자의 정보원천

부동산정보 취득의 어려움에 비하여 금융자산에 대한 정보는 많이 있으며 입수가 용이하다. 이 장에서는 일반 주식(S&P 500), 미국 국채, 장기 국채, 장기 회사채의 투자성과를 측정할 것이다. 이들 지표([예 22-1])는 일별 · 주별 · 월별 · 분기별 및 연간으로 산출된다.

누적 투자수익률의 패턴

부동산 지분투자의 성과에 대한 논의를 위한 금융상품의 과거 수익률 패턴이 [예 22-2]에 나타나 있다. 여기에는 S&P 500, 지분형 REITs (EREITs)와 NCREIF 부동산지수의 3가지 주가지수와 국채와 회사채의 두 가지 금리지수가 나타나 있다. 이러한 지수들은 분기별 누적치로서 1985년 4/4분기를 100으로 하여 2009년 2/4분기까지 작성되었으며 배당, 소득, 이자를 적절히 재투자하여 포함시켰다.[4]

수익률 패턴을 보면 1985년 말에 투자된 $100는 2009년까지 S&P500이 가장 높은 수익률을 냈으며, 그 다음으로는 지분형 REITs, 회사채지수, NCREIF 지수, 국채의 순이었다. 그러나 이러한 수익률 형태가 유용한 정보지만, 각 투자대상이 **위험**도면에서 동일하다는 의미는 아니다. 상이한 증권 간에 비교를 할 때는 누적수익률을 적절한 시계열로 세분하여 각 증권의 변동성측정이 가능하도록 해야 한다. 투자를 분석할 때 수익률은 필요로 하는 정보의 절반만을 제공할 뿐이라는 것을 강조하고자 한다. 투자에 대한 위험도 특성 정보도 똑같이 중요한 것이다.

보유기간 수익률 계산

[예 22-2]상의 누적수익률은 유용한 정보이지만, 수익률을 더 단기에 걸쳐 분석하면 각 증권의 위험/수익 특성에 대하여 더 많은 통찰력을 얻을 수 있다. 자산운용자들이 각각의 증

---

[3] NCREIF의 Real Estate Performance Report를 참조하였다.

[4] S&P 500과 EREITs에는 배당이 포함되어 있으며 NCREIF지수에는 NOI가 포함되어 있다. 회사채지수에는 이자가 포함되어 있으며, 국채의 경우는 할인발행되므로 이자가 지급되지 않고 가격변동만이 포함된다.

예 22-2

각 투자대안의 누적수익률(1985~2014)

총 누적수익률
1985–2014

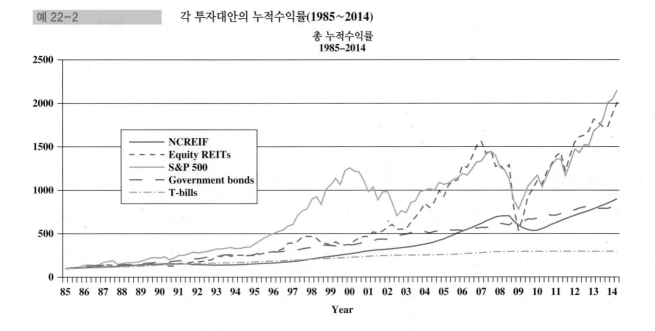

권수익률을 측정하기 위해 사용하는 가장 기본적인 척도는 **보유기간수익률**(holding period return: HPR)인데, 이는 다음과 같이 정의할 수 있다.

$$HPR = \frac{P_t - P_{t-1} + D_t}{P_{t-1}}$$

P_t: 기간말의 자산가치 또는 지수

$P_t - 1$: 기간초의 자산가치

D: 기간배당 또는 다른 현금지급액

　가상의 유가증권지수에 대해 *HPR*을 구하는 예가 [예 22-3]에 나타나 있다. 1분기의 수익률은 기간말 가치를 기간초 가치로 빼고, 이를 기간초 가치로 나누어 구할 수 있다. 사례에서 배당금은 전부 재투자되는 것으로 가정해서, *HPR*은 가격 변화에만 영향을 받는다. 다음 장에서는 기간 중에 배당이 되는 경우를 가지고 *HPR*의 계산을 보다 세밀히 진행할 것이다. 산술평균·분산·표준편차 및 분산계수도 계산되었는데, 이러한 척도들은 본 장의 뒷부분에서 위험을 서술하기 위해 사용될 것이다. 첫 분기의 *HPR*은 13.49%였으며 모든 분기 $\overline{HPR}$의 평균은 1.09%이다.

　수익률 통계를 분석하는 또 하나의 방식으로 **기하평균 수익률**을 계산하는 방식도 있다. 이 방식은 각 기간 *HPR*을 곱한 후 *n*루트한 값에 1을 뺀 것으로 0.89%가 도출된다. 이는 투자자가 $1을 기간 중 투자자가 얻는 분기별 복리수익률이다.

　산술평균과 기하평균은 때때로 매우 유사하지만 항상 그렇지는 않으며, 특히 수치가 급등락하는 경우나 수치가 예에서 보다 더 장기인 경우 더 그러하다. 양자 간에는 분명한 개념적 차이가 존재한다. 기하평균은 자산운용자들이 투자의 성과를 고려할 때 시초부터 종료까지 복리수익률로 나타낼 때 사용된다. **산술평균**은 단순한 평균으로서(복리가 아님) 아주 장

예 22-3
보유기간 수익률과 관계된
통계의 계산 예: 가상증권

www.mhhe.com/bf15e

기간말 분기	Index	HPR	HPR − $\overline{HPR}$	(HPR − $\overline{HPR}$)²
1	673.7	—	—	—
2	764.6	0.1349	0.1240	0.0154
3	787.6	0.0301	0.0192	0.004
4	803.6	0.0203	0.0094	0.0001
5	802.5	−0.0014	−0.0123	0.0002
6	886.3	0.1044	0.0935	0.0087
7	890.6	0.0049	−0.0061	0.0000
8	855.3	−0.0396	−0.0505	0.0026
9	773.1	−0.0961	−0.1070	0.0115
10	844.3	0.0921	0.0812	0.0066
11	867.8	0.0278	0.0169	0.0003
12	878.5	0.0123	0.0014	0.0000
13	874.4	−0.0047	−0.0156	0.0002
14	895.6	0.0242	0.0133	0.0002
15	948.5	0.0591	0.0482	0.0023
16	982.6	0.0360	0.0250	0.0006
17	952.5	−0.0306	−0.0415	0.0017
18	914.5	−0.0399	−0.0508	0.0026
19	911.8	−0.0030	−0.0139	0.0002
20	780.7	−0.1438	−0.1547	0.0239
21	804.9	0.0310	0.0201	0.0004

첫 번째 분기 HPR = (764.6 − 673.7) ÷ 673.7 = 0.1349
평균 (Mean) HPR = $\overline{HPR}$ = ΣHPR ÷ n = 0.1281/20 = 0.0109
분산 (Variance) = σ^2 = Σ(HPR − $\overline{HPR}$)² ÷ n = 0.0779/20 = 0.0039
표준편차 = σ = $\sqrt{\sigma^2}$ = $\sqrt{0.0039}$ = 0.0624
분산계수 = 0.0624 ÷ 0.0109 = 5.7219
기하평균수익률 = $\sqrt[n]{(1 + HPR_1)(1 + HPR_2) \cdots (1 + HPR_n)}$ − 1 = 0.0089

기에 걸쳐 통계적으로 널리 사용된다.[5]

[예 22-4]는 본 장에서 선정했던 여러 가지 투자대상별로 요약통계를 보여주고 있다. 그리고 각 수익률 시리즈별로 기하평균과 산술평균을 분기별로 산출했다. 도표는 소비자 물가지수(*CPI*)도 보여주고 있다.

투자수익률 간의 비교

이제 [예 22-4] 상의 투자대상별로 총 수익을 비교할 수 있다. 도표 상의 자료로부터 여러 가

[5] 기하평균이 산술평균보다 우수하다고 인정되는 경우는 과거투자성과를 특정기간(매입시점부터 현재까지라고 하자) 동안 고려하는 경우 Portfolio 내에 유입·유출되는 자금 및 투자기본액이 변동하는 투자 Portfolio의 경우이다. 예로서 유가증권의 가격이 연속된 3년간의 연말기준 100, 110, 100이라고 가정할 때 *HPR*은 10%와 −9.09%이다. 산술평균은 0.45%인 반면 기하평균은 제로이다. 후자의 결과가 발생한 이유는 유가증권의 최초와 최종가격이 동일하기 때문인데 이 수익률은 매입시점으로부터 현재까지의 투자성과를 더 잘 나타낸다. 산술평균은 미래에 대한 추론이 과거의 평균실적치에 의존하는 통계학 연구에서 사용된다. 이러한 경우 먼 장래에 대한 의사결정을 정당화하기 위해 모든 시계열의 수익률을 사용하고, 특정한 일부 시계열구간은 다른 구간보다 더 중요하다고 간주되지 않는다.

예 22-4
투자대상별 성과측정 요약
통계

	CPI	정부채	S&P500	T-Bill	NCREITsF	EREITs
산술평균	0.70%	1.85%	3.06%	0.95%	1.92%	3.11%
표준편차	0.70%	2.50%	8.25%	0.63%	2.21%	9.29%
분산계수	0.56	1.35	2.07	0.66	1.15	2.99
기하평균	0.69%	1.82%	2.71%	0.95%	1.90%	2.66%

지의 패턴이 명백히 나타난다. 기하평균수익률(운용자들이 시간 가중수익률이라고도 부름)은 S&P 500지수내의 주식이 1985년부터 2014년까지 분기별로 2.71%를 실현하여 다른 투자수익률을 모두 상회하였다. 지분형 REITs 수익률은 2.66%로 S&P 500지수보다는 약간 낮게 나타난다. 정부채 수익률은 1.82%이고, 다음으로 NCREIF지수 1.90%, 국채(T-Bill) 0.95% 순으로 나타난다.

보유기간수익률 *HPR*과 인플레이션

[예 22-4] 상의 모든 수익률은 인플레이션으로 대표되는 CPI 0.73%와 비교될 수 있다. CPI 와 비교하면 각 투자대상의 수익률이 인플레이션율을 초과하는지(그리하여 실질수익률을 얻는지)에 대해 인식할 수 있게 해준다.

위험 프리미엄의 비교

수익률에 추가하여 각 투자 대상별로 국채 대비 위험 프리미엄을 계산할 수 있다. 위험 프리미엄은 다른 투자대상과 대비하여 계산될 수도 있다. 예로서 1985~2014년의 기간 중 지분형 REITs는 국채대비 1.71%(2.66%~0.95%)의 위험 프리미엄을 획득했다. 국채는 무위험 투자대상을 대표하기 위해서 사용되므로 국채수익률은 무위험 수익률이 된다. 지분형 REITs투자자들은 정부채에 대비해서도 0.84%(2.66%~1.82%)의 위험 프리미엄을 얻었다. NCREIF 지수와 대비할 때는 지분형 REITs가 0.76% 더 높았다. 그런데 NCREIF 지수가 무차입 기준이므로 모두 현금으로 차입금 투입 없이 투자가 이루어졌다는 점을 주목해야 한다. 따라서 NCREIF 지수대비 지분형 REITs의 위험 프리미엄을 비교하기 위해서는 현금기준이나 무차입 기준에서 이루어져야 한다. 따라서 지분형 REITs가 더 위험할 수 있다. 그리므로 다른 모든 조건을 고정시켜 놓은 상태에서 지분형 REITs는 NCREIF의 수익률에 비교해 프리미엄을 올려야 한다.

위험·수익 및 투자성과 측정

투자성과의 측정에 있어서 수익률 비교가 중요한 시발점이지만 이는 분석의 한 부분을 나타내는 데에 불과하다. 앞 절에서부터 위험도가 높은 투자상품은 일반적으로 가격변동성이 높고, 수익률이 낮은 자산보다 위험도가 더 높다는 점을 알고 있다. **개별 부동산투자**가 고려되는 경우 그 위험도는 부동산형태, 입지, 설계, 임대차 구조 등의 변수일 것인데, 이러한 속성 및 그에 수반되는 위험도는 **사업 위험**으로 간주될 수 있다.

또한, 레버리지를 사용할 때에는 **채무불이행 위험**이 존재한다. 마지막으로, 부동산은 매각하기가 어렵고 시간이 소요되므로 **유동성 위험**도 분명히 존재한다. 위와 같은 3가지 위험이 부동산 간 및 투자대상 간에 비교될 때, 투자자가 위험을 부담하면 그만큼 높은 수익률이 보상되어야 한다. 위험−수익관계를 검토하는 방식 중의 하나가 앞 절에 소개된 것과 같이 위험 프리미엄을 계산하는 것이다. 위험자산을 투자했을 때의 위험 프리미엄이 추가 위험부담 대비 적절한지에 대한 주관적 판단이 가능해진다. 투자자는 정부채 대신 지분형 REITs를 매입했을 때, 지분형 REITs의 프리미엄이 추가적인 위험도를 보상하기에 충분한지를 판단할 수 있다.

위험/수익 관계를 고찰하는 또 하나의 방식은 사업, 채무불이행, 유동성 위험이 투자자가 기대하는 수익패턴에 미치는 영향을 분석하는 것이다. 시간이 경과하면서 위험도가 높은 투자의 수익(배당과 시세차액)은 위험도가 낮은 투자보다 **변동성**을 더 많이 나타낼 것이다. 앞선 투자위험에 대한 논의를 상기하면, 위험이 높은 부동산 투자는 수익률이 높지만 변동하는 수익률을 나타낼 것으로 기대된다. 중요한 점은 이 위험으로 인해 투자자는 예측하기 어려운 가격에 매각해야 하므로 변동하는 수익률/현금흐름과 증가된 위험은 상쇄된다는 것이다. 자산수익률의 변동성이 위험을 나타내고 위험자산의 수익률이 높아야 한다는 가정은 현대 재무이론의 근간이 되었다. 이는 다음 절의 위험조정수익률을 사용하는 데에서 반드시 이해해야 하는 전제이기도 하다.

위험조정수익률: 기본요소

앞 절에서 소개한 위험요인들이 복합적으로 투자수익의 변동성을 일으키는 상황 하에서, 투자성과에 위험을 고려하는 방식으로서 수익의 변동성을 분석해야 한다. 특정자산에 대해 보유기간수익률의 변동성을 통해 상이한 위험도의 투자대상들을 더 잘 비교할 수 있게 된다.

이를 위해 사용되는 접근방식으로서 수익률의 **변동계수**(coefficient of variation)를 계산하는 것이다. 이는 수익률의 표준편차를 평균수익률(평균수익률에는 산술평균과 기하평균이 사용될 수 있다)로 나눈 것으로 정의된다. 이 개념은 **위험−보상**(*risk-to-reward*) 비율이라고도 불리우며, 총위험(표준편차)과 평균수익률과 연관시켜서 주어진 총 위험 대비 어느 정도의 수익을 기대할 수 있는지 결정하려는 목적이다. 예를 들어, 투자자가 2%의 평균수익률과 3%의 표준편차를 지닌 증권 포트폴리오에 투자한다면, 분산계수는 1.5가 된다. 이는 획득한 수익률 단위당 위험부담이 1.5배라고 해석될 수 있다.[6]

이제 지분형 REITs와 NCREIF지수 간에 흥미 있는 비교를 해볼 수 있다. [예 22-4]에서는 NCREIF의 평균수익률이 더 낮았다. 그런데 평균수익률에 대해 위험조정을 하면, 위험조정 기준에서 NCREIF가 지분형 REITs보다 우월하게 된다. 즉, 지분형 REITs와 NCREIF의 분산계수를 비교할 때 NCREIF쪽의 위험조정수익률이 지분형 REITs보다 높게 된다.

---

[6] 이 계산은 위험 프리미엄이 위험부담액과 비례한다는 가정에 근거하고 있다. 이 가정이 모든 투자자에게 적용될 수는 없는 것이 투자자들 중 일부는 타인보다 위험 혐오가 크기 때문이다. 동일 투자자의 경우에도 각 투자자산별로 위험회피도를 개별적으로 고려하기 보다는 보유 포트폴리오 대비 부담이 증가되는 위험도로서 측정하여야 한다. 이점에 대하여 후술할 것이다.

앞 절에서 NCREIF 지수에서는 (1) 레버리지효과를 반영하지 않고, (2) 부동산가치는 분기별 감정평가액＋일부소수의 실 거래가격이라는 점을 지적했었다. 감정평가를 사용할 경우, 변동성을 감소시키고 수익률을 평탄하게 하는 효과를 가져 올 수 있다. 만일 (1) 감정평가치가 실제시장가치와 아주 차이가 나거나, (2) 지수의 변동성에 영향을 미친다면, NCREIF지수는 부동산투자의 진정한 수익 및 수익의 변동성을 제시하지 못할 것이다. 예를 들어 [예 22-4]에서 지분형 REITs의 경우 평균수익률은 2.66%였고, 표준편차는 9.29%인데, 그 결과 분산계수는 2.99가 된다. 이를 NCREIF의 평균수익률 1.90%와 표준편차 2.99%, 분산계수 1.15와 대비하면, 두 가지 지표 사이에 위험과 수익 면에서 큰 차이가 있음을 시사한다. 이러한 차이는 부동산 유형(오피스, 소매시설, 주거용), 부동산 입지(북부, 남부, 동부, 서부, 교외, 도심), 투자운용자의 투자전략(개발단계의 나대지 투자 대 임대수익 부동산 투자)등에 의해서 발생할 수 있다. 이러한 차이는 각 지수에 대한 투자의 상대적 위험도에 영향을 준다. 더구나 지분형 REITs 주식은 계속 거래가 이루어지는 매수매도 호가 간의 **경쟁입찰** 시장에서 거래되는 반면, NCREIF 지수 내의 개별부동산들은 매우 제한된 당사자 간 직접 가격 **협상**되는 시장에서 거래된다. 양자 간의 비교에서 유동성 및 거래비용에 대한 프리미엄이 잘 이해되지 못하고 있으며, 조사 자료에서도 분리 포착되지 못하고 있다. 마지막으로 양자 간의 보유기간수익률의 정의상, REITs에서 공제되는 관리운용수수료가 NCREIF에서는 발생하지 않는 점에서도 수평비교가 불가능하다. REITs 주식과 NCREIF 지수로 대표되는 직접 부동산투자 간의 위험−수익의 성격을 잘 이해하려면 더 많은 연구가 선행되어야 한다.

포트폴리오 이론의 요소들

앞 절에서는 평균 수익률(기하평균)과 표준편차에 의한 투자대안 간의 비교 방식을 살펴보았는데, 표준편차가 위험의 측정수단으로 사용되었다. 이에 추가하여 투자자들은 하나의 투자물건 취득이 자산 **포트폴리오**의 위험−수익에 미치는 정도도 고려해야 한다. 이것은 매우 중요한데, 포트폴리오 내의 투자가 **결합**할 경우 발생하는 수익률 간의 상호작용 때문이다. 이러한 상호작용은 여러 투자물건을 결합한 포트폴리오의 수익률의 분산을 개별투자의 평균치보다도 더 낮게 만들 수 있다. 투자자는 기존 포트폴리오에 투자를 추가할 때는 신규자산 취득이 전체 포트폴리오의 위험−수익에 어떻게 영향을 주는지 이해해야 한다는 점은 매우 중요하다.

　개별투자 간에 대한 수익률의 평균과 표준편차를 고려하여 포트폴리오를 구성한다고 해서 항상 최적의 포트폴리오 구성이 보장되는 것은 아니다. 신규편입에 의해 포트폴리오는 수익률이 향상되거나 위험이 감소되는 "효율성"이 있어야 한다. 또는 투자자는 어떤 자산의 포트폴리오 효율성을 기존 포트폴리오의 수익률은 유지 내지 개선시키면서 위험도는 낮출 수 있는지 여부에 따라 판단할 수도 있다.[7]

---

[7] 현대 포트폴리오 이론의 근간은 Markowtz의 "Portfolio selection"*Journal of Finance 7*, No.1 1952.3 p77~91에 의해 개발되었다.

투자수익 간의 상호작용이 어떻게 일어나는지 예시하기 위해 [예 22-5]를 살펴보자. 1열의 수익률은 주식 i에 대한 분기별 HPR_i을 나타낸다. 2열은 주식 j에 대한 동일기간의 수익률을 나타낸다. 아래쪽에 있는 계산식에 의해 주식 j에 대한 분기별 평균 수익률은 3.59%였고 표준편차는 9.33%이다. 주식 i에 대한 평균수익률은 1.09%이고 표준편차는 6.24%이다 (계산과정은 생략). 명백히 2가지 투자에서의 위험–수익은 매우 달라서 j주식이 i주식보다 높은 수익 및 높은 표준편차(위험)를 갖고 있다. 투자자가 최초에 주식 j만으로 구성되는 포트폴리오를 갖고 투자를 시작했다고 가정할 때, 주식 i의 신규편입이 어떤 변화를 가져왔는가에 대한 질문이 제기된다. 투자자는 부동산증권을 포트폴리오에 신규 편입함으로써 이익을 얻었는가?

포트폴리오 수익률의 계산

앞 절의 질문에 답변하기 위해서 최초에 주식 i와 주식 j의 비중이 균등하였다고 가정한다. 그 후 결합된 포트폴리오에 대해 평균수익률과 표준편차를 계산한다([예 22-5] 참조). 포트폴리오에 대한 보유수익률($\overline{HPR_P}$)의 평균수익률은,

$$\overline{HPR_p} = W_i(\overline{HPR_i}) + W_j(\overline{HPR_j})$$
$$= 0.5(0.0109) + 0.5(0.0359)$$
$$= 0.0055 + 0.0179$$
$$= 0.0234$$

여기에서 W는 주식 i와 주식 j의 비중을 나타낸다($W_i + W_j = 1$). 이러한 계산에 의해 포트폴리오 수익은 분기 2.34%로서 이는 j주식의 수익률보다 낮다. 그러나 두 주식이 결합되어 포트폴리오 위험이 어떻게 영향받는지를 고려할 때까지는 이 결과에 대해 결론을 도출할 수 없다.

포트폴리오 위험

주식 i와 주식 j로 구성된 기존 포트폴리오에서 주식을 추가한 영향을 살펴보기 위해 신규 포트폴리오의 표준편차를 계산한다([예 22-5] 참조). 계산 결과 표준편차는 7.42%로서 j주식의 9.33%보다 훨씬 낮다.

그러나 포트폴리오의 평균 HPR과 달리 두 가지 지수의 수익률의 표준편차는 두 지수의 **수익률 표준편차**의 가중평균치와 동일하지 않다는 점을 주목해야만 한다. 즉 $(0.5 \times 6.24\%)$ + $(0.5 \times 9.33\%)$는 포트폴리오 수익률의 표준편차와 일치하지 않는다. 이는 두 가지 자산의 수익률이 혼합될 때 그 비율보다 크게 수익률의 분산의 감소가 이루어졌기 때문이다. 다시 말해서 두 개의 수익률의 **상호작용**이 존재하며 개별 HPR에서의 움직이는 방향 또는 패턴이 각 기간별로 동일하지 않다는 의미이다.[8] 사실 몇몇 분기에서는 지분형 REITs의 보유기간

---

[8] 예 22-5에서 나타나듯이 포트폴리오의 표준편차는 편입주식 비중이 변화할 때마다 계산될 수 있다. 두 가지 주식의 경우에 계산방식은 단순히 주식 E와 주식 S에 대해 비중을 변화시켜서 계산될 수 있다.

| 예 22-5 | | | 주식 i와 j를 포함한 가상포트폴리오의 표준편차와 평균보유기간수익률 계산 | | |

	주식 i HPR	주식 j HPR	$HPR_p = 0.5(HPR_i) + 0.5(HPR_j)$	$(HPR_p - \overline{HPR_p})$	$(HPR_p - \overline{HPR})^2$
분기					
1	0.1350	0.1407	0.1379	0.1145	0.0131
2	0.0301	0.0591	0.0446	0.0212	0.0004
3	0.0202	−0.0697	−0.0247	−0.0481	0.0023
4	−0.0013	0.0540	0.0264	0.0030	0.0000
5	0.1044	0.2133	0.1588	0.1354	0.0183
6	0.0048	0.0514	0.0281	0.0047	0.0000
7	−0.0396	0.0662	0.0133	−0.0101	0.0001
8	−0.0961	−0.2263	−0.1612	−0.1846	0.0341
9	0.0921	0.0587	0.0754	0.0520	0.0027
10	0.0279	0.0660	0.0469	0.0235	0.0006
11	0.0123	0.0039	0.0081	−0.0153	0.0002
12	−0.0047	0.0310	0.0132	−0.0102	0.0001
13	0.0242	0.0703	0.0472	0.0238	0.0006
14	0.0591	0.0880	0.0735	0.0501	0.0025
15	0.0360	0.1065	0.0713	0.0478	0.0023
16	−0.0307	0.0205	−0.0051	−0.0285	0.0008
17	−0.0399	−0.0302	−0.0351	−0.0585	0.0034
18	−0.0029	0.0629	0.0300	0.0066	0.000
19	−0.1438	−0.1378	−0.1408	−0.1642	0.0270
20	0.0310	0.0895	0.0603	0.0369	0.0014
$n = 20$	0.2181	0.7180	0.4681		0.1100

주식 i 보유기간 수익률 = 0.2181 ÷ 20 = 0.0109

주식 i 분산 = σ^2_i = 0.0779 ÷ 20 = 0.0039

주식 i 표준편차 = $\sigma_i = \sqrt{\sigma^2_i}$ = 0.0624

주식 j 보유기간 수익률 = 0.7180 ÷ 20 = 0.0359

주식 j 분산 = σ^2_j = 0.1741 ÷ 20 = 0.0087

주식 j 표준편차 = $\sigma_j = \sqrt{\sigma^2_j}$ = 0.0933

Portfoliop 보유기간 수익률 = 0.4681 ÷ 20 = 0.0234

Portfolio 분산 = $\sigma^2_p = (HPR - \overline{HPR_p})^2 \div n$ = 01100/20 = 0.0055

Portfolio 표준편차 = $\sigma_p = \sqrt{\sigma^2_p}$ = 0.0742

수익률이 플러스이고, 주식의 보유기간 수익률은 마이너스 수치이다. 따라서 하나의 포트폴리오로 합쳐질 때, 포트폴리오의 수익률은 개별자산 수익률보다 변동이 적다. 투자 포트폴리오의 위험측정에서 이러한 상호작용의 성격을 이해해야 하는데, 그 이유는 포트폴리오 투자가 분산투자에 의해 혜택을 볼 수 있을지 보여주기 때문이다.

$[(W_E)^2(S_E)^2 + (W_S)^2 + 2(W_S W_E S_S S_E)_{PSE}]^{1/2}$ = Portfolio의 표준편차

W = 주식별 비중

S = 증권의 표준편차

P_{SE} = S와 E의 상관 계수(Coefficient of Correlation)

도표 22-6에서는 각각의 증권의 표준편차와 및 증권간의 상관관계 계산 결과를 볼 수 있다.

공분산 *Covariance*과 수익률의 상관관계 *Correlation of Returns*: 핵심 통계적 관계

개별 투자수익률에서 주요 고려사항으로서, 잠재적인 신규자산의 수익률이 어떻게 기존 포트폴리오의 수익률과 차이가 나는가 판단해야 한다. 만일 특정자산의 수익률이 등락하는 패턴이 포트폴리오 수익률의 등락패턴과 매우 유사하다면, 동 자산을 포트폴리오에 편입하더라도 전체의 수익률분산(위험)이 많이 감소되지 않을 것이다. 이 패턴을 포트폴리오 수익률의 평균과 투자대상 자산 수익률 평균과 같이 고려하면 당해 자산이 기존 포트폴리오와 합쳐질 때 얼마나 효율적일지 시사해준다. 다음 2개의 통계량은 양 수익률이 같이 움직이거나 반대방향으로 움직이거나 또는 양자 간 아무런 관계가 없거나 등의 정도에 대한 수리적 척도를 제공해 주는데, 그것은 공분산과 상관계수다.

2개의 자산수익률의 **공분산**이란 2개의 *HPR*이 시간이 지남에 따라 얼마나 같이 움직이는가의 정도에 대한 척도로서, [예 22-6]에서 계산되어 있다. 공분산은 근본적으로 양 *HPR*이 그 평균 $\overline{HPR}$로부터의 편차를 찾아냄으로써 계산이 시작된다. 2개의 편차는 각 기간별로 곱해진 후 합계된다. 합계된 편차의 곱은 관찰기간의 수로 나누어지는데, 이를 공분산이라 하며 i와 j의 공분산은 0.47%이다.

공분산이 양(+)의 수치이므로 두 가지 증권의 수익률은 **동일한** 방향으로 움직이는 경향이 있으며, 두 주식 간에 양(+)의 **공분산**을 갖는다고 한다. 한편 음(−)의 **공분산**인 경우가 발생할 수도 있는데, 이 경우 두 수익률은 서로 반대방향으로 움직인다. 이러한 공분산 측정이 유익하기는 하나 그 해석은 어려운 점이 많은데 그 이유는 양 수익률간의 절대적 측정값이기 때문이다. 공분산이 큰 경우 매우 강력한 관계를 갖는 것으로 기대하게 된다. 공분산은 −∞부터 +∞까지의 가치를 가질 수 있으므로, 어느 정도의 공분산이 큰지 판단하기 어렵다. 이러한 문제로 인해서 **상대적으로** 중요성을 판단할 수 있는 지표가 필요하다. **상관계수(ρ)**는 양변수가 같은 또는 반대의 방향으로 움직이는 데 대한 정도를 **상대적으로** 측정하기 위해 사용된다.

$$\rho_{ij} = COV_{ij} \div (\sigma_i \, \sigma_j)$$

예에서

$$\rho_{ij} = 0.0047 \div (.0624)(.0933)$$
$$= 0.8070$$

이러한 상관계수 +1과 −1사이에서만 움직이므로 양자의 관계를 더 쉽게 해석할 수 있다. 예로서 상관계수가 +1에 접근할수록 두 변수는 매우 가깝게 움직이는 것이다. 따라서 하나의 변수가 움직일 때 다른 하나도 동일방향으로 변화할 가능성이 매우 높다.[9] 반대로 상관계수가 −1에 접근할수록 두 수익률은 반대로 작용한다. 따라서 하나의 수익률이 변동했을 때 다른 하나의 수익률은 정반대의 방향으로 변화할 것으로 기대된다. 만일 상관계수가 0에 가까우면 이는 양자 간에 아무런 관계가 없다는 것을 의미한다. 예에서 0.8070의 상관계수는 주식 i와 j주식 간에 기간 중 강한 상관관계를 나타내는데 이는 1에 가까운 수치이기 때문이

---

[9] 원천적인 원인과 결과 간의 관계가 양자 간에 존재해야 과거의 관계가 미래의 관계 예측에 사용될 수 있다는 점은 명백하다.

| 예 22-6 | | | 주식 i와 j의 **Covariance**(공분산)계산 | | | | |

기간말	HPR 주식 i	HPR 주식 j	$(HPR_i - \overline{HPR_i})$	$(HPR_j - \overline{HPR_j})$	$(HPR_i - \overline{HPR_i}) \times (HPR_j - \overline{HPR_j})$	Stock i $(HPR_i - \overline{HPR_i})^2$	Stock j $(HPR_j - \overline{HPR_j})^2$
분기							
1	0.1350	0.1407	0.1241	0.1048	0.0130	0.0154	0.0110
2	0.0301	0.0591	0.0192	0.232	0.0004	0.0004	0.0005
3	0.0202	−0.0697	0.0093	−0.1056	−0.0010	0.0001	0.0111
4	−0.0013	0.0540	−0.0122	0.0181	−0.0002	0.0001	0.0003
5	0.1044	0.2133	0.0935	0.1774	0.0166	0.0087	0.0315
6	0.0048	0.0514	−0.0061	0.0155	−0.0001	0.0000	0.0002
7	−0.0396	0.0662	−0.0505	0.0303	−0.0015	0.0026	0.0009
8	−0.0961	−0.2263	−0.1070	−0.2622	0.0281	0.0115	0.0687
9	0.0921	0.0587	0.0812	0.0228	0.0019	0.0066	0.0005
10	0.0279	0.0660	0.0170	0.0300	0.0005	0.0003	0.0009
11	0.0123	0.0039	0.0014	−0.0320	0.0000	0.0000	0.0010
12	−0.0047	0.0310	−0.0156	−0.0049	0.0001	0.0002	0.0000
13	0.0242	0.0703	0.0133	0.0344	0.0005	0.0002	0.0012
14	0.0591	0.0880	0.0482	0.0521	0.0025	0.0023	0.0027
15	0.0360	0.1065	0.0251	0.0706	0.0018	0.0006	0.0050
16	−0.0307	0.0205	−0.0416	−0.0154	0.0006	0.0017	0.0002
17	−0.0399	−0.0302	−0.0508	−0.0661	0.0034	0.0026	0.0044
18	−0.0029	0.0629	−0.0138	0.0270	−0.0004	0.0002	0.0007
19	−0.1438	−0.1378	−0.1547	−0.1737	0.0269	0.0239	0.0302
20	0.0310	0.0895	0.0201	0.0536	0.0011	0.0004	0.0029
$n = 20$	0.2181	0.7180			0.0940	0.0779	0.1741

$COV_{ij} = \Sigma[HPR_i - \overline{HPR_i}][HPR_j - \overline{HPR_j}] \div n$
$\qquad = 0.0940 \div 20$
$\qquad = 0.0047$
상관관계[주식 i와 j] = $[COV_{ij}] \div [\sigma_i \sigma_j] = 0.8070$

다.[10]

　　이 시점에서 다른 중요한 관계는 무엇인가? 만일 2개의 투자의 상관관계가 매우 높다면, 포트폴리오 수익률의 분산(위험)의 감소 효과는 두 투자 간의 관계가 0 또는 음(−)의 상관관계인 경우보다 작을 것인데, 그 이유는 0 또는 음(−)의 경우 2개 수익률의 분포가 상관되지 않거나 음(−)의 상관이 되어, 두 가지 수익률 간의 관계가 강화되지 않기 때문이다. 두 수익률이 음(−)의 상관관계라면 양자는 서로 상쇄할 것이며 포트폴리오 수익률의 편차의 합은 유가증권이 추가 편입된 후 더 작아질 것이므로, 포트폴리오 수익률의 표준편차도 작아진다(즉 낮은 위험). 결과적으로 두 가지 자산의 수익률 상관관계가 + 1보다 작은 어느 때나 투자를 혼합시키면, 단일 투자(검토 중인 투자안보다 높은 표준편차를 지닌)를 지속하는 경우보다 위험(표준편차)의 축소효과를 얻을 수 있다는 점을 강조한다. 그런데 위험축소

---

[10] 상관계수가 0.5를 넘으면 두 변수의 상관관계는 높다고 간주된다. 또한 중요성에 대한 통계적 테스트에 의해 두변수가 상관되어 있는지 아니면 관련수치가 대표성이 없는 샘플로부터 얻어진 것인지 더 신뢰도 높게 판단할 수 있다. 상관관계 및 정규분표, 기타 통계에 대해서는 통계학 원론 참조.

의 효과는 상관관계가 −1에 접근할수록 훨씬 커진다.

위의 분석을 통해 포트폴리오 수익률의 표준편차가 왜 개별 투자수익률 표준편차의 단순 가중평균치와 일치하지 않는가에 대해서 명백히 이해할 수 있게 되었다. 더구나 증권투자수 익률의 분산이 위험도를 적절히 표시한 것이라면 투자를 **다변화**해서 (음(−)의 상관관계 또 는 0의 상관관계인 자산들을 포트폴리오에 편입) 위험축소의 형태로 이익을 얻을 수 있다는 점이 명백한 것이다. 물론 다른 차원에서 고려해야 하는 중요한 사항으로는 개별 유가증권이 혼합될 경우 포트폴리오의 **평균수익률**이 어떻게 영향을 받을지 생각해야 한다. 예로서 두 개 의 유가증권이 동일한 평균수익률을 갖고 있으며 두 가지 수익률이 완전히 음(−)의 상관계 수(−1)라면 투자자가 두 가지 증권을 매입하면 무위험 수익률을 얻을 수 있다고 추측할 수 있다. 이러한 상황이 실제로 나타날 확률은 희박한데, 그 이유는 완벽한 −1의 상관관계를 가진 유가증권을 찾아낼 수 있는 가능성이 미약하기 때문이다. 그러나 음(−), 0 또는 양(+) 의(완전하지 않은) 상관관계를 가진 많은 투자대안들이 포트폴리오에 대한 추가편입 후보가 될 수 있다(전술한 효율성을 근거로). 이러한 포트폴리오 분석의 기본 요소들에 의해 위험− 수익에 대한 질문들을 고려할 때 사용되는 구조들을 파악할 수 있다.

포트폴리오 비중 : 위험과 수익 간의 상쇄 관계

가상 예에서 주식 j로 구성된 포트폴리오에 i 주식을 추가 편입함으로써, 포트폴리오 평균수 익률의 감소액보다 작은 금액(퍼센트)만큼 포트폴리오 위험이 감소하였다. 이는 2가지의 주 식을 모두 편입한 포트폴리오는 단일주식만으로 구성된 포트폴리오보다 효율적이지 못하였 을 것이라는 것을 의미한다. 그러나 계산에서 2가지 자산이 **동일한 비중으로 구성**되었다고 가 정했었다. 더욱 최적화된 포트폴리오(즉 주식의 편입비율이 다르게 구성된 것으로 위험증가 보다 수익증가가 컸거나, 위험을 감소시키면서도 수익률을 유지한)가 **포트폴리오 내의 두 가** 지 증권의 비중을 변동시킴에 의해 얻어질 수가 있는가? 이 질문에 대답하기 위해 먼저 [예 22-4]에서의 NCREIF와 S&P500의 1985~2014년의 전 기간에 걸친 수익률을 살펴본다. S&P500지수에 대한 산술평균 HPR은 2.71%로서 표준편차는 8.25%이고, NCREIF에 대 한 HPR은 1.90%이고 표준편차는 2.21%다. 2가지 수익률 간의 상관계수는 0.1344다([예 22-7] 참조).[11] 상관계수는 1 미만이므로 두 가지 자산을 결합함으로써 위험의 일부감소가 가능했다.

둘째로, 포트폴리오 내의 증권 비중의 중요성을 이해하고자 한다. 최적의 **구성비**를 결정 하기 위해서는 두 가지 자산에 대한 **모든 결합대안**을 고려해야 한다. 예에서 각 증권의 비중 을 10% 단위로 증가시켜가면서, 포트폴리오 평균수익률과 표준편차를 각 비중구성 대안별 로 계산하였다. 그 결과는 [예 22-8]에 나타나 있는데, 두 가지의 극단적인 경우(포트폴리오 가 전부 S&P500으로 구성되고 NCREIF가 전혀 없는 경우와, 100% NCREIF로 구성되고 S&P500이 전혀 없는 경우) 사이의 모든 값을 보여주고 있다. 따라서 [예 22-8]의 곡선은 두

---

[11] 다른 자산 간의 장기적인 상관관계를 계산하기 위해서는 계산 기간을 늘려 잡으면 된다.

예 22-7

선택된 자산들의
상관관계표: 분기별수익률,
1978~2014

	CPI	채권	S&P 500	국채	NCREIF	REITs
CPI	1					
채권	−0.2078	1				
S&P 500	0.0014	0.1047	1			
국채	0.4764	0.1815	0.0375	1		
NCREIF	0.2980	−0.1211	0.1344	0.2895	1	
REITs	0.0818	0.2091	0.6169	0.0169	0.1525	1

가지 자산의 결합비율이 변동해 감에 따라서 위험과 수익 간의 **상반관계**를 나타내 주고 있다. 기간 중에 NCREIF지수가 평균 HPR은 낮고 표준편차는 큼에 불구하고, S&P500지수와 비교할 때([예 22-4] 참조) S&P500 또는 NCREIF 주식 중 한 가지만을 보유하는 대신 자산을 혼합하는 다변화의 혜택이 얻어진다는 점에 주목하라. 이는 [예 22-8]에 나타난다.

[예 22-8]에서 보면, 100% NCREIF 지수만 보유한 포트폴리오는 NCREIF와 S&P지수를 혼합한 포트폴리오보다 수익은 낮고 위험은 더 큰 것으로 나타난다. 이것은 주식(S&P지수)과 부동산(NCREIF)을 함께 보유함에 따른 다변화의 이익이다. 여기서 양의 기울기를 가진 곡선(위험이 증가하면 수익률이 증가)을 **효율적 프론티어**(efficient frontier)라고 부른다. 이는 증권의 효율적인 결합에 의해서 포트폴리오 위험이 증가함에 따른 최대한의 포트폴리오 수익률을 실현할 수 있는 최적의 결합 비중 영역을 나타낸다. 효율적 프론티어 아래쪽(또는 타원형의 내측)의 수익률은 **열등**한데, 그 이유는 동일한 위험도에서 항상 수익률을 개선시키는 더 나은 조합이 항상 존재하기 때문이다. 투자자들은 자기의 위험 감수성향에 따라서 효율적 프론티어 내에서만 증권의 조합비율을 선택할 것이다. 위험을 회피하는 투자자들은 NCREIF 지수를 더 많이 편입할 것이며, 위험선호형 투자자들은 S&P지수를 더 많이 편입시키는 성향을 보일 것이다. S&P지수를 100% 소유한다면, 기대수익률이 극대화되지만, 위험도 극대화될 것이다.

부동산수익률, 기타 투자대안 및 포트폴리오 다변화의 기회

전술한 분석으로부터 가장 최적의 위험-수익 관계를 실현할 수 있도록 효율적으로 결합될 수 있는 잠재성이 있는 자산이 많이 있다는 점이 확인되었다. 앞서 NCREIF와 S&P지수만으로 구성되는 예에서도 이러한 잠재성이 있는 것을 보았다. 그러나 투자자들은 자산을 선정함에 있어서 다른 많은 자산들도 고려할 수 있다. 자산 구성에서 핵심요소는 자산수익률간의 상관관계이다. [예 22-7]은 **상관관계 매트릭스표**로서 [예 22-4] 상의 모든 유가증권의 수익률간의 상관계수를 보여주고 있다. 이러한 상관계수의 계산목적은 포트폴리오를 구성함에 있어서 다양한 **투자대상**이 어떻게 효율적으로 다른 자산과 결합될 수 있는가를 고려하기 위해서이다.

일정 유가증권을 편입하고 있는 포트폴리오에 **부동산 투자상품**을 추가한 경우 더 효율적이 될 수 있는가의 질문에 대해 살펴본다. 분석의 범위를 좁게 하려 하는데, 그 이유는 최적

예 22-8   **1978~2009의 NCREIF와 S&P500 주식의 포트폴리오 수익률**

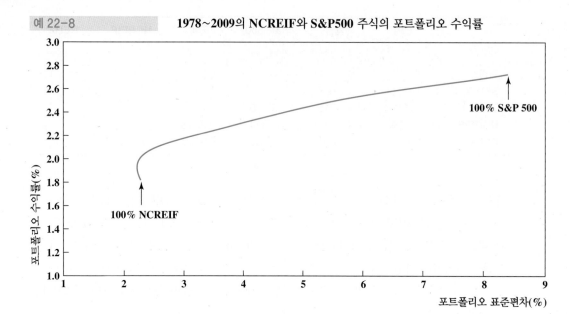

의 포트폴리오가 어떤 자산을 편입해야 하는가를 고려하려면 전 세계의 모든 증권 및 자산을 전부 조사해야 할 것이기 때문이다(채권·주식·부동산·금·보석·동전·우표 등 투자자가 소유할 만한 모든 자산들). 자산수익률 간의 평균치와 표준편차, 공분산에 기초하여 투자자들은 가용 투자자산에 대해 최적의 결합이 이루어진 포트폴리오를 보유하려 할 것이다. [예 22-8]에서와 같은 효율적인 프론티어는 더 크고 다양화된 "시장 포트폴리오"에 대해서도 존재할 것이다. 만일 모든 투자자들이 전체 포트폴리오에 대한 위험 대 수익 비율이 개선되는가의 여부에 의해 의사결정을 한다면, 모든 투자자는 포트폴리오를 보다 다변화하고 효율적으로 구성할 수 있을 것이다. 신규투자의 수익률은 위험의 증감분에 의해 평가되고, 투자자가 지불하는 위험 프리미엄도 위험 증감액을 반영하여 결정될 것이다. 요약하면 투자에서의 위험 프리미엄은 포트폴리오에 따라 증감되는 추가 위험의 정도에 의해 설정되며, 모든 투자대안들은 이러한 상호관계에 의해서 가격결정 된다는 것이다.[12]

다음에서 포트폴리오의 투자성과, 다변화, 부동산에 대해서 살펴본다. 포트폴리오 운용자들이 부동산을 투자대상으로 분류하여 고려한 지는 불과 20년 정도밖에 경과하지 않았다. 부동산소유권이 지분형 REITs 주식 또는 개방 및 폐쇄형 합동운용형 투자펀드의 소유권 지분으로 금전화되어 유통된 것도 최근의 일이다. 또한 연금운용에 대한 제한 규정도 완화되어, 부동산이 투자 기능 대상으로 되었다. 전통적으로 국채·회사채·주식에만 투자하던 대부분의 기관투자자들이 부동산에도 관심이 증가되었다.

국채·주식·채권으로 구성된 포트폴리오를 가진 투자자에게 부동산 투자가 분산투자의 이익을 줄 수 있는가의 질문에 대해서 검토하고자 한다. 포트폴리오 내의 기존자산에 대한 가정으로부터 시작한다. 그 다음에는 1985~2009년의 기간에 걸쳐 부동산을 편입하였을 때 포트폴리오가 다변화의 이익을 얻었는지를 판단할 것이다.

---

12 자본시장과 효율적 시장이론에 대해서는 Z.Bodie, A.Kane, A.Marcus의 *Investment* 2판 참조(Homewood III, Richand D Irwin 1994).

포트폴리오 다변화: 지분형 REITs와 기타투자

[예 22-7]로 돌아가서 각 자산별 1978~2009의 전체기간에 대해서 각 자산의 다른 자산에 대한 상관관계(분기별수익률기준)를 살펴보자. 예를 들어, 지분형 REITs의 수익률은 일반 주식(0.6169), 채권(0.2091) 그리고 국채(0.0684)와는 양(+)의 상관관계를 있다. 이러한 관계는 지분형 REITs는 S&P500과 채권 간의 관계에서 완전한 상관관계가 아니고, 지분형 REITs와 국채 간의 상관계수가 매우 작으므로 주식, 채권, 국채로 구성된 기존 포트폴리오에 부동산이 추가 편입되면 다변화의 이익을 얻을 수 있다는 것을 의미한다. 또한 NCREIF는 S&P500(0.1344)과 국채(0.2895)와는 낮은 양(+)의 상관관계를 가지지만, 채권(-0.1212)과는 음의 상관관계를 보이고 있다. 이는 부동산에 직접 투자하는 것이 REITs 주식을 편입시키는 것보다 다변화 이익이 크다는 것을 의미한다.

주식과 채권으로 구성된 포트폴리오에 부동산을 편입함으로 발생하는 다변화 이익을 확인하기 위해 [예 22-4]의 평균 수익률과 [예 22-7]의 상관계수 개념을 사용한다.[13] [예 22-9]에서는 2개의 효율적 프론티어가 있다. 아래쪽의 프론티어는 주식(S&P500)과 채권으로만 구성되어 있다. 위쪽의 프론티어는 주식, 채권 사모 부동산투자(NCREIF지수)가 모두 포함되어 있다. 각각의 위험(표준편차) 수준에서 부동산을 포함한 프론티어의 수익률이 더 높다는 사실을 주목하라. 모든 포트폴리오가 주식으로만 구성된 경우는 예외다. 사모 부동산을 편입함으로 더 많은 위험-수입 결합을 구성할 수 있다.

이 결과는 과거의 수익률에 기초한 것이기 때문에 미래의 성과를 나타내지 않을 수 있다. 투자자들은 미래의 기대 위험 및 수익에 기초하여 투자 결정을 내린다. 이 사례는 개념을 이해하기 위해 과거 자료를 사용한 것이다. 이 결과가 미래에도 되풀이 될 것이라는 보장은 없다. 실제로, 투자자들은 자산간에 상관계수의 유의한 변화가 발생했다는 증거가 없는 한 과거의 상관계수 자료를 사용한다. 유사하게, 자산에 근거한 위험이 변화했다는 증거가 없는 한 과거의 표준편차 자료도 사용한다. 그러나 과거의 수익률보다는 미래의 수익률 자료가 사용되어야 한다. 과거의 수익률은 미래의 기대수익률의 하나의 지표밖에 되지 않기 때문이다.

NCREIF지수도 사모 부동산의 위험(표준편차)-수익 지표로 사용하였다. NCREIF지수는 낮은 평균 수익률과 표준편차를 가지고 있다. 이 장의 초반부에서 지적했듯이, 이는 NCREIF지수가 거래가격이 아닌 평가가치에 기초하고 있기 때문이다. 몇몇 사람들은 평가가치의 사용이 수익률의 변화를 줄이거나 "중화"할 수 있다고 주장한다. 이는 가치의 추정이 잘못되었다는 것을 의미하지는 않는다. 그보다는 평가과정에서 시장의 갑작스런 변화가 발생할 때 시장 여건의 변화가 충분히 나타날 때까지 평가가치에 완전히 반영되지 않는다는 것을 의미한다. 따라서 NCREIF지수와 같이 평가가치에 기초한 지수는 분기별 부동산 가치의 변화를 충분히 반영하지 못한다.

---

[13] 실제로 이러한 분석을 위해서는 과거의 수익률보다는 미래의 기대수익률을 사용해야 할 것이다. 여기서는 과거 수익률 자료를 사용하여 각각의 자산에서 발생한 실제 수익률에 기초한 다변화 이익을 예시한다.

예 22-9   효율적 프론티어

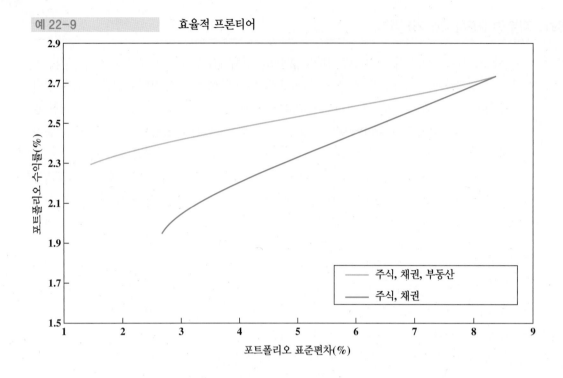

공모 부동산 대 사모 부동산 투자

앞서 NCREIF지수로 대표되는 사모 부동산의 성과와 NAREIT지수로 대표되는 REITs의 성과는 과거 수익률, 표준편차, 다른 자산과의 상관계수 관점에서 상당히 다르다는 것을 보았다. 예를 들어 NAREIT지수의 표준편차는 NCREIF지수의 표준편차보다 더 크다. 이는 NCREIF지수가 평가가치에 기초하기 때문에 수익률의 변동성을 모두 반영하지 않는다는 점을 통해 해석할 수 있다. 그러나 또 다른 해석으로는 부동산이 상장된 REITs에 의해 소유될 때 공개시장의 위험을 보다 많이 부담하게 된다는 점이다. [예 22-7]에서 보듯이, REITs는 NCREIF보다 S&P 500지수와 더 높은 상관관계를 보이고 있다. 또한, NCREIF지수는 CPI와 높은 상관관계를 보이고 있어 REITs보다 인플레이션 헷지 기능을 한다는 것을 알 수 있다.

NCREIF지수에서 평가가 수익률의 변동을 감소시키고, 상장 REITs는 자본시장의 영향 때문에 변동성이 커진다는 점은 사실일 수 있다. NCREIF지수와 NAREIT지수 간의 변동성 차이를 보기 위해 [예 22-10]에서 각각의 과거 수익률을 도시하였다. 더 나은 비교를 위해 NCREIF 수익률에 대한 범례(−10%~+ 8%)와 NAREIT 수익률에 대한 범례(−50%~+ 40%)를 달리 설정했다. NAREIT지수는 확실히 수익률 변동성이 크게 나타나고 두 지수는 같은 기간 동안 수익률이 크게 다르다는 것을 알 수 있다.

어느 지수가 부동산 지분의 성과를 잘 나타내는 지표인가에 대한 논란의 여지는 있지만, 사모 부동산투자(NCREIF지수로 대표)와 공모 부동산투자(NAREIT지수로 대표) 모두가 포트폴리오에서 역할을 할 수 있다. 양자 모두 주식과 채권으로만 구성된 포트폴리오에 다변화 이익을 줄 수 있고, 투자대안으로서 이점과 단점을 가질 수 있다. 예를 들어, REITs는

Web 응용

NCREIF의 웹사이트(**www.ncreif.com**)로 가면, 분기별 부동산 수   다우존스 지수 등과 비교해 보라.
익률에 대한 정보를 얻을 수 있다. 최근의 부동산 수익률과 S&P500,

사모 부동산보다 유동성은 크지만 투자자가 개별 부동산 매각에 대한 의사결정권을 가질 수 없다는 문제가 있다. 이 장의 목적은 어떤 투자 유형이 특정 투자자에게 유리한가를 제안하고자 하는 것이 아니라, 투자자가 부동산 지분을 포트폴리오에 편입할 수 있다는 점을 보여주기 위함이다.

부동산 투자성과와 인플레이션

마지막으로 포트폴리오 운용자는 부동산 투자성과와 인플레이션 간의 관계를 비교해 보고 싶어 할 것이다. 즉 부동산 수익률은 인플레이션율을 상회하는가? 이 질문에 답변하기 위해서 지분형 REITs지수, NCREIF지수, CPI 간의 비교를 상기해야 한다. 모든 경우에서 부동산 지수들은 CPI의 성장률을 초과한다. 이는 최소한 1985~2009년 기간 중에는 [예 22-4]상의 부동산 투자가 인플레이션율보다 높아서 실질 투자수익을 가져다주었다는 의미이다. 또 하나 중요한 질문이 대두되는데 이는 부동산수익률이 인플레이션과 상관관계가 있는가 하는 의문이다. [예 22-7]의 상관관계 메트릭스에 의하면 NCREIF지수와 CPI간에 상관관계가 있는 것으로 나타난다. 그러나 지분형 REITs에 대해 같은 비교를 해보면 상관관계가 없는 것으로 보인다. 인플레이션과 정의 상관관계를 가지는 것은 자산이 인플레이션 회피 기능을 가지고 있다는 점

예 22-10   **NCREIF vs NAREIT 분기별 수익률(1985~2009)**

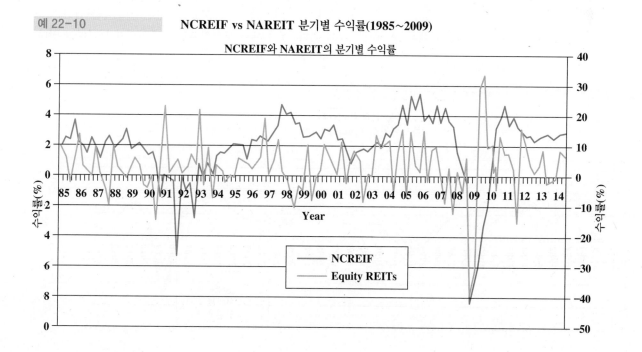

에서 바람직하다. 즉, 인플레이션이 커지면, 부동산 수익률도 커져야 하는 것이다.

부동산 유형과 입지에 따른 다변화

개별 부동산이 포트폴리오에 편입이 될 때, 부동산 간에 상관관계가 완전하지 않다면 포트폴리오의 위험이 감소한다는 것을 알았다. 따라서 투자자들은 상관관계가 낮은 부동산을 찾기를 원한다. 이는 보통 유형과 입지가 상이한 부동산을 편입함으로써 이루어진다. 앞 장에서 다른 유형의 부동산은 부동산 유형별로 상이한 수요에 따른 상이한 경제요소에 영향을 받는다. 유사하게, 다른 지역에 위치한 부동산 또한 지역의 상이한 경제요소에 영향을 받는 상이한 경제기반에 영향을 받는다. [예 22-11]은 1979부터 2014년 사이 오피스, 소매시설, 산업용 부동산, 아파트의 수익률을 보여준다. 사업 주기와 특정 경제상황(1990년 초 부동산 침체)은 부동산 전체에 영향을 주지만, 일반적으로 특정 부동산이 다른 부동산보다 수익률이 높으며 개별 부동산들은 완벽한 상관관계를 가지지 않는다. 예를 들어, 1980년 초 소매점이 가장 낮은 수익률을 보였고, 1980년 후반에는 가장 높은 수익률을 보였으며 1990년 후반에는 가장 낮은 수익률 그리고 2000년 초반에는 또 다시 가장 높은 수익률을 보였다. 포트폴리오 위험은 4가지 부동산에 투자함으로 감소시킬 수 있다.

[예 22-12]는 미국 5개 대도시의 위치한 부동산의 수익률을 보여준다. 여기서 다른 행정구역에 위치한 부동산들의 수익률을 알 수 있다. 예를 들어, 보스턴의 경우 특정기간에 가장 높은 수익률을 보이고 있으나 다른 지역은 가장 낮은 수익률을 보이고 있다. 따라서 지역에 따른 다변화는 전체 포트폴리오 위험을 감소시킬 수 있다.

국제적 다변화

최근 국제적 부동산 투자는 기관투자가, 특히 대형 기관투자가를 중심으로 높은 관심을 보이고 있다. 여기에는 몇 가지 이유가 있다. 첫 번째로 국제적으로 투자기회가 늘어나고 있다.

예 22-11   **NCREIF 부동산 형태에 따른 수익률**

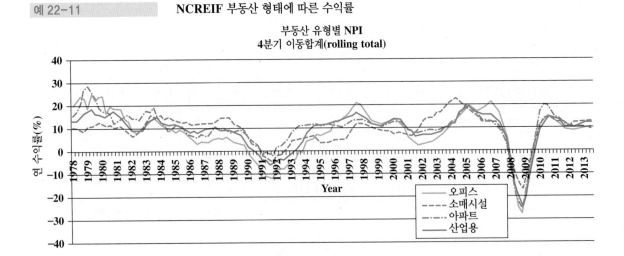

부동산 유형별 NPI
4분기 이동합계(rolling total)

예 22-12

미국 5대 대도시에 위치한 부동산의 NCREIF 수익률

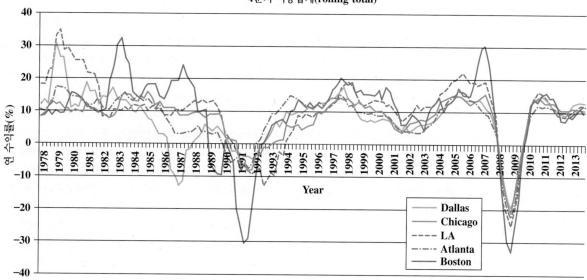

MSA별 NCREIF 수익률
4분기 이동합계(rolling total)

범례:
- Dallas
- Chicago
- LA
- Atlanta
- Boston

앞 장에서 미국의 REITs와 유사한 제도를 채택한 국가들을 소개하였다. 이러한 나라들은 CMBS와 투자하기 쉽게 고안한 여타 투자기구들의 시장 규모도 성장하고 있다. [예 22-13]은 전세계 부동산 증권시장의 현황에 대해 도표로 보여주고 있으며 [예 22-14]는 상업용부동산시장의 현황에 대해 보여주고 있다.

예 22-13
전 세계 부동산 증권 현황

기관투자 부동산 총 = $7.4조 달러

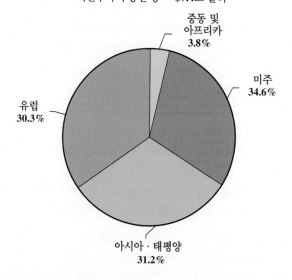

- 중동 및 아프리카 3.8%
- 미주 34.6%
- 유럽 30.3%
- 아시아·태평양 31.2%

출처: LaSalle Investment Management As, 2012년 3분기.

주: The Listed Real Estate Universe는 모든 상장 부동산회사를 포함하고 있으며, 주로 REITs와 REOCs들이다. 부동산을 보유한 수직 통합 개발회사들은 신흥 시장에 포함되지만 주택건설회사들은 제외되었다. The Institutional Real Estate Universe는 모든 기관 투자자 소유 부동산, 상장과 비상장 부동산을 포함하고 있다.

사회적으로 공헌하는 부동산 투자

Concept Box 22.1

투자자는 오랜 기간 동안 "사회적으로 공헌"하는 투자 또는 "윤리적인" 투자에 대해 깊은 관심을 보였다. 이러한 사회적으로 공헌하는 투자를 위해 그들의 가치와 기업 및 투자자의 사회적 책임을 위해 사회정의, 경제적 개발 그리고 환경적 질을 고려한 모든 요소를 고려하여 투자안을 선택한다. 오늘날 기관 및 개인 부동산 투자자의 경우도 같은 현상이 나타나고 있다. 왜냐하면 부동산은 사회적 그리고 환경적 요소에서 가장 중심에 서 있기 때문이다. 예를 들어 UN 및 도시개발기구에 따르면 주택 및 상업용 빌딩의 경우 전 세계적으로 온실가스 배출양의 1/2을 차지하고 있으며 운송수단 등이 부동산 주위에 있기 때문이다. 실제로 서비스부문 기업의 고용에 따른 환경영향의 80%가 부지의 설계, 입지, 운영과 연관이 있다.

오늘날, 가난, 범죄 자연적 재해 등 그들의 포트폴리오에 영향을 줄 수 있는 사회적 환경적 이슈에 관심을 가지고 있는 투자자들 사이에서 사회적으로 공헌하는 부동산 투자는 큰 관심을 끌고 있다. 소비자 선호의 변화, 환경적 위험, 정부 규제, 법적 책임, 고비용 자원, 주주의 압력으로 인해 사회적 환경적 문제를 무시하는 것은 재무적으로 위험하며, 부동산 투자과정에서 이를 인지하는 것은 재무적으로 도움이 된다.

이러한 관점에서 사회적으로 공헌하는 부동산 투자(responsible property investing: RPI)의 개념이 등장했다. 즉, 부동산 투자 시 환경적 사회적 이슈와 관련된 부동산 관리 위험이나 기회에 대한 최소한의 법적 요구사항을 극복하기 위한 포트폴리오 관리, 자산관리, 재산관리 활동이 등장했다. 사회적으로 공헌하는 부동산 투자는 수익형 부동산을 투자하는 동안 환경적 온전함, 지역 커뮤니티 개발 그리고 인격적 행복감 등을 모두 포함하기 위해 다양한 노력을 한다. 이는 현세대 및 향후 세대가 직면할 도전적인 이슈들을 도우기 위해 위험을 줄이고 기회를 찾는 역할을 해준다.

사회적으로 공헌하는 부동산 투자는 자선사업이나 이타심이 아니다. 몇몇 투자자들은 도덕적 동기 부여에 의해 하지만, 대부분의 사회적으로 공헌하는 부동산 투자는 초과 수익을 올리는 기회를 잡기 위한 관심에서 이루어진다. 요즘 오염부지 재개발, 친환경 빌딩, 부담가능 주택, 도심재개발, 역사적 건축물 보존, 학생복지, 공정 노동에 초점을 맞춘 투자펀드들이 있으며, 그리고 사회적이고 친환경적인 개발에 관한 기타 전략이 투자자들에게 깊은 관심을 끌고 있다. 또한 전통적인 포트폴리오에 익숙한 자산관리자들이 환경 친화적 전략 그리고 이해관계자들에게 도움이 되는 프로그램들을 실행하고 있다.

경제전문가들은 이미 사회적으로 공헌하는 부동산 투자에 대한 재무적 결과를 알고자 조사를 시작하고 있다. 지금까지, 사회적으로 공헌하는 부동산투자는 임대료, 순영업소득, 시장가치 그리고 투자수익률을 증진시킨다는 것을 알아냈다. 물론 더 많은 연구가 필요하지만, 지금까지 결과를 보면 투자자는 사회적으로 공헌하는 투자에 깊은 관심을 가져야 하며 실제로 잘할 수 있도록 노력하여야 한다.

여기 사회적으로 공헌하는 투자이 재정적으로 확실한 2가지 전략이 있다.

1. No Cost 전략: 이는 해당 부동산에 추가 비용을 지출하지 않고 사회 및 환경적 환경에 대한 향상을 찾아내는 전략이다. 예를 들어, 빈 임차공간의 전등을 소등함으로서 지구온난화 및 에너지 소비를 줄이는 것이다.
2. Value added 전략: 이는 초기 지출이 필요하나 임대료 상승 및 위험을 줄이는 결과를 가지고 오게 하는 전략이다. 예를 들어 기존 부동산에 육아시설을 도입하는 것은 비용이 더 지출되지만 높은 임대료와 점유에 상쇄되어 가치가 상승한다.

많은 요소들이 건물의 사회적 환경적 가치의 향상에 기여할 수 있기 때문에, 성공적으로 사회적으로 공헌하는 부동산 투자를 하기 위해서는 다음과 같은 요소가 필요하다.

1. 에너지 절약: 친환경 발전기, 에너지 효율적인 건물 디자인 등
2. 환경보호: 상수도 절약, 분리수거, 거지주 보호
3. 증명서 교부: 친환경 빌딩 증명서, 유지가능한 천연 목재 환경 증명서 등
4. 친환경 개발 방식: 대중교통지향형 도시개발, 보행 친화적 마을, 복합용도 개발
5. 도심 재개발: 공터 매우기 개발, 유연한 인테리어 등
6. 건강 및 안전: 보안, 자연재난 방지, 응급조치 대기

7. 노동자 친화형 개발: 플라자, 육아시설, 내부환경 향상, 장벽 없는 건축설계
8. 기업 시민정신: 준법감시 규제정책, 독립적인 이사회, 윤리적 기업운영의 자발적 참여, 이해관계자와의 관계, 믿을 수 있는 회계보고서
9. 사회적 형평성 그리고 커뮤니티 개발: 공정노동행위, 안락한 고용자 숙소
10. 시민의식: 이웃 피해 최소화, 지역사회 등을 고려한 건설. 지역사회 봉사활동, 역사적 건축물 보존 등

사회적으로 공헌하는 부동산 투자의 발전은 매우 큰 의미를 가지고 있다. 사회적으로 책임있는 투자의 경우 2007년 미국 기준 $27.1조를 상회하였다. 사회적으로 책임있는 투자의 10%만이라도 사회적으로 공헌하는 부동산 투자에 영향을 미친다면 미국 REITs산업의 자본시장에 90% 이상을 차지하는 수준이다.

오늘날, 사모 부동산투자기관들이 친환경 빌딩 그리고 다수의 사회적으로 공헌하는 부동산 투자를 위한 개발에 노력을 하고 있으며 부동산 개발 및 금융에 중요한 트렌드가 될 것은 확실하다.
이에 관한 더욱 자세한 사항은 아래 사이트를 참조하기 바란다.

Responsible Property Investing Center (*www.responsibleproperty.net*)
UNEP Finance Initiative Property Working Group (*www.unepfi.org*)
Urban Land Institute, Responsible property Investment Council (*www.uli.org*)
Professor Pivo's Hompage (*www.u.arizona.edu/~gpivo*)
U.S Green Building Council (*www.usgbc.org*)
BREEAM (*BRE Environmental Assessment Method*) (*www.breeam.org*)
U.S Environmental Protection Agency-Energy Star (*www.energystar.gov*)
Green Globes Assessment and Rating System (*www.greenglobes.com*)
National Association of Home Builders Green Building Program (*www.nahbgreen.org*)

예 22-14
대규모 상업용 부동산 시장 현황

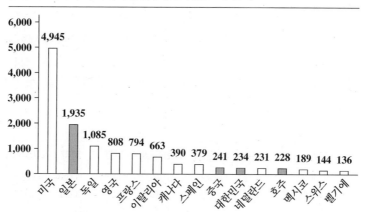

대규모 상업용 부동산시장

2006년 세계 상위 15개 상업용 부동산시장($10만 달러)

출처: Prudential Real Estate Investors.

두 번째로 상업용 부동산의 역사적인 수익률에 대한 지수를 다른 나라에서도 개발 및 운영하고 있다. 예를 들어, 일본의 부동산증권협회(The Association for Real estate Securiti-

예 22-15
국가별 GDP 성장률 비교

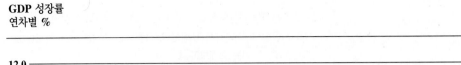

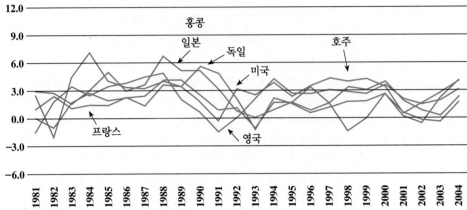

GDP 성장률
연차별 %

출처: Morgan Stanley.

zation)는 NCREIF 지수를 기반으로 하여 도쿄에 위치한 부동산 수익률을 발표하였다.

　세 번째 이유는 국제적 부동산 투자는 다른 국가의 부동산을 포트폴리오에 편입시켜 다변화의 이익을 가져다준다. 주식, 채권으로 구성된 포트폴리오에 부동산을 편입시켜 전체 포트폴리오의 위험을 감소해 준다는 사실을 알고 있다(즉, 부동산은 주식, 채권과 큰 상관관계를 가지지 않는다). 이는 다른 국가의 투자를 통해서도 같은 결과를 얻을 수 있다. [예 22-15]는 GDP 성장률에 근거한 7개 국가의 부동산 성과를 보여주고 있다(모든 국가의 역사적인 부동산 수익률에 근거한 지수를 산정할 수 없어 총수익성장률을 사용하였다).

　여기서 다른 국가에 의한 부동산들의 성과가 모두 다르다는 것을 알 수 있다. 이는 도시별로 낮은 상관관계를 갖고 있으며 이를 통해 분산효과를 얻을 수 있다는 것을 보여준다. [예 22-16]은 상이한 국가 내 위치한 도시들의 수익증가율에 대한 상관관계를 보여준다. 여기서 뉴욕, 워싱턴 D.C, 샌프란시스코는 도쿄와 모두 음(−)의 상관관계를 보이고 있는데, 이는 미국에 있어 분산효과를 가질 수 있다는 것을 의미한다. 유사하게 이러한 미국의 도시들은

예 22-16
각 도시별 총소득성장률간
상관관계

City	뉴욕	워싱턴DC	샌프란시스코	런던	파리	프랑크푸르트	도쿄	홍콩	시드니
뉴욕	1.00	0.92	0.72	0.94	0.54	0.26	(0.59)	(0.54)	0.84
워싱턴DC		1.00	0.46	0.82	0.45	0.04	(0.63)	(0.64)	0.78
샌프란시스코			1.00	0.69	0.29	0.24	(0.43)	(0.13)	0.57
런던				1.00	0.68	0.39	(0.39)	(0.51)	0.91
파리					1.00	0.78	0.33	(0.47)	0.52
프랑크푸르트						1.00	0.49	(0.20)	0.19
도쿄							1.00	0.10	(0.44)
홍콩								1.00	(0.57)
시드니									1.00

홍콩과 음(−)의 상관관계를 가지고 있다. 음(−)의 상관관계를 가지고 있지 않지만, 미국의 도시들은 런던, 파리 그리고 시드니는 여전히 분산효과를 가지고 있으며 이러한 국가들의 향후 예상 수익률이 높을 것으로 예상된다면 분산투자를 통한 포트폴리오 위험을 줄일수 있다.

글로벌 투자의 위험

앞에서 전 세계를 기반으로 한 부동산 투자를 하는 이유에 대해 알아보았다. 그러나 이러한 글로벌 투자는 특정위험을 수반할 수 있다. 첫 번째로, 환율위험이 있다. 즉, 투자대상 지역의 환율보다 미국 내 달러의 가치가 하락할 경우가 그 예이다. 운영에 따른 현금수익과 매각이익은 달러로 전환되기 때문에 환율변화에 따른 손실이 발생할 가능성이 있다. 두 번째로, 많은 나라에서 부동산 지수와 정보를 작성하고 제공하지만, 이는 미국의 경우뿐만 아니라 모든 국가의 경우에 신뢰성의 문제가 발생할 수 있다. 이는 투자자가 불완전 정보를 가지고 행동을 해야 한다는 점에서 이러한 추가적인 위험이 된다. 세 번째로, 나라별 조세제도와 부동산 소유권 관련 법률에서 차이가 발생한다. 이는 추가적인 법률 위험을 가져다준다. 네 번째로, 정치적으로 불안전한 나라의 경우, 외국인의 부동산투자에 영향을 미칠 정치적 환경의 불확실로 위험을 증가시킬 수 있다. 다섯 번째로, 국제적 부동산 투자는 문화 및 사고방식의 차이에 따른 커뮤니케이션의 어려움이 있다. 이러한 위험을 완화하기 위해 미국 투자자들은 해당지역에 거주하는 전문가와 합작투자를 설립하고자 한다. 신뢰할 수 있는 파트너를 구하는 일은 어려운 일이지만, 미국의 금융 및 부동산 전문가들과 해당지역의 문화, 법률, 그리고 기타 사항에 능숙한 파트너와 함께 일을 하는 것은 이러한 위험을 줄일 수 있는 최선의 방법이다. 글로벌 투자는 미국 투자자에게 분산효과와 개발도상국의 매력적인 수익률로 인해 점차 증가하고 있는 추세이다.

파생상품을 이용한 포트폴리오 위험 헷지

앞 장에서 언급한 바와 같이, 최근 들어 NCREIF 부동산 지수를 활용한 파생상품의 도입이 이루어졌다. 파생상품들은 투자자에게 실제 부동산 매입 또는 매각 없이 투자자들에게 헷지포지션을 취할 수 있게 해준다.

파생상품들은 부동산시장에 진입하게 하는 방안 중 하나로 사용된다. 투자자들은 NCREIF 부동산 지수에 근거한 파생상품을 구입한다. 이는 지수상 "롱 포지션"을 취하는 것이다. 이와 동시에, 상업용 부동산 시장에 과대 노출되어 있다고 생각하는 다른 투자자는 "매각" 혹은 "숏" 취할 것이다. 지수를 활용한 방법은 부동산 매각 없이 부동산에 노출된 위험을 줄일 수 있기 때문에 개별 부동산을 직접 매각하는 방법보다 우위에 있다. 이는 특히 현재 소유한 부동산의 평균수익률을 얻기를 원하는 투자자가 있는 경우 타당한 방법이다.

파생상품을 이용하는 다른 중요한 이유는 부동산 유형에 따른 위험 노출을 조정할 수 있다. 앞서 부동산 유형에 따른 분산투자로 분산효과를 얻을 수 있다는 것을 알았다. 투자자는 자신들이 투자한 부동산 중 위험에 과대 노출되어 있거나 과소 노출된 부동산에 대해 알 것이다. 예를 들어, 투자자는 소매시설에 과대 투자되어 있고 오피스에 적게 투자되었다고 믿는 경우 소매시설 소유에 따른 수익과 오피스 부동산 소유에 따른 수익률을 "스왑(Swap)"할 수 있는 시장에 진입할 것인데, 이들 수익률은 모두 NCREIF 부동산 지수에 근거한 성과다. 따라서 소매시설 지수에 대해서는 "숏" 포지션을 취할 것이고 오피스 지수에 대해서는 "롱" 포지션을 취할 것이다. 이러한 방법을 통해 부동산을 매각하는 방법이 아닌 파생상품을 이용하여 포트폴리오의 위험을 줄일 수 있다.

스왑 Swap의 활용 예

포트폴리로 위험을 헷지하기 위해 파생상품을 활용한 사례에 대해 알아보면 다음과 같다. ABC 투자기관은 2000년 1월 1일 오피스 수익률과 소매 수익률 간 스왑이 가능한 파생상품 거래 시장에 진입하기로 결정하였다. 거래계약 조건은 2004년 12월 31일까지 5년 동안이며 이를 통해 NCREIF에 근거한 오피스 지수 수익률은 지불하고 NCREIF상 소매시설 지수 수익률은 수취할 수 있게 되었다. 이러한 전략을 통해 ABC 투자기관이 얻는 수익은 무엇인가?[14]

특정기간인 5년 동안 소매시설 수익률이 오피스 수익률을 상회하였다. 즉 NCREIF 오피스 지수는 연 평균 8.15% 상승하였으나 같은 기간 동안 소매시설 지수는 연평균 13.67% 상승하였다. 따라서 투자자는 스왑을 통해 5.52%의 수익을 얻게 되었다(13.67%~8.15%).

이 경우 투자자는 NCREIF 지수에 연동된 부동산 수익에 대한 위험을 수취하지 않고 소매시설과 오피스의 상대적 수익에 따른 위험만 수취한다(이 경우, 소매시설 부동산이 오피스에 비해 성과우위에 있다). 만약 투자자가 소유한 오피스가 소매시설에 비해 위험에 더 많이 노출되어 있다면 투자자는 이러한 전략을 통해 포트폴리오 위험을 헷지할 것이다.

Concept Box 22.2는 NCREIF 지수에 연동한 다양한 파생상품의 예를 보여 주고 있다. 이러한 파생상품들은 최초로 상업용 부동산 지수의 파생상품을 공급한 Credit Suisse를 통해 가능하다. 이러한 파생상품 시장은 미국 및 기타지역에서 지속적으로 성장 중에 있다. 마지막으로 파생상품의 활용은 포트폴리오 위험 조정 및 부동산 시장을 더욱 효율적으로 해줄 것이다.

결론

이 장에서는 투자성과의 측정 및 포트폴리오 이론의 기본요소를 소개하였다. 또한 전통적으로 주식·채권·국채로 구성되던 포트폴리오에 부동산투자가 어떻게 투자다변화의 혜택을 가져다주는가 하는 질문에 대해서 살펴보았다.

부동산 투자성과 데이터의 속성이 매우 제한적이고 부동산 투자의 수익을 폭넓게 표현하

---

[14] 단순하게 투자가 스왑에 들어 올 때는 오피스와 소매시설의 기대수익률이 동일하다. 실제로는 부동산 유형별로 기대수익률의 차이가 있을 것이고, 높은 기대수익률을 보이는 부동산 유형으로 스왑하려는 투자자는 기대수익률의 차이를 지불할 것이다. 유사하게 낮은 기대수익률을 보이는 부동산 유형으로 스왑하려는 투자자는 기대수익률의 차이를 수취할 것이다.

Credit Suisse가 발행한 NCREIF Index 파생상품

1. 가격 수익 스왑(Price Return Swap): 이 스왑 거래는 투자자가 분기별 NCREIF 지수에 연동된 자본가치를 받거나 지불하고 대신, 고정스프레드를 받거나 지불한다.

분기별 현금흐름

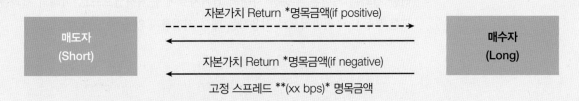

2. 부동산 유형 스왑(Property Type Swap): 이 스왑 거래는 투자자가 부동산의 총 수익을 받고 다른 형태의 부동산의 수익을 지불하는 형태로 모두 명목가격으로 이루어진다. 투자자는 고정스프레드로 지불하거나 받을 수 있다.

분기별 현금흐름(ex. 소매/오피스 Swap)

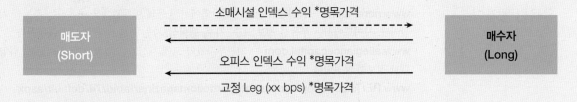

3. 총수익 스왑(Total Return Swap): 이 스왑 거래는 투자자가 분기별 NCREITs 총수익을 받거나 지불하고 이에 따른 보상으로 스프레드를 3개월 가산한 만기 리보 금리를 받거나 지불한다.

분기별 현금흐름

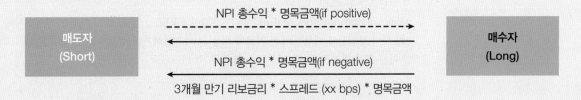

- 시장상황에 따라, 고정스프레드는 flat 또는 negative 할 수 있다(즉, 인덱스의 매도자는 고정스프레드로 지불).
- 교환은 명목가격을 기준으로 하고 거래에 참여하기 위한 선급비용은 거래 참가자 리스크 관리 비용 등이 있다.

지 못할 수 있다는 점을 강조하였다. 더구나 데이터의 일부는 투자자문사들이 소유하고 있는 부동산에 근거한 것이다. 이 경우 지수는 보고된 NOI, 감정평가가치 및 극히 일부의 실 거래가에 의해 계산된다.

이 장의 후반에서의 포트폴리오 시뮬레이션 결과에 의하면(얻을 수 있는 제한적인 데이터에 의해서), 1985~2009년의 기간 중 부동산투자로 인해 포트폴리오 다변화의 이득이 상당히 있었다. 모든 시뮬레이션의 경우에서 부동산은 포트폴리오의 효율성을 높였다. 물론 이러한 결과는 제한된 부동산 사례의 과거자료에 근거하였으므로 미래의 결과를 예상하거나 모든 부동산에 전반적으로 적용하는 데는 적절하지 않을 수도 있다.

주요용어		
NAREIT 지수	다변화 이익	산술평균 수익률
REIF 지수	변동계수(coefficient of	상관계수
공분산	variation)	
기하평균 수익률	보유기간 수익률	

유용한 웹사이트

www.ncreif.com – NCREIF는 부동산산업에서 공동의 이해관계를 공유하는 부동산 기관투자가의 연합이다. 사이트에서는 부동산 정보 표준, 지수, 멤버십, 자원 등에 대한 정보를 제공한다.

www.allegiancecapital.com – 기관투자가와 고액 재산가를 위해 만든 사이트로, 다양한 투자대안에 대한 정보를 제공한다.

www.REITs.com/news/realestateportfoliomagazine/tabid/74/default/aspx – 부동산 포트폴리오에 대한 전반적인 자료와 특정 시장에 대한 분석 그리고 회사에 대한 사항 및 향후 부동산 시장전망에 대한 자료를 제공한다.

www.demographia.com – 전 세계적인 인구지리학적 정부를 제공하는 적절한 사이트다. 사이드의 주요 내용은 국제적인 주택구입가능 등수, 경제 보고서, 부동산 트렌드 등이다. 부동산 관련 규제와 정책에 관한 정보를 제공하는 좋은 정보원이기도 하다.

www.realtyrates.com – 부동산 투자 및 개발현황 및 뉴스 그리고 시장분석 자료를 제공한다. 국내 저당대출 조건과 금리, 금융지표, 주요 7대 상업용 부동산 유형의 인구지리적 정보도 제공한다. 사이트의 일부 컨텐츠는 유로다.

www.snl.com/sectors.real-estate – 230여개 REITs 및 REOCs 그리고 건설회사에 대한 금융정보 제공하며 부동산에 대한 상세한 자료와 비용 그리고 분석가가 측정한 FFO 및 AFFO 그리고 순자산가치에 따른 평가 결과를 제공한다.

질문

1. 부동산 투자성과를 측정하는 자료를 구하는 데 있어서 어떤 어려움이 있는가?

2. REITs 자료와 NCREIF 부동산지수 간의 차이점에는 어떤 것이 있는가?

3. 산술평균 수익률과 가하평균 수익률 간의 차이점은 무엇인가?

4. 투자성과를 고려할 때 많은 포트폴리오 관리자들이 위험의 대리변수로 사용하는 통계적 개념은 무엇

인가?

5. NCREIF 수익률과 REITs 수익률을 비교할 때, NCREIF 수익률의 변동성이 낮게 나타나는데, 그 이유는 무엇인가?

6. 포트폴리오의 평균 수익률은 포트폴리오 내 개별 투자의 평균수익률의 가중평균을 통해 구할 수 있다. 이러한 접근방법을 포트폴리오의 표준편차 계산에는 사용할 수 없는 이유는 무엇인가?

7. 공분산과 상관계수의 차이점은 무엇인가? 포트폴리오 분석에서 이들 개념이 중요한 이유는 무엇인가?

8. 이 장에서는 S&P500, 회사채, 국채가 포함된 포트폴리오에 REITs나 NCREIF지수를 편입할 경우의 다변화 이익을 보여주었다. 왜 이러한 결과가 나타나는가? 다변화 이익은 부동산 투자의 각 부문 내에서도 같은 이유로 나타나는가?

9. 이 장에서는 과거 자료에 기초하여 분석하고 있다. 현재 투자 결정을 내리려 하는 포트폴리오 투자자에게 이러한 결과는 어떻게 활용할 수 있는가?

10. 투자자가 글로벌 투자를 고려하는 이유는 무엇인가?

문제

1. MREAF(Momentum Real Estate Advisory Fund)의 투자자문가인 당신은 ET&T 연기금의 포트폴리오 관리자에게 발표를 하려고 한다. 당신은 ET&T가 지난 13분기 동안 MREAF에 투자했을 때 어떤 일이 일어나는가를 보여주길 원한다. ET&T 관리자는 당신에게 보통주로만 구성된 과거 포트폴리오의 성과 자료를 제공하였다. ET&T 포트폴리오와 MREAF 펀드의 과거 자료는 다음과 같다.

기간	ET&T 보통주 펀드		MREAF 부동산펀드	
	단위당 가치	분기별 배당	단위당 가치	분기별 배당
1	$ 701.00	$ 8.28	$ 70.00	$ 2.17
2	752.50	8.00	80.05	2.14
3	850.52	10.30	90.80	2.01
4	953.75	9.81	100.50	2.01
5	1,047.57	12.05	99.14	1.87
6	1,221.70	14.17	95.50	1.81
7	1,443.90	17.18	93.77	1.79
8	1,263.31	14.91	80.31	1.54
9	1,258.56	13.84	77.34	1.49
10	1,526.72	18.32	76.53	1.44
11	1,616.81	19.73	78.42	1.51
12	1,624.08	19.98	79.01	1.53
13	1,560.25	18.88	81.75	1.55

a. 각각의 투자에 대해 분기별 보유기간 수익률(*HPR*)을 계산하라.

b. 각각의 펀드에 대해 *HPR*의 산술평균, 표준편차, 기하평균을 계산하라. 어떤 펀드가 단위 수익당 위험이 더 높은가?

c. ET&T펀드와 MREAF의 수익률간의 상관관계는 있는가?

d. ET&T 증권과 MREAF을 동일하게 편입한 포트폴리오에는 투자 다변화 효과가 있는가? 그 이유는 무엇인가?

e. 포트폴리오에 각각의 투자를 0~100%까지 편입한다고 가정하자. 각각의 투자가 10%씩 증가(감

소)할 때 위험−수익 패턴은 어떻게 변화하는가(양 투자의 합은 100%)? 어떤 증권 결합에서 "효율적 프론티어"를 이루는가?

f. ET&T의 관리자가 MREAF에 투자할 것을 고려한다면, 이러한 분석은 어떤 유용성이 있는가?

2. **excel** 웹사이트에 제공된 엑셀 연습문제에서 "22장_프론티어" 탭을 참조하라. ncreif와 s&p500 간의 상관관계가 −20%라고 가정하자. 포트폴리오의 50%를 각각의 투자에 분배한다면, 포트폴리오의 표준편차는 어떻게 변하는가?

CHAPTER 23

부동산 투자 펀드 구조, 성과, 기준 및 속성분석

Real Estate Investment Funds: Structure, Performance, Benchmarking, and Attribution Analysis

이전 장(22장)에서는 상업용 부동산투자에 대하여 광범위한 논의를 하였다. 장의 대부분은 개인의 자산, 임대, 가치평가, 재무지표뿐만 아니라 회계와 세무 고려 사항에 대하여 초점을 맞추고 있었다. 22장에서는 분산효과를 위하여 포트폴리오에 부동산투자 측면을 추가하였다. 그러나 분산의 편익을 극대화하기 위해서는 특정 자산 유형, 특정 장소, 또한 개인의 부동산 관련 요인들에 의한 수익 변동성의 대부분을 제거하기 위해 충분한 수의 부동산을 포트폴리오에 편입해야 한다.

대부분의 투자자인 기부금과 연금기금뿐만 아니라 부유한 개인들은 부동산의 형태와 지리적 위치에 따라 다양화된 포트폴리오를 구축하는 데 따른 충분한 자본과 전문 지식을 가지고 있지 않다. 따라서 전략적인 투자자들은 그 필요를 충족시키기 위하여 다양한 부동산펀드에 의존하는 잘 분산된 포트폴리오를 가지고 있는 경우가 많다. 이러한 펀드들은 투자자의 특정 유형의 요구에 맞게 큰 포트폴리오의 취득 및 관리의 전문성을 가진 투자운용회사에 의해 만들어진다.

이 장에서는 이러한 사모 부동산투자펀드에 관한 많은 중요한 특성들을 논한다. 이러한 펀드들은 특별한 투자유형의 요구에 부응하도록 개발된 큰 포트폴리오를 만들고 관리하도록 숙련된 투자관리회사들에 의해 만들어졌다.

이 장은 사모 부동산투자펀드의 중요한 특성에 대하여 논할 것이다. 이러한 펀드들은 상당한 중요성이 증가되어 온 사모구조화투자기구, 특히 기관투자자들에 의해 만들어졌다.

18장에서 언급했던 것과 유사한 합자회사 구조는 이러한 투자펀드들에 의해 폭넓게 활용되었다. 그러나 이 장에 언급된 펀드들은 큰 틀의 전체가치를 부여하는 많은 자산들에 투자하는 경향이 있다는 점에서 있어 차별화된다.

일반적으로 이러한 대규모 사모펀드들은 다음의 투자 전략을 개발하는 부동산 투자 관리자들에 의해 만들어졌다. (1) 인수가 이루어진 시장과 인수되기 위한 자산의 유형 (2) 펀드를 운영하는 방법 (3) 자산이 매각되는 시기 (4) 펀드 전략이 투자자의 부동산 투자 요구 사항에 맞는지? 이 펀드들은 다음 기관 투자자들(공사 연금펀드, 국부 펀드, 연구소나 교육기관과 같은 비영리 법인), 가족사무실(가족투자회사) 및 순자산이 높은 개인에게 판매된다. 이러한 투자주체는 일반적으로 상업용 부동산 포트폴리오에 직접 투자하고자 하는 장기적 투자자들이다.

일반적으로 등록된 투자자문사들은 투자자들의 투자목적에 부합하는 여러 가지 목적에 중점을 둔 이러한 펀드들을 만들고 판매하고 있다.[1] 많은 펀드투자에 있어 연기금 수혜자들을 대신하여 **"신탁"**이 설정되어야 한다고 한다. 이것은 이러한 부동산투자펀드를 운용하는 관리자들에게 연기금 수혜자들에 대한 수탁자로서의 의무와 책임을 의미하는 것이다.[2] 부연하여 투자관리자와 연기금 스폰서들은 미국노동부에 의해 등록되고 책임을 진다.[3]

2014년 사모 부동산펀드 회사(상위 25개사)

2014 순위	변동	회사명	운용자본 ($bn)	2013 순위
1	↔	The Blackstone Group	32,129	1
2	↑	Lone Star Funds	12,500	3
3	↓	Starwood Capital Group	8,661	2
4	↔	Colony Capital	7,454	4
5	↑	Brookfield Asset Management	6,928	9
6	↔	Tishman Speyer	5,757	6
7	↑	Angelo, Gordon & Co	4,606	15
8	↑	Westbrook Partners	4,532	13
9	↑	Oaktree Capital Management	4,496	21
10	*	Global Logistic Properties	4,400	–
11	↑	Walton Street Capital	4,189	23
12	↑	GI Partners	3,524	38
13	↑	Orion Capital Managers	3,523	29
14	↓	The Carlyle Group	3,434	7
15	↑	Fortress Investment Group	3,159	19
16	↑	TA Associates Realty	3,055	20
17	↑	CapitaLand	2,895	18
18	↑	Cerberus Capital Management	2,650	39
19	↓	LaSalle Investment Management	2,557	5
20	↑	Beacon Capital Partners	2,541	28
21	↑	Hines	2,471	37
22	↑	Northwood Investors	2,381	24
23	↑	Rockpoint Group	2,330	34
24	↓	Prudential Real Estate Investors	2,315	16
25	↑	GTIS Partners	2,287	40

[1] 이러한 투자 자문사들은 미증권거래위원회 및 국가증권위원회에 공표됨으로써 "등록"해야 하고 규제되어야 한다. 자문사들의 목록은 맥그로힐에 의해 출간된 머니 마켓 디렉토리와 스탠더드앤푸어스에 공개되었으니 참고하기 바란다.

[2] 수탁자는 신탁에 있어 (1) 자신의 이익보다 수익자의 이익을 우선하여야 한다. (2) 신탁의 수익자에 대한 이익의 모든 잠재적 분쟁을 공개하고 상기 신탁의 수익자의 이익을 대변하여야 한다.

[3] 연기금과 투자자문사들은 직원퇴직소득보장법(ERISA)에 기반한 연방노동부에 의해 규제를 받는다.

투자자의 목표와 목적

어떤 부동산에 투자기금을 투자할지 평가할 때, 투자자들은 그들의 투자목적을 명심해야 한다, 즉, 그들이 부동산 배당금으로 성취하고자 하는 것과 어떤 역할로 부동산이 전반적인 투자 포트폴리오를 충족시킬 것인지 목적을 확실히 해야 한다. 이 목적들은 일반적으로 투자자들이 추정하는 위험과 위험부담에서 얻는 수익에 대해 기대하는 투자보상 측면에서 표현된다. 투자자들은 반드시 펀드에서 펀드에 의해 얻은 부동산이 포트폴리오 목적을 구성하고 있는지 평가해야만 한다.

이것은 전형적인 부동산 투자의 결과로 22장에서 논의한 것처럼 다른 투자나 고정수입, 주식 같은 다양성에 대한 단계적인 자산을 포함한다. 또한 투자자들은 관리자들이 그러한 부동산들을 취득하고, 관리하며, 수익성 있는 가격에 매각하는지를 가늠해야만 한다. 이는 펀드 관리자의 과거 실적, 개인적인 조직 구조, 그들의 시장에서 펀드의 목적을 달성할 수 있는 전문성과 실행 능력을 포함하여 광범위한 실사와 분석을 필요로 한다. 펀드의 운영에 있어서, 펀드를 제안하여 설립해야 하는 데는 많은 요인들이 있다. 이 조항들은 문서들, 확인해야할 것들, 투자 전략을 투자자들에게 밝히는 것들, 부동산들의 형태들과 부동산 취득이 발생할 위치, 출구(매각) 전략 등을 설명하는 투자협약서에 포함된다. 이는 또한 관리자가 펀드를 운영하는데 있어서 부동산자산을 취득하고, 운영하고, 매각할 때에 관리자가 가질 재량권에 대하여 투자자들에게 안내하는 내용도 제공한다.

[예 23-1A]는 잠재적인 투자자에게 마케팅 할 때 그리고 자금을 확보할 때 보통 펀드매니저로서 여겨지는 중요한 조항에서 몇몇 목록들을 보여준다. 이것은 또한 그들이 자금을 운영하는 동안에 경영자가 인수할 때나 경영할 때 그리고 부동산 자산을 매각할 때 가지는 재량권에 관해서 투자자들에게 설명한다. 기금 조건은 전형적으로 어떻게 기금이 운영되는지, 매니저의 안내에 한계가 있는지 또 매니저의 서비스에 대한 수수료를 제공하는 것에 대해, 투자자들이 펀드매니저에 의해서 생긴 위험에 더 접근 가능한 다른 부분의 조건을 포함한다. 투자금의 목적에 의지한다면 이러한 공급들의 다양한 결합들이 투자금 합의의 발전에 쓰일 것이다. 그 예는 펀드 조항의 가능한 많은 결합들을 단지 보여주기 위한 것이다.

자금 제공 가능한 조항의 일반적인 설명

[예 23-1]의 내용에 대한 간단한 논의는 다음과 같다.

Section A. 많은 부동산투자 펀드들은 그들의 투자스타일에 의해 분류된다. 그 스타일은 펀드전략의 기초에서 습득되는 부동산의 상태와 조건에 의해 확인된다. 전형적으로 펀드는 (1) 핵심기금, (2) **부가가치기금**, (3) 기회기금으로 확인된다. 이 전략은 11장에서 소개되었다.

핵심기금은 주로 안정화된 기존의 운영속성에 현재의 현금흐름과 낮은 공실률과 함께 투자하고 주요 대도시권의 지역에 위치한다. 그것들은 보통 넓고 다양한 부동산의 종류에 투자하고 매우 제한된 금융의 영향력을 사용한다. 그러므로 그것들은 상대적으로 위험성이 낮다. 부가가치기금은 현재 일부 공실을 가지고 있는 부동산이나 다가오는 만기를 연장하는 주요

| 예 23-1A | 부동산 투자 펀드의 제물로 가능한 규정의 예 |

A. 부동산/시장/매입

(A.1) 부동산펀드전략	(A.2) 가능한 시장	(A.3) 가능한 하위시장	(A.4) 가능한 부동산 범주
핵심	글로벌	중심상업지역	다가구 주택
핵심+	국내	교외	점포
부가가치	관문도시	틈새/시외/시내	사무실
신규	부심도시	미개발토지	산업용/물류시설
기존	소도시	기타	호텔
기회형			복합부동산
기타			기타

B. 펀드구조/특성

(B.1) 펀드구조	(B.2) 투자 진입/진출	(C.3) 부채/매입	(D.4) 펀드의 부동산규모와 가치
혼합형	최소투자요건	차입제한:	펀드기대규모
개방형	신규투자의 가입	취득	총펀드가치에 대한 단일 건물의
폐쇄형	상환:	부채의 가정	최대가치%(즉, 단일 자산 한도)
펀드의 운영기한	대기정책	단일부동산의 최대가치 대비	펀드 총가치 대비 부동산 범주 가
한시형	재투자정책	차입%	치의 최소%(즉, 단일부동산 형태
펀드갱신조건부	부동산 평가:	총최대%	한도)
펀드해지	연간, 분기별	총액 대비 부채	
	내적, 외적	펀드 가치	
	이익의 전환		

C. 펀드관리/성과/보고

(C.1) 추가적인	(C.2) 관리자 수수료	(C.3) 성과보고	(C.4) 성과기준
자문위원회	매입보수	운영결과	NCREIF지수
공시	관리보수	수입	ODCE지수
투자자 자본:	매각보수	가치상승	"최소 실질 수익률"
투입 책무	장려금	수익률	
출자	"마무리"	배당	
	실행이익	IRR과 TWR	
		투자승수	

세입자가 있는 부동산을 구매함으로써 더 많은 위험을 감수한다. 일부는 개량과 자본적인 개선이 필요하다. 그래서 펀드는 부동산을 임대하고 개선함으로써 가치를 창조할 수 있다. 부가가치기금은 핵심기금과 비교했을 때 전형적으로 금융에 더 많은 영향을 받는다. 기회기금은 개발 프로젝트를 하면서 더 많은 위험을 가지며 그 프로젝트는 인허가나 건축지연, 비용 초과, 복합적인 JV관리 이슈들의 부분에서 추가적인 구조의 위험을 노출시킨다. 기회기금은 통상 상대적으로 더 높은 수준의 금융을 사용한다. 또한 그것들은 아마 덜 다양하고 특정 지리적 지역에 덜 집중한다. 또 펀드매니저가 생각하는 부동산종류는 시장에서 더 나은 결과를 나타낼 것이다.

그들은 전략적으로 자주 "불안정한 부동산 자산"을 매입한다. 그리고 그 부동산의 가치를 높이기 위하여 재임대 또는 재배치를 통한 부가가치 전략을 사용한다. 어떤 경우에는 상환불능 상태에 빠진 부동산담보대출을 할인된 가격으로 매입하기도 한다. 부동산들을 경매를 통하여 매입하고, 그 후에 재매각한다. 이 펀드들은 장기 투자로 설계되는 것이 아니라, 매입한 부동산을 짧은 시간 내에 매각한다고 보아야 할 것이다.

펀드매니저들은 펀드투자를 위하여 투자자들로부터 전형적인 확약서를 받는다. 투자 기회들이 확인되고 자금을 준비할 때 투자자들에게 자본을 "요청"한다. 핵심 펀드들은 투자자들이 상대적으로 쉽게 자금을 투입하고 인출할 수 있도록 하며 안정적인 부동산으로 개방형(다음에 설명함)을 만드는 경향이 있다. 이 펀드는 더 많은 자본을 확약하여 지속적으로 새로운 투자물건들을 확보해 갈 것이다. 한편으로 부가가치와 기회펀드들은 투자전략을 실행하는데 필요한 시간 때문에 폐쇄형(다음에 설명함)으로 만들어지는 경향이 있다. 그 결과로, 투자자는 펀드에서 자금을 인출할 수 없는 인출 불가 기간(통산 펀드 초기의 1-2년 동안)이 있을 것이다. 추가적으로, 이 펀드는 새로운 투자대상을 만들 때 제한된 투자기간을 설정한다.

펀드매니저는 투자자의 허락 없이 부동산투자에 **완전한 재량권**을 가지고 있기도 하고 없기도 하다. 어떤 경우에는 투자자가 투자를 승인할 권한을 부여하고 있다.

펀드는 투자자가 펀드에 투자할 때 무엇을 기대하는지를 알고 있기 때문에 일반적으로 이러한 전략의 하나로 투자 활동에 집중한다. 그러나 한정적으로 펀드매니저에게 유연성이 부여된다. 예를 들어 핵심 부동산펀드는 미래에 개발될 몇몇의 미개발 부동산을 포함하고 있는 핵심 부동산을 얻을 수 있다.

이것은 "핵심부가가치" 또는 "핵심개발" 부동산 투자로 불릴 수 있다. 또한, 일반적으로 A위치에서의 B부동산은 좋은 위치에서 높은 점유율을 획득할 수 있지만, 약간의 개선과 보수가 필요하며 이런 요인들은 지역에서의 경쟁을 가져올 수 있다. 이러한 것들은 핵심 플러스(+)부동산이라 불리고 이러한 것들은 때때로 핵심 부동산의 사소한 요소가 된다. 그러나 이러한 투자는 주요한 펀드에 대한 **배제**와 펀드 내에서 조성 등의 비율이 제한될 수 있기 때문에 펀드는 계속 핵심부동산펀드를 지속적으로 확인해야 한다.

펀드의 투자 전략은 자산의 목표시장, 하위 시장 그리고 투자할 수 있게 만들어진 자산의 속성을 확인할 수 있다. 예를 들어, 펀드는 특정 지리적 지역을 포함하고 특정 시장(미국 지역 외의 부동산)은 제외할 수 있다. 상기 펀드 전략을 명확히 하기 위해 부동산들의 거대시장을 확인할 수 있다. (예를 들어 투자가 관문도시에 제한되는 것처럼 자산도 시애틀, 샌프란시스코, 로스앤젤레스, 샌디에고, 시카고, 보스턴, 뉴욕, 워싱턴 DC, 마이애미, 휴스턴, 달라스, 아틀란타 같은 도시에 제한될 수 있다.) 광범위한 시장 안에 있는 하위 시장은 확인될 수 있다. 예를 들어 오직 중심업무지들과 도시에 입지한 부동산만이 광범위한 시장 속에서 획득될 수 있다.

펀드 전략에 따라 투자는 부동산 유형의 범주에 따라 제한 될 수 있다. 예를 들어, 투자가 하나 또는 구체적인 소매점, 사무실, 다가구, 산업형/창고형부동산 같은 카테고리로 제한 될 수 있다. 그러나 전략에 따라 이러한 목록은 호텔, 복합용도, 학생주거, 의료 사무실, 노인 주택, 의료시설, 주차 구조, 심지어 공장용 부동산까지 확장될 수 있다.

예 23-1B	부동산투자 스타일		
	핵심형	**부가가치형**	**기획형**
펀드구조	일반적인 개방형	대부분 폐쇄형: 약간의 개방형	폐쇄형
지수	NPI	NPI+400 BP	NPI+600 BP
프로젝트 수익률	10% 이하	10%~14%	15%+
소득수익률(총수익율%)	70%+	40%~60%	0%~50%
부동산형태	산업용, 다가구, 오피스, 판매시설	확장(즉, 시니어주택,학생주택과 의료시설)	전체
부동산생애주기	안정적 임차완료	인식가능한 결함	위험, 개발
임대율	80%+	사용불가	사용불가
개발	아님	보통	중요
차입	<35%	75%까지	100%
시장	주심권, 부심권	주심권/부심권/	주심권/부심권/
	국내	3권역, 국내와 해외	3권역, 국내와 해외

Section B. 부동산들과 시장들의 범주뿐만이 아니라 **펀드구조**도 매우 중요하다. 여러 위치에 많은 숫자의 부동산들이 담겨질 것으로 예상하여 매우 큰 펀드가 만들어질 때, 관리자들은 혼합형 펀드 구조를 만들어서 여러 기관투자자들에게 판매한다. 이 커다란 **혼합형 펀드**들은 통상적으로 **개방형 펀드**들이다. 이는 펀드가 최초로 제안되고 운영이 시작된 후에, 새로운 투자자들을 가입시키는데, 새로운 투자자들을 가입시키는 시점에 단위 지분의 가치를 기초로 하여 가입시키는 것을 뜻한다. 유하게, 개방형 펀드 구조는 투자자가 펀드를 탈퇴하는 것도 허용하고 투자자들의 지분 단위당 권리를 환수한다. 일부 펀드들은 투자자가 그들의 권리를 다른 투자자들에게 매각하는 것을 허용하기도 한다. 이 경우에는, 동인한 펀드에 가입하고 있는 투자자들에게 또는 새로운 투자자들에게 매각할 수도 있을 것이다. 개방형 펀드는 전형적으로 핵심 전략을 추구한다.

투자 관리자들이 사용하는 또 다른 구조는 **폐쇄형**이다. 폐쇄형 펀드는 특정 기간 동안에 특정 자금을 모으고 난 후에는 새로운 투자자들을 가입시키지 않는다. 이 펀드는 통상적으로 투자자들에게 각각 특정 최소 투자액을 요구한다. 이러한 펀드들은 투자자들의 숫자를 제한하는 경향이 있다. 이 폐쇄형 구조는 단기간에 펀드를 구성하려고 시도하는 펀드 관리자들에게 중요할 수도 있다. 이 펀드는 투자자들의 탈퇴나 상환을 제한한다. 폐쇄형 펀드의 초점은 개방형 펀드들 보다 더 특별하게 만들어 지는 경향이 있다. 여러 경우에 있어서, 폐쇄형 펀드 구조는 부가가치형이나 기회형 부동산 펀드 전략을 추구한다. 폐쇄형 펀드는 운용 기간을 제한(통상 제한된 연장 조건을 가지고 5년에서 7년)하고 펀드의 목적이 달성되었을 때나 펀드 운영에 할당된 시간이 만기가 되었을 때는 현금화 절차를 준비한다.

[예 23-1B]는 주요 투자 전략(스타일)과 각 스타일에서 사용되는 경향이 있는 구조들을 요약한 것이다. 일단 펀드가 특정 투자 전략(스타일)을 선택하면, 관리자들이 부동산을 취득할 때에 이를 지키는지가 투자자들에게 중요하다. 투자자들은 투자자들이 용인하는 위험과 어떻게 그들의 전체적인 투자 전략이 적합할 것인지를 포함한 투자자들의 특정 요구가 합치되는 펀드를 선택한다. 따라서 투자자들은 펀드들이 그들이 정한 투자 스타일을 벗어나기를

[예 23-1]의 섹션 B에서 보여지는 펀드 구조뿐만 아니라 투자매니저들에게 사용되어지는 또 다른 "펀드 같은" 수단은 "특별계정"이라고 불리는 것이다. **특별계정**은 다수의 투자자들이 자신들의 투자자금을 한데 묶는 투자자 풀이 혼합된 고객 투자 수단에 대비되는 하나의 투자자를 위해 구성된 단일고객 투자를 말한다. 특별계정계약은 주로 단일 투자자와 (기관이건 아니건) 개별 펀드 매니저 사이에서 이루어진다.(하지만 한 투자자가 서로 다른 다수의 펀드 매니저와 다수의 특별계정 계약관계에 있을 수 있다.) 특별계정계약에서 사용되고 규정되는 파트너쉽 구조는 일반적으로 개방형 펀드의 구조와 매우 유사하다. 하지만 중요한 차이점은 펀드매니저가 가지는 재량과 지분이자율의 양도 부분이다. 특별계정을 만들 때 투자자는 그 투자금이 다른 투자자들이 만든 펀드와 섞이는 것을 원하지 않는다. 이런 투자자들은 주로 취득, 운영, 임대차, 자금조달/리파이낸싱(재융자), 그리고 자산의 이전/매각과 관련한 주요 의사결정에서 보다 중요한 역할을 하며 보다 통제권을 가지길 원한다. 이것은 펀드매니저의 권한(재량)을 축소시킨다. 또한 펀드를 다른 투자자들과 혼합하지 않음으로써 특별계정조항은 투자자들이 펀드매니저와 펀드 계약을 끝낼수 있고 새로운 펀드 매니저에게 모든 자산을 이전할 수 있는 옵션을 준다.

원치 않고 따라주기를 바란다. 펀드 관리자들이 펀드의 기술된 목적을 확인받지 않고 부동산을 취득하거나 기술된 전략을 벗어나는 것을 "**스타일 이동(style drift)**"이라고 하며, 이는 투자자들이 우려하는 사항이 될 수 있다. 예를 들자면, 만약 어떤 펀드가 **핵심 펀드**로 추진되지만 개발 사업을 실행하기 시작한다면, 이는 투자 스타일에 중대한 변화가 나타난 것이다. 어떤 경우에는, 펀드 관리자가 어떤 지수를 상회하는 높은 수익률을 추구하거나 이전의 투자 실적이 나쁜 것을 보상하기 위하여 더 위험한 투자를 시도할 수도 있다. 관리자들에게 지수를 넘어서면 관리자들에게 보상 수수료가 주어지는 것을 기본으로 할 때, 관리자들은 또한 보상 수수료를 받으려고 더 위험한 프로젝트를 시도하는 유혹에 빠질 수 있다. 근본적으로 펀드는 높은 수익률을 추구하지만 위험을 감수해야 할 것이다—이러한 더 많은 위험에 영향을 받는 투자자들은 해당 펀드에 투자를 할 때 그 부분에 대한 동의를 한다.

　　평가. 독자들은 부동산투자펀드가 여러가지 점에 있어 주식이나 채권펀드와 다르다는 점을 인식해야 한다. 이것은 주식과 채권이 매우 빈번하게 거래되고 이러한 증권의 가격이 일반적으로 사용되고 있기 때문이다. 개인 부동산의 가치는 종종 쉽게 결정할 수 없다. 이것은 자산들이 구매되고 팔리는 빈도가 훨씬 적으며, 크기. 품질, 위치가 다르기 때문이다. 그 결과 부동산에 있어서의 가격의 결정이 더 복잡해진다.

　　부동산에 투자하기 위해 창출되는 펀드의 타입에 무관하게 펀드매니저들은 투자자들에게 펀드의 생애 동안 투자 유형뿐 아니라 펀드에 있어서의 자산가치에 관한 주기적인 정보를 제공하여야 한다. 지적한 대로, 부동산 자산을 위한 가격은 어느 정도는 복잡할 수 있다. 투자성과를 보고할 때 펀드매니저들은 자산 평가를 위해 감정평가를 사용한다. 펀드 다큐먼트(펀드 계약서)에는 전형적으로 (1) 얼마나 자주(분기별, 년도별, 기타) 포트폴리오에서 자산이 평가되었는가 (2) 그러한 평가의 어느정도까지 내부 펀드매니저에 의해 수행되었는가, 혹은 외부 (제3자) 평가자에게 평가를 받았다면 언제 받았는지를 표시하고 있다. 펀드매니저들이 견적(내부평가)를 때때로 투자자에게 제공할 수 있는 반면 제3자를 통해 이루어지는 외부평가는 특정한 기간에 이루어지는 것이 요구된다. 외부평가는 자산가치에 대한 제3자의 의견을 정기적으로 제공한다. 이것은 펀드 투자자들에게 자산 가치를 보고할 때 펀드 관리에서 발생할 수 있는 분쟁을 줄여주고 자산가치를 결정할 때 객관성을 더해준다. 혼합된, 개방형펀드에서 이러한 감정평가는 또한 새로운 투자자들이 가치 단위를 수립하는 데 도움을 주고 기존의 투자자들이 펀드를 탈퇴하고 싶어할 때 그들의 이자단위를 수립하는 데 도움을 준다. **상환결정**은 또한 펀드 서류에 어떠한 상환이 적용되는지 조건 등이 명시되어 있다. 이 정책은 펀드 탈퇴를 원하는 투자자들을 위한 자본과 그에 필요한 유동성을 확보하기 위해 어떤 자산들이 팔릴 수도 있기 때문에 중요하다. 많은 펀드가 다수의 투자자들이 동시에 탈퇴를 원하는 상황에 직면하여 탈퇴주문에 대처하기 위해 이 정책을 도입하고 있다.

부채/차입. 펀드의 예상되는 위험에 따라 자산을 취득할 때 부채와 금융차입 효과를 활용하는 것이 제한되거나 금지될 수 있다. 매력적인 조건의 대출과 함께 자산을 취득할 수 있는 기회가 있다면 관리는 제한된 토대 위에서 그렇게 하는 것이 허락될 수도 있다. 어떤 펀드는 부채를 활용하는 것이 허용되지만 (1) 주택담보대출비율(담보인정비율)의 상한선 그리고, 혹은 (2) 총 펀드 가치에서 총 부채 비율의 상한선을 정해야 한다. 이러한 제한은 펀드에서 발생할 수 있는 금융손실과 차입 효과를 확보하기 위한 액수에 대한 펀드매니저들의 재량을 제한하기 위해 포함된다. 또 다른 제한은 펀드매니저들이 (1) 단일자산 노출, 즉, 총 펀드 가치에 어떤 하나의 자산이 가진 가치의 상한선(예를 들면, 어떤 자산도 총 펀드가치에서 10%이상을 차지할 수 없다) 그리고 (2) 단일의 재산 유형 노출에서, 즉 전체 펀드 가치(모든 사무실의 재산의 가치는 전체 펀드 가치의 30%를 초과할 수 없다.) 중 하나의 재산 분류의 최댓값은 제한이 있다. 다시 말하면, 이 규정은 자산 관리의 재량을 제한하는 것과 투자 펀드 포트폴리오에 있는 다양화에 대해 몇몇 투자자를 보증하는 것이 포함되어 있다.

Section C. 펀드 관리. 일부 펀드는(특히, 개방형 혼합 구조) 투자 자문 위원회의 형성에 있어 펀드 관리에 대한 몇 가지의 지침으로 제공될 수 있다. 일반적으로 자산관리는 자산 선택, 관리, 그리고 매각에 있어서 **완전한 재량권**을 가지고 있어야 한다. 그러나 일부 경우를 보면, 펀드는 펀드 운영에 관한 것을 자문위원회에게 제공하기 위해 사용하기도 한다. 펀드매니저는 자문위원회에 펀드 운영에 대한 어떠한 잠재적인 이해의 대립을 드러낼 것이다. 예를 들면, 일반적으로 자산관리는 펀드 매니저에 의해 이행되지 않는 것을 들 수 있다. 가능하면 보통 자산관리는 다른 외부 기업에 의해 이행된다. 이러한 행동의 편차와 이해의 대립은 일반적으로 펀드자문위원회에서 드러날 것이다. 일부 경우, 자문위원회는 일부 자산 취득에 대한 첫 번째 선택권을 다시 요청받을 수도 있다. 예를 들어, 자산이 혼합된 펀드의 구매를 고려할 때 동일한 펀드 매니저에게 후원을 받고 로테이션 방침 계약이 포함된 또 다른 펀드(예: 개별적인 계좌)의 취득 가능성을 고려해야 한다. 이 방침은 자산과 같은 투자 협상에 관련된 펀드가 그 자산 취득에 구입할 수 있게 선택을 행사하거나 전달할 수 있는 제도로 확립하였다.

또한 대부분 자금은 투자자 자본약정과 투자자 자본출자에 차이가 있다. 일반적으로 전자는 투자자가 자본 약정에 의해 만든 것이지만, 그러나 실제 자산 취득을 시작하기 전 시간에 관련한 것이다. 전자는 보통 투자자가 자산 취득 시 펀드매니저에 투입되어 배치되는 자본 배당의 양을 의미한다. 펀드가 자산을 취득하기 시작할 때, 그것은 자본을 제공한 투자자에게 "자본 계약"이란 것을 만들어 줄 것이다. 자본 약정과 대비하여 자본 출자는 많은 요소에 의한 복잡함으로 인해 두 가지의 매우 다른 구석이 있다. 예를 들면, 펀드가 투자기간 내에 자본 구축하는데 성공하거나 초기 약정이 이행된 후 추가 자본을 추후에 요구하게 될 경우 총자본 증가에 기여할 것이다. 자본 약정 그리고 자본 출자의 차이는 중요하다. 왜냐하면 그것은 투자자에 의해 자금관리 수수료를 결정하고 지불할지에 대해 영향을 주기 때문이다.

투자 관리 수수료.　투자 펀드 관리에 요구되어지는 수수료는 일반적으로 다음 사항에 관한 것들이다.

- 취득 수수료
- 처분 수수료
- 관리 수수료
- 실행 수수료(일명 인센티브로 알려진 "장려금" 그리고 "흥미 유발 요소")

　취득 수수료는 각각의 자산이 취득될 때 요구되고, 일반적으로 취득 원가의 비율이다. 처분 수수료는 자산을 매각했을 때 요구된다. 관리수수료는 펀드 전체의 기간 동안 투자자에게 요구된다. 자금의 생산, 비즈니스에서의 경쟁을 위한 관리로 인해 펀드매니저에 의해 요구되는 수수료는 다를 수 있다. 예를 들어, 핵심 자산 펀드는 일반적으로 자기 자본(부동산 가치−부채)에 대한 수수료를 기반으로 한다. 그것은 일반적으로 매년 퍼센트(또는 기준 포인트)로 표현된다. 몇몇의 투자자들의 수수료는 자기 자본에 따른 양에 따라 다른 사람들보다 낮을 수 있다. 매우 큰 자본 또는 펀드 투자자에 좌우되어 수수료는 낮아질(할인될)수도 있다.

　자본조성을 위한 단계는 세 가지로 나눠볼 수가 있다. 첫 번째 단계(자본조성단계)에서 자산관리회사는 그 펀드에 투자하기로 한 다수의 투자자로부터 투자금을 **유치**하게 된다. 펀드 매니저는 충분한 투자금을 얻고 경영진을 갖춘 후에 **투자 단계**인 두 번째 단계를 위한 자본을 얻는데 사력을 다한다. 이것이 공식적인 펀드조건의 시작이다. 캐피탈 콜(자본요청)은 이 기간 동안 투자자들의 자본출자연금으로 만들어진다. 이것은 보통 펀드 투자 안내서에서 지정된 최대 기간으로 몇 년간 지속될 수 있다. 투자기금으로 만들어진 캐피탈 콜은 펀드의 인수로 확인된다. 투자 기간 종료후에 세 번째 단계는 투자금과 자산매각의 지속적인 관리, 투자자들의 투자금 반환(재투자 옵션을 가진 펀드를 제외하고)을 포함하고 있다. 추가 설정이 불가능한 유형의 폐쇄형 펀드(closed-end funds)는 펀드매니저의 필요에 의해 여러 확장 옵션 처분을 위한 시간을 제공하는 경우도 있지만 일반적으로 고정적인 기간을 가지고 있다. 개방형 펀드(open-end fund)는 전형적으로 그 자금으로 유가증권 자금을 재투자 하는 것을 말한다.

　관리비용은 각 단계에서 달라질 수 있다. 관리비용은 통상적으로 투자기관과 펀드가 만들어질 때 투자자들이 기여하기로 한 최대 금액에 근거하여 정해진다. 투자기간 후에, 관리비용 수수료는 실질적으로 **투자된 자본**의 총액을 기반으로 하여 변경될 수 있다(원가나 시장 가치). 하지만 일부 자본은 자본금에 대한 수수료로 쓰인다. 만약 펀드매니저가 투자금액 전부를 사용해도 적당한 투자물을 찾지 못할 경우 투자금액은 전체투자액보다 적을 수 있다. 하지만 관리자는 투자자들에게 투자한 금액보다 더 큰 금액을 요구할 수는 없다.

예시-자본금과 투자금액의 수수료 비교

펀드에 대한 수수료는 투자기간 동안 전체자본금의 35bps (0.35%), 그런 다음 투자가 종료된 후에 투자된 자본의 50bps가 된다. 이 예시에서 투자자들의 자본금은 2년간의 투자기간 동안 $100백만이 될 것이다. 2년간의 투자기간 후에 수수료는 모든 투자된 자본에 근거할 것이다. 4, 5년 동안 펀드는 자본 매각을 시작하고 투자자들에게 돌려줄 것으로 예상된다.

년	출자자본	자본이익률	투입자본	자본금에대한 수수료	투입자본에 대한 수수료	수수료 총합
1	$50,000,000	$ 0	$ 50,000,000	$350,000		$350,000
2	$50,000,000	$ 0	$100,000,000	$350,000		$350,000
3		$ 0	$100,000,000		$500,000	$500,000
4		$50,000,000	$ 50,000,000		$250,000	$250,000
5		$40,000,000	$ 10,000,000		$ 50,000	$ 50,000

2년의 투자기간 동안 $100백만의 자본금에 대한 수수료를 지급받게 된다. 하지만 그 후에도, 수수료는 오직 투자되고 있는 자본에 기초하여 산정되고 이는 투자자들에게 반환되지 않는다. 이는 수수료가 어떤 식으로 구조화되는지 나타내는 하나의 예이다. 많은 변화가 관례에서 발견된다.

나타낸 바와 같이, 수수료는 종종 자산 가치에서 모든 모기지 부채를 제외한 자기자본에 근거한다. 투자자들은 자본을 취득할 때 펀드매니저에 의해 사용되는 모든 채무에 대한 비용을 지불할 수 없기 때문이다. 그러나 몇몇 경우에 수수료는 부채와 자기자본을 모두 포함한 운용자산의 합계 값에 기초할 수도 있다. 그러나 이 경우에 자산 가치 비율의 관리 비용은 일반적으로 투자 자본의 비율로 부과될 수수료보다 낮다.

관리수수료/율은 포트폴리오(유가증권)의 크기에 기초하여 등급이 매겨진다. 또한, 여러 가지 경우에 수수료는 취득한 자산의 초기 비용에 기초를 두고 있다. 보통 이러한 접근은 시간이 지남에 따라 관리가 개선되는 자산에 가치가 부가되는 합자회사(JV)와 부가가치펀드에서 일반적으로 사용된다. 왜냐하면 부가가치전략을 구현하는 시간이 필요하기 때문에, 부동산 가치의 잠정 추정치를 만들기가 어렵기 때문이다.

다른 펀드 운용 수수료 구조

펀드 운용 수수료가 개선될 수 있는 다른 방법은 다음과 같다.

- 순영업 소득(*NOI*)의 비율
- 현금흐름 분배의 비율
- 프로젝트 수익(때로 주거부지 개발프로젝트에서 사용)
- 프로젝트 비용들(때로 상업용 개발프로젝트에서 사용)

예를 들면, 수수료 NOI를 기반으로
수수료의 구조를 다음과 같이 가정하자:

연간 NOI가 $15백만까지 6%

연간 NOI가 다음 $10백만에 대해서는 5%

연간 NOI가 $25백만이 넘으면 4%

실제 NOI 경우 = $35million(3500만)연간, 펀드 매니저에게 지급되는 수수료는

처음 $15million(1500만)NOI × 6%	= $	900,000
두 번째 $10million(1000만)NOI × 5%	= $	500,000
다음으로 $10million(1000만) × 4%	= $	400,000
총합계:	= $	1,800,000

성과 보수(보수):

일부의 경우에, 가장 뚜렷하게, 부가가치형과 기회형 펀드들에 있어서, 관리자들은 "**장려금**" 명목의 수수료를 받을 수 있다. 이 수수료는 관리자가 펀드 성과를 향상시킨 데 대한 추가적인 인센티브로 받는 것이다. 이 수수료는 통상적으로 펀드 해산 시에 받거나 투자자의 자본이 100% 상환되었을 때 받는다. 이 수수료는 펀드를 개시할 때 투자자와 펀드 관리자가 동의한 "수익률의 장애비율(huddle rate of return)"을 초과하여 얻은 수익률의 규모에 기초한다. 전형적으로, 이러한 펀드들의 관리자들에 대한 인센티브 수수료는 자산의 재창출, 재개발이나 또는 개량으로 "부동산들이 호전"되거나 개발에 있어서 추가적이고 적절한 위험을 감수하는 데에 대한 보상으로 주어진다. 그러므로 이런 부동산들은 매각될 때까지 완전한 시장가치가 실현될 수 없을 것이므로 이런 전략들이 실행되기 위해서는 시간이 필요할 것이다. 그 이유는 부동산 호전이나 또는 펀드의 다른 목적이 성공적으로 완수되었기 때문에 관리자들은 통상적으로 매각 시점에 "장려금" 명목의 보상을 받는다.

예를 들면
- 가정
  - 초기 투자 = $1,000,000
  - 장애물 = 10% 펀드관리자에 대한 장려% = 20%
  - 부동산운영 연간 현금 흐름 = $80,000

	투자현금흐름	(−) 자산관리 수수료	순현금흐름	장애물극복 적용 시 현금흐름	잔여 현금흐름	관리자에 대한 장려금	투자자에 대한 잔여 현금흐름	투자자에 대한 최종 현금흐름
시초	$ −1,000,000		$ −1,000,000	$ −1,000,000				$ −1,000,000
1차년도	$80,000	$ −10,000	$70,000	$ −70,000				$ 70,000
2차년도	$80,000	$ −10,000	$70,000	$ −70,000				$ 70,000
3차년도	$ −1,580,000	$ −10,000	$ 1,570,000	$ 1,169,000	$400,000	$82,140	$320,860	$ 1,489,860
내부 수익률				10%				18.7%

- 3년 보유 기간
- 부동산매각 순수익 = $1,500,000
- $1,000,000 또는 $10,000의 1%의 연간 자산 관리(AM) 수수료

$$\$1{,}000{,}000 = (\$70{,}000)\frac{1}{(1+0.10)^1} + (\$70{,}000)\frac{1}{(1+0.10)^2} + (X)\frac{1}{(1+0.10)^3}$$

Solving for (X) = $1,169,300

  3년차에서 157만불 전체가 투자자들에게 분배될 수 있고 펀드관리 수수료를 지불하고 있다. 그 금액 중 $1,169,300이 3년간의 펀드 수명에 있어 10%의 장애물 IRR을 가진 투자자들에게 제공하는 데 필요한 총현금흐름(자산 운용 수수료 $70,000 포함)이다. 사용 가능한 현금 흐름에서 $1,169,300을 투자자들에게 지불하고 나면 $400,000이 남는다. 투자자들은 80%의 지분 또는 남아있는 현금흐름의 $320,560을 받는다. 이것은 총 $1,489,860과 18.7%의 순after-fee IRR을 투자자들에게 총 현금흐름을 제공한다. 펀드매니저는 $400,700의 20%나 "장려금"으로서 $80,140의 20%를 유지한다.

펀드성과 보고

  가상의 부동산 펀드의 분기 실적의 예는 [예 23-2]에서 볼 수 있다. 독자는 특성 이외에, "펀드 수준"의 결과는 펀드를 운용하는 데 필요한 다른 많은 항목의 영향을 받고 있음에 주의해야 한다. 예를 들어, 펀드매니저는 현금잔고 또는 시장단기투자의 형태로 유동성에 대한 접근이 필요한 경우가 있다. 단기부채의 소스(예: 신용 라인)도 사용되고 있다. 펀드매니저는 새로운 투자자로부터 추가 출자의 순현금 유입 또는 부동산 작업에서 받은 소득 및 현금 흐름을 관리해야 한다. 관리자는 자산구매를 하기 위한 자금을 축적한다. 관리자는 또한 부동산을 매각하여 투자자에게 현금 분배를 해야 한다. 결과적으로 펀드 수준의 성과를 고려할때 그 기간 동안 매니저에 의해 수행되어야 하는 자산을 구입하고 매각하는 것에 부가한 많은 활동들이 있다.

투자 수익을 측정 및 보고

  펀드 매니저가 직면한 과제는 펀드의 성과를 위해 정기적으로 결과를 보고하는 방법이다. 예를 들어 [예 23-2]는 가상적인 개방형, 혼합 부동산투자펀드의 재무개요이다. 엄밀히 예시를 살펴보면 우리는 보고 기간 동안 자기자본의 시장가치(MV)는 분기말(섹션C) $425,000,000의 시장가치에 분기(섹션A)의 시작에 $200,000,000 증가한 것을 알 수 있다. 우리는 역시 분기동안 포트폴리오에 포함된 자산들이 $10,000,000의 순영업이익이 생긴다. 투자자들은 추가적인 자기자본 $225,000,000을 제공함으로써 추가적인 자산취득은 $220,000,000이 되었다. 이것은 새로운 투자자들 혹은 기존 투자자들에게 미연의 약속으로 펀딩을 하도록 한다. 펀드의 현금흐름이 가능한 미래의 인수를 예상하고 $18백만로 증가하면서 펀드도 주식투자에 $500만을 할당했다.

예 23-2   펀드 흐름의 요약–가설의 부동산펀드 (단위: 백만 달러)

A. 펀드의 시장가치 (분기 초)				B. 분기동안의 사업과 자본의 흐름		C. 펀드의 시장가치 (분기 말)			
자산		부채		부동산		자산		부채	
현금 잔고	$ 10	단기 부채	$ 10	부동산사업현금흐름	$ 10	현금 밸런스	$ 18	단기 부채	$ 10
단기투자	$ 20	총 부채	$ 10	펀드수수료	$ 2	단기투자	$ 20	총 부채	$ 10
부동산	$ 200	자본의 시장가치	$ 220	이자수익	$ 1	부동산	$ 425	자본의 시장가치	$ 453
총 자산	$ 230	총 부채와 자본	$ 230	이자비용	$ 1	총 자산	$ 463	총 부채와 자본	$ 463
				배당가능펀드	$ 8				
				배당	$ 5				
				현금 유지	$ 3				
				자본 흐름					
				투자자출자금	$ 225				
				부동산 매입가	$ 220				
				부동산 처분가	$ 0				
				현금 보유	$ 5				

분기 동안의 주요한 역할 요약

기간의 시작
- 펀드는 3천만 달러의 현금과 단기 투자를 포함한다.
- 펀드는 2억 달러의 시장가치를 가진 부동산을 포함한다.
- 시장기치 총 자산 = 2억 3천만 달러
- 단기 부채 = 1천만 달러
- 자본의 시장가치 = 2억 2천만 달러

분기 동안
- 부동산 사업으로부터의 현금 흐름(NOI) = 1천만 달러
- 펀드 관리비용은 총 2백만 달러이다.
- 투자자에게 배당금 5백만 달러이다.
- 투자자가 분기동안 펀드에 출자금은 2억 2천 5백만 달러이다.
- 부동산 인수 총 2억 2천만 달러이다.
- 취득에 장기부채는 없다.
- 부동산이 매각되지 않았다.
- 현금 잔액은 당기 동안 8백만 달러 상승한다. (3백만 달러 부동산 사업금과 5백만 달러 투자자 출자)

기간이 끝나며
- 펀드의 현금은 총 1천 8백만 달러와 단기투자 3천 8백만 달러이다.
- 당기말 부동산의 시장가치는 부동산은 4억 2천 5백만 달러이다.

예 23-3
부동산투자펀드 흐름

부동산투자펀드 흐름

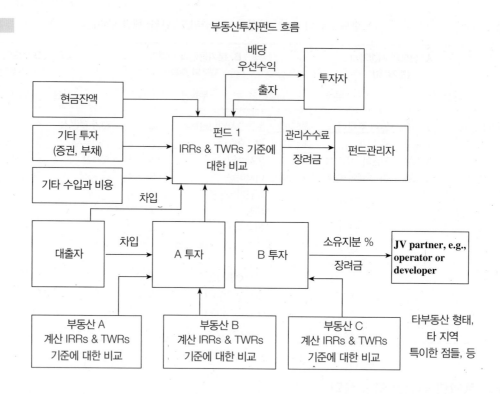

우리가 지금 반드시 응답해야 하는 물음은 펀드를 어떻게 운용하고 투자를 계산하고 분석하여 투자자에게 당기에 돌려줄 수 있는가라는 것이다. 현금흐름이 부동산사업 당기 동안 매일 발생하고 몇몇의 현금흐름은 월별로 발생하고 어떤 부동산 인수는 기간 동안 어느 때나 발생하기 때문에 꽤 복잡하다. 마지막으로 우리는 자본의 시장가치를 기본으로 응답한다. 큰 파트로 부동산 가치에 따라서 가치를 매긴다.

[예 23-2]는 상업용 부동산투자펀드의 작용에 여러 구조의 다이아그램과 현금흐름을 제공한다. 어떻게 펀드매니저들이 투자지들에게 투자실행에 있어 가이드를 제공하는가?

어떻게 이러한 현금흐름 활동이 투자에 있어 단일수익률로 변화되는가?

이 질문에 대답하려고 하면 여러 가지 다른 요인도 염두에 둘 필요가 있다. 펀드에 있어 자산의 대부분은 팔리지 않아왔고 펀드자기자본포트폴리오의 대부분이 구성되어왔다. 결과적으로 자기 자본의 MV로 나타난 $425,000,000은 주로 평가액을 기반으로 한다. 분기의 자산가치에 있어 500만불의 이득은 "미실현"된 것이며, 궁극적으로 투자자에게 제공된 재무정보는 투자자들의 평가가치에 팔릴 수 있었을 것이라는 추정에 따라 성과 추정으로 생각할 수 있었다. 시장 가치의 급격한 변화가 있는 경우 평가가치는 때로 시장이 실제로 변경된 것을 확신하기에 충분한 증거를 확인하기 위해 감정사의 감정에 1분기나 2분기가 걸릴 수 있다고 볼 수 있기 때문에 거래 가격에 반영하는 것이 지연될 수 있다.

투자자들이 그들의 투자와 펀드매니저가 얼마나 잘 실행하고 있는가를 평가하는 데 수익률 데이터를 사용하기 때문에 실행 수익률(실현 또는 미실현)은 펀드를 운용에 관련된 모든 관계자들에게 매우 중요하다. 더욱이 우리가 논의해 온 것처럼 펀드매니저들에게 지불된 수수료 보수는 부분적으로 자산펀드의 성능에 의존할 수 있다. 관리자의 보수는 펀드매니저들이 자금 제공을 문서로 할 때, 펀드가 투자자에게 판매되었을 때 보고된 수익률이 펀드매니저들이 제시한 목표수익률을 초과했을 때에 의존한다. (우리는 다음 섹션에서 성과목표/ 벤치마크를 설명한다.) 산업 컨설턴트는 고객에게 투자 펀드를 추천할때 "피어 그룹 비교"를 만들기 위해 역시 실행 데이터를 사용한다.

수익률 산정

일반적으로 투자의 결과는 계산된 업계 기준과 실무의 맥락에서 펀드 매니저에 의해 보고되고 있다. 지난 30년(혹은 30년 이상) 동안 상업용 부동산 펀드를 위한 결과의 정확한 이미지를 제시하고 캡처하는 성과 메트릭스의 개발에 관한 많은 논의가 있어왔다.

우리는 현금 투자 기간 동안 발생할 수 있는 투자자, 부동산 매각, 자본 출자, 인수 및 현금 분포의 운영 흐름에 주의를 기울였다. 또한 관리자는 추가 비용을 지불하는 부동산 취득을 하고, (현금 잔고 등)유동성이 있어야 한다. 이러한 펀드의 일반적 분기보고 기간 내 발생하는 흐름 때문에, 종종 "내부 시간" 현금흐름이라고 한다. 모든 현금 흐름의 시작과 끝에서 발생하는 경우의 계산을 위해, 그것은 바람직하다. 앞 장에서 여러 번 해 왔듯이 이 방법은, 우리가 IRR을 계산할 수 있도록 한다. 모든 현금 흐름이 분기 말에 발생한 경우, [예 23-2]에 있는 우리의 펀드 예제를 사용하여 설명할 수 있다. 우리는 다음과 같이 현금 흐름의 특성을 다음 내부 수익률을 통해 해결할 수 있다.

$$(MVBE) = [MVEE + CF - CC] \times \frac{1}{(1+i)^1}$$

i값을 구하기 위해:

$$i = ([MVEE + CF - CC]/MVBE) - 1$$

[예 23 - 3]에서 가지는 값은:

$$i = ([\$453 + \$5 - \$225]/\$220) - 1 = 5.91\%$$

주해:

   MV = 시장가치

   BE = 기초 자기자본

   EE = 기말자기자본

   CF = 현금배당(CD)과 총순현금흐름(총현금유입 − 유출)

   CC = 자본출자

   i = 내부수익률

우리는 펀드가 어떤 인트라 기간의 현금흐름을 포함하고 있다는 것을 알고 있기 때문에 불행히도 이 단순화된 단일기간 IRR은 부적합하다. 다른 말로, 모든 현금 흐름은 기간의 처음 또는 끝에 발생하지 않는다. 더우기 직관적으로 우리는 모든 순(+) 현금 흐름의 상당한 양이 조기에 발생하는 경우 우리의 예에 있어서 IRR은 절제될 것 같다. 어떻게 우리가 더 정확하게 보고 기간 동안의 자금 흐름을 반영하는 수익의 예상을 향상시킬 수 있을까?

다른 방법은 Excel에서 XIRR 기능을 사용하는 것이다. 이 기능은 매 분기 동안 분기의 일자를 고려하여 각 현금 흐름에 대한 정확한 날짜 지정을 가능하게 한다. 결과물인 IRR은 비교 목적을 위해 효과적인 분기 및 연간 비율 (원하는 경우)로 변환할 수 있다.

수익률을 계산하는 제2의 방법은 IRR에 더 간단한 근사는 "수정 디쯔"수익률 방법을 사용하는 것이다.[4] "수정 디쯔"(R_D조)식 인트라기간의 현금 흐름이 2012년 1분기에 발생하면 IRR에 근사하도록 하기 위해서 사용할 수 있다. 이것은 Excel을 사용하며, 컴퓨터를 필요로 하지 않고, XIRR 기능을 사용할 수 있기 전에 개발되었다.

수정 디쯔법 가중치 현금 흐름은 투자 펀드로 유지되는 것을 보고 기간의 잔여 기간에 따라 가중치를 부여한다. 다음과 같이 공식은 다음과 같다.

$$R_D = \frac{MVEE - MVBE + \sum CFj}{MVBE - CFW}$$

*MVEE*은 기말의 펀드의 시장가치이다.

*MVBE*은 기간 초반 펀드의 시장가치이다.

*CFJ*는 *j*번째 일중 기금(배당보다 적은 기여)투자자에 의해 수신된 순(+) 현금흐름이다.

$\sum SCFj$는 기간내의 모든 날짜에 있어서의 모든 순(+) 현금흐름의 합계이다.[5]

*CFW*는 $\sum SCFj(N - j)/N$으로 계산된 시간가중 현금흐름이다. 매일의 순(+) 현금흐름은 기간의 나머지 기간에 따라 가중치가 된다.

N = 기간에 있어서의 전체 일수

*R*식에 있어서 보여진 분모는 순현금 유입 또는 유출(*CFW*)이 기간동안의 매일 초기주식가치(*MVBE*)를 조정하는 것으로 생각할 수 있다. 펀드의 순현금흐름은 화폐의 시간가치를 조정하기 위해 보고된 기간의 잔여 기간에 따라 가중치가 된다. 그래서 전체 분모는 분기에 기간가중투자로 해석 할 수 있다. 긍정적인 현금흐름이 빠른 분기에 발생한 경우 본질적으로 *CFW*가 증가한다. 수식에 있어서의 너 큰 *CFW*는 그것에 의해 수익률(*R*)을 증가시킨다.

우리는 가정했을 경우의 예는 더 설명하기 위해 (1) 모든 현금배당(CD)이 분기 동안 30일, 60일, 90일에 있어 균등하게 나타났다. (2) 분기 길이는 90일이었다. CFW에 초점을 우리는 가지고 있다.

$$CFW = [1/3CD \times (90 - 30)/90] + [1/3CD \times (90 - 60)/90] + [1/3CD \times (90 - 90)]$$

$$CFW = [\$1.67 \times (90 - 30)/90] + [\$1.67 \times (90 - 60)/90] + [\$1.67 \times (90 - 90)/90] = \$1.67 백만$$

마지막 배당은 분기의 마지막 달 마지막에 발생하는 것으로 예상되며 따라서 영에 의해 가

---

[4] 이 수식은 피터 O. 디쯔(오레곤과 프랭크 러셀 회사의 사장 대학의 후기 교수)에 의해 제안된 원래의 수식에서 진화했다. 원래 디쯔식은 2012년 1 분기에 중간 지점에서 발생하는 모든 인트라 기간의 현금 흐름을 가지고 있었다. 그 후 "수정 디쯔"식은 각 현금 흐름이 발생한 분기의 정확한 날을 고려하고 있으며 도입되었다. 임의의 현금 흐름이 발생한 후 가중치 현금이 보고기간의 잔여 일수에 따라 펀드에 흐르는 것처럼, 이것은 더 정확하다. 현금 흐름이 "일의 가중치는"분기 IRR 의 더 정확한 견적을 제공한다. 미국의 부동산 펀드 성과를 보고할 때 수정 디쯔 접근이 현재 널리 사용되고 있다.

[5] 현금흐름이 순 투자, 즉 투자자에 의한 펀드에 출자로 정의되어 있는 경우, 부호는 부정적이다.

중된다는 점에 유의하라. 따라서 결과적으로 *CFW*에 영향을 주지 않는다.[예 23-2]의 예로부터 추측하건데 우리는 투자자들에게 분기에 오백만불을 배당하며, 분기 동안 30일 간격의 끝에 일백육십칠만불을 배당한다. 그러므로:

이 경우 **CFW**는 우연히 $1.670,000의 한 달의 현금흐름을 발견한다.

$$\Sigma CFj = \$5 - \$225 = -\$220$$

지금 우리가 가지고있는 수정 Dietz의 공식을 사용하여

$$R_D = \frac{MVEE - MVBE + \Sigma CFj}{MVBE - CFW}$$

$$R_D = (\$453 - \$220 - \$220)/(\$220 - \$1.67) = 0.0595, \text{ or } 5.95\%$$

5.95%는 우리가 5.91퍼센트였다고 했던 IRR을 사용하여 계산된 같은 대답에 매우 가까운 점에 유의하라. 투자자에게 배당 가능한 일부 현금 흐름은 초기 분기에 발생했기 때문에 여기에서도 높은 5.95퍼센트 디쯔수익률의 이유가 있다. 수정된 디쯔식을 사용한 결과가 같은 기간에 있어서 항상 **IRR**이 같지는 않을 것이다. 그러나 좋은 근사치이다. 투자자들에게 실적을 보고하고 측정하는 데 기관투자자들 사이에서 표준이 되고 있다. 또한 주목하라:

수입 반환(수수료 후)	$8/($220 − $1.67)	=	3.66%
감사반환	$5/($220 − $1.67)	=	2.29%
총 반환		=	5.95%

"자산 수준"에 있어서의 계산된 수익률

이전 섹션에서 우리는 "**펀드 수준**"으로 보고된 수익을 검토하고 투자수익이 내재기간의 현금흐름이 발생하는 경우 계산하는 방법에 대하여 설명하였다.

우리는 지금 투자실적 심사에 돌리는 "**부동산 수준**"이라는 것을 논한다. 우리가 유일한 펀드의 부동산의 성과에 집중하고 싶은 것을 의미한다. 이 경우, 우리는 모든 채무의 영향(레버리지), 현금 보유, 단기 투자 또는 단기 부채를 검토할 필요가 없다. 이 항목은 펀드를 운용하는 매니저에게 매우 중요한 반면, 우리는 단지 어떻게 자산이 투자펀드 실행을 들어가는지 투자자금을 위해 취득하는 방법에 집중하고 싶다. 우리는 또한 우리는 재무구조의 독립된 자산의 수행을 단지 반영하는 수익 계산을 하길 원하기 때문에 개별 자산의 자금 조달을 위해 얻는 부채를 무시한다.

[예 23-2]에 있어 우리는 이전 예제로 돌아가서 펀드의 속성을 위한 기초시가가 $200,000,000였음을 섹션 (A)에서 보았다. 기간 중 투자자는 새로운 $225,000,000의 자기자본에 출자하였고, $220,000,000은 자산취득을 위해 팽창되었다. 기간이 끝날 때 펀드의 모든 부동산은 $425,000,000로 평가되었다. 자산 포트폴리오는 또한 기간 동안 $10,000,000의 NOI를 생성하였다. 어떻게 잘 자산 포트폴리오를 수행하였는가? 어떻게 우리는 내재 기간의 현금 흐름 $5,000,000, 부동산의 출자와 기간 동안 $10,000,000의 NOI에

서의 현금 수령을 평가하는가?

이것을 달성하기 위해 수정 디쯔 계산을 사용하여, 우리는 분기 IRR의 근사치를 다시 활성화 할 수 있다.

$$R_D = \frac{MVEE - MVBE + \sum CFj}{MVBE - CFW}$$

수정 디쯔 공식의 가치들은(단위 백만$):

$$MVEE = \$425$$
$$MVBE = \$200$$
$$NOI = \$\ 10$$
$$CF = \$220$$

수익률 계산은 다음과 같다:

$$R_D = \frac{\$425 - \$200 + (\$10 - \$220)}{\$200 - CFW}$$

투자자에 의해 매 30일씩 3번 받은 동일한 출자 금액 $CFW = \$3.33M$ 또는 $10M을 다시 가정하면 R_D 는 다음과 같이 계산된다:

$$[\$3.33 \times (90 - 0)/90] + [\$3.33 \times (90 - 60)/90] + [\$3.33 \times (90 - 90)/90] = \$3.33$$

$$R_D = \frac{\$425 - \$200 + (-\$220 + \$10)}{\$200 - \$3.33} = 7.62\%$$

또한 정리하면:

$$수입\ 수익률(수수료지불전)\ = \frac{\$10}{\$200 - \$3.33} = 5.08\%$$

$$Appreciation\ 수익률 = \frac{\$5}{\$200 - \$3.33} = 2.54\%$$

$$총\ 수익률 = 7.62\%$$

수익 비교하기: 펀드수준 VS 부동산(재산)수준

이전의 두 섹션에서 내재적인 기간의 현금흐름이 발생했을 때의 **부동산 수준**과 **펀드 수준**의 수익률을 계산해 보았다. 부동산 수준의 수익률이 7.62%일 때 펀드 수준의 수익률은 5.95%로 측정되었다[두 수익률은 근사치인 분기 IRR에 대한 수정 디쯔(Modified Dietz)공식으로 계산]. 두 수익률 간의 차이인 1.67%는 수익 뿐 만이 아니라 펀드 관리수수료 조차도 얻을 수 있을지 모르는 단기 투자와 일부 현금 잔액의 필요 때문에 펀드 수준 수익률상에 "**현금 장애(cash drag)**" 그리고/또는 "**관리 장애(administrative drag)**"라고 한다. 대부분의 펀드 관리자들은 가능한 한 비용 효율적인 방법을 통하여 펀드 수익률 상의 "장애(drag)"를 최소화하려고 노력한다. 차입 효과를 무시하기 때문에, 어떤 현금 또는 관리 장애에도 상관없이 부동산 수익률은 또한 펀드 수익률보다 더 낮아질 수 있다는 것에 주목할 필요가 있다.

수익률: 수수료 전후

이 책의 이전 섹션에서, 관리 수수료를 논의에 포함하였다. 실제 펀드 수준에서 'before and after fees(수수료 전과 후)'를 자주 산출하였다. 가상적인 [예 23-2]와 같은 예를 보는 것으로 알 수 있고, 또한 관리 수수료 200만 달러를 1/4분기에 지불한 것을 볼 수 있다. 또한 "after fee"를 계산한 "fund level"의 5.95% 이익을 산출하였다. "before fees" 이익을 산출하기 위해서 [예 23-2]에서 보이는 200만 달러의 수수료를 다시 더해야 한다. 500만 달러에 서 700만 달러 또는 매월 233만 달러로 분배의 양이 증가하는 것이 가능할 것이다. 우리는 CF 가 280만 달러 그리고 CFW가 R_D 계산식에서 233만 달러로 이익이 증가함을 재 검토할 것이다. before fee 이익은 다음과 같이 계산된다.

$$CFW = (\$2.33 \times (90-30)90) + 233만 달러 그리고$$
$$R_D = (\$453 - \$220 + \$225) + \$7)/(\$220 - \$2.33) = 6.89\%$$

이 계산은 after fee가 5.95%이익이고 fund level이 6.89%였을 때 **before fee**를 나타낸다. 투자자 이익이 94%이거나 0.94% 경영수수료 축소를 의미한다. 이 투자자 이익을 "fee loss(수수료 손실)"라 칭한다.

역사적 수익 계산

일부 부동산투자펀드들은 몇 년간만 겨우 연명한다. 어떤 잘 알려진 개방형, 혼합형 핵심 부동산 펀드들은 20년 넘게 잘 운영되어 왔다. 따라서 투자자들과 분석가들은 그들이 어떻게 수익률을 예상하고 미래 수익률을 만들어서 펀드의 역사적인 성과를 잘 관리하는지에 관심을 가지게 되었다.

부동산 투자에 있어서 역사적 수익률을 계산하는 데는 일반적으로 두가지 방법이 있다. 첫 번째 방법은 **시간가중 수익률**(time-weighted return: TWR)을 계산하는 것이다. 이 방법은 **시계열상**의 시작과 끝 시점의 가치를 예상하는 것이 필요하다. 앞 장에서 우리는 시계열상의 보유기간 수익률(HPR)을 계산했던 것을 다시 생각해 보자. 지적하듯이, 상업용 부동산 거래 가격은 어떤 기간적인 틀을 사용하는 것이 불가능하다. 그래서 분기별 시작과 끝에 감정평가가치를 사용한다.

두 번째 방법은 이 책의 앞 장들에서 많이 다루어 온 내부수익률(IRR)을 계산하는 것이다. 일반적으로, 이 방법은 부동산을 매입할 때의 가격을 고려하고, 운영을 하여 투자자에게 실현시켜준 현금흐름과 부동산을 매각했을 때 받는 자금이나 매각되지 않더라도 기간 말의 감정평가액을 고려하여 계산한다.

시간가중 수익률은 매우 중요하며 통상적으로 부동산펀드 성과측정에 사용되고 있다. 특히 이 수익률은 투자자나 분석가들이 (1) 시간이 지남에 따라 펀드가 얼마나 성과를 내고 있는지 (2) 동일 기간 동안에 다른 펀드들이나 지수들과 비교할 수 있는 지표가 필요할 때 특히 중요하다. 이것의 추가적인 이점들은 계산을 (a) 조작되거나 보완되는 투자규모에서 자유롭게 하고 (b) 수익률을 분석가가 필요로 하는 하위 단위 기간별로 자를 수 있다는 것이다.

내부수익률은 일반적으로 투자자들이 특정 투자에서 얻었거나, 얻을 수 있을 것으로 예상하거나 얻은 수익률을 측정하기 위하여 사용한다. 이는 투자가 이루어진 특정일, 즉 현금 출자가 이루어졌고 현금배당이 실행되었으며 매각일이 정해진 날을 기준으로 한다. 시간 가중 수익률과는 달리, 어떤 특정 투자보고기간의 시작과 끝이 일치하지는 않을 수 있다. 또한 내부수익률은 현금의 확대에 영향을 받을 수 있다("달러 가중 수익률"이라 부르기도 한다). 어떤 경우에는 부동산이 매각되지 않았을 때는 감정평가액을 사용하여 계산하기도 한다. 달리 표현하자면, 내부수익률은 투자자가 내부수익률의 예상이 필요할 때 투자자가 부동산 가격이 정확하게 반영되었다고 믿는다면 감정평가 가치가 근거로 사용될 수 있다.

시간 가중 수익률

고정된 기간에 수익률을 보고할 때(예: 분기별), 대부분의 분석가들은 그 기간들을 "사슬구조: chain link)" 할 것이고 다양한 누적 기간을 위해 기하학적 수익률을 계산한다(예로서 1, 3, 5년). 이것이 시간 가중 수익률이다. 이는 수익률의 계산에 있어서 같은 가중치를 실행하여 분석하는 누적 기간 **내에서** 각 기간(예, 분기별)에 보고되는 수익률이기 때문이다. 즉, 부동산이 취득된 첫 기간 동안의 현금흐름으로부터 발생한 수익률은 마지막 기간에 발생된 현금흐름으로서 TWR 계산상 동일한 영향을 준다. 앞의 장에서 가상적인 포트폴리오와 여거 지수들을 위하여 이 기하평균을 계산한 것을 다시 생각해 보자.

주어진 각 기간별 수익률은 TWR상의 같은 가중치를 가지므로, 계산의 매우 중요한 측면은 특정 기간 동안 투자된 다소의 자본과는 별 관계가 없다. 예를 들자면, 어느 펀드가 부동산 투자의 초기 첫 기간에 $100,000,000을 투자했다면, 그리고 그 기간 동안에 $5,000,000을 얻었고, 그 기간 말에 $105,000,000으로 펀드의 가치가 올라갔다면, 첫 기간의 수익률은 (105 + 5 − 100)/100 = 10%가 될 것이다. 두 번째 기간의 최초기에 투자자로부터 $95 백만의 추가적인 자본 유입이 발생했다고 가정하자. 또한 펀드 관리자는 그 $95,000,000을 추가적인 부동산에 투자를 했다고 가정하자. 그 펀드는 두 번째 기간 동안 운영에서 $15,000,000을 얻는다면 두 번째 기간 말의 총가치가 $215,000,000으로 증가한다. 두 번째 기간의 수익률은 (215 + 15 − 200)/200 = 15%가 된다. 그러면 두기간의 TWR을 얻기 위해 다음과 같이 계산하여 1.10×1.15-1 = 26.5%가 된다. 독자들은 분기별 수익률을 얻는데 있어서 동일한 가중치를 사용한 것에 주목해야 한다. 이는 첫 기간에 비해 두 번째 기간에 거금이 투자된 것이 두 번일지라도 사실이다. **기하평균**은 12.47%이고, 양 기간의 동일한 가중치가 반영된 것이다. 이 장의 후반에 시간 가중 수익률의 사용한 이유를 상술할 것이다.

위의 예에서, 그것들을 사슬구조화하기 전에 각 수익률에 1을 더한 것에 주목해야 한다. 이는 기간의 흐름에 따라 실행되고 있는 수익률의 복리효과를 포착하는 것이다. 전체 기간 동안에 수익률 평균을 계산하기 위하여, 사슬구조 수익률의 기하평균을 구해야 한다.

네 기간 모두의 수익률을 평가하려면, 다음과 같이 이 수익률들을 사슬구조로 꿰야한다:

$$(1 + R1) \times (1 + R2) \times (1 + R3) \times (1 + R4)$$

R1은 첫해의 수익률이고 R2는 두 번째 해의 수익률 등과 같다.

네 기간에 대한 평균수익을 결정하기 위해 우리는 체인링크된 분기별 수익들의 네 번째 루트를 계산한다. 그리고 1을 뺀다. 그 결과는 체인에 연결된 반환의 기하 평균인 시간 가중 수익 (TWR)이며 반환을 연결한 후 기하 평균을 가지는 체인은 매우 중요하다. 기하평균이 중요한 이유는 산술평균과 비교하여 단순히 수리평균을 나타낼 수 있기 때문이다. 차이는 아래와 같이 요약된다:

4년간의 산술평균 수익률 = (R1+ R2+ R3+ R4)/4

4년간의 기하평균 수익률 = $[(1 + R1) \times (1 + R2) \times (1 + R3) \times (1 + R4)]^{(1/4)} - 1$

기하평균 또는 **TWR**은 대부분의 업계 최고의 전문가에 의해 성능 측정을 결과 가장 관련이 있는 것으로 생각되고 있다. 이유를 설명하기 위해 다음의 예를 생각해 보자. 자산은 100의 가치를 가진 해에서 시작하여 100의 가치를 가진 값으로 종료한다. 우리는 거기에 내부 기간 현금흐름이 없다라고 추측한다. 예에서는 산술 평균으로 약간 긍정적임을 보여준다. 그러나 만약 투자자가 함께 시작했던 것을 정확하게 또는 100달러를 가지고 시작하고 끝나는지 어떻게 할 수 있는가? 이와는 대조적으로, 기하 평균은 정확히 제로이며, 투자의 진정한 성과를 나타낸다.

기하평균 대한 산술평균

년	가치	수익률	수익률+1
0	100		
1	105	5.00%	1.0500
2	110	4.76%	1.0476
3	115	4.55%	1.0455
4	107	−6.96%	0.9304
5	100	−6.54%	0.9346
		Σ.81	1.0000

산술평균   .81/5 = 0.16%

기하평균 $\sqrt[5]{1.000} - 1 = 0.00\%$

수익은 분기별로 계산되는 경우 그것은 목적을 보고하기 위해 수익률을 "연율"로 환산하는 것이 일반적인 업계의 관행이다. 3년 또는 12분기 동안 계산된 수익은 다음의 예를 생각해 보자.

연간 수익률 예제

분기	수익률	(1 + 수익률)	체인 링크	
1	2%	1.02	1.0200	
2	3%	1.03	1.0506	← (1.02) × (1.03)
3	4%	1.04	1.0926	
4	2%	1.02	1.1145	
5	0%	1.00	1.1145	
6	−2%	0.98	1.0922	
7	−4%	0.96	1.0485	지수
8	1%	1.01	1.0590	
9	2%	1.02	1.0802	
10	4%	1.04	1.2267	
11	5%	1.05	1.1795	
12	4%	1.04	1.2267	

(계속)

$(1.2267)^{(1/12)} - 1 = .017175$ or 1.7175% average quarterly return(분기수익률평균)
$(1.017175)^4 - 1 = .0705$ or 7.05% annualized(연간환산)
간략히 계산:$(1.2267)^{(4/12)} - 1 = .0705$ or 7.05% annualized(연간환산)

또, 우리는 분기 수익을 링크 걸 수 있고, 평균 분기별수익을 얻기 위해 기하평균을 취할 수 있다. 이 경우 평균 분기수익은 1.7175%이다. 이 평균 분기수익률을 연율로 환산하기 위해, 우리는 4분기 동안 그것을 조합해야 한다. 우리는 12분기의 연간평균수익(TWR)로 $(1.017175)^4 - 1 = 7.05\%$를 가지고 있다.[6]

내부수익률

아래 [예 23-4A]는 지난 5년간의 투자를 위한 IRR계산을 보여준다. 우리는 이전 장에서 알고 있는 것처럼, IRR은 초기 구입 비용에 동일한 재판매 가격을 포함한 현금 흐름의 현재 가치로 전환되는 비율이다. 또 그것은 제로와 동일한 순현재가치이다. 이 예에서는 모든 5년간의 현금 흐름을 고려한다. 예를 들어, 자산은 $500,000을 취득하였다. 실제의 현금흐름은 각각 $50,000, $40,000, $30,000, $50,000과 1~5년 안에 $60,000이었다. 자산은 그 후 15개년도 말에 $ 600,000에 투자자에게 매각되었다. 그 결과 IRR은 11.22%였다. 그래서 자산을 구입하고 5년 후에 그것을 판매하는 투자자는 매년 자신의 뛰어난 설비 투자의 11.22%를 획득했다고 말할 수 있다. (5년 후에 추정 매각가격이 $600,000의 평가가치를 기반으로 하였다면 $600,000 매각가격은 실현될 것이기 때문에 11.22%가 추정된 IRR이 되었다는 것을 우리는 주목해야 한다.)

예 23-4A

IRR 예

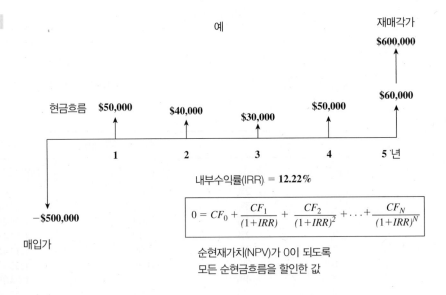

예

재매각가
$600,000

현금흐름　$50,000　　$40,000　　$30,000　　$50,000　　$60,000

　　　　　1　　　2　　　3　　　4　　　5 년

내부수익률(IRR) = **12.22%**

$$0 = CF_0 + \frac{CF_1}{(1+IRR)} + \frac{CF_2}{(1+IRR)^2} + \ldots + \frac{CF_N}{(1+IRR)^N}$$

−$500,000

매입가

순현재가치(NPV)가 0이 되도록
모든 순현금흐름을 할인한 값

---

[6] 평균적인 연간 수익은 체인 연동(chain-linked) 수익률의 12/4를 취하거나 또는 3승근 루트를 취하여 보다 직접적으로 계산할 수 있다

예 23-4B

TWR 대 IRR

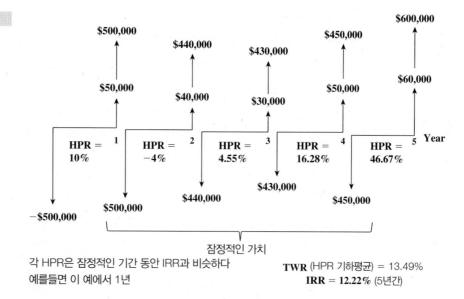

각 HPR은 잠정적인 기간 동안 IRR과 비슷하다
예를들면 이 예에서 1년

TWR (HPR 기하평균) = 13.49%
IRR = **12.22%** (5년간)

IRR과 TWR 비교

IRR계산은 투자기간 동안 이전에 논의한 TWR의 계산과 비교하는 방법을 확인하는데 유용하다. 앞의 예에서는 연간현금흐름을 상정한 5년간의 IRR을 계산하였다. 같은 기간에 시간 가중수익(TWR)을 계산하기 위해, 우리는 기간수익률을 유지하기 위하여 매년 계산하기 위해 기간의 끝에 가치를 추정할 필요가 있다. 5년 동안의 평균 년간 TWR을 얻기 위해 5년 HPRs의 기하평균을 유지하여야 한다.

[예 23-4B]에서, 우리는 4년 동안 매년 마지막 평가액을 추가로 상정하였다. HPR은 매년 보여주었다. 변화는 상당히 가치가 시간을 얼마나 변화게 하는지에 의존한다. TWR은 5개년 보유가격수익률(HPRs)의 기하평균으로 13.49%이다. 같은 기간 동안의 IRR은 12.22% 였다. 다시 그차이는 TWR 취급이 매기간 동일하게(이 경우 매년) 기하평균에 충격을 준다는 사실을 반영한다. 여기서 IRR은 현금흐름의 정확한 시간을 반영하며 초기에 받았던 현금흐름에 더 많은 가중치를 부여한다.

성능측정을 위한 TWR 대 IRR 선택하기

앞의 논의를 고려하면 관련 질문은 다음과 같다. "무엇이 펀드의 최적의 성과 척도인가?"매니저가 각 기간 투자할 자금의 양을 제어할 때, IRR은 매니저의 업무수행을 위한 적절한 척도이다. 그런데 매니저가 매 기간 투자하기 위해 사용할 수 있는 자금의 흐름을 제어하지 못하는 경우 TWR이 투자자와 펀드매니저가 다루기에 더 좋은 측정도구이다.

매니저가 투자자금의 양을 제어하고 있는지 여부는 종종 펀드의 종류에 따라 다르다. 우리가 지적했듯이 예를 들어 **개방형 펀드**는 투자자가 투자 및 상환을 할 수 있는 하나의 주파수를 넘는 상당한 자유도를 제공한다. 이 펀드들은 종종 "핵심" 부동산의 비교적 크고 다양한 포트폴리오에 투자하는 데 사용된다. 우리가 논의했듯이 이 펀드들은 종종 "핵심" 개방형 혼합펀드이다. 그들은 (1) 비교적 낮은 위험 (2) 일반적으로 적은 양의 레버리지, 그리고 (3) 자산이 높은 점유율과 좋은 위치에 일반적으로 있다.[7] 일반적으로 정상적인 조건에서 투자자들은 자금을 유지하기 위해 많은 자본가지고 상당한 유연성을 가지고 있다. 따라서, 이 경우에 펀드매니저는 거의(있다 하더라도 조금), 펀드에 투자했던 자본의 양을 제어할 수 없다. 이 경우 TWR은 펀드 매니저의 업수행을 위한 최적화 지표이다. 그 이유는 시간가중수익 계산 시 현금흐름의 크기에 의해 큰 영향을 받지 않기 때문이다. 따라서 매니저의 업무수행이 중간 또는 인수 및 처분 또는 부분적인 매출 중 하나를 따른 대폭적인 자본의 결정을 일으킬 펀드에서 벗어나기 위한 것이라고 한다면 투자자의 의사 결정에 의해 영향을 받지 않는다.

폐쇄형 펀드의 경우에 펀드로부터 자금을 추가하거나 유치하기에 투자자들의 역량에 제한을 두는 부가가치형 및 기회형펀드가 훨씬 보편적이다. 이 펀드들은 종종 아직 안정되지 않은 수명주기에 있어 더 위험자산에 투자를 하고 더 전문적인 투자전략을 사용한다. 예를 들어, 투자는 점유율을 증가하거나 개선을 함으로써 가치를 창출하는 전략과 잘 실행하지 않은 속성에서 할 수 있다. 속성은 또한 중요한 혁신을 필요로 하는 곳에 매입되었다. 마지막으로, 이 펀드들은 일반적으로 더 높은 양의 레버리지를 사용하고 있다.

펀드가 투자 전략을 사용하는 경우, "부가가치형 펀드"라고 언급될 수 있다. 상당한 금액을 차입해서 사용하고 역시 주요 재개발에 부가하여 개발을 하는 경우 그들은 이를 "기회펀드"로 고려될 것이다. 부가가치와 기회펀드들은 보통 폐쇄형이다. 여러 경우 그것은 펀드매니저가 자산을 매각하거나 펀드를 청산함으로써 배당을 할 때 그리고 투자자들로부터 펀드를 의뢰할 때 결정할 가능성이 높아진다.

또한 폐쇄형펀드 관리자는 정기적으로 펀드의 모든 재산을 소중히 여길 가능성은 낮다. 투자자가 자본을 추가하지 않거나 정기적으로 펀드의 자본을 가지고 있지 않은 것을 판단하면, 관리자는 펀드 감정평가 비용을 분기별 또는 매년 부담하지 않으려고 할 것이다.

결론적으로, 관리자가 더 많은 통제를 할 때, 자본이 투자될 때, 자본이 투자자에게 배당되었을 때 IRR이 투자 관리자의 업무수행에 더 나은 측정수단이 될 것으로 본다. [예 23-5]는 (1) 관리자가 펀드의 현금 유출입을 통제하는 범위와 (2) 자산가치가 요구되는 빈도, 그리고 (3) IRR과 TWR중 어느 것이 투자업무수행을 측정하는데 더욱 적합한지 사이의 관계를 요약한 것을 보여준다.

목표 수익과 벤치 마크

잠재 투자자들에게 마케팅을 할 때 투자자들이 얻을 것으로 기대되는 수익률의 추정치는 보통 펀드관리자들에 의해 제공된다. 일반적으로 "기대수익률"은 "펀드에 있어 **목표수익률**"이다. 이 목표수익률은 특별한 수익률일 것이다. 예로는 "펀드가 세후 투자에 있어 10%의 수익률 발생시킬 것으로 기대된다." 그러나 여러 경우 목표수익률은 경제조건에 따라 변한다. 결과적으로 기대수익률은 "이윤"이나 스프레드에 의해 조정된 이미 잘 알려지고 결정된 시

---

[7] 시장이 극도로 나빠지거나 많은 투자자가 동시에 펀드 상환 요청을 하는 경우에는 투자자의 펀드 인출 능력이 일반적으로 제한된다.

예 23-5

IRR 대 TWR을 사용할 때

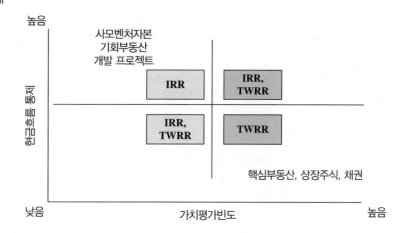

예 23-5

IRR 대 TWR을 사용할 때

IRR 사용 대 TWR 사용

장지수인 "**벤치마크(기준)**"와 연결되어 있다. 예를 들어, 뮤추얼 펀드 업계에서 비유를 사용하여 대형주의 다양한 펀드에 있어 벤치마크지수로써 S&P500을 사용하여 목표수익률을 설정할 수 있다. 그래서 포트폴리오의 "적극적인 운용"을 위한 프리미엄을 확산시키는 것이 S&P500을 뛰어나게 만들었다.[8]

어떻게 벤치마크 혹은 목표수익률이 일반적으로 부동산투자펀드를 위해 펀드관리자에 의해 추정되는가? 우선 [예 23-1](섹션A)에서 논의된 다양한 펀드유형에서 위험과 수익 프로필을 생각하는 데 도움이 된다. 우리는 [예 23-6]에서는 부동산투자펀드에 대한 개념도를 보여준다.

Concept Box 23.2에서 우리는 부동산투자펀드에서 사용될 수 있는 벤치마크지수 몇가지를 나열하였다. 핵심펀드에서 개방형으로 사용되는 일반적인 벤치마크는 NCREIF에 의해 생성되는 ODCE 펀드수준의 지표이다.

코어분산계정의 경우 NCREIF-NPI(자산 수준)지수는 벤치마크로서의 역할을 할 수 있다. 예상과 목표수익이 펀드투자자에 의해 달성될 수 있을 때 자산펀드는 벤치마크에 '스프레드' 또는 프리미엄을 추가할 수 있다.

이러한 스프레드의 정도는 시판되고 있는 부동산 펀드가 얼마나 집중되고 전문적인 자산 펀드인지가가 벤치마크를 구성하는 특성과 비교하는 방법에 따라 달라진다. 코어 부동산 펀드 전략의 핵심 부동산에만 투자할 수도 있지만 예를 들어, 경영진은 투자 부동산의 속성과 위치를 선택할 때 뛰어난 능력을 가지고 있다고 믿고 있을 수 있다. 그것은 이 ODCE 인덱스 위의 일부 프리미엄을 얻기를 기대하고 있다는 것을 암시한다.

유사하게 만약 펀드가 미국의 서쪽 도시 핵심 오피스 자산에만 투자하기 위해 만들어진

---

[8] 펀드 매니저는 실제로 적극적으로 자산 관리를 연구하고 벤치마킹을 능가하는 시도에서 자산을 매매하는 경우 "활성 관리"예를 설명한다. "수동적" 투자 펀드매니저 없이 투자자에 의해 할 수 있다. 보통주의 경우, 투자자는 (피킹이나 개별 종목을 선택하는) 모든 활성 관리 없이 S&P지수(SPDRs)을 구입하여 "패시브 운용"을 만들 수 있다. 따라서 액티브펀드 매니저에 의해 부과하는 요금을 정당화하기 위해 이러한 액티브 운용의 펀드는 S&P의 벤치마크를 상회하는 목표 수익률을 달성할 필요가 있는 것으로 본다.

예 23-6
부동산투자스타일

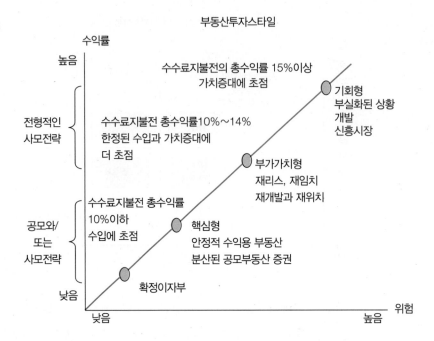

경우라면 펀드매니저는 벤치마크로서 ODCE을 벤치마크 지수로써 사용할 수 있지만, 그들이 전문화된 포커스와 제한된 다양성 때문에 펀드가 더 커지도록 한 투자운용을 기대하기 때문에 프리미엄을 추가한다.

투자 승수

우리는 IRRs과 TWRs을 펀드 성능을 측정하는 중요한 측정수단으로 논하였다. 또 다른 측정은 산정하기에 비교적 단순하지만 투자자들이 **투자의 다양성**에 유용하다는 것이다. 그것은 또한 때로 자기자본의 다양성이라고 한다. 다음과 같이 자기 자본의 다양성은 다음과 같이 계산된다.

자기자본배수 = (펀드의 순유동자산가치 + 누적배당) / 출자금

현재 펀드의 순자산가치는 이론적으로 투자자가 현재 날짜처럼 받을 수 있는 누적분포는 이미 받은 돈은 무엇인가 하는 것이다. 이것은 또한 투자자가 펀드에 공헌한 금액으로 나눈다. 물론, 분명한 것은 정도를 초과한 범위로 투자자들이 투자 한 것을 상대적으로 받은 것과 비교할 수 있다.

속성분석

이전 섹션에서는 벤치마크, 기대, 목표수익률에 대하여 간단한 설명을 하였다. 우리는 부동산 투자 펀드의 대부분이 "적극적으로 관리"되는 경향이 있다는 것을 지적했다. 여러 가지 경우에 이러한 매니저들은 펀드를 운용한 투자결과가 기준을 초과(뛰어나다)하였다고 말한

NFI-ODCE

부동산투자신탁펀드지수의 전국협의회(NCREIF): ODCE는 핵심 투자전략을 추구하는 합동 펀드의 *펀드수준 지표*이다. 수익률은 분기 현금 배당을 포함하고 자기자본가치의 처음과 끝을 포함한다.

펀드수익은 또한 현금잔액과 레버리지를(반환은 부동산/자산의 임의의 부분적인 소유권의 위치를 반영) 들 수 있다. 분기별 수익은 시간가중되고 있다. 반환 값은 총 및 수수료의 내용 모두가 보고되고 있다. 2014년 2분기로는 ODCE는 $1500억의 총부동산 자산과 22 자금은 2156 투자에 대한 보고서와 $1170억의 순부동산 시장의 값을 보고하고 있다. 다음과 같이 인덱스 조성은 36.0%의 사무실, 25.3%의 아파트, 19.3%의 소매, 14.7%의 공업, 1.9%의 호텔 및 기타 2.9%. 추가 정보는 www.ncreif.org에서 찾을 수 있다.

NCREI F-NPI

부동산투자수탁자협회(NCREIF) 부동산지수(NPI)는 회원으로부터 수집된 데이터를 기반으로 개별 부동산의 부동산 레벨의 지표이다. 대부분의 부동산은 비과세 제도를 대신하여 취득되어 있다고 수탁자의 환경 보존되어 있다. 자산은 모두 전액 출자하여 합작 투자를 포함하되 관리자가 소유한 100%였다는 것처럼 데이터가 NCREIF에 보고 되고 있다. 그것은 운영 부동산만(없는 현상성)으로 제한하고 유일한 투자등급 비농업수익성의 특성을 갖추고 있다. 이들은 아파트, 호텔, 산업용, 사무실, 소매업이 포함된다. NCREIF 부동산지수(NPI지수)는 레버리지로 인수감소, 자산관리 및 처분비용의 공제 앞에서 컴파일 되어있다. 2014년 2분기 NPI는 $3825억의 총시장가치를 가진 7,141의 자산을 보고하였다. 추가정보는 www.ncreif.org에서 찾을 수 있다.

10년만기국채수익률(명목원금상환기간)

자주 사용되는 벤치마크는 10년만기국채수익률이다. 이 채권은 10년 만기가 미국채의 현재시장이자율을 나타낸다. 이 비율은 연방준비제도의 이사회에 의해 매일 정해진다. 수익률을 계산하는 데 사용되는 폐회시장의 입찰은 장외시장에서 활발하게 거래되는 재무성증권을 기반으로 한다. 채권은 뉴욕 연방준비은행에 의해 얻어진 클로징마크를 기준으로 계산된다.

CPI는 부동산수익률을 필수적으로 조정

포트폴리오 수익률은 소비자물가지수(CPI)에 의해 계산된다. 도시노동자(CPI). CPI는 미국노동통계국(BLS)에 의해 공개된다.

다(일부 매니저들은 벤치마크를 초과하여 얻을 것으로 기대되는 스프레드를 추정한다). 실제 투자결과가 기대수익률보다 초과하건 낮아지건 투자자들과 분석가들은 그 원인을 파악하고 싶어 한다. 이 문제는 기여도 분석을 이용하여 응답할 수 있다.

벤치마크가 종종 "속성분석"으로 언급된 것을 수행하는 데 사용된다. "속성분석"이라는 용어는 왜 펀드의 운용이 벤치마크보다 낮거나 높은지를 설명하는 데 활용된다.

속성분석은 전체투자실적의 구성을 포함한다. 총투자실적의 구성요소를 활동적 투자 경영—기능을 반영한 총투자실적에 부여하기 위해 구성요소를 더한다.

총투자 실적의 구성요소를 활동적 투자 경영—기능을 반영한 총투자실적에 부여하기 위해 구성요소를 더한다. 가령 투자 관리자는 아마도 기금의 10%의 수익 비율을 벌 것이다.

예 23-7

예제1-속성분석

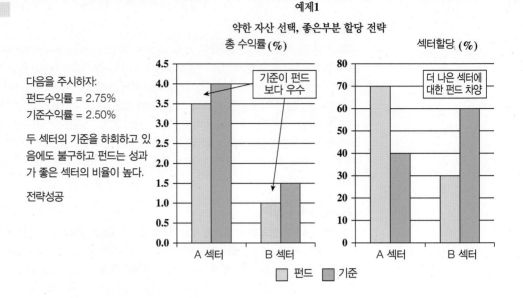

다음을 주시하자:
펀드수익률 = 2.75%
기준수익률 = 2.50%

두 섹터의 기준을 하회하고 있음에도 불구하고 펀드는 성과가 좋은 섹터의 비율이 높다.

전략성공

이 수익은 아마 받아들일 만한 것이다. 그러나 만약 ODCE 지수가 같은 기간 내에 12%의 수익 비율을 기록한다면 투자자들은 아마도 투자자가 관리자에게 기대했던 것만큼의 수행을 이루지 못한다고 생각할 것이다.

정교하게 투자 관리자는 두 가지의 방법을 가치에 더할 것이다. (1) 선택되었다고 언급된 우수한 투자 재산을 선택할 것이다. (2) 시장부분과 지리학적인 위치에서 다르게 기금을 투자하는 우수한 전략을 실행할 것이다. 이것을 자산배분이라 한다.

우수한 선택은 우수한 자산/재산 경영을 효과적인 성향의 정책으로 연습/실행하고 거래하는 팀에 의해 가치가 더해진다.

우수한 **자산배분**은 올바른 시장 위치에서 매매에 의해 가치가 더해진다.

[예 23-7]은 기준이 2.50% 버는 동안에 2.75%의 기금을 벌어들이는 것을 보여준다. 그러므로 이 기금은 기준을 **능가한다**. 그러나 **높은** 기준은 두 자산 분야로 반환한다. 어떻게 기금이 기준보다 잘 수행할 수 있을까? 그 답은 기금을 B섹터보다 더 많은 자본금을 할당한 A섹터이기 때문이다. 비록 기금이 개인적인 자산을 선택한 부족한 직업군이지만 그들은 자산분배에 우수한 직업분야와 교차한다. 이러한 경향은 우수한 자산분배가 질 낮은 자산 부분을 더욱 상쇄한다.

예를 들어 [예 23-8]은 기준의 기량을 발휘하지 못하는 기금을 보여준다. 그러나 기금은 두 부분의 기준보다 낮다. 어떻게 이러한 일이 일어나는 것일까? 이 경우에는 기금 관리자가 할당한 부분을 걸친 질 낮은 직업보다 선택한 자산들의 좋은 직업을 가지고 있다. 이 기금은 최악으로 수행한 부분인 B섹터의 자산을 과도하게 할당한다.   낮은 자산분배는 좋은 자산 부분을 상쇄한다.

두 개인 자산 선택과 교차한 섹터의 자산은 우수한 기금 실적에 중요한 것이 확실 할 것이다. 확실한 지역(선택 혹은 자산분배)은 실적을 못내는 기금이 기금 관리자가 미래 실적에 향상되도록 노력하는 게 중요하다.

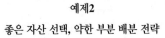

예 23-8

예제2-속성분석

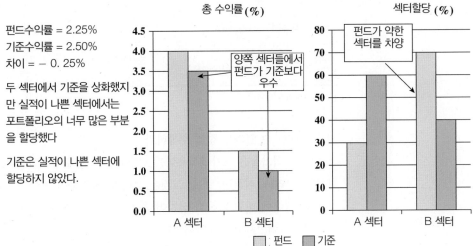

예제2

좋은 자산 선택, 약한 부분 배분 전략

총 수익률 (%)   섹터할당 (%)

펀드수익률 = 2.25%
기준수익률 = 2.50%
차이 = − 0. 25%

두 섹터에서 기준을 상화했지
만 실적이 나쁜 섹터에서는
포트폴리오의 너무 많은 부분
을 할당했다

기준은 실적이 나쁜 섹터에
할당하지 않았다.

속성분석 수학

이 섹션에서 속성분석을 사용하여 수학적으로 더 면밀히 보도록 하자.

첫째 각 섹터의 용어를 다음과 같이 정의하자

R_f	섹터 i 펀드 수익률
R_b	섹터 i 기준 수익률
W_f	섹터 i 펀드가중치
W_b	섹터 i 기준가중치

각 섹터에 4개의 주요 용어가 있다.

$W_f R_f$	섹터 i 펀드 총수익률 대비 출자금
$W_b R_b$	섹터 i 기준 총수익률 대비 출자금
$W_b R_f$	섹터 i 펀드 비율
$W_f R_b$	섹터 i 기준 비율

모든 섹터를 계산하여 다음을 얻는다.

$R = \Sigma W_f R_f$	펀드 총수익률
$B = \Sigma W_b R_b$	기준 총수익률
$S = \Sigma W_b R_f$	기준과 같이 분산되는 경우 펀드 수익률
$A = \Sigma W_f R_b$	펀드와 같이 분산되는 기준 수익률

위의 표 형식은 아래와 같이 요약되었다.

	펀드 가중치	기준 가중치
펀드 수익률	$R = \Sigma W_f R_f$	$S = \Sigma W_b R_f$
기준 수익률	$A = \Sigma W_f R_b$	$B = \Sigma W_b R_b$

우리의 목표는 펀드수익(R)이 벤치마크(B)와 다른 이유를 설명하는 것이다. 이 차이의 계산, $R - B$,는 [예 23-9]에 표시되어 있다.

그 $R - B$가 **선택 효과**, **배분 효과** 및 두 효과의 상호 작용에서 발생하는 "외적"이라는 용

예 23-9
섹터 기여도–기초 수학

R − B =	총 초과 수익률	
S − B $\sum W_b \cdot (R_f - R_b)$	선택 효과	수익률차이에 쓰이는 기준가중치
+A − B $\sum (W_f - W_b) \cdot R_b$	배분 효과	가중치차이에 쓰이는 기준수익률
$\begin{array}{c} +R - S \\ -A - B \end{array} \sum (W_f - W_b) \cdot (R_f - R_b)$	교차생산조건	가중치의 차이 × 수익률차이

*Source: Lieblich (1995)

어로 분해할 수 있다는 점에 주목하라.

일부 분석가들은 교차생산용어를 선택이건 혹은 할당이라는 용어가 되었건 교차생산을 포함한다. 그러나, 이론적으로는 그것은 선택과 분배 사이의 상호 작용에서 결과하는 분할이다.

여러 경우에 비교적 작고 심지어 거의 제로에 가까운 경향이 있다.

이것은 [예 23-9]에 요약되었다.

예제

전 예제를 사용할 때 우리는 지금 배분효과, 선택효과 그리고 교차생산효과를 산정하기 위하여 다음의 공식을 사용한다.

	전 예제2를 사용한 것	
R − B =	총초과수익	2.25% − 2.50% = −0.25%
S − B $\sum W_b \cdot (R_f - R_b)$	선택효과	=0.60 × (4% − 3.5%) + 0.40 × (1.5% − 1%) = 0.5%
+A − B $\sum (W_f - W_b) \cdot R_b$	배분효과	= (0.30 − 0.60) × 3.5% (0.7 − 0.4) × 1% = −0.75%
$\begin{array}{c} +R - S \\ -A - B \end{array} \sum (W_f - W_b) \cdot (R_f - R_b)$	교차생산조건	= (0.3 − 0.6) × (4% − 3.5%) + (0.7 − 0.4) × (1.5% − 1%) = 0%

전 예제2를 위한 요약	
선택효과	0.50%
+배분효과	−0.75%
+교차생산	0.00%
=총초과수익	−0.25%

우리가 볼 수 있는 바와 같이 부동산분석은 펀드에 있어서의 수익이 기준과 다른지를 설명하는 데 도움을 준다. 성과차이는 다음과 같은 원인일 수 있다.

- 위험에 있어서의 차이.
- 개별자산을 선택하는 능력에 있어서의 차이

- 기준에 비해 섹터(건물유형 또는 위치) 포트폴리오 배분의 차이.
- 우리가 검토했던 부동산분석은 너무 암묵적으로 검토해서 기준과 투자펀드는 동일한 수준을 가지고 있다는 것을 전제로 하고 있다. 우리는 다음 섹션에서 위험의 차이를 처리하는 방법을 검토한다.

위험의 차이를 평가하는 것[9]

포트폴리오 성과는 부분적으로 위험을 감수한 데 대한 보상으로 구성되어 있다. 전체 성능은 위험 조정과 위험 프리미엄 세그먼트로 분해할 수 있다. 현대자본시장과 포트폴리오 이론은 투자자가 위험에 직면한 한 단위당 위험프리미엄을 받아야 한다는 것을 적시한다. 투자 위험은 일반적으로 수익의 예상 변동의 여러 수준을 포함하기 때문에, 펀드의 위험을 측정하기 위한 다양한 방법이 있다. 이러한 측정 수단의 대부분은 [예 23-10]에 요약되어 있다.

이러한 다양한 위험 측정을 설명하기 위해 우리는 [예 23-11]에서 가상 데이터 계열을 사용한다. 이 데이터 셋은 펀드에 있어서의 연간수익률, 벤치마크(기준)수익률과 무위험이자율을 포함한다. 비록 무위험이자율이 매년 변동할 가능성은 있지만 간단하게 하기 위해 우리는 일정하게 유지해야 한다. 이러한 다양한 위험 척도를 계산하는 데 유용한 몇 가지 추가 계산도 표에 포함되어 있다.

샤프지수. 샤프지수는 펀드 초과이익률의 표준편차에 대해 분리된 초과이익률로서 계산된다. 이것은 위험과 관련된 초과이익률에 대한 수치이다. 일반적으로 계산되는 대안적인 수치는 초과이익률의 표준편차를 사용한다. 샤프지수는 초과이익률이 얼마나 위험을 가져오는지 보여 준다. 예를 들어 20년 초과이익률 평균은 6.05였다. 펀드의 수익 표준편차는 7.86이었다.이것은 우리가 리스크가 없는 비율을 지속적이라고 추정했기 때문이다. 펀드에 대한 초과이익률의 표준편차 7.86 결과의 표준편차로 나누었다. 샤프지수 7693에서 초과이익률

<table>
<tr><td colspan="2" align="center">**펀드 위험 측정**</td></tr>
<tr><td>측정</td><td>정의</td></tr>
<tr><td>샤프비율</td><td>(펀드수익률평균 − 무위험율)/(펀드수익률 − 무위험율)의 표준편차</td></tr>
<tr><td>베타</td><td>(펀드수익률과 기준수익률의 공분산)/(기준수익률의 분산)*</td></tr>
<tr><td>Treynor 비율(T_i)</td><td>(펀드수익률평균 − 무위험율)/베타</td></tr>
<tr><td>추적오류</td><td>펀드 대 기준수익률 차이의 표준편차</td></tr>
<tr><td>정보비율</td><td>펀드 대 기준/추적오류 수익률 차이의 평균</td></tr>
<tr><td>젠슨의 알파</td><td>자본자산평가모델로부터 기대되는 펀드수익률과 실제 펀드수익률의 차이**</td></tr>
</table>

예 23-10
펀드의 위험을 측정하는데 빈번히 사용되는 것

* 또한 기준수익률에 대한 펀드 수익률의 선형회귀분석 계수에 따라 계산된다.
** 자본자산평가모델(CAPM): 기대수익률=무위험율+베타*(시장수익률-무위험율)

[9] 이 섹션에서 논의되는 대부분은 투자 금융 교과서에 기술되어 있다. 독자는 이 논의와 병행하여 주식, 채권 및 기타 투자 관련 자료를 살펴보는 데 관심이 있을 수 있다. 예를 들어, Bodie, Kane and Marcus의 Investments 제10판, McGraw Hill, 2013년을 참조.

예 23-11
위험측정을 위한 데이터

Year	펀드수익률	기준수익률	펀드-기준	무위험율	펀드초과 수익률	기준의 초과 수익률
1	14.00%	8.00%	6.00%	3.00%	11.00%	5.00%
2	9.00%	10.00%	−1.00%	3.00%	6.00%	7.00%
3	16.00%	12.00%	4.00%	3.00%	13.00%	9.00%
4	12.00%	13.00%	−1.00%	3.00%	9.00%	10.00%
5	16.00%	14.00%	2.00%	3.00%	13.00%	11.00%
6	20.00%	14.00%	6.00%	3.00%	17.00%	11.00%
7	14.00%	12.00%	2.00%	3.00%	11.00%	9.00%
8	15.00%	11.00%	4.00%	3.00%	12.00%	8.00%
9	12.00%	10.00%	2.00%	3.00%	9.00%	7.00%
10	13.00%	9.00%	4.00%	3.00%	10.00%	6.00%
11	6.00%	8.00%	−2.00%	3.00%	3.00%	5.00%
12	8.00%	5.00%	3.00%	3.00%	5.00%	2.00%
13	−6.00%	3.00%	−9.00%	3.00%	−9.00%	0.00%
14	−8.00%	1.00%	−9.00%	3.00%	−11.00%	−2.00%
15	−6.00%	2.00%	−8.00%	3.00%	−9.00%	−1.00%
16	6.00%	3.00%	3.00%	3.00%	3.00%	0.00%
17	2.00%	5.00%	−3.00%	3.00%	−1.00%	2.00%
18	8.00%	8.00%	0.00%	3.00%	5.00%	5.00%
19	18.00%	10.00%	8.00%	3.00%	15.00%	7.00%
20	12.00%	12.00%	0.00%	3.00%	9.00%	9.00%
분산	0.62%	0.16%	0.22%		0.62%	0.16%
표준편차	7.86%	3.97%	4.74%		7.86%	3.97%
평균	9.05%	8.50%	0.55%		6.05%	5.50%

*초과수익률은 무위험률을 넘은 수익률

6.05를 7.86 결과의 표준편차로 나누었다. 이것은 기존 또는 다른 비교펀드의 위험에 대한 샤프지수와 비교될 수 있다.

베타. 베타는 기준이익이 오르락내리락 거리는 것처럼 특정한 펀드가 오르락내리락거리는 것에 대해 어떻게 이익이 고려되는지에 대한 위험의 수치다. 1.0의 베타값은 펀드 수익이 같은 양으로 증가하거나 감소하려는 경향을 의미한다. 그래서 만약 기준이익이 100포인트 만큼 증가한다면, 펀드 수익 역시 100포인트 증가한다. 1.0보다 더 훌륭한 베타값은 수익이 기준에 대한 수익의 변화보다 오르락내리락하는 것을 의미하는데, 반대로, 1.0보다 낮은 베타값은 기준수익보다 적게 오르락내리락하는 것을 의미한다.

펀드를 위한 베타는 이 공식에 의해 결정된다.

베타 = 공분산(펀드수익률, 벤치마크수익률)/변동성(벤치마크 수익률)

예를 들어, 펀드 수익과 기존수익 사이에 공분산이 .00276, 기준수익의 변화량은 0.001575, 2가지의 결과를 1.75의 베타 값을 나누면, 이것은 기준 값이 100포인트에 의해 오르락내리락했다는 것을 의미한다.

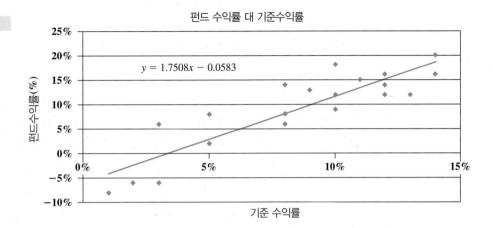

예 23-12
회귀분석의 베타

펀드 수익은 175포인트에 의해 오르락내리락거릴 것이다.

펀드가 위험을 가지고 있다면, 필연적으로 나쁜 것은 아니라는 것을 알아 두어야 한다, 요점은 투자자들은 높은 리스크에 대해 높은 수익을 맛볼 것이냐 아니냐는 문제이다. 투자자는 높은 수익을 얻기 위해 펀드의 전략을 높은 기준 투자 점을 찾아야할 것이다. 예를 들어 펀드는 더 많은 양의 타인 자본을 조달해야 하거나 올라갈 가능성이 있거나 개량이 필요한 기능을 발휘하지 못하는 재산에 대해 투자를 만들어 나가야 한다. 이것은 더 위험한 전략이 될 수 있고 그러므로 높은 기준점을 갖게 되는 것인데, 반대로 희망적이게도 높은 수익을 준다. 중요한 것은 투자자들은 투자를 결정할 때 이런 위험을 감수하고 있다는 것이다.

기준 값이 기준이익에 반대해 펀드수익의 선형회귀의 경사에서 발견된다는 사실은 알아 두어야 한다. 이것은 단순한 선형회귀 안에서 독립적인 변수에 대한 계수가 될 수 있다.

[예 23-12]는 우리의 데이터로 이 회귀의 결과를 보여 준다. 이 회귀방정식은

$$펀드수익률 = 1.7508 \times 기준수익률 - 0.0583$$

회기선의 경사는 1.7508이며 이것은 펀드의 베타이다.

자본자산가격결정모델. 우리는 베타가 기존 위험에 관련한 자산의 위험 척도라는 것을 보았다. 자본자산가격결정모델은 어느 투자자들에게나 기대수식을 표현하는 이론적인 모델이다. 자본 자산 가격 결정 모형(CAPM)은 베타를 계산하는 데 사용되는 기준은 "시장 포트폴리오"와 포트폴리오로 무엇을 참조하고 베타 기능으로 어떤 투자의 기대 수익을 표현하는 이론 모델이다. 이론적으로는 모든 가능한 투자로 구성되어 있다. 실제로 시장 포트폴리오는 일반적으로 S&P500과 같은 폭 넓은 시장 지수로 생각되며, 이는 리츠 형태의 일부 부동산 투자를 포함한다. 그래서 부동산 펀드의 베타는 S&P와의 공분산에 기초할 수 있다. 시장 포트폴리오의 베타는 이론적으로 1이다. 1보다 큰 베타와 투자 펀드 시장 포트폴리오는 시장 포트폴리오보다 더 위험하며, 그 반대의 경우 또한 마찬가지다. CAPM에 따라 펀드의 기대수익률은 다음과 같다.

$$R_{fund} = R_{free} + (R_{Market} - R_{free}) \times Beta$$

R_{free}는 무위험 이자율이다.

R_{market}는 시장 포트폴리오의 수익률이다.

Beta는 시장에 자금 상대에 대한 베타 값이다.

우리는 젠슨의 알파를 논의한 후 CAPM으로 돌아갈 것이다.

Treynor 비율.   변동 비율 보상으로도 잘 알려진 Treynor 비율은 샤프 비율과 유사하지만, 표준편차인 베타에 의해 자금을 획득한 초과 수익을 나눈다. 이 차이의 이유로 인하여 베타 표준 편차는 위험의 관련성의 척도가 될 수 있음을 알 수 있다. 왜냐하면 펀드의 표준 편차는 투자자가 투자의 다른 유형의 다른 펀드의 다양한 포트폴리오를 보유함으로써 해마다 자금 반환 변동의 일부를 상쇄할 수 있는 것을 고려하지 않기 때문이다. 한편 베타는 평가되는 펀드에 내재된 위험을 포착하는 경향이 있다. 따라서 Treynor 비율을 어떻게 측정하는지에 따라서 투자자들은 펀드의 베타를 기준으로 초과수익을 얻는다. 우리의 예에서 Treynor 비율은 (0.0605/1.75) 또는 0.0346이다. Treynor 비율은 다른 펀드를 평가목적으로 비교하는데 사용되는데, 이 방법은 투자자들에게 반환기준과 위험성을 비교하여 볼 수 있게 해준다.

추적오류.   추적오류는 포트폴리오의 성과가 기준에 비해 얼마나 연관성 있는지 측정하며, 펀드 수익률이 시간에 지남에 따라 기준 수익률에서 차이가 나는지 측정한다. 이는 펀드와 기준 간의 수익 차이의 표준 편차로 계산된다. 만약 펀드가 지속적으로 기준보다 100 포인트 높은 경향이 있는 경우, 이는 매우 낮은 추적오류이며 이는 움직임에 밀접하게 지표를 추적한 것으로 설명된다.

관리자 잘해내고 있다는 것은 기준지수를 펀드에 적절하게 지속적으로 낮은 추적오류를 예측하는 것이다. 그러나 펀드수익이 지속적으로 특정한 기준보다 낮은 추적오류가 있음을 알고 있어야 한다. 그래서 매니저가 추적오류를 항상 예상할 수 있을 수는 없다. 하지만 펀드의 위험이 기준점과 매우 유사하다고 할 수는 없다. [예 23-11]에서 나타낸 것으로 예를 들면 추적오류는 4.74%가 된다. 정보비율은 복구기준보다 영구적으로 적은 펀드가 저조한 경우 추적오류에 관한 문제를 해결하게 해준다. 정보비율은 다음과 같이 계산된다.

$$정보비율 = 평균(펀드수익률 - 기준수익률)/트래킹에러$$

정보비율은 두 가지를 측정한다: (1) 펀드매니저가 기준에 비해 초과수익을 생성하거나 (2) 일관성 있는 행동으로 저조한 이상이 있는지 여부를 측정한다. 펀드는 기준보다 높은 수익률이 적립되었을 경우 정보비율은 긍정적이다. 이것은 또한 정보비율이 높을수록 트래킹에러가 낮은 것을 의미한다. 예를 들어 5500%가 펀드와 기준간의 수익률 평균차이 라고 하면 이 평균은 다음 정보비율을 제공하거나 4.74%의 추적오류로 분할된다 0.5500%/4.74% = 0.1160

젠센의 알파

우리는 젠센의 알파를 고려할 것이다. 또한 최종위험 측정은 베타를 사용한다.

펀드의 베타가 기준에 대한 베타보다 큰 경우, 기준수익률이 증가함에 따라 펀드수익률이 더 크게 증가한다는 것을 알 수 있다. 펀드는 기준보다 더 높은 수익을 생성하는 경우 관리자가 더 큰 위험을 감수했다는 것을 의미할 수 있다. 투자자들이 궁극적으로 알고 싶은 것은 펀드 매니저가 자신이 예상하는 것보다 큰 수익을 생성할 수 있는 것과 펀드매니저가 위험수준을 예상하는 것보다 큰 수익을 생성할 수 있는지의 여부이다.

[예 23-13]은 어떤 펀드라는 것도 기대수익률이 베타에 주어져야 한다.

이 그림에서, 펀드는 비교기준점보다 더 높은 위험을 갖는다. 기준점의 위험을 고려해봤을 때 기준점수익률은 올라가야 한다. 펀드가 기준점보다 높은 위험을 갖기 때문에 기준점 위험의 초과량에서 향상된 위험을 가지고 있는 동안 펀드는 더 높은 수익률을 올려야 한다. 이것은 기준점에 관한 펀드 위험 프리미엄으로 생각될 수 있다. 마지막으로, 이 경우 운용자가 위험으로부터 우리가 기대한 것보다 더 높은 수익률을 올릴 수 있었기 때문에 이것은 펀드의 적극적인 관리에 기인한 것일 수 있다. 펀드의 위험에 기인한 양보다 많은 그 초과 수익률은 운용자가 보상받아야 한다는 것을 나타낸다. 이 추가적인 수익률은 "알파"라고 불린다.우리는 운용자가 높은 수익률을 성취하기를 시도할 수 있는 두 가지 방법이 있다고 말할 수 있다. 첫 번째, 운용자는 그 결과를 높은 위험을 갖는 펀드에 투자할 수 있다. 두 번째, 운용자는 투자선택과 펀드의 운용관리를 통한 투자전략을 잘 실행함으로써 알파를 발생시키려고 시도할 수 있다. 그 결과 펀드로부터 얻어진 위험양의 기초에서 기대된 것보다 수익률이 더 크다. 이전에 논의되었듯이, CAPM은 기준점으로서 시장포트폴리오와 관련된 위험을 고려하면 당신에게 투자에 대한 기대수익률을 주는 모델이다. 펀드에 대하여 우리는 이렇게 표현할 수 있다.

펀드 기대수익률 = 무위험 수익률 + (시장수익률 − 무위험수익률) × 체계적 위험

우리가 [예 23-11]에서 평가한 샘플 데이터에서, 펀드 수익률은 아래와 같이 되어야 한다.

펀드 기대수익률 = 3% + (8.5%-3%) × 1.751 = 12.63%

펀드 수익률이 9.05퍼센트가 되었다는 의미를 고려하면, 수익률은 위험에 기초되어져 있어

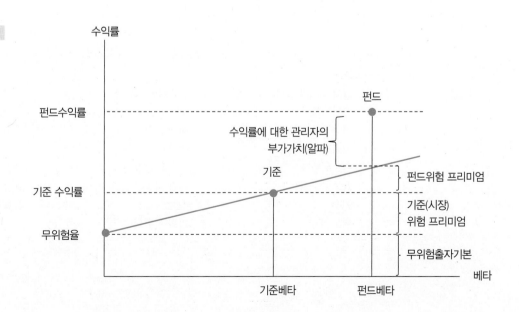

예 23-13

특별히 베타수준을 위한 펀드운용(수익) 사이의 관계

야 하는 것보다 작았다. 그러므로 젠센의 알파는 이와 같다.

젠센의 알파 = 실제 펀드 수익률 − CAPM펀드수익률 = 9.05% − 12.63% = −3.58%

그래서, 다시 말하면, 펀드는 위험조정기준에서의 위험을 고려하면 기대된 것만큼 하지 못했다. 요약하면, 비록 펀드가 비교기준 수익률에 근거한 수익률보다 더 높은 수익률을 창출했음에도 불구하고 우리는 적절하게 추가적인 위험을 보완할 수 있는 충분한 수익률을 성취하지 못했다.

결론

이 장에서는 재산의 포트폴리오로 구성되고 기관투자자와 투자금액이 큰 개인투자자가 이용 가능한 상업용 부동산 투자 펀드에 초점을 맞췄다. 우리는 이러한 펀드가 구조화되는 다양한 방법들과 그들이 다른 투자자들을 어필하기 위해 따를지도 모르는 다른 전략들을 논의했다. 투자자들은 그들이 투자한(또는 투자할지도 모르는) 펀드들이 어떻게 다른 펀드들과 산업 기준점에 관하여 어떻게 작동하는지 알기를 원한다. 이 장은 시간가중수익률과 같은 펀드의 성과측정에 사용되는 수익률의 다른 조치에 대한 논의를 포함했다. 우리는 그 다음에 "적극적인 펀드 운용"이 효과적인지 알아보기 위해 어떻게 속성 분석이 펀드가 기준점보다 다르게 작동하는 이유를 평가할 수 있는지 논의했다. 우리는 펀드가 다른 펀드들과의 기준점과 관련하여 취했을지도 모르는 위험이 얼마나 많은지 결정하곤 했던 위험측정기술들의 상세한 설명으로 마무리 지었다. 펀드 성과가 기준지수를 초과할 때, 이 분석은 일반적인 펀드 매니저가보다 더 나은 투자 결정을 함으로써 또는 간단하게 추가 위험을 부담함으로써 펀드 매니저들이 뛰어난 성과를 달성했는지 확인하기 위해 실행될 수 있다.

주요용어

가치 부가가치 펀드	산술평균 정렬	투자 기간
귀인분석,	상환 / 정책	투자 자금
기하학적 의미	선택 효과	폐쇄형 펀드
기회전략형 펀드	성장	할당효과
다중투자	스타일 변경	핵심 자금
목표 수익률	시간 가중형 펀드	현금적 장애
지수	신탁	혼합형 펀드
별도 계정	기회형 펀드	

유용한 웹사이트

www.irei.com – 제도적 부동산 투자자. 연금과 다른 펀드 투자자에 대한 기사와 뉴스

www.pionline.com – 연금과 투자. 문서의 원천, 공지 사항의 연금 펀드 산업에 관련된 문제의 연구 리뷰

www.mmdwebaccess.com – 금융시장 디렉토리. Standard와 Poor's에 의해 출판. 리스트는 모든 공공 및 민간 연금 펀드에 대한 정보를 문의하라.

www.ncrief.org – 부동산 투자 수탁자 협의회. NCREIF의 소스와 장에서 논의 ODCE 인덱스.

www.swfinstitute.org – 전 세계 국부 펀드에 대한 목록 및 연락처 정보를 제공한다.

질문

1. 폐쇄형 펀드와 개방형 펀드의 차이점은 무엇인가? 왜 투자자들이 각각의 것을 고르는가?

2. 시간가중수익률과 내부수익률의 차이는 무엇인가? 핵심 펀드에 투자자들에게 과거 투자 실적을 보고 할 때, 어떤 수익보고 될 가능성이 있을 것인가?

3. 핵심적이고 기회 적절한 펀드는 당신에게 높은 수익률을 줄 것이라고 기대하게 하는가? 왜? 이것은 더 단기간에 수익을 줄 것이라고 기대하게 한다. 왜?

4. 목표 수익률이 무엇을 의미하는가? 이것이 투자 벤치마크와 무슨 관계가 있는가?

5. 투자펀드와 비교했을 때 약속형 펀드와 투자 자본의 차이점은 무엇인가? 왜 이것이 투자자에게 중요한가?

6. 투자 펀드를 평가할 때, 펀드 레벨과 자산 레벨의 실적이 무엇을 의미하는가? 무엇이 보통 이 두 가지의 다른 점인가? 무엇이 이 두 개의 차이점인가?

7. 펀드 매니저가 자산 취득을 했을 때 재량권의 범위에 대해 생각해 보면, 이 펀드 구조의 매니저가 많은 재량권을 가지는 경향이 있는가? 이 구조 안에서 최소한의 재량권을 가지는가? 왜인가?

8. 펀드 투자자에게 부동산 값을 보고할 때, 이러한 타입은 일반적으로 더 자주 평가를 필요로 한다. 왜 인가?

9. 어떤 것이 성과 및 원인 분석의 목적인가? 어떻게 펀드 매니저가 원인 분석방식을 사용해서 평가 할 수 있겠는가?

10. 실적을 평가할 때, 스타일을 바꾸는 것이 무엇을 의미하는가? 어떻게 스타일 바꾸기가 투자수익률과 변동성에 영향을 줄 수 있는가?

문제

1. 기관투자가 부동산 투자 자금유치 경쟁인에 대한 관리비용을 비교한다. 두 펀드는 작업을 시작할 예 정과 자본 약속을 받고 있다. 자금이 부동산을 취득을 시작할 때, 자본 호출은 투자 기간 동안 자본의 기여에 대해 투자자들에게 설명한다. 펀드A는 45BP의 수수료를 약정된 자본금에 대해서 부과될 것이다. 그리고 투자기간 종료 이후에 투자된 자본금에 대해 60BP. 펀드B는 약정된 자본금에 대해서 50BP 및 투자기간 종료 이후에 투자된 자본금에 대해 55BP의 수수료를 부과하게 된다. 펀드들 모두는 자본금 약정으로 $550,000,000을 가질 것으로 예상되고 있으며, 프로젝트는 창업 및 인수를 위한 5년의 주기를 가질 것으로 예상되고 있다. 자본금 회전은 다음과 같이 예상된다.

년도	납입자본	자본금 회수	투자된 자본금
1	$200,000,000	$ 0	$200,000,000
2	$300,000,000	$ 0	$500,000,000
3		$ 0	$500,000,000
4		$100,000,000	$400,000,000
5		$ 50,000,000	$350,000,000

년도	납입자본	자본금 회수	투자된 자본금
1	$300,000,000	$ 0	$300,000,000
2	$200,000,000	$ 0	$500,000,000
3		$ 0	$500,000,000
4		$ 50,000,000	$450,000,000
5		$100,000,000	$350,000,000

a. 펀드(A)와 펀드(B) 각각의 총수수료는 얼마인가?

b. 자본 약속/출자의 패턴은 각각의 펀드 매니저의 기대에 대해 무엇을 나타내고 있는 것일까 ?

2. 자본금이 확정되어 있으며 혼합된 기회 펀드는 3년으로 예상되는 만기로 생성되고 있다. 펀드는 "실적"을 올릴 것으로 예상되는 재산을 취득하고 3년 종료 시에 이익을 위해 매각할 것으로 예상되고 있다. 또한 펀드는 투자자들에게 최소 10%의 "목표수익률"을 계획하고 있으며, 이 목표수익률은 운영으로부터 그리고 펀드의 만기 종료 시에 재산의 매각으로부터 발생하는 현금배분에 근거하게 된다. 기회펀드 매니저는 자산매각 이후에 그리고 지분투자자들이 자신들의 10%의 목표수익률을 수령한 이후에 나머지 현금흐름의 25%에 해당되는 "장려금"을 받을 것으로 예상되고 있다. 현금흐름은 다음과 같이 예상되고 있다.

년도	지분투자	(관리수수료 공제 이후) 지분투자자들에게 배분되는 운영수익금	예상되는 판매수익금
0	$2,000,000	$50,000	
1		$50,000	
2			
3			$3,000,000

a. 지분투자에 대한 10%의 총 목표수익률을 달성하기 위해서는 3년 종료 시에 지분투자자들에게 이루어지는 현금흐름은 어떠하여야 하는가?

b. 펀드매니저의 25% "장려금"을 받기 위해서는 펀드매니저는 재산매각 수익금의 얼마를 받아야 하는가?

c. 지분투자자들이 10%의 목표수익률(IRR)을 받고 펀드매니저가 25%의 장려금을 받은 이후에, 지분투자자들에게는 얼마가 배분되어야 하는가?

d. 3년차 펀드매니저에게 "장려금"이 지급된 이후, 3년의 투자기간 동안 지분투자자들에게 이루어지는 IRR은 얼마나 될 것인가?

3. 상업적 부동산 투자펀드는 투자자들에게 분기별 투자성과를 반드시 보고하여야 한다. 그것의 분기별

투자성과 (1)번과 (2)번의 요약은 다음과 같다.

(1) = 4분기의 자산과 자본의 시작과 끝

(2) = 4분기 동안에 돈의 유입과 유출

분기의 시작		분기 동안	
$40 million	첫 번째 현금투자	$15 million	영업에 따른 순영업수익
$220 million	부동산시장가치	$2 million	지불된 관리비
$10 million	단기부채	$8 million	투자자 배당
		$200 million	투자자 출자
		$150 million	부동산 매입
		$0	부동산 배당

짧은 기간 투자에 대한 관심은 짧은 기간 빚의 상환에 대한 관심에 의한 것이라고 가정해 보자.

a. 시작하는 자본의 가치는 무엇인가? 얼마인가?

b. MVEE는 무엇이 되는가?

c. 모든 현금의 유통이 영업활동, 기부금, 매입금, 배급에 4분기말에 나타난다고 가정해 볼 때 분기별 수익률은 무엇이 되는가(IRR)?

d. 투자자들에게 모든 돈을 배급하는 것은 한분기에 30일 간격으로 동등하게 일어난다고 가정해 보라. modified dietz 접근법을 사용한 IRR의 근사치는 무엇인가?

e. *d*와 같은 현금의 흐름이라고 가정했을 때 수수료(요금) 이전에 무엇이 되돌아 오는가?

f. *d*와 같은 현금의 흐름이라고 가정했을 때 자산단계에 도달했을 때 무엇이 되돌아 오는가?

g. 만약 4분기 말에 자산가치가 4백만불이었다면 어떻게 *f*를 변화게 할 것인가?

4. 투자자는 역사적 성과를 평가한다. 투자펀드의 다음의 연간 수익들은 투자자들에게 제공된다.

Year	Fund Value
0	100
1	103
2	107
3	110
4	105
5	100

a. 매년 투자수익을 계산하라

b. 기하학적인 평균수익률을 계산하라

c. 지리학적인 평균수익률을 계산하라

d. 왜 *b*와 *c*사이에 차이점이 왜 있는가?

5. 당신의 "엑티브"투자 전략이 있었는지를 성공했는지를 결정하기 위해 업계의 기준지수에 대한 당신의 상업용 부동산 투자 펀드(블루스톤 기금)의 반환을 평가하기 위해 요구되고 있다. 구체적으로 잠재고객은 단순히 인덱스를 갖춘 특성과 장소의 동일한 비율에 따라 투자 '수동적' 전략에 대한 당신의 포트폴리오 전략의 성능을 비교하고 싶다고 생각하고 있다. 최신 분기 동안 다음의 정보는 자산의 유형과 장소에 따라 사용자에게 제공된다.

A.

블수스톤펀드와 산업지수

부동산형태	펀드 가치%	수익률	가중수익률	지수가치 %	가중수익률
Apartments	14.4%	13.0%	1.8%	20.4%	1.8%
Hotel	0.0%	0.0%	0.0%	2.1%	0.2%
Industrial	13.5%	8.5%	1.2%	16.0%	1.1%
Office	44.1%	12.7%	5.6%	37.2%	2.8%
Retail	28.3%	8.6%	2.4%	24.3%	2.4%
총계	**100.0%**	—	**11.0%**	**100.0%**	**8.3%**

B.

블루스톤펀드와 산업지수

위치 형태	펀드 가치%	수익률	가중수익률	지수가치 %	수익률	가중수익률
북	6.3%	4.5%	0.3%	11.0%	6.1%	0.6%
남	27.6%	8.6%	2.4%	18.0%	7.8%	1.4%
동	43.3%	14.0%	6.1%	34.0%	9.0%	3.1%
서	22.7%	9.9%	2.2%	37.0%	8.8%	3.2%
총계	**100.0%**	—	**11.0%**	**100.0%**	—	**8.3%**

a. 블루스톤 펀드가 오버 및 산업 인덱스에 대한 상대 속성 유형에 따라 가중치(아래)에서 어느 정도를 계산한다.

b. 블루스톤 펀드가 오버 및 산업 인덱스에 위치/지역의 상대에 의해 가중치(아래)에서 어느 정도를 계산한 것

c. 어느 정도까지 부동산 선택 및 할당에 의한 블루스톤(a)를 통해 뛰어난 성능을 하였는가?

d. 어느 정도까지 부동산 선택 및 할당에 의한 블루스톤(b)에 의해, 뛰어난 성능을 하였는가?

e. 전자. 그 블루 스톤 기금을 위한 수익의 표준 편차는 인덱스 반환 10.0과 9.0이었다고 가정하면 무엇이 두 기금의 상대 위험에 대해 언급할 수 있는가?

영문 찾아보기

본서를 위하여 특별히 제작된 전자학습에 무료로 접속할 수 있는 웹 사이트 **www.mhhe. com/bf15e**에 방문하라. 아래에 간단히 기술되어 있는 자산들에 관련된 것드을 보라.

학생들을 위한 퀴즈

주요 용어들을 기억하고 이해하고 개념 응용을 하기 위한 시험은 사지선다형 퀴즈로 각 장별로 준비되어 있다. 각 장별로 10~15 문제가 준비되어 스스로 시험을 치고 평가를 할 수 있도록 되어 있어서 즉석에서 어느 문제가 맞았고 어느 부분을 더 공부해야 하는지 알 수 있도록 되어 있다.

Web 연결

각 장에는 실생활에 필요한 정보와 관련된 웹 사이트를 연결할 수 있는 것이 준비되어 있다. 각 장은 장 내에 있는 자료들을 응용할 수 있는 연결의 창구가 있다.

Excel Spreadsheets

본서의 예들과 각 장의 마지막에 있는 문제들에 Excell icon이 있어서 웹 사이트에서 digital Excel spreadsheets와 연결할 수 있다.

REIWise Data Files

REIWise는 투자분석과 가치평가의 문제를 다루는 전문적인 software이다. 어떤 웹 브라우저에도 쉽게 접근되는 클라우드 기반이고, 사용자들 사이에 자료 파일들을 쉽게 교환할 수 있다. 학생들은 교과 과정 중에 이 책의 다른 형태의 부동산들을 분석하기 위하여 이 책의 예제들로서 동일한 답을 주는 사례들을 접근할 수 있는데 이를 위해서는 무료 계정에 서명하고 REIWise를 사용하면 된다. 계정에 어떻게 서명하고 파일에 접근하는가에 대한 정보는 본서의 새 장에 있는 부록을 참고하면 된다.

부록

웹 사이트에 두 개의 유용한 부록이 있다. 하나는 연복리이자표이고 다른 하나는 월복리이자표이다.

유용한 WEBSITES

www.alta.org The American Title Association

www.fred.com International Real Estate Digest

www.reals.com 상업용 부동산, 국제 부동산, 전문적인 서비스 등의 주제를 다루는 부동산 사전.

www.homeglosary.com Online 부동산 사전

www.findlaw.com 부동산을 포함한 법률 정보 소스

www.mortgage.com 부동산 관련 논문들을 포함하고 있으며, 저당대출 관련, 법률 서비스와 기술에 대한 사이트를 연결.

http://dictionary.law.com 법률 사전.

http://real-estate-law.freeadvice.com 부동산법 FAQs.

www.hai.org 다양한 재무 투자상의 현재 시장 이자 정보.

www.interest.com 주택 매입에 필요한 기본 정보(현재 저당대출 평균 이자율, 계산기 등)를 제공.

www.interestatecalculator.com 저당대출 계산기를 포함한 다양한 도구들 제공.

www.bankrate.com CDs 이자율과 다른 투자들 그리고 저당대출 정보와 도구를 제공.

www.nabb.com National Association of Home Builders.

www.pueblo.gsa.gov 다양한 부동산 도구들에 대한 FAQs.

www.bankofamerica.com National Lender가 저당 대출 이자율에 대한 정보 제공.

www.fanniemae.com Federal National Mortgage Association

www.hud.gov Department of Housing and Urban Development

www.freddienmac.com Federal Home Loan Mortgage Corporation

www.mbaa.org Mortgage Bankers Association of America

www.aba.com America Bankers Association

www.businessfinanve.com/wraparound-mortgage.htm Wraparound 대출의 사례.

www.fha-home-loans.com/buydown_fha_loan.htm FHA Buydown 대출 구조에 대한 논의.

www.mgic.com Mortgage Guarantee Insurance Corporation

www.realior.com National Association of Realtors

www.fhfa.gov Federal Housing Finance Agency

www.freddiemac.com/finance/emhpi Freddie Mac's Conventional Morgage Home Price Index(CMHPI)

www.bestplaces.net 지역 통계 자료.

www.ers.usda.gov/data/unemployment U.S. Department of Agriculture. 미국 전역의 카운티별 중산층 소득과 실업률 자료 제공.

www.statefaccenfral.com 모든 주의 세금 정보 제공.

http://realestate.yahoo.com/homevalues 주택 매입을 위한 도구와 정보.

www.owners.com/parthers/mortgages,aspx 주택 매입 및 대출과 관련되 정보와 자료 제공.

www.hud.gov/offices/hsg/hsgabout.cfm FHA 논의.

www.va.gov 재향군인회 소식.

www.bls.gov/cpi The U.S, Department of Labor Bureau of Labor Statistics의 소비자 물가 지수 제공.

www.reis.com 상업용 부동산의 동향, 분석, 시장 조사, 소식 등 거래를 지원하는 정보 제공.

www.leasingprofeesional.com 임대차 관련 용어, 사례 등에 관한 정보 제공.

www.globest.com Provides 매일 최근의 부동산 관련 소식 제공.

www.appraisalinstitute.org The Appraisal Institute

www.naifa.com National Association of Independent Fee Appraisers

http://nerionline.com National Real Estate Investor

www.irei.com Institutional Real Estate. Inc. 기관투자자들이 제공한 보고서들을 연결.

www.buildings.com Buildings magazine

www.ncrief.com The National Council of Real Estate Investment Fiduciaries

www.reiac.org Real Estate Investment Advisory Council

www.gecapitalrealestate.com GE Capital Real Estate

www.capmark.com Capmark commercial real estate

www.irs.gov The IRS Web site. 수익용 부동산 세금 관련 정보 제공.

www.ciremagazine.com Certified Commercial Investment Manager's Commercial Investment Real Estate magazine Web site.

www.century21.com The century21 Web site. 계산기능가 함께 매매 관련 자료 제공.

www.eris.ca Canada의 환경 위험 관련 자료.

www.environmental-expert.com 여러 종류의 환경위험에 대한 정보 제공.

www.naiop.org National Association of Industrial and Office Properties

www.uli.org Urban Land Institute.

www.bizloan.org 개발사업에 사용되는 여러 종류의 대출에 대한 정보와 용어들을 제공.

www.axiometrics.com Axiometrics는 아파트 분야의 부동산 조사 자료를 제공하는 회사.

www.sldtonline.com Online으로 개발자, 계획자, 여론 조사자, 토목 기술자, 조경 설계자와 건축 전문가를 포함한 토지개발 전문가들의 상황과 소식 제공.

www.census.gov U.S. Census Bureau Web site.

www.icse.org International Council of Shopping Centers Web site.

www.economy.com 경제 관련 자료.

www.bls.gov U.S. Department of Labor

www.bea.gov U.S. Department of Commerce Bureau of Economic Development

www.nielsencom/nielsenclaritas 인구 통계 자료 제공.

www.sppre.com 상장/비상장 부동산 파트너십을 구축하고 실행하여 저효용 부동산의 가치를 정상화하기 위해 정부, 대학, 교육청 직원을 지원하는 유일한 목적을 위해 사업을 하는 전국적인 컨설팅, 개발 관리, 부동산 자산 관리 회사.

www.ginniemae.gov 미국 전역의 HUD 산하의 Ginnie Mae/Government National Mortgage Association과 모게지 펀드가 확인 가능.

www.frbservices.org The Federal Reserves System Financial Services Web site. 거래량과 서비스 정보 제공.

www.incestinginbonds.org 채권시장협회에서 제공하는 CMOs에 대한 투자 정보 제공.

www.reit.com National Association of Real Estate Investment Trusts.

www.allegiancecapital.com 기관 투자자와 고액 자산가를 위한 사이트. 다양한 투자 대상들에 대한 정보 제공.

www.wilshire.com Wilshire Associates가 제공하는 부동산 지수와 그 외의 지수.

www.investorwords.com 투자 용어집

www.fiiabci.com The International Real Estate Federation

www.china-window.com 중국 부동산 시장에 관한 정보

www.epra.com European Public Real Estate Association.

www.riskgrades.com 세계 금융 자산의 위험 측정.

www.naea.co.uk The National Association of Estate Agents.

www.realestate-tokyo.com 일본의 동경 지역 부동산 정보.

www.crea.ca The Canadian Real Estate Association

www.cbre.com/grobal/research 미국 오피스와 산업용 부동산 공실률 보고서.

www.economy.com/freelunch 무료 경제 자료 소스.

www.nasdbondinfo.com NASD에 대한 보고서로서 거래 정보를 제공.

www.intex.com 구조화 금융을 위한 분석 기법.

www.investopedia.com 투자와 개인 재무를 위한 교육 지침.